大美中文课之

古文观止新编

奥森书友会 ▼ 编

上

台海出版社

图书在版编目（CIP）数据

大美中文课之古文观止新编：全三册 / 奥森书友会

编 . —— 北京：台海出版社，2019.9

ISBN 978-7-5168-1936-4

Ⅰ . ①大… Ⅱ . ①奥… Ⅲ . ①古典散文－散文集－中

国 Ⅳ . ① H194.1

中国版本图书馆 CIP 数据核字 (2018) 第 113572 号

大美中文课之古文观止新编：全三册

编　　者：奥森书友会

责任编辑：王　艳　　　　　　　装帧设计：张合涛

版式设计：苏洪涛　　　　　　　责任印制：周莹莹

出版发行：台海出版社

地　　址：北京市东城区景山东街 20 号，邮政编码：100009

电　　话：010 - 84827588（发行，邮购）

传　　真：010 - 84045799（总编室）

网　　址：www.taimeng.org.cn/thcbs/default.htm

E-m a i l：thcbs@126.com

经　　销：全国各地新华书店

印　　刷：艺堂印刷（天津）有限公司

本书如有破损、缺页、装订错误，请与本社联系调换

开　　本：880mm×1230mm　1/32

字　　数：1400 千字　　　　印　张：42

版　　次：2019 年 9 月第 1 版　印　次：2019 年 9 月第 1 次印刷

书　　号：ISBN 978-7-5168-1936-4

定　　价：198.00 元

前　言

　　清康熙三十三年（1694 年），吴楚材（名乘权）、吴调侯（名大职）叔侄二人将上起先秦、下至明代的 222 篇文章编订为《古文观止》，作为私塾学生之课本。第二年，《古文观止》付梓，很快便风行全国。至今，《古文观止》已经传承了三百余年，再版、编订者不计其数。

　　作为旧时蒙童学习文章的教科书，《古文观止》选文繁简适中、体例周密，的确是古代不可多得的一部文学启蒙读本。吴楚材的伯父、曾任两广总督的吴兴祚在序言中评价"简而该，评注详而不繁，其审音辨字，无不精切而确当"。

　　但受时代条件所限，《古文观止》仍有一定的缺陷。《古文观止》终究是一部训蒙读本，它所服务的，是那些志在科举的考生。在这一前提下，《古文观止》的选材比例就显得不太平衡，如史传篇目过多、八股气息太过浓重等。而且，吴氏叔侄是清初学者，选文也只能到明末为止，清代的优秀文章，自然无法入选《古文观止》。

　　此后数百年间，有无数人曾对《古文观止》进行重新编订与再版，同类的古文选本更是不计其数。这些选本各有所长，但也各有缺陷：有的过深过偏，有的则良莠不齐。

　　为了弥补这些遗憾，奥森书友会从浩如烟海的佳作之中，秉承着"极声貌以穷文"的宗旨，重新编选了 300 多篇优秀篇目，上起先秦，下至近代，天文地理、春夏秋冬、山川湖泊、花鸟虫鱼、琴棋书画无所不包。这 300 多篇优秀古文，便是这本奥森书友会为广大读者精心奉献的《大美中文课之古文观止新编》。

　　古文选本多如牛毛，既为"新编"，"新"在何处？如何能够在众多的选本中脱颖而出？接下来，我们就为您一一介绍这本《大美中文课之古文观止新编》的特点。

一、遍采珠玉，堪称"古文万花筒"

古往今来，优秀的古文选本数不胜数，但也各有缺点与不足。

1.梁昭明太子《文选》，开中国文选先河，收录丰富选材上等，还开创了专门研究《文选》的"文选学"，但过分注重辞藻文采，对于一些平易通俗的作品则较少选择；对于现代人来说，《文选》的创作年代显得太过久远，将经史和诸子排除的做法虽然在文学史上有着重要意义，但却不能满足当代人的需求。

2.清代姚鼐《古文辞类纂》兼重义理、文章、考证，代表了桐城派的散文观点。但姚鼐轻视六朝文章，对六朝古文几乎不选，且不重视经史和骈文的选文标准，也使得不少优秀作品被遗漏。

3.清代吴楚材、吴调侯叔侄《古文观止》，堪称影响力最大的古文选本，对后世的文学启蒙教育产生了重大影响。但吴氏叔侄身为教育者，选文也是以应对科举考试为目标，重视儒家经典却忽视其他诸子百家，未免稍显狭隘。

4.清代曾国藩《经史百家杂钞》虽然承袭桐城派思想，但又能以政治家、军事家的角度选择文章，重视经史和实用的思想也令《经史百家杂钞》选材更为全面。不过《经史百家杂钞》700多篇的篇幅不仅不适合时间碎片化的现代人阅读，就是对于晚清的士子来说也显得规模过于庞大了。

除去此四家，历代以来还有无数的文选作品，但也各有缺点，有些只为阐述一家之文学主张而编纂、有些则盲目求全而导致良莠不齐，此处不再赘述。而且，由于封建思想的束缚，这些选本大多对传奇小说、医学典籍等在封建社会遭到歧视的作品予以忽视，这不能不说是一种遗憾。

随着中华民族逐步迈向伟大复兴，古人的选文标准，也渐渐不能适应现代人快节奏生活的需求。读者需要的，不仅仅是文采上佳、音韵和谐的"美文"，更需要那些对现实生活有着指导意义的文章。因此，我们本着"经世致用"的原则，选取了一大批对现代人有着重要意义的文章。

二、立足古本，扩容升级

1.不仅是"文以载道"

古人编纂文选，讲求"文以载道"，符合自己文学主张的文章才可入选。

而这本《大美中文课之古文观止新编》，除了选编了符合传统文学理论的"美文"，还将那些符合"经世致用"的实用文章选入其中。如古代医学的经典之作《黄帝内经》，不仅文辞简洁优美，对现代人的养生更是具有极大的指导意义；古代治家经典《颜氏家训》《朱柏庐治家格言》《曾文正公家训》展现了古代教育学的精髓，对现代人教育子女有着极强的借鉴作用。因为文章的作用，不仅是表述文学主张，更在于对人们的生活作出指导。

2.各取所需，无所不有

《大美中文课之古文观止新编》在选文上既注重名家作品，也收录小家代表作。儒家经典、历史典籍、诸子百家以及"八大家"等大家的传世之作，本书都有所收录；古代文选所轻视的小说与神怪故事、医家典籍，本书也特意收入进来。

本书选文不拘一格，只求为读者带来那些美好的文字和发人深省的思想。基于这一理念，本书还特意收入了一些如"陌上花开"一类的美好文字，以及《昭烈帝遗训》（"勿以恶小而为之"）、《菜根谭》这些可以发人深省的短篇。这些，不仅在古人的选本中未曾得见，就是现代的选本中也罕有收录。文字不贵多而贵精，阅读这些篇章，不仅能为读者提供审美上的享受，更能启发读者，让读者了解更多的人生哲理。

3.知识与趣味性并重

孟子讲"知人论世"，阅读文章，就是阅读作者本人。对于留存作品丰富甚至著作等身的大家，我们不仅要选那些经典的传世之作，更要选一些能从不同角度全面反映大家风范的文章。如曹操，我们既选取了《述志令》这样的千古名篇，也选取了《求贤令》《遗令》这些表现一代英杰率真可爱一面的珍贵文字。再如苏轼，我们不仅收录了传唱千古的前后《赤壁赋》，也有《记承天寺夜游》《记游松风亭》这样饶有趣味的小品，还有《乞开杭州西湖状》这样优秀的公文。

优秀的文章不仅能体现作者的志趣，也能体现一个时代的风格特征。为此，我们特别收录了《僮约》这样记录古人生活的文字，还收录了《放妻书》《与柳颖书》这类并非名家之作，却能体现古代平民生活状况的作品。

祖国山川秀美，但很多人受客观条件的影响，不能一一游历这些山川大河。为了让更多人体会到景色的秀美壮丽，本书特别收录了《华山赋》《峨眉山行纪》《游黄山日记》等古人游历名山大川的游记，让读者足不出户，便能在优美的文字中神游九州。

三、化繁为简，来一场与美文的邂逅

1. 注释不仅是解释文字

"注"并不仅仅是简单地解释某一字句的含义，更是一扇让读者了解文章背景、作者思想的窗口。这一点，裴松之注《三国志》等优秀注文早已证实。本书在编写过程中，不仅对字句的含义做了解释，更对字句之后的深层含义和与文章背景、作者经历相关的知识和故事进行阐述。《汉书·艺文志》讲"微言大义"，而本书精心编写的注释，正是为了将一字一句中的"大义"为读者们展现出来。

2. 尊重原文，化繁为简

古人编文选，往往按照文体将作品进行分类。但这种分类方法，往往会显得过于繁杂（如昭明太子《文选》，共分出三大类三十八小类，部分小类下还有门），受到后世学者的诟病。而且，读者的目标根本上是找到美文，如果分类太过繁杂，反而不便于读者查找。因此，我们将所有文章按照时代进行分类，不仅方便读者查询，也方便读者在阅读同时代的不同作品时进行对比，了解当时的文坛风气。

《大美中文课之古文观止新编》分为上、中、下三册，不做作品赏析，只在题解等板块进行简单的点题，点到为止。对于一些较为深奥难懂的文字，我们也在文章后附上点评，帮助读者更好地了解作者的真正意图。

3. 轻巧美观，修身馈赠必备佳品

现代人生活节奏快，时间呈现碎片化趋势，人们更希望能够利用零散的时间获取更多的知识。《大美中文课之古文观止新编》无论在数量还是选取角度上，都尽量贴合现代人的阅读习惯。全书采用 32 开本，轻巧美观而便于携带；300 余篇文章，读者一般一年就可读完，历经春夏秋冬，让中国古文的美妙融入读者的生活中。

4. 贴合亲子阅读需求，让家长与孩子一同成长

2017 年，全国中小学开始使用教育部统编教材。在这一版教材中，古文

篇目大大增加，其目的就是为了让孩子们更好地感受中国传统文化的美好。本书在选编过程中，也将中小学语文教材中的古文篇目悉数收录，让阅读本书的孩子也能在学习中感受传统文化的精髓。

四、传承经典，感受天地之大美

诗词曲赋，是中华传统文化的精髓之所在。本书选编的 300 余篇佳作，无论是青少年还是中老年读者，无论是修身养性的成年人还是探求知识的学生，只要在闲暇之余阅读一篇，都能获得美的享受。

此前我们已推出《大美中文课之唐诗千八百首》，即将推出《大美中文课之唐宋词千八百首》，敬请关注。郑晓阳编辑对本书有卓越贡献，特此感谢。

扫描封底的二维码，关注"奥森书友会"微信公众号，回复"古文""观止"即可获赠《大美中文课之古文观止新编》全部译文。

阅读让人生更美丽，大美中文课与您同行。

奥森书友会

二〇一九年六月

目　录

先　秦

两 汉

魏晋南北朝

清 代

先秦

士不可以不弘毅，任重而道远。仁以为己任，不亦重乎？死而后已，不亦远乎？

为山未成一篑，止，吾止也；譬如平地，虽覆一篑，进，吾往也。

学而不思则罔，思而不学则殆。

君子喻于义，小人喻于利。

君子欲讷于言而敏于行。

曾子曰：吾日三省吾身：为人谋而不忠乎？与朋友交而不信乎？传不习乎？

子曰：参乎！吾道一以贯之。

子曰：由！诲汝知之乎？知之为知之，不知为不知，是知也。

子曰：学而时习之，不亦说乎？有朋自远方来，不亦乐乎？人不知而不愠，不亦君子乎？

子曰：吾十有五而志于学，三十而立，四十而不惑，五十而知天命，六十而耳顺，七十而从心所欲，不逾矩。

三军可夺帅也，匹夫不可夺志也。

子在川上曰：逝者如斯夫！不舍昼夜。

子曰：温故而知新，可以为师矣。

子曰：岁寒，然后知松柏之后凋也。

朽木不可雕也，粪土之墙不可圬也。

牧　誓

《尚书》

　　《尚书》，最早书名为《书》，是儒家经典"六经"之一，是中国最早的历史文献。它是一本多体裁的文章汇编，也是一部体例较为完备的公文总集，记录了夏、商、周三朝的历史。其中《盘庚》篇经后人考证是可靠的商代作品。

　　《尚书》的"尚"即"上"，有人认为是"上古"的意思，即"上古之书"；有人认为是"尊崇"的意思，即"人们所尊敬的书"；还有人认为是"君上"的意思，因这本书所记载的大多是君王的言行事迹。另据马王堆帛书《要》篇和郑玄注古文《尚书》，"尚"字为孔子所加。

题　解

　　《牧誓》，是周武王征伐商纣王，到达商都朝歌郊外的牧野时的誓师之辞。商纣王暴虐无道，使得天下诸侯纷纷背弃之；而经过周国历代国君的努力，到周文王去世时，周已经"三分天下有其二"（《论语·泰伯》），国力已经超越了商王朝。周武王见时机成熟，便率领"戎车三百辆，虎贲三百人"征伐纣王。纣王虽然发动七十万囚徒奴隶迎战，但战斗一开始便纷纷倒戈，商军大败。纣王见大势已去，便换上宝衣投火自尽。

　　全文分三个部分，先讲武王与所有参加伐纣的诸侯、御事等宣誓，再讲纣王罪行，最后强调如何进军、如何作战、如何对待降兵以及严明军纪。这是一篇气壮山河的动员令，既有战前的严肃气氛，又有对将士温厚的告诫。

　　武王伐纣之后，周朝建立了完善的分封制度，周天子成为天下共主。

时甲子昧爽[1]，王朝至于商[2]郊牧野[3]，乃誓。王左杖黄钺，右秉白旄以麾[4]，曰："逖矣，西土之人！[5]"

王曰："嗟！我友邦冢君[6]，御事[7]，司徒、司马、司空，亚旅、师氏，千夫长、百夫长[8]，及庸，蜀、羌、髳、微、卢、彭、濮[9]人。称尔戈，比尔干[10]，立尔矛，予其誓。"

王曰："古人有言曰：'牝鸡无晨[11]；牝鸡之晨，惟家之索[12]。'今商王受[13]，惟妇言是用，昏弃厥肆祀，弗答[14]；昏弃厥遗王父母弟不迪[15]，乃惟四方之多罪逋逃[16]，是崇是长，是信是使，是以为大夫卿士[17]，俾暴虐于百姓，以奸宄于商邑[18]。今予发[19]，惟恭行天之罚。今日之事，不愆于六步、七步，乃止，齐焉[20]。勖哉夫子[21]！不愆于四伐、五伐、六伐、七伐，乃止，齐焉[22]。勖哉夫子！尚桓桓[23]，如虎如貔，如熊如罴[24]，于商郊。弗迓克奔，以役西土[25]。勖哉夫子！尔所弗勖，其于尔躬有戮[26]。"

注 释

【1】甲子，即甲子日。《史记·周本纪》作"二月甲子"。1976年出土的"利簋"铭文记载："武王征商，唯甲子朝，岁鼎，克昏夙有商。"

《尚书》是以记言为主的文字，《尚书正义》："皆言有日无月，史意不为编次，故不具也。"因此此处只记"甲子"，不记录详细日期。关于武王伐纣的具体时间，自古以来众说纷纭，有人统计过古往今来竟有四十余种说法。近年来，在"夏商周断代工程"的研究下，有学者计算出武王伐纣的准确时间是公元前1046年1月20日，目前学界大多承认这一研究成果。

昧爽，《尔雅·释言》："晦，冥也。"《尚书正义》："'昧'亦晦义，故为冥也。"爽，明。因此"昧爽"即是夜而未明之时，鸡鸣之时也。此处详细说明"昧爽"，然后以与"昧爽"同义的"朝"字再次简略说明时间。《礼记》："昧爽而朝。"

另据《吕氏春秋·古乐》："武王即位，以六师伐殷，六师未至，以锐兵克之于牧野。"《韩非子·初见秦》："武王将素甲三千，战一日，而破纣之国。"

《史记·周本纪》也记载武王"以大卒驰帝纣师"。由此可见，武王在清晨誓师，便是为了以先锋部队对以逸待劳且人多势众的纣王军队发动出其不意的攻击。

【2】商，这里指商的都城朝（zhāo）歌。商代多次迁都，武丁时迁都至沫（mèi），纣王时改名为朝歌。《汉书·地理志》："朝歌，纣所都。"另，盘庚迁都于殷后，商也称为殷。

【3】牧野，地名，学者多认为其在今河南省卫辉市附近。

也有部分学者认为"牧野"并非专有地名，真实地名应为"坶（mù）野"。《尔雅·释地》："邑外谓之郊，郊外谓之牧，牧外谓之野。"《方言》：牧，饲也。由此可见，城市郊外都可称为"牧野"。《说文》记载："坶，朝歌（沫邑）南七十里地。"《竹书记年》："周武王与纣战于坶野。"

【4】杖，拿着。黄钺，以黄金装饰的长柄大斧。钺在古代象征征伐杀戮。白旄，装饰着牛尾的白色旗帜。郑玄认为：旗帜用白色，更能使位置较远的将士看到。

"白旄黄钺"被视为征伐之权的象征，《牧誓》的前一篇《泰誓》中，师尚父（姜尚）也是"左杖黄钺，右把白旄以誓"。后人也沿用了这一概念。如《三国志·魏志·曹休传》："帝征孙权，以休为征东大将军，假黄钺。"曹丕《浮淮赋》："白旄冲天，黄钺扈扈。"毛泽东《贺新郎·读史》："更陈王奋起挥黄钺。"

郑玄认为：使用钺要用右手，左手持黄钺表示不杀。武王左手持黄钺，表示伐纣军队是代天伐纣，不能滥杀；右手持白旄，表示将会告诫全军将士。

但苏轼则反驳此观点是"近于穿凿"。他认为，周武王不会自己使用钺战斗，左手持钺只是仪式需要。右手持白色的旗帜，是因为需要指挥，而这必须要用右手。（见于《东坡书传》）

【5】逖，远。西土之人，即西方的人。周位于陕西关中，在商的西面，而跟从周武王征伐的各方国也多来自于商的西方，所以称"西土之人"。

【6】冢，大。友邦冢君，指归附于周武王并参加此次征伐的各方国诸侯。《史记·周本纪》记载此前的"盟津会盟"时，"诸侯不期而会者八百"。由此可见，当时周已经被天下诸侯承认为领袖。而周武王为表亲近，此处自称"我"，称其他诸侯为"友邦"。

【7】御事，原意为迎接事务或接受政务，引申为对王室政事进行服务的

官职的概括性总称。

【8】亚，次。旅，众。郑玄认为："亚旅"即指在军中有职务的大夫。而"师氏"特指掌管以兵守门的大夫，位置重要，因此特别提出。千夫长，即率领千人之将领。百夫长，即率领百人之将领。《尚书正义》引《周礼》："二千五百人为师"，千夫长即是一师之统帅。

【9】庸、蜀、羌、髳（máo）、微、卢、彭、濮，均为当时的方国名。这些国家都属于"西南夷"，位于巴蜀和江汉一带，而周位于西方，因此这些国家早在周文王时就已经臣服于周，并听从周武王的指挥，因此不与"友邦冢君"并列而是单独提出。

宋代陈经《尚书详解》则提出：这八国位置偏远，单独提出，那么近处的诸侯国就更不必说了（自然也会参加伐纣）。

【10】称，举起。尔，你们。比，按次序排列。干，楯（shǔn），盾牌。《周礼·冬官·考工记》："戈柲（bì）六尺有六寸"，因此要举起来。"矛"较长，因此要立于地面。

【11】牝（pìn）鸡，母鸡。晨，引申为公鸡的晨鸣。这里用牝鸡指代妲己。这一句与下面的"惟妇言是用"说的都是商纣王宠信妲己而荒废政事。《列女传》："（纣）好酒淫乐，不离妲己，妲己之所誉贵之，妲己所憎者诛之。……为长夜饮，妲己好之，百姓怨望，而诸侯有畔者。……纣乃为炮烙之法，……妲己乃笑。……（武王）斩妲己头悬之于小白旗上，以为亡纣者此女也。"

"牝鸡司晨"此后便用于指代妇人干政。《新唐书·后妃传上》："与帝言，或及天下事，辞曰：'牝鸡司晨，家之穷也，可乎？'"《旧五代史·唐书·庄宗纪八》："外则伶人乱政，内则牝鸡司晨。"

另据考证，商代妇女地位很高，如妇好墓出土卜辞便记载妇好既能进行占卜，又能带兵出征。据此推论，妲己可能也有权参加政事的讨论。

【12】索，尽，有破败之意。《礼记·檀弓》："吾离群而索居。"
郑玄指出：这里周武王引用古人言，作为立论的依据。

【13】商王受，指商纣王。商纣王名受（一作受德）。

【14】昏弃，王引之认为即泯弃、蔑弃之意。厥，其，也就是纣王。肆，祭礼名，《诗·大雅·行苇》："肆筵设席"，可知"肆"有陈设之意。弗，不。答，问。苏轼《东坡书传》认为，祭礼是答谢鬼神先祖的仪式，因此称废

弃祭礼为"不答"。"昏弃厥肆祀"指出商纣王不敬重鬼神先祖，这在当时被认为是十分严重的罪行。

【15】遗，余。王父母弟，指纣王的众多同父异母兄弟和叔伯兄弟等。《史记·殷本纪》记载："微子（帝乙庶长子，纣王之兄）数谏不听，乃与大师、少师谋，遂去。剖比干（纣王叔父），观其心。箕子（纣王叔父）惧，乃佯狂为奴，纣又囚之。"迪，用。这里指出商纣王不任用兄弟，造成众叛亲离。

另，有学者考证，比干是在武王伐纣后十余年才去世。而商朝也并不注重任用王室亲属，平民乃至于奴隶都可以被提拔任用，传说商代著名的贤相傅说就是奴隶出身，被商王武丁任用为相。而周代实行严格的世官制，任人唯亲，因此攻击纣王不任用兄弟。

【16】逋，亡。逋逃，逃亡。

【17】崇，尊。长，崇。卿士，即御事。《史记·殷本纪》："而用费中为政。费中善谀，好利，殷人弗亲。纣又用恶来。恶来善毁谗，诸侯以此益疏。"这里指出纣王任用奸佞之人，更加剧了纣王臣民的离心离德。

【18】俾，使。奸宄（guǐ），指劫夺。

【19】发，即周武王姬发。这里直接称名，与下文"惟恭行天之罚"，表示自己对上天的谦恭态度。

【20】愆，超过。齐，整齐一致。"六步、七步"指周武王要求军队要保持阵型的整齐一致，每前进六步七步就要停下整理队形。牧野之战，武王率领少量精锐挑战数倍于己方的纣王大军，因此必须保持阵型的整齐。

【21】勖（xù），勉励。夫子，古人对男子的美称。

【22】伐，刺杀，郑玄：一击一刺为一伐。"四伐、五伐、六伐、七伐"，《尚书正义》："少则四五，多则六七以为例。"指每经过四五或六七伐就要停下来整理队形。

宋代陈经认为：牧野之战是"替天行道"，因此不能为了争功而轻敌冒进。

【23】桓桓，威武的样子。《尔雅·释训》："桓桓，威也。"《诗经·周颂·桓》："桓桓武王，保有厥士。"

【24】貔（pí），一种形似虎豹的猛兽。罴（pí），一种大熊。《尔雅·释兽》："貔，白狐，其子豰。"又云："罴，如熊，黄白文。"

另徐珂《清稗类钞·貔貅》："貔貅（pí xiū），形似虎，或曰似熊，毛色灰白，辽东人谓之白熊。雄者曰貔，雌者曰貅。"貔貅，是一种古代异兽，又名辟邪、天禄，传说是龙所生九子之一。古代常以貔貅指代军队或战士，但也常常被视为一种瑞兽。

【25】迓（yà），迎。《史记·周本纪》作"御"。"弗迓克奔"指不要迎击前来投降的人，使他们为周所用。役，助。

另据考证，纣王所发七十万军队大多为囚徒奴隶，周武王接受他们的投降，目的是使他们成为周的奴隶而劳作。

【26】躬，身。戮，杀。这里指不奋勇作战之人将会被处死。

全篇共出现三次"勖哉夫子"，表示反复告诫之意。

另《甘誓》《汤誓》结尾均为"孥戮"，指出若不奋勇作战，不仅本人会被处死，儿子也会被一并处死（一说罚为奴隶）。此处只言"有戮"，可见时代变迁，刑罚也在不断变化。

编者注

长久以来，商纣王一直与夏朝末代君主桀一同被作为"昏君""暴君"的代名词。在人们的印象中，商纣王宠幸妲己，疏远兄弟，任用佞臣，残暴淫乱。但随着历史研究的不断推进，学界对纣王的一些事迹也有了新的认识。第一，"宠幸妲己"的实质是商朝允许女子参政，根源则是商朝的母系社会文化与周的父系社会文化的冲突。第二，"俘虏倒戈"的实质是纣王征伐徐州之夷获胜，但由于商朝有活人祭祀传统，而此次征伐又带来大量俘虏，纣王无法较好地处理这些俘虏；结果，面对着即将沦为奴隶甚至被当作祭品的命运的俘虏们在战场上倒戈，而导致纣王失败。第三，"疏远兄弟"的实质是商朝任用人才并不局限于出身，而以宗法制为立国之本的周则需依赖宗族兄弟进行统治。

另，顾颉刚考证，古往今来相传纣王有70多条罪状，但其中将近有60条是后世所加，剧情也愈演愈烈，一些其他暴君的事迹也被归为纣王所为。毛泽东曾说："其实纣王是个很有本事、能文能武的人。……纣王伐徐州之夷，打了胜仗，但损失很大，俘虏太多，消化不了，周武王乘虚进攻，大批俘虏倒戈，结果商朝亡了国。"

无　逸

《尚书》

题　解

周武王逝世后，周成王年幼，周武王之弟周公旦摄政。其间，针对周公的流言四起，管叔、蔡叔还伙同武庚和淮夷发动叛乱。叛乱虽然很快平定，但流言蜚语却从未消除。七年后，周公还政于成王，成王却相信流言而对周公有所怀疑，周公因此投奔楚地。此后，成王在宫中发现了周公为他祈祷的祝词，深受感动而召回周公。周公回国，作《无逸》以告诫成王。

《尚书》文章大多古奥难解，但本文读起来却十分明白。周公作为成王的叔父，对年轻的成王进行谆谆告诫，告诉他不要贪图享乐，要爱护民众，否则就会国破身死。文章将正反面相结合，全面告诫了成王应该如何行政，才能成为一代明君。

《无逸》的思想对后人影响极为深远，历朝历代的帝王均以《无逸》勉励自己要勤勉治国。如汉代梅福上书汉成帝："留意《亡逸》（亡、无相通）之戒。"郅恽上书汉光武帝引用"文王不敢盘于游田"以劝谏光武帝莫沉溺于享乐；宋璟手书《无逸》图献给唐玄宗，唐玄宗将其置于屏风之上以告诫自己等。

周公[1]曰："呜呼！君子所其无逸[2]。先知稼穑[3]之艰难，乃逸，则知小人之依[4]。相[5]小人，厥父母勤劳稼穑，厥子乃不知稼穑之艰难，乃逸，乃谚既诞[6]，否则侮厥父母，曰：'昔之人无闻知[7]。'"

周公曰："呜呼！我闻曰：昔在殷王中宗，严恭寅畏，天命自度，治民祗惧，不敢荒宁[8]。肆中宗之享国七十有五年[9]。其在高宗，时旧劳于外，爰暨小人[10]；作其即位，乃或亮阴，三年不言[11]，其惟不言，言乃雍^[12]。不敢荒宁，嘉靖殷邦^[13]。至于小大，无时^[14]或怨。肆高宗之享国五十有九年。其在祖甲，不义惟王，旧为小人^[15]。作其即位，爰知小人之依，能保惠于庶民^[16]，不敢侮鳏寡。肆祖甲之享国，三十有三年。自时厥后^[17]立王，生则逸。生则逸，不知稼穑之艰难，不闻小人之劳，惟耽乐之从。自时厥后，亦罔或克寿^[18]。或十年，或七八年，或五六年，或四三年。"

周公曰："呜呼！厥亦惟我周太王、王季，克自抑畏^[19]。文王卑服，即康功田功^[20]。徽柔懿恭，怀保小民，惠鲜鳏寡^[21]。自朝至于日中，昃，不遑暇食，用咸和万民^[22]。文王不敢盘于游田，以庶邦惟正之供^[23]。文王受命惟中身^[24]，厥享国五十年。"

周公曰："呜呼！继自今嗣王，则其无淫于观^[25]、于逸、于游、于田，以万民惟正之供。无皇^[26]曰：'今日耽乐。'乃非民攸训，非天攸若，时人丕则有愆^[27]。无若殷王受之迷乱，酗于酒德哉^[28]！"

周公曰："呜呼！我闻曰：'古之人，犹胥训告，胥保惠，胥教诲，民无或诪张为幻^[29]。'此厥不听，人乃训之，乃变乱先王之正刑，至于小大^[30]。民否则厥心违怨，否则厥口诅祝^[31]。"

周公曰："呜呼！自殷王中宗，及高宗，及祖甲，及我周文王，兹四人迪哲^[32]。厥或告之曰：'小人怨汝詈汝。'则皇自敬德^[33]。厥愆，曰：'朕之愆。'允若时，不啻^[34]不敢含怒。此厥不听，人乃或诪张为幻，曰：小人怨汝詈汝，则信之，则若时，不永念厥辟，不宽绰^[35]厥心，乱罚无罪，杀无辜。怨有同，是丛于厥身^[36]。"

周公曰："呜呼！嗣王！其监于兹^[37]。"

注 释

【1】周公，姬姓，名旦，周文王第四子，周武王的弟弟。《史记·鲁周公世家》说他"孝，笃仁，异于群子"。武王即位，他辅佐武王伐纣，有功。武王死后，成王年幼，周公便作为摄政代成王处理国政，让自己的儿子伯禽管

理封地鲁国。七年后，周成王成年，周公便还政于成王，自己则退居臣位。

周公曾在成王生病时向上天祭祷以自己代替成王（古时医疗水平较低，疾病被认为是神灵降下的惩罚）。但在成王主政后，却听信了谗言而对周公有所怀疑，周公因此而逃亡至楚地。后来，成王看到了周公的祷词，才明白周公的苦心，于是召回周公。

【2】"君子所其无逸"是本文的主旨句，但关于这一句的含义，自古以来争议颇多。郑玄认为，"君子处位为政，其无自逸豫也。"而后人也多承袭此说，翻译为："君子居于其位，不可贪图安逸。"

但也有学者怀疑"无逸"两字实际是传抄过程中后人所加，原文为"君子所其先知稼穑之艰难，乃逸"。如清王念孙、王引之父子便持此说。有学者认为，开篇就提到"无逸"，但下文马上就说"乃逸"，相互矛盾，因此断定"无逸"为后人所加。

所，处所，这里引申为居于高位。无，郑玄等大部分学者认为"无"通"毋"，表否定；"其"则为加强语气的助词。但宋林之奇认为，标题之"无"可以通"毋"，首句之"无"却未必通"毋"，"无"意为"没有"。而"其"，据同为周公所作之《多士》"我其敢求位？"可知，"其"通"岂"。由此，本句可译为"君子在位，怎么会没有安逸"。

【3】稼穑（sè），泛指所有农业活动。

【4】小人，指平民百姓。依，疾苦。小人之依，指百姓的苦难。

【5】相，视，看看。

【6】厥，他们。谚，通"喭（yàn）"，粗鲁、不恭。《论语·先进》："由也谚。"诞，行为怪诞，狂妄无礼。谚既诞，行为粗鲁，言语粗鄙。

【7】昔之人，老年人。昔之人无闻知，老年人没见识。

【8】殷王中宗，《史记》《汉书》等均认为是商汤玄孙，商朝第五任君王太戊。而王国维根据殷墟出土甲骨卜辞"中宗祖乙牛吉"，断定"中宗"为祖乙，这也与今本《竹书纪年》"祖乙滕即位，是为中宗，居庇"及此后大量出土的甲骨卜辞相吻合。今之学者也多从此说。

严恭，办事严肃认真。寅，恭敬。自度（duó），自省。祗（zhī），敬畏，引申为小心。惧，谨慎。荒宁，《尚书正义》："荒怠自安"，即贪图享乐安逸。

【9】肆，因此。此句言明有德行的君主能够长久居于君王之位。

【10】高宗，商朝第22任君主武丁，任傅说为相，使商朝重新强盛。旧，长期。旧劳于外，长期在外从事劳作。爰，于是。爰暨小人，成为和平民一样的人，指武丁与平民共同劳作。

【11】"乃或亮阴，三年不言"一句，至今尚有争议。

《论语·宪问》："子张曰：'《书》云：高宗谅阴，三年不言。何谓也？'子曰：'何必高宗？古之人皆然。'君薨，百官总己以听于冢宰三年。"《尚书大传》："《书》曰：高宗梁闇（yīn），三年不言。何谓梁闇也？《传》曰：高宗居凶庐，三年不言。"由以上可知，"亮阴"引申为"居凶庐"，即服丧。三年不言，指三年不问政事。直至清代，大部分学者均从此说。

但自从清末甲骨卜辞大量出土后，此观点便不断受到质疑。郭沫若据出土甲骨卜辞提出：商代无"三年守丧"之制，且除武丁之外，再无任何一人曾经"三年守丧"，因此"居凶庐"之说不合理。目前，学界已基本认同此说，否定"居凶庐"一说。

不过，学界至今对于"亮阴"的释义没有定论。较为合理的解释是马融提出的："亮，信也。阴，默也。"信，有学者解释为"敦柔信爱"，即性格敦厚温柔、诚实仁爱；默，即沉默寡言。至于"乃或"，据同为周公所作《尚书·多士》，可知表推测之意。由此，"乃或亮阴"可知是"或是武丁性格敦柔信爱、沉默寡言"。

【12】雍，通"拥"，指受到百姓拥护。

【13】嘉靖，使安定强大。嘉靖殷邦，指将商治理得安定强大。明世宗朱厚熜（cōng）便取"嘉靖"作为自己的年号。

【14】时，那时。

【15】"祖甲"的身份，自古便多有争议。王肃认为是商汤之孙太甲，马融、郑玄则认为是武丁之子帝甲。两说皆有疑点。前说据《竹书纪年》及《史记》皇甫谧（mì）注，太甲在位仅十余年，与下文"三十三年"不符。后说则据《史记·殷本纪》"帝甲淫乱，殷复衰"断定帝甲并非贤君，自然也不可能是此处的"祖甲"。但也有学者据甲骨卜辞推断《史记》"淫乱"之说存在不实之处。

而根据身份的不同，"不义惟王"的含义也不同。若从太甲说，则"不义惟王"指太甲被伊尹放逐，三年后改正，于是伊尹还政与太甲。若从祖甲说，则"不义惟王"指祖甲贤德，武丁欲废其兄长祖庚立祖甲，祖甲拒绝而逃亡。

【16】惠，作动词，施与恩惠。保惠于庶民，保护民众，向民众施与恩惠。

【17】自时厥后，自祖甲之后。

【18】惟耽乐，只知道沉溺于享乐。罔或克寿，没有长寿的。

【19】太王，周太王古公亶父，武王、周公之曾祖父。王季，周王季，武王、周公之祖父。克自抑畏，克制自己，小心谨慎。

【20】卑，卑下，低贱。服，事。卑服，卑下的事情，即农业劳作等"小人"所为之事。即，做，从事。康功，修路。田功，农业劳作。

【21】徽，和。懿，美。怀，和睦。保，安定。鲜，《尔雅·释诂》："鲜，善也。"

【22】遑（huáng），闲暇。"遑""暇"二字同义。咸，都，皆。

【23】盘，享乐。游，游乐。田，打猎。以，使。供（gōng），进献。

【24】受命，接受天命。古代封建统治者借宗教巩固自身统治，崇尚"君权神授"。中身，中年。

【25】淫，过分，过度。观，观赏，游乐。

【26】皇，通"遑"，闲暇。

【27】攸（yōu），所。训，顺。若，善。丕则，于是。愆（qiān），罪过。

【28】酗于酒德，以酗酒为德。《史记·殷本纪》记载商纣王"以酒为池"。

【29】胥，互相。诪（zhōu）张，欺骗，欺诈。幻，迷惑。

【30】正，通"政"，政策。刑，法令。小大，即大小之法令。

【31】诅祝，咒骂。

【32】迪，蹈行，践行。哲，明智，圣明之道。苏轼《苏颂刑部尚书制》："盗贼多有，狱市纷然。敫求迪哲之人，以清流弊之末。"

【33】怨，怨恨。詈（lì），咒骂。皇，大。自，自我。敬，敬修。德，德行。

【34】允若时，果然如此。不啻（chì），不止。

【35】宽绰，宽容。

【36】是，这样。丛，集聚。身，一身。是丛于厥身，这样就会聚居在您的身上。

【37】嗣王，指继承太王、王季、文王、武王所创基业，刚刚亲政的成王。监（jiàn），通"鉴"，借鉴。

乾卦第一

《易经》

《易经》，儒家经典之一，被誉为"群经之首"。《易经》作者已无从考证，古人传说为周文王姬昌所作，今人多认为西周前期便已成书。《易经》本是占卜用书，但其中所蕴含的哲学思想，早已对哲学、宗教、医学、天文等各个方面产生了巨大的影响，堪称中华文明的源头。关于"易"字，也有三种释义：一种为上日下月，象征上阳下阴；一种据《说文》为象形字，像蜥蜴之形，蜥蜴善变色而得"易"之意；一种据郑玄《易论》，包括"简易""变易""不易"三种含义。

由于《易经》成书较早，文字深奥简古，孔子及其他春秋时的学者便对其进行了系统的研究，最终由孔子的后学著成《易传》（又名《十翼》），用以解释《易经》。此后的历代学者将《易经》与《易传》编为一本，即我们今天所见的《易经》。

《易经》按照六十四卦次序排序，以阳爻（yáo）"—"和阴爻"--"为基本符号，三爻组成一卦，两卦相重可得六十四卦。这六十四卦，即可揭示世间万物运行的一切规律。

《易经》对我国几千年来的政治、经济、文化各个领域都产生了深刻的影响。"药王"孙思邈曾说："不知《易》，不足以言太医。"而孔子更是对《易经》推崇备至，他曾读《易》，达到了"韦编三绝"的地步。他说："加我数年，五十而学《易》，可以无大过矣。"

题　解

"乾"卦是《易经》六十四卦的第一卦，也是总括全书的一卦。"乾"是六十四卦中的纯阳之数，代表天，而天在古代所代指的是太阳。"乾"又有"健"的意思，这正与太阳运转不息的形象相符合。而爻辞则以龙为喻，象征天道正如"见首不见尾"的龙一样变幻莫测而又潜力无穷。

《易经》认为"阳"，即阳刚之力是推动事物变化的主要力量，因此以"乾"为第一篇。本篇从初九到上九，讲述了阳刚力量从萌发到旺盛再到衰弱的全过程，勉励人们既要奋发进取，又要注意努力的方法和针对形势做出调整。

乾[1]：元亨利贞[2]。

《彖》曰：大哉乾元！万物资始[3]，乃统天。云行雨施，品物流形[4]。大明终始，六位时成，时乘六龙以御天[5]。乾道变化，各正性命。保合大和，乃利贞[6]。首出庶物，万国咸宁[7]。

《象》曰：天行健，君子以自强不息[8]。

初九：潜龙勿用[9]。

《象》曰："潜龙勿用"，阳在下也。

九二：见龙在田，利见大人[10]。

《象》曰："见龙在田"，德施普也。

九三：君子终日乾乾，夕惕若厉，无咎[11]。

《象》曰："终日乾乾"，反复道也。

九四：或跃在渊，无咎[12]。

《象》曰："或跃在渊"，进无咎也。

九五：飞龙在天[13]，利见大人。

《象》曰："飞龙在天"，大人造也[14]。

上九：亢龙有悔[15]。

《象》曰："亢龙有悔"，盈不可久也。

用九：见群龙无首，吉[16]。

《象》曰：用九天德[17]，不可为首也。

注 释

【1】乾，是《易经》六十四卦的第一卦，象征天。

【2】"元亨利贞"，既是"乾"的特性，又是解读整本《易经》的关键，除"乾"之外，"屯""随"等卦同样也出现了这一说法，全书更是多次出现这四个字。关于"元亨利贞"的解释，古今各家各有不同，而且每一卦的"元亨利贞"含义也各有不同。

一种认为"元亨利贞"为"四德"。如《周易正义》便引《文言》及《子夏传》而解释为"原始亨通、物性和谐、各有其利、又能使物坚固贞正"。李鼎祚《周易集解》认为是"原始、开通、和谐、贞固"。程颐《易程传》认为："元者万物之始，亨者万物之长，利者万物之遂，贞者万物之成。"

而根据王弼在《屯》卦"元亨利贞"所注，以及《集解》引虞翻所说，"元亨利贞"应为"元亨、利贞"，解释为"至为亨通，利于守持正固"。

当代学者根据"上博简"等考古发现考证"元"应为"大"；"亨"在周代与"享"为同一字，作"享受"解；"利"作"有益"解；"贞"则为"正"。

【3】象，指《象传》，《易传》中的一篇，作为《易经》的释义，概括这一卦的整体意象。乾元，意为天道伊始。资，凭借、依靠。

"乾元"一词由于具有极大的象征意义，历来被封建统治者视作"天子之德"的象征。如唐肃宗就曾以"乾元"作为年号，忽必烈更是因"大哉乾元"而建国号为"大元"，以彰显自己是"中原正统"，又是天道的代表。《陈书·高祖纪上》也说："大哉乾元，资日月以贞观；至哉坤元，凭山川以载物。"

【4】雨施，指降雨。品，品类，这里引申为繁殖。品物，繁殖万物。流，引申为赋予。流形，赋予形体。

【5】大明，指太阳。终，指太阳落下。始，指太阳升起。大明终始，指太阳的周而复始。六位时成，指"乾"卦六爻随时产生变化，因时而动、因势而动。"时乘六龙以御天"即是将六爻比作六条飞龙，"可潜则潜，可飞则飞"

（《周易正义》）。

【6】保，保持、调整。大，通"太"。太和，指一种自然界的和谐顺调的境界。利，有利、有益。

【7】庶，众。首出庶物，指天的功德超出万物。咸，皆、都。

【8】《象》，指《象传》，《易传》中的一篇，依据卦象而对卦辞做出解释与评价。行，王引之说："行，道也。天行谓天道也。"天行健，即天道为刚健。君子，儒家所追求的理想人格，这里指有大才德之人。另据马王堆出土《帛书周易》，第一卦为"健"卦。《旧唐书·魏徵传》："自强不息，无为而化。"

【9】初九，《易经》以"九"为阳，以"六"为阴；又以初、二、三、四、五、上表示从下到上的各爻。从各爻在全卦中的关系的角度，初、三、五为阳位，二、四、上为阴位。这些关系，是分析卦象的一个重要依据。潜龙勿用，指龙潜于水下，暂时难以有所作为。在"乾"卦中，将爻比作龙，又将龙比作君子。因此此处指君子身居于底层而等待时机。

【10】见，现。见龙，即龙出现在某处。大人，《文言》："夫大人者，与天地合其德，与日月合其明，与四时合其序，与鬼神合其吉凶。"由此可得，"大人"有儒家所言"圣人"之意，乃有大才德之人。

也有学者认为此处"大人"指身居高位之人，与"小人"（即平民百姓）相对（见《无逸》注）。

【11】乾乾，勤奋、努力。惕，警惕。若，无意义的助词。厉，危险。无咎，没有灾难。《系辞》指出第三爻"多凶"，因此此九三之爻象征君子既大有所为又身处险境，需倍加勤勉才可免于灾难。

【12】《系辞》指出第四爻"多惧"，因此此九四之爻象征君子正处在进可以建功立业、退可以独善其身的转折时期，如龙一样可以升腾可以潜藏，处境从容而避免灾难。

【13】飞龙在天，龙腾飞于天空，比喻君子有所作为。

【14】造，朱熹认为："造，犹作也。"大人造，指君子大有所为。《系辞》指出第五爻为阳位，九五更是至阳之数，因此象征君子事业的如日中天。

【15】亢，极限，极致。悔，《说文》作"悔恨"。亢龙有悔，以升到极高处的龙喻指身居高位而远离实际的君子，必将遭受灾祸。

【16】"用九"一爻，整部《易经》中只有"乾"卦有此爻（"坤"卦与"乾"对应，有"用六"一爻）。用，马王堆《帛书周易》作迵。迵，通也，用九即通九，意即六爻皆九。

【17】用九天德，"乾"卦全部为九，六爻全阳，与天道相同，因此说"用九"是"天德"。

《论语》三十二则

《论语》

《论语》成书于战国初年，由孔子弟子及其再传弟子编纂整理而成，记载孔子及其弟子的言行。孔子，孔氏，名丘，字仲尼，春秋末期思想家、政治家、教育家，儒家思想的创始人。孔子生于鲁国陬（zōu）邑，先祖为宋国贵族，其父叔梁纥为鲁国陬邑大夫。孔子少年贫贱，年轻时曾为季孙氏小吏，三十岁时最初的一批弟子拜学于他的门下。此后他一直从事讲学，到五十岁时终于得到鲁国国君重用，升任大司寇，摄相事，鲁国大治。后由于与鲁国执政的"三桓"的矛盾，孔子离开鲁国，周游列国却不得重用。晚年返回鲁国，致力于教育与编订整理《诗》《书》等"六经"。汉代以后，儒家学说被历代封建统治者奉为正统思想，孔子本人也被后世统治者封为"圣人""至圣先师"。

题 解

本篇精选了《论语》中最为精华的一部分，共三十二则。《论语》全篇通过记录孔子及其弟子的言行，涵盖了为政治国、为人处世、教育思想等各个方面，其言辞浅近但意旨深远，是先秦时代叙事记言文字的主要代表。《论语》影响极为深远，被奉为古代士人学子初入学的必读书，其中所阐述的儒家思想更是成为中华民族精神文化的核心。

　　《论语》共有二十篇，每章标题取自每章首篇两个字。《论语》每篇没有一定的主题，各篇之间也没有一定的逻辑关系，而是通过孔子及其弟子的言行片段记录，将儒家思想不断体现出来。

　　《论语》于唐代被编订为"十三经"之一，宋代朱熹将其编订为"四书"之一，历代科举考试也多依据《论语》等儒家经典出题。

　　子曰[1]："学[2]而时习[3]之，不亦说[4]乎！有朋[5]自远方来，不亦乐[6]乎！人不知而不愠[7]，不亦君子乎[8]！"

注　释

　　【1】子，男子通称。春秋时，"子"用于称呼卿大夫。孔子曾任鲁国的中都宰、司空、司寇，还曾"摄相事"。虽然时间不长，但其弟子均称呼他为"子"或"夫子"。另，提出某种思想而为后人所尊崇者也可称为"子"。

　　《论语》全书中，孔子均以"子"代指，孔子所说均作"子曰"，其弟子除曾参称"曾子"、有若称"有子"外均称其名或字。

　　【2】学，诵读、研习等都可称为"学"。另，《白虎通义》认为，"学"即"觉"，解释为"觉悟所未知"。

　　【3】时习，朱熹《论语集注》认为："既学而又时时习之"，即反复学习。但杨伯峻认为此说是以后代词义解释古文。王肃认为："时者，学者以时诵习之。诵习以时，学无废业，所以为说怿。"因此"时"应是"在适当的时候"，杨伯峻赞成此说。

　　而"习"，程颐认为："习，重习也。"后人多循此说，将"习"解释为"复习"。但杨伯峻认为此处"习"与《礼记·射义》的"习礼乐"、"习射"以及《史记·孔子世家》："孔子去曹适宋，与弟子习礼大树下"中的"习"类似，有"演习""实习"的意思；特别是"六艺"中的"礼""射""御"三项，仅靠"复习"不能掌握知识，只有"演习""实习"才能使知识通过实践得到更好的掌握。

　　【4】说，通"悦"，高兴。据考证，先秦时"说""悦"同字，汉代始有

"悦"字。

【5】朋，"同门曰朋"，此处指同类，志同道合之人。

【6】乐，高兴。悦指内心喜悦，乐则表现于外。有志同道合的人从远方前来，所以表现出高兴。

又，据考证，"乐"字古音"ㄌㄨㄛˋ"，后演化为今天的"ㄌㄜˋ"。

【7】不知，不了解。愠，生气、发怒。至于"不知"的内容，疑因当时有一定语境而不加详解。《论语注疏》言此处有两种说法，一是指君子之学识高深，虽有人学习却无人能完全掌握，君子对于此事也无可奈何；二是指君子教育弟子时不求全责备，如果弟子愚钝不能全部掌握知识，君子也会原谅他而不愠怒。杨伯峻则认为，此处与《论语·卫灵公》中"君子病无能焉，不病人之不己知也"的"不己知"相似，指"不了解我"。

【8】君子，是《论语》一书中孔子反复提到的一个概念，有时指有德者，有时则指身居高位者。此篇所体现的，是"君子"在学习上的道德，因此此处指有德者。学而为己，不为他人，乐于学习，这是"君子"在学习上所达到的境界。

编者注

本篇及以下两篇出自《学而第一》，是《论语》全书的第一篇。此篇既是讲述学者学习的三个阶段，更是孔子对自己学习与教学的一生的一个概括总结。初学之时，当"学而时习"，追求知识。中年之时，已经掌握一定知识，因此能使志同道合之"朋"从远方前来共同研习或求学。至于老年，随着日益精进，所掌握的知识已经到了"人不知"的地步，只为自身而学习并乐于学习，这才是"君子"所达到的境界。孔子重视求知的快乐，以至于超越了求知本身，"知之者不如好之者，好之者不如乐之者。"此篇放在全书之首，正是孔子告诫其弟子，也是告诫后世之人要热爱学习，去努力享受学习的乐趣，而不仅限于了解知识。

曾子[1]曰："吾日三省吾身[2]。为人谋而不忠[3]乎？与朋友交而不信[4]乎？传不习[5]乎？"

注　释

【1】曾子，曾参，孔子晚年弟子，与其父曾点同时师从于孔子。曾参地位在孔子诸弟子中本来不高，但随着唐代孟子学说受推崇，孟子思想的来源曾参、子思（孔子之孙）的地位也随之提高。到明代时，曾参被封为"宗圣"，在孔子诸弟子中仅次于"复圣"颜渊，并作为"四配"之一配享孔庙。

【2】省，省察、反省。身，自己。三省吾身，即"省察吾身三事"。但杨伯峻认为此处"三"是虚指，若为实指，则此处应为"吾日省者三"。

【3】忠，尽心尽力。是否尽心尽力，只有反省自身，才能知晓。

【4】信，心诚而实，以实相待。同样只有反省自身，才能知晓是否做到"信"。

【5】传，有两说，一说他人传授于己，一说向他人传授。不习，对应第一种说法为不进行复习，对应第二种指平日所没有讲习的知识。前者为治学之道，后者为为师之道。

习，杨伯峻认为应与"学而时习之"的"习"类似，包括"演习""实习"之义。

编者注

此篇讲述曾参如何对自己进行自律。从三个方面进行反省，思考是否能在平日的工作（为人谋）中、生活（与朋友交）、学习（传）中达到这三条最基本的道德底线。

子曰："君子食无求饱，居无求安，敏于事而慎于言[1]，就有道而正焉[2]，可谓好学也已。"

注　释

【1】敏，迅捷、敏捷。慎，谨慎。

【2】有道，指有道德之人。正，朱熹认为是"正其是非"，杨伯峻则认为应是"匡正"。

编者注

此篇讲述"好学"的四点标准。不重享受，重实际而慎言语，能向有道之人匡正自己，求教自己行事的是非，这才称得上是"好学"。

本篇讲求君子要重视学习，不要因外在的舒适享受而忽视了最重要的学习。但旧社会往往有腐儒将"食无求饱""居无求安"当作"好学"的必要条件，这就是本末倒置了。《论语》之中不乏论述饮食精细的章节，可见孔子同样也会"求饱""求安"，可这些从未阻止孔子的"好学"。

子曰："吾十有五而志于学 [1]，三十而立 [2]，四十而不惑 [3]，五十而知天命 [4]，六十而耳顺 [5]，七十而从心所欲，不逾矩 [6]。"

注　释

【1】志，一心所追求。学，学问，此处指孔子毕生所追求的学问，需结合《论语》全书理解。

【2】立，《季氏》篇孔子讲："不学《礼》，无以立。"由此可知，此处的"立"指孔子学《礼》而有所成就，已经能做到知书达礼，对自己的言行是否符合"礼"而有把握。一说，这里指人格的成熟。

【3】惑，指孔子所学所思所志，与外界言论有所区别，因而感到困惑。此处指孔子到四十岁，学问已精，对外界一切言论皆能洞察究竟，所以能够做到"不惑"。

【4】天命，指孔子人生所追求的道义与职责。何晏指出，孔子四十七岁学《易》，五十岁即知天命之终始。又，孔子四十七岁，阳货邀请孔子做官，孔子拒绝；五十一岁"知天命"后出山任鲁国中都宰，此后一直做到大司寇，"摄相事"。当政期间，"粥羔豚者弗饰贾；男女行者别于涂；涂不拾遗；四方之客至乎邑者不求有司，皆予之以归"（《史记·孔子世家》），乃至于邻国齐国感到恐惧。

【5】"耳顺"两字自古以来争议颇多。郑玄认为是："耳闻其言，而知其微旨。"朱熹则认为："声入心通，无所违逆，知之至，不思而得也。"

又，孔子五十五岁后开始周游列国，六十八岁返回，其间曾路遇接舆、荷蓧丈人等人，即使曾被形容是"累累若丧家之犬"，他也能欣然以对。因此李零认为，"耳顺"应指对于外界毁誉置之度外。

【6】从，遵从。又说，从通"纵"，放纵。矩，规矩，法度准则。此处指孔子到七十岁，已经能做到既遵从自己心中所想，又不会与外界规矩法度相违背，内心极为自由。孔子六十八岁返回鲁国，六十九岁丧子，七十一岁颜渊病逝，《春秋》绝笔，七十二岁仲由身亡。但孔子却感受到自己与"天命"合而为一，不再感受到规矩的约束，内心所想与规矩法度融为一体。这正是孔子一生治学所到达的极致。孔子说："知我者其天乎！"

编者注

本篇及以下三篇选自《为政第二》。此篇是孔子晚年概述自己一生治学的数个阶段。孔子一生历经磨难坎坷，但他从未放弃过对于知识的渴求、对于修养的坚持、对于自身的磨炼。后世"志于学"的人们，虽然并不一定苛求要在四十岁达到"不惑"，七十岁达到"从心所欲"，但也要将修养自身这件事坚持下去，贯穿一生，做到善始善终。正如朱熹所说："欲学者以是为则而自勉。"

什么叫作"命"？"命"这一概念，多次在《论语》以及其后世的儒家著作中出现。孟子认为："莫之致而至者，命也。"可知，"命"是上天所注定的。可《论语》又有"知其不可而为之"一说。自称"畏天命"的孔子，为何要去做不可为之事？

王夫之曾说："故士之贫贱，天无所夺；人之不死，国之不亡，天无所予，乃当致人力之地，不可归之于天。"孟子说："知命者不立乎岩墙之下；尽其道而死者，正命也。"可知，"命"是天所定，但并非不可更改；"知天命"后，更要"尽其道"，向着自己的"天命"而奋斗。孔子"五十而知天命"正是对自己的人生有了准确的把握，在认识到自己人生的限度后尽自己的所能。

子曰："温故而知新[1]，可以为师矣[2]。"

注 释

【1】温，习，反复学习。故，从前所了解的知识与经验。

【2】可以为师，能够从旧的知识中获取新的知识，学有所得，可以教授于人，所以说可以为师。

编者注

此篇指出学习不能只是记录旧知识，而是要在旧知识中有所得。有所得，才能去教授别人。

一说"新"是贴近于当前时代的新情况，或者说"新体会"。所谓"新体会"，正是结合当今时代的新情况与传统的知识而做出的体会。我们之所以研读《论语》这部流传了两千多年的经典，目的就在于此。

子曰："学而不思则罔[1]，思而不学则殆[2]。"

注 释

【1】罔，有两解。一是迷惘，只学习知识却不加思考，就会迷惘而一无所获。二是诬罔，指只学习却不加思考，不思考所学知识的深意，以错为对。

【2】殆，亦有两解。一作"有害"，指对自己所想有所疑惑，感到不安而对自己有害。二作"疲怠"，指只思考不学习，只会让精神疲怠而一无所获。

编者注

此篇指学习与思考当齐头并进，不可偏废。

后人在解释本篇时，往往将"思"的范围局限于"学"的范围，以为"思"就是对"学"到的知识加以理解，以至于将自己思想禁锢于已有的知识。事实上，本篇所提倡的，是"学"与"思"的齐头并进，既要"学"又要"思"；"思"的范围并不仅限于"学"到的知识，更可贵的是独立思考。后人对于这种错误的认识也有所矫正，朱熹曾说："读而未晓则思，思而未晓则读。"王夫之也曾说："学非有碍于思，而学愈博则思愈远；

思正有助于学，而思之困则学必勤。"正如孟子所说："尽信书，则不如无书。"学习书中的知识，而不囿于书本知识，这样才是真正地把握好了学与思的关系。

子曰："由^[1]，诲女，知之乎^[2]！知之为知之，不知为不知，是知^[3]也。"

注　释

【1】由，仲由，字子路，又字季路。孔子弟子。孔子评价他"粗鲁"。

【2】诲，教诲。女（rǔ），通"汝"，你。

【3】知，知道，也即"认识"。一说，知通"智"，智慧；那么此句就应翻译为"这才算得上是智慧的人"。

编者注

此篇指了解自己所知道的事，更要了解自己所不知道的事。《庄子·齐物论》啮缺问王倪："你知道你所不知道的是什么吗？"王倪说："我怎么知道！"知道自己所不知道的是什么，更是难能可贵。

新文化运动中，即使是曾经倡导"打倒孔家店"的胡适，也曾对于孔子、儒学中存在的"苏格拉底传统"予以赞赏。他在《中国哲学里的科学精神与方法》一文中说："首先，古代中国的知识遗产里确有一个'苏格拉底传统'。自由问答、自由讨论、独立思想、怀疑、热心而冷静的求知，都是儒家的传统。"而本文中所体现的"知识上的诚实"，正是这种"热心而冷静的求知"的关键内涵。了解自己的知识，对自己不懂的知识保持诚实，冷静探求，如此，才能做到"热心而冷静的求知"。

子曰："人而不仁，如礼^[1]何？人而不仁，如乐^[2]何？"

注　释

【1】礼，指礼仪制度。

【2】乐，指音乐。

编者注

本篇出自《八佾第三》。《八佾》的重点在于论述礼乐，批判当时的礼崩乐坏。所谓"八佾"，是指鲁国大夫季氏擅自使用天子的礼乐规模，孔子对此十分愤怒。本篇的内容也是承接孔子批判季氏的两则，对礼崩乐坏进行批判。在孔子看来，礼乐的核心是"仁"，没有"仁"，礼乐制度也只是无本之木。

子曰："朝闻道[1]，夕死可矣。"

注 释

【1】道，古代士人所追求的真理的统称。

编者注

此篇及以下三篇出自《里仁第四》。此篇激励学者要努力探求真理。"死生亦大矣"，但在真理面前，死生又算得上什么？连死生都不重要，那么生活安逸、个人得失，就更不值一提了。

《汉书》记载，黄霸、夏侯胜因"毁先帝"罪名下狱将被处死。"霸欲从胜受经，胜辞以罪死。霸曰：'朝闻道，夕死可矣'。胜贤其言，遂授之。系再更冬，讲论不怠。"黄霸的这种求学精神，正是对"朝闻道，夕死可矣"的最好诠释。犯下大罪，身陷囹圄，在这样的情况下还能将死生置之度外而求学不倦，这不是好学又是什么？本文所讲述的，正是这种将死生置之度外而好学不倦的精神。

子曰："参[1]乎！吾道一以贯[2]之。"曾子曰："唯[3]。"子出，门人[4]问曰："何谓也[5]？"曾子曰："夫子之道，忠恕而已矣[6]。"

注 释

【1】参，曾参。

【2】贯，贯穿，联系贯通。指孔子所教授的道虽然复杂繁多，但其中却又贯通着一条固定原则。一说，"贯"指实行、践行。

【3】唯，表示应答。

【4】门人，指孔子弟子，曾参的同学。曾参是孔子晚年的弟子，曾参二十七岁时孔子去世，由此可知此时曾参未必有弟子。

【5】何谓也，谓何也，说的是什么？

【6】忠，尽心尽力。恕，推己及人。这是"仁"的两个方面，"忠"是对自身要求，"恕"是待人接物的要求。《广雅·释诂四》："恕，仁也。"曾参弟子、孔子之孙子思作《中庸》："忠恕违道不远。"孔子自己也说："一言而可以终身行之者，其恕乎？"可见曾参理解虽不完全准确，但已相差不远。

编者注

孔子早就对"恕"下了定义，那就是"己所不欲，勿施于人"。但是对于书中曾多次出现的"忠"，孔子没有定义，因而各家对于"忠"的见解也各不相同。其实，"忠"在孔子的思想中是一个含义极为广泛的概念。后代儒家往往将"忠"局限于"忠君"，乃至于演化为"愚忠"，这是违背孔子本意的。"忠"，既要忠于以礼相待的君王，也要忠于治理的百姓，还要尽到朋友的责任，对朋友的错误进行忠实的劝导。冯友兰以"己欲立而立人，己欲达而达人"来解释"忠"，正符合孔子的本意。

子曰："君子喻[1]于义，小人喻于利。"

注 释

【1】喻，知晓。

编者注

这一则论述的是君子与小人的区别。总是考虑自身利益的，是不值得交往的"小人"。

子曰："见贤思齐 [1] 焉，见不贤而内自省 [2] 也。"

注 释

【1】齐，平等。思齐，想要与之平等，即想要拥有与贤人同样的贤德。

【2】内自省，内心自我反省，反省是否与不贤之人有同样的缺点。

编者注

此篇指无论面对的是否是贤人，都能从他身上进行学习，使自己得到成长。

宰予 [1] 昼寝 [2]。子曰："朽木不可雕 [3] 也，粪土之墙不可杇 [4] 也。于予与何诛 [5]？"子曰 [6]："始吾于人也，听其言而信其行；今吾于人也，听其言而观其行。于予与改是 [7]。"

注 释

【1】宰予，字子我，《论语》一般称其为宰我。孔子弟子，在孔门诸弟子中以"言语"出名。孔子弟子一般称字，此处直呼其名，是因他有过错。

另，宰我在孔子诸弟子中尤为特殊，多次遭到孔子的责备；"于予与何诛"也是孔子责备弟子言辞中相当严厉的一次。《史记·仲尼弟子列传》记载他参与齐国田氏作乱而被灭族，一说此处记载有误，宰我并没有参加；钱穆则认为司马迁所见《论语》可能与今天我们所见的《论语》版本并不相同。

【2】昼寝，大白天睡觉。古代缺乏照明工具，日落后难以学习，因此必须利用好白天的时间。宰我白天睡觉，被孔子认为不可取。

另，梁武帝萧衍等人以为，"昼"（繁体为"晝"）字属于误记，原文应为"画"（繁体为"畫"）。指宰我在房间内雕梁画栋，过于奢侈。但钱穆认为此解不通，且与下文"于予与何诛"矛盾，既然奢侈责备便是，又何必要说"于予与何诛"？

【3】雕，雕刻。

【4】粪土，污秽的泥土。杇（wū），一种涂抹墙壁的工具。

【5】诛，责备。此处指对于宰我，已经没什么值得教诲的了。孔子非常重视弟子在学习方面的态度，而宰我将宝贵的时间用于偷懒，因此孔子表示失望。

【6】有人考证此处"子曰"属于后代传录时添加的字；也有认为上下两句并非同时，所以以"子曰"分隔。

【7】于予与改是，指孔子因宰我而改变其识人的态度。《史记·仲尼弟子列传》记载孔子说："以言取人，失之宰予。"由此句可推断，宰我虽然擅长"言语"，但言行不一，孔子因而对他如此责备。

编者注

本篇选自《公冶长第五》。孔子所责怪的，并非是宰我"昼寝"，而是他的言行不一。

子曰："质胜文则野[1]，文胜质则史[2]。文质彬彬[3]，然后君子。"

注　释

【1】质，朴实。文，文采。野，粗野。

【2】史，虚浮。

【3】文质彬彬，既文雅又朴实。彬彬，钱穆："犹班班，物相杂而适均之义。"

编者注

本篇选自《雍也第六》。本文讲的是君子要做到内在与外在协调一致。文，指的是外在的修饰；质，指的是内在的品质。只有二者相互平衡，才能称得上君子。

本篇也被后世文学批评者作为文学创作的标准。过于重视内涵理论，文章就会太过枯燥；过于重视外在的文采，文章就会显得虚浮而不实。

子曰："志[1]于道，据[2]于德，依[3]于仁，游于艺[4]。"

注 释

【1】志，心所向往，有志于。

【2】据，据守。此处指要坚守道德而不动摇。

【3】依，以……为依靠，指以"仁"作为待人处世之道。

【4】游，游泳。艺，指礼乐射御等"六艺"，是当时士人所必须掌握的技能。学习掌握六艺到熟练的地步，如同鱼游于水中又自由自在，指学习到已经完全掌握的地步。

编者注

本篇及下篇选自《述而第七》。朱熹认为："盖学莫先于立志，志道，则心存于正而不他；据德，则道得于心而不失；依仁，则德行常用而物欲不行；游艺，则小物不遗而动息有养。"修养自己的内心，熟练掌握学到的知识，这样才能说得上是学有所成，才能进入朱熹所说的"圣贤之域"。

子曰："三人行[1]，必有我师焉。择其善者而从之，其不善者而改之。"

注 释

【1】三人行，三人同行。说"行"而不说"居"，可见指路途中偶遇之人。即使是偶遇之人，也能从他身上进行学习。三人，即使不知道应当学习什么，只要将两人对比，就可知应当学习的优点何在了。

编者注

此篇讲要善于学习。孔子弟子子贡曾说，孔子"何常师之有？"即使是与他人同行的短暂时间，也能从同行的人身上找到优点与缺点，并对照自己进行改正。好学之人，在任何的场合下都可以进行学习。

本篇与上文"见贤思齐"一篇主旨相似。朱熹《论语集注》此处注曰："三人同行，其一我也，彼二人者，一善一恶。则我从其善而改其恶焉，是二人者皆我师也。"这样的解释，未免有简单归类之嫌。何谓善，何谓恶？善者是否就是完美无缺的，恶者是否就是一无是处的？显然，世间并没有这样完美的"善者"，若是非要寻找，恐怕这种修身方法永远也得不到实践。其实，每个人身上都有优缺点，从他们身上找到优点进行学习，看到缺点以对照自身，这样就能达到修身的目的。而这，也正是本篇用意所在。

曾子曰："士不可以不弘毅[1]，任重而道远。仁以为己任，不亦重乎？死而后已，不亦远乎？"

注 释

【1】弘毅，杨伯峻引章太炎说，读为"强毅"。强毅，即刚毅。《论语·子路》："子曰：'刚毅木讷近仁。'"

编者注

本篇选自《泰伯第八》，记录曾子言论。曾子认为，士要将追求仁作为自己的任务，至死方休。追求仁，很可能需要穷尽一生，因此说"任重道远"。

子在川上[1]曰："逝者如斯夫[2]，不舍昼夜[3]。"

注　释

【1】川，所指的是哪一条河，如今已不可考。川上，川水边。

【2】逝，往，逝去。斯，这样。逝者，这里孔子以河水奔腾指代光阴似箭。

【3】舍，通"捨"。不舍昼夜，昼夜皆如此，不分昼夜而奔流不息。

编者注

本篇及以下四篇选自《子罕第九》。此篇可能是孔子晚年所作，见到奔腾不息的河流而发出"光阴似箭"的感慨。

本篇在后世学者中引起了很大反响，并提出了多种解释。

董仲舒《春秋繁露》通过本篇解释"水德"："水则源泉混混沄沄，昼夜不竭，既似力者；盈科后行，既似持平者；循微赴下，不遗小间，既似察者；循溪谷不迷，或奏万里而必至，既似知者；障防山而能清净，既似知命者；不清而入，洁清而出，既似善化者；赴千仞之壑，入而不疑，既似勇者；物皆因于火，而水独胜之，既似武者；咸得之而生，失之而死，既似有德者。孔子在川上曰：'逝者如斯夫，不舍昼夜。'此之谓也。"

而魏晋时则将本篇赋予"伤逝"的意象解释。如潘安仁《秋兴赋》："临川感流以叹逝今，登山怀远而悼近。"多篇文学作品将本篇作为"伤逝"的意象来使用。

宋儒讲求义理，而将本篇解释为"道体"，否定魏晋"伤逝"的解释。朱熹《论语集注》总结二程的观点并进行推演："天地之化，往者过，来者续，无一息之停，乃道体之本然也。然其可指而易见者，莫如川流。故于此发以示人，欲学者时时省察，而无毫发之间断也……愚按：自此至终篇，皆勉人进学不已之辞。"认为川流不息是"天道"的体现，本意在于勉励人们要进学不止。

明清之时，人们多从宋儒之说，但也进行了自己的发挥。王阳明在"天道"基础上加入"良知"，认为"良知即天道"：问："'逝者如斯'，是说自家心性活泼泼地否？"先生曰："然。须要时时用致良知的功夫，方才活泼泼地，方才与他川水一般。若须臾间断，便与天地不相似。此是学问极至处。圣人也只如此。"认为"良知"是"逝者如斯",而"无一息之或停"。

此外,随着宋代儒释道三教合流,本篇也不断在佛家、道家文献中出现。但综合历代的解释,我们可以看出,对于"不舍昼夜",历代解释相近;而对于"逝者"的真正含义,则包括了"进德""进学""天道""良知"等多个主体。这些解释的产生,都与当时的社会背景有关;而我们如何解读这些前人的解释,也要结合我们自己的实际情况,切不可囿于其中一解。

子曰:"譬如为山[1],未成一篑[2],止,吾止也。譬如平地,虽覆一篑,进[3],吾往也。"

注　释

【1】为山,积土成山。

【2】篑,土筐。

【3】进,前进。这里指继续填土。

编者注

本篇讲的是"坚持"二字。积土成山,即使只差一筐土,那也不能成功;在平地上哪怕只倒上一筐土,只要坚持下去,就能取得成功。

子曰:"三军可夺帅也,匹夫[1]不可夺志也。"

注　释

【1】匹夫,泛指普通人。志在人心中,只要能坚守其志,谁也不能夺去。

编者注

此篇鼓励人们要坚定信念,不要动摇自己的志向。

子曰："岁寒，然后知松柏之后凋[1]也。"

注 释

【1】凋，凋谢，凋零。后凋，指在树木之中最晚凋零。但是松柏即使在冬天也并非不落叶，只不过旧叶未落新叶已出，即使落叶也不会凋零。一说，"后"即"不"，此处说"后"只是为了语言委婉。

编者注

此篇孔子以松柏比拟君子，即使环境再恶劣，君子的志向操守也不会改变。

后人多以"松柏"比喻人有气节。《荀子·大略》："岁不寒无以知松柏，事不难无以知君子。"朱熹《跋苏文定公直节堂记》："庭中有老柏焉，焚斫之余，生意殆尽，而屹立不僵，如志士仁人，更历变故，而刚毅独立，凛然不衰者。"

李泽厚在《论语今读》中认为，这一篇正是儒家的"乐感文化"的体现。"乐感文化"与西方的"罪感文化"不同，对于苦难，它更重视战胜苦难以达到内心快乐。而松柏所象征的韧性精神，则鼓励人们去战胜苦难。

子曰："知者不惑，仁者不忧[1]，勇者不惧。"

注 释

【1】忧，忧虑。钱穆认为，仁者"先天下之忧而忧"，悲天悯人，却没有私忧私虑，因此说"不忧"。

编者注

本篇讲的是智者、仁者、勇者的三种品德。不为事物所迷惑，没有私忧私虑，遇事勇往直前，才称得上是有德之人。

齐必变食[1]，居必迁坐[2]。食不厌精，脍不厌细[3]。食饐而餲[4]，

鱼馁而肉败 [5]，不食。色恶 [6]，不食。臭恶 [7]，不食。失饪 [8]，不食。不时 [9]，不食。割不正 [10]，不食。不得其酱 [11]，不食。肉虽多，不使胜食气 [12]。惟酒无量，不及乱 [13]。沽酒市脯 [14]，不食。不撤姜食。不多食 [15]。

注　释

【1】齐（zhāi），通"斋"，斋戒。变食，将日常的饮食（如带有辛辣气味的葱、蒜、韭和酒）换掉，以示对神灵祖先的敬重。

【2】居，居住的位置。迁，变换。古人称与妻妾同寝的房间为"燕寝"，斋戒时独居的房间为"外寝"。一说，居指坐的位置。

【3】食，饭，泛指稻谷类的食物。厌，通"餍（yàn）"，吃饱。精，经过精磨后的米。脍（kuài），牛羊鱼肉切成的生鱼片或生肉片。

【4】饐（yì），形容米饭受潮。餲（ài），形容米饭馊而发臭。

【5】馁、败，都是指鱼和肉腐败。

【6】色恶，颜色变得难看。

【7】臭（xiù），通"嗅"，味道。

【8】饪，煮熟。失饪即没有煮熟。

【9】不时，不按正常的时间。古人每日只有早、晚两餐，早餐在8～10时之间，晚餐在16～18时之间。一说，不时指不合季节。

【10】古人食肉类似于今天的西餐牛排，先将整块肉烹调好，再自行切割。切割皆有定法，如果不符合就是不合礼，不能吃。又，王夫之认为，古代对于食用家畜的屠宰处理方式皆有定法，不按一定方法切割处理就是"不正"，是不合礼的，因此不能吃。

【11】酱，泛指用于调味的肉酱或调味料。古人对各类食物搭配十分讲究，使用的酱不适合就是不合礼，不能吃。

【12】食（sì），饭。此处讲要注意肉食与五谷的合理搭配，不能食肉过多。

【13】惟酒无量，只有酒可以不限量。不及乱，以不喝醉为度。

【14】沽（gū），通"酤"，买酒。市，买。脯，干肉。孔子认为这些

来自于市集之物都是不干净的，不能吃。

【15】姜虽然辛辣但气味不强烈，古人食之可以提神，但也不能多吃。

编者注

本篇选自《乡党第十》，讲孔子日常生活中对食物的要求。

　　子路、曾晳、冉有、公西华[1]侍坐。子曰："以吾一日长乎尔，毋吾以也[2]。居则曰：'不吾知也。'如或知尔，则何以哉[3]？"子路率尔[4]而对曰："千乘之国，摄乎大国之间[5]，加之以师旅，因之以饥馑，由也为之，比及三年，可使有勇，且知方也[6]。"夫子哂之。"求[7]，尔何如？"对曰："方六七十，如五六十[8]，求也为之，比及三年，可使足民。如其礼乐，以俟君子。""赤，尔何如？"对曰："非曰能之，愿学焉。宗庙之事，如会同[9]，端章甫[10]，愿为小相[11]焉。""点，尔何如？"鼓瑟希，铿尔[12]，舍瑟而作，对曰："异乎三子者之撰[13]。"子曰："何伤乎！亦各言其志也。"曰："莫春[14]者，春服[15]既成，冠者五六人，童子六七人，浴乎沂[16]，风乎舞雩[17]，咏而归。"夫子喟然[18]叹曰："吾与点也[19]！"三子者出，曾晳后。曾晳曰："夫三子者之言何如[20]？"子曰："亦各言其志也已矣。"曰："夫子何哂由也[21]？"曰："为国以礼，其言不让，是故哂之。""唯求则非邦也与[22]？""安见方六七十，如五六十，而非邦也者？""唯赤则非邦也与？""宗庙会同，非诸侯而何？赤也为之小，孰能为之大[23]？"

注　释

【1】曾晳，名点，曾参之父，父子二人均师从孔子。孟子说他是"狂士"。冉有，名求，有从政才华。公西华，名赤，孔子评价他可以会见宾客使者。朱熹说，他们四人是按照年龄排定座次的，子路比孔子小九岁，曾晳大约比孔子小二十多岁，冉有小二十九岁，公西华小四十二岁。

【2】"毋吾以也"即"毋以吾也"，承接上句，即不要因我比你们年长而不知道说什么。

【3】以，用。这里说：有人想了解你们的志向，你们又依靠什么让别人了解呢？

【4】率尔，轻率地。子路不等孔子发问便直接回答，所以说轻率。

【5】摄，夹处于，指被夹在大国之间。

【6】方，义，道理。

【7】求，冉有的名字。此处是孔子直呼学生的名字。下面的"赤、点"也是如此。曾皙对于同学同样是直呼其名。

【8】方六七十，如五六十，指六七十里或五六十里的国家。春秋时虽然有方圆百里甚至千里的大国，但许多国家只有六七十里或五六十里。

【9】宗庙之事，指在宗庙中进行的祭祀。会同，指诸侯之间的会见与会盟。

【10】端，玄端衣。章甫，章甫帽。这都是当时的礼服。

【11】小相，小小的相礼者。

【12】希，声音稀落。由下文可见，曾皙虽然鼓瑟，但三人所言均听得一清二楚。铿尔，象声词，把瑟放下的声音。

【13】撰，郑玄认为应读作"诠"，善，此处指不如三人所说的那么好。

【14】莫春，暮春三月。

【15】春服，指春季天气转暖所穿的衣服。

【16】沂，沂水，在今山东。另，钱穆认为以当时的历法，三月份气温尚低，难以下水洗澡，因此浴应是盥濯之意，即在水边洗脸洗手。

【17】舞雩，当时曲阜城外有舞雩台，用于祈求降雨。

【18】喟然，叹息的样子。

【19】与，赞同。孔子说："道不行，乘桴浮于海。"前面三人所说均是治国之事，曾皙却有如此清新之语，因此引发孔子叹息。但是，孔子并非真的要"乘桴浮于海"，而是"知其不可而为之"，只是对曾皙所言有所感慨，故而赞同。

【20】此处曾皙不明为何孔子赞同，因此留下询问。

【21】孔子听闻子路言论却报以微笑，此处孔子解释仲由不知谦让因而

发笑。

【22】这里是曾皙不知孔子对二人所说意见如何，为何只笑仲由却不笑同是讲治国的二人，故而如此提问。

【23】公西赤是唯一提到"礼"的，且态度谦虚，因此此处孔子对他表示赞赏。

编者注

此篇选自《先进十一》，宋代学者赞赏曾皙"有尧舜气象"又贬低其余三人，如朱熹《论语集注》便说三人"见者小"。但他晚年却对此说法相当后悔，说是"留为后学祸根"。

本文是《论语》全书中最长的章节，也是千百年来经学研究的一大热点；而"吾与点也"的真实原因，更是经学史上著名的公案之一。随着儒家的不断发展，各代学者的观点也不断发生变化。

汉代经学家包咸认为，这是一次简单而又其乐融融的春游活动，既有"冠者"，又有"童子"，大家沐浴吹风歌咏而归，其乐融融，可谓志得意满。此说不仅在汉代产生了很大影响，后世之人也多有从此说者。

到了魏晋，玄学之风盛行，连对《论语》的研究也染上了玄学色彩。皇侃认为，曾点的观点"独识时变"，这种超然的境界，远胜于"皆以仕进为心"的其他弟子。而当时的其他一些著作，更是将曾点描绘为超凡脱俗的隐士。

宋代，理学兴起，主张"圣贤气象"的理学家们在解释本篇时，还创造了一个专门的名词"曾点气象"。二程的弟子谢良佐认为，曾点的观点有"尧舜气象"，而接近于逍遥洒脱的"列子御风"形象。而朱熹对曾点更是推崇，他认为曾点已经展现了"看见日用之间，莫非天理，在在处处，莫非可乐"的圣人风范。这种"圣贤气象"是一种理想的精神境界，是一种准宗教性质的精神标杆，对后世的儒学研究产生了极为深远的影响（即使朱熹晚年对这种解释感到后悔）。如明代王阳明，虽然开创"心学"体系，但在本篇中仍然受到理学影响，而称赞曾点"凤凰千仞""一克念即圣人矣"。

颜渊[1]问仁。子曰：“克己复礼为仁。一日克己复礼，天下归仁[2]焉。为仁由己，而由人乎哉？”颜渊曰：“请问其目[3]。”子曰：“非礼勿视，非礼勿听，非礼勿言，非礼勿动。”颜渊曰：“回虽不敏，请事斯语矣。”

注　释

【1】颜渊，字子渊，孔子最优秀的弟子之一，孔门七十二贤人之首，被后世追尊为“复圣”。孔子将颜渊视为自己最优秀的弟子，只可惜他二十九岁便英年早逝了。

【2】归仁，杨伯峻：“‘称仁’之意。”

【3】目，纲领，此处指具体要求。

编者注

本篇选自《颜渊十二》。本篇提出了儒家的一个重要概念：克己复礼。克己复礼，便是克制自己，按照礼的规范做事。《左传·昭公十二年》：“仲尼曰：‘古也有志，克己复礼，仁也。’”由此可知，克己复礼一词在孔子之前就已经出现。对于如何达到“克己复礼”，孔子给出了四条方法：对于“非礼”的事物，不要看、不要听、不要讲、不要做。实现这四条，就可实现“礼”。

或曰：“以德报怨[1]，何如？”子曰：“何以报德？以直报怨[2]，以德报德[3]。”

注　释

【1】以德报怨，《道德经》第六十三章有“报怨以德”的说法，因此有人认为本篇是批评老子《道德经》的言论。此说不妥。《论语》全书，除此处外没有一处与《道德经》相对应，也无一处写到老子其人。钱穆认为，这是当时有这一说法而被《道德经》引用。

【2】直，直道，公平无私之道。此处说公平无私，对于怨既不过分刻薄，

也不故意温厚，而是公平回报。一说，直通"值"，指对等的事物。二说有相通之处。

【3】此处说"以德报"而不说"以直报"，即德行不论厚薄，"滴水之恩当涌泉相报"。若是"以直报德"，那德行便成了市场交易了。

编者注

此篇选自《宪问十四》。《礼记·表记》："以德报德，则民有所劝。以怨报怨，则民有所惩。""以德报怨，则宽身之仁也。以怨报德，则刑戮之民也。"正是本篇孔子看法的延伸。以德报德，劝民向善；以怨报怨，惩罚为恶之人。以德报怨，过于宽厚；以怨报德，则是过于凶恶。

子贡[1]问曰："有一言[2]而可以终身行之者乎？"子曰："其恕[3]乎！己所不欲，勿施于人。"

注　释

【1】子贡，姓端木，名赐，字子贡，能言善辩，能作为使节出使他国，且善于经商。司马迁认为，孔子思想之所以能名满天下，主要依赖于他的推动。

【2】言，字。古人以一言为一字。

【3】"恕"是"仁"的一个方面，主要内涵就是尊重别人。坏的东西固然不能施加于人，好但不适合别人的东西也不能随意施加于人。

编者注

此篇及下篇选自《卫灵公十五》，解释"恕"的一个方面。《礼记·曲礼上》："礼闻来学，不闻往教。"无论是礼，还是价值观，都不能强行推行。

子曰："当仁[1]，不让于师[2]。"

注　释

【1】当，值，践行。此处指践行"仁"的要求。"仁"，是儒家的重要思想，

孔子自己解释为"爱人"而能够践行"仁"的"仁人",则要做到"修己以安人";能做到这一点的,《论语》中一共有六位,包括微子、箕子、比干、伯夷、叔齐,以及曾被孔子批评"不知礼"、又被子贡批评不能死节的管仲。

【2】不让于师,践行则应勇往直前。

编者注

此篇鼓励践行"仁"道时要勇往直前。亚里士多德曾说:"吾爱吾师,吾更爱真理"与此类似。后代封建礼教认为学生应对老师绝对顺从,这实际上是对孔子本意的曲解。

季氏将伐颛臾[1]。冉有、季路[2]见于孔子,曰:"季氏将有事于颛臾。"孔子曰:"求!无乃尔是过与[3]?夫颛臾,昔者先王以为东蒙主[4],且在邦域之中[5]矣,是社稷之臣[6]也,何以伐为?"冉有曰:"夫子[7]欲之,吾二臣者,皆不欲也。"孔子曰:"求!周任[8]有言曰:'陈力就列,不能者止[9]。'危而不持,颠而不扶,则将焉用彼相[10]矣?且尔言过矣!虎兕出于柙[11],龟玉毁于椟[12]中,是谁之过[13]与?"冉有曰:"今夫颛臾,固而近于费[14],今不取,后世必为子孙忧。"孔子曰:"求!君子疾夫舍曰欲之,而必为之辞[15]。丘也闻有国有家者,不患寡而患不均,不患贫而患不安[16]。盖均无贫,和无寡,安无倾。夫如是,故远人[17]不服,则脩[18]文德以来之。既来之,则安之[19]。今由与求也[20],相夫子,远人不服,而不能来也,邦分崩离析[21],而不能守也,而谋动干戈[22]于邦内。吾恐季孙之忧,不在颛臾,而在萧墙之内[23]也。"

注　释

【1】季氏,此处指季康子,姬姓,名肥,谥为"康",鲁桓公嫡次子季友之后,鲁国掌权的"三桓"之一,此时担任鲁国正卿。"三桓"当时强盛,掌控了整个鲁国的国政,即使孔子"摄相事"时,遇到军国大事也要去和"三

桓"商议。孔子对此十分不满。

颛臾，小国，是鲁国的附庸国。

另，此事《左传》《史记》等史书均不见有记载，只有本篇记载。

【2】冉有、季路，当时都是季氏的家臣，冉有较受重用，因此更受孔子责备。

【3】"无乃尔是过与"，你们实在是太过分了。是，俞樾《群经平议》认为通"实"，实在。

【4】先王，指周天子，具体所指已不可考。东蒙主，东蒙山的主人。《汉书·地理志》记载，蒙阴县（今山东蒙阴县）附近有蒙山，蒙山有祠堂，由颛臾君主负责祭祀。

【5】指颛臾在鲁国疆域之中。一说"邦"字应为"封"字。

【6】社稷之臣，指颛臾附庸鲁国并侍奉鲁国。

【7】夫子，这里指季康子。冉有是季氏的家臣，因而如此称呼。

【8】周任，马融认为是"古之史官"，其事迹已不可考。

【9】此句原有讲话背景已不可考。联系上下文，此句指为人臣子就要考虑自己是否能力足够，不能胜任工作，就该辞职。此处批评冉求身为家臣不能阻止季康子的错误。

【10】危，处于危险之中。颠，跌倒。焉用彼相，还用你帮他们干什么？

【11】兕（sì），一种野兽，似牛，青色，一角。从描述上看，似乎就是犀牛；但是古代另有"犀"字，《尔雅·释兽》指出"兕"似牛，而"犀"似豕（shǐ，猪）。有学者考证，"兕"是体型较大的印度犀，"犀"是体型较小的爪哇犀。柙（xiá），木制的兽笼。

【12】龟，龟甲。古人用龟甲进行占卜。椟（dú），木制的盒子。

【13】老虎犀牛逃出来了，龟甲美玉毁坏了，这应当是看守者的过错。此处以虎兕等为喻批评作为季氏家臣的二人有劝谏的义务却未能尽责。

【14】固，城墙坚固，引申为易守难攻。费，季氏封地。

【15】疾，讨厌，痛恨。舍曰欲之，故意不说自己想干什么；必为之辞，非要找个借口。此处批评"必为子孙忧"实际上是冉有找的托词。

【16】"不患寡而患不均，不患贫而患不安"一句，《春秋繁露》《魏书·张普惠传》均引作"不患贫而患不均，不患寡而患不安"，俞樾《群经平议》

认为此处是传抄过程中出现的错误，应改为"不患贫而患不均，不患寡而患不安"，正好与下文"均无贫，和无寡，安无倾"相对。

但现代学者依据定州汉墓出土竹简"不患贫而患不安"和《盐铁论》引"不患寡而患不均"认为，此处并无错误，"寡"指财物寡少而并非人口寡少，与"贫"含义相近。

此句讲孔子的治国之道。贫富差距过大、社会不安定相对于摆脱贫穷更是难题。

【17】远人，指非本国之人。

【18】脩（xiū），通"修"，修养。

【19】既来之，则安之。既然"远人"来到国内，就要好好安抚他们。这一句往往被后代封建统治者引以为治理边疆少数民族地区的政策，一些边疆地区的城镇常常以"绥""抚""安""宁"为名，都有"安"的意思。

【20】此处将子路放在前面，是因为子路年纪较大。

【21】分，民众离心离德。崩，民众想要离开。离析，不会再回来。

【22】干戈，都是武器。此处引申为战争。

【23】萧墙，周代礼仪，诸侯宫室门内设屏障，称为萧墙。此处一说指季氏征伐小国不通过鲁国国君（此时是鲁哀公在位）而直接进行谋划，这不是臣子应做的事情。一说指鲁国国君早就对季康子权力过大有所不满，很可能借此机会除掉季氏。另，《左传》记载鲁哀公在季康子死后联合诸侯征伐"三桓"。

编者注

本篇选自《季氏十六》。此篇是孔子治国的集中体现。孔子主张治国要实行仁政，用仁德使其他国家服从。季氏随意征伐小国，既是对礼制的破坏，也是对国家安定有害的行为。

子曰："小子，何莫学夫《诗》？诗，可以兴，可以观，可以群，可以怨。迩之事父，远之事君；多识于鸟兽草木之名[1]。"

注 释

【1】《诗》常用比兴手法，因此也借用了多种鸟兽草木。

编者注

本篇及下篇选自《阳货十七》。在本篇中，孔子提出了中国文学理论中的一个重要理论：兴观群怨，对诗歌的作用进行了概括。兴，是《诗》中最常用的手法之一，也叫"起兴"，即借他物抒发自己的情感意志；观，即对社会现实进行观察，批评政治得失；群，即通过抒发情感达到与人沟通的目的；怨，即"怨刺"，对不合理的现象进行批评讽刺。

宰我问："三年之丧[1]，期已久矣[2]。君子三年不为礼，礼必坏。三年不为乐，乐必崩[3]。旧谷既没，新谷既升[4]，钻燧改火[5]，期可已矣。"子曰："食夫稻[6]，衣夫锦[7]，于女安乎[8]？"曰："安。""女安则为之。夫君子之居丧，食旨不甘，闻乐不乐，居处不安，故不为也。今女安则为之。"宰我出，子曰："予之不仁也！子生三年，然后免于父母之怀[9]。夫三年之丧，天下之通丧[10]也。予也，有三年之爱于其父母乎？"

注 释

【1】三年之丧，三年的丧期，指父母死子女要守孝三年。周代礼制有这一要求，但当时已经很少有人实行了。因此宰我认为这一规矩可以修改。

【2】期，时间。三年的时间太长了。

【3】坏，败坏。崩，失去。礼乐由君子传承并教化民众，如果君子守孝三年不行礼乐，礼乐就会崩坏。此处也是"礼崩乐坏"一词的出处。另，由此篇可见古代礼制在孔子那时已经得不到重视，而孔子则提倡恢复之。

【4】没，尽。升，收获。旧的谷子耗尽、新的谷子收获，事物有所变化，丧期也应该有所变化。

【5】古人取火多依靠钻木和燧（一种凹面镜），已经点燃的火种要予以保留，等到即将熄灭，再用另一根木头接续。而接续用的木材，也因季节变化而使用不同的种类。此处也是指事物有所变化。

【6】古代北方以稻食为贵，服丧之人不能吃。

【7】服丧之人应身着素服，不能穿华贵的锦衣。

【8】女（rǔ），通"汝"。此句是孔子通过设问使宰我反思自己的想法。下文宰我不加反思却直接回答"安"，这令孔子十分生气。

【9】小于三岁的孩子，常在父母怀抱之中，因此服丧以三年为期限。

【10】天下之通丧，指三年服丧之期是天下人都遵守的规矩。

编者注

此篇通过孔子对宰我的责备，表达了对孝道的重视。孔子提倡守孝三年，正是出于这种重视。

齐桓晋文之事章

《孟子》

孟子，名轲，邹（今山东省邹城市）人。受业于孔子之孙子思。相传，孟子是鲁国贵族孟孙氏的后人，但幼年丧父，家境贫困。学成之后，他以儒家"仁政"学说游说各国君王，但均不受重用：齐宣王没有采纳他的学说，梁惠王认为他的主张不切合实际。在多次游说不成后，他返回家乡，与万章等人整理儒家经典，并传授儒家学说。有《孟子》七篇传世。

孟子去世后，虽然汉代儒家成为主流，但孟子的地位一直不高。直到唐代韩愈《原道》称孟子为孔子"道统"的继承人开始，孟子的地位不断上升。宋代，《孟子》纳入科举考试范围，随后孟子被批准配享孔庙，朱熹将《孟子》列入"四书"之中，地位在"五经"之上。元代，孟子被加封为"亚圣"，地位超越其他儒家学者而仅次于孔子。明代，更是给予孟子后人以孔子后裔相近的待遇，加封翰林院五经博士，子孙世袭。

《孟子》是一本语录体散文，成书约在战国初期，是孟子弟子及再传弟子将孟子及其弟子言论集录而成。全书均为孟子对各国国君的游说、对弟子的教育及与其他学派的辩论等内容。全书主要讲孟子的治国思想和政治观点，阐述了他"行王道，施仁政"的政治主张。

《孟子》一书最大的特点是长于论辩，语言犀利，逻辑严谨，且善于运用比喻等修辞手法，艺术性强。孟子特别提倡"浩然之气"，他的文章也充斥着这种"浩然之气"而气势磅礴。《文心雕龙·诸子》："孟荀所述，理懿而辞雅。"苏辙《上枢密韩太尉书》："今观其文章，宽厚宏博，充乎天地之间，称其气之小大。"

题 解

本文选自《梁惠王上》，标题是篇首的前几个字（本篇及以下六篇选自《孟子》的文章，均采用此方式）。本文是孟子对齐宣王的一次游说的记录。齐宣王时，为了招揽贤才，便在稷下（齐国都城临淄稷门附近）建立学宫，容纳来自各国的文学游说之士，并任用一些贤能之人作为客卿，与他们讨论政务。孟子当时便是齐国的客卿。

战国时期，列国之间征伐不断，齐国当时是诸侯中数一数二的强国，齐威王、宣王父子二人通过任用邹忌、孙膑等人，使得国内不断富强，对外战争连连告捷。因此，齐宣王对于称霸十分热衷，故而询问春秋时的霸主齐桓公、晋文公的事情。但这与孟子所提倡的王道相违背。于是，孟子通过巧妙的设问，将话题从"齐桓晋文之事"一步步引到了自己所提倡的"德政""王道"上面，并最终使宣王心服口服。

齐宣王虽多次被孟子说服，但他从未真正将孟子的理论应用到实际中去。而战国列强尔虞我诈、战争不断的环境下，孟子的学说更是显得与当时局势格格不入。最终，孟子只好离开齐国。

本文以层层推进的办法来进行说理，气势磅礴，说服力极强。

齐宣王[1]问曰："齐桓、晋文之事[2]，可得闻乎？"

孟子对曰："仲尼之徒[3]，无道桓、文之事者，是以后世无传焉，臣未之闻也。无以[4]，则王乎？"

曰："德何如，则可以王矣？"

曰："保民而王，莫之能御也。"

曰："若寡人者，可以保民乎哉？"

曰："可。"

曰："何由知吾可也？"

曰："臣闻之胡龁[5]曰：王坐于堂上，有牵牛而过堂下者，王见之，曰：'牛何之？'对曰：'将以衅钟[6]。'王曰：'舍之！吾不忍其觳觫[7]，若无罪而就死地。'对曰：'然则废衅钟与？'曰：'何可废也，以羊易之[8]'。不识有诸？"

曰："有之。"

曰："是心足以王矣。百姓皆以王为爱[9]也，臣固知王之不忍也。"

王曰："然，诚有百姓者。齐国虽褊小[10]，吾何爱一牛？即不忍其觳觫，若无罪而就死地，故以羊易之也。"

曰："王无异[11]于百姓之以王为爱也。以小易大，彼恶[12]知之？王若隐[13]其无罪而就死地，则牛羊何择焉[14]？"

王笑曰："是诚何心哉！我非爱其财而易之以羊也[15]，宜乎百姓之谓我爱也。"

曰："无伤[16]也，是乃仁术也！见牛未见羊也。君子之于禽兽也，见其生，不忍见其死；闻其声，不忍食其肉。是以君子远庖厨[17]也。”

王说曰:"《诗》[18]云:'他人有心,予忖度之[19]。'夫子[20]之谓也。夫我乃行之,反而求之,不得吾心[21];夫子言之,于我心有戚戚[22]焉。此心之所以合于王者,何也?"

曰:"有复[23]于王者曰:'吾力足以举百钧[24],而不足以举一羽;明足以察秋毫之末,而不见舆薪[25]。'则王许之乎?"

曰:"否!"

"今恩足以及禽兽,而功不至于百姓者,独何与?然则一羽之不举,为不用力焉;舆薪之不见,为不用明焉;百姓之不见保,为不用恩焉。故王之不王,不为也,非不能也。"

曰:"不为者与不能者之形[26],何以异?"

曰:"挟太山以超北海[27],语人曰:'我不能。'是诚不能也。为长者折枝[28],语人曰:'我不能。'是不为也,非不能也。故王之不王,非挟太山以超北海之类也;王之不王,是折枝之类也。

"老吾老,以及人之老;幼吾幼,以及人之幼[29];天下可运于掌[30]。《诗》云:'刑于寡妻,至于兄弟,以御于家邦[31]。'言举斯心加诸彼而已。故推恩足以保四海,不推恩无以保妻子。古之人所以大过人者,无他焉,善推其所为而已矣!今恩足以及禽兽,而功不至于百姓者,独何与?权,然后知轻重;度,然后知长短[32]。物皆然,心为甚。王请度之。抑[33]王兴甲兵,危士臣,构怨于诸侯,然后快于心与?"

王曰:"否,吾何快于是!将以求吾所大欲也。"

曰:"王之所大欲,可得闻与?"

王笑而不言。

曰:"为肥甘不足于口与?轻暖不足于体与?抑为采色不足视于目与?声音不足听于耳与?便嬖[34]不足使令于前与?王之诸

臣，皆足以供之，而王岂为是哉！"

曰："否，吾不为是也。"

曰："然则王之所大欲可知已：欲辟土地，朝秦楚，莅中国而抚四夷^[35]也。以若所为，求若所欲，犹缘木而求鱼^[36]也。"

王曰："若是其甚与？"

曰："殆^[37]有甚焉。缘木求鱼，虽不得鱼，无后灾；以若所为，求若所欲，尽心力而为之，后必有灾。"

曰："可得闻与？"

曰："邹^[38]人与楚人战，则王以为孰胜？"

曰："楚人胜。"

曰："然则小固不可以敌大，寡固不可以敌众，弱固不可以敌强。海内之地，方千里者九，齐集有其一；以一服八，何以异于邹敌楚哉！盖亦反其本矣^[39]！今王发政施仁，使天下仕者皆欲立于王之朝，耕者皆欲耕于王之野，商贾^[40]皆欲藏于王之市，行旅皆欲出于王之途，天下之欲疾其君者，皆欲赴愬^[41]于王。其若是，孰能御之？"

王曰："吾惛^[42]，不能进于是矣！愿夫子辅吾志，明以教我。我虽不敏，请尝试之！"

曰："无恒产而有恒心者，惟士为能。若民，则无恒产，因无恒心。苟无恒心，放辟邪侈^[43]，无不为已。及陷于罪，然后从而刑之，是罔民^[44]也。焉有仁人在位，罔民而可为也！是故明君制^[45]民之产，必使仰足以事父母，俯足以畜^[46]妻子，乐岁终身饱，凶年免于死亡；然后驱而之善，故民之从之也轻^[47]。今也制民之产，仰不足以事父母，俯不足以畜妻子，乐岁终身苦，凶年不免于死亡；此惟救死而恐不赡，奚暇^[48]治礼义哉！王欲行之，则盍反其本矣！五亩之宅，树之以桑^[49]，五十者可以衣帛矣；鸡豚狗

臣，皆足以供之，而王岂为是哉！"

曰："否，吾不为是也。"

曰："然则王之所大欲可知已：欲辟土地，朝秦楚，莅中国而抚四夷[35]也。以若所为，求若所欲，犹缘木而求鱼[36]也。"

王曰："若是其甚与？"

曰："殆[37]有甚焉。缘木求鱼，虽不得鱼，无后灾；以若所为，求若所欲，尽心力而为之，后必有灾。"

曰："可得闻与？"

曰："邹[38]人与楚人战，则王以为孰胜？"

曰："楚人胜。"

曰："然则小固不可以敌大，寡固不可以敌众，弱固不可以敌强。海内之地，方千里者九，齐集有其一；以一服八，何以异于邹敌楚哉！盖亦反其本矣[39]！今王发政施仁，使天下仕者皆欲立于王之朝，耕者皆欲耕于王之野，商贾[40]皆欲藏于王之市，行旅皆欲出于王之途，天下之欲疾其君者，皆欲赴愬[41]于王。其若是，孰能御之？"

王曰："吾惛[42]，不能进于是矣！愿夫子辅吾志，明以教我。我虽不敏，请尝试之！"

曰："无恒产而有恒心者，惟士为能。若民，则无恒产，因无恒心。苟无恒心，放辟邪侈[43]，无不为已。及陷于罪，然后从而刑之，是罔民[44]也。焉有仁人在位，罔民而可为也！是故明君制[45]民之产，必使仰足以事父母，俯足以畜[46]妻子，乐岁终身饱，凶年免于死亡；然后驱而之善，故民之从之也轻[47]。今也制民之产，仰不足以事父母，俯不足以畜妻子，乐岁终身苦，凶年不免于死亡；此惟救死而恐不赡，奚暇[48]治礼义哉！王欲行之，则盍反其本矣！五亩之宅，树之以桑[49]，五十者可以衣帛矣；鸡豚狗

彘之畜，无失其时[50]，七十者可以食肉矣；百亩之田，勿夺其时[51]，八口之家可以无饥矣；谨庠序之教[52]，申之以孝悌之义，颁白者不负戴于道路矣[53]。老者衣帛食肉，黎民不饥不寒，然而不王者，未之有也。"

注　释

【1】齐宣王，田氏，名辟疆，齐威王之子。其祖父代替姜姓自立，其父称王，到齐宣王这一代，齐国已经成为天下数一数二的强国，通过任用孙膑等人在马陵大败魏国，又扩充稷下学宫，招揽大批擅长文学和辩论的人才。此时，孟子在齐国担任客卿。

【2】齐桓，齐桓公。晋文，晋文公。二者都是春秋时的诸侯霸主，此处齐宣王是通过询问二者的事迹而探求称霸之道。

【3】这里指儒家学派的士人。《论语》《孟子》都曾提到过齐桓公、晋文公，不过由于他们的"霸道"与儒家奉行的"仁""礼"相违背，因此儒家学派往往贬低他们。这里孟子也是以借口推辞。

【4】以，通"已"。无以，即"不得已"。

【5】胡龁（hé），赵岐认为是齐王的近臣。

【6】衅，古代的一种祭礼，重要的器物投入使用之前要将动物的血涂抹在上面以祭祀。

【7】觳（hú）觫（sù），杨慎《丹铅总录》："言牛将就屠而体缩恐惧也。"即战栗、颤抖。

【8】古代礼节，作为祭品的肉牛是第一等肉畜，比羊高一个等级，所以齐宣王用羊替换牛。

【9】爱，吝惜。

【10】褊（biǎn），通"扁"，小。褊小，即狭小。

【11】异，惊异。

【12】恶（wū），哪里。

【13】隐，赵岐认为是"痛"。哀痛，可怜。

【14】择，区别。

【15】而，在这里表转折，可是。这里指齐宣王不吝惜财物却因疏忽而用羊代替牛，造成了百姓的误解。

【16】无伤，无妨。

【17】庖厨，厨房。此处表现君子的仁爱恻隐之心，不想听到看到动物的死，因而远离厨房。

【18】《诗》，指《诗经》。

【19】此句选自《诗经·小雅·巧言》。忖（cǔn），猜想。度（duó），考虑。二者词义相近而连用。

【20】夫子，尊称，先生。此处显示齐宣王对孟子言论表示尊重。

【21】不得吾心，"吾心不得"的倒装，即不知道为什么如此做。

【22】戚戚，心有感触的样子。

【23】复，报告。

【24】钧，重量单位，一钧等于三十斤（齐国一斤等于今天的330克）。

【25】秋毫之末，鸟兽在秋天会长出新的毛发以备冬季御寒，极其纤细。舆，车。薪，木柴。

【26】形，具体表现。

【27】太山，即泰山。北海，一说为今天俄罗斯境内的贝加尔湖，一说为渤海。《墨子·兼爱》："譬若挈太山越河、济也。"可见当时常用此比喻。

【28】折枝，有三种说法。一是为长辈折根树枝；二是枝通"肢"，向长辈弯腰作揖；三是枝通"肢"，为长辈按摩。

【29】老吾老，以及人之老；幼吾幼，以及人之幼。第一个"老"和"幼"作动词，分别为"尊敬"和"爱护"；后面的"老"和"幼"则是名词，指老人和小孩。

【30】天下可运于掌，指很容易就可操纵天下。《列子·汤问》："大王治国诚能若此，则天下可运于一握。"

【31】此句引自《诗经·大雅·思齐》。

【32】权，秤砣。这里用作动词，即称量。度（duó），用尺子量。

【33】抑，连词，表选择。此处孟子省略前一段"老吾老"，只言此段。

【34】肥甘，肥美甘甜的食物。轻暖，轻软暖和的衣服。采色，文采与美色，引申为官殿的装饰。便嬖（pián bì），《说文》解为"爱"。此处指君

主宠幸的左右近臣。

【35】朝（cháo）秦楚，使秦国楚国前来朝觐。秦国经历商鞅变法逐渐走向富强，楚国土地广阔，是天下最强大的国家之一。莅，莅临，此处指君临天下。四夷，指东夷、南蛮、北狄和西戎，是位于中原地区周边的民族的统称。这里表示齐宣王的最大欲望是统治整个中国。

【36】缘，攀爬。缘木求鱼，爬到树上去捕鱼。

【37】殆，副词，表示不能肯定，可能。

【38】邹，小国名，在今山东邹县附近，国土很小。

【39】盖，发语词，无意义。一说盖通"盍"（hé），何不。

【40】商贾（gǔ），经商之人的统称。《周礼·天官·太宰》："行曰商，处曰贾。"

【41】赴愬（shuò），申诉。

【42】惛（hūn），通"昏"，头脑混乱。

【43】放，放纵、放荡。辟，通"僻"，行为不端。邪，与"辟"同义。侈，与"放"同义。放辟邪侈即胡作非为。

【44】罔，通"网"，用网捕捉，此处引申为设计陷害。

【45】制，订立规章制度。

【46】畜，养育。

【47】轻，轻易、容易。

【48】奚，哪里。暇，有空余的时间。

【49】春秋时期实行井田制，每一个有劳动力的男丁可得五亩住宅土地，一半在耕地，一半在村中。春耕时，居于耕地；秋收后，返回村庄。树之以桑，在土地上种植桑树。

【50】无失其时，指不在动物繁殖季节宰杀动物，以利繁殖。

【51】勿夺其时，指不在农忙时征发徭役，促进农业生产。

【52】谨，重视。庠（xiáng）序，地方学校。《孟子·滕文公上》："夏曰校，殷曰序，周曰庠。"

【53】颁，通"斑"。颁白，指头发花白的老人。负，背负。戴，头上顶着。这里指人人都知道敬老。

编者注

"无恒产则无恒心"的观点，不仅在《孟子》一书中多次体现，稷下道家学者所作的《管子》也曾多次体现这一观点。这种观点指出，当百姓穷困到一定程度时，就会"放辟邪侈，无不为已"；为了避免这种情况，君王应该全力做到"老者衣帛食肉，黎民不饥不寒"，使百姓拥有稳定的财产，这样才能成就"王道"。

但孟子也说过，"生于忧患，死于安乐"。古往今来，有无数的"有恒产"的人沉溺于安乐之中，意志消磨而陷入衰败灭亡。这一看似相互矛盾的观点又如何解释呢？

著名的"马斯洛需求层次理论"认为，人类有五种需求，除最基础的生理需求外，还有安全需求等其他需求。但是，五种需求并非是绝对的递进关系，而是可以跳跃前进，也可以同时拥有多种需求，也存在着专注于一种需求而暂时忘记其他需求的情况。马斯洛也曾说，当人的需要一旦被满足，就会允许自己变得懒散。而在这种情况下，人对于安全的需求就可能被暂时忽略；而忽略安全，就可能对隐患视而不见，最终导致灾难性的后果。因此，按照马斯洛的理论，治国者不仅要满足人民的生理需求，还要时刻提醒人们注意对安全的需求，这样才能避免"死于安乐"。

鱼我所欲也章

《孟子》

题　解

本篇选自《告子上》。孟子从鱼和熊掌的对比开始，讲到生与义的对比，然后从生死观逐渐引向本文的核心观点。层层递进，善用比喻，逐渐深入，最终达到阐述道理的目的，是孟子的一贯手法。

而这篇文章中提出的"舍生取义"观点，不仅是《论语》"有杀身以成仁"的进一步阐述，更是两千多年来中华民族精神的重要支柱。文天祥在就义之后，人们从他的衣带中发现了一首诗，上面就有这样一句："孔曰成仁，孟曰取义。"

鱼，我所欲也；熊掌，亦我所欲也。二者不可得兼，舍鱼而取熊掌者也。生，亦我所欲也；义，亦我所欲也。二者不可得兼，舍生而取义者也。生亦我所欲，所欲有甚于生者，故不为苟得也；死亦我所恶，所恶有甚于死者，故患有所不辟[1]也。如使人之所欲莫甚于生，则凡可以得生者何不用也？使人之所恶莫甚于死者，则凡可以辟患者何不为也？由是则生而有不用也，由是则可以辟患而有不为也。是故所欲有甚于生者，所恶有甚于死者。非独贤者有是心也，人皆有之，贤者能勿丧耳。

一箪[2]食，一豆[3]羹，得之则生，弗得则死。呼尔而与之，行道之人弗受[4]；蹴尔而与之，乞人不屑也。万钟[5]则不辩礼义而受之，万钟于我何加焉！为宫室之美、妻妾之奉、所识穷乏者得我与？乡[6]为身死而不受，今为宫室之美为之；乡为身死而不受，今为妻妾之奉为之；乡为身死而不受，今为所识穷乏者得我而为之：是亦不可以已乎？此之谓失其本心。

注 释

【1】辟（bì），通"避"，躲避。

【2】箪（dān），古人盛饭用的圆形竹器。

【3】豆，古代食器，类似于高脚盘。

【4】《礼记·檀弓》曾记载一个类似的故事："齐大饥，黔敖为食于路，以待饿者而食之。有饿者蒙袂辑屦，贸贸然来。黔敖左奉食，右执饮，曰：'嗟！来食。'扬其目而视之，曰：'予唯不食嗟来之食，以至于斯也。'从而谢焉；终不食而死。曾子闻之曰：'微与？其嗟也可去，其谢也可食。'"

【5】钟，古代量词。万钟，指优厚的俸禄。古代官吏实行实物俸禄。

【6】乡，通"向"，从前。

编者注

在现代以前，无论中外，人们对于以生死相搏的军人，往往都要求他们要"舍生取义"，不做敌人的俘虏；史书上为了避免被俘而自杀的例子更是比比皆是。在特定的时代下，即使是因负伤等原因被俘的军人，在释放后也会遭受人们的指责甚至国家的怀疑。但在1942年巴丹美军投降事件后，人们开始转变看法。当时驻菲美军司令温莱特中将同样是率军投降，却在战后受到了美国人民英雄般的欢迎，杜鲁门总统还亲自为他授勋。

1955年颁布的《美国军人行为准则》显然受到了此事的影响。《准则》全文只有6条，其中第2-5条特别规定了投降与被俘的相关准则。第二条规定："我绝不自愿投降。如果我处于指挥位置，我绝不在我的部下仍能抵抗的情况下让他们投降。"但又指出："只有当个体的规避已经不可能而且进一步战斗只会导致死亡而不会给敌人造成有效的损失时，应考虑投降。在所有合理的途径已经穷尽，唯有确定无疑的死亡时，被俘并不意味耻辱。"当然，美国也并非"鼓励投降"，如第五条就规定战俘不应损害美国、盟国和其他战俘的利益。

1980年，中共中央、国务院、中央军委针对在抗美援朝、中越边境自卫反击战中被俘的战士所遭受的不公待遇，颁布了《关于志愿军被俘归来人员问题的复查处理意见》，将"投降"与"被俘"做了分割，并规定那些在被俘后能够英勇不屈，组织或参加对敌斗争的战士一律予以恢复军籍、党籍、团籍的处理；而那些犯了错误但能够及时改正的战士，也可以在经过审查后恢复军籍、党籍、团籍。可见，随着时代的变化，人们对于军人"舍生取义"的认识也在不断发生着变化。

我善养吾浩然之气章

《孟子》

题　解

本篇选自《公孙丑上》，全篇皆是孟子与他的学生公孙丑的对话。在《孟子》中，曾有人评价孟子"好辩"，孟子则直言：我并不好辩，只是不得已。本篇，孟子便阐述自己真正擅长的是两件事——一是知言，二是"善养吾浩然之气"。

什么是浩然之气？孟子认为："其为气也，至大至刚，以直养而无害，则塞于天地之间。"简而言之，就是一种人生的修养，也是一种能够坚守道德的意志力。有了这种意志力，便能坚持"义"而不动摇。关于培养"浩然之气"的方法，孟子举了一个"揠苗助长"的寓言，来说明培养浩然之气不可违背规律，否则就会"非徒无益，而又害之"。

"敢问夫子恶乎长^[1]？"

曰："我知言，我善养吾浩然之气。"

"敢问何谓浩然之气？"

曰："难言也。其为气也，至大至刚，以直养而无害，则塞于天地之间。其为气也，配义与道；无是，馁^[2]也。是集义所生者，非义袭而取之也。行有不慊^[3]于心，则馁矣。我故曰，告子未尝知义，以其外之也^[4]。必有事焉而勿正^[5]，心勿忘，勿助长也。无若宋人然。宋人有闵其苗之不长而揠^[6]之者，芒芒然^[7]归。谓其人^[8]曰：'今日病^[9]矣，予助苗长矣。'其子趋而往视之，苗则槁^[10]矣。天下之不助苗长者寡矣。以为无益而舍之者，不耘^[11]苗者也；助之长者，揠苗者也。非徒^[12]无益，而又害之。"

注　释

【1】《公孙丑》全篇均是公孙丑与孟子二人的对话，因此此处提问者是公孙丑。长（cháng），擅长。

此句是承接上一篇孟子言自己"四十不动心"，公孙丑因而追问孟子有何擅长之处使他能做到"不动心"。详见《公孙丑上》的"夫子加齐之卿相"一章。

【2】馁，衰败，失去力量。

【3】慊（qiè），通"惬"，满足，畅快。

【4】告子，是多次出现于《孟子》及《墨子》书中的一个人。《孟子》中，他与孟子的思想是根本对立的，孟子曾多次与他辩论；《墨子》中，告子则是墨子的学生，但他的同学曾要求墨子赶走他，墨子自己也担心他的仁义不能持久。至于其真实思想，由于告子无著作传世，因此已无法考证。

另，也有人通过研究二者言行认为，《孟子》及《墨子》中出现的"告子"并非同一个人。还有人认为，这里的"告子"是《孟子》所虚构的辩论对手。

此处所说"以其外之"的内容，详见《告子上》。

【5】事，帮助。正，定，指定某个目标。此处指培养浩然之气要主动帮助它成长，但不能为了某个目标而培养它。

【6】揠（yà），拔。

【7】芒芒然，疲惫的样子。

【8】其人，他的家人。

【9】病，疲倦，累倒。

【10】槁，枯槁，枯死。此处引用寓言，来阐述培养浩然之气不能违背自然规律。

【11】耘，通"芸"，除草。

【12】非，不。徒，仅。

天时不如地利章

《孟子》

题 解

本篇选自《公孙丑下》。孟子在本篇中以战争为喻，叙述"天时""地利""人和"三者的重要性。孟子通过层层对比，得出结论：天时不如地利，地利不如人和。掌握"人和"，即可"战必胜"。

孟子本身是反对战争的，此处却以战争设喻，讲述如何攻城。但是，孟子并不认为"天时""地利"是战争能否胜利的关键；与仁政相符合的"人和"才是获取胜利的核心。想要做到"战必胜"，就要做到"道"——也就是仁政，天下就会服从。

本篇层层递进，结构严谨，逻辑性强，具有很强的说服力。

孟子曰："天时不如地利，地利不如人和[1]。三里之城，七里之郭[2]，环而攻之[3]而不胜。夫环而攻之，必有得天时者矣，然而不胜者，是天时不如地利也。城非不高也，池非不深也，兵革[4]非不坚利也，米粟非不多也，委[5]而去之，是地利不如人和也。故曰：域[6]民不以封疆之界，固[7]国不以山溪之险，威天下不以兵革之利。得道者多助，失道者寡助。寡助之至，亲戚畔[8]之。多助之至，天下顺之。以天下之所顺，攻亲戚之所畔，故君子有[9]不战，战必胜矣。"

注 释

【1】天时，指作战时的日期、气候和当时的形势等。地利，指地形是否适合作战。人和，指是否得民心。

【2】郭，古代城池多修筑两层城墙，里面的一层称为"城"，外面的一

层称为"郭"。三里、七里表明这座城很小。

【3】环而攻之，围攻。

【4】兵，兵器。革，皮革。那时多用皮革做甲胄，因此"革"引申为甲胄。此处以"兵革"泛指所有的武器装备。

【5】委，放弃。

【6】域，疆域。此处作动词，以疆域限制。

【7】固，此处作动词，使……固，即保卫。

【8】畔，通"叛"，背叛。

【9】有，此处表选择。

达则兼善天下章

《孟子》

题　解

本文选自《尽心下》。本文中孟子从游说君主说起，讲述人无论在"穷"还是"达"的境遇下都要坚守"义"与"道"，并在"穷"时做到"独善其身"，"达"时做到"兼善天下"。

孟子谓宋勾践[1]曰："子好游乎？吾语子游。人知之，亦嚣嚣[2]；人不知，亦嚣嚣。"

曰："何如斯可以嚣嚣矣？"

曰："尊德乐义，则可以嚣嚣矣。故士穷不失义，达不离道。穷不失义，故士得己焉；达不离道，故民不失望焉。古之人，得志，泽加于民；不得志，修身见于世。穷则独善其身，达则兼善天下。"

注　释

【1】宋勾践，人名，事迹不详。

【2】嚚嚚，悠然自得的样子。

尽信书不如无书章

《孟子》

题　解

本文选自《尽心下》。孟子在本文中通过阅读《尚书·武成》一篇，表达了应有独立思考，不要拘泥于文字的读书法。

孟子曰："尽信《书》，则不如无《书》。吾于《武成》[1]，取二三策[2]而已矣。仁人无敌于天下，以至仁[3]伐至不仁，而何其血之流杵也？"

注　释

【1】《武成》，《尚书》的篇名，记载武王伐纣的事情经过。现存的《武成》已经被证明是汉魏时人拼凑而成的伪经。如今学界大多认为《逸周书·世俘》才是真正的《尚书·武成》。

【2】策，竹简。古代用竹简书写，一策相当于今天的一页。

【3】至仁，极仁道的人，指周武王。此处孟子可能是出于其"仁政""王道"的思想而质疑《武成》记载有误的。但根据《尚书》其他篇目的记载，周初的多位天子都曾进行过对周边其他部族的征伐，"流血漂橹"应是史实。

民为贵章

《孟子》

题　解

本篇选自《尽心下》。在本篇中，孟子提出了一个对后世影响深远的观念："民为贵"。封建社会，"天子"代表天统治整个国家，诸侯服从于天子，大夫服从于诸侯，一直到最底层的百姓。这种森严的等级制度，便是整个封建社会的基础。

但是，孟子看到了人民的重要性，从而提出了"民为贵"这一朴素的民本思想。在民众面前，无论是诸侯、社稷，只要危害了民众，就该被换掉。

孟子的这一思想可以说是领先于时代的，直到今天，我们依旧能够借鉴孟子的这一思想，来改造我们的社会。也正是因为如此，不仅当时的诸侯不能接受，就是一千多年后的明太祖朱元璋，也在将《孟子》定为科举考试必读书目时下令删去这一章，唯恐人民了解这一思想。直到20世纪初，在西方民主思想传入中国后，这一思想才重新得到人们的认识。

孟子曰："民为贵，社稷[1]次之，君为轻。是故得乎丘民[2]而为天子，得乎天子为诸侯，得乎诸侯为大夫。诸侯危社稷，则变置[3]。牺牲[4]既成，粢盛[5]既洁，祭祀以时，然而旱干水溢，则变置社稷[6]。"

注　释

【1】社，土神。稷，谷神。古代将二者合称，用以指代国家。这里使用的是"社""稷"的本意。

【2】丘，众。丘民，众民，即平民百姓。

【3】此处的社稷代指国家。变置，改立，换掉。

【4】牺牲，指祭祀中用作祭品的牛羊等牲畜。

【5】粢（zī）盛（chéng），指祭祀中用作祭品的谷物。

【6】旱干，指旱灾。水溢，指洪灾。变置社稷，指废除对社稷神的祭祀，改为祭祀其他神灵。

编者注

"民"指的是什么？是我们今天所认知的"人民群众"，还是特指某一个阶层？对于此，我们需要从当时的社会情况来进行分析。西周初年，周朝实行"乡遂制"，又称"国野制"，将人民分为"国人"与"野人"。"国人"是统治阶级的下层贵族，既从事生产，又有参政权利，在战争来临时还要充当甲士。而"野人"则是被征服的当地异族，地位低下，只从事农业生产而向国家纳税，没有参政权利，也不参与对外战争。

但在春秋末期，随着铁制农具的使用，社会经济开始快速发展，开垦农田的效率得到飞速提升；而各国对于兵源的需求，更是进一步促进了"国野制"逐渐走向崩溃。"无君子莫治野人，无野人莫养君子"（《孟子·滕文公上》）就清楚地体现了这一变化：从事生产的"野人"成为国家的经济基础，并得到各国统治者的重视。因此，我们可以断定，"民"这一概念已经从从前的"国人"范围扩大到涵盖"野人"的范围。

大学之道

《大学》

《大学》，原是《小戴礼记》中的一篇，朱熹认为是孔子弟子曾参及其弟子所作。北宋时，程颢、程颐大力推崇《大学》，将其从《礼记》中单独提出，与《中庸》《论语》《孟子》并称为"小经"，与传统的"五经"相对。朱熹又对《大学》作重新编排整理，将程颢、程颐所谓"小经"编为"四书"，并以《大学》作为"四书"之首。元代以后，"四书"成为科举考试的必读书，《大学》也就此成为古代士人学子的必读篇目。

《大学》按照朱熹的整理，共包括"经"一章，"传"十章。"经"一章为曾参所作，"传"十章为其弟子所作。"经"的作者曾参是孔子晚年时的重要弟子，鲁国武城（今山东平邑县）人，与其父曾点共同求学于孔子。孔子死后，他广收门徒，包括孔子之孙子思等均在他的门下求学。中唐时，随着孟子学说的地位逐渐提高，曾参地位也不断提高，明代时他被封为"宗圣"，在孔子众弟子中地位仅次于"复圣"颜渊。

题　解

本文节选了《大学》的第一部分，即朱熹称之为"经"的部分。在这一段，曾参总述了"大学之道"的基本原则和具体步骤，即所谓的"三纲八目"。"三纲"指三个基本原则"明明德""新民""止于至善"；"八目"指八个具体步骤"格物""致知""诚意""正心""修身""齐家""治国""平天下"。《大学》要求每一个士人都应该按照"三纲八目"来提升自身修养，并将它发扬出来，最终达到"至善"的道德境界。

《大学》系统阐述了儒家的伦理政治思想，叙述儒家思想中从"修身"到"齐家"再到"治国平天下"的整套理论。历代学者都十分推崇《大学》。郑玄认为它"以其记博学可以为政也"。孔颖达认为，"此《大学》之篇，论学成之事，能治其国，章明其德于天下。"北宋程颢极为推崇《大学》，认为"大学，孔氏之遗书，而初学入德之门也"。朱熹编订"四书"时，更是直接将《大学》置于《论语》之前，作为士人学子应当学习的第一部儒家经典。

大学之道[1]，在明明德[2]，在亲民[3]，在止于至善[4]。

知止[5]而后有定[6]，定而后能静，静而后能安，安而后能虑[7]，虑而后能得[8]。物有本末[9]，事有终始，知所先后[10]，则近道矣。

古之欲明明德于天下者，先治其国[11]；欲治其国者，先齐其家[12]；欲齐其家者，先修其身[13]；欲修其身者，先正其心[14]；欲正其心者，先诚其意[15]；欲诚其意者，先致其知[16]。

致知在格物[17]。物格而后知至，知至而后意诚，意诚而后心正，心正而后身修，身修而后家齐，家齐而后国治，国治而后天下平。

自天子以至于庶人[18]，壹是[19]皆以修身为本。其本乱而末治者，否矣[20]，其所厚者薄[21]，而其所薄者厚，未之有也。

注 释

【1】大学，古人将"礼乐射御书数"等基本性的知识技能称为"小学"，修身治国的学问称为"大学"。"大学之道"，指的即是修身到平天下的学问宗旨。

【2】"明明德"，前一个"明"是动词，明白；"明德"则指美好善良的品德。

【3】亲民，程颢认为此处应为"新民"，指革除民众的旧思想而建立新思想。但王阳明认为此处"亲民"无误，"亲"既是仁爱也是教养。详见《传习录》卷一。

【4】止于至善，达到最完美的境界。

【5】止，终点，目标。知止，知道目标所在。

【6】定，一定的目标，即"至善"。

【7】虑，思虑周全。

【8】得，收获。即达到"至善"。

【9】本，根本，即"明德"。末，分支，即"亲民"。

【10】知所先后，即把握道德修养的先后次序。

【11】国，这里指诸侯国。《大学》作于战国初期。

【12】齐，使……整齐。家，一说指家族，一说指卿大夫的房屋。

【13】修，修养。修其身，修养自己的道德。

【14】正，端正。心，朱熹认为："心者，身之所主也。"

【15】诚，诚实。意，心之所发即为意。诚其意，指想法是由内心发出的真心实意，不自欺欺人。

【16】致，使……达到极点。知，知识，引申为对知识的理解。即让自己的理解达到极致。

【17】格，探究，此处指穷究。物，事物。即穷究事物蕴含的道理。

事实上，"格物致知"一词的真正含义，古今学者一直争论不休。虽然明代以后朱熹的解释被定为"官学"，但对"格物致知"的争论却仍然没有停止，并成为经学史上的一大公案。从东汉郑玄开始，唐代孔颖达、李翱，宋代二程、朱熹、陆九渊，明代王阳明都对"格物致知"有着不同的解释。这些解释有单纯出于训诂的，有融合佛道二家思想的，也有刻意排斥佛道思想的。而研究"格物致知"的历史演进，更能发现儒家思想的不断演化。

【18】庶人，平民。

【19】壹是，一切。

【20】否矣，从未有过之事。

【21】所厚，朱熹注："谓家也。"指本应"齐家"而不能"齐家"。

编者注

对于"止于至善"，朱熹认为："止者，必至于是而不牵之意。至善，则事理当然之极也。言明明德、亲民，皆当至于至善之地而不迁。盖必其有以尽夫天理之极，而无一毫人欲之私也。"在此，朱熹继承了程颢"亲民"应为"新民"的说法，并引入自己"存天理、灭人欲"的观点，认为"至善"应是心中只存天理而无人欲蒙蔽的境界，人们应该通过"格物致知"在世间万物中求得"天理"。

但，"灭人欲"显然与人的本性相违背而难以达到，因而产生了诸多弊端，受到后代学者的抨击。王阳明在《传习录》中，便提出了"心即是理"，将"理"限定为德行，抛弃了在万物中寻求"天理"的思想。而戴震更是全面批判了朱熹的观点，认为他是"以理杀人"，指出"理"存在于"欲"中，"无欲，又焉有理。"而"至善"，也就逐渐回归到德行修养的本意上来。

天命之谓性

《中庸》

　　《中庸》是《小戴礼记》中的一篇，相传为孔子之孙、曾参学生子思所作（今人则多认为是子思及其弟子所作）。北宋时，二程将《中庸》与《大学》一起从《礼记》中单独提出并进行推崇，朱熹编订"四书"时更是将《中庸》置于《论语》之前，使其升格为儒家经典。元代以后，"四书"成为科举考试的必读书，《中庸》也就成了儒家士人学子的必读篇目。

　　子思，名孔伋，孔子之孙，曾参之徒。子思幼年时，其父孔鲤和祖父孔子便相继去世。成年后，子思受学于曾参，承袭孔子、曾参的思想，广收门徒，从而创立了儒家的子思学派，对儒家学说有承前启后之功。思想后经其再传弟子孟子发扬光大，并随着孟子的地位提高而成为后世儒家的主流思想。元代时，子思被封为"述圣公"，并成为配享孔庙的"四配"之一。《汉书·艺文志》记载他有《子思子》二十三篇，今已亡佚。

题　解

　　本文是《中庸》的第一部分，朱熹认为是整篇《中庸》的纲领，相传为子思所作，但也有人认为是后人根据原文进行的总结。在本文中，子思提到了"天命""人性""慎独""中和"等概念。通过阐述这些概念，要求学者要反思自身，修养自身，从而达到"中和"的境界。

　　"中庸"，是儒家思想中的一个重要概念。孔子说："中庸之为德也，其至矣乎！"程颐认为，"中"指"不偏"，即不偏于天下之正道；"庸"指"不易"，即不改变天下之定理。朱熹认为，"中"即"不偏不倚，无过不及之名"；"庸"即"平常"。

天命之谓性[1]，率性之谓道[2]，修道之谓教[3]。道也者，不可须臾离也[4]，可离非道也。是故君子戒慎乎其所不睹[5]，恐惧乎其所不闻[6]。莫见乎隐[7]，莫显乎微[8]，故君子慎其独[9]也。

喜怒哀乐之未发，谓之中[10]；发而皆中节，谓之和[11]；中也者，天下之大本也[12]；和也者，天下之达道也[13]。致中和，天地位焉，万物育焉[14]。

注　释

【1】命，命令。性，人性。天命之谓性，即上天所赋予的品德就是人性。

【2】率，遵循。道，路，引申为人们所遵循的原则。率性之谓道，即遵循上天所赋予的品德就是人们的原则。

【3】修，修养。教，教化。修道之谓教，即修养自身品德并弘扬它就是教化。

【4】须臾，片刻。

【5】戒，警戒。慎，谨慎。睹，看见。指即使没人看见，君子也要谨慎遵守自身之道。

【6】恐惧，此处指担心。闻，听说。

【7】隐，幽暗处。指在人们看不到的最幽暗处仍能显示君子之道。

【8】微，细枝末节，指不易被人注意的小事。此处指在细枝末节上仍能显示君子之道。

【9】独，不仅泛指空间上的"独处"，也泛指独立行事而无人监督之时。

【10】喜怒哀乐，泛指人的情感。未发，没有表现出来。朱熹认为，感情的表现总是会过分或不足，而不表现就会避免这一问题，这种情况就叫作"中"。

【11】中（zhòng）节，不偏不倚，不会过分又不会不足。表现情感不偏不倚，就叫作"和"。

【12】大本，天下万事万物之本源。郑玄认为，"中"包括喜怒哀乐，礼政教均由此生发。

【13】达道，天下皆可通行的道路，即天下皆可遵守的原则。

【14】致，推极，使……极致。位，居于其应在的位置。育，生长繁衍。

编者注

"慎独"是儒家的一个重要观念，历代学者都十分重视对于"慎独"的研究与解释，"蕺山学派"更是将"慎独"作为思想核心。但在对于"独"的理解方面，各代学者有很大差别。

首先解释"独"的是东汉学者郑玄，他将"独"解释为独居，即物理空间上的"独"；而后世的刘勰、孔颖达等人也基于此解释而进行了进一步的发挥。这种解释的形成，与汉代以来盛行经文训诂，而不重视文字的内在含义有关。

而到了宋代，朱熹将"独"解释为"人所不知而己所独知之地"，开始跳出郑注的窠臼，将他人不知而内心"人欲"萌动而不为人所知也涵盖在"独"的范围以内。但在《大学》中关于"慎独"的解释中，朱熹却仍然没有脱离"独处"的解释，而将"独居"作为"慎独"的必要条件。对此，朱熹晚年也表达了懊悔，认为自己是"推衍文义""屋下架屋"。

心学出现后，学者才开始抛弃"独居"的解释，将"慎独"的"独"限定为人的内心的"良知"。哪怕是"十目所视，十手所指"的场合，也要守住内心的本性。

大道之行也

《礼记》

《礼记》，儒家传统"六经"之一，是孔子学生及战国时儒家学者的作品集合。西汉末年，戴德将刘向收集的一百三十篇文章综合简化成为八十五篇《大戴礼记》，其侄戴圣又将《大戴礼记》简化，加上《月令》《明堂位》和《乐记》三篇，共四十九篇，称为《小戴礼记》。后来，《大戴礼记》不断散佚，现仅存三十九篇，而《小戴礼记》则成为今日通行的《礼记》。

《礼记》主要描写规章制度，同时也教授儒家传统的仁义道德。《礼记》有的篇章气势磅礴，有的言简意赅，且不乏一些富有哲理的名言警句。而《大学》《中庸》二篇更是被朱熹列入"四书"，成为古代读书人的必读书目。

题　解

本文节选自《礼记·礼运》，是战国后期至秦汉时期儒家学者假托孔子之名所作的一篇文章，描绘了一个完美化的理想社会。本文中"天下为公"一词，后来被孙中山引用，作为对"主权在民"的解释。

大道[1]之行也，天下为公，选贤与能，讲信修睦。故人不独亲其亲，不独子其子，使老有所终，壮有所用，幼有所长，矜寡孤独废疾者皆有所养，男有分，女有归。货恶其弃于地也，不必藏于己；力恶其不出于身也，不必为己。是故谋闭而不兴[2]，盗窃乱贼而不作，故外户而不闭，是谓大同[3]。

注　释

【1】大道，古代儒家思想在政治上的最高理想，治理社会的最高准则。

【2】谋，阴谋。闭，闭塞。

【3】大同，此处指理想社会。

编者注

本文是儒家理想之中的社会，表达了儒家在治理社会方面的愿望。但是，本文所描绘的"大同社会"，根本上还是一种推崇尧舜远古时代的思想。《礼运》在本文之下便有这样一段话："今大道既隐，天下为家，各亲其亲，各子其子，货力为己，大人世及以为礼，城郭沟池以为固，礼义以为纪，以正君臣，以笃父子，以睦兄弟，以和夫妇，以设制度，以立田里，以贤勇知，以功为己。故谋用是作，而兵由此起。禹、汤、文、武、成王、周公由此其选也。"这种推崇远古"禅让"制度的思想，在生产力已经实现了飞跃的春秋战国时代，是不具有实现的条件的。

虽有嘉肴

《礼记》

题 解

本文节选自《礼记·学记》。本文将嘉肴和知识相类比，指出"教学相长"的观点，告诉人们实践出真知的道理和实践的重要性。

虽有嘉肴，弗食，不知其旨[1]也；虽有至道[2]，弗学，不知其善也。故学然后知不足，教然后知困[3]。知不足，然后能自反[4]也；知困，然后能自强也，故曰：教学相长也。《兑命》[5]曰："学学半[6]。"其此之谓乎！

注 释

【1】旨，甘美。

【2】至道，指最完美的道理。

【3】困，不通，理解不了。

【4】自反，反省自己。

【5】《兑（yuè）命》，即《尚书·说命》，相传是商代贤相傅说劝谏商王武丁的文字。《说命》原文早已失传，如今所传的《说命》已经被确定为是汉魏时人根据《礼记》等文献拼凑而成的伪经。

【6】学（xiào）学（xué）半，教人是学习的一半。

郑伯克段于鄢

《左传》

《左传》全称《春秋左氏传》，又名《左氏春秋》，相传是春秋鲁国史官左丘明传述《春秋》而作，今人则考证成书于战国早期（一说作者是春秋战国时军事家吴起，但多有学者认为此说不可信）。起于鲁隐公元年（公元前722年），迄于鲁哀公二十七年（公元前468年），时间基本与《春秋》重合，同时也包括了少部分战国初年的史料。

《左传》作为一部编年体史书，不仅是罗列客观史实，同时也站在儒家立场上对事情进行道德伦理评价。同时，《左传》也使用了诸如倒叙、插叙等大量的修辞手法，使人物变得更为生动，历史事件也更为丰富多彩。而《左传》语言的简洁凝练，更是为后世所称道。刘知几《史通》评价《左传》："言近而旨远，辞浅而义深，虽发语已殚，而含义未尽，使读者望表而知里，扪毛而辨骨，睹一事于句中，反三隅于字外。"苏轼也评价说："意尽而言止者，天下之至言也。然而言止而意不尽，尤为极致，如《礼记》《左传》可见。"

题　解

本文选自《左传·隐公元年》。鲁隐公元年（公元前722年），郑国发生了一件兄弟间骨肉相残的斗争。郑庄公的同胞兄弟共叔段在母亲武姜支持下不断提出各种过分的要求，还时刻谋划着里应外合推翻郑庄公。而郑庄公表面上隐忍退让，实则早已做好准备，一等共叔段有作乱的迹象就马上出兵，将共叔段赶出郑国。

本文记载于《左传》的第一卷《隐公元年》，在全书中也起到了开宗明义的作用。《左传》重视"礼"，而春秋却是一个"礼崩乐坏"的时代。在本文中，作者不置一褒一贬，却将郑庄公、武姜、共叔段三人不合"礼"的一面十分详尽地展现出来，既表明了自己的态度，又对三人背弃亲情的钩心斗角予以批判。

初，郑武公娶于申[1]，曰武姜[2]，生庄公及共叔段[3]。庄公寤生[4]，惊姜氏，故名曰"寤生"，遂恶之。爱共叔段，欲立之，亟[5]请于武公，公弗许。及庄公即位，为之请制[6]。公曰："制，岩邑[7]也，虢叔死焉[8]，佗[9]邑唯命。"请京[10]，使居之，谓之"京城大[11]叔"。祭仲[12]曰："都，城过百雉[13]，国之害也[14]。先王[15]之制：大都不过参国之一[16]；中，五之一；小，九之一。今京不度，非制也，君将不堪[17]。"公曰："姜氏欲之，焉辟害？"对曰："姜氏何厌之有？不如早为之所，无使滋蔓[18]。蔓，难图也。蔓草犹不可除，况君之宠弟乎？"公曰："多行不义，必自毙[19]，子姑待之。"

既而大叔命西鄙、北鄙贰于己[20]。公子吕曰："国不堪贰，君将若之何？欲与大叔，臣请事之[21]；若弗与，则请除之，无生民心。"公曰："无庸，将自及[22]。"大叔又收贰以为己邑[23]，至于廪延。子封曰："可矣，厚将得众[24]。"公曰："不义，不暱[25]，厚将崩。"

大叔完聚，缮甲兵，具卒乘，将袭郑[26]。夫人将启之[27]。公闻其期，曰："可矣！"命子封帅车二百乘以伐京[28]。京叛大叔段[29]，段入于鄢，公伐诸鄢。五月辛丑[30]，大叔出奔共。

书曰[31]："郑伯克段于鄢。"段不弟[32]，故不言弟；如二君，故曰克[33]；称郑伯，讥失教也[34]；谓之郑志[35]。不言出奔，难之也[36]。

遂置[37]姜氏于城颍，而誓之曰："不及黄泉[38]，无相见也。"既而悔之。

颍考叔为颍谷封人[39]，闻之，有献于公，公赐之食，食舍肉。公问之，对曰："小人有母，皆尝小人之食矣，未尝君之羹[40]。请以遗之。"公曰："尔有母遗，繄[41]我独无！"颍考叔曰："敢问何谓也？"公语之故，且告之悔。对曰："君何患焉？若阙[42]地及泉，隧而相见，其谁曰不然？"公从之。公入而赋："大隧之中，其乐也融融！"姜出而赋："大隧之外，其乐也泄泄！[43]"遂为母子如初。

君子曰："颍考叔，纯孝也。爱其母，施及庄公。《诗》曰：'孝子不匮，永锡尔类[44]。'其是之谓乎？"

注 释

【1】郑武公，名掘突，郑桓公的儿子，郑国第二代君主。娶于申，从申国娶妻。

【2】武姜，郑武公的妻子，姓姜。"武"是丈夫的谥号，"姜"是自己的姓。

【3】共（gōng）叔段，郑庄公的弟弟，名段。他在兄弟之中年纪较小，因此称"叔段"。

【4】寤（wù）生，一种难产，胎儿的脚先生出来。寤，通"牾"，倒着。

【5】亟，屡次。

【6】制，即虎牢，因周穆王曾获虎畜养于此得名。是古代的军事重地，地形非常险要，是东周都城洛阳的东大门。

【7】岩邑，位置险要的城镇。岩，险要。

【8】虢（guó）叔死焉，东虢国的国君死在那里。虢，东虢国，为郑国所灭。

【9】佗，通"他"。

【10】京，地名，在今河南省荥阳市东南。

【11】大，通"太"。《说文》段玉裁注："太从大声，后世凡言大，而以为形容未尽则作太，如大宰，俗作太宰，大子，俗作太子，周大王俗作太王是也。"

【12】祭（zhài）仲，郑庄公重臣，在郑厉公时全面执掌国政。

【13】都，《左传·庄公二十八年》："凡邑有宗庙先君之主曰都。"指比国都低一级，比一般城市高一级的城市。雉，古代城墙长一丈、宽一丈、高一丈为一堵，三堵为一雉，即长三丈。

【14】国之害也，国家的祸害。城墙高耸的大城市一旦发生叛乱，叛军势力往往较大，国家难以控制，因此说是"国之害"。

【15】先王，前代君王。一说，指周代开国的文武成康诸王。

【16】大都不过参（sān）国之一，大的城市，城墙高度不超过国都的三分之一。

【17】不堪，不能忍受，这里指无法控制。

【18】滋蔓，滋长蔓延。

【19】毙，倒台、垮台。汉代以后才有"死"意。

【20】鄙，边境上的城邑。贰，两属。

【21】此句意为，如果想把国家交给共叔段，那么我请求去侍奉他。

【22】将自及，杜预注："及之难也。"

【23】收贰以为己邑，把两属的地方收为自己的领邑。贰，指原来贰属的西鄙北鄙。

【24】厚将得众，实力雄厚，就会得到百姓支持。

【25】不义，不暱（nì），厚将崩，共叔段对君不义，百姓不会亲附于他，实力雄厚之后必将崩溃。暱，通昵，亲近。

【26】袭，偷袭。杜预注："轻行掩其不备曰袭。"春秋时实行战争礼，因此偷袭是一种不合礼的行为，"袭"字也带有贬义。

【27】夫人将启之，武姜将要为他做内应，打开城门。启之，给段开城门，即做内应。

【28】帅车二百乘，率领二百辆战车。古代每辆战车配备甲士三人，步卒七十二人。二百乘，共甲士六百人，步卒一万四千四百人。另，春秋初期，较大的诸侯国的三军总共三万多人。

【29】有人认为，这里体现了共叔段失民心，京邑不愿依附于他。但《诗·郑风》有《叔于田》一诗，古人多认为表达了京地国人对郑庄公的讽刺和对共叔段的怀念。不过今人多认为这首诗中的"叔"只是泛指，并非特指共叔段。

【30】辛丑，二十三日。

【31】书曰，《左传》是为《春秋》作注的一本书，因此称《春秋》为"书"。

【32】不弟，不守为弟之道。

【33】此句指兄弟二人像国君一样争斗，因此称"克"。

【34】此句指称庄公为郑伯，是讥讽他没有尽到对弟弟教导的责任。

【35】郑，指庄公。志，意愿。

【36】关于此句，杜预认为是因难以说他是出奔故而不言，"难"即"难以下笔"。但也有人认为，"难"应为"责怪"，即责怪郑庄公。

【37】置，放逐。

【38】黄泉，地下的泉水，比喻死后。

【39】颍考叔，郑国大夫，执掌颍谷。封人，管理边界的地方长官。

【40】羹，带汁的肉。《尔雅·释器》："肉谓之羹。"

【41】繄（yī），句首语气助词。无义。

【42】阙，通"掘"，挖。

【43】这里的两首诗句中，"外""泄"两字在上古都是"月"韵。

【44】此句出自《诗·大雅·既醉》。

编者注

　　自《左传》开始，后世就多有对郑庄公的批判和谴责之辞，甚至将他的功绩也全部抹杀。事实上，在平定共叔段前，郑国已经到了"几不封"（《国语·楚语上》）的地步；而赶走共叔段后，郑国在诸侯中的地位不断升高，曾多次击败其他诸侯国，甚至击败周桓王的讨伐军，并一箭射中周桓王肩膀（这也被认为是春秋时代"礼乐征伐自诸侯出"的标志），建立"小霸"的局面。南怀瑾甚至认为，郑庄公才是春秋的第一位霸主。

曹刿论战

《左传》

题 解

据《史记》记载，齐国国君齐襄公与嫁到鲁国的桓公夫人私通，后又在两国国君相会时杀害了鲁桓公，两国因此结怨。此后，齐国内乱，鲁国所支持的公子纠在争夺齐国国君位置时失败被杀，鲁国也遭到了齐国的报复。这篇文章就记录了鲁庄公十年（公元前684年）春齐鲁两国发生在长勺的一场战争。数年后，齐鲁两国会盟于柯，重归于好。

这篇文章记录了曹刿是如何为这场战争做准备，并指挥军队取得胜利的。曹刿说当政的"肉食者""未能远谋"，于是自己站出来，以自己的"远谋"击败了敌人。

十年春，齐师伐我[1]。公[2]将战，曹刿[3]请见。其乡人曰："肉食者谋之，又何间焉[4]？"刿曰："肉食者鄙[5]，未能远谋。"乃入见。问："何以战[6]？"公曰："衣食所安，弗敢专也，必以分人[7]。"对曰："小惠未徧[8]，民弗从也。"公曰："牺牲玉帛，弗敢加[9]也，必以信。"对曰："小信未孚，神弗福[10]也。"公曰："小大之狱[11]，虽不能察，必以情[12]。"对曰："忠之属[13]也。可以一战。战则请从。"

公与之乘，战于长勺[14]。公将鼓之[15]。刿曰："未可。"齐人三鼓。刿曰："可矣。"齐师败绩。公将驰之[16]。刿曰："未可。"下视其辙[17]，登轼[18]而望之，曰："可矣。"遂逐齐师。

既克，公问其故。对曰："夫战，勇气也。一鼓作气，再而衰，三而竭[19]。彼竭我盈[20]，故克之。夫大国[21]，难测也，惧有伏焉。

吾视其辙乱，望其旗靡，故逐之。"

注 释:

【1】十年，鲁庄公十年（公元前684年）。我，左丘明为鲁国史官，《左传》也是以鲁国视角记录当时的历史事件，因此称鲁国为"我"。

【2】公，指鲁庄公，当时的鲁国国君，名同，是周武王之弟周公旦的后代。成王击败伙同武庚叛乱的奄国之后分封周公于奄国故土，由于周公旦要留下来辅佐武王，因此分封其子伯禽于鲁。

【3】曹刿（guì），鲁国人。下文"乡人"，据《周礼》，周王室、诸侯都城及四郊称为"国"，"国"中之人为"国人"；周王之"国"又分为六乡，诸侯之"国"之下亦有乡。由此推断，曹刿及"乡人"均是鲁国都城附近的"国人"。周代"国人"地位较高，虽不能直接参与决策，但对国家政策的制定有着重要的影响。如周厉王时"国人暴动"，就是由"国人"所发动的。

【4】肉食者，指当时的当政者。孔颖达指出，"大夫以上，食乃有肉。"因此曹刿及乡人将当政者称为"肉食者"。间（jiàn），参与。

【5】鄙，目光短浅。

【6】何以战，即"以何战"，凭什么作战。

【7】衣食所安，衣食这类养生的东西。专，独自享用。人，根据下文"小惠未徧"可知，指鲁庄公身边的一些臣子。

【8】徧（biàn），同"遍"，遍及、普及。

【9】牺牲，指猪牛羊等祭品。《礼记·曲礼》记载，"牷"指"牷牛"，只有天子才能用它来祭祀。根据《史记·鲁周公世家》，成王时为纪念周公旦之功劳，允许鲁国国君举行周天子才能举行的"郊祭"，并允许鲁国国君使用天子之礼。玉帛，玉石、丝织品。加，虚报。

【10】孚，信用，这里引申为以诚信使神明感动。福，这里指赐福，保佑。

【11】狱，诉讼案件。

另，有学者认为，鲁庄公此处谈及刑狱，实际上是暗示作战有功的士兵可以减免刑罚。士兵在这种措施的鼓舞下，就愿意全力作战。

【12】察，明察，指准确断案。情，实情。

【13】属，职责。这里指鲁庄公"必以情"的行为是有利于民的行为，是

一个国君忠于职守的表现。

另，旧说常以以上的三句作为鲁庄公"取信于民"的代表，并认为这是战争取胜的基础。但在《左传》以及记载了相同事迹的《国语》中，没有一处关于鲁庄公"取信于民"的记载，不听劝阻导致失败的事迹却有多处。柳宗元就曾在《非国语·问战》中批驳这种推论，说"则其不误国则社稷无几矣。"

而关于曹刿与鲁庄公这段对话的真正目的，我们可以从《国语》中发现一些蛛丝马迹。《国语》记载此处曹刿反驳鲁庄公："将将惠以小赐，祀以独恭。小赐不咸，独恭不优。不咸，民不归也；不优，神弗福也。将何以战？"韦昭注"小赐"为："小赐，临战之赐。"既然这三件事都是"临战"才临时想到的，那么此时的"必以情"又如何来得及？曹刿又是因何而认为"可以一战"？

自上博简《曹沫之阵》（曹沫，一作曹沫）现世后，我们又对曹刿的形象有了新的了解。通过《曹沫之阵》体现的思想，我们可以推断曹刿并非真的认为临战的"必以情"就是战争取胜的基础；曹刿的真正目的，当属获取鲁庄公的信任，从而"战则请从"，参与指挥，使自己的思想在鲁国推行。

【14】长勺，鲁国地名，在今山东省莱芜市东北，在鲁国的北部边境，附近有杓山，杓山西南两面有河，河岸是齐鲁两国间的交通要道；大河两岸地形宽阔，适宜战车部队展开，且道旁有丘陵，适合埋伏；东北十公里即是齐国青石关，若获胜就能将齐国迅速赶出鲁国。有学者据此认为，鲁国有可能利用地形诱敌深入，埋伏部队夹击齐军。

【15】鼓，指击鼓进军。古代以击鼓作为进军的信号，以敲钲（zhēng）作为撤退的信号。

又，春秋以前，战争被视作一种刑罚，"大刑用甲兵"，因此，战争也要按照一定的"礼"来进行，这样才能保证战争的正义性；而本文中的"三鼓"也属于战争礼的一部分。但通过《左传·庄公二十三年》曹刿劝谏鲁庄公不要前往齐国观社和《曹沫之阵》体现的思想，也有学者推断：曹刿虽然在一定程度上遵守战争礼，但他也主张灵活改变战术，突破礼法常规。因此，齐军击鼓，鲁庄公依据战争礼也要击鼓时，曹刿阻止了他；等到齐军三鼓后，鲁军忽然发动进攻，齐军措手不及，于是溃败。

【16】驰，驾车追赶。这里指鲁庄公下令追击。

【17】辙，车轮在地面上压出的痕迹。

【18】轼，兵车前的一根横木，作为扶手。据《尚书正义》引《考工记》："谓当车舆之内，去前轸一尺四寸三分寸之二，下去车板三尺三寸，横施一木名之曰轼，得使人立于其后，时依倚之。"

【19】一鼓作气，第一次擂鼓能振奋士气。衰，衰退。竭，指士气消磨殆尽。曾国藩："一鼓再鼓，而人不动者，则气必衰减。"

【20】盈，充沛，旺盛。

【21】大国，《史记·齐太公世家》记载周成王时授予齐国国君姜太公"东至海，西至河，南至穆陵，北至无棣，五侯九伯，实得征之"的权力。由此开始，齐国便成为诸侯国中的大国。

另，旧说认为齐国为"大国"，而此战则是"以弱胜强"，不妥。《左传》记载，鲁惠公、隐公、桓公都曾在对宋、郑两个春秋初期的强国的战争中取胜，鲁桓公十三年（公元前 699 年），更是大败齐宋卫燕四国联军；还经常与齐、宋、郑等大国会盟。可见，在长勺之役时，鲁国并非是弱于齐国的小国。

编者注

自古便多有学者认为曹刿与《史记·刺客列传》中的曹沫是同一人。如《尚书正义》便直言："《史记》作'曹沫'。"《谷梁传》记载："公与齐侯盟于柯。曹刿之盟也，信齐侯也。"指出曹刿参加了齐鲁柯之盟。而《管子·大匡》更记载："庄公自怀剑，曹刿亦怀剑，践坛。"这与《史记·刺客列传》所记载的曹沫的事迹基本一致。唐司马贞《史记索隐》认为："《左传》《谷梁》并做'曹刿'，然则沫宜音刿，沫、刿声相近而字异也。"1994 年上海博物馆购入的一批竹简中，有《曹沫之阵》一篇，内容即是曹沫与鲁庄公关于军事、政治等内容的交流，使曹沫"勇""刺客"的形象与曹刿运筹帷幄的形象更加贴近。根据这些文献，我们可以推断：曹沫（曹刿）是春秋时鲁国的一位有勇有谋的大臣，依靠为鲁庄公出谋划策得到重用，后对鲁国进行改革，但在对外战争中败给由管仲推行改革的齐国，多次失地。曹沫为了夺回失地，于是在柯之盟威胁齐桓公，最终夺回失地。

宫之奇谏假道

《左传》

题　解

　　鲁僖公五年（公元前 655 年），晋献公意图攻灭虞、虢（guó）两国，但由于攻伐虢国必须要经过虞国，如果先征伐虞国必然引起两国合力反击。晋国大夫荀息便向晋献公献计：将晋献公的宝物"屈产之乘"与"垂棘之璧"送给虞公以借道，这样就能避免两国联合，还可趁机灭掉虞国。果然，虞公不听从大夫宫之奇的劝阻而答应了这一请求，还派兵与晋国联合攻伐虢国。

　　这篇文章记录的就是虞公在三年后第二次接到晋国请求后与宫之奇的对话。宫之奇一眼看穿晋国的野心，驳斥了虞公的迷信，指出虞公若不施行德政则神明亦不会保佑。但事情最终还是像荀息所预料的那样，虞公没有听从宫之奇的劝谏，导致国破家亡，自己也被活捉。本文语言简洁而有力，"唇亡齿寒"等比喻更是贴切而生动。

　　晋侯复假道于虞以伐虢[1]。

　　宫之奇谏曰："虢，虞之表也[2]。虢亡，虞必从之。晋不可启，寇不可翫[3]，一之谓甚，其可再乎[4]？谚所谓'辅车相依，唇亡齿寒[5]'者，其虞、虢之谓也。"

　　公曰："晋，吾宗[6]也，岂害我哉？"对曰："大伯、虞仲，大王之昭也。大伯不从，是以不嗣[7]。虢仲、虢叔，王季之穆也[8]，为文王卿士，勋在王室，藏于盟府[9]。将虢是灭[10]，何爱于虞？且虞能亲于桓、庄乎，其爱之也[11]？桓、庄之族何罪，而以为戮，不唯偪乎？亲以宠偪，犹尚害之，况以国乎[12]？"

公曰："吾享祀丰絜，神必据我[13]。"对曰："臣闻之，鬼神非人实亲，惟德是依。故《周书》曰：'皇天无亲，惟德是辅[14]。'又曰：'黍稷非馨，明德惟馨[15]。'又曰：'民不易物，惟德繄物。[16]'如是，则非德，民不和，神不享矣。神所冯依[17]，将在德矣。若晋取虞而明德以荐馨香，神其吐之乎[18]？"

弗听，许晋使。宫之奇以其族行[19]，曰："虞不腊矣，在此行也，晋不更举矣[20]。"

……

冬十二月丙子朔，晋灭虢，虢公醜奔京师[21]。师还，馆于虞[22]，遂袭虞，灭之，执虞公及其大夫井伯，以媵秦穆姬[23]。而修虞祀，且归其职贡[24]于王。

故书曰："晋人执虞公。[25]"罪虞，且言易也。

注　释

【1】晋，国名，疆域约为今天的山西南部地区。晋国始祖为周成王同母弟唐叔虞，《左传》称其母邑姜（姜太公之女）怀孕时梦见天帝告诉她："余命而子曰虞，将与之唐。"到成王灭唐后，便将他封到唐国故土，改国名为"晋"，是为晋侯。《史记》则称幼年周成王与叔虞游玩，将桐叶削成珪（一种玉器，是古代诸侯朝会、祭祀时使用）的形状对叔虞说："以此封若。"史佚便立刻向成王询问分封叔虞的日期。成王说："吾与之戏耳。"史佚回答："天子无戏言。言则史书之，礼成之，乐歌之。"于是将叔虞分封到唐国故土，其子燮改国名为晋。虞，国名，疆域在今山西省平陆县东北。虞国始祖为古公亶父（周太王）次子仲雍（又称虞仲）的后代，周武王时封其于虞，亦称为虞仲。虢，国名，疆域在今山西省平陆县。虢国始祖为周文王的弟弟虢仲、虢叔，周武王时封其于今陕西省宝鸡东部，建立虢国。后迁移到今河南省三门峡市一带。

【2】宫之奇，虞国大夫。由《左传·僖公二年》晋献公在借道之前担心宫之奇会识破计谋可知宫之奇善于智谋，但荀息也评价他"懦而不能强谏"，无法阻止虞公。表，外表。此处引申为屏障、依靠。两国位置相近，均位于今

天的中条山一带，易守难攻，因此说虢国是虞国之"表"。

另据《孟子·万章上》："宫之奇谏，百里奚不谏。知虞公之不可谏而去。"而荀息亦评价虞公"虽谏，将不听"。

【3】启，启发，这里指晋国的贪欲没有得到抑制。寇，兵作乱于内为乱，于外为寇，即侵略者之意。翫（wán），同"玩"，这里指轻视。

【4】《左传·僖公二年》记载晋国已经向虞国借道过一次，因此说"其可再乎"。

【5】辅，脸部，面颊。车，牙床。虢国、虞国相互依靠而生存，因此将两国比作"辅车""唇齿"。

后人以"唇齿"形容二者相互依靠。《战国策·齐策二》："且赵之于燕、齐，隐蔽也，齿之有唇也，唇亡则齿寒。"《管子·轻重戊》："鲁梁之于齐也，千谷也，蜂螫也，齿之有唇也。"《元史·阿里海牙传》："阿里海牙以为襄阳之有樊城，犹齿之有唇也。"

【6】宗，同姓，同一宗族。晋国始祖唐叔虞为周成王同母弟，虞国始祖虞仲为周太王之子，两国祖先同为周太王，所以说"吾宗"。

【7】大（tài，同太）伯，又称泰伯；虞仲，又称仲雍，与周文王之父季历同为周太王之子，太伯为长、虞仲为次、季历为最小。据《史记·吴太伯世家》，由于季历贤能，季历之子姬昌"有圣德"，因此周太王想要季历继承周国。太伯虞仲知道太王想立季历，于是主动逃往当时的"荆蛮"之地（即现在的江苏一带），文身断发表示自己不能继承王位，并在此建立"句（gōu）吴"（也称"勾吴"，古代勾、句相通）国。孔子评价太伯："太伯，其可谓至德也已矣，三以天下让，民无得而称焉。"昭，长子。

"大伯不从"，一说是指太伯不从周太王及季历之命而"三让"，并因此不能继承周国；而朱熹《论语集注》则认为："大王因有翦商之志，而泰伯不从，大王遂欲传位季历以及昌。泰伯知之，即与仲雍逃之荆蛮。"认为太伯是因为不赞同周太王取代商朝的想法而逃亡，因此不能继承周国。

【8】虢仲、虢叔，虢国开国始祖，季历之次子和三子，文王姬昌的弟弟。郑玄注《周礼》："父为昭，子为穆。"因此说虢仲、虢叔是"王季之穆"。"昭穆"制度也是周代宗庙礼法的一个重要组成部分。

【9】卿士，执掌国政的大臣。虢仲、虢叔先后辅佐文王、武王，并在灭

商后因功而得到分封。盟府，周王室专门设立用以保管盟约、典策等重要文件的官府。

【10】将虢是灭，将要灭掉虢国。将，将要。是，复指前提的宾语"虢"，以加重语气。这里指从宗族角度，虢国与晋国的血缘关系比虞国更近。

【11】其，怎能。之，代指虞国。

【12】桓、庄，桓叔和庄伯，分别是晋献公的曾祖、祖父。这里指桓庄之族。桓庄之族是晋国旁支，居于曲沃，曾多次袭杀晋侯，并在武公时成功取代晋侯自立。

据《史记·晋世家》载，晋献公采用士蒍的建议，将桓庄之族的诸多公子全部杀死，以巩固自己的地位，避免宗族间相互攻伐的事情再次发生。另，由于一些公子逃往虢国避难，晋献公亦多次谋划攻打虢国。以为戮，把他们当作应杀戮之人。偪（bī），通"逼"，这里指威胁。

亲，指桓庄之族与晋献公为同族。宠，身居高位，指桓庄之族身居晋国高位。况以国乎，这里意指虞国已经成为晋献公的威胁，晋献公也会像桓庄之族一样消灭虞国。

【13】享祀，祭祀。絜（jié），通"洁"，清洁干净。据，依从，这里引申为保佑。

【14】《周书》现已亡佚，此处及下文三句现存于古文《尚书》。皇天，上天。辅，辅佐。

【15】黍，黄黏米。稷（jì），不黏的黍米。二者都属"五谷"，这里用来指代五谷。馨，浓烈的香气。

【16】易，改变。易物，改变祭品。繄（yī），文言文常用语气助词。

【17】冯（píng），通"凭"。

【18】明，使之明。馨香，指代前文所说的黍稷等五谷。其，用以加强反问语气的助词。吐，指神明不接纳祭品。

【19】以其族行，率领全族离开虞国。

【20】腊，指年终的祭祀。《说文》解释"腊"字："腊，冬至后三戌，腊祭百神。"

【21】丙子朔，正逢初一的丙子日。《左传》为史书，因此详细记录时间。醜，虢公名醜。京师，指东周都城成周，位于今河南洛阳。

【22】馆，为宾客设立的住处，引申为为晋军提供的驻扎地。这里用作动词，指驻扎。另据周代礼仪，虞公为公爵，晋献公为侯爵，晋献公带兵驻扎于虞是不合礼法的。

【23】井伯，《史记·晋世家》："虏虞公及其大夫井伯百里奚"，有人据此认为此人即是当时任虞国的大夫百里奚。但《孟子·万章上》记载"知虞公之将亡而先去之"，又与《史记·秦本纪》："虏虞君与其大夫百里傒"相互矛盾。媵（yìng），陪嫁的侍从奴隶。秦穆姬，晋献公之女，嫁秦穆公。另，自秦穆姬开始，秦晋两国多次通婚，这也被后人称为"秦晋之好"，并作为两家联姻的代称。

【24】职贡，指诸侯按规定定期向天子进贡的贡物。

【25】书，指《春秋》。《左传》是依据《春秋》而作，因此引用《春秋》评论。

子鱼论战

《左传》

题　解

鲁僖公二十二年（公元前638年），协助齐孝公夺得齐国国君位置的宋襄公野心膨胀，认为自己可以继承齐桓公霸业，便号召诸侯会盟，却反遭楚国劫持。宋襄公恼羞成怒，又为了与楚国争夺霸权，而出兵进攻与楚国亲近的郑国。楚国派兵救郑，便在泓水边爆发了此次战争。战争中，宋襄公死抱着迂腐的"仁义"教条不放，不听从子鱼的劝导，导致贻误战机，大败而归。

文章前半部叙述泓水之战的经过，后半部分则写子鱼驳斥宋襄公的迂腐论调。文章语言简练而犀利，寥寥数语就将双方观点完整叙述出来。

后人对宋襄公评价褒贬不一。成书于战国时的《公羊传》和董仲舒《春秋繁露》站在儒家仁义道德角度上，均赞赏宋襄公为"君子"，成书于西汉的《谷（gǔ）梁传》也同意宋襄公的行为，只是认为"道之贵者时"，指出宋襄公的道德应该根据形势而做出改变。而毛泽东则完全否定宋襄公，批评他是"蠢猪式的仁义道德"。

　　冬十一月己巳朔，宋公及楚人战于泓[1]。宋人既成列，楚人未既济[2]。司马[3]曰："彼众我寡，及其未既济也请击之。"公曰："不可。"既济而未成列，又以告。公曰："未可。"既陈[4]而后击之，宋师败绩。公伤股，门官歼焉[5]。

　　国人皆咎[6]公。公曰："君子不重伤，不禽二毛[7]。古之为军也，不以阻隘也。寡人虽亡国之余，不鼓不成列[8]。"子鱼曰："君未知战。勍敌之人，隘而不列，天赞我也[9]。阻而鼓之，不亦可乎？犹有惧焉！且今之勍者，皆吾敌也。虽及胡耇[10]，获则取之，何有于二毛[11]？明耻教战，求杀敌也，伤未及死，如何勿重？若受重伤，则如勿伤；爱其二毛，则如服焉[12]。三军以利用也，金鼓以声气也[13]。利而用之，阻隘可也；声盛致志，鼓儳可也[14]。"

注　释

　　【1】宋公，宋襄公，名兹父，子姓，商纣王之庶兄微子启的后裔。后人评价他是"春秋五霸"之一，但也有很多人反对。楚，据《史记·宋微子世家》，楚军为楚成王熊恽亲自指挥。泓（hóng），泓水，河流如今已不存在，战场则位于今河南省柘（zhè）城县西部。

　　据《左传·僖公二十一年》《史记·宋微子世家》等记载，宋襄公在鹿上召集楚、齐两国会盟，同年秋天又在盂召集楚、陈、蔡、郑、许、曹诸国会盟。结果楚国人在盂地会盟上抓走了宋襄公，直到冬天才将宋襄公放归。此后，志在称霸的宋国和准备进攻中原的楚国之间的矛盾便迅速激化。

　　【2】既，尽、全部。济，渡过。

　　《孙子兵法·行军篇》："令半济而击之，利"。可见进攻正在渡河的敌人，在春秋时已经成为一种常用的战术。

　　【3】司马，按《周礼·夏官》，为统帅军队的高级官员。这里指的是担

任司马的子鱼。子鱼,名目夷,是宋襄公同母异父的庶兄。《左传·僖公八年》记载宋襄公在尚未继位时曾主动让位于他,但他坚辞不受。宋襄公即位后,"以公子目夷为仁,使为左师以听政,于是宋治。"

【4】陈(zhèn),通"阵",此处作动词使用,摆好阵势。

【5】股,大腿。门官,保卫国君的护卫。

《史记·宋微子世家》:"襄公病伤于泓而竟卒。"指出这次受伤直接导致宋襄公病逝。

【6】咎,归咎于。这里言明宋的"国人"多指责宋襄公指挥失当。

另,吕思勉《宋襄公》一文认为,宋的失败并不在于"守礼",而是犯了《孙子兵法》指出的"散地无战"的错误。《孙子兵法》李筌注指出,在"散地"作战,"卒恃土,怀妻子,急则散",军心涣散而容易战败。

【7】禽,通"擒",俘虏。二毛,指头发斑白、年纪较大的人。"二毛"一词后用于形容人的老去。如潘岳《秋兴赋》:"余春秋三十有二,始见二毛。"杜甫《曲江三章章五句》:"游子空嗟垂二毛。"

【8】寡人,国君自称。亡国之余,宋人是商朝的后代,因此称"亡国之余"。鼓,这里指击鼓发出进军的信号,引申为发动进攻。

《礼记》有"吉凶宾军嘉"五礼。事实上在春秋以前,战争礼一直是"礼"的重要组成部分。在"礼"的要求下,春秋之前的战争一直按照一套严格的规则进行。作为商朝后裔的宋国,更是保留了诸多古代的礼仪规范。因此宋襄公"不重伤""不禽二毛",实际上是遵守"礼"的表现。

但春秋时"礼崩乐坏",不再遵守"礼"的国家也越来越多,战争礼也越来越被人们所忽视。墨子曾明确反对战争礼,如他批评"君子胜不逐奔"的战争礼:"暴乱之人也得活,天下害不除,是为群残父母而深贱世也,不义莫大矣!"

【9】勍(qíng),强有力的。勍敌,强敌。赞,帮助。

【10】胡耇(gǒu),指老人。胡,老。耇,高寿。

【11】何有于二毛,倒装句式,"于二毛有何"。

【12】服,作动词,使敌人服从。

【13】三军,按《周礼》,天子有六军,诸侯大国有三军,分为上军、中军、下军。这里泛指军队。利,战机。用,发挥作用,这里指战斗。气,这里

作动词，引申为振奋士气。

【14】儳（chán），不整齐，这里引申为没有列阵完毕的军队。这一段是子鱼批判宋襄公"守礼"的错误。子鱼虽然同为商朝后裔，但并不像宋襄公那样自大而不知变通，而是根据形势灵活地做出判断。如宋襄公会盟时，他就判断宋国国力不足："小国争盟，祸也。"还指出宋襄公"民族复兴"的愿望难以实现："天之弃商久矣，君将兴之，弗可赦也已。"

编者注

胡适《说儒》提出，宋襄公身为商朝后裔，自继位起便有着强烈的"民族复兴"意识。宋襄公即位之初，便在其父宋桓公尚未下葬时前往参加齐桓公主持的葵丘会盟；而在公认的霸主齐桓公去世、齐国陷入内乱后，宋襄公更是自认为机会到来，便按照从前与齐桓公的约定率军帮助齐孝公平定内乱。此后，他以齐桓公霸业的后继者自居，不仅对周边小国多次征伐、会盟，甚至还按照商代的鬼神信仰将鄫（zēng）国国君用于活人祭祀。而从一些古代文献中与宋国人相关的寓言故事来看，宋国人在其他国人眼中几乎就是"迂腐""愚蠢"的代名词，他们的"温厚多君子"也被时人认为是不合时宜；哪怕是闻名天下的宋国孔氏贵族后裔孔子，也多有被人嘲笑的经历。因此，作为商朝遗民领袖的宋襄公，他的所作所为实际上正是商朝遗民愿望的体现——复兴商代文化，提高商朝遗民的地位。

而子鱼则是顺应时代的士大夫的代表。宋襄公受商代"兄终弟及"的习惯影响将君位让给他，他不接受；宋襄公将鄫国国君用来祭祀，他以齐桓公"以德服人"为例劝阻；宋襄公集合小国会盟，他则清楚地认识到宋国依旧是一个"小国"，举办会盟只能带来灾难；宋襄公按照战争礼作战，他则站在追求胜利的角度要求宋襄公"半渡而击"。最终，宋襄公受伤而死，宋国"复兴"的愿望也化为乌有。

介子推不言禄

《左传》

题 解

本文选自《左传·僖公二十四年》。晋文公重耳流亡时，介子推曾长时间随他一同流亡。后来晋文公回国登上国君之位，对同他一起流亡的人进行论功行赏，介子推却主动功成身退而退隐山林。本文突出地描写了他高尚的品格。

晋侯赏从亡者，介子推不言禄[1]，禄亦弗及。

推曰："献公之子九人，唯君在矣。惠、怀无亲，外内弃之。天未绝晋，必将有主。主晋祀者[2]，非君而谁？天实置之，而二三子以为己力，不亦诬[3]乎？窃人之财，犹谓之盗，况贪天之功以为己力乎？下义其罪，上赏其奸，上下相蒙，难与处矣。"其母曰："盍亦求之？以死谁怼[4]？"对曰："尤[5]而效之，罪又甚焉。且出怨言，不食其食。"其母曰："亦使知之，若何？"对曰："言，身之文[6]也。身将隐，焉用文之？是求显也。"其母曰："能如是乎？与汝偕隐。"遂隐而死。

晋文公求之，不获，以绵上为之田，曰："以志[7]吾过，且旌[8]善人。"

注 释

【1】禄，俸禄，此处指赏赐。

【2】祀者，此处代指代表一国祭祀祖先的诸侯国君。

【3】诬，荒谬。

【4】怼，怨恨。

【5】尤，责备。

【6】文，修饰。

【7】志，记住。

【8】旌，表彰，发扬。

烛之武退秦师

《左传》

题　解

　　鲁僖公三十年（公元前630年），晋国联合秦国共同征伐曾对晋文公无礼且亲近楚国的郑国。面对大军压境，大夫佚之狐建议郑文公派烛之武去劝说秦穆公。烛之武在郑文公劝说下，夜间来到秦穆公面前，站在秦国的角度从容地分析了征伐郑国实际是对秦国有害。最终，秦穆公被说服而退军，晋文公无奈也选择了退军。

　　文章以《左传》一贯的精练语言，描绘了烛之武这位有勇有谋的辩士形象。全文对烛之武不进行任何评论，只通过他与其他人物的对话，便描绘了他的能言善辩、机智勇敢。刘勰在《文心雕龙·论说》中就将烛之武列为"说之善者"："烛武行而纾郑……亦其美也。"

　　九月甲午，晋侯、秦伯围郑[1]，以其无礼于晋，且贰于楚也[2]。晋军函陵，秦军氾南[3]。

　　佚之狐言于郑伯曰："国危矣，若使烛之武[4]见秦君，师必退。"公从之。辞曰："臣之壮也，犹不如人；今老矣，无能为也已。"公曰："吾不能早用子，今急而求子[5]，是寡人之过也。然郑亡，子亦有不利焉。"许之。

　　夜缒[6]而出，见秦伯，曰："秦、晋围郑，郑既知亡矣。若亡郑而有益于君，敢以烦执事 [7]。越国以鄙远 [8]，君知其难也。焉用亡郑以陪邻 [9]？邻之厚，君之薄也。若舍郑以为东道主，行李之往来，共其乏困 [10]，君亦无所害。且君尝为晋君赐矣，许君焦、瑕，朝济而夕设版焉 [11]，君之所知也。夫晋，何厌 [12] 之有？既东封郑，又欲肆其西封，若不阙秦 [13]，将焉取之？阙秦以利晋，唯君图之。”秦伯说 [14]，与郑人盟。使杞子、逢孙、杨孙戍之 [15]，乃还。

子犯 [16] 请击之，公曰：“不可。微 [17] 夫人之力不及此。因人之力而敝之 [18]，不仁；失其所与 [19]，不知；以乱易整，不武 [20]。吾其还也。”亦去之。

注 释

【1】晋侯，晋文公重耳，晋献公之子，"春秋五霸"之一。《左传·僖公二十八年》记载，晋文公当时已经击败楚国，召集诸侯会盟，并接受周王室册封，已成为各诸侯国公认的霸主。秦伯，秦穆（《史记》作缪 mù）公，嬴姓，赵氏，名任好。于晋文公死后因"霸西戎"，周王室赏赐给他金鼓并封为秦伯，这被认为是秦国摆脱"比于戎翟"地位的象征。另，晋文公夫人文嬴是秦穆公宗族的女子（一说是秦穆公的女儿），秦穆公夫人为晋献公长女、晋文公的姐姐。

【2】无礼于晋，晋文公曾在外流亡十九年，路过郑国时郑文公并没有以礼相待。贰，有二心，这里指郑国在城濮之战前曾"如楚致其师"，但随着楚国战败，郑国并没有派兵。实际上，郑国在城濮之战后就与晋文公"盟于衡雍"，也就是说这些只不过是晋国的托词。

【3】军，作动词，在某地驻军。函陵，在今河南新郑北部。氾（fàn）南，氾水南面，在今河南中牟南部。

【4】佚之狐，郑国大夫。郑伯，郑文公，姬姓，名踕。烛之武，郑国大夫。由下文可知并没有得到重用。

【5】子，对他人的尊称。此处郑文公自称"吾"，尊称烛之武为"子"，是郑文公虚心认错的一种表现，承认之前没有重用烛之武的错误。

【6】缒（zhuì），用绳子拴住人或物往下放。此处显示烛之武为了避人耳目而特意选择夜间去见秦穆公。

【7】执事，办事的人，这里代指秦穆公。

【8】越国，秦国在晋国西部，秦国到郑国需要从晋国经过。鄙，边境，这里作动词，使……为边境。鄙远，以远方的郑国作为秦国的边境。

【9】陪，增加。邻，指代与秦相邻的晋国。这句指出即使灭亡了郑国，也不过是增加了晋国的领土。

【10】东道主，东方道路上的主人，指郑国可为秦国向东方派遣的使节提供驿馆等帮助。郑国在秦国东部。行李，这里指外交使者。共（gōng），通"供"。乏，缺乏粮食等物资。困，疲劳困倦。

郑国地理位置十分重要，且与当时的"天下之中"洛邑十分接近，交通便利。此句表面上说郑国可以接待秦国使者，实际上则是郑国暗示秦国可作为向东发展的内应。因此才有下文杞子等人"戍之"。

【11】焦、瑕，地名，在今河南陕县，当时位于黄河边。朝、夕极言晋人反复无常，并非确切时间。设版，设立防御工事。《史记·秦本纪》为"晋之河西八城"。

晋献公时，重耳、夷吾因谗言被迫逃亡。晋献公死后，晋国内乱，夷吾以河西之地为交换换取秦国帮助自己回国争夺国君之位。等到夷吾继位成为晋惠公，又对秦国说："大臣曰：'地者先君之地，君亡在外，何以得擅许秦者？'寡人争之弗能得，故谢秦。"后来，晋国饥荒，秦国向晋国援助粮食；第二年，秦国饥荒，晋国却不仅不回报，还举兵入侵秦国。结果晋军大败而归，晋惠公也被俘虏，将太子圉（yǔ）送到秦国做人质并奉上河西之地才得以回国。晋惠公死后，太子圉私自潜逃回国成为晋怀公，秦穆公愤怒之余便派大军送重耳回国。

【12】厌，通"餍（yàn）"，满足。

【13】阙（quē），通"缺"，这里作动词，引申为侵略。

【14】说，通"悦"，高兴。

【15】杞子、逢孙、杨孙，都是秦国大夫。名义上，这三人是保卫郑国，实际则是作为秦国的内应。

秦穆公自登上国君位置起就一直在谋求向东拓展，称霸诸侯。秦穆公元年（公元前659年），秦军便进攻黄河的重要渡口茅津，此后又不断与晋国联姻。而帮助夷吾、重耳相继登上晋国国君之位，更是有控制晋国的意图。可是由于晋文公时晋国强盛，秦国东进策略一直无法得到落实。此次在郑国留下内应，正是东进策略的一部分。

《左传·僖公三十二年》记载，晋文公死后，杞子便立刻密告秦穆公："郑人使我掌其北门之管，若潜师以来，国可得也。"秦穆公便不顾反对出兵奔袭郑国。结果，由于弦高的策略，秦军无功而返；返回途中，又在殽（xiáo）遭遇晋国攻击，全军覆没。此后又有两次交战，秦国亦未能东进一步。秦穆公向西"开地千里"，也有东进策略无法施展而被迫向西的因素。

【16】子犯，晋国大夫狐偃，子犯是他的字，是晋文公的舅父。

【17】微，非。重耳在外流亡十九年，最后是得到了秦穆公的帮助才得以回国登上国君之位。《韩非子·十过》记载，秦穆公派遣"革车五百乘，畴骑二千，步卒五万"，还让曾嫁给太子圉的宗族女子文嬴改嫁给重耳。因此他说"微夫人之力不及此"。

【18】因，依靠。敝，伤害。

【19】所与，这里指与秦国的同盟关系。晋文公十分注意与秦国的同盟。

【20】武，指武德。止戈为武，如果晋军攻击同盟的秦军，就是主动挑起战事。

勾践灭吴

《国语》

　　《国语》，是最早的一部国别体史书，是春秋各国史料的汇编。据司马迁《太史公自序》"左丘失明，厥有《国语》"传作者为左丘明，今人则考证是战国时人所作。全书以记录周鲁等八国之事为主，记录了从周穆王西征到周贞定王时智伯被灭（公元前990年至前453年）前后五百余年的历史故事。全书以记言为主，记事为辅，由于可以和《春秋》《左传》相证，因此又称《春秋外传》或《左传外传》。

　　《国语》长于记言，通过对话形象生动地刻画人物，又十分注重逻辑的严谨，具有重要的文学价值和史料价值，对后世散文也有一定影响。

　　柳宗元《非国语·序》评价："左氏《国语》，其文深闳杰异，固世之所耽嗜而不已也。"王世贞也称赞说："即寥寥数语，靡不悉张驰之义，畅彼我之怀，极组织之工，鼓陶铸之巧，学者稍稍掇拾其芬艳，犹足以文藻群流，黼（fǔ）黻（fú）当代，信文章之巨丽也。"

题　解

　　本文选自《越语》。《越语》共有两卷，均记录勾践伐吴之事。吴、越两国位于今长江中下游地区，吴国为太伯之后，越国传说为夏王少康封其庶子无余于会（kuài）稽（jī）（今浙江北部），守护大禹陵寝。两国世代结怨，相互攻伐。公元前496年，吴王阖（hé）闾（lú）伐越战败，负伤而死，死前要求其子夫差复仇。三年后，勾践进攻吴国反被击败，被迫率领五千残兵退守会稽山。

　　本文写的就是退守会稽山之后的事情。越王勾践听从文种建议，以极其卑微的姿态向吴国求和，又休养生息，励精图治。二十二年后，"十年生聚，十年教训"（伍子胥语，见于《史记》）的越王勾践一鼓作气消灭了吴国。

　　文章不写战争详细情况，而是以精练又富有个人特色的对话刻画人物事件，充分体现《国语》长于记言的特色。朱彝尊《经义考》卷二百九引陶望龄语评价本文："如其妙理玮辞，骤读之而心惊，潜玩之而味永，还须以《越语》压卷。"

　　越王勾践栖于会稽之上[1]，乃号令于三军曰："凡我父兄昆弟及国子姓[2]，有能助寡人谋而退吴者，吾与之共知越国之政[3]。"大夫种进对曰[4]："臣闻之，贾人夏则资皮，冬则资絺[5]，旱则资舟，水则资车，以待乏也。夫虽无四方之忧[6]，然谋臣与爪牙之士[7]，不可不养而择也。譬如蓑笠，时雨既至，必求之。今君王既栖于会稽之上，然后乃求谋臣，无乃后乎[8]？"勾践曰："苟得闻子大夫[9]之言，何后之有？"执其手而与之谋。

······

勾践之地，南至于句无，北至于御儿，东至于鄞，西至于姑蔑，广运百里[10]，乃致其父母昆弟而誓之，曰："寡人闻，古之贤君，四方之民归之，若水之归下也。今寡人不能，将帅二三子夫妇以蕃[11]。"令壮者无取老妇，令老者无取壮妻；女子十七不嫁，其父母有罪；丈夫二十不取，其父母有罪[12]。将免[13]者以告，公令医守之。生丈夫，二壶酒，一犬；生女子，二壶酒，一豚[14]；生三人，公与之母[15]；生二子，公与之饩[16]。当室者死，三年释其政[17]；支子死，三月释其政；必哭泣葬埋之如其子[18]。令孤子、寡妇、疾疹、贫病者，纳宦其子[19]。其达士，絜其居，美其服，饱其食，而摩厉之于义[20]。四方之士来者，必庙礼之[21]。勾践载稻与脂于舟以行[22]。国之孺子之游者，无不哺也，无不歠也，必问其名[23]。非其身之所种则不食，非其夫人之所织则不衣[24]。十年不收于国，民俱有三年之食。

国之父兄请曰："昔者夫差耻吾君于诸侯之国，今越国亦节[25]矣，请报之。"勾践辞曰："昔者之战也，非二三子之罪也，寡人之罪也。如寡人者，安与知耻？请姑无庸[26]战。"父兄又请曰："越四封[27]之内，亲吾君也，犹父母也。子而思报父母之仇，臣而思报君之仇，其有敢不尽力者乎？请复战！"勾践既许之，乃致其众而誓之，曰："寡人闻古之贤君，不患其众之不足也，而患其志行之少耻。今夫差衣水犀之甲者亿有三千[28]，不患其志行之少耻也，而患其众之不足也。今寡人将助天灭之。吾不欲匹夫之勇也，欲其旅进旅退^[29]。进则思赏，退则思刑；如此，则有常赏。进不用命，退则无耻；如此，则有常刑。^[30]"

果行，国人皆劝^[31]。父勉其子，兄勉其弟，妇勉其夫，曰："孰是君也，而可无死乎？"是故败吴于囿，又败之于没，又郊败之^[32]。

……

遂灭吴。

注　释

【1】越王勾践（"越王勾践剑"铭文作"鸠浅"，《史记·越王句践世家》则作"句践"。以上读音皆同"勾践"），姒（sì）姓，传为夏王少康之庶弟无余的后裔，越王允常之子。无余受命保卫会稽大禹陵，于是受封于会稽，建立越国。栖，居住，此处引申为退守。会稽，会稽山，位于今浙江省绍兴市，相传大禹死后即葬于此。

据《史记·吴太伯世家》《史记·越王句践世家》记载，越国曾在吴国伐楚的关键阶段出兵袭击吴国，越王允常时吴越两国又经常相互攻伐，吴王余祭还被越国俘虏杀死，两国因此成为世仇。允常死，勾践继位，吴王阖闾趁国丧之时率军伐越，结果被勾践击败，阖闾受伤而死，死前嘱咐夫差报仇。继位的吴王夫差立志报仇，厉兵秣马三年。勾践听闻夫差将伐越，想先下手为强，反被夫差击败。

【2】昆弟，即兄弟。国子姓，国君的同姓，即国君同宗族之人。

【3】知，过问、参与、执掌。

【4】种，越国大夫文种，楚国郢人，与范蠡（lí）共助勾践灭吴。

《史记·越王句践世家》载，在消灭吴国后，大夫范蠡写信给文种说："蜚鸟尽，良弓藏；狡兔死，走狗烹。越王为人长颈鸟喙，可与共患难，不可与共乐。子何不去？"文种看了信之后，便在家称病不出。结果有人进谗言说文种将要作乱，勾践也忌惮他功高震主，就派人赐给文种一把宝剑说："子教寡人伐吴七术，寡人用其三而败吴，其四在子，子为我从先王试之。"种遂自杀。

【5】绨（chī），细葛布。

【6】四方之忧，指来自于国境之外的灾祸，即外部入侵。

【7】爪牙之士，指勇猛的战士。

【8】无乃，恐怕。后，晚了。

【9】子，尊称。"子""大夫"合称，表示尊敬。

【10】广，从东到西。运，从南到北。广运百里，即方圆百里。

【11】二三子，你们，指"父母昆弟"。蕃，繁殖人口。

【12】取，通"娶"。按照礼制，三十岁娶妻，二十岁出嫁。此处勾践为了鼓励生育而要求二十岁娶妻，十七岁出嫁。

【13】免，通"娩"，分娩。

【14】豚，小猪，泛指猪。

【15】母，乳母。

【16】饩（xì），口粮。

【17】当室者，承担家务的人。政，通"征"，徭役赋税。韦昭指出："礼，妇为嫡子丧三年。"

【18】古代礼制，嫡长子继承家业，家人对待他的礼仪也高于其他儿子，以表示"长幼有序"。

【19】疹，疾病，指患病。纳，接纳，收容。

【20】絜（jié），通"洁"，这里作动词，使……清洁。摩厉，同"磨砺"，此处指激励。

【21】庙礼之，在宗庙接见。在宗庙接见客人是为了让祖先看到，表示对来访者的尊重。

【22】行，这里指巡视。即勾践在船上装满粮食与肉类到各地巡游。

【23】哺，喂养，这里指给予饭食。歠（chuò），给水喝。必问其名，韦昭说："为后将用之。"春秋时，民间私学逐渐兴盛，年轻人为了求学常常远行。这里显示勾践鼓励年轻人外出远行求学。

【24】这里指勾践厉行节俭，且亲自参与劳动，以示表率。

【25】节，韦昭："有节度也。"指越国已经走上正轨。

【26】姑，且，暂时。庸，用。姑无庸，暂时不要。

【27】封，疆界。

【28】衣，用作动词，穿。水犀之甲，用水犀皮做成的皮甲，指水军。据研究，那时的长江中下游有犀牛存在。亿，十万。亿有三千，即十万三千人。

【29】旅，俱。旅进旅退，即部队有纪律的共同进退。

【30】常，合乎常规。常赏，合乎常规的奖赏。常刑，合乎常规的刑罚。

【31】劝，勉励。

【32】囿（yòu），笠泽，地名，在今太湖附近。没，地名。此后删去一段。

对于吴越交战的具体细节，《国语·吴语》记载：在击败越国后，夫差开始图谋在中原争霸。他先是在邗（今江苏省扬州市）筑城，开凿邗沟运河，又在艾陵之战歼灭十万齐军。公元前482年，夫差不顾国内发生饥荒的现实北上黄池（今河南省封丘县）与晋国争霸，带走了吴国大部分精锐，只留太子友与老弱病残守卫本土。勾践得知此消息，立刻兵分两路，一路沿淮河逆流而上阻断吴军归路，一路袭击吴国本土。夫差得知消息后大惊，于是采纳王孙雒建议，对士兵许诺以江淮的封地来振奋士气，威慑晋军。晋国此时也察觉到吴国形势有变，主动将盟主之位拱手让出以避开吴军锋芒，夫差便在会盟后立刻返回吴国。

回到吴国后，夫差下令吴军休整，一些吴军士卒便返回在边远地区的家乡。勾践见状，便立刻率军进攻吴国，在吴淞江南岸列阵。到达吴淞江南岸后，勾践便将军队分为三部分，一部溯江而上，一部顺江而下，在夜里同时击鼓渡江；又亲率六千士兵组成中军待命。吴军以为越军将要左右夹击吴军，也将军队分为两部分应敌。此时早已准备就绪的越军中军便暗中渡江，奇袭吴军，将吴军打得大败。此后，越军又两次击败吴军，将吴军围困在姑苏长达三年，最终灭了吴国。

编者注

本文所选取的，是《国语·越语》中勾践获取人民支持的一部分描写。对于夫差释放勾践的原因，《国语》认为是勾践卑躬屈膝，向吴国进贡了大量财物；而吴国太宰嚭又收受贿赂，帮助文种游说夫差。其实，夫差释放勾践，还有更深层的原因。

首先，吴越两国是春秋时期著名的仇敌，有两任吴王因越国人而死，因此两国之间相互征伐不断。即使吴国消灭越国，身为异族的越国人民也是吴国难以管理的，而一个愿意臣服于自己，并不断向自己缴纳贡品的勾践，反而为夫差减轻了管理越国的负担。

其次，吴国当时所处的环境十分不利：西面是另一位世仇楚国，北面有争霸中原的对手齐国，南面是越国，东面则是大海。三面受敌又志在争霸的吴国，若真的与勾践决一死战，即使获胜，吴军也可能面临严重的损失，此时楚国就可能乘虚而入。

早在吴王阖闾伐楚之前，孙武就已经敏锐地察觉到楚国日后可能产生的威胁。他在《孙子·九地》中提出："夫吴人与越人相恶也，当其同舟而济遇风，其相救也如左右手。"孙武构想，如果吴越能够携手，哪怕楚国大军压境，吴越也能如左右手一般互相救援。可惜，他的构想并未获得吴王重视；而勾践死后，越国陷入内乱，最终也被楚国击溃。

邵公谏厉王弭谤

《国语》

题 解

本文选自《国语·周语》。西周厉王时期，厉王残暴无道，一方面任用荣夷公实行"专利"，以国家名义垄断山泽，不许人们利用山泽中的自然资源（一说，对利用这些资源的人征收名目繁多的重税）；一方面严格管控人民言论，派出卫巫监视人民，一旦有人议论国政就会被处死。这一措施使得人们敢怒而不敢言，以至于在路上见面都只能以眼神交流。

本文讲述的就是厉王的臣子邵公对厉王的劝谏。在劝谏中，邵公直言这只是堵住人们的嘴，并以治理河川为喻，说明如果人们不能自由发表言论，不满就将累积起来；一旦不满爆发，将不可控制。"防民之口，甚于防川"一句，也被后世封建统治者引以为戒。

但是，厉王完全不能听从邵公的建议。最终，人们的不满爆发出来，在邵公劝谏的三年后，国人暴动，将厉王赶出了西周都城镐京。

厉王虐[1]，国人谤[2]王。邵公[3]告曰："民不堪命矣[4]！"王怒，得卫巫[5]，使监谤者。以告，则杀之。国人莫敢言，道路以目[6]。

王喜，告邵公曰："吾能弭[7]谤矣，乃不敢言。"

邵公曰："是障[8]之也。防民之口，甚于防川。川壅而溃[9]，伤人必多，民亦如之。是故为川者决之使导[10]，为民者宣[11]之使言。故天子听政[12]，使公卿至于列士献诗[13]，瞽献曲[14]，史献书[15]，师箴[16]，瞍赋，矇诵[17]，百工谏[18]，庶人传语[19]，近臣尽规，亲戚[20]补察，瞽史教诲，耆艾修之[21]，而后王斟酌焉，是以事行而不悖[22]。民之有口也，犹土之有山川也，财用于是乎出；犹其原隰之有衍沃也[23]，衣食于是乎生。口之宣言也，善败于是乎兴[24]。行善而备败，其所以阜[25]财用衣食者也。夫民虑[26]之于心而宣之于口，成而行之，胡可壅也？若壅其口，其与能几何[27]？"

王不听，于是国莫敢出言。三年，乃流王于彘[28]。

注 释

【1】厉王，周厉王，姬姓，名胡，周夷王之子。他任用荣夷公行"专利"之法横征暴敛，又禁止人民批评政策，最终被国人流放。虐，暴虐无道。

【2】谤，指责。

【3】邵公，《史记》作"召公"。此处指邵穆公姬虎，周武王弟邵公姬奭（shì）后人，周王朝卿士。姬奭长子受封于燕国，又有一支留在周王室辅佐周王。

【4】命，命令。指周厉王暴虐的政策。

【5】卫巫，卫国的巫者。巫，巫师，与专门负责占卜的"卜者"不同，从事的往往是一些装神弄鬼的事情。地位也较低。

【6】道路以目，在路上遇到了就以目光交流。指因周厉王禁止议论而造成人民恐惧。

【7】弭（mǐ），消除。

【8】障，堵塞。

【9】壅（yōng），堵塞。溃，河堤决口崩溃。

【10】为川者，治理河川的人。决，挖开堵塞。一说改变河道流向使其畅通。

【11】宣，宣泄，疏导。

【12】听政，处理政务。

【13】公卿、士，都是某一等级官吏的统称。《尚书·周官》记载周代设立三公九卿，其下为大夫，再次为士。献诗：周王室通过收集民间诗歌来了解百姓疾苦，一方面派出官员去民间收集，一方面由诸侯和官吏向王室进献。经过收集整理并谱曲的诗，就会被演奏给周王，使周王了解民间情况。《诗经》就是这些诗歌编集整理而成的。

【14】瞽（gǔ），盲人。古代乐官多以盲人担任。一说，远古时代巫师多为盲人，他们不仅负责祭祀卜卜，还负责编订乐曲（远古时代有专为神灵演奏的乐曲，由巫师负责编曲并演奏）。这一传统后来被保留了下来，直到春秋时期，乐官仍大多由盲人担任。又说，盲人眼不能视，这样反而会让他们专心致志，使他们的听力灵敏，且能专心致志记诵诗歌，因此被任用为乐官。

【15】史，史官。书，这里指历史记录文献。

【16】师，大师、少师。郑玄注《仪礼》："大师，少师，工之长也。"即负责演奏的乐工的负责官员。箴，一种有规劝教育意义的文段，类似于今天的箴言。

【17】瞍（sǒu），没有眼珠的盲人。矇（méng），有眼珠而不能视的盲人。瞽、瞍、矇都指乐官。赋，有节奏的诵读。献曲、赋、诵都是乐官的职责。

【18】百工，官职，负责营建等事务。

【19】庶人，平民。传语，将言论传达给周王。

【20】亲戚，指周王的皇亲国戚。

【21】耆（qí），指六十岁以上的人。艾，五十岁以上的人。此处泛指长者。

【22】悖，违背常理。

【23】原，平原。隰（xí），低洼。衍沃，平坦肥沃的土地。

【24】兴，表露，展现。

【25】阜，丰盛。

【26】夫，发语词，无意义。虑，思考。

【27】与，一说为无意义的助词，一说是跟随。从第一说，此句为"能够堵塞多久"；从第二说，则为"愿意跟随你的百姓还有多少"。

【28】三年，周厉王被流放之事发生在公元前842年，由此可知邵公此次进谏发生在公元前845年。流，流放。彘（zhì），地名，在今天山西霍县。公元前842年，国人揭竿而起，周厉王被流放（《史记》作"出奔"），史称"国人暴动"。第二年，在人们的推举下，由周公、邵公共同执政，称为共和（一说，共国国君共伯和率军进京，周公、邵公推举共伯和暂时代理政务）。

编者注

周厉王死后，人们给予他"厉"的谥号。"杀戮无辜为厉"，看起来，周厉王的"暴君"形象似乎早已盖棺定论了。可《国语·周语》却记载"厉始革典"。何谓"革典"？

《礼记·王制》记载西周初年的征税制度："古者，公田藉而不税。市廛而不税。关讥而不征。林麓川泽，以时入而不禁。夫圭田无征。用民之力，岁不过三日。田里不粥，墓地不请。"而一些西周初年的青铜器铭文也记载了周王将土地山泽赐给贵族，贵族之间又以土地山泽相互交易、赠送、分赐下属的事情。这种制度，使得周王室的土地不断被贵族占有；而贵族们纷纷逃税，又加剧了周王室的财政紧张。在周昭王、周穆王多次出征无功而返后（周穆王只得到四白狼四白鹿、周昭王更是在汉水葬身鱼腹），周王室的财政紧张已经到了十分严重的境地。于是，周厉王便开始加强对土地田产等王室财产的管理，这在《扬毁》《伊毁》等青铜器铭文中都有所体现。此后，周王室的实力一度得到加强，多次在对外战争中获胜，迫使楚国臣服。

但在他任用荣夷公等人，违背宗法制度抛弃严守旧典的大臣以推行"专利"之法，管理山林川泽并征收赋税后，利益受到侵犯的贵族开始表达不满；那些依靠公有的山林川泽生活的底层百姓也因新政而被断绝生路。对于这些不满，周厉王却派卫巫"监谤"，这更使大贵族们纷纷感受到了威胁。于是在公元前842年，在大贵族的支持下，中小贵族和普通百姓发动了对周厉王的进攻，史称"国人暴动"。十多年后，周宣王继位，一方面重用召穆公等老臣，一方面将周厉王确定的一些法律贯彻下来。此后，周厉王确定的管理山林川泽的制度最终成为周王朝的定制。

苏秦以连横说秦

《战国策》

《战国策》，成书大约在战国末期至西汉初期，作者大多为战国后期的纵横家，也有少部分篇章是秦汉时人所作（亦有清代学者认为是韩信麾下策士蒯通所作），后经西汉刘向编订而成书。全书记载自春秋末期至西汉初期的史事，主要内容为战国游说之士的谋略言论，因此刘向将其定名为《战国策》，分列为十二国策，共三十三篇。如今我们看到的《战国策》，是北宋曾巩重新校订的。

刘向，原名更生，字子正，汉楚元王刘交四世孙，汉代经学家、文学家、史学家，官至中垒校尉，后人称"刘中垒"。他致力于校订整理古籍，又采集史料轶事编撰成书，还有多篇散文辞赋（大多已亡佚）。

关于这部《战国策》，刘向在《战国策叙录》中阐述了编订的目的："皆高才秀士，度时君之所能行，出奇策异志，转危为安，运亡为存，亦可喜，皆可观。"且其中的不少文章对人物描写生动形象（有时不惜虚构事迹），情节波澜起伏，语言运用更是华丽而气势磅礴。有人称《战国策》"辩丽横肆"，正是对其语言艺术最合适的评价。

题　解

战国时，诸侯相互征伐不休。一批有才学的谋臣策士利用各国广纳贤才的机会，游说各国，以纵横之术获取功名。这些人被后人称为"纵横家"。而本文所写的苏秦就是其中最优秀、也最成功的一人。

　　本文中，苏秦先是游说秦国，多次上书却没有成功。回到家中，一无所成的苏秦饱受家人冷眼，连父母都不与他说话。于是苏秦发愤图强，苦读一年后，成功游说赵王，并以合纵之策横行天下。而最后，苏秦家人的态度转变，更是对世态人情的强烈讽刺。本文中苏秦的说辞气势磅礴、辞藻华丽，堪称先秦文章中较为优秀的作品。

　　苏秦始将连横[1]，说秦惠王[2]曰：“大王之国，西有巴蜀、汉中[3]之利，北有胡貉、代马之用[4]，南有巫山、黔中之限[5]，东有肴、函之固[6]。田肥美，民殷富，战车万乘[7]，奋击百万[8]，沃野千里，蓄积饶多，地势形便[9]，此所谓天府[10]，天下之雄国也。以大王之贤，士民之众，车骑之用，兵法之教，可以并诸侯，吞天下，称帝而治[11]。愿大王少留意，臣请奏其效。”

　　秦王曰：“寡人闻之：毛羽不丰满者，不可以高飞，文章[12]不成者不可以诛罚，道德不厚者不可以使民，政教不顺者不可以烦大臣。今先生俨然[13]不远千里而庭教之，愿以异日[14]。”

　　苏秦曰：“臣固疑大王之不能用也。昔者神农伐补遂[15]，黄帝伐涿鹿而禽蚩尤[16]，尧伐驩兜[17]，舜伐三苗[18]，禹伐共工[19]，汤伐有夏[20]，文王伐崇[21]，武王伐纣[22]，齐桓任战而伯天下[23]。由此观之，恶有不战者乎？古者使车毂击驰[24]，言语相结，天下为一，约从连横[25]，兵革不藏。文士并饬[26]，诸侯乱惑，万端俱起，不可胜理。科条既备，民多伪态[27]，书策稠浊[28]，百姓不足。上下相愁，民无所聊[29]，明言章[30]理，兵甲愈起。辩言伟服[31]，战攻不息，繁称文辞，天下不治。舌弊耳聋，不见成功，行义约信，天下不亲。于是乃废文任武，厚养死士，缀[32]甲厉兵，效胜于战场。夫徒处而致利，安坐而广地，虽古五帝三王五伯，明主贤君，常欲坐而致之，其势不能。故以战续之，宽则两军相攻，迫则杖戟相撞[33]，然后可建大功。是故兵胜于外，义强于内，威立于上，民服于下。今欲并天下，凌万乘，诎[34]敌国，制海内，子元元[35]，臣诸侯，非兵不可。今之嗣主，忽于至道，皆惛[36]于教，乱于治[37]，迷于言，惑于语，沈于辩，溺于辞[38]。以此论之，王固不能行也。"

说秦王书十上而说不行，黑貂之裘弊，黄金百斤尽，资用乏绝，去秦而归，羸縢履蹻[39]，负书担橐[40]，形容枯槁，面目犁[41]黑，状有归色[42]。归至家，妻不下纴[43]，嫂不为炊，父母不与言。苏秦喟叹曰："妻不以我为夫，嫂不以我为叔，父母不以我为子，是皆秦之罪也。"乃夜发书，陈箧数十，得太公阴符之谋[44]，伏而诵之，简练以为揣摩[45]。读书欲睡，引锥自刺其股，血流至足[46]，曰："安有说人主，不能出其金玉锦绣，取卿相之尊者乎？"期年[47]，揣摩成，曰："此真可以说当世之君矣。"

于是乃摩燕乌集阙[48]，见说赵王于华屋[49]之下，抵掌而谈[50]，赵王大悦，封为武安君[51]。受相印[52]，革车百乘[53]，锦绣千纯[54]，白璧百双，黄金万溢[55]，以随其后，约从散横以抑强秦[56]，故苏秦相于赵而关不通[57]。

当此之时，天下之大，万民之众，王侯之威，谋臣之权，皆欲决苏秦之策[58]。不费斗粮，未烦一兵，未战一士，未绝一弦，未折一矢，诸侯相亲，贤[59]于兄弟。夫贤人在而天下服，一人用而天下从，故曰：式[60]于政不式于勇；式于廊庙之内，不式于四境之外。当秦之隆[61]，黄金万溢为用，转毂连骑，炫熿于道[62]，山东之国[63]从风而服，使赵大重[64]。且夫苏秦，特穷巷掘门桑户棬枢之士耳[65]，伏轼撙衔[66]，横历天下，廷说诸侯之王，杜[67]左右之口，天下莫之能伉[68]。

将说楚王，路过洛阳，父母闻之，清宫除道[69]，张乐设饮[70]，郊迎[71]三十里。妻侧目而视[72]，倾耳而听。嫂蛇行匍伏[73]，四拜自跪而谢。苏秦曰："嫂何前倨而后卑也？"嫂曰："以季子之位尊而多金^[74]。"苏秦曰："嗟乎！贫穷则父母不子^[75]，富贵则亲戚畏惧。人生世上，势位富厚，盖可忽乎哉？"

注　释

【1】苏秦，东周洛阳（今河南洛阳）人。《史记·苏秦列传》记载，他与张仪曾在齐国鬼谷子门下学习，学成之后四处游说，却一无所获。后来发奋读书，得到赵王赏识而以合纵策略游说六国，被六国推举为"从约长"，掌握六国相印，使秦国军队十五年不敢出函谷关。合纵被秦国破坏后，苏秦作为燕国间谍来到齐国，后被齐国大臣刺杀。

连横，指秦国与齐、楚等国联合打击其他国家。苏秦最初是主张连横的。

另，《战国策》中关于苏秦的事迹记载与《史记》有相互矛盾之处，《史记》本身的记载也有多处自相矛盾，1973年马王堆汉墓出土《战国纵横家书》更是与《史记》《战国策》大不相同。司马迁曾指出，因苏秦、张仪二人声名远扬，有不少其他人的事迹也被归为他们所为。正因为此，关于苏秦的具体事迹至今尚有争议。如本文所记载苏秦游说秦惠王之事，《史记》就记载是在返乡之后。

【2】秦惠王，又称秦惠文王，嬴姓，赵氏，名驷（sì），秦孝公太子。上任之初以车裂之刑处死商鞅，此后继续征伐诸国，又任用张仪进行连横破坏合纵（此事有争议），广开疆土，为秦国统一打下基础。

【3】巴蜀，指今天的四川、重庆等地。汉中，即今天的汉中盆地。这些地区十分富庶，与秦国来往频繁，所以说有利。后来秦惠王将其尽数纳入秦国疆域，成为秦国统一的经济基础。

【4】胡是匈奴居住地区，代是今河北、山西北部。胡地产貉（毛皮可做衣服），代地产马。

【5】巫山，在今重庆巫山县东。黔中，在湖南沅陵县西。限，屏障。

【6】肴（xiáo），通"崤"，崤山，在今河南省洛宁县西北。函，函谷关，在今河南省灵宝市西南。古代进入秦国境内，需要经过多段涧谷，地形极其险要，秦孝公于此修建函谷关，作为秦国的东大门。

【7】战国以前，各国多以战车作战，战车数也就成了军力的象征之一。

战车万乘，表明秦国军力位居诸侯前列。

【8】奋击，奋勇作战的勇士。百万极言士兵众多。另据考证，秦国实行军民合一，符合要求的成年男子战时都有可能被征发。

【9】形，得形势。便，擅便利。

【10】天府，上天赋予的天然宝库。

【11】战国以前，"帝"只用于形容有至高德行之人，周王也只称王不称帝。战国中后期，各国君主都称王，一些国力强盛的国家便有君主称帝。

【12】文章，这里指法令。

【13】俨然，庄严正式的样子。

【14】愿以异日，请以后再说。

据《史记》，此时秦惠王刚刚处死商鞅，对于其他国家前来游说的士人也一概不接受。

【15】神农，传说中的远古帝王，被认为是农业与医药的发明者，一说即炎帝。"补遂"二字，今已不可考。

【16】黄帝，传说中的远古帝王，"五帝"之首，中华民族的共同祖先。涿鹿，相传在今河北涿鹿县。蚩尤，传说中的九黎族首领。

【17】尧，传说中的远古帝王，"五帝"之一。驩兜，相传是尧的臣子。

【18】舜，传说中的远古帝王，"五帝"之一。三苗，古代的民族名。

【19】禹，夏朝开国之君，受舜禅让统治天下。共工，古代民族，一说为传说中的水神。以上征伐之事均见于古代传说。

【20】汤，商汤，商朝开国之君。有夏，即夏朝。此处指商汤征伐夏王桀。

【21】文王，周文王。崇，古代诸侯国。国君崇侯虎曾进谗言于纣王，使文王被囚禁，文王被释放后数年伐灭之。

【22】武王，周武王。此处指周武王讨伐商纣王。

【23】伯，一说通"霸"，指称霸；一说指周王曾封齐桓公为伯，而此行为被认为是承认齐桓公称霸。

【24】毂（gǔ），车轮中心的圆木，有用于插入车轴的圆孔。车毂击驰，指使节往来车辆众多，到了车毂相互碰撞的程度。

【25】从（zòng），通"纵"。南北为纵，六国相互结盟即是约纵（或称"合纵"）；东西为横，秦国与东方六国分别结盟即是连横。此处指两种不同

的策略都有人去实行。

【26】文士，游说之士。饬（shì），通"饰"，指修饰文辞而游说诸国。

【27】科条，法令规章。伪态，行事虚伪，弄虚作假。

【28】书策稠浊，政策条文记录繁多混乱。

【29】聊，依赖。

【30】章，通"彰"，明显。

【31】伟服，华丽的服饰。

【32】缀，连接，指将盔甲片连在一起，引申为整备盔甲。

【33】宽，距离远。迫，距离近。杖戟，拿着戟。橦（chōng），冲刺。另，鲍彪注本橦作"撞"。

【34】诎（qū），通"屈"，使敌人屈服。

【35】子，以……为子。元元，人民。

【36】惛，通"昏"，昏乱。

【37】乱于治，对于治理国家感到头脑混乱。

【38】"迷于言，惑于语"即"迷惑于言语"。"沈于辩，溺于辞"即"沉溺于言辞"。沈（chén），通"沉"。

【39】嬴（léi），同"缧"，缠绕。縢（téng），绑腿用的布。履，穿着。蹻（jué），草鞋。

【40】橐（tuó），囊，行囊。

【41】犁（lí），通"黧"，黑色。

【42】归，据考证应为"愧"字。

【43】纴（rèn），纺织。此处指妻子纺织如故，完全没有在意苏秦的归来。

【44】阴符，相传是姜太公姜尚所作兵法，今人考证为战国时道家典籍。见于《六韬》。

【45】简，精简、选择。练，熟习。揣摩，揣度研究以探求其精髓。

【46】足，王念孙认为应作"踵"，足跟。

【47】期年，满一年。

【48】摩，接近。燕乌集阙，赵王宫殿名。

【49】华屋，华丽的房子。

【50】抵（zhǐ），通"扺"，击掌。扺掌而谈，形容谈得十分高兴而融洽。

【51】武安，在今河北武安县。

【52】受相印，接受相国印章，指被封为相国。

【53】革车，一种古代兵车，以皮革覆盖于上作为装甲。

【54】纯，量词，匹。

【55】溢，通"镒"，一镒为二十四两。

【56】约从散横以抑强秦，合纵六国破坏连横从而抑制强大的秦国。

【57】关，指函谷关。六国合纵抗秦，因此函谷关交通断绝。

【58】策，策略，即六国合纵抗秦。此处指所有事情都要根据合纵来制定。

【59】贤，胜。

【60】式，用。

【61】当秦之隆，苏秦在最得意之时。

【62】煌（huáng），通"煌"。转毂连骑，炫煌于道，形容各国驿道往来的随从车骑络绎不绝，引人注目。

【63】山东之国，崤山以东的各国。

【64】赵大重，赵国地位大大提高。赵王作为苏秦的资助者，在合纵国中地位是最高的。

【65】穷巷，穷人聚集的巷子。掘（kū）门，窨门。桑户，以桑木板为门。棬（quān）枢，把树枝圈起来作为门枢。这里形容苏秦出身贫寒。

【66】伏轼撙（zǔn）衔，伏在车前的横木上，拉着马的勒头。

【67】杜，堵塞。

【68】伉（kàng），通"抗"，匹敌。

【69】清宫除道，收拾屋子打扫门前街道。

【70】张乐（yuè）设饮，设置音乐和宴席。

【71】郊迎，出郊相迎。

【72】侧目而视，不敢正眼看。

【73】匍伏，爬行。

【74】季子，一说苏秦字季子，一说苏秦在家中是最小的儿子，所以称"季子"。

【75】父母不子，父母不以为子。

范雎说秦王

《战国策》

题　解

　　本文节选自《战国策·秦策三》，记载的是范雎（jū）来到秦国游说秦昭王的故事。范雎在魏国遭受冤屈而化名逃亡秦国，在秦国又敏锐地看出了秦国的问题是秦王不能专政而上书秦昭王。秦昭王被他的书信打动，于是召见他。

　　范雎身为说客，面对地位尊贵的秦昭王，讲的又是可能引来杀身之祸的事情，不但不卑躬屈膝，还故意不回答昭王的问题，目的正是为了试探昭王是否诚心对待。在确定昭王的态度后，范雎才开始阐述自己的主张。论说之辞一气呵成，真切生动。

　　此后，秦昭王任用范雎，罢黜太后、穰侯，秦国再次强盛起来。

　　范雎[1]至秦，王庭迎，谓范雎[2]曰："寡人宜以身受令[3]久矣。今者义渠之事[4]急，寡人日自请太后。今义渠之事已，寡人乃得以身受命。躬窃闵然不敏[5]，敬执宾主之礼。"范雎辞让。是日见范雎，见者无不变色易容者[6]。

　　秦王屏左右，宫中虚无人[7]，秦王跪[8]而请曰："先生何以幸[9]教寡人？"范雎曰："唯唯[10]。"有间[11]，秦王复请，范雎曰："唯唯。"若是者三。

　　秦王跽[12]曰："先生不幸教寡人乎？"范雎谢曰："非敢然也。臣闻始时吕尚之遇文王也，身为渔父而钓于渭阳之滨[13]耳。若是者，交疏[14]也。已一说而立为太师，载与俱归者，其言深也。故文王果收功于吕尚，卒擅天下而身立为帝王[15]。即使文王疏吕望而弗与深言，是周无天子之德，而文、武无与成其王也。今臣，羁旅之臣[16]也，交疏于王，而所愿陈者，皆匡君之事[17]，处人骨肉之间[18]，愿以陈臣之陋忠，而未知王心也，所以王三问而不对者是也。臣非有所畏而不敢言也，知今日言之于前，而明日伏诛于后，然臣弗敢畏也。大王信行臣之言，死不足以为臣患，亡不足以为臣忧，漆身而为厉[19]，被发而为狂[20]，不足以为臣耻。五帝之圣而死，三王之仁而死，五伯之贤而死，乌获之力而死，奔、育[21]之勇焉而死。死者，人之所必不免也。处必然之势，可以少有补于秦，此臣之所大愿也，臣何患乎？伍子胥橐载而出昭关[22]，夜行而昼伏，至于菱水[23]，无以饵[24]其口，坐行蒲伏[25]，乞食于吴市[26]，卒兴吴国，阖庐为霸[27]。使臣得进谋如伍子胥，加之以幽囚，终身不复见，是臣说之行也，臣何忧乎？箕子、接舆[28]，漆身而为厉，被发而为狂，无益于殷、楚。使臣得同行于箕子、接舆，可以补所贤之主，是臣之大荣也，臣又何耻乎？臣之所恐者，独恐臣死之后，天下见臣尽忠而身蹶[29]也，是以杜口裹足，莫肯即秦耳。足下上畏太后之严，下惑奸臣之态[30]；居深宫之中，不离保傅之手[31]；终身暗惑[32]，无与照奸；大者宗庙灭覆[33]，小者身以孤危。此臣之所恐耳！若夫穷辱之事，死亡之患，臣弗敢畏也。臣死而秦治，贤于生也。"

秦王跽曰："先生是何言也！夫秦国僻远，寡人愚不肖，先生乃幸至此，此天以寡人恩[34]先生，而存先王之庙也。寡人得受命于先生，此天所以幸先王而不弃其孤也。先生奈何而言若此！事无大小，上及太后，下至大臣，愿先生悉以教寡人，无疑寡人也。"范雎再拜，秦王亦再拜[35]。

注 释

【1】范雎，魏国人，因受诬陷险些丧命，靠装死才躲过一劫，并化名逃往秦国。后上书秦昭王而得到重用，被封为应侯处理秦国政务。此后，因郑安

平投降一案而辞归封地，老死在秦国。

另，《战国策》原本作"雎（suī）"，但《史记》为"范睢"，东汉建立的武梁祠石室为"范且"，且有学者考证"睢""且"二字在古代相通，"雎"则属于误记。本书根据此说改为"范睢"。

【2】秦王，秦昭王，又称秦昭襄王，名则，秦惠王之子，秦武王异母弟。秦武王死，无子，秦昭王继位，因未成年而由其母宣太后执政。此时虽然已经亲政，但实际掌控秦国的仍是宣太后和穰侯魏冉。秦昭王对此十分不满，因此对范睢所言十分认同。

【3】令，即"命"，教诲。金文中"命""令"二字常常通用。

【4】义渠，北方部族。《汉书·匈奴传》记载，宣太后与义渠王有染，生有二子。此后，宣太后设计捕杀义渠王，并趁势吞并义渠。

【5】躬，自身。窃，较为谦虚的自称。闵，昏昧，不明事理。敏，才思敏捷。"不敏"是当时常用的表示歉意的词汇。躬窃闵然不敏，即"我自己不明事理，脑子愚笨"。

【6】前面的"见"为"见到"，后面的"见"通"现"，觐见。"变色易容"，一说是因范睢受到秦王尊敬而表现出尊敬；《史记》则记载范睢装作不知道秦王车驾经过的道路，还故意说："秦国哪有王，只有太后、穰侯。"而秦王却对他十分尊敬。

【7】屏，屏退。此处秦王屏退近臣侍卫及下文范睢言自己不害怕被杀，正是因为二人要谋划从太后、穰侯手中夺权，事情凶险。

【8】跪，古人采用的是跪坐的坐姿。

【9】幸，表尊敬，指受到教导是一种荣幸。

【10】唯，表答应。此处范睢故意用"唯唯"表示应付。

【11】间，间隙。有间，过了一会。

【12】跽（jì），长跪，挺直身子跪坐。这是表示出尊敬的姿势。

【13】渭阳之滨，渭水北岸。古代以阳表示河的北岸。渭水，即今之渭河。此处指姜尚在渭水北岸钓鱼等待周文王。

【14】交疏，指交情浅近，关系生疏。

【15】擅，专。周文王并没有称天子，这里只是一种大概的说法。

【16】羁（jī），同"羁"。羁旅之臣，因范睢是从魏国逃难而来，故而

以此自称。

【17】此处《战国策》作"匡君臣之事",而《史记》无"臣"字。且有多位学者考证此处若从"匡君臣之事"语意不通,此处根据此说修改。

【18】处,在。范雎身为外臣,介入秦王与宣太后母子之事,所以如此说。

【19】厉(lài),是一种病症,一说即"麻风病"。古代漆有毒性,以漆涂身后会使人身上长疹子,如同患了"厉"症一样。

【20】被(pī),通"披"。古人认为披头散发是蛮夷及发狂之人才会有的表现。

【21】乌获,秦武王时的力士。奔,孟奔,古代勇士。育,夏育,也是古代勇士。

【22】伍子胥,楚国人,父兄无罪却被楚平王杀死,伍子胥为躲避楚国追杀,躲在袋子里才得以逃出昭关。后辅佐吴王阖闾反攻楚国。橐,袋子。

【23】菱(líng)水,古河名,在今江苏溧水县。

【24】饵,吃。

【25】蒲伏,即"匍匐"。

【26】此处指伍子胥到吴国后无依无靠,只能以乞讨为生。

【27】指吴王阖闾任用伍子胥,大败楚国,吴国成为当时的强国。

【28】箕(jī)子,纣王叔父。《史记》记载纣王不听他的劝阻,他因担心被杀而装作发狂避祸。接舆,楚国人陆通,字接舆。相传是"楚狂人",不满楚国时政而披头散发,装作发狂避祸。《论语》记载他曾在孔子住所外歌唱道:"凤兮凤兮,何德之衰!"

【29】蹶(jué),僵,指死后尸体僵硬。此处引申为死亡。

【30】态,娇媚。引申为谄媚。

【31】保、傅,都是宫中负责照顾起居的女子。此处指昭王虽然成年却不能亲政,就好比未成年时一样被女官照顾。

【32】闇(àn)惑,愚昧不明。

【33】灭覆,覆灭。古人十分重视对祖先的祭祀,宗庙被毁相当于宗族灭亡。

【34】愿(hùn),打扰。此处表谦虚,以寡人的事情打扰先生。

【35】再,两次。是古代一种隆重的礼节。

邹忌讽齐王纳谏

《战国策》

本文选自《战国策·齐策一》。战国初年，齐威王广纳贤士，谋求齐国富强。而邹忌以琴游说齐王，得到齐王敬重，被封为相国。本文所写的就是邹忌对齐王的一次劝谏。

邹忌自以为容貌俊美，甚至超越了因俊美而闻名的徐公。而他的妻、妾、客更是奉迎他这一想法。但是，邹忌并未失去自知之明，在见到了徐公本人，又通过照镜子进行对比后，邹忌发现自己根本比不上徐公。邹忌据此进行了冷静的思考，还推己及人，并以此劝谏威王，请他广开言路，避免像邹忌一样受到蒙蔽。全文语言生动而又精练，结构严谨。

邹忌修八尺[1]有余，而形貌昳丽[2]。朝服衣冠，窥[3]镜，谓其妻曰：“我孰与城北徐公美？”其妻曰：“君美甚，徐公何能及君也？”城北徐公，齐国之美丽者也。忌不自信，而复问其妾曰：“吾孰与徐公美？”妾曰：“徐公何能及君也？”旦日[4]，客从外来，与坐谈，问之客曰：“吾与徐公孰美？”客曰：“徐公不若君之美也。”明日[5]，徐公来，孰[6]视之，自以为不如；窥镜而自视，又弗如远甚。暮寝而思之，曰：“吾妻之美我者，私我也；妾之美我者，畏我也；客之美我者，欲有求于我也。”

于是入朝见威王[7]，曰：“臣诚知不如徐公美。臣之妻私臣，臣之妾畏臣，臣之客欲有求于臣，皆以美于徐公。今齐地方千里，百二十城[8]，宫妇左右莫不私王，朝廷之臣莫不畏王，四境之内莫不有求于王：由此观之，王之蔽甚矣。”

王曰："善。"乃下令："群臣吏民，能面刺寡人之过者，受上赏；上书谏寡人者，受中赏；能谤讥于市朝[9]，闻寡人之耳者，受下赏。"令初下，群臣进谏，门庭若市；数月之后，时时而间进；期年之后，虽欲言，无可进者。燕、赵、韩、魏闻之，皆朝于齐[10]。此所谓战胜于朝廷。

注　释

【1】邹忌，《史记》作"驺忌"。齐国人，凭借弹琴而受齐威王赏识，又以琴为喻阐述治国，得到齐威王尊重，三个月后便被委任为相国，封于下邳，号成侯。他辅佐齐威王，使齐国不断富强起来。

修，身材修长。八尺，战国时一尺为23.1厘米，八尺大约为184厘米。

【2】昳（yì）丽，美丽，俊美。

【3】窥，细细地看。

【4】旦日，第二天。

【5】明日，此处指"旦日"的第二天。

【6】孰，通"熟"，长时间。

【7】威王，齐威王，名因齐，齐桓公午太子。他任用邹忌、田忌、孙膑等人才，对内整饬吏治，对外大败魏国，使齐国成为诸侯国中的最强者。

【8】据《史记·田单列传》《战国策·齐策六》，田单复国时齐国也仅有七十余城，此处一百二十城应是经过夸张的虚数。但也有人认为是郡县设置有所变化导致的。

【9】谤讥，批评讽刺。市朝，朝廷和市集。

【10】燕赵韩魏朝于齐之事，虽然确实有多个诸侯曾朝见齐王，但有些已经是威王晚年之事，有些则是齐宣王时发生。可见此处也存在一定的夸张。

冯谖客孟尝君

《战国策》

题　解

本文选自《战国策·齐策四》。战国时，各国盛行养士，只要有一技之长，都可以投奔养士之人成为门客。本文所讲的，就是其中最有名的孟尝君和他的门客冯谖（xuān）的故事。冯谖故意让自己显得一无所长而又贪得无厌，借以试探孟尝君；而孟尝君也以礼相待。后来，冯谖知恩图报，以免除债务的方式为孟尝君"买"到人民的支持，又帮助孟尝君重新返回齐国相国之位。

本文对人物的刻画十分生动，通过简单的几个描写，描绘出人物的心态变化，从而展现出冯谖的远见卓识和孟尝君的礼贤下士。

齐人有冯谖[1]者，贫乏不能自存，使人属孟尝君[2]，愿寄食门下。孟尝君曰："客何好？"曰："客无好也。"曰："客何能？"曰："客无能也。"孟尝君笑而受之曰："诺。"左右以君贱之也，食以草具[3]。

居有顷，倚柱弹其剑，歌曰："长铗归来乎[4]！食无鱼。"左右以告。孟尝君曰："食之，比门下之客[5]。"居有顷，复弹其铗，歌曰："长铗归来乎！出无车。"左右皆笑之，以告。孟尝君曰："为之驾，比门下之车客[6]。"于是乘其车，揭其剑，过其友[7]曰："孟尝君客我。"后有顷，复弹其剑铗，歌曰："长铗归来乎！无以为家[8]。"左右皆恶之，以为贪而不知足。孟尝君问："冯公有亲乎？"对曰："有老母。"孟尝君使人给其食用，无使乏。于是冯谖不复歌。

后孟尝君出记[9]，问门下诸客："谁习计会，能为文收责于薛者乎[10]？"冯谖署[11]曰："能。"孟尝君怪之，曰："此谁也？"左右曰："乃歌夫长铗归来者也。"孟尝笑曰："客果有能也，吾负之[12]，未尝见也。"请而见之，谢曰："文倦于事[13]，愦于忧[14]，而性懧[15]愚，沉于国家之事，开罪于先生。先生不羞[16]，乃有意欲为收责于薛乎？"冯谖曰："愿之。"于是约车治装[17]，载券契[18]而行，辞曰："责毕收，以何市[19]而反？"孟尝君曰："视吾家所寡有者。"

驱而之薛，使吏召诸民当偿者，悉来合券[20]。券遍合，起矫命以责赐诸民，因烧其券，民称万岁。

长驱[21]到齐，晨而求见。孟尝君怪其疾也，衣冠而见之，曰："责毕收乎？来何疾也！"曰："收毕矣。""以何市而反？"冯谖曰："君云'视吾家所寡有者'。臣窃计，君宫中积珍宝，狗马实外厩，美人充下陈[22]。君家所寡有者以义耳！窃以为君市义。"孟尝君曰："市义奈何[23]？"曰："今君有区区之薛，不拊爱子其民[24]，因而贾利之[25]。臣窃矫君命，以责赐诸民，因烧其券，民称万岁。乃臣所以为君市义也。"孟尝君不说，曰："诺，先生休矣[26]！"

后期年，齐王谓孟尝君曰："寡人不敢以先王之臣为臣[27]。"孟尝君就国于薛，未至百里[28]，民扶老携幼，迎君道中。孟尝君顾谓冯谖："先生所为文市义者，乃今日见之。"冯谖曰："狡兔有三窟，仅得免其死耳。今君有一窟，未得高枕而卧也。请为君复凿二窟。"孟尝君予车五十乘，金五百斤，西游于梁，谓惠王[29]曰："齐放[30]其大臣孟尝君于诸侯，诸侯先迎之者，富而兵强。"于是梁王虚上位[31]，以故相为上将军，遣使者，黄金千斤，车百乘，往聘孟尝君。冯谖先驱诫[32]孟尝君曰："千金，重币也；百乘，显使也。齐其闻之矣。"梁使三反[33]，孟尝君固辞不往也。齐王闻之，君臣恐惧，遣太傅赍[34]黄金千斤，文车二驷[35]，服剑[36]一，封书谢孟尝君曰："寡人不祥[37]，被于宗庙之祟[38]，沉于谄谀之臣，开罪于君。寡人不足为也，愿君顾先王之宗庙，姑反国统万人乎[39]？"冯谖诫孟尝君曰："愿请先王之祭器，立宗庙于薛。"庙成，还报孟尝君曰："三窟已就，君姑高枕为乐矣。"

孟尝君为相数十年，无纤介之祸者[40]，冯谖之计也。

注　释

【1】冯谖，《史记》作"冯驩"，齐国人。关于冯谖的记载，仅有本文所记之事，见于《史记》及《战国策》。

【2】属（zhǔ），请托，请求。孟尝君，名田文，齐宣王庶弟靖郭君田婴之子。《史记·孟尝君列传》记载，他本为贱妾之子，田婴认为他五月初五出生"不利于父母"，曾让其母将他丢弃，但他通过自己的才学得到了田婴的尊重，并破格立他为继承人。孟尝君有礼贤下士之名，倾尽家产招揽门客，其门客有数千人，其中既有冯谖这样的有远见之人，也有"鸡鸣狗盗"这样的在古代被人鄙视的人。孟尝君平等地对待他们，他们也大多能在需要之时帮助孟尝君。后人对他评价褒贬不一，贾谊《过秦论》说他"明智而忠信，宽厚而爱人，尊贤而重士"；王安石《读孟尝君传》则批评他"特鸡鸣狗盗之雄耳"。

【3】草具，盛粗劣食物的器具。

【4】铗（jiá），剑柄。长铗，长剑。"长铗归来乎"，即"长铗啊，我们回去吧"。

【5】"食之，比门下之客"，即"比门下之客食之"，像门下客人那样供给饮食。

【6】车客，可以乘马车的门客。

【7】过，光临，此处即拜访。

【8】无以为家，无以养家。

【9】记，告示。出记，张贴出告示。

【10】计会，记账，也就是今天的"会计"。责，通"债"。薛，孟尝君封地，位于今山东枣庄。

【11】署，署名。此处指冯谖在告示上署名并写上"能"。

【12】负之，亏待他。指孟尝君没有重用他。

【13】倦于事，因事物感到疲倦。指公务繁忙。

【14】愦于忧，困于思虑而心中混乱。

【15】惵（nuò），通"懦"，懦弱。

【16】不羞，不因受到怠慢而认为被侮辱。

【17】约，约定日期并准备。治装，置办行李。

【18】券契，关于债务的契约。

【19】市，买。指用带回的钱财购买物品。

【20】合券，古代的债务契约与今天的合同类似，双方各执一份，等到契约到期时，双方相互验证并归还债务。

【21】长驱，驱车直奔目的地，不在中途停留。

【22】下陈，后列。

【23】市义奈何，即如何买"义"。

【24】拊（fǔ）爱，抚爱，关爱。子，以……为子。

【25】贾（gǔ）利之，以商贾的方式从人民手中获取利息。

【26】休矣，算了。此处孟尝君虽然不高兴但无可奈何，因此只好说"休矣"。

【27】齐王，齐湣（mǐn）王地，齐宣王太子。《史记·孟尝君列传》记载，齐湣王因受秦楚间谍离间，认为孟尝君功高震主，因此罢免孟尝君。此处"以先王之臣为臣"不过是托词而已。

【28】未至百里，离薛地还有一百里。

【29】梁，魏国，因魏国建都于大梁（今河南开封），故而称梁。惠王，魏惠王（又称梁惠王），姬姓，魏氏，名罃（yīng），在位期间由于树敌过多，外交政策多次变化，对外战争屡次惨败而归，导致国力逐渐衰弱。

【30】放，弃。此处指将孟尝君拱手相送。

【31】虚上位，空出最高的职位，即空出相国之位。

【32】先驱，抢先（在魏国的使节之前）抵达。诚，告诫。

【33】反，通"返"。三反，三次返回。

【34】赍（jī），携带。

【35】文车，绘有文采的马车，指装饰豪华的马车。驷，用四匹马拉的车。有考证，四匹马的马车是诸侯专用（一说卿也可以用）。

【36】服剑，齐王自用的宝剑。

【37】不祥，不善。这里指不谨慎而犯下过失。

【38】被，通"披"，遭受。宗庙之崇，祖宗降下的灾祸。

【39】姑，姑且。统万人，治理万民。

【40】介，通"芥"。纤介，细微的小事。事实上孟尝君曾多次受到齐王怀疑，此处为夸张。

乐毅报燕王书

《战国策》

题　解

本文选自《战国策·燕策二》。燕昭王时，为报齐国趁乱劫掠之仇，燕国广纳贤才，厉兵秣马准备复仇。此后，燕昭王任用乐毅为上将军，带领五国联军进攻齐国，连破齐国七十余城，只有即墨、莒二城数年不能攻下。正值燕昭王去世，燕惠王即位，齐国派人离间，燕惠王便让骑劫代替乐毅，乐毅逃往赵国。结果，燕军全军覆没，齐国趁势复国。此时，燕惠王便写信给乐毅，希望他返回。

这封信就是乐毅给燕惠王的回信。在信中，乐毅针对燕惠王所说"何以报先王之所以遇将军之意"一句进行了分析：一、他已经尽职尽责，连下齐国七十余城。二、"善始者不必善终"，为了保全燕昭王能识人才的美名，避免战败后损害燕昭王名声，乐毅必须选择离开。

本文中，乐毅对于燕惠王态度并不诚恳的道歉，回答得婉转得体，又恰到好处地将自己善于谋划而明哲保身的一面显露出来。此后，燕惠王封乐毅之子乐间为昌国君，而乐毅便作为燕赵两国的客卿联络两国。

　　昌国君乐毅[1]，为燕昭王合五国之兵而攻齐[2]，下七十余城，尽郡县之以属燕[3]。二城[4]未下，而燕昭王死。惠王[5]即位，用齐人反间，疑乐毅，而使骑劫[6]代之将。乐毅奔赵，赵封以为望诸君[7]。齐田单[8]诈骑劫，卒败燕军，复收七十余城以复齐。

　　燕王悔，惧赵用乐毅承燕之弊[9]以伐燕。燕王乃使人让[10]乐毅，且谢之曰："先王举国而委将军，将军为燕破齐，报先王之仇，天下莫不振动[11]。寡人岂敢一日而忘将军之功哉！会先王弃群臣[12]，寡人新即位，左右误寡人。寡人之使骑劫代将军，为将军久暴露于外[13]，故召将军，且休计事[14]。将军过听[15]，以与寡人有郄[16]，遂捐[17]燕而归赵。将军自为计则可矣，而亦何以报先王之所以遇将军之意乎[18]？"

　　望诸君乃使人献书报燕王曰："臣不佞[19]，不能奉承先王之教，以顺左右之心，恐抵斧质之罪[20]，以伤先王之明，而又害于足下之义，故遁逃奔赵。自负以不肖之罪，故不敢为辞说。今王使使者数[21]之罪，臣恐侍御者之不察先王之所以畜幸臣之理[22]，而又不白[23]于臣之所以事先王之心，故敢以书对。

　　"臣闻贤圣之君，不以禄私其亲，功多者授之；不以官随其爱，能当者处之。故察能而授官者，成功之君也；论行而结交者，立名之士也。臣以所学者观之，先王之举错[24]，有高世之心，故假节[25]于魏王，而以身得察于燕。先王过举[26]，擢之乎宾客之中，而立之乎群臣之上，不谋于父兄，而使臣为亚卿[27]。臣自以为奉令承教，可以幸无罪矣，故受命而不辞。

　　"先王命之曰：'我有积怨深怒于齐，不量轻弱，而欲以齐为事。'臣对曰：'夫齐，霸国之余教[28]也，而骤胜之遗事[29]也，闲于甲兵[30]，习于战攻。王若欲伐之，则必举天下而图之。举天下而图之，莫径[31]于结赵矣。且又淮北、宋地[32]，楚、魏之所同愿也。赵若许约，楚、魏尽力[33]，四国攻之，齐可大破也。'先王曰：'善。'臣乃口受令[34]，具符节，南使臣于赵。顾反命[35]，起兵随而攻齐，以天之道，先王之灵，河北之地，随先王举而有之于济上[36]。济上之军，奉令击齐，大胜。轻卒锐兵，长驱至国，齐王逃遁走莒[37]，仅以身免。珠玉财宝，车甲珍器，尽收入燕。大吕陈于元英，故鼎反乎历室，齐器设于宁台，蓟丘之植，植于汶篁[38]。自五伯以来，功未有及先王者也。先王以为惬其志，以臣为不顿命，故裂地而封之[39]，使之得比乎小国诸侯。臣不佞，自以为奉令承教，可以幸无罪矣，故受命而弗辞。

"臣闻贤明之君，功立而不废，故著于《春秋》，蚤知[40]之士，名成而不毁，故称于后世。若先王之报怨雪耻，夷万乘之强国，收八百岁[41]之蓄积，及至弃群臣之日，余令诏后嗣之遗义，执政任事之臣，所以能循法令，顺庶孽者，施及萌[42]隶，皆可以教于后世。

"臣闻善作者不必善成，善始者不必善终。昔者伍子胥说听乎阖闾，故吴王远迹至于郢；夫差弗是也，赐之鸱夷而浮之江[43]。故吴王夫差不悟先论之可以立功，故沉子胥而弗悔；子胥不蚤见主之不同量，故入江而不改[44]。

"夫免身全功，以明先王之迹者，臣之上计也。离[45]毁辱之非，堕先王之名者，臣之所大恐也。临不测之罪，以幸为利者，义之所不敢出也。

"臣闻古之君子，交绝不出恶声；忠臣之去也，不洁其名[46]。臣虽不佞，数奉教于君子矣。恐侍御者之亲左右之说，而不察疏远之行也。故敢以书报，唯君之留意焉。"

注　释

【1】乐毅，赵国灵寿（今河北灵寿县）人，祖先是曾为魏文侯伐中山的

乐羊（见《战国策·魏策一》）。乐毅初为赵将，在沙丘之乱后前往魏国，后在出使燕国时受到燕昭王礼遇，便留在燕国，被任用为亚卿。他定立联合各国伐齐策略，在济水西边大破齐军，顺势攻下齐国七十余座城池，被燕昭王封为昌国君。可在燕惠王即位后，由于齐国反间，乐毅被骑劫代替，此后乐毅便逃往赵国。后人因其用兵如神而对其推崇备至，唐肃宗立"武庙十哲"，其中便有乐毅。昌国，在今山东淄博东南，乐毅封地。

【2】燕昭王，召公姬奭后人，燕王哙太子。燕王哙将王位让给相国子之，引发众人不满，燕国大乱。齐国便打着平乱的旗号进攻燕国，燕王哙及子之均被杀。两年后，燕昭王继位。他即位后励精图治二十余年，广招贤才，派乐毅大破齐国，几乎占领齐国全境。

合五国之兵，《史记》有四国、五国、六国三种说法，而本篇乐毅则说只有燕赵楚魏四国，相互矛盾。又有学者考证本次伐齐实际有六国参加。

【3】郡县之，以之为郡县。指将七十余座城池全部作为燕国郡县。

【4】原文作"三城"，但《史记·乐毅列传》及《战国策·齐策六》均记载只有莒、即墨两座城池。《史记·燕世家》记载有聊、莒、即墨三座城池，又与《史记》其他篇目及《战国策·齐策六》相矛盾。此处据此改为"二城"。

【5】惠王，燕惠王。《史记·燕世家》记载他早就对乐毅有不满，因而中了反间之计。田单复国后，便派使者邀请乐毅返回燕国。

【6】骑劫，燕将。取代乐毅后主动进攻即墨，结果中计而兵败身死。

【7】望诸君，乐毅的封号，封地于观津，在今河北武邑县。

【8】田单，齐国宗室。即墨大夫战死后，田单被众人推举为将军。此后采用反间计使乐毅被取代，又通过一系列的计策激励士气而松懈燕军士气。此后，他收集数千头牛，点燃牛尾，趁夜袭击燕军，大获全胜，趁机光复被占领的七十余座城池。

【9】弊，疲敝，国力衰弱。

【10】让，责备。

【11】振，通"震"。振动，震惊。

【12】弃群臣，抛弃群臣。君王死去的委婉说法。

【13】暴（pù）露于外，指乐毅常年征战在外。

【14】且休计事，即暂且休息，回来谋划国家大事。

【15】过听，错误地听信。

【16】郤（xì），通"隙"，隔阂、误解。

【17】捐，弃。

【18】遇将军之意，对将军的知遇之恩。

【19】不佞（nìng），不才。一种谦虚的说法。

【20】质，通"锧（zhì）"。斧质，古代的一种刑具，用于腰斩。斧质之罪，即死罪。

【21】数，数说。

【22】侍御者，即左右之臣，此处借指燕惠王。畜，养。幸，亲近。

【23】不白，不明白。

【24】错，通"措"。举错，举动措施。

【25】假节，借出使的机会。节，符节，引申为出使。古代使臣出使都要带上君王给予的信物，以示自己是君王的代表。

【26】过举，过分抬举。

【27】亚卿，次卿、中卿。周代周王及诸侯都设有卿，分为上中下三等，是仅次于国君的高级官员。亚卿为仅次于上卿（也就是相国）的高级官员。

【28】霸国之余教，指齐桓公称霸，其事迹对后来的齐国还有教育意义。

【29】骤，屡次。骤胜之遗事，屡次战胜的事迹。

【30】闲，通"娴"，娴熟。

【31】径，捷径。

【32】淮北，即淮河以北。宋，即宋国故土。宋王无道，齐湣王攻灭之。

【33】原文为"楚、魏、宋"，但文义不通。有学者考证此处无"宋"字。本文按此说法删去。

【34】口，通"叩"，叩拜。一说原文为"囗"，代表此字于传抄中缺失。

【35】顾反命，刚刚返回复命。极言发兵之迅速。

【36】济上，济水之上。

【37】莒（jǔ），今山东莒县。《史记》记载齐湣王被楚将淖齿杀死在此地。

【38】大吕，齐钟名。元英、历室，都是燕国宫殿名。宁台，在今北京宛平县。故鼎，燕国大乱时被齐国抢走的鼎。蓟（jì）丘，在今北京宛平县，

是燕国的都城。植，植物。后一个"植"作动词，种植。汶（wèn），今汶水。篁（huáng），竹田。旧说此句为倒装句，即燕之蓟丘所植，皆植齐王汶上之竹。但陈寅恪认为，《史记》记载乐毅在齐国五年，《齐民要术》载山东有乐氏枣，相传为乐毅所种植；由此可知，此举并非倒装句，而是乐毅在此种植。

【39】裂地而封，分出一块土地封他。

【40】蚤知，先知，即有远见之人。

【41】八百岁，自姜太公建国至齐湣王，大约八百年。事实上，战国初年田氏代齐，姜氏齐国便亡国了，严格来说姜氏齐国和田氏齐国不能合并为一。

【42】萌，通"氓"，百姓。

【43】鸱夷，皮囊。此处指伍子胥多次进谏却被夫差赐死，遗体被装在袋子里丢到江中。

【44】《史记》作"不化"，《史记索隐》认为指伍子胥死后魂魄不散，化为波涛之臣。相传每年农历八月十八钱塘江大潮，就是伍子胥驱潮而来。

【45】离，通"罹"，遭遇。

【46】交绝不出恶声，绝交也不随意贬斥。不洁其名，不会损害君王的名声以使自己的名声美好。

触龙说赵太后

《战国策》

题　解

本文选自《战国策·赵策四》。赵惠文王死后，继位的赵孝成王年幼，其母赵威后代理国政。赵威后是一个颇有远见卓识的女政治家，曾对来访的齐国使臣说："苟无民何以有君？"其中体现的民本思想，即使对今天的我们也有一定的指导意义。

但在本篇中，赵太后则体现了她作为母亲的一面：齐国要他的儿子长安君为人质，作为齐国出兵援救的条件。但是，即使事情紧急，赵太后也不答应。于是，老臣左师触龙便自告奋勇去劝谏赵太后。

　　面对愤怒的赵太后，触龙并没有直接去劝说，而是以老年人的共同话题，谋求与赵太后产生共鸣，又故意说赵太后更爱燕后，引起反驳。等到赵太后反驳，他才逐渐将话题引向目标，一步一步地将赵太后说服。

　　本文中，触龙对赵太后心理把握准确，说服方式巧妙婉转，堪称先秦叙事文章中的佳篇。

　　赵太后[1]新用事，秦急攻之。赵氏求救于齐，齐曰：“必以长安君为质[2]，兵乃出。”太后不肯，大臣强谏。太后明谓左右：“有复言令长安君为质者，老妇必唾其面。”

　　左师触龙[3]愿见太后。太后盛气而胥之[4]。入而徐趋，至而自谢[5]，曰：“老臣病足，曾不能疾走，不得见久矣。窃自恕[6]，而恐太后玉体之有所郄[7]也，故愿望见太后。”太后曰：“老妇恃辇[8]而行。”曰：“日食饮得无衰乎？”曰：“恃鬻耳[9]。”曰：“老臣今者殊不欲食，乃自强步[10]，日三四里，少益耆食[11]，和于身也[12]。”太后曰：“老妇不能。”太后之色少解。

　　左师公曰：“老臣贱息[13]舒祺，最少，不肖；而臣衰，窃爱怜之。愿令得补黑衣之数[14]，以卫王宫。没死[15]以闻。”太后曰：“敬诺。年几何矣？”对曰：“十五岁矣。虽少，愿及未填沟壑[16]而托之。”太后曰：“丈夫亦爱怜其少子乎[17]？”对曰：“甚于妇人。”太后笑曰：“妇人异甚[18]。”对曰：“老臣窃以为媪之爱燕后贤于长安君[19]。”曰：“君过矣[20]！不若长安君之甚。”左师公曰：“父母之爱子，则为之计[21]深远。媪之送燕后也，持其踵，为之泣，念悲其远也[22]，亦哀之矣。已行，非弗思也，祭祀必祝之，祝曰：‘必勿使反。’[23]岂非计久长，有子孙相继为王也哉[24]？”太后曰：“然。”

　　左师公曰：“今三世以前，至于赵之为赵[25]，赵王之子孙侯者[26]，其继[27]有在者乎？”曰：“无有。”曰：“微独[28]赵，诸侯有在者乎？”曰：“老妇不闻也。”“此其近者祸及身，远者及其子孙。岂人主之子孙则必不善哉？位尊而无功，奉[29]厚而无劳，而挟重器[30]多也。今媪尊长安君之位，而封之以膏腴之地[31]，多予之重器，而不及今令有功于国[32]，一旦山陵崩[33]，长安君何以自托[34]于赵？老臣以媪为长安君计短也，故以为其爱不若燕后。"太后曰："诺，恣[35]君之所使之。"

于是为长安君约车百乘，质于齐，齐兵乃出。

子义[36]闻之曰："人主之子也，骨肉之亲也，犹不能恃无功之尊，无劳之奉，已守金玉之重也，而况人臣乎。"

注 释

【1】赵太后，赵惠文王的王后，赵孝成王之母，号赵孝威后，姓名不详。赵惠文王去世时，因孝成王尚未成年便代理政务。执政一年后去世。《战国策·齐策四》记载她曾与齐国使节对答，并提出"苟无民何以有君"，被后人认为有贤能。

【2】长安君，赵太后所宠爱的小儿子。质，古代两国结盟，需要派一位国君的弟兄或儿子居于盟国，作为同盟的保证，而实际上是作为抵押的人质。

【3】左师，官名，具体职责尚有争议，胡三省认为是用于优待老臣的闲职。触龙，赵国老臣。《战国策》原本作"触讋（zhé）"但《史记》及1973年长沙马王堆出土帛书均为"触龙"。本文据此修改。又，王念孙认为"讋"是因古代典籍为竖排版，而"龙""言"二字距离过近，便被误认为"讋"字。

【4】胥（xū），等待。原本作"揖"，但王念孙考证"揖"与下文矛盾，而马王堆帛书为"胥"。本文据此修改。

【5】谢，谢罪。

【6】窃，私下。自恕，自己原谅自己。

【7】郄（xì），通"隙"，此处指生病。

【8】恃，凭借，依靠。辇，一种用人拉的车子。

【9】鬻（zhōu），通"粥"。

【10】强步，勉强走路。

【11】耆（shì），通"嗜"。少益耆食，渐渐地增加了一些食欲。

【12】和于身，让身体觉得舒适。

【13】贱息，谦辞，指自己的儿子。

【14】补黑衣之数，在卫士中占一个名额。黑衣，赵国宫廷卫士穿黑衣。

【15】没（mò）死，冒死。

【16】填沟壑，谦辞，指死亡。

【17】丈夫，男人。爱怜，疼爱。

【18】异甚，特别严重。

【19】媪（ǎo），古人敬称老年妇人为媪。燕后，燕武成王后，赵太后之女。贤于，胜于。

【20】君过矣，你错了。

【21】计，谋划，策划。

【22】持，制止。踵，脚踝。持其踵，即脚步被阻止，不能前行。念悲其远，惦念，悲伤她的远嫁。

【23】古代诸侯之女远嫁别国，除非被废或所嫁之国灭亡，否则一般不会再回来。这里是希望她能在燕国平安。

【24】继，继承。相继为王，世世代代继承为王。

【25】此处前一个赵指赵氏，即赵国先祖、在晋国做大夫的赵氏家族；后一个赵指赵国。此处指赵韩魏三家分晋，建立赵韩魏三国之事。

【26】赵王之子孙侯者，省略"为"，即"赵王之子孙为侯者"。

【27】继，后继者。

【28】微独，不止。

【29】奉，通"俸"，俸禄。

【30】重器，宝物。

【31】膏腴之地，指土地肥沃、物产丰盈的土地。

【32】不及今令有功于国，不趁着今天让他为国立功。

【33】崩，古代国君死为崩。山陵崩，赵太后去世的委婉说法。

【34】自托，托身，立足。

【39】恣，从，这里为任凭。

【40】子义，赵国的有识之士。具体事迹不详。

编者注

为什么大臣们"强谏"会失败？曾说出"苟无民何以有君"的赵太后，不会不明白派长安君做人质的政治意义。可是，她又是一位母亲，溺爱自己的孩子更是人之常情。以道理压制情感，往往会引起人的反抗。

触龙在了解这些情况后，便选择了与"强谏"的大臣们不同的切入点：从情感角度说服，全然不提政治上的大道理。他从老年人的共同话题入手，先解除赵太后的防备心理；再以自己溺爱儿子的情感，引起赵太后的共鸣。而以燕后与长安君的境遇作为对比，既不违背赵太后溺爱幼子的情感，又能达到令赵太后同意的目的。方法之巧妙，值得后人学习。

鲁共公择言

《战国策》

题 解

本文选自《战国策·魏策二》，记载了梁惠王在范台大宴诸侯时，鲁共公的一番祝酒词。"择言"，即"择善而言"。本文文字短小精悍，含义深邃而严谨，语言整齐。

梁王魏婴[1]觞诸侯于范台。酒酣，请鲁君[2]举觞。鲁君兴，避席择言曰："昔者，帝女[3]令仪狄[4]作酒而美，进之禹，禹饮而甘之，遂疏仪狄，绝旨酒，曰：'后世必有以酒亡其国者。'齐桓公夜半不嗛[5]，易牙乃煎熬燔炙[6]，和调五味而进之，桓公食之而饱，至旦不觉，曰：'后世必有以味亡其国者。'晋文公得南之威[7]，三日不听朝，遂推南之威而远之，曰：'后世必有以色亡其国者。'楚王登强台而望崩山[8]，左江而右湖，以临彷徨，其乐忘死，遂盟强台而弗登，曰：'后世必有以高台陂池亡其国者。'今主君之尊，仪狄之酒也；主君之味，易牙之调也；左白台而右闾须 [9]，南威之美也；前夹林而后兰台 [10]，强台之乐也。有一于此，足以亡其国。今主君兼此四者，可无戒与！"梁王称善相属。

注　释

【1】梁王魏婴，即梁惠王。本文所记载的是公元前344年，在逢泽举行的一场由魏国主导的会盟。当时，魏国虽然在桂陵之战大败，但还是攻破赵都邯郸，并击败齐军，展示了自己的强盛。秦国商鞅认为，当时的秦国无法抗衡魏国，便采取尊魏为王的方法麻痹魏国。此后，魏国便在逢泽会宋、鲁等小国诸侯，并率领他们朝见周王，试图以此宣示自己领导诸侯的地位。结果，魏国的强大引起了各国的恐慌，韩国和齐国开始合谋削弱魏国。公元前341年，齐国在马陵大败魏军，秦国也趁机夺取魏国土地，魏国军事实力一落千丈。

【2】鲁君，即鲁共公，名奋。

【3】帝女，所指不明，可能是舜或禹的女儿。

【4】仪狄，传说中的酿酒始祖。关于酿酒的真正始祖，古代有多种传说，最有影响力的有两说：一说仪狄酿酒献禹，一说杜康在黄帝时酿酒。

【5】不嗛，不满足，有饥饿感。

【6】易牙，一作"狄牙"，齐桓公宠臣，善烹饪。《管子·小称》记载，齐桓公曾感叹自己唯独没吃过婴儿的肉，易牙便将自己的儿子蒸了给齐桓公吃。管仲死前，曾力劝齐桓公疏远易牙，但是齐桓公却在驱逐后又将他召回。结果，易牙等人作乱，使齐桓公在宫中因病饿而死，十一天后才有人发现。

【7】南之威，一作南威，美女名。

【8】楚王，楚庄王。强台，即章华台。崩山，一作崇山。

【9】白台、闾须，皆美女名。

【10】夹林、兰台，梁之宫苑名。

国有四维

《管子》

　　《管子》是一部记载春秋时期政治家管仲治国言行事迹和治国之术的书籍，相传为管仲所作，今人则认为出自战国后期到西汉初期时道家稷下学派的多位学者之手，且非一时之作。全书共八十六篇文章，其中有十篇今已亡佚。全书内容繁复，但大体可分为三部分：一类是管仲与齐桓公的对话或施政案例，一类是管仲与齐桓公二人的经历记录，一类是针对一些篇目进行解读。

　　《管子》一书虽是道家学者的著作，包含了不少道家的思想，但在治国理政方面，本书却具有浓厚的法家色彩，同时也包含了一些儒家思想。《管子》素来以文字古奥难懂著称，且由于各篇出于不同时代学者之手，也存在着一些相互矛盾之处。但其中不仅包含传统的治国法术、修身之道，还包括经济学思想和兵法、哲学思想等，堪称先秦时代的一部思想宝库。

　　管仲，名夷吾，字仲，谥敬仲，春秋时期齐桓公的相国，辅佐齐桓公称霸诸侯。他执政期间，对齐国进行了一系列的改革，其中允许土地买卖和重商主义对于齐国的社会进步有着重要意义。后世对管仲治国之才十分推崇，即使不赞成他的改革方法的孔子也承认："微管仲，吾其被发左衽矣。"

题　解

　　本文节选自《管子》的第一篇《牧民》。所谓"牧民"，就是治理民众。第一篇《国颂》，讲述治国的基本原则。《国颂》作为总领《管子》全书的第一篇，行文有韵，如《诗经》之《颂》。其中"仓廪实，则知礼节，衣食足，则知荣辱"一句历来为后人所尊崇，其所阐述的经济基础与精神文明程度的关系即使在今天也有一定的实践意义。

《四维》则详细阐述《国颂》中提出的"四维"，即"礼义廉耻"。"礼义廉耻"这四条规矩，就如同四条巨大的绳子，维持着整个国家的存亡。如果四维倾覆，那么国家也就离灭亡不远了。历朝历代，都十分推崇这一理论，如贾谊就曾上书汉文帝告诫"四维未备"；康熙皇帝作《四维解》既警戒群臣也勉励自己；毛泽东也在中华人民共和国成立之初引用"四维"一说形容廉政建设的重要性。

国　颂

凡有地牧民者，务在四时[1]，守在仓廪[2]。国多财，则远者[3]来，地辟举，则民留处[4]；仓廪实，则知礼节；衣食足，则知荣辱；上服度，则六亲固[5]；四维[6]张，则君令行。故省刑之要，在禁文巧[7]，守国之度，在饰[8]四维，顺民之经[9]，在明鬼神，祇山川，敬宗庙，恭祖旧[10]。不务天时，则财不生；不务地利，则仓廪不盈；野芜旷，则民乃菅[11]，上无量，则民乃妄。文巧不禁，则民乃淫，不璋两原[12]，则刑乃繁。不明鬼神，则陋民不悟[13]；不祇山川，则威令不闻；不敬宗庙，则民乃上校[14]；不恭祖旧，则孝悌不备；四维不张，国乃灭亡。

四　维

国有四维，一维绝则倾，二维绝则危，三维绝则覆，四维绝则灭。倾可正也，危可安也，覆可起也，灭不可复错[15]也。何谓四维？一曰礼、二曰义、三曰廉、四曰耻。礼不踰节，义不自进[16]。廉不蔽恶，耻不从枉[17]。故不踰节，则上位安；不自进，则民无巧轴；不蔽恶，则行自全；不从枉，则邪事不生。

注 释

【1】四时，四季。

【2】仓廪（lǐn），储藏粮食的仓库。藏谷的叫作仓，藏米的叫作廪。一说，方形的为仓，圆形的为廪。守在仓廪，保卫仓廪，引申为保证粮食储备。

【3】远者，远方的人民，即其他诸侯国的人。

【4】辟，开辟，开垦。举，尽。民留处，人民就会留在当地并安居乐业。

【5】服，行。度，礼度，即礼节和法度。六亲，父母兄弟妻子为六亲。六亲固，指亲人间团结紧密，引申为国君宗室安定而没有政治斗争。

【6】四维，指系在网四角上的绳索。有了四条绳索，才能纲举目张。将"礼义廉耻"形容为"四维"言其重要性。

【7】文，华丽的服饰。巧，精巧的玩物。文巧，指奢侈品。

【8】饬（chì），通"饬"，整饬。

【9】顺，通"训"。经，通常之规，即根本性的办法。顺民之经，言教训其民之道。

【10】祗，敬。祖旧，祖先留下的规矩，即祖训、祖制。

【11】营，日本学者猪饲彦博认为应为"荒"，懒惰。

【12】璋，通"障"。原，原因。两原，即上文所说"上无量"和"文巧不禁"。

【13】悟，猪饲彦博认为当作"信"。

【14】校，反抗。上校，即犯上作乱。

【15】错，通"措"。复错，即采取措施复国。一说"错"字是传抄过程中衍生的多余字。

【16】自进，自行钻营。

【17】枉，邪曲，即坏人。

编者注

所谓"四维"，其实就是治国的四条纲领。"礼"即"不踰节"，即按照"礼"的道德规范行事，具体来说则是"上下有义，贵贱有分，长幼有等，贫富有度"（《管子·五辅》）。遵守"礼"，则人人各守本位，尽职尽责，世间的祸乱就不会发生。"义"即"不自进"，不以不正当的手段去满足欲望。"廉"即"不蔽恶"，清廉高尚，不贪不占；"耻"则是"不从枉"，知道有所不为。这四条，构成了《管子》全书中最核心的价值观，也被历代的治国者视为整个中华的核心价值观。

《道德经》十一则

《老子》

老子，姓李，名耳，字聃，又字（一说为谥号）伯阳。春秋时陈国苦县厉乡曲仁里（今河南省鹿邑县太清宫镇）人。我国古代伟大的思想家、哲学家，道家学派的创始人。他曾为周王室守藏室的官吏，孔子在路过东周时曾向他问礼，并称他是"乘风云而上天"的龙。后来周王室发生内乱，老子便辞官而去，《史记》记载他"不知所终"。

相传，老子辞官后便骑青牛出函谷关，被函谷关守关官员拦下，要求他留下一本书。于是老子便留下了这部《道德经》。其中所蕴含的哲学思想，体现了古代人朴素的辩证价值观，对后世产生了深远的影响。汉初曾以他的"无为"思想治国，东汉时道教创立也尊奉老子为始祖，东汉桓帝于其家乡建立太清宫，李唐皇室自认为是老子后裔，唐玄宗曾亲注《道德经》，宋真宗重建太清宫并封其为太上老君。

题　解

本文节选了《道德经》中最为精华的十一则。《道德经》，又名《老子》，是道家学派和道教的最主要经典，据考证可能是中国历史上第一部完整的哲学著作。在《道德经》中，老子阐述了自己的"道法自然"和"有无相生"的哲学思想，政治上则主张"无为"的"内圣外王"之道。

《道德经》包含八十一章，共计五千余字，分为"道""德"两篇。《道德经》句式整齐，词句准确生动而又精辟。后世对《道德经》极为推崇，据统计，对《道德经》进行研究的专门著作至元朝时就有三千余种。而且，随着《道德经》在16世纪被翻译为外文，欧洲的众多哲学家也对老子的学说十分推崇，黑格尔、尼采、康德均对《道德经》中的思想做出了高度评价。

上善[1]若水。水善利万物而不争，处众人之所恶[2]，故几于道[3]。居善地，心善渊[4]，与善仁[5]，言善信，政善治[6]，事善能，动善时[7]。夫唯不争，故无尤[8]。

注 释

【1】上，最。上善，最善，即老子所推崇的"圣人"。

【2】处众人之所恶，处在众人都不愿去的地方。

【3】几，接近。几于道，接近于道。

【4】渊，形容人的性格沉静而深邃。

【5】与，与他人交接来往。仁，真诚仁爱。一说，老子反对"仁"，主张"绝仁弃义"，因此此处应为"天"，即自然无私。

【6】政，为政，治理国家。治，治理国家。

【7】动，做出行动。时，把握时机。

【8】尤，过失。

编者注

老子十分推崇"水"这一意象，认为水是最接近于"道"的。本文就阐述了有"水德"的最善之人的言行处事原则。

五色令人目盲[1]；五音令人耳聋[2]；五味令人口爽[3]；驰骋畋猎，令人心发狂[4]；难得之货，令人行妨[5]。是以圣人为腹不为目[6]，故去彼取此。

注　释

【1】五色，泛指多种多样的色彩。目盲，比喻眼花缭乱。

【2】五音，泛指各种音乐。耳聋，比喻听觉不灵敏。

【3】五味，泛指有着各种各样味道的美食。口爽，指味觉不灵敏生了口病。

【4】驰骋，比喻打猎时纵情驰骋。畋猎，打猎。心发狂，比喻心中放荡不能节制。

【5】难得之货，指宝物。行妨，指为谋取宝物不择手段而损害自己的操行。

【6】为腹不为目，只求温饱不求纵情声色，此处代指追求生活简朴。

编者注

有学者认为这一篇是批评封建贵族声色犬马的生活，也有人认为这一篇是完全反对一切娱乐。虽然对此我们不能妄下定论，但对当代人来说，过度纵欲的生活既损害身体健康，又损害人的纯真本性。

古之善为士[1]者，微妙玄通[2]，深不可识。夫惟不可识，故强为之容。豫兮若冬涉川[3]，犹兮若畏四邻，俨[4]兮其若客，涣兮若冰之将释[5]，敦兮其若朴[6]，旷[7]兮其若谷，浑兮其若浊[8]。孰能浊以澄？静之徐清[9]；孰能安以久？动之徐生[10]。保此道者不欲盈[11]，夫惟不盈，故能敝而新成[12]。

注　释

【1】善为士，帛书本作"善为道"，即有道之人。

【2】微妙玄通，形容胸中的智慧深邃难解。

【3】豫，犹豫、迟疑。下文的"犹"也是此意。冬涉川，在冬季过河，有"如履薄冰"之意。

【4】俨，恭敬。

【5】释，融化、消亡。

【6】敦，敦厚不虚伪。朴，原木，此处形容朴实。

【7】旷，空旷。

【8】浑，指水不清无法看透。浊，泥水。

【9】此句意为，让泥水静下来慢慢澄清。指让动荡中的社会变得澄净。

【10】此句意为，在安静中活动起来让事情出现生机。指让安静的社会出现生机。

【11】不欲盈，不求装满，指不过分苛求完美、苛求快速达到目标。

【12】能敝而新成，守住旧有成果而实现创新。

编者注

这一则讲治理社会，要在"无为"的思想下，让混乱的社会变得安定，让太过安定的社会变得有生机。对于个人，则要做到在环境中平衡自己的心境，让自己不因外界而混乱，也不能陷入过于安逸却没有生机的状态。

曲则全，枉[1]则直，洼则盈，敝[2]则新，少则得，多则惑。是以圣人抱一[3]为天下式[4]。不自见[5]，故明[6]；不自是，故彰，不自伐[7]，故有功；不自矜，故长。夫唯不争，故天下莫能与之争。古之所谓"曲则全"者，岂虚言哉？诚全而归之。

注 释

【1】枉，弯曲。

【2】敝，陈旧。

【3】抱，守，坚持。一，即"道"。抱一，即守道。

【4】式，范式。

【5】见，通"现"，表现。

【6】明，彰明。

【7】伐，夸耀。

编者注

老子崇尚"不争"，崇尚顺应自然，因时而动、因势而动，如果形势不利，就要暂退，这样才能再进一步。

　　跂[1]者不立，跨[2]者不行；自见者不明；自是者不彰；自伐者无功；自矜者不长。其在道也，曰余食赘形[3]。物或恶之，故有道者不处。

注　释

【1】跂，一本作"企"，踮脚站立。

【2】跨，大跨步前进。

【3】赘形，指多食产生的赘肉。

编者注

本篇讲做事不可轻浮急躁，不可自我炫耀。轻浮急躁、自我炫耀的人，必然不能长久。

　　善行，无辙迹[1]；善言，无瑕谪[2]；善数[3]，不用筹策；善闭，无关楗[4]而不可开；善结，无绳约[5]而不可解。是以圣人常善救人，故无弃人；常善救物，故无弃物。是谓袭明[6]。故善人者，不善人之师；不善人者，善人之资[7]。不贵其师，不爱其资，虽智大迷，是谓要妙[8]。

注　释

【1】辙迹，车轮留下的轨迹，这里指不留痕迹。

【2】瑕谪，过失、缺点、疵病。

【3】数，计算。

【4】关楗，指门上的锁。

【5】绳约，绳索。

【6】袭明，内藏智慧聪明。

【7】资，取资、借鉴。

【8】要妙，精要玄妙，深远奥秘。

编者注

本篇讲做事要无为，只要在生活中运用无为思想，不需要耗费太大的力气，就可取得很好的效果。

知其雄[1]，守其雌[2]，为天下溪[3]。为天下溪，常德不离，复归于婴儿[4]。知其白[5]，守其黑[6]，为天下式[7]。为天下式，常德不忒[8]，复归于无极[9]。知其荣，守其辱，为天下谷。为天下谷，常德乃足，复归于朴[10]。朴散则为器[11]，圣人用之，则为官长[12]，故大制不割[13]。

注　释

【1】雄，比喻刚劲、躁动。

【2】雌，比喻柔静、谦恭。

【3】溪，通"徯"，徯径（也作蹊径）。此句意为，安守雌静应为天下之蹊径。一说，溪即"溪谷"，但陈鼓应认为若作"溪谷"解则与下文"谷"语义重复。

【4】婴儿，比喻婴儿一般单纯的状态。

【5】白，指明亮。

【6】黑，指暗昧。

【7】式，范式。

【8】忒，过失。

【9】无极，即最终的永恒真理。

【10】《庄子·天下篇》引此章："知其白，守其辱，为天下谷，常德乃

足，复归于朴。"易顺鼎认为："辱"有"黑"义，《仪礼》有"以白造缁曰辱"一句，而以"辱"对"白"也是汉代以前常见的一种用法。马叙伦认为：古书多以"宠""辱"相对，此处作"荣""辱"，可见是后人篡改。高亨、张松如也持此说。

【11】器，指万物。

【12】官长，百官的首长，即君主。

【13】大制不割，完善的政治是不割裂的。不割，不分彼此界限。

知人者智，自知者明。胜人者有力，自胜者强[1]。知足者富，强行[2]者有志，不失其所者久，死而不亡[3]者寿。

注　释

【1】强，刚强果决。

【2】强行，坚持不懈、持之以恒。

【3】死而不亡，指人虽死"道"却长久存在。这里老子并非宣扬"灵魂不灭"，而是提倡"精神不朽"；人总有一死，让自己的精神长久流传的人才是真正的长寿。

编者注

本篇讲个人修养问题。"自知者明"，自知、自胜，远比知人、胜人更重要。只要能做到自知、自胜，坚定自己的信念，就可让自己的精神力旺盛，"死而不亡"。

上士闻道，勤而行之；中士闻道，若存若亡；下士闻道，大笑之。不笑不足以为道。故建言[1]有之：明道若昧，进道若退，夷道若纇[2]。上德若谷；大白若辱[3]；广德若不足；建德若偷[4]；质真若渝[5]。大方无隅[6]；大器晚成；大音希声；大象无形；道隐无名。夫唯道，善贷且成[7]。

注 释

【1】建言，立言。

【2】夷，平坦、坦荡。纇（lèi），崎岖、曲折。

【3】辱，污垢。一说此句应在"大方无隅"句之前。

【4】偷，懒惰、怠惰。建德若偷，刚健的德好像怠惰的样子。

【5】渝，浑浊、肮脏。质真若渝，质朴而纯真好像浑浊。

【6】隅，角落、墙角。大方无隅，最方整的东西却没有角。

【7】贷，施与、给予。此处引申为帮助、辅助。"善贷且成"意为，道使万物善始善终，而万物永远无法脱离道独自存在。

编者注

这一章论述矛盾，说明相反相成是事物的规律。从"上士""中士""下士"对待"道"的区别可以看出，只能看到一些表面现象的"下士"的嘲笑，是动摇不了"道"的。

天之道，其犹张弓与？高者抑之，下者举之，有余者损之，不足者补之。天之道，损有余而补不足。人之道[1]，则不然，损不足以奉有余。孰能有余以奉天下，唯有道者。是以圣人为而不恃[2]，功成而不处，其不欲见贤。

注 释

【1】人之道，指人类社会的一般准则。

【2】恃，凭借，这里指居功自傲。一说"是以圣人"至"不欲见贤"句并不属此章节，是传抄过程中出现的错误。

编者注

这一章阐述老子朴素的社会思想。他认为社会应学习自然"损有余而补不足"的不平等现象，以达到社会平等。

信言^[1]不美，美言不信。善者不辩^[2]，辩者不善。知者不博，博者不知。圣人不积^[3]，既以为人己愈有^[4]，既以与人己愈多^[5]。天之道，利而不害^[6]。圣人之道，为而不争。

注　释

【1】信言，指可靠的言辞。

【2】辩，巧辩、能说会道。

【3】圣人不积，有道的人不自私，不热衷于积累（财富等外物）。

【4】既以为人己愈有，已经把自己的一切用来帮助别人，自己反而更充实。

【5】多，此处指丰富。

【6】利而不害，从万物得到好处而不伤害万物。

编者注

本篇是《道德经》的最终章，也是全书的总结性文字。前三句讲人生处世的准则，后面则讲治世的准则。老子主张人应该回归于自然的朴实，以人的纯真本性处世。

逍遥游

《庄子》

庄子，名周，战国时期宋国蒙（今河南商丘，一说安徽蒙城）人。著名的哲学家、思想家、文学家，道家学派的代表人物，继承并发展了老子的思想，作《庄子》一书。《汉书·艺文志》记载《庄子》有五十二篇，今存三十三篇，其中《内篇》多认为是庄子所作，《外篇》《杂篇》则出于其后学之手。他曾担任宋国蒙地的漆园吏，此后虽然楚王请他出仕，却被他以泥中曳尾而行的龟为喻拒绝。

庄子崇尚自由，他所提出的"内圣外王"思想对后世影响深远。他所作的《庄子》一书，不仅包含了丰富的道家学派哲学思想，其中大量生动有趣的寓言、天马行空的想象力、行云流水般的语言所体现出的文学性、艺术性，更是先秦诸子著作的巅峰。

庄子与老子并称为"老庄"，而他的许多思想不仅为后世道家学者和道教所继承，也对儒家产生了很大的影响。庄子本人也被神化，唐玄宗封其为"南华真人"。

题 解

《逍遥游》是《庄子》的第一篇，也是《庄子》一书中最富思想性和艺术性的一篇。庄子运用自己奇幻的想象力，以生动而丰富的寓言，将自己思想中最为核心的自由观描写出来。而本文的思想内涵更是极为深刻，以至于自汉以来两千余年间诸家争议不断，纷纷提出自己的理解与阐释。

鲁迅曾评价《庄子》"汪洋辟阖，仪态万方，晚周诸子之作，莫能先也"。而这一篇更是如此。庄子在这一篇中进行了奇幻的想象，如"不知其几千里"的鲲鹏，"八千岁为春"的大椿，"肌肤若冰雪"的神人，让整篇文章气势磅礴而又引人入胜。而他对自由的热烈向往追求，更是洋溢于全文的字里行间。

北冥[1]有鱼，其名为鲲[2]。鲲之大，不知其几千里也；化而为鸟，其名为鹏[3]。鹏之背，不知其几千里也；怒而飞，其翼若垂天[4]之云。是鸟也，海运则将徙于南冥[5]。南冥者，天池也[6]。《齐谐》者[7]，志怪[8]者也。《谐》之言曰："鹏之徙于南冥也，水击[9]三千里，抟扶摇[10]而上者九万里，去以六月息[11]者也。"野马也[12]，尘埃也，生物之以息相吹也[13]。天之苍苍，其正色邪？

其远而无所至极邪？其视下也，亦若是则已矣[14]。且夫水之积也不厚，则其负大舟也无力。覆杯水于坳[15]堂之上，则芥[16]为之舟；置杯焉则胶[17]，水浅而舟大也。风之积也不厚，则其负大翼也无力。故九万里则风斯在下矣[18]，而后乃今培风[19]，背负青天而莫之夭阏者[20]，而后乃今将图南[21]。蜩与学鸠[22]笑之曰：“我决[23]起而飞，枪榆枋[24]而止，时则[25]不至，而控[26]于地而已矣；奚以之九万里而南为[27]？”适莽苍者[28]，三飡而反[29]，腹犹果然[30]；适百里者，宿舂粮[31]；适千里者，三月聚粮。之[32]二虫又何知！小知不及大知[33]，小年不及大年。奚以知其然也？朝菌不知晦朔[34]，蟪蛄不知春秋[35]，此小年也。楚之南有冥灵者[36]，以五百岁为春，五百岁为秋；上古有大椿者[37]，以八千岁为春，八千岁为秋。而彭祖乃今以久特闻，众人匹之[38]，不亦悲乎？

汤之问棘[39]也是已：穷发[40]之北有冥海者，天池也。有鱼焉，其广数千里，未有知其修者[41]，其名曰鲲。有鸟焉，其名为鹏，背若太山，翼若垂天之云；抟扶摇羊角[42]而上者九万里，绝[43]云气，负青天，然后图南，且适南冥也。斥鴳[44]笑之曰：“彼且奚适也？我腾跃而上，不过数仞[45]而下，翱翔蓬蒿之间，此亦飞之至也。而彼且奚适也？”此小大之辩也[46]。

故夫知效一官[47]、行比[48]一乡、德合一君、而徵[49]一国者，其自视也亦若此矣[50]。而宋荣子犹然笑之[51]。且举世而誉之而不加劝[52]，举世而非之而不加沮[53]，定乎内外之分[54]，辩乎荣辱之境，斯已矣[55]。彼其于世，未数数然也[56]。虽然，犹有未树也[57]。夫列子御风而行[58]，泠然[59]善也，旬有五日而后反。彼于致福者[60]，未数数然也。此虽免乎行，犹有所待[61]者也。若夫乘天地之正[62]，而御六气之辩[63]，以游无穷者[64]，彼且恶乎待哉？故曰：至人无己[65]，神人无功[66]，圣人无名[67]。

尧让天下于许由^[68]，曰："日月出矣，而爝^[69]火不息，其于光也，不亦难乎！时雨降矣，而犹浸灌^[70]，其于泽也^[71]，不亦劳乎！夫子立而天下治，而我犹尸之^[72]，吾自视缺然^[73]。请致天下^[74]。"许由曰："子治天下，天下既已治也，而我犹代子，吾将为名乎？名者，实之宾也，吾将为宾乎^[75]？鹪鹩^[76]巢于深林，不过一枝；偃鼠^[77]饮河，不过满腹。归休乎君^[78]，予无所用天下为^[79]！庖人^[80]虽不治庖，尸祝不越樽俎而代之矣^[81]。"

肩吾问于连叔曰^[82]："吾闻言于接舆，大而无当，往而不反^[83]。吾惊怖其言犹河汉^[84]而无极也，大有径庭^[85]，不近人情焉。"连叔曰："其言谓何哉？"曰："藐姑射^[86]之山，有神人居焉。肌肤若冰雪，淖约若处子^[87]；不食五谷，吸风饮露；乘云气，御飞龙，而游乎四海之外；其神凝^[88]，使物不疵疠^[89]而年谷熟。吾以是狂^[90]而不信也。"连叔曰："然，瞽者无以与乎文章^[91]之观，聋者无以与乎钟鼓之声。岂唯形骸有聋盲哉？夫知亦有之。是其言也，犹时女也^[92]。之人也，之德也，将旁礴^[93]万物以为一，世蕲乎乱^[94]，孰弊弊^[95]焉以天下为事！之人也，物莫之伤，大浸稽^[96]天而不溺，大旱金石流、土山焦而不热。是其尘垢秕糠，将犹陶铸尧舜者也^[97]，孰肯以物为事！宋人资章甫而适诸越，越人断发文身^[98]，无所用之。尧治天下之民，平海内之政。往见四子^[99]藐姑射之山，汾水之阳^[100]，杳然丧其天下焉^[101]。"

惠子^[102]谓庄子曰："魏王贻我大瓠之种^[103]，我树之成而实五石^[104]。以盛水浆，其坚不能自举也^[105]。剖之以为瓢，则瓠落无所容^[106]。非不呺然^[107]大也，吾为其无用而掊之^[108]。"庄子曰："夫子固拙于用大矣^[109]。宋人有善为不龟^[110]手之药者，世世以洴澼絖^[111]为事。客闻之，请买其方百金^[112]。聚族而谋之曰：'我世世为洴澼絖，不过数金。今一朝而鬻技^[113]百金，请与之。'客得之，以说吴王。越有难，吴王使之将。冬，与越人水战，大败越人，裂地而封之。能不龟手一也，或以封，或不免于洴澼絖，则所用之异也。今子有五石之瓠，何不虑以为大樽[114] 而浮乎江湖，而忧其瓠落无所容？则夫子犹有蓬之心[115] 也夫！”

惠子谓庄子曰：“吾有大树，人谓之樗[116]。其大本臃肿而不中绳墨[117]，其小枝卷曲[118] 而不中规矩。立之涂，匠者不顾[119]。今子之言，大而无用，众所同去也。”庄子曰：“子独不见狸狌乎[120]？卑身而伏，以候敖[121] 者；东西跳梁[122]，不辟高下；中于机辟，死于罔罟[123]。今夫斄牛[124]，其大若垂天之云。此能为大矣，而不能执鼠。今子有大树，患其无用，何不树之于无何有之乡[125]，广莫[126] 之野，彷徨[127] 乎无为其侧，逍遥乎寝卧其下。不夭斤斧[128]，物无害者[129]，无所可用，安所困苦哉[130]！”

注　释

【1】北冥，北海，一说即今俄罗斯贝加尔湖。海水颜色深黑，所以称为冥。

【2】鲲，鱼卵。这里借用做大鱼的名字。

【3】鹏，古字亦作“凤”。

【4】垂，通“陲”，边。垂天，天边。

【5】海运，大海的波涛。波涛起，必有大风，鹏便借此前往南海。

【6】天池，自然而成的大湖。

【7】齐谐，书名，可能是庄子虚构的。

【8】志，记载。志怪，记载神怪之事的书。

【9】水击，鹏起飞时羽翼拍击水面。

【10】抟（tuán），有两种说法，一说为“搏”，依附；一说指回旋上升。扶摇，一种拔地而起的暴风。

【11】息，休息。一说，息即“风”。

【12】野马，春季气候变暖，野外森林水泽之间有升腾的水汽，如同野马

奔腾一般，所以叫野马。

【13】息，此处指气息。此句指无论野马尘埃还是鹏，都是凭借自然的力量而行动。

【14】这句说，鹏在高空之中看向下方，如同下面望向高空，只能看到一片苍茫。

【15】坳，凹陷的水坑。

【16】芥，小草。

【17】胶，粘着。

【18】这句说，鹏能飞到九万里的高空，依靠的是深厚的风力将它托起。

【19】抟（píng），通"凭"。抟风，即凭借风力。

【20】夭，挫折。阏（è），阻止，阻碍。

【21】图南，计划飞往南方。

【22】蜩（tiáo），蝉。学鸠，一种小鸟。一说，学通"鷽"。

【23】决，迅疾的样子。

【24】枪，穿过。榆、枋，都是树名。

【25】则，或，有时。

【26】控，落下。

【27】为，表疑问的助词。这句话指，为何非要高飞到九万里之上去南方呢？

【28】莽苍，形容旷野的颜色远望难以分辨，这里代指旷野。

【29】飡（cān），通"餐"。

【30】果然，吃饱的样子。

【31】宿，一晚的时间。舂（chōng）粮，储备粮食。

【32】之，这。

【33】小知，小聪明。大知，大智慧。

【34】朝菌，朝生夕死的菌类。晦，夜晚。朔，早上。

【35】蟪（huì）蛄（gū），寒蝉。春秋，一年。寒蝉不能过冬，因此说"不知春秋"。

【36】冥灵，大树名。一说，大龟名。

【37】大椿，大树名。

【38】彭祖，相传是火神祝融之孙，楚国先祖陆终之子，尧之臣，封于彭地，高寿七百余岁。后人多以"彭祖"作为高寿的象征。匹，比。

【39】棘，相传是商汤的大夫。《列子·汤问》作"夏革"。

【40】发，草木。穷发，北方草木不生的土地。

【41】修，长度。

【42】羊角，弯曲而上的旋风，如羊角形状，故名。

【43】绝，超越。

【44】斥，小池塘。斥鴳（yàn），生活在小池塘中的小鸟。一说斥通"尺"，即只有一尺大小。

【45】仞，八尺，一说七尺。

【46】这里说："这就是小大的分辨啊。"

【47】效，胜任。官，工作。

【48】比，合。

【49】徵（zhēng），信，取信于。

【50】此，指代前文的"斥鴳"。

【51】宋荣子，即宋钘（xíng），战国时的贤人，思想与墨子有相似之处。犹然，微笑自得的样子。

【52】劝，勉励。

【53】沮，沮丧。

【54】内，内心修养。外，待人接物。定乎内外之分，能准确把握对人对己的分寸。

【55】斯已矣，如此而已。

【56】数（shuò）数，常常。这句是说，这样的人是不常见的。

【57】未树，不能树立至德。

【58】列子，名列御寇，道家贵虚学派的创始人，老子与庄子之间的重要传承者。御风，驾驭风而前行。相传列子能够御风而行。

【59】泠（líng）然，轻妙的样子。

【60】致，得到。致福，得到御风而行的福气。

【61】待，依靠，凭借。

【62】正，自然规律，自然界的正常现象。

【63】六气，即阴阳风雨晦明。辩，通"变"，指六气的自然变化。

【64】游无穷，遨游于无穷的宇宙。

【65】至人，修养最高的人。无己，能顺应自然而忘我。

【66】神人，修养近于神明的人。无功，无意于求功。

【67】圣人，道家学派的理想化人格，修养到了极点，行事合乎"道"，"无为"又能"无不为"。无名，无意于求名。

【68】许由，相传是古代的贤士，尧想把天下禅让给他，他却逃走而隐居于箕山。后来尧又让他做九州之长，他认为这一言论脏了他的耳朵，便到河边洗耳。

【69】爝（jué），小火把。

【70】浸灌，灌溉。

【71】泽，润泽，滋润。

【72】尸，指古代祭祖时坐在神位上代表祖先受祭拜的神主，后引申为没有实际却空占位置的人。此处作动词。

【73】缺然，有缺陷的样子。

【74】致天下，将天下托付于你。

【75】宾，附属品，衍生物。这句是说，你已将天下治理好，又将天下让给我，我如果接受就是为了虚名而接受。

【76】鹪（jiāo）鹩（liáo），一种小鸟。常生活于山中的密林和灌木丛中，善于筑巢。

【77】偃鼠，即鼹鼠，又名土拨鼠。

【78】归休乎君，"君归休乎"的倒装句式，即"您回去吧，算了吧"。

【79】予无所用天下为，"天下于予无所用"的倒装句式，即"天下对我是没有什么用处的"。为，句末语气助词。

【80】庖（páo），厨房。庖人，厨子。

【81】尸祝，执掌祭祀的人，因为他对"尸"（也就是神主）进行祝祷，因此称尸祝。樽，盛酒用器皿。俎（zǔ），盛肉用的器皿。

【82】肩吾、连叔，人名，可能是庄子虚构的。

【83】往而不返，不着边际。这里指接舆的言论大而无当又不着边际。

【84】河汉，银河。

【85】径庭，差别很大。

【86】藐（miǎo），辽远。姑射（yè），传说中的山名。

【87】淖，通"绰"。淖约，美好的样子。处子，处女。

【88】神凝，神情凝聚专一。

【89】疵疠，疾病。

【90】狂，通"诳"，谎言、虚妄之言。

【91】文章，有文采的东西。

【92】时，通"是"。这句话是说，以上这两句，说的就是你啊。

【93】旁礴，即"磅礴"，形容无所不包。

【94】蕲（qí），通"祈"，求。乱，此处意为"治"，安定。

【95】弊弊，辛劳的样子。

【96】大浸，大洪水。稽，至，到来。

【97】秕（bǐ），没有成熟的谷子。糠（kāng），谷皮。尘埃秕糠，指细小琐碎的东西。陶，制作陶器。铸，制作金器。这句指神人身上的尘埃都可以铸造出尧舜这种圣君来。

【98】资，采购。适，去，往。古时越国人有断发文身的习俗。

【99】四子，相传指王倪、啮缺、被衣、许由。四人据说都是尧时的隐士。

【100】汾水之阳，汾水的北面，今山西临汾一带。相传尧曾建都于此。

【101】杳，怅然。丧，忘。

【102】惠子，即惠施，名家学派的开创者，庄子的同乡好友，曾任魏国相国，以博学著称，《庄子·天下》记载他"学富五车"。《汉书·艺文志》记载他有《惠子》一篇，今已亡佚，他的思想仅见于《庄子》《荀子》等其他学派著作之中。

【103】贻，送。瓠（hù），葫芦。

【104】实，容纳。石（dàn），重量单位。

【105】坚，坚固程度。不能自举，不能承受自身的重量而无法被提举起来。

【106】落，大而平，过浅而不能容纳太多的水。

【107】呺（xiāo）然，内部空虚的样子。

【108】掊（pǒu），击破。

【109】拙于用大，不善于把事物在大处使用。

【110】龟，通"皲"，皲裂。

【111】洴（píng）澼（pì），在水中漂洗。絖（kuàng），通"纩"，棉絮。

【112】这里是"请以百金买其方"的倒装句式，指以一百金买他的方子。

【113】鬻（yù），卖。技，指制药的技能。

【114】虑，系，缚。一说，虑通"摅（shū）"，挖空。大樽，形状似酒器，可以系在腰间，渡江河时可以当作船。

【115】蓬之心，见识短浅。一说蓬通"蒙"，"蓬之心"即心有蒙蔽。

【116】樗，即臭椿。

【117】大本，主干。臃肿，指树木上的树瘤较多。中，合。绳墨，木匠用来量取直线的工具。

【118】卷曲，即"蜷曲"，弯曲。

【119】涂，道路旁。立在道路旁，匠人随时可以看到，却没人注意，可见其材不堪大用。

【120】狸，野猫。狌（shēng）通"鼪"，即黄鼬，俗名黄鼠狼。

【121】敖，通"遨"。敖者，指在自然中游荡的小动物，是野猫黄鼬的食物。

【122】梁，通"踉（liàng）"。跳梁，即跳跃。

【123】机，弩。辟，陷阱。罔，通"网"。罟（gǔ），亦指网。

【124】斄（lí）牛，即牦牛。

【125】无何有之乡，什么都没有的地方。一说，即"乌有之乡"，是庄子所幻想的虚幻之境，与"乌托邦"相近。

【126】莫，大。

【127】彷徨，徘徊。

【128】夭，夭折。斤，斧头。这里指不受斧头砍伐。

【129】物无害者，没有什么会侵害它。

【130】这两句是说，它没有什么用处，又怎么会有痛苦呢？

编者注

作为《庄子》全书第一篇，本文在思想上可以说是《庄子》全书的代表，更是庄子哲学的总纲。而对于本文真正的思想含义，诸家历来争论不休。对于何谓"逍遥"，诸家往往解释其为"自由"，但也有学者通过研究《诗》等先秦著作的"逍遥"含义，认为"逍遥"还包括"徘徊"之意。而对于本文的主旨字句，林云铭认为"大"是全篇乃至于内篇七篇的核心；而刘辰翁则认为"游"字是庄子全书的核心；罗勉道认为"化"字是全篇的核心。至于本文的主旨，更是众说纷纭，迄今为止已经出现过"体道"说、"无待"说、"无为"说、"无己"说、"自得"说、"无用"说、"大"说、"乘正御辩"说等。

庄周梦蝶

《庄子》

题　解

本文节选自《庄子·齐物论》。在本文中，作者提出了一个著名的哲学问题，通过对梦中变化为蝴蝶和梦醒后蝴蝶复化为己的事件的描述与探讨，提出人无法确切区分真实、虚幻与生死物化的观点。本文被认为是庄子诗化哲学的代表，蕴含着丰富的浪漫主义思想和人生哲学思考，引发后世众多文人骚客的共鸣。

昔者庄周梦为胡蝶，栩栩然胡蝶也，自喻适志与[1]！不知周也。俄然觉[2]，则蘧蘧然[3]周也。不知周之梦为胡蝶与？胡蝶之梦为周与？周与胡蝶，则必有分[4]矣。此之谓物化[5]。

注　释

【1】喻，通"愉"，愉快。适志，合乎心意。

【2】觉，醒来。

【3】蘧（qú）蘧然，惊动的样子。一说呆滞僵住的样子。

【4】分，区分、区别。

【5】物化，事物自身的变化。

编者注

作为《齐物论》一文的结尾寓言，"庄周梦蝶"的故事承载了庄子的整个"齐物"思想，且与《庄子》一书的核心《逍遥游》有着极为紧密的联系。在本文中，世人所认为有着云泥之别的"庄周"与"蝴蝶"在庄子的梦中完成了互换，而且这种互换还令庄子颇为惬意。这种"齐物"的观点，正与《逍遥游》开篇那著名的"鲲鹏"与"斥鷃"的对比相类似：差别巨大，却并不重要。鲲鹏有鲲鹏的特点，斥鷃有斥鷃的特点，没有什么高下之分。在《德充符》中，庄子更是将这一观点进一步放大到了含死生、存亡、穷达、贫富、贤愚、毁誉、饥渴、寒暑等一切客观外在。

但是，庄子的"齐物"并不意味着消极地将一切外在等同起来，认为人生只需消极以待即可。《逍遥游》中所讲述的"不中绳墨"的"樗"、藐姑射之山的"神人"，都是完全不关注于外在，只凝神于自己最该专注的事情——自由自在地成长，利己利世地生存。所谓"神"，其实就是现代人所说的"生命本真"，只有回归于自己的"神"，才能真正做到自由的"逍遥游"。而这也是庄周梦蝶的真正内涵：在"齐物"之后，无论是蝴蝶还是庄周，已经回归于"神"的庄子都已经可以实现真正的"逍遥游"。

天地有大美而不言

《庄子》

题 解

本文节选自《庄子·知北游》，一般认为是庄子后学及后世道家学者所作。本文中，作者阐述了"美"存在于天地之中，寻求"美"的人要自己去天地之中探寻的思想。为何"美"存在于天地之间？因为天地做到了"无为而无不为"。如果人能够如天地一般"无为而无不为"，一切纯任自然，那么人也能具有天地之美。这一思想，在中国美学史上具有重要的地位。

天地有大美而不言，四时有明法[1]而不议，万物有成理[2]而不说。圣人者，原天地之美而达万物之理。是故至人无为，大圣不作，观于天地之谓也。今彼神明[3]至精，与彼百化[4]。物已死生方圆，莫知其根也[5]。扁然[6]而万物，自古以固存。六合为巨[7]，未离其内；秋豪为小，待之成体；天下莫不沈浮[8]，终身不故[9]；阴阳四时运行，各得其序；惛然[10]若亡而存；油然[11]不形而神；万物畜而不知：此之谓本根，可以观于天[12]矣！

注　释

【1】明法，明确的规律。

【2】成理，万物生成之理。

【3】神明，天地蕴含的活力、创造力，虽无形可见却无所不在，主宰一切，它是极精微的。

【4】彼，指万物。与彼百化，大地参与万物之各种变化。

【5】死生方圆，物或生或死，或方或圆，变化无方，形态各异，莫知其所由来。

【6】扁然，犹遍然，普遍地。

【7】六合，上下四方的无限空间。巨，巨大。

【8】沈浮，升降、往来。表示万物的相互作用与无穷变化。

【9】故，陈旧。不故，言其新故相除，永葆生机。

【10】惛然，暗昧之状。

【11】油然，流动变化无所系着之状。

【12】观于天，观见自然之道。

庖丁解牛

《庄子》

题 解

本文是《庄子·养生主》的一篇寓言，后人根据其内容又称为"庖丁解牛"。文章通过讲述庖丁解释自己神乎其技的解牛技巧，来阐述顺应自然之道，即能达到"养生"的道理。能顺应事物自然之理，从追求"技"到追求"道"，这样就能像庖丁一样达到炉火纯青的地步，"动刀甚微"而牛"如土委地"，且十九年来刀仍然锋利如新。

"庖丁解牛"这则故事不仅见于《庄子》，其他各家著作也都有记载。如《管子·制分》以它来讲求兵法，《吕氏春秋·精通》则用它来论证精神专一。

庖丁为文惠君解牛[1]，手之所触，肩之所倚，足之所履，膝之所踦[2]，砉然向然[3]，奏刀騞然[4]，莫不中音。合于《桑林》[5]之舞，乃中《经首》之会[6]。

文惠君曰："嘻，善哉！技盖至此乎[7]？"

庖丁释刀对曰："臣之所好者，道也，进乎技矣。始臣之解牛之时，所见无非全牛者[8]。三年之后，未尝见全牛也[9]。方今之时，臣以神遇而不以目视，官知止而神欲行[10]。依乎天理[11]，批大郤[12]，导大窾[13]，因其固然[14]。技经肯綮之未尝[15]，而况大軱[16]乎！良庖岁更刀，割也[17]；族庖月更刀，折也[18]。今臣之刀十九年矣，所解数千牛矣，而刀刃若新发于硎[19]。彼节者有间[20]，而刀刃者无厚；以无厚入有间，恢恢乎其于游[21]刃必有余地矣，是以十九年而刀刃若新发于硎。虽然，每至于族[22]，吾见其难为，怵然[23]

为戒，视为止[24]，行为迟[25]，动刀甚微，謋然[26]已解，如土委[27]地。提刀而立，为之四顾，为之踌躇满志[28]，善[29]刀而藏之。"

文惠君曰："善哉！吾闻庖丁之言，得养生焉。"

注　释

【1】庖丁，名叫丁的厨工。文惠君，梁惠王。解牛，宰牛。

【2】踦（yǐ），用一只脚站立。庖丁用一只脚顶住牛身，因此只能用一只脚站立。

【3】砉（huā）然，皮和骨分离的声音。向，通"响"。

【4】奏，进，即将刀插入。騞（huō）然，形容皮和骨分离的声音，比砉然更大。

【5】桑林，据传是商汤时期的乐曲。

【6】经首，据传是尧时期的乐曲《咸池》中的一章。会，音节。

【7】嘻，拟声词，赞叹的声音。盖，通"盍（hé）"，何不。

【8】所见无非全牛者，指看到的只是牛本身，看不到其中可以下刀的缝隙。

【9】未尝见全牛也，指已经能够熟悉牛身体的各个部位和结构，能够从结构中间的缝隙下刀。

【10】官，器官。知，感觉。神欲，精神活动。

【11】天理，牛身体的自然结构。

【12】批，击打。郤（xì），通"隙"，指骨节之间的缝隙。

【13】导，沿着。窾（kuǎn），空隙，指骨节旁的空间。

【14】固然，本来的样子。

【15】技，俞樾认为应为"枝"，指分支血管。经，经脉。技经，指血管。肯，骨肉。綮（qìng），筋肉结合处。这些都是下刀时可能会遇到的阻碍之处。尝，尝试，这里指试着接触。

【16】大軱（gū），大骨。

【17】割，割肉，指毫无技巧地强行切割。

【18】族庖，众庖，泛指一般的厨子。折，用刀砍断骨头。

【19】硎（xíng），磨刀石。发于硎，用磨刀石磨过。

【20】节，牛的关节。间，间隙。

【21】恢恢乎，宽阔而有余的样子。游，运转。

【22】族，指筋骨交错的地方。

【23】怵（chù）然，警惕的样子。

【24】视为止，目光集中在一处。

【25】行为迟，即"迟行"，慢慢下刀。

【26】謋（zhé），通"磔"。謋然，解脱的样子。

【27】委，散落。

【28】踌躇，从容自得。满志，心满意足。

【29】善，擦拭。

河伯见北海若

《庄子》

题　解

本文节选自《庄子·外篇·秋水》，今人考证可能是庄子后学所作。《秋水》全文共包括河伯与北海若的一大段对话，以及其他的六个短篇，包括《夔怜蚿》《孔子游于匡》《公孙龙问于魏牟》《庄子钓于濮水》《惠子相梁》《庄子与惠子游于濠梁之上》（原文无标题，标题根据文段首句数字所加）。

本文是庄子假托河伯与北海若两位神明的对话。全文七问七答，以河伯将自己与大海对比并望洋而叹为引子，引出了庄子的七个哲学问题。且七个问题环环相扣，将枯燥的哲学问题讲得极为生动形象而又引人入胜。

秋水[1]时至，百川灌河[2]；泾流之大，两涘渚崖之间不辩牛马[3]。

于是焉河伯欣然自喜，以天下之美为尽在己，顺流而东行，至于北海，东面而视，不见水端。于是焉河伯始旋其面目[4]，望洋向若而叹曰[5]："野语[6]有之曰：'闻道百，以为莫己若者。'我之谓也。且夫我尝闻少仲尼之闻，而轻伯夷之义者[7]，始吾弗信，今我睹子之难穷也[8]，吾非至于子之门，则殆矣，吾长见笑于大方之家[9]。"

北海若曰："井蛙不可以语于海者[10]，拘于虚也[11]；夏虫不可以语于冰者，笃[12]于时也；曲士不可以语于道者，束于教[13]也。今尔出于崖涘，观于大海，乃知尔丑[14]，尔将可与语大理矣[15]。天下之水，莫大于海。万川归之，不知何时止而不盈；尾闾[16]泄之，不知何时已而不虚[17]；春秋不变，水旱不知。此其过[18]江河之流，不可为量数。而吾未尝以此自多[19]者，自以比形于天地，而受气于阴阳，吾在天地之间，犹小石小木之在大山[20]也。方存乎见少，又奚以自多[21]！计四海之在天地之间也，不似礨空[22]之在大泽乎？计中国之在海内，不似稊米[23]之在大仓乎？号[24]物之数谓之万，人处一焉；人卒[25]九州，谷食之所生，舟车之所通，人处一焉。此其比万物也，不似毫末[26]之在于马体乎？五帝之所连[27]，三王之所争，仁人之所忧，任士之所劳[28]，尽此矣！伯夷辞之以为名，仲尼语之以为博。此其自多也，不似尔向之自多于水乎？"

河伯曰："然则吾大天地而小豪末，可乎？"

北海若曰："否。夫物，量无穷，时无止，分[29]无常，终始无故[30]。是故大知[31]观于远近，故小而不寡，大而不多：知量[32]无穷。证曏今故[33]，故遥而不闷，掇而不跂[34]：知时无止。察乎盈虚，故得而不喜，失而不忧：知分[35]之无常也。明乎坦涂[36]，故生而不说，死而不祸[37]：知终始[38]之不可故也。计人之所知，不若其所不知；其生之时，不若未生之时；以其至小，求穷其至大之域[39]，是故迷乱而不能自得也。由此观之，又何以知毫末之足以定至细之倪[40]，又何以知天地之足以穷至大之域！"

河伯曰："世之议者皆曰：'至精无形，至大不可围[41]。'是信[42]情乎？"

北海若曰："夫自细视大者不尽，自大视细者不明。夫精，小之微也；垺[43]，大之殷[44]也：故异便[45]。此势之有也。夫精粗者，期[46]于有形者也；无形者，数之所不能分也；不可围者，数之所不能穷[47]也。可以言论者，物之粗也；可以意致[48]者，物之精也；言之所不能论，意之所不能察致者，不期精粗焉。是故大人[49]之行：不出乎害人，不多[50]仁恩；动不为利，不贱门隶[51]；货财弗争，不多辞让；事焉不借人[52]，不多食乎力[53]，不贱贪污；行殊乎俗，不多辟异[54]；为在从众，不贱佞谄；世之爵禄不足以为劝，戮耻[55]不足以为辱；知是非之不可为分，细大之不可为倪。闻曰：'道人不闻[56]，至德不得，大人无己。'约分之至也[57]。"

河伯曰："若[58]物之外，若物之内，恶至而倪贵贱[59]？恶至而倪小大？"

北海若曰："以道观之，物无贵贱；以物观之，自贵而相贱；以俗观之，贵贱不在己。以差观之，因其所大而大之，则万物莫不大；因其所小而小之，则万物莫不小。知天地之为稊米也，知毫末之为丘山也，则差数[60]睹矣。以功观之，因其所有而有之，则万物莫不有；因其所无而无之，则万物莫不无。知东西之相反而不可以相无，则功分[61]定矣。以趣观之，因其所然而然之，则万物莫不然；因其所非而非之，则万物莫不非。知尧、桀之自然而相非，则趣操睹矣。昔者尧、舜让而帝，之、哙让而绝[62]；汤、武争而王，白公[63]争而灭。由此观之，争让之礼，尧、桀之行，贵贱有时[64]，未可以为常也。梁丽可以冲城[65]，而不可以窒穴[66]，言殊器也；骐骥骅骝[67]一日而驰千里，捕鼠不如狸狌[68]，言殊技也；鸱鸺夜撮蚤[69]，察毫末，昼出瞋目而不见丘山，言殊性也。

故曰：盖师是而无非[70]，师治而无乱乎？是未明天地之理，万物之情也。是犹师天而无地，师阴而无阳，其不可行明矣！然且语而不舍[71]，非愚则诬也！帝王殊禅，三代殊继。差其时，逆其俗者，谓之篡夫[72]；当其时，顺其俗者，谓之义徒[73]。默默乎河伯，女恶知贵贱之门，小大之家[74]！"

河伯曰："然则我何为乎？何不为乎？吾辞受趣[75]舍，吾终[76]奈何？"

北海若曰："以道观之，何贵何贱，是谓反衍[77]；无拘而[78]志，与道大蹇[79]。何少何多，是谓谢施[80]；无一而行，与道参差[81]。严乎若国之有君，其无私德；繇繇乎若祭之有社[82]，其无私福；泛泛乎其若四方之无穷，其无所畛域[83]。兼怀万物，其孰承翼[84]？是谓无方[85]。万物一齐，孰短孰长？道无终始，物有死生，不恃其成。一虚一满，不位乎其形。年不可举[86]，时不可止。消息[87]盈虚，终则有[88]始。是所以语大义之方[89]，论万物之理也。物之生也，若骤若驰[90]。无动而不变，无时而不移[91]。何为乎，何不为乎？夫固将自化。"

河伯曰："然则何贵于道邪？"

北海若曰："知道者必达于理，达于理者必明于权[92]，明于权者不以物害己。至德者，火弗能热，水弗能溺，寒暑弗能害，禽兽弗能贼。非谓其薄也[93]，言察乎安危，宁[94]于祸福，谨于去就，莫之能害也。故曰：'天在内，人在外，德在乎天。'知天人之行，本乎天，位乎得[95]，踯躅[96]而屈伸，反要而语极[97]。"

曰："何谓天[98]？何谓人[99]？"北海若曰："牛马四足，是谓天；落马首，穿牛鼻[100]，是谓人。故曰：'无以人灭天，无以故灭命[101]，无以得殉名。谨守而勿失，是谓反其真。'"

注 释

【1】秋水，秋天河水季节性的上涨。

【2】灌，汇入。河，河水，即黄河。

【3】泾（jīng）流，汹涌的水流。两涘（sì），两岸。渚（zhǔ）崖，河中小洲的边缘。不辩，看不清。辩，通"辨"。

【4】河伯，黄河的河神。旋，改变。面目，表情。

【5】若，北海的海神，即下文的"北海若"。

【6】野语，俗话。

【7】伯夷，孤竹君之子。相传他和弟弟叔齐相互推辞君位而逃往周国，周武王伐纣时，他们又劝谏周武王不要征伐商纣王。周灭商后，他们二人因"耻食周粟"而饿死于首阳山。后人认为他们是"义"的典范。

【8】子，这里指北海若。穷，穷尽。

【9】大方之家，得大道的人。

【10】井蛙，生活井中的蛙。不可语于海，不能与它谈论大海。

【11】虚，通"墟"，住处。

【12】笃，守，这里引申为局限。

【13】教，指不合乎大道的俗世的教化。

【14】丑，指思想境界的浅陋。

【15】大理，大道。

【16】尾闾（lú），传说中大海排水的地方。

【17】虚，指水流干。

【18】过，超过。

【19】自多，自以为多，即自夸。

【20】大，通"太"。大山，即泰山。

【21】方，正。存，察。奚，怎么。

【22】礨（lěi）空，石块上的小空洞。

【23】稊（tí）米，泛指细小的米粒。

【24】号，称。

【25】卒，通"萃"，聚集。

【26】毫末，毫毛。

【27】所连，指五帝相互禅让的天下。

【28】仁人，这里泛指奉行"仁义"的儒家学者。任士，这里泛指奉行任劳的墨家学者。

【29】分，指得失之分别。

【30】故，通"固"，固定，一定。

【31】大知（zhì），有大智慧的人。

【32】量，物量。

【33】鄉（xiàng），通"向"，察明。故，通"古"。

【34】闷，厌倦。掇（duō），拾取。跂（qǐ），求取。

【35】分（fèn），界限。

【36】坦涂，大道。

【37】祸，以死为灾祸。

【38】终始，指死与生。

【39】至大之域，无穷大的境界。

【40】倪，头绪，此处引申为标准。

【41】不可围，不能找出一定的边界。

【42】信，真实。

【43】垺（fú），通"郛"，城池的外城墙。

【44】殷，盛大。

【45】异便，区别之处，不同。便，通"辨"。

【46】期，凭借，依靠。

【47】穷，穷尽。

【48】意致，意识到，以精神感受到。

【49】大人，即道家所说的"圣人"。

【50】多，认同，称赞。

【51】门隶，奴隶。

【52】事，做事。不借人，不借助于他人力量。

【53】食乎力，自食其力。

【54】辟，通"僻"。辟异，怪癖奇异的行为。

【55】戮耻，刑罚与羞辱。

【56】道人，得道之人。闻，闻名。

【57】约，模糊。分，区别。

【58】若，此。

【59】恶至，如何。倪，端倪，这里指区别。

【60】差数，这里指物体大小的差距。

【61】功，功效。分，本分。

【62】之，子之。哙，燕王哙。这里指燕王哙将王位禅让于子之，引发不满导致内乱和外敌入侵，二人都被杀死的事情。

【63】白公，楚平王之孙，受楚国令尹子西邀请而回国，因与子西反目成仇而作乱，杀死子西囚禁楚王并自立为王，后为叶公击败而自缢。

【64】有时，因时而异。

【65】梁丽，栋梁之木。丽，通"欐（lí）"。冲城，冲击城墙。

【66】窒穴，堵住洞穴。

【67】骐（qí）骥（jì）骅（huá）骝（liú），都是古代名马。

【68】狸狌，野猫和黄鼬（黄鼠狼）。

【69】鸱（chī）鸺（xiū），即鸮（xiāo），猫头鹰。撮，捉。蚤，跳蚤。

【70】师，效法。无，抛去，去除。

【71】舍，停止。

【72】篡夫，篡夺君位之人。

【73】义徒，行事符合"义"的人。

【74】小大，即大小的道理。家，家门。

【75】趣，通"取"，进取。

【76】终，究竟。

【77】反衍，向着相反的方向延伸，即"转化"。

【78】而，通"尔"，你。

【79】謇（jiǎn），相违，违背。

【80】谢施（yì），与"反衍"相近，转化。

【81】参（cēn）差（cī），差不多。

【82】繇（yáo）繇，悠然自得的样子。社，社神，土地神。

【83】畛（zhěn）域，边界，界限。

【84】承翼，接受羽翼的庇护，引申为庇护。

【85】无方，没有偏离方向。

【86】举，追及。

【87】消息，消亡与生长。

【88】有，通"又"。

【89】大义，大道。方，原则。

【90】骤，马车的疾行。驰，马的奔驰。

【91】移，移动、变化。

【92】权，随机应变。

【93】薄，迫近。

【94】宁，安居。

【95】位，居于，处于。得，怡然自得。

【96】踯躅，进退不定。

【97】要，关键。极，极致。

【98】天，自然天性。

【99】人，后天人为。

【100】落，通"络"，指用辔头套在马的头上。穿牛鼻，指在牛鼻上穿铁环。

【101】故，故意而为。命，天性。

晏子使楚

《晏子春秋》

《晏子春秋》，相传为春秋时齐国政治家晏婴所作，后人则考证为战国时人收集晏婴言行事迹编辑而成。《晏子春秋》分八篇，共二百一十五章，记录晏子在执政期间的言行政事。《晏子春秋》

既包括儒家思想，又包括墨家思想，但也与两家学说有着本质的区别。书中既有晏子的谏言与讽喻，也有对于民间困苦、诸侯间钩心斗角等的描写。

《晏子春秋》在秦始皇焚书坑儒时被焚毁，在汉代又重新流传。但后人多因其思想非儒非道，且内容驳杂而质疑其为伪书，因此对其的研究也不够重视。直到1972年银雀山汉墓出土了《晏子春秋》竹简，才证明其确实成书于战国时期。

晏婴，字仲，谥平，后人多称其为晏平仲。齐国夷维（今山东高密）人，春秋时政治家、外交家。相传他身材矮小，但聪颖机智又能言善辩，任齐国相国数十年，历经三朝，保证了齐国的政治稳定。孔子十分推崇晏婴，《论语》中孔子曾多次赞赏晏婴是"君子"。

题 解

《晏子使楚》选自《晏子春秋·内篇杂下第六》。本文讲述了晏婴两次出使楚国，遭到楚王刁难却仍不辱使命，保护齐国国格的事情。

在晏婴的时代，楚国实力强大而齐国相对弱小，因此晏婴出使而遭受戏弄。但是，晏婴机智应对，不卑不亢，既不失礼节又保卫了齐国尊严。

刘勰曾评价《晏子春秋》"事核而言练"，而本文的语言精练正体现了这一点。晏婴只用寥寥几句话，就轻松化解了楚王的刁难，用词准确生动而又精练。

晏子使楚。楚人以晏子短[1]，为小门于大门之侧而延[2]晏子。晏子不入，曰："使狗国者从狗门入。今臣使楚，不当从此门入。"傧者更道[3]，从大门入。见楚王，王曰："齐无人耶？"晏子对曰："齐之临淄三百闾[4]，张袂[5]成阴，挥汗成雨，比肩继踵而在，何为无人？"王曰："然则何为使子？"晏子对曰："齐命使各有所主[6]。其贤者使使贤主，不肖者使使不肖主。婴最不肖，故直[7]

使楚矣。"

　　晏子将至楚 [8]。楚王闻之，谓左右曰："晏婴，齐之习辞 [9] 者也。今方来，吾欲辱之，何以也 [10]？"左右对曰："为其来也 [11]，臣请缚一人，过王而行，王曰：'何为者也？'对曰：'齐人也。'王曰：'何坐 [12]？'曰：'坐盗。'"晏子至，楚王赐晏子酒，酒酣，吏二缚一人诣王。王曰："缚者曷为者也？"对曰："齐人也，坐盗。"王视晏子曰："齐人固善盗乎？"晏子避席 [13] 对曰："婴闻之，橘生淮南则为橘，生于淮北则为枳，叶徒相似，其实 [14] 味不同。所以然者何？水土异也。今民生长于齐不盗，入楚则盗，得无楚之水土使民善盗耶？"王笑曰："圣人非所与熙 [15] 也，寡人反取病焉。"

注　释

　　【1】短，身材短小。

　　【2】延，延请，邀请。另，楚国与齐国在地位上是等同的诸侯国，按照礼仪应开正门迎接。在一旁开小门，是楚人故意要侮辱晏婴。

　　【3】傧者，接引宾客之人。更道，改而引导晏婴从另一条路走。

　　【4】临淄，齐国都城，在今山东省淄博市。闾（lú），古代以二十五家为一闾。三百闾，形容人口众多。

　　【5】袂（mèi），衣角。

　　【6】命，任命，派遣。各有所主，各有各的对应。

　　【7】直，通"只"，只好。

　　【8】本段与上一段选自同一篇的不同段落。由上下文可见，这里说的是另外一次出使。

　　【9】习辞，擅长言辞辩论。

　　【10】何以也，用什么办法。

　　【11】为其来也，王引之《经传释词》认为："'为其来也'，言'于其来也'。"

　　【12】坐，触犯法律。

【13】避席，离开座席，这是表示郑重的一种礼仪。

【14】实，果实。另，由于冬季气候相对寒冷，橘是无法在淮北地区生存的；而且橘与枳本质上是不同的两种植物，并不存在因气候改变就互相转化的说法。

【15】熙，通"嬉"，戏弄，开玩笑。

劝学

《荀子》

荀子，名况，时人尊而号为"卿"，汉时因避汉宣帝刘询讳而称为"孙卿"。战国后期赵国狋氏（今山西运城临猗县）人。儒家的代表人物之一，但其学说与孟子有较大差别，除继承礼乐学说外又融汇百家思想而自成一家。著有《荀子》一书，而他所培养出的弟子韩非、李斯则成为法家的代表人物。

《荀子》一书今存三十二篇，今人考证大多出自荀子之手。在书中，荀子系统地阐述了他的"明与天人相分"的天道观、"化性起伪"的性恶论、"明分使群"的社会政治思想等。荀子与孟子一样擅长论辩，但荀子的说理文的逻辑清晰周密，在先秦诸子中别具一格。荀子擅长使用日常生活中常见事物作比喻，而文辞方面更是大量使用排比和韵语，读来朗朗上口，具有丰富的感染力。荀子也因其《赋篇》被认为是辞赋之祖。

汉代以前，儒家学者往往以"孟荀"并称。但由于孟子学说在唐代后地位大大提升，荀子学说则受到儒家学者的贬斥，更由于荀子的两名弟子都成为法家的代表人物，因此也有学者质疑他的儒家学者身份。在这种环境下，《荀子》一书不断受到贬低，直到明清时，学者才重新认识到荀子思想的价值。

题 解

本文节选自《荀子·劝学》。《劝学》是《荀子》中的第一篇，这正符合儒家传统的修身观："学而第一，为政第二"（金圣叹语）。全篇论述了人的后天学习的重要性和方法。

开篇，荀子就旗帜鲜明地提出："学不可以已。"随后，便站在"性恶论"的角度上，论述后天学习的重要性。然后，荀子又详细论述了学习的方法，"终日而思"不如"须臾之所学"。而想要正确地学习，还要"善假于物"。下文，荀子又论述学习的专心致志，只有"用心一"才能"神明自得，圣心备焉"。

《劝学》全篇条理清晰，又巧用比喻，且句式整齐注重音韵，读来朗朗上口。

君子曰：学不可以已[1]。

青，取之于蓝[2]，而青于蓝；冰，水为之，而寒于水。木直中绳[3]，輮以为轮[4]，其曲中规[5]。虽有槁暴[6]，不复挺[7]者，輮使之然也。故木受绳则直，金就砺[8]则利，君子博学而日参省[9]乎己，则知[10]明而行无过矣……

吾尝终日而思矣，不如须臾[11]之所学也；吾尝跂[12]而望矣，不如登高之博见也。登高而招，臂非加长也，而见者远；顺风而呼，声非加疾[13]也，而闻者彰[14]。假[15]舆马者，非利足[16]也，而致[17]千里；假舟楫[18]者，非能[19]水也，而绝[20]江河。君子生[21]非异也，善假于物[22]也……

积土成山，风雨兴焉；积水成渊，蛟龙[23]生焉；积善成德，而神明[24]自得，圣心备焉[25]。故不积跬步[26]，无以至千里；不积小流，无以成江海。骐骥[27]一跃，不能十步；驽马十驾[28]，功在不舍[29]。锲[30]而舍之，朽木不折；锲而不舍，金石可镂。蚓[31]无爪牙之利，筋骨之强，上食埃土，下饮黄泉，用心一也。蟹六跪而二螯^[32]，非蛇鳝之穴无可寄托者^[33]，用心躁也……

注 释

【1】已，停止。

【2】蓝，蓝草，一种可以提取蓝色染料的植物。

【3】中（zhòng），合乎规范。绳，即"墨绳"，一种木匠用于取直线的工具。

【4】鞣（róu），通"煣"，用火烤木使其弯曲。

【5】规，圆规。

【6】槁，干枯。暴（pù），通"曝"，晒干。槁暴，枯干。

【7】挺，直。

【8】金，指金属制作的刀。砺，磨刀石。

【9】参，参验。一说，参通"三"，多次。省，反省。

【10】知，通"智"。

【11】须臾，片刻。

【12】跂（qǐ），踮起脚。

【13】疾，壮，声音洪亮。

【14】彰，听得清楚。

【15】假，借，凭借。

【16】利足，行走迅速。

【17】致，达到。

【18】楫，船桨。

【19】能，通"耐"。

【20】绝，渡过。

【21】生，通"性"。

【22】物，外物，包括其他人和其他事物。

【23】蛟龙，传说中的一种生物，潜藏于水中。

【24】而，则。神明，智慧。

【25】圣心，圣人的心，即圣人的精神智慧。

【26】跬步，半步。

【27】骐骥，泛指千里马。

【28】驽马，劣马。驾，早上驾马，晚上解下马鞍是为一驾，即一日的路程。

【29】舍，放弃。

【30】锲（qiè），与下文的"镂（lòu）"同义，雕刻。

【31】蚓，蚯蚓。

【32】跪，足。螯，钳子。另，螃蟹多为八足二螯，清卢文弨认为此处为传抄过程中出现错误，原文应为"八跪"。

编者注

荀子在本文中提出的学习方法，既是对孔子"学而不思则罔，思而不学则殆"的学思关系的继承，更是对这种思想的发展。荀子重视"学"，但他反对"口耳"之学，而提出学习应当"著乎心，布乎四体，形乎动静"，将学到的知识投入实践。而在《儒效》一文中，荀子更是提出"知之不若行之"的观点，提出"学至于行而止矣"，将"行"作为"学"的真正目标。

说难

《韩非子》

韩非，战国时韩国宗室，思想家，法家学派的集大成者。与李斯一同在荀子门下学习，李斯曾自叹才学不如韩非。他曾上书韩王却不得重用，而他的著作却被秦王政（即秦始皇）所欣赏（他曾说："嗟乎，寡人得见此人与之游，死不得恨矣！"），李斯便逼迫韩国让韩非出使秦国。此后，李斯又担心韩非受到重用而诬陷韩非，并在他下狱后在狱中将他毒死。

《韩非子》是韩非多篇著作的合集,共二十卷,五十五篇。韩非继承并发展了荀子的哲学与政治思想,同时也借鉴了老子的思想,还将早期法家思想与儒道相融合,形成了完整的思想体系。在书中,韩非主张以严刑峻法治国,君主要以法术威势制人,批判儒家、墨家,论述治理奸臣方法,主张去除扰乱君王法治的五种人。在文学艺术方面,《韩非子》多针对现实,言辞冷峻而犀利,逻辑缜密论辩透彻,且大量使用寓言,构思精妙而描写大胆,具有极强的讽刺力量。

韩非死后,秦始皇十分后悔,将他的思想奉为治国经典,并最终统一六国。后世虽对秦国暴政多有非议,且多认为韩非的法治思想过于刻薄寡恩,但其思想和文学创作手法对后世影响颇深。刘勰《文心雕龙》评价《韩非子》:"韩非著博喻之富"。郭沫若则将韩非子列为"战国散文四大家"之一。

题 解

《说难》是韩非在多次上书韩王无果情况下所作,是《韩非子》五十五篇中最重要的一篇。在本文中,韩非以三部分论述"凡说之难",第一部分总述全文,指出游说君主的难点在于人主之心;第二部分具体论说游说之难的十五种情况,又论说十二种游说之术;第三部分,则列举寓言,侧面论述游说之难。

司马迁曾在《史记》中引录《说难》全文,并评论道:"余独悲韩子为《说难》而不能自脱耳。"而韩非屈死狱中的结局,更是为本文增添了浓重的悲剧色彩。

凡说之难,非吾知之,有以说之之难也,又非吾辩之,能明吾意之难也,又非吾敢横失[1],而能尽之难也。凡说之难,在知所说之心,可以吾说当[2]之。所说出于为名高者也,而说之以厚利,则见下节而遇[3]卑贱,必弃远矣[4]。所说出于厚利者也,而说之以

名高 [5]，则见无心而远事情 [6]，必不收 [7] 矣。所说阴为厚利而显 [8] 为名高者也，而说之以名高，则阳收其身而实疏之 [9]；说之以厚利，则阴用其言显弃其身矣。此不可不察也。

夫事以密成，语以泄败。未必其身泄之也，而语及所匿之事，如此者身危。彼显有所出事 [10]，而乃以成他故，说者不徒知所出而已矣，又知其所以为，如此者身危。规异事而当 [11]，知者揣之外而得之，事泄于外，必以为己也，如此者身危。周泽未渥也 [12]，而语极 [13] 知，说行而有功，则德忘；说不行而有败，则见疑 [14]，如此者身危。贵人有过端 [15]，而说者明言礼义以挑 [16] 其恶，如此者身危。贵人或得计而欲自以为功，说者与知焉，如此者身危。强以其所不能为，止以其所不能已，如此者身危。故与之论大人 [17]，则以为间 [18] 己矣；与之论细人 [19]，则以为卖重 [20]。论其所爱，则以为藉资 [21]；论其所憎，则以为尝 [22] 己也。径省其说 [23]，则以为不智而拙之；米盐 [24] 博辩，则以为多而交之；略事陈意，则曰怯懦而不尽；虑事广肆 [25]，则曰草野而倨侮 [26]。此说之难，不可不知也。

凡说之务 [27]，在知饰所说之所矜而灭 [28] 其所耻。彼有私急也，必以公义示而强之。其意有下 [29] 也，然而不能已，说者因为之饰其美，而少 [30] 其不为也。其心有高也，而实不能及，说者为之举其过而见其恶，而多 [31] 其不行也。有欲矜以智能，则为之举异事之同类者，多为之地 [32]，使之资说于我，而佯不知也以资其智。欲内相存之言 [33]，则必以美名明之，而微见 [34] 其合于私利也。欲陈危害之事，则显其毁诽 [35]，而微见其合于私患也。誉异人与同行者 [36]，规异事与同计者。有与同污者，则必以大饰其无伤也；有与同败者，则必以明饰其无失也。彼自多其力，则毋以其难概 [37] 之也；自勇之断，则无以其谪 [38] 怒之；自智其计，则毋以其败穷 [39] 之。

大意无所拂悟^[40]，辞言无所系縻^[41]，然后极骋智辩焉。此道所得，亲近不疑而得尽辞也。伊尹为宰，百里奚为虏^[42]，皆所以干其上也^[43]。此二人者皆圣人也；然犹不能无役身^[44]以进，如此其污也^[45]。今^[46]以吾言为宰虏，而可以听用而振^[47]世，此非能仕^[48]之所耻也。夫旷日离^[49]久，而周泽既渥，深计而不疑，引争而不罪，则明割^[50]利害以致其功，直指是非以饰^[51]其身，以此相持^[52]，此说之成也。

昔者郑武公^[53]欲伐胡^[54]，故先以其女妻胡君以娱其意。因问于群臣，"吾欲用兵，谁可伐者？"大夫关其思对曰："胡可伐。"武公怒而戮之，曰："胡，兄弟之国也。子言伐之何也？"胡君闻之，以郑为亲己，遂不备郑。郑人袭胡，取之。宋有富人，天雨，墙坏。其子曰："不筑^[55]，必将有盗。"其邻人之父^[56]亦云。暮而果大亡其财。其家甚智其子，而疑邻人之父。此二人说者皆当矣，厚者为戮，薄者见疑，则非知之难也，处^[57]知则难也。故绕朝^[58]之言当矣，其为圣人于晋，而为戮于秦也，此不可不察。

昔者弥子瑕有宠于卫君^[59]。卫国之法：窃驾君车者罪刖^[60]。弥子瑕母病，人间往^[61]夜告弥子，弥子矫驾君车以出。君闻而贤之，曰："孝哉！为母之故，忘其刖罪。"异日，与君游于果园，食桃而甘，不尽，以其半啖^[62]君。君曰："爱我哉！忘其口味^[63]，以啖寡人。"及弥子色衰爱弛^[64]，得罪于君，君曰："是固尝矫驾吾车，又尝啖我以余桃。"故弥子之行未变于初也，而以前之所以见贤而后获罪者，爱憎之变也。故有爱于主，则智当而加亲；有憎于主，则智不当见罪而加疏。故谏说谈论之士，不可不察爱憎之主而后说焉。

夫龙之为虫^[65]也，柔可狎^[66]而骑也；然其喉下有逆鳞径尺^[67]，若人有婴^[68]之者则必杀人。人主亦有逆鳞，说者能无婴人主之逆鳞，则几^[69]矣。

注 释

【1】失，通"佚"。横失，纵横肆意而无所顾忌。

【2】当（dàng），适应。

【3】下节，品节低下。遇，对待。

【4】弃，抛弃。远，疏远。

【5】名高，高尚的名声。

【6】无心，没有心计。远事情，不切实际。

【7】收，接受。

【8】阴，暗地里。显，对外公开。

【9】阳，表面上。身，本身。

【10】出事，做某件事。

【11】规，规划。异事，不寻常的事。

【12】周，亲密。泽，恩泽，恩惠。渥，深厚。

【13】极，穷尽。

【14】见疑，被怀疑。

【15】过端，过错。

【16】挑，揭露。

【17】大人，地位较高的大臣。

【18】间（jiàn），离间。

【19】细人，左右近臣。

【20】卖重，卖弄权势，自抬身价。

【21】藉，通"借"。资，凭借。

【22】尝，试，试探。

【23】径省其说，直截了当地说。

【24】米盐，形容事情琐碎。

【25】肆，不受拘束。

【26】草野，粗野。倨侮，傲慢。

【27】务，要旨。

【28】饰，修饰，美化。矜，自夸。灭，掩盖。

【29】下，卑下。

【30】少，抱怨。

【31】多，赞美。

【32】地，条件，依据。

【33】内，通"纳"，接纳。相存，相安。

【34】微见，隐约的表现，即暗示。

【35】毁，毁谤。诽，非议。

【36】誉，称赞。异人，另一个人。同行者，有着同样举动的人。

【37】概，古代称量米时用于刮平容器的木板，使容器不至于装得过满。此处引申为压抑。

【38】谪，过失。

【39】穷，难堪。

【40】悟，通"忤"，忤逆。拂悟，违逆。

【41】系縻，抵触，摩擦。

【42】伊尹，商汤的宰相，辅佐商汤建立商朝。相传他为了进说于商汤便设法成为商汤的奴隶。后来伊尹借烹饪进说于商汤而得到赏识，被破格提拔为相。百里奚为虏，指百里奚因虞国被灭而被俘虏，后又成为陪嫁奴隶来到秦国。

【43】干，求。干其上，指谋求受到重用。

【44】役身，身为身份低贱的劳役。

【45】如此其污也，竟这样的卑下。

【46】今，假如。

【47】振，重振，拯救。

【48】仕，通"士"。能仕，有能力的士人。

【49】旷日，费时。离，经历。

【50】割，剖析。

【51】饰，通"饬"，整饬。

【52】相持，相待。

【53】郑武公，名掘突，春秋初期郑国君主。

【54】胡，故地在今河南省郾城县。

【55】筑，修筑，此处为修复。

【56】父（fǔ），老年人。

【57】处，处理，对待。

【58】绕朝，秦国大夫。据《左传·文公十三年》及马王堆汉墓出土《春秋事语》记载，晋国大夫士会逃到秦国，晋国担心他被秦国任用，便设计诱使他返回。绕朝识破了计谋，劝说秦康公不要放他回国却没有被采纳。士会临行前，绕朝便赠予他一根马鞭，说："不要以为秦国没有人才，只是我的计谋不被采纳而已。"士会回国后，便派人离间秦康公说绕朝是他的同谋，秦康公信以为真，便杀死了绕朝。后人以"绕朝策"比喻有先见之明的策略。

【59】弥子瑕，受到卫灵公宠幸的卫国大夫。关于其形象至今存有争议。刘向作《新序》记载被孔子赞赏的贤臣史鱼曾以"尸谏"方式要求卫灵公疏远他。卫君，卫灵公，春秋时卫国国君，孔子曾游历至卫国，但卫灵公却不能任用孔子。

【60】刖（yuè），古代刑罚，砍去犯罪者一只或两只脚。

【61】间（jiàn）往，抄近路去。

【62】啖，吃，此处指"给……吃"。

【63】口味，喜欢吃的东西。

【64】弛，松。

【65】虫，泛指动物。

【66】柔，驯服。狎（xiá），戏弄。

【67】逆鳞，倒着长的鳞片。径尺，长一尺。

【68】婴，通"撄"，触碰。

【69】几，差不多。

编者注

有很多人认为，本文是韩非论述如何游说君主的文章，甚至有人根据《五蠹》中对于"谈言者"的痛斥而判定本文是后人伪托。事实真的如此吗？

判断这一问题，首先要明白本文的创作背景。《史记》记载，韩非多次上书韩王却不受重用，有感于韩王的昏庸，于是作《孤愤》《说难》等文章。也就是说，《说难》一文，实际是在一种悲愤而近乎绝望的情感下写就的。

在《五蠹》《忠孝》《八奸》等篇目中，韩非对那些以游说为能、以揣测君主心意作为进身之道的"谈言者"进行了激烈的批判，认为他们是国家的祸患。而这种观点，显然与《说难》是论述游说的观点相矛盾。因此，我们可以断定，《说难》实际是对"进说之难"的反讽，韩非所讽刺的不仅是那些阿谀奉承的"谈言者"，更是喜怒无常、难以进言的君主。

扁鹊见蔡桓公

《韩非子》

题 解

本文节选自《韩非子·喻老》，主要讲述扁鹊劝说蔡桓公的故事。"喻老"，即以故事传说阐发老子的道家思想。扁鹊作为一代神医，一眼便看出蔡桓公有疾病，可蔡桓公却不信，还说扁鹊"好治不病以为功"。此后扁鹊又两次劝说，蔡桓公不仅不信，还很不高兴。结果，等到蔡桓公感到身体疼痛，寻找扁鹊时，疾病早已"深入骨髓"，而扁鹊也早已逃亡秦国。蔡桓公就这样因自己的讳疾忌医而死去了。

扁鹊见蔡桓公[1]，立有间[2]，扁鹊曰："君有疾在腠理[3]，不治将恐深。"桓侯曰："寡人无疾。"扁鹊出，桓侯曰："医之好治不病以为功。"

居十日，扁鹊复见曰："君之病在肌肤[4]，不治将益深。"桓侯不应。扁鹊出，桓侯又不悦。

居十日，扁鹊复见曰："君之病在肠胃，不治将益深。"桓侯又不应。扁鹊出，桓侯又不悦。

居十日，扁鹊望桓侯而还走[5]。桓侯故[6]使人问之，扁鹊曰："疾在腠理，汤熨[7]之所及也；在肌肤，针石[8]之所及也；在肠胃，火齐^[9]之所及也；在骨髓，司命^[10]之所属，无奈何也。今在骨髓，臣是以无请^[11]也。"

居五日，桓公体痛，使人索^[12]扁鹊，已逃秦矣，桓侯遂死。

注　释

【1】扁鹊，姓秦，名越人，又称卢医，战国初期齐国渤海郡莫州（今河北任丘）人，因医术高超被人冠以黄帝时神医"扁鹊"之名。相传曾将"尸蹶"的虢国太子救活，被人认为能"起死回生"。开创了中医诊脉之术，著有《内经》《外经》，今已亡佚。

蔡桓公，为春秋时期蔡国君主蔡桓侯。但"蔡桓公"在位于春秋时期，早扁鹊二百余年，此处应为韩非记载有误。《史记》记载为齐桓公田午（田氏齐国的第三任国君，后人为区分他与姜氏齐桓公小白而称他为"田齐桓公"），在位年代与扁鹊在世时间相符，当从此说。一说，田齐桓公曾迁都于上蔡（今河南上蔡县），故称齐国为"蔡国"，类似于魏国因迁都大梁而被称为"梁国"。

【2】立有间，站了一会。

【3】腠理，表皮。

【4】肌肤，肌肉。

【5】还走，转身离去。

【6】故，特意。

【7】汤，通"烫"，用药汤熏洗。熨，用药物热敷。

【8】针石，指针灸用的金针与石针。

【9】火齐，火剂汤，一种用于清火的汤药。

【10】司命，传说中可以主宰人类生死的神。

【11】请，求见。

【12】索，寻找。

编者注

《韩非子·安危》记载："闻古扁鹊之治其病也，以刀刺骨……故甚病之人利在忍痛，猛毅之君以福拂耳。忍痛，故扁鹊尽巧；拂耳，则子胥不失，寿安之术也。病而不忍痛，则失扁鹊之巧；危而不拂耳，则失圣人之意。"又，《韩非子·喻老》："然则叔瞻、宫之奇亦虞、虢之扁鹊也"，"此二臣皆争于腠理者也"。可见，在《韩非子》中，"扁鹊"不仅是一位神医，更是直言劝谏、忠言逆耳的象征。真正的忠言往往是难以令人接受的，但若不接受这"拂耳"的忠言，轻则疾病加重，重则如虞公一样国破家亡。

谋攻

《孙子》

孙子，《史记》记载名武，字长卿，春秋末期军事家。齐国人。其事迹至今多有争议，《左传》等史籍均未记载孙武事迹，《史记》最先为其立传，但记载近乎传说，后世史家认为"奇险不足信"。一说孙武与战国初年齐国孙膑为同一人，《孙子兵法》实为曹操所著；但1972年银雀山竹简的出土证明《孙子兵法》确实为"孙子"所作，且与孙膑并非同一人。后世将孙武奉为"兵圣"。

《孙子》即《孙子兵法》，是我国最早，也是最杰出的一部兵书。相传《孙子》是孙武献给吴王阖闾的兵书，共十三篇，系统讲述了从战争谋划到具体战术各个方面的战争思想，是中国军事理论的经典之作，后世兵书大多受其影响，在世界军事史上也有着深远影响。

《孙子》被后人特别是军人奉为必读书目，曹操评价"吾观兵书战策多矣，孙子所著深矣"；18世纪时，随着《孙子》被翻译到欧洲，更是在欧洲大陆掀起了学习《孙子》的一股潮流。

题　解

本文是《孙子》的第三篇，详细讲述了从全局、整体考虑战争的思想。在本文中，孙子认为作战不能硬拼硬打，而是要从全局角度考虑，以最低程度的损害获取最大的利益。

全文依次论述四个问题：一、总的战略原则，即"不战而屈人之兵"；二、"谋攻"的具体应用，即以优势兵力全歼敌人；三、叙述将帅的具体作用，强调指挥的独立性不应受到干扰；四、"谋攻"的重要前提，即"知己知彼"。文章逻辑缜密，分析严谨，善于针对关键问题做出正确分析，在整个军事学史上都具有重要意义。特别是其中的"知己知彼，百战不殆"一句，被奉为军事史上的千古名言，毛泽东《论持久战》称这一句为"科学的真理"。

孙子曰：夫用兵之法，全国为上 [1]，破国次之 [2]；全军为上，破军次之；全旅为上，破旅次之；全卒为上，破卒次之；全伍为上，破伍次之 [3]。是故百战百胜，非善之善者也；不战而屈人之兵，善之善者也。

故上兵伐谋，其次伐交，其次伐兵 [4]，其下攻城。攻城之法，为不得已。修橹轒辒 [5]，具器械 [6]，三月而后成；距闉 [7]，又三月而后已。将不胜其忿而蚁附之 [8]，杀士 [9] 三分之一，而城不拔者，此攻之灾也。故善用兵者，屈人之兵而非战也，拔人之城而非攻也，毁人之国而非久 [10] 也，必以全 [11] 争于天下，故兵不顿 [12] 而利可全，此谋攻之法也。

故用兵之法，十则围之 [13]，五则攻之，倍则分之 [14]，敌 [15] 则能战之，少则能逃 [16] 之，不若则能避之 [17]。故小敌之坚，大敌之擒也 [18]。

夫将者，国之辅也。辅周则国必强，辅隙 [19] 则国必弱。

故君之所以患 [20] 于军者三：不知军之不可以进而谓 [21] 之进，

不知军之不可以退而谓之退，是谓縻[22]军；不知三军[23]之事而同[24]三军之政者，则军士惑矣；不知三军之权[25]而同三军之任[26]，则军士疑矣。三军既惑且疑，则诸侯之难[27]至矣。是谓乱军引胜[28]。

故知胜[29]有五：知可以战与不可以战者胜，识众寡之用[30]者胜，上下同欲[31]者胜，以虞[32]待不虞者胜，将能而君不御[33]者胜。此五者，知胜之道也。

故曰：知彼知己，百战不殆[34]；不知彼而知己，一胜一负[35]；不知彼不知己，每战必殆。

注 释

【1】全，使……保全。全国为上，使敌国保持完整而投降为上策。

【2】破，使……破。破国，使敌国残破。

【3】军，春秋时一万二千五百人为一军，五百人为一旅，一百人为一卒，五人为一伍。周代规定天子设六军，诸侯设三军；但到了春秋后期一些国家无视规定开始设立六军，且一军人数也多于规定数目。

【4】上兵，上等的用兵方法。伐谋，通过策略攻破敌人。伐交，通过外交攻破敌人（使敌国被孤立）。伐兵，通过战争攻破敌人，即正面交战。

【5】修，制造。橹（lǔ），攻城用的一种大盾。轒（fén）辒（wēn），古代的一种攻城车辆，木制，上覆牛皮，可容纳十人。

【6】具，准备。器械，指攻城用的器具。

【7】距闉（yīn），一种攻城用的工事，将土垒成小山，以便士兵在上面观察城内情况并居高临下射杀敌人。

【8】忿，急躁情绪。蚁附之，像蚂蚁一样攀附在城墙上，形容正面攻城。

【9】杀士，使自己的士卒被杀。

【10】久，持久作战。

【11】全，即开篇的"全国"，使敌国保持完整而投降。

【12】顿，劳顿，疲劳。

【13】十，人数十倍于敌人。围，包围。

【14】倍，人数两倍于敌人。分，分割孤立。

【15】敌，人数与敌人相等。

【16】逃，退避坚守。

【17】不若，战斗力低于敌人。避，退避。

【18】小敌，力量弱小的一方。坚，固守。擒，擒获，此处引申为俘虏。

【19】周，周到。隙，有缺陷。

【20】患，有害。另，除此句外，《孙子》全书关于"君"与"将"，也即政治与军事的关系，只有《九变》《地形》两篇中强调的"君命有所不受"。

【21】谓，命令。

【22】縻（mí），束缚。

【23】三军，指代全军。

【24】同，参与，干预。

【25】权，权变，形势。

【26】任，人事任用。

【27】诸侯之难，指诸侯趁机入侵造成祸患。

【28】乱，扰乱。引，夺去。引胜，失去胜机。

【29】知胜，可以预见胜利的情况。

【30】众寡之用，明白在人数多寡等不同状况下如何运用军队。

【31】上下同欲，军队上下同心同德。

【32】虞，有充足准备。

【33】御，驾驭，此处指牵制。

【34】殆，遇到危险。另，《孙子》一书虽然强调"知彼知己"，但全书的大部分篇幅往往是讲求如何取胜，而对于如何"不败"的内容则相对很少。但也有学者认为，对于失败的检讨是东西方古代兵家的通病，直到20世纪末，西方才第一次出现以科学方法剖析战争失败原因的专门著作。

【35】一胜一负，胜负可能性双方各占一半。

编者注

"先为不可胜"是贯穿《孙子》全书的一个重要原则。如何做到"先为不可胜"，使自己处于百战不殆之地？《谋攻》一篇，《孙子》从统军之将的角度提出了五个要点。但是，将领不仅是军队的将领，更是"国之辅"，他不仅要掌握军队，更要掌握整个国家的备战情况。《始计》《作战》等篇目中，《孙子》从国家的层面指出，发动战争一定要慎重，不轻易言战；一旦发动战争，就要将其视为关乎国家"死生存亡"的大事，全面考察发动战争的战备情况；发动战争后，一定要速战速决，否则便会"国弊民贫"，以至于被诸侯趁机袭击。

在《孙子》全书之中，由于作者是站在一个统军之将的角度对战争进行论述的，因此缺乏对备战问题的论述。但在《九变》篇中，《孙子》提出："无恃其不攻，恃吾有所不可攻也。"曹操注此句："安不忘危，常设备也。"所谓"备"，指的就是国家对于战争的准备。防御完备之地不可攻，国富民强之国不可攻。国家做到了"不可攻"，自然也就能达到"不战而屈人之兵"的目的。

兼爱

《墨子》

《墨子》一书现存五十三篇，是战国时期墨家学派的经典，详细阐述了墨子思想。《墨子》一书相传是墨子所作，今多认为是墨子后学所作。墨子，春秋战国思想家、哲学家、科学家，墨家学派的开创者。其真实姓名及生于何处至今尚有争议，一般认为他姓墨名翟，是公子目夷（见《子鱼论战》一文）后人。而出生之地，清代以前多从《史记》，认为他是宋国人；清代后学者多考证他是鲁国人。

相传，墨子曾学习儒学，因不满儒家礼制烦琐而另立墨家学说。他主张"兼相爱""交相利"等观点，反对儒家学说，主张平等、节俭、反对战争，重视逻辑，还崇尚科学研究，特别是在光学研究上有突出贡献。据《孟子》记载，墨家学派在当时势力庞大，弟子有三百余人，并建立了严格的组织纪律，领袖称为"钜（jù）子"，成员自称"墨者"。汉武帝后，因独尊儒术政策和墨家思想本身的空想性缺陷，墨家势力逐渐衰微下去。

由于《墨子》反对等级制度和儒家学说，长久以来一直都得不到统治者的认同，汉代罢黜百家后更受到长期压制，书中脱漏错误也长期没有得到校订，直到明清才有学者开始系统研究。

题　解

《墨子》包含有《兼爱》三篇，本文是三篇中的上篇。《兼爱》系统阐述了墨子的"兼相爱"思想，主张平等关爱一切人，反对儒家由近及远、由亲及疏的关爱思想。《兼爱》认为，天下"乱"的根源在于为了自身利益而损害别人利益，只有平等地爱天下之人，无论等级、身份，才能平息天下之乱。

"兼爱"思想直到清末民初才重新受到人们的重视，梁启超《墨子学案》将"兼爱"与西方传入的"博爱"精神以及列宁主义学说相比较，并评价道："兼相爱是托尔斯泰的利他主义。"

圣人以治天下为事者也，必知乱之所自起，焉[1]能治之；不知乱之所自起，则不能治。譬之如医之攻[2]人之疾者然：必知疾之所自起，焉能攻之；不知疾之所自起，则弗能攻。治乱者何独不然[3]？必知乱之所自起，焉能治之；不知乱之所自起，则弗能治。圣人以治天下为事者也，不可不察乱之所自起。

当[4]察乱何自起？起不相爱。臣子之不孝君父，所谓乱也。子自爱，不爱父，故亏父而自利；弟自爱，不爱兄，故亏兄而自利；臣自爱，不爱君，故亏君而自利，此所谓乱也。虽父之不慈子，兄之不慈弟，君之不慈臣，此亦天下之所谓乱也。父自爱也，不爱子，故亏子而自利；兄自爱也，不爱弟，故亏弟而自利；君自爱也，不爱臣，故亏臣而自利。是何也？皆起不相爱。

虽至天下之为盗贼[5]者亦然：盗爱其室，不爱异室[6]，故窃异室以利其室。贼爱其身，不爱人身[7]，故贼人身以利其身。此何也？皆起不相爱。虽至大夫之相乱家，诸侯之相攻国者亦然：大夫各爱其家，不爱异家，故乱异家以利其家。诸侯各爱其国，不爱异国，故攻异国以利其国。天下之乱物[8]，具此而已矣[9]。察此何自起？皆起不相爱。

若使天下兼相爱，爱人若爱其身，犹有不孝者乎？视父兄与君若其身，恶[10]施不孝，犹有不慈者乎？视弟子与臣若其身，恶施不慈？故不孝不慈亡[11]有。犹有盗贼乎？故[12]视人之室若其室，谁窃？视人身若其身，谁贼[13]？故盗贼亡有。犹有大夫之相乱家，诸侯之相攻国者乎？视人家若其家，谁乱？视人国若其国，谁攻？故大夫之相乱家，诸侯之相攻国者亡有。若使天下兼相爱，国与国不相攻，家与家不相乱，盗贼亡有，君臣父子皆能孝慈，若此，则天下治。

故圣人以治天下为事者，恶得不禁恶[14]而劝爱。故天下兼相爱则治，交相恶则乱。故子墨子[15]曰："不可以不劝爱人者，此也。"

注　释

【1】焉，乃。

【2】攻，医治。

【3】治乱者，治理天下祸乱的"圣人"。何独不然，怎能单独成为例外而不如此做？

【4】当，通"尝"，尝试。

【5】盗贼，窃贼与强盗。

【6】原文为"不爱其异室"，王念孙认为"其"字为传抄时衍生的多余字，此处从其说删去。

【7】人身，他人之身。原文为"不爱人"，下文则为"故贼人以利其身"，

俞樾认为应有"身"字，此处从其说补。

【8】乱物，乱事，祸乱。

【9】具，通"俱"。具此而已，皆尽于此。

【10】恶（wù），何，怎么。

【11】亡，通"无"，没有。

【12】故，孙诒让认为"故"字为传抄时衍生的多余字。

【13】贼，此处作动词，劫掠残害他人。

【14】前一个"恶"为"何"，怎么；后一个"恶（wù）"为仇恨之意。

【15】子墨子，学生称呼老师为"子"。由此也可见本文是墨子弟子所作。

编者注

墨家的"兼爱"思想之所以在儒家思想占据统治地位后被长期压制，其根本原因就是"兼爱"的"爱无差等"与儒家"仁爱"的"爱有差等"有根本上的矛盾。儒家的"仁爱"是讲求长幼尊卑的，在"不独亲其亲"之前，首先要做到"亲亲"，即先关爱自己的亲人，然后"推己及人"；而墨家的"兼爱"则讲求"视人若己"，要对一切人都予以无差别的"爱"，无论是高高在上的天子还是身份低贱的"臧""获"。

虽然两种思想都主张要"爱人"，但对于依靠等级制度进行统治的封建统治者来说，打破血缘关系、打破等级制度的"爱人"显然是无法接受的。因此，在战国时曾经辉煌一时的墨家，随着时间的推移也逐步走向了衰落。

愚公移山

《列子》

《列子》相传为战国时期郑国人列御寇及其弟子后学所作，共八篇，是道家的重要经典。但自唐代起便多有人怀疑《列子》

早已失传，世间所流传的《列子》是后人收集诸子百家著作并掺杂佛家思想而成的伪书，今人多从此说。《列子》中包含了大量的寓言故事，通过寓言讲述道家思想，浅显易懂而富有哲理。

列御寇，战国时期郑国人，道家学派的代表人物，是老子与庄子之间道家思想的重要传承者。其事迹散见于《庄子》等诸子百家著作之中，其中不乏一些神话传说性质的记载，如《逍遥游》就称他可以"御风而行"。

唐玄宗时封列御寇为"冲虚真人"，《列子》一书则被奉为《冲虚真经》，并被列为道教四部经典之一。宋真宗时又改称为《冲虚至德真经》。《列子》所记载的寓言，想象丰富而又蕴含深刻哲理，洪迈《容斋续笔》称："《列子》书事简劲宏妙，多出《庄子》之右。"

题　解

本文节选自《列子·汤问》，讲述了一位名为愚公的老人坚持不懈，挖山不止，最终感动上天的故事。本文反映了在生产力不发达的条件下，人民群众改造自然的强烈愿望。

太形、王屋 [1] 二山，方七百里，高万仞，本在冀州之南，河阳之北 [2]。北山愚公者，年且九十，面山而居。惩 [3] 山北之塞，出入之迂 [4] 也，聚室 [5] 而谋，曰："吾与汝毕力平险，指通豫 [6] 南，达于汉阴 [7]，可乎？"杂然 [8] 相许。其妻献疑 [9] 曰："以君之力，曾不能损魁父之丘 [10]，如太形王屋何？且焉置土石？"杂曰："投诸渤海之尾，隐土之北 [11]。"遂率子孙荷担者三夫，叩石垦壤 [12]，箕畚 [13] 运于渤海之尾。邻人京城氏之孀妻有遗男 [14]，始龀 [15]，跳 [16] 往助之。寒暑易节，始一反 [17] 焉。河曲智叟笑而止之，曰："甚矣，汝之不惠！以残年余力，曾不能毁山之一毛 [18]，其如土石何？"北山愚公长息曰："汝心之固，固不可彻[19]，曾不若孀妻弱子。虽我之死，有子存焉。子又生孙，孙又生子；子又有子，子又有孙：子子孙孙，无穷匮[20]也，而山不加增，何苦而不平？"河曲智叟亡以应[21]。操蛇之神[22]闻之，惧其不已也，告之于帝。帝感其诚，命夸蛾氏[23]二子负二山，一厝朔东[24]，一厝雍[25]南。自此冀之南、汉之阴，无陇断焉[26]。

注　释

【1】太形，即"太行"，太行山，在今山西与河北交界。王屋，山名，在今山西阳城县南。

【2】冀州，古代九州之一，包括今山西省、河北西北部、河南北部等。河阳，古地名，在今河南省孟州市西。

【3】惩，苦于。

【4】迂，迂回，即绕远路。

【5】室，家室，即全家。

【6】豫，豫州，古代九州之一，主要在今河南省境内。

【7】汉，汉水，今汉江。汉阴，汉水南面。古代河北岸为阳，南岸为阴。

【8】杂然，纷纷。

【9】献疑，提出疑问。

【10】魁父之丘，《太平御览》引《淮南子》："牛蹄之涔，无经尺之鲤；魁父之山，无菅宇之材：皆其狭小而不能容巨大。"代指小山丘。

【11】渤海之尾，渤海边上。隐土，古代传说中的地名。《淮南子·地形训》："东北薄州曰隐土。"

【12】叩，敲。垦，挖。

【13】箕（jī）畚（běn），盛土用的工具。

【14】孀妻，寡妇。遗男，遗腹子。

【15】龀，小孩子换牙。古人多用"始龀"代指七八岁的小孩子。

【16】跳，独自。

【17】一反，一次往返。

【18】一毛，一根小草。

【19】固，顽固。彻，通达。不可彻，指讲不通道理。

【20】匮，匮乏。

【21】亡以应，没有回答。

【22】操蛇之神，《山海经》："山海神皆执蛇。"此处指山神。

【23】夸蛾氏，疑是列子虚构的神灵。

【24】厝（cuò），通"措"，放置。朔，朔方，今内蒙古河套地区。

【25】雍，雍州，古代九州之一，包括今陕西关中地区及青海、甘肃、宁夏的部分地区。

【26】陇，通"垄"，土丘。断，阻断。

夸父逐日

《列子》

题　解

本文讲述了自不量力的夸父试图追逐太阳，结果在跑了很久之后渴死的故事。有人认为，本文实际上反映了上古先民在迁徙过程中的一次大胆的尝试，但是由于对自然了解甚少而失败；也有人认为，本文反映的是上古先民对于永生的想象与追求。

夸父[1]不量力，欲追日影，逐之于隅谷[2]之际。渴欲得饮，赴饮河渭[3]。河渭不足，将走北饮大泽[4]。未至，道渴而死。弃其杖，尸膏肉所浸[5]，生邓林[6]。邓林弥[7]广数千里焉。

注　释

【1】夸，高大。父，男子。关于夸父，高诱注《吕氏春秋》认为夸父是"神兽"；郭璞注《山海经》认为夸父是"神人"。而《山海经》的记载则自相矛

盾，《大荒北经》记载他"珥两黄蛇，把两黄蛇"，是社神后土的孙子，神农氏后裔，因逐日而死；却又记载他被黄帝手下的大将应龙杀死。也有人说"夸父"是一个部落的名字。又，《竹书纪年》则记载他是尧的长子丹朱的手下，擅长奔跑。

【2】隅谷，也作"虞渊"，古代传说中太阳落下之处。古人认为"天圆地方"，太阳早上从"旸谷"出发，晚上从"隅谷"落下。

【3】河，河水，即黄河。渭，渭水，即渭河。

【4】大泽，大湖，相传在雁门关北。

【5】膏，油脂。肉，肌肉与皮肤。浸，滋润，滋养。

【6】邓林，树林名，一说即桃林。后人以"邓林"作为事业未竟、不自量力或勇往直前的精神象征。

【7】弥，弥漫。

伯牙子期

《列子》

题　解

本文描绘善于弹琴的伯牙和善于知音的子期相互交好的故事。后人以"知音"比喻了解自己志趣想法的知心朋友。

伯牙善鼓琴[1]，钟子期[2]善听。伯牙鼓琴，志在登高山[3]。钟子期曰："善哉！峨峨兮若泰山！"志在流水，钟子期曰："善哉洋洋兮若江河！"伯牙所念，钟子期必得之。伯牙游于泰山之阴，卒[4]逢暴雨，止于岩下；心悲，用援琴而鼓之。初为霖雨之操[5]，更造崩山之音。曲每奏，钟子期辄穷其趣。伯牙乃舍琴而叹曰："善哉，善哉！子之听夫志想象犹吾心也。吾于何逃声[6]哉？"

注 释

【1】伯牙，春秋时晋国大夫，著名琴师，相传有《高山》《流水》两曲传世。其事迹除《列子》外，《荀子》和《吕氏春秋》也有所记载。鼓，弹奏。

【2】钟子期，伯牙同时代人，相传善于欣赏音乐。

【3】王叔岷《列子补正》认为，"登"字为传抄时衍字；而《吕氏春秋》等也为"志在高山"或"志在泰山"。

【4】卒，通"猝"，忽然。

【5】霖，通"淋"。霖雨，久下不停的雨。操，琴曲的一种风格，曲调偏凄婉。

【6】逃声，在音乐中隐匿自己的情感。这里称赞钟子期善听，以至于伯牙无处藏其声。

杞人忧天

《列子》

题 解

本文讲述了整天怀着毫无必要的担心的杞人的故事。文章嘲笑了那些自扰又扰人的庸人，告诉人们不要无根据地忧虑和担心。

杞国[1]有人忧天地崩坠，身亡所寄，废寝食者。

又有忧彼之所忧者[2]，因往晓[3]之，曰："天，积气耳，亡处亡气。若屈伸呼吸，终日在天中行止[4]，奈何忧崩坠乎？"

其人曰："天果积气，日月星宿，不当坠邪？"

晓之者曰："日月星宿，亦积气中之有光耀者，只使坠，亦不能有所中伤。"

其人曰："奈地坏何？"

晓者曰："地积块耳[5]，充塞四虚，亡处亡块。若蹢步跳蹈[6]，终日在地上行止，奈何忧其坏？"

其人舍然大喜，晓之者亦舍然大喜。

注　释

【1】杞，春秋时期国名，在今河南杞县。相传是夏朝王室后代，商汤灭夏后将夏朝遗民封到杞国，周武王时又封东楼公为杞国国君。

【2】又有忧彼之所忧者，又有一个为他的忧愁而担心的人。

【3】晓，开导。

【4】终日在天中行止，整天在天空气体里活动。

【5】地积块耳，大地是土块堆积成的罢了。

【6】蹢（chú）步跐（cǐ）蹈，泛指人的站立行走。

精卫填海

《山海经》

《山海经》，是我国先秦时期的一部志怪古籍，全书包括《山经》五篇，《海经》十三篇。旧传《山海经》是尧舜禹时人所作，今人考证作者并非一人，但大多出身于楚地，成书大约在战国初期到西汉初期，后经刘向、刘歆父子校刊而成。原书有图，但在魏晋时失传。目前能见到的最早版本是晋代郭璞所注《山海经传》。

《山海经》内容广博，包括了神话、地理、动植物、医术等各方面的内容。古人多将《山海经》当作历史、地理类书籍看待，但司马迁认为其记载过于荒诞而没有记录。至明代，胡应麟认为它是"古今语怪之祖"，而将其列入"语怪"一类。《四库全书》编纂时，《山海经》也被编入小说类。

有学者认为，《山海经》是中国第一部地理志；而《山海经》所保留的大量神话，更是为中国古代神话研究提供了大量珍贵资料。

题 解

本文选自《山海经·北山经》，学者考证可能是沿海地区先民相传的神话故事。少女溺死于东海，死后化为精卫，立志向东海复仇，便夜以继日地衔来树枝石块，希望有朝一日填平东海。

这则神话是远古先民征服自然愿望的象征，同时也是对永不屈服的意志的歌颂。

发鸠[1]之山，其上多柘木[2]，有鸟焉，其状如乌[3]，文首[4]，白喙[5]，赤足，名曰"精卫"，其鸣自詨[6]。是炎帝[7]之少女，名曰女娃。女娃游于东海，溺而不返，故为精卫，常衔西山之木石，以堙[8]于东海。

注 释

【1】发鸠，山名，位于今山西省长子县西。

【2】柘（zhè）木，柘树，一种落叶灌木或小乔木。

【3】乌，乌鸦。

【4】文首，头部有花纹。

【5】白喙，喙部为白色。

【6】詨（xiào），大叫。自詨，大叫自己的名字。

【7】炎帝，中华民族的共同祖先，一说即神农氏。

【8】堙，填埋。

刑天舞干戚

《山海经》

题 解

　　本文选自《山海经·海内西经》，可能是描写古代部族战争之事。刑天挑战一统各部族的黄帝，战败而身首异处。但是，没有头颅的刑天仍然不肯认输，而是"以乳为目，以脐为口，操干戚以舞"，永远持续着自己的战斗。

　　刑天被后人视为永不服输的勇士的象征，陶渊明《读山海经》说："刑天舞干戚，猛志固常在。"

　　刑天[1]与帝[2]至此[3]争神，帝断其首，葬之常羊之山[4]，乃以乳为目，以脐为口，操干戚以舞[5]。

注 释

　　【1】在甲骨文与金文中，"天"字为一人形符号，因此"刑天"应当不是人名，而是在断首之后才被称为"刑天"的无名之神。

　　对于"刑天"的真实身份，学界一直是众说纷纭。一说，"刑天"即蚩尤，理由有三。第一，因人们常常将击败炎帝并袭夺其炎帝称号的蚩尤与炎帝混淆，因此炎帝出生的"常羊之山"实际上可能是蚩尤的出生地；第二，刑天与蚩尤都被黄帝击败并斩首，身首异处；第三，刑天与蚩尤都有虽死犹斗的记载。

　　一说，刑天其实是女性，只是随着母系社会向父系社会转化而变为男性。而刑天"以乳为目，以脐为口"的形象，正与一些上古文化遗存的女性神祇突出双乳及腹部的形象相符。

　　【2】帝，即黄帝。

　　【3】"至此"二字无意义，可能是传抄中产生的衍字。

【4】常羊之山，相传为炎帝降生之处。

【5】干，盾牌。戚，斧头。

黄帝擒蚩尤

《山海经》

题　解

本文选自《山海经·大荒北经》，记载的是黄帝与蚩尤两大氏族部落交战的故事。黄帝在联合炎帝后，蚩尤前来攻伐黄帝，双方便通过操纵风雨来进行交战。最终，黄帝请来干旱之神止住了大雨，并顺势击败蚩尤。

这一战也被认为是中华民族形成的重要标志之一，自此黄帝被奉为天下共主，并成为中华民族之祖先。

蚩尤作兵[1]，伐黄帝[2]。黄帝乃令应龙[3]攻之冀州之野[4]。应龙畜水，蚩尤请风伯雨师[5]，纵大风雨。黄帝乃下天女曰"魃[6]"。雨止，遂杀蚩尤。

注　释

【1】作兵，修筑兵器。

【2】黄帝，中华民族共同祖先，"五帝"之首，相传其父为有熊国君，又称有熊氏。因居于轩辕之丘，号为轩辕；长居姬水，后改为姬姓。经历阪泉之战与涿鹿之战后，被各部落推为共主。中华民族将黄帝作为共同的祖先，历代皇帝均要到黄帝陵进行祭拜，以显示自己的统治为正统。

【3】应龙，传说中的有翼神龙，能蓄水行雨。

【4】冀州之野，《史记》记载是"涿鹿之野"，即今河北省涿鹿县。

【5】风伯雨师，传说中的雨神。

【6】魃，传说中的干旱之神，一说是黄帝女儿。

编者注

在古代典籍中，对于"蚩尤"的记载十分丰富，但不同文献之间也存在着大量的自相矛盾之处。对于蚩尤的身份，大多记载为上古时代九黎部落的领袖，古代奉祀的战神。他有兄弟八十一人，个个骁勇善战。而现代学者则根据《逸周书》等文献，推测蚩尤可能属于东夷的太昊（一说即伏羲）部落的成员，而他的八十一位兄弟可能是八十一个部落之意。

在古代文献中，蚩尤与炎帝的形象一直纠缠不清。一说，蚩尤可能曾经加入炎帝组织的部落联盟，但后来又与炎帝发生冲突并击败炎帝。一说，"涿鹿"与炎黄交战的"阪泉"实际上是同一地，而两个部落又都以牛为图腾，因此二者实际是同一人。一说，蚩尤属于炎帝部族，在炎帝被击败后，蚩尤为报仇而攻击黄帝，结果被击败。

而关于蚩尤与黄帝的战争，也有多种说法。《史记·五帝本纪》记载黄帝在涿鹿之战击败作乱的蚩尤，而巩固了天子之位。《逸周书》记载蚩尤驱逐了炎帝，炎帝求助于黄帝，炎黄二帝联合击败了蚩尤。《山海经》记载蚩尤作兵攻伐黄帝，黄帝派应龙迎战而击败蚩尤。而战斗过程则极具神话色彩，有蚩尤"制五兵之器，变化云雾""作大雾，弥三日"，黄帝"九战九不胜""三年城不下""乃仰天而叹，天遣玄女下授黄帝兵信神符"等记载，还有说黄帝借风后所作指南方之车才得以在大雾中辨明方向而取得胜利。

对于蚩尤的结局，传说大多认为蚩尤为黄帝所杀，其首级化为血枫林。但也有传说记载，蚩尤被黄帝击败而臣服，成为主军事的臣子。后来天下又乱，黄帝作蚩尤画像而威震天下，天下都以为蚩尤已经臣服黄帝于是纷纷臣服。

蚩尤传说在后世逐渐演化，蚩尤本人也逐渐被赋予了"铜头铁额""八肱八趾""人身牛蹄，四目六手"并"食沙石子"的形象；还有传说形容蚩尤能铸造金属兵器，又善战，于是被奉为战神与兵器之主。后世对于蚩尤也多有祭祀，《宋史》中仍有在战前祭祀蚩尤的记载。

在春秋战国诸子典籍中，儒家及后世史家多将黄帝伐蚩尤视为正义的战争；《逸周书》《山海经》描述则相对客观；《管子》《韩非子》记载蚩尤臣服于黄帝，且地位很高；《庄子》借盗跖之口对蚩尤表达了同情；马王堆汉墓出土的《黄帝十六经》记载黄帝甚至在活捉蚩尤后，"剥其皮革以为干侯，使人射之，多中者赏。翦其发而建之天，名曰蚩尤之旌。充其胃以为鞠，使人执之，多中者赏"。

对于蚩尤与九黎、三苗的关系，记载颇多，后世学者也多有争议。《尚书》等典籍记载三苗出自九黎，九黎战败后族人流散而演变为三苗。但后世各家注《尚书》时则多认为九黎与三苗并无渊源。一说，"蚩尤"是各部落首领共用的称号，蚩尤既是炎帝后裔，也是东夷太昊集团首领，也是九黎之君，而三苗也沿用此称号。

在苗族的传说中，蚩尤被奉为大祖神，苗族因被华夏族击败而迁居今天的贵州、湘西等地区。苗族传说中的"格蚩爷老"又译"格蚩尤老"（苗语滇东北次方言：Gid Chib Yeul Laol），"格蚩"，意为爷爷、老人，"爷老"是英雄之意，多有学者认为这里所指的就是蚩尤。黔南地区还传唱有苗族史诗《榜蚩尤》，歌唱"第一位祖先"香尤公（榜香尤）的故事。云南马关等地区还有相传起源自蚩尤的"跳月"或"踩花山"的风俗。而苗族崇拜枫木，以枫木为图腾，甚至《枫木歌》中认为人类都是在枫木中产生的习俗，也被认为与蚩尤有关。

卜居

《楚辞》

"楚辞"一词，早在汉武帝时期就已出现。春秋战国时期，楚国地区崇尚巫术，而一些与巫术相关的艺术也随之兴盛起来。而用于祭祀的民间诗赋，更是在崇尚巫术的风气和楚国由盛转衰的大环境影响下，经由屈原之手形成了一种独特的文学体裁，这种体裁就是"楚辞"。汉武帝时，"楚辞"已经成为一种专门的学问。后来，刘向将"楚辞"中的优秀篇目辑录起来，编成《楚辞》一书。

屈原，名平，《离骚》中又自云名正则，字灵均。中国历史上最早的浪漫主义诗人。屈原为楚国三大家族屈氏的后人，曾经做过管理三大家族事务的三闾大夫及左徒等职务。他曾劝谏楚怀王联齐抗秦，却由于靳尚、子兰等人的嫉妒和张仪的离间而被楚怀王疏远。后来，楚怀王中计死于秦国，继位的项襄王又因子兰和靳尚的谗言放逐屈原。最终，随着秦将白起攻破楚国郢都，悲愤的屈原自怀大石投汨罗江而死。

屈原所作"楚辞"，在中国文学史上具有极其重要的地位。"楚辞"创造了新的诗歌样式，成为后代诗赋体裁的源头；浪漫的精神气质和象征的艺术手法，更是成为中国文学史上的重要组成部分。司马迁称他"虽与日月争光可也"，李白说"屈平词赋悬日月"，鲁迅则评价"逸响伟辞，卓绝一世"。

题　解

《卜居》一篇，东汉王逸认为是屈原所作，后人则考证是后人追述屈原事迹所作。文章所讲述的，正是楚怀王听信谗言，将屈原放逐到汉江北岸地区之后发生的事情。心情烦闷的屈原，来到太卜郑詹尹处，希望他能为屈原卜上一卦。

可是，屈原提出的问题，却让占卜也无能为力。一连二十个问题，一个接一个地表现了屈原愤世嫉俗的心情与高洁的情操。听了屈原的问题，郑詹尹也只得"释策而谢"，直言"龟策不能知此事"。

更为悲剧的是，在求卜之后，屈原终于得以返回楚国；可等待他的，却是完全不听从他的建议、执意要应秦国"邀请"前往赴会的楚怀王。最终，楚怀王被秦人劫走，最终死于秦国。

屈原既放^[1]，三年不得复见^[2]。竭知尽忠而蔽障于谗^[3]。心烦

虑乱，不知所从。乃往见太卜郑詹尹^[4]曰："余有所疑，愿因先生决之。"詹尹乃端策拂龟^[5]，曰："君将何以教之^[6]？"

屈原曰："吾宁悃悃款款^[7]，朴以忠乎，将送往劳来，斯无穷乎^[8]？

"宁诛锄草茅以力耕^[9]乎，将游大人^[10]以成名乎？宁正言不讳以危身乎，将从俗富贵以偷生乎？宁超然高举以保真^[11]乎，将哫訾栗斯^[12]，喔咿儒儿^[13]，以事妇人^[14]乎？宁廉洁正直以自清乎，将突梯滑稽^[15]，如脂如韦^[16]，以絜楹^[17]乎？

"宁昂昂^[18]若千里之驹乎，将泛泛若水中之凫^[19]，与波上下，偷以全吾躯乎？宁与骐骥亢轭^[20]乎，将随驽马之迹乎？宁与黄鹄^[21]比翼乎，将与鸡鹜^[22]争食乎？

"此孰吉孰凶？何去何从？

"世混浊而不清：蝉翼为重，千钧为轻；黄钟毁弃^[23]，瓦釜雷鸣^[24]；谗人高张^[25]，贤士无名。吁嗟^[26]默默兮，谁知吾之廉贞！"

詹尹乃释^[27]策而谢曰："夫尺有所短，寸有所长；物有所不足，智有所不明；数有所不逮^[28]，神有所不通。用君之心^[29]，行君之意。龟策诚不能知此事。"

注　释

【1】放，放逐。指屈原因靳尚谗言而被放逐。

【2】不得复见，不能再见楚怀王。

【3】蔽障于谗，被谗言阻隔而不能见楚王。

【4】太卜，官名，掌管占卜。郑詹尹，一说"詹尹"即"占尹"，指掌管占卜的官员，姓郑；一说郑詹尹为人名。

【5】端，通"揣"，数。策，蓍（shī）草，古人用于占卜的一种草。拂，擦拭。龟，龟甲，古人将刻有占卜文字的龟壳用火灼烧，通过龟甲的裂纹和发出的声音来进行占卜。

【6】君将何以教之，您有什么可以指教的？这是一种谦虚的说法。

【7】宁，宁愿。悃（kǔn）悃款款，忠厚朴实的样子。

【8】劳，慰劳。送往劳来，即"迎来送往"，指代人事应酬。斯无穷，无休止的重复。

【9】诛锄，铲除。草茅，即野草。力耕，尽力耕作。

【10】游，与人交游。大人，指权贵。

【11】超然高举，超脱而远离俗世。保真，保持自己的本性。

【12】呢（zú）訾（zī），阿谀奉承的样子。栗斯，谨小慎微、曲意逢迎的样子。

【13】喔咿儒儿，强颜欢笑的样子。

【14】妇人，指楚怀王宠姬郑袖，与靳尚等人一起排挤屈原。

【15】突梯，油滑圆润的样子。滑稽，亦圆滑之意。

【16】脂，油脂。韦，熟牛皮，此处指像熟牛皮一样柔软。

【17】絜（xié），测量圆周。楹，房屋的柱子。絜楹，像工人那样将方正的木头制成圆润的柱子，形容圆滑。

【18】昂昂，昂首挺胸、敢作敢为。

【19】氾，通"泛"。氾氾，游来游去的样子。凫（fú），野鸭。

【20】骐骥，千里马，此处象征贤才。亢，通"伉"，并列。轭，指马车前端套在马脖子上的横木。亢轭，即并驾齐驱。

【21】黄鹄，与天鹅类似的大鸟，可以高飞。

【22】鹜（wù），鸭子。

【23】黄钟，以黄铜所铸的钟。我国古代音律有十二律，黄钟是阳六律中声音最为高亢洪亮的一律，此处象征贤才。

【24】瓦釜，瓦锅，象征奸佞和庸才。后人以"黄钟毁弃，瓦釜雷鸣"比喻贤才不受重用，奸佞却大行其道。

【25】张，夸大。高张，居于高位，趾高气扬。

【26】吁嗟，感叹词。

【27】释，放下。

【28】数，卦数，指占卜。逮，达到。

【29】用君之心，按您所想的去做。

渔父

《楚辞》

题 解

本文是楚人怀念屈原第二次被放逐所作。屈原进谏顷襄王不要与秦国讲和，又责怪令尹子兰不应怂恿楚王投降，结果被子兰排挤而被流放到湘江、沅江流域。几年间，楚国只能对秦国俯首听命，秦军却不断地将楚国的大片领土蚕食掉，连郢都都落入秦国之手。眼看着理想一步步走向破灭的屈原，只能在湘江流域痛苦地游荡着。

在屈原"行吟"之时，他遇到了这位可能很了解他的"渔父"。"渔父"可能是试探，也有可能是不理解屈原，便问他为何不"与世推移"？而屈原却仍不改其本心，哪怕是"葬于江鱼之腹"！

最终，了解到屈原志行不可移的渔父唱着那首传唱多年的《沧浪之歌》离去了。而屈原，则坚持了自己不与世沉浮的决心，怀抱大石自沉汨罗。

屈原既放，游于江潭 [1]，行吟泽畔，颜色憔悴，形容枯槁。渔父见而问之曰："子非三闾大夫欤？何故至于斯？"屈原曰："举世皆浊我独清，众人皆醉我独醒，是以见 [2] 放。"

渔父曰："圣人不凝滞 [3] 于物，而能与世推移 [4]。世人皆浊，何不淈其泥而扬其波 [5]？众人皆醉，何不餔其糟而歠其醨 [6]？何故深思高举，自令放为 [7]？"

屈原曰："吾闻之，新沐者必弹冠 [8]，新浴者必振衣 [9]；安能以身之察察，受物之汶汶 [10] 者乎？宁赴湘流，葬于江鱼之腹中。安能以皓皓 [11] 之白，而蒙世俗之尘埃乎？"

渔父莞尔 [12] 而笑，鼓枻 [13] 而去，乃歌曰："沧浪之水清兮，可以濯吾缨；沧浪之水浊兮，可以濯吾足。[14]"遂去，不复与言。

注　释

【1】江，由下文可知为湘江。潭，水深之处。

【2】见，被。

【3】凝滞，拘泥、固执。

【4】与世推移，与世俗同流。

【5】淈（gǔ），搅乱。淈其泥而扬其波，即同流合污。

【6】餔（bū），吃。糟，酒糟。歠（chuò），饮。醨（lí），薄酒。餔其糟而歠其醨，亦同流合污之意。

【7】深思，忧思。高举，高于世俗的操行。自令放为，招致自己被放逐。另，此句《史记》作"何故怀瑾握瑜，而自令见放为"。

【8】沐，洗发。弹冠，弹去冠带上的灰尘。

【9】振衣，抖掉衣服上的尘土。

【10】察察，洁白。汶（mén）汶，玷污。

【11】皓皓，洁白的样子。

【12】莞尔，微笑的样子。

【13】鼓枻（yì），摇动船桨。

【14】关于这首《沧浪之歌》，王夫之、蒋骥等人均以为是渔父劝告屈原应该"与世推移"之意。但《孟子·离娄上》也引用了这首歌："有孺子歌曰：'沧浪之水清兮，可以濯我缨；沧浪之水浊兮，可以濯我足。'孔子曰：'小子听之。清斯濯缨，浊斯濯足矣。自取之也。'"其中《沧浪之歌》正是教人要区分清与浊，保持清洁之行。

登徒子好色赋

宋玉

宋玉，楚国鄢城人，是屈原之后最杰出的辞赋作家，后世将他与屈原合称"屈宋"。王逸认为宋玉为屈原之弟子，但后代学者多不认同此说，而是认为宋玉辞赋创作在一定程度上学习借鉴了屈原的创作手法。由宋玉作品及《新序》可知，宋玉境遇可能与屈原相似，在楚国为官而晚景凄凉。

在文学上，宋玉最为后人称道的是《九辩》《招魂》，以及《风赋》《高唐赋》《神女赋》等。其中，除《九辩》确定为宋玉所作之外，其他篇目均有一定争议。宋玉辞赋上承屈原楚辞，下接西汉大赋，对中国文学的演进起到了一定的推动作用。后代十分推崇宋玉的辞赋，杜甫曾赞他是"风流儒雅亦吾师"。

题 解

本文初见于《文选》，相传为宋玉所作，但也有学者认为是后人伪托。此赋中，宋玉以巧妙的方式应对了登徒子的质疑，又以华丽的语句展现了"东家之子"这幅艳丽的美女肖像。本文后半段，则表达作者真正所向往的是那种男女之间发乎情、止乎礼的关系，并以此"来假以为辞，讽于淫也"（李善《文选注》语）。本文中描写"东家之子"的语句被后人奉为经典。

大夫登徒子侍于楚王 [1]，短宋玉曰："玉为人体貌闲丽 [2]，口多微辞 [3]，又性好色。愿王勿与出入后宫。"

　　王以登徒子之言问宋玉。玉曰："体貌闲丽，所受于天也；口多微辞，所学于师也；至于好色，臣无有也。"王曰："子不好色，亦有说乎？有说则止[4]，无说则退。"玉曰："天下之佳人莫若楚国，楚国之丽者莫若臣里，臣里之美者莫若臣东家之子。东家之子，增之一分则太长，减之一分则太短；著粉则太白，施朱则太赤；眉如翠羽，肌如白雪；腰如束素[5]，齿如含贝；嫣然一笑，惑阳城，迷下蔡[6]。然此女登墙窥臣三年，至今未许[7]也。登徒子则不然：其妻蓬头挛[8]耳，龈唇历齿[9]，旁行踽偻[10]，又疥且痔。登徒子悦之，使有五子。王孰[11]察之，谁为好色者矣。"

　　是时，秦章华大夫在侧[12]，因进而称曰："今夫宋玉盛称邻之女，以为美色，愚乱之邪[13]；臣自以为守德，谓不如彼矣。且夫南楚穷巷之妾[14]，焉足为大王言乎？若臣之陋，目所曾睹者，未敢云也。"王曰："试为寡人说之。"大夫曰："唯唯。臣少曾远游，周览九土，足历五都[15]。出咸阳、熙[16]邯郸，从容郑、卫溱洧之间[17]。是时向春之末，迎夏之阳，鸧鹒喈喈[18]，群女出桑[19]。此郊之姝[20]，华色含光，体美容冶，不待饰装。臣观其丽者，因称诗曰：'遵大路兮揽子祛'[21]。赠以芳华辞甚妙。于是处子怳若有望[22]而不来，忽若有来而不见。意密体疏[23]，俯仰异观[24]；含喜微笑，窃视流眄[25]。复称诗曰：'寤[26]春风兮发鲜荣，洁斋[27]俟兮惠音声，赠我如此兮不如无生[28]。'因迁延[29]而辞避。盖徒以微辞相感动。精神相依凭；目欲其颜，心顾其义，扬《诗》守礼，终不过差[30]，故足称也。"

　　于是楚王称善，宋玉遂不退。

注　释

【1】登徒子，复姓登徒，疑是作者虚构的人物。楚王，这里是指楚襄王，又称楚顷襄王，楚怀王太子，南后郑袖所生。在位期间淫乐无度，群臣皆以阿

谀奉承为能事。

【2】闲，通"娴"。闲丽，文雅英俊。

【3】微，妙。

【4】止，留下。

【5】束素，一束白色生绢，形容腰极细。

【6】惑阳城，迷下蔡，使阳城、下蔡两地的男子着迷。这两个地方都是楚国贵族封地。

【7】未许，不回应她的心意。

【8】挛（luán），卷曲。

【9】龀（yàn）唇历齿，稀疏又不整齐的牙齿露在外面。龀，牙齿外露。历齿，牙齿参差不齐。

【10】旁行踽（jǔ）偻（lóu），弯腰驼背，走路摇摇晃晃。踽偻，驼背。

【11】孰，通"熟"。

【12】秦章华大夫在侧，当时秦国的章华大夫正在楚国。章华，楚地名。李善注："楚人入仕于秦，时使襄王。"

【13】愚乱之邪，美色能使人乱性，产生邪念。

【14】南楚穷巷之妾，楚国偏远之地的陋巷中的女子，指上文所说的"东家之子"。

【15】五都，五方都会，此处泛指大城市。

【16】熙，游玩。

【17】从容郑、卫溱（zhēn）洧（wěi）之间，在郑卫两国的溱水和洧水边逗留。《诗·郑风》有《溱洧》篇写每年上巳节，郑国士女在河边游春嬉戏的场景。

【18】鸧（cāng）鹒（gēng）喈（jiē）喈，鸧鹒鸟喈喈鸣叫。

【19】群女出桑，众美女在桑间采桑叶。

【20】此郊之姝（shū），指这些在郑卫郊外游春的美女。

【21】遵大路兮揽子祛（qū），沿着大路与心上人携手同行。《诗·郑风·遵大路》："遵大路兮，掺执子之祛兮。"

【22】悦（huǎng），同"恍"。有望，有所期望。

【23】体疏，形迹疏远。

【24】俯仰异观，那美人的一举一动都与众不同。

【25】窃视流眄（miǎn），偷偷地看看她，她正含情脉脉，暗送秋波。

【26】寐，苏醒。

【27】斋，举止端庄。

【28】赠我如此兮不如无生，似这样不能与她结合，还不如死去。

【29】迁延，引身后退。

【30】过差，过失，差错。

风赋

宋玉

题　解

本文《文选》题为宋玉所作，后人认为可能是他人伪托。

本文写楚襄王骄奢淫逸，不顾大半国土沦丧而在兰台之宫游玩。在一旁侍奉的宋玉便借风对楚王进行讽谏。宋玉将风区分为"大王之雄风"和"庶人之雌风"，通过对比，描绘了统治者的生活与人民的生活的巨大差距，从而劝谏楚王善待百姓。

本文作为一篇赋体散文，不仅体现了赋体散文"铺张摛文"（《文心雕龙·诠赋》）的特点，更在文中加入了讽喻之意，手法十分高明，堪称后代辞赋的典范。

楚襄王游于兰台[1]之宫，宋玉景差[2]侍。有风飒然而至，王乃披襟而当之[3]，曰："快哉此风！寡人所与庶人共[4]者邪？"宋玉对曰："此独大王之风耳，庶人安得而共之！"

王曰："夫风者，天地之气，溥畅[5]而至，不择贵贱高下而加焉。今子独以为寡人之风，岂有说乎？"宋玉对曰："臣闻于师：枳句来巢[6]，空穴来风。其所托者然，则风气殊[7]焉。"

王曰："夫风始安生哉[8]？"宋玉对曰："夫风生于地，起于青蘋之末[9]。侵淫溪谷[10]，盛怒于土囊[11]之口。缘太山之阿[12]，舞于松柏之下。飘忽溯滂[13]，激飏熛怒[14]，耾耾雷声[15]，回穴错迕[16]。蹶[17]石伐木，梢杀林莽[18]。至其将衰也，被丽披离[19]，冲孔动楗[20]，眴焕[21]粲烂，离散转移。故其清凉雄风，则飘举[22]升降。乘凌[23]高城，入于深宫。抵华叶而振气[24]，徘徊于桂椒之间，翱翔于激水[25]之上，将击芙蓉之精[26]，猎[27]蕙草，离秦衡[28]，概新夷[29]，被荑杨[30]，回穴冲陵[31]，萧条[32]众芳。然后倘徉[33]中庭，北上玉堂，跻于罗幢[34]，经于洞房[35]，乃得为大王之风也。故其风中人状，直憯凄惏栗[36]，清凉增欷。清清泠泠[37]，愈病析酲[38]，发明耳目[39]，宁体便人[40]。此所谓大王之雄风也。"

王曰："善哉论事！夫庶人之风，岂可闻乎？"宋玉对曰："夫庶人之风，塕然[41]起于穷巷之间，堀堁扬尘[42]，勃郁烦冤[43]，冲孔袭门。动沙堁[44]，吹死灰，骇溷浊[45]，扬腐余，邪薄入瓮牖[46]，至于室庐。故其风中人状，直憞溷郁邑[47]，殴温致湿[48]，中心惨怛[49]，生病造热[50]。中唇为胗[51]，得目为蔑[52]，啗齰嗽获[53]，死生不卒[54]。此所谓庶人之雌风也。"

注 释

【1】兰台，楚国台名。

【2】景差（cuō），战国末期楚国文学家、辞赋家，与宋玉齐名，其作品皆已散佚。一说，《大招》乃景差所作。

【3】披，张开。披襟而当之，即披衣以受风。

【4】庶人，平民百姓。共，共同感受。

【5】溥（pǔ），普遍，遍及。畅，畅通。

【6】枳（zhǐ），枳树。句，通"勾"，弯曲。来巢，鸟儿来此筑巢。

【7】殊，不同，区别。

【8】始，初始，最初。安生哉，如何产生的呢？

【9】蘋，一种水生植物。青蘋之末，青蘋的末梢。

【10】侵淫，渐进，逐渐而进。

【11】土囊，大洞穴。

【12】缘，顺着，沿着。阿，山坳。

【13】飘忽，风迅疾的样子。溯（péng）滂（pāng），风撞击物体的声音。

【14】激颺，快速飞行的样子。熛（biāo），火星迸飞。熛怒，形容声音震撼，如火星飘飞于空中。

【15】耾（hóng）耾，风声。雷声，这里指风声如雷。

【16】回穴，风盘旋不定的样子。错迕（wǔ），相互交错。

【17】蹶，动，此处为撼动。

【18】梢，击，打。莽，草木深邃。

【19】被丽披离，都形容四散的样子。

【20】孔，小洞。楗，门闩。

【21】眴（xuàn）焕，鲜明的样子。

【22】飘举，飘动。

【23】乘，上升。凌，越过。

【24】抵，触。振，振动、振荡。

【25】激水，被激起的水。

【26】芙蓉，荷花。精，通"菁"，华。

【27】猎，通"躐"，践踏。

【28】离，历，经过。秦衡，产于秦地的香木。

【29】槩（gài），取。新夷，即"辛夷"，一种香木。

【30】被，加，加在……上。荑（tí），草木刚刚生出。

【31】冲，突。陵，突击。

【32】萧条，寂寥。

【33】徜徉，徘徊。

【34】跻（jī），上升。罗幢，绫罗制成的帷幔。

【35】洞房，深邃的房间。

【36】憯（cǎn），通"惨"。憯凄，凄惨。怜（lín）栗，寒冷的样子。

【37】清清泠泠，清凉的样子。

【38】愈病，疾病治愈。析，解。醒（chéng），醉酒。

【39】发明耳目，即"发耳明目"，耳清目明。

【40】宁，安。便，方便，便利。

【41】塕（wěng）然，忽然而起。

【42】堀（kū），突。堁（kè），尘土。

【43】勃郁烦冤，风来回盘旋。

【44】沙堁，沙尘。

【45】骇，惊起，此处为搅动。溷（hún），通"浑"。溷浊，污秽肮脏的东西。

【46】邪，歪斜。薄，迫近。瓮，一种盛放水或液体的陶器。牖（yǒu），墙上的窗户。

【47】憞（dùn），恶。郁邑，忧愁。

【48】殴，通"驱"。殴温致湿，李善认为："言此风殴温致湿气来，令致湿病也。"

【49】惨怛（dá），忧愁疲劳。

【50】热，热病。

【51】胗（zhēn），唇上的疮。

【52】簸，通"蔑"，眼睛红肿。

【53】啗（dàn），吃。齰（zé），咀嚼。嗽（sòu），吮吸。获，通"嚄"，大声喊叫。这些都是描述中风而身体不能动的样子。

【54】死生不卒，指患中风之后既不能痊愈又不会死去，求生不得求死不能。

察今

《吕氏春秋》

　　《吕氏春秋》，又名《吕览》，战国末期秦国相国吕不韦集合门客编写而成，是杂家的代表著作。全书共二十六卷，分十二纪、八览、六论，共一百六十篇。内容以儒道思想为主，集合了先秦诸子各家的学说，以期为将统一六国的秦国提供思想武器。

　　吕不韦，战国时期卫国濮阳人，著名商人、政治家，杂家的代表人物。在赵国邯郸偶遇作为人质的嬴异人（即后来的秦庄襄王），认为他"奇货可居"，便资助他成为秦太子安国君的嗣子。秦庄襄王即位后，便任命他为相。秦王政在位时因与太后私通之事败露（当时传说秦王政也是吕不韦的私生子），秦王政十分愤怒，便软禁太后，流放吕不韦。吕不韦惶恐之下自杀。

　　吕不韦主张"兼儒墨，合名法"，取百家之长而避其短，《吕氏春秋》正是在这一思想下编撰而成的。除思想外，《吕氏春秋》还引证了许多古史旧闻，阐述了一些天文历律方面的知识，对于先秦科学研究有着十分重要的参考价值。《吕氏春秋》篇幅大多不长，但结构严谨，善于设喻，又多有寓言，说理十分生动。《史记》记载，此书编成后，吕不韦曾将此书悬于咸阳城门之上，并称：有能增损一字者，赏千金。

题　解

　　本篇选自《吕氏春秋·慎大览》，主要强调要因时变法，古今时势不同，制定法令也要参考时势，不能死守旧法。文章还记载了荆人袭宋、刻舟求剑和引婴投江三个寓言故事，生动地说明了泥古不变的危害。

《吕氏春秋》集合诸子百家思想，而本文所述的就是法家主张变法的思想。

上胡不法先王之法[1]？非不贤也，为其不可得而法。先王之法，经乎上世而来者也，人或益之，人或损之，胡可得而法？虽人弗损益，犹若不可得而法。东夏之命[2]，古今之法，言异而典殊。故古之命多不通乎今之言者，今之法多不合乎古之法者。殊俗之民，有似于此。其所为欲同，其所为异。口惛之命不愉[3]，若舟车衣冠滋味声色之不同。人以自是，反以相诽[4]。天下之学者多辩，言利辞倒[5]，不求其实，务以相毁，以胜为故[6]。先王之法，胡可得而法？虽可得，犹若不可法。

凡先王之法，有要于时也。时不与法俱在，法虽今而在，犹若不可法[7]。故择[8]先王之成法，而法其所以为法。先王之所以为法者，何也？先王之所以为法者，人也，而己亦人也。故察己则可以知人，察今则可以知古。古今一也，人与我同耳。有道之士，贵以近知远，以今知古，以所见知所不见[9]。故审堂下之阴[10]，而知日月之行，阴阳之变；见瓶水之冰，而知天下之寒，鱼鳖之藏也。尝一脟[11]肉，而知一镬[12]之味，一鼎之调[13]。

荆人[14]欲袭宋，使人先表澭水[15]。澭水暴益[16]，荆人弗知，循表而夜涉，溺死者千有余人，军惊而坏都舍[17]。向其先表之时可导也，今水已变而益多矣，荆人尚犹循表而导之，此其所以败也。今世之主法先王之法也，有似于此。其时已与先王之法亏矣，而曰此先王之法也，而法之。以此为治，岂不悲哉！

故治国无法则乱，守法而弗变则悖[18]，悖乱不可以持国。世易时移，变法宜矣。譬之若良医，病万变，药亦万变。病变而药不变，向之寿民，今为殇子矣[19]。故凡举事必循法以动，变法者因时而化。若此论，则无过务[20]矣。夫不敢议法者，众庶[21]也；以死守法者[22]，有司也；因时变法者，贤主也。是故有天下七十一圣[23]，其法皆不同；非务相反也，时势异也。故曰：良剑期乎断，不期乎镆铘[24]；良马期乎千里，不期乎骥骜[25]。夫成功名者，此先王之千里也。

楚人有涉江者，其剑自舟中坠于水，遽契其舟[26]，曰："是吾剑之所从坠。"舟止，从其所契者入水求之。舟已行矣，而剑不行，求剑若此，不亦惑乎？以故法为其国[27]与此同。时已徙矣，而法不徙。以此为治，岂不难哉！

有过于江上者，见人方引婴儿而欲投之江中，婴儿啼。人问其故。曰："此其父善游。"其父虽善游，其子岂遽[28]善游哉？以此任物[29]，亦必悖矣。荆国之为政，有似于此。

注　释

【1】上，君上，君王。胡，何。先王，古代圣王。法，前一个"法"为动词，效法；后一个"法"为法令制度。

【2】先秦四方都有异族，其中夷居于东称"东夷"，因而"东"即"夷"。一说，"东夏"即东方诸夏国家。

【3】口㗦（mǐn），口吻。这里指各地方言不相通使人不愉快。

【4】诽，诽谤。

【5】言利，言辞锋利尖锐。辞倒，以驳倒他人为目的。

【6】故，事，目标。

【7】"凡先王"至"不可法"，意思是：所有古代圣王的法令制度，都是适应当时的时势。当时的时势不能与对应的法令制度一起流传下来，即使古代法令制度今天仍然存在，也不能直接取法。要，切合。

【8】择，通"释"，舍弃。

【9】原本作"以益所见知所不见"，毕沅《吕氏春秋》校引《意林》认为"益"为衍字，此处从此说删去。

【10】审，观察。阴，日影。

【11】脔（luán），通"脔"，切成小块的肉。

【12】镬（huò），一种大锅。

【13】调，调味。

【14】荆人，即楚人。古代荆楚合称，"荆"即"楚"。

【15】灉（yōng）水，古河名，在今河南商丘。

【16】暴，突然。益，通"溢"，上涨。

【17】而，即"如"。都舍，城墙房舍。

【18】悖，乱。

【19】殇子，夭折的孩子。

【20】过务，过失。

【21】众庶，众人。"庶"即"众"。

【22】"以死守法者"原本无"法"字，从毕沅说补充。

【23】七十一圣，相传泰山封禅的上古帝王有七十二人。王念孙认为"七十一"应是"七十二"之误。

【24】镆铘，即莫邪，古代名剑。

【25】骥、骜（ào），都是千里马。

【26】遽，迅速。契，通"锲"，刻。

【27】原文为"以此故法为其国"，王念孙认为"此"为衍字。此处从其说删去。

【28】遽，于是，就。

【29】任物，处理事物。

谏逐客书

李斯

　　李斯，楚国上蔡人，秦国相国，秦朝左丞相，秦代政治家、文学家、书法家，法家思想的代表人物之一。早年曾为上蔡小吏，辞官后与韩非同时求学于荀子门下，学习帝王之术。后来到秦国，受吕不韦赏识而得到秦始皇重用，辅佐秦始皇统一天下，被封为左丞相。他与丞相王绾等人议定秦王尊号为皇帝，主张推行郡县制，烧毁诸子百家书籍，并主张统一文字与货币，为秦朝大一统制度的建立起了巨大的作用。后在赵高威逼利诱下与其合谋杀死太子扶苏，立胡亥为帝，又因不满赵高独揽大权而被陷害，以谋反罪名腰斩于咸阳街市，诛灭三族。

在政治方面，李斯奉行法家思想，为秦朝的大一统事业做出了突出贡献；文学上，他除了《谏逐客书》外，还有多篇石刻文章流传于世。他的《谏逐客书》被奉为后世公文奏疏楷模，刻石则堪称碑铭之祖，汉魏碑铭莫不效法。鲁迅甚至说："秦之文章，李斯一人而已。"

题　解

秦王政元年，韩国派出一个名叫郑国的水利专家来到秦国，为秦国修灌溉水渠。结果渠未修完，郑国便被查出实为韩国间谍，目的是耗费秦国国力而不东伐韩国。事发后，一些秦国旧贵族便趁机进言秦王政，说所有在秦国的外来人都可能怀有贰心，应将他们全部驱逐。秦王政听信了他们的言论，下令驱逐所有外来客卿。李斯便是其中之一。

在这种情况下，李斯便写下了这篇《谏逐客书》。在文中，他叙述了秦国历史上以客之力而强盛的历史，叙述了秦国没有客的辅佐就不会强大的道理；后面，又以女乐珠宝为喻，说明秦王不应重物轻人。

《谏逐客书》一文，文章辞采华美，排比铺张，既有战国纵横家说辞风范，又有汉代辞赋的华丽。特别是中间一段，语词泛滥，可以说是后世骈体文之先祖。秦王政读罢此文，幡然醒悟，立刻召回被驱逐的客卿，并重新重用李斯。最终，秦国一统六国。

臣闻吏议逐客，窃[1] 以为过矣。昔穆公[2] 求士，西取由余于戎[3]，东得百里奚于宛[4]，迎蹇叔[5] 于宋，来丕豹、公孙支于晋[6]。

此五子者，不产于秦，而穆公用之，并国二十，遂霸西戎。孝公用商鞅[7]之法，移风易俗，民以殷盛，国以富强，百姓乐用，诸侯亲服，获楚、魏之师，举[8]地千里，至今治强。惠王用张仪[9]之计，拔三川[10]之地，西并巴、蜀[11]，北收上郡[12]，南取汉中[13]，包九夷[14]，制鄢、郢[15]，东据成皋[16]之险，割膏腴之壤，遂散六国之从[17]，使之西面事秦，功施[18]到今。昭王得范雎，废穰侯，逐华阳[19]，强公室，杜私门[20]，蚕食诸侯，使秦成帝业。此四君者，皆以客之功。由此观之，客何负[21]于秦哉！向使四君却客而不内，疏士[22]而不用，是使国无富利之实，而秦无强大之名也。

今陛下致昆山之玉[23]，有随和之宝[24]，垂明月之珠[25]，服太阿之剑[26]，乘纤离[27]之马，建翠凤之旗[28]，树灵鼍[29]之鼓。此数宝者，秦不生一焉，而陛下说之[30]，何也？必秦国之所生然后可，则是夜光之璧，不饰朝廷；犀象之器[31]，不为玩好；郑、卫之女[32]不充后宫，而骏良駃騠[33]不实外厩，江南金锡不为用，西蜀丹青不为采[34]。所以饰后宫，充下陈[35]，娱心意，说耳目者，必出于秦然后可，则是宛珠[36]之簪，傅玑之珥[37]，阿缟[38]之衣，锦绣之饰不进于前，而随俗雅化[39]，佳冶窈窕[40]，赵女[41]不立于侧也。夫击瓮叩缶[42]，弹筝搏髀[43]，而歌呼呜呜[44]快耳目者，真秦之声也；《郑》《卫》《桑间》[45]《韶》《虞》《武》《象》[46]者，异国之乐也。今弃击瓮叩缶而就[47]《郑》《卫》，退弹筝而取《韶》《虞》，若是者何也？快意当前，适观[48]而已矣。今取人则不然。不问可否，不论曲直[49]，非秦者去，为客者逐。然则是所重者在乎色乐珠玉，而所轻者在乎人民也。此非所以跨[50]海内、制诸侯之术也。

臣闻地广者粟多，国大者人众，兵强则士勇。是以太山不让土壤[51]，故能成其大；河海不择[52]细流，故能就其深；王者不却众庶，故能明其德。是以地无四方，民无异国，四时充美，鬼神降福，此五帝三王之所以无敌也。今乃弃黔首[53]以资敌国，却宾客以业[54]诸侯，使天下之士退而不敢西向，裹足不入秦，此所谓"借寇兵而赍[55]盗粮"者也。夫物不产于秦，可宝者多；士不产于秦，而愿忠者众。今逐客以资敌国，损民以益雠[56]，内自虚而外树怨于诸侯[57]，求国无危，不可得也。

注　释

【1】窃，私下，表示自谦。

【2】穆公，秦穆公任好。

【3】由余，晋国人，后流亡至西戎，有贤才又了解西戎情况，因而在出使秦国时被秦穆公留下任用。后秦穆公听从由余的计策征伐西戎，开拓千里疆土。戎，古代中原人对西部少数民族的统称。

【4】百里奚，虞国大夫，因晋国灭亡虞国而被俘虏，后作为晋献公女儿陪嫁奴隶入秦，于途中逃至楚国。秦穆公听说他贤能，便派人以五张羊皮从楚国赎回，任用为相。宛（wǎn），楚国地名，今河南南阳市。

【5】蹇叔，宋国人，百里奚友人，因百里奚推荐而被秦穆公任用为上大夫。

【6】丕豹，一作"邳豹"，晋国大夫丕郑之子，因丕郑被杀而逃亡秦国，被秦穆公任用为大夫。公孙支，字子桑，被秦穆公尊为师。

【7】商鞅，又称"卫鞅"，卫国庶公子，在秦国辅佐秦孝公变法使秦国一跃成为诸侯国中最强。

【8】举，攻占，占领。

【9】张仪，魏国人，被秦惠王重用，以"连横"对抗苏秦（一说为公孙衍）的"合纵"策略，并成功拆散六国合纵。另，以下所述之事并非都是张仪的功劳，只是为了叙述方便而归功于他。

【10】三川，今河南省黄河以南、灵宝市以东地区。当时是韩国土地，张仪谋划联合魏国共同攻伐韩国。

【11】巴、蜀，都是古国名，在今四川省。张仪当时反对伐蜀，在司马错

坚持下秦惠王才下定决心伐蜀。

【12】上郡，今陕西榆林市，当时是魏国土地，被魏国割让给秦国。

【13】汉中，今陕西汉中市，楚国因张仪戏弄楚怀王而发兵攻秦，结果不仅惨败而归，还丢掉了汉中地区。

【14】九夷，归属于楚国的部族。

【15】鄢，今湖北省宜城市，属楚国。郢，今湖北省江陵县，楚国国都。

【16】成皋，又名虎牢关，在今河南省荥阳市，南临嵩山北接黄河，是当时的重要关口。

【17】从，即"合纵"，六国联盟对抗秦国的策略。

【18】西面，向西。施（yì），延续。

【19】昭王，秦昭王。范雎，魏国人，秦相，被封为应侯。穰侯、华阳，均为昭王母宣太后弟。详见《范雎说秦王》一文。

【20】强公室，增强王室权力。杜，杜绝。杜私门，限制私家权力。

【21】负，辜负。

【22】疏士，疏远外来的贤士。

【23】昆山，昆仑山。昆山之玉，即和田玉（和田在昆仑山北）。

【24】随，春秋时小国。随和之宝，指随侯珠与和氏璧。随侯珠，相传随侯曾遇到一条中断的大蛇，便命人用药将蛇接上。一年后，大蛇衔着一颗明珠回报，此珠便被称为"随侯珠"。和氏璧，相传楚国人卞和曾在山中得到璞玉，进献于楚厉王，被玉工认为是石头而砍去左足；又进献于楚武王，被认为是石头又被砍去右足；楚文王时，他怀抱璞玉于山中哭泣，楚文王听说便派人打磨璞玉，果然得到宝玉，遂称之为"和氏璧"。相传秦始皇时将其打磨为传国玉玺。

【25】明月之珠，夜光珠。

【26】太阿（ē）之剑，相传古代著名工匠欧冶子铸剑三把，太阿便是其中之一。

【27】纤离，古代骏马名。

【28】翠凤之旗，以翠鸟羽毛做装饰的旗子。

【29】灵鼍（tuó），即扬子鳄，其皮可以张鼓。

【30】说之，因之而悦。

【31】犀象之器，犀牛角、象牙做成的器具。

【32】郑、卫之女，当时认为郑、卫多美女。

【33】駃（jué）騠（tí），古代骏马名。

【34】丹青，染料。采，花纹。

【35】下陈，后列，嫔妃宫女所居之处。

【36】宛珠，宛地出产的宝珠。

【37】傅，通"附"，附着。玑，不圆的珠子。珥，耳饰。

【38】阿，在今山东东阿县。阿缟，东阿出产的白色绢。

【39】随俗雅化，跟随流行式样打扮自己。

【40】冶，美。窈窕，美好。

【41】赵女，当时认为赵国出产美女。

【42】瓮，一种用于盛水的瓦罐。瓿（fǒu），通"缶"，一种盛酒的瓦罐。秦国人多以之为乐器。

【43】搏，击打、拍击。髀（bì），大腿。

【44】呜呜，秦国音乐。

【45】《郑》《卫》，春秋末年流行于郑国、卫国的音乐，以悦耳著称。桑间，地名，在今河南省濮水边，是当时卫国男女欢会歌唱之地，此指桑间的音乐。

【46】《韶》《虞》，相传是舜时期流传下的音乐。《武》《象》，周代音乐。

【47】就，取。

【48】适，适合。观，听，欣赏。

【49】曲直，是非。

【50】跨，凌驾，此处引申为统一。

【51】太山，即泰山。让，辞退，拒绝。

【52】择，选择，此处引申为舍弃。

【53】黔首，秦国称百姓为黔首。"黔首"即戴黑色头巾的人，是平民的打扮。秦国尚水德，服饰以黑色为主。

【54】业，此处作动词，成就其事业。

【55】赍（jī），给予。

【56】雠（chóu），通"仇"，敌人。

【57】此句指对内使自身陷于虚弱，对外又与诸侯结怨。

编者注

在本文中，李斯列举了秦国自穆公以来从其他国家招揽的众位客卿。可是在春秋乃至战国初期，已经根深蒂固的宗法制仍然具有强大的影响力，各国大臣大多以本国出身的贵族为主。为何秦国能够破除宗法制弊端，使天下人才都愿意到秦国来？

其一，秦国自秦孝公起，便奉行以高官厚禄优待客卿的制度。秦孝公发布的《求贤令》规定，只要是"能出奇计强秦者"，秦国就会"吾且尊官，与之分土"，以优厚的待遇留住这些客卿。而山东六国虽然也有厚待其他国家士人的案例，但大多只给予黄金珠宝和封号，罕有赐予土地的。如商鞅便得到了秦孝公的十五邑封地，张仪得到五邑封地，吕不韦得到十万户封地。而且，对于那些立有战功的客卿，秦国也会毫不犹豫地按照军功爵制予以爵位等封赏，如蒙氏家族的开创者蒙骜便被授予了上卿的爵位。

其二，秦国对于"能出奇计强秦者"，往往是毫不犹豫地予以重任。有学者根据《秦始皇本纪》统计，自秦惠文王设丞相一职起，到子婴投降为止，秦国共有24人出任秦相，在有国籍可考的17人中，竟有16人是以客卿的身份出任秦相。而在对外作战之中，自秦穆公起，除去秦王亲自统兵的出征，秦国共有80多次出征有明确的主将，其中竟有56次是客卿统兵出战。由此可见，秦国对于客卿的重视与信任，是远超六国的。

在这种优待之下，各国士人纷纷前往秦国，并主动向秦王推荐其他优秀的士人。这些士人或出谋划策，或统兵作战，为秦统一六国起到了极其重要的推动作用。

两汉

王安阳
乃饮酒高会〔一〕
饮之乃
〔一〕破釜甑今秦攻赵战胜则兵罢
敝之承且国兵新破王少
朝上将军宋义即其帐中
〔二〕渡河楚
〔六〕兵未战
赵诸别将皆属宋义号为卿子冠军至安阳〔四〕
赵应其内破秦军必矣宋义曰不然夫搏牛之虻
而西必
〔四〕秦矣故
共攻宋义
共子宋义
使桓楚
使人追之
便者高
安危在此一举今不恤之〔五〕
义与计
〔四〕留四

身送之至无盐饮酒高会天寒大雨士卒冻
饮酒高会不引兵渡河因赵食与赵并力攻秦乃
曰宋义
羽为但

膨疾〔二〕
其敝〔三〕
西必举
猛如虎
将戳力
此一举
秦久留
岁饥民
赵其势
卒而御
当是时
齐杀之
楚王阴
军见恭
因置以
使者追
六日不进项羽曰吾闻秦军
破釜甑今秦攻赵战胜则兵
〔簸公不
天寒大
赵食与
席堉增
室诛宋
蒲将
而先〔
将省属
乃破

高帝求贤诏

刘邦

　　汉高祖刘邦，字季，沛郡丰邑中阳里（今江苏徐州丰县）人。秦末汉初的军事家、政治家，汉王朝的开创者。刘邦出身农家，早年曾任沛县泗水亭长，因释放刑徒而亡匿于芒砀山中。陈胜起事后不久，刘邦受到萧何、曹参等人拥立，自称沛公，率军起义反秦，并最终成为第一个攻入关中、灭亡秦朝的义军领袖。此后，他被项羽封为汉中王，又在楚汉战争中与项羽争夺天下，并最终成功统一。刘邦于公元前202年称帝建立西汉，在位七年，死后庙号太祖，谥号高皇帝，史称汉高祖、汉高帝。

　　刘邦为人豁达大度，从谏如流，能够收拢、任用萧何、韩信等优秀人才，称帝后又采取措施革除秦代暴政弊端，恢复凋敝的社会经济，稳定社会秩序。毛泽东评价刘邦是"封建皇帝里边最厉害的一个"。

题　解

　　本文见于《汉书·高帝纪下》，是刘邦在位晚年发布的一封求贤诏令。刘邦出身农家，早年曾对士人多有轻慢，但在统一过程中，刘邦逐渐认识到士人的重要性，于是多次下诏寻访贤能之人。特别是在韩信等异姓诸侯王纷纷反叛、匈奴威胁日益强大后，刘邦更是意识到贤才对于维护初生的汉王朝的重大意义。

盖闻王者莫高于周文[1]，伯者莫高于齐桓[2]，皆待贤人而成名。今天下贤者智能，岂特古之人乎？患在人主不交故也，士奚由[3]进？今吾以天之灵、贤士大夫定有天下，以为一家。欲其长久，世世奉宗庙亡绝也。贤人已与我共平之矣，而不与吾共安利[4]之，可乎？贤士大夫有肯从我游[5]者，吾能尊显之。布告天下，使明知朕意。

御史大夫昌下相国[6]，相国酂侯下诸侯王[7]，御史中执法下郡守[8]，其有意称[9]明德者，必身劝，为之驾，遣诣相国府，署行义年[10]，有而弗言，觉免[11]。年老癃病[12]，勿遣。

注 释

【1】周文，周文王。周文王在位期间发掘了姜尚等优秀人才，为周王朝的建立奠定了坚实基础。

【2】伯，通"霸"，指春秋时期诸侯的盟主。齐桓，齐桓公。齐桓公在位期间发掘了管仲等优秀人才，确立了齐国的霸主地位。

【3】奚由，即"由奚"，从哪里。

【4】安利，安养。

【5】游，交游，此处指共事。

【6】御史大夫，汉朝仅次于丞相的中央最高长官之一。协助相国，掌管机要文书和监察事务。昌，周昌，随刘邦平定天下的功臣之一，封汾阴侯，任御史大夫。周昌为人坚韧刚强，敢于直言不讳。下，下达。相国，即丞相。

【7】酂（zàn）侯，指萧何，汉王朝的第一位相国，也是汉王朝建立的第一功臣。他拥戴刘邦起兵，在楚汉战争中坐镇关中为前线调拨粮草，西汉建立后又重新制定律令制度，奠定了汉王朝的基础。

【8】御史中执法，又称御史中丞，地位仅次于御史大夫。这里指诸侯国掌管监察、执法职务的长官。郡守，郡的最高行政长官，即太守。

【9】意，美好的名声。称（chèn），相符。

【10】署，题写。行，事迹。义，通"仪"，状貌。年，年龄。

【11】觉免，一旦被发现就会被免职。

【12】癃（lóng），腰部弯曲、背部隆起，这里泛指残疾。

诗大序

《毛诗》

秦始皇焚书坑儒后，汉代时共有齐（辕固生）、鲁（申公）、韩（韩婴）、毛（毛公）四家传《诗》，前三家为今文经（以隶书写成），被尊为官学；《毛诗》则为古文经（以小篆写成），一直在民间传播。后来，今文经学衰落，三家诗也逐渐失传，只有《毛诗》流传至今，并逐渐成为官学。

关于《毛诗》的作者，《汉书》只言"毛公"；汉末大儒郑玄提出"大毛公"和"小毛公"的说法；晋代陆机则认为"大毛公"为鲁人毛亨、"小毛公"为赵人毛苌；现代学者则多认为《毛诗》并非一时一人所作，而是先秦至汉代多人创作编订而成。

《毛诗》相传起源于孔子弟子子夏（卜商），后传播至荀子，再传至毛亨。毛亨本在赵地传授《诗》，焚书坑儒后，毛亨担心自己受到牵连，于是举家迁往河间，隐姓埋名。直到汉惠帝撤销"挟书律"后，他才重新开始传授《诗》。此后，《毛诗》又进行了多次传播修订，最终形成了我们今天所见的《毛诗》。

题　解

《毛诗》在每首诗后面都有一段序文（称为"小序"），而在《国风》首篇《关雎》下又有一大段序文（称为"大序"），作为《诗》的总论。这篇总论不仅是《诗》的总论，更是中国古代著名的诗歌理论专论文章，对于诗歌的基本特征、内容分类、创作原则等都提出了许多对后世有极大影响力的重要见解，是中国传统诗歌的一篇纲领性文件。

《诗大序》鲜明地提出了诗歌抒情言志的特征，阐述了诗歌风教、美刺或讽谏的社会作用，初步论述文学的发展和社会时代的密切关系，并探讨了诗歌的分类和表现手法问题。它认真完整地总结了我国古代诗歌特别是《诗》的创作经验，对后世文学创作理论都产生了极大的影响。

至于这篇文章的真实作者，古今聚讼纷纭，莫衷一是，有孔子弟子子夏所作、东汉卫宏所作等多种说法。目前的研究认为，这篇文章是先秦到汉代儒家诗论的总结，是众多儒家学者历经数百年的增修而成的，未必出于一人之手。

《关雎》，后妃[1]之德也，风[2]之始也，所以风[3]天下而正夫妇也。故用之乡人焉，用之邦国焉[4]。风，风也，教也；风以动之，教以化之[5]。

诗者，志之所之也，在心为志，发言为诗。情动于中[6]而形于言，言之不足[7]故嗟叹之，嗟叹之不足故永歌[8]之，永歌之不足，不知手之舞之足之蹈之也。

情发于声，声成文[9]谓之音。治世之音安以乐，其政和；乱世之音怨以怒，其政乖[10]；亡国之音哀以思[11]，其民困。故正得失，动天地，感鬼神，莫近于诗。先王以是经夫妇[12]，成孝敬，厚人伦，美教化，移风俗。

故诗有六义焉：一曰风[13]，二曰赋[14]，三曰比[15]，四曰兴[16]，五曰雅[17]，六曰颂[18]。上以风化下，下以风刺上。主文而谲谏[19]，言之者无罪，闻之者足以戒，故曰风。至于王道衰，礼义废，政教失，国异政，家殊俗，而"变风""变雅"[20]作矣。国史明乎得失之迹，伤人伦之废，哀刑政之苛，吟咏情性，以风其上，达于事变而怀其旧俗者也。故变风发乎情，止乎礼义。发乎情，民之性也；止乎礼义，先王之泽也。是以一国之事，系一人[21]之本，谓之风；

言天下之事，形四方之风，谓之雅。雅者，正也，言王政之所由废兴也^[22]。政有小大，故有小雅焉，有大雅焉。颂者，美盛德之形容，以其成功告于神明者也。是谓四始^[23]，诗之至也。

然则《关雎》《麟趾》^[24]之化，王者之风，故系之周公。南，言化自北而南^[25]也。《鹊巢》《驺虞》^[26]之德，诸侯之风也，先王之所以教，故系之召公^[27]。《周南》《召南》，正始之道^[28]，王化之基^[29]。是以《关雎》乐得淑女，以配君子，忧在进贤，不淫其色；哀窈窕，思贤才，而无伤善之心焉^[30]。是《关雎》之义也。

注　释

【1】后妃，天子之妻。此指周文王妃太姒。

【2】风，指《诗》的十五《国风》。

【3】风，此处用作动词，教化。

【4】乡，一万二千五百家为一乡。此句指无论是乡大夫还是邦国诸侯都可在行饮酒礼时奏《关雎》为乐。

【5】动，感动。化，教化。

【6】中，指人的内心世界。

【7】不足，意犹未足。

【8】永歌，长歌。永，长久。

【9】文，指宫商角徵羽五音。

【10】乖，乖戾，此处指政治昏乱。

【11】思，悲伤。

【12】经夫妇，规范夫妇之道。经，此处指规范。

【13】风，指风化、讽刺。

【14】赋，指铺叙、直陈。《周礼·大师》郑玄注："赋之言铺，直铺陈今之政教善恶。"

【15】比，指比喻、比拟。朱熹《诗集传》："比者，以彼物比此物也。"

【16】兴，指兴起、发端，也包括象征、比喻的意思。

【17】雅，指描写政道兴废的"正声"。

【18】颂，指祭祀鬼神祖先用的颂歌。

【19】谲谏，不直言，而以隐约言词加以劝谏。郑玄笺："咏歌依违不直谏。"

【20】变风、变雅，指与"正声""正雅"相对应的政道衰落时期的作品。对于二者的区别，郑玄认为周夷王至陈灵公时的诗为"变风""变雅"（《诗谱序》）；陆德明以为自《邶风》以下十三国风皆属"变风"，大雅中自《民劳》以后之诗、小雅中自《六月》以后之诗皆属"变雅"（《经典释文》）；清代马瑞辰则认为需要综合当时时代的政教情况来区分，不能简单地用时间区分（《毛诗传笺通释》）。

【21】一人，指作诗之人。唐孔颖达《毛诗正义》："诗人览一国之意以为己心，故一国之事系此一人使言之也。但所言者，直是诸侯之政，行风化于一国，故谓之风。"

【22】唐孔颖达《毛诗正义》："诗人总天下之心，四方风俗，以为己意，而咏歌王政，故作诗道说天下之事，发见四方之风，所言者乃是天子之政，施齐正于天下，故谓之雅。"

【23】四始，指《关雎》为风之始，《鹿鸣》为小雅之始，《文王》为大雅之始，《清庙》为颂之始。

【24】《麟趾》，即《麟之趾》，是《国风·周南》的最后一篇，与《关雎》首尾呼应。

【25】自北而南，指教化自北方的岐山传播至南方的江汉地区。

【26】《鹊巢》《驺虞》，为《国风·召南》的第一篇和最后一篇。

【27】召公，一作邵公，或称召伯。周武王同姓宗室，成王时任太保，与周公旦分陕而治，周公主陕以东，召公主陕以西，他们所辖之境各称南。

【28】正始之道，指《周南》《召南》之诗皆为正其初始之道。

【29】王化之基，王业教化的基本。

【30】《论语·八佾》："子曰：《关雎》乐而不淫，哀而不伤。"

过秦论

贾谊

　　贾谊，西汉洛阳（今河南洛阳市）人，汉代文学家、思想家，人称贾生，因曾担任长沙王太傅，又称贾太傅、贾长沙。贾谊十八岁即闻名郡里，汉文帝初年得到举荐，一年之内便累官至太中大夫。因贾谊二十余岁即身居高位，朝廷上下多有嫉妒，以丞相周勃为首的众多老臣和宗室借改革礼制一事联名进言，要求罢黜贾谊。文帝四年（公元前176年），贾谊被外放长沙，任长沙王太傅。三年后，又被汉文帝召回询问鬼神之事，改任文帝爱子梁怀王太傅。汉文帝十一年（公元前169年），梁怀王坠马而死，贾谊认为自己不能尽职而极端自责，于第二年抑郁而终，时年三十三岁。

　　贾谊在外放长沙期间，因心情悲观失落而多有感伤之作，《吊屈原赋》《鹏鸟赋》是这一时期的优秀骚体赋作品，也是汉赋发展的先声。任梁王太傅期间，则多以政论文为主，《治安策》《论积贮疏》是这一时期的代表作。贾谊的文章文采斐然，特别是后期的政论文，热情洋溢，既有纵横家古文余风，又有法家政论文的严谨论述。后人将他曾任职的长沙称为"屈贾之乡"，设立屈贾祠共祀屈原、贾谊二人。苏轼《贾谊论》称他是"王佐之才"。

题　解

　　《过秦论》是贾谊代表性的一篇政论文，分上中下三篇，本书选取上篇。《过秦论》，即"论秦之过"（金圣叹语），通过详细地分析秦之所以能统一六国和短短十余年便分崩离析的原因，借以为汉文帝改革之借鉴。文章总结了自秦孝公以来历代秦王的成就，也总结了秦的过失，分析了完成统一的秦短短十余年便分崩离析的教训，即"仁义不施而攻守之势异也"。

《过秦论》一文，铺陈排比，追求气势，有时甚至导致论据与史实有所出入。在文学史上，《过秦论》更是开创了"史论"这一崭新的体裁，对后代文学产生了重要影响。司马迁十分推崇这篇政论，在《史记》中大段引用；张九龄《和黄门卢监望秦始皇陵》诗吟："一闻《过秦论》，载怀空杼轴"；姚鼐《古文辞类纂》评《过秦论》是"雄骏宏肆"，并以之作为全书第一篇；鲁迅称它是"西汉鸿文"。

秦孝公据崤函[1]之固，拥雍州[2]之地，君臣固守，以窥周室[3]；有席卷天下，包举宇内，囊括四海之意[4]，并吞八荒之心[5]。当是时也，商君佐之[6]，内立法度，务耕织，修守战之具；外连衡而斗诸侯。于是秦人拱手而取西河之外[7]。

孝公既没，惠文、武、昭襄[8]蒙故业，因遗策，南取汉中，西举巴蜀[9]，东割膏腴之地，北收要害之郡[10]。诸侯恐惧，会盟而谋弱秦，不爱珍器重宝肥饶之地，以致天下之士，合从缔交，相与为一。当此之时，齐有孟尝，赵有平原，楚有春申，魏有信陵[11]。此四君者，皆明智而忠信，宽厚而爱人，尊贤而重士，约从离横[12]，兼韩、魏、燕、赵、宋、卫、中山之众，于是六国之士，有宁越、徐尚、苏秦、杜赫之属为之谋，齐明、周最、陈轸、召滑、楼缓、翟景、苏厉、乐毅之徒通其意，吴起、孙膑、带佗、倪良、王廖、田忌、廉颇、赵奢之伦制其兵[13]；尝以十倍之地，百万之众，叩关而攻秦。秦人开关延敌，九国之师，逡巡遁逃而不敢进[14]。秦无亡矢遗镞[15]之费，而天下诸侯已困矣。于是从散约败，争割地而赂秦。秦有余力而制其敝，追亡逐北，伏尸百万，流血漂橹[16]。因利乘便，宰割天下，分裂河山，强国请服，弱国入朝[17]。延及孝文王、庄襄王，享国之日浅，国家无事[18]。

及至始皇，奋六世之余烈[19]，振长策[20]而御宇内，吞二周而亡诸侯[21]，履至尊而制六合[22]，执敲扑以鞭笞天下[23]，威震四海。南取百越之地，以为桂林、象郡[24]；百越之君，俯首系颈，委命下吏[25]。乃使蒙恬北筑长城而守藩篱[26]，却匈奴七百余里；胡人不敢南下而牧马，士不敢弯弓而报怨[27]。于是废先王之道，焚百家之言，以愚黔首[28]；隳名城，杀豪杰，收天下之兵，聚之咸阳，销锋镝，铸以为金人十二，以弱天下之民[29]。然后践华为城，因河为池[30]，据亿丈之城，临不测之渊，以为固。良将劲弩，守要害之处；信臣精卒，陈利兵而谁何[31]！天下已定，始皇之心，自以为关中之固，金城千里，子孙帝王万世之业也[32]。

始皇既没，余威震于殊俗[33]。然陈涉瓮牖绳枢[34]之子，氓隶之人，而迁徙之徒也[35]。才能不及中人[36]，非有仲尼、墨翟之贤，陶朱、猗顿之富[37]，蹑足行伍之间，而崛起阡陌之中[38]，率疲弊之卒，将数百之众，转[39]而攻秦，斩木为兵，揭竿为旗，天下云集而响应，赢粮而景从[40]，山东豪俊，遂并起而亡秦族矣。

且夫天下非小弱也[41]，雍州之地，崤函之固，自若[42]也。陈涉之位，非尊于齐、楚、燕、赵、韩、魏、宋、卫、中山之君也；锄耰棘矜，非铦于钩戟长铩也[43]；谪戍之众，非抗于九国之师也[44]；深谋远虑，行军用兵之道，非及向时[45]之士也。然而成败异变，功业相反，何也？试使山东之国，与陈涉度长絜大[46]，比权量力，则不可同年而语矣。然秦以区区[47]之地，致万乘之势，序八州而朝同列[48]，百有余年矣。然后以六合为家，崤函为宫[49]，一夫作难而七庙隳[50]，身死人手，为天下笑者，何也？仁义不施，而攻守之势异也[51]。

注 释

【1】秦孝公，名渠梁，在位时任用商鞅进行变法，使秦国一跃而成为诸侯国中的强国。崤，崤山，今河南省洛宁县西北。函，函谷关，在今河南省灵

宝市西南。

【2】雍州，古代九州之一，包括今陕西关中地区及青海、甘肃、宁夏的部分地区。雍州地区四面有河山作为屏障，形势险要。

【3】窥，伺机谋取。周室，指当时已经十分弱小的东周王室。

【4】席卷，用席子卷起来带走。包举，用包裹包起来带走。囊括，用袋子装起来带走。席卷天下、包举宇内、囊括四海都是统一天下的意思。

【5】荒，远。八荒，古代称呼八个方向最偏远的地方为"八荒"，代指天下。

【6】商君，即商鞅，在秦国发动变法使秦国富强，被秦孝公封在商於之地，号为"商君"。

【7】拱手，两手合抱表示敬意，这里形容轻而易举。西河之外，指黄河以西的土地。秦孝公时，商鞅伐魏大获全胜，魏国恐惧而割让河西土地。

【8】惠文、武、昭襄，即秦惠文王、秦武王、秦昭襄王（也称秦昭王）。

【9】因，凭借，遵循。遗策，指秦孝公订立的国策。汉中、巴蜀，均在秦惠文王时被秦国占领。

【10】膏腴之地、要害之郡，指秦武王时攻取韩宜阳（今河南宜阳县，临近洛阳）、秦昭襄王时魏国割让故都安邑（今山西省运城市）。

【11】齐国孟尝君田文、赵国平原君赵胜、楚国春申君黄歇、魏国信陵君魏无忌，都是当时以门客众多著称的各国贵族。

【12】约从离横，约定合纵拆散连横。

【13】在此处列举的一众人才之中，宁越、徐尚、翟景、带佗、倪良、王廖等人事迹已不可考。之属、之徒、之伦，都是"这些人"的意思。

【14】尝，曾经。叩，击打，此处引申为进攻。关，指函谷关。延，引他们进入。逡巡，背对着后退的样子。这里记载的应是公元前318年五国攻秦败逃之事，见于《史记·楚世家》及《资治通鉴》。

【15】镞，箭头。

【16】制其敝，控制利用其弱点。追亡逐北，追逐败亡的逃兵。北，败逃。橹，大盾。这里记载的应是秦将白起与韩魏联军在伊阙（今河南省洛阳市南部）的战争，秦军大获全胜，俘虏处决魏军主将公孙喜，歼灭韩魏联军二十四万人。伏尸百万，应是夸张之辞。

【17】此处记载的是秦昭襄王五年（公元前 302 年），韩魏两国国君曾朝见秦王及秦昭襄王，五十年（公元前 255 年）秦军攻西周，五十一年西周君献地投降，第二年"天下来宾"之事。

【18】秦孝文王在位只有几日，秦庄襄王在位仅有三年，对形势没有太大的推动作用，因此称"无事"。

【19】始皇，即秦始皇嬴政，中国历史上第一位皇帝，第一个统一王朝秦王朝的建立者，中国两千年大一统格局的奠基人。奋，继承。六世，指秦孝公、秦惠文王、秦武王、秦昭襄王、秦孝文王、秦庄襄王六位秦王。余烈，遗留下的功业。

【20】长策，长鞭。

【21】二周，周王朝末期东西周分治，西周国位于原都城洛邑，东周国位于巩（今河南省巩义市），其王史称西周君、东周君。秦昭襄王五十一年，西周君献地投降。秦庄襄王元年（公元前 249 年），东周君为秦相吕不韦所诛，东周灭亡。亡诸侯，即秦始皇二十六年（公元前 221 年）灭齐，完成灭六国统一大业。

【22】履，登上至尊之位。至尊，至尊之位，即皇帝位。制，控制。六合，上下和四方，泛指天下。

【23】敲、扑，都是棍类刑具，短的为敲，长的为扑。鞭笞，鞭打，此处引申为统治。

【24】百越，古越族统称，散居在今浙江、福建、广东、广西等地。秦始皇三十三年（公元前 214 年），在灵渠运河修筑完毕、粮草充足后，三十万秦军进攻并攻占了百越，设立桂林郡、象郡、南海郡等三郡。

【25】俯首系颈，古人表示投降时，会将绳子自己系在脖子上。下吏，下级官吏。此句指百越人投降秦军，将生命交给下级官吏。

【26】蒙恬，秦将，秦始皇三十三年（公元前 214 年）奉命率军三十万北击匈奴，收复河套地区。藩篱，篱笆，此处引申为边疆。

【27】士，胡人军士。弯弓，指射箭。报怨，报复被驱逐的怨恨。此处记载之事为蒙恬北击匈奴后匈奴率众北迁一事。

【28】黔首，秦对百姓的称呼。

【29】隳（huī），毁坏。兵，兵器。咸阳，秦都城，在今陕西省咸阳市。

销，熔化，销毁。锋，冰刃。镝，箭头。《史记·秦始皇本纪》："收天下兵，聚之咸阳，销以为钟鐻，金人十二，重各千石，置廷宫中。"

【30】践，踏。此句意为据守华山作为城墙，以黄河做护城河。

【31】信臣，可靠的大臣。谁何，即盘问来回行人之意。

【32】关中，指今陕西中部的关中平原。金城，如金属般坚固的城池。万世之业，秦始皇称帝时下诏："朕为始皇帝。后世以计数，二世三世至于万世，传之无穷。"

【33】殊俗，指与中原华夏民族风俗习惯不同的少数民族。

【34】陈涉，名陈胜，字涉，率先发动起义反秦。牖（yǒu），窗户。瓮牖，用破瓮砌成窗户。枢，门轴。绳枢，用绳子将门板系在门框上。这里形容陈涉出身贫寒。

【35】氓，种田之人。隶，贫贱之人的统称。迁徙之徒，被处罚流放到边疆戍守的士兵。《史记·陈涉世家》："二世元年七月，发闾左适戍渔阳，九百人屯大泽乡。"陈涉便是其中之一。

【36】中人，平常人。

【37】陶朱，范蠡，相传他在离开越国后来到陶（今山东曹县）经商致富，号陶朱公。猗顿，鲁国人，以经营盐业致富。

【38】蹑足，插足，此处为"置身于"。崛起，突然兴起。

【39】疲弊，疲困。转，辗转。

【40】赢，背负。景，通"影"，像影子一样。

【41】这句是说，秦的天下并未被削弱。

【42】自若，和从前仍然一样。

【43】锄，锄头。耰（yōu），一种打碎土块用的木棒。棘矜，用棘木做的杖。铦（xiān），锋利。钩戟，刃的一端有小枝如钩形。铩（shā），一种长矛类兵器。

【44】抗，通"亢"，高出。

【45】向时，从前。

【46】度（duó）长絜（xié）大，较量长短大小。

【47】区区，形容狭小。秦占据九州之一，对抗其他八州，所以狭小。

【48】序，为其排列顺序。八州，先秦天下分为九州，秦居雍州，其他各

国分居八州。朝同列，指令与秦国同列的各诸侯都成为秦的臣下。

【49】六合为家，以天下为秦的私有财产。崤函为宫，以崤山、函谷关以西为宫殿。

【50】一夫，指陈涉。七庙，《礼记·王制》："天子七庙。"

【51】此句意为：原先秦国处于攻势，利用地形即可固守；统一天下后形势变化，就要实行仁义才能管理天下。中篇"夫兼并者，高诈力；安定者，贵顺权；此言取与守不同术也"，也是此意。

编者注

秦有何"过"？自西汉以来，史家已经多有论述。除去本文中贾谊所提出的"仁义不施而攻守之势异也"和《过秦论》中篇提出的"暴政"、下篇提出的不能"安土息民"而孤立无亲之外，还有很多学者从各个角度进行了分析。这里试提出其中的三个原因，供读者参考。

其一，以重刑治国的思想变本加厉。秦国在统一之前，依靠重刑建立了强大的国家机器。但在统一后，秦始皇不仅没有改变重刑的思想，反而变本加厉，将重刑作为树立君主权威的手段。于是，秦统治下的人民动辄便因一些小罪名而被"髡鬄为城旦"乃至于车裂、腰斩，其家人和邻居也要受到连坐。到了秦二世之时，刑罚更加严苛。比如，战国晚期成书的睡虎地秦竹简中记载，因下雨而误期尚可免去刑罚，而秦二世时因雨误期则变为了一律处死。

其二，秦军战略失误，精锐部队集中于边境和中央，地方空虚。秦军在陈胜吴广起义爆发时，主要分为四部分。派往岭南地区的军团有十万人，长期征战于岭南地区，路途遥远而难以回援，最终选择观望自保。派往边境监督修筑长城并防卫匈奴的部队有三十万人，其主将蒙恬在秦二世登基时被赵高害死，继任者王离的才能远不如其祖父王翦、其父王贲，而在巨鹿之战中被项羽一举击溃。由章邯征发骊山刑徒而组建的军队共有二十万人，虽然在平叛过程中屡立战功，但在被项羽击败后，章邯畏惧赵高的迫害而率军投降。而保关中的数万精锐部队郎中令军、卫尉军和中尉军则记载较少，在峣关被刘邦击败后便随子婴一同投降刘邦，后来不知所终（一说，随刘邦参加楚汉战争）。至于各地方郡守的部队，战斗力更为低下，对起义军几乎无法形成有效抵抗。

第三，对原六国贵族采取高压政策。秦统一后，将各国王族全部流放到其他地区，加以监视，一些贵族更是被降为奴隶甚至直接处死；而各国的领地则分割为郡县，由秦直接委派官吏进行管辖。在这种政策下，一些贵族便隐姓埋名，藏匿到民间，一边躲避追捕，一边利用自己的影响力发展势力。在陈胜吴广发动起义后，这些养精蓄锐多年的六国贵族马上利用人民对秦朝暴政的仇恨重建六国。

治安策

贾谊

题 解

汉文帝八年（公元前172年），汉文帝将谪居长沙的贾谊召回，任命他为爱子梁王的太傅。而贾谊也借梁国封地距长安较近的便利，多次上书陈述政事。《治安策》就是这一时期的优秀作品。本文节选的是其中阐述诸侯王问题的一部分。

文中，贾谊阐述了诸侯王权力过大，威胁朝廷统治的关键问题，并指出这一问题需要立刻着手解决。而具体的解决办法，则是将诸侯国不断分封，使诸侯国被分割为多个小诸侯国，各国势力弱小，自然也就不能威胁到朝廷。

汉文帝在看到此篇文章后，深加赞许，同时也做出过一些努力（如将齐国分为六国），但由于力度不够，最终造成了汉景帝时期的七国之乱。直到汉武帝时，才大力推行贾谊的办法，彻底消灭了诸侯国叛乱的基础。

作为西汉时期最优秀的政论文之一，《治安策》洋洋洒洒六千余字，语言朴实而气势磅礴，情词恳切而充满英气。毛泽东评价："《治安策》一文是西汉一代最好的政论，全文切中时理，有一种颇好的气氛，值得一看。"

夫树国[1]固，必相疑[2]之势也，下数被[3]其殃，上数爽[4]其忧，甚非所以安上而全下也。今或亲弟谋为东帝[5]，亲兄之子西乡而击[6]，今吴又见告[7]矣。天子春秋鼎盛，行义未过，德泽有加焉，犹尚如是，况莫大诸侯权力且十此者乎[8]！

然而天下少安，何也？大国之王幼弱未壮，汉之所置傅相[9]方握其事。数年之后，诸侯之王大抵皆冠[10]，血气方刚，汉之傅相称病而赐罢[11]，彼自丞尉以上徧置私人[12]，如此，有异淮南、济北之为邪？此时而欲为治安，虽尧舜不治。

黄帝曰："日中必熭，操刀必割[13]。"今令此道顺，而全安[14]甚易；不肯早为，已乃堕骨肉之属而抗刭之[15]，岂有异秦之季世[16]乎！夫以天子之位，乘今之时，因天之助，尚惮以危为安，以乱为治，假设陛下居齐桓之处，将不合诸侯而匡天下乎？臣又以知陛下有所必不能矣。假设天下如曩时[17]，淮阴侯尚王楚，黥布王淮南，彭越王梁，韩信王韩，张敖王赵，贯高为相，卢绾王燕，陈豨在代[18]，令此六七公者皆亡恙[19]，当是时而陛下即天子位，能自安乎？臣有以知陛下之不能也。天下肴乱[20]，高皇帝[21]与诸公并起，非有仄室之势以豫席[22]之也。诸公幸者乃为中涓[23]，其次仅得舍人[24]，材之不逮至远也。高皇帝以明圣威武即天子位，割膏腴之地以王诸公，多者百余城，少者乃三四十县，德至渥也，然其后十年之间，反者九起。陛下之与诸公，非亲角材而臣之也[25]，又非身封[26]王之也，自高皇帝不能以是一岁为安，故臣知陛下之不能也。

然尚有可诿[27]者，曰疏[28]。臣请试言其亲者[29]。假令悼惠王王齐，元王王楚，中子王赵，幽王王淮阳，共王王梁，灵王王燕，厉王王淮南[30]，六七贵人皆亡恙，当是时陛下即位，能为治乎？臣又知陛下之不能也。若此诸王，虽名为臣，实皆有布衣昆弟[31]之心，虑亡不帝制[32]而天子自为者。擅爵人[33]，赦死罪，甚者或戴黄屋[34]，汉法令非行也。虽行不轨如厉王者，令之不肯听，召之安可致乎！幸而来至，法安可得加！动一亲戚，天下圜视而起[35]，陛下之臣虽有悍如冯敬[36]者，适启其口，匕首已陷其胸矣[37]。陛下虽贤，谁与领此[38]？

故疏者必危，亲者必乱，已然之效[39]也。其异姓负强而动者，汉已幸胜之矣，又不易其所以然。同姓袭是迹[40]而动，既有徵[41]矣，其势尽又复然。殃祸之变未知所移[42]，明帝处之尚不能以安，后世将如之何！

屠牛坦[43]一朝解十二牛，而芒刃不顿[44]者，所排[45]击剥割，皆众理解[46]也。至于髋髀[47]之所，非斤则斧[48]。夫仁义恩厚，人主之芒刃也；权势法制，人主之斤斧也。今诸侯王皆众髋髀也，释斤斧之用，而欲婴[49]以芒刃，臣以为不缺则折。胡不用之淮南、济北？势不可也。

臣窃迹前事，大抵强者先反，淮阴王楚最强，则最先反；韩信倚胡[50]，则又反；贯高因赵资，则又反；陈豨兵精，则又反；彭越用梁，则又反；黥布用淮南，则又反；卢绾最弱，最后反。长沙乃在二万五千户[51]耳，功少而最完[52]，势疏[53]而最忠，非独性异人也，亦形势然也。曩令樊、郦、绛、灌据数十城而王[54]，今虽已残亡可也；令信、越之伦列为彻侯而居[55]，虽至今存可也。

然则天下之大计可知已。欲诸王之皆忠附，则莫若令如长沙王，欲臣子之勿菹醢[56]，则莫若令如樊郦等；欲天下之治安，莫若众建诸侯而少其力[57]。力少则易使以义[58]，国小则亡邪心。令海内之势如身之使臂，臂之使指，莫不制从。诸侯之君不敢有异心，辐凑[59]并进而归命天子，虽在细民[60]，且知其安，故天下咸知陛下之明。割地定制[61]，令齐、赵、楚各为若干国，使悼惠王、幽王、元王之子孙毕以次各受祖之分地，地尽而止，及燕、梁它国皆然。

其分地众而子孙少者，建以为国，空而置之，须其子孙生者，举使君之[62]。诸侯之地其削颇入汉者[63]，为徙其侯国[64]，及封其子孙也，所以数偿之[65]；一寸之地，一人之众，天子亡所利焉，诚以定治而已[66]，故天下咸知陛下之廉。地制壹定，宗室子孙莫虑不王[67]，下无倍畔[68]之心，上无诛伐之志，故天下咸知陛下之仁。法立而不犯，令行而不逆，贯高、利几[69]之谋不生，柴奇、开章[70]不计不萌，细民乡善，大臣致顺，故天下咸知陛下之义。卧赤子[71]天下之上而安，植遗腹[72]，朝委裘[73]，而天下不乱。当时大治，后世诵圣。一动而五业[74]附，陛下谁惮[75]而久不为此？

　　天下之势方病大瘇[76]。一胫之大几如要[77]，一指之大几如股，平居不可屈信[78]，一二指搐[79]，身虑亡聊[80]。失今不治，必为锢疾，后虽有扁鹊，不能为已。病非徒瘇也，又苦蹠戾[81]。元王之子，帝之从弟也，今之王者，从弟之子[82]也。惠王之子，亲兄子也；今之王者，兄子之子[83]也。亲者[84]或亡分地以安天下，疏者或制大权以逼[85]天子，臣故曰非徒病瘇也，又苦蹠戾。可痛哭者[86]，此病是也。

注　释

【1】树国，建立诸侯国。

【2】相疑，指朝廷与诸侯国相互猜忌。

【3】被，遭受，承受。

【4】爽，因……受到伤害。

【5】此处指汉高祖第七子淮南厉王刘长。他勾结匈奴、闽越谋反，后事情败露被废去爵位发配蜀郡，于中途自杀。死后，汉文帝封其子刘安继承淮南王爵位，并封其他儿子也为诸侯王。

【6】此处指刘邦庶长子齐悼惠王；刘肥三子济北王刘兴居。汉文帝三年（公元前201年），因在平定诸吕之乱中拥立长兄齐王为帝失败而心怀不满的刘兴居，趁匈奴入侵汉文帝出征的机会起兵造反，后失败自杀。

【7】见告，被人告发。此事指刘邦兄长刘喜之子吴王刘濞抗拒朝廷。另，吴王于汉景帝时发动七国之乱，失败被杀。这也是汉代同姓诸侯发动的规模最大的一次叛乱。

【8】莫大，最大，没有比这更大的。十此，十倍于此。此句指吴王的势力比淮南王、济北王势力要大得多。

【9】傅，朝廷委任各年幼诸侯王的太傅，贾谊此时就是梁王太傅。相，朝廷委任的各诸侯王相国。汉代时，各诸侯王的太傅、相国都是由朝廷委任的，以监视制约诸侯王(但由于其他官员为诸侯王自行任命，因此相国大多被架空)。

【10】冠，冠礼，古代男子二十岁成年，行冠礼，皇帝和诸侯王则在行冠礼后可以自行治理国家。

【11】称病而赐罢，以有病为名辞职。

【12】丞尉，县官。"丞尉以上"泛指诸侯国各级官吏。徧(biàn)，通"遍"。

【13】暵(wèi)，暴晒，晒干。此两句相传是姜太公所作、实际为战国时成书的《六韬》，比喻机不可失。

【14】全安，即前文的"安上而全下"。

【15】堕，毁弃。骨肉之属，同姓诸侯王，都是皇帝的亲属。抗，举。刭，砍头。

【16】季世，末年。

【17】曩(nǎng)时，从前。

【18】淮阴侯即韩信，汉初军事家，楚汉战争中屡立奇功，但由于在关键时刻拥兵自重挟刘邦而逐渐失去信任，项羽一死就被立刻收缴兵符改为楚王，后又追究其擅自攻打齐国之事降为淮阴侯。陈豨(xī)造反时，韩信被人告发为内应，而被吕后设计在长乐官钟室诛杀，并诛灭三族。

黥布又名英布，项羽所封九江王，因与项羽产生矛盾转而帮助刘邦，被封为淮南王。在韩信、彭越等人都被杀后恐惧不已而起兵，结果被刘邦亲征消灭。

彭越，秦末率领数万人为盗，在楚汉战争时多次以游击战袭扰项羽有大功，被刘邦封为梁王。彭越本不想造反，但因被告发有谋反之心，又因不肯出兵讨伐陈豨而被流放。在流放途中彭越向吕后求情反被吕后派人告发谋反，结果被处死后剁为肉酱并诛灭三族。

　　韩王信，名韩信，因与淮阴侯同名而被称为韩王信以区分，故韩国韩襄王之孙，被刘邦怀疑与匈奴勾结而投降匈奴，后在入侵时被阵斩。

　　张敖，刘邦长女鲁元公主之夫，赵王张耳之子，因涉及贯高谋反之事，虽然被证明没有参与但仍被贬为宣平侯。

　　贯高，张敖的相国，因刘邦傲慢辱骂张敖怒而设计刺杀刘邦，被人告发，与张敖一同下狱。在狱中，他顶住严刑拷打保全张敖，被刘邦敬重其道义而赦免，可他却认为自己有罪便自刎而死。

　　卢绾，刘邦至交，后因私下联络陈豨又不听从召见被刘邦派樊哙攻打，刘邦死后其逃亡匈奴。

　　陈豨，赵国相国，统帅赵代两地军队，因门客不法被告发而造反自称代王，后败死。

　　【19】亡恙，没有遭遇灾难。

　　【20】肴，通"淆"。肴乱，混乱。

　　【21】高皇帝，汉高祖刘邦，汉王朝的建立者。

　　【22】仄室，侧室。豫，预先。席，凭借，依靠。

　　【23】中涓，官名，应是皇帝近侍，后成为宦官代称。

　　【24】舍人，此处应为官名，地位低于中涓的近侍。

　　【25】角，竞争，比较。臣之，使之臣服。

　　【26】身封，亲自分封。

　　【27】诿，推脱。

　　【28】疏，疏远。此句意为以他们异姓王关系疏远为由可以推脱。

　　【29】亲者，同姓诸侯王。

　　【30】悼惠王，齐悼惠王刘肥，刘邦庶长子，是同姓王中封地最广大者，也是子孙最多的一个。元王，楚元王刘交，刘邦四弟。中子，刘邦三子赵隐王刘如意，因与汉惠帝争储而被吕后毒死。幽王，刘邦六子赵幽王刘友，封淮阳王，后迁赵王，吕后当政时下狱饿死。共王，赵共王刘恢，后迁梁王，吕后时殉情自杀。灵王，刘邦八子燕灵王刘建。厉王，刘邦七子淮南厉王刘长。

　　【31】布衣，平民百姓，因古代平民只能穿麻布衣服，故称其为布衣。昆弟，兄弟。

　　【32】帝制，皇帝的礼仪制度。

【33】爵人，赐人爵位。赐爵位、赦死罪都是皇帝才有的权力。

【34】黄屋，黄缯车盖，是皇帝专用。

【35】圜（huán）视而起，互相望着而起兵反抗。圜，围绕。起，指反抗朝廷。

【36】冯敬，汉初御史大夫，联名众朝臣弹劾淮南厉王。另，冯敬也曾与周勃联名弹劾贾谊。

【37】匕首已陷其胸矣，喻指被人暗杀。汉文帝时诸侯王势力甚大，常有大臣上书弹劾诸侯王反被刺客暗杀之事。

【38】谁与，与谁。领，治理。

【39】效，结果。

【40】是迹，指"负强而动"。此句暗指吴王刘濞。

【41】徵，征兆。

【42】移，改变。

【43】屠牛坦，《淮南子》作"屠牛吐"，古齐国善解牛之人，一说即《庄子》所说的"庖丁"。

【44】芒刃，刀刃。顿，通"钝"。

【45】排，分开。

【46】理，肌肉纹理走向。

【47】髋（kuān），髋骨。髀，大腿骨。此处泛指动物身上较粗大的骨头。

【48】斤，专门用来砍木用的斧子，刃部较一般斧子为长。斧，斧子。此处用作动词，用斧头砍。

【49】婴，施加。

【50】韩信，指韩王信。胡，匈奴。

【51】长沙，长沙王吴芮，项羽所封衡山王，后转而支持刘邦，是唯一没有被剥夺王爵的异姓王，汉文帝时已经传四世。在，通"才"。二万五千户，是长沙王实际统治的户数，是各个异姓诸侯王中最小的。吴芮曾多次主动将领地军队上交，以求自身安宁。

【52】功少，吴芮是异姓诸侯王中功劳最小者。完，保全。

【53】势疏，吴芮与刘邦关系疏远。

【54】樊，舞阳侯樊哙，最早跟随刘邦，因忠心而被刘邦器重，被封为舞

阳侯，并规定樊哙后嗣爵位世世不可断绝。郦，曲周侯郦商。绛，绛侯周勃，因平定诸吕、拥立汉文帝时功最大，被任命为左丞相。灌，颍阴侯灌婴。

【55】彻侯，爵位名，后因避汉武帝刘彻名讳改为通侯，又改为列侯，只享受租税，不管理封地。

【56】菹（zū）醢（hǎi），一种酷刑，将犯人杀死剁为肉酱。

【57】众建诸侯而少其力，多封诸侯国以削弱力量。

【58】使以义，以朝廷法令规范其行为。

【59】辐，车轮中连接轮圈与轮轴的直木。辐凑，像辐一样归聚于车轴。

【60】细民，平民百姓。

【61】割地定制，订立分割土地的制度。

【62】举使君之，让后代子孙去做空置诸侯国的王。

【63】颇，大量。削颇入汉者，指因犯罪而被剥夺部分封地的诸侯王。

【64】为徙其侯国，将侯国迁往别处。

【65】数偿之，将剥夺土地照数偿还。

【66】此句指天子多封王不是与诸侯王争利，而是为了使国家稳定。

【67】莫虑不王，不愁不能为王。汉初诸侯王实行嫡长子继承制，其余子孙不能继承。

【68】倍，通“背”。畔，通“叛”。

【69】利几，颍川侯，反叛后被击败而下落不明。

【70】柴奇、开章，因参与淮南王刘长谋反事被杀。

【71】赤子，婴儿，指年幼不能理政的皇帝。

【72】植，扶植。遗腹，遗腹子。

【73】朝，朝拜。委裘，已驾崩皇帝留下的衣冠。古时如果君位暂时虚设，就将旧君衣冠置于座上接受朝拜。

【74】五业，即上文所说的明、廉、仁、义、圣。

【75】谁惮，顾忌什么。谁，什么。

【76】瘇（zhǒng），腿、脚浮肿。

【77】胫，小腿。要，通“腰”。

【78】平居，平日。信，伸直。

【79】擂，抽擂，指抽筋。

【80】亡聊，没有依靠。

【81】蹠（zhí），通"跖"，脚掌。戾，扭折。

【82】元王之子，指楚元王刘交之子楚夷王刘郢客。从弟之子，指楚王刘戊，汉景帝时与吴王刘濞发动七国之乱。

【83】惠王之子，齐悼惠王之子齐哀王刘襄。兄子之子，齐文王刘则。

【84】亲者，汉文帝的儿子兄弟。

【85】疏者，指汉文帝的从弟等关系较疏远的亲属。逼，胁迫。

【86】可痛哭者，指《治安策》原文首句："臣窃惟事势，可为痛哭者一，可为流涕者二，可以长叹息者六……"

狱中上梁王书

邹阳

邹阳，西汉辞赋家。早年曾在吴王刘濞手下任职，汉景帝初年，吴王蓄谋反叛，邹阳作《上吴王书》劝谏吴王，不见用，于是投奔汉景帝同母弟梁孝王。因梁孝王受汉景帝之母窦太后宠爱，且在平定七国之乱中立有大功，在窦太后支持下便有争嗣之意。邹阳力劝不可，结果被羊胜、公孙诡进谗言而下狱。在狱中，邹阳作《狱中上梁王书》，得到梁王赏识而释放。后来，羊胜、公孙诡因涉及行刺袁盎一事被迫自杀，梁王才意识到邹阳的先见之明，敬邹阳为上客。《汉书》评价邹阳："有智略，慷慨不苟合。"

题　解

本文是邹阳下狱时所作。邹阳虽然身陷囹圄，却慷慨陈词，旁征博引，既有暗责又有直刺，详细分析了梁王偏听偏信，有才之士不受重用的形势。梁王读罢此书，立刻释放了邹阳。《古文眉诠》评此文："不落一乞怜语，高绝。"

臣闻忠无不报，信不见疑，臣常[1]以为然，徒虚语耳。昔荆轲慕燕丹之义，白虹贯日，太子畏之[2]；卫先生[3]为秦画长平之事，太白食昴，昭王疑之。夫精变天地而信不谕两主，岂不哀哉！今臣尽忠竭诚，毕议愿知，左右不明，卒从吏讯，为世所疑。是使荆轲、卫先生复起，而燕、秦不寤也。愿大王孰察之。

昔玉人献宝[4]，楚王诛之；李斯竭忠[5]，胡亥极刑。是以箕子阳狂[6]，接舆避世[7]，恐遭此患也。愿大王察玉人、李斯之意，而后楚王、胡亥之听，毋使臣为箕子、接舆所笑。臣闻比干剖心[8]，子胥鸱夷[9]，臣始不信，乃今知之。愿大王孰察，少加怜焉。

语曰："有白头如新，倾盖如故[10]。"何则？知与不知也。故樊於期逃秦之燕，借荆轲首以奉丹事[11]；王奢去齐之魏，临城自刭以却齐而存魏[12]。夫王奢、樊於期非新于齐、秦而故于燕、魏也，所以去二国、死两君者，行合于志，慕义无穷也。是以苏秦不信于天下，为燕尾生[13]；白圭战亡六城，为魏取中山[14]。何则？诚有以相知也。苏秦相燕，人恶之燕王，燕王按剑而怒，食以駃騠[15]；白圭显于中山，人恶之于魏文侯，文侯赐以夜光之璧。何则？两主二臣，剖心析肝相信，岂移于浮辞哉！

故女无美恶，入宫见妒；士无贤不肖，入朝见嫉。昔司马喜膑脚于宋，卒相中山[16]；范雎拉胁折齿于魏，卒为应侯[17]。此二人者，皆信必然之画，捐朋党之私，挟孤独之交，故不能自免于嫉妒之人也。是以申徒狄蹈雍之河，徐衍负石入海[18]，不容于世，义不苟取比周[19]于朝以移主上之心。故百里奚乞食于道路，缪公委之以政[20]；甯戚饭牛车下，桓公任之以国[21]。此二人者，岂素宦于朝，借誉于左右，然后二主用之哉？感于心，合于行，坚如胶漆，昆弟不能离，岂惑于众口哉？故偏听生奸，独任成乱。昔鲁听季孙之说逐孔子[22]，宋任子冉之计囚墨翟[23]。夫以孔、墨之辩，不能自免于谗谀，而二国以危。何则？众口铄金，积毁销骨也。秦用戎人由余而伯中国[24]，齐用越人子臧而强威、宣[25]。此二国岂系于俗，牵于世，系奇偏之浮辞哉？公听并观，垂明当世。故意合则胡越为兄弟，由余、子臧是矣；不合则骨肉为仇敌，朱、象、管、蔡[26]是矣。今人主诚能用齐、秦之明，后宋、鲁之听，则五伯不足侔，而三王[27]易为也。

是以圣王觉寤，捐子之[28]之心，而不说田常[29]之贤，封比干之后，修孕妇之墓[30]，故功业覆于天下。何则？欲善亡厌也。夫晋文亲其雠[31]，强伯诸侯；齐桓用其仇[32]，而一匡天下。何则？慈仁殷勤，诚加于心，不可以虚辞借也。

至夫秦用商鞅之法，东弱韩、魏，立强天下，卒车裂之[33]。越用大夫种之谋，禽劲吴而伯中国，遂诛其身[34]。是以孙叔敖三去相而不悔[35]，於陵子仲辞三公为人灌园[36]。今人主诚能去骄傲之心，怀可报之意，披心腹，见情素[37]，堕[38]肝胆，施德厚，终与之穷达，无爱于士，则桀之犬可使吠尧，跖[39]之客可使刺由，何况因万乘之权[40]，假圣王之资乎！然则荆轲湛七族[41]，要离[42]燔妻子，岂足为大王道哉！

臣闻明月之珠，夜光之璧，以闇投人于道，众莫不按剑相眄[43]者。何则？无因而至前也。蟠木根柢，轮囷[44]离奇，而为万乘器者，以左右先为之容也。故无因而至前，虽出随珠和璧[45]，祇怨结而不见德；有人先游，则枯木朽株，树功而不忘。今夫天下布衣穷居之士，身在贫羸，虽蒙尧、舜之术，挟伊[46]、管之辩，怀龙逢[47]、比干之意，而素无根柢之容，虽竭精神，欲开忠于当世之君，则人主必袭按剑相眄之迹矣。是使布衣之士不得为枯木朽株之资也。

是以圣王制世御俗，独化于陶钧[48]之上，而不牵乎卑辞之语，不夺乎众多之口。故秦皇帝任中庶子蒙嘉[49]之言，以信荆轲，而匕首窃发；周文王猎泾渭[50]，载吕尚归，以王天下。秦信左右而亡，周用乌集[51]而王。何则？以其能越挛拘之语[52]，驰域外之议，独观乎昭旷之道也。

今人主沈谄谀之辞，牵帷廧之制[53]，使不羁之士与牛骥同皁[54]，此鲍焦[55]所以愤于世也。

臣闻盛饰入朝者不以私污义，底厉名号者不以利伤行。故里名胜母，曾子不入[56]；邑号朝歌，墨子回车[57]。今欲使天下寥廓之士笼于威重之权，胁于位势之贵，回面污行，以事谄谀之人[58]，而求亲近于左右，则士有伏死堀穴岩薮之中耳[59]，安有尽忠信而趋阙下[60]者哉！

注　释

【1】常，通"尝"，曾经。

【2】荆轲，卫国人，受燕太子丹礼遇而前往秦国刺杀秦始皇，结果失败被杀。白虹贯日，白色的长虹穿过太阳。古人常以天人感应学说解释当时难以解释的自然现象，认为白虹贯日代表精诚感动上天。太子，燕太子丹，燕国末代国君燕王喜太子，派荆轲刺杀秦王，事情失败后被燕王喜斩首献给秦国，结果燕国还是被秦所灭。畏，指荆轲因等候一个朋友耽误了行期，被太子丹担心他想法有变。

【3】卫先生，秦武安君白起门客。长平之战白起全歼赵军主力，本欲趁势灭赵，便派卫先生向秦昭王请求增兵增粮，结果秦相范雎担心白起功劳过大威胁他的地位而从中作梗，害死卫先生。

【4】玉人献宝，指楚人卞和进献和氏璧却被认为是块石头而遭到砍去双脚的刑罚。

【5】李斯竭忠，指李斯被赵高陷害而诛灭三族之事。详见《谏逐客书》作者小传。

【6】阳，通"佯"。箕子阳狂，指纣王叔父箕子害怕被杀而装疯避祸。

【7】接舆避世，指楚国隐士接舆不满楚国政治昏乱而避世不出。

【8】比干剖心，指纣王叔父比干劝谏纣王，纣王却说："我听说圣人之心有七窍。"于是杀死比干剖取其心。

【9】子胥鸱夷，指伍子胥劝谏夫差，却被夫差赐死，死后尸体装在马皮袋子中丢入江中。

【10】白头如新，有的人相处到老却不相知。倾盖，马车的顶棚在车停下时就会倾斜。倾盖如故，下车交谈一番就相见如故。

【11】樊於期，秦将，得罪秦始皇，全家被杀而逃亡燕国，秦始皇以千金悬赏其首级。荆轲建议太子丹将樊於期的首级作为礼物献给秦始皇以谋取信任，樊於期知道后便自刎而死。

【12】王奢，齐国大臣，得罪齐王逃亡魏国。后来齐国伐魏，王奢站在城墙上说"不因自己使魏国受牵连"，便自刎而死。

【13】此处指苏秦在合纵失败后失信于六国，只有燕国信任他，他便设计假装得罪燕王入齐而为燕国间谍。尾生，尾生高，春秋时人，一说他即是孔子弟子微生高。相传他与一女子相约在桥下见面，女子没有如约而至，他却坚持等待，河水暴涨，他抱着桥柱被淹死，被古人认为是守信的典范。这里是说苏秦信守为燕国做间谍的约定，直到被人刺死也不背弃。

【14】白圭，原为中山国将领，连战连败丢掉六座城池，中山君要治罪于他，他逃亡魏国被魏文侯厚待，于是他帮助魏国灭掉中山国。

【15】駃（jué）騠（tí），古代骏马名。

【16】司马喜，见于《战国策·中山策》，三次担任中山国相。但"膑脚于宋"一事并无史书提及。

【17】此处指范雎在魏国因被怀疑泄密通齐而被魏相打到肋骨、牙齿皆断，假死又被丢入厕所侮辱，靠行贿看守才得以逃脱。后被秦国任用为相，封应侯。详见《范雎说秦王》一文。

【18】申徒狄，一作申屠狄，相传是古代贤人，投水自尽。其事迹见于《庄子·外物》《汉书》《淮南子》等，说法不一。蹈雍之河，服虔注《汉书》说是"雍州之河"；王念孙则认为"雍"通"瓮"，"蹈雍之河"即抱瓮投河，服说乃望文生义。徐衍，服虔认为是周代贤人，事迹已不可考。

【19】比周，结党营私。

【20】此处指百里奚被秦穆公以五张羊皮赎回后委任为相。

【21】甯（nìng）戚，春秋时卫国人，出身卑贱，在齐军伐宋时，甯戚遇到齐桓公率领军队经过，便喂着牛敲着牛角唱《饭牛歌》，齐桓公和管仲与他交谈后发现他是贤士便拜为大夫。

【22】此处指季桓子主政鲁国，接受齐国献上女乐，鲁君三日不听政，孔子便辞官离开。

【23】"宋任子冉之计囚墨翟"一事，史书无传，已不可考。

【24】指秦穆公任用由余伐西戎，开地千里，称霸诸侯。

【25】"越人子臧"所指何人已不可考。威、宣，即齐威王、齐宣王。

【26】朱，丹朱，传说是尧的儿子，因顽凶不肖，尧便将帝位禅让给舜。象，舜的同父异母弟，常想杀舜而不得。管、蔡，即管叔鲜、蔡叔度，都是周文王子、周武王弟，负责监视纣王之子武庚，后在周公摄政时发动叛乱，结果管叔被处死，蔡叔被放逐。

【27】三王，即夏代开国之君大禹、商代开国之君商汤、周代开国之君周武王（一说"周文王"）。

【28】子之，战国时燕王哙相国，燕王哙将王位让给子之，引发太子（即燕昭王）为首的贵族及大臣反抗，齐国便趁机入侵，燕王哙和子之均被杀。

【29】田常，原名田恒，汉代因避汉文帝刘恒讳改称"田常"，齐简公时相国，杀死齐简公立齐平公，齐国国政均归于田常。

【30】修孕妇之墓，相传纣王曾杀死孕妇以观胎儿，武王伐纣后重修了被害孕妇的墓。

【31】此处指晋文公重耳尚未开始流亡前，晋献公听信骊姬之言，派宦者履鞮（《左传》作寺人披、勃鞮）刺杀重耳，却被重耳逃脱，只斩下他的衣袖。重耳归国即位，吕省、郤芮策划谋杀他，履鞮将此事报告晋文公，晋文公不念旧恶而信任他。

【32】此处指齐桓公小白在回国争位途中被管仲半路拦截，管仲一箭射中他的衣带钩，他假死才逃过一劫。后听从鲍叔牙推荐而任用管仲为相。

【33】此处指商鞅因得罪秦惠文王，又被人诬陷谋反，而被五马分尸。

【34】此处指文种因被越王勾践猜忌而被赐死。

【35】孙叔敖，楚庄王令尹，一生廉洁，辅佐楚庄王成就霸业。此处所指

见于《庄子·田子方》："三为令尹而不荣华，三去之而无忧色"。

【36】於陵子仲，即陈仲子，齐国隐士，因兄长食禄万钟，以为不义，便避兄离母，隐居在於陵，终日以为人灌园为生。事迹散见于《孟子》等。

【37】素，通"愫"，真诚。

【38】堕（huī），通"隳"，毁坏，此处指剖开、展现。

【39】跖，盗跖，春秋末鲁国人，展氏，鲁国大夫柳下惠之弟。据《庄子》记载："从卒九千人，横行天下，侵暴诸侯，穴室枢户，驱人牛马，取人妇女，贪得忘亲，不顾父母兄弟，不祭先祖。"今人则多认为他是当时的奴隶起义领袖，被诬为盗。

【40】周代礼制，只有天子可有万乘兵车，后以万乘指代天子。

【41】湛，通"沉"，灭。"湛七族"一事，今已不可考。

【42】要离，春秋时吴国刺客。受吴王阖闾礼遇，为吴王效死，以苦肉计斩断自己右手，烧死自己妻子儿女，然后逃亡到吴王僚之子庆忌处，在获取他的信任后刺杀了他。

【43】眄（miǎn），斜视。

【44】轮囷（qūn），弯曲的样子。

【45】随珠和璧，即随侯珠、和氏璧。随侯珠，见《谏逐客书》一文注。

【46】伊，伊尹，商汤之相，以奴隶身份接近商汤，以烹饪之道引出治国之道游说而获得商汤赏识，后辅佐商汤灭夏。

【47】龙逢，关龙逢，夏桀的臣子，因劝谏夏桀而被杀。

【48】陶钧，制陶器用的转轮。这里用制陶器比喻独立创造。

【49】中庶子蒙嘉，秦始皇宠臣。荆轲通过向他行贿千金以接近秦始皇。

【50】此处指周文王在泾渭之间游猎，占卜云："所获非龙非螭，非虎非罴，所获霸王之辅。"结果遇到姜太公，交谈后便带他返回周国以师礼尊之。

【51】乌，指赤乌，传说中的瑞鸟，同时也是太阳和火的象征。古代认为周有火德，武王伐纣时相传也有三足赤乌出现，因此也以赤乌作为周的象征。又，姜尚是炎帝之后，炎帝亦有火德，因此说"乌集"。

【52】牵拘之语，卷舌聱牙的言语。《国语》称羌族为"姜氏之戎"，又相传姜太公也是羌族人，说话有羌族口音。

【53】帷，帷帐，代指嫔妃。廧（qiáng），通"墙"，宫墙，代指近臣。

【54】皁（cáo），通"槽"。

【55】鲍焦，周代隐士。厌恶世间污浊，便避世而居，子贡说："你不受君王俸禄，为何在君王土地上种植蔬菜并食用呢？鲍焦便丢掉蔬菜绝食而死。"

【56】此处是说，曾子来到一个名叫胜母的地方，认为这名字对母亲不敬便不入。见《淮南子·说山》。

【57】此处指墨子来到卫国都城朝歌，因为与商纣王都城同名，主张"非乐"的墨子认为这是沉溺享乐的象征，便掉转车头返回。

【58】谄谀之人，谄媚的近臣，指羊胜、公孙诡等人。

【59】堀，同"窟"。薮（sǒu），草泽。

【60】阙下，宫阙之下。代指君王。

论贵粟疏

晁错

　　晁错，汉初颍川（今河南禹县）人，汉文帝、景帝时政治家、文学家。他曾任太子家令，得到太子（即后来的汉景帝）信任，号为"智囊"。景帝即位后，任命他为御史大夫。他积极提倡重农抑商政策，主张招募民众充实边塞，防御匈奴进攻，并主张削藩。汉景帝采纳他的削藩政策，而这也成为诸侯王发动叛乱的导火索。景帝二年（公元前155年），吴王刘濞以"诛晁错，清君侧"为名联合其他六位诸侯王起兵反叛。景帝听信袁盎杀晁错即可退兵的进言，便将晁错腰斩于东市。晁错现存八篇较完整的作品传世，散见于《汉书》。

题　解

汉初，文帝、景帝采取"休养生息"政策，大力恢复因连年战争而遭到严重破坏的农业生产。但由于汉初同时注重农业与商业发展，导致谷贱伤农，大地主、大商人对农民过度掠夺激化社会矛盾等现象屡屡出现。针对这一问题，晁错上疏汉景帝，论述"贵粟"的重要性，提出重农抑商、入粟于官、拜爵除罪等一系列措施。

本文深刻分析了当时的社会形势，对巩固生产、缓解社会矛盾都有着一定的意义。文学方面，本文条理清晰，逻辑严谨且文笔犀利，鲁迅《汉文学史纲要》称赞他的文章"皆疏直激切，尽所欲言"。

圣王在上，而民不冻饥者，非能耕而食之，织而衣之也，为开其资财之道也。故尧、禹有九年之水 [1]，汤有七年之旱 [2]，而国亡捐瘠者 [3]，以畜积多而备先具也。

今海内为一，土地人民之众不避 [4] 汤、禹，加以亡天灾数年之水旱，而畜积未及者，何也？地有遗利 [5]，民有余力，生谷之土未尽垦，山泽之利未尽出也，游食 [6] 之民未尽归农也。民贫，则奸邪生。贫生于不足，不足生于不农，不农则不地著 [7]，不地著则离乡轻家，民如鸟兽。虽有高城深池，严法重刑，犹不能禁也。夫寒之于衣，不待轻暖；饥之于食，不待甘旨 [8]；饥寒至身，不顾廉耻。人情一日不再食则饥，终岁不制衣则寒。夫腹饥不得食，肤寒不得衣，虽慈母不能保其子，君安能以有其民哉？明主知其然也，故务民于农桑，薄赋敛，广畜积，以实仓廪，备水旱，故民可得而有也。

民者，在上所以牧之，趋利如水走下，四方亡择也 [9]。夫珠玉金银，饥不可食，寒不可衣，然而众贵之者，以上用之故也。其为物轻微易藏，在于把握，可以周海内 [10] 而无饥寒之患。此令臣轻背其主，而民易去其乡，盗贼有所劝，亡逃者得轻资也 [11]。粟米布帛生于地，长于时，聚于力 [12]，非可一日成也。数石之重，中人弗胜 [13]，不为奸邪所利；一日弗得而饥寒至。是故明君贵五谷而贱金玉。今农夫五口之家，其服役者不下二人，其能耕者不过百亩，百亩之收不过百石。春耕，夏耘，秋获，冬藏，伐薪樵，治官府，给徭役；春不得避风尘，夏不得避署热，秋不得避阴雨，冬不得避寒冻，四时之间，亡日休息。又私自送往迎来，吊死问疾，养孤长幼在其中[14]。勤苦如此，尚复被水旱之灾，急政暴虐，赋敛不时[15]，朝令而暮改。当具有者半贾而卖，无者取倍称之息；于是有卖田宅、鬻子孙以偿责者矣[16]。而商贾大者积贮倍息，小者坐列贩卖，操其奇赢[17]，日游都市，乘上之急，所卖必倍[18]。故其男不耕耘，女不蚕织，衣必文采，食必粱肉；无农夫之苦，有阡陌之得[19]。因其富厚，交通王侯，力过吏势，以利相倾；千里游遨，冠盖相望，乘坚策肥，履丝曳缟[20]。此商人所以兼并农人，农人所以流亡者也。今法律贱商人[21]，商人已富贵矣；尊农夫，农夫已贫贱矣。故俗之所贵，主之所贱也；吏之所卑[22]，法之所尊也。上下相反，好恶乖迕，而欲国富法立，不可得也。

　　方今之务，莫若使民务农而已矣。欲民务农，在于贵粟；贵粟之道，在于使民以粟为赏罚。今募天下入粟县官[23]，得以拜爵，得以除罪。如此，富人有爵，农民有钱，粟有所渫[24]。夫能入粟以受爵，皆有余者也。取于有余，以供上用，则贫民之赋可损，所谓损有余、补不足，令出而民利者也。顺于民心，所补者三：一曰主用足，二曰民赋少，三曰劝农功。今令民有车骑马一匹者，复卒三人。车骑者，天下武备也，故为复卒[25]。神农之教曰："有石城十仞，汤池百步，带甲百万，而亡粟，弗能守也。"以是观之，粟者，王者大用[26]，政之本务。令民入粟受爵，至五大夫以上，乃复一人耳，此其与骑马之功相去远矣[27]。爵者，上之所擅[28]，出于口而无穷；粟者，民之所种，生于地而不乏。夫得高爵也免罪，人之所甚欲也。使天下人入粟于边，以受爵免罪，不过三岁，塞下之粟必多矣。

注 释

【1】九年之水，相传上古时代曾经发生过一场大洪水，这在许多古代文明的神话传说中都有记载。《尚书·尧典》《史记·夏本纪》记载尧时天下发生了一场大洪水，尧派鲧（gǔn）治水，九年不成，舜便处死了鲧，派他的儿子禹继续治水。大禹奔波十三年，终于以疏导的办法成功止住了洪水。

【2】七年之旱，相传商汤时曾经发生一场大旱，持续七年之久。一说，持续五年，见《吕氏春秋·顺民》："昔者汤克夏而正天下，天大旱，五年不收。"

【3】亡，通"无"，下同。捐，舍弃，指被遗弃之人。瘠，饥饿，指饥饿之人。

【4】避，让。不避，不让，不比……差。

【5】遗利，未经开发的潜力。

【6】游食，游手好闲的人。

【7】地著，即"土著"，指拥有固定户籍土地的人口。

【8】轻暖，轻软暖和的衣服。甘旨，香甜肥美的食物。

【9】在上所以牧之，要看国君如何治理。牧，以放牧牛羊喻管理人民。走，向，往。

【10】周海内，走遍海内。

【11】劝，鼓励，此处引申为纵容。亡逃，因犯法而逃亡。轻资，方便携带的物资。

【12】聚于力，集合劳力。

【13】中人，普通人。胜，负担。

【14】私自，私人生活。送往迎来，代指日常交际。在其中，上述开支都要从务农收入中支付。

【15】急政，即急征，紧急征收的赋税。赋敛不时，不按时节征收土产。

【16】鬻（yù），卖。责，通"债"。

【17】积贮倍息，依靠囤积物资获得加倍利息。坐列，坐在商肆之中。奇赢，买卖所获得的余物和利润。

【18】必倍，一定能获得加倍的利润。

【19】阡陌之得，指耕作所获得的收成。

【20】游邀，游行各地。冠盖，古代为官为士之人才有车，商人身份低贱也有车，是不合礼制的。坚，坚固的车辆。肥，壮硕的马匹。履丝，穿着丝织成的鞋。曳缟，古代衣裾及地，因此叫曳缟。

【21】《史记·平准书》："天下已平，高祖乃令贾人不得衣丝乘车，重租税以困辱之。孝惠、高后时，为天下初定，复弛商贾之律，然市井之子孙亦不得仕宦为吏。"由此可知，本文创作时，可能还存在一些歧视商人的法令。

【22】俗之所贵，指商人。吏之所卑，指农夫。

【23】入粟县官，指将粮食上缴国家。《史记索隐》："县官，天子也。"另，《史记·平准书》："匈奴数侵盗北边，屯戍者多，边粟不足给食当食者。于是募民能输及转粟于边者拜爵，爵得至大庶长。"这一法令就是因本文提出的"入粟县官"建议而实行的。

【24】渫（xiè），散。

【25】复卒，指免除兵役。

【26】王者大用，即粮食是治理天下之人最需要的物资。

【27】五大夫，第九等爵。商鞅变法后设二十等爵，最下一等为公士，最上二十等为彻侯（后避汉武帝名讳改为通侯，又改为列侯），秦汉沿袭此制。骑马之功，指上文所说献军马的功劳。

【28】擅，专有。此句意为爵位是皇帝所封，出自皇帝之口而无穷无尽。

编者注

汉文帝登基后，采取"休养生息"政策，注重恢复生产。在这一政策下，农业与商业都得到了迅速发展。特别是商业，随着汉代放开了关梁山泽的禁令，又放松了汉高祖定下的对于商人的限制与歧视政策，商业得到了飞速发展，一批大商人随之涌现。这些商人交结王侯，吞并土地，利用朝廷对盐铁和铸币的开放政策经营盐铁贸易，并私铸货币。当时，汉文帝的弄臣邓通和吴王刘濞由于掌握了优质的铜矿资源而大量铸造货币，《盐铁论》称当时是"吴、邓钱遍天下"。

这种经济状况，一方面促进了商业的发展，另一方面也造成了土地兼并严重、流民增多的状况；而私铸货币的大量发行还造成了严重的通货膨胀。尤其是吴国私铸的钱币，质量较差而依靠大量发行取胜，更是造成了货币信用的下降。

晁错察觉到了这一情况，便先后向汉文帝上《论贵粟疏》《守边劝农疏》等文章，要求抑制商业发展，重视农业，着手准备对匈奴的反攻，并对吴王等大诸侯国进行削藩。汉文帝虽然没有完全接受晁错的提议，但也采取了部分鼓励农业发展的措施，如入粟拜爵、减免田租等。而汉景帝接受了晁错的"削藩"建议，也使得吴王决定发动叛乱。

汉武帝以后，汉朝开始逐渐将铸币、盐铁贸易等获利巨大的产业收归国有，以抑制商业的发展。

七发·观涛

枚乘

枚乘，字叔，西汉淮阴（今江苏淮安）人，汉代辞赋家。初为吴王刘濞郎中。吴王欲反，枚乘上书劝阻而不听，于是投奔梁孝王。吴王反，枚乘又上书劝阻，吴王又不听。后吴王败死，枚乘因此闻名。汉景帝召为弘农都尉，枚乘称病辞职，又返回梁国。汉武帝时，以安车蒲轮召见枚乘，结果死于路中。《汉书·艺文志》记载有其辞赋九篇，今仅存三篇。

题 解

本文是枚乘任吴王郎中时所作。本文中虚构了"楚太子"和"吴客"两个形象，以七件事情启发太子，故名《七发》。先说音乐、饮食、车马、游观，都不能引起太子兴趣；又说田猎、观涛，引起太子兴趣；最后说向太子推荐方士阐述道理，太子听罢惊出一身冷汗，霍然病愈。其主旨，正在于讽刺统治阶级的腐朽生活导致疾病发生，听取"要言妙道"提高思想才能治愈。本文节选其中最精彩的观涛一段。

　　本文在辞赋史上具有重要的地位，开辟了汉大赋的创作方法，标志着汉代新体赋正式形成。本文采用的问答体形式规模宏大而铺张细腻，尤其是观涛一段更是惊心动魄。而本文之后，"七"也成为一种专门的辞赋体裁，后人多沿袭此格式，如张衡《七辩》、王粲《七释》、曹植《七启》、陆机《七徵》等文章均是效法本文。刘勰《文心雕龙·杂文》评本文："枚乘摛艳，首制《七发》，腴辞云构，夸丽风骇。"

　　客曰："将以八月之望[1]，与诸侯远方交游兄弟，并往观涛乎广陵[2]之曲江。至则未见涛之形也，徒观水力之所到，则恤然[3]足以骇矣。观其所驾轶[4]者，所擢[5]拔者，所扬汨[6]者，所温汾[7]者，所涤汔[8]者，虽有心略辞给，固未能缕形其所由然也[9]。怳兮忽兮[10]，聊兮栗兮[11]，混汨汨[12]兮，忽兮慌兮[13]，俶兮傥兮[14]，浩瀇瀁[15]兮，慌旷旷[16]兮。秉意乎南山[17]，通望[18]乎东海。虹洞[19]兮苍天，极虑乎崖涘[20]。流揽[21]无穷，归神日母[22]。汨乘流而下降兮，或不知其所止[23]。或纷纭其流折兮，忽缪往而不来[24]。临朱汜[25]而远逝兮，中虚烦而益怠[26]。莫离散而发曙兮[27]，内存心而自持。于是澡㮣[28]胸中，洒练五藏[29]，澉濣[30]手足，頮濯发齿[31]。揄弃恬怠[32]，输写淟浊[33]，分决狐疑[34]，发皇[35]耳目。当是之时，虽有淹病[36]滞疾，犹将伸伛起躄[37]，发瞽披聋[38]而观望之也，况直[39]眇小烦懑，酲醲病酒[40]之徒哉！故曰：发蒙解惑，不足以言也[41]。"太子曰："善，然则涛何气[42]哉？"

　　客曰："不记[43]也。然闻于师曰，似神而非者三[44]：疾雷[45]闻百里；江水逆流，海水上潮；山出内[46]云，日夜不止。衍溢漂疾[47]，波涌而涛起。其始起也，洪淋淋[48]焉，若白鹭之下翔。其少进也，浩浩澄澄[49]，如素车白马帷盖之张[50]。其波涌而云乱[51]，扰扰焉如三军之腾装[52]。其旁作而奔起也[53]，飘飘焉如轻车之勒兵[54]。六驾蛟龙[55]，附从太白[56]。纯驰皓蜺[57]，前后络绎[58]。顒颙卬卬[59]，椐椐强强[60]，莘莘将将[61]。壁垒重坚，沓杂[62]似军行。訇隐匈磕[63]，轧盘涌裔[64]，原[65]不可当。观其两旁，则滂渤怫郁[66]，闇漠感突[67]，上击下律[68]，有似勇壮之卒，突怒而无畏。蹈壁冲津[69]，穷曲随隈[70]，逾岸出追[71]。遇者死，当者坏。初发乎或围[72]之津涯，荄轸谷分[73]。回翔青篾[74]，衔枚檀桓[75]。弭节伍子之山[76]，通厉骨母之场[77]，凌赤岸[78]，篲扶桑[79]，横奔似雷行，诚奋厥武[80]，如振[81]如怒，沌沌浑浑[82]，状如奔马。混混庉庉[83]，声如雷鼓。发怒庢沓[84]，清升逾跇[85]，侯波[86]奋振，合战于藉藉[87]之口。鸟不及飞，鱼不及回，兽不及走。纷纷翼翼[88]，波涌云乱，荡取南山，背击北岸[89]。覆亏丘陵，平夷西畔[90]。险险戏戏[91]，崩坏陂池[92]，决胜乃罢[93]。澌淈澺濞[94]，披扬流洒[95]。横暴之极，鱼鳖失势，颠倒偃[96]侧，沈沈湲湲[97]，蒲伏连延[98]。神物怪[99]疑，不可胜言。直使人踣[100]焉，洄闇[101]凄怆焉。此天下怪异[102]诡观也，太子能强起观之乎？"太子曰："仆病未能也。"

注 释

【1】望，阴历的十五日。

【2】广陵，今江苏省扬州市。

【3】恤然，惊恐的样子。

【4】驾轶，超越。

【5】擢，拔起。

【6】扬泹，迅速越过。

【7】温汾，集聚。

【8】涤汔，涤荡。

【9】心略，心智。辞给，辩才。缕，详细。

【10】怳（huǎng）兮忽兮，即"恍惚"，形容江涛浩荡，难以辨识。

【11】聊兮栗兮，恐惧的样子。

【12】混汩（gǔ）汨，浪涛相互急流。

【13】忽兮慌兮，即"怳兮忽兮"。

【14】俶，通"倜"。俶（tì）兮傥（tǎng）兮，卓异不羁的样子。

【15】潢（wǎng）瀁（yǎng），水面广阔的样子。

【16】慌旷旷，茫茫而无边无际。

【17】秉，执。秉意，集中注意。南山，泛指江涛发源处。

【18】通望，一直望到。

【19】虹洞，形容水天相接的样子。

【20】极虑，极尽思虑，此处引申为极目远望。涘（sì），水边。

【21】流揽，即"流览"。

【22】日母，太阳。

【23】这两句说，迅疾的浪涛乘江东下，不知奔向何方。

【24】缪，缠结。这两句说，许多浪头纷乱曲折的奔流，又忽然纠缠错结一起流去不再返回。

【25】朱汜（sì），地名。一说，朱汜是南方水崖。

【26】此句意为，见到浪涛远去，心中空虚烦躁而身体疲惫。

【27】莫，通"暮"。莫离散，晚潮退去。发曙，早潮到来。

【28】槩（gài），通"溉"，涤荡。

【29】洒练，洗涤。藏，通"脏"。

【30】潵（gǎn）澹，洗涤。

【31】頮（huì），洗脸，此处引申为洗涤。濯，洗濯。

【32】揄，脱。恬怠，懒散。

【33】输写，排除。写，通"泻"。滇（tiǎn）浊，污浊。

【34】狐疑，犹豫不决。狐狸渡冰河时，且听且渡，因此称犹豫不决为"狐疑"。

【35】皇，明。

【36】淹病，久病不愈。

【37】伸伛（yǔ），驼背的人伸直身体。起躄（bì），跛脚的人站起来。

【38】发矇，盲人睁眼。披聋，聋人听力恢复正常。

【39】直，只。

【40】醒醲病酒，指醉酒。

【41】此句见于《黄帝内经·素问》，原文为："发蒙解惑，未足以论也。"蒙，不明。

【42】何气，什么样的一种气象。

【43】不记，不见于记载。

【44】似神而非者三，江涛有三种似神而非神的特征。

【45】疾雷，声如迅雷。

【46】内，通"纳"。

【47】衍溢，形容平满。漂疾，流速迅疾。

【48】淋淋，形容水流沿山而下。

【49】浩浩，深而广的样子。澄（ái）澄，洁白的样子。

【50】帷盖，车帷和车盖。张，张开。

【51】云乱，如云般纷乱。

【52】腾装，奔腾前进，装备齐整。

【53】旁作，横出。奔起，上扬。

【54】如轻车之勒兵，如同将军坐在轻车上指挥士兵。

【55】六驾蛟龙，六条蛟龙驾车。

【56】附从，跟随。太白，河神。

【57】纯，通"屯"。纯驰，时屯时驰。蜺，高大。

【58】络绎，绵延不绝。

【59】顒（yóng）顒卬（áng）卬，波浪高耸。

【60】椐（jū）椐强强，相随的样子。

【61】莘莘将将，互相激荡的样子。

【62】沓杂，众多的样子。此句形容江涛如军营壁垒般重叠而坚固。

【63】訇（hōng）隐匈礚（kē），形容声音极大。

【64】轧，无边无际。盘，广大。涌裔，波涛前进的样子。

【65】原，本。

【66】滂渤怫郁，激荡的样子。

【67】闛漠感突，冲起的样子。

【68】律，五臣注《文选》作"硉（lù）"，高处滚石而下。

【69】蹈壁冲津，冲击崖岸和渡口。

【70】隈，水流弯曲的地方。

【71】逾，跨越。出，超出。追，通"堆"，沙堆。

【72】或围，地名。或，通"域"。

【73】荄（gāi），通"陔"，山陇。袗，隐去。

【74】回翔，回旋。青篾，地名。

【75】衔枚，古代军马行走时口中衔枚，防止喧哗。形容江涛无声。檀桓，地名。

【76】伍子之山，因伍子胥得名之山。

【77】通厉，远行。胥母，应为"胥母"。胥母，胥母山，即今太湖东山，在今江苏苏州西南太湖畔。另，本文所列地名，都是作者随兴而写，并无一定使用之规。

【78】赤岸，地名。

【79】篲（huì），扫。扶桑，传说中的神木，《淮南子》称太阳落下后居于此。

【80】诚奋厥武，江涛奋发了它的威武。

【81】振，通"震"。

【82】沌沌浑浑，波涛相互追逐的样子。

【83】混混庉（tún）庉，波涛的声音。

【84】窒（zhì），阻碍停止。沓，激涌而出。

【85】清升，清波上扬。逾跇（yì），超越。

【86】侯波，即阳侯之波，大波。阳侯，传说中的水神。

【87】藉藉，地名。

【88】纷纷，众多。翼翼，壮健的样子。

【89】此句写水势既冲荡南山又反击北岸。

【90】平夷，横扫。畔，岸。

【91】险险戏戏，形容险峻。戏，通"巇（xī）"。

【92】池，通"陁（tuó）"。陂池，斜坡。

【93】决胜乃罢，取得胜利才罢休。

【94】潏（zhì），水流相互冲击的声音。潺湲（yuán），水流。

【95】披扬流洒，波涛汹涌，浪花飞溅。

【96】偃，仰着跌倒。

【97】沈（yóu）沈浸浸，鱼鳖倾倒的样子。

【98】蒲伏，即"匍匐"，伏地爬行。连延，接连不断的样子。

【99】恈（guài），通"怪"。

【100】踣（bó），向前跌倒。

【101】泂闟，惊慌失措的样子。

【102】恈异，怪异。

大人赋

司马相如

  司马相如，原名犬子，字长卿，因仰慕战国时赵相蔺相如为人而改名相如，蜀郡成都（今四川成都市）人，西汉辞赋家。年轻时曾在梁孝王处与邹阳、枚乘等人交往。梁孝王死后，他返回家乡，投奔临邛令。后来他所作《子虚赋》被汉武帝所欣赏，正巧汉武帝宠幸的犬监杨得意是司马相如同乡，因而得以趁机向其举荐。汉武帝遂召见而令其作《上林赋》。后被汉武帝任命为中郎将，出使西南夷，又因受贿被免，几年后在家中去世。死前，他遗书汉武帝，劝其封禅。

  司马相如作为汉大赋的代表作家和集大成者，其辞赋辞藻华丽而结构宏大，生动刻画了汉这个大一统帝国最辉煌的形象，又富有那个时代特有的激情四射，积极进取的时代精神，特别是《子虚赋》《上林赋》，已经成为汉代大赋的标杆，为后人所敬仰。《汉书·艺文志》记载他有作品二十九篇，其中一部分已经散佚。扬雄称赞他的文章："长卿赋不似从人间来，其神化所至邪！"班固、刘勰称他为"辞宗"，王世贞等学者称他为"赋圣"。

题 解

本文见于《史记·司马相如列传》，是作者任孝文园令时所作。当时，汉武帝喜好神仙之道，司马相如便迎合其喜好作《大人赋》。本文虚构夸张地叙述"大人"求仙，而最终求得超脱有无的故事。对于本文的主题，班固、扬雄皆认为是劝谏汉武帝勿过度沉溺于神仙方术，因而作此文讽谏；可是由于辞藻华丽，令汉武帝反而加深了对求仙的兴趣，"为讽反劝"。

《史记》记载，汉武帝读完《大人赋》，"飘飘有凌云之气，似游天地之间意"。而刘勰《文心雕龙》称其为"赋仙"："相如赋仙，气号凌云，蔚为辞宗，乃其风力道也。"

世有大人[1]兮，在于中州[2]。宅弥万里兮，曾不足以少留。悲世俗之迫隘[3]兮，朅[4]轻举而远游。垂绛幡之素蜺兮[5]，载云气而上浮。建格泽[6]之长竿兮，总光耀之采旄[7]。垂旬始以为幓兮[8]，抴彗星而为髾[9]。掉指桥以偃蹇兮[10]，又猗抳以招摇[11]。揽欃枪[12]以为旌兮，靡屈[13]虹而为绸。红杳渺以眩湣兮[14]，猋风[15]涌而云浮。驾应龙象舆之蠖略逶丽兮[16]，骖赤螭青虬之蚴蟉[17]蜿蜒。低卬夭蟜据以骄骜兮[18]，诎折隆穷躔以连卷[19]。沛艾赳螑仡以佁儗兮[20]，放散畔岸骧以孱颜[21]。跮踱辋辖容[22]以委丽兮，绸缪偃蹇怵奂以梁倚[23]。纠蓼叫奡蹋以艐路兮[24]，蔑蒙踊跃腾而狂趡[25]。莅飒卉翕熛[26]至电过兮，焕然雾除，霍然云消。

邪绝少阳而登太阴兮[27]，与真人乎相求[28]。互折窈窕[29]以右转兮，横厉[30]飞泉以正东。悉征灵圉[31]而选之兮，部乘众神于瑶光[32]。使五帝先导兮，反太一而从陵阳[33]。左玄冥而右含雷兮[34]，前陆离而后潏湟[35]。厮征伯侨而役羡门兮[36]，属岐伯使尚方[37]。祝融惊而跸御兮[38]，清氛气而后行[39]。屯余车其万乘兮，综[40]云盖而树华旗。使勾芒[41]其将行兮，吾欲往乎南嬉[42]。

历唐尧于崇山兮[43]，过虞舜于九疑[44]。纷湛湛其差错兮[45]，杂遝胶葛[46]以方驰。骚扰冲苁其相纷挐兮[47]，滂濞泱轧洒以林离[48]。攒罗列聚丛以茏茸兮[49]，衍曼流烂坛[50]以陆离。径入雷室之砰磷郁律兮[51]，洞出鬼谷之崛礨嵬礨[52]。遍览八纮而观四荒兮[53]，揭渡九江而越五河[54]。经营炎火而浮弱水兮[55]，杭绝浮渚而涉流沙[56]。奄息葱极泛滥[57]水嬉兮，使灵娲鼓瑟而舞冯夷[58]。时若薆薆将混浊兮[59]，召屏翳诛风伯而刑雨师[60]。西望昆仑之轧沕洸忽兮[61]，直径驰乎三危[62]。排阊阖[63]而入帝宫兮，载玉女[64]而与之归。登阆风[65]而摇集兮，亢乌腾[66]而一止。低回阴山[67]翔以纡曲兮，吾乃今目睹西王母[68]。曬然白首戴胜[69]而穴处兮，亦幸有三足鸟[70]为之使。必长生若此而不死兮，虽济[71]万世不足以喜。

回车揭来兮绝道不周[72]，会食幽都[73]。呼吸沆瀣[74]餐朝霞，噍咀芝英兮叽琼华[75]。嬐侵浔[76]而高纵兮，纷鸿涌而上厉[77]。贯列缺之倒景兮[78]，涉丰隆之滂沛[79]。驰游道[80]而脩降兮，骛遗雾[81]而远逝。迫区中之隘陕[82]兮，舒节出乎北垠[83]。遗屯骑于玄阙[84]兮，轶先驱于寒门[85]。下峥嵘而无地兮，上寥廓而无天。视眩眠[86]而无见兮，听惝恍[87]而无闻。乘虚无而上假兮，超无友而独存。

注 释

【1】大人，司马相如虚构的仙人形象，隐喻天子。

【2】中州，中原。

【3】迫隘，窘迫而艰难。

【4】揭（hé），通"盍"，为何不。

【5】幡，旗。蜺，通"霓"，彩虹的一种，也称副虹。

【6】格泽，星宿名。《史记·天官书》："格泽星者，如炎火之状。黄白，起地而上。下大，上兑。其见也，不种而获；不有土功，必有大害。"

【7】总，系。采，通"彩"，彩色。

【8】旬始，星宿名。《史记·天官书》称其"状如雄鸡"。幓（shān），旗帜下面的装饰物。

【9】抴，摇曳。髾（shāo），燕尾，此指燕尾形状的装饰物。

【10】掉，摇动。指桥，柔弱的样子。偃蹇，盛气凌人的样子。

【11】招摇，飘动的样子。

【12】揽，摘取。欃（chán）枪，彗星，古人认为是凶星。

【13】靡屈，使……向下弯曲。

【14】杳渺，深远的样子。眩愍（mǐn），令人眼花缭乱。

【15】猋（biāo）风，疾风、暴风。

【16】应龙，一种有翼的神龙。象舆，祥瑞，一种像车的精气，古人认为它的出现象征天下太平。蠖，尺蠖。略，缓慢前行。逶丽，即“逶迤”，弯曲而长的样子。

【17】骖，三马驾一车谓骖。这里作动词，驾乘。螭，雌性的龙。虬，无角龙。蚴（yòu）蟉（liú），一作“蚴虬”，蛟龙屈曲行动的样子。

【18】卬（áng），高。夭蟜（jiǎo），曲伸的样子。据，伸直脖子。骄骜，纵恣奔驰。

【19】诎折，即“曲折”。隆穷，即“隆穹”，隆起的样子。蠼，快速前行的样子。连卷，蜷曲的样子。卷，通“蜷”。

【20】沛艾，昂起头摇动的样子。仡（yì），举头。佁（chì）儗（nǐ），停止不前。

【21】畔岸，形容自我放纵。骧，昂首。孱颜，高峻的样子。

【22】跮（dié）踱，忽进忽退。輵（gé）辖，摇目吐舌。容，从容、安闲。

【23】绸缪，回头。偃蹇（qiāng），高耸的样子。怵彘（zhì），四处奔走。梁倚，如梁相倚相靠。

【24】纠蓼，即“纠缭”，相互吸引。叫奡（ào），即“叫嚣”，相互呼叫。艘（kè），船触沙搁浅，引申为停止，到达。蹋以艘路，踏上征途。

【25】蔑蒙，即“蠛（miè）蠓（měng）”，一种小虫，性喜乱飞。狂趡（cuǐ），狂奔。

【26】莅飒，《汉书》：“飞相及也。”卉翕（xī），《汉书》：“走相追也。”莅飒卉翕，飞奔着相互追逐。熛（biāo），飞迸的火焰。

【27】邪，通“斜”。邪绝，斜渡。少阳，极东之地。太阴，极北之地。《易》：“太极生两仪，两仪生四象。”四象即太阳、太阴、少阳、少阴。同

时，古人也用四象分别代表二十八宿。

【28】相求，相互交游。

【29】窈窕，深邃，这里指深邃的地方。

【30】厉，涉水，渡。《诗·邶风·匏有苦叶》："深则厉，浅则揭。"《毛传》注云："以衣涉水为厉，谓由带以上也。"

【31】灵圉（yǔ），仙人名。

【32】瑶光，星名，北斗七星的第七星，古人认为是祥瑞。

【33】反，通"返"。太一，即东皇太一，被楚人奉为至高神，汉代以为东皇。《汉书·郊祀志》："天神贵者太一，太一佐曰五帝。古者天子以春秋祭太一东南郊。"陵阳，陵阳子明，古代传说中的仙人。

【34】玄冥，水神，一说即雨师。含雷，一说水神，一说造化神。

【35】陆离，神名。潏（yù）湟，神名。

【36】厮，役使。征伯侨，古仙人名。羡门，羡门高，古仙人。

【37】属，通"嘱"，命令。岐伯，相传是黄帝时的神医，被认为是中医的始祖。尚方，主管医药。

【38】祝融，传说中的火神。跸（bì），清道。帝王出行要清理道路，禁止行人经过。

【39】氛气，恶气。

【40】綷（cuì），合，五采杂合。

【41】勾芒，一作句芒，古代传说中的木神、春神。

【42】嬉，嬉戏，游乐。

【43】崇山，狄山。《山海经·海外经》："狄山，帝尧葬其阳。"

【44】九疑，九嶷山，又名苍梧山。相传虞舜葬此山。

【45】湛湛，厚积的样子。差错，交错。

【46】杂遝（tà），众多杂乱的样子。胶葛，驱驰。

【47】苁，通"摐（chuāng）"，敲、撞。冲苁（cōng），冲撞。纷挐（rú），牵扯，纠结。

【48】滂濞，形容众多而盛大。泱轧，弥漫。林离，形容众多而盛大。

【49】攒罗列聚，聚集排列。茏（lóng）茸，聚集的样子。

【50】衍曼，即"曼衍"，连绵不绝。流烂，散布。坛，通"嘽（tān）"，

众多的样子。

【51】雷室，一作雷渊，神话中水名。砰磷、郁律，都是深邃高峻的样子；一说都是雷声。

【52】洞，通。鬼谷，传说中众鬼所居之处。崛礨（lěi）嵬礧（huái），崎岖不平的样子。

【53】八纮（hóng），八方。四荒，四方。

【54】九江，一说指长江水系的九条支流，一说指九江郡，即今江西省九江市。五河，相传是仙境中的五色（紫、碧、绛、青、黄）河。

【55】经营，经过，往来。炎火，炎火山。弱水，河水名。《山海经》记载都在昆仑山附近。

【56】杭，通"航"，渡过。绝，横渡。流沙，沙漠。

【57】奄息，休息。葱极，葱岭（今帕米尔高原）山顶。泛滥，漂流。

【58】灵娲，女娲，中华民族上古传说中的人类始祖。传说伏羲作琴，使女娲鼓之。冯夷，传说中的黄河河神，即河伯。

【59】薆（ài）薆，通"暧暧"，昏暗的样子。

【60】屏翳，王逸《楚辞章句》注云："云神，丰隆也，一曰屏翳。"风伯，风神。雨师，雨神。

【61】昆仑，昆仑山，今昆仑山脉，古代传说中认为上有西王母居住。轧沕洸忽，难以看清的样子。

【62】三危，仙山名。

【63】阊阖，天宫之门。

【64】玉女，神女、仙女。

【65】阆风，神山，传说在昆仑之巅，是西王母所居之处。

【66】亢乌腾，《史记集解》引《汉书音义》曰："亢然高飞如乌之腾也。"亢，高。腾，飞腾。

【67】低回，徘徊。阴山，传说在昆仑山西。

【68】西王母，传说中女神。《山海经》记载："其状如人，豹尾虎齿而善啸，蓬发戴胜。"

【69】曤（hé）然，白而不纯的样子。胜，玉胜，一种首饰。

【70】三足乌，即三足金乌，传说中的神鸟，是太阳的化身。

【71】济，度。

【72】回车，掉转车头。不周，不周山，传说中的天柱。

【73】幽都，极北之地，传说是日落处。

【74】沆瀣，夜间的水汽，露水。

【75】噍（jiào）咀，咀嚼。叽，小吃。琼华，传说中琼树的花蕊，似玉屑。

【76】嫭（jìn），通“僸”，仰头。侵浔，渐进。

【77】鸿涌，波涛腾涌的样子。厉，扬。

【78】列缺，闪电。倒景，下射光。

【79】滂沛，雨水丰盛的样子。

【80】游道，远游的路途。

【81】骛，奔驰。遗雾，将云雾抛在身后。

【82】隘陕，即“狭隘”。

【83】舒节，缓慢前行。北垠，极北之地。

【84】屯骑，众多的随从骑兵。玄阙，传说中的北方极远之地。

【85】轶，通“遗”，留下。先驱，向导。寒门，北极之门。

【86】眩眠，看不清的样子。

【87】惝恍，模糊不清的样子。

答客难

东方朔

东方朔，字曼倩，平原郡厌次县（今山东省惠民县）人，西汉辞赋家。汉武帝时上书自荐，自称：“臣朔年二十二，长九尺三寸，目若悬珠，齿若编贝，勇若孟贲，捷若庆忌，廉若鲍叔，信若尾生。若此可以为天子大臣矣。”后官至太中大夫等职。他博学多才，著述甚丰，但由于性格喜诙谐滑稽，被汉武帝轻视而不得重用。后世将他的形象神化，描绘为神仙形象。

　　《汉书·艺文志》著录："《东方朔》二十篇"，此外还有《神异经》传世（一说是西汉作者假托东方朔之名所作）。班固称他是"滑稽之雄"。

题　解

　　据《汉书》记载，东方朔曾上书汉武帝陈述政事，可汉武帝却将他当作是俳优，并不重视他的意见。东方朔退而作《答客难》。在文中，东方朔以对问的形式，分析了多位古代贤士功成名就，而自己却怀才不遇的原因，即没有"遇其时"；实则是讽刺统治者凭一己之喜好随意抑扬人才，为自己的怀才不遇鸣不平。

　　《答客难》虽没有以赋为名，实际上却是一种特殊形式的赋。它继承了宋玉《对楚王问》的对问体格式而加以创新，铺陈排比，结构严谨而气势酣畅。后代如扬雄《解嘲》、班固《答宾戏》，乃至韩愈《进学解》都是继承了《答客难》之遗风。

　　客难[1]东方朔曰："苏秦、张仪一当万乘之主，而身都[2]卿相之位，泽及后世。今子大夫[3]修先王之术，慕圣人之义，讽诵诗书百家之言，不可胜记，著于竹帛；唇腐齿落，服膺[4]而不可释，好学乐道之效，明白甚矣；自以为智能海内无双，则可谓博闻辩智矣。然悉力尽忠，以事圣帝，旷日持久，积数十年，官不过侍郎，位不过执戟[5]。意者尚有遗行邪[6]？同胞之徒[7]，无所容居，其故何也？"

　　东方先生[8]喟然长息，仰而应之曰："是故[9]非子之所能备。彼一时也，此一时也，岂可同哉？夫苏秦、张仪之时，周室大坏，诸侯不朝，力政[10]争权，相擒以兵，并为十二国，未有雌雄。得士者强，失士者亡，故说得行焉。身处尊位，珍宝充内，外有仓廪，泽及后世，子孙长享。今则不然：圣帝德流，天下震慑，诸侯宾服，连四海之外以为带，安于覆盂。天下平均，合为一家，动发[11]举事，犹运之掌，贤与不肖何以异哉？遵天之道，顺地之理，物无不得其所；故绥之则安，动之则苦；尊之则为将，卑之则为虏；抗[12]之则在青云之上，抑之则在深渊之下；用之则为虎，不用则为鼠[13]；虽欲尽节效情，安知前后[14]？夫天地之大，士民之众，竭精驰说，并进辐凑者，不可胜数；悉力慕之[15]，困于衣食，或失门户[16]。使苏秦、张仪与仆并生于今之世，曾不得掌故[17]，安敢望侍郎乎！传曰[18]：'天下无害，虽有圣人，无所施才；上下和同，虽有贤者，无所立功。'故曰：时异事异。

"虽然，安可以不务修身乎哉！《诗》曰：'鼓钟于宫，声闻于外。[19]''鹤鸣九皋，声闻于天[20]'。苟能修身，何患不荣！太公体行仁义，七十有二[21]，乃设用于文武，得信厥说。封于齐，七百岁而不绝[22]。此士所以日夜孳孳[23]，修学敏行，而不敢怠也。譬若鹡鸰[24]，飞且鸣矣。传曰：'天不为人之恶寒而辍其冬，地不为人之恶险而辍其广，君子不为小人之匈匈而易其行。''天有常度，地有常形，君子有常行；君子道其常，小人计其功。'诗云：'礼义之不愆，何恤人之言？[25]'水至清则无鱼，人至察则无徒。冕而前旒，所以蔽明；黈纩充耳，所以塞聪[26]。明有所不见，聪有所不闻，举大德，赦小过，无求备[27]于一人之义也。枉而直之，使自得之；优而柔之，使自求之；揆而度之，使自索之[28]。盖圣人之教化如此，欲其自得之；自得之，则敏且广矣。

"今世之处士，时虽不用，块然[29]无徒，廓然[30]独居；上观许由，下察接舆；计同范蠡，忠合子胥；天下和平，与义相扶，寡偶少徒，固其宜也。子何疑于予哉？若夫燕之用乐毅，秦之任李斯，郦食其[31]之下齐，说行如流，曲从如环；所欲必得，功若丘山；海内定，国家安；是遇其时者也，子又何怪之邪？语曰：'以管窥天，以蠡测海，以莛[32]撞钟'，岂能通其条贯，考其文理，发其音声哉？犹是观之，譬由鼱鼩之袭狗，孤豚之咋虎 [33]，至则靡耳 [34]，何功之有？今以下愚而非处士，虽欲勿困，固不得已，此适足以明其不知权变，而终惑于大道也。"

注　释

【1】难，诘难，问难。

【2】都，高居。

【3】子，对男子的敬称。大夫，东方朔所任官职太中大夫的简称。

【4】服膺，记在心里。

【5】侍郎，皇帝左右的侍卫郎官。执戟，秦汉时郎官都要执戟宿卫宫门，因此执戟也成为郎官的代称。此处形容东方朔官位低微。另，《史记·淮阴侯列传》："臣事项王，官不过郎中，位不过执戟。"

《汉书》记载，东方朔在上书之初，汉武帝虽然对他有印象，但并不重视他，只让他"待诏公车"，于是东方朔便骗在宫中充任优伶的侏儒说汉武帝认为他们无用，将要杀死他们。侏儒们十分恐惧，于是按照东方朔的建议在汉武帝经过时叩头大哭。汉武帝问东方朔何意，东方朔回答："侏儒长三尺余，奉一囊粟，钱二百四十。臣朔长九尺余，亦奉一囊粟，钱二百四十。侏儒饱欲死，臣朔饥欲死。臣言可用，幸异其礼；不可用，罢之，无令但索长安米。"汉武帝大笑，于是将他提拔为待诏金马门，此后又因东方朔的机智而多次赏赐提拔他，而东方朔也不断寻找机会运用各种方式进谏，但汉武帝最终也没有重用东方朔。

【6】意者，想来，料想。遗行，过失，不道德的行为。

【7】同胞之徒，亲兄弟。

【8】东方先生，东方朔自称。

【9】故，通"固"，本来。

【10】政，通"征"。力政，大肆征战。

【11】动发，举动，发动。

【12】抗，举动。

【13】虎，比喻有权有势之人。鼠，比喻卑微低贱之人。

【14】前后，此处作动词，前进后退。

【15】之，天子恩德。

【16】失门户，丧失家庭，指被杀戮。

【17】掌故，汉代掌管礼乐制度等档案的小官。

【18】传曰，引用古书上的言论都可以说"传曰"。

【19】此句见于《诗·小雅·白华》。

【20】此句见于《诗·小雅·鹤鸣》。

【21】相传姜太公与周文王相遇时已经七十二岁。

【22】此处指从姜太公封于齐到田氏代齐经历七百余年。

【23】孳孳，勤勉的样子。

【24】鹡（jī）鸰（líng），鸟名。

【25】自"天不为人"至"何恤人之言"见于《荀子·天论》，与原文略有不同。訇訇，即"讻讻"，吵闹的样子。"礼义之不愆，何恤人之言"一句不见于《诗经》，可能是逸诗。愆，失误，过错。恤，担忧。

【26】此句见于《大戴礼记·子张问入官》。冕，古代君王所戴的礼帽。旒（liú），冕前面悬挂的珠串。黈（tǒu）纩（kuàng），黄色的丝绵。

【27】无求备，不求全责备。

【28】此句见于《大戴礼记·子张问入官》。枉，弯曲。优而柔之，优厚宽和地对待。揆而度之，仔细揣摩其心理。

【29】块然，孤独的样子。

【30】廓然，空旷寂静的样子。

【31】郦食其，秦末游说之士，刘邦谋士，为刘邦游说各国。曾游说齐王田广，使其主动投降刘邦。韩信与其争功，偷袭齐国，齐王大怒便将其丢入锅中煮死。

【32】莛（tíng），细小的竹枝。

【33】鼩（jīng）鼩（qú），即鼩鼩，一种外表类似老鼠的哺乳动物。豚，小猪。咋（zé），通"齚"，咬。这里比喻以小博大，自不量力。

【34】至则靡耳，碰到后只会倒下。

招隐士

淮南小山

　　西汉淮南王刘安的一部分门客的共称。西汉时，淮南王刘安广招门客，有许多士人前往投靠，其中除了"八公"等优秀的人才外，还有分为"大山"和"小山"两派的儒生。他们的作品除《淮南子》外，仅有《招隐士》一篇传世。

题　解

　　本文见于王逸《楚辞章句》，王逸认为是淮南王门客所作，《文选》则认为是淮南王刘安所作。关于本文的主题，也有多种说法。王逸认为是感伤屈原事迹所作，王夫之认为是为淮南王招揽隐士所作。

　　本文以强烈的主观情感色彩，构筑了一个森然可怖的环境，风格奇奥，构思险怪。尤其是叠字的运用，虽然读来佶屈聱牙，却使文章所表现的山林险怪更为突出。"屈宋诸篇，虽道深闳肆，然语皆平典。至淮南《招隐》，叠用奇字，气象雄奥，风骨棱嶒，拟骚之作，古今莫追。昭明独取此篇，当矣。"（胡应麟《诗薮》）

　　桂树丛生兮山之幽，偃蹇连蜷兮枝相缭[1]。山气巃嵷[2]兮石嵯峨，溪谷崭岩兮水曾[3]波。猿狖[4]群啸兮虎豹嗥，攀援桂枝兮聊淹留[5]。王孙游兮不归，春草生兮萋萋。岁暮兮不自聊，蟪蛄[6]鸣兮啾啾。坱兮轧[7]，山曲崅[8]，心淹留兮恫慌忽[9]。罔兮沕[10]，憭兮栗[11]，虎豹穴[12]。丛薄深林兮，人上栗。嵚崟碕礒[13]兮，硱磳磈硊[14]；树轮相纠兮，林木茷骫[15]。青莎杂树[16]兮，薠草靃[17]

靡；白鹿麏麚^[18]兮，或腾或倚。状貌崟崟^[19]兮峨峨，凄凄兮漇漇^[20]。猱猴兮熊罴，慕类兮以悲；攀援桂枝兮聊淹留。虎豹斗兮熊罴咆，禽兽骇兮亡其曹^[21]。王孙兮归来，山中兮不可以久留！

注　释

【1】偃蹇、连蜷，都是形容曲折。缭，缠绕扭结。

【2】巄（lóng）嵷（zōng），一作"巃嵸"，云气弥漫的样子。

【3】嶄岩，险峻的样子。曾，通"层"。

【4】狖（yòu），长尾猿。

【5】淹留，久留。

【6】螇（huī）蚰，寒蝉。

【7】坱（yǎng）兮轧，形容云气浓厚广阔。

【8】曲䢫（fú），形容山势曲折盘旋。

【9】恫慌忽，忧愁思深的样子。

【10】罔兮沕（wù），失魂落魄的样子。

【11】憭（liáo）兮栗，恐惧的样子。

【12】穴，闻一多认为应为"突"字，与上文"虎豹嗥"和下文"虎豹斗"相对。

【13】嶔（qīn）岑（yín）、碕（qí）礒（yǐ），都是形容山石形状奇异。

【14】碅（jūn）磳（zēng）、磈（kuǐ）硊（guì），都是形容怪石嶙峋的样子。

【15】轮，横枝。茷（fá）骫（wěi），盘旋弯曲的样子。

【16】杂树，草木丛生。

【17】蘋（fán），古书上说的一种似莎而比莎大的草。靃（huò），成群的样子。

【18】麏（jūn），通"麇"，獐。麚（jiā），公鹿。

【19】崟崟，高耸、高峻的样子。

【20】漇漇（xǐ），润泽。

【21】曹，同类。

女娲补天

《淮南子》

《淮南子》，原名《鸿烈》，是西汉时淮南王刘安召集其门客所作。《淮南子》内容广博，政治、哲学、天文、地理都有所论述，将先秦诸子思想加以融合，以道家思想为主，兼有儒家与阴阳家思想，是杂家的代表著作。《淮南子》站在诸侯王角度，反对汉武帝的中央集权政策；以浪漫的文字，论述自然和宇宙的生成，对后世影响很大。

刘安，淮南厉王刘长长子，袭封淮南王。在位期间广招门客，尤其爱好神仙方术，后因被庶长子告发谋反畏罪自杀。他效法《吕氏春秋》，希望能融合各家之说，于是作此书献于汉武帝。梁启超评价：“《淮南鸿烈》为西汉道家言之渊府，其书博大而和有条贯，汉人著述中第一流也。”

题 解

本文见于《淮南子·览冥训》。本文描写女娲改造自然、拯救人类的故事，象征着上古先民面临氏族灭亡的灾害时的胸怀气魄和高度智慧。

往古之时，四极[1]废，九州裂[2]，天不兼覆，地不周载[3]，火爁焱[4]而不灭，水浩洋而不息，猛兽食颛[5]民，鸷鸟攫[6]老弱，于是女娲[7]炼五色石以补苍天，断鳌[8]足以立四极。杀黑龙以济冀州[9]，积芦灰以止淫水[10]。苍天补，四极正，淫水涸[11]，冀州平，狡虫[12]死，颛民生。

注　释

【1】四极，天的四边。上古时代的人认为，天的四边有四根巨大的柱子支撑着。

【2】裂，崩裂，崩塌。

【3】这两句是说，天不能覆盖大地，地不能容载万物。

【4】爁（làn）焱（yán），火焰蔓延。焱原作"炎"，据王念孙说改。

【5】颛（zhuān），善良。

【6】鸷鸟，凶猛的禽鸟。攫，用爪子抓取。

【7】女娲，上古女神，是中华民族神话传说中的人类始祖，用泥土创造了人类。

【8】鳌，一种传说中的大龟。

【9】冀州，古九州，这里指黄河流域中原地带。

【10】淫水，泛滥的洪水。

【11】涸，干枯。

【12】狡虫，凶猛的害虫。

编者注

在世界多个民族的传说中，均有与本文中"水浩洋而不息"类似的大洪水记载。如人类最早的英雄史诗《吉尔伽美什史诗》、犹太民族的《圣经·旧约》以及玛雅文明均有类似的记载。对于这类传说之间是否存在共通性的问题，学界一直存有争议，许多学者认为各文明的神话中记载的洪水可能存在，但所指的并非是同一场洪水，也无法说明有一场遍及整个世界的大洪水存在；一些学者则依据两河流域发现的记载洪水传说的苏美尔泥板和沙层而断定，这些传说都是起源于公元前4500年左右发生在两河流域的一场大洪水，随着各民族之间的迁移、交流，这一传说也传播到世界各地。

后羿射日

《淮南子》

题　解

《山海经》中，曾记载了后羿这一形象，本文将他的形象变得更为具体，将其描绘为平定自然灾害的英雄。本文反映的，是上古先民面对自然灾害时征服自然的强烈愿望。

逮至尧之时，十日并出，焦禾稼，杀草木，而民无所食。猰貐、凿齿、九婴、大风、封豨、修蛇皆为民害[1]。尧乃使羿[2]诛凿齿于畴华[3]之野，杀九婴于凶水[4]之上，缴大风于青丘[5]之泽，上射十日而下杀猰貐，断修蛇于洞庭[6]，禽封豨于桑林[7]。万民皆喜，置尧以为天子。

注　释

【1】猰（yà）貐（yǔ），传说中的一种猛兽，人面龙身、大小如狸；一说是人面牛身马腿，行走极快，好吃人。凿齿，怪兽名，牙如凿子，手持矛和盾。九婴，怪兽名，长有九头，能喷水吐火。大风，凶鸟名，飞过的地方就会刮起狂风。封豨（xī），大野猪。修蛇，大蟒蛇。

【2】羿，尧时擅长射箭的勇士，相传是帝俊（即天帝）派往地上拯救人类的天神，射落了九个太阳。其妻子名嫦娥。后人多将其与夏朝有穷国君后羿混淆，二者虽都善于射箭，实际并非同一人。

【3】畴华，南方大湖名。

【4】凶水，北方河名。

【5】青丘，东方大湖名。

【6】洞庭，南方大湖名，即今洞庭湖。

【7】桑林，传说中商汤求雨之处。

编者注

早在《楚辞·天问》中，屈原就作出了"羿焉彃日？乌焉解羽？"的疑问，对后羿射日的传说表示疑惑。而后代的许多学者更是认为这一传说荒诞不经。那么"后羿射日"这一传说，其原型到底是什么样的？

在《山海经》中，高诱注"凿齿"一条为"兽名"，却又"能持戈盾"；而郭璞则注"亦人也"。亦人亦兽，能以戈盾作战，与其说是猛兽，更像是一个勇猛善战的部族。而《淮南子·坠形训》更是证明了这种说法："自西南至东南方，有……凿齿民。"至于"九婴""大风"，也在《淮南子》或者《竹书记年》中被记载为某个部族的名字。由此可以推断，后羿射下的"日"其实指的是生活在其他地区的部族，而这些部族大多崇拜太阳，后羿奉命对他们进行征伐而取得胜利。关于这些事迹的记载，历经千年流传，便演化为"后羿射日"的传说。

共工怒触不周山

《淮南子》

题　解

本文记载了敢于改变天地日月的英雄共工。古代文献中，共工常常与洪水一同出现。毛泽东则在《渔家傲·反第一次大围剿》注中认为共工是胜利的英雄。

昔者共工与颛顼争为帝[1]，怒而触不周之山[2]。天柱折，地维[3]绝。天倾西北，故日月星辰移焉；地不满东南，故水潦[4]尘埃归焉。

注 释

【1】共工，事迹见于《尚书》《山海经》等，均记载共工是凶神，大禹进攻并放逐了他。一说共工部落的活动区域在今河南辉县一带。颛顼，传说中的五帝之一，是黄帝之孙。

【2】不周之山，传说在西北方，是人间的天柱，支撑着天的西北方向。

【3】地维，指地的四角。维，网上的绳子。

【4】水潦（lǎo），积水。

项羽本纪

司马迁

司马迁，字子长，左冯翊夏阳（今陕西韩城）人，西汉初年史学家、文学家，承袭其父司马谈之职任太史令，后人尊称为太史公。年轻时，他游历四方，采集各地传说。其父司马谈死，司马迁承袭父职。在奉命订立"太初历"后，司马迁便潜心修史，承袭司马谈编订《春秋》之后史事的遗志，追求"究天人之际，通古今之变，成一家之言"。但由于汉武帝认为其著述有诋毁自己的文字而对其不满，又因司马迁为被匈奴俘虏的李陵辩护，汉武帝大怒而将其投入大狱，准备处死。当时法律规定，死罪者可以缴纳五十万钱或接受腐刑（即阉割）以免死，司马迁无法筹集五十万钱，只得接受腐刑。出狱后，司马迁发奋继续修史，数年之后终于完成《史记》。此后，史书便再无关于司马迁的记载。

《史记》是中国第一部纪传体通史，全书记载了从黄帝到汉武帝太初年间三千余年的历史，共一百三十卷，分为本纪十二卷、世家三十卷、列传七十卷、表十卷、书八卷。《史记》开创了纪

传体这一撰写史书的方法，被后世史家所传承。《史记》文学价
值也极高，思想内容丰富，不虚美不隐恶，爱憎分明，带有浓厚
的思想感情；善于叙事，善于渲染气氛，气势雄奇而富于变化；
善于描写人物，注重突出人物的性格特征；文辞精练，精切浅白，
灵活多变。

司马迁在完成《史记》后，自知此书不容于世，于是将正本
存之名山，副本流传于世。后其外孙杨恽将《史记》对外公布，
全书才得以流传于世。但由于《史记》对汉武帝的记载贬损之辞
颇多，因此汉朝朝廷将其列为禁书，《孝景皇帝本纪》等十余卷
均被删去，由后世史家为其补缺。而后世则盛赞《史记》，尊司
马迁为"史圣"，认为《史记》是中国历史学的开端，鲁迅称《史
记》是"史家之绝唱，无韵之离骚"。

题　解

本文节选了《史记·项羽本纪》中最为精彩的部分，讲述了项羽波澜
壮阔的一生。"本纪"这一体例，本来是记录帝王事业，但项羽在秦灭到
汉兴之间曾如帝王一般发号施令，因此也列入"本纪"。本文生动地描写
了项羽从起兵到威震天下，再到错失良机而走向败亡的一生，刻画了项羽
这位"力拔山兮气盖世"，却又优柔寡断的悲情英雄形象。全文歌颂了项
羽在灭秦战争中的功绩，也批评了他只凭匹夫之勇而欲统治天下的错误想
法。虽然多有挞伐，但更多的则是惋惜和同情。

项籍者，下相[1]人也，字羽。初起时[2]，年二十四。其季父
项梁，梁父即楚将项燕[3]，为秦将王翦所戮者也。项氏世世为楚将，
封于项[4]，故姓项氏。

项籍少时，学书[5]不成，去学剑，又不成。项梁怒之。籍曰："书
足以记名姓而已。剑一人敌，不足学，学万人敌。"于是项梁乃
教籍兵法，籍大喜，略知其意，又不肯竟学。项梁尝有栎阳逮[6]，

乃请蕲[7] 狱掾曹咎书抵[8] 栎阳狱掾司马欣，以故事得已[9]。项梁杀人，与籍避仇于吴中[10]。吴中贤士大夫皆出项梁下[11]。每吴中有大繇役及丧[12]，项梁常为主办，阴以兵法部勒[13] 宾客及子弟，以是知其能[14]。秦始皇帝游会稽[15]，渡浙江[16]，梁与籍俱观。籍曰："彼可取而代也。"梁掩其口，曰："毋妄言，族矣！"梁以此奇籍。籍长八尺余，力能扛鼎，才气过人，虽吴中子弟皆已惮籍矣。

秦二世元年七月，陈涉等起大泽中[17]。其九月，会稽守通[18] 谓梁曰："江西[19] 皆反，此亦天亡秦之时也。吾闻先即制人，后则为人所制。吾欲发兵，使公及桓楚[20] 将。"是时桓楚亡在泽中[21]。梁曰："桓楚亡，人莫知其处，独籍知之耳。"梁乃出，诚籍持剑居外待。梁复入，与守坐，曰："请召籍，使受命召桓楚。"守曰："诺。"梁召籍入。须臾，梁眴籍曰："可行矣！[22]"于是籍遂拔剑斩守头。项梁持守头，佩其印绶。门下大惊，扰乱，籍所击杀数十百人。一府中皆慴伏[23]，莫敢起。梁乃召故所知豪吏[24]，谕以所为起大事，遂举吴中兵。使人收下县[25]，得精兵八千人。梁部署吴中豪杰为校尉、候、司马。有一人不得用，自言于梁。梁曰："前时某丧使公主某事，不能办，以此不任用公。"众乃皆伏[26]。于是梁为会稽守，籍为裨将，徇[27] 下县。

广陵人召平于是为陈王[28] 徇广陵，未能下[29]。闻陈王败走，秦兵又且至，乃渡江矫陈王命，拜梁为楚王上柱国[30]。曰："江东已定，急引兵西击秦。"项梁乃以八千人渡江而西。闻陈婴已下东阳[31]，使使欲与连和俱西[32]。陈婴者，故东阳令史，居县中，素信谨，称为长者。东阳少年杀其令，相聚数千人，欲置长[33]，无适用，乃请陈婴。婴谢不能，遂强立婴为长，县中从者得二万人。少年欲立婴便为王，异军苍头[34] 特起。陈婴母谓婴曰："自我为汝家妇，未尝闻汝先古之有贵者。今暴[35] 得大名，不祥。不如有所属[36]，事成犹得封侯，事败易以亡，非世所指名[37] 也。"婴乃不敢为王。谓其军吏曰："项氏世世将家，有名于楚。今欲举大事，将非其人，不可。我倚名族，亡秦必矣。"于是众从其言，以兵属项梁。项梁渡淮，黥布、蒲将军[38] 亦以兵属焉。凡六七万人，军下邳[39]。……

项梁闻陈王定死[40]，召诸别将会薛计事[41]。此时沛公[42] 亦起沛，往焉。居鄛[43] 人范增，年七十，素居家，好奇计，往说项梁曰："陈胜败固当[44]。夫秦灭六国，楚最无罪。自怀王入秦不反[45]，楚人怜之至今，故楚南公曰：'楚虽三户，亡秦必楚'[46] 也。今陈胜首事，不立楚后而自立，其势不长。今君起江东，楚蜂午[47] 之将皆争附君者，以君世世楚将，为能复立楚之后也。"于是项梁然其言，乃求楚怀王孙心民间，为人牧羊，立以为楚怀王，从民所望。陈婴为楚上柱国，封五县，与怀王都盱台[48]。项梁自号为武信君。……

项梁使沛公及项羽别攻城阳[49]，屠[50] 之。西破秦军濮阳[51] 东，秦兵收入濮阳。沛公、项羽乃攻定陶[52]。定陶未下，去，西略地至雝丘[53]，大破秦军，斩李由[54]。还攻外黄[55]，外黄未下。

项梁起东阿[56]，西北[57] 至定陶，再破秦军，项羽等又斩李由，益轻秦，有骄色。宋义[58] 乃谏项梁曰："战胜而将骄卒惰者败。今卒少[59] 惰矣，秦兵日益[60]，臣为君畏之。"项梁弗听。乃使宋义使于齐。道遇齐使者高陵君显[61]，曰："公将见武信君乎？"曰："然。"曰："臣论武信君军必败。公徐行即免死，疾行则及祸。"秦果悉起兵益章邯[62]，击楚军，大破之定陶，项梁死。沛公、项羽去外黄攻陈留[63]，陈留坚守不能下。沛公、项羽相与谋曰："今项梁军破，士卒恐。"乃与吕臣[64] 军俱引兵而东。吕臣军彭城[65] 东，项羽军彭城西，沛公军砀[66]。

章邯已破项梁军，则以为楚地兵不足忧，乃渡河击赵[67]，大破之。当此时，赵歇为王，陈余为将，张耳为相，皆走入钜鹿城[68]。

章邯令王离、涉间[69]围钜鹿，章邯军其南，筑甬道而输之粟[70]。陈余为将，将卒数万人而军钜鹿之北，此所谓河北之军也。

楚兵已破于定陶，怀王恐，从盱台之彭城，并项羽、吕臣军自将之。以吕臣为司徒，以其父吕青为令尹[71]。以沛公为砀郡长，封为武安侯，将砀郡兵。

初，宋义所遇齐使者高陵君显在楚军，见楚王曰："宋义论武信君之军必败，居数日，军果败。兵未战而先见败徵，此可谓知兵矣。"王召宋义与计事而大说之，因置以为上将军，项羽为鲁公，为次将，范增为末将，救赵。诸别将皆属宋义，号为卿子冠军[72]。行至安阳[73]，留四十六日不进。项羽曰："吾闻秦军围赵王钜鹿，疾引兵渡河[74]，楚击其外，赵应其内，破秦军必矣。"宋义曰："不然。夫搏牛之虻不可以破虮虱[75]。今秦攻赵，战胜则兵罢，我承其敝；不胜，则我引兵鼓行[76]而西，必举[77]秦矣。故不如先斗秦赵。夫被坚执锐[78]，义不如公；坐而运策[79]，公不如义。"因下令军中曰："猛如虎，很[80]如羊，贪如狼，强不可使者[81]，皆斩之。"乃遣其子宋襄相齐，身送之至无盐[82]，饮酒高会[83]。天寒大雨，士卒冻饥。项羽曰："将戮力[84]而攻秦，久留不行。今岁饥民贫，士卒食芋菽[85]，军无见粮[86]，乃饮酒高会，不引兵渡河因赵食[87]，与赵并力攻秦，乃曰'承其敝'。夫以秦之强，攻新造之赵，其势必举赵。赵举而秦强，何敝之承！且国兵新破，王坐不安席，埽[88]境内而专属于将军，国家安危，在此一举。今不恤士卒而徇其私，非社稷之臣。"项羽晨朝[89]上将军宋义，即其帐中斩宋义头，出令军中曰："宋义与齐谋反楚，楚王阴令羽诛之。"当是时，诸将皆慴服，莫敢枝梧[90]。皆曰："首立楚者，将军家也。今将军诛乱。"乃相与共立羽为假上将军。使人追宋义子，及之齐，杀之。使桓楚报命于怀王。怀王因使项羽为上将军，当阳君[91]、蒲将军皆属项羽。

　　项羽已杀卿子冠军，威震楚国，名闻诸侯。乃遣当阳君、蒲将军将卒二万渡河，救钜鹿。战少利[92]，陈余复请兵。项羽乃悉引兵渡河，皆沈船，破釜甑，烧庐舍，持三日粮，以示士卒必死，无一还心。于是至则围王离，与秦军遇，九战，绝其甬道，大破之，杀苏角[93]，虏王离。涉间不降楚，自烧杀。当是时，楚兵冠诸侯。诸侯军救钜鹿下者十余壁[94]，莫敢纵兵。及楚击秦，诸将皆从壁上观。楚战士无不一以当十，楚兵呼声动天，诸侯军无不人人惴恐。于是已破秦军，项羽召见诸侯将，入辕门[95]，无不膝行而前，莫敢仰视。项羽由是始为诸侯上将军，诸侯皆属焉。……

　　项羽使蒲将军日夜引兵度三户[96]，军漳南，与秦战，再破之。项羽悉引兵击秦军汙水上，大破之。章邯使人见项羽，欲约[97]。项羽召军吏谋曰："粮少，欲听其约。"军吏皆曰："善。"项羽乃与期洹水南殷虚上[98]。已盟，章邯见项羽而流涕，为言赵高[99]。项羽乃立章邯为雍[100]王，置楚军中。使长史欣为上将军，将秦军为前行。到新安[101]。诸侯吏卒异时故繇使屯戍过秦中[102]，秦中吏卒遇之多无状[103]，及秦军降诸侯，诸侯吏卒乘胜多奴虏使之，轻折辱秦吏卒。秦吏卒多窃言曰："章将军等诈吾属[104]降诸侯，今能入关破秦，大善；即[105]不能，诸侯虏吾属而东，秦必尽诛吾父母妻子。"诸侯微闻其计，以告项羽。项羽乃召黥布、蒲将军计曰："秦吏卒尚众，其心不服，至关中[106]不听，事必危，不如击杀之，而独与章邯、长史欣、都尉翳[107]入秦。"于是楚军夜击阬[108]秦卒二十余万人新安城南。

　　行[109]略定秦地。函谷关有兵守关，不得入。又闻沛公已破咸阳[110]，项羽大怒，使当阳君等击关。项羽遂入，至于戏西[111]。沛公军霸上[112]，未得与项羽相见。沛公左司马曹无伤使人言于项羽曰："沛公欲王关中，使子婴为相，珍宝尽有之。"项羽大怒，曰："旦日飨士卒，为击破沛公军[113]！"当是时，项羽兵四十万，在新丰鸿门[114]，沛公兵十万，在霸上。范增说项羽曰：“沛公居山东[115]时，贪于财货，好美姬。今入关，财物无所取，妇女无所幸[116]，此其志不在小。吾令人望其气[117]，皆为龙虎，成五采，此天子气也。急击勿失。”

　　楚左尹项伯者[118]，项羽季父也，素善留侯张良[119]。张良是时从沛公，项伯乃夜驰之沛公军，私见张良，具告[120]以事，欲呼张良与俱去。曰：“毋从俱死也。”张良曰：“臣为韩王送沛公[121]，沛公今事有急，亡去不义，不可不语。”良乃入，具告沛公。沛公大惊，曰：“为之奈何？”张良曰：“谁为大王为此计者？”曰：“鲰生[122]说我曰：‘距关，毋内诸侯，秦地可尽王也[123]。’故听之。”良曰：“料大王士卒足以当项王乎？”沛公默然，曰：“固不如也，且为之奈何？”张良曰：“请往谓项伯，言沛公不敢背项王也。”沛公曰：“君安与项伯有故[124]？”张良曰：“秦时与臣游，项伯杀人，臣活之。今事有急，故幸来告良。”沛公曰：“孰与君少长[125]？”良曰：“长于臣。”沛公曰：“君为我呼入，吾得兄事之。”张良出，要[126]项伯。项伯即入见沛公。沛公奉卮酒为寿[127]，约为婚姻，曰：“吾入关，秋豪[128]不敢有所近，籍[129]吏民，封府库，而待将军。所以遣将守关者，备他盗之出入与非常也。日夜望将军至，岂敢反乎！原伯具言臣之不敢倍德[130]也。”项伯许诺。谓沛公曰：“旦日不可不蚤[131]自来谢项王。”沛公曰：“诺。”于是项伯复夜去，至军中，具以沛公言报项王。因言曰：“沛公不先破关中，公岂敢入乎？今人有大功而击之，不义也，不如因善遇之。”项王许诺。

　　沛公旦日从百余骑来见项王，至鸿门，谢曰：“臣与将军戮力而攻秦，将军战河北，臣战河南，然不自意[132]能先入关破秦，得复见将军于此。今者有小人之言，令将军与臣有郤[133]。”项王曰：“此沛公左司马曹无伤言之；不然，籍何以至此。”项王即日因留沛公与饮。项王、项伯东乡坐。亚父[134]南乡坐。亚父者，范增也。沛公北乡坐，张良西乡侍。范增数目[135]项王，举所佩玉玦[136]以示之者三，项王默然不应。范增起，出召项庄[137]，谓曰："君王为人不忍，若[138]入前为寿，寿毕，请以剑舞，因击沛公于坐，杀之。不者[139]，若属[140]皆且为所虏。"庄则入为寿，寿毕，曰："君王与沛公饮，军中无以为乐，请以剑舞。"项王曰："诺。"项庄拔剑起舞，项伯亦拔剑起舞，常以身翼蔽沛公，庄不得击。于是张良至军门，见樊哙[141]。樊哙曰："今日之事何如？"良曰："甚急。今者项庄拔剑舞，其意常在沛公也。"哙曰："此迫矣，臣请入，与之同命。"哙即带剑拥盾入军门。交戟[142]之卫士欲止不内，樊哙侧其盾以撞，卫士仆地[143]，哙遂入，披帷西乡立[144]，瞋目[145]视项王，头发上指[146]，目眦[147]尽裂。项王按剑而跽[148]曰："客何为者？"张良曰："沛公之参乘[149]樊哙者也。"项王曰："壮士，赐之卮酒。"则与斗卮酒。哙拜谢，起，立而饮之。项王曰："赐之彘肩[150]。"则与一生彘肩。樊哙覆其盾于地，加彘肩上，拔剑切而啗[151]之。项王曰："壮士，能复饮乎？"樊哙曰："臣死且不避，卮酒安足辞！夫秦王有虎狼之心，杀人如不能举[152]，刑人如恐不胜[153]，天下皆叛之。怀王与诸将约曰'先破秦入咸阳者王之'。今沛公先破秦入咸阳，豪毛不敢有所近，封闭宫室，还军霸上，以待大王来。故遣将守关者，备他盗出入与非常也。劳苦而功高如此，未有封侯之赏，而听细说[154]，欲诛有功之人。此亡秦之续耳，窃为大王不取也。"项王未有以应，曰："坐。"樊哙从良坐。坐须臾，沛公起如厕，因招樊哙出。

沛公已出，项王使都尉陈平[155]召沛公。沛公曰："今者出，未辞也，为之奈何？"樊哙曰："大行不顾细谨，大礼不辞小让[156]。如今人方为刀俎[157]，我为鱼肉，何辞为。"于是遂去。乃令张良留谢。良问曰："大王来何操[158]？"曰："我持白璧一双，欲献项王，玉斗一双，欲与亚父，会[159]其怒，不敢献。公为我献之。"张良曰："谨诺。"当是时，项王军在鸿门下，沛公军在霸上，相去四十里。沛公则置[160]车骑，脱身独骑[161]，与樊哙、夏侯婴、靳强、纪信等四人持剑盾步走[162]，从郦山[163]下，道芷阳间行[164]。沛公谓张良曰："从此道至吾军，不过二十里耳。度我至军中，公乃入。"沛公已去，间至军中，张良入谢，曰："沛公不胜桮杓[165]，不能辞。谨使臣良奉白璧一双，再拜献大王足下；玉斗一双，再拜奉大将军[166]足下。"项王曰："沛公安在？"良曰："闻大王有意督过[167]之，脱身独去，已至军矣。"项王则受璧，置之坐上。亚父受玉斗，置之地，拔剑撞而破之，曰："唉！竖子[168]不足与谋。夺项王天下者，必沛公也，吾属今为之虏矣。"沛公至军，立诛杀曹无伤。

居数日，项羽引兵西屠咸阳，杀秦降王子婴，烧秦宫室，火三月不灭；收其货宝妇女而东。人或说项王曰："关中阻山河四塞[169]，地肥饶，可都以霸[170]。"项王见秦宫皆以烧残破，又心怀思欲东归，曰："富贵不归故乡，如衣绣夜行，谁知之者！"说者曰："人言楚人沐猴而冠[171]耳，果然。"项王闻之，烹说者。

项王使人致命[172]怀王。怀王曰："如约[173]。"乃尊怀王为义帝[174]。项王欲自王，先王诸将相。谓曰："天下初发难时，假立诸侯后以伐秦。然身被坚执锐首事[175]，暴露于野三年，灭秦定天下者，皆将相诸君与籍之力也。义帝虽无功，故当[176]分其地而王之。"诸将皆曰："善。"乃分天下，立诸将为侯王。项王、范增疑沛公之有天下[177]，业已讲解[178]，又恶负约，恐诸侯叛之，乃阴谋曰："巴、蜀[179]道险，秦之迁人[180]皆居蜀。"乃曰："巴、蜀亦关中地也。"故立沛公为汉王，王巴、蜀、汉中，都南郑[181]。而三分关中，王秦降将以距塞汉王[182]。……项王自立为西楚霸王，王九郡，都彭城。

汉之元年[183]四月，诸侯罢戏下，各就国[184]。项王出之国，使人徙义帝,曰:"古之帝者地方千里,必居上游。"乃使使徙义帝长沙郴县[185]。趣[186]义帝行,其群臣稍稍背叛之,乃阴令衡山、临江王击杀之江中[187]。……

是时,汉还定三秦[188]。项羽闻汉王皆已并关中,且东,齐、赵叛之[189];大怒。乃以故吴令郑昌为韩王,以距汉。令萧公角等击彭越[190]。彭越败萧公角等。汉使张良徇韩,乃遗项王书曰:"汉王失职[191],欲得关中,如约即止,不敢东。"又以齐、梁反书遗项王曰:"齐欲与赵并灭楚。"楚以此故无西意,而北击齐。徵兵九江王布。布称疾不往,使将将数千人行。项王由此怨布也。汉之二年冬,项羽遂北至城阳,田荣亦将兵会战。田荣不胜,走至平原[192],平原民杀之。遂北烧夷齐城郭室屋,皆阬田荣降卒,系虏其老弱妇女。徇齐至北海[193],多所残灭。齐人相聚而叛之。于是田荣弟田横收齐亡卒得数万人,反城阳。项王因留,连战未能下。

春,汉王部五诸侯兵[194],凡五十六万人,东伐楚。项王闻之,即令诸将击齐,而自以精兵三万人南从鲁出胡陵[195]。四月,汉皆已入彭城,收其货宝美人,日置酒高会。项王乃西从萧,晨击汉军而东,至彭城,日中,大破汉军。汉军皆走,相随入穀、泗水[196],杀汉卒十余万人。汉卒皆南走山,楚又追击至灵壁东睢水上。汉军却,为楚所挤,多杀,汉卒十余万人皆入睢水,睢水为之不流。围汉王三匝[197]。于是大风从西北而起,折木发屋,扬沙石,窈冥昼晦[198],逢迎[199]楚军。楚军大乱,坏散,而汉王乃得与数十骑遁去,欲过沛,收家室而西;楚亦使人追之沛,取汉王家:家皆亡,不与汉王相见。汉王道逢得孝惠、鲁元[200],乃载行。楚骑追汉王,汉王急,推堕孝惠、鲁元车下[201],滕公[202]常下收载之。如是者三。曰:"虽急不可以驱[203],奈何弃之?"于是遂得脱。求太公、吕后[204]不相遇。审食其[205]从太公、吕后间行,求汉王,反遇楚军。楚军遂与归,报项王，项王常置军中。

是时吕后兄周吕侯为汉将兵居下邑[206]，汉王间往从之，稍稍收其士卒。至荥阳[207]，诸败军皆会，萧何亦发关中老弱未傅悉诣荥阳[208]，复大振。楚起于彭城，常乘胜逐北[209]，与汉战荥阳南京、索[210]间，汉败楚，楚以故不能过荥阳而西。

项王之救彭城，追汉王至荥阳，田横亦得收齐，立田荣子广为齐王。汉王之败彭城，诸侯皆复与楚而背汉。汉军荥阳，筑甬道属之河，以取敖仓[211]粟。汉之三年，项王数侵夺汉甬道，汉王食乏，恐，请和，割荥阳以西为汉。

项王欲听之。历阳侯[212]范增曰："汉易与[213]耳，今释弗取，后必悔之。"项王乃与范增急围荥阳。汉王患之，乃用陈平计间项王[214]。项王使者来，为太牢具[215]，举欲进之。见使者，详[216]惊愕曰："吾以为亚父使者，乃反项王使者。"更持去，以恶食食项王使者。使者归报项王，项王乃疑范增与汉有私，稍夺之权。范增大怒，曰："天下事大定矣，君王自为之。原赐骸骨归卒伍。[217]"项王许之。行未至彭城，疽[218]发背而死。……

当此时[219]，彭越数反梁地，绝楚粮食，项王患之。为高俎，置太公其上，告汉王曰："今不急下[220]，吾烹太公。"汉王曰："吾与项羽俱北面[221]受命怀王，曰'约为兄弟'，吾翁即若翁，必欲烹而翁[222]，则幸分我一杯羹[223]。"项王怒，欲杀之。项伯曰："天下事未可知，且为天下者不顾家，虽杀之无益，祇[224]益祸耳。"项王从之。

楚汉久相持未决，丁壮苦军旅，老弱罢转漕[225]。项王谓汉王曰："天下匈匈[226]数岁者，徒以吾两人耳，原与汉王挑战决雌雄，毋徒苦天下之民父子为也。"汉王笑谢曰："吾宁斗智，不能斗力。"项王令壮士出挑战。汉有善骑射者楼烦[227]，楚挑战三合，楼烦辄射杀之。项王大怒，乃自被甲持戟挑战。楼烦欲射之，项王瞋目叱[228]之，楼烦目不敢视，手不敢发，遂走还入壁，不敢复出。汉王使人间问[229]之，乃项王也。汉王大惊。于是项王乃即汉王[230]相与临广武间[231]而语。汉王数之[232]，项王怒，欲一战。汉王不听，项王伏弩[233]射中汉王。汉王伤，走入成皋。……

是时，汉兵盛食多，项王兵罢食绝。汉遣陆贾[234]说项王，请太公，项王弗听。汉王复使侯公[235]往说项王，项王乃与汉约，中分天下，割鸿沟[236]以西者为汉，鸿沟而东者为楚。项王许之，即归汉王父母妻子。军皆呼万岁。汉王乃封侯公为平国君。匿弗肯复见。曰："此天下辩士，所居倾国，故号为平国君。"项王已约，乃引兵解而东归。

汉欲西归，张良、陈平说曰："汉有天下太半，而诸侯皆附之。楚兵罢食尽，此天亡楚之时也，不如因其机[237]而遂取之。今释弗击，此所谓'养虎自遗患'也。"汉王听之。汉五年，汉王乃追项王至阳夏[238]南，止军，与淮阴侯韩信、建成侯彭越[239]期会而击楚军。至固陵[240]，而信、越之兵不会。楚击汉军，大破之。汉王复入壁，深堑[241]而自守。谓张子房曰："诸侯不从约，为之奈何？"对曰："楚兵且破，信、越未有分地[242]，其不至固宜。君王能与共分天下，今可立致[243]也。即不能[244]，事未可知也。君王能自陈以东傅[245]海，尽与韩信；睢阳以北至穀城[246]，以与彭越：使各自为战，则楚易败也。"汉王曰："善。"于是乃发使者告韩信、彭越曰："并力击楚。楚破，自陈以东傅海与齐王，睢阳以北至穀城与彭相国。"使者至，韩信、彭越皆报曰："请今进兵。"韩信乃从齐往，刘贾军从寿春并行，屠城父，至垓下[247]。大司马周殷叛楚，以舒[248]屠六，举九江兵[249]，随刘贾、彭越皆会垓下，诣项王。

项王军壁[250]垓下，兵少食尽，汉军及诸侯兵围之数重。夜闻汉军四面皆楚歌[251]，项王乃大惊曰："汉皆已得楚乎？是何楚人之多也！"项王则夜起，饮帐中。有美人名虞，常幸从；骏

马名骓[252]，常骑之。于是项王乃悲歌慷慨，自为诗曰："力拔
山兮气盖世，时不利兮骓不逝[253]。骓不逝兮可奈何，虞兮虞兮
奈若何[254]！"歌数阕，美人和之。项王泣数行下，左右皆泣，
莫能仰视。

　　于是项王乃上马骑，麾下壮士骑从者八百余人，直夜[255]溃围
南出，驰走。平明[256]，汉军乃觉之，令骑将灌婴[257]以五千骑追之。
项王渡淮，骑能属者百余人耳。项王至阴陵[258]，迷失道，问一田父，
田父绐[259]曰"左"。左，乃陷大泽[260]中。以故汉追及之。项王
乃复引兵而东，至东城[261]，乃有二十八骑。汉骑追者数千人。项
王自度不得脱。谓其骑曰："吾起兵至今八岁矣，身七十余战[262]，
所当者破，所击者服，未尝败北，遂霸有天下。然今卒困于此，此
天之亡我，非战之罪也。今日固决死[263]，原为诸君快战[264]，必三
胜之，为诸君溃围，斩将，刈旗[265]，令诸君知天亡我，非战之罪也。"
乃分其骑以为四队，四乡。汉军围之数重。项王谓其骑曰："吾为
公取彼一将。"令四面骑驰下，期山东为三处[266]。于是项王大呼驰下，
汉军皆披靡[267]，遂斩汉一将。是时，赤泉侯[268]为骑将，追项王，
项王瞋目而叱之，赤泉侯人马俱惊，辟易[269]数里与其骑会为三处。
汉军不知项王所在，乃分军为三，复围之。项王乃驰，复斩汉一都
尉，杀数十百人，复聚其骑，亡其两骑耳。乃谓其骑曰："何如？"
骑皆伏曰："如大王言。"

　　于是项王乃欲东渡乌江[270]。乌江亭长檥[271]船待，谓项王曰：
"江东虽小，地方千里，众数十万人，亦足王也。原大王急渡。
今独臣有船，汉军至，无以渡。"项王笑曰："天之亡我，我何渡为！
且籍与江东子弟八千人渡江而西，今无一人还，纵江东父兄怜而
王我，我何面目见之？纵彼不言，籍独不愧于心乎？"乃谓亭长曰：
"吾知公长者。吾骑此马五岁，所当无敌，尝一日行千里，不忍杀之，
以赐公。"乃令骑皆下马步行，持短兵[272]接战。独籍所杀汉军数

百人。项王身亦被十余创[273]。顾见汉骑司马吕马童[274]，曰："若非吾故人乎？"马童面之，指王翳[275]曰："此项王也。"项王乃曰："吾闻汉购我头千金，邑万户，吾为汝德[276]。"乃自刎而死。王翳取其头，余骑相蹂践争项王，相杀者数十人。最其后，郎中骑杨喜，骑司马吕马童，郎中吕胜、杨武各得其一体。五人共会其体，皆是。故分其地为五：封吕马童为中水侯，封王翳为杜衍侯，封杨喜为赤泉侯，封杨武为吴防侯，封吕胜为涅阳侯。

项王已死，楚地皆降汉，独鲁不下。汉乃引天下兵欲屠之，为其守礼义，为主死节，乃持项王头视鲁[277]，鲁父兄乃降。始，楚怀王初封项籍为鲁公，及其死，鲁最后下，故以鲁公礼葬项王榖城。汉王为发哀，泣之而去。

诸项氏枝属，汉王皆不诛。乃封项伯为射阳侯。桃侯、平皋侯、玄武侯皆项氏，赐姓刘。

太史公[278]曰：吾闻之周生[279]曰"舜目盖重瞳子[280]"，又闻项羽亦重瞳子。羽岂其苗裔[281]邪？何兴之暴[282]也！夫秦失其政，陈涉首难[283]，豪杰蜂起，相与并争，不可胜数。然羽非有尺寸乘势[284]，起陇亩[285]之中，三年，遂将五诸侯灭秦，分裂天下，而封王侯，政由羽出，号为"霸王"，位虽不终，近古以来未尝有也。及羽背关怀楚[286]，放逐义帝而自立，怨王侯叛己，难矣。自矜功伐[287]，奋其私智而不师古[288]，谓霸王之业，欲以力征[289]经营天下，五年卒亡其国，身死东城，尚不觉寤[290]而不自责，过[291]矣。乃引"天亡我，非用兵之罪也"，岂不谬哉！

注 释

【1】下相，今江苏宿迁市西。

【2】初起时，刚刚起兵时，即秦二世元年（公元前209年）。

【3】项燕，楚将，曾大败秦将李信，后为王翦击败，楚王被俘，项燕便

立昌平君为王；第二年，王翦破楚，昌平君死，项燕自杀。

【4】项，今河南项城市东北。

【5】书，认字和写字。

【6】栎（yuè）阳，在今陕西西安临潼区东北。逮，及，即因罪被牵连。这句是说，项梁因被牵连而受到栎阳县追捕。

【7】蕲（qí），今安徽省宿县东南。

【8】狱掾，掌管刑狱诉讼的小官。抵，送到。

【9】以故事得已，因此之故，牵连之事得以终止而不追查。

【10】吴中，吴地。吴，秦时属会稽郡，在今江苏省苏州市吴中区。

【11】出项梁下，比不上项梁。

【12】繇役，即"徭役"。丧，葬礼。古代重视葬礼，一次葬礼需要调动大量人力。

【13】阴，暗中。部勒，组织调度。

【14】以是，因此。知其能，指项梁了解他们的能力。

【15】会稽，会稽山，在今浙江省绍兴市。

【16】浙江，即今钱塘江，在今浙江省。

【17】此处指陈涉在大泽乡起义之事。

【18】会稽，秦会稽郡，下辖今江苏东部及浙江西部一带，郡治在今江苏苏州市。通，会稽郡守，姓殷。

【19】江西，指长江从安徽到江苏镇江市略偏南北向的流域，古人称东侧为江东，西侧为江西。

【20】桓楚，《汉书》记载是吴中奇士。

【21】亡，逃亡。泽中，草木茂盛的湖泽之中。亡在泽中，即亡命江湖。

【22】眴（shùn），使眼色。可行矣，可以动手了。

【23】慴（shè）伏，惧怕。

【24】豪吏，豪强官吏。

【25】收下县，占领会稽郡下属各县。

【26】伏，通"服"。

【27】徇，巡视并发布命令。

【28】广陵，今江苏省扬州市。召（shào）平，陈涉部将。于是，这时。

陈王，即陈涉，此时已经在陈地称王，称陈王。

【29】下，攻克。

【30】上柱国，楚国官名，相当于大将军。

【31】东阳，在今安徽省天长市西北。

【32】连和俱西，联合兵力一同进军。

【33】置长，推举首领。

【34】苍头，用苍色的布做头巾。此句意为，独自成立一支与其他起义军不同的部队，以苍色头巾为标志，含有独树一帜的意思。

【35】暴，突然。

【36】有所属，有所归属，指归顺其他部队。

【37】指名，指名道姓，指引人注目。

【38】黥（qíng）布，原名英布，六县（今安徽六安）人，因犯罪受黥刑（一种在脸上刺字涂墨的刑罚）称黥布。起初被征发到骊山修秦始皇陵，后逃走成为盗贼，陈涉起兵后成为起义军一支部队的首领。投奔项梁后，英布屡立战功，项羽分封诸侯时封其为九江王，因与项羽结怨而投降刘邦，汉朝建立后封为淮南王。最后发动叛乱，战败被杀。蒲将军，姓名不详，项梁部将。

【39】下邳，今江苏省睢宁县。

【40】定死，确定死了。陈涉起兵六月，被秦将章邯击败，后被车夫庄贾所杀。

【41】会，会集。薛，在今山东省滕州市。计事，商量事情。

【42】沛公，汉高祖刘邦。在沛县起义，被称为沛公。

【43】居鄛（cháo），一作居巢，在今安徽省巢湖市。

【44】固当，本是应当的。

【45】此处指楚怀王被秦昭王诱骗入秦而被扣留，死在秦国之事。

【46】此句意为，楚人怨恨秦国最深，即使只剩下三户人家，灭亡秦国的也一定是楚国人。

【47】蜂午，如蜂群般群起，比喻众多。

【48】盱（xū）台（yí），即盱眙，今江苏省盱眙县。

【49】城阳，今山东省鄄城县。

【50】屠，屠城。

【51】濮阳，今河南省濮阳市。

【52】定陶，今山东省菏泽市定陶区。

【53】略地，占据土地。雝（yōng）丘，即雍丘，今河南省杞县。

【54】李由，秦将，李斯之子，当时任三川郡守。

【55】外黄，在今河南省杞县东北。

【56】东阿，在今山东省东阿县。

【57】北，《汉书·项羽传》作"比"，意思是及。西，《文选》注引《史记》无"西"字，而此处北应为"比"，因此"西"应是衍字。

【58】宋义，项梁部将，原为楚国令尹，项梁起兵时投奔项梁。

【59】少，稍稍。

【60】日益，天天在增加。

【61】高陵君，封号。显，人名。

【62】益，增援。章邯，秦将，率领骊山刑徒及人奴之子七十万东征，击败并消灭陈涉，又多次击败各地诸侯。因赵高陷害，投降项羽，分封诸侯时被封为雍王，后被刘邦围攻，自杀。

【63】陈留，今河南省开封市。

【64】吕臣，原陈涉部将，组织苍头军杀死庄贾而投奔项梁，后投奔刘邦。

【65】彭城，今江苏省徐州市。

【66】砀（dàng），今安徽省砀山县。

【67】渡河击赵，渡过黄河攻击赵国。

【68】赵歇，战国时赵国贵族，陈涉起兵后被陈余、张耳拥立为赵王。项羽分封时，封张耳为常山王，迁赵歇为代王。陈余引兵攻张耳，重新拥立赵歇为赵王。后韩信攻赵，陈余战死，赵歇也被杀死。钜鹿，在今河北省平乡县。"陈余为将"四字简述赵国的组织情况，实际上陈余此时并不在钜鹿。

【69】王离、涉间，均为章邯部将。

【70】甬道，两旁筑墙的道路，可以防止敌人劫掠。输之粟，把粮食输送过去。

【71】令尹，楚国官名，相当于相国。

【72】卿子，尊称。冠军，上将军。

【73】安阳，今山东省曹县。

【74】河，河水，即黄河。

【75】搏，搏斗。虻，牛虻。虮虱，虱子及其卵。此句意为，牛虻要与牛搏斗而不是消灭虱子，比喻志在大不在小。

【76】鼓行，击鼓进军。

【77】举，攻克。

【78】被坚执锐，披着铠甲手持尖锐的武器。

【79】运策，筹划运用计策。

【80】很，通"狠"。

【81】强不可使者，倔强不愿服从命令的人。这里暗指项羽。

【82】无盐，今山东省东平县。

【83】高会，盛会。

【84】戮力，尽力。

【85】芋菽（shū），芋芳和豆子。一说应为"半菽"，即半升豆子。

【86】见粮，存粮。

【87】因，凭借。赵食，赵国的粮食。

【88】埽（sǎo），通"扫"，尽括。

【89】晨朝，早上朝见。

【90】枝梧，抗拒。

【91】当阳君，此时英布已经被封为当阳君。

【92】战少利，胜利不多。

【93】苏角，秦将。

【94】壁，营垒。

【95】辕门，古代军营以战车为阵，以车辕对立为门，因此名辕门。

【96】三户，三户津，漳河的一个渡口，在今河南省磁县西南古漳水上。

【97】欲约，想按约定投降。此时章邯已经与项羽约定将投降。

【98】洹水，今河南省安阳市北的安阳河。殷虚，即殷墟，商代故都遗迹，在今安阳市北的小屯村。

【99】此处指章邯担心如果胜利，赵高可能因嫉妒而陷害他；不胜，必定会被处死。

【100】雍，今陕西省凤翔县一带。

【101】新安，今河南省渑池县。

【102】繇使，服徭役。屯戍，驻守边疆。秦中，即秦国关中地区。

【103】遇，对待。无状，不像样子，即虐待。

【104】吾属，我们这些人。

【105】即，假如。

【106】关中，函谷关内，即秦国境内。

【107】长史欣、都尉翳，即长史司马欣、都尉董翳，都是章邯部下。

【108】阬（kēng），活埋。

【109】行，将要。

【110】在宋义、项羽救赵时，楚怀王又派刘邦向西进攻秦朝。由于兵力集中在章邯处，关内空虚；秦朝内部又发生政变，先是赵高杀死秦二世立子婴为帝，后子婴又杀死赵高。于是，刘邦便趁混乱杀入函谷关，在蓝田击败秦军。子婴便素车白马，向刘邦奉上传国玉玺，秦朝自此灭亡。咸阳，秦朝都城，在今陕西省咸阳市。

【111】戏西，戏水以西。戏水，在今陕西省临潼区东。

【112】霸上，一作灞上，即霸水西白鹿原，在今陕西省西安市。

【113】旦日，明天。飨（xiǎng），饱餐。为，使。

【114】新丰，在今陕西省临潼区。鸿门，在新丰东十七里。

【115】山东，崤山以东。

【116】幸，亲近。

【117】望其气，古代方士之术，自称可以通过观察人头上的云气，了解人的吉凶。

【118】左尹，楚官名，辅佐令尹。项伯，名缠，项羽的族叔。

【119】张良，刘邦的主要谋士，原为韩国贵族，曾雇杀手刺杀秦始皇，失败后逃亡。后通过项梁成功恢复韩国，又归顺刘邦，多次为刘邦出谋划策，最终论功行赏封为留侯。

【120】具告，详细讲述。

【121】此处详见《史记·留侯世家》。

【122】鲰（zōu）生，浅陋小人。

【123】距，通"拒"，指据守函谷关。王（wàng），君临。

【124】故，交情。

【125】孰与君少长，你们年纪谁大谁小?

【126】要，通"邀"，邀请。

【127】卮（zhī），盛酒用的器皿。

【128】豪，通"毫"。秋豪，比喻最为细小之物。

【129】籍，登记造册。

【130】倍，通"背"。德，恩德。

【131】蚤，通"早"。

【132】不自意，自己也没想到。

【133】郤，通"隙"，隔阂。

【134】亚父，次于父，是一种尊称。

【135】数目，多次使眼色。

【136】玦（jué），玉器名，似玉环而有缺，表示决断。范增三次举起玉玦，正是暗示项羽下定决心杀死刘邦。

【137】项庄，项羽堂弟。

【138】若，你。

【139】不者，不这么做。

【140】若属，你们。

【141】樊哙，刘邦部将，原为沛县屠狗之人，后跟随刘邦起兵，因屡立战功、忠心耿耿，被封为舞阳侯，且屡次增加封地。

【142】交戟，持戟交叉，禁止出入。

【143】仆地，倒地。

【144】帷，帷帐。西乡立，向西面站立，面对项王。

【145】瞋目，睁大眼睛怒目而视。

【146】上指，竖立。

【147】眦，眼眶。

【148】跽（jì），指挺直上身两膝着地的跪坐。按剑而跽，是一种准备起身拔剑战斗的姿势。

【149】参乘，战车之车右，侍卫。

【150】彘肩，猪的前腿。

【151】啗，通"啖"，吃。

【152】举，尽。

【153】胜，尽。

【154】细说，小人谗言。

【155】陈平，阳武户牖乡（今河南省原阳县）人，初为魏王谋士，后投奔项羽，鸿门宴后归顺刘邦，屡出奇计，先后封为户牖侯和曲逆侯，汉文帝时因平定诸吕有功出任左丞相。

【156】大行、大礼，指大的问题；细谨、小让，指细枝末节。

【157】刀俎，切肉的砧板。

【158】何操，携带了什么。

【159】会，正巧。

【160】置，留下。

【161】脱身独骑，脱身后一人骑行。

【162】夏侯婴，刘邦少时好友，随刘邦起兵，因功封为汝阴侯；靳强，刘邦部下，因功封为汾阳侯；纪信，刘邦部将，后为帮助刘邦摆脱项羽追杀而扮成项羽，项羽捉到他后便烧死了他。步走，徒步快走。

【163】郦山，即骊山，在鸿门西边。

【164】芷阳，在霸上西边。间行，抄小路前进。

【165】栖，通"杯"。栖杓，代指酒。这句指不胜酒力。

【166】大将军，指范增。

【167】督过，责备。

【168】竖子，小子，指项庄。

【169】四塞，关中四周有函谷关、武关、散关和萧关四座险要关口，因此称四塞。

【170】可都以霸，可以建都于此成就霸业。

【171】沐猴，猕猴。沐猴而冠，猴子学人的样子戴上帽子，实际还是猴子。这里讥笑项羽表面上豪气冲天，实际成不了大事。

【172】致命，复命。

【173】如约，按照原先的约定，"先入关中者为王"，将关中封给刘邦为王。

【174】义帝，假帝，仅有名义的帝王。

【175】首事，首先起事。

【176】故，通"固"。故当，应当。

【177】此句意为，疑心刘邦在关中称王，会逐步扩张占领全国。

【178】讲解，和解。

【179】巴蜀，即今天的四川省。

【180】迁人，流放的罪人。

【181】南郑，今陕西省南郑县。

【182】此句指项羽分封章邯、司马欣、董翳三人为雍王、塞王、翟王，王于关中。距塞，阻遏。

【183】汉之元年，刘邦称汉王的那一年。《史记》自这一年开始按照汉的年代纪年。

【184】戏下，戏水旁。一说，帅旗下。就国，到所封之国。

【185】长沙郴县，长沙郡郴县，今湖南省郴州市。

【186】趣（cù），催促。

【187】此处指项羽密令衡山王吴芮、临江王共敖在江中杀死义帝，但这二人没有照办。于是项羽又派九江王黥布追到郴县杀死义帝。

【188】三秦，关中地区，即上文所说雍王、塞王、翟王封地。

【189】分封时，项羽将齐国分为齐、胶东、济北三国，分封田都为齐王、田市为胶东王、田安为济北王。田荣将三人全部击杀，统一齐国，自立为王。赵则是陈余赶走常山王张耳，重新拥立代王赵歇为赵王。两国都对项羽的分封不满，于是反叛。

【190】萧公角，萧县（今安徽省萧县）的县令，名角。楚国官制，县令称公。彭越，原为盗贼，后率盗贼起义，又收编数万魏国逃散士兵。楚汉战争期间，他接受刘邦任命担任魏国相国，率领部队多次袭扰项羽粮道，是项羽失败的一个重要原因。汉统一后被封为梁王，因叛乱被杀。

【191】失职，本来规定"先入关中为王"，可刘邦却被封在巴蜀，不能管辖汉中，所以说失职。这是张良转移楚军注意力的计策。

【192】平原，今山东省平原县。

【193】北海，在今山东省淄博市东、莱州市西。

【194】颜师古认为，这五路诸侯是常山王张耳、河南王申阳、韩王郑昌、魏王魏豹，以及俘虏的殷王司马卬。除此之外，还有多种说法。

【195】鲁，今山东曲阜市。胡陵，今山东省鱼台县。

【196】榖、泗水，即榖水、泗水，都在今江苏省。

【197】三匝，包围多层。

【198】于是，这时。发屋，掀掉屋顶。窈冥，幽深昏暗。昼晦，白昼如黑夜。

【199】逢迎，大风迎头吹来。

【200】孝惠，刘邦太子、汉孝惠帝刘盈。鲁元，刘邦长女，后下嫁张耳之子张敖，其子张偃封为鲁王，因此为鲁太后，死后谥号为元。

【201】此处指刘邦将孝惠、鲁元推到车下，以求减轻车的重量让车子跑得更快。

【202】滕公，夏侯婴，曾经为滕县令，故称为滕公。另，孝惠帝即位后，十分感恩夏侯婴助其脱险，因此赐其皇宫北面名为"近我"的一等宅邸，以示尊宠。

【203】不可以驱，不能把车子赶得更快。

【204】太公，刘邦之父刘太公（一说，太公是当时对老年人的尊称），汉建立后被奉为太上皇。吕后，刘邦妻子吕雉，刘邦死后掌控全部政权。

【205】审食（yì）其（jī），刘邦同乡，长期为刘邦照顾其妻子儿女，得到吕后信任，后封为辟阳侯，吕后掌权时任左丞相，汉文帝时被淮南厉王刘长刺杀。

【206】周吕侯，刘邦妻兄吕泽，屡立战功，后封周吕侯。下邑，今安徽省砀山县。

【207】荥（xíng）阳，今河南省荥阳市。

【208】萧何，汉初政治家，刘邦之相，刘邦起兵时就跟随刘邦，长期为刘邦管理后方军务，占领关中后负责镇守关中并为刘邦调拨粮草提供支援。后被刘邦评定为首功，封酂侯，任丞相，位列众卿之首。此处指萧何征发老弱不符合年龄的人参军。

【209】逐北，追逐败逃的敌人。

【210】京、索，都在今河南省荥阳市。

【211】敖仓，秦朝的粮仓，在荥阳市西北敖山上。

【212】历阳侯，范增封号。

【213】易与，容易对付。

【214】间项王，离间项王与范增。

【215】太牢，古代宴会有牛羊猪三牲的宴席为太牢，是最隆重的宴席。具，准备。

【216】详，通"佯"，假装。

【217】此句表示范增请求辞官。骸骨，指身体，古人认为做官时以一身奉献给朝廷，辞官就称为赐骸骨。归卒伍，成为一个有军籍的平民。

【218】疽（jū），毒疮。

【219】当此时，即汉王四年（公元前203年），此时项羽已经打下荥阳。

【220】急下，马上投降。

【221】北面，古代君王面南处理政务，臣子面向北。刘邦、项羽都是楚怀王臣子。

【222】而翁，你的父亲。

【223】幸，希望。羹，汤汁。

【224】祇，通"只"，恰巧。

【225】罢，通"疲"，疲劳。转漕，陆路与水路运输。

【226】匈匈，即汹汹，局势动荡。

【227】楼烦，北方部族名称，当时有很多楼烦人参加战争。

【228】叱，大声呼斥。

【229】间问，探问。

【230】乃即汉王，到汉王所在之地。

【231】广武间，即广武涧，在河南省荥阳市东北。当时有山名广武山，山上筑有东西两城，楚汉各据一城，两城间有涧。

【232】数之，数说他的罪行。另，《高祖本纪》："汉王伤匈，乃扪足曰：'虏中吾指！'汉王病创卧，张良强请汉王起行劳军，以安士卒，毋令楚乘胜于汉。"

【233】伏弩，隐藏的弩。

【234】陆贾，刘邦谋士，多次以辩才为刘邦立下大功，任太中大夫。

【235】侯公，事迹不详。

【236】鸿沟，古代运河名，自荥阳市北引黄河水东流，至今河南省淮阳县汇入颍水。东汉以后逐渐淤塞。

【237】因其机，趁此机会。

【238】阳夏，今河南省太康县。

【239】淮阴侯韩信，汉初军事家，原为项羽部下，不受重用而投奔刘邦，在萧何推举下被任命为大将。屡立战功，为刘邦立下大功。此时韩信已经攻下齐、赵而拥兵自重，胁迫刘邦任命他为齐王。建成侯，《史记》有关彭越的记载均无此封号，可能是当时所封的称号。

【240】固陵，在今河南省太康县西。

【241】深堑，深挖壕沟。

【242】分地，分封土地。

【243】立致，招致他们过来。

【244】即不能，如果不能这样做。

【245】陈，今河南省淮阳县。傅，到。

【246】睢阳，今河南省商丘市。毂城，今山东省东阿县。

【247】刘贾，刘邦族兄，多有战功，后封荆王，死于英布叛乱。寿春，今安徽省寿县。城父，今安徽省亳州市。垓下，今安徽省灵璧县东南沱河北岸。

【248】周殷，项羽的大司马。舒，今安徽舒城县。

【249】举九江兵，发动九江王英布出兵。此时英布已经背叛项羽。

【250】壁，营垒，此处作动词，即扎营。

【251】楚歌，唱楚地歌曲。此为韩信之计，目的是瓦解楚军士气。

【252】骓（zhuī），青白相杂的马。

【253】逝，向前跑。

【254】奈若何，即"若奈何"，你将怎么办？

【255】直夜，当夜。

【256】平明，天刚亮。

【257】灌婴，原为贩缯之人，后随从刘邦，屡立战功，封颍阴侯。

【258】阴陵，安徽省定远县。

【259】绐（dài），欺诈。

【260】大泽，低湿之地，沼泽地。

【261】东城，在今安徽省定远县东南。

【262】此句意为，亲身经历七十多次战役。

【263】决死，必然死亡。

【264】快战，痛快地一战。

【265】刈（yì），砍倒。

【266】此句意为，预约在山的东面分三处会合。

【267】披靡，人马溃败。

【268】赤泉侯，名杨喜，因此战有功，封为赤泉侯。

【269】辟易，倒退。

【270】乌江，在安徽省和县东的长江西岸。

【271】亭长，秦汉时十里一亭，设亭长。橝（yǐ），停船靠岸。

【272】短兵，短兵器，指刀剑等。

【273】被，受。创，伤。

【274】吕马童，汉军部将，此战后以战功封中水侯。

【275】面，通"偭（miǎn）"，作"背"解。王翳，汉军部将，此战后以战功封杜衍侯。

【276】吾为汝德，替你做件好事，即让你拿着我的头领赏。

【277】视鲁，给鲁地的人看。

【278】太史公，即太史令，司马迁自称。《史记》每篇最末都有"太史公曰"，作为司马迁的评语。

【279】周生，应当是与司马迁同时的儒生，事迹不详。

【280】盖，表疑似，可能。重瞳，一个眼睛有两个瞳孔，现代医学认为这是一种瞳孔畸形。古人认为这是一种圣贤异象，历史上记载有十余人有"重瞳"。

【281】苗裔，后代子孙。

【282】暴，突然。

【283】首难，首先发难。

【284】尺寸乘势，一点点可以凭借的权力和土地。

【285】陇亩，民间。

【286】背关怀楚，指项羽背弃关中，怀念楚地，定都彭城。

【287】伐，与功同义。

【288】奋，逞。不师古，不师法古代帝王。

【289】力征，武力征伐。

【290】寤，通"悟"，醒悟。

【291】过，错。

编者注

勇武绝伦，"力拔山兮气盖世"的项羽，一个曾经多次带领数万精兵打得几十万敌军四散奔逃的西楚霸王，为何会失败？古往今来，无数学者都曾对此进行过论述。但是，这些观点中也存在着一些较为片面甚至不符合史实的问题。在此将对其中的某些观点进行论述。

其一，项羽分封诸侯和杀楚怀王。此处首先要说明，这两件事并非项羽的错误，而是在特殊情况下不得已的措施。最根本的原因，就在于楚怀王熊心。他并非传统观念中的傀儡，而是"天下之贤主也"（苏轼语）。项梁死后，楚怀王做的第一件事便是赋予刘邦、魏豹、宋义等人军权，并派刘邦直取关中，却将项羽与其部下吕臣的兵权全部剥夺。其目的，自然是限制项羽的权力。而后来项羽杀死宋义后入关，焚毁咸阳宫殿，乃至于定都彭城，都是为了从楚怀王手中夺回权力，并将其除掉。尤其是在楚怀王决定"如约"将关中封给刘邦后，楚怀王与项羽便彻底决裂；而项羽越权分封，则是为了分化怀王势力以除掉怀王的必要之举，也是出于自己的实力不足以压制所有诸侯的现实的考虑。后来的分封状况也证明，项羽的分封策略是经过了详细的考虑的，如使用章邯等人与刘邦互相限制，将英布等人封王以削弱楚怀王势力等。其目的，正是想使各个诸侯内乱，而自己则以平乱为名将其消灭。

但是，这一分封策略仍存在着一些致命的缺点。不封田荣而三分齐地，结果田荣在短短两个多月时间内便重新统一齐国；分割赵国为两部分，结果张耳第二年便被陈余赶走。在分封后的短短几个月间，天下便再度陷入混乱，项羽也只得在镇压各地叛乱的过程中疲于奔命，坐视刘邦发展势力。

其二，没有及早击杀刘邦。关于鸿门宴，很多人认为是项羽"妇人之仁"。其实，项羽虽然拥有四十万大军，但这四十万大军中真正完全服从项羽管辖的可能只有几万人，其余三十多万都是不相统属的诸侯军队。而刘邦在收编了数万原来直属于秦朝中央的部队后，实力也并不弱小，如果项羽真的在鸿门宴上杀死刘邦，就违背了义帝"先入关中者为王"的约定，极有可能引起诸侯离心离德，甚至会面临被诸侯围攻的局面。此后项羽分封，目的正是为了稳定诸侯，以求各个击破。但无论如何，鸿门宴仍是项羽击杀刘邦的最好机会；此后项羽虽然也曾令刘邦抛弃妻子、狼狈不堪，却再也没能击杀刘邦。

其三，不能用人。项羽除去刚愎自用等因素外，最重要的一点，便是不能给予其手下的谋士与将领以封地等真正留住人才的赏赐。这与坚决执行二十等爵制度的刘邦形成了鲜明对比。纵观整个楚汉战争，刘邦的麾下人才层出不穷，而项羽却"有一范增而不能用"。

一系列的错误，令项羽受困于各地诸侯的反叛，只得坐视刘邦不断发展自己的势力。而项羽分化诸侯的策略，更是产生了令诸侯倒向刘邦的严重后果。

陈涉世家

司马迁

题 解

本文节选自《史记·陈涉世家》，是秦末农民起义领袖陈胜、吴广的传记。公元前 209 年，陈胜、吴广率领九百名戍卒在大泽乡发动了中国历史上第一次大规模的农民起义，揭开了反对秦王朝暴政的序幕。本文节选了文章开始陈胜起兵的一段，展现了陈胜的高远志向。在《史记》中，司马迁着重刻画了不少具有悲剧意义的英雄人物，被司马迁破格列入"世家"的陈胜就是其中之一。

陈胜者，阳城人也，字涉。吴广者，阳夏人也，字叔。陈涉少时，尝与人佣[1]耕，辍耕之垄上[2]，怅[3]恨久之，曰："苟富贵，无相忘。"佣者笑而应曰："若为佣耕，何富贵也？"陈涉太息曰："嗟乎！燕雀安知鸿鹄之志哉！"

二世元年[4]七月，发闾左适戍[5]渔阳，九百人屯大泽乡。陈胜、吴广皆次当行[6]，为屯长。会天大雨，道不通，度已失期。失期，法皆斩[7]。陈胜、吴广乃谋曰："今亡亦死，举大计[8]亦死，等死，死国[9]可乎？"陈胜曰："天下苦秦久矣。吾闻二世少子也，不当立，当立者乃公子扶苏[10]。扶苏以数谏故，上使外将兵。今或闻无罪，二世杀之。百姓多闻其贤，未知其死也。项燕[11]为楚将，数有功，爱士卒，楚人怜[12]之。或以为死，或以为亡。今诚以吾众[13]诈自称公子扶苏、项燕，为天下唱[14]，宜多应者。"吴广以为然。乃行卜。卜者知其指意，曰："足下事皆成，有功。然足下卜之鬼乎[15]！"陈胜、吴广喜，念鬼[16]，曰："此教我先威众耳。"乃丹书帛曰"陈胜王"，置人所罾鱼腹中[17]。卒买鱼烹食，得鱼腹中书，固以怪之矣。又间令吴广之次所旁丛祠中[18]，夜篝火，狐鸣呼曰："大楚兴，陈胜王！"卒皆夜惊恐。旦日，卒中往往语[19]，皆指目陈胜。

吴广素爱人，士卒多为用者。将尉醉，广故数言欲亡，忿恚[20]尉，令辱之，以激怒其众。尉果笞广。尉剑挺[21]，广起，夺而杀尉。陈胜佐之，并杀两尉。召令徒属曰："公等遇雨，皆已失期，失期当斩。藉第令毋斩[22]，而戍死者固十六七。且壮士不死即已，死即举大名耳，王侯将相宁有种乎[23]！"徒属皆曰："敬受命。"乃诈称公子扶苏、项燕，从民欲也。袒右[24]，称大楚。为坛而盟，祭以尉首[25]。陈胜自立为将军，吴广为都尉。攻大泽乡，收而攻蕲。蕲下，乃令符离人葛婴将兵徇[26]蕲以东。攻铚、酂、苦、柘、谯皆下之。行收兵[27]，比至陈，车六七百乘，骑千余，卒数万人。攻陈，陈守令皆不在，独守丞与战谯门中[28]。弗胜，守丞死，乃入据陈。数日，号令召三老、豪杰[29]与皆来会计事。三老、豪杰皆曰："将军身被坚执锐，伐无道，诛暴秦，复立楚国之社稷，功宜为王。"陈涉乃立为王，号为张楚[30]。当此时，诸郡县苦秦吏者，皆刑其长吏[31]，杀之以应陈涉。

注 释

【1】佣，被雇佣。

【2】辍耕之垄上，停止耕作走到田埂高地上休息。

【3】怅，失意，不痛快。

【4】二世元年，公元前209年。二世，秦二世胡亥。

【5】闾左，指贫民。古时贫者居住闾左，富者居住闾右。适，通"谪"。适戍，发配去守边。

【6】皆次当行（háng），都被编入谪戍的队伍。

【7】1975年在湖北省云梦县出土的"睡虎地秦简"记载，按照秦律，迟到五天之人会被训诫，六至十天的需要缴纳一块盾牌作为罚款，超过十天则需缴纳一件盔甲。这与本文"失期，法皆斩"的记载相矛盾。有学者推测，《史记》中的记载可能说明是陈胜、吴广故意在戍卒中散播恐慌情绪；也有人认为秦二世时法令已经变得更加严苛，成文于战国晚期到秦始皇时代的"睡虎地秦简"的内容已经不适用于秦二世时代。

【8】举大计，发动大事，指起义。

【9】死国，为国事而死。

【10】扶苏，秦始皇长子，素有贤名，曾因反对秦始皇焚书坑儒而被派往边疆监督修筑长城。秦始皇死前曾留下诏让扶苏继位，但赵高联合李斯篡改秦始皇遗诏，拥立胡亥为帝，并命令扶苏和大将蒙恬自杀。扶苏在接到诏书后，便丝毫不加怀疑地自杀了。

【11】项燕，战国末年楚国著名将领，项梁之父、西楚霸王项羽的祖父，曾大败秦将李信。

【12】怜，爱戴。

【13】诚以吾众，如果把我们的人。

【14】唱（chàng），通"倡"，倡导。

【15】卜之鬼乎，向鬼神卜问一下吧!

【16】念鬼，思考占卜的卦辞。

【17】置人所罾（zēng）鱼腹中，放在别人所捕的鱼的肚子里。罾（zēng），渔网，此处指用渔网捕捞。

【18】之次所旁丛祠中，到驻地旁边的丛林里的神庙中。次所，旅行或行军时临时驻扎的地方。

【19】往往语，到处谈论。

【20】忿（fèn）恚（huì），使愤怒。

【21】剑挺，拔剑出鞘。

【22】藉第令毋斩，即使能免于斩刑。

【23】王侯将相宁有种乎，王侯将相难道有天生的贵种吗?

【24】袒右，露出右臂，作为起义军的标志。

【25】祭以尉首，用两尉的头祭天。

【26】徇，指率军巡行，使人降服。

【27】行收兵，行军中沿路收纳兵员。

【28】谯（qiáo）门中，城门洞里。

【29】三老，封建社会里管教化的乡官。豪杰，指当地有声望的人。

【30】号为张楚，对外宣称要张大楚国，即复兴楚国之意。一说定国号为"张楚"。

【31】刑其长吏，惩罚当地的郡县长官。

周亚夫军细柳

司马迁

题 解

本文节选自《史记·绛侯周勃世家》，记录汉朝开国功臣周勃及其子周亚夫的事迹。当时，继承周勃爵位的周胜之因罪被削去爵位，汉文帝不忍心周勃因此被削去爵位，便选其次子周亚夫继承绛侯爵位。匈奴入侵，周亚夫领军防守长安，驻军细柳。虽然此次只是一场虚惊，但细柳军营的军纪严明为汉文帝留下了深刻的印象。本文便详细讲述了汉文帝此次劳军的经过。

文帝之后六年[1]，匈奴大入边。乃以宗正[2]刘礼为将军，军霸上[3]；祝兹侯徐厉为将军，军棘门[4]；以河内守亚夫为将军，军细柳[5]：以备胡。

上自劳军。至霸上及棘门军，直驰入，将以下骑送迎。已而之细柳军，军士吏被甲，锐兵刃，彀弓弩[6]，持满[7]。天子先驱至，不得入。先驱曰："天子且至！"军门都尉[8]曰："将军令曰'军中闻将军令，不闻天子之诏'。"居无何，上至，又不得入。于是上乃使使持节[9]诏将军："吾欲入劳军。"亚夫乃传言开壁门[10]。壁门士吏谓从属车骑[11]曰："将军约，军中不得驱驰。"于是天子乃按辔徐行[12]。至营，将军亚夫持兵揖曰："介胄之士不拜，请以军礼见。"天子为动，改容式车[13]。使人称谢："皇帝敬劳将军。"成礼而去。

既出军门，群臣皆惊。文帝曰："嗟乎，此真将军矣！曩者霸上、棘门军，若儿戏耳，其将固可袭而虏也。至于亚夫，可得而犯邪！"称善者久之。月余，三军皆罢。乃拜亚夫为中尉。

注 释

【1】文帝，汉文帝刘恒。后，汉文帝十七年（公元前163年）改为元年，史官便将汉文帝在位时期分为"前元""后元"，这也是后世帝王年号的雏形。

【2】宗正，负责管理皇族事务的官员，多由皇族担任。

【3】霸上，即灞上，灞水西高原上，今陕西省西安市东面，是军事要地。

【4】棘门，在今陕西省咸阳市东北。

【5】亚夫，周亚夫，沛郡丰县人，汉初开国功臣周勃次子，因兄长周胜之杀人被削去爵位，被文帝赐封继承爵位，封为条侯。汉景帝时率军平定七国之乱，因功出任丞相，后因与汉景帝结怨，又被告发谋反，下狱绝食而死。细柳，今陕西省咸阳市西南。

【6】彀（gòu），拉开。

【7】持满，拉弓拉满。

【8】都尉，武官名。

【9】持节，手持符节。符节是代表朝廷的信物，有符节才能调动军队。

【10】壁门，营垒的门。

【11】从属车骑，跟随皇帝前来的车马。

【12】按辔徐行，控制着马缰绳，让车马慢慢走。

【13】改容，端正面容，表示尊敬。式，通"轼"。式车，靠在车轼上，表示敬意。

屈原作离骚

司马迁

题　解

　　本文节选自《史记·屈原贾生列传》，节选了司马迁评价屈原《离骚》的一节。本文与《史记》中其他纪传文字不同，记叙和议论相互穿插，抒情色彩浓厚，倾向鲜明，直抒胸臆，表达了司马迁对屈原崇高人格和反抗精神的推崇。

　　屈平疾王听之不聪也，谗谄之蔽明也，邪曲之害公也，方正之不容也，故忧愁幽思而作《离骚》。"离骚"者，犹离忧也。夫天者，人之始也；父母者，人之本也。人穷则反本[1]，故劳苦倦极，未尝不呼天也；疾痛惨怛，未尝不呼父母也。屈平正道直行，竭忠尽智，以事其君，谗人间之，可谓穷矣。信而见疑，忠而被谤，能无怨乎？屈平之作《离骚》，盖自怨生也。《国风》好色而不淫，《小雅》怨诽而不乱。若《离骚》者，可谓兼之矣。上称帝喾[2]，下道齐桓，中述汤武，以刺世事。明道德之广崇，治乱之条贯[3]，靡不毕见。其文约，其辞微，其志洁，其行廉。其称文小而其指[4]极大，举类迩而见[5]义远。其志洁，故其称物芳[6]；其行廉，故死而不容。自疏濯淖[7]污泥之中，蝉蜕[8]于浊秽，以浮游尘埃之外，不获世之滋[9]垢，皭然泥而不滓[10]者也。推此志也，虽与日月争光可也。

注 释

【1】反本，追思根本。反，通"返"。

【2】帝喾（kù），"五帝"之一，传说中的古代帝王。

【3】条贯，条理，道理。

【4】指，通"旨"。

【5】迩（ěr），近。见，通"现"。

【6】称物芳，指《离骚》中多用兰、桂、蕙、芷等香花芳草作比喻。

【7】疏，离开。濯淖（nào），污浊。

【8】蝉蜕，指如金蝉脱壳一般摆脱污秽。

【9】获，玷污。滋，通"兹"，黑。

【10】皭（jiào）然，洁白的样子。泥（niè），通"涅"，染黑。滓（zǐ），污黑。

论山河之固

司马迁

题　解

　　本文节选自《史记·孙子吴起列传》。在本文中，魏武侯与吴起进行了一段对话，吴起以三苗、桀、纣三人的事迹为案例，详细说明了国家的稳定不在于山河险峻，而在于君主的德行。

　　魏文侯 [1] 既卒，起 [2] 事其子武侯 [3]。武侯浮 [4] 西河而下，中流，顾而谓吴起曰："美哉乎山河之固，此魏国之宝也！"起对曰："在德不在险。昔三苗氏 [5] 左洞庭，右彭蠡，德义不修，禹灭之。夏桀之居，左河济，右泰华，伊阙在其南，羊肠在其北，修政不仁，汤放之 [6]。殷纣之国，左孟门，右太行，常山在其北，大河经其南，修政不德，武王杀之。由此观之，在德不在险。若君不修德，舟中之人 [7] 尽为敌国也。"武侯曰："善。"

注　释

　　【1】魏文侯，名魏斯，安邑（今山西夏县）人，魏桓子之孙。战国时期魏国开国君主。"三家分晋"时，魏国与赵国、韩国一起被周王室正式承认为诸侯国。魏文侯礼贤下士，任用了李悝、翟璜等一大批优秀人才，使魏国成为战国初期最为强盛的国家。

　　【2】起，即吴起。吴起，战国初期军事家、政治家、改革家，兵家代表人物。他曾在鲁、魏、楚三国做官，通晓兵家、法家、儒家三家思想，在内政和军事方面都有着极高成就，在楚国时更是主持"吴起变法"，使楚国迅速强盛起来。后因变法得罪楚国贵族而被杀。著作有《吴子兵法》，现仅存六篇。

　　【3】武侯，魏武侯，名魏击，魏文侯之子，魏国的第二代国君。在位期

间南征北战，将魏国的地位继续提高。不过，他在用人方面远逊于其父，四处征战更是导致魏国四面树敌，这直接导致魏惠王时魏国彻底衰退下去。

【4】浮，泛舟。

【5】三苗氏，中国上古传说中黄帝至尧舜禹时代的古部落名。又叫"苗民""有苗"，主要分布在长江中游一带。有学者认为，三苗便是现代苗族的祖先；三苗是蚩尤率领的九黎部族的后裔等。

【6】放，放逐。

【7】舟中之人，同舟共济的人。此处极言关系亲近。

廉颇蔺相如列传

司马迁

题 解

本文节选自《史记·廉颇蔺相如列传》，原文是廉颇、蔺（lìn）相如、赵奢、李牧四人的合传，这里只录廉颇和蔺相如的部分，记载了"完璧归赵""渑池会""将相和"等几个故事，描绘了蔺相如在强敌面前临危不惧，维护国家尊严，又能顾全大局，不以功大而自傲的形象；以及廉颇勇于改过，主动请求和解的形象。

廉颇者，赵之良将也。赵惠文王[1]十六年，廉颇为赵将伐齐，大破之，取阳晋[2]，拜为上卿[3]，以勇气闻于诸侯。

蔺相如者，赵人也，为赵宦者令缪贤舍人[4]。

赵惠文王时，得楚和氏璧。秦昭王闻之，使人遗[5]赵王书，愿以十五城请易璧。赵王与大将军廉颇诸大臣谋：欲予秦，秦城恐不可得，徒见欺；欲勿予，即患秦兵之来。计未定，求人可使报秦者，未得。宦者令缪贤曰："臣舍人蔺相如可使。"王问："何以知之？"对曰："臣尝有罪，窃计欲亡走燕[6]，臣舍人相如止臣，曰：'君何以知燕王[7]？'臣语曰：'臣尝从大王与燕王会境上，燕王私握臣手，曰"愿结友"。以此知之，故欲往。'相如谓臣曰：'夫赵强而燕弱，而君幸于赵王[8]，故燕王欲结于君。今君乃亡赵走燕，燕畏赵，其势必不敢留君，而束君归赵[9]矣。君不如肉袒伏斧质[10]请罪，则幸得脱矣。'臣从其计，大王亦幸赦臣。臣窃以为其人勇士，有智谋，宜可使。"

于是王召见，问蔺相如曰："秦王以十五城请易寡人之璧，可予不[11]？"相如曰："秦强而赵弱，不可不许。"王曰："取吾璧，不予我城，奈何？"相如曰："秦以城求璧而赵不许，曲在赵。赵予璧而秦不予赵城，曲在秦。均之二策[12]，宁许以负秦曲[13]。"王曰："谁可使者？"相如曰："王必无人，臣愿奉[14]璧往使。城入赵而璧留秦；城不入，臣请完璧归赵[15]。"赵王于是遂遣相如奉璧西入秦。

秦王坐章台[16]见相如，相如奉璧奏[17]秦王。秦王大喜，传以示美人及左右，左右皆呼万岁。相如视秦王无意偿赵城[18]，乃前曰："璧有瑕[19]，请指示王。"王授璧，相如因持璧却立[20]，倚柱，怒发上冲冠[21]，谓秦王曰："大王欲得璧，使人发书至赵王，赵王悉召群臣议，皆曰'秦贪，负其强，以空言求璧，偿城恐不可得'。议不欲予秦璧。臣以为布衣之交[22]尚不相欺，况大国乎！且以一璧之故逆强秦之驩[23]，不可。于是赵王乃斋戒[24]五日，使臣奉璧，拜送书于庭。何者？严大国之威以修敬也[25]。今臣至，大王见臣列观[26]，礼节甚倨；得璧，传之美人，以戏弄臣。臣观大王无意偿赵王城邑，故臣复取璧。大王必欲急[27]臣，臣头今与璧俱碎于柱矣！"

相如持其璧睨[28]柱，欲以击柱。秦王恐其破璧，乃辞谢固请[29]，召有司案图[30]，指从此以往十五都[31]予赵。相如度秦王特以诈详[32]

为予赵城，实不可得，乃谓秦王曰："和氏璧，天下所共传[33]宝也，赵王恐，不敢不献。赵王送璧时，斋戒五日，今大王亦宜斋戒五日，设九宾[34]于廷，臣乃敢上璧。"秦王度之，终不可强夺，遂许斋五日，舍相如广成传舍[35]。相如度秦王虽斋，决负约不偿城，乃使其从者衣褐[36]，怀其璧，从径道[37]亡，归璧于赵。

秦王斋五日后，乃设九宾礼于廷，引赵使者蔺相如。相如至，谓秦王曰："秦自缪公以来二十余君，未尝有坚明约束[38]者也。臣诚恐见欺于王而负赵，故令人持璧归，间[39]至赵矣。且秦强而赵弱，大王遣一介[40]之使至赵，赵立奉璧来。今以秦之强而先割十五都予赵，赵岂敢留璧而得罪于大王乎？臣知欺大王之罪当诛，臣请就汤镬[41]，唯大王与群臣孰[42]计议之。"秦王与群臣相视而嘻[43]。左右或欲引相如去，秦王因曰："今杀相如，终不能得璧也，而绝秦赵之驩，不如因而厚遇之[44]，使归赵，赵王岂以一璧之故欺秦邪！"卒廷见相如[45]，毕礼而归之。

相如既归，赵王以为贤大夫使不辱于诸侯，拜相如为上大夫。秦亦不以城予赵，赵亦终不予秦璧。

其后秦伐赵，拔石城[46]。明年，复攻赵，杀二万人。

秦王使使者告赵王，欲与王为好会于西河外渑池[47]。赵王畏秦，欲毋行[48]。廉颇、蔺相如计曰："王不行，示赵弱且怯也。"赵王遂行，相如从。廉颇送至境，与王诀[49]曰："王行，度道里会遇之礼毕[50]，还，不过三十日。三十日不还，则请立太子为王。以绝秦望[51]。"王许之，遂与秦会渑池。秦王饮酒酣，曰："寡人窃闻赵王好音，请奏瑟[52]。"赵王鼓瑟。秦御史[53]前书曰："某年月日，秦王与赵王会饮，令赵王鼓瑟。"蔺相如前曰："赵王窃闻秦王善为秦声，请奉盆缻秦王，以相娱乐[54]。"秦王怒，不许。于是相如前进缻，因跪请秦王。秦王不肯击缻。相如曰："五步之内[55]，相如请得以颈血溅大王矣！"左右欲刃[56]相如，相如张目叱之，左右皆靡[57]。于是秦王不怿[58]，为一击缶。相如顾召赵御史书曰："某年月日，秦王为赵王击缶。"秦之群臣曰："请以赵十五城为秦王寿[59]。"蔺相如亦曰："请以秦之咸阳[60]为赵王寿。"秦王竟酒[61]，终不能加胜于赵。赵亦盛设兵以待秦，秦不敢动。

既罢归国，以相如功大，拜为上卿，位在廉颇之右[62]。

廉颇曰："我为赵将，有攻城野战之大功，而蔺相如徒以口舌为劳，而位居我上，且相如素贱人[63]，吾羞，不忍为之下。"宣言曰："我见相如，必辱之。"相如闻，不肯与会。相如每朝时，常称病，不欲与廉颇争列[64]。已而[65]相如出，望见廉颇，相如引车避匿。于是舍人相与谏曰："臣所以去亲戚而事君者，徒慕君之高义也。今君与廉颇同列，廉君宣恶言而君畏匿之，恐惧殊甚，且庸人尚羞之，况于将相乎！臣等不肖，请辞去。"蔺相如固止之，曰："公之视廉将军孰与秦王？"曰："不若也。"相如曰："夫以秦王之威，而相如廷叱之，辱其群臣，相如虽驽[66]，独畏廉将军哉？顾[67]吾念之，强秦之所以不敢加兵于赵者，徒以吾两人在也。今两虎[68]共斗，其势不俱生[69]。吾所以为此者，以先国家之急而后私仇也。"廉颇闻之，肉袒负荆[70]，因宾客[71]至蔺相如门谢罪。曰："鄙贱之人，不知将军宽之至此也。"卒相与驩，为刎颈之交[72]。……

赵惠文王卒，子孝成王[73]立。七年，秦与赵兵相距长平[74]，时赵奢已死，而蔺相如病笃[75]，赵使廉颇将攻秦，秦数败赵军，赵军固壁[76]不战。秦数挑战，廉颇不肯[77]。赵王信秦之间[78]。秦之间言曰："秦之所恶[79]，独畏马服君赵奢[80]之子赵括为将耳。"赵王因以括为将，代廉颇。蔺相如曰："王以名使括[81]，若胶柱而鼓瑟耳[82]。括徒能读其父书传[83]，不知合变[84]也。"赵王不听，遂将之。……

赵括既代廉颇，悉更约束[85]，易置军吏。秦将白起[86]闻之，纵奇兵，详败走，而绝其粮道，分断其军为二，士卒离心。四十余日，军饿，赵括出锐卒自博战，秦军射杀赵括。括军败，数十万之众遂降秦，秦悉阬[87]之。赵前后所亡凡四十五万[88]。明年，秦兵遂围邯郸[89]，岁余，几不得脱。赖楚、魏诸侯来救[90]，乃得解邯郸之围。……

自邯郸围解五年，而燕用栗腹[91]之谋，曰"赵壮者尽于长平，其孤未壮"，举兵击赵。赵使廉颇将，击，大破燕军于鄗[92]，杀栗腹，遂围燕。燕割五城请和，乃听之。赵以尉文封廉颇为信平君[93]，为假相国[94]。

廉颇之免长平归也，失势之时，故客尽去。及复用为将，客又复至。廉颇曰："客退矣[95]！"客曰："吁！君何见之晚[96]也？夫天下以市道交[97]，君有势，我则从君，君无势则去，此固其理也，有[98]何怨乎？"居六年，赵使廉颇伐魏之繁阳[99]，拔之。

赵孝成王卒，子悼襄王[100]立，使乐乘代廉颇。廉颇怒，攻乐乘，乐乘走。廉颇遂奔魏之大梁[101]。其明年，赵乃以李牧为将而攻燕，拔武遂、方城[102]。

廉颇居梁久之，魏不能信用。赵以数困于秦兵，赵王思复得廉颇，廉颇亦思复用于赵。赵王使使者视廉颇尚可用否。廉颇之仇郭开多与使者金，令毁之。赵使者既见廉颇，廉颇为之一饭斗米，肉十斤[103]，被甲上马，以示尚可用。赵使还报王曰："廉将军虽老，尚善饭，然与臣坐，顷之三遗矢矣[104]。"赵王以为老，遂不召。

楚闻廉颇在魏，阴使人迎之。廉颇一为楚将，无功，曰："我思用赵人[105]。"廉颇卒死于寿春[106]。……

太史公曰：知死必勇，非死者难也，处死者难[107]。方蔺相如引璧睨柱，及叱秦王左右，势不过诛[108]，然士或怯懦而不敢发。相如一奋其气，威信[109]敌国，退而让颇，名重太山[110]，其处[111]智勇，可谓兼之矣！

注　释

【1】赵惠文王，名何。

【2】阳晋，齐国城池，在今山东省菏泽市。

【3】上卿，战国时诸侯国最高的官位。

【4】宦者令，宦官的统领。舍人，有职务的门客。

【5】遗，送。

【6】亡走燕，逃到燕国。

【7】何以知燕王，凭什么知道燕王会接纳您。

【8】幸于赵王，得到赵王宠幸。

【9】束君归赵，把您绑起来送回赵国。

【10】肉袒，解衣露体。质，通"锧"，承斧的砧板。伏斧质，伏在斧锧上。

【11】不，通"否"。

【12】均之二策，衡量这两个办法。

【13】此句意为，宁可允许秦的要求，让秦国理亏。

【14】奉，通"捧"。

【15】完璧归赵，让和氏璧完完整整地回归赵国。

【16】章台，章台宫，秦国宫殿，在今陕西省西安市未央区。

【17】奏，进献。

【18】偿赵城，将十五座城池报偿给赵国。

【19】瑕，瑕疵，指玉上面的小红点。玉以纯白为贵。

【20】却立，倒退几步站立。

【21】怒发上冲冠，愤怒到了头发竖立顶起帽子的地步。形容极其愤怒。

【22】布衣之交，平民之交。

【23】逆，忤逆，违背。驩（huān），通"欢"。

【24】斋戒，古人祭祀前要沐浴更衣，不饮酒、不食荤、不妄动、不苟言

笑，以表示虔诚。

【25】严，尊重。修敬，致敬。

【26】列观（guàn），一般的台观。接见诸侯使节，应在朝廷接见，此处说明秦对赵国使节不尊重。

【27】急，逼迫。

【28】睨（nì），斜视。

【29】辞谢，道歉。固请，坚决请求蔺相如不要损坏和氏璧。

【30】有司，主管此事的官员。案，通"按"。案图，查明地图。

【31】都，城。

【32】特，但。详，通"佯"，假装。

【33】共传，公认。

【34】设九宾，古代外交礼节中最隆重的仪式，由傧相九人依次传呼接引宾客上殿。宾，通"傧"。

【35】舍，安置。广成，传舍的名字。传舍，宾馆。

【36】褐，粗麻布短衣，指伪装成平民。

【37】径道，小路。

【38】坚明约束，坚决地遵守约定。

【39】间，这时候。一说，间即"抄小路"，与前文"从径道亡"相对应。

【40】介，通"个"。

【41】镬（huò），大锅。此句意为，愿意被烹死。

【42】孰，通"熟"，详细。

【43】嘻，苦笑。

【44】因而厚遇之，趁机好好对待他。

【45】卒廷见相如，终于在朝堂上接见蔺相如。

【46】拔，攻取。石城，今河南省林州市。此事发生在赵惠文王十八年（公元前281年），秦昭王二十六年。

【47】为好，联欢。西河，黄河西边。渑（miǎn）池，今河南省渑池县。

【48】欲毋行，想不去。另，楚怀王在秦昭王十年（公元前297年）时被秦国扣留而死在秦国。

【49】诀，道别时约定。

【50】此句意为，估计前往渑池的路程和会谈完毕的时间。

【51】绝秦望，断绝秦国用赵王作为人质要挟的想法。

【52】瑟，一种弦乐器，比琴长，通常有二十五弦。

【53】御史，官名，负责掌管图书典籍，记录国家大事。

【54】盆缻（fǒu），都是瓦器。缻，通"缶"。这句是要求秦王击缶，显示两国君王对等。

【55】五步之内，即距离很近，秦王的卫士来不及保护。意为如果您不答应，我就会袭击您。

【56】刃，作动词，刀刃相向，此处引申为杀。

【57】靡，后退。

【58】怿（yì），高兴、欢喜。

【59】为秦王寿，为秦王祝寿。

【60】咸阳，秦国都城，在今陕西省咸阳市。

【61】竟酒，宴会完毕。

【62】右，古人以右为尊。廉颇与蔺相如同为上卿，但蔺相如地位更高。

【63】贱人，蔺相如是宦官的家臣，出身低贱。

【64】争列，争夺位次上下。

【65】已而，过了一阵子。

【66】驽，愚笨。

【67】顾，但是。

【68】两虎，比喻他们两人。

【69】势不俱生，必定有一人死去。

【70】负荆，背着荆条，表示愿受鞭打。

【71】因宾客，通过门客的关系。

【72】刎，割。刎颈之交，愿意为对方牺牲的生死之交。

【73】孝成王，名丹。

【74】长平，在今山西省高平市。

【75】病笃，病重。

【76】固壁，坚守壁垒。

【77】不肯，不肯应战。

【78】信秦之间，听信秦国间谍的谣言。《史记·白起王翦列传》记载，这是秦相国应侯范雎的计策。

【79】恶，厌恶。

【80】马服君赵奢，赵将，封为马服君。

【81】王以名使括，因虚名而让赵括为将。

【82】柱是瑟上用来调节弦的松紧的部件。柱运转自如，弦的松紧才能得当，才能弹奏出音乐；如果将柱粘住，弦就不能调整，就无法弹奏。蔺相如以此比喻赵括只会读死书，不能随机应变。

【83】书传，书籍。

【84】合变，随机应变。

【85】更，改变。约束，军规。

【86】白起，战国军事家，秦将，封为武安君。屡立战功，伊阙之战消灭韩魏主力二十四万，攻楚占领其都城郢，长平之战更是将赵国四十五万军队尽数坑杀歼灭。但由于与应侯范雎结怨而失去消灭赵国的机会，又因多次称病不出惹怒秦昭王而被迫自杀。

【87】阬，通"坑"，活埋。

【88】关于"四十五万"一说，后世多认为是夸张之数，现代学者多考证，战国时赵国全国不过数十万成年男子，若全部被坑杀于此，赵国几乎不可能保卫邯郸。此外，1995年对长平之战遗址的挖掘表明，尸体多是被武器击杀。

【89】邯郸，赵国都城，今河北省邯郸市。

【90】此处指魏国信陵君窃符救赵和楚国春申君出兵救援之事。

【91】栗腹，燕相国。

【92】鄗（hào），在今河北省柏乡县。

【93】尉文，地名，具体不详。信平君，封号。

【94】假相国，代行相国职位。

【95】客退矣，你们回去吧！有厌恶的口气。

【96】何见之晚，认识事物如此迟钝。

【97】市道交，交朋友就如市场上做交易那样。

【98】有，通"又"。

【99】繁阳，在今河南省内黄县。

【100】悼襄王，名偃。

【101】大梁，魏国都城，今河南省开封市。

【102】武遂，今河北省保定市徐水区。方城，今河北省固安县。

【103】此句意为一餐饭吃了一斗米、十斤肉，表示身体健康。一斗米、十斤肉，可能也是夸张之数。

【104】三遗矢，拉屎三次。这是使者无中生有，用以毁谤廉颇的话。

【105】我思用赵人，我还是想用赵国人。

【106】寿春，今安徽省寿县。当时楚国迁都寿春。

【107】这三句意为，知道自己将死而不惧怕，一定是勇敢的人；但死并非难事，死得其所才是难事。

【108】不过诛，至多不过被杀。

【109】信，通"伸"。

【110】太山，即泰山。

【111】处，处理，运用。

优孟传

司马迁

题　解

　　本文节选自《史记·滑（gǔ）稽列传》。在《史记》中，不仅记录了帝王将相和国家大事，也记录了不少小人物的事迹。《滑稽列传》记录的就是淳于髡、优孟、优旃数位在幽默诙谐中进行讽刺，揭示真理，让每一个听闻之人都能在笑声中进行深思的"小人物"。

　　本文所记录的，是楚庄王时的艺人优孟。他利用自己的身份，以幽默的方式进言，讽刺了楚庄王"贱人而贵马"，说得楚庄王赶快将死马交给厨师。

优孟[1]，故楚之乐人也。长八尺，多辩[2]，常以谈笑讽谏。楚庄王[3]之时，有所爱马，衣以文绣，置之华屋之下，席以露床[4]，啖[5]以枣脯。马病肥[6]死，使群臣丧之，欲以棺椁大夫礼葬之。左右争之，以为不可。王下令曰："有敢以马谏者，罪至死。"优孟闻之，入殿门，仰天大哭。王惊而问其故。优孟曰："马者王之所爱也，以楚国堂堂之大，何求不得，而以大夫礼葬之，薄，请以人君礼葬之。"王曰："何如？"对曰："臣请以雕玉为棺，文梓为椁，楩枫豫章[7]为题凑，发甲卒为穿圹[8]，老弱负土，齐赵陪位于前，韩魏翼卫其后[9]，庙食太牢[10]，奉以万户之邑[11]。诸侯闻之，皆知大王贱人而贵马也。"王曰："寡人之过一至此乎[12]！为之奈何？"优孟曰："请为大王六畜[13]葬之。以垄灶[14]为椁，铜历[15]为棺，赍[16]以姜枣，荐[17]以木兰，祭以粮稻，衣以火光[18]，葬之于人腹肠。"于是王乃使以马属太官，无令天下久闻也。

注　释

【1】优，优伶，演戏的人。优孟，名叫孟的演戏的人。

【2】多辩，有辩才。

【3】楚庄王，名熊旅，春秋五霸之一，任孙叔敖为相，国力强盛，对外大败晋国，问鼎中原。

【4】席以露床，用露床做垫子。席，垫子，这里作动词，作为垫子。露床，没有帐幔的床。

【5】啖，通"啖（dàn）"，喂。

【6】病肥，患肥胖病。

【7】楩（pián）、枫、豫章，都是上等木材。

【8】穿圹（kuàng），挖掘墓穴。

【9】当时晋国尚在，赵韩魏三家都是晋国大夫，此处应是夸张的说法。

【10】庙食太牢，建立祠庙，以太牢作为祭品。

【11】奉以万户之邑，用有一万户的城邑的租税来作为祭祀的费用。

【12】一至此乎，竟然到了这种地步。一，乃，竟然。

【13】六畜，牛马羊猪狗鸡为六畜。

【14】垅（lǒng）灶，将土堆起来作为灶。

【15】历，三足的大锅。

【16】赍（jī），赠送。

【17】荐，进献。

【18】衣以火光，以火光作为它的衣服。

淳于髡传

司马迁

题　解

　　本文节选自《史记·滑稽列传》。本文的主角淳于髡，是齐威王时的重臣，也是一位著名的"稷下学者"。他身高不满七尺，却能依靠自己的幽默和谋略，让齐威王听从他的劝谏，从而使齐国强大起来。

　　淳于髡[1]者，齐之赘婿[2]也。长不满七尺[3]，滑稽多辩，数使诸侯，未尝屈辱。齐威王之时喜隐[4]，好为淫乐长夜之饮，沈湎不治，委政卿大夫。百官荒乱，诸侯并侵，国且危亡，在于旦暮，左右莫敢谏。淳于髡说之以隐曰："国中有大鸟，止王之庭，三年不蜚[5]又不鸣，不知此鸟何也？"王曰："此鸟不飞则已，一飞冲天；不鸣则已，一鸣惊人。"于是乃朝诸县令长七十二人，赏一人，诛一人，奋兵而出。诸侯振惊，皆还齐侵地。威行三十六年。语在田完世家[6]中。

　　威王八年，楚大发兵加齐。齐王使淳于髡之赵请救兵，赍金百斤，车马十驷。淳于髡仰天大笑，冠缨索[7]绝。王曰："先生少之乎？"髡曰："何敢！"王曰："笑岂有说乎？"髡曰："今者臣从东方来，见道傍有禳田[8]者，操一豚蹄，酒一盂，祝曰：'瓯窭[9]满篝，污邪[10]满车，五谷蕃熟，穰穰满家。'臣见其所持者狭而所欲者奢，故笑之。"于是齐威王乃益赍黄金千溢，白璧十双，车马百驷。髡辞而行，至赵。赵王与之精兵十万，革车千乘。楚闻之，夜引兵而去。

威王大悦，置酒后宫，召髡赐之酒。问曰："先生能饮几何而醉？"对曰："臣饮一斗亦醉，一石亦醉。"威王曰："先生饮一斗而醉，恶能饮一石哉！其说可得闻乎？"髡曰："赐酒大王之前，执法在傍，御史在后，髡恐惧俯伏而饮，不过一斗径醉矣。若亲有严客，髡帣韝鞠䣛[11]，待酒于前，时赐余沥，奉觞上寿，数起，饮不过二斗径醉矣。若朋友交游，久不相见，卒然相睹，欢然道故，私情相语，饮可五六斗径醉矣。若乃州闾之会，男女杂坐，行酒稽留，六博投壶，相引为曹[12]，握手无罚，目眙[13]不禁，前有堕珥，后有遗簪，髡窃乐此，饮可八斗而醉二三。日暮酒阑，合尊促坐，男女同席，履舄交错，杯盘狼藉，堂上烛灭，主人留髡而送客，罗襦襟解，微闻芗泽[14]，当此之时，髡心最欢，能饮一石。故曰酒极则乱，乐极则悲；万事尽然，言不可极，极之而衰。"以讽谏焉。齐王曰："善。"乃罢长夜之饮，以髡为诸侯主客。宗室置酒，髡尝在侧。

注 释

【1】淳于髡，战国时期齐国著名的政治家和思想家。

【2】赘婿，旧时男子因家贫卖身给人家，得招为婿者，称为赘婿。

【3】战国时一尺约为23.1厘米，七尺即现在的1.60米左右。

【4】隐，隐语，不直接说出本意而借别的词语来暗示的话。

【5】蜚，通"飞"。

【6】田完世家，即《史记·田敬仲完世家》，是记载田氏齐国历史的传记。另，《韩非子·喻老》也有类似的故事，不过主角换成了楚庄王。

【7】索，尽。

【8】禳田，古代祈求农事顺利、无灾无害的祭祀活动。

【9】瓯窭，狭小的高地。

【10】污邪，地势低下、容易积水的劣田。

【11】卷（juǎn），用绳子束紧。韝（gōu），古代射箭时所穿戴的皮质袖套，此处泛指袖套。鞠，弯曲。鮠（jì），通"跽"，长跪。

【12】曹，游戏时的分组。

【13】眙，直视。

【14】芳泽，泛指香气。

货殖列传

司马迁

题　解

本文节选自《史记·货殖列传》。司马迁信仰道家黄老之学，但又在其学说上有所发展，十分注重国民经济，因此除了《平准书》外，还特别为历来被统治者所轻视的工商业者作传。司马迁在一开始就批评了老子的观点是落后于时代的，也与"通古今之变"的思想相违背；后又论述工商业的重要性，称赞能够合法致富的人是贤人，而这一观点显然远远比晚司马迁一百余年的班固"皆越法矣"的观点更为先进。

老子曰："至治之极，邻国相望，鸡狗之声相闻，民各甘其食，美其服，安其俗，乐其业，至老死不相往来[1]。"必用此为务，挽近世[2]涂民耳目，则几无行矣。

太史公曰：夫神农以前，吾不知已。至若诗书所述虞夏以来，耳目欲极声色之好，口欲穷刍豢[3]之味，身安逸乐，而心夸矜势能之荣使。俗之渐[4]民久矣，虽户说以眇论[5]，终不能化。故善者因之，其次利导之，其次教诲之，其次整齐之，最下者与之争。

夫山西[6]饶材、竹、榖、纑[7]、旄[8]、玉石；山东多鱼、盐、漆[9]、丝、声色；江南出楠、梓、姜、桂、金、锡、连[10]、丹沙[11]、犀、玳瑁、珠玑、齿革；龙门、碣石北多马、牛、羊、旃裘[12]、筋角；铜、铁则千里往往山出棊置[13]。此其大较也。皆中国人民所喜好，谣俗[14]被服饮食奉生送死之具也。故待农而食之，虞[15]而出之，工而成之，商而通之。此宁有政教发征期会哉？人各任其能，竭其力，以得所欲。故物贱之征[16]贵，贵之征贱，各劝其业，乐其事，若水之趋下，日夜无休时，不召而自来，不求而民出之。岂非道之所符，而自然之验邪？

周书曰："农不出则乏其食，工不出则乏其事，商不出则三宝绝，虞不出则财匮少。"财匮少而山泽不辟[17]矣。此四者，民所衣食之原也。原大则饶，原小则鲜[18]。上则富国，下则富家。贫富之道，莫之夺予，而巧者有余，拙者不足。……

故曰："仓廪实而知礼节，衣食足而知荣辱。"礼生于有而废于无。故君子富，好行其德；小人富，以适其力。渊深而鱼生之，山深而兽往之，人富而仁义附焉。富者得势益彰[19]，失势则客无所之，以而不乐。夷狄益甚。谚曰："千金之子，不死于市。"此非空言也。故曰："天下熙熙[20]，皆为利来；天下攘攘，皆为利往。"夫千乘之王，万家之侯，百室之君，尚犹患贫，而况匹夫编户之民乎！……

是以廉吏久，久更富，廉贾归富。富者，人之情性，所不学而俱欲者也。故壮士在军，攻城先登，陷阵却敌，斩将搴旗，前蒙矢石，不避汤火之难者，为重赏使也。其在闾巷[21]少年，攻剽椎埋，劫人作奸，掘冢铸币，任侠并兼，借交报仇，篡逐幽隐，不避法禁，走死地如骛[22]者，其实皆为财用耳。今夫赵女郑姬，设形容[23]，揳鸣琴，揄长袂[24]，蹑利屣，目挑心招，出不远千里，不择老少者，奔富厚也。游闲公子，饰冠剑，连车骑，亦为富贵容也。弋射渔猎，犯晨夜，冒霜雪，驰阬谷，不避猛兽之害，为得味也。博戏驰逐，斗鸡走狗，作色[25]相矜，必争胜者，重失负也。医方诸食技术之人，焦神[26]极能，为重糈[27]也。吏士舞文弄法，刻章伪书，不避刀锯之诛者，没于赂遗[28]也。农工商贾畜长，固求富益货也。此有知尽能索耳，终不余力而让财矣。

谚曰："百里不贩樵，千里不贩籴[29]。"居之一岁，种之以谷；十岁，树之以木；百岁，来之以德。德者，人物之谓也。今有无秩禄之奉，爵邑之入，而乐与之比者。命曰"素封[30]"。……此其人皆与千户侯等。然是富给之资也，不窥市井，不行异邑，坐而待收，身有处士之义而取给焉。若至家贫亲老，妻子软弱，岁时无以祭祀进醵[31]，饮食被服不足以自通，如此不惭耻[32]，则无所比矣。是以无财作力，少有斗智，既饶争时[33]，此其大经也。今治生不待危身取给，则贤人勉焉。是故本富为上，末富次之，奸富最下。无岩处奇士之行，而长贫贱，好语仁义，亦足羞也。

凡编户之民，富相什[34]则卑下之，伯[35]则畏惮之，千则役，万则仆，物之理也。夫用贫求富，农不如工，工不如商，刺绣文不如倚市门，此言末业，贫者之资也。……

夫纤啬[36]筋力，治生之正道也，而富者必用奇胜。田农，拙业，而秦扬以盖一州。掘冢，奸事也，而田叔以起。博戏，恶业也，而桓发用富。行贾，丈夫贱行也，而雍乐成以饶。贩脂，辱处[37]也，而雍伯千金。卖浆，小业也，而张氏千万。洒削[38]，薄技也，而郅氏鼎食。胃脯，简微耳，浊氏连骑。马医，浅方，张里击钟。此皆诚壹[39]之所致。

由是观之,富无经业[40],则货无常主,能者辐凑[41],不肖者瓦解。千金之家比一都之君,巨万者乃与王者同乐。岂所谓"素封"者邪,非也?

注 释

【1】此句见于《老子》第八十章,原文为:"至治之极。甘美食,美其服,安其居,乐其俗,邻国相望,鸡犬之声相闻,民至老死不相往来。"

【2】挽,通"晚"。挽近世,即现世。

【3】刍豢,家畜。

【4】渐,感染、影响。

【5】眇,通"妙"。眇论,精妙的言论。

【6】山西,指太行山以西。

【7】纑(lú),麻线。

【8】旄,用于装饰旗帜的牦牛尾。

【9】漆,树名,其汁液可用作涂料。

【10】连,铅矿。

【11】丹沙,即朱砂。

【12】旃裘,用毡毛制作的衣服。

【13】棊(qí),通"棋"。棊置,棋布。

【14】谣俗,流行的风俗习惯。

【15】虞,负责获取山林水泽出产资源的官员。

【16】征,象征。

【17】辟,开发。

【18】鲜,少、贫乏。

【19】彰,显明。

【20】熙熙,热闹。

【21】闾巷,里巷,代指民间。

【22】骛,从事。

【23】形容，容貌。设形容，打扮。

【24】揄（yú），拉。袂，袖子。

【25】作色；发怒。

【26】焦神，烦躁。

【27】糈（xǔ），粮食。

【28】赂遗，贿赂的财物。

【29】籴（dí），谷物、粮食。

【30】素封，没有俸禄封地，所得财富却如同有俸禄封地。

【31】酤（jù），《说文》："酤，会饮酒也。"

【32】惭耻，惭愧羞耻。

【33】争时，争利逐时。

【34】什，十倍。

【35】伯，百倍。

【36】纤啬，琐屑。

【37】辱处，低贱的行业。

【38】洒削，磨刀。

【39】诚壹，专心致志。

【40】经业，一定的业务。

【41】辐凑，如车辐条集聚于轴心，比喻财物集聚到一起。

编者注

上古之时，中国就有了关于商业活动的记载。如《易·系辞》就有神农氏之时"日中为市，致天下之民，聚天下之货，交易而退，各得其所"的内容，《诗》《尚书》也有类似的记载。但在东周之前，关于商人的记载很少，大部分记载都并非为了记载商人，而只是在其他事件中涉及到了商人。

到了春秋战国时，一些大商人开始涌现出来，比如范蠡、子贡，都是商人阶级的杰出代表。随着生产力的发展，商人也逐渐独立而成为一个具有影响力的社会阶层。特别是汉朝初期，由于朝廷对商人的限制较少，商人阶层在社会上的影响力也不断提高，形成了"富商大贾周流天下"

的局面。

但是，由于生产力水平的限制，能够为大商人提供基础的产业仍然较少，仅限于盐、铁等事关国计民生的重要产业。而自汉武帝确立盐铁官营制度以来，历朝历代不断有多个利润丰厚的产业被纳入国营范畴；手工业生产也被划归朝廷管辖；统治者所需要的一些奢侈品则直接由地方进贡。一方面，这种国家垄断制度为国家提供了巨大的财政来源；另一方面，这种制度也严重打击了刚刚兴盛起来的商人阶层，使其沦为国家专卖制度的附庸。

荆轲刺秦王

司马迁

题 解

本文节选自《史记·刺客列传》，讲述荆轲刺杀秦王的故事。《刺客列传》全文五千余字，其中关于荆轲的这一段记载，堪称是《史记》全书中司马迁投入感情最多的一部分。故事情节曲折，从准备、实施到最后失败，情节完整而波澜起伏。特别是对荆轲这位慷慨激昂、大义凛然的义士的描写，丰满而生动。

荆轲者，卫人也。其先乃齐人，徙于卫，卫人谓之庆卿。而之燕，燕人谓之荆卿。

荆卿好读书击剑，以术说卫元君[1]，卫元君不用。其后秦伐魏，置东郡，徙卫元君之支属于野王[2]。

荆轲尝游过榆次，与盖聂论剑[3]，盖聂怒而目[4]之。荆轲出，人或言复召荆卿。盖聂曰："曩者吾与论剑有不称者[5]，吾目之；试往，是宜去，不敢留。"使使往之主人，荆卿则已驾而去榆次矣。使者还报，盖聂曰："固去也，吾曩者目摄之[6]！"

荆轲游于邯郸，鲁句践与荆轲博[7]，争道[8]，鲁句践怒而叱之，荆轲嘿[9]而逃去，遂不复会。

荆轲既至燕，爱燕之狗屠及善击筑[10]者高渐离。荆轲嗜酒，日与狗屠及高渐离饮于燕市，酒酣以往，高渐离击筑，荆轲和而歌于市中，相乐也，已而相泣，旁若无人者。

荆轲虽游于酒人乎，然其为人沈深好书；其所游诸侯，尽与其贤豪长者相结。其之燕，燕之处士田光先生亦善待之，知其非庸人也。

居顷之，会燕太子丹质秦亡归燕。燕太子丹者，故尝质于赵，而秦王政生于赵，其少时与丹欢。及政立为秦王，而丹质于秦。秦王之遇燕太子丹不善，故丹怨而亡归。归而求为报秦王者，国小，力不能。其后秦日出兵山东以伐齐、楚、三晋，稍蚕食诸侯[11]，且至于燕，燕君臣皆恐祸之至。太子丹患之，问其傅鞠武。武对曰："秦地遍天下，威胁韩、魏、赵氏，北有甘泉、谷口之固，南有泾、渭之沃，擅[12]巴、汉之饶，右陇、蜀之山，左关、崤之险，民众而士厉[13]，兵革有余。意有所出，则长城之南，易水以北，未有所定也。奈何以见陵[14]之怨，欲批其逆鳞[15]哉！"丹曰："然则何由？"对曰："请入图之。"

居有间，秦将樊於期得罪于秦王，亡之燕，太子受而舍之[16]。鞠武谏曰："不可。夫以秦王之暴而积怒于燕，足为寒心[17]，又况闻樊将军之所在乎？是谓'委肉当饿虎之蹊'[18]也，祸必不振[19]矣！虽有管、晏，不能为之谋也。原太子疾遣樊将军入匈奴以灭口。请西约三晋，南连齐、楚，北购于单于[20]，其后乃可图也。"太子曰："太傅之计，旷日弥久，心惛然[21]，恐不能须臾。且非独于此也，夫樊将军穷困于天下，归身于丹，丹终不以迫于强秦而弃所哀怜之交，置之匈奴，是固丹命卒之时也。原太傅更虑之。"鞠武曰：

"夫行危欲求安，造祸而求福，计浅而怨深，连结一人之后交[22]，不顾国家之大害，此所谓'资怨而助祸'[23]矣。夫以鸿毛燎于炉炭之上，必无事矣。且以雕鸷[24]之秦，行怨暴之怒，岂足道哉！燕有田光先生，其为人智深而勇沈[25]，可与谋。"太子曰："原因太傅而得交于田先生，可乎？"鞠武曰："敬诺。"出见田先生，道"太子愿图国事于先生也"。田光曰："敬奉教。"乃造焉。

太子逢迎，却行为导[26]，跪而蔽席[27]。田光坐定，左右无人，太子避席而请曰："燕秦不两立，愿先生留意也。"田光曰："臣闻骐骥[28]盛壮之时，一日而驰千里；至其衰老，驽马先之。今太子闻光盛壮之时，不知臣精已消亡矣。虽然，光不敢以图国事，所善荆卿可使也。"太子曰："愿因先生得结交于荆卿，可乎？"田光曰："敬诺。"即起，趋出[29]。太子送至门，戒曰："丹所报，先生所言者，国之大事也，原先生勿泄也！"田光俯而笑曰："诺。"偻行见荆卿，曰："光与子相善，燕国莫不知。今太子闻光壮盛之时，不知吾形已不逮也，幸而教之曰'燕秦不两立，愿先生留意也'。光窃不自外，言足下于太子也，愿足下过太子于宫。"荆轲曰："谨奉教。"田光曰："吾闻之，长者为行，不使人疑之。今太子告光曰：'所言者，国之大事也，愿先生勿泄'，是太子疑光也。夫为行而使人疑之，非节侠也[30]。"欲自杀以激荆卿，曰："愿足下急过太子，言光已死，明不言也。"因遂自刎而死。

荆轲遂见太子，言田光已死，致光之言。太子再拜而跪，膝行流涕，有顷而后言曰："丹所以诫田先生毋言者，欲以成大事之谋也。今田先生以死明不言，岂丹之心哉！"荆轲坐定，太子避席顿首曰："田先生不知丹之不肖，使得至前，敢有所道，此天之所以哀燕而不弃其孤也。今秦有贪利之心，而欲不可足也。非尽天下之地，臣海内之王者，其意不厌。今秦已虏韩王，尽纳其地。又举兵南伐楚，北临赵；王翦将数十万之众距漳、邺，而李信出太原、云中。赵不能支秦，必入臣[31]，入臣则祸至燕。燕小弱，数困于兵，今计举国不足以当秦。诸侯服秦，莫敢合从。丹之私计愚，以为诚得天下之勇士使于秦，窥[32]以重利；秦王贪，其势必得所原矣。诚得劫秦王，使悉反诸侯侵地，若曹沫之与齐桓公，则大善矣；则不可，因而刺杀之。彼秦大将擅兵于外而内有乱，则君臣相疑，以其间诸侯得合从，其破秦必矣。此丹之上愿，而不知所委命，唯荆卿留意焉。"久之，荆轲曰："此国之大事也，臣驽下，恐不足任使。"太子前顿首，固请毋让，然后许诺。于是尊荆卿为上卿，舍上舍。太子日造门下，供太牢具[33]，异物间进，车骑美女恣[34]荆轲所欲，以顺适其意。

久之，荆轲未有行意。秦将王翦破赵，虏赵王，尽收入其地，进兵北略地至燕南界。太子丹恐惧，乃请荆轲曰："秦兵旦暮渡易水，则虽欲长侍足下，岂可得哉！"荆轲曰："微[35]太子言，臣愿谒之。今行而毋信，则秦未可亲也。夫樊将军，秦王购之金千斤，邑万家。诚得樊将军首与燕督亢之地图，奉献秦王，秦王必说见臣，臣乃得有以报。"太子曰："樊将军穷困来归丹，丹不忍以己之私而伤长者之意，愿足下更虑之！"

荆轲知太子不忍，乃遂私见樊於期曰："秦之遇将军可谓深[36]矣，父母宗族皆为戮没[37]。今闻购将军首金千斤，邑万家，将奈何？"於期仰天太息流涕曰："於期每念之，常痛于骨髓，顾计不知所出耳！"荆轲曰："今有一言可以解燕国之患，报将军之仇者，何如？"於期乃前曰："为之奈何？"荆轲曰："愿得将军之首以献秦王，秦王必喜而见臣，臣左手把其袖，右手揕其匈[38]，然则将军之仇报而燕见陵之愧除矣。将军岂有意乎？"樊於期偏袒搤捥[39]而进曰："此臣之日夜切齿腐心也[40]，乃今得闻教！"遂自刭。太子闻之，驰往，伏尸而哭，极哀。既已不可奈何，乃遂盛樊於期首函封之[41]。

于是太子豫求天下之利匕首，得赵人徐夫人匕首，取之百金，使工以药焠之[42]，以试人，血濡缕[43]，人无不立死者。乃装为遣荆卿。燕国有勇士秦舞阳，年十三，杀人，人不敢忤视[44]。乃令秦舞阳为副。荆轲有所待，欲与俱；其人居远未来，而为治行[45]。顷之，未发，太子迟之，疑其改悔，乃复请曰："日已尽矣，荆卿岂有意哉？丹请得先遣秦舞阳。"荆轲怒，叱太子曰："何太子之遣？往而不返者，竖子也[46]！且提一匕首入不测之强秦，仆所以留者，待吾客与俱。今太子迟之，请辞决矣！"遂发。

太子及宾客知其事者，皆白衣冠以送之。至易水之上，既祖[47]，取道，高渐离击筑，荆轲和而歌，为变徵之声，士皆垂泪涕泣。又前而为歌曰："风萧萧兮易水寒，壮士一去兮不复还！"复为羽声慷慨，士皆瞋目，发尽上指冠。于是荆轲就车而去，终已不顾。

遂至秦，持千金之资币[48]物，厚遗秦王宠臣中庶子蒙嘉。嘉为先言于秦王曰："燕王诚振怖[49]大王之威，不敢举兵以逆军吏，愿举国为内臣，比[50]诸侯之列，给贡职如郡县，而得奉守先王之宗庙。恐惧不敢自陈，谨斩樊於期之头，及献燕督亢之地图，函封，燕王拜送于庭，使使以闻大王，唯大王命之。"秦王闻之，大喜，乃朝服，设九宾，见燕使者咸阳宫。荆轲奉樊於期头函，而秦舞阳奉地图柙，以次进。至陛，秦舞阳色变[51]振恐，群臣怪之。荆轲顾笑[52]舞阳，前谢曰："北蕃蛮夷之鄙人，未尝见天子，故振慑。愿大王少假借之[53]，使得毕使于前。"秦王谓轲曰："取舞阳所持地图。"轲既取图奏之，秦王发图[54]，图穷而匕首见[55]。因左手把秦王之袖，而右手持匕首揕之。未至身，秦王惊，自引而起，袖绝。拔剑，剑长，操其室[56]。时惶急，剑坚，故不可立拔。荆轲逐秦王，秦王环柱而走。群臣皆愕，卒起不意[57]，尽失其度[58]。而秦法，群臣侍殿上者不得持尺寸之兵；诸郎中执兵皆陈殿下，非有诏召不得上。方急时，不及召下兵，以故荆轲乃逐秦王。而卒惶急，无以击轲，而以手共搏之。是时侍医夏无且以其所奉药囊提[59]荆轲也。秦王方环柱走，卒惶急，不知所为，左右乃曰："王负剑！"负剑，遂拔以击荆轲，断其左股[60]。荆轲废，乃引其匕首以擿[61]秦王，不中，中桐柱。秦王复击轲，轲被八创。轲自知事不就，倚柱而笑，箕踞[62]以骂曰："事所以不成者，以欲生劫之，必得约契以报太子也。"于是左右既前杀轲[63]，秦王不怡者良久。已而论功，赏群臣及当坐者各有差[64]，而赐夏无且黄金二百溢，曰："无且爱我，乃以药囊提荆轲也。"

于是秦王大怒，益发兵诣[65]赵，诏王翦军以伐燕。十月而拔蓟城[66]。燕王喜、太子丹等尽率其精兵东保于辽东。秦将李信追击燕王急，代王嘉乃遗燕王喜书曰："秦所以尤追燕急者，以太子丹故也。今王诚杀丹献之秦王，秦王必解[67]，而社稷幸得血食[68]。"其后李信追丹，丹匿衍水中，燕王乃使使斩太子丹，欲献之秦。秦复进兵攻之。后五年，秦卒灭燕，虏燕王喜。

其明年，秦并天下，立号为皇帝。于是秦逐太子丹、荆轲之客，皆亡。高渐离变名姓为人庸保[69]，匿作于宋子。久之，作苦，闻其家堂上客击筑，傍徨不能去。每出言曰："彼有善有不善。"从者以告其主，曰："彼庸乃知音，窃言是非。"家丈人[70]召使前击筑，一坐称善，赐酒。而高渐离念久隐畏约无穷时，乃退，出其装匣中筑与其善衣，更容貌而前。举坐客皆惊，下与抗礼[71]，以为上客。使击筑而歌，客无不流涕而去者。宋子传客之，闻于秦始皇。秦始皇召见，人有识者，乃曰："高渐离也。"秦皇帝惜其善击筑，重赦之，乃矐其目[72]。使击筑，未尝不称善。稍益近之，高渐离乃以铅置筑中，复进得近，举筑朴秦皇帝[73]，不中。于是遂诛高渐离，终身不复近诸侯之人[74]。

鲁句践已闻荆轲之刺秦王，私曰："嗟乎，惜哉其不讲[75]于刺剑之术也！甚矣吾不知人也！曩者吾叱之，彼乃以我为非人也[76]！"

注　释

【1】卫元君，卫国的君主。卫国在战国时已经成为魏国领地，附庸于魏国。秦灭魏后，将其迁往野王。

【2】徙卫元君之支属于野王，将卫元君支属宗室迁往野王。实际上，卫元君也在他们之中。

【3】论剑，谈论剑术，即较量剑术。

【4】目，瞪。

【5】曩（nǎng）者，过去。不称，不相宜，不合适。

【6】摄，通"慑"，慑服。

【7】博，博戏，一种带有赌博性质的游戏形式。

【8】争道，争执博局的着数。

【9】嘿，通"默"。

【10】筑，一种弦乐器，形似琴，以竹尺击打琴弦发声。

【11】稍，渐渐。稍蚕食诸侯，一点一点地吞食诸侯领土。

【12】擅，拥有。

【13】厉，锐气。士厉，士兵训练有素。

【14】见陵，被欺侮。陵，侮辱。

【15】批，触动。逆鳞，见《说难》一文。

【16】舍之，让他住下来。

【17】寒心，提心吊胆。

【18】委肉当饿虎之蹊，把肉放在饿虎经过的小路上。

【19】不振，不能拯救。

【20】单（chán）于，匈奴的首领称单于。

【21】惜然，忧闷烦乱。

【22】后交，新交往的朋友。

【23】资怨而助祸，助长怨恨，促使祸患发展。

【24】雕鸷，都是猛禽。比喻秦国凶猛。

【25】勇沈，勇敢而沉着冷静。

【26】却行为导，倒退着走，为他引路。

【27】蔽席，擦拭座位并让座。蔽，擦拭。

【28】骐骥，骏马。

【29】趋，小步快走。古人以此表示礼敬。

【30】节侠，有节义，讲义气。

【31】入臣，臣服。

【32】窥，示，引诱。

【33】具，饮食。

【34】恣，听任。

【35】微，没有。

【36】深，残忍狠毒。

【37】没，被罚为官府奴隶。

【38】揕（zhèn），刺。匈，通"胸"。

【39】搤（è），通"扼"。捥（wàn），通"腕"。偏袒搤捥，脱去一只衣袖，路出手臂，扼住手腕。表示激愤。

【40】切齿，牙齿紧咬。腐心，心碎。表示痛恨。

【41】函封，装进匣子封起来。

【42】以药焠之，用毒药为刀进行淬火。

【43】血濡缕，渗出一点血丝。

【44】忤视，以反抗的眼光看他。

【45】治行，打点行装。

【46】竖子，小子，一种蔑称。

【47】既祖，饯行后。祖，古人出远门祭祀路神的活动。

【48】资，资财，财物。币，古人用来当作礼物的丝织品，此处泛指玉帛。

【49】振，通"震"。怖，害怕。

【50】比，排列。

【51】色变，脸色大变。

【52】顾笑，回头笑。

【53】少，通"稍"。假借，宽恕。

【54】发图，展开地图。

【55】穷，尽，完全展开。后人以"图穷匕见"比喻事情到最后展现出真实意图。

【56】室，剑鞘。操其室，握住剑鞘。

【57】卒，通"猝"，突然。不意，没有料到。

【58】度，常态，指臣子应有的礼节。

【59】提，投掷。

【60】左股，左大腿。

【61】擿（zhì），通"掷"，投掷。

【62】箕踞，两脚张开坐于地。这是一种表示轻蔑的坐姿。

【63】此处可能遗漏了"舞阳"二字，因上下文均未交代秦舞阳之事。

【64】坐，治罪。当坐者，应被治罪的人。

【65】诣，到达。

【66】蓟城，当时燕国的都城，在今北京市。

【67】解，缓解，指暂缓攻势。

【68】社稷幸得血食，社稷神也许还能得到我们祭祀的三牲，指国家或许能得到保存。

【69】庸，通"佣"。庸保，帮工。

【70】家丈人，主人。

【71】抗礼，以平等的礼仪对待。

【72】曛其目，熏瞎他的眼睛，防止他图谋刺杀。

【73】朴，通"扑"。

【74】诸侯之人，其他来自六国的人。

【75】讲，精通。

【76】非人，同类人。

编者注

春秋时，随着周王室衰微，礼制逐渐崩溃，一些诸侯和大贵族开始豢养勇士，一是为暗杀政治对手，二是提高在诸侯国间的影响力。在他们的重视下，"任侠"风气逐渐兴盛起来，如著名的"战国四公子"，门下就有数以千计的崇尚"任侠"的勇士。他们为奉养自己的人效命，对其主人的政治对手进行威胁，甚至暗杀；而他们所受到的尊崇，促使更多人崇尚这种风气。荆轲便是这些任侠之人的代表之一。

秦代时，由于严苛刑法的管制，百姓不许私藏武器，而杀人者更是会牵连家人及邻居，因此任侠风气有所收敛。可是秦末天下纷争，诸侯麾下的谋士将领中，不乏崇尚任侠风气之人。特别是汉高祖刘邦麾下的一批将领与谋士中，大多有着任侠甚至盗匪背景。在他们的影响下，任侠风气开始重新盛行。文帝、景帝时，梁孝王刘武、淮南王刘安等诸侯王均在自己的领地招揽任侠之士。而且，这些任侠之士还通过相互交游形成了一定的组织，汉初的一些著名任侠之士如剧孟、郭解等人均是当时侠士组织的领袖。

这些侠士，在私下进行交游并形成组织，不仅对基层管理造成影响，还对封建皇权形成了威胁。而他们的刺杀行动，也往往是由于旧贵族不满旧制度被取代而进行的报复活动，对于新旧制度的交替不可能产生多么重要的影响。假使荆轲刺秦成功，张良刺杀成功，燕国、韩国也无法摆脱灭亡的命运。

汉武帝时，出于加强皇权专制的目的，朝廷开始任用一批酷吏打击这些任侠之士，将一些侠士组织的领袖直接族灭，对一些涉嫌犯罪的任侠之士也绝不姑息。在这种严厉的打击之下，任侠风气迅速衰落下去。

太史公自序

司马迁

题　解

本文节选自《史记·太史公自序》。《太史公自序》是司马迁为《史记》所作的序言，列在全书的最后，也被后人看作是司马迁本人的自传。本文节选全文的第二部分，利用对话的形式，阐述司马迁写作《史记》的目的：一是完成父亲遗志；二是接续《春秋》；三是以对历史的评述，抒发自己胸中的不平之气。特别是在遭受腐刑后，司马迁以古人发愤著书事迹自相勉励，忍辱负重，终于完成了《史记》这部鸿篇巨制。本文既是《史记》全书的纲领，更是司马迁这位史学巨匠的伟大人格的体现。

太史公曰："先人[1]有言：'自周公卒五百岁而有孔子。孔子卒后至于今五百岁[2]，有能绍明世[3]，正《易传》，继《春秋》，本《诗》《书》《礼》《乐》之际？'意在斯乎[4]！意在斯乎！小子何敢让焉。"

上大夫壶遂[5]曰："昔孔子何为而作《春秋》哉？"太史公曰："余闻董生[6]曰：'周道衰废，孔子为鲁司寇[7]，诸侯害之，大夫壅[8]之。孔子知言之不用，道之不行也，是非二百四十二年之中[9]，以为天下仪表，贬天子，退诸侯，讨大夫，以达王事[10]而已矣。'子曰：'我欲载之空言[11]，不如见之于行事[12]之深切著明也。'夫《春秋》，上明三王[13]之道，下辨人事之纪[14]，别嫌疑，明是非，定犹豫，善善恶恶[15]，贤贤贱不肖，存亡国，继绝世，补敝起废，王道之大者也。《易》著天地阴阳四时五行[16]，故长于变；《礼》经纪[17]人伦，故长于行；《书》记先王之事，故长于政；《诗》记山川溪谷禽兽草木牝牡[18]雌雄，故长于风[19]；《乐》乐所以立[20]，故长于和；《春秋》辩是非，故长于治人。是故《礼》以节人，《乐》以发和，《书》以道事，《诗》以达意，《易》以道化[21]，《春秋》以道义。拨乱世反之正，莫近于《春秋》。《春秋》文成数万，其指数千。万物之散聚[22]皆在《春秋》。《春秋》之中，弑君三十六，亡国五十二，诸侯奔走不得保其社稷者不可胜数。察其所以，皆失其本已。故《易》曰'失之毫厘，差以千里[23]'。故曰'臣弑君，子弑父，非一旦一夕之故也，其渐久矣'。故有国者不可以不知《春秋》，前有谗而弗见，后有贼而不知。为人臣者不可以不知《春秋》，守经事[24]而不知其宜，遭变事而不知其权^[25]。为人君父而不通于《春秋》之义者，必蒙首恶之名。为人臣子而不通于《春秋》之义者，必陷篡弑之诛，死罪之名。其实皆以为善，为之不知其义，被之空言而不敢辞^[26]。夫不通礼义之旨，至于君不君，臣不臣，父不父，子不子。夫君不君则犯^[27]，臣不臣则诛，父不父则无道，子不子则不孝。此四行者，天下之大过也。以天下之大过予之，则受而弗敢辞。故《春秋》者，礼义之大宗^[28]也。夫礼禁未然^[29]之前，法施已然之后；法之所为用者易见，而礼之所为禁者难知。"

壶遂曰："孔子之时，上无明君，下不得任用，故作《春秋》，垂空文以断^[30]礼义，当一王之法^[31]。今夫子上遇明天子，下得守职，万事既具，咸各序其宜，夫子所论，欲以何明？"

太史公曰："唯唯，否否^[32]，不然。余闻之先人曰：'伏羲^[33]至纯厚，作《易》八卦^[34]。尧舜之盛，《尚书》载之，礼乐作焉。汤武之隆，诗人歌之。《春秋》采善贬恶，推三代之德，褒周室，非独刺讥而已也。'汉兴以来，至明天子，获符瑞^[35]，封禅，改正朔^[36]，易服色^[37]，受命于穆清^[38]，泽流罔极^[39]，海外殊俗，重译款塞^[40]，请来献见者，不可胜道。臣下百官力诵圣德，犹不能宣尽其意。且士贤能而不用，有国者之耻；主上明圣而德不布闻，有司之过也。且余尝掌其官，废明圣盛德不载，灭功臣世家贤大夫之业不述，堕先人所言，罪莫大焉。余所谓述^[41]故事，整齐^[42]其世传，非所谓作^[43]也，而君比之于《春秋》，谬矣^[44]。"

于是论次其文。七年而太史公遭李陵之祸^[45]，幽于缧绁^[46]。乃喟然而叹曰："是余之罪也夫！是余之罪也夫！身毁不用矣。"退而深惟^[47]曰："夫《诗》《书》隐约^[48]者，欲遂^[49]其志之思也。昔西伯拘羑里^[50]，演《周易》；孔子厄陈蔡^[51]，作《春秋》；屈原放逐^[52]，著《离骚》；左丘失明，厥有《国语》^[53]；孙子膑脚^[54]，而论兵法；不韦迁蜀^[55]，世传《吕览》；韩非囚秦^[56]，《说难》《孤愤》；《诗》三百篇，大抵贤圣发愤之所为作也。此人皆意有所郁结，不得通其道也，故述往事，思来者。"于是卒述陶唐^[57]以来，至于麟止^[58]，自黄帝始。

注 释

【1】先人，指司马迁之父司马谈，曾任太史令。

【2】孔子卒于公元前479年，司马迁于公元前104年开始作《史记》，相距375年，因此"五百年"为虚指。

【3】有能，有谁能。绍，继承。明世，上古的清明盛世。

【4】意在斯乎，先人的意思是将完成此事继承于我的身上。

【5】壶遂，与司马迁同时代的人，曾与司马迁共同制订太初历，官职为詹事，与春秋时上大夫地位相近，因此称为上大夫。

【6】董生，董仲舒，汉代儒家大师，提出"罢黜百家，独尊儒术"，使儒学成为正统思想。

【7】此处指鲁定公十一年（公元前499年）孔子担任鲁国大司寇，摄相事。

【8】壅，堵塞，阻碍。

【9】是非，此处作动词，即褒贬。二百四十二年，《春秋》自鲁隐公元年（公元前722年）起至鲁哀公十四年（公元前481年）止，共二百四十二年。

【10】王事，王道。

【11】空言，抽象的理论说教。

【12】行事，具体的历史事件。

【13】三王，夏禹、商汤、周文王。一说，夏禹、商汤、周武王。

【14】人事之纪，纲常人伦。

【15】善善恶恶，前一个"善"和"恶"作动词。

【16】阴阳，古代中国人民特有的世界观的核心观念，认为阴阳是天地万物运行的原动力。五行，古人认为金木水火土五行是构成世界的基本元素。

【17】经纪，使……有秩序、有条理。

【18】牝（pìn）牡，即雌雄鸟兽。

【19】风，讽喻。《毛诗正义》认为，"风"是《诗经》的体裁，也是诗歌的一种主要体裁。

【20】《乐》乐所以立，意为《乐》让人得到快乐。

【21】道化，推究事物的根本变化。

【22】万物之散聚，万物成败盛衰。

【23】裴骃《史记集解》："今《易》无此语，《易纬》有之。"

【24】经事，常事。

【25】权，权变。

【26】"其实皆以为善"三句意为：其实他们以为在做好事，但是因为不知礼义，即使被人加以空洞的罪名也不敢推辞。

【27】犯，犯上。

【28】宗，根本。

【29】未然，事情还未发生。

【30】断，判断。

【31】当一王之法，汉代儒家认为，孔子虽然没有帝王之位，但有帝王之德，也可以作为后世君王效法之道。

【32】钱鍾书："盖不欲径'否'其说，姑以'唯'先之，聊以减峻拒之气。"此句即为："你说得对，但我并非是这个意思。"

【33】伏羲，中国古代传说中的人类始祖。

【34】作《易》八卦，传说伏羲作八卦，周文王推演为六十四卦。

【35】符瑞，吉祥的象征。

【36】改正朔，使用新历法。汉武帝太初元年（公元前104年），司马迁与壶遂等因旧历法与天象运行相失合，上书言"宜改正朔"，汉武帝同意而下诏司马迁等编订新历法，最后决定使用邓平、落下闳等人编订的历法，称为"太初历"。

【37】易服色，古人认为金木水火土为"五德"，每个王朝都有各自代表的"德"，根据"德"的不同，车马服饰颜色也有不同，如秦尚黑，汉武帝时改为尚黄。

【38】穆清，天。

【39】罔极，无边。

【40】重译，指因语言不通需要将经典多次转译。此处指异国使者。款塞，叩边关前来朝见。

【41】述，传承。

【42】整齐，整理。

【43】作，创新。

【44】"而君比之于《春秋》，谬矣"一句，因司马迁本以继《春秋》为己任，但为避祸又不能公开承认，所以说"谬矣"。

【45】七年，司马迁太初元年开始写《史记》，至天汉三年（公元前99年）下狱，共七年。李陵之祸，见《报任安书》一文题解。

【46】缧（léi）绁（xiè），用于捆绑犯人的绳索。此处代指监狱。

【47】惟，思。

【48】隐约，隐约其辞，不直言。

【49】遂，完成。

【50】西伯，周文王为西方诸侯之长，故称西伯。羑（yǒu）里，今在河南汤阴县，周文王曾被商纣王囚禁于此。

【51】此处指孔子周游列国间被围困于陈蔡之间，断粮七日。

【52】见《渔父》一文题解。

【53】今人考证《国语》并非左丘明所作，见《勾践灭吴》一文作者小传。

【54】孙膑，孙武后人，原名不详，因受过膑刑（断去双足）故称孙膑，战国军事家。因被庞涓陷害而遭受膑刑，后逃至齐国，成为齐威王军师，两次大败魏军，使齐国成为诸侯中的强国。著有《齐孙子兵法》（又称《孙膑兵法》）。

【55】见《察今》一文作者小传。

【56】见《说难》一文作者小传。

【57】陶唐，唐尧。

【58】元狩元年（公元前122年），汉武帝狩猎获一角兽，认为这就是传说中的"麒麟"，于是改年号为元狩。又，鲁哀公十四年（公元前481年），鲁国捕获一只麒麟，孔子悲叹，认为天下无道却有象征天下太平的麒麟出现，是"不得其时"，于是说"吾道穷矣！"便停止了《春秋》的编撰。但，《史记》成书与获麟相差二十余年，《史记志疑》认为，这是司马迁追记前瑞，效法《春秋》。

报任安书

司马迁

题　解

司马迁四十七岁时，李广之孙李陵出击匈奴被俘，汉武帝震怒，认为李陵是叛降，司马迁则上书为李陵辩护。结果，汉武帝认为司马迁是在诋毁自己，于是将其下狱准备处死，后按法律以腐刑代替死罪。出狱后，司马迁改任中书令期间，他的朋友任安写信给他，希望他利用中书令的地位"推贤进士"。太始四年（公元前93年），任安因巫蛊之祸时态度不明朗而下狱，危在旦夕；此时司马迁便写下这封《报任安书》作为回信。本文节选其中的后半部分。

本文中，司马迁怀着激愤的心情，阐述了自己内心的痛苦和所受的屈辱，阐述了自己为了理想甘愿受辱的战斗精神。本文感情真挚而语言流畅，感染力极强，展现了司马迁这位伟大的史学家的可贵人格。方苞评价此文："如山之出云，如水之奔壑，千态万状，变化于自然，由其气之盛也。后来惟韩退之《答孟尚书书》类此。"

太史公牛马走[1]司马迁，再拜言。

少卿[2]足下：

曩者辱赐书，教以慎于接物，推贤进士为务。意气勤勤恳恳，若望[3]仆不相师，而用流俗人之言，仆非敢如此也。……请略陈固陋。阙然久不报[4]，幸勿为过[5]。……

仆之先[6]，非有剖符丹书[7]之功，文史星历[8]，近乎卜祝[9]之间，固主上所戏弄，倡优畜之[10]，流俗之所轻也。假令仆伏法受诛，若九牛亡一毛，与蝼蚁何以异？而世又不与能死节者比，特以为智穷罪极，不能自免，卒就死耳。何也？素所自树立[11]使然。人固有一死，或重于泰山，或轻于鸿毛，用之所趋异也[12]。太上[13]不辱先，其次不辱身，其次不辱理色[14]，其次不辱辞令，其次诎体[15]受辱，其次易服[16]受辱，其次关木索[17]、被箠楚[18]受辱，其次剔毛发[19]、婴金铁[20]受辱，其次毁肌肤、断肢体受辱，最下腐刑极矣！传曰："刑不上大夫[21]。"此言士节不可不勉励也。猛虎在深山，百兽震恐，及在槛阱[22]之中，摇尾而求食，积威约之渐也[23]。故士有画地为牢，势不可入；削木为吏，议不可对[24]：定计于鲜也[25]。今交手足，受木索，暴肌肤，受榜箠，幽于圜墙[26]之中。当此之时，见狱吏则头枪[27]地，视徒隶则心惕息[28]。何者？积威约之势也。及以[29]至是，言不辱者，所谓强[30]颜耳，曷足贵乎！且西伯，伯也，拘于羑里；李斯，相也，具于五刑[31]；淮阴，王也，受械于陈[32]；彭越、张敖，南面称孤，系狱抵罪[33]；绛侯诛诸吕，权倾五伯，囚于请室[34]；魏其，大将也，衣赭衣、关三木[35]；季布[36]为朱家钳奴；灌夫受辱居室[37]。此人皆身至王侯将相，声闻邻国，及罪至罔加[38]，不能引决自裁，在尘埃之中[39]。古今一体，安在其不辱也？由此言之，勇怯，势也；强弱，形也。审矣，何足怪乎？夫人不能早自裁绳墨[40]之外，以稍陵迟[41]，至于鞭箠之间，乃欲引节[42]，斯不亦远乎！古人所以重[43]施刑于大夫者，殆为此也。

夫人情莫不贪生恶死，念父母，顾妻子；至激于义理者不然，乃有所不得已也。今仆不幸，早失父母，无兄弟之亲，独身孤立，少卿视仆于妻子何如哉[44]？且勇者不必死节，怯夫慕义，何处不勉焉[45]！仆虽怯懦，欲苟活，亦颇识去就[46]之分矣，何至自沉溺缧绁[47]之辱哉！且夫臧获[48]婢妾，犹能引决，况仆之不得已乎？所以隐忍苟活，幽于粪土之中[49]而不辞者，恨私心有所不尽，鄙陋没世[50]，而文采不表于后也。

古者富贵而名摩[51]灭，不可胜记，唯倜傥非常之人称焉[52]。盖文王拘而演《周易》；仲尼厄而作《春秋》；屈原放逐，乃赋《离骚》；左丘失明，厥有《国语》；孙子膑脚，《兵法》修列；不韦迁蜀，世传《吕览》；韩非囚秦，《说难》《孤愤》；《诗》三百篇，大底圣贤发愤之所为作也[53]。此人皆意有所郁结，不得通其道，故述往事、思来者。乃如左丘无目，孙子断足，终不可用，退而论书策，以舒其愤，思垂空文以自见[54]。

仆窃不逊[55]，近自托于无能之辞，网罗天下放失旧闻[56]，略考其行事，综其终始，稽其成败兴坏之纪[57]，上计轩辕[58]，下至于兹[59]，为十表，本纪十二，书八章，世家三十，列传七十，凡百三十篇。亦欲以究天人之际[60]，通古今之变，成一家之言。草创[61]未就，会遭此祸，惜其不成，是以就极刑而无愠色。仆诚以著此书，藏之名山，传之其人[62]，通邑[63]大都，则仆偿前辱之责[64]，虽万被戮，岂有悔哉？然此可为智者道，难为俗人言也！

且负下[65]未易居，下流多谤议[66]。仆以口语遇遭此祸，重为乡党所笑[67]，以污辱先人，亦何面目复上父母之丘墓乎？虽累[68]百世，垢弥甚耳！是以肠一日而九回[69]，居则忽忽[70]若有所亡，出则不知其所如往。每念斯耻，汗未尝不发背沾衣也。身直为闺阁之臣[71]，宁得自引深藏于岩穴[72]邪！故且从俗浮沉，与时俯仰[73]，以通其狂惑[74]。今少卿乃教之以推贤进士，无乃与仆之私心刺谬[75]乎？今虽欲自雕琢，曼辞[76]以自饰，无益，于俗不信，适足取辱耳。要之[77]，死日然后是非乃定。书不能悉意[78]，故略陈固陋。谨再拜。

注　释

【1】牛马走，如牛马一般供人驱使，是一种自谦的称呼。

【2】少卿，名任安，字少卿。汉武帝时任益州刺史、北军护军使者等职。征和二年（公元前91年），汉武帝太子刘据因被江充诬陷而起兵杀江充，汉

武帝震怒发兵将其击败，又下令逮捕涉案者。任安当时收到太子发兵命令，却按兵未动，结果事后汉武帝认为他是"坐观成败"于是将他腰斩。一说，任安此次下狱后被汉武帝赦免，但两年后汉武帝又因此事将他腰斩。

【3】望，埋怨。

【4】阙然久不报，很久没有写回信。

【5】为过，见责。过，责备、怪罪。

【6】先，先人，指司马迁之父司马谈。

【7】剖符，皇帝赏赐给功臣的特殊契约，用竹节制成一分为二，皇帝功臣各留一份，约定功臣后人永保爵位。丹书，将誓词用朱砂笔写在铁券上，接受此赏赐之人及后代可以凭此免罪。一说，汉初"剖符丹书"并无永保爵位及免罪作用，只是作为封功臣的象征，接受此物的功臣很多因涉及谋反被汉高祖诛杀。

【8】文史星历，太史令的职责，包括掌管文献、记载历史、观测天象、编订历法。

【9】卜祝，负责占卜和祭祀的人。

【10】倡，乐师。优，优伶，演戏的人。倡优畜之，像乐师优伶那样畜养。

【11】所自树立，自己用以立身处世的东西。

【12】用之所趋异也，所追求的东西不一样。

【13】太上，最上。

【14】理色，肌肤脸面。

【15】诎（qū）体，卑躬屈膝。

【16】易服，换上囚犯的衣服。当时囚犯穿赭红色衣服。

【17】关，通"贯"，戴上。关木索，带上木枷囚绳之类的刑具。

【18】箠（chuí），通"棰"，杖。楚，荆条，作为鞭刑的刑具。楚被箠楚，遭受杖刑。

【19】剔毛发，指髡（kūn）刑，剃光头发。古人认为头发、指甲和整个身体都是父母所赐不可损伤，因此古人将断发作为一种刑罚。

【20】婴，绕。婴金铁，脖子上套上铁链，即钳刑。

【21】此句见于《礼记·曲礼》。

【22】槛，兽栏。阱，陷阱。

【23】积威约之渐也，长时间的威力约束所形成的结果。

【24】议，指法官审讯判决。此句意为，即使用木头削成的狱吏来审讯，也绝不对答。

【25】鲜，寿命不鲜，指自杀。定计于鲜也，早就拿定主意自杀。

【26】圜墙，监狱。

【27】枪，通"抢"，碰触。

【28】心惕息，心惊胆战。

【29】以，通"已"。

【30】强，厚。

【31】此处指李斯被赵高诬陷谋反而被处死之事。五刑，有多种说法，一说是先在脸上刺字涂墨（黥刑），再割去鼻子（劓刑），再砍去双脚（刖刑），再毁坏生殖器（宫刑），再处死（《史记·李斯列传》记载为腰斩）。

【32】此处指韩信任楚王时，汉高祖怀疑他谋反，于是任用陈平计策扬言游于云梦，在韩信到陈地迎接时将其逮捕，后将他降为淮阴侯。

【33】抵，抵挡。此处指彭越谋反下狱后被杀之事，及张敖因牵扯入贯高谋反而下狱之事。

【34】请室，请罪室，用于囚禁有罪官吏的特设监狱。此处指汉文帝时周勃被人诬告谋反而下狱一事。

【35】魏其（jī），魏其侯窦婴，汉景帝时大将，窦太后堂兄之子，平七国之乱有功。汉武帝时因与丞相、王太后弟弟田蚡交恶被下狱，后因伪造诏书被斩首。关三木，加以颈、手、足三处刑具。

【36】季布，项羽部将，汉高祖曾以千金悬赏，为避祸而扮作奴隶被卖给当时的大侠朱家。朱家知道他是季布，便通过夏侯婴的关系让汉高祖赦免了他。

【37】灌夫，汉武帝时武将，因醉酒侮辱田蚡而下狱灭族。居室，官署名，贵族犯罪后拘留等待讯问的地方。

【38】囷加，受法令制裁。囷，通"网"，法网。

【39】尘埃之中，指受屈辱的地方。

【40】绳墨，规矩，引申为法律。

【41】以稍陵迟，渐渐志气衰微。

【42】引节，死于名节。

【43】重，敬重。

【44】此句意为，我对妻子儿女如何呢？意思是自己并不在意妻子儿女。

【45】何处不勉焉，随时随地都可勉励自己不受辱。

【46】去就，舍生就死。

【47】缧（léi）绁（xiè），用于捆绑犯人的绳索。此处代指监狱。

【48】臧获，古人辱骂奴隶的贱称。骂奴曰臧，骂婢曰获。

【49】粪土之中，与"尘埃之中"相近。

【50】鄙陋没世，平庸地死去。

【51】摩，通"磨"。

【52】此句意为，只有卓越超群的人才能被后世称道。

【53】自"盖文王拘而演"至"大底圣贤发愤之所为作也"数句，见《太史公自序》注。

【54】思垂空文以自见，想留下文章向后世展现自己的思想。

【55】不逊，不谦逊。

【56】失，通"佚"。放失旧闻，散乱的文献。

【57】稽其成败兴坏之纪，考察它成败兴衰的规律。

【58】轩辕，黄帝。

【59】兹，现在，指汉武帝时期。

【60】此句意为，想要推究天与人的关系。

【61】草创，起草稿。

【62】传之其人，传给可传的人。

【63】通邑，大的城邑。

【64】责，通"债"，指下狱受腐刑。

【65】负下，处在屈辱的地位。

【66】下流多谤议，处于卑贱而多受指责。

【67】重为乡党所笑，更为邻里耻笑。

【68】累，积累。

【69】此句意为，一天之中肠子要翻腾无数遍，比喻心事重重。

【70】忽忽，恍恍惚惚。

【71】闺阁（gé）之臣，宫禁中的臣仆。

【72】岩穴，山中洞穴，代指隐士隐居之处。

【73】此句意为，随着一般人跟着时代行事。

【74】通其狂惑，抒发自己的悲愤。

【75】剌（là）谬，违背。

【76】曼辞，好听的话。

【77】要之，总之。

【78】悉意，完全表达自己的意思。

编者注

对于本文中提到的"舒其愤"一句，李泽厚、刘纲纪主编的《中国美学史》认为，这是"司马迁美学思想的核心和实质所在"。司马迁深受儒家和道家思想影响，但他的思想又不是完全与儒家和道家思想相同。儒家讲求"和"，认为理想的文艺就是社会和谐完满的产物；而司马迁却在此将伟大的文艺作品与个人和黑暗社会的冲突直接联系起来。依据此，司马迁认为，文学应该具有对社会黑暗现实的批判性，要敢于抒发自己的情感。这一点，是与儒家所认为的文艺应为教化服务、主张温柔敦厚的观点大相径庭的。

西门豹治邺

褚少孙

褚少孙，汉元帝、成帝时博士，颍川（今河南禹州）人。宣帝时入仕为郎，后为博士。十分推崇《史记》，着手补充《史记》散佚的十篇，并在一些篇目后进行续写，并题为"褚先生曰"，但也有人认为褚少孙所补不止十篇。虽然历来有人认为他所补充的"非迁本义"，但也具有一定的史料、文学价值，一些片段更是描写生动而文辞典丽，如《史记·滑稽列传》中所补充的故事。

题 解

本文节选自《史记·滑稽列传》，是褚少孙所补充的讲述战国初期魏国邺令西门豹治理邺的两大业绩：革除"为何伯娶妇"的陋习，以及兴修水利。当时，魏文侯进行大刀阔斧的改革，使魏国成为战国初期最强盛的国家。西门豹就是这一时期在魏文侯支持下来到邺进行改革的。他以机智的应对，将这一陋习彻底革除。故事构思巧妙，以严肃的氛围构筑了一出幽默的喜剧。褚少孙所补《史记》，后人多有贬抑之辞，但唯独本文一直被人们所推崇。

魏文侯[1]时，西门豹为邺[2]令。豹往到邺，会长老[3]，问之民所疾苦。长老曰："苦为河伯娶妇，以故贫。"豹问其故，对曰："邺三老、廷掾[4]常岁赋敛百姓，收取其钱得数百万，用其二三十万为河伯娶妇，与祝巫[5]共分其余钱持归。当其时，巫行视小家女好[6]者，云是当为河伯妇，即娉取[7]。洗沐之，为治新缯绮縠[8]衣，间居[9]斋戒；为治斋宫河上，张缇绛帷[10]，女居其中。为具牛酒饭食，十余日，共粉饰之，如嫁女床席，令女居其上，浮之河中。始浮，行数十里乃没。其人家有好女者，恐大巫祝为河伯取之，以故多持女远逃亡。以故城中益空无人，又困贫，所从来久远矣。民人俗语曰'即不为河伯娶妇，水来漂没，溺其人民'云。"西门豹曰："至为河伯娶妇时，愿三老、巫祝、父老送女河上，幸来告语之，吾亦往送女。"皆曰："诺。"

至其时，西门豹往会之河上。三老、官属、豪长者、里父老皆会，以人民往观之者三二千人。其巫，老女子也，已年七十。从弟子女十人所[11]，皆衣缯单衣，立大巫后。西门豹曰："呼河伯妇来，视其好丑。"即将女出帷中，来至前。豹视之，顾谓三老、巫祝、父老曰："是女子不好，烦大巫妪为入报河伯，得更求好女，后日送之。"即使吏卒共抱大巫妪投之河中。有顷，曰：
"巫妪何久也？弟子趣[12]之！"复以弟子一人投河中。有顷，曰：
"弟子何久也？复使一人趣之！"复投一弟子河中。凡投三弟子。
西门豹曰："巫妪、弟子，是女子也，不能白[13]事。烦三老为入
白之。"复投三老河中。西门豹簪笔磬折[14]，向河立待良久。长
老、吏傍观者皆惊恐。西门豹曰："巫妪、三老不来还，奈之何？"
欲复使廷掾与豪长者一人入趣之。皆叩头，叩头且破，额血流地，
色如死灰。西门豹曰："诺，且留待之须臾。"须臾，豹曰："廷
掾起矣。状河伯留客之久，若皆罢去归矣。"邺吏民大惊恐，从
是以后，不敢复言为河伯娶妇。

西门豹即发民凿十二渠，引河水灌民田，田皆溉。当其时，
民治渠少烦苦，不欲也。豹曰："民可以乐成，不可与虑始[15]。
今父老子弟虽患苦我，然百岁后期令父老子孙思我言。"至今皆
得水利[16]，民人以给足富。

注　释

【1】魏文侯，魏姓，名斯，魏国开国君主，被周天子封为诸侯（这也标
志着战国时代的正式开始）。在位期间，师从子夏（孔子弟子）、田子方、段
干木等人，任用李悝、翟璜、乐羊、吴起等人进行变法图强和对外扩张，使魏
国成为当时诸侯国中的最强。

【2】邺，在今河北省临漳县。

【3】长老，指当地德高望重的人。

【4】廷掾，令的助手。

【5】祝巫，巫婆。

【6】行视，四处物色。小家女，普通人家的女子。好，美好、美妙。

【7】娉，通"聘"。取，通"娶"。

【8】治，做。缯、绮、縠（hú），都是上等绸料。

【9】间居，单独居住。

【10】缇，丹黄色的布料。绛，大红色的布料。张缇绛帷，张挂起大红色和赤黄色的帏帐。

【11】所，左右，表示大约之数。

【12】趣，通"促"，催促。

【13】白，禀告，说明。

【14】簪笔磬折，《史记正义》："簪笔，谓以毛装簪头，长五寸，插在冠前，谓之为笔，言插笔备礼也。磬折，曲体揖之，若石磬之形曲折也。"表示恭敬。

【15】此句意为，百姓可同他们一起享受成功，不可与他们商量事情如何开始。

【16】利，利益、利好。

编者注

西门豹刚刚来到邺城时，面对的是三老、廷掾、祝巫的利益集团。西门豹初来乍到，如果采取粗暴的取缔方式，不仅会受到来自利益集团的强大阻力，深受封建迷信影响的百姓可能也会不理解。

对此，西门豹采取了巧妙的"以其人之道还治其人之身"的方法，借用封建迷信自身固有的缺陷，将危害百姓的势力一举清除。这种巧妙的办法，对后人有着十分重要的借鉴意义。

答苏武书

李陵

李陵，字少卿，西汉初期将领，陇西成纪（今甘肃秦安）人，名将李广之孙。年轻时善于骑射，爱护士卒，有美名，曾率八百骑兵深入匈奴境内数千里，越过居延海观察地形而得到信任，被任命为骑都尉守卫边疆。因苏武被匈奴扣留，汉武帝发兵征匈奴，李陵请求带五千人独自进军。结果，李陵遭遇匈奴主力，血战数日却无一兵一卒来援，又有人投降匈奴泄露军情，导致他最终兵败被俘。后来，汉武帝派出大军北伐，又派一支军队救援李陵。可是带领这支军队的公孙敖与匈奴交战无功而返，为了推脱责任便说李陵帮助匈奴训练士兵。汉武帝大怒，诛灭李陵三族，李陵听闻此事便投降匈奴。在匈奴，他被匈奴单于所信任，单于将自己的女儿嫁给了他并封他为右校王，他也开始接受匈奴的风俗习惯，汉昭帝即位时霍光曾派人接他回国，被他拒绝。最后老死在匈奴。

　　李陵的文学作品，《汉书·艺文志》录有《李陵集》二卷，大约在宋朝时亡佚。《文选》中载有《答苏武书》及《与苏武诗》三首，其中《与苏武诗》被认为是汉代诗的代表作品，钟嵘《诗品》以其上品。但后世学者多疑其为后人假托李陵所作。对于李陵的评价，历代也是褒贬不一：六朝时人多认为他是忍辱负重，并借李陵讽刺统治者刻薄寡恩；自唐白居易之后，便从民族大义角度，对李陵进行斥责。

题　解

　　本文见于《文选》，题为李陵所作，后代学者多认为是后人假托李陵之作；但因《文选》所载应系自《李陵集》中，因而成文时间并不晚于汉代。当时，被匈奴扣留多年的汉朝使节苏武曾多次见到李陵，回国后便修书劝他返回汉朝，李陵便以此书作答。

　　在文中，李陵解释了自己的投降。他生动说明了自己血战的经历，又认为是主帅的不顾大局和汉武帝的处置失当导致自己不得不投降匈奴；又指出汉朝对待功臣刻薄寡恩，若返回汉朝，也只能被治罪。文章多用对比，展现出了强烈的艺术效果。

子卿[1]足下：

勤宣令德[2]，策名清时[3]，荣问休畅[4]，幸甚幸甚。远托异国，昔人所悲，望风[5]怀想，能不依依[6]？昔者不遗，远辱[7]还答，慰诲勤勤，有逾骨肉，陵虽不敏，能不慨然[8]？

自从初降，以至今日，身之穷困，独坐愁苦。终日无睹，但见异类[9]。韦鞲毳幕[10]，以御风雨；膻肉酪浆[11]，以充饥渴。举目言笑，谁与为欢？胡地玄冰[12]，边土惨裂，但闻悲风萧条之声。凉秋九月，塞外草衰。夜不能寐，侧耳远听，胡笳[13]互动，牧马悲鸣，吟啸成群，边声四起。晨坐听之，不觉泪下。嗟乎子卿，陵独[14]何心，能不悲哉！

与子别后，益复无聊，上念老母，临年[15]被戮；妻子无辜，并为鲸鲵[16]；身负国恩，为世所悲。子归受荣，我留受辱，命也如何？身出礼义之乡，而入无知之俗；违弃君亲之恩，长为蛮夷[17]之域，伤已！令先君之嗣[18]，更成戎狄之族，又自悲矣。功大罪小，不蒙明察[19]，孤负陵心区区[20]之意。每一念至，忽然忘生。陵不难刺心[21]以自明，刎颈以见志，顾国家于我已矣[22]，杀身无益，适足增羞，故每攘臂[23]忍辱，辄复苟活。左右之人，见陵如此，以为不入耳之欢，来相劝勉。异方之乐，只令人悲，增忉怛[24]耳。

嗟乎子卿，人之相知，贵相知心，前书仓卒，未尽所怀，故复略而言之。

昔先帝[25]授陵步卒五千，出征绝域[26]。五将[27]失道，陵独遇战，而裹万里之粮，帅徒步之师；出天汉[28]之外，入强胡之域；以五千之众，对十万之军；策疲乏之兵，当[29]新羁之马。然犹斩将搴[30]旗，追奔逐北，灭迹扫尘[31]，斩其枭帅[32]，使三军之士，视死如归。陵也不才，希[33]当大任，意谓此时，功难堪[34]矣。匈奴既败，举国兴师。更练[35]精兵，强逾十万。单于临阵，亲自合围。客主之形，既不相如[36]；步马之势，又甚悬绝[37]。疲兵再战，一以当千，然犹扶乘[38]创痛，决命争首[39]。死伤积野，余不满百，而皆扶病，不任干戈，然陵振臂一呼，创病皆起，举刃指虏，胡马奔走。兵尽矢穷，人无尺铁，犹复徒首[40]奋呼，争为先登。当此时也，天地为陵震怒，战士为陵饮血[41]。单于谓陵不可复得，便欲引还，而贼臣[42]教之，遂使复战，故陵不免耳。

昔高皇帝以三十万众，困于平城[43]。当此之时，猛将如云，谋臣如雨，然犹七日不食，仅乃得免。况当陵者，岂易为力[44]哉？而执事者[45]云云，苟[46]怨陵以不死。然陵不死，罪也。子卿视陵，岂偷生之士而惜死之人哉？宁有背君亲，捐妻子而反为利者乎？然陵不死，有所为也，故欲如前书之言，报恩于国主耳[47]，诚以虚死不如立节，灭名[48]不如报德也。昔范蠡不殉会稽之耻[49]，曹沫不死三败之辱[50]，卒复勾践之仇[51]，报鲁国之羞[52]，区区之心，窃慕此耳。何图志未立而怨已成，计未从而骨肉受刑，此陵所以仰天椎心而泣血[53]也。

足下又云："汉与功臣不薄。"子为汉臣，安得不云尔乎？昔萧樊囚絷[54]，韩彭菹醢[55]，晁错受戮[56]，周魏见辜[57]。其余佐命立功之士，贾谊亚夫[58]之徒，皆信命世之才，抱将相之具，而受小人[59]之谗，并受祸败之辱[60]，卒使怀才受谤，能不得展。彼二子[61]之遐举，谁不为之痛心哉？陵先将军[62]，功略盖天地，义勇冠三军，徒失贵臣[63]之意，到身绝域之表。此功臣义士所以负戟而长叹者也。何谓不薄哉？且足下昔以单车之使，适万乘之虏[64]。遭时不遇，至于伏剑[65]不顾；流离辛苦，几死朔北[66]之野。丁年[67]奉使，皓首而归；老母终堂[68]，生妻去帷[69]。此天下所希闻，古今所未有也。蛮貊[70]之人，尚犹嘉子之节，况为天下之主乎？陵谓足下当享茅土之荐[71]，受千乘之赏[72]。闻子之归，赐不过二百万，位不过典属国[73]，无尺土之封，加[74]子之勤。而妨功害能之臣，尽为万户侯；亲戚贪佞之类，悉为廊庙宰[75]。子尚如此，陵复何望哉？且汉厚诛[76]陵以不死，薄赏子以守节，欲使远听之臣望风驰命，此实难矣，所以每顾而不悔者也。陵虽孤恩[77]，汉亦负德。昔人有言："虽忠不烈，视死如归。"陵诚能安[78]，而主岂复能眷眷乎？男儿生以不成名，死则葬蛮夷中，谁复能屈身稽颡[79]，还向北阙[80]，使刀笔之吏[81]弄其文墨邪？愿足下勿复望陵。

嗟乎子卿，夫复何言？相去万里，人绝路殊。生为别世之人，死为异域之鬼。长与足下生死辞矣。幸谢故人[82]，勉事圣君。足下胤子[83]无恙，勿以为念。努力自爱，时因北风，复惠德音。李陵顿首。

注　释

【1】子卿，即苏武，汉武帝时受命出使匈奴，结果被扣留。他宁死不降，单于便将他流放到北海（今贝加尔湖）附近放羊，说等公羊生下小羊才能回去。汉昭帝时，汉匈交好，在汉朝的要求下，苏武终于得以回国。

【2】令，美。令德，美德。

【3】策名，臣子的姓名书写在国君的简策上。代指为官。《左传·僖公二十三年》："策名委质。"清时，政治清明的时世。此处指汉昭帝治理的时代。

【4】问，通"闻"。荣问，好名声。休，美。畅，通。休畅，吉祥顺利。

【5】风，指怀念之人的风采。

【6】依依，依依不舍。

【7】辱，承蒙，常见于书信中的谦辞。

【8】然，词尾，无义。

【9】异类，古代对少数民族的贬称。此处指匈奴。

【10】韦鞲（gōu），皮革制成长袖套，用以束衣袖，是一种方便骑射的服装。毳（cuì）幕，毛毡制成的帐篷。这两者都是匈奴特有的。

【11】羶（shān）肉，带有腥臭气味的羊肉。酪（lào）浆，牲畜的乳浆。

匈奴依靠畜牧维生，食物也以畜牧产品为主。

【12】玄冰，黑色的冰。比喻冰层厚实，天气寒冷。

【13】胡笳，古代我国北方民族的一种管乐器，音调悲凉。此处指胡笳吹奏的音乐。

【14】独，表反问。

【15】临年，达到一定的年龄。此处指已至暮年。

【16】鲸鱼雄的叫"鲸"，雌的叫"鲵"。鲸鲵，代指凶恶之人，《左传·宣公十二年》："古者明王伐不敬，取其鲸鲵而封之，以为大戮。"此处借指被牵连诛戮的人。

【17】蛮夷，古代对少数民族的贬称，下文"夷狄"意同此。

【18】先君，古人对自己已故父亲的尊称，此处指李陵之父李当户。当户早亡，李陵为其遗腹子。嗣，后代，子孙。

【19】蒙，受到。明察，切实公正的了解。

【20】孤负，亏负。孤，通"辜"。区区，小，少。此处为诚恳。

【21】刺心，自刺心脏，代指自杀。

【22】已矣，表示绝望。

【23】攘（ráng）臂，捋起袖口，露出手臂，表示将要劳动或搏斗。《孟子·尽心下》载，晋勇士冯妇能杀猛虎，后立誓做善人不再打虎。可是，一次遇上众人制服不了老虎的险情，冯妇为了救人便违背自己的誓言，"攘臂下车"去打虎。此处是以冯妇的典故说明李陵的不得已。

【24】忉（dāo）怛（dá），悲痛。

【25】先帝，指汉武帝。

【26】绝域，极远的地域。代指匈奴所居的地区。

【27】五将，五名将领，姓名不详。《文选》李善注："《集》表云：'臣以天汉二年到塞外，寻被诏书，责臣不进。臣辄引师前。到浚稽山，五将失道。'"

【28】天汉，汉武帝年号，此处代指汉朝。

【29】当，即抵挡，抵御。

【30】搴（qiān），夺取。

【31】灭迹扫尘，比喻肃清残敌。

【32】枭（xiāo）帅，骁勇的将领。

【33】希，通"稀"，少。

【34】堪，相比，胜过。难堪，难以相比。

【35】练，通"拣"，挑选。

【36】如，比。相如，相比。

【37】悬绝，相差极远。

【38】扶，支持，支撑。乘，凌驾，此处指不顾。《汉书·李陵传》："士卒中矢伤，三创者载辇，两创者将车，一创者持兵战。"

【39】决命争首，效命争先。

【40】徒首，光着头，指不戴头盔。

【41】饮血，饮泣。形容极度悲愤。《文选》李善注："血即泪也。"

【42】贼臣，叛徒。此处指投降匈奴泄露汉军情况的军候管敢。

【43】汉高祖七年（公元前200年），汉高祖刘邦亲率大军三十万北伐勾结匈奴叛乱的韩王信，由于轻敌冒进结果在平城（今山西省大同市）附近的白登山被匈奴四十万骑兵包围七天七夜，最后用陈平之计贿赂匈奴阏氏（yān zhī，单于的正妻）才得以逃脱。

【44】为力，用力，用兵。

【45】执事者，即掌权者，汉朝廷掌权的大臣。

【46】苟，但，只。

【47】《文选》李善注："李陵前与苏子卿书云：'陵前为子卿死之计，所以然者，冀其驱丑虏，翻然南驰，故且屈以求伸。若将不死，功成事立，则将上报厚恩，下显祖考之明也。'"

【48】灭名，使名声泯灭。

【49】此处指勾践兵败后以卑微的姿态向夫差求和之事。《国语·越语下》记载范蠡说："臣闻之，为人臣者，君忧臣劳，君辱臣死。昔者君王辱于会稽，臣所以不死者，为此事也。今事已济矣，蠡请从会稽之罚。"

【50】《史记·刺客列传》记载，曹沫（mèi）与齐国三战三败，后在齐鲁柯之盟上以匕首劫持齐桓公，迫使他归还在战争中侵占的全部鲁国土地。曹沫（mèi），鲁国将领，以勇力事鲁庄公，一说曹沫又名曹刿，详见《曹刿论战》注。

【51】卒复勾践之仇，指勾践灭吴，夫差自杀。详见《勾践灭吴》。

【52】报鲁国之羞，此句指柯盟追回齐国侵地。

【53】椎，用锥刺。泣血，哭到流出血泪。椎心、泣血，形容极度悲伤。

【54】此处所指，一是萧何被人告发强买民田，又请求向百姓开放上林苑（汉朝皇室专用的猎场）而被囚禁，后来汉高祖听从劝告释放萧何；二是樊哙被人告发与吕后家族结党，重病中的汉高祖大怒，便派陈平、周勃囚禁并处死樊哙，结果陈平未处死樊哙而汉高祖崩，吕后遂释放樊哙。

【55】此处所指，一是韩信被人告发勾结陈豨造反，被吕后诱骗至长乐宫钟室斩首；二是彭越被告发谋反而被囚禁，在蜀地又被吕后告发而被处死。菹（zū）醢（hǎi），剁成肉酱，是古代一种残酷的死刑，汉高祖在处死彭越后将他剁为肉酱分赐诸侯，以警告各诸侯王。

【56】晁错受戮，见《论贵粟疏》一文作者小传。

【57】此处所指，一是汉文帝时绛侯周勃被人诬告谋反而下狱；二是魏其侯窦婴因与丞相田蚡交恶，又被查出伪造先帝诏书而被斩首。

【58】贾谊，见《过秦论》作者小传；亚夫，见《周亚夫军细柳》一文注释。

【59】小人，指因嫉妒贾谊年纪轻轻就身居高位而进言排挤的丞相周勃、太尉灌婴、东阳侯张相如、御史大夫冯敬等人。

【60】此处所指有两事，一是贾谊被外放为长沙王太傅（见《过秦论》作者小传），二是周亚夫得罪汉景帝，其子盗买天子器物被人告发而下狱，绝食五日而死。

【61】二子，指贾谊、周亚夫。李善则认为："二子，谓范蠡、曹沫也。言诸侯才能者被囚戮，不如二子之能雪耻报功也。"

【62】陵先将军，指李广。

【63】贵臣，指汉武帝时名将卫青伐匈奴有大功，被封为大司马大将军、长平侯。元狩四年（公元前119年），卫青领军伐匈奴，李广任前将军，结果因迷路落后卫青，错失活捉单于的机会。卫青派人责问李广，李广含愤自杀。

【64】万乘（shèng），一万辆兵车，代指天子，此处指武力强盛的大国。虏，古代对少数民族的贬称。此指匈奴。

【65】伏剑，以剑自杀。此处指苏武被扣留逼降，不从而引佩刀自刺之事。

【66】朔北，北方。这里指匈奴地域。

【67】丁年，成丁的年龄，即成年。这里指苏武出使时正值壮年。

【68】终，寿终，死。终堂，死在家里。

【69】去，离开。去帷，改嫁。

【70】貊（mò），古代对居于东北地区民族的称呼。蛮貊，泛指少数民族。这里指匈奴。

【71】茅土之荐，指分封土地给诸侯。古代帝王社祭之坛共有五色土，分封诸侯则按封地方向取坛上一色土，以茅包之，称茅土，给所封诸侯在国内立社坛。

【72】千乘之赏，也指封诸侯之位。古代诸侯称千乘之国。

【73】典属国，掌管民族交往事务的官职。《汉书》："拜为典属国，秩中二千石，赐钱二百万，公田二顷，宅一区。"

【74】加，施。此处指奖赏。

【75】廊庙，殿四周的廊和太庙，是帝王与大臣议论政事的地方，因此称朝廷为廊庙。廊庙宰，即指朝廷中掌权的人。

【76】厚诛，严重地惩罚。

【77】孤恩，辜负恩情。恩，此指上对下的好处。

【78】安，安于死，视死如归。

【79】颡（sǎng），额头。稽颡，叩首。

【80】北阙，原指官殿北面的门楼，后代指帝王宫禁或朝廷。

【81】刀笔，古人在竹简上写字，有错字即用刀刮去。刀笔之吏，主办文案的官吏。

【82】故人，老朋友。《汉书》："昭帝立，大将军霍光、左将军上官桀辅政，素与陵善，遣陵故人陇西任立政等三人俱至匈奴招陵。"

【83】胤（yìn）子，儿子。《汉书》："前发匈奴时，胡妇适产一子通国，有声问来，愿因使者致金帛赎之。"

编者注

李陵的全军覆没，其实质是一场悲剧。李陵的莽撞、汉武帝的态度、各部队的配合失误，共同造就了这场名将家族惨遭灭门的悲剧。

首先，李陵年轻气盛而过于莽撞。李陵不愿接受李广利的调遣，于是独自率领五千步兵，携带着大量辎重，去进行本应由轻骑兵完成的刺探敌情的工作；而同僚之间的猜忌，更是决定了李陵几乎不可能得到任何援助。以五千步兵深入敌人腹地，虽然勇猛，却也显得有勇无谋了。

其次，作为汉军的总指挥，汉武帝存在着不可推卸的责任。在汉武帝时期，凭借着强大的国力，汉军开始推广骑兵，重视骑兵快速机动的作用。可是，在明知李陵部队可能面临危险的情况下，汉武帝却对李陵说"毋骑与汝"，又"壮而许之"，在明知李陵年轻气盛违背为将之道的情况下允许他出兵。而在本应负责接应的路博德上书劝阻此次出兵后，汉武帝更是误以为李陵胆怯，而让李陵单独执行任务。这种指挥，等于是将李陵的五千士兵白白葬送了。后来，李陵身陷重围，在极其困难的情况下将敌人引向汉朝边境，如果汉军快速支援，不仅李陵可以获救，还有可能趁势对匈奴主力进行围歼；可汉武帝在李陵出兵前后的态度，却等于是给诸将以"李陵得罪皇帝"的暗示。在当时的汉朝朝堂环境下，又有谁愿意冒着违背汉武帝心意的风险，去救援李陵呢？结果，在汉武帝模糊不清的态度下，李陵全军覆没。可以说，汉武帝的态度，是这场悲剧产生的重要因素。

事实上，李陵投降后，汉武帝虽然恼怒，却也对派李陵孤军深入一事感到后悔，以至于在天汉四年（公元前97年）的北征中，特地派出公孙敖率领数万人援救李陵。但是公孙敖在战斗受挫后编造李陵帮助匈奴练兵的谎言，使汉武帝在心中将李陵归类为"叛徒"（事实上，负责练兵的是另一名降将李绪，李陵还因刺杀李绪而险些被杀）。于是，李陵的悲剧就此形成。

僮约

王褒

王褒，字子渊，蜀资中（今四川资阳）人。汉代辞赋家。自幼好辞赋，曾效仿屈原《九歌》作《九怀》。游历各地，受益州刺史王襄赏识，被推荐给汉宣帝，汉宣帝擢拔其为谏议大夫。

《汉书·艺文志》载有王褒作品十六篇，其中《圣主得贤臣赋》《甘泉赋》和《四子讲德论》较为有名。其中《洞箫赋》一文，摒除了大赋堆砌夸张的缺点，精巧细微；其所开创的骚体句子杂以骈偶句的体例，更是开魏晋六朝骈文先河。刘勰称他是"辞赋之英杰"。

题 解

《僮约》一文，记载了王褒因故暂住杨寡妇家中，驱使家奴便了去买酒，便了不情愿，王褒一怒之下便买下了他，然后仿照契约形式作下此文。文章以消遣语气，将故事描写得活灵活现、妙趣横生。

本文在中国文学史上具有重要的地位。《僮约》在传统的赋体中嵌入契约这一实用文形式，摆脱辞赋猎奇的倾向而着力于描写民间生活，以戏谑方式描绘对象的手法更是对后世有广泛影响；此外，《僮约》不仅使用了当时的民间语言，还成为史上最早的描写茶叶的文献。洪迈称它是"极文章之妙"，梁启超则评："在汉人文中，蔡邕极有名之十余篇碑诔，其价值乃不敌王褒之一篇游戏滑稽的《僮约》。"

蜀郡[1]王子渊，以事到湔[2]，止寡妇杨惠舍。惠有夫时一奴名便了，子渊倩奴行酤酒[3]，便了提大杖上夫冢巅[4]曰："大夫买便了时，只约守冢，不约为他家男子酤酒。"子渊大怒曰："奴宁欲卖邪？"惠曰："奴大杵人，人无欲者。子即决，卖券之。"奴复曰："欲使，皆上券[5]；不上券，便了不能为也！"子渊曰："诺。"

券文曰："神爵三年[6]正月十五日，资中男子王子渊，从成都安志里女子杨惠，买夫时户下髯奴[7]便了，决贾[8]万五千。奴从百役使，不得有二言。

晨起洒扫，食了洗涤。居当穿臼[9]，缚帚裁盂[10]，凿井浚渠，缚落锄[11]园，斫陌杜埒[12]，地刻大枷[13]，屈竹作杷[14]，削治鹿卢[15]。出入不得骑马载车，跰坐大呶[16]。下床振头[17]，垂钩刈刍[18]，结苇躜纑[19]。沃不酪，住酤[20]。织履作麤[21]，黏雀张乌[22]。结网捕鱼，缴雁弹凫[23]。登山射鹿，入水捕龟。后园纵养雁鹜[24]百余。驱逐鸥鸟[25]，持梢牧猪。种姜养芋，长育豚驹。粪除[26]常洁，喂食马牛。鼓四[27]起坐，夜半益刍[28]。

二月春分，被堤杜疆[29]，落桑皮棕[30]。种瓜作瓠[31]，别茄披葱[32]。焚槎发畴[33]，垄集破封[34]。日中早龚[35]，鸡鸣起春。调治马驴，兼落三重[36]。

舍中有客，提壶行酤[37]，汲水作餔[38]。涤杯整案，园中拔蒜，斫苏切脯[39]。筑肉臛芋[40]，脍鱼炰鳖[41]，烹茶尽具，餔已盖藏。关门塞窦，喂猪纵犬，勿与邻里争斗。奴但当饭豆饮水，不得嗜酒。欲饮美酒，唯得染唇渍口，不得倾盂覆斗[42]。不得晨出夜入[43]，交关[44]伴偶。

舍后有树，当裁作船，下至江州上到煎[45]，主为府掾求用钱[46]。推纺恶，败棕索[47]。绵亭买席，往来都洛[48]，当为妇女求脂泽，贩于小市[49]。归都担枲[50]，转出旁蹉[51]。牵犬贩鹅，武阳[52]买茶。杨氏池中担荷[53]，往来市聚，慎护奸偷。入市不得夷蹲旁卧[54]，恶言丑骂。多作刀弓，持入益州，[55]货易羊牛。奴自交[56]精慧，不得痴愚。持斧入山，断榝裁辕[57]。若残，当作俎几木屐及臿盘[58]。焚薪作炭，垒石薄岸[59]。治舍盖屋[60]，书削代牍[61]。日暮以归，当送干薪二三束。

四月当披[62]，五月当获[63]。十月收豆，多取蒲苎[64]，益作绳索。雨堕无所为，当编蒋织箔[65]。植种桃李，梨柿柘桑，三丈一树，八赤[66]为行，果类相从，纵横相当。果熟收敛，不得吮尝。

犬吠当起，惊告邻里。桱门柱户[67]，上楼击鼓。椅[68]盾曳矛，还落[69]三周。勤心疾作[70]，不得遨游。奴老力索[71]，种莞[72]织席。

事讫欲休，当春一石。夜半无事，浣衣当白。若有私敛^[73]，主给宾客^[74]。奴不得有奸私，事事当关白^[75]。奴不听教，当笞一百。

　　读券文适讫，词穷咋索^[76]，仡仡扣头^[77]，两手自搏^[78]，目泪下落，鼻涕长一尺："当^[79]如王大夫言，不如早归黄土陌，蚯蚓钻额。早知当尔，为王大夫酤酒，真不敢作恶^[80]。"

注　释

【1】蜀郡，在今四川，郡治在今成都市。王褒下文自称资中人，但资中属犍为郡，因此此处应为泛称。

【2】湔（jiān），湔水，在今四川。

【3】倩奴行酤酒，让奴仆去买酒。

【4】冢巅，杨惠亡夫的坟墓。

【5】"欲使，皆上券"意为"打算使唤的事项，都写在券上"。

【6】神爵，汉宣帝刘询年号。神爵三年，公元前59年。

【7】髯奴，胡须较长的奴仆。另，王褒有《责须髯奴辞》，所指可能是同一人。

【8】贾，通"价"。决贾，定价。

【9】臼，石臼，舂米用的石制器具。穿臼，凿臼。

【10】裁盂，裁取竹木做盂、碗等器皿。

【11】落，篱笆。缚落，扎好篱笆。鉬（chú），通"锄"。

【12】斫，碾压平整。陌，阡陌，田间小道。杜，堵塞。埤（pí），坑洼之地。

【13】地刻大枷，《古文苑》注："大枷，连枷也，打谷之具。筑禾稼之场，刻画地段，令广袤可运大枷打谷也。"

【14】杷，通"耙"，农具。

【15】鹿卢，即"辘轳"，一种安装在井上用于取水的工具。

【16】踑坐，一种两脚张开的坐姿，古人认为这一坐姿是傲慢无礼的体现。咮（náo），喧哗。

【17】振头，摇头不语。下床振头，指起床后偷懒不去干活。

【18】垂，通“捶”。钩，即刈钩，《方言》记载刈钩即镰刀。刍，喂牲畜用的草。

【19】结苇，编苇为席。躐（liè），践踏。纑（lú），麻缕。剥取麻秆时需用左手持握，右手剥取，用脚踩住下端。

【20】沃（yù），通饫，宴食。酪，乳酪。住，限制阻止。䣛，醍醐一类的美食。

【21】织履作麁（cū），制作鞋履。

【22】黏雀，用一种顶端涂上粘质物的竹竿捕鸟。张乌，张网捕捉乌鸦。

【23】缴（zhuó），拴在箭上的丝绳，此处作动词，用带着绳子的箭射。弹，用弹弓射。凫，野鸭。

【24】雁，此处指家雁，即鹅。骛，鸭子。

【25】鸱（chī）鸟，鹞鹰一类的猛禽。

【26】粪除，清扫。

【27】鼓四，四鼓，即四更。古人将一夜分为五更，四更为丑时，即凌晨一点到三点。

【28】益刍，为牲口添草料。

【29】被堤，覆土加埂。杜疆，断绝田边空地。

【30】落，《古文苑》：“落，谓去其附枝及朽蠹者。”皮，通“披”，分开。

【31】作，培育。瓠，葫芦。《说文句读》：“今人以细长者为瓠，圆而大者为壶卢，古无此别也。”

【32】茄，蔬菜总称。别茄披葱，《古文苑》：“菜茹别其种而植……葱披散而植之。”

【33】槎，通“茬”，枯枝烂叶。焚槎发畤，将枯枝烂叶在田中焚烧以肥田。古人在春耕开始前往往要“火田”。

【34】坌集破封，将灰土堆集作为底肥，翻开坚封的田土。

【35】熭（wèi），暴晒，晒干。

【36】兼落三重，《古文苑》：“落当作烙，谓烧铁烙蹄，令坚而耐踏。”

【37】行酤，行酒，依次斟酒。

【38】餔，饭。

【39】斫，砍、削。苏，通"蔬"，蔬菜。脯，干肉。

【40】筑，通"祝"，断。臛，肉羹。筑肉臛芋，断切肉为芋羹。

【41】炰（páo），蒸煮。《诗·小雅·六月》："饮御诸友，炰鳖脍鲤。"

【42】倾盂覆斗，指饮酒不得干杯。

【43】晨出夜入，早出晚归。

【44】交关。结交。

【45】江州，在今重庆市市区嘉陵江北岸。湔，通"湔"，在今四川松潘县。

【46】府掾，郡府属吏。

【47】推纺，纺织。索，绳索，此处作动词，制作绳索。

【48】绵亭，即绵竹，在今四川省绵竹市。该县出竹，柔韧可以制席，因此称为绵竹。

【49】贩于小市，《古文苑》："膏沐之物小市所缺"。

【50】枲（xǐ），大麻的雄株，只开雄花，不结果实，称"枲麻"。此处泛指麻。

【51】旁蹉，小路。转出旁蹉，挑担买卖出入小路。

【52】武阳，在今四川省彭山县东。另，此句被认为是中国关于茶叶买卖的最早记载。

【53】杨氏池中担荷，《古文苑》："杨氏池产荷，其茎茄，其花芙蓉，其实莲，其根藕，皆可贩卖。"

【54】夷蹲，即踑坐。旁卧，侧卧。这都是对人傲慢的表现。

【55】益州，此处应为益州郡，大部分在今云南境内，郡治在滇池（今云南晋宁县）。

【56】交，通"教"，使。

【57】椠（qiàn），一种用于书写的板子。

【58】《古文苑》："戋，余也。俎机以盛肉。屐，渠戟反，木履也。鹿盘，喂猪之牢（此处疑作'槽'）。断截之余木，当用作此，又其下则薪而烧之以为炭。"

【59】垒，堆砌。薄，迫。垒石薄岸，将石块堆积为堤岸以防备洪水。

【60】治舍盖屋，建造用于在山中伐木、烧炭的房子。

【61】牍，木简。削，汉代大多用竹简、木简为书，欲在其上写字则将原

字削去。

【62】披，草木茂盛的样子。

【63】获，此处指收获麦子。

【64】蒲，香蒲。苎，苎麻。

【65】蒋，即茭白。此处指茭白的叶子。箔，指养蚕用的蚕帘。

【66】赤，通"尺"。

【67】枨（chéng），《方言》："枨，法也。"郭璞注："救倾之法。"枨门柱户，即撑持门户使之关闭牢实。

【68】椅，通"倚"。

【69】还，通"环"。落，通"络"。还落，环绕。

【70】疾作，努力劳作。

【71】索，尽。

【72】莞（guān），指水葱一类的植物。

【73】私敛，私房钱。

【74】主给（jǐ）宾客，主人用以招待客人。

【75】关白，禀告。

【76】咋索，惊讶而口中结巴。

【77】仡（yì）仡，畏惧不能言语的样子。扣，通"叩"。

【78】搏，拍打。

【79】当，即"傥"，假如。

【80】作恶，恼怒。

编者注

本文虽然是一篇游戏性质的文章，但无论在文学史还是经济史的角度上，本文都具有重要的意义。通过本文，我们可以了解汉代人的日常生产生活的详细情况。

首先，从家奴的待遇可以看出，虽然社会早已步入封建制，但家奴仍然是没有人身自由，被主人随意使唤和买卖的。家奴要接受主人的严格管理，还要忍受极为低劣的待遇。虽然奴隶的待遇相比夏商周三代时已经有了巨大的提高（汉代时滥杀奴隶属于重罪，有多位功臣之后因滥杀奴隶被剥夺爵位封地；一些奴隶还可以拥有自己的私人财产），但他们仍要忍受地主的残酷剥削。而本文中所提出的条目繁杂的各种事务，虽然有着游戏的性质，但也真实地表明了家奴日常工作的繁重程度。

其次，本文全面地体现了小农经济环境下，一个地主阶级人家一年的生产情况。每年二月春分时起，家奴就要开始肥田耕种，直到九十月收获后将收获物进行整理，一年的农活才宣告结束。而在农闲时，家奴还要从事各种副业生产，并将一些产物用于出售。可以说，本文全面地为我们描述小农经济时代下地主人家的生产情况。

第三，本文还反映了汉代的商业状况。虽然汉武帝以后，朝廷开始实行重农抑商的政策，打击一些因盐铁贸易致富的大商人，但在民间，长途贩运的贸易已经十分兴盛。本文中，家奴的贸易范围不仅限于四川省内，还远达云南，这充分地说明了汉代贸易的繁荣。

报孙会宗书

杨恽

杨恽，西汉华阴人，司马迁外孙、丞相杨敞次子。汉宣帝时，以父荫补常侍郎。爱好《史记》，认为可与《春秋》媲美，于是将其公之于众，自此《史记》开始流传于世。后因告发霍禹（大将军霍光之子）谋反有功，封平通侯。他廉洁无私，但由于好告发人短，与太仆戴长乐结怨，被告发"以主上为戏，语近悖逆"而免为庶人。安定太守孙会宗写信劝告杨恽"大臣废退，当阖门惶惧"，杨恽却在回信《报孙会宗书》中对朝廷多有抱怨。不久发生日食，有人告发杨恽骄奢，廷尉查抄杨恽家中时查到《报孙会宗书》，认为其大逆不道，判腰斩。

题　解

　　本文是杨恽给孙会宗的回信。本文中，被免为庶人的杨恽针对孙会宗的劝诫，以嬉笑怒骂相迎击，将自己狂放不羁的一面展现出来。全文锋芒毕露，如其外祖父司马迁《报任安书》一般对朝廷加以讽喻。

　　汉宣帝五凤四年（公元前54年），出现了日食，古人认为这是上天发怒，只有处死大臣才能平息上天愤怒。正在此时，有人告发杨恽骄奢，而奉命查抄杨恽家中的廷尉发现了这封《报孙会宗书》，汉宣帝看完大怒，于是将杨恽腰斩。

　　恽材朽行秽[1]，文质无所底，幸赖先人[2]余业，得备宿卫[3]。遭遇时变，以获爵位[4]。终非其任，卒与祸会。足下哀其愚，蒙赐书教督以所不及，殷勤甚厚。然窃恨足下不深惟其终始，而猥随俗之毁誉也[5]。言鄙陋之愚心，若逆指[6]而文过；默而息乎，恐违孔氏各言尔志[7]之义。故敢略陈其愚，惟君子察焉。

　　恽家方隆盛时，乘朱轮[8]者十人，位在列卿，爵为通侯，总领从官[9]，与闻政事。曾不能以此时有所建明[10]，以宣德化，又不能与群僚同心并力，陪辅朝庭之遗忘，已负窃位素餐之责久矣。怀禄贪势，不能自退，遂遭变故[11]，横被口语[12]，身幽北阙，妻子满狱。当此之时，自以夷灭[13]不足以塞责，岂意得全首领[14]，复奉先人之丘墓乎？伏惟[15]圣主之恩不可胜量。君子游道[16]，乐以忘忧；小人全躯，说以忘罪。窃自念过已大矣，行已亏矣，长为农夫以没世[17]矣。是故身率妻子，戮力[18]耕桑，灌园治产，以给公上[19]，不意当复用此为讥议也。

　　夫人情所不能止者，圣人弗禁。故君父至尊亲，送其终也，有时而既[20]。臣之得罪，已三年矣。田家作苦[21]。岁时伏腊[22]，烹羊炰羔，斗酒自劳[23]。家本秦也[24]，能为秦声。妇赵女也，雅善鼓瑟[25]。奴婢歌者数人，酒后耳热，仰天抚缶而呼乌乌[26]。其诗曰："田彼南山，芜秽不治。种一顷豆，落而为萁。人生行乐耳，须富贵何时！[27]"是日也，奋袖低昂，顿足[28]起舞；诚滛荒无度，不知其不可也。恽幸有余禄，方籴[29]贱贩贵，逐什一之利[30]。此贾竖[31]之事，污辱之处，恽亲行之。下流之人，众毁所归，不寒而栗。虽雅知恽者，犹随风而靡，尚何称誉之有？董生不云乎："明明求仁义，常恐不能化民者，卿大夫之意也。明明求财利，常恐困乏者，庶人之事也[32]。"故道不同，不相为谋[33]，今子尚安得以卿大夫之制而责仆哉！

夫西河魏土，文侯[34]所兴，有段干木、田子方之遗风[35]，漂然皆有节概[36]，知去就[37]之分。顷者[38]足下离旧土，临安定，安定山谷之间，昆戎[39]旧壤，子弟贪鄙，岂习俗之移人[40]哉？于今乃睹子之志矣！方当盛汉之隆，愿勉旃[41]，毋多谈。

注 释

【1】材朽行秽，才能低劣品行肮脏。

【2】厎，通"抵"。先人，指杨恽之父杨敞。

【3】宿卫，在宫中值宿警卫。杨恽曾任郎官，负责宿卫宫门。

【4】时变，时局变故。此处指杨恽告发霍氏谋反而被封为平通侯之事。

【5】猥，随随便便地。毁誉，此处指毁谤。

【6】逆指，违背来信的意旨。

【7】各言尔志，各人说说你们的志向。《论语·公冶长》："颜渊、季路侍。子曰：'盍各言尔志。'"

【8】朱轮，汉代公卿列侯及二千石以上的官员可以乘朱轮马车。此处代指高官。

【9】列卿，指九卿之列。九卿指中央政府的九个高级官职，仅次于"三公"，历代"九卿"不尽相同，西汉时为：太常、光禄勋、卫尉、太仆、廷尉、大鸿胪、宗正、大司农、少府。通侯，即列侯。总领从官，杨恽曾任光禄卿，负责管理所有侍从官。

【10】建明，建树倡明。

【11】变故，意外灾难，指杨恽被戴长乐上书告罪之事。

【12】口语，此处指被人毁谤诬陷。

【13】夷灭，灭族。

【14】首领，头颅。

【15】伏惟，伏在地上想，是臣子表示敬意的敬辞。此处指杨恽被免为庶人而没有被处死。

【16】游道，游于大道，学习道义。

【17】没（mò）世，了却余生。

【18】戮力，合力。

【19】公上，公家，指供给国家税收。

【20】君父至尊亲，即"君至尊，父至亲"。古人规定应服丧三年，三年后结束服丧，所以说"有时而既"。另，洪迈《容斋随笔》认为这一句是令汉宣帝大怒的原因："予熟味其词，独有'君父至尊亲，送其终也，有时而既'。盖宣帝恶其'君丧送终'之喻耳。"

【21】作苦，农事劳作辛苦。

【22】伏，指夏至后第三个庚日。腊，冬至后的第三个戌日。古人在这两天都要进行祭祀。

【23】劳（lào），慰劳。

【24】家本秦也，杨恽为华阴人，是古代秦国所在地。

【25】古代赵国妇女多善音乐，所以说"雅善鼓瑟"。

【26】乌乌，即"呜呜"，唱歌的声音。

【27】其（qí），豆茎。这段歌词隐含了对朝廷的讽刺，唐颜师古《汉书》注引张晏云："山高而在阳，人君之象也。芜秽不治，言朝廷之荒乱也。一顷百亩，比喻百官也。言豆者，贞实之物，零落在野，喻己见放逐也。其曲而不直，言朝臣皆谄谀也。"

【28】顿足，跺脚。

【29】籴（dí），买进（粮食）。

【30】什一之利，十分之一的利息。言利润微薄。

【31】竖，奴仆。贾竖，对商人的贱称。

【32】董生，董仲舒。明明，即"惶惶"，匆忙的样子。此句见于董仲舒《举贤良对策》："夫皇皇求财利，常恐乏匮者，庶人之意也。皇皇求仁义，常恐不能化民者，大夫之意也。"

【33】"道不同，不相为谋"，见《论语·卫灵公》。

【34】西河，指今山西与陕西之间黄河西岸的地区，战国初年为魏国领土。此处，杨恽故意将魏国的西河与汉代西河郡（在今内蒙古伊克昭盟）混淆，与下文孙会宗任职的安定郡对应，讽刺孙会宗。文侯，魏文侯。

【35】段干木，战国初期儒家学派学者。魏文侯请他作宰相，他坚辞不受，文侯乃以客礼待之，尊他为师。田子方，段干木友人，道家学派学者，被魏文侯尊为师。

【36】"漂然"，即"飘然"，高远的样子。一作"凛然"。节概，节操气概。

【37】去就，辞官隐居和出仕为官。

【38】顷者，近来。

【39】昆戎，古代西夷的一支，即殷周时的西戎。

【40】移人，改变人的节操志向。

【41】旃（zhān），"之焉"的合音字。

上古天真论

《黄帝内经》

　　《黄帝内经》是现存最早的中医理论著作，对后世中医理论的发展有着深远的影响。本书相传是黄帝与岐伯、雷公等大臣讨论医学的记录，程颢、司马光等人认为成书于春秋战国时，现代学者则多认为成书应在西汉时期。西汉时，刘向将《黄帝内经》整理校对成书；南北朝时，《黄帝内经》因战乱而散失，分成《素问》和《灵枢》两种版本流传。此后，《黄帝内经》先后有多个版本出现,但影响力最大的首推唐代王冰注释的《黄帝内经素问》。北宋林亿等人后来又将王冰的版本重新校注,称为《重广补注黄帝内经素问》(又称《新校正》本),成为最完整的《素问》善本,并流传至今。

《黄帝内经》共十八卷,《素问》《灵枢》各有九卷、八十一篇。内容包括摄生、阴阳、脏腑、经络和论治之道。它将先人丰富的医疗经验整理出来并升华为理性认识,形成系统的医学理论,并且进一步驾驭医疗实践,建立了中医学临床规范,成为中国传统科学中探讨生命规律及其医学应用的系统学问。

题 解

本文是《黄帝内经·素问》的第一篇,是对内经创作来源及其特点进行说明的一篇文章。文章中,作者借黄帝和岐伯之口,讨论了如何达到健康与长寿的目的。

昔在黄帝,生而神灵,弱而能言,幼而徇齐,长而敦敏,成而登天。

乃问于天师[1]曰:余闻上古之人,春秋皆度百岁,而动作不衰;今时之人,年半百而动作皆衰者,时世异耶?人将失之耶?

岐伯对曰:上古之人,其知道者,法于阴阳,和于术数[2],食饮有节,起居有常,不妄作劳,故能形与神俱,而尽终其天年,度百岁乃去。

今时之人不然也,以酒为浆,以妄为常,醉以入房,以欲竭其精,以耗散其真,不知持满,不时御神,务快其心,逆于生乐,起居无节,故半百而衰也。

夫上古圣人之教下也,皆谓之虚邪贼风,避之有时,恬惔虚无[3],真气从之,精神内守,病安从来。

是以志闲而少欲，心安而不惧，形劳而不倦，气从以顺，各从其欲，皆得所愿。

故美其食，任其服，乐其俗，高下不相慕，其民故曰朴。

是以嗜欲不能劳其目，淫邪不能惑其心，愚智贤不肖，不惧于物，故合于道。

所以能年皆度百岁而动作不衰者，以其德全不危也。

帝曰：人年老而无子者，材力尽邪？将天数然也？

岐伯曰：女子七岁，肾气盛，齿更发长。

二七，而天癸[4]至，任脉通，太冲脉盛，月事以时下，故有子。

三七，肾气平均，故真牙生而长极。

四七，筋骨坚，发长极，身体盛壮。

五七，阳明脉衰，面始焦，发始堕。

六七，三阳脉衰于上，面皆焦，发始白。

七七，任脉虚，太冲脉衰少，天癸竭，地道不通，故形坏而无子也。

丈夫八岁，肾气实，发长齿更。

二八，肾气盛，天癸至，精气溢泻，阴阳和，故能有子。

三八，肾气平均，筋骨劲强，故真牙生而长极。

四八，筋骨隆盛，肌肉满壮。

五八，肾气衰，发堕齿槁。

六八，阳气衰竭于上，面焦，发鬓颁白。

七八，肝气衰，筋不能动。

八八，天癸竭，精少，肾脏衰，形体皆极，则齿发去。

肾者主水，受五脏六腑之精而藏之，故五脏盛，乃能泻。

今五脏皆衰，筋骨解堕，天癸尽矣，故发鬓白，身体重，行步不正，而无子耳。

帝曰：有其年已老，而有子者，何也？

岐伯曰：此其天寿过度，气脉常通，而肾气有余也。此虽有子，男子不过尽八八，女子不过尽七七，而天地之精气皆竭矣。

帝曰：夫道者，年皆百岁，能有子乎？

岐伯曰：夫道者，能却老而全形，身年虽寿，能生子也。

黄帝曰：余闻上古有真人者，提挈天地^[5]，把握阴阳，呼吸精气，独立守神，肌肉若一，故能寿敝天地，无有终时，此其道生。

中古之时，有至人者，淳德全道，和于阴阳，调于四时，去世离俗，积精全神，游行天地之间，视听八达之外，此盖益其寿命而强者也，亦归于真人。

其次有圣人者，处天地之和，从八风之理，适嗜欲于世俗之间，无恚嗔^[6]之心，行不欲离于世，被服章，举不欲观于俗，外不劳形于事，内无思想之患，以恬愉为务，以自得为功，形体不敝，精神不散，亦可以百数。

其次有贤人者，法则天地，象似日月，辨列星辰，逆从阴阳，分别四时，将从上古合同于道，亦可使益寿而有极时。

注　释

【1】天师，黄帝对岐伯的尊称。岐伯，传说中上古时代的医家，曾受黄帝命令品尝百草，被认为是医家之祖。

【2】和于术数，指用合适的养生方法来调和身体。

【3】虚无，心无杂念。

【4】天癸，指先天藏于肾精之中，具有促进生殖功能发育成熟的物质。

【5】提挈天地，指能够掌握自然变化的规律。

【6】恚嗔，泛指愤怒、仇恨等意念。

四气调神大论

《黄帝内经》

题 解

　　所谓四气，即春温、夏热、秋凉、冬寒的四时之气。调神，调理精神情志。作为集天地之气而化生出的产物，人的活动是离不开自然的。因此，想要做到养生，在天地四时之气的变化中调摄好精神情志是养生的关键。本文专门论述四时之气对人体的影响，指出了"春夏养阳，秋冬养阴"的养生原则和"治未病"的积极思想。

　　春三月，此谓发陈[1]。天地俱生，万物以荣，夜卧早起，广步于庭，被发缓形，以使志生[2]；生而勿杀，予而勿夺，赏而勿罚，此春气之应，养生之道也。逆之则伤肝，夏为寒变[3]，奉长者少。

　　夏三月，此为蕃秀[4]。天地气交，万物华实，夜卧早起，无厌于日，使志无怒[5]，使华英[6]成秀，使气得泄，若所爱在外，此夏气之应，养长之道也。逆之则伤心，秋为痎疟[7]，奉收者少，冬至重病。

　　秋三月，此谓容平[8]。天气以急[9]，地气以明，早卧早起，与鸡俱兴，使志安宁，以缓秋刑[10]，收敛神气，使秋气平，无外其志，使肺气清，此秋气之应，养收之道也。逆之则伤肺，冬为飧泄[11]，奉藏者少。

　　冬三月，此谓闭藏[12]。水冰地坼，无扰乎阳，早卧晚起，必待日光，使志若伏若匿，若有私意[13]，若已有得，去寒就温，无泄皮肤，使气亟夺[14]，此冬气之应，养藏之道也。逆之则伤肾，春为痿厥[15]，奉生者少。

　　天气，清净光明[16]者也，藏德不止，故不下也。天明则日月不明，

邪害空 [17] 窍，阳气者闭塞，地气者冒明，云雾不精 [18]，则上应白露不下，交通不表，万物命故不施 [19]，不施则名木多死。恶气不发，风雨不节，白露不下，则菀槁不荣 [20]。贼风数至，暴雨数起，天地四时不相保 [21]，与道相失，则未央绝灭。唯圣人从之，故身无奇病 [22]，万物不失，生气不竭。

逆春气则少阳 [23] 不生，肝气内变；逆夏气则太阳不长，心气内洞 [24]；逆秋气则太阴不收，肺气焦满；逆冬气则少阴不藏，肾气独沉 [25]。夫四时阴阳者，万物之根本也。所以圣人春夏养阳，秋冬养阴 [26]，以从其根，故与万物沉浮于生长之门。逆其根，则伐其本，坏其真 [27] 矣。故阴阳四时者，万物之终始也，死生之本也，逆之则灾害生，从之则苛疾不起，是谓得道。道者，圣人行之，愚者佩之。从阴阳则生，逆之则死；从之则治，逆之则乱。反顺为逆，是谓内格 [28]。

是故圣人不治已病治未病，不治已乱治未乱，此之谓也。夫病已成而后药之，乱已成而后治之，譬犹渴而穿井，斗而铸锥，不亦晚乎？

注　释

【1】发陈，推陈出新。

【2】被发，披散开头发。缓形，松解衣带，使身体舒缓。以使志生，在庭院中散步，适应春季生发的特点使自己意气生发。

【3】寒变，夏月所患寒性疾病之总名。

【4】蕃秀，草木繁茂秀丽。

【5】怒，泛指精神处于压抑之中的状态。使志无怒，不能让精神受到压抑。

【6】华英，这里指人的容貌面色。

【7】痎（jiē）疟，疟疾的总称。

【8】容平，草木到秋天已达成熟阶段。

【9】天气以急，指秋季劲急肃杀之气。

【10】秋刑，指秋季肃杀之气对人体的影响。

【11】飧（sūn）泄，病名，指大便泄泻清稀，并有不消化的食物残渣。

【12】闭藏，密闭潜藏，指万物生机潜伏。

【13】若有私意，指将意志隐匿于内。

【14】使气亟夺，让阳气被多次损耗。

【15】痿厥，四肢枯痿，软弱无力。

【16】光明，明代张景岳认为："惟天藏德，不自为用，故日往月来，寒往暑来，以成阴阳造化之道。设使天不藏德，自专其明，是则大明见则小明灭，日月之光隐矣，昼夜寒暑之令废，而阴阳失其和矣，此所以大明之德不可不藏也。所喻之意，盖谓人之本元不固，发越于外而空窍疏，则邪得乘虚而害之矣。"

【17】空，通"孔"。

【18】精，通"睛"。

【19】不施，不得生长。

【20】菀（wǎn）槁不荣，生气蕴积不通而枯槁失荣。菀，通"蕴"。

【21】天地四时不相保，春、夏、秋、冬不能保持阴阳变化的正常规律。

【22】奇病，重病。

【23】少阳，阴阳学称春季为少阳，夏季为太阳，秋季为少阴，冬季为太阴。

【24】内洞，内虚。

【25】独沉，衰惫。

【26】养，心肝。阴，肺肾。

【27】真，指身体。

【28】内格，即关格，古病名。临床表现为水谷不入，二便不通。

苏武传

班固

班固，字孟坚，史学家、文学家，扶风安陵（今陕西咸阳）人，东汉史学家班彪之子。班彪晚年时，曾立志于续写《史记》，著"后传"数十篇。班彪死后，班固继承父业而作《汉书》，既对《史记》体例有所继承，也有所修改。在其编写《汉书》时，有人告发他私修国史，因而被捕。其弟班超向汉明帝说明班固作《汉书》是为了颂扬汉朝功德，汉明帝遂将其释放，并任命其为兰台令史，继续《汉书》编写工作。汉章帝时，诏诸王、儒生等在白虎观讲论五经，并由班固编纂为《白虎通义》。汉章帝七年（82年），《汉书》基本完成。汉和帝时，随窦宪征匈奴，多有文章歌颂功德。因"不教学诸子，诸子多不遵法度"，家奴竟醉骂洛阳令种兢，种兢怀恨在心，于是趁汉和帝四年（92年）窦宪失势自杀、班固牵连下狱的机会对班固日加笞辱，不久班固便在狱中去世。此时《天文志》及八《表》尚未完成，汉和帝先后任命其妹班昭和同郡马续补之。

《汉书》是我国第一部纪传体断代史，"前四史"之一，共一百篇，包括本纪十二、表八、志十、传七十，后人析为一百二十卷，完整地记录了自汉高祖元年（公元前206年）至王莽地皇四年（23年）共二百三十年的历史。《汉书》重视史事的系统完备，凡事力求有始有终；好用古字骈句，典雅严谨而富于文采。班固奉行儒家思想，十分不满司马迁的黄老思想，对史事也是站在儒家正统思想的立场上进行记录评价的。

班固还是东汉最为著名的辞赋家之一，有《两都赋》《答宾戏》等，对后世辞赋家影响颇大。他又是著名的经学家，所撰的《白虎通义》是一部集当时经学之大成的著作。

题 解

本文节选自《汉书·李广苏建传》，原文是李广、李陵、苏武等人的合传。本文记载汉武帝时，奉命出使匈奴的苏武因卷入匈奴内部动乱而被扣留。苏武宁死不降，匈奴单于没有办法，于是将他流放到北海去放羊。直到十多年后，汉匈和解，苏武才得以回国。本文对苏武在匈奴的艰苦生活描写十分生动，展现了苏武卓绝的节操和伟大的人格。

武字子卿，少以父任[1]，兄弟并为郎，稍迁至栘中厩监[2]。时汉连伐胡，数通使相窥观[3]，匈奴留[4]汉使郭吉、路充国等，前后十余辈[5]。匈奴使来，汉亦留之以相当。

天汉元年[6]，且鞮侯单于[7]初立，恐汉袭之，乃曰："汉天子我丈人行[8]也。"尽归汉使路充国等。武帝嘉其义，乃遣武以中郎将使持节[9]送匈奴使留在汉者，因厚赂[10]单于，答其善意。

武与副中郎将张胜及假吏[11]常惠等，募士斥候[12]百余人俱。既至匈奴，置[13]币遗单于。单于益骄，非汉所望也。方欲发使送武等，会缑王与长水虞常[14]等谋反匈奴中。

缑王者，昆邪王[15]姊子也，与昆邪王俱降汉，后随浞野侯没胡中[16]。及卫律[17]所将降者，阴相与谋劫单于母阏氏[18]归汉。会武等至匈奴，虞常在汉时，素与副张胜相知，私候[19]胜曰："闻汉天子甚怨卫律，常能为汉伏弩射杀之。吾母与弟在汉，幸蒙[20]其赏赐。"张胜许之，以货物与常。后月余，单于出猎，独阏氏子弟在。虞常等七十余人欲发[21]，其一人夜亡[22]，告之[23]。单于子弟发兵与战。缑王等皆死，虞常生得[24]。

单于使卫律治[25]其事。张胜闻之，恐前语发[26]，以状[27]语武。武曰："事如此，此必及我。见犯乃死，重负国[28]。"欲自杀，胜、惠共止之。虞常果引[29]张胜。单于怒，召诸贵人议，欲杀汉使者。

左伊秩訾[30]曰："即谋单于，何以复加[31]？宜皆降之。"

　　单于使卫律召武受辞[32]，武谓惠等："屈节辱命，虽生，何面目以归汉！"引佩刀自刺。卫律惊，自抱持武，驰召毉[33]。凿地为坎，置煴火[34]，覆武其上，蹈[35]其背以出血。武气绝半日，复息。惠等哭，舆[36]归营。单于壮其节，朝夕遣人候问武，而收系[37]张胜。

　　武益愈，单于使使晓武，会论虞常[38]，欲因此时降武。剑斩虞常已，律曰："汉使张胜谋杀单于近臣，当死，单于募降者赦罪[39]。"举剑欲击之，胜请降。律谓武曰："副有罪，当相坐[40]。"武曰："本无谋，又非亲属，何谓相坐？"复举剑拟之[41]，武不动。律曰："苏君，律前负汉归匈奴，幸蒙大恩，赐号称王，拥众数万，马畜弥山[42]，富贵如此。苏君今日降，明日复然。空以身膏[43]草野，谁复知之！"武不应。律曰："君因我降，与君为兄弟，今不听吾计，后虽欲复见我，尚可得乎？"武骂律曰："女为人臣子，不顾恩义，畔主背亲，为降虏于蛮夷，何以女为见[44]？且单于信女，使决人死生，不平心持正，反欲斗两主[45]，观祸败。南越杀汉使者，屠为九郡[46]；宛王杀汉使者，头县北阙[47]；朝鲜杀汉使者，即时诛灭[48]。独匈奴未耳。若知我不降明[49]，欲令两国相攻，匈奴之祸从我始矣。"

　　律知武终不可胁，白单于。单于愈益欲降之，乃幽武置大窖[50]中，绝不饮食[51]。天雨雪，武卧啮雪与旃[52]毛并咽之，数日不死。匈奴以为神，乃徙武北海[53]上无人处，使牧羝，羝乳[54]乃得归。别其官属常惠等，各置他所。

　　武既至海上，廪食[55]不至，掘野鼠去草实[56]而食之。杖汉节[57]牧羊，卧起操持，节旄尽落。积五、六年，单于弟於靬王弋射[58]海上。武能网纺缴[59]，檠[60]弓弩，於靬王爱之，给其衣食。三岁余，王病，赐武马畜、服匿、穹庐[61]。王死后，人众徙去。其冬，丁令[62]盗武牛羊，武复穷厄。

初，武与李陵俱为侍中[63]，武使匈奴明年，陵降，不敢求[64]武。久之，单于使陵至海上，为武置酒设乐，因谓武曰："单于闻陵与子卿素厚，故使陵来说足下，虚心欲相待。终不得归汉，空自苦亡[65]人之地，信义安所见乎？前长君为奉车[66]，从至雍棫阳宫[67]，扶辇下除[68]，触柱折辕，劾[69]大不敬，伏剑自刎，赐钱二百万以葬。孺卿从祠河东后土[70]，宦骑与黄门驸马[71]争船，推堕驸马河中溺死，宦骑亡，诏使孺卿逐捕不得，惶恐饮药[72]而死。来时[73]，大夫人已不幸[74]，陵送葬至阳陵[75]。子卿妇年少，闻已更嫁矣。独有女弟[76]二人，两女一男，今复十余年，存亡不可知。人生如朝露[77]，何久自苦如此！陵始降时，忽忽[78]如狂，自痛负汉，加以老母系保宫[79]，子卿不欲降，何以过陵？且陛下春秋[80]高，法令亡常[81]，大臣亡罪夷灭者数十家，安危不可知，子卿尚复谁为乎？愿听陵计，勿复有云[82]。"武曰："武父子亡功德，皆为陛下所成就，位列将，爵通侯[83]，兄弟亲近[84]，常愿肝脑涂地。今得杀身自效，虽蒙斧钺汤镬[85]，诚甘乐之。臣事君，犹子事父也。子为父死亡所恨。愿勿复再言。"

陵与武饮数日，复曰："子卿壹听陵言[86]。"武曰："自分[87]已死久矣！王[88]必欲降武，请毕今日之欢，效死于前！"陵见其至诚，喟然叹曰："嗟乎，义士！陵与卫律之罪上通于天。"因泣下沾衿，与武决[89]去。陵恶[90]自赐武，使其妻赐武牛羊数十头。

后陵复至北海上，语武："区脱捕得云中生口[91]，言太守以下吏民皆白服[92]，曰上崩。"武闻之，南乡号哭，欧[93]血，旦夕临数月。

昭帝[94]即位数年，匈奴与汉和亲。汉求武等，匈奴诡言武死。

后汉使复至匈奴，常惠请其守者与俱[95]，得夜见汉使。具自陈道[96]。教使者谓单于，言天子射上林[97]中，得雁，足有系帛书，言武等在荒泽中。使者大喜，如惠语以让[98]单于。单于视左右而惊，谢汉使曰："武等实在。"

于是李陵置酒贺武曰："今足下还归，扬名于匈奴，功显于汉室，虽古竹帛所载，丹青所画[99]，何以过子卿！陵虽驽怯[100]，令汉且贳[101]陵罪，全[102]其老母，使得奋大辱之积志[103]，庶几乎曹柯之盟[104]，此陵宿昔[105]之所不忘也。收族陵家，为世大戮[106]，陵尚复何顾乎？已矣！令子卿知吾心耳。异域之人，壹别长绝[107]！陵起舞，歌曰："径万里兮度沙幕[108]，为君将兮奋[109]匈奴。路穷绝兮矢刃摧[110]，士众灭兮名已隤[111]。老母已死，虽欲报恩将安归！"陵泣下数行，因与武决。单于召会[112]武官属，前以降及物故，凡随武还者九人。

武以始元六年[113]春至京师。诏武奉一太牢谒武帝园庙[114]，拜为典属国，秩中二千石[115]，赐钱二百万，公田二顷，宅一区。常惠、徐圣、赵终根[116]皆拜为中郎，赐帛各二百匹。其余六人老归家，赐钱人十万，复[117]终身。常惠后至右将军，封列侯，自有传。武留匈奴凡十九岁，始以强壮出，及还，须发尽白。

注　释

【1】以父任，汉代规定，年俸二千石官员子弟可以出任郎官。苏武之父苏建曾任代郡太守，苏武及其兄弟都因此而获得官职。

【2】稍迁，逐渐升迁。栘（yí），指宫廷之中的马厩。栘中厩监，负责管理鞍马鹰犬射猎用具的官员。

【3】窥观，窥探对方情况。

【4】留，此处为扣留。

【5】辈，批。

【6】天汉，汉武帝年号。天汉元年即公元前100年。

【7】且（jū）鞮（dī）侯，单于封号。

【8】丈人，家长。行，行辈。此句意为，汉朝皇帝是我的长辈。

【9】节，使臣所持的信物，竹制，柄长八尺，以牦牛尾制成的饰品装饰。

【10】赂，赠送。

【11】假吏，指为此次出使临时任命为官吏。

【12】斥候，军队中负责侦查的人员。

【13】置，准备。

【14】会，恰逢。缑（gōu）王，匈奴贵族。长水，在今陕西蓝田县，汉朝当时归化了部分胡人组成一支骑兵部队驻扎于此，虞常就是其中之一。此时虞常已经投降匈奴。

【15】昆（hún）邪王，匈奴贵族，汉武帝元狩二年（公元前121年）投降汉朝。

【16】浞（zhuó）野侯，汉将赵破奴。此处指汉武帝太初二年（公元前103年），匈奴左大都尉欲杀单于降汉，汉武帝派赵破奴前往接应，结果消息泄露，左大都尉被杀，赵破奴被俘。当时缑王隶属于赵破奴部队，也被俘投降。

【17】卫律，其父是长水胡人，卫律生长于汉，与协律都尉李延年交好。李延年推荐他出使匈奴，但还未返回时李延年就被诛灭三族，卫律害怕被牵连而逃往匈奴，封为丁零王。

【18】阏（yān）氏（zhī），单于的正妻。

【19】候，拜访。私候，偷偷地拜访。

【20】幸蒙，希望受到。

【21】发，指实行计划。

【22】亡，逃亡，指背叛同党。

【23】告之，告发此事。

【24】生得，被生擒。

【25】治，审理。

【26】发，泄露。

【27】状，情况。

【28】见犯，被侵犯、被侮辱。重，更加。这两句是说，自己不能管束属

下导致出现此事辜负国家，若不自杀而被匈奴侮辱，就更对不起国家。

【29】引，牵引，此处指供出张胜。

【30】左伊秩訾，匈奴王号。

【31】何以复加，又怎样加重对他们的处分？这句说，即使想要谋害单于，也不过是判处死罪，处分过重。

【32】受辞，受审并录下口供。

【33】毉，古"医"字。上古时医生由巫师兼任，春秋战国时巫师地位逐渐下降，但在匈奴仍然保留巫医。

【34】煴火，无明火的火堆。

【35】蹈，通"掏"。

【36】舆，此处为动词，用车载。

【37】收系，逮捕拘押。

【38】使使，派遣使者。前一"使"字为动词。晓，通知。会，共同。论，指判决罪犯。此处实际是用判决虞常的机会威胁苏武，一说，"单于使使晓武"单独为一句，"会论虞常"是另一句，"会"即"恰逢"。

【39】此句意为，单于招募投降者，赦免其罪。

【40】坐，连坐。古代法律规定，犯谋反等大罪者，亲属（有时甚至包括邻居朋友）也要被处刑，称为连坐。

【41】拟之，用剑对着苏武做出杀的样子。

【42】弥，满。弥山，漫山遍野。

【43】膏，肥沃，此处作动词，指以自身躯体化为肥料来肥沃土地。

【44】何以女为见，王念孙认为，此处应为"何以见女为"，即"见你做什么"。

【45】斗两主，使汉皇帝与单于争斗，意即引发两国战争。

【46】此处指汉武帝元鼎五年（公元前112年），南越王相吕嘉担心南越归属汉朝后威胁自身地位（汉朝规定诸侯国相国需由中央任命），便杀死南越王及汉朝使者。汉武帝大怒，派出十万大军灭南越国，在此设立儋耳等九郡。

【47】县，通"悬"。此处指汉武帝时派使臣向大宛王索要宝马，大宛王不予，汉使者怒而骂之，结果被国中贵人攻杀。汉武帝太初元年（公元前104年），派李广利征大宛，国中贵人杀死大宛王，汉军便立亲附汉朝的贵人

为王。

【48】此处指汉武帝元封二年（公元前109年），涉何出使朝鲜（当时为卫氏王朝），在途中杀死伴送自己的朝鲜人并谎称杀死的是朝鲜将领，结果被朝鲜人击杀。汉武帝怒，派军进攻朝鲜，主和派臣子杀死朝鲜右渠王投降，汉武帝便在此设立乐浪等四郡。

【49】若知我不降明，你明我不会投降。

【50】幽，幽禁。大窖，空的粮窖。

【51】绝不饮食，不予饮食。一说，此句应为"绝不与饮食"。

【52】啮，咬。旃（zhān），通"毡"。

【53】北海，今俄罗斯贝加尔湖。

【54】羝（dī），公羊。乳，生育。羝乳，公羊生下小羊，表示故意刁难。

【55】廪（lǐn），通"廪"。廪食，公家所供给的粮食，即匈奴给苏武供给的粮食。

【56】去，通"弆"。弆（jǔ），藏。此句指苏武掘取野鼠储藏的草实作为食物。一说，此句为掘取野鼠、收藏草实而食。

【57】杖汉节，拄着代表汉朝朝廷的节去牧羊。

【58】於（wū）靬（qián）王，单于的弟弟。弋射，打猎。

【59】《太平御览》认为，此句应为"武能结网纺缴"。结网，编制捕猎用的网。缴（zhuó），系在箭后面的绳子，用以收回箭支。

【60】檠（qíng），用以矫正弓弩的器具，此处作动词，矫正弓弩。

【61】服匿，用以盛放酒和乳酪的瓦罐。穹庐，圆顶的帐篷。

【62】丁令，即丁零，匈奴部族。当时丁零归属卫律统辖，因此此事也可能是卫律主使。

【63】侍中，官名。

【64】求，访求。此处指因羞愧而不敢拜访。

【65】苦，作动词，受苦。亡，通"无"。

【66】长君，苏武长兄苏嘉。奉车，奉车都尉，负责掌管天子车驾。

【67】雍，在今陕西省凤翔县。棫（yù）阳宫，宫名。

【68】除，台阶。

【69】劾，被人弹劾。

【70】孺卿，苏武弟苏贤，字孺卿。祠，作动词，祭祀。河东，在今山西省夏县。后土，土地神。

【71】宦骑，骑马随从的宦官。黄门驸马，皇帝的骑马随从。

【72】饮药，此处指服毒。

【73】来时，指李陵率军离开长安时。

【74】大夫人，即"太夫人"，指苏武母亲。不幸，死亡的委婉说法。

【75】阳陵，在今陕西省咸阳市。

【76】女弟，妹妹。

【77】朝露，早上的露水，见到太阳就被晒干，存在的时间短暂，古人以"朝露"比喻人生短暂。

【78】忽忽，失意的样子。

【79】保宫，汉代官署名，关押犯罪受审的犯人。李陵投降，汉武帝下令诛灭其族。

【80】春秋，年龄。

【81】亡常，不固定。汉武帝晚年喜怒无常，造成了一定的政治混乱。

【82】勿复有云，不要再说什么，指听从自己的意见不反驳。

【83】成就，提拔。此处指苏武父亲苏建曾任右将军，苏武为中郎将，苏嘉为奉车都尉，苏贤为骑都尉。爵通侯，指苏建封平陵侯。

【84】亲近，与汉武帝亲近。

【85】斧钺，用于行刑的斧头。汤镬，用于行烹刑（将人丢入锅中煮死）的锅。此处指受极刑。

【86】壹听陵言，再听一听我的话。

【87】分（fèn），料定。

【88】王，李陵被匈奴封为右校王。

【89】决，诀别。

【90】恶（wù），羞愧。

【91】区（ōu）脱，指汉时与匈奴连界的边塞所立的土堡哨所。云中，云中郡，在今内蒙古。生口，俘虏。

【92】白服，穿孝服。皇帝死，天下都要穿孝服服丧。

【93】欧，通"呕"。

【94】昭帝，汉武帝幼子汉昭帝刘弗陵。

【95】俱，一同。

【96】具，完全。陈道，陈述。此句意为将事情经过全部陈述。

【97】上林，上林苑，原为秦代皇家园林，汉武帝加以扩建，除了用于射猎、游玩外，还在此训练皇帝亲兵羽林军。

【98】让，责备。

【99】丹青，原指颜料，代指图画。丹青所画，指古代丹青所画的杰出人物。

【100】驽，才智庸劣。怯，怯懦。

【101】令，使，假使。贳（shì），宽恕。

【102】全，保全，指不杀。

【103】奋，奋起。积志，蓄积已久的志向。奋大辱之积志，指在匈奴回报汉朝，详见《答苏武书》注。

【104】此处指曹沫在柯地会盟上劫持齐桓公之事。此处李陵以曹沫自比，言想要做出曹沫一样的功业。

【105】宿昔，从前，指李陵被俘但尚未投降之时。一说，宿通"夙"，昔通"夕"，早晚。

【106】大戮，大耻辱。

【107】壹别长绝，此一别将是永别。

【108】径，作动词，经过。沙幕（mò），沙漠。

【109】奋，奋击。

【110】路穷绝，指李陵被匈奴军队围困。矢刃摧，战斗激烈武器损坏。

【111】隤（tuí），堕。名已隤，名声败坏。

【112】召会，会集。

【113】始元，汉昭帝年号。始元六年，公元前81年。

【114】园，陵寝。庙，祖庙。

【115】秩，官秩。汉代时按照俸禄将官吏分为中二千石、二千石、比二千石等不同等级。

【116】这几人都是苏武出使的随从官吏。

【117】复，免除徭役。

编者注

在《汉书·苏武传》的结尾，还曾记载了这样一件事：苏武的长子苏元因涉及上官桀、桑弘羊谋反一案而被处死，苏武却只是被免官。汉宣帝时，宣帝怜悯苏武老年无子，便问他是否在匈奴有儿子。苏武便回答：自己在匈奴与一个匈奴女子育有一子，名叫苏通国。汉宣帝便命人将苏通国从匈奴接回来，还任命他为郎官。

对于这个与苏武育有一子的匈奴女子，《汉书》采取了一笔带过的态度。而在今天的甘肃省民勤县（一些学者认为这里才是苏武牧羊的地方），却流传着这样一个传说：苏武在匈奴牧羊之时，曾经娶匈奴右贤王公主红媵为妻，在当地安家生活；平日里，苏武汉冠儒服，为匈奴的年轻人和过往商人教习汉语和医术，为人翻译各族语言并医治疾病；而红媵则在当地骑着一匹宝马放牧牛羊，接济商旅，诛杀强盗。当地人民十分感激苏武夫妇，在休屠泽畔的方圆几千里土地上，到处传颂着苏武夫妇行侠仗义的故事。后来，汉使为了完成任务，便将苏武秘密接走；红媵在得知苏武离开后悲痛欲绝，日夜遥望长安，最后化为骆驼，隐身于红媵山中。这座红媵山，便是今天有名的红崖山。

封燕然山铭

班固

题　解

东汉和帝永元元年（89年），将军窦宪率军出塞北伐。第二年，汉军大败匈奴，前后俘获招降匈奴军队二十余万人，一直追到燕然山（今蒙古国杭爱山脉）。于是，窦宪命随军出征的班固撰写《封燕然山铭》，摩崖刻石记功。

在铭文中，班固以恢弘的气势，着力描写汉军军容军威的强盛，表现汉军的必胜之理，既对汉朝进行祝颂，又对侵略者进行警戒。

本文完成后的第二年，窦宪再度北伐，北匈奴西迁，至此，威胁中原数百年之久的匈奴之患彻底解除。后人以"勒燕然"作为平定边疆、建功立业的代称。

惟永元元年秋七月[1]，有汉元舅曰车骑将军窦宪[2]，寅亮[3]圣明，登翼[4]王室，纳于大麓[5]，维清缉熙[6]。乃与执金吾耿秉，述职巡御[7]。理兵[8]于朔方。鹰扬[9]之校，螭虎[10]之士，爰该六师[11]，暨南单于、东胡乌桓、西戎氐羌[12]，侯王君长之群，骁骑三万。元戎轻武[13]，长毂四分[14]，云辎[15]蔽路，万有三千余乘。勒[16]以八阵，莅[17]以威神，玄甲[18]耀日，朱旗绛天[19]。遂陵高阙[20]，下鸡鹿[21]，经碛卤[22]，绝大漠[23]，斩温禺以衅鼓[24]，血尸逐以染锷[25]。然后四校[26]横徂，星流彗扫[27]，萧条万里，野无遗寇。于是域灭区[28]殚，反旆而旋[29]，考传验图[30]，穷览其山川。遂逾涿邪[31]，跨安侯[32]，乘[33]燕然，蹑冒顿之区落[34]，焚老上之龙庭[35]。上以摅高、文之宿愤[36]，光祖宗之玄灵[37]；下以安固后嗣[38]，恢拓[39]境宇，振大汉之天声[40]。兹所谓一劳而久逸，暂费而永宁者也[41]，乃遂封山刊石[42]，昭铭盛德[43]。其辞曰：

铄王师兮征荒裔[44]，
剿凶虐兮截海外[45]。
夐其邈兮亘[46]地界，
封神丘兮建隆嵑[47]，
熙帝载[48]兮振万世！

注　释

【1】永元，汉和帝年号。永元元年，公元89年。

【2】元舅，国舅，皇帝的舅舅。窦宪，东汉名将，当时汉和帝年幼，窦宪之妹窦太后临朝称制，以窦宪为首的窦氏家族把持朝政。因杀都乡侯刘畅而

触怒太后，为以功赎罪，窦宪便请求北伐匈奴。永元三年（91 年），窦宪彻底击溃北匈奴，解除了困扰汉朝数百年的匈奴之患。但由于窦氏家族势力过于庞大，其党羽骄横跋扈威胁皇权，汉和帝便联合宦官夺回大权，迫使窦宪自杀，窦氏宗族便被彻底铲除。

【3】寅，敬重。亮，信。

【4】登翼，登用辅翼。当时窦宪掌控朝政大权。

【5】纳于大麓，引自《尚书·舜典》。纳，用。麓，通"录"。大麓，指总理政务。此句指窦宪掌握朝政大权。

【6】维清缉熙，引自《诗·周颂·维清》。维，发语词。缉熙，光明。此句意为政治清明。

【7】执金吾，官名，负责率领禁军守卫皇宫，及率领军队组成皇帝出行仪仗警卫。耿秉，东汉开国元勋耿弇之侄，以勇壮闻名，在本次出征中任副将，因功封为美阳侯。述职巡御，指奉天子诏命北伐匈奴。

【8】理兵，用兵。

【9】鹰扬，如鹰一般飞扬，形容勇猛。

【10】螭（chī）虎，龙虎。形容勇猛。

【11】爰（yuán），于是。该，率领。六师，六军，指朝廷军队。

【12】南单于，当时匈奴已经分裂为南北两部分，南单于归附于汉朝，永元元年北匈奴大乱，南匈奴上书请求北伐。东胡，古代民族名，被匈奴击败，其中一支退居乌桓山（今内蒙古大兴安岭南部），称乌桓，后臣服于汉朝。西戎氐羌，即氐羌西戎，相传是炎帝之后，当时分布在西北地区。

【13】元戎，兵车。轻武，兵车迅疾的样子。

【14】长毂，兵车。四分，分为四队。

【15】云辀，形容兵车如云一般，极言兵车众多。

【16】勒，统帅。

【17】莅，到、临。

【18】玄甲，铁甲。

【19】绛，红，此处作动词，染红。朱旗绛天，红旗染红天空。

【20】陵，登上。高阙，地名，在今内蒙古杭锦后旗东北，阴山山脉在此中断形成一个缺口，形状如门阙，故称。

【21】鸡鹿，鸡鹿塞，在今内蒙古磴口西北哈隆格乃峡谷口，是古代贯通阴山南北的交通要道。汉代时在此筑长城。

【22】碛（qì），戈壁。卤，咸水湖。

【23】绝，越过。漠，沙漠。

【24】温禺，匈奴王号。衅鼓，以血涂在鼓上，是一种祭祀仪式。

【25】尸逐，匈奴王号。锷，刀刃。

【26】四校，四面之校，指由诸将校率领的各路部队。

【27】星流彗扫，形容汉军追击如同彗星扫过般迅猛。

【28】域、区，都指北匈奴地域。

【29】旆（pèi），这里指军旗。反旆而旋，即凯旋。

【30】传，传记。图，地图。

【31】涿邪，涿邪山，在今蒙古国满达勒戈壁附近。

【32】安侯，安侯河，即今蒙古国鄂尔浑河。

【33】乘，登上。

【34】冒（mò）顿（dú），秦汉之际匈奴单于。杀其父头曼单于自立，设计使东胡骄纵趁机将其消灭，又趁楚汉战争的机会统一草原，夺回曾被秦将蒙恬夺走的部分匈奴领地，使匈奴帝国达到鼎盛。汉高祖七年（公元前200年），韩王信叛逃匈奴，刘邦亲率三十余万大军北伐，结果被冒顿以四十万军队包围在白登山，七日后依靠陈平计策才得以逃出。此后，汉朝便采取和亲政策安抚匈奴。吕后执政时，冒顿曾写信给吕后侮辱她，后又多次率军袭扰中原。区落，处所。

【35】老上，即老上单于，冒顿之子，名稽（jī）粥（yù）。汉文帝时，老上单于曾斩杀月氏王，又多次率军侵扰中原，特别是汉文帝十四年（公元前166年），老上单于亲率十四万铁骑入侵，其远哨部队曾逼近长安。文帝大怒，派出大军反击，老上单于不敢应战，便率军返回。龙庭，即龙城，在今蒙古国鄂尔浑河西侧的和硕柴达木湖附近，每年五月，匈奴大会诸部于此祭天。

【36】此处指汉高祖白登之围和汉文帝时匈奴军队逼近长安之事。

【37】祖，汉高祖刘邦。宗，汉太宗文帝刘恒。玄灵，魂灵。

【38】安固后嗣，使后人得到安宁。本文写就的第二年，北匈奴西迁，匈奴自此消失在中国的史籍中。

【39】恢，大。拓，开。

【40】天声，雷霆之声。形容声威浩大。

【41】此句见于《汉书·匈奴传下》："扬雄上书谏曰：'……以为不一劳者不久逸，不暂费者不永宁。'"暂费，一时之费。

【42】刊石，刻石。

【43】盛德，《后汉书·窦宪传》作"上德"，都是"至德"之意。

【44】铄，光辉美好而盛大。铄王师，《诗·周颂·酌》："於铄王师。"裔，边远之地。

【45】截，整治。截海外，《诗·商颂·长发》："海外有截。"

【46】夐（xiòng），远，此处作动词，远至。亘，直至，穷尽。

【47】神丘，即燕然山。隆，高。碣（jié），通"碣"，圆顶的石碑。

【48】熙，发扬光大。载，事业。熙帝载，《尚书·舜典》："有能奋庸熙帝之载。"即发扬光大汉朝的事业。

归田赋

张衡

　　张衡，字平子，南阳西鄂人，东汉天文学家、地理学家、数学家、科学家、发明家及文学家，官至太史令、侍中、尚书。科学方面，张衡是一位在多个方向取得巨大成就的全才式学者。他曾发明以水力推动的浑天仪、能探测震源方向的地动仪，发现月蚀的原因、绘制记录了2500颗星体的星图、将圆周率计算到小数点后一位、解释确立浑天说宇宙论。文学方面，他将汉代辞赋创作推向高峰，被列为"汉赋四大家"之一，《归田赋》《思玄赋》等堪称佳作，《二京赋》更是汉代大赋的一座高峰。

　　张衡在汉代时颇受尊崇，但在汉代以后他的各种著作逐渐失传，贡献也逐渐被人遗忘。直到 19 世纪，人们才开始重新认识到他的功绩，有学者认为他的成就可与西方同时期的托勒密媲美。此外，他的地位也被现代天文学界所肯定。

题　解

本文是张衡的一篇抒情小赋，也是汉代骈赋的开山之作。东汉中期，由于外戚、宦官相继当权，国家逐渐衰落。当时任侍中的张衡经常在汉顺帝身边"讽议左右"，遭到宦官们的忌恨，最终被罢黜为河间相。六十一岁时，张衡上书乞骸骨，本文便作于此时。

文章中，作者表达了自己对于政治环境黑暗的失望，和自己归隐的决心。全文语言平淡清丽，用典丰富，篇幅短小却内容饱满。本文标志着辞赋由汉代大赋向抒情小赋的转变，对后世影响很大，赵壹、王粲、陶渊明等人均受到本文的影响。

游都邑以永久[1]，无明略以佐时。徒临川以羡鱼[2]，俟河清[3]乎未期。感蔡子[4]之慷慨，从唐生以决疑[5]。谅天道之微昧[6]，追渔父[7]以同嬉。超埃尘以遐逝[8]，与世事乎长辞[9]。

于是仲春令月[10]，时和气清；原隰[11]郁茂，百草滋荣。王雎[12]鼓翼，鸧鹒[13]哀鸣；交颈颉颃[14]，关关嘤嘤。于焉[15]逍遥，聊以娱情。

而乃龙吟方泽[16]，虎啸山丘。仰飞纤缴[17]，俯钓长流。触矢而毙，贪饵吞钩。落云间之逸禽[18]，悬渊沉之鲨鳣[19]。

于时曜灵[20]俄景，继以望舒[21]。极般游[22]之至乐，虽日夕而忘劬[23]。感老氏之遗诫，将回驾乎蓬庐。弹五弦之妙指[24]，咏周孔之图书[25]。挥翰墨以奋藻[26]，陈三皇之轨模[27]。

苟纵心于物外，安知荣辱之所如。

注　释

【1】都邑，指东汉京都洛阳。永，长。久，滞。

【2】《淮南子·说林训》曰："临川流而羡鱼，不如归家织网。"这里指自己空有抱负却无法实现。

【3】河清，古人认为"黄河清，圣人出"，并认为黄河清象征政治清明。

【4】蔡子，指战国时秦国相国蔡泽。

【5】唐生，即唐举，战国时梁人。决疑，蔡泽年轻时游学诸侯却长期不能发迹，于是请唐举为他看相。

【6】谅，确实。微昧，幽隐。

【7】渔父，指楚辞《渔父》中避世隐居的渔父，此处代指隐士。见本书《渔父》一文。

【8】埃尘，比喻纷浊的事务。退逝，远去。

【9】长辞，永别。指自己即将归田隐居。

【10】令月，美好的月份。

【11】隰（xí），低湿之地。

【12】王雎，即雎鸠。

【13】鸧（cāng）鹒（gēng），即黄鹂。

【14】颉（xié）颃（háng），鸟飞上下貌。

【15】于焉，于是乎。

【16】而乃，于是。龙吟，指如龙一般吟啸。

【17】纤缴（zhuó），指箭。

【18】逸禽，云间高飞的鸟。

【19】鲨鰡（liú），一种小鱼，常伏在水底沙上。

【20】曜灵，日。

【21】望舒，神话传说中为月亮驾车的仙人，这里代指月亮。

【22】般（pán）游，游乐。

【23】劬，劳苦。

【24】五弦，五弦琴。指，通"旨"。

【25】周孔之图书，周公、孔子著述的典籍。

【26】藻，辞藻。此句写其挥翰遗情。

【27】轨模，法则。

刺世疾邪赋

赵壹

赵壹，字元叔，东汉汉阳郡西县人（今甘肃省天水西南），辞赋家、书法评论家。汉灵帝光和元年（178年）为上郡吏入京，得到司徒袁滂礼敬，后又为河南尹羊陟礼敬，二人共同推荐，赵壹自此名动洛阳。其代表作《刺世疾邪赋》直抒胸臆，抨击腐朽的朝政，对后世赋体的风格有很大影响。

题 解

本文是赵壹的代表作，作于汉灵帝年间。当时，东汉王朝政治腐朽，皇帝公然卖官鬻爵，外戚宦官轮流控制朝政，民怨沸腾。赵壹面对黑暗的现实，怀着愤世嫉俗的心情对社会现象和当权者进行尖锐的批判。汉赋重视"体物写志"（《文心雕龙·诠赋》），本文却全力"写志"，是汉赋的革新之作。而本文对于当权者的批判和预言，更是为后来的事情所印证。灵帝中平元年（184年），黄巾起义爆发，汉王朝彻底走向衰落。

伊[1]五帝之不同礼，三王亦又不同乐。数极自然变化[2]，非是故相反驳[3]。德政不能救世溷[4]乱，赏罚岂足惩时[5]清浊？春秋时祸败之始，战国逾复增其荼毒[6]。秦汉无以相踰越[7]，乃更加其怨酷。宁计生民之命[8]，唯利己而自足。

于兹[9]迄今，情伪万方[10]。佞谄日炽[11]，刚克[12]消亡。舐痔结驷[13]，正色徒行[14]。妪𡟑名势[15]，抚拍[16]豪强。偃蹇反俗[17]，立致咎殃[18]。捷慑逐物[19]，日富月昌。浑然同惑，孰温孰凉[20]？邪夫显进[21]，直士幽藏[22]。

原斯瘼之攸[23]兴，实执政之匪[24]贤。女谒[25]掩其视听兮，近习秉其威权。所好则钻皮出其毛羽，所恶则洗垢求其瘢痕[26]。虽欲竭诚而尽忠，路绝险而靡缘[27]。九重[28]既不可启，又群吠之狺狺[29]。安危亡于旦夕，肆嗜欲[30]于目前。奚异涉海之失柂[31]，积薪而待燃？荣纳由于闪榆[32]，孰知辨其蚩妍[33]？故法禁屈挠[34]于势族，恩泽不逮于单门[35]。宁饥寒于尧舜之荒岁兮，不饱暖于当今之丰年。乘理[36]虽死而非亡，违义虽生而匪存。

有秦客[37]者，乃为诗曰：河清[38]不可俟，人命不可延。顺风激靡草[39]，富贵者称贤。文籍[40]虽满腹，不如一囊钱。伊优北堂上[41]，抗脏[42]依门边。

鲁生闻此辞，系[43]而作歌曰：势家多所宜，咳唾自成珠[44]；被褐怀金玉[45]，兰蕙化为刍[46]。贤者虽独悟[47]，所困在群愚。且各守尔分，勿复空驰驱[48]。哀哉复哀哉，此是命矣夫！

注　释

【1】伊，发语词，无义。

【2】此句意为，气数到了极限自然会发生变化。

【3】駮（bó），通“驳”。反駮，排斥。

【4】溷（hùn），污浊。

【5】时，通“是”。

【6】荼，苦菜。荼毒，比如苦难。

【7】踰越，超过。

【8】此句意为，哪里考虑人民死活。

【9】兹，代指上文所说春秋时代。

【10】情伪，弊病。万方，形形色色，极言弊病众多。

【11】佞，巧媚善辩。谄，奉承拍马。炽，兴盛。

【12】刚克，刚强正直的品德。

【13】舐痔，见于《庄子·杂篇·列御寇》："秦王有病召医，破痈溃痤者得车一乘，舐痔者得车五乘，所治愈下，得车愈多。"比喻谄媚小人。结驷，获得四匹马拉的马车。

【14】正色，正直的人。徒行，徒步出行。

【15】妪嫗（yù），伛偻，此处指卑躬屈膝。此句意为对有名有势的人卑躬屈膝。

【16】抚拍，亲昵谄媚的样子。

【17】偃蹇，高傲。反俗，与世俗相反。

【18】致，招致。咎殃，灾祸。

【19】捷，迅疾。慑，恐惧。逐物，追逐名利。

【20】此句指是非不分。

【21】显进，晋升。

【22】幽藏，埋没。

【23】原，推究根本。斯，这。瘼（mò），病。攸，所。

【24】匪，通"非"，不。

【25】女谒，宫中妇女宦官。

【26】此句意为，对所喜欢的人就想尽办法让他得到提拔，讨厌的人就用尽手段打压。钻皮出其毛羽、洗垢求其瘢痕，形容无中生有的夸赞和指摘。

【27】靡缘，无处可以攀爬，形容道路险绝难行。

【28】九重，指君王宫门。

【29】狺（yín）狺，狗叫声。

【30】肆，放纵。嗜欲，贪欲。

【31】奚异，有什么不同。柂（duò），通"舵"。

【32】荣纳，受到宠幸得到接纳。闪榆，奸佞的样子。

【33】蚩，愚笨、丑陋。妍，美好、聪慧。

【34】屈挠，屈服、被阻挠。

【35】单门，无权无势的寒门。东汉后期门阀盛行，只有依附于门阀才有为官晋升机会。

【36】秉理，坚持真理。

【37】秦客，与下文鲁生都是作者假托之人。

【38】河清，古人认为黄河千年一清，是祥瑞，象征政治清明。

【39】激，疾吹。靡草，细弱的草。形容人如墙头草随风即倒。

【40】文籍，指学问。

【41】伊优，卑躬屈膝。北堂，在北的厅堂，即朝堂，谄媚者被统治者亲近，可以居于朝堂之上。

【42】抗脏，高亢而刚直。

【43】系，接着。

【44】此句意为，有权势的家族说什么都是适当的，都有人迎奉。

【45】此句意为，有才德之人却只能穷困。金玉，比喻才德。

【46】刍，喂牲畜的草。

【47】独悟，独自醒悟。

【48】驰驱，奔走。

编者注

汉代在选拔人才方面实行察举制，由各郡国推举贤良进行策试。最初，这一制度为汉朝带来了大量人才，推动了社会的发展。可在东汉后期，这一制度越来越注重声望，各地官员只是依据其家族声望来选拔人才，这就为贪腐提供了便利。一些累世公卿的大家族借察举制发展自己的势力，而谋求升官发财之人也通过行贿、阿附等方式想方设法获得郡国的推举。到东汉末年，"门生故吏遍天下"的士族门阀大量出现，卖官鬻爵已经成为东汉官场的惯例；通过察举制选拔的人才往往出身士族门阀，而没有依靠的寒门子弟则几乎没有任何获得提拔的办法。

汉朝灭亡后，出于团结士族门阀的目的，历朝历代都沿用了这一制度；这些士族门阀虽然曾多次遭受战乱打击，但一直在各个地区享有崇高的社会地位。直到隋唐时期，皇室仍然要依赖关中的士族门阀建立政权。

对于这种某一家族把控政治以至于影响皇权的情况，隋唐两朝采取了多种方式进行限制。其一，便是以科举制代替察举制，完全依靠考试选拔人才。其二，对于士族进行打击，如唐太宗制定《世族志》，将最负盛名的山东崔氏降为第三等世族；出身寒门的武则天更是贬斥包括开国功臣长孙无忌、褚遂良在内的士族高官。但是，由于制度的不健全，到唐代晚期，民间仍然盛行"门当户对"之说，寒门与士族之间不能相互通婚；而唐代阅卷官也往往受到考生名声的影响不能客观阅卷。直到唐末黄巢起义，士族受到了严重打击，一些士族大家的家谱在战乱中流失，士族与普通百姓再无区别。至此，士族门阀的地位才衰落下去。

论盛孝章书

孔融

孔融，字文举，世称孔北海、孔少府，东汉末年文学家，曲阜（今山东曲阜市）人，建安七子之一，孔子的二十代孙。幼年即被称为神童而闻名天下。董卓当政时，因忌惮其反对废汉少帝，便将他派到黄巾军最为猖獗的北海（今山东潍坊市昌乐县）做北海相。后被袁绍之子袁谭攻击，败逃。朝廷任命他为将作大匠，迁少府，又任太中大夫。他经常反对曹操的主张，又主张加强皇权，被曹操所嫉恨，曹操便以"招合徒众"等多项罪名将他处死并诛灭全家。著有多篇文章，但在死后大多散佚。后人整理其文章，有《孔北海集》。

魏文帝十分欣赏他的文辞，将他列为"建安七子"之一，又曾悬赏征求孔融文章。但由于罪名过重，连陈寿《三国志》都不敢为其作传，文章也大多散佚。

题　解

本文是孔融写给曹操的一封求救信。当时，孔融刚刚依附于曹操，认为拥立汉献帝的曹操可以振兴汉室，于是常常上书曹操推荐人才。盛孝章是他的朋友，被当时控制江东地区的孙策所迫害，孔融便上书曹操求救。本文虽为求救，却无一句卑躬屈膝之语，论证有力而富有情感，文辞精美又广征博引。本文很好地体现了建安年间文学创作才气横溢、无所顾忌的风格，可谓"气扬采飞"（《文心雕龙·章表》）。

岁月不居[1]，时节如流。五十之年，忽焉已至。公为始满[2]，融又过二[3]。海内知识，零落殆尽，惟会稽盛孝章[4]尚存。其人困于孙氏[5]，妻孥湮没[6]，单子独立，孤危愁苦。若使忧能伤人，此子不得复永年[7]矣！

《春秋传》曰："诸侯有相灭亡者，桓公不能救，则桓公耻之[8]。"今孝章，实丈夫之雄也，天下谈士[9]，依以扬声，而身不免于幽执[10]，命不期于旦夕，是吾祖不当复论损益之友[11]，而朱穆[12]所以绝交也。公诚能驰一介之使，加咫尺之书，则孝章可致，友道可弘矣。

今之少年，喜谤前辈，或能讥评孝章。孝章要[13]为有天下大名，九牧[14]之人，所共称叹。燕君市骏马之骨[15]，非欲以骋道里，乃当以招绝足[16]也。惟公匡复汉室，宗社将绝[17]，又能正[18]之。正之之术，实须得贤。珠玉无胫而自至者，以人好之也[19]，况贤者之有足乎！昭王筑台以尊郭隗[20]，隗虽小才，而逢大遇[21]，竟能发明主之至心，故乐毅自魏往，剧辛自赵往，邹衍自齐往[22]。向使郭隗倒悬[23]而王不解，临溺而王不拯，则士亦将高翔远引，莫有北首[24]燕路者矣。凡所称引[25]，自[26]公所知，而复有云者，欲公崇笃斯义[27]也。因表不悉[28]。

注　释

【1】居，停留。

【2】公，即曹操。始满，刚满，刚满五十岁。

【3】过二，超过两岁。

【4】盛孝章，汉末名士，曾任吴郡太守，因病辞官家居。当时孙策已经平定江东，对当地名士多有忌恨，于是对盛孝章加以迫害。曹操派人征其为都尉，但征命未至，盛孝章便已被孙权害死。

【5】孙氏，指当时控制江东的孙氏家族。又，孙策死于建安五年（200年），本文作于建安九年（204年），因此盛孝章应是被孙权所杀。

【6】妻孥（nú），妻子儿女。湮（yān）没，埋没，指丧亡。

【7】永年，长寿。

【8】《春秋传》，阐释《春秋》的书，此处指《公羊传》。此句见于《公羊传·僖公元年》，指当时作为诸侯霸主的齐桓公因没有及时援救邢国导致邢国被狄人所灭而自责。孔融以此事暗示拯救盛孝章就如齐桓公拯救诸侯一样，是义不容辞的。

【9】谈士，善于言谈议论的人。

【10】幽执，被囚禁。

【11】吾祖，指孔子。孔融是孔子二十世孙。论损益之友，见于《论语·季氏》："孔子曰：'益者三友，损者三友。友直，友谅，友多闻，益矣；友便辟，友善柔，友便佞，损矣。'"

【12】朱穆，东汉时人，对当时交友之道多有不满而作《崇厚论》《绝交论》表达自己的不满。

【13】要，总要，大概而论。

【14】九牧，九州。古代九州州长称为牧伯，因此九州也称九牧。

【15】此句指燕昭王千金买马骨之事。《战国策·燕策》："郭隗先生曰：'臣闻古之君人，有以千金求千里马者，三年不能得。涓人言于君曰："请求之。"君遣之。三月，得千里马；马已死，买其骨五百金，反以报君。君大怒曰："所求者生马，安事死马而捐五百金？"涓人对曰："马死且买之五百金，况生马乎？天下必以王为能市马，马今至矣！"于是不能期年，千里之马至者三。'"

【16】绝足，绝尘之足，形容奔驰极快，以至于足不沾尘的千里马。此处以燕昭王买马骨之事暗示，如果曹操能让盛孝章前来，就如同千金买马骨一样，可以招致天下人才。

【17】宗，宗庙。社，社稷。宗社，代指国家。绝，断绝。祭祀断绝即意味政权覆灭。

【18】正，匡正。曹操于建安元年（196 年）拥立从长安逃出的汉献帝，所以说他"匡复汉室"，"又能正之"。

【19】此句见于《韩诗外传》："盖胥谓晋平公曰：'夫珠出于江海，玉出于昆山，无足而至者，由主君之好也。士有足而不至者，盖主君无好士之意耳。'"

【20】此句指燕昭王招揽贤士一事。《史记·燕召公世家》："燕昭王于破燕之后即位，卑身厚币以招贤者。谓郭隗曰：'齐因孤之国乱而袭破燕，孤极知燕小力少，不足以报。然诚得贤士以共国，以雪先王之耻，孤之愿也。先生视可者，得身事之。'郭隗曰：'王必欲致士，先从隗始。况贤于隗者，岂远千里哉！'于是昭王为隗改筑宫而师事之。"

【21】大遇，隆重的待遇。

【22】此处数人都是燕昭王属下臣子。乐毅，见《乐毅报燕王书》一文。剧辛，赵国人，有贤才，跟乐毅一起合谋破齐。邹衍，齐国人，主张大九州说，燕昭王以师礼相待。

【23】倒悬，倒挂着。比喻困苦危急。

【24】首，面向。

【25】称引，指信中论说、引述的事情。

【26】自，本来。

【27】崇笃，推崇、重视。斯义，指文章所论述的交友和招揽贤才的道理。

【28】不悉，不能详尽。是当时书信结尾常用的套语。

登楼赋

王粲

王粲，字仲宣，东汉山阳高平（今山东省微山县）人，后人称为王侍中。擅长辞赋，是"建安七子"之一。年幼时就得到当时的名士蔡邕赏识推荐，后投奔荆州牧刘表，刘表因王粲其貌不扬又不拘小节而拒绝任用。刘表死，王粲在曹操率军南征时劝其子刘琮投降，被曹操辟举为丞相掾，赐爵关内侯。曹操称魏王后，任命他为侍中。后随曹操南征，返回途中病逝。作品多散佚，明人辑有《王侍中集》。刘勰称赞他为"七子之冠冕"，认为他是建安七子中文学成就最高者。

题 解

本文创作于建安九年（204 年），当时王粲归附于刘表却不得任用，心情郁闷，于是登上当阳东南的麦城城楼（一说，本文创作于襄阳城），作下此赋。在文中，作者怀着身当乱世、怀才不遇的苦闷，将内心情感与景物描写的明暗虚实变化相结合，让全篇惆怅凄怆的愁思随着景物变化而更加真切动人，不断引发读者的共鸣。

登兹楼以四望兮 [1]，聊暇 [2] 日以销忧。览斯宇之所处兮 [3]，实显敞而寡仇 [4]。挟清漳之通浦兮 [5]，倚曲沮 [6] 之长洲。背坟衍之广陆兮 [7]，临皋隰之沃流 [8]。北弥陶牧 [9]，西接昭丘 [10]。华 [11] 实蔽野，黍稷盈畴 [12]。虽信美而非吾土兮 [13]，曾 [14] 何足以少留！

遭纷浊 [15] 而迁逝兮，漫逾纪 [16] 以迄今。情眷眷 [17] 而怀归兮，孰忧思之可任[18]？凭轩槛以遥望兮，向北风而开襟[19]。平原远而极目兮，蔽荆山之高岑[20]。路逶迤而修迥兮[21]，川既漾而济深[22]。悲旧乡之壅隔兮[23]，涕横坠而弗禁[24]。昔尼父之在陈兮，有归欤之叹音[25]。钟仪幽而楚奏兮[26]，庄舄显而越吟[27]。人情同于怀土兮[28]，岂穷达[29]而异心！

惟日月之逾迈兮[30]，俟河清其未极[31]。冀[32]王道之一平兮，假高衢[33]而骋力。惧匏瓜之徒悬兮[34]，畏井渫之莫食[35]。步栖迟以徙倚兮[36]，白日忽其将匿[37]。风萧瑟而并兴兮，天惨惨而无色[38]。兽狂顾[39]以求群兮，鸟相鸣而举翼，原野阒[40]其无人兮，征夫行而未息[41]。心凄怆以感发兮，意忉怛而惨恻[42]。循阶除[43]而下降兮，气交愤于胸臆[44]。夜参半[45]而不寐兮，怅盘桓[46]以反侧。

注　释

【1】关于王粲所登何楼，一直存有争议。《文选》李善注引盛弘之《荆州记》，认为是当阳城楼。《文选》刘良注则说为江陵城楼。又说，"挟清漳之通浦兮，倚曲沮之长洲"和"西接昭丘"的位置，应是当阳东南、漳沮二水之间的麦城城楼。此外，明人王世祯在襄阳建仲宣楼时有一记，认为应是襄阳城楼。

【2】暇，通"假"，借。

【3】斯宇之所处，指这座楼所处的环境。

【4】寡，少。仇，匹敌。

【5】清漳，指漳水。通浦，两条河流相通之处。挟清漳之通浦，漳水和沮水在这里会合。

【6】曲沮，弯曲的沮水。

【7】背，背靠。坟，高。衍，平。广陆，广袤原野。

【8】皋隰（xí），水边低洼之地。沃流，可以用于灌溉的水流。

【9】弥，相接。陶牧，即陶朱公范蠡。牧，郊外。今湖北省江陵县有陶朱公墓。

【10】昭丘，楚昭王熊轸的坟墓，在当阳郊外。

【11】华，通"花"。

【12】畴，田野。

【13】信，确实。吾土，指故乡。

【14】曾，竟。

【15】纷浊，纷乱混浊，形容世道昏乱。

【16】纪，十二年。

【17】眷眷，念念不忘。

【18】任，承受。

【19】开襟，敞开衣襟。

【20】荆山，在今湖北南漳县。高岑，小而高的山。蔽荆山之高岑，高耸的荆山挡住了视线。

【21】修，长。迥，远。

【22】川既漾而济深，河水荡漾而深，很难渡过。

【23】悲旧乡之壅（yōng）隔兮，悲伤于故乡的被阻隔。壅，阻塞。

【24】涕横坠而弗禁，禁不住泪流满面。涕，眼泪。弗禁，止不住。

【25】《论语·公冶长》："子在陈，曰：'归欤！归欤！吾党之小子狂简，斐然成章，不知所以裁之。'"

【26】《左传·成公九年》："晋侯观于军府，见钟仪，……使与之琴，操南音。……公语范文子，文子曰：'楚囚，君子也。言称先职，不背本也。乐操土风，不忘旧也。'"

【27】《史记·张仪列传》："越人庄舃（xì）仕楚执珪，有顷而病。楚王曰：'舃故越之鄙细人也，今仕楚执珪，贵富矣，亦思越不？'中谢对曰：'凡人之思故，在其病也。彼思越则越声，不思越则楚声。'使人往听之，犹尚越声也。"

【28】人情同于怀土兮，人都有怀念故乡的心情。

【29】穷达，穷困与显达，指境遇不同。

【30】逾迈，形容时光飞逝。

【31】俟（sì）河清其未极，黄河水还没有到澄清的那一天。古人以黄河清作为太平盛世的象征。

【32】冀，希望。

【33】高衢，大道。

【34】《论语·阳货》："吾岂匏瓜也哉？焉能系而不食？"此处以"匏瓜"自比，担心自己才能不得所用。

【35】渫，淘井。《周易·井卦》："井渫不食，为我心恻。"此处以井自比，担心自己洁身自持不为人所用。

【36】栖迟、徙倚，都是徘徊的意思。

【37】匿，隐藏，此处引申为太阳落山。

【38】无色，黯淡无光。

【39】狂顾，惊恐地回头望。

【40】阒（qù），静寂。

【41】征夫，离家远行的人。征夫行而未息，离家远行的人还在匆匆赶路。

【42】意忉（dāo）怛（dá）而惨恻，指心情悲痛，无限伤感。

【43】除，台阶。

【44】气交愤于胸臆，胸中闷气郁结，愤懑难平。

【45】夜参半，半夜。

【46】怅，惆怅。盘桓，这里指内心的不平静。

奥森文库传家系列

《大美中文课之唐诗千八百首》（全三册）已上市，京东、当当、天猫、淘宝、各大新华书店有售。

《大美中文课之唐宋词千八百首》（全三册）、《花间集》、《纳兰词》、《李清照全集》、《东坡乐府》、《大美中文课之传世家训》即将上市，敬请期待！

《大美中文课之古文观止新编》（全三册）隆重上市！扫描下面二维码关注"奥森书友会"微信公众号，回复"古文""观止"即可获赠全书译文。

大美中文课之

古文观止新编

奥森书友会 ▼ 编

中

台海出版社

魏晋南北朝

吾十有五而志于学，三十而立，四十而不惑，五十而知天命，六十而耳顺，七十而从心所欲不逾矩

朽木不可雕也，粪土之墙不可圬也

质胜文则野，文胜质则史，文质彬彬，然后君子

知之为知之，不知为不知，是知也

温故而知新，可以为师矣

学而不思则罔，思而不学则殆

见贤思齐焉，见不贤而内自省也

君子喻于义，小人喻于利

朝闻道，夕死可矣

德不孤，必有邻

敏而好学，不耻下问

有朋自远方来，不亦乐乎

逝者如斯夫，不舍昼夜

岁寒然后知松柏之后凋也

三人行，必有我师焉

吾日三省吾身：为人谋而不忠乎？与朋友交而不信乎？传不习乎？

人而无信，不知其可也

德之不修，学之不讲

一以贯之

择其善者而从之，其不善者而改之

让县自明本志令

曹操

　　曹操，字孟德，东汉末年军事家、政治家、文学家，沛国谯（今安徽省亳州市）人，魏国的奠基者。在世时官至丞相，封魏王，加九锡；去世后其子曹丕称帝，追尊其为魏武帝。其父曹嵩为宦官曹腾养子。曹操年少时，通权谋机变而放荡不羁，人们多不看重，但当时以评价人士闻名的许劭则说他是"治世之能臣，乱世之奸雄"。黄巾之乱时率军镇压黄巾军，董卓进京后逃出，在家乡陈留率先起义讨伐董卓。后以兖州为基地，不断发展势力，挟天子以令诸侯，终于在官渡之战后一统北方。但由于在赤壁之战中战败，失去一统中国的机会。晚年时，虽然已经掌控汉朝的全部权力，孙权也上表劝进，但他却拒绝了。汉献帝建安二十五年（220年），曹操逝世。死后当年，其子曹丕迫使汉献帝禅让，建立魏国。

　　政治上，曹操着力于恢复中原地区的生产，并提倡唯才是举，一定程度上缓解了东汉门阀制度带来的弊病；军事上，曹操不仅为《孙子兵法》作注，其统兵作战也颇为灵活，多有以少胜多的事迹；文学上，他是建安文学的开创者，文章古朴质直、慷慨激昂、直抒胸臆，他的诗歌在文学史上更是具有重要意义，五言诗继承了汉乐府的优秀传统又加以创新，四言诗重新发扬了《诗经》传统，有继往开来的作用。

　　古代，不同的人出于不同的立场，对于曹操的评价也有所不同。一些学者站在儒家正统角度上，对曹操颇为贬抑，而民间更是将曹操贬为"奸臣";但也有许多人从文学等各方面给予曹操正面评价,驳斥这些人的迂腐。中华人民共和国成立后,在毛泽东等人的倡议下,人们开始重新以客观的角度看待曹操。

题　解

本文又名《述志令》,是一篇反映曹操本人经历与思想、带有自传性质的文章。建安十五年(210年),曹操五十六岁,当时虽然已经统一北方,但刘备、孙权两大势力仍然对其形成巨大威胁,除在军事上进行联盟外,政治上又抨击曹操将汉献帝作为傀儡。在此形势下,曹操发布了这篇令文,借退还皇帝加封三县的名义,表明自己的本心,反击外部的非议。

文章中,曹操概述了自己统一北方的过程,表现了自己的政治抱负,坦白直率而气势磅礴。在文中,他既坦陈自己不会代汉自立,又直白地承认了自己不会放弃兵权,更是以周文王自比,含蓄而大方地承认了自己的想法。文章叙事自然生动,风骨兼备而豪迈挺拔。鲁迅评赞说:"在曹操本身,也是一个改造文章的祖师,可惜他的文章传得很少。他胆子很大,文章从通脱得力不少,做文章时又没有顾忌,想写的便写出来。"

孤始举孝廉[1],年少,自以本非岩穴知名之士[2],恐为海内人[3]之所见凡愚,欲为一郡守[4],好作政教[5],以建立名誉,使世士[6]明知之;故在济南[7],始除残去秽[8],平心选举,违迕诸常侍[9]。以为强豪所忿,恐致家祸,故以病还。

去官之后,年纪尚少[10],顾视同岁[11]中,年有五十,未名为老。内自图之,从此却去二十年,待天下清,乃与同岁中始举者等耳。故以四时归乡里,于谯东五十里筑精舍[12],欲秋夏读书,冬春射猎,求底下之地[13],欲以泥水自蔽[14],绝宾客往来之望。然不能得如意。

后徵为都尉,迁典军校尉[15],意遂更欲为国家讨贼[16]立功,欲望封侯作征西将军[17],然后题墓道言"汉故征西将军曹侯之墓",

此其志也。而遭值董卓之难[18]，兴举义兵[19]。是时合兵能多得耳，然常自损，不欲多之；所以然者，多兵意盛，与强敌争，倘更为祸始。故汴水之战[20]数千，后还到扬州更募[21]，亦复不过三千人，此其本志有限也。

后领兖州[22]，破降黄巾三十万众[23]。又袁术僭号于九江[24]，下皆称臣，名门曰建号门，衣被皆为天子之制，两妇预争为皇后。志计已定，人有劝术使遂即帝位，露布[25]天下，答言"曹公尚在，未可也"。后孤讨禽其四将[26]，获其人众，遂使术穷亡解沮[27]，发病而死。及至袁绍[28]据河北，兵势强盛，孤自度势，实不敌之；但计投死为国，以义灭身，足垂于后。幸而破绍，枭其二子[29]。又刘表自以为宗室[30]，包藏奸心，乍前乍却[31]，以观世事，据有当州[32]，孤复定之[33]，遂平天下。身为宰相，人臣之贵已极[34]，意望已过矣。

今孤言此，若为自大，欲人言尽，故无讳耳。设使国家无有孤，不知当几人称帝，几人称王！或者人见孤强盛，又性不信天命之事，恐私心相评，言有不逊之志[35]，妄相忖度，每用耿耿。齐桓、晋文所以垂称[36]至今日者，以其兵势广大，犹能奉事周室也。《论语》云："三分天下有其二，以服事殷，周之德可谓至德矣。[37]"夫能以大事小[38]也。昔乐毅走赵，赵王欲与之图燕[39]。乐毅伏而垂泣，对曰："臣事昭王，犹事大王；臣若获戾，放在他国，没世然后已，不忍谋赵之徒隶，况燕后嗣[40]乎！"胡亥之杀蒙恬[41]也，恬曰："自吾先人及至子孙[42]，积信于秦三世矣；今臣将兵三十余万，其势足以背叛，然自知必死而守义者，不敢辱先人之教以忘先王也。"孤每读此二人书，未尝不怆然流涕也。孤祖、父[43]以至孤身，皆当亲重之任，可谓见信者矣，以及子桓兄弟[44]，过于三世矣。

孤非徒对诸君说此也，常以语妻妾，皆令深知此意。孤谓之言："顾我万年[45]之后，汝曹皆当出嫁，欲令传道我心，使他人皆知之。"

孤此言皆肝鬲之要[46]也。所以勤勤恳恳叙心腹者，见周公有《金縢》[47]之书以自明，恐人不信之故。然欲孤便尔[48]委捐所典兵众，以还执事[49]，归就武平侯国[50]，实不可也。何者？诚恐己离兵为人所祸也。既为子孙计，又己败则国家倾危，是以不得慕虚名而处实祸，此所不得为也。前朝恩封三子为侯，固辞不受，今更欲受之，非欲复以为荣，欲以为外援，为万安计[51]。

孤闻介推[52]之避晋封，申胥[53]之逃楚赏，未尝不舍书而叹，有以自省也。奉国威灵[54]，仗钺[55]征伐，推[56]弱以克强，处小而禽大。意之所图，动无违事，心之所虑，何向不济，遂荡平天下，不辱主命。可谓天助汉室[57]，非人力也。然封兼四县[58]，食户三万[59]，何德堪之！江湖未静，不可让位；至于邑土，可得而辞。今上还阳夏、柘、苦三县户二万，但食武平万户，且以分损[60]谤议，少减孤之责也。

注　释

【1】孤，古代王侯自称。当时曹操任丞相、封武平侯。孝廉，汉武帝时规定，地方长官定期要向中央推举各科人才，包括孝廉、贤良等科目；东汉时每年由各郡国从二十万人中推举一人。曹操被推举为孝廉时年二十二岁。

【2】岩穴知名之士，指隐居而有名望的人。汉代士人常有故意隐居名山以抬高声望的行为。岩穴，代指隐居。

【3】海内人，指世家豪族。曹操之父曹嵩为宦官养子，曹操因此受人轻视。

【4】郡守，一郡的太守。

【5】政教，行政与教化。

【6】世士，世人。

【7】曹操在中平元年（184年）任济南国（在今山东省济南市）相，职位相当于太守。

【8】此处指曹操在济南国时奏请撤免八个县官，捣毁六百多座祠庙，严禁不合礼法的鬼神祭祀之事。《三国志·魏书·武帝纪》裴松之注引《魏书》

记载，汉初城阳王刘章平定诸吕有功，城阳便为他立祠，此后青州各郡纷纷效仿，济南最盛，竟有六百多座。而在这些祠中举办的祭祀乐舞往往十分奢侈，这为当地民众带来了沉重负担。

【9】违迕（wǔ），违背。常侍，又称中常侍，皇帝的侍从近臣。东汉末年中常侍多由宦官担任，权势极大。《三国志·魏书·武帝纪》裴松之注引《曹瞒传》记载，曹操任洛阳北部尉时，曾在府衙大门左右陈列十余根五色大棒，"有犯禁，不避豪强，皆棒杀之"。汉灵帝宠幸的小黄门蹇硕的叔父夜行（古代为维护治安禁止百姓无故夜行，在洛阳等重要城市管理更为严格），结果被曹操棒杀。此后众太监虽然忌惮曹操，但却因曹操家族的地位无可奈何，于是以推荐为名将他调离洛阳，改任顿丘令。

【10】曹操出任济南相后被调任东郡太守，他便称病辞官返乡，时年三十余岁，故称"尚少"。

【11】同岁，指同一批被举为孝廉的人。

【12】谯（qiáo），今安徽亳县。曹操的故乡。精舍，儒家讲学之地。

【13】底下之地，低洼的土地。低洼地往往土地贫瘠。

【14】泥水自蔽，指隐居而老去。

【15】此处指汉灵帝中平五年（188年）建立西园军，设置八校尉，以小黄门蹇硕为上军校尉，袁绍为中军校尉，曹操为典军校尉。

【16】讨贼，曹操被任命为典军校尉时，边章、韩遂杀死刺史郡守发动叛乱，"觿十余万，天下骚动"。此外，黄巾之乱后，常常有大量残余势力发动叛乱，劫掠各州郡。

【17】征西将军，东汉时取西征赤眉军之义而得名。东汉共有四人被任命为征西将军，都立有大功。曹操以此表述志向，希望做东汉王朝的功臣。

【18】董卓，原为凉州（今甘肃、宁夏等地）豪强，汉灵帝时任并州（今山西太原）牧。中平六年（189年），汉灵帝崩，大将军、外戚何进为了消灭宦官势力便召董卓率军进京。结果董卓进京后，不仅杀死宦官，还废汉少帝刘辩改立汉献帝刘协，自封为相国，操纵朝政。

另，曹操在听说何进召董卓进京后曾说：十常侍不过是依赖于皇帝宠幸，只需一个狱卒就可以将他们逮捕除掉，为何要召集将领？这么做计划一定会泄露，必然会失败。结果，董卓尚未进京，何进就被十常侍设计杀死。

【19】此处指汉献帝初平元年（190年），曹操率先在家乡陈留（今河南省陈留县）募兵五千人讨伐董卓，各州郡纷纷起兵，共推袁绍为盟主，讨董联盟成立。董卓兵败，于是挟持献帝及洛阳数十万居民迁往长安，又纵兵劫掠焚毁洛阳，死伤无数。初平三年（192年），董卓在长安被王允、吕布设计杀死。

【20】汴水之战，指董卓迁都后，讨董联盟各路诸侯各自心怀鬼胎，谁也不愿率军前进。曹操于是独自率军西进，与董卓部将徐荣在荥阳的汴水（今河南省荥阳县西南）一带交战，结果曹操兵少无援而被击败，曹操本人中箭。

【21】扬州，东汉十三州之一，包括今江苏、安徽等地。扬州更募，指汴水战败后，曹操与夏侯惇等人到扬州招募士兵，刺史陈温、丹杨太守周昕将四千余士兵划归曹操。但在龙亢，军中士兵哗变，曹操手刃数十人才得以离开军营，最终仅有五百多人没有叛变。

【22】兖（yǎn）州，东汉十三州之一，辖今山东西南部和河南东部。汉献帝初平三年（192年），青州黄巾残余攻入兖州，刺史刘岱打算主动进攻，鲍信则建议坚守不出。刘岱不听，结果被杀。鲍信于是率领官吏到东郡迎曹操为兖州牧。此后，曹操率军进攻，但初战不利，鲍信战死；此后曹操亲自在军中巡视激励士气，最终将黄巾军击败。

【23】在击破黄巾军后，曹操一路追击至济北，收编降兵三十余万。曹操从这些降兵中选取精锐部队加以训练，号为"青州兵"，作为自己最重要的一支力量。后来，青州兵在曹操统一北方的战争中发挥了重要作用，成为东汉末年最为精锐的一支部队。

【24】袁术，字公路，东汉司空袁逢的嫡长子，袁绍异母弟，当时任九江郡（管辖今江苏、安徽及江西部分地区）太守，依靠袁氏家族的名声集聚势力，控制江淮一带。僭（jiàn）号，盗用皇帝称号，即称帝。建安二年（197年），袁术在寿春（今安徽省寿县）称帝，又从孙坚手中勒索到传国玉玺。

【25】露布，宣告。

【26】此处指建安二年（197年），袁术攻陈（今河南省淮阳县），曹操率军出击，袁术见曹操到来便弃军独自逃走，结果曹操大胜，擒斩袁术的四个部将桥蕤（ruí）、李丰、梁纲、乐就。

【27】解沮，瓦解崩溃。袁术在称帝后先后被曹操、吕布所击败，本想投奔其兄袁绍，结果发病死于途中。《三国志·魏书·董二袁刘传》裴松之注引

《吴书》记载，袁术本想投奔部下雷薄，结果被拒绝，军队粮草耗尽。他想吃饭，结果厨子说只剩下麦屑三十斛；欲饮蜜浆，又没有。袁术遂大呼："袁术至于此乎！"吐血数升，死去。

【28】袁绍，字本初，袁术庶兄。董卓进京后逃亡冀州，接替韩馥成为冀州牧，又通过多次战争兼并黄河以北的冀、青、幽、并四州，成为当时北方最为强大的割据势力。

【29】枭，枭首，斩首后悬而示众。建安五年（200年），曹操在官渡以少胜多，歼灭袁绍军主力。两年后，袁绍病死。其子袁谭、袁尚为争夺继承权相互攻击，曹操趁机进军。建安十年（205年），曹操击杀袁谭；十二年（207年），袁尚及袁绍次子袁熙逃亡辽东，辽东太守公孙康诱斩二人，将首级送至曹操处。

【30】刘表，字景升，汉鲁恭王刘余后人，任荆州（管辖今湖南、湖北等地）刺史，为一方割据势力。

【31】乍前乍却，忽前忽后。比喻投机。官渡之战前，袁绍派人联结刘表，意欲夹击曹操，刘表虽然答应却没有出兵，也没有派人帮助曹操；有人劝他归附曹操，他反而大怒，想要杀死劝说之人。

【32】当州，当地，即荆州。

【33】此处指建安十三年（208年），曹操南征，刘表病死，其次子刘琮投降。

【34】此句指建安十三年（208年），汉献帝废除东汉的太尉、司徒、司空三公制度，恢复西汉的丞相和御史大夫制度，并任命曹操为丞相。

【35】不逊之志，不忠的想法。指废掉汉献帝自立。裴松之注引《汉纪》记载，早在建安元年（196年）汉献帝逃出长安时，侍中太史令王立就凭借星象学说对他人说：汉朝气数将尽，曹氏将会取代汉。曹操听说后对他说："知公忠于朝廷，然天道深远，幸勿多言。"不过，历代史书中均有借各种奇异现象牵强附会，以宣传统治者"受命于天"的惯例。

【36】垂称，称颂。春秋时，周王室势力衰微，而齐桓公、晋文公等诸侯则成为各诸侯国公认的盟主，一旦有不服从者，便兴兵讨伐。

【37】此句见于《论语·泰伯》，讲述周文王时统辖天下三分之二土地，却依旧侍奉商纣王。

【38】以大事小，以强大的周侍奉弱小的商。此处是曹操以《论语》自比，表示自己拥护东汉王朝。

【39】见《乐毅报燕王书》一文。

【40】后嗣，后代，指惠王。以上一段，据《太平御览》可知是引自《史记》。但今本《史记》无此段文字。

【41】秦始皇驾崩后，胡亥、赵高、李斯三人秘不发丧，又伪造秦始皇诏书勒令扶苏及蒙恬自杀。蒙恬接到命令后十分怀疑，扶苏却按照命令立刻自杀身亡。此后，蒙恬被解除军权，胡亥登基后将他处死。

【42】蒙恬祖父蒙骜、父亲蒙武以及蒙恬三代均为秦国名将。

【43】祖、父，指曹操祖父曹腾和父亲曹嵩。曹腾为宦官，汉桓帝时为中常侍，封费亭侯；曹嵩为曹腾养子，汉灵帝时官至太尉。

【44】子桓，曹操次子曹丕的字。曹操长子曹昂于建安二年（197年）征张绣时战死，因此此处称曹丕，以曹丕为诸子之首。

【45】万年，死的委婉说法。

【46】鬲（gé），同"膈"，胸膈。肝鬲之要，指发自内心的言论。

【47】金縢（téng），《尚书·周书》篇名。周武王生病，周公向上天祝祷，请求代武王死，并将祷词封藏在金縢柜中。成王亲政后怀疑周公，后又在柜中发现祷词，大受感动，于是迎回周公。成王怀疑周公事详见《尚书·无逸》一文题解。

【48】便尔，就此。

【49】执事，指曹操掌管的军政大权。

【50】武平，在今河南省鹿邑县。武平侯，指建安元年（196年）曹操被封为大将军、武平侯。

【51】本文写就的第二年，汉献帝封曹操之子曹植为平原侯，曹据为范阳侯，曹豹为饶阳侯。

【52】介推，即介子推，春秋时晋国人，曾追随晋文公流亡十九年。晋文公回国后，大封功臣，介子推却因狐偃与晋文公盟誓，耻于与其为伍，于是隐居绵山，至死不出。

【53】申胥，即申包胥，春秋时楚国大夫。吴王阖闾派伍子胥伐楚，攻破郢都，楚昭王出逃。申包胥去秦国求救，在秦国朝堂痛哭七日，秦哀公大受感

动，于是派兵救援而击退吴军。楚昭王返回后要赏赐他，他却逃走不肯接受。

【54】威灵，指汉朝历代皇帝的灵魂。

【55】钺（yuè），古代兵器，形似大斧。古代天子出征，以黄金装饰的钺作为仪仗；或是将黄钺授予主将，代表授权给主将出征。

【56】推，指挥、率领。

【57】天助汉室，曹操表示不居功自傲的客气话。

【58】四县，指武平、阳夏（jiǎ，今河南太康县）、柘（今河南柘城县北）、苦（hù，今河南鹿邑县东），是当时汉献帝要赐给曹操的封地。

【59】食户三万，指这四县的三万户人家的税赋全都作为俸禄。

【60】分损，减少、平息。

祀故太尉桥玄文

曹操

题 解

　　曹操年少时，由于性格任侠放荡，人们多不以为重，但桥玄却能慧眼识才，一眼看出曹操能够成就大事。他的推荐，对于曹操早年的政治活动产生了积极影响，曹操也十分感谢他。建安七年（202年），曹操率军驻于家乡谯县，特地派人去桥玄的墓祭祀他，并写下了这篇祭文。

　　汉代吊祭文章并不多，吊祭，是一件严肃的事情，但本文却将二人之间的戏言记录在文中，使得文章诙谐轻松，将二人的友谊真挚地传达出来。全文自由洒脱，完全没有官样文章的痕迹。

　　故太尉桥公[1]，诞敷明德[2]，泛爱博容[3]。国念明训[4]，士思令谟[5]。灵幽体翳[6]，邈哉晞矣[7]！

　　吾以幼年逮升堂室[8]，特以顽鄙之姿，为大君子所纳[9]。增荣益观，皆由奖助，犹仲尼称不如颜渊[10]，李生之厚叹贾复[11]。士死知己，怀此无忘。

又承从容约誓之言："殂逝[12]之后，路有经由，不以斗酒只鸡过相沃酹[13]，车过三步，腹痛勿怪。"虽临时戏笑之言，非至亲之笃好[14]，胡肯为此辞乎？匪谓灵忿，能诒[15]己疾，旧怀惟顾，念之凄怆。奉命东征，屯次乡里[16]，北望贵土[17]，乃心陵墓[18]。裁致薄奠[19]，公其尚飨[20]。

注　释

【1】太尉，东汉时三公之一，掌管全国军事大权。桥公，桥玄，睢阳（今河南商丘南）人。汉灵帝年间曾为太尉。他曾评价曹操："天下将乱，非命世之才不能济也，能安之者，其在君乎！""吾见天下名士多矣，未有若君者也！君善自持。吾老矣！愿以妻子为托。"（《三国志·魏书·武帝纪》及裴松之注）

【2】诞敷，光大传播。明德，美德。

【3】泛爱，广泛地对人慈爱。博容，胸怀宽广。

【4】训，可以作为后世法则的言论。

【5】令，高明。谟，谋略、见解。

【6】灵，灵魂。幽，指阴间。翳，埋藏，这里指埋葬。

【7】邈，远。晞（xī），露水干涸，代指人的死去。

【8】逮，及。升堂室，升堂入室，指得以亲近。

【9】大君子，对桥玄的尊敬称呼。纳，接待。

【10】《论语·公冶长》："子谓子贡曰：'女与回也孰愈？'对曰：'赐也何敢望回？回也闻一以知十，赐也闻一以知二。'子曰：'弗如也，吾与女弗如也！'"

【11】贾复，字君之，东汉南阳冠军（今河南南阳）人。曾拜学于李生，李生对其他学生说："贾君之容貌志气如此，而勤于学，将相器也。"在绿林军起义时聚众响应，又归附于刘秀。身为儒生却作战勇猛，为刘秀立下大功。东汉王朝建立后，贾复被封为胶东侯，评定"云台二十八将"时贾复排在第三位。

【12】殂逝，过世。

【13】过，访问，探望。沃酹（lèi），在地面上洒酒祭奠。

【14】笃好，交情深厚的好友。笃，深厚。

【15】诒（yí），给予。

【16】屯次，率军驻扎。乡里，指曹操的家乡谯县（今安徽省亳县）。

【17】贵土，指桥玄故乡睢阳。

【18】乃心陵墓，思念着您的坟墓。

【19】裁致，备送。薄奠，微薄的祭品。

【20】尚飨（xiǎng），请享用祭品。古代祭文常以此做结语。

求贤令

曹操

题 解

本文写于建安十五年（210年）。当时，赤壁之战已经结束，三国鼎立局面基本形成，曹操统一天下受到的阻力也越来越大。于是，他便写下了这道《求贤令》，访求天下贤才。

本文中，曹操针对东汉后期门阀士族把控国家人才选举，一切以名士品评为标准，"举秀才不知书，举孝廉父别居"的情况，提出了"唯才是举"，特别要提拔那些以往被人轻视的寒门子弟，对当时的人才选拔制度具有很大的促进意义。文章连用典故，将贤才的形象完整地表达出来。

自古受命及中兴 [1] 之君，曷尝 [2] 不得贤人君子与之共治天下者乎？及其得贤也，曾不出闾巷 [3]，岂幸相遇哉？上之人求取之耳。今天下尚未定，此特求贤之急时也。

"孟公绰为赵、魏老则优，不可以为滕、薛大夫 [4]。"若必廉士而后可用，则齐桓其何以霸世 [5]！今天下得无有被褐怀玉而钓于渭滨者 [6] 乎？又得无有盗嫂受金 [7] 而未遇无知者乎？

二三子其佐我明扬仄陋 [8]，唯才是举，吾得而用之。

注　释

【1】受命，古人认为开国皇帝是接受上天之命，因而称开国为受天命。中兴，王朝从衰败重新转向复兴。

【2】曷（hé）尝，哪有。

【3】闾巷，里巷。代指寒门之士。

【4】此句见于《论语·宪问》。孟公绰，鲁国孟孙氏家族大夫，性格廉洁寡欲。赵、魏，都是当时晋国的卿士家族，封地比一般的小国还要大。老，家臣。优，有余。滕、薛，两个小诸侯国，在今山东省滕县附近。

【5】此句是指管仲并不廉洁，却能辅佐齐桓公称霸。《史记·管晏列传》："吾始困时，尝与鲍叔贾，分财利多自与""管仲富拟于公室"。

【6】《道德经》七十章："是以圣人被褐而怀玉。"被褐怀玉，比喻怀才不遇而困顿。钓于渭滨，指姜尚在渭水岸边钓鱼之事。

【7】盗嫂受金，指汉高祖刘邦谋士陈平。陈平曾与其嫂私通，又曾接受诸将贿赂。介绍他归附刘邦的魏无知却十分信任他。刘邦因诸将进言，心中起疑，于是将魏无知叫来询问。魏无知说：您问的是他的言行，我推荐的是他的才能，盗嫂受金又算什么呢？于是刘邦便更加重用陈平。

【8】二三子，诸位，指臣僚下属。明扬仄（zè）陋，发现推举那些埋没在下层贱业中的人才。

编者注

曹操任用人才，可谓不拘一格。他所求的"贤"，不仅包括三次"求贤令"之中提到的道德方面存在污点的人才，还包括曾经与他为敌的人才，甚至包括曾经背叛过他的人才。如陈琳曾为袁绍写檄文辱骂曹操，极尽侮辱之能事；曹操却说陈琳的檄文"可以愈头风"。魏种在吕布袭取兖州时叛逃曹操，气得曹操大骂；可在魏种被曹操俘获后，曹操却不计前嫌，将他任命为河内太守。占据宛城的张绣在第一次投降曹操后曾偷袭曹操，杀死其长子曹昂和侄子曹安民；可在官渡之战前，张绣再度投降曹操，曹操不仅接纳了他，还将他封为列侯。可以说，曹操任用人才的气度，是古往今来都十分罕见的。

遗令

曹操

题 解

建安二十五年（220年）正月二十三日，曹操逝世。在逝世之前，曹操颁布了这篇《遗令》，作为自己的遗嘱。在人们的印象中，曹操总是慷慨悲歌、豪情万丈的政治家、诗人形象；可这篇文章却用了一半的篇幅，安排自己的众多姬妾的未来，可谓是前无古人而后少来者。其中所体现的率真可爱，更是难得一见。

曹操逝世后数十年，西晋文学家陆机在宫中发现了这篇《遗令》，读罢感慨不已，遂作《吊魏武帝文》一篇，表达对这位豪迈而又率真的英雄的敬仰。

吾夜半觉，小不佳；至明日，饮粥汗出，服当归汤[1]。

吾在军中，持法是也。至于小忿怒，大过失，不当效也。天下尚未安定，未得遵古[2]也。吾有头病，自先著帻[3]。吾死之后，持大服[4]如存时，勿遗。百官当临[5]殿中者，十五举音[6]；葬毕，便除服；其将兵屯戍者，皆不得离屯部；有司各率乃职。敛以时服，葬于邺之西冈上，与西门豹祠相近[7]，无藏金玉珠宝。

吾婢妾与伎人皆勤苦，使著铜雀台[8]，善待之。于台堂上，安六尺床，下施繐帐[9]，朝脯设脯糒[10]之属。月旦、十五日，自朝至午，辄向帐中作伎乐。汝等时时登铜雀台，望吾西陵墓田。余香可分与诸夫人，不命祭。诸舍中无所为，可学作履组卖也。吾历官所得绶，皆著藏中。吾余衣裘，可别为一藏。不能者，兄弟可共分之[11]。

注 释

【1】当归汤，中药药汤，药效是活血镇定。

【2】遵古，遵守古人规定习俗，进行厚葬并服丧三年。

【3】头病，曹操晚年患有头风。帻（zé），头巾。

【4】大服，礼服。

【5】临，吊祭死者。

【6】十五举音，哭十五声。《史记·孝文本纪》："当临者，皆以旦夕各十五举声。"

【7】西门豹，见《西门豹治邺》一文。建安二十三年（218年），曹操《终令》已经选定此地为陵寝。另，据近年来的发掘，曹操陵寝高陵应在今河南省安阳市安阳县，与本文所述并不一致。

【8】铜雀台，位于今河北临漳县，是建安十五年（210年）曹操所筑。

【9】繐（suì）帐，用稀疏的麻布制成的灵幔。

【10】脯（fǔ）糒（bèi），干肉和干粮。

【11】陆机《吊魏武帝文》："'……不能者兄弟可共分之。'既而竟分焉。"

编者注

关于曹操的头风病，早在官渡之战前，就有过发作的记录。后来，随着事务日渐增多，头风病发作也逐渐频繁。于是，他召来了当时已经名震天下的"神医"华佗。

《三国志》记载，华佗对于曹操的头风病，采取针灸疗法，效果显著。但是连华佗也承认，曹操的头风病难以根治，针灸不过是消除疼痛，即使长期治疗，也不过是苟延岁月而已。

不过，曹操显然是对华佗的治疗十分满意的，于是便下令让他做自己的贴身侍医，为自己长期治疗。而且，他认为华佗事实上是能够治好自己的头风病的，所谓"苟延岁月"，不过是借机要挟。可是华佗也许真如曹操所说是借机要挟，也许是不愿只为曹操一人服务，便以妻子有病为名返回家乡。而且，在那个医生地位低下的时代，"兼通数经"的华佗也并不满意自己的境遇，《三国志》中便有他"然本作士人，以医见业，意常自悔"的记载，《后汉书》更是说他因失意而"为人性恶"。

在多重因素的影响下，华佗一直以妻子有病为借口，不回应曹操的征召，而曹操派去的人发现华佗的妻子根本没有生病。在这种情况下，曹操便下令处死华佗。

与朝歌令吴质书

曹丕

曹丕，字子桓，曹操次子，建安二十五年（220年）继承魏王之位，同年逼迫汉献帝禅让，改国号为魏，是为魏文帝。政治上，他采用九品中正制，加强皇权，重视文教；军事上，与吴国多次交战但无功而返。文学上，曹丕是当时的"邺下文人"集团的实际领袖，对建安文学的形成起到了关键作用，诗文赋皆有成就，尤其是五言诗、七言诗，"虑详而力援"（《文心雕龙·才略》），是后世传诵的佳作。他的《典论·论文》是中国最早的文学理论与批评著作，对后世文论具有重要的借鉴意义。王夫之曾针对人们"曹丕不如曹植"的观点为曹丕鸣不平，认为："子桓精思逸韵，以绝人攀跻，故人不乐从，反为所掩。""实则子桓天才骏发，岂子建所能压倒耶？"

题　解

本文写作于建安二十年（215年），当时曹丕在孟津游览之余，想到了他的好友兼心腹吴质，于是作此文寄之，表达自己的思念之情。全文虽然以"物是人非"的伤感为主，但在伤感之余，更多则是温馨怀旧与对友谊的珍惜。曹丕诗文不同于曹操的慷慨，而是流利婉转，但又情真意切。

作为一封抒情体书信，本文没有汉代书信的激愤，单纯是与友人叙旧，对后世的书信散文有很深的影响。

  五月二十八日，丕白。季重无恙[1]。涂路虽局[2]，官守有限[3]，愿言之怀，良不可任[4]。足下所治僻左[5]，书问致简[6]，益用增劳[7]。

  每念昔日南皮[8]之游，诚不可忘。既妙思六经，逍遥百氏[9]，弹棋间设，终以六博[10]，高谈娱心，哀筝[11]顺耳。驰骛[12]北场，旅食[13]南馆，浮甘瓜于清泉，沈朱李于寒水[14]。白日既匿[15]，继以朗月，同乘并载，以游后园。舆轮[16]徐动，参从[17]无声，清风夜起，悲笳[18]微吟，乐往哀来，怆然伤怀，余顾而言，斯乐难常，足下之徒，咸以为然。今果分别，各在一方。元瑜[19]长逝，化为异物[20]，每一念至，何时可言？

  方今蕤宾纪时[21]，景风扇物[22]，天意和暖，众果具繁。时驾而游[23]，北遵[24]河曲，从者鸣笳以启路[25]，文学托乘[26]于后车，节同时异[27]，物是人非，我劳[28]如何！今遣骑到邺，故使枉道[29]相过。行矣自爱[30]，丕白。

  注　释

  【1】季重，吴质的字。吴质，曹丕好友，同时也是他的心腹，曾多次为他出谋划策，稳固了他的继承人地位。后官至振威将军，假节都督河北诸军事，封列侯。当时任朝歌（今河南淇县）令。

  【2】涂，同"途"。局，近。

  【3】官守，官员的职责所在。有限，有一定限制。

  【4】愿言，即"言"，愿是动词词头，无义。任，当。

  【5】所治，指吴质担任县令的朝歌。僻左，偏远。

  【6】书问致简，问候的书信很少。简，少。

  【7】益用增劳，更是增添思念之苦。

  【8】南皮，在今河北省南皮县。

【9】百氏，指诸子百家的学说。

【10】弹棋、六博，都是古代的棋类游戏。

【11】哀筝，指筝奏出的悲哀的音乐。

【12】驰骛，奔驰，指骑马射猎。

【13】旅食，寄人篱下，此处指游乐、食宿。

【14】沈朱李于寒水，将李子浸在冰水里，泛指夏季消暑行为。朱李，李子。

【15】匿，藏，指太阳落山。

【16】舆轮，马车的车轮。

【17】参从，随从，陪同乘车的人。

【18】笳，胡笳，古代西域民族的一种乐器。

【19】元瑜，阮瑀的字。阮瑀，"建安七子"之一，尤擅表章书记，曹操军中檄文多是他和陈琳所作。

【20】异物，指人死后存在的状态，即灵魂。

【21】蕤（ruí）宾，古代的十二律之一；又，古人以十二律与十二月相互对应，蕤宾因此也代指农历五月。蕤宾纪时，即五月。

【22】景风，五月的风。扇物，促使万物生长。

【23】驾而游，驾车出游。

【24】遵，沿着。

【25】启路，在前面开道。

【26】文学，官名，一般由擅长文词和有学问的人担任。托乘，随着一同乘车。

【27】节同时异，季节相同而时间不同。此处指曹丕此次出游与从前出游都是五月，但时间已经过去。

【28】劳，忧愁思念之苦。

【29】枉道，绕道。

【30】行矣自爱，古人书信中常见的祝福语，类似于"保重"之类。

编者注

古往今来，"曹丕迫害曹植"一说似已成为定论，而曹丕、曹植兄弟二人的诗文孰优孰劣的争议更是深受这一观点的影响。对于"曹丕不如曹植"的说法，古往今来已有多位学者表达了反对的意见。而对于曹丕迫害曹植一事，实际上，也存在着诸多疑点。

其一，曹植的党羽其实并未全部诛灭。贾逵、王凌、邯郸淳三人都曾支持曹植，在曹丕继位后平安无事；杨修是被曹操所杀；孔桂、杨俊则是因其他罪行被杀。而最得曹植信任的丁仪、丁廙兄弟，在《三国志》中多有谗言陷害他人的记载，又与曹丕结怨，曹丕为防二人为祸将来故杀之。

其二，对曹植的许多"遏制"措施实际上并非是有意。剥夺诸侯王行政权、兵权是出于维护中央统治的目的，而设置"监国谒者"更是源于曹操时期的校事，是各诸侯国的监察官员。黄初二年（221年），曹植被监国谒者上奏"醉酒悖慢，胁迫使者"，这在当时属于蔑视皇权的重罪，曹丕却仅仅将曹植"贬爵一级"，又延后一月封王。此后，曹植曾多次被人告发，曹丕不仅不治罪，还下令诬告者"以其罪罪之"。事实上，在曹丕在位时，"监国谒者"往往要承受很大的压力，如曹彪谋反一案，除共谋者外，监国谒者也因"知情无辅导"而被杀。因此，监国谒者必须要对曹植的任何可能引发不良影响的行为都予以上奏，以避免被牵连。

典论·论文

曹丕

■ 题 解

《典论》是一部政治文学专著，也是中国最早的文艺理论批评专著，是曹丕做魏王世子时所作，原有二十二篇，但大多在宋代以前亡佚，只存《自叙》《论文》《论方术》三篇。在《论文》这一篇中，作为建安时代最优秀的文学家之一，曹丕在建安文学发展的基础上提出了文学批评的标准，在文学理论上开辟了一个新时代，对后世影响深远。

文中，曹丕提出文学创作是"经国之大业，不朽之盛事"，重视文学创作对社会的影响；提出"文以气为主"的"文气说"，主张文学创作中的"气"要质朴遒劲而有文采；将文学的体裁区分为四科八类，又指出各个体裁是"本同末异"，既有共同规律也有各自的特殊性。他还关注了文学批评的问题，批评了文人相轻和"贵远贱近、向声背实"的现象，要求文学批评要做到公正客观。

在完成《典论》后，曹丕"集诸儒于肃城门内，讲论大义，侃侃无倦"（《三国志·魏志·文帝纪》）、"以素书所著《典论》及诗赋饷孙权，又以纸写一通与张昭"（胡冲《吴历》）。魏明帝时，朝廷又下令"以文帝《典论》刻石立于庙门之外"（《三国志·魏志·明帝纪》）及大学，共有六碑。

文人相轻，自古而然。傅毅[1]之于班固，伯仲之间耳，而固小之，与弟超书曰："武仲以能属文为兰台令史，下笔不能自休[2]。"夫人善于自见，而文非一体，鲜能备善，是以各以所长，相轻所短。里语曰："家有敝帚，享之千金。[3]"斯不自见之患也。

今之文人，鲁国孔融文举，广陵陈琳孔璋[4]，山阳王粲仲宣，北海徐干伟长[5]，陈留阮瑀元瑜[6]，汝南应玚德琏[7]，东平刘桢公干[8]。斯七子者，于学无所遗，于辞无所假[9]，咸以自骋骥騄[10]于千里，仰齐足[11]而并驰。以此相服[12]，亦良难矣。盖君子审己以度人，故能免于斯累[13]而作论文。

王粲长于辞赋，徐干时有齐气[14]，然粲之匹也。如粲之《初征》《登楼》《槐赋》《征思》[15]，干之《玄猿》《漏卮》《圆扇》《橘赋》[16]，虽张、蔡[17]不过也。然于他文，未能称是。琳、瑀之章表书记，今之隽也[18]。应玚和而不壮[19]，刘桢壮而不密[20]。孔融体气高妙[21]，有过人者，然不能持论[22]，理不胜辞，至于杂以嘲戏，及其所善，扬、班[23]俦也。

常人贵远贱近[24]，向声背实[25]，又患闇[26]于自见，谓己为贤。夫文，本同而末异[27]。盖奏议宜雅[28]，书论宜理[29]，铭诔尚实[30]，诗赋欲丽[31]。此四科不同，故能之者偏也；唯通才能备其体。

文以气为主，气之清浊[32]有体，不可力强[33]而致。譬诸音乐，曲度虽均，节奏同检[34]，至于引气不齐，巧拙有素[35]，虽在父兄，不能以移子弟。

盖文章，经国之大业，不朽之盛事。年寿有时而尽，荣乐止乎其身，二者必至之常期，未若文章之无穷。是以古之作者，寄身于翰墨，见意于篇籍，不假良史之辞，不托飞驰[36]之势，而声名自传于后。故西伯幽而演《易》，周旦显而制《礼》[37]，不以隐约[38]而弗务，不以康乐而加思[39]。夫然则古人贱尺璧而重寸阴，惧乎时之过已。而人多不强力[40]，贫贱则慑于饥寒，富贵则流于逸乐，遂营目前之务，而遗千载之功，日月逝于上，体貌衰于下，忽然与万物迁化[41]，斯志士之大痛也！融等已逝，唯干著《论》[42]，成一家言。

注 释

【1】傅毅，字武仲，东汉文学家。

【2】休，止。不能自休，指文章冗长总是写个没完。

【3】此句出自《东观汉记》。享，相当。

【4】陈琳，字孔璋。曾为袁绍主簿，为袁绍写讨伐曹操的檄文，后归附曹操，各类书信檄文多出自他之手。

【5】徐干，字伟长。

【6】阮瑀，字元瑜。与陈琳一同负责曹操的各类书信檄文。

【7】应玚，字德琏。

【8】刘桢，字公干，曹丕称"其五言诗之善者，妙绝时人"。

【9】假，此处指因袭。无所假，形容文字有其艺术独创性。

【10】骐骥，良马。

【11】仰，凭借。齐足，足力相等。

【12】相服，互相佩服。

【13】斯累，指文人相轻、无自知之明的弊病。

【14】《文选》李善注："言齐俗文体舒缓，而徐干亦有斯累。"

【15】这四篇赋中，《征思赋》已佚。

【16】这四篇赋中，《玄猿赋》《漏卮赋》《橘赋》已佚，《圆扇赋》尚存。

【17】张、蔡，张衡、蔡邕，皆东汉文学家。

【18】章表，是臣属上奏君主的文章。书记，指一般公文和应用文。隽，通"俊"，才华出众。

【19】和而不壮，平和而不雄壮。

【20】壮而不密，雄壮而不精细缜密。

【21】体气高妙，才性气质很高、很美。

【22】不能持论，不善于议论。

【23】扬、班，指扬雄、班固，都是"汉赋四大家"。

【24】贵远贱近，厚古薄今。

【25】向声背实，崇尚虚名，不重实际。

【26】闇，不明。

【27】本同而末异，指文章根本上有共通之处，但也有各自的共通性。

【28】奏议宜雅，奏议应当典雅。

【29】书论宜理，书论应当说理明白。

【30】铭诔尚实，铭诔崇尚真实。

【31】诗赋欲丽，诗歌和辞赋要求文采华丽。

【32】清，指作者豪迈阳刚之气。浊，指沉郁的阴柔之气。

【33】力强，勉强。

【34】曲度，曲调。均，同。检，法度。

【35】引气不齐，巧拙有素，行腔运气不一样，由于素质不同，仍然有巧拙之分。

【36】飞驰，指飞黄腾达。

【37】《史记·周本纪》记载，周公平定管叔、蔡叔等叛乱后，"兴正礼乐，制度于是改。"

【38】隐约，指穷困。

【39】加思，变更心思。

【40】强力，努力。

【41】迁化，迁移变化。

【42】论，指徐干所著《中论》。

洛神赋

曹植

> 曹植，字子建，曹操之子，因受封陈王，谥号"思"而被后人称为"陈王"或"陈思王"。才华横溢，颇为曹操器重，一度欲立为太子；但在曹丕继位称帝后，曹植便不断受到打压，即使魏明帝曹叡也对他多有猜忌而不能任用，最终郁郁而终。
>
> 曹植被称为是"才高八斗"（谢灵运语），他的诗歌文章语言精练而辞藻华美，前期多表达想要建功立业的政治抱负，后期则充满着受到压迫而感到激愤的情绪。后人对他的文才予以极高评价，认为他是当时最富有才华之人，李白评价："曹植为建安之雄才，惟堪捧驾。天下豪俊，翕然趋风，白之不敏，窃慕高论。"

题 解

本文创作于黄初三年（222 年）。当时，曹丕已经称帝，不断对曾经与他争夺继承人之位的曹植进行打压，不仅杀了他的好友，还将他改封为鄄城王。在返回封地的途中，心情苦闷的曹植路过洛水，便将自己的苦闷思绪寄托于文字之中，仿效宋玉《神女赋》《高唐赋》的描写方式，创作出《洛神赋》这篇千古名篇。

在本文中，曹植虚构了一位美丽绝伦的洛水神女，二人彼此倾慕，却又苦于人神殊途而不能结合，最终只能怀着深深的哀怨而离去。本文想象丰富，辞藻华丽，描写传神，既有屈原《九歌》浓厚的抒情，又有宋玉《神女赋》等对女性美的曼妙刻画。

本文所描写的凄美故事、塑造的神女形象都极为后人所推崇，王羲之、顾恺之都曾根据本文进行过精彩的艺术创作，从本文衍生的诗文作品更是不可胜数。

另，本文原名《感鄄赋》，亦作《感甄赋》，因此有人认为本文所描写的洛水女神，实际是魏文帝皇后甄氏。但也有多位学者认为"鄄""甄"相通，将女神认为是甄氏实际是牵强附会。

黄初三年[1]，余朝京师[2]，还济洛川[3]。古人有言，斯水之神，名曰宓妃[4]。感宋玉对楚王神女之事[5]，遂作斯赋。其词曰：

余从京域[6]，言归东藩[7]。背伊阙[8]，越轘辕[9]，经通谷[10]，陵景山[11]。日既西倾，车殆马烦[12]。尔乃税驾乎蘅皋[13]，秣驷乎芝田[14]，容与乎阳林[15]，流眄[16]乎洛川。于是精移神骇[17]，忽焉思散。俯则未察，仰以[18]殊观，睹一丽人，于岩之畔。乃援[19]御者而告之曰："尔有觌[20]于彼者乎？彼何人斯？若此之艳也！"御者对曰："臣闻河洛之神，名曰宓妃。然则君王之所见，无乃是乎？其状若何？臣愿闻之。"

余告之曰：其形也，翩若惊鸿，婉若游龙[21]。荣曜秋菊，华茂春松[22]。仿佛兮若轻云之蔽月，飘摇兮若流风之回雪[23]。远而望之，皎若太阳升朝霞[24]；迫[25]而察之，灼若芙蕖出渌[26]波。秾纤得衷，修短[27]合度。肩若削成，腰如约素[28]。延颈秀项，皓质呈露[29]。芳泽无加，铅华弗御[30]。云髻峨峨[31]，修眉联娟[32]。丹唇外朗[33]，皓齿内鲜[34]，明眸善睐[35]，靥辅承权[36]。瓌[37]姿艳逸，仪静体闲[38]。柔情绰[39]态，媚于语言[40]。奇服旷世[41]，骨像应图[42]。披罗衣之璀粲[43]兮，珥瑶碧之华琚[44]。戴金翠之首饰，缀明珠以耀躯。践远游之文履[45]，曳雾绡之轻裾[46]。微幽兰之芳蔼兮[47]，步踟蹰于山隅[48]。

于是忽焉纵体^[49]，以遨以嬉^[50]。左倚采旄^[51]，右荫桂旗^[52]。攘皓腕于神浒兮^[53]，采湍濑之玄芝^[54]。余情悦其淑美兮，心振荡而不怡^[55]。无良媒以接欢兮，托微波而通辞^[56]。愿诚素^[57]之先达兮，解玉佩以要^[58]之。嗟佳人之信修^[59]兮，羌习礼而明诗^[60]。抗琼珶^[61]以和予兮，指潜渊^[62]而为期。执眷眷之款实^[63]兮，惧斯灵之我欺^[64]。感交甫之弃言兮^[65]，怅犹豫而狐疑^[66]。收和颜而静志^[67]兮，申礼防以自持^[68]。

于是洛灵感焉，徙倚^[69]彷徨，神光离合^[70]，乍阴乍阳^[71]。竦轻躯以鹤立^[72]，若将飞而未翔。践椒途之郁烈^[73]，步蘅薄^[74]而流芳。超长吟以永慕兮^[75]，声哀厉而弥长。

尔乃众灵杂遝^[76]，命俦啸侣^[77]，或戏清流，或翔神渚^[78]，或采明珠，或拾翠羽^[79]。从南湘之二妃^[80]，携汉滨之游女^[81]。叹匏瓜之无匹兮^[82]，咏牵牛之独处^[83]。扬轻袿之猗靡兮^[84]，翳修袖以延伫^[85]。体迅飞凫^[86]，飘忽若神，凌波微步^[87]，罗袜生尘。动无常则^[88]，若危若安。进止难期^[89]，若往若还。转眄流精^[90]，光润玉颜。含辞^[91]未吐，气若幽兰。华容婀娜^[92]，令我忘餐。

于是屏翳^[93]收风，川后^[94]静波。冯夷^[95]鸣鼓，女娲^[96]清歌。腾文鱼以警乘^[97]，鸣玉鸾以偕逝^[98]。六龙俨其齐首^[99]，载云车之容裔^[100]，鲸鲵踊而夹毂^[101]，水禽翔而为卫^[102]。于是越北沚^[103]。过南冈，纡素领，回清阳^[104]，动朱唇以徐言，陈交接之大纲^[105]。恨人神之道殊兮，怨盛年之莫当^[106]。抗罗袂^[107]以掩涕兮，泪流襟之浪浪^[108]。悼良会之永绝兮，哀一逝而异乡。无微情以效爱^[109]兮，献江南之明珰^[110]。虽潜处于太阴^[111]，长寄心于君王。忽不悟其所舍^[112]，怅神宵而蔽光^[113]。

于是背下陵高^[114]，足往神留，遗情^[115]想像，顾望怀愁。冀灵体之复形^[116]，御轻舟而上溯。浮长川^[117]而忘返，思绵绵^[118]而

增慕。夜耿耿[119]而不寐，沾繁霜而至曙[120]。命仆夫而就驾，吾将归乎东路[121]。揽騑辔以抗策[122]，怅盘桓[123]而不能去。

注 释

【1】黄初，魏文帝曹丕年号。黄初三年，公元222年。

【2】京师，指魏都洛阳。

【3】洛川，即今洛水。

【4】宓（fú）妃，一作雒（luò）嫔，洛水的女神。相传为伏羲之女，渡过洛水时溺死而成为洛水女神。

【5】此处指宋玉所作《高唐赋》《神女赋》。

【6】京域，京都地区，指洛阳。

【7】言，助词，无义。东藩，东方藩国，指曹植的封地。本文创作时，曹植刚被封为鄄（juàn）城（即今山东鄄城县）王，在洛阳东面。

【8】伊阙，今河南省洛阳市南的龙门，两山之间伊水中流，如天然门阙，故名伊阙。

【9】轘（huán）辕，轘辕山，在今河南偃师县。

【10】通谷，山谷名。在洛阳城南。

【11】陵，登。景山，山名，在今河南偃师县。

【12】殆，通"怠"，懈怠。一说指危险。烦，疲乏。

【13】尔乃，表承接，于是就。税，舍，置。驾，马车。蘅（héng），杜蘅，香草名。皋，岸。

【14】秣驷，喂马。驷，由四匹马拉的车，此泛指驾车之马。芝田，种着芝草的田地，此处指野草繁茂之地。一说为地名，今河南巩县西南的芝田镇。

【15】容与，悠然安闲貌。阳林，地名。

【16】眄，斜视。流眄，四处观望。一作"流盼"，目光流转顾盼。

【17】骇，散。精移神骇，神情恍惚。

【18】以，而。

【19】援，拉。

【20】觌（dí），看见。

【21】翩，鸟疾飞的样子，此处指飘忽摇曳的样子。惊鸿，惊飞的鸿雁。婉，蜿蜒曲折。此句描写洛神的体态。

【22】荣，丰盛。曜，日光照耀。华茂，华美茂盛。这两句描写洛神的容光。

【23】仿佛，若隐若现。飘飖，飞翔的样子。回，回旋，旋转。这两句描写洛神的体态行动。

【24】皎，洁白。太阳升朝霞，太阳升起于朝霞之中。

【25】迫，靠近。

【26】灼，鲜明，鲜艳。芙蕖（qú），即荷花。渌（lù），形容水清。

【27】秾（nóng），花木繁盛，这里形容人体丰腴。纤，细小，指人体苗条。修短，人的高矮。

【28】削成，刻削而成，形容两肩瘦削下垂的样子。约，束缚。素，白绢。

【29】延、秀，均指长。颈、项，分指脖子前后。皓，白。呈露，显现，外露。

【30】泽，润肤的油脂。铅华，粉。古代烧铅成粉，故称铅华。御，用。此处写洛神不施脂粉。

【31】云髻，发髻如云。峨峨，高耸的样子。

【32】联娟，微微弯曲。

【33】朗，明亮，明润。

【34】鲜，光洁。

【35】睐（lài），顾盼。

【36】靥（yè），酒窝。辅，面颊。权，颧骨。承权，颧骨以下。

【37】瑰（guī），同"瑰"，奇妙。

【38】仪，仪态。闲，通"娴"，娴雅。

【39】绰，绰约，美好。

【40】媚于语言，言语媚人。

【41】奇服，华美绮丽的服饰。旷世，举世所无。

【42】骨像，骨格形貌。应图，与图画中相符。

【43】璀粲，鲜明的样子。一说为衣动的声音。

【44】珥，珠玉耳饰。此用作动词，佩戴耳饰。瑶、碧，均为美玉。华

琚（jū），刻有花纹的佩玉。

【45】践，踏、穿。远游，远游鞋。文履，饰有花纹图案的鞋。

【46】曳，拖。雾绡，轻薄如雾的绡。绡，生丝。裾，裙边。

【47】微，隐约有香气。芳蔼，香气。

【48】踟蹰，徘徊辗转。隅，角。

【49】纵体，形容身体轻举。

【50】遨、嬉，都是游的意思。

【51】采旄（máo），彩旗。采，同"彩"。旄，旗帜边用牦牛尾做成的装饰物，此处指旗。

【52】桂旗，以桂枝做旗竿的旗。

【53】攘，指挽起衣袖。湄，水边的土地。神湄，洛神所游的水边土地。

【54】湍濑，石上急流。玄芝，黑色芝草，相传为神草。

【55】振荡，心中动荡不安。怡，悦。意为担心不被接受心中动荡不安。

【56】这两句指没有合适的媒人通接欢情，只能借微波传递话语。微波，一说指目光。

【57】素，同"愫"，情愫。

【58】要，同"邀"，约请。

【59】信，确实。修，美好。

【60】羌，发语词，无义。习礼明诗，有文化教养。

【61】抗，举起。琼珶（dì），美玉。

【62】潜川，深渊，一说指洛神所居的洛水。

【63】眷眷，眷恋不舍。款实，诚实。

【64】斯灵，指洛神。我欺，欺骗我。

【65】汉刘向《列仙传》："江妃二女者，不知何所人也，出游于江汉之湄，逢郑交甫。见而悦之，不知其神人也，谓其仆曰：'我欲下请其佩。'……（二女）遂手解佩，与交甫。交甫悦，受而怀之中当心。趋去数十步视佩，空怀无佩。顾二女，忽然不见。"后以"郑交甫"借指情郎。

【66】犹豫、狐疑，均指疑虑不定。

【67】静志，镇定情志。

【68】申，施展。礼防，礼法。自持，自我约束。

【69】徙倚，徘徊。

【70】神光，洛神的身影。离合，若隐若现。

【71】阴，暗。阳，明。指隐现之间忽明忽暗。

【72】竦（sǒng），耸立。鹤立，形容身躯轻盈飘举，如鹤之立。

【73】椒途，涂有椒泥的道路，一说指长满香椒的道路。椒，花椒，香气浓郁，古人（特别是后宫妃嫔）用椒泥涂抹墙壁，一是起到保温作用，二是取花椒树果实累累作为子孙繁盛的象征。郁烈，浓烈。

【74】薄，丛生。蘅薄，杜蘅丛生之处。

【75】超，惆怅。永慕，长久思慕。

【76】众灵，众仙。杂遝（tà），众多、纷乱的样子。

【77】俦，伙伴、朋友。命俦啸侣，招呼同伴。

【78】渚（zhǔ），水中高地。

【79】翠羽，翠鸟的羽毛，古人常用做装饰。

【80】南湘之二妃，指娥皇和女英。《列女传》记载，尧以长女娥皇和次女女英嫁舜，后舜南巡，死于苍梧，娥皇女英便自投湘水而死，为湘水之神。

【81】汉滨之游女，汉水之女神，即前注郑交甫所遇的女神。

【82】匏瓜，星名，又名天鸡，在河鼓星东，不与其他星相接，因此称"无匹"。

【83】牵牛，星名，又名天鼓，神话中与织女星为夫妇，各自处于天河两旁，每年七月七日才得一会。

【84】袿（guī），妇女的上衣。猗靡，随风飘动的样子。

【85】翳（yì），遮蔽。延伫，久立。

【86】凫，野鸭。体迅飞凫，形容往来比飞翔的凫更加迅捷。

【87】凌波微步，指在水波上小步行走。

【88】常则，固定规则。

【89】难期，难以预料。

【90】转眄流精，转眼顾盼之间流露出奕奕神采。

【91】辞，言语。

【92】婀娜，轻盈柔美的样子。

【93】屏翳，说法不一，一说是掌管云的神，一说掌管雨，一说掌管雷。

此处为风神。

【94】川后，河神。

【95】冯（píng）夷，黄河河伯，一说泛指天下河川之神。另据考证，屈原《九歌·河伯》写的是冯夷与宓妃相恋之事。

【96】女娲，中国古代传说中的人类始祖，相传笙簧是她所作。

【97】腾，升。文鱼，神话中一种能飞的鱼。警乘，警卫车乘。

【98】玉鸾，车上的铃，鸾鸟形状，用玉制成。偕逝，俱往。

【99】六龙，传说中神明出行多驾六龙马车。俨，庄严的样子。齐首，六龙齐头并进。

【100】云车，相传神以云为车。容裔，忽高忽低的样子。

【101】鲸鲵（ní），即鲸鱼。雄者称鲸，雌者称鲵。踊，跳跃。毂（gǔ），车轮中用以贯轴的圆木，这里指车。

【102】为卫，为护卫。

【103】沚，即"渚"，水中小洲。

【104】纡，回。素领，白皙的颈项。清阳，即"清扬"，形容女性清秀的眉目。《诗·郑风·野有蔓草》："有美一人，清扬婉兮。"

【105】此句是指，陈述结交往来的纲要。

【106】此句意为，只恨在此盛年，不能与君相配。

【107】袂，衣袖。

【108】浪浪，水流动的样子。

【109】效爱，表达爱慕之情。

【110】珰，耳珰。

【111】太阴，众神所居之处，因极为幽远，故称太阴。

【112】不悟，不见，未察觉。舍，止。此句是说，忽然不知道她去了什么地方。

【113】宵，暗。一说，通"消"。蔽光，光彩隐去。

【114】背下陵高，背离低地，登上高处。

【115】遗情，留情，情思留连。

【116】此句是说，希望洛神能再次出现。

【117】长川，指洛水。

【118】绵绵，漫长不绝的样子。

【119】耿耿，心神不安的样子。

【120】沾，沾湿。至曙，直到天明。

【121】东路，去往东藩之路。

【122】騑（fēi），车旁之马。古代驾车称辕外之马为騑或骖，此泛指驾车之马。抗策，举起马鞭。

【123】盘桓，徘徊不能前进的样子。

求自试表

曹植

题　解

自从曹丕称帝后，曹植就长期受到压制，他建功立业的抱负也难以实现。曹丕去世后，其子魏明帝曹叡继位，一度有启用曹植的打算，曹植也多次上表请求任用。这篇《求自试表》就是其中的一篇。本文中，曹植多用排比典故，颂扬忠臣之志，言辞恳切，满怀为国效力的热情。

但是，正在魏明帝准备起用曹植之时，却有人对魏明帝说曹植"恐难为臣"，听信此言的魏明帝便将曹植弃之不用。魏明帝太和六年（232年），曹植第三次被改迁封地，当年便郁郁而终，时年四十一岁。

臣植言：臣闻士之生世，入则事父，出则事君；事父尚于荣亲，事君贵于兴国。故慈父不能爱无益之子，仁君不能畜[1]无用之臣。夫论德而授官者，成功之君也；量能而受爵者，毕命[2]之臣也。故君无虚授，臣无虚受。虚授谓之谬举，虚受谓之尸禄[3]，《诗》之素餐[4]，所由作也。昔二虢[5]不辞两国之任，其德厚也；旦、奭[6]不让燕、鲁之封，其功大也。今臣蒙国重恩，三世[7]于今矣。正值陛下升平之际，沐浴圣泽，潜润[8]德教，可谓厚幸矣！而位窃东藩[9]，爵在上列，身被轻暖，口厌[10]百味，目极华靡，耳倦丝竹[11]者，爵重禄厚之所致也。退念古之受爵禄者，有异于此，皆以功勤济国，辅主惠民。今臣无德可述，无功可纪，若此终年，无益国朝，将挂风人彼己[12]之讥。是以上惭玄冕，俯愧朱绂[13]。

方今天下一统，九州晏如[14]。顾西尚有违命之蜀，东有不臣之吴，使边境未得税甲[15]、谋士未得高枕者，诚欲混同宇内，以致太和[16]也。故启灭有扈[17]而夏功昭，成克商、奄[18]而周德著。今陛下以圣明统世，将欲卒文、武[19]之功，继成、康[20]之隆，简[21]良授能，以方叔、召虎[22]之臣，镇卫四境，为国爪牙者，可谓当矣。然而高鸟未挂于轻缴，渊鱼未悬于钩饵者[23]，恐钓射之术或未尽也。昔耿弇不俟光武，亟击张步，言不以贼遗于君父也[24]。故车右伏剑于鸣毂，雍门刎首于齐境[25]，若此二子，岂恶生而尚死哉？诚忿其慢主而凌君[26]也。夫君之宠臣，欲以除患兴利；臣之事君，必以杀身静[27]乱，以功报主也。昔贾谊弱冠，求试属国，请系单于之颈而制其命[28]。终军以妙年使越，欲得长缨占[29]其王，羁致北阙。此二臣者，岂好为夸主而曜[30]世俗哉！志或郁结，欲逞其才力，输能[31]于明君也。昔汉武为霍去病治第，辞曰："匈奴未灭，臣无以家为。"[32]固夫忧国忘家，捐躯济难，忠臣之志也。

今臣居外，非不厚[33]也，而寝不安席，食不遑[34]味者，伏以二方[35]未克为念。伏见先武武臣宿兵[36]，年耆即世[37]者有闻矣。虽贤不乏世[38]，宿将旧卒犹习战也。窃不自量，志在效命[39]，庶立毛发之功，以报所受之恩。若使陛下出不世[40]之诏，效臣锥刀[41]之用，使得西属大将军[42]，当一校之队[43]；若东属大司马[44]，统偏师之任，必乘危蹈险，骋舟奋骊[45]，突刃触锋，为士卒先。虽未能擒权馘亮[46]，庶将虏其雄率，歼其丑类[47]。必效须臾[48]之捷，以减终身之愧，使名挂史笔，事列朝荣[49]。虽身分[50]蜀境，首悬吴阙[51]，犹生之年[52]也。如微才弗试，没世无闻，徒荣其躯而丰其体，生无益于事，死无损于数[53]，虚荷上位而忝重禄[54]，禽息鸟视[55]，终于白首，此徒圈牢之养物[56]，非臣之所志也。

流闻东军失备，师徒小衄[57]，辍食忘餐，奋袂攘衽[58]，抚剑东顾，而心已驰于吴会[59]矣。臣昔从先武皇帝南极赤岸[60]，东临沧海[61]，西望玉门[62]，北出玄塞[63]，伏见所以行军用兵之势，可谓神妙矣。故兵者不可豫[64]言，临难而制变[65]者也。志欲自效于明时，立功于圣世。每览史籍，观古忠臣义士，出一朝之命，以殉国家之难[66]，身虽屠裂，而功铭著于景钟[67]，名称垂于竹帛[68]，未尝不拊心而叹息也。

臣闻明主使臣，不废有罪。故奔北败军之将用，秦、鲁以成其功[69]；绝缨盗马之臣赦，楚、赵[70]以济其难。臣窃感先帝早崩，威王[71]弃世，臣独何人，以堪长久！常恐先朝露[72]，填沟壑[73]，坟土未干，而声名并灭。臣闻骐骥长鸣，伯乐昭其能[74]；卢狗悲号，韩国[75]知其才。是以效之齐、楚之路[76]，以逞千里之任；试之狡兔之捷，以验搏噬之用[77]。今臣志狗马之微功，窃自惟度[78]，终无伯乐韩国之举，是以於悒[79]而窃自痛者也。夫临博而企竦[80]，闻乐而窃抃[81]者，或有赏音而识道也。昔毛遂赵之陪隶，犹假锥囊之喻，以寤[82]主立功，何况巍巍[83]大魏多士之朝，而无慷慨死难之臣乎！

夫自炫自媒[84]者，士女之丑行也；干时[85]求进者，道家之明忌也。而臣敢陈闻于陛下者，诚与国分形同气[86]，忧患共之者也。冀以尘雾之微补益山海；荧[87]烛末光增辉日月。是以敢冒其丑而献其忠，必知为朝士所笑。圣主不以人废言，伏惟陛下少垂神听，臣则幸矣。

注 释

【1】畜，畜养。

【2】毕命，尽命，即献出生命。

【3】尸禄，形容只受俸禄却不做事。尸，指古代祭祀时坐在正中扮演受祭祀者的神主，只需接受祭品不需做任何事情。

【4】《诗·魏风·伐檀》："彼君子兮，不素餐兮！"素，空。素餐，指无功受禄。

【5】二虢，及虢叔、虢仲。详见《宫之奇谏假道》注。

【6】旦，周公旦。奭（shì），召公奭。二者都是周文王之子，周初大臣，有大功。周公封于鲁，召公封于燕。

【7】三世，指武帝曹操、文帝曹丕、明帝曹叡三代。

【8】潜润，浸润。

【9】位窃东藩，指被封为东方藩国之王。

【10】厌，饱足。

【11】丝竹，指管弦乐，泛指音乐。

【12】风人，诗人。《诗》中各国歌谣称为"风"，于是也称诗人为风人。彼己，即"彼其"。《诗·曹风·候人》："彼其之子，不称其服。"意思是说，那人的德行与他的尊贵衣服不相称。

【13】冕，王者的礼冠。绂（fú），绶，系印鉴的带子。

【14】晏如，安然。

【15】税甲，卸甲。

【16】太和，太平和顺。

【17】启，大禹之子。有扈，夏朝初年的诸侯。此处指启继承禹为天子，有扈认为应按照古代禅让制推举贤人，启于是率军消灭有扈，天下服从。这也是继承制代替禅让制的标志。

【18】成，周成王。商，指商纣王之子武庚及部分商朝遗民。周武王灭商后，封其弟管叔鲜、蔡叔度于管、蔡以监视武庚，结果二人因疑心摄政的周公而联合武庚叛乱，周公便将其讨灭。奄，周初诸侯国名，随武庚反叛，被周公所灭。

【19】卒，完成。文、武，周文王、周武王。

【20】成，周成王。康，周康王姬钊，周成王之子。这两任君王继承文、武事业，使周朝基业稳固。

【21】简，选择。

【22】方叔、召虎，周宣王的臣子。方叔曾率兵车三千辆进攻楚国，迫使楚国臣服；召虎曾率军战胜淮夷，奉命经营谢邑。

【23】高鸟，高飞的鸟。缴（zhuó），系在箭后面的丝线，用以收回箭支。渊鱼，深渊中的鱼。钩，钓钩。这两句形容吴、蜀尚未平定。

【24】耿弇（yǎn），东汉名将，辅佐光武帝刘秀建立东汉王朝，封建威大将军、好畤侯，位列云台二十八将第四位。光武，汉光武帝刘秀。亟，急。此处指耿弇进攻张步，张步兵多，刘秀便率军营救。陈俊对他说："剧虏兵盛，可且闭营休士，以须上来。"耿弇则回答："乘舆且到，臣子当击牛醴酒以待百官，反欲以贼虏遗君父邪？"于是率军出击，从早到晚，大破张步。详见《后汉书·耿弇列传》。

【25】车右，坐在君王战车边的卫士。《说苑·立节》记载，齐王出猎，车左毂忽然发出响声，车右认为这声音惊动齐王，是保卫者的失职，于是自刎。后来越国进攻齐国，军队未至，齐雍门子狄说："今越甲至，其鸣吾君也，岂左毂之下哉？车右可以死左毂，而臣独不可以死越甲也？"于是自杀。越人听闻齐国有这样的烈士，不敢进攻便率军撤退。

【26】慢，怠慢、轻侮。慢主，指前面所说鸣毂之事。凌，侵犯。凌君，指前面所说越甲之事。

【27】静，武英殿本《三国志》作"靖"，平息。

【28】此处指贾谊《治安策》："陛下何不试以臣为属国之官以主匈奴？行臣之计，请必系单于之颈而制其命，伏中行说而笞其背，举匈奴之众唯上之令。"弱冠，古代男子二十岁成年，行冠礼，因身体未壮，故称为弱冠。

【29】终军，汉武帝时人，年仅十八岁便受到汉武帝赏识，上书汉武帝说："愿受长缨，必羁南越王而致之阙下。"后出使南越国，说服南越王归降汉朝。但南越国相吕嘉不愿南越王投降，于是杀死南越王和终军等汉朝使节。占，宋绍熙刊本《三国志》作"缨"，作动词，系。

【30】夸主，在君主面前夸耀自己。曜，炫耀。

【31】输能，贡献才能。

【32】霍去病，汉武帝时名将，二十二岁便官至大司马、骠骑将军，大将军卫青的外甥。曾率军深入匈奴腹地，歼灭数万匈奴部队，俘获多名匈奴王侯高官，缴获匈奴祭天金人，被封为冠军侯（取勇冠全军之意）。此处所指之事，见《史记·卫将军骠骑列传》："天子为治第，令骠骑视之，对曰：'匈奴未灭，无以家为也。'"

【33】居外，身居藩国之中。厚，待遇优厚。

【34】遑，空暇。食不遑味，吃饭时无暇分辨味道。

【35】二方，指吴蜀两国。

【36】宿兵，老兵。

【37】耆（qí），七十岁（一说六十岁）称耆。即世，去世。

【38】贤不乏世，贤才不乏于世。

【39】效命，贡献生命。

【40】不世，非比寻常。

【41】锥刀，锥刀之末，比喻微小。

【42】大将军，指魏国宗室曹真，当时任大将军，应对诸葛亮的北伐。

【43】校，军队编制，五百人为一校。此处是作者自谦，表示不敢当大任。

【44】若，此处即"或"。大司马，指魏国宗室曹休，当时任大司马，率军驻在今安徽一带进攻吴国。

【45】骊，黑色马。

【46】权，吴国大帝孙权。馘，斩杀敌人并将耳朵割下。古代以杀敌数量论功，为方便计算便将敌人耳朵割下作为代表物。亮，蜀国丞相诸葛亮。

【47】虏，俘获。率，通"帅"。丑类，指士卒。

【48】须臾，片刻。

【49】朝荣，宋绍熙刊本《三国志》作"朝策"，朝廷的书策。

【50】身分，身体分裂，指战死。

【51】吴阙，吴国宫廷。

【52】犹生之年，虽死犹生。

【53】数，国家运数。

【54】荷，承受。忝，辱，表示自谦。忝重禄，指食此厚禄感到惭愧。

【55】禽息鸟视，指像禽鸟一样生长视听，比喻苟活于世。

【56】圈牢之养物，指牲畜。

【57】流闻，传闻。东军，指大司马曹休率领伐吴的军队。衄（nǜ），挫折、败北。此处指曹休率军与吴将陆逊战于石亭，结果中了诈降诱敌之计大败。

【58】奋袂，举起袖子。攘衽，扯开衣襟。这里形容激动奋起。

【59】吴会，吴郡与会稽郡，辖地包括今江苏、浙江两省，当时属于吴国。

【60】先武皇帝，魏武帝曹操。赤岸，即赤壁，在今湖北省赤壁市。

【61】沧海，东海。

【62】玉门，玉门关。

【63】玄塞，长城。古人以黑色代表北方，因此称北方边塞为玄塞。

【64】豫，通"预"，预先。

【65】临难而制变，面临危险而随机应变。

【66】殉国家之难，为国牺牲。

【67】景钟，指晋景公钟。春秋时，晋将魏颗打退秦军，晋景公将他的功劳刻在景钟上。

【68】竹帛，史书。

【69】此处所指包括两事。一是秦穆公时，派孟明视、西乞术、白乙丙三人出征，结果两次战败。但秦穆公仍然信任他们，派他们第三次出征，使晋军不敢出城迎战，于是到殽安葬祭拜战死的秦军后回国。二是曹沫在柯之盟上劫持齐桓公迫使其归还侵占的鲁国土地一事。

【70】绝缨，《韩诗外传》记载，楚庄王与群臣夜宴，蜡烛熄灭，有人暗中拉了楚庄王后的衣服，王后则拉断了他帽子上的缨，并告诉庄王。庄王却令群臣皆绝缨，然后才点燃蜡烛。三年后，楚晋交战，拉王后衣者奋力作战，回报楚庄王。盗马，《韩诗外传》记载，秦穆公所乘的马走失，被野人所食，秦穆公不仅不怪罪还赐给他们酒喝。第二年，秦晋交战，秦穆公战车被包围，此时曾食马的野人三百人忽然杀出，为秦穆公解围。赵，疑为"秦"之误。

【71】先帝，曹植兄长魏文帝曹丕。威王，曹植兄长任城威王曹彰。

【72】朝露，早上的露水，太阳升起后便干涸，比喻自己将不久于人世。

【73】填沟壑，指死后被埋葬。

【74】《战国策·楚策四》："夫骥之齿至矣，服盐车而上太行。伯乐遭之，

下车攀而哭之，解紵衣以幂之。骥于是俯而喷，仰而鸣，声达于天，若出金石之声者，何也？彼见伯乐之知己也。"

【75】卢狗，即韩卢，古代韩国黑色壮犬，曾逐狡兔而绕山三次，腾跃过五座山。韩国、齐国人，善于相狗，有狗号鸣，就知道是善狗。

【76】齐、楚之路，指远路。

【77】此句是说，让它追逐狡兔，以考验搏噬的能力。

【78】惟度，思量。

【79】於（wū）悒，抑郁。

【80】博，下棋一类的游戏。企，踮起脚。竦，立。

【81】抃（biàn），打拍子。

【82】《史记·平原君毛遂列传》记载，秦国包围赵国都城邯郸，平原君奉命去楚国求救，毛遂请求同去。平原君说："夫贤士之处世也，譬若锥之处囊中，其末立见。今先生处胜之门下三年于此矣，左右未有所称诵，胜未有所闻，是先生无所有也。先生不能，先生留。"毛遂说："臣乃今日请处囊中耳。使遂蚤得处囊中，乃颖脱而出，非特其末见而已。"到了楚国后，平原君凭借毛遂的胆识和辩才，成功说服楚王派兵。陪隶，家臣。假，借。寤，通"悟"。

【83】巍巍，盛大。

【84】自炫，自我炫耀才能。自媒，女子自我做媒。

【85】干时，迎合当时风气。道家崇尚清静无为，所以反对干时求进。

【86】分形同气，指与魏明帝为骨肉之亲。

【87】荧，小火苗。

昭烈皇帝遗诏

刘备

刘备，字玄德，涿郡涿县（今河北省涿州市）人，三国时期蜀汉开国皇帝，谥号昭烈皇帝，《三国志》等史书均称"先主"。

汉朝宗室。

刘备早年以织草席、贩卖草鞋谋生；黄巾起义时，他联合关羽、张飞共同起兵讨伐起义军，因功累官至平原相，又受徐州牧陶谦托付而管理徐州。在与曹操共同消灭吕布后，他与董承等人密谋反曹失败，便逃往荆州牧刘表处。刘表死，其子刘琮投降曹操，刘备又联合孙权在赤壁击败南征的曹操大军。

此后，刘备开始发展自己的势力，先后占据荆州部分地区和益州，并自立为汉中王。但是，由于荆州遭到东吴偷袭，关羽战死，愤怒的刘备便在称帝后率军进攻东吴。结果，蜀军在夷陵大败而归，刘备也在第二年病逝。

刘备以谦恭、宽厚、仁德著名，颇受属下爱戴。而他与诸葛亮之间的信任关系，更被视为君臣关系的典范。后世也多称赞刘备善于用人的一面。

题 解

本文见于《三国志·蜀书·先主传》裴松之注引《诸葛亮集》。蜀汉章武二年（222年），蜀军在夷陵大败，刘备率败军逃往白帝城，到永安时便一病不起。次年，刘备病势加重，便写下了这封遗诏。诏书中，刘备对继承人刘禅进行了最后一次叮嘱，告诫他应该努力学习，并重视品德方面的修养。本文中"勿以恶小而为之，勿以善小而不为。惟贤惟德，能服于人"一句被后世奉为传世经典。

朕初疾但下痢耳，后转杂他病，殆不自济。人五十不称天，年已六十有余，何所复恨，不复自伤，但以卿兄弟为念。射君 [1] 到，说丞相 [2] 叹卿智量，甚大增修，过于所望，审能如此，吾复何忧！勉之，勉之！勿以恶小而为之，勿以善小而不为。惟贤惟德，能服于人。汝父德薄，勿效之。可读汉书、礼记，间暇历观诸子及六韬、商君书，益人意智。闻丞相为写申、韩、管子、六韬一通已毕，未送，道亡，可自更求闻达。

注 释

【1】射君，所指不详，可能是蜀汉名臣射援。

【2】丞相，指诸葛亮。另，刘备在死前曾对诸葛亮说：若刘禅可以辅佐便辅佐，若不能辅佐诸葛亮便可自立。诸葛亮立刻表示当竭尽全力辅佐刘禅。后来，刘备又嘱咐刘禅，对待诸葛亮要"事之如父"。

前出师表

诸葛亮

诸葛亮，三国时期政治家，徐州琅琊阳都（今山东省沂南县）人，任蜀汉丞相，封为武乡侯，后人称武侯、诸葛武侯。早年躬耕于南阳郡，刘备三次拜访后他才答应出山，为刘备定下基本战略《隆中对》，并多次为刘备出谋划策，帮助刘备占据荆、益二州而建立蜀国。后辅佐刘禅，南征孟获，与吴国重建同盟，整顿内政，五次北伐，鞠躬尽瘁，最终在五丈原军中去世，终年五十四岁。

诸葛亮在世之时，就已经名满天下，连对手魏国的将领谋士都对他极为推崇，如阻挡他多次北伐的司马懿就称他是"天下奇才"；诸葛亮死后，蜀国人民自发地对他进行纪念，多地兴建了祭祀他的武侯祠。后来，在文学、戏剧等作品的渲染下，诸葛亮成为东亚汉语文化圈智慧和忠诚的化身。

题 解

本文作于蜀汉建兴五年（227 年）。当时，诸葛亮南征归来，经过两年的休养生息，国力有所恢复，为了达成复兴汉室的愿望，同时谋求延续最为弱小的蜀国的生存，便上书蜀国后主刘禅，请求北伐。

本文中，作者以恳切的言辞，劝说后主要继承先帝遗志，亲贤远佞，达成复兴汉室大业。文章洋溢着作者的真情实感，率直质朴，感人至深。陆游评价本文是"出师一表真名世，千载谁堪伯仲间"。

先帝创业未半而中道崩殂[1]，今天下三分，益州[2]疲弊，此诚危急存亡之秋[3]也。然侍卫之臣不懈于内，忠志之士忘身于外者，盖追先帝之殊遇，欲报之于陛下也。诚宜开张[4]圣听，以光先帝遗德，恢弘[5]志士之气，不宜妄自菲薄[6]，引喻失义，以塞忠谏之路也。

宫中府[7]中，俱为一体，陟罚臧否[8]，不宜异同。若有作奸犯科及为忠善者，宜付有司论其刑赏，以昭陛下平明[9]之理，不宜偏私，使内外异法[10]也。

侍中侍郎郭攸之、费祎、董允[11]等，此皆良实，志虑忠纯，是以先帝简[12]拔以遗陛下。愚以为宫中之事，事无大小，悉以咨之，然后施行，必能裨补阙漏[13]，有所广益。

将军向宠，性行淑均[14]，晓畅[15]军事，试用于昔日，先帝称之曰能，是以众议举宠为督[16]。愚以为营中之事，悉以咨之，必能使行阵[17]和睦，优劣得所。

亲贤臣，远小人，此先汉所以兴隆也；亲小人，远贤臣，此后汉所以倾颓[18]也。先帝在时，每与臣论此事，未尝不叹息痛恨于桓、灵[19]也。侍中、尚书、长史、参军[20]，此悉贞良死节之臣，愿陛下亲之信之，则汉室之隆，可计日而待也。

臣本布衣，躬耕于南阳[21]，苟全性命于乱世，不求闻达于诸侯。先帝不以臣卑鄙[22]，猥自枉屈[23]，三顾臣于草庐之中，咨臣以当世之事，由是感激，遂许先帝以驱驰[24]。后值倾覆，受任于败军之际，奉命于危难之间，尔来二十有一年矣。

先帝知臣谨慎，故临崩寄臣以大事也[25]。受命以来，夙夜忧叹，恐托付不效，以伤先帝之明，故五月渡泸[26]，深入不毛[27]。今南方已定，兵甲已足，当奖率三军[28]，北定中原，庶竭驽钝[29]，攘除奸凶[30]，兴复汉室，还于旧都[31]。此臣所以报先帝而忠陛下之职分也。至于斟酌损益[32]，进尽忠言，则攸之、祎、允之任也。

愿陛下托臣以讨贼兴复之效[33]，不效，则治臣之罪，以告先帝之灵。若无兴德之言[34]，则责攸之、祎、允等之慢[35]，以彰其咎；陛下亦宜自谋，以咨诹善道[36]，察纳雅言[37]，深追先帝遗诏[38]。臣不胜受恩感激。

今当远离，临表涕零，不知所言。

注　释

【1】先帝，蜀汉昭烈帝刘备。业，兴复汉室。崩殂（cú），死。古代皇帝死亡称崩。

【2】益州，汉代行政区域十三刺史部之一，包括今四川省和陕西省一带。这里指蜀汉。

【3】秋，时候。这里指最危急的时刻。

【4】开张，扩大。开张圣听，指多听取他人意见。

【5】恢弘，发扬光大。

【6】菲薄，轻视。妄自菲薄，过于看轻自己。

【7】府，这里指丞相府。

【8】陟（zhì），提升，奖励。臧否（pǐ），善恶，此处作动词，评判人物。

【9】平，公平。明，严明。

【10】内外异法，内宫和外府刑赏之法不同。

【11】郭攸之，南阳人，任侍中。费祎，字文伟，官至大将军，录尚书事。董允，字休昭，因能抑制黄皓，任侍中、尚书令。

【12】简，选择。一说通"拣"，挑选。

【13】裨（bì），补。阙，通"缺"，缺点，疏漏。

【14】性行（xíng）淑均，性情善良、品德端正。

【15】晓畅，通晓。

【16】督，向宠曾任中部督。

【17】行（háng）阵，指部队。

【18】倾颓，倾覆衰败。

【19】桓、灵，即汉桓帝、汉灵帝。他们在位时，政治腐败，外戚宦官当政，直接导致黄巾起义爆发，使东汉国力迅速衰弱，汉朝灭亡。

【20】侍中，即郭攸之、费祎。尚书，指时任尚书陈震。长史，指时任长史张裔。参军，指时任参军蒋琬，继承诸葛亮任尚书令，统领国事。

【21】躬，亲自。南阳，南阳郡，辖地包括今河南省南阳市及湖北省襄阳市部分地区。

【22】卑，身份低微。鄙，地处偏远。

【23】枉屈，枉驾屈就。这里是诸葛亮自谦。

【24】驱驰，奔走效劳。

【25】《三国志·蜀志·诸葛亮传》："章武三年春，先主于永安病笃，召亮于成都，属以后事，谓亮曰：'君才十倍曹丕，必能安国，终定大事。若嗣子可辅，辅之；如其不才，君可自取。'亮涕泣曰：'臣敢竭股肱之力，效忠贞之节，继之以死！'先主又为诏敕后主曰：'汝与丞相从事，事之如父。'"

【26】泸，泸水，即今金沙江。

【27】此处指诸葛亮南征之事。

【28】奖率，奖赏、率领。

【29】庶，希望。竭，竭尽。驽钝，劣马钝刀，比喻才能平庸，是自谦之辞。

【30】攘除，排除，铲除。奸凶，指魏国。

【31】旧都，指东汉都城洛阳。

【32】斟酌损益，斟情酌理、有所兴办。

【33】效，任务。

【34】兴德之言，发扬陛下德行的言论。

【35】慢，怠慢、疏忽，指失职。

【36】咨诹（zōu）善道，询问治国良策。

【37】察纳，识别采纳。雅言，正确的言论。

【38】先帝遗诏，指《三国志·蜀志·先主传》注引《诸葛亮集》："勿以恶小而为之，勿以善小而不为。惟贤惟德，能服于人。"

后出师表

诸葛亮

题 解

本文初见于《三国志·蜀志·诸葛亮传》裴松之注引东晋习凿齿《汉晋春秋》。对于本文，自古以来多有人怀疑是三国时人或后人伪作，如一些学者便认为，本文是诸葛亮之侄诸葛恪为说服吴国上下支持自己对魏作战而伪造的。但也有学者认为文中出现的错误只是传抄中的笔误，诸葛恪所见的《后出师表》是诸葛亮之作。

本文与《前出师表》有很大不同。本文中，诸葛亮一针见血地指出了魏强蜀弱的局势，又分析了继续北伐的必要性，并劝说后主要抓住机会进行北伐，不要被非议动摇决心。

先帝深虑汉、贼不两立[1]，王业不偏安，故托臣以讨贼也。以先帝之明，量臣之才，故知臣伐贼，才弱敌强也。然不伐贼，王业亦亡；惟坐而待亡，孰与伐之？是故托臣而弗疑也。

臣受命之日，寝不安席，食不甘味。思惟北征。宜先入南[2]。故五月渡泸，深入不毛，并日[3]而食；臣非不自惜也，顾王业不可得偏安于蜀都，故冒危难，以奉先帝之遗意也，而议者谓为非计。

今贼适疲于西，又务于东[4]，兵法乘劳，此进趋之时也。谨陈其事如左：

高帝明并日月，谋臣渊深，然涉险被创，危然后安。今陛下未及高帝，谋臣不如良、平，而欲以长策取胜，坐定天下，此臣之未解一也。

刘繇、王朗[5]各据州郡，论安言计，动引圣人，群疑满腹，众难塞胸，今岁不战，明年不征，使孙策坐大，遂并江东[6]，此臣之未解二也。

曹操智计，殊绝于人，其用兵也，仿佛孙、吴，然困于南阳，险于乌巢，危于祁连，逼于黎阳，几败北山，殆死潼关[7]，然后伪定一时耳。况臣才弱，而欲以不危而定之，此臣之未解三也。

曹操五攻昌霸不下，四越巢湖不成，任用李服而李服图之，委任夏侯而夏侯败亡[8]，先帝每称操为能，犹有此失，况臣驽下，何能必胜？此臣之未解四也。

自臣到汉中，中间期年耳[9]，然丧赵云、阳群、马玉、阎芝、丁立、白寿、刘郃、邓铜等及曲长、屯将七十余人[10]，突将、无前、賨叟、青羌、散骑、武骑一千余人[11]。此皆数十年之内所纠合四方之精锐，非一州之所有；若复数年，则损三分之二也，当何以图敌？此臣之未解五也。

今民穷兵疲，而事不可息；事不可息，则住与行劳费正等。而不及今图之，欲以一州之地，与贼持久，此臣之未解六也。

夫难平者，事也。昔先帝败军于楚[12]，当此时，曹操拊手，谓天下已定。然后先帝东连吴越，西取巴蜀，举兵北征，夏侯授首[13]，此操之失计，而汉事将成也。然后吴更违盟，关羽毁败，秭归蹉跌，曹丕称帝[14]。凡事如是，难可逆见。臣鞠躬尽瘁，死而后已；至于成败利钝，非臣之明所能逆睹也。

注 释

【1】贼，指曹魏。蜀汉认为曹魏是篡夺汉王朝正统的贼人。

【2】入南，指诸葛亮亲自率军南征一事。

【3】并日，两天合作一天。

【4】此处指诸葛亮第一次北伐时，南安、天水、安定三郡反叛一事和吴国大都督陆逊击败魏国大司马曹休一事。

【5】刘繇（yóu），字正礼，东汉末年任扬州刺史，因受淮南大军阀袁术的逼迫，南渡长江，不久被孙策攻破，退保豫章（今江西省南昌市），后为豪强笮融攻杀。王朗，字景兴，东汉末年为会稽（治所在今浙江省绍兴市）太守，后被孙策击败而被曹操征召。

【6】此处指孙策借用袁术兵力而兼并江东地区，为东吴政权的建立打下基础一事。

【7】此处列举曹操的几次失败。困于南阳，指曹操在宛城被张绣所败；险于乌巢，指官渡之战时奇袭袁绍存放粮草的乌巢而险胜；危于祁连，疑似是指曹操在邺城附近的祁山险些被审配的伏兵射中；几败北山，疑似是曹操与刘备争夺汉中，结果在阳平北山受挫撤退；殆死潼关，指曹操在潼关被马超击败，险些被马超军骑兵捕获。

【8】此处列举的也是曹操的几次失败。昌霸，曾在刘备袭取徐州时归附刘备；四越巢湖，指曹操多次在合肥以南的南部长江（巢湖在合肥南）与孙权交战；李服，指董承、吴子兰、王子服和刘备等人密谋诛杀曹操一事，"李服"应为"王服"；夏侯，指被曹操委派镇守汉中结果被黄忠斩杀的夏侯渊。

【9】期（jī）年，一周年。

【10】赵云为蜀中名将，但赵云死于蜀汉建兴七年（229年），而本表上于建兴六年（228年）；阳群、马玉、阎芝、丁立、白寿、刘郃、邓铜等人的事迹则均不见史书记载。

【11】突将、无前，蜀军中的冲锋将士。賨（cóng）叟、青羌，蜀军中的少数民族部队。散骑、武骑，都是骑兵的名号。

【12】败军于楚，指刘备在当阳长坂被曹操击溃一事。

【13】此处指刘备取得的成功。东连吴越，指联合孙权在赤壁之战中击败

曹操；西取巴蜀，指击败刘璋夺取蜀地；夏侯授首，指夏侯渊被黄忠斩杀。

【14】此处指汉中之战后刘备的失败。吴国在关羽北伐后偷袭荆州，击杀关羽；刘备率大军讨伐吴国，却在秭归被陆逊击败；曹丕在此时称帝。

诫子书

诸葛亮

题 解

建兴十二年（234年），诸葛亮率军发动第五次北伐，占据五丈原（今陕西省宝鸡市岐山县县城南约20千米的五丈原镇），与司马懿率领的魏军对峙。当时，其子诸葛瞻刚刚八岁，身处军旅之中的诸葛亮十分关心他的成长，曾在给兄长诸葛瑾的信中说："瞻今已八岁，聪慧可爱，嫌其早成，恐不为重器耳。"后来他写下这封《诫子书》，告诫诸葛瞻要勤勉学习，注重修身养性，风格清新雅致而平易近人。

本文写就同年，诸葛亮在五丈原军中去世。诸葛瞻此后逐渐成长为蜀国的一名将领。由于人民对诸葛亮的爱戴，许多并非诸葛瞻所为的建议都被人们当作是诸葛瞻所为。后来邓艾伐蜀奇袭成都，诸葛瞻战死。

夫君子之行，静以修身，俭以养德。非澹泊无以明志[1]，非宁静无以致远[2]。夫学须静也，才须学也，非学无以广才[3]，非志无以成学[4]。怠慢则不能励精[5]，险躁则不能治性[6]。年与时驰[7]，意与日去[8]，遂成枯落[9]，多不接世[10]，悲守穷庐，将复何及？

注 释

【1】澹（dàn）泊，一作"淡泊"，清静而不贪图功名。明志，彰显自己崇高志向。

【2】宁静，指集中精神，不分散注意力。致远，实现远大目标。

另，春秋战国时道家著作《文子》也记载老子曾说过类似的话："老子曰：君子之道，静以修身，俭以养生。……非淡漠无以明德，非宁静无以致远。"而汉末的荆州地区，道家、法家思想也有一定发展。由此可以推断，诸葛亮的思想一定程度上也受到了道家的影响，这也与他后来"外儒内法"的治国主张有关。

【3】广才，增长才干。

【4】成学，学有所成。

【5】慆（tāo）慢，漫不经心。一作"淫慢"，过度享乐而懈怠。励精，专心致志。

【6】冶性，陶冶性情。

【7】驰，疾行，此处指增长。

【8】日，时间。去，消逝。

【9】枯落，枯枝败叶，比喻人老去。

【10】多不接世，不接触世事，对社会没有贡献。

诸葛亮传

陈寿（裴松之注）

陈寿，字承祚，巴西郡安汉县（今四川省南充市）人，西晋史学家。早年任蜀汉观阁令史，因不愿屈从掌权的宦官黄皓而屡遭贬黜。蜀汉灭亡后，被举为孝廉，除佐著作郎。在此期间，他编撰了《蜀相诸葛亮集》，此后，他致力于完成《三国志》，记录自东汉末年黄巾之乱开始，到晋武帝太康元年（280年）灭吴统一天下为止九十多年的历史。在《三国志》之前，已经有《魏书》《吴书》等传世，陈寿以严谨的态度将其重新整理编订，若是模棱两可的材料宁可不用，再加以自行采集的蜀国史料，编成六十五卷《三国志》，叙事翔实而严谨，与《史记》等并称为"前四史"。

裴松之，字世期，河东闻喜(今山西省闻喜)人，南朝宋史学家，与其子裴骃、曾孙裴子野被称为史学三裴。东晋末年随后来的宋武帝刘裕北伐，得到赏识，任中书侍郎等职，封西乡侯。南朝宋时，宋文帝认为《三国志》过于简略，命其补注。裴松之遂采集各家史料，弥补《三国志》之不足，所引文献达一百五十余种，保存了大量珍贵史料。此外，裴松之的注文也十分注重语言的通顺合理，注重对人物形象的生动描写。

题 解

本文节选自裴松之注本《三国志·蜀志·诸葛亮传》，节选全文的第一部分，特别叙述了诸葛亮为刘备分析天下形势的"隆中对"。第一部分，陈寿简了诸葛亮的来历，裴松之加以补充，并加以自己的评价，使诸葛亮的形象更加丰满生动。第二部分，则是精彩的"隆中对"，掌握天下形势的诸葛亮为刘备做出一番精彩的形势分析，气势磅礴；裴松之注则注重"备异"，记述一段与本传不同的记载，使人物形象更加全面。

诸葛亮字孔明，琅邪阳都[1]人也。汉司隶校尉诸葛丰后也。父珪，字君贡，汉末为太山郡丞[2]。亮早孤，从父玄为袁术所署豫章[3]太守，玄将亮及亮弟均之官。会汉朝更选朱晧代玄。玄素与荆州牧刘表有旧，往依之。

（献帝春秋曰：初，豫章太守周术病卒，刘表上诸葛玄为豫章太守，治南昌[4]。汉朝闻周术死，遣朱晧代玄。晧从扬州刺史刘繇求兵击玄，玄退屯西城，晧入南昌。建安二年正月，西城民反，杀玄，送首诣繇。此书所云，与本传不同。[5]）

玄卒，亮躬耕陇亩[6]，好为梁父吟[7]。

汉晋春秋曰：亮家于南阳之邓县[8]，在襄阳城西二十里，号曰隆中。

身长八尺，每自比于管仲、乐毅，时人莫之许也。惟博陵[9]崔州平、颍川徐庶元直[10]与亮友善，谓为信然。

按崔氏谱：州平，太尉烈[11]子，均之弟也。魏略曰：亮在荆州，以建安初与颍川石广元、徐元直、汝南孟公威等俱游学，三人务于精熟，而亮独观其大略[12]。每晨夜从容，常抱膝长啸[13]，而谓三人曰："卿三人仕进可至刺史郡守也。"三人问其所至，亮但笑而不言。后公威思乡里，欲北归，亮谓之曰："中国饶[14]士大夫，遨游何必故乡邪！"臣松之以为魏略此言，谓诸葛亮为公威计者可也，若谓兼为己言，可谓未达其心矣。老氏称知人者智，自知者明[15]，凡在贤达之流，固必兼而有焉。以诸葛亮之鉴识，岂不能自审其分乎？夫其高吟俟时[16]，情见乎言，志气所存，既已定于其始矣。若使游步中华，骋其龙光，岂夫多士所能沈翳[17]哉！委质魏氏，展其器能，诚非陈长文、司马仲达[18]所能颉颃[19]，而况于余哉！苟不患功业不就，道之不行，虽志恢宇宙[20]而终不北向者，盖以权御已移，汉祚[21]将倾，方将翊赞宗杰[22]，以兴微继绝克复为己任故也。岂其区区利在边鄙而已乎！此相如所谓"鹍鹏已翔于辽廓，而罗者犹视于薮泽[23]"者矣。公威名建，在魏亦贵达。

时先主屯新野[24]。徐庶见先主，先主器[25]之，谓先主曰："诸葛孔明者，卧龙也，将军岂愿见之乎？"

襄阳记曰：刘备访世事于司马德操[26]。德操曰："儒生俗士，岂识时务？识时务者在乎俊杰。此间自有伏龙、凤雏。"备问为谁，曰："诸葛孔明、庞士元[27]也。"

先主曰："君与俱来。"庶曰："此人可就见，不可屈致也。

将军宜枉驾[28]顾之。"由是先主遂诣亮，凡三往，乃见。因屏人[29]曰："汉室倾颓，奸臣窃命，主上蒙尘。孤不度德量力，欲信大义于天下，而智术浅短，遂用猖蹶[30]，至于今日。然志犹未已，君谓计将安出？"亮答曰："自董卓已来，豪杰并起，跨州连郡者不可胜数。曹操比于袁绍，则名微而众寡，然操遂能克绍，以弱为强者，非惟天时，抑亦人谋也。今操已拥百万之众，挟天子而令诸侯，此诚不可与争锋。孙权据有江东，已历三世，国险而民附，贤能为之用，此可以为援而不可图也。荆州北据汉、沔，利尽南海，东连吴会，西通巴、蜀，此用武之国，而其主不能守，此殆天所以资[31]将军，将军岂有意乎？益州险塞[32]，沃野千里，天府之土，高祖因之以成帝业。刘璋暗弱，张鲁在北，民殷国富而不知存恤，智能之士思得明君。将军既帝室之胄，信义著于四海，总揽英雄，思贤如渴，若跨有荆、益，保其岩阻[33]，西和诸戎，南抚夷越，外结好孙权，内修政理；天下有变，则命一上将将荆州之军以向宛、洛，将军身率益州之众出于秦川，百姓孰敢不箪食壶浆[34]以迎将军者乎？诚如是，则霸业可成，汉室可兴矣。"先主曰："善！"于是与亮情好日密。关羽、张飞[35]等不悦，先主解之曰："孤之有孔明，犹鱼之有水也。愿诸君勿复言。"羽、飞乃止。

魏略曰，刘备屯于樊城[36]。是时曹公方定河北，亮知荆州次当受敌[37]，而刘表性缓，不晓军事。亮乃北行见备，备与亮非旧，又以其年少，以诸生意待之。坐集既毕，众宾皆去，而亮独留，备亦不问其所欲言。备性好结毦[38]，时适有人以髦牛尾与备者，备因手自结之。亮乃进曰："明将军当复有远志，但结毦而已邪！"备知亮非常人也，乃投毦而答曰："是何言与！我聊以忘忧耳。"亮遂言曰："将军度刘镇南[39]孰与曹公邪？"备曰："不及。"亮又曰："将军自度何如也？"备曰："亦不如。"曰："今皆不及，而将军之众不过数千人，以此待敌，得无非计乎！"备曰：
"我亦愁之，当若之何？"亮曰："今荆州非少人也，而著籍者寡，
平居发调[40]，则人心不悦；可语镇南，令国中凡有游户[41]，皆使
自实，因录以益众可也。"备从其计，故众遂强。备由此知亮有英略，
乃以上客礼之。九州春秋所言亦如之。臣松之以为亮表云"先帝
不以臣卑鄙，猥自枉屈，三顾臣于草庐之中，谘臣以当世之事[42]"，
则非亮先诣备，明矣。虽闻见异辞，各生彼此，然乖背至是，亦
良为可怪。

注　释

【1】琅邪阳都，在今山东省沂水县。

【2】太山郡丞，即泰山郡郡丞。泰山郡，辖地在今泰山周边地区。

【3】豫章，豫章郡，辖地在今江西省南昌市周边地区。

【4】南昌，在今江西省南昌市市区。

【5】此处《魏略》记载亦与《三国志·吴志·刘繇传》及《资治通鉴》
相互违背。《资治通鉴》记载汉献帝兴平二年（195年），朱晧已经被人杀死。

【6】躬耕，亲自耕种。陇亩，田地。

【7】梁父（fǔ）吟，乐府曲调名。梁父，即梁父山，在泰山附近。梁父
吟是一首挽歌，叙述人安葬在梁父山之事，歌词悲凉慷慨。

【8】邓县，今河南省邓州市。

【9】博陵，博陵郡，在今河北省安平县一带。

【10】颍川，颍川郡，今河南省禹州市一带。徐庶，字元直，曾向刘备
推荐诸葛亮，后因其母被曹操俘获，徐庶只好辞别。后官至右中郎将等职。诸
葛亮北伐时，听说徐庶仕官如此，曾感叹说："魏殊多士邪！何彼二人不见
用乎？"

【11】烈，崔烈，汉灵帝时公开卖官鬻爵，崔烈凭借汉灵帝乳母以五百万
钱买得司徒官职。拜官时，汉灵帝还抱怨定价太低。后来他官至太尉，问他
儿子自己的声誉如何，儿子说："论者嫌其铜臭。"这也是"铜臭"一词
的由来。

【12】汝南，汝南郡，在今河南省汝南县。

诸葛亮"观其大略"的读书方法，两汉之时就早有先例。诸如扬雄、班彪等人，均有"不好章句"的记载。所谓"好章句"，其实是对应两汉尤其是东汉孝廉制度中"通章句"的要求。两汉（尤其是东汉）时期在选拔人才方面实行孝廉制度，要求年四十以上，精通经文章句才能被选为孝廉。但在汉末，随着汉朝的名存实亡，选孝廉的制度再也无法推行，仅有的执行汉制的荆州牧刘表也只选拔本州人士，石广元、徐庶、孟公威等人虽然"务于精熟"，却因不是荆州人士而不得重用。此外，汉末古文经学研究已经全面压倒今文经学，而"观其大略"正是古文经学注重义理、崇尚简约的具体体现。

【13】长啸，撮口发出悠长清越的声音。古人常以此述志。

【14】饶，富饶，指贤士众多。

【15】老氏，老子。此句见于《道德经》第三十三章。

【16】俟，等待。时，机会。

【17】沈翳，埋没。沈，通"沉"。

【18】陈长文，陈群，字长文，魏国重臣，帮助曹丕制定"九品中正法"及其他政治制度。司马仲达，司马懿，字仲达，历任魏国大都督、太尉等职务，长期率军抵挡诸葛亮北伐，后掌握魏国朝政大权，为晋朝的建立打下了基础。

【19】颉（xié）颃（háng），不相上下，抗衡。

【20】志恢宇宙，指兴复汉室。

【21】祚（zuò），运数。

【22】翊赞，辅佐。宗杰，皇族优秀人才。

【23】此句见于《史记·司马相如列传》。

【24】新野，今河南省新野县。

【25】器，器重。

【26】司马德操，即司马徽，颍川名士，向刘备推荐诸葛亮和庞统。后来曹操占领荆州，想重用司马徽，但他不久就病逝了。

【27】庞士元，即庞统，刘备的重要谋士，为刘备定下进攻益州的策略，不幸中流矢而亡。

【28】枉驾，屈尊就驾。

【29】屏（bǐng）人，屏退旁人。

【30】猖獗，盗贼势力强盛，此处指曹操势力强大。

【31】殆，大概。资，资助。

【32】险塞，要塞，地形险要易守之处。

【33】岩阻，与"险塞"含义接近。

【34】箪食壶浆，用竹篮盛饭食，用瓦罐盛水浆。出自《孟子·梁惠王章句下》。形容百姓拥护军队。

【35】关羽、张飞，《三国志·蜀志·关张马黄赵传》记载："先主于乡里合徒众，而羽与张飞为之御侮。先主为平原相，以羽、飞为别部司马，分统部曲。先主与二人寝则同床，恩若兄弟。而稠人广坐，侍立终日，随先主周旋，不避艰险。"

另，此处虽说"情好日密"，但直到赤壁之战结束，刘备夺取零陵等地，才为诸葛亮特设"军师中郎将"一职，掌管当地赋税，负责为刘备提供粮饷。

【36】樊城，今湖北省襄阳市樊城区。

【37】次当受敌，指北方统一后，曹操必将南征荆州，谋求统一天下。

【38】结毦（ěr），用鸟羽兽毛编制饰物。

【39】镇南，镇南将军。当时刘表任荆州牧、镇南将军。

【40】平居，平时。发调，征发徭役赋税。平居发调，指征发临时的徭役赋税。

【41】游户，没有登记在户籍上的人家，无法征收税赋。

【42】此句见《前出师表》。

编者注

关于"隆中对"，千百年来有无数的人对其进行赞颂，认为这是一位天才战略家独到的战略眼光的体现，有人甚至认为只是在操作上存在问题。但也有许多人认为，"隆中对"存在着固有缺陷，是不可能实现的，甚至有人借此认为"隆中对"不过是后人过誉。对于这两种极端化的观点，我们试着进行一些探讨。

"隆中对"的规划是：首先，夺取"其主不能守"的荆州，占据这片关键地区；然后夺取益州，以荆、益两州作为根据地，并联结孙权，等到曹操统治的北方"有变"，两州再共同进兵，夺取中原。可在实施过程中，天下却产生了巨大的变化。

首先，刘表的继承人刘琮投降曹操，对"隆中对"的实施产生了巨大影响。曹操占据荆州北部，并谋求南征统一天下；而图谋"全据长江"的孙权更是需要占据荆州。赤壁之战后，孙权趁势进兵，却被曹操大将曹仁拖在南郡达一年之久；而刘备此时便趁机夺取了荆州的部分地区。孙权出于暂时维持联盟的需要（事实上，赤壁之战后孙权能够部署在荆州地区的不过数万兵马，其力量不足以在抵挡曹操的同时消灭刘备），以及收缩长江防线的考虑，便将从曹操手中夺取的南郡部分地区交给刘备，形成了相间而治的局面。此后刘备夺取益州，双方曾在益阳地区发生冲突，但却始终保持着克制而不直接交战。最终，双方通过协议，达成了划湘江而治的局面，荆州三分的局面也最终形成。

其次，进攻益州带走了大量部队与众多人才。刘备进入益州时，就带走了数万精锐；后来，他又要求诸葛亮、张飞、赵云等人率兵进入益州。这样的兵力部署，虽然可能是刘备在实力较弱的情况下不得已而为之，虽然成功夺取了益州这一"隆中对"构想的关键，但在事实上也为关羽防守的荆州带来了巨大隐患。

第三，刘备忽视了"天下有变"的重要前提。"隆中对"对于北伐，有着一个重要的前提："天下有变"。可是，在北方没有明显进军机会的情况下，刘备却命令关羽进攻襄樊地区；在关羽取胜却没能趁势夺取襄樊地区时，刘备也没有阻止关羽继续进攻，也无任何支援措施。毛泽东主席曾批评"隆中对"的分兵措施"千里之遥而二分兵力"，事实上，刘备不仅二分兵力，其主力还位于汉中地区，而本来防御就较为薄弱的荆州却成了此次北伐的主攻方向。这样的战略指挥，不得不说存在着严重的失误。

那么，如果关羽没有进兵，或是及时回撤，守卫荆州，并等到了曹操逝世的"天下有变"的机会，"隆中对"是否能够成功呢？

诸葛亮规划，一旦"天下有变"，刘备就亲率主力直取长安。这一构想，显然受到汉初刘邦自巴蜀夺取关中的计划影响。可是，在西汉吕后二年（公元前186年），武都郡发生了一场大地震，这场地震造成当初韩信出兵时利用的汉水水道上游运输线路彻底中断，秦末汉水上游逐渐被嘉陵江袭夺，原本通畅的交通只剩下陆路运输一种办法。即使刘备在曹操病逝后效法韩信出兵陈仓，也必然会面临后来诸葛亮北伐时所面临的粮食运输困境。因此，"隆中对"事实上存在不可行之处。

与山巨源绝交书

嵇康

　　嵇康，字叔夜，谯国铚县（今安徽省濉溪县临涣镇）人。三国时音乐家、文学家。娶曹操曾孙女长乐亭主为妻，官至中散大夫，世称"嵇中散"，是"竹林七贤"之一。他博览群书，崇尚老庄之学，向往出世生活，辞官归家，以采药炼丹和弹琴吟诗为乐。后因卷入吕安一案，被钟会陷害而被处死。

　　嵇康擅长音乐，有多部琴曲和音乐理论作品；书法绘画也被人奉为名品，可惜大多已佚。文学上，嵇康的诗歌成就很高，特别是四言诗，"嵇志清峻"（《文心雕龙·明诗》）。散文则长于辩论，笔锋犀利，带有愤世嫉俗的情绪。

题　解

　　本文是嵇康写给自己的朋友山涛（字巨源）的一封绝交信。当时，山涛调任大将军从事中郎，想要举荐嵇康代任其原职，嵇康听闻这一消息，便写下了这封书信。嵇康性格傲岸倔强，对当时司马氏主政的黑暗、险恶的政治氛围十分不满，以激愤的言辞写下这封书信，名为绝交，实则是对礼教的蔑视批判。

　　本文的文字风格十分独特，立意超俗，行文精练，引喻古今而挥洒自如。钟嵘《诗品》评价嵇康文风"清远""峻切"，正是对本文风格的最准确形容。

康白：足下昔称吾于颍川[1]，吾常谓之知言[2]。然经[3]怪此意尚未熟悉于足下，何从便得之也？前年从河东[4]还，显宗、阿都说足下议以吾自代[5]，事虽不行，知足下故不知之。足下傍通[6]，多可而少怪[7]；吾直性狭中[8]，多所不堪，偶与足下相知耳。闲闻足下迁[9]，惕然[10]不喜，恐足下羞庖人之独割[11]，引尸祝以自助，手荐鸾刀[12]，漫[13]之膻腥，故具为足下陈其可否。

吾昔读书，得并介之人[14]，或谓无之，今乃信其真有耳。性有所不堪，真不可强。今空语同知有达人无所不堪，外不殊俗，而内不失正，与一世同其波流，而悔吝[15]不生耳。老子、庄周，吾之师也，亲居贱职[16]；柳下惠、东方朔，达人也，安乎卑位[17]，吾岂敢短[18]之哉！又仲尼兼爱，不羞执鞭[19]；子文无欲卿相，而三登令尹[20]，是乃君子思济物[21]之意也。所谓达能兼善而不渝，穷则自得而无闷。以此观之，故尧、舜之君世[22]，许由之岩栖，子房[23]之佐汉，接舆之行歌，其揆[24]一也。仰瞻数君，可谓能遂其志者也。故君子百行，殊途而同致[25]，循性而动，各附所安。故有处朝廷而不出，入山林而不返之论[26]。且延陵高子臧之风[27]，长卿[28]慕相如之节，志气所托，不可夺也。吾每读尚子平、台孝威传[29]，慨然慕之，想其为人。加少孤露[30]，母兄见骄[31]，不涉经学。性复疏懒，筋驽肉缓[32]，头面常一月十五日不洗，不大闷痒，不能沐[33]也。每常小便而忍不起，令胞[34]中略转乃起耳。又纵逸来久，情意傲散，简与礼相背，懒与慢相成，而为侪类[35]见宽，不攻其过。又读《庄》《老》，重增其放，故使荣进之心日颓，任实[36]之情转笃。此犹禽鹿，少见驯育，则服从教制；长而见羁，则狂顾顿缨[37]，赴蹈汤火；虽饰以金镳[38]，飨以嘉肴[39]，愈思长林而志在丰草也。

阮嗣宗口不论人过[40]，吾每师之而未能及；至性过人，与物无伤，唯饮酒过差[41]耳。至为礼法之士所绳[42]，疾之如仇，幸赖大将军保持[43]之耳。吾不如嗣宗之资，而有慢弛之阙[44]；又不识人情，暗于机宜[45]；无万石[46]之慎，而有好尽之累[47]。久与事接，疵衅[48]日兴，虽欲无患，其可得乎？又人伦有礼，朝廷有法，自惟至熟[49]，有必不堪者七，甚不可者二：卧喜晚起，而当关呼之不置[50]，一不堪也。抱琴行吟，弋[51]钓草野，而吏卒守之，不得妄动，二不堪也。危坐一时，痹[52]不得摇，性[53]复多虱，把搔无已[54]，而当裹以章服[55]，揖拜上官，三不堪也。素不便书，又不喜作书，而人间多事，堆案盈机[56]，不相酬答，则犯教伤义[57]，欲自勉强，则不能久，四不堪也。不喜吊丧，而人道以此为重，已为未见恕者所怨，至欲见中伤者；虽瞿然[58]自责，然性不可化，欲降心[59]顺俗，则诡故不情[60]，亦终不能获无咎无誉[61]如此，五不堪也。不喜俗人，而当与之共事，或宾客盈坐，鸣声聒[62]耳，嚣尘臭处，千变百伎，在人目前，六不堪也。心不耐烦，而官事鞅掌[63]，机务缠其心，世故烦其虑，七不堪也。又每非汤、武而薄周、孔，在人间不止，此事会显[64]，世教所不容，此甚不可一也。刚肠疾恶，轻肆直言，遇事便发，此甚不可二也。以促中小心[65]之性，统此九患，不有外难，当有内病，宁可久处人间邪？又闻道士遗言，饵术黄精[66]，令人久寿，意甚信之；游山泽，观鱼鸟，心甚乐之；一行作吏，此事便废，安能舍其所乐而从其所惧哉！

夫人之相知，贵识其天性，因而济之。禹不逼伯成子高[67]，全其节也；仲尼不假盖于子夏[68]，护其短也；近诸葛孔明不逼元直以入蜀[69]，华子鱼不强幼安以卿相[70]，此可谓能相终始，真相知者也。足下见直木不可以为轮，曲木不可以为桷[71]，盖不欲枉其天才，令得其所也。故四民[72]有业，各以得志为乐，唯达者为能通之，此足下度内[73]耳。不可自见好章甫[74]，强越人以文冕[75]也；己嗜臭腐，养鸳雏[76]以死鼠也。吾顷学养生之术，方外[77]荣华，去滋味[78]，游心于寂寞，以无为为贵。纵无九患，尚不顾足下所好者。

又有心闷疾，顷转增笃[79]，私意自试，不能堪其所不乐。自卜已审，若道尽途穷则已耳。足下无事冤[80]之，令转于沟壑[81]也。

吾新失母兄之欢，意常凄切。女年十三，男年八岁，未及成人，况复多病。顾此恨恨[82]，如何可言！今但愿守陋巷，教养子孙，时与亲旧叙离阔，陈说平生，浊酒一杯，弹琴一曲，志愿毕矣。足下若嬲[83]之不置，不过欲为官得人，以益时用耳。足下旧知吾潦倒粗疏[84]，不切事情，自惟亦皆不如今日之贤能也。若以俗人皆喜荣华，独能离之，以此为快；此最近之，可得言耳。然使长才广度[85]，无所不淹[86]，而能不营[87]，乃可贵耳。若吾多病困，欲离事自全，以保余年，此真所乏耳，岂可见黄门而称贞哉！若趣欲共登王途[88]，期于相致，时为欢益，一旦迫之，必发狂疾。自非重怨[89]，不至于此也。

野人有快炙背而美芹子者，欲献之至尊[90]，虽有区区[91]之意，亦已疏矣。愿足下勿似之。其意如此，既以解足下，并以为别[92]。嵇康白。

注　释

【1】称，称说，指称说嵇康不愿为官的志向。颍川，这里指山涛的叔父颍川太守山嵚（qīn）。

【2】知言，知己的话。

【3】经，经常。

【4】河东，在今山西省夏县西北。

【5】显宗，公孙崇，字显宗，谯国人，曾为尚书郎。阿都，吕安，字仲悌，小名阿都，东平人，嵇康好友。另，吕安因与兄长吕巽结怨被诬陷，嵇康为其作证结果触怒司马昭。与嵇康有仇怨的钟会趁机进谗言，使司马昭将嵇康与吕安一并处死。

以吾自代，指山涛拟推荐嵇康代其之职。嵇康在河东时，山涛正担任选曹郎职务，后调任从事中郎。

【6】傍通，善于应付变化。

【7】可，许可。怪，责怪。

【8】狭中，心地狭窄。

【9】闲，近来。迁，升迁。

【10】惕然，忧惧的样子。

【11】此句见《庄子·逍遥游》："庖人虽不治庖，尸祝不越樽俎而代之。"此处以此为喻，说明山涛独自做官感到羞愧，所以要荐引嵇康出仕。

【12】鸾刀，刀柄缀有鸾铃的屠刀。

【13】漫，玷污。

【14】并介之人，兼济天下而又耿介孤直的人。山涛身为"竹林七贤"之一，却又出仕为官。此处有讥讽之意。

【15】悔吝，悔恨。

【16】相传老子曾为周朝的守藏吏，庄周曾为宋国蒙漆园吏。

【17】柳下惠，即展禽，名获，字禽，一字季，春秋时鲁国人。曾任鲁国士师，三次被罢免，有人劝他离开，他却拒绝而成为"逸民"，居于柳下。东方朔，见《答客难》一文作者小传。

【18】短，轻视。

【19】执鞭，拿着鞭子赶车的车夫。《论语·述而》："子曰：'富而好求也，虽执鞭之士，吾亦为之。'"

【20】子文，姓鬬（dòu），名谷（gòu）於（wū）菟（tū），春秋时楚国令尹。《论语·公冶长》："令尹子文，三仕为令尹，无喜色；三已之，无愠色。"

【21】济物，救世济人。

【22】君世，为君于世。

【23】子房，即张良，字子房。

【24】揆（kuí），原则，道理。

【25】殊途而同致，道路不同却到达相同的目的地。《易·系辞下》："天下同归而殊途，一致而百虑。"

【26】这两句出自《韩诗外传》："朝廷之人为禄，故入而不出；山林之士为名，故往而不返。"

【27】延陵，名季札，春秋时吴王寿梦第四子。居于延陵，人称延陵季子。寿梦本想将王位传给最为贤能的季札，但他引子臧的故事加以拒绝；于是他的兄长们商定，以"兄终弟及"的方式将王位传给季札。后来他的三个兄长都死去，吴国人请他继位，他却逃走。孔子十分推崇他的高尚道德，相传其墓碑铭文"呜呼有吴延陵季子之墓"便是孔子所书。

子臧，一名欣时，曹国公子。曹宣公死后，曹人要立子臧为君，子臧拒不接受而逃走。风，指情操。

【28】长卿，即司马相如。《史记·司马相如传》载："相如既学，慕蔺相如之为人，更名相如。"

【29】尚子平，东汉时人。《文选》李善注引《英雄记》："有道术，为县功曹，休归，自入山担薪，卖以供食饮。"《后汉书·逸民传》作"向子平"。台孝威，名佟，东汉时人。隐居武安山，凿穴而居，以采药为业。

【30】孤，幼年丧父。露，病弱。

【31】兄，指嵇喜。见骄，指受到母兄的娇惯。

【32】驽，劣马，此处引申为迟钝。缓，松弛。

【33】能，通"耐"，愿意。沐，洗头。

【34】胞，胎衣，此处指膀胱。

【35】侪（chái）类，同类。

【36】任实，指放任本性。

【37】狂顾，疯狂地四面张望。顿缨，挣脱羁索。

【38】金镳（biāo），金属制作的马笼头，这里指鹿笼头。

【39】飨（xiǎng），用酒食款待。这里是喂的意思。嘉肴，即佳肴。这里指精美的饲料。

【40】阮嗣宗，即阮籍。

【41】过差，指酗酒。

【42】礼法之士，指以礼法为名束缚他人的人。据《晋阳秋》记载，何曾曾在司马昭面前说阮籍"任性放荡，败礼伤教"，"宜投之四裔，以絜王道"。司马昭回答说："此贤素赢弱，君当恕之。"绳，束缚。

【43】大将军，指司马昭，司马懿次子，晋朝开国皇帝司马炎之父，封为晋王，杀死魏帝曹髦，控制魏国军政大权。他死后，其子司马炎迫使魏元帝曹

奂禅让，建立晋朝。保持，保护。

【44】慢弛，傲慢懒散。阙，通"缺"，缺点。

【45】暗于机宜，不懂得随机应变。

【46】万石，汉初大臣石奋。他和四个儿子都官至二千石（dàn），共一万石。《史记·万石张叔列传》："于是景帝曰：'石君及四子皆二千石，人臣尊宠乃集其门。'号奋为万石君。"

【47】好尽，尽情直言，不知忌讳。累，过失，毛病。

【48】疵（cī），缺点。衅，争端。

【49】惟，思虑。熟，精详。

【50】当关，守门的小吏。不置，不已。

【51】弋（yì），系有绳子的箭。这里作动词，射猎。

【52】痹（bì），麻木。

【53】性，身体。

【54】把，通"爬"。把（pá）搔，用于搔痒。无已，没有停止。

【55】章服，冠服。指官服。

【56】机，同"几"，几案。

【57】犯教伤义，指触犯封建礼教违背礼仪。

【58】瞿然，惊惧的样子。

【59】降心，违逆本心。

【60】诡故，违背自己本性。不情，不符合真情。

【61】无咎无誉，指既不遭到罪责也得不到称赞。

【62】聒（guō），聒噪、吵闹。

【63】鞅（yāng）掌，职事忙碌。

【64】此事，指前文所说非难成汤、武王，鄙薄周公、孔子的事。会显，会当显著，为众人所知。

【65】促中小心，指心胸狭隘。

【66】饵，服食。术、黄精，都是中药，道士认为服食这两种药物可以延年益寿。

【67】伯成子高，禹时隐士。《庄子·天地》："尧治天下，伯成子高立为诸侯。尧授舜，舜授禹，伯成子高辞为诸侯而耕。禹往见之，则耕在野。禹

趋就下风，立而问焉，曰：'昔尧治天下，吾子立为诸侯，尧授舜，舜授予，而吾子辞为诸侯而耕，敢问其何故也？'子高曰：'昔尧治天下，不赏而民劝，不罚而民畏；今子赏罚，而民且不仁，德自此衰，刑自此立，后世之乱自此始矣。夫子阖行邪，无落吾事！'倨倨乎耕而不顾。"

【68】盖，雨伞。《孔子家语·致思》："孔子将行，雨而无盖。门人曰：'商也有之。'孔子曰：'商之为人也，甚吝于财。吾闻与人交，推其长者，违其短者，故能久也。'"

【69】此处指徐庶因母亲被俘而辞别刘备投奔曹操，诸葛亮也不加以阻拦。

【70】华子鱼，华歆，字子鱼，官至魏国太尉，为曹丕称帝立下大功。幼安，东汉末年隐士管宁，字幼安。当时这二人及邴原一同游学，结为好友，时人称他们三人为"一龙"。《世说新语》记载后来管宁因鄙视他的人品而"割席断义"，与他断交。魏明帝时，华歆称病辞官，请求让管宁接替他，管宁上书推辞。

【71】桷（jué），屋上承瓦的椽子。

【72】四民，古代统治者将人民分为士、农、工、商四个阶层。

【73】度内，意料之中。

【74】章甫，古代一种绾在发髻上的帽子，指官帽。

【75】《庄子·逍遥游》："宋人资章甫而适诸越，越人断发文身，无所用之。"

【76】鹓雏（chú），一作"鹓鶵"，传说中像凤凰一类的鸟。《庄子·秋水》："惠子相梁，庄子往见之。或谓惠子曰：'庄子来，欲代子相。'于是惠子恐，搜于国中三日三夜。庄子往见之，曰：'南方有鸟，其名为鹓鶵，子知之乎？夫鹓鶵发于南海而飞于北海，非梧桐不止，非练实不食，非醴泉不饮。于是鸱得腐鼠，鹓鶵过之，仰而视之曰：吓！今子欲以子之梁国而吓我邪？'"

【77】外，疏远，排斥。

【78】滋味，美食。

【79】增笃，加重。

【80】无事，不要做。冤，委屈。

【81】转于沟壑，流转在山沟河谷之间。指流离而死。

【82】悢（liàng）悢，悲哀。

【83】嬲（niǎo），纠缠。

【84】潦倒粗疏，放任散漫。

【85】长才广度，指有高才大度的人。

【86】淹，贯通。

【87】不营，不钻营。指不求仕进。

【88】趣，通"促"，急于。王途，仕途。

【89】自非，若不是。重怨，大仇。

【90】野人，居住于乡野的平民。快炙背，对太阳晒背感到快意。美芹子，以芹菜为美味。至尊，指君主。《列子·杨朱》："宋国有田夫，常衣缊黂，仅以过冬。暨春东作，自曝于日，不知天下之有广厦隩室，绵纩狐狢，顾谓其妻曰：'负日之暄，人莫知者，以献吾君，将有重赏。'里之富者告之曰：'昔人有美戎菽、甘枲茎芹萍子者，对乡豪称之；乡豪取而尝之，蛰于口，惨于腹，众哂而怨之，其人大惭。子此类也。'"

【91】区区，形容感情恳切。

【92】别，告别。此处表示绝交。

文赋

陆机

陆机，字士衡，吴郡吴县（今江苏苏州）人，西晋文学家、书法家，其父陆抗为东吴大司马，与其弟陆云合称"二陆"。吴亡后入晋，曾历任平原内史等职，世称"陆平原"。后在"八王之乱"中率军出征，因军中北方将领不服指挥独自进军，结果大败而归，又被诬陷有反叛之心，被灭三族。他"少有奇才，文章冠世"（《晋书·陆机传》），与弟陆云俱为中国西晋时期著名文学家，被誉为"太康之英"。与潘岳同为西晋诗坛的代表，形成"太康诗风"，世有"潘江陆海"之称。

题 解

《文赋》是陆机的文艺理论作品，本文节取其中论述想象和文体的部分。魏晋时，文学发生了巨大变化，文学的自觉和文学创作的个性化，引发了文学的一系列发展。此时，便有不少人开始系统论述文学理论。本文中，陆机先是全面论述了创作的整个过程，又论述了各个文体的成因和特征，最后论述灵感和文章的作用。文中，陆机提出了"诗缘情"的说法，强调诗的审美作用，反对儒家的"止乎礼义"，对于后世诗歌的创作具有重大影响。

《文赋》上承《典论·论文》，下接《文心雕龙》，对中国的文学批评理论系统具有承上启下的重要作用。

其[1]始也，皆收视反听[2]，耽思傍讯[3]。精骛八极[4]，心游万仞。其致[5]也，情曈昽[6]而弥鲜，物昭晰而互进[7]。倾群言之沥液[8]，漱[9]六艺之芳润。浮天渊以安流[10]，濯下泉而潜浸[11]。于是沉辞怫悦[12]，若游鱼衔钩，而出重渊之深；浮藻联翩，若翰鸟婴缴[13]，而坠曾[14]云之峻。收百世之阙文[15]，采千载之遗韵[16]。谢朝华于已披[17]，启夕秀于未振[18]。观古今于须臾，抚[19]四海于一瞬。然后选义按部[20]，考辞[21]就班。抱景者咸叩，怀响者毕弹。或因枝以振叶，或沿波而讨源。或本隐以之显[22]，或求易而得难。或虎变而兽扰[23]，或龙见而鸟澜[24]。或妥帖[25]而易施，或岨峿[26]而不安。罄澄心[27]以凝思，眇[28]众虑而为言。笼天地于形内[29]，挫[30]万物于笔端。始踯躅[31]于燥吻，终流离于濡[32]翰。理扶质以立干[33]，文垂条而结繁。信情貌之不差[34]，故每变而在颜。思涉乐其必笑，方言哀而已叹。或操觚以率尔[35]，或含毫而邈然[36]。

伊兹事 [37] 之可乐，固圣贤之可钦 [38]。课虚无以责有，叩寂寞而求音。函绵邈于尺素 [39]，吐滂沛 [40] 乎寸心。言恢 [41] 之而弥广，思按之而逾深 [42]。播芳蕤之馥馥 [43]，发青条之森森 [44]。粲风飞而猋 [45] 竖，郁云起乎翰林 [46]。

体有万殊，物无一量。纷纭挥霍 [47]，形难为状 [48]。辞程才以效伎 [49]，意司契 [50] 而为匠。在有无而僶俛 [51]，当浅深而不让。虽离方而遁圆 [52]，期穷形而尽相。故夫夸目者尚奢 [53]，惬心者贵当 [54]。言穷者无隘，论达者唯旷。

诗缘情而绮靡 [55]，赋体物而浏亮 [56]。碑披文以相质，诔缠绵而凄怆。铭博约 [57] 而温润，箴顿挫而清壮。颂优游以彬蔚，论精微而朗畅。奏平彻以闲雅，说炜晔而谲诳。虽区分之在兹，亦禁邪而制放 [58]。要辞达而理举 [59]，故无取乎冗长。

注　释

【1】其，指构思。

【2】收视反听，不视不听。

【3】耽思傍讯，深思博采。

【4】精，思绪。骛，奔驰。八极，天地八方的最远处，比喻极远之地。

【5】致，指文思到来。

【6】曈昽（lóng），天蒙蒙亮。

【7】昭晰，明显清楚。互进，纷至沓来。

【8】沥液，指精华。下文"芳润"也是此意。

【9】漱，品味。

【10】天渊，星名。《宋史·天文志三》："天渊十星，一曰天池，一曰天泉，一曰天海，在鳖星东南九坎间，又名太阴，主灌溉沟渠。"安流，平静流动。

【11】濯，洗濯。潜浸，沉浸。

【12】沉辞怫悦，吐辞艰涩。

【13】翰鸟，即山鸡。婴，中箭。缴，带有丝线的箭。

【14】曾，通"层"。

【15】阙文，指古籍中逸脱的文字。

【16】遗韵，指散佚的诗篇。

【17】谢，弃去。华，通"花"。披，开放。已披，已经开放过，指前人已经使用过的言辞。

【18】振，发生。

【19】抚，这里指搜索。

【20】选义，按照内容。按部，指安排位置。下文"就班"同义。

【21】考辞，提炼语言。

【22】或本隐以之显，即言或本之于隐而遂之显。

【23】虎变，虎的毛发更新很快，比喻变幻莫测。《易·革卦第四十九》："九五，大人虎变，未占有孚。"扰，驯服。

【24】见，通"现"。澜，散。

【25】妥帖，恰当。

【26】岨峿，交错不平。

【27】馨，尽。澄心，潜心。

【28】眇，精。

【29】笼，囊括。形内，胸中。

【30】挫，折服。

【31】踯躅，徘徊。

【32】流离，转徙。濡（rú），水渍。

【33】理，文义。立干，树立根本。

【34】信，真。情貌之不差，指文辞意相符。

【35】觚（gū），方形的木简。率尔，随意的样子。

【36】藐然，渺茫。

【37】兹事，指作文。

【38】钦，敬佩。

【39】函，通"含"。绵邈，长久不绝。尺素，径尺的生绢。

【40】滂沛，盛大。

【41】恢，使之宏大。

【42】按，抑按。此句指思虑一发，愈深恢大。

【43】蕤（ruí），草木繁盛的样子。馥馥，芳香。

【44】森森，树木茂盛。

【45】粲，鲜明。猋（biāo），暴风。

【46】郁云，浓云。翰林，文士荟萃之处。

【47】纷纭，杂乱。挥霍，疾速。

【48】形难为状，指万物形态变化无穷。

【49】程，展示。效伎，表现技巧。

【50】契，这里指文辞情意相符。

【51】俛（mǐn）俛（fǔ），勤勉。

【52】离方、遁圆，《尹文子》："名有三料，法有四呈。一曰命物之名，方圆黑白是也。"可知方、圆指事物的具体性状形容，此处指文学的具体描写对象。离方、遁圆，指跳出其具体性状。

【53】夸目，炫耀。奢，浮夸。

【54】惬，快意。当，恰到好处。

【55】绮靡，艳丽。

【56】体物，状物。浏亮，清朗明亮。

【57】博约，事博文约。

【58】禁邪，禁止邪说。制放，制止荒诞。

【59】辞达，语言通畅。理举，理合。

原道

刘勰

刘勰，字彦和，南朝梁文学理论家、文学批评家。京口（今江苏省镇江市）人，祖籍山东莒县（今山东省莒县）。他因父亲战死，家庭贫困，依附僧祐寄居定林寺十余年，并在寺中研究佛教理论和儒家经典，著成《文心雕龙》。沈约看到后，"大重之，谓为深得文理"，由是累官至太子记室。昭明太子死，刘勰请求出家，梁武帝不许，刘勰烧发明志，梁武帝遂准为僧，法号慧地。

《文心雕龙》是中国第一部系统文艺理论巨著，也是一部理论批评著作。全书共十卷，五十篇。分上、下部，各二十五篇。全书包括四个重要方面，第一部分为总论，包括从《原道》至《辨骚》的五篇，核心是《原道》《微圣》《宗经》三篇。第二部分为文体论，包括从《明诗》到《书记》的二十篇。第三部分为创作论，包括从《神思》到《总术》的十九篇。第四部分为批评论，包括《时序》《物色》《才略》《知音》《程器》五篇。以上四个方面共四十九篇，加上最后的总序《序志》，共五十篇。

《文心雕龙》提倡儒家思想，主张矫正当时不切实际的文风；主张文质并重，提倡真实文学，反对无病呻吟，提倡创造，反对剽窃。《文心雕龙》提出文学受环境影响，认为环境是文学变化的主要因素；建立批评论，认为批评家要博识，以"六观"的标准进行批评。《文心雕龙》主张以历史的眼光看待文学的变化，全面说明了内容与形式的关系，引发了后世对于虚浮文风的批评，对后世文学创作和文学批评也有极大的启示。

题　解

《原道》是《文心雕龙》的第一篇。本篇阐述刘勰对于文学的基本观点：文原于道。"道"，即自然之道，也就是世间万物的基本规律。万物都有其形，形必有其美，这种美就是所谓"道之文"。由此，刘勰强调艺术技巧，但又反对形式主义文风。

文之为德也大矣，与天地并生者何哉？夫玄黄[1]色杂，方圆体分，日月叠璧[2]，以垂丽天之象；山川焕绮[3]，以铺理地之形：

此盖道之文也。仰观吐曜[4]，俯察含章[5]，高卑定位，故两仪既生矣。惟人参之，性灵所钟，是谓三才[6]。为五行之秀，实天地之心，心生而言立，言立而文明，自然之道也。

傍及万品，动植皆文：龙凤以藻绘呈瑞，虎豹以炳蔚凝姿；云霞雕色，有逾画工之妙；草木贲华[7]，无待锦匠之奇。夫岂外饰，盖自然耳。至于林籁结响，调如竽瑟；泉石激韵，和若球锽[8]：故形立则章成矣，声发则文生矣。夫以无识之物，郁然[9]有采，有心之器，其无文欤？

人文之元，肇自太极，幽赞神明，《易》象惟先。庖牺[10]画其始，仲尼翼其终。而《乾》《坤》两位，独制《文言》[11]。言之文也，天地之心哉！若乃《河图》[12]孕乎八卦，《洛书》韫乎九畴[13]，玉版金镂之实，丹文绿牒之华，谁其尸之？亦神理而已。

自鸟迹[14]代绳，文字始炳，炎皞[15]遗事，纪在《三坟》[16]，而年世渺邈，声采靡追。唐虞文章，则焕乎始盛。元首[17]载歌，既发吟咏之志；益稷陈谟[18]，亦垂敷奏之风。夏后氏兴，业峻鸿绩，九序惟歌，勋德弥缛。逮及商周，文胜其质，《雅》《颂》所被[19]，英华日新。文王患忧，繇[20]辞炳曜，符采复隐，精义坚深。重以公旦[21]多材，振其徽烈，制诗缉颂，斧藻群言。至若夫子继圣，独秀前哲，熔钧六经，必金声而玉振；雕琢情性，组织辞令，木铎[22]启而千里应，席珍流[23]而万世响，写天地之辉光，晓生民之耳目矣。

爰自风姓[24]，暨于孔氏，玄圣[25]创典，素王[26]述训，莫不原道心以敷[27]章，研神理而设教，取象[28]乎《河》《洛》，问数乎蓍龟[29]，观天文以极变，察人文以成化；然后能经纬区宇[30]，弥纶彝宪[31]，发挥事业，彪炳辞义。故知道沿圣以垂文，圣因文而明道，旁通而无滞[32]，日用而不匮[33]。《易》曰："鼓天下之动者存乎辞[34]。"辞之所以能鼓天下者，乃道之文也。

赞[35]曰：

道心惟微，神理设教。光采元圣[36]，炳耀仁孝。

龙图献体，龟书呈貌。天文斯观，民胥[37]以效。

注　释

【1】玄黄，《易·坤卦第二》："夫玄黄者，天地之杂也，天玄而地黄。"

【2】叠璧，《尚书正义》："太极上元十一月朔旦冬至，日月如叠璧，五星如连珠。"

【3】焕，光彩。绮，有花纹的丝织品，此处用来指文采。焕绮，光彩绮丽。

【4】吐曜（yào），焕发光彩，指日、月、星。曜，光明照耀。

【5】含章，蕴涵着美，多指地理风光。章，文采。

【6】三才，《易传·系辞下》："有天道焉，有人道焉，有地道焉。兼三才而两之，故六。"

【7】贲（bì），装饰。华，通"花"。

【8】球，玉磬，一种敲击乐器。锽，钟声。

【9】郁然，草木茂盛的样子，形容文采之盛。

【10】庖牺，即伏羲。

【11】《文言》，《易传》针对乾、坤两卦专门作出解释的一篇，相传为孔子所作。

【12】《河图》，相传伏羲时代有龙马从黄河中出现，伏羲根据其身上花纹作八卦，此花纹便被称为"河图"。

【13】《洛书》，相传大禹治水时有神龟从洛水中出现，大禹根据其背上花纹制订了《九畴》。九畴，九类，指治理天下的各类大法。

【14】鸟迹，相传仓颉造字，字形如同鸟的爪印。

【15】炎皞，炎帝神农氏与太皞（hào，一作"昊"）伏羲氏。

【16】《三坟》，相传是中国最古老的书籍之一，郑玄认为是"三皇之书"。

【17】元首，指天子，即舜。

【18】益稷，舜的大臣，伯益和后稷。陈谟，陈述计谋。谟，计谋，谋议。

【19】《雅》《颂》，《诗经》中的《雅》诗和《颂》诗。被，及，这里指影响所及。

【20】繇，通"籀（zhòu）"，占卜文辞。

【21】公旦，周公旦。

【22】木铎，以木为舌的大铃，铜质。古代宣布政教法令时，敲响木铎引起人们注意。

【23】席珍，儒者讲席上有珍贵的道德学问供别人请教。席，坐具，指传教讲学的讲席。流，流行传布。

【24】爰（yuán），于是。风姓，指伏羲，相传伏羲为风姓。

【25】玄圣，远古的圣人，指伏羲等人。玄，远。

【26】素王，空王，指孔子。汉儒认为孔子有帝王之道而无王位，所以称之为素王。

【27】道心，指自然之道的精神。敷，裁。

【28】取象，取法。

【29】数，术数，指未来的命运。蓍、龟，都是占卜使用的工具，蓍草与龟甲。

【30】经纬，织布的经线和纬线纵横交织，指治理。区宇，指疆土、国家。

【31】弥纶，包举、综合。彝宪，常法，经久不变的治国大法。

【32】旁通，广通。滞，停留，阻碍。

【33】匮，匮乏。

【34】此句出自《易·系辞上》。

【35】古代一些文章末尾有赞文，用以总括说明全篇大意。《文心雕龙》每篇都有"赞"。

【36】元圣，指孔子。

【37】胥，全，都。

陈情表

李密

李密，字令伯，一名虔，西晋犍为武阳（今四川彭山）人。幼年丧父，由祖母抚养长大，以对祖母孝敬闻名，曾在蜀汉出仕为尚书郎等职，蜀亡，晋武帝征为太子洗（xiǎn）马，他上《陈情表》推辞。祖母去世后，方出任太子洗马，迁汉中太守，为官正直公正。后因朝中无人，作诗抱怨，晋武帝怒而免官，卒于家中。作品大多散佚，仅有《陈情表》和《赐钱东堂诏令赋诗》流传至今。

题 解

《陈情表》作于蜀亡后晋武帝征李密为太子洗马时。李密自幼丧父，母亲改嫁，由祖母抚养长大。蜀国灭亡后，在蜀国任职的李密被晋武帝征召，李密便写下此文推辞。文中叙述祖母抚育自己的大恩，表达自己报养祖母出于大义；感谢朝廷知遇之恩，又讲述自己的苦衷。有人评本文是"读李密《陈情表》而不流泪者，其人必不孝"；晋武帝读完此文也大受感动，赐李密奴婢二人，并命令郡县按时给予其祖母供养。

臣密言：臣以险衅[1]，夙遭闵凶[2]，生孩六月，慈父见背[3]，行年四岁，舅夺母志[4]。祖母刘愍臣孤弱，躬亲抚养。臣少多疾病，九岁不行，零丁孤苦，至于成立[5]。既无叔伯，终鲜兄弟，门衰祚薄，晚有儿息[6]。外无期功强近之亲[7]，内无应门五尺之僮[8]，茕茕孑立[9]，形影相吊[10]。而刘夙婴[11]疾病，常在床蓐[12]，臣侍汤药，未曾废离。

逮奉圣朝，沐浴清化[13]。前太守臣逵[14]察臣孝廉[15]；后刺史臣荣举臣秀才[16]。臣以供养无主，辞不赴命。诏书特下，拜臣郎中，寻[17]蒙国恩，除臣洗马[18]。猥[19]以微贱，当侍东宫[20]，非臣陨首[21]所能上报。臣具以表闻，辞不就职。诏书切峻[22]，责臣逋慢[23]；郡县逼迫，催臣上道；州司临门，急于星火。臣欲奉诏奔驰，则刘病日笃[24]，欲苟顺私情，则告诉不许。臣之进退，实为狼狈。

伏惟[25]圣朝以孝治天下，凡在故老[26]，犹蒙矜育[27]，况臣孤苦，特为尤甚。且臣少仕伪朝[28]，历职郎署[29]，本图宦达，不矜[30]名节。今臣亡国贱俘，至微至陋，过蒙拔擢，宠命优渥[31]，岂敢盘桓，有所希冀！但以刘日薄西山，气息奄奄，人命危浅，朝不虑夕。臣无祖母，无以至今日，祖母无臣，无以终余年，母孙二人，更相为命，是以区区[32]不能废远。

臣密今年四十有四，祖母刘今年九十有六，是臣尽节于陛下之日长，报养刘之日短也。乌鸟私情[33]，愿乞终养。臣之辛苦，非独蜀之人士及二州牧伯[34]所见明知，皇天后土[35]，实所共鉴。愿陛下矜悯愚诚[36]，听[37]臣微志，庶刘侥幸，保卒余年。臣生当陨首，死当结草[38]。臣不胜犬马[39]怖惧之情，谨拜表以闻。

注 释

【1】险衅，灾难祸患，指命运不好。

【2】夙，早。指幼年。闵，通"悯"，指忧患。凶，不幸。

【3】见背，弃我而去，死去的委婉说法。

【4】舅夺母志，封建礼教认为丈夫死后妻子应以守寡甚至殉葬为"志"，此处是改嫁的委婉说法。

【5】成立，长大成人。

【6】儿息，儿子。

【7】期功强近之亲，指比较亲近的亲戚。礼法规定，亲属亲疏不同，服

丧时间也不同。服丧一年称为"期"，九月称"大功"，五月称"小功"。

【8】应门五尺之僮，五尺高的童仆。应门，照应门户。僮，童仆。

【9】茕（qióng）茕孑（jié）立，孤苦伶仃。茕茕，孤单的样子。孑，孤单。

【10】吊，安慰。

【11】婴，纠缠。

【12】蓐（rù），通"褥"，床垫。

【13】清化，清明的政治教化。

【14】"逵"及下文的"荣"都是人名，姓名事迹不详。

【15】"察"和下文的"举"都是推举之意。汉代时建立"察举制"，规定各郡国按照不同科目定期推举人才，分别考察士人的孝顺、才能等，晋代沿袭但略有不同。孝廉，察举制的一个科目，考察孝顺父母、品行方正。

【16】秀才，察举制的一个科目，考察奇才异能之士。

【17】寻，不久。

【18】除，任命。洗马，即太子洗马，太子的属官。

【19】猥，辱。自谦之词。

【20】东宫，太子居住的地方。这里代指太子。

【21】陨首，丧命。

【22】切峻，急切严厉。

【23】逋慢，逃避怠慢。

【24】笃，沉重。

【25】伏惟，古人在奏疏、书信中常用的敬语。

【26】故老，遗老。

【27】矜育，怜惜照料。

【28】伪朝，指蜀汉。晋奉魏为正统，所以以蜀为伪朝。

【29】历职郎署，指曾在蜀汉官署中担任过郎官职务。

【30】矜，矜持、爱惜。

【31】宠命，朝廷信任。指拜郎中、洗马等官职。优渥，优厚。

【32】区区，拳拳。形容自己的私情。

【33】乌鸟私情，相传乌鸦成年后会反哺父母，所以常用来比喻子女对父

母的孝养之情。

【34】二州,指益州和梁州,管辖区域大致在今四川省和陕西省南部。牧伯,刺史。古时一州的长官称牧,又称方伯,所以后代以牧伯称刺史。

【35】皇天,天帝,古代神话中的至高神。后土,土地神。皇天后土,指天地。

【36】愚诚,愚拙的至诚之心。

【37】听,听许,同意。

【38】《左传·宣公十五年》:"秋七月,秦桓公伐晋,次于辅氏。壬午,晋侯治兵于稷以略狄土,立黎侯而还。及洛,魏颗败秦师于辅氏。获杜回,秦之力人也。初,魏武子有嬖妾,无子。武子疾,命颗曰:'必嫁是。'疾病,则曰:'必以为殉。'及卒,颗嫁之,曰:'疾病则乱,吾从其治也。'及辅氏之役,颗见老人结草以亢杜回,杜回踬而颠,故获之。夜梦之曰:'余,而所嫁妇人之父也。尔用先人之治命,余是以报。'"

【39】犬马,作者自比,表示谦卑。

五子之歌

《伪古文尚书》

　　《伪古文尚书》,又称《伪孔传》《梅赜尚书》,是指晋代梅赜(又作梅颐)献给晋元帝的《尚书》,因被考证是假托于古文经而伪造,故称《伪古文尚书》。

　　西晋永嘉之乱时,晋朝皇家所藏图书大部分散佚,其中包括从汉初伏生流传下来的《今文尚书》的经文及各种注疏本,而郑玄所注的杜林漆书本《古文尚书》则广为流传。东晋元帝时,豫章郡守梅赜献上尚书经文五十八篇,自称是失传多时的孔安国《古文尚书》。全书中除《今文尚书》与杜林漆书之三十三篇外(原二十九篇被拆为三十三篇），又多了二十五篇《古文尚书》的篇目，并带有传说由孔安国所作之《传》，在江南地区盛行。唐代时，孔颖达奉敕撰《尚书正义》，将本书作为科举取士的标准版本，而郑玄注杜林漆书本《古文尚书》则完全失传。

但在宋代以后，朱熹等人便开始质疑梅赜献本为何如此简单易懂，与《今文尚书》中的篇目大不相同。明代梅鷟撰《尚书谱》、《尚书考异》，清代阎若璩撰《尚书古文疏证》，全面考证了梅献本多出的二十五篇为后世伪作，并为许多后世学者所接受。现代一般刊行的《尚书》，也多将梅献本的二十五篇剔除或单独列出，仅留下三十三篇与《今文尚书》一致的篇目。

不过，清代洪良品、毛奇龄等人也著书为梅献本"平反"，认为梅献本并无伪造，从而形成两大阵营。现代学者依据"郭店楚墓竹简""清华简"等竹简重新进行研究，但也不能完全确定梅献本的真伪。本书根据以上研究，特将此篇《五子之歌》与其他《尚书》作品分别列出。

题 解

本文出自《伪古文尚书》中的《夏书》。夏王朝的第三任君王太康热衷于游乐田猎而不理政事，结果被有穷国国君羿率领人民夺去君位。而太康的五个弟弟在洛水之北等候百余天却不见太康返回，于是作《五子之歌》，陈述大禹的告诫，表达对太康的指责和对亡国的追悔。

本文中前面的文字古韵盎然，后面的则有四言诗歌的雏形，可能是后人托古之作。而文中"民惟邦本，本固邦宁"一句，则是中国早期民本思想的体现，对后世有重要的启发教育意义。

太康尸位 [1]，以逸豫 [2] 灭厥德，黎民咸贰 [3]，乃盘游无度 [4]，畋于有洛之表 [5]，十旬弗反。有穷后羿 [6] 因民弗忍，距于河 [7]，厥弟五人御 [8] 其母以从，徯于洛之汭 [9]。五子咸怨，述 [10] 大禹之戒以作歌。

其一曰："皇[11]祖有训，民可近，不可下[12]。民惟邦本，本固邦宁。予视天下愚夫愚妇，一[13]能胜予，一人三失，怨岂在明[14]，不见是图[15]。予临兆民[16]，懔[17]乎若朽索之驭六马，为人上者，奈何不敬？"

其二曰："训有之，内作色荒[18]，外作禽荒[19]。甘[20]酒嗜音，峻宇雕[21]墙。有一于此，未或[22]不亡。"

其三曰："惟彼陶唐[23]，有此冀方[24]。今失厥道，乱其纪纲[25]，乃底[26]灭亡。"

其四曰："明明[27]我祖，万邦之君。有典有则，贻[28]厥子孙。关石和钧[29]，王府则有[30]。荒坠厥绪[31]，覆宗绝[32]祀！"

其五曰："呜乎曷归[33]？予怀之悲。万姓仇予，予将畴[34]依？郁陶[35]乎予心，颜厚有忸怩[36]。弗慎[37]厥德，虽悔可追？"

注　释

【1】尸位，古代享用祭祀的主位，此处指代地位尊贵。

【2】逸，安逸。豫，安乐。

【3】贰，有二心。

【4】盘，享乐。游，游逸。度，节制。

【5】畋，打猎。表，指洛水的南面。

【6】有穷，古国名。后羿，有穷国国君的名字，相传他善于射箭。"后"是对国君的称呼，"羿"是名字。与神话中射日的"后羿"不是同一个人。

【7】距，通"拒"，抵御。

【8】御，侍奉。

【9】徯，等待。汭，水的转弯处。

【10】述，此处指遵循。

【11】皇，指夏朝开国君主禹。

【12】下，使卑贱。

【13】一，都，整个。

【14】明，指明显的时候。

【15】不见是图，即"图不见"，指图谋细微不见的过失。

【16】临，面临，面对。兆，计数单位，古代一兆为十万。此处极言人民众多。

【17】懔，内心恐惧。

【18】作，兴。色，女色。荒，迷乱。

【19】禽，鸟兽。代指打猎。

【20】甘，美味。指不加节制地饮酒。

【21】峻，高大。雕，彩饰。

【22】未或，未有，没有什么人。

【23】陶唐，帝尧。

【24】冀方，冀州地方。尧建都平阳，舜建都蒲坂，禹建都安邑，都在古冀州。此处代指全国。

【25】纪纲，法制。

【26】厎（dǐ），致。

【27】明明，明而又明，极言禹的英明神武。

【28】贻，留。

【29】关，此处指交换。石，原为重量单位，一百二十斤为一石。此处用计量较重物品的石代指金铁和大量的生活必需品。和，平。钧，均。

【30】有，富足。

【31】荒，荒废。坠，失落。绪，前人留下的事业。

【32】覆，覆灭。绝，断绝。

【33】曷归，归向何方。

【34】畴，谁。

【35】郁陶，忧愁。

【36】颜厚，面带羞愧。忸怩，内心惭愧。

【37】慎，注重。

酒德颂

刘伶

刘伶，字伯伦，沛国（今安徽淮北）人，魏晋时期名士，与阮籍等人并称为"竹林七贤"。

刘伶为人放浪不羁，酷爱饮酒，人称"醉侯"，喜好老庄玄学，追求自由逍遥、无为而治。他的作品仅有《酒德颂》和《北芒客舍》留存后世，而他对于礼法的蔑视和纵酒避世则受到后人的推崇。

题 解

本文是刘伶的代表作。文中虚构了"大人先生"和公子处士两种对立的形象；大人先生沉醉于酒中，逍遥自由；公子处士则死守礼法，不敢越雷池半步。本文名为歌颂酒德，实际上则是刘伶蔑视礼法的态度的表现。

有大人先生[1]，以天地为一朝[2]，以万期[3]为须臾，日月为扃牖[4]，八荒为庭衢。行无辙迹，居无室庐，幕天席地，纵意所如[5]。止则操卮执觚，动则挈榼[6]提壶，唯酒是务，焉知其余？

有贵介[7]公子，搢绅处士[8]，闻吾风声[9]，议其所以[10]。乃奋袂攘襟，怒目切齿[11]，陈说礼法，是非锋起[12]。先生于是方捧罂承槽[13]、衔杯漱醪[14]；奋髯踑踞[15]，枕麴藉糟[16]；无思无虑，其乐陶陶。兀然而醉，豁尔[17]而醒；静听不闻雷霆之声，熟视不睹泰山之形，不觉寒暑之切肌，利欲之感情。俯观万物，扰扰焉[18]，如江汉之载浮萍；二豪[19]侍侧焉，如蜾蠃之与螟蛉[20]。

注　释

【1】大人先生，指有道德之人，此处是作者自代。

【2】朝（zhāo），平旦至食时为朝。

【3】万期（jī），万年。

【4】扃（jiōng）牖（yǒu），门窗。

【5】如，往。

【6】榼（kē），古时一种盛酒器。

【7】贵介，尊贵。

【8】搢（jìn）绅，泛指士大夫。处士，有才德而隐居不仕的人。

【9】风声，名声风评。

【10】所以，所为之得失。魏晋时有评判士人才能品德的风气。

【11】奋袂（mèi）攘襟，挥动衣袖，捋起衣襟，形容激动的神态。切齿，咬牙。

【12】锋起，齐起，谓来势凶猛。

【13】罌（yīng），大肚小口的陶制容器。槽，酿酒或注酒器。

【14】漱醪（láo），口中含着浊酒。

【15】箕踞，伸两足，手据膝，若箕状。古人认为这种坐姿是对他人的不敬。

【16】枕麴（qū）藉糟，枕着酒麴，垫着酒糟。

【17】豁尔，此处指酒醒时深邃、空虚的样子。

【18】扰扰焉，纷乱的样子。

【19】二豪，指公子与处士。

【20】蜾蠃与螟蛉都是小虫的名字。蜾蠃捕捉螟蛉，存在窝里，留作它幼虫的食物，然后产卵并封闭洞口。古人误认为蜾蠃养螟蛉为己子，螟蛉即变为蜾蠃。此处代指公子处士。

兰亭集序

王羲之

王羲之，字逸少，号澹斋，书法家。原籍琅琊临沂（今山东省临沂市），后迁居山阴（今浙江省绍兴市），曾任右将军，世称"王右军""王会稽"。兼善隶、草、楷、行各体，广采众长，自成一家，被后人称为"书圣"，与其子王献之合称"二王"。他的书法对后世影响极大，被称为是古今之冠。

题 解

《兰亭集序》，又称《禊序》《兰亭序》《禊帖》《临河序》《兰亭宴集序》，被称为"天下第一行书"，是晋代书法的巅峰，更是中国书法艺术的巅峰。

晋穆帝永和九年（353 年）三月初，王羲之与谢安等四十一人在会稽山阴集会，作诗为乐，辑为《兰亭诗》，由王羲之为其作序。在序中，王羲之描写了聚会情况，又写人生短暂，但却没有陷入虚无消极。本文语言流畅，通俗自然，堪称名篇。

在写完本文后，隔日王羲之酒醒，将原文重写了好多次，却终究不如当时写得好。后来本文多经转手，相传被唐太宗带入昭陵殉葬，后来昭陵多次被盗，但却再没有关于这篇作品的记载。现今流传于世的《兰亭集序》，是唐太宗时命令大书法家褚遂良等人临摹的摹本。

永和[1]九年，岁在癸丑[2]，暮春[3]之初，会于会稽山阴之兰亭[4]，修禊事[5]也。群贤[6]毕至，少长[7]咸集。此地有崇山峻领[8]，茂林修竹；又有清流激湍[9]，映带左右[10]，引以为流觞曲水[11]，列坐其次[12]。虽无丝竹管弦之盛，一觞一咏[13]，亦足以畅叙幽情。

是日也，天朗气清，惠风和畅。仰观宇宙之大，俯察品类[14]之盛。所以游目骋怀，足以极视听之娱，信[15]可乐也。

夫人之相与[16]，俯仰[17]一世，或取诸[18]怀抱，悟[19]言一室之内；或因寄所托[20]，放浪形骸之外。虽趣舍万殊[21]，静躁不同，当其欣于所遇，暂得于己，快然自足，不知老之将至[22]；及其所之既倦[23]，情随事迁，感慨系[24]之矣。向之所欣，俯仰之间，已为陈迹[25]，犹不能不以之兴怀[26]；况修短随化[27]，终期[28]于尽。古人云："死生亦大矣[29]。"岂不痛哉！

每揽昔人兴感之由，若合一契[30]，未尝不临文嗟悼，不能喻[31]之于怀。固知一死生为虚诞，齐彭殇[32]为妄作。后之视今，亦由今之视昔，悲夫！故列叙时人[33]，录其所述[34]，虽世殊事异，所以兴怀，其致一也。后之揽[35]者，亦将有感于斯文。

注 释

【1】永和，晋穆帝年号。永和九年，即公元353年。

【2】岁在癸丑，永和九年是癸丑年。

【3】暮春，阴历三月。

【4】会（kuài）稽（jī）山阴，今浙江省绍兴市越城区。兰亭，具体位置历朝历代变化不一，今在绍兴市西南的兰亭镇。

【5】修禊（xì）事，当时的习俗，在三月上旬的巳日（魏以后定为三月三日）群聚于水边嬉戏洗濯，以祓除不祥和求福。

【6】群贤，指当时参加集会的谢安等三十余人，都是当时的名士。

【7】少，指王羲之的儿子王凝之、王徽之；长，指谢安、王羲之等。

【8】领，通"岭"。

【9】激湍，流势很急的水。

【10】映带，映衬、围绕。映带左右，辉映点缀在亭子的周围。

【11】流觞曲（qū）水，古人在聚会时，将装有酒的杯子放入弯曲的水道，停在某人面前，某人就要饮酒。

【12】列坐，排列而坐。次，旁边，水边。

【13】一觞，饮一杯酒。一咏，作一首诗。

【14】品类，指自然界的万物。

【15】信，实在。

【16】相与，相处、交往。

【17】俯仰，形容时间短暂，转瞬即逝。

【18】诸，"之于"的合音。

【19】悟，通"晤"，指心领神会的妙悟之言。

【20】所托，爱好的事物。

【21】趣，通"取"。趣舍，即取舍，爱好。万殊，千差万别。

【22】不知老之将至，《论语·述而》："其为人也，发愤忘食，乐以忘忧，不知老之将至云尔。"

【23】所之既倦，所喜爱或得到的事物已经厌倦。

【24】系，附着。

【25】陈迹，旧迹。

【26】以之兴怀，因它而引起心中的感触。

【27】修短随化，寿命长短随造化而不同。

【28】期，至，及。

【29】死生亦大矣，《庄子·德充符》："仲尼曰：'死生亦大矣，而不得与之变，虽天地覆坠，亦将不与之遗。'"

【30】契，古代的信物，在符契上刻字并一分为二，履行约定时将二者合一。

【31】喻，明白。

【32】一死生、齐彭殇，出自《庄子·齐物论》。

【33】列叙时人，将与会之人记录下来。

【34】录其所述，录下他们作的诗。

【35】揽，通"览"。

归去来兮辞

陶渊明

陶渊明，一名潜。一说晋代时名渊明，字元亮，刘宋时改名潜。自号五柳先生，私谥靖节先生。浔阳柴桑（今江西省九江市）人。东晋、南朝的文学家，曾祖父陶侃曾任八州都督，祖父皆为郡守。陶渊明厌恶当时政治黑暗，曾任江州祭酒等职，最后一次出任彭泽令时，为官八十余日便辞官返乡。

陶渊明诗文俱佳，思想以蔑视权贵、遗世独立为主，崇尚自然天真，特别是他的田园诗，对后世影响很大。钟嵘《诗品》虽列之为中品，却推之为古今隐逸诗人之宗。陶渊明诗文在南北朝时名声不大，当时之人只是崇奉他的隐逸之风。但在唐宋后，陶渊明声名渐盛，开始被人们所推崇。杜甫有诗云："宽心应是酒，遣兴莫过诗。此意陶潜解，吾生后汝期。"

题 解

《归去来兮辞》作于陶渊明最后一次为官出任彭泽令之后。当时，陶渊明为官八十余日便辞官返乡，作此文展现自己脱离官场回归田园。本文通过描写景物与活动，将陶渊明洁身自好、乐天自然的情操寄托其中，展现了他的生活理想。本文虽为辞赋，但语言浅显而自然，结构严谨。欧阳修说："晋无文章，惟陶渊明《归去来兮辞》一篇而已。"

归去来兮[1]，田园将芜胡不归？既自以心为形役[2]，奚惆怅而独悲？悟已往之不谏[3]，知来者之可追[4]。实迷途[5]其未远，觉今是而昨非。舟遥遥以轻飏[6]，风飘飘而吹衣。问征夫[7]以前路，恨晨光之熹微[8]。

乃瞻衡宇，载欣载奔[9]。僮仆欢迎，稚子候门。三径[10]就荒，松菊犹存。携幼入室，有酒盈樽。引[11]壶觞以自酌，眄庭柯以怡颜[12]。倚南窗以寄傲[13]，审容膝[14]之易安。园日涉以成趣，门虽设而常关。策扶老以流憩[15]，时矫首而遐[16]观。云无心以出岫[17]，鸟倦飞而知还。景翳翳[18]以将入，抚孤松而盘桓。

归去来兮，请息交[19]以绝游。世与我而相违，复驾言[20]兮焉求？悦亲戚之情话[21]，乐琴书以消忧。农人告余以春及[22]，将有事[23]于西畴。或命巾车[24]，或棹[25]孤舟。既窈窕[26]以寻壑，亦崎岖而经丘[27]。木欣欣以向荣，泉涓涓而始流。善万物之得时，感吾生之行休[28]。

已矣乎[29]！寓形宇内复几时？曷不委心任去留[30]？胡为乎遑遑欲何之？富贵非吾愿，帝乡不可期[31]。怀良辰[32]以孤往，或植杖而耘耔[33]。登东皋以舒啸[34]，临清流而赋诗。聊乘化以归尽[35]，乐夫天命复奚疑[36]！

注　释

【1】归去来兮，即"回去吧"。来，助词，无义。

【2】形，形体，身体。以心为形役，让心神为形体所役使。指为了免于饥寒而违背本意做了官。

【3】谏，谏止，劝止。

【4】追，挽救，补救。

【5】迷途，这里指做官。

【6】遥遥，摇摆不定的样子。飏，飞扬，形容船行驶很快。

【7】征夫，此处指行人。

【8】恨，遗憾。熹微，微明，天还未亮。

【9】衡宇，简陋的房子。载欣载奔，欣喜地跑过去。

【10】三径，院中小路。《三辅决录·逃名》："蒋诩归乡里，荆棘塞门，舍中有三径，不出，唯求仲、羊仲从之游。"后人以"三径"代指隐士所居。

【11】引，拿取。

【12】眄（miǎn），斜看。柯，树枝。怡颜，使自己显出愉快的神色，这里指使自己高兴。

【13】寄傲，寄托自己傲然自得的心情。

【14】审，觉察。容膝，只能抱膝居住的小屋，形容狭小。

【15】策，拄着。扶老，手杖。流憩，四处走动休息。

【16】遐，远。

【17】无心，无意。岫（xiù），有洞穴的山，这里泛指山峰。

【18】景，太阳，此处指日光。翳翳，阴暗的样子。

【19】息交，停止与人交往断绝交游。指与世俗再无瓜葛，专心隐居。

【20】驾，驾车，此处指驾车出游。言，助词，无义。

【21】情话，知心话。

【22】春及，春天到了。

【23】有事，此处指耕种。

【24】巾车，有车帷的小车。

【25】棹（zhào），船桨，此处作动词，划船。

【26】窈窕，幽深曲折。

【27】亦崎岖而经丘，走过崎岖不平的山路。

【28】得时，按时生长。行休，行将结束。

【29】已矣乎，算了吧。

【30】寓形，寄生。曷（hé），何。委心，随心所欲。去留，指生死。

【31】帝乡，仙乡，神仙居住的地方，此处代指修行道家方术。

【32】良辰，指万物得时的春天。

【33】植，立，扶着。耘，除草。耔，培育禾苗。

【34】皋，高地。啸，长啸，撮口发出悠长清越的声音，古人常以此述志。

【35】聊，暂且。乘化，随顺大自然的运转变化。归尽，归于死亡。

【36】乐夫天命复奚疑，乐安天命，有什么可疑惑的？

编者注

陶渊明的曾祖父陶侃是一代名将，其祖父皆任郡守；但是，陶氏毕竟出身寒门，陶渊明父亲又早逝，到陶渊明这一代时，家境早已衰落。不过，陶渊明的生活仍然没有陷入严重的贫困境地，鲁迅就曾考证陶渊明是有小童服侍的，而他自己也有多处产业，即使失去了为官的俸禄，也能保证他的生活不会陷入困顿。可见，陶渊明向往田园生活，既是他的个性使然，其背后也是有一定的经济基础作为支持的。

但在四十四岁时，陶渊明家中遭遇了一场火灾，他的数间居室全部焚毁，以至于只能以门前的船来遮蔽。而多年战乱、粮食歉收等天灾人祸，更是令他的生活状况急转直下。不过，即使是连遭厄运的陶渊明，在当时的另一位大文学家颜延之和其他故人的资助延请下，也能勉强维持生活。

可是，后世之人却往往对陶渊明产生误解，甚至多有东施效颦之举，以至于产生了要学习陶渊明就必须生活困顿的错误观念。这种以沽名钓誉为目的的"隐居"，是我们应当摒弃的。

桃花源记

陶渊明

题 解

本文作于东晋末年。当时，刘裕废掉东晋末代皇帝晋恭帝并将其杀死，南北战乱仍频，政治黑暗。陶渊明对黑暗的现实社会更加憎恨，于是创作《桃花源记》，以寄托自己的政治理想。

文中，陶渊明塑造了一个乌托邦式的理想世界，描绘了一个安宁和乐的社会，将自己追求美好生活的理想寄托于其中。本文虚实结合，语言简练生动，将"桃花源"这个理想世界描写得令人神往。

后人将"桃花源"作为理想世界的代称，有很多文学作品都以"桃花源"作为题材。如李白《古风》："一往桃花源，千春隔流水。"而桃花源也从一个虚构的仙境摇身一变成为风景胜地，无数文人墨客来到武陵进行寻访。

晋太元[1]中，武陵[2]人捕鱼为业。缘溪行，忘路之远近[3]。忽逢桃花林，夹岸[4]数百步，中无杂树，芳草鲜美[5]，落英[6]缤纷，渔人甚异之。复前行，欲穷其林。

林尽水源[7]，便得一山，山有小口，仿佛[8]若有光。便舍船，从口入。初极狭，才通人[9]。复行数十步，豁然开朗。土地平旷，屋舍俨然[10]，有良田美池桑竹之属[11]。阡陌交通[12]，鸡犬相闻[13]。其中往来种作[14]，男女衣着，悉如外人。黄发垂髫[15]，并怡然自乐。

见渔人，乃[16]大惊，问所从来。具答之。便要[17]还家，设酒杀鸡作食。村中闻有此人，咸来问讯[18]。自云先世避秦时乱，率妻子邑人来此绝境[19]，不复出焉，遂与外人间隔[20]。问今是何世，乃不知有汉，无论[21]魏晋。此人一一为具言[22]所闻，皆叹惋[23]。余人各复延[24]至其家，皆出酒食。停数日，辞去。此中人语云："不足为外人道也[25]。"

既出，得其船，便扶向[26]路，处处志[27]之。及郡下[28]，诣太守，说如此[29]。太守即遣人随其往，寻向所志，遂[30]迷，不复得路。

南阳刘子骥[31]，高尚士也，闻之，欣然规[32]往。未果，寻病终[33]，后遂无问津[34]者。

注　释

【1】太元，东晋孝武帝的年号。

【2】武陵，武陵郡，今湖南常德一带。

【3】远近，偏义复词，指远。

另，陈寅恪考证，《水经注》引戴祚《西征记》，戴祚随刘裕北伐时曾奉命沿洛水溯流而上，至檀山坞返回，《桃花源记》可能从这段经历中进行取材。

【4】夹岸，两岸。

【5】鲜美，光鲜艳丽。

【6】落英，落花。一作初开的花。

【7】林尽水源，林尽于水源，即桃林在溪水发源处就没有了。

【8】仿佛，隐隐约约。

【9】才通人，只能让一人通过。

【10】俨然，整齐的样子。

【11】属，类。

【12】阡陌，田间小路。南北方向为阡，东西方向为陌。交通，相互交错。

【13】鸡犬相闻，能相互听见鸡鸣狗叫的声音。

【14】种作，耕作。

【15】黄发，古人认为黄发是长寿象征，此处指老人。垂髫（tiáo），垂下来的头发，指小孩子。

【16】乃，竟然。

【17】要，通"邀"，邀请。

【18】问讯，询问消息。

【19】邑人，同乡人。《周礼·地官·小司徒》："九夫为井，四井为邑。"绝境，与人世隔绝的地方。

另，西晋末年以后，由于所谓的"五胡乱华""八王之乱"引起中原地区社会混乱，人们纷纷背井离乡，来到慕容氏燕国地域或江南地区定居。如果不能远迁，便自行建设堡垒或依据险峻地形防备强盗。

陈寅恪认为，这里所说的秦是苻坚所建立的前秦政权，而不是秦朝。这里隐居的人，则是躲避前秦君主苻生的暴政而在此聚居，从苻生暴政到刘裕北伐，已经五十余年。

【20】间隔，隔绝。

【21】无论，不要说，更不必说。

【22】具言，详细地道出。

【23】叹惋，感叹、惋惜。

【24】延，邀请。

【25】不足为外人道，不足以为外人称道。此处表示希望渔人不要对外人讲述桃花源。

【26】扶，沿着、顺着。向，从前。

【27】志，标记。

【28】郡下，即郡治，太守所在地。

【29】如此，指在桃花源的见闻。

【30】遂，终于。

【31】刘子骥，即刘骥之，晋代隐士。陶渊明所作（后人多认为是伪托）《搜神后记》中记载他好游山水，"尝采药至衡山，深入忘反。见有一涧水，水南有二石囷，一闭一开。水深广，不得渡。欲还，失道，遇伐弓人，问径，仅得还家。或说囷中皆仙方灵药及诸杂物。骥之欲更寻索，不复知处矣。"

【32】规，计划。

【33】寻，不久。终，病逝。

【34】津，渡口。问津，问路，指寻访桃花源所在地。

另，南朝梁陈年间，就已经有一些文士来到武陵进行寻访；后代文人墨客更是对桃花源是否存在、位于何处不断讨论。如今，已经有多处地区自称找到了"桃花源"，并建立相关设施。

五柳先生传

陶渊明

题 解

《五柳先生传》是陶渊明晚年所作，是一篇具有自传性质的散文。文中详细讲述了五柳先生（即陶渊明）的三大爱好，一是读书，二是饮酒，三是写文章，塑造了一个卓然不群、遗世独立的高尚人格。本文采用白描手法，生动地塑造了五柳先生这一形象。

先生不知何许人也，亦不详其姓字，宅边有五柳树，因以为号焉。闲静少言，不慕荣利。好读书，不求甚解[1]；每有会意[2]，便欣然忘食。性嗜酒，家贫不能常得。亲旧[3]知其如此，或置酒而招之；造饮辄[4]尽，期在必醉。既醉而退，曾不吝情去留[5]。环堵萧然[6]，不蔽风日；短褐穿结[7]，箪瓢屡空[8]，晏如也[9]。常著文章自娱，颇示己志。忘怀得失，以此自终[10]。

赞曰：黔娄之妻有言[11]："不戚戚[12]于贫贱，不汲汲[13]于富贵。"其言兹若人[14]之俦[15]乎？衔觞赋诗，以乐其志，无怀氏之民欤？葛天氏[16]之民欤？

注　释

【1】不求甚解，不求过分探究一字一句，只领会要旨。

【2】会意，指对书中的有所体会。

【3】亲旧，亲戚朋友。旧，旧交好友。

【4】造，往、到。辄，就。

【5】曾（zēng）不，竟不。吝情，舍不得。去留，离开。此句意为喝完就走。

【6】环堵，周围都是土墙，形容居室简陋。萧然，萧条空寂的样子。

【7】短褐，粗布短衣。穿，破。结，缝补。穿结，指衣服破烂打满补丁。

【8】箪（dān），盛饭的圆形竹器。瓢（piáo），饮水用具。箪瓢屡空，形容贫穷而不能吃饱。

【9】晏如，安然自若的样子。

【10】自终，过完自己的一生。

【11】黔（qián）娄，《列女传》记载为春秋鲁国人，《高士传》则记载为战国齐国人。隐士，道家学者，一心求隐而多次拒绝诸侯邀请。下文所引一句，见于《列女传·鲁黔娄妻》，是曾参前去吊丧时他的妻子所说的话。

【12】戚戚，忧愁的样子。

【13】汲汲，极力钻营。

【14】若人，此人，指五柳先生。

【15】俦（chóu），同类。

【16】无怀氏、葛天氏，都是传说中的上古帝王。《管子·封禅》："昔

无怀氏封泰山。"尹知章注:"古之王者,在伏羲前。"《帝王世纪》:"有巢氏之后有葛天氏等,皆袭伏羲之号。"

闲情赋

陶渊明

题解

《闲情赋》是陶渊明的一篇赋作,据考证应是他年轻时的作品。本文一反陶渊明遗世孤立的思想,描写一位作者日思夜想的绝色佳人,作者想与她形影不离,以至于变成器物附在她身上。全文辞藻华丽,将佳人的姿色与高洁的品德志趣都生动地描写出来,苏轼评论此文为"好色而不淫,合乎风骚之旨"。

初,张衡作《定情赋》[1],蔡邕作《静情赋》[2],检逸辞而宗[3]澹泊,始则荡以思虑[4],而终归闲正[5]。将以抑流宕[6]之邪心,谅有助于讽谏[7]。缀文[8]之士,奕代继作[9];并因触类[10],广其辞义。余园闾[11]多暇,复染翰[12]为之;虽文妙[13]不足,庶[14]不谬作者之意乎。

夫何瓌逸之令[15]姿,独旷世以秀群。表倾城[16]之艳色,期有德于传闻。佩鸣玉[17]以比洁,齐[18]幽兰以争芬。淡柔情于俗内[19],负雅志于高云。悲晨曦之易夕[20],感人生之长勤[21];同一尽于百年[22],何欢寡而愁殷!褰朱帏[23]而正坐,泛清瑟[24]以自欣。送纤指之余好[25],攘皓袖之缤纷[26]。瞬美目以流眄[27],含言笑而不分。曲调将半,景落西轩[28]。悲商叩林[29],白云依山。仰睇天路[30],俯促[31]鸣弦。神仪[32]妩媚,举止详妍[33]。

激[34]清音以感余,愿接膝以交言[35]。欲自往以结誓[36],惧冒礼之为愆[37]；待凤鸟以致辞[38]，恐他人之我先。意惶惑而靡宁[39]，魂须臾而九迁[40]。愿在衣而为领，承华首之余芳；悲罗襟之宵离[41]，怨秋夜之未央！愿在裳而为带，束窈窕之纤身[42]；嗟温凉之异气[43]，或脱故而服新[44]！愿在发而为泽[45]，刷玄鬓于颓肩[46]；悲佳人之屡沐[47]，从白水而枯煎[48]！愿在眉而为黛[49]，随瞻视以闲扬[50]；悲脂粉之尚鲜[51]，或取毁于华妆[52]！愿在莞[53]而为席，安弱体于三秋[54]；悲文茵之代御[55]，方经年而见求[56]！愿在丝而为履，附素足以周旋[57]；悲行止之有节[58]，空委弃[59]于床前！愿在昼而为影，常依形而西东；悲高树之多荫，慨有时而不同[60]！愿在夜而为烛，照玉容于两楹[61]；悲扶桑之舒光[62]，奄灭景而藏明[63]！愿在竹而为扇，含凄飙于柔握[64]；悲白露之晨零[65]，顾襟袖以缅邈[66]！愿在木而为桐[67]，作膝上之鸣琴；悲乐极以哀来，终推我而辍[68]音！

考所愿而必违，徒契契以苦心[69]。拥劳情而罔诉[70]，步容与于南林。栖木兰之遗露[71]，翳[72]青松之余阴。傥行行之有觌[73]，交欣惧于中襟[74]；竟寂寞而无见，独悁[75]想以空寻。敛轻裾以复路[76]，瞻夕阳而流叹[77]。步徙倚以忘趣[78]，色惨惨而矜颜[79]。叶燮燮以去条[80]，气凄凄[81]而就寒。日负影以偕没[82]，月媚景[83]于云端。鸟凄声以孤归，兽索偶[84]而不还。悼当年之晚暮[85]，恨兹岁之欲殚[86]。思宵梦[87]以从之，神飘飘[88]而不安；若凭舟之失棹[89]，譬缘崖而无攀[90]。于时毕昴[91]盈轩，北风凄凄，恫恫[92]不寐，众念徘徊[93]。起摄带以伺晨[94]，繁霜粲于素阶[95]。鸡敛翅而未鸣，笛流远以清哀[96]；始妙密以闲和[97]，终寥亮而藏摧[98]。意夫人[99]之在兹，托行云以送怀[100]；行云逝而无语，时奄冉而就[101]过。徒勤思[102]以自悲，终阻山而带河[103]。迎清风以祛累[104]，寄弱志于归波[105]。尤《蔓草》之为会，诵《召南》[106]之余歌。坦万虑以存诚[107]，憩遥情于八遐[108]。

注　释

【1】张衡，字平子，东汉文学家、科学家。《定情赋》残文载于《艺文类聚》。

【2】蔡邕（yōng），字伯喈（jiē），东汉文学家、书法家。《静情赋》已失传。

【3】检，检束，收敛。逸辞，奔放的言辞，此处指放荡的语言。宗，以……为宗，崇尚。

【4】荡，放纵。思虑，构思、想象。

【5】闲正，闲雅、从容大方。

【6】抑，抑止、遏止。流宕（dàng），放荡。

【7】谅，估计、料想。讽谏，委婉劝谏。

【8】缀（zhuì）文，作文。缀，连缀，此处指创作。

【9】奕代，累世，屡代。继作，何孟春注《陶靖节集》："赋情始楚宋玉，汉司马相如、平子、伯喈继之为《定》《静》之辞。而魏则陈琳、阮瑀作《止欲赋》，王粲作《闲邪赋》，应玚作《正情赋》，曹植作《静思赋》，晋张华作《永怀赋》，此靖节所谓'奕世继作，并因触类，广其辞义'者也。"

【10】触类，触类旁通，此处指触及同类事物而感动。

【11】园闾，田舍，此处指田园生活。

【12】翰，毛笔。染翰，用毛笔蘸墨。

【13】文妙，文彩，才华。

【14】庶，庶凡、大概。

【15】瓌（guī），通"瑰"，奇伟、珍贵。逸，出众。令，美好、美妙。

【16】表，外貌。倾城，一城之人皆为之倾倒。极言女子之美。《汉书·孝武李夫人传》："北方有佳人，绝世而独立。一顾倾人城，再顾倾人国。"

【17】鸣玉，古人的玉佩戴在身上，行走时相互碰撞而发出清脆悦耳的声音，因此称"鸣玉"。

【18】齐，并列、等量。

【19】淡，轻视。俗内，俗世之内。

【20】易夕，容易迟暮。

【21】长勤，长久忧苦心劳。

【22】同一，同样。尽，死亡。百年，终生。

【23】褰（qiān），揭起、拉开。朱帷，红色帷帐。

【24】泛，拨动、弹奏。清瑟，清越的瑟声。

【25】送，舒放。余好，绵延不尽的美好。指瑟声袅袅不绝。

【26】攘（ráng），将。缤纷，此处形容衣袖飘动的美态纷呈。

【27】瞬，目光转动。流眄（miǎn），转动眼睛并斜视。

【28】景，日光。轩，窗。

【29】商，五音之一。又，古人以五音中的商角徵羽四音对应四季，《礼记·月令》："孟秋之月，其音商。"此处"商"即代指"秋"。叩林，吹动林木。

【30】睇（dì），斜视。天路，天空。

【31】俯促，低头急弹。

【32】神仪，神情仪态。

【33】详妍，安详而美妙。

【34】激，激荡，此处指弹奏。

【35】接膝，促膝。交言，交谈。

【36】结誓，订结誓约。

【37】冒礼，违背礼法。愆，过错。

【38】致辞，这里指说媒。

【39】惶惑，犹疑恐惧。靡宁，不安。

【40】九迁，多变。

【41】罗襟，罗衣，绸制衣服。宵离，指夜间脱去罗衣。

【42】纤身，纤细苗条的身材。这里指细腰。

【43】嗟，嗟叹。温凉，冷暖。异气，不同的气节、气候。

【44】脱故，脱去旧衣。服新，穿上新衣。

【45】泽，润泽，这里指润泽头发的发膏。

【46】玄鬓，黑发。颓肩，削肩。古代女子以削肩为美。

【47】屡沐，常常洗发。

【48】枯煎，枯干。

【49】黛，青黑色的颜料。古代女子用以画眉。

【50】闲扬，安闲地扬起。

【51】尚鲜，崇尚鲜艳。

【52】取毁，被毁，指脂粉被抹掉。华妆，华艳的梳妆。

【53】莞（guān），一种植物，茎叶可用于编制草席。

【54】弱，柔弱。三秋，指秋天。秋季三个月，故称三秋。

【55】文茵，原指车中的虎皮坐垫，此处指有花纹的皮褥。代御，取代。

【56】见求，被需求、被使用。

【57】素足，白皙的双足。周旋，转动。

【58】行止，走动停止。有节，有节度、符合礼数。

【59】委弃，抛弃，弃置。

【60】不同，不在一同，即分开。

【61】楹（yíng），厅堂前部的柱子。这里指放灯烛之处。

【62】扶桑，《山海经·海外东经》："汤谷上有扶桑，十日所浴。"《说文》作"榑桑"："榑桑，神木，日所出也。"此处代指太阳。舒光，舒放出光辉。

【63】奄，忽然。景，通"影"，指烛影。藏明，指烛光被熄灭。

【64】凄飙（biāo），凉风。柔握，柔美的手。

【65】晨零，早晨凋零。

【66】顾，顾念、想。缅邈，遥远。

【67】桐，桐木。古人多用桐木做琴瑟。

【68】辍，中断、停止。

【69】契契，忧愁痛苦。

【70】劳，忧愁。罔，无。罔诉，无处诉说。

【71】栖，居住，停留。遗露，残露。

【72】翳，阴影，此处作动词，指以树荫遮蔽。

【73】傥（tāng），通"倘"，倘若。行行，徘徊。觌（dì），相见。

【74】交，交织。欣惧，欣喜和惧怕。中襟，内心。

【75】悁（yuān），忧愁。

【76】敛，提起。裾（jū），衣服的前襟。复路，原路返回。

【77】流叹，叹息不止。

【78】徙倚，徘徊。趣，通"趋"，前行。

【79】惨惨，黯淡无光，此处指心中忧虑。矜颜，脸色寒冷庄重。

【80】槭（xiè）槭，形容落叶的声音。去条，离开枝条。

【81】凄凄，寒冷的样子。

【82】日负影，太阳随着它的光影。偕没，一同消失。

【83】媚景，明媚可爱的光影。

【84】索偶，寻求伴侣。

【85】悼，哀伤。当年，壮年。晚暮，迟暮。

【86】殚，尽。

【87】宵梦，夜梦。

【88】飘飖（yáo），飘荡，此处指精神恍惚。

【89】凭舟，乘船。棹（zhào），船桨。

【90】缘，攀缘。无攀，没有可供攀援的岩石等物体。

【91】毕、昴（mǎo），二星宿名。这里代指群星。

【92】惆（jiōng）惆，炯炯，焦灼不安。

【93】众念徘徊，谓各种念头萦绕心中。

【94】摄带，束带，代指穿衣。伺晨，等待天亮。

【95】素阶，皎洁的台阶。

【96】流远，传得很远。清哀，清扬哀婉。

【97】妙密，美妙而细腻。闲和，闲雅平和。

【98】寥亮，即"嘹亮"。藏摧，即"摧藏"，极度悲伤。

【99】意，料想。夫（fú）人，那个人。指文中描写的女子。

【100】托行云以送怀，寄托行云以传送思慕的情怀。

【101】奄冉，即"荏苒"，形容时光逐渐推移。就，随即。

【102】勤思，苦思。

【103】阻山，为山所阻。带河，河如长带，挡住去路。一作"滞河"，因河水而滞留。

【104】祛（qū）累，消除忧累。

【105】寄弱志于归波，把杂念付之东流。弱志，懦弱的情思，指杂念。

归波，归向东海的水流。

【106】尤，责怪，埋怨。《蔓草》，指《诗·郑风·野有蔓草》。《毛诗序》评："男女失时，思不期而会焉。"这在古代是不合礼法的。《召南》，指《诗·召南》，《国风》十五篇之一。《诗大序》："《周南》《召南》，正始之道，王化之基。"在《召南》中描写男女的诗歌，多是符合礼法的。

【107】坦万虑，表露复杂多端的情思。存诚，保持真诚。

【108】憩，休息，停止。遥情，指驰骋放荡的思绪。八遐，八荒，极远之地。

与子俨等疏

陶渊明

题 解

本文创作于陶渊明五十三岁时，当时作者病痛不断加重，深感自己时日无多，于是写下了这封带有遗嘱性质的家信。文中，作者以达观的态度，简明扼要地回顾了自己五十余年的人生，表达了自己的思想与人生态度，并希望儿子们能够互相关爱，继承他的思想。

告俨、俟、份、佚、佟[1]：

天地赋命，生必有死。自古贤圣，谁能独免？子夏有言："死生有命，富贵在天。[2]"四友之人[3]，亲受音旨[4]。发斯谈者，将非[5]穷达不可妄求，寿夭永无外请[6]故耶？

吾年过五十，少而穷苦。每以家弊[7]，东西游走[8]。性刚才拙，与物多忤[9]。自量为己[10]，必贻俗患[11]，僶俛辞世[12]，使汝等幼而饥寒。余尝感孺仲贤妻之言[13]，败絮自拥，何惭儿子[14]。此既一事[15]矣。但恨邻靡二仲[16]，室无莱妇[17]，抱兹苦心，良独内愧。少学琴书，偶爱闲静，开卷有得，便欣然忘食。见树木交荫，时鸟[18]

变声，亦复欢然有喜。常言五六月中，北窗下卧，遇凉风暂至，自谓是羲皇上人[19]。意浅识罕[20]，谓斯言可保[21]，日月遂往，机巧好疏[22]，缅[23]求在昔，眇然[24]如何。

疾患以来，渐就衰损[25]。亲旧不遗，每以药石见救，自恐大分[26]将有限也。汝辈稚小家贫，每[27]役柴水之劳，何时可免？念之在心，若何可言[28]。然汝等虽不同生[29]，当思四海皆兄弟[30]之义。鲍叔、管仲，分财无猜[31]；归生、伍举，班荆道旧[32]，遂能以败为成[33]，因丧立功[34]。他人尚尔[35]，况同父之人哉！颍川韩元长[36]，汉末名士，身处卿佐，七十而终，兄弟同居，至于没齿[37]。济北氾稚春[38]，晋时操行人[39]也，七世同财，家人无怨色。《诗》曰："高山仰止，景行行止[40]。"虽不能尔，至心[41]尚之。汝其慎哉！吾复何言。

注 释

【1】俨、俟、份（bīn）、佚、佟，陶渊明的五个儿子。

【2】子夏，卜商，字子夏，孔子弟子。此句见于《论语·颜渊》。

【3】四友，"孔子曰：'吾有四友焉。自吾得回也，门人加亲，是非胥附乎？自吾得赐也，远方之士日至，是非奔辏乎？自吾得师也，前有光，后有辉，是非先后乎？自吾得仲由也，恶言不至于门，是非御侮乎？'"一说，"四友"中包括子夏。

【4】音旨，指孔子的教诲。旨，要义。

【5】将非，岂不是。

【6】寿，长寿。夭，短命。外请，在命数以外寻求延长。

【7】弊，贫困。

【8】游走，奔波，指外出做官。

【9】与物多忤，与世情多不相合。

【10】自量为己，自己估量自己。指为自己打算。

【11】俗患，指世俗官场上的祸患。

【12】僶（mǐn）俛（miǎn），勤勉。辞世，辞别俗世，即辞官归隐。

【13】孺仲，东汉人王霸，字孺仲，太原人。《后汉书·逸民列传》："少有情节。及王莽篡位，弃冠带，绝交宦，以病归。隐居守志，茅屋蓬户。连征不至，以寿终。"又《后汉书·列女传》记载："（王霸）妻亦美志行。初，霸与同郡令狐子伯为友，后子伯为楚相，而其子为郡功曹。子伯乃令子奉书于霸，车马服从，雍容如也。霸子时方耕于野，闻宾至，投耒而归，见令狐子，沮怍不能仰视。霸目之，有愧容，客去而久卧不起。妻怪问其故，始不肯告，妻请罪，而后言曰：'吾与子伯素不相若，向见其子容服甚光，举措有适，而我儿曹蓬发历齿，未知礼则，见客而有惭色。父子恩深，不觉自失耳。'妻曰：'君少修清节，不顾荣禄。今子伯之贵孰与君之高？奈何忘宿志而惭于儿女乎！'霸屈起而笑曰：'有是哉！'遂共终身隐遁。"

【14】何惭儿子，又何必为儿子的贫寒而惭愧呢。

【15】一事，一样的道理。

【16】靡，缺少、没有。二仲，指汉代的两位隐士羊仲、求仲。

【17】莱妇，老莱子的妻子。老莱子，春秋时道家代表人物，与老子同时（一说老莱子与老子是同一人）。《列女传》记载楚王以重金聘请他为官，他的妻子劝他："妾闻之：可食以酒肉者，可随以鞭捶。可授以官禄者，可随以铁钺。今先生食人酒肉，受人官禄，为人所制也。能免于患乎？妾不能为人所制，投其畚莱而去。"于是老莱子便与她一同隐居。

【18】时鸟，指按季节迁徙的候鸟。

【19】羲皇上人，太古之人。羲皇，即伏羲。

【20】意浅，思想单纯。识罕，见识稀少。

【21】谓，认为。保，保持，维持。

【22】机巧，指逢迎取巧。好疏，生疏。

【23】缅，远。

【24】眇然，渺茫。

【25】衰损，衰老。

【26】大分（fèn），寿数。

【27】每，常。

【28】若何可言，有什么话可说呢。

【29】不同生，不是一母所生。长子俨为前妻所生，后四子为续弦翟氏所生。

【30】四海皆兄弟，《论语·颜渊》："君子敬而无失，与人恭而有礼，四海之内皆兄弟也。"

【31】无猜，无有猜忌。《史记·管晏列传》："管仲曰：'吾始困时，尝与鲍叔贾，分财利多自与，鲍叔不以我为贪，知我贫也。'"

【32】归生，春秋时蔡国大夫，又称声子。伍举，春秋时楚国大夫，二人为好友。《左传·襄公二十六年》及《国语·楚语》记载伍举因受岳父牵连被迫逃亡楚国，路遇出使晋国的归生，归生与他交谈并说将帮他返回。后来归生趁令尹子木询问晋国情况时说："晋卿不如楚，其大夫则贤，皆卿材也。如杞、梓、皮革，自楚往也。虽楚有材，晋实用之。"于是召回伍举。后人以"楚才晋用"比喻用才不当。班，铺陈。道旧，叙旧。

【33】此处指管仲辅佐公子纠争夺齐国国君失败被俘，后在鲍叔牙保荐下被释放并重用，从而辅助齐桓公成就霸业一事。

【34】《左传·昭公元年》："冬，楚公子围将聘于郑，伍举为介。未出竟，闻王有疾而还。伍举遂聘。十一月己酉，公子围至，入问王疾，缢而弑之。遂杀其二子幕及平夏。右尹子干出奔晋。宫厩尹子皙出奔郑。杀大宰伯州犁于郑。葬王于郏，谓之郏敖。使赴于郑，伍举问应为后之辞焉。对曰：'寡大夫围。'伍举更之曰：'共王之子围为长。'"

【35】尔，如此。

【36】韩元长，名融，字元长，东汉时人。《后汉书·荀韩钟陈列传》："子融，字元长。少能辩理而不为章句学。声名甚盛，五府并辟。献帝初，至太仆。年七十卒。"

【37】没齿，即终身。

【38】济北，济北郡，刘宋时郡治在今山东省肥城市。氾（fàn）稚春，名毓，字稚春，西晋时人。《晋书·儒林传》记载其家族："奕世儒素，敦睦九族，客居青州，逮毓七世，时人号其家'儿无常父，衣无常主'。"

【39】操行人，品行高尚的人。

【40】此句见于《诗经·小雅·车辖》。

【41】至心，至诚之心。

自祭文

陶渊明

题 解

本文是陶渊明为自己所写的一篇祭文。在文中，作者对自己的生活情状、性格志趣和人生理想作了总结性的抒写。作者认为，人只有顺应自然，才能享受清明之心境。文章情感真朴，文风茂实。

岁惟丁卯[1]，律中无射[2]。天寒夜长，风气萧索，鸿雁于征[3]，草木黄落。陶子将辞逆旅之馆[4]，永归于本宅。故人凄其相悲，同祖行[5]于今夕。羞[6]以嘉蔬，荐以清酌[7]。候颜已冥[8]，聆音愈漠[9]。呜呼哀哉！

茫茫大块[10]，悠悠高旻[11]，是生万物，余得为人。自余为人，逢运之贫，箪瓢屡罄，絺绤[12]冬陈。含欢谷汲[13]，行歌负薪，翳翳柴门，事我宵晨[14]，春秋代谢，有务中园[15]，载耘载籽[16]，乃育乃繁[17]。欣以素牍[18]，和以七弦[19]。冬曝其日，夏濯其泉。勤靡[20]余劳，心有常闲[21]。乐天委分[22]，以至百年。

惟此百年，夫人[23]爱之，惧彼无成，愒[24]日惜时。存为世珍[25]，殁亦见思[26]。嗟我独迈[27]，曾是异兹[28]。宠非己荣[29]，涅岂吾缁[30]？捽兀[31]穷庐，酣饮赋诗。识运知命，畴能罔眷[32]。余今斯化[33]，可以无恨。寿涉百龄，身慕肥遁[34]，从老得终[35]，奚所复恋！

寒暑愈迈[36]，亡既异存[37]，外姻[38]晨来，良友宵奔[39]，葬之中野[40]，以安其魂。窅窅[41]我行，萧萧墓门，奢耻宋臣[42]，俭笑王孙[43]，廓兮已灭[44]，慨焉已遐[45]，不封不树[46]，日月遂过。匪贵前誉，孰重后歌？人生实难，死如之何？呜呼哀哉！

注 释

【1】丁卯，指宋文帝元嘉四年（427年）。

【2】律中（zhòng）无射（yì），指农历九月。律，乐律。古人将标志音高的十二律与十二月相对应，九月正好对应无射律。

【3】征，行，这里指飞过。

【4】逆旅之馆，迎宾的客舍，比喻人生如过客。下句"本宅"指墓地，寓意类似。

【5】祖行，指出殡前夕祭奠亡灵。

【6】羞，进献食品，这里指供祭。

【7】荐，进，供。清酌，指祭奠时所用的酒。

【8】候，伺望。冥，昏暗，模糊不清。

【9】聆，听。漠，通"寞"，寂静无声。

【10】大块，指大地。

【11】旻（mín），天。

【12】絺（chī）绤（xì），夏天穿的葛布衣，絺是细葛布，绤是粗葛布。

【13】谷汲，在山谷中取水。

【14】事我宵晨，指从事日常生产活动。

【15】中园，园中，指田园。

【16】载，又，且。籽（zǐ），在苗根培土。

【17】乃育乃繁，指作物的繁衍。

【18】素牍（dú），指书籍。

【19】七弦，指七弦琴。

【20】靡，无。

【21】常，恒久。闲，悠闲自在。

【22】乐天，乐从天道的安排。委分，指听从本分，服从命运。

【23】人，即"人人"。

【24】惄（kài），贪。

【25】存为世珍，生前被世人所尊重。

【26】见思，被思念。

【27】嗟我独迈，感叹自己独行其是。

【28】兹，这，指众人的处世态度。

【29】宠非己荣，不以受宠为荣。

【30】涅岂吾缁（zī），污浊的社会岂能把我染黑。缁，黑色，这里用作动词，变黑。

【31】捽（zuó）兀，挺拔突出的样子，此处比喻意气高昂。

【32】畴（chóu），助词无意义。罔，无。眷，眷念。

【33】化，物化，指死去。

【34】肥遁，指退隐。《易·遁卦第三十三》："上九，肥遁，无不利。"肥，宽裕自得。遁，退避。

【35】从老得终，谓以年老而得善终。

【36】逾迈，进行。

【37】亡，死。异，不同于。存，生，活着。

【38】外姻，泛指亲戚。

【39】奔，指前来奔丧。

【40】中野，荒野之中。

【41】窅窅（yǎo），隐晦的样子。

【42】《孔子家语》记载孔子在宋国时，宋国司马桓魋（tuí）为自己建造石椁，三年不成，工匠皆病，孔子认为这过于奢侈了。

【43】《汉书·杨王孙传》记载，杨王孙临死前嘱咐子女："死则布囊盛尸，入地七尺，既下，从足引脱其囊，以身亲土。"

【44】廓，空阔，指墓地。灭，指人已经死去。

【45】退，远，指死者远逝。

【46】不封，不垒高坟。不树，不在墓边植树，《礼记·王制》："庶人县封，葬不为雨止，不封不树。"

班超传

范晔

范晔，字蔚宗，南朝宋历史学家，顺阳（现河南省淅川县）人。范晔出身士族家庭，但由于母亲身份低微，范晔身份不高，后过继给其堂伯父为子而得以袭爵。年轻时，先后担任尚书外兵郎等职务，由于性格骄慢，经常被贬官。后因在彭城王刘义康母亲丧期饮酒作乐触怒彭城王，而被贬为宣城太守，于是"不得志，乃删众家《后汉书》为一家之作"。元嘉二十二年（445年），因卷入彭城王谋反一案，被处死。

《后汉书》，记载了自汉光武帝建德元年（25年）至汉献帝期间一百八十余年的历史，是"前四史"之一，包括十纪、八十列传、八志（自司马彪《续汉书》补入）。范晔在被处死之前写下的《狱中与诸甥侄书》中明言："既造《后汉》，转得统绪。详观古今著述及评论，殆少可意者。班氏最有高名，既任情无例，不可甲乙辨，后赞理近无所得，惟志可推耳。博赡不可及之，整理未必愧也。"《后汉书》结构严谨，在《史记》《汉书》的基础上又有所创新；讲究文采，句式多有骈俪化倾向；主张无神论，敢于暴露政治黑暗。陈寅恪评价说："蔚宗之为后汉书，体大思精，信称良史。"

题 解

本文节选自《后汉书·班梁列传》，选取班超在西域的经历部分。班超，东汉将领、外交家，出身史学世家却投笔从戎，因威震西域而闻名天下。他以非凡的才能与胆识，使西域归于稳定，维护了祖国安全，加强了与西域各族的联系。

本文详细而生动地记述了班超在西域浴血奋战的传奇人生，文字流利，结构顺畅严谨，是《后汉书》中最为精彩的人物传记之一。

班超字仲升，扶风平陵[1]人，徐令彪[2]之少子也。为人有大志，不修细节。然内孝谨，居家常执勤苦，不耻劳辱。有口辩，而涉猎[3]书传。永平五年[4]，兄固[5]被召诣校书郎，超与母随至洛阳[6]。家贫，常为官佣书[7]以供养。久劳苦，尝辍业投笔叹曰："大丈夫无它志略，犹当效傅介子、张骞[8]立功异域，以取封侯，安能久事笔研[9]间乎？"左右皆笑之。超曰："小子安知壮士志哉！"其后行诣相者，曰："祭酒[10]，布衣诸生耳，而当封侯万里之外。"超问其状。相者指曰："生燕颔虎颈[11]，飞而食肉，此万里侯相也。"久之，显宗[12]问固："卿弟安在？"固对："为官写书，受直[13]以养老母。"帝乃除[14]超为兰台令史，后坐事免官。

十六年[15]，奉车都尉窦固[16]出击匈奴，以超为假司马[17]，将兵别击伊吾[18]，战于蒲类海[19]，多斩首虏而还。固以为能，遣与从事郭恂俱使西域。

超到鄯善[20]，鄯善王广奉超礼敬甚备，后忽更疏懈。超谓其官属曰："宁觉广礼意薄乎？此必有北虏[21]使来，狐疑未知所从故也。明者睹未萌，况已著邪。"

乃召侍胡[22]诈之曰："匈奴使来数日，今安在乎？"侍胡惶恐，具服[23]其状。超乃闭[24]侍胡，悉会其吏士三十六人，与共饮，酒酣，因激怒之曰："卿曹与我俱在绝域[25]，欲立大功，以求富贵。今虏使到裁[26]数日，而王广礼敬即废；如令鄯善收吾属送匈奴，骸骨长[27]为豺狼食矣。为之奈何？"官属皆曰："今在危亡之地，死生从司马。"超曰："不入虎穴，不得虎子。当今之计，独有因夜以火攻虏，使彼不知我多少，必大震怖，可殄[28]尽也。灭此虏，则鄯善破胆，功成事立矣。"众曰："当与从事议之。"超怒曰："吉凶决于今日。从事文俗吏[29]，闻此必恐而谋泄，死无所名，非壮士也！"众曰："善。"初夜，遂将吏士往奔虏营。会天大风，超令十人持鼓藏虏舍后，约曰："见火然[30]，皆当鸣鼓大呼。"余人悉持兵弩夹门而伏。超乃顺风纵火，前后鼓噪。虏众惊乱，超手格杀三人，吏兵斩其使及从士三十余级，余众百许人悉烧死。明日乃还告郭恂，恂大惊，既而色动。超知其意，举手曰："掾[31]虽不行，班超何心独擅[32]之乎？"恂乃悦。超于是召鄯善王广，以虏使首示之，一国震怖。超晓告抚慰，遂纳子为质[33]。还奏于窦固，固大喜，具上超功效，并求更选使使西域。

帝壮超节[34]，诏固曰："吏如班超，何故不遣而更选乎？今以超为军司马，令遂[35]前功。"超复受使，固欲益其兵，超曰："愿将本所从三十余人足矣。如有不虞[36]，多益为累。"

是时，于窴王广德新攻破莎车[37]，遂雄张南道[38]，而匈奴遣使监护其国。超既西，先至于窴。广德礼意甚疏。且其俗信巫。巫言："神怒何故欲向汉？汉使有騧马[39]，急求取以祠我。"广德乃遣使就超请马。超密知其状，报许之，而令巫自来取马。有顷，巫至，超即斩其首以送广德，因辞让[40]之。广德素闻超在鄯善诛灭虏使，大惶恐，即攻杀匈奴使者而降超。超重赐其王以下，因镇抚焉。

时龟兹[41]王建为匈奴所立，倚恃虏威，据有北道，攻破疏勒[42]，杀其王，而立龟兹人兜题为疏勒王。明年春，超从间道至疏勒。去兜题所居盘橐城[43]九十里，逆[44]遣吏田虑先往降之。敕[45]虑曰："兜题本非疏勒种，国人必不用命。若不即降，便可执之。"虑既到，兜题见虑轻弱，殊无降意。虑因其无备，遂前劫缚兜题。

左右出其不意，皆惊惧奔走。虑驰报超，超即赴之，悉召疏勒将吏，说以龟兹无道之状，因立其故王兄子忠为王，国人大悦。忠及官属皆请杀兜题，超不听，欲示以威信，释而遣之。疏勒由是与龟兹结怨。

十八年，帝崩。焉耆[46]以中国大丧，遂攻没都护陈睦[47]。超孤立无援，而龟兹、姑墨数[48]发兵攻疏勒。超守盘橐城，与忠为首尾，士吏单少，拒守岁余。肃宗[49]初即位，以陈睦新没，恐超单危不能自立，下诏征超。超发还，疏勒举国忧恐。其都尉黎弇曰："汉使弃我，我必复为龟兹所灭耳。诚不忍见汉使去。"因以刀自刭[50]。超还至于寘，王侯以下皆号泣曰："依汉使如父母，诚不可去。"互抱超马脚，不得行。超恐于寘终不听其东，又欲遂本志，乃更还疏勒。疏勒两城自超去后，复降龟兹，而与尉头[51]连兵。超捕斩反者，击破尉头，杀六百余人，疏勒复安。

建初[52]三年，超率疏勒、康居、于寘、拘弥[53]兵一万人攻姑墨石城，破之，斩首七百级。超欲因此叵[54]平诸国，乃上疏请兵。曰："臣窃见先帝[55]欲开西域，故北击匈奴[56]，西使外国[57]，鄯善、于寘即时向化。今拘弥、莎车、疏勒、月氏、乌孙[58]、康居复愿归附，欲共并力破灭龟兹，平通汉道。若得龟兹，则西域未服者百分之一耳。臣伏自惟念，卒伍小吏，实愿从谷吉[59]效命绝域，庶几[60]张骞弃身旷野。昔魏绛[61]列国大夫，尚能和辑诸戎，况臣奉大汉之威，而无铅[62]刀一割之用乎？前世议者皆曰取三十六国，号为断匈奴右臂[63]。今西域诸国，自日之所入[64]，莫不向化[65]，大小欣欣，贡奉不绝，唯焉耆、龟兹独未服从。臣前与官属三十六人奉使绝域，备遭艰厄。自孤守疏勒，于今五载，胡夷情数[66]，臣颇识之。问其城郭小大，皆言'倚汉与依天等'。以是效[67]之，则葱领[68]可通，葱领通则龟兹可伐。今宜拜龟兹侍子[69]白霸为其国王，以步骑数百送之，与诸国连兵，岁月之间，龟兹可禽。以夷狄攻夷狄，计之善者也。臣见莎车、疏勒田地肥广，草牧饶衍[70]，不比敦煌[71]，鄯善间也，兵可不费中国而粮食自足。且姑墨、温宿[72]二王，特为龟兹所置，既非其种，更相厌苦，其势必有降反。若二国来降，则龟兹自破。愿下臣章，参考行事。诚有万分，死复何恨。臣超区区，特蒙神灵[73]，窃冀未便僵仆[74]，目见西域平定，陛下举万年之觞[75]，荐勋[76]祖庙，布大喜于天下。"书奏，帝知其功可成，议欲给兵。平陵人徐干素与超同志[77]，上疏愿奋身佐超。五年，遂以干为假司马，将弛刑及义从[78]千人就超。

先是莎车以为汉兵不出，遂降于龟兹，而疏勒都尉番辰[79]亦复反叛。会徐干适至，超遂与干击番辰，大破之，斩首千余级，多获生口。超既破番辰，欲进攻龟兹。以乌孙兵强，宜因其力，乃上言："乌孙大国，控弦[80]十万，故武帝妻以公主[81]，至孝宣皇帝[82]，卒得其用。今可遣使招慰，与共合力。"帝纳之。

八年，拜超为将兵长史，假鼓吹幢麾[83]。以徐干为军司马，别遣卫候李邑护送乌孙使者，赐大小昆弥[84]以下锦帛。

李邑始到于窴，而值龟兹攻疏勒，恐惧不敢前，因上书陈西域之功不可成，又盛毁[85]超拥爱妻，抱爱子，安乐外国，无内顾心。超闻之，叹曰："身非曾参而有三至之谗[86]，恐见疑于当时矣。"遂去其妻。帝知超忠，乃切责邑曰："纵超拥爱妻，抱爱子，思归之士千余人，何能尽与超同心乎？"令邑诣超受节度[87]。诏超："若邑任在外者，便留与从事[88]。"

超即遣邑将乌孙侍子还京师。徐干谓超曰："邑前亲毁君，欲败西域[89]，今何不缘诏书留之，更遣它吏送侍子乎？"超曰："是何言之陋也！以邑毁超，故今遣之。内省不疚[90]，何恤人言！快意留之，非忠臣也。"

明年，复遣假司马和恭等四人将兵八百诣超，超因发疏勒、于寘兵击莎车。莎车阴通使疏勒王忠，啖[91]以重利，忠遂反从之，西保乌即城。超乃更立其府丞[92]成大为疏勒王，悉发其不反者以攻忠。积半岁，而康居遣精兵救之，超不能下。是时，月氏新与康居婚，相亲，超乃使使多赍锦帛遗[93]月氏王，令晓示康居王，康居王乃罢兵，执忠以归其国，乌即城遂降于超。

后三年，忠说康居王借兵，还据损中[94]，密与龟兹谋，遣使诈降于超。超内知其奸而外伪许之。忠大喜，即从轻骑诣超。超密勒兵[95]待之，为供张[96]设乐。酒行，乃叱吏缚忠斩之。因击破其众，杀七百余人，南道于是遂通。

明年，超发于寘诸国兵二万五千人，复击莎车。而龟兹王遣左将军发温宿、姑墨、尉头合五万人救之。超召将校及于寘王议曰："今兵少不敌，其计莫若各散去。于寘从是而东，长史亦于此西归，可须夜鼓声[97]而发。"阴缓[98]所得生口。龟兹王闻之大喜，自以万骑于西界遮[99]超，温宿王将八千骑于东界徼[100]于寘。超知二虏已出，密召诸部勒兵，鸡鸣驰赴莎车营，胡大惊乱奔走，追斩五千余级，大获其马畜财物。莎车遂降，龟兹等因各退散，自是威震西域。

注 释

【1】扶风，扶风郡，大约在今陕西省咸阳市一带。平陵，扶风郡下属县，在今陕西省咸阳市东北。

【2】徐令，徐县县令。徐县，在今安徽省泗县西北部。彪，班彪，东汉史学家，班固、班超之父。光武帝时举茂才，任徐县县令，后因病去职，回家编撰史籍。《汉书》的编撰工作是由班彪发起的。

【3】涉猎，李贤注："涉如涉水，猎如猎兽。言不能周悉，粗窥览之也。"

【4】永平，东汉明帝刘庄的年号。永平五年即公元62年。

【5】固，班固，详见《苏武传》一文作者小传。

【6】洛阳，东汉王朝都城，今河南省洛阳市。

【7】为官佣书，被官府雇佣抄写书籍。

【8】傅介子，西汉北地郡（今甘肃省庆阳市附近）人，曾出使楼兰、龟兹，设计刺杀楼兰王，被封为义阳侯。张骞，字子文，西汉汉中郡成固（今陕西省城固县）人，西汉外交家，曾奉汉武帝之命出使西域，历时十三年终于返回，开拓了通往西域的道路，因功封博望侯，死后汉武帝将所有出使西域的使节都称为"博望侯"以示纪念。

【9】久事笔研，以舞文弄墨为工作。研，通"砚"。

【10】祭酒，李贤注："一坐所尊，则先祭酒。今称祭酒，相尊敬之词也。"这里以"祭酒"作为对尊长的称呼。

【11】燕颔虎颈，下颔像燕子，头颈如老虎。这是古代相面者常用的说法，相面者认为这是王侯才有的"贵相"。

【12】显宗，东汉明帝的庙号。汉明帝，名刘庄，光武帝第四子。

【13】直，通"值"，报酬。

【14】除，任命。

【15】十六年，指永平十六年，即公元73年。

【16】窦固，字孟孙，扶风平陵人，东汉开国功臣窦融之侄，光武帝的女婿。曾奉命出击匈奴，立有大功，嗣爵显亲侯。他与班超是同乡，窦融因班彪劝导而归顺光武帝，因此两家常有来往。

【17】假司马，汉制，大将军营共五部，每部设校尉、军司马各一人，又有军假司马一人为副。

【18】伊吾，故址在今新疆哈密市一带，汉代取此以通西域。

【19】蒲类海，即今新疆巴里坤哈萨克自治县的巴里坤湖。

【20】鄯善，西域古国，西汉时称为"楼兰"，前77年（昭帝元凤四年）改称鄯善。公元4世纪前后，楼兰忽然在中国历史上"消失"，直到20世纪初瑞典探险家斯文·赫定才重新发现楼兰遗址。遗址在今新疆若羌县北，罗布泊西北角。

【21】北虏，指北匈奴。当时匈奴发生分裂，一部南下归附汉朝称为南匈奴，一部留居漠北称为北匈奴。

【22】侍胡，服侍汉使的胡人。

【23】服，通"伏"，这里指伏罪。具服其状，指招供实情。

【24】闭，囚禁。

【25】卿曹，你们。曹，辈。绝域，指离中原极远之地。

【26】裁，通"才"。

【27】长，长久、永远。

【28】殄（tiǎn），歼灭、灭绝。

【29】文俗吏，平庸的文官。

【30】然，通"燃"。

【31】掾（yuàn），古代官府属员的通称，这里指郭恂。

【32】独擅，独占功劳。

【33】纳，派遣。古代国家之间为表恪守盟约，常常会派遣王室子弟去做人质。

【34】壮，作动词，以……为壮，即称赞。节，指行事方法。

【35】遂，完成。前功，指通西域的功业。

【36】不虞，不测、意外情况。

【37】于寘（tián），古西域国名，在今新疆和田县，是西域大国。莎车，古西域国名，在今新疆莎车县。

【38】雄张，声威浩大。李贤注："雄张犹炽盛也。"南道，《汉书·西域传》："（西域）南北有大山，中央有河。……从鄯善傍南山沿河西行至莎车为南道……"即今新疆昆仑山脉北和塔克拉玛干沙漠南缘之间的地区。

【39】骝（guā）马，嘴黑的黄马。

【40】让，责备。

【41】龟（qiū）兹（cí），西域古国名，故地在今新疆库车、沙雅两县间。

【42】疏勒，西域古国名，在今新疆疏勒县。

【43】盘橐（tuó）城，《后汉书·西域传》作"盘槖城"，在今新疆喀什市东南吐曼河边。班超以此地作为根据地，后人为纪念班超，称此地为班超城。

【44】逆，预先。

【45】敕，命令。

【46】焉耆（qí），西域古国名，在今新疆焉耆回族自治县。

【47】都护，西汉宣帝时在西域置都护府，都护负责监督保护西域，管理东西交通，是汉王朝在西域的最高军政长官。陈睦是当时的西域都护，郭恂为

副校尉，均在焉耆进攻时战死。

【48】姑墨，西域古国名，故地在今新疆拜城县。数（shuò），屡次。

【49】肃宗，东汉章帝的庙号。汉章帝，名刘炟（dá），汉明帝第五子。

【50】自刭（jǐng），割颈自杀。

【51】尉头，西域古国名，在今新疆乌什县西。

【52】建初，汉章帝年号。

【53】康居，古国名，故地在今哈萨克斯坦南部及锡尔河中下游。拘弥，一称"扞弥"，西域古国名，位于今新疆于田县克里雅河东古拘弥城。

【54】叵（pǒ），遂、就。

【55】先帝，指汉明帝刘庄。

【56】北击匈奴，这里指窦固北伐匈奴之事。

【57】西使外国，指上文班超郭恂出使一事。

【58】月氏（zhī），西域古国名，世居甘肃西部到新疆东部一带，西汉时被匈奴攻击而分为两部：一部西迁至今新疆伊犁一带，称大月氏；一部居留于甘肃至青海祁连山北麓一带，称小月氏。当时，月氏控制着东西贸易，并因此而强大。乌孙，西域古国名，极盛时国土包括今新疆西北、哈萨克斯坦东南、吉尔吉斯斯坦东部及中部。西汉时，匈奴派猎骄靡率军进攻月氏，大获全胜，猎骄靡便在当地建立乌孙国，并一直羁属匈奴。西汉武帝、宣帝时，曾以细君公主、解忧公主与乌孙和亲并结盟，将匈奴赶出西域，成为当时西域最强大的国家。

【59】谷吉，汉元帝时任卫司马，奉命出使西域护送匈奴在汉朝的侍子回国。当时，御史大夫贡禹等人认为送到边塞即可，谷吉上书说："没一使以安百姓，国之计，臣之愿也。愿送至庭。"结果在抵达匈奴王庭后被杀。详见《汉书·傅常郑甘陈段传》。

【60】庶几，近似，差不多。此处表希望。

【61】魏绛，春秋时晋国大夫。《左传·襄公四年》记载，山戎族无终国曾派孟乐出使晋国，通过魏绛献上虎豹之皮请求晋国与诸戎讲和，晋悼公不同意，魏绛便说服晋悼公，并作为代表与诸戎结盟。

【62】鈆，通"铅"。铅刀不如钢刀锋利，且一割即失其锋。这里是班超以铅刀比喻自己才能低劣的自谦之辞。

【63】取，联合。三十六国，当时西域有三十六国，后逐渐分裂。西域位于匈奴西方，自北向南看西域在匈奴右边，因此说"右臂"。

【64】日之所入，日落之处的国家。古人认为天圆地方，西域以西便是日落之处。《后汉书·西域传》："自条支国乘水西行，可百余日，近日所入。"

【65】向化，倾向接受汉朝教化。

【66】情数，情况。

【67】效，检验。

【68】《西河旧事》："葱领山，其上多葱，因以为名。"领，通"岭"。葱岭，今中亚地区帕米尔高原。

【69】侍子，去汉朝做人质的外国王子，西域各国以侍子表示对汉朝臣服。

【70】衍，繁衍。草牧饶衍，水草丰茂，牧业兴旺。

【71】敦煌，敦煌郡，在今甘肃省敦煌市。

【72】温宿，西域古国名，在今新疆阿克苏县。

【73】神灵，天子的洪福。特蒙神灵，古代奏疏文章常见的恭维之辞，表示自己的功劳实际是天子的洪福。

【74】未便，还不至于。僵仆，人死后身体僵硬倒在地上，这里代指死亡。

【75】举万年之觞，即举杯祝天下长治久安。

【76】荐勋，进献功劳。

【77】徐干，字伯张，擅长书法，与班超友善。

【78】弛（shǐ）刑，得到减刑的罪犯。义从，自愿从军者。

【79】番（pān）辰，疏勒都尉名。

【80】控弦，引弓待发，古代特指北方和西域国家的精兵。

【81】公主，此处指细君公主，汉景帝孙女，江都王刘建之女。汉武帝时远嫁乌孙和亲，以求与乌孙联盟；但匈奴也将匈奴女子嫁于乌孙王，因此乌孙王将细君公主封为右夫人，将匈奴女子封为左夫人。四年后，细君公主去世，汉武帝将楚王公主刘解忧远嫁乌孙王，三十年后（汉宣帝本始三年，公元前71年），汉朝发十五万大军北击匈奴，乌孙王也亲率五万骑兵与汉朝使节一同进攻匈奴。此后，乌孙终于决定断绝与匈奴的关系，与汉朝结盟。

【82】孝宣皇帝，即汉宣帝刘询，原名刘病已，汉武帝曾孙，戾太子刘据长孙。

【83】鼓吹，军队用乐器。《古今乐录》："横吹，胡乐也。张骞入西域，传其法于长安，唯得《摩诃兜勒》一曲，李延年因之更造新声二十八解，乘舆以为武乐，后汉以给边将，万人将军得之。"幢（chuáng）麾，仪仗用旗帜，其上饰以鸟羽。假，古代破格授予臣子仪仗称为"假"，鼓吹幢麾是大将才可拥有的仪仗，而班超并非大将，因此称为"假"。

【84】昆弥，乌孙称王为昆弥。汉宣帝时，乌孙昆弥翁归靡死，乌孙贵族拥立有匈奴血统的泥靡为昆弥（《汉书》称"狂王"），解忧公主便联合汉使者刺杀他，结果失败，引发乌孙内乱。最后，汉宣帝将解忧公主之子元贵靡封为大昆弥，乌就屠（泥靡堂兄弟，杀死泥靡自立）为小昆弥，分治乌孙，乌孙遂分裂。

【85】盛毁，竭力诋毁。

【86】三至之谗，《战国策·秦策二》："人告曾子母曰：'曾参杀人。'曾子之母曰：'吾子不杀人。'织自若。有顷焉，人又曰：'曾参杀人！'其母尚织自若也。顷之，一人又告之曰：'曾参杀人！'其母惧，投杼逾墙而走。夫以曾参之贤与母之信也，而三人疑之，则慈母不能信也。"

【87】节度，指挥。

【88】此句意为，如果李邑能任职于外，就让他在当地任职；不能则遣返回国。

【89】欲败西域，打算破坏联结西域的计划。

【90】内省（xǐng），自我检查。疚，病。《论语·颜渊》："内省不疚，夫何忧何惧？"

【91】啖（dàn），喂……吃，此处延伸为引诱。

【92】府丞，此处指西域各国王室行政长官。

【93】赍（jī），携带。遗（wèi），赠送。

【94】损中，又作"顿中""桢中"。具体位置不详。

【95】勒兵，布置军队。勒，拉紧缰绳令马前行。

【96】供张，陈设营帐。张，通"帐"。

【97】须，等到。夜鼓声，《司马法》："军中夜间击鼓凡三次。昏黑之鼓四通，夜半三通，旦明五通也。"

【98】阴缓，暗中放松对俘虏的看管。此处班超故意放俘虏逃走，从而将

班超撤退的消息让龟兹王知晓。

【99】遮，阻击，拦击。

【100】徼（yāo），半路截击。

编者注

东汉初年，由于王莽篡汉，汉朝在西域的影响力逐渐被削弱，与中东、欧洲的商道也一度中断。在班超经营西域后，汉朝开始向西域派驻屯田兵，一边种地供应粮草，一边保护来往商旅。塔里木盆地南北的丝绸之路得以重新开放，对整个亚欧大陆的经贸往来都有着巨大的推动作用。

班超定西域后，还贯彻了和平友好的对外方针。有些西方学者认为，班超定西域是"征服"。事实上，这是对班超的严重误解。首先，班超从未翻越葱岭侵占其他国家土地，一些西方学者所说的"征服花拉子模"甚至"势力几乎抵达里海沿岸"根本就是子虚乌有；其次，班超驻军仅有数千，而西域诸国中较为强盛的月氏国发兵入侵时足有七万人，全靠班超切断其求援通道才化解了这次入侵，仅凭数千士兵就想征服整个西域，无异于痴人说梦；此后月氏并没有做出派遣王子做人质这类表示臣服的举动，其"贡献"实质上是与汉王朝的贸易往来。在班超定西域后，各国纷纷派人来到中国加强经济文化交流，一些学者考证就连远在欧洲的马其顿王国也曾遣使来到中国。

特别值得一提的是，班超派遣甘英出使大秦（罗马帝国），虽然没能到达，却留下了一大批宝贵的历史、地理等方面的相关记载。这些资料，为后人的历史研究提供了巨大便利，如缺乏文字记载的贵霜帝国早期历史，便被甘英记录下来。

班超定西域，不仅维护了汉朝的边疆稳定，促进了民族融合，更是对亚欧大陆的经贸文化交流起到了巨大的推动作用。班超不仅是中华民族的英雄，更是对人类各文明之间的交流做出了巨大贡献的有功之臣。

韩凭夫妇

干宝

干宝，字令升，新蔡（今河南省新蔡县）人。东晋史学家、文学家。东晋元帝时曾任史官职务，奉命修《晋纪》，被时人推崇，可惜已经失传。又精于易学，有多部研究《易》的著作。他最重要的著作是《搜神记》，被认为是志怪小说的鼻祖。

《搜神记》是一部记录民间神怪故事的小说辑本，原有三十卷，后散佚，今有的二十卷是后人从其他书籍中辑录而成的。全书包括鬼怪、神异、神仙方士以及正史中的祥瑞等传说，叙述简短朴实，对中国后世的传奇小说产生了巨大影响。如唐代传奇小说、《聊斋志异》等均与《搜神记》有一定相似之处。

题 解

本文记载了韩凭夫妇与宋康王拼死抗争的故事。故事描写了韩凭夫妇对于宋康王的反抗，歌颂了韩凭夫妇之间爱情的坚贞不渝，塑造了一个具有强烈反抗精神的形象，揭露了统治者的罪行，更以浪漫主义想象升华了他们真挚的感情与反抗精神。

宋康王[1]舍人韩凭，娶妻何氏，美。康王夺之。凭怨，王囚之，论为城旦[2]。妻密遗凭书，缪其辞[3]曰："其雨淫淫[4]，河大水深，日出当[5]心。"既而[6]王得其书，以示左右，左右莫解其意。臣苏贺对曰："其雨淫淫，言愁且思也；河大水深，不得往来也；日出当心，心有死志也。"俄而[7]凭乃自杀。

其妻乃阴腐其衣[8]。王与之登台，妻遂自投台[9]；左右揽[10]之，衣不中手[11]而死。遗书于带曰："王利其生，妾利其死，愿以尸骨，赐凭合葬！"

王怒，弗听，使里人[12]埋之，冢相望也。王曰："尔夫妇相爱不已，若能使冢合，则吾弗阻也。"宿昔[13]之间，便有大梓木生于二冢之端，旬日而大盈抱[14]。屈体相就[15]，根交于下，枝错于上。又有鸳鸯雌雄各一，恒栖树上，晨夕不去，交颈悲鸣，音声感人。宋人哀之，遂号其木曰相思树。相思之名，起于此也。南人谓此禽即韩凭夫妇之精魂。

今睢阳[16]有韩凭城。其歌谣[17]至今犹存。

注释

【1】宋康王，又称宋王偃，战国时宋国末代国君，将其父（一说其兄）赶走自立。关于其形象有争议，《战国策》《史记》均记载他自称为王，暴虐无道，穷兵黩武，不敬天地鬼神，耽于酒色，诸侯称之为"桀宋"。后来齐国进攻宋国，宋康王众叛亲离，结果被杀，宋国灭亡。但有学者根据《孟子·滕文公章句下》中孟子、万章对宋王的推崇，以及《史记》对于宋康王的一些事迹在其他文献中均无记载，而推断宋康王实际是对宋国进行改革招致齐楚忌惮而被消灭，"桀宋"应为后人诬陷。

【2】论，论罪、定罪。城旦，一种刑罚，犯罪者白天作为士兵在城上巡逻，晚上修筑防御工事。

【3】缪，通"谬"。缪其辞，此处指使言辞曲折晦涩。

【4】淫淫，形容雨久下不止。

【5】当，正照着。

【6】既而，不久之后。

【7】俄而，不久。

【8】阴腐其衣，暗地里使衣服腐坏。

【9】投台，即"投于台"，从高台跳下自杀。

【10】揽，拉拽。

【11】衣不中手，衣服经不住手拉拽。因衣服已经腐坏故而不能拉拽。

【12】里人，韩凭夫妇同乡。

【13】宿昔，一个夜晚。极言时间之短。

【14】盈抱，双臂不能合抱。盈，超过。

【15】屈体相就，树的枝干弯曲相靠拢。

【16】睢阳，当时宋国都城，今河南省商丘市。

【17】歌谣，据《彤管集》："韩凭为宋康王舍人，妻何氏美，王欲之，捕舍人筑青陵之台。何氏作《乌鹊歌》以见志：'南山有乌，北山张罗，乌自高飞，罗当奈何！乌鹊双飞，不乐凤凰；妾是庶人，不乐宋王。'遂自缢。"

干将莫邪

干宝

题 解

干将，春秋时吴国人，是楚国最有名的铁匠，他打造的剑锋利无比。楚王知道了，就命令干将为他铸宝剑。后与其妻莫邪奉命为楚王铸成宝剑两把，一曰干将，一曰莫邪（也作镆铘）。由于知道楚王性格乖戾，特在将雌剑献与楚王之前，将其雄剑托付其妻传给其子，后果真被楚王所杀。其子成人后成功完成父亲遗愿，将楚王杀死，为父报仇。此一传说赞颂了剑工高超的技艺和少年的壮烈，批判了统治者的残暴。

楚干将、莫邪[1]为楚王作剑，三年乃成。王怒，欲杀之。剑有雌雄。其妻重身[2]当产。夫语妻曰："吾为王作剑，三年乃成。王怒，往必杀我。汝若生子是男，大，告之曰：'出户[3]望南山，松生石上，剑在其背。'"于是即将雌剑往见楚王。王大怒，使相[4]之，剑有二，一雄一雌，雌来雄不来。王怒，即杀之。

莫邪子名赤，比后壮，乃问其母曰："吾父所在[5]？"母曰："汝父为楚王作剑，三年乃成。王怒杀之。去时嘱我：'语汝子，出户望南山，松生石上，剑在其背。'"于是子出户南望，不见有山，但睹堂前松柱下石砥[6]之上。即以斧破其背，得剑，日夜思欲报[7]楚王。

王梦见一儿，眉间广尺，言欲报仇。王即购[8]之千金。儿闻之，亡去，入山行歌。客[9]有逢者，谓："子年少，何哭之甚悲耶？"曰："吾干将、莫邪子也，楚王杀吾父，吾欲报之！"客曰："闻王购子头千金，将子头与剑来，为子报之。"儿曰："幸甚！"即自刎，两手捧头及剑奉之，立僵。客曰："不负子也。"于是尸乃仆[10]。

客持头往见楚王，王大喜。客曰："此乃勇士头也，当于汤镬[11]煮之。"王如其言。煮头三日三夕，不烂，头踔出汤中，瞋目[12]大怒。客曰："此儿头不烂，愿王自往临视之，是必烂也。"王即临之。客以剑拟[13]王，王头随坠汤中，客亦自拟己头，头复坠汤中。三首俱烂，不可识辨。乃分其汤肉葬之，故通名"三王墓"，今在汝南北宜春县界[14]。

注　释

【1】《荀子·性恶》记载"干将莫邪"是吴王阖闾的宝剑；成书于东汉时期的《吴越春秋》记载干将莫邪是吴国人，为吴王阖闾铸剑，铸剑时所采金铁不化，莫邪便将自己的头发指甲投入炉中，剑才得以铸成。又，《晋书·张华传》记载这两把剑曾在西晋出现，后化为两条龙腾飞而去。但《吴越春秋》多被认为是小说家言，《晋书》也多被人批评记述荒诞，因此"干将莫邪"这两把剑形状如何，至今无人知晓。

【2】重（chóng）身，指怀孕。

【3】出户，出门。

【4】相，察看，这里指派人查验。

【5】所在，在什么地方。

【6】松柱，松木柱子。石砥，柱础石。

【7】报，报仇。

【8】购，悬赏。

【9】客，此处指侠客。

【10】仆，倒下。

【11】汤，热水。镬（huò），形似鼎而无足的大锅，秦汉以前作为烹人用的刑具。

【12】嗔（chēn）目，瞪大眼睛，表示愤怒。

【13】拟，比划。此处指用剑砍。

【14】汝南，汝南郡，在今河南汝南县。北宜春，汝南郡下属县。因南方豫章郡（今江西省南昌市一带）有宜春，因此称北宜春。

编者注

《干将莫邪》的故事核心，正是古代传统的"血亲复仇"。"赤"是一个遗腹子，为复仇而生，为复仇而亡，哪怕自刎，也毫不犹豫。而代替"赤"复仇的"客"则将单纯的复仇升华为正义，以正义向楚王——邪恶的代表进行复仇。每个人都被使命所驱使着，义无反顾，不存在"哈姆雷特"那种对于"人"的哲理思考。

随着时代的改变，人们对于"干将莫邪"这一故事的理解也发生了巨大改变。1927年，鲁迅在经过长期酝酿后，将"干将莫邪"改编为小说《铸剑》。在《铸剑》中，承担复仇使命的"眉间尺"不再是一个天生的复仇者，而是一个被附加了强大使命的优柔寡断的少年。强大的使命，让这个软弱的少年"全身都如烧着猛火"，燃起了对残酷现实的反抗之心。而代替"客"的"宴之敖"也不再是什么"义士"，而是纯化为"复仇""反抗"这一行为的化身。至于大臣们辨别头颅的努力，则象征着那些试图恢复统治权威的人的努力。在《铸剑》之中，"道德"的成分被去除，文章的主题也被纯化为单纯的"复仇"。

答卢谌书

刘琨

刘琨,字越石,中山魏昌(今河北无极县)人,父祖均身居高位,"八王之乱"时因出身名门而被卷入,后被东海王司马越任命为并州刺史,前往晋阳(今山西省太原市)对抗前赵国的进攻。在晋阳,刘琨据守十年,后被封为司空、都督并、冀、幽诸军事。此后,并州和长安相继失陷,西晋灭亡,刘琨便投奔鲜卑首领、幽州刺史段匹磾,并与其他人一同拥立晋元帝建立东晋。晋元帝太兴元年(318年),刘琨卷入鲜卑内乱,在东晋权臣王敦的指使下被杀。

刘琨精通音律,诗文悲壮激昂,显示他对饱受战乱之苦的百姓的同情和抵抗敌人的决心。

题 解

本文作于西晋末年,当时刘琨战败,并州陷落,刘琨只身投奔鲜卑首领、幽州刺史段匹磾。段匹磾征召曾任刘琨主簿的卢谌为别驾,卢谌在离别之际为刘琨写下一封信并赠诗一首,刘琨便作《答卢谌书》并诗作为回信。

本文中,作者面对着国破家亡的情境,悲愤不已;而知己卢谌能够在爱国之情的基础上与他建立坚固的友谊,又让他"破涕为笑"。如今知己即将远离,虽然心有不舍,但人才能够为国尽忠,这是十分可喜可贺的事情。因此,作者勉励卢谌,希望他能继续报效国家。文章中洋溢着浓重的爱国情怀,语言优美,句式参差,富有节奏。

琨顿首:损[1]书及诗,备辛酸之苦言,畅经通[2]之远旨,执玩反复，不能释手，慨然以悲，欢然以喜。昔在少壮，未尝检括 [3]，远慕老庄之齐物 [4]，近嘉阮生 [5] 之放旷，怪厚薄何从而生，哀乐何由而至 [6]。自顷辀张 [7]，困于逆乱，国破家亡，亲友凋残；负杖行吟，则百忧俱至，块然 [8] 独坐，则哀愤两集。时复相与举觞对膝，破涕为笑，排终身之积惨，求数刻之暂欢，譬由疾疢 [9] 弥年，而欲以一丸 [10] 销之，其可得乎？

夫才生于世，世实须才。和氏之璧，焉得独曜于郢握？夜光之珠，何得专玩于随掌？天下之宝，当与天下共之。但分析 [11] 之日，不能不怅恨耳。然后知聘周 [12] 之为虚诞，嗣宗 [13] 之为妄作也。昔骐骥倚辀于吴坂，长鸣于良乐，知与不知也 [14]。百里奚愚于虞而智于秦，遇与不遇也。今君遇之矣，勖之而已。

不复属意 [15] 于文，二十余年矣。久废则无次，想必欲其一反 [16]，故称指 [17] 送一篇，适足以彰来诗之益美耳。琨顿首顿首。

注 释

【1】损，有损于，这是用于书信中的谦辞。

【2】经通，平正通达。

【3】检，检点。括，约束。

【4】齐物，即《庄子·齐物论》，此处代指道家思想。

【5】阮生，即阮籍。

【6】此句是对《列子·力命》中一段的总结。《列子·力命》："身非爱之所能厚……身亦非轻之所能薄……爱之或不厚，轻之或不薄。此似反也……自厚自薄……或爱之而厚，或轻之而薄，此似非顺也……自厚自薄……信命者亡寿夭，信理者亡是非，信心者亡逆顺，信性者亡安危。则谓之都亡所信，亡不信，真矣愨矣。奚去奚就，奚哀奚乐。"

【7】辀（zhōu）张，惊惧的样子。

【8】块然，孤独的样子。

【9】疾疢（chèn），泛指疾病。

【10】一丸，一粒药丸。

【11】分析，分离，此处指离别。

【12】聃，老聃，即老子。周，庄子。

【13】嗣宗，即阮籍，字嗣宗。

【14】此处指《战国策·楚策四》："夫骥之齿至矣，服盐车而上太行。蹄申膝折，尾湛胕溃，漉汁洒地，白汗交流，中阪迁延，负辕不能上。伯乐遭之。下车攀而哭之，解紵衣以幂之。骥于是俛而喷，仰而鸣，声达于天，若出金石声者，何也？彼见伯乐之知己也。"騄（lù）骥，指骏马。坂，山坡。良、乐，都是善于相马之人。

【15】属意，用心。

【16】想必欲其一反，想你一定会希望我回信。

【17】称指，按照你的意思。指，通"旨"。

钱神论

鲁褒

鲁褒，西晋隐士，字元道，南阳（今河南省南阳市）人。《晋书·隐逸传》记载："元康之后，纲纪大坏，（鲁）褒伤时之贪鄙，乃隐姓名，而著《钱神论》以刺之。"后隐居而不知所终。

题 解

本文选取《晋书·隐逸传》中的一段。文中极言钱的神妙，以诙谐的语言嬉笑怒骂，对世俗进行了辛辣的讽刺，愤世嫉俗之情溢于言表。后世遂以"孔方"为钱的代称。

钱之为体[1]，有乾坤[2]之象，内则其方，外则其圆。其积如山，其流如川。动静[3]有时，行藏有节，市井便易[4]，不患耗折[5]。难折象寿[6]，不匮象道[7]，故能长久，为世神宝。亲之如兄，字曰孔方，失之则贫弱，得之则富昌。无翼而飞，无足而走，解严毅之颜[8]，开难发之口。钱多者处前，钱少者居后。处前者为君长，在后者为臣仆。君长者丰衍而有余，臣仆者穷竭而不足。《诗》云："哿矣富人，哀此茕独[9]。"

钱之为言泉也[10]，无远不往，无幽不至。京邑衣冠[11]，疲劳讲肆[12]，厌闻清谈[13]，对之睡寐，见我家兄，莫不惊视。钱之所祐，吉无不利[14]，何必读书，然后富贵！昔吕公欣悦于空版，汉祖克之于嬴二[15]，文君解布裳而被锦绣，相如乘高盖而解犊鼻[16]，官尊名显，皆钱所致。空版至虚，而况有实；嬴二虽少，以致亲密。由此论之，谓为神物。无德而尊，无势而热，排金门而入紫闼[17]。危可使安，死可使活，贵可使贱，生可使杀。是故忿争非钱不胜，幽滞[18]非钱不拔，怨仇非钱不解，令问非钱不发[19]。

洛中朱衣，当途之士[20]，爱我家兄，皆我己已[21]。执我之手，抱我终始，不计优劣，不论年纪，宾客辐辏[22]，门常如市。谚曰："钱无耳，可使鬼[23]。"凡今之人，惟钱而已。故曰军无财，士不来；军无赏，士不往。仕无中人[24]，不如归田。虽有中人，而无家兄，不异无翼而欲飞，无足而欲行。

注　释

【1】体，形状。

【2】乾坤，天地。此处以天地相比，极言钱之神通广大。

【3】动静，指金钱储蓄流通。下文"行藏"同义。行藏，语本《论语·述而》："用之则行，舍之则藏。"引申为攻守，出没。

【4】便易，便于交易。

【5】不患耗折，不用担心有所损耗。

【6】象寿，象征生命长久。

【7】不匮象道，指金钱的永不匮乏如同"道"的流转。

【8】严毅之颜，严肃刚毅的面容。

【9】哿（gě），乐。此句见于《诗·小雅·正月》。

【10】《周礼》记载周代有"泉府"，负责掌管税收，取源源不断之意。《汉书·王莽传》："废刘而兴王。夫'刘（劉）'之为字，'卯、金、刀'也。正月刚卯，金、刀之利，皆不得行。"王莽忌讳"劉"字，便将有"金"字旁的钱（錢）改称为"泉"，将汉代通行的"五铢钱"改为"货泉"。后人沿用了这种说法，如唐代就曾发行"乾封泉宝"。

【11】衣冠，此处指有权势的家族。

【12】讲肆，讲学的地方。

【13】清谈，又称清言，兴起于东汉，极盛于魏晋。在魏晋时参加"清谈"的多为身处上流社会的名士，双方谈论道家玄理，进行辩论演讲。后来，"清谈"成为名士身份的象征，满朝官员纷纷加入"清谈"而不务正事。

【14】《易·系辞上》有"自天祐之，吉无不利"句，此句从此转化而来，以钱比天，极言钱的神通广大。

【15】《史记·高祖本纪》载，吕公与沛县县令友善，移家沛县，沛县豪杰听闻便前往祝贺。"萧何为主吏。主进，令诸大夫曰：'进不满千钱，坐之堂下。'高祖为亭长，素易诸吏，乃绐为谒曰：'贺钱万。'实不持一钱。"结果吕公在宴会上看中了刘邦，不顾妻子反对将女儿吕雉（即后来的吕后）嫁给刘邦。又，《史记·萧相国世家》："高祖以吏徭咸阳，吏皆送奉钱三，何独以五。"版，指名片。赢二，多送二百文。

【16】《史记·司马相如列传》载，富豪卓王孙之女卓文君与司马相如私奔，文君当垆卖酒，相如穿着犊鼻裈洗涤酒器。卓王孙引以为耻，便送给他们"钱百万"，使夫妻二人成为富人。高盖，这里代指装饰华贵的马车。犊鼻，即犊鼻裈，古代杂役所穿的围裙，形状如犊鼻。

【17】金门、紫闼，都指皇宫。

【18】幽滞，指在民间不得重用的士人。

【19】令问，即"令闻"，好的名声。发，传播。

【20】洛中，洛阳，西晋首都。朱衣，贵族才能穿红衣，此处代指贵族。当途之士，指居要职、掌大权的人。

【21】已已，休止。

【22】辐辏（còu），聚集。

【23】钱无耳，可使鬼，谓钱虽无知，可役鬼神。无耳，指没有听觉。

【24】中人，指朝廷中有权势的近臣。

登大雷岸与妹书

鲍照

鲍照，字明远，南朝宋东海郡（今江苏涟水县北）人，曾任前军参军、中书舍人等职，后世称为"鲍参军"。宋文帝元嘉年间，被临川王刘义庆征召，又被宋文帝任用，后在临海王刘子顼处任前军参军。后来，刘子顼发兵攻打宋明帝，兵败被杀，鲍照也在乱军中遇害。

鲍照诗文俱佳。他的诗"上挽曹、刘之逸步，下开李、杜之先鞭"，在文学史上具有重要意义，与谢灵运、颜延之并称为"元嘉三大家"。散文偏向于骈文，辞藻华丽。

题 解

宋文帝元嘉十六年（439年），临川王刘义庆出镇江州（州名，晋朝时将荆扬二州分割建立江州，治所在今江西省九江市），鲍照被提拔为国侍郎，前往江州就职。在就职途中，他为他的妹妹、女诗人鲍令晖写下了这封《登大雷岸与妹书》。本文以骈体散文的形式，华丽的辞藻，将他在登大雷岸时所见的一切景物都绘声绘色地表现出来。在文中，又有作者对于自己离家远行的旅思，并将这种感情与景物交融起来，使文章充满抒情气息。

吾自发寒雨，全行日少，加秋潦 [1] 浩瀚，山溪猥至 [2]，渡泝 [3] 无边，险径游历，栈石星饭 [4]，结荷水宿 [5]，旅客贫辛，波路 [6] 壮阔，始以今日食时 [7]，仅及大雷。涂登 [8] 千里，日逾十晨，严霜惨节 [9]，悲风断肌，去亲为客，如何如何！

向因涉顿 [10]，凭观川陆；遨神清渚 [11]，流睇方曛 [12]；东顾五州 [13] 之隔，西眺九派 [14] 之分；窥地门 [15] 之绝景，望天际之孤云。长图大念 [16]，隐心 [17] 者久矣。

南则积山万状，负气 [18] 争高，含霞饮景 [19]，参差代雄，凌跨长陇 [20]，前后相属，带天有匝 [21]，横地无穷；东则砥原远隰 [22]，亡端靡 [23] 际，寒蓬夕卷 [24]，古树云平，旋风四起，思鸟群归，静听无闻，极视不见。北则陂池潜演 [25]，湖脉通连，苎蒿攸积 [26]，菰 [27] 芦所繁，栖波之鸟，水化之虫，智吞愚，强捕小，号噪惊聒 [28]，纷乎其中；西则回江永指 [29]，长波天合 [30]，滔滔何穷，漫漫安竭？创古迄今，舳舻 [31] 相接。思尽波涛，悲满潭壑 [32]。烟归八表，终为野尘 [33]。而是注集，长写 [34] 不测，修灵浩荡 [35]，知其何故哉？

西南望庐山，又特惊异。基 [36] 压江潮，峰与辰汉 [37] 相接。上常积云霞，雕锦缛 [38]。若华 [39] 夕曜，岩泽气通 [40]，传明 [41] 散彩，赫似绛天 [42]。左右青霭 [43]，表里紫霄 [44]。从岭而上，气尽 [45] 金光，半山以下，纯为黛色 [46]。信可以神居帝郊 [47]，镇控湘汉者也。

若潨洞 [48] 所积，溪壑 [49] 所射，鼓怒之所豗 [50] 击，涌澓之所宕涤 [51]，则上穷荻浦 [52]，下至狶洲 [53]；南薄燕辰 [54]，北极雷淀 [55]，削长埤短 [56]，可数百里。其中腾波触天，高浪灌日 [57]，吞吐百川，写泄万壑。轻烟不流，华鼎振涾 [58]。弱草朱靡 [59]，洪涟陇蹙 [60]。散涣 [61] 长惊，电透箭疾 [62]。穿溢 [63] 崩聚，砥飞岭复 [64]。回沫冠山 [65]，奔涛空谷 [66]。磴石 [67] 为之摧碎，碕岸为之鳌落 [68]。仰视大火 [69]，俯听波声，愁魄胁息 [70]，心惊慓 [71] 矣！

至于繁化殊育[72]，诡质怪章[73]，则有江鹅、海鸭、鱼鲛、水虎[74]之类，豚首、象鼻、芒须、针尾[75]之族，石蟹、土蚌、燕箕、雀蛤[76]之俦，折甲、曲牙、逆鳞、返舌[77]之属。掩沙涨[78]，被[79]草渚，浴雨排风，吹涝弄翮[80]。

夕景欲沉，晓雾将合，孤鹤寒啸[81]，游鸿远吟，樵苏[82]一叹，舟子[83]再泣。诚足悲忧，不可说也。

风吹雷飙[84]，夜戒前路[85]。下弦[86]内外，望达所届[87]。寒暑难适，汝专自慎，夙夜[88]戒护，勿我为念。恐欲知之，聊书所睹。临涂[89]草蹙，辞意不周。

注 释

【1】秋潦，秋雨。

【2】猥，多。山溪猥至，这里指秋雨后山溪水多汇入江中。

【3】泝（sù），通"溯"，逆流而上。

【4】栈石，在险峻的小路上搭木为桥。栈，小桥。星饭，天晚星出后吃饭，指进食很晚。

【5】结荷，结起荷叶为屋。水宿，在水边留宿。

【6】波路，水路。

【7】日食时，午饭时。

【8】涂，道路。登，前进。

【9】惨，疼痛。此处作动词，使……疼痛。节，关节。

【10】涉，徒步过河。顿，住宿歇息。

【11】遨神，游目骋怀。清渚，清流中的小洲。

【12】流睇，转目斜视。曛，黄昏。

【13】五州，长江中相连的五座洲渚。《水经注·江水》："城在山之阳，南对五洲也。江中有五洲相接，故以五洲为名。"在今湖北省浠水县西南长江河道中。

【14】九派，九江（今江西省九江市）别称。《尚书·禹贡》："荆州，九江孔殷。"即古荆州有九条大的支流汇入长江。又，《说文》："派，别水也。"

【15】地门，即武关山，在今陕西省丹凤县。《河图括地象》云："武关山为地门，上与天齐。"

【16】长图大念，宏图大志。

【17】隐心，动心。

【18】负气，凭借气势。

【19】含霞，有鲜艳朝霞映衬。饮景，阳光灿烂闪射。景，太阳。

【20】凌（líng），通"凌"，逾越。陇，田垄。

【21】带，衣带，此处作动词，围起。匝，环绕一周。

【22】砥，磨刀石。隰（xí），低湿地。

【23】亡（wù），通"无"。靡，没有。

【24】寒蓬夕卷，蓬草随风飞旋而去。

【25】陂（pí）池，水塘。潜演，暗流。演，长长的水流。

【26】苎（zhù）蒿，苎麻和蒿草。攸积，所积累。

【27】菰（gū），菰米。

【28】惊聒（guō），惊扰吵闹。

【29】回江，弯曲回旋的江水。永指，永远流向远方。

【30】长波天合，天水相接。

【31】舳（zhú）舻（lú），船头船尾。

【32】壑（hè），沟壑、山谷。

【33】八表，即八荒，极远之地。野尘，《庄子·逍遥游》："野马也，尘埃也，生物之以息相吹也。"即灰尘。

【34】写，通"泻"。

【35】修灵浩荡，《离骚》："怨灵修之浩荡兮。"修灵，指河神。

【36】基，庐山山基。

【37】辰汉，星辰河汉（银河）。

【38】雕锦缛，形容云霞绮丽绚烂如锦缎。

【39】若华，若木之花。若木，传说中的神木。《淮南子·地形训》："若木在建木西，末有十日，其华照下地。"这里代指霞光。

【40】气通，雾气连绵成片。

【41】传明，散发光辉。

【42】赫，霞光红艳。绛，红色，这里作动词，染红。

【43】霭，烟气。

【44】紫霄，指庐山紫霄峰。

【45】气尽，烟气散尽。

【46】黛色，青黑色。

【47】神居帝郊，神仙、天帝居所。

【48】漎（cōng），水流汇合处。洞，疾流。

【49】溪壑，山涧中溪水。

【50】豗（huī），撞击。

【51】澓（fú），回旋的流水。宕（dàng）涤，摇荡，激荡。

【52】荻浦，长满芦荻的河岸。

【53】狶（xī），通"豨"，野猪。狶洲，野猪出没的荒洲。

【54】薄，迫近。辰，"派"的本字，水分流处。

【55】淀，浅湖。

【56】埤（pí），增加。削长埤短，指对河流加以削长补短。

【57】高浪灌日，高高的浪花直灌太阳，极言浪花之高。

【58】溚（tà），水溢出。

【59】朱，通"株"，株干。此处指草的茎叶。靡，倒。

【60】蹙（cù），接近。

【61】散涣，波浪崩散。涣，水盛的样子。

【62】透、疾，均指迅速。

【63】穹溘（kè），高大的浪花。穹，高大。溘，水花。

【64】坻（dǐ），河岸。复，翻覆。

【65】回沫，回旋的水沫。冠山，水沫跨越山峰。

【66】空谷，荡空山谷。

【67】碪（zhēn），通"砧"。古代妇女在河边洗衣时放在石头上以棒槌敲打。

【68】碕（qí）岸，弯曲的河岸。螯（jí）落，粉碎散落。

【69】大火，心宿二，天蝎座 α 星。

【70】愁魄，哀愁而惊动魂魄。胁息，敛缩气息。

【71】慓（piào），迅疾。

【72】繁化殊育，指生物繁衍变化。

【73】诡，躯体形状诡异。怪章，花纹怪诞。

【74】江鹅，《本草》引《释名》："鸥者浮水上，轻漾如沤也，在海者名海鸥，在江者名江鸥，江夏人讹为江鹅也。"海鸭，《金楼子》："海鸭大如常鸭，斑白文，亦谓之文鸭。"鱼鲛，《山海经》："荆山，漳水出焉，东南流，注于睢。其中多鲛鱼。"注："鲛，鲔鱼类也，皮有珠文而坚，尾长三四尺，末有毒，螫人。"水虎，《襄沔记》："沔水中有物，如三四岁小儿，甲如鳞鲤、秋曝沙上，膝头如虎掌爪，常没水，名曰水虎。"

【75】豚首，即"豕头"，《临海水土记》："海豨，豕头、身长九尺。"象鼻，《北史》："真腊国有鱼名建同，四足无鳞，鼻如象，吸水上喷，高五六十丈。"芒须，《交广记》："吴置广州，以滕修为刺史，或语修，虾须长一丈，修不信，其人后至东海，取虾须长四丈四尺，封以示修，修乃服之。"针尾，指鲛鱼。

【76】石蟹，《蟹谱》："明越溪涧石穴中，亦出小蟹，其色赤而坚，俗呼为石蟹。"土蚌，《说文》："蚌，蜃属，老产珠者也，一名含浆。"燕箕，《兴化县志》："魟鱼头圆秃如燕，其身圆褊如簸箕，又曰燕魟鱼。"雀蛤，《礼记》："季秋之月，雀入大水为蛤。"

【77】折甲，鳖的别名。曲牙，《函史》引《物性志》："形似石首鱼，三牙如铁锯。"逆鳞，《与琅琊太守许诚言书》："贵郡临沂县，其沙村逆鳞鱼，可调药物。逆鳞鱼仙经谓之肉芝。"返舌，《释文》："反舌，蔡伯喈云：虾蟆。"又，此处所列十余种生物，有的确有其物，有的仅记载于神话传说之中，不能考证其确切名称。

【78】沙涨，河边沙滩。

【79】被，通"披"，此处引申为躲避。

【80】吹涝，吐水。弄翮（hé），梳理羽毛。

【81】寒啸，哀鸣。

【82】樵苏，打樵的樵夫。樵，打樵。苏，取草。

【83】舟子，船夫。

【84】飙，暴风。

【85】戒，防备。前路，前方路途。

【86】下弦，月亮亏缺下半的形状。满月为阴历十五日，下弦月指阴历二十三日。

【87】届，至。

【88】夙（sù）夜，早晚。

【89】涂，通"途"，道路。

别赋

江淹

江淹，字文通，济阳考城（今河南兰考县）人。早年家境贫寒，仕途不得意，而诗文颇有成就。齐太祖萧道成建立齐朝后，江淹历任中书侍郎等职务；梁武帝萧衍代齐自立后，任金紫光禄大夫，封醴陵侯。江淹诗文作品多作于仕途不得意之时，诗文俱佳，特别是《别赋》《恨赋》最为人所称道，与鲍照辞赋并列为南朝辞赋巅峰；仕途得意后，便再无佳作，人称"江郎才尽"。

题 解

本文是一篇抒情小赋，描写齐梁动乱的时代背景。本文采用多种描写手法，以抒情笔调描写富豪、侠客等人别离的场面，从而写出各种类型的离别，既写所有别离共有的苦痛，又指出不同别离的特点。本文采用骈偶句，辞藻清丽，声情婉谐，被认为是南朝辞赋的巅峰。

黯然销魂[1]者，唯别而已矣！况秦吴兮绝国[2]，复燕宋兮千里[3]。或春苔兮始生，乍秋风兮暂[4]起。是以行子肠断，百感凄恻。

风萧萧而异响，云漫漫而奇色。舟凝滞于水滨，车逶迟[5]于山侧。棹容与而讵前[6]，马寒鸣而不息。掩金觞而谁御[7]，横玉柱[8]而沾轼。居人愁卧，怳[9]若有亡。日下壁而沉彩[10]，月上轩而飞光。见红兰之受露，望青楸之离[11]霜。巡曾楹而空掩，抚锦幕[12]而虚凉。知离梦之踯躅[13]，意别魂之飞扬[14]。故别虽一绪，事乃万族[15]。

至若龙马[16]银鞍，朱轩绣轴[17]，帐饮东都[18]，送客金谷[19]。琴羽张[20]兮箫鼓陈，燕赵[21]歌兮伤美人，珠与玉兮艳暮秋，罗与绮兮娇上春[22]。惊驷马之仰秣[23]，耸渊鱼之赤鳞[24]。造分手而衔涕[25]，感寂寞而伤神。

乃有剑客惭恩[26]，少年报士[27]，韩国赵厕，吴宫燕市[28]。割慈忍爱，离邦去里，沥泣[29]共诀，抆血[30]相视。驱征马而不顾，见行尘之时起。方衔感[31]于一剑，非买价于泉里[32]。金石震[33]而色变，骨肉悲而心死[34]。

或乃边郡未和，负羽[35]从军。辽水[36]无极，雁山[37]参云。闺中风暖，陌上草薰。日出天而耀景[38]，露下地而腾文[39]。镜朱尘之照烂[40]，袭青气之烟煴[41]，攀桃李兮不忍别，送爱子[42]兮沾罗裙。

至如一赴绝国，讵[43]相见期？视乔木兮故里[44]，决北梁兮永辞[45]，左右兮魄动，亲朋兮泪滋。可班荆[46]兮憎恨，惟樽酒兮叙悲。值秋雁兮飞日，当白露兮下时，怨复怨兮远山曲，去复去兮长河湄[47]。

又若君居淄右[48]，妾家河阳[49]，同琼珮[50]之晨照，共金炉之夕香。君结绶[51]兮千里，惜瑶草之徒芳[52]。惭幽闺之琴瑟，晦高台之流黄[53]。春宫闼[54]此青苔色，秋帐含此明月光，夏簟[55]清兮昼不暮，冬缸[56]凝兮夜何长！织锦曲兮泣已尽，回文诗兮影独伤[57]。

傥有华阴上士[58]，服食还仙[59]。术既妙而犹学，道已寂而未传[60]。守丹灶而不顾[61]，炼金鼎[62]而方坚。驾鹤上汉，骖鸾[63]腾天。暂游万里，少别千年。惟世间兮重别，谢主人兮依然。

下有芍药之诗[64]，佳人之歌[65]，桑中卫女，上宫陈娥[66]。春草碧色，春水渌波[67]，送君南浦[68]，伤如之何！至乃秋露如珠，秋月如珪，明月白露，光阴往来，与子之别，思心徘徊。

是以别方[69]不定，别理千名[70]，有别必怨，有怨必盈[71]。使人意夺神骇，心折骨惊[72]，虽渊、云[73]之墨妙，严、乐[74]之笔精，金闺之诸彦[75]，兰台[76]之群英，赋有凌云[77]之称，辨有雕龙之声[78]，谁能摹暂离之状，写永诀之情着乎？

注　释

【1】黯然，心情沮丧。销魂，失魂落魄。

【2】古时秦国在中国西北方，吴国在东南方。绝国，相距极远的国家。

【3】古时燕国在今河北、北京一带，宋国在河南一带，相距千里。

【4】暂（zàn），通"暂"。

【5】逶迟，徘徊不前。

【6】容与，缓慢不前。讵前，滞留而难以前进。《九章·涉江》："船容与而不进兮，淹回水而疑滞。"此处化用此句。

【7】掩，掩盖。御，饮用。

【8】横，放置。玉柱，琴瑟上的系弦之木，此处代指琴瑟。

【9】恍（huǎng），恍然若失。

【10】沉彩，日光西沉。

【11】楸（qiū），楸树，古人多植于路旁。离，通"罹"，遭受。

【12】曾，同"层"。楹，屋前的柱子，此处代指房屋。锦幕，锦织的帐幕。

【13】踯（zhí）躅（zhú），徘徊不前的样子。

【14】意，通"臆"，料想。飞扬，此处指心烦意乱。

【15】万族，种类众多。"万"是虚指，极言众多。

【16】龙马，《周礼·夏官·廋人》："马八尺以上为龙。"

【17】朱轩，朱红色的马车。古代位高爵重之人才能使用红色器物。绣轴，绘有彩饰的车轴。此处形容车驾华贵。

【18】帐饮，古人在郊外设帐饮宴以践行。东都，东都门，西汉长安城

门。《汉书·疏广传》："公卿大夫故人邑子设祖道供帐东都门，送者车数百辆，辞决而去。"

【19】金谷，晋代石崇所建之园，极尽奢华。相传石崇拜官太仆，出为征虏将军，与相送者帐饮于金谷园。

【20】羽，古代五音之一，常用于表现悲戚之情。琴羽，以琴弹奏羽声。张，调弦。

【21】燕赵，《古诗十九首·十二》："燕赵多佳人，美者颜如玉。"古人认为燕赵出美女。

【22】上春，初春。

【23】仰秣（mò），抬起头吃草。《淮南子·说山训》："伯牙鼓琴，驷马仰秣。"形容琴声哀伤。

【24】耸，受惊跃起。鳞，代指鱼。《韩诗外传》："昔者瓠巴鼓瑟而潜鱼出听。"

【25】造，等到。衔涕，含着泪水。

【26】惭恩，自惭未能报答知遇之恩。

【27】报士，怀有报恩之心的少年侠士。

【28】韩国，指刺杀韩相侠累的聂政。赵厕，指藏于厕所中刺杀赵简子的豫让。吴宫，指潜入宫中刺杀吴王僚的专诸。燕市，指居于燕国常与高渐离等人在市集饮酒悲歌，后前往秦国刺杀秦始皇的荆轲。以上事迹见《史记·刺客列传》。

【29】沥泣，洒泪哭泣。

【30】抆（wěn），擦拭。抆血，血泪流而不止，极言悲痛。

【31】衔感，怀着知遇之恩。衔，怀。

【32】买价，卖命。泉里，黄泉。买价于泉里，指为金钱效死命。

【33】金石震，钟、磬等乐器齐鸣。

【34】《史记·刺客列传》记载，聂政"自皮面决眼，自屠出肠，遂以死。韩取聂政尸暴于市，购问莫知谁子。于是韩县之，有能言杀相侠累者予千金。久之莫知也"。后来聂政的姐姐聂嫈来到韩国，伏尸而哭，讲述聂政义举，最后"乃大呼天者三，卒于邑悲哀而死政之旁"。

【35】羽，弓箭末端的羽毛，代指弓箭。

【36】辽水，今辽河。

【37】雁山，雁门山。

【38】耀景，闪耀出日光。

【39】腾文，露水散落于地，在阳光下散射出绚丽色彩。

【40】镜，照耀。朱尘，红色的尘霭。照，日光。烂，光彩明亮而绚丽。

【41】袭，扑入。青气，李善注引《易通卦验》："震，东方也，主春分。日出，青气出震。"烟煴，烟气弥漫的样子。

【42】爱子，爱人，指征夫。古代妻子称夫为外子。

【43】讵（jù），岂、怎。

【44】乔木，高大的树木。视乔木兮故里，《论衡·佚文》："睹乔木，知旧都。"

【45】决北梁兮永辞，《楚辞·九怀》："济江海兮蝉蜕，绝北梁兮永辞。"

【46】班，铺设。荆，荆条。《左传·襄公二十六年》："楚伍参与蔡太师子朝友，其子伍举与声子相善也。伍举娶于王子牟，王子牟为申公而亡，楚人曰：'伍举实送之。'伍举奔郑，将遂奔晋。声子将如晋，遇之于郑郊，班荆相与食，而言复故。"

【47】湄，河岸边。

【48】淄右，淄水西面。古人以水东面为左，西面为右。

【49】河阳，黄河北岸。古人以水南面为阳，北面为阴。

【50】琼珮，琼玉配饰。

【51】结绶，代指出仕为官。

【52】瑶，传说中的仙山。瑶草，仙山中的芳草。徒芳，空有芬芳无人欣赏，比喻虚度年华。

【53】晦，昏暗不明。流黄，黄色的丝绢，此处代指黄色帷帐。

【54】春宫，指闺房。閟（bì），关闭。

【55】簟（diàn），竹席。

【56】釭（gāng），灯。

【57】武则天《璇玑图序》："前秦苻坚时，窦滔镇襄阳，携宠姬赵阳台之任，断妻苏蕙音问。蕙因织锦为回文，五彩相宣，纵横八寸，题诗二百余首，计八百余言，纵横反复，皆成章句，名曰《璇玑图》以寄滔。"《晋书·列女

传》则记载："窦滔妻苏氏，始平人也，名蕙，字若兰，善属文。滔苻坚时为秦州刺史，被徙流沙，苏氏思之，织锦为回文旋图诗以赠滔。宛转循环以读之，词甚凄惋，凡八百四十字，文多不录。"

【58】傥（tǎng），通"倘"。华阴，即华山。上士，修仙的道士。

【59】服食，道家方士将丹砂与其他矿物炼成丹药，认为服食可长生不老。还仙，羽化升仙。

【60】寂，道家所讲的一种修道的境界。传，至，最高境界。

【61】丹灶，炼丹炉。不顾，指不顾问尘俗之事。

【62】炼金鼎，在金鼎中修炼丹药。

【63】鸾，古代神话传说中凤凰一类的鸟。骖（cān）鸾，以三只凤凰驾车。

【64】下，下土，俗世。与上文"华阴上士"相对。芍药之诗，《诗·郑风·溱洧》："维士与女，伊其相谑，赠以芍药。"

【65】佳人之歌，李延年《北方有佳人》："北方有佳人，绝世而独立。"

【66】桑中，春秋时卫国地名。上官，春秋时陈国地名。《诗·鄘风·桑中》："云谁之思？美孟姜矣。期我乎桑中，要我乎上宫。"卫女、陈娥，均指恋爱中的少女。

【67】渌（lù）波，水波清澈。

【68】南浦，《楚辞·九歌·河伯》："子交手兮东行，送美人兮南浦。"后人以"南浦"泛指送别处。

【69】别方，别离的双方。

【70】名，种。

【71】盈，充满。

【72】折、惊，极言创伤之痛。

【73】渊，王褒，字子渊。云，扬雄，字子云。二人都是汉代著名的辞赋家，并称为"渊云"。

【74】严，严安。乐，徐乐。二人都是汉武帝时人。

【75】金闺，金马门，西汉宫门名，在未央宫前殿正北，因门旁有铜马而得名，是学士待诏的地方。彦，俊才。

【76】兰台，汉代收藏中央典籍档案的地方，负责管理的兰台令史多是著

名学者，如班固。

【77】凌云，见《大人赋》题解。

【78】雕龙，《史记·孟子荀卿列传》载，驺奭"文具难施"。所以齐人称颂为"雕龙奭"。

恨赋

江淹

题　解

本文是江淹所作的一篇抒情骈赋，是六朝骈赋中的名篇。所谓"恨"，是"遗憾""遗恨"之意。在本文中，作者描述了秦始皇、赵王迁、李陵、王昭君、冯衍、嵇康六位历史人物各有不同的"恨"，描述了人人有遗憾、遗憾各不同的普遍现象。文章层次清楚、条理明晰，将各个阶层人物的"恨"准确地进行概括，又能以情感主线加以贯穿，再加以隽丽的文辞，气势跌宕起伏，千百年来为人们传诵不止。

试望平原，蔓草萦骨，拱木敛魂[1]。人生到此，天道宁论？于是仆本恨人，心惊不已。直念古者，伏恨而死。

至如秦帝按剑[2]，诸侯西驰[3]。削平天下，同文共规[4]，华山为城，紫渊为池[5]。雄图既溢，武力未毕。方架鼋鼍[6]以为梁，巡海右以送日。一旦魂断，宫车晚出[7]。

若乃赵王既虏[8]，迁于房陵。薄暮心动[9]，昧旦神兴[10]。别艳姬与美女，丧金舆及玉乘。置酒欲饮，悲来填膺。千秋万岁，为怨难胜。

至如李君降北[11]，名辱身冤。拔剑击柱，吊影惭魂。情往上郡，心留雁门[12]。裂帛系书[13]，誓还汉恩。朝露溘至[14]，握手何言？

若夫明妃[15]去时，仰天太息。紫台[16]稍远，关山无极。摇风忽起，白日西匿。陇雁少飞，代云寡色。望君王兮何期？终芜绝[17]兮异域。

至乃敬通[18]见抵，罢归田里。闭关却扫，塞门不仕。左对孺人，顾弄稚子[19]。脱略公卿，跌宕文史[20]。赍志没地，长怀无已[21]。

及夫中散[22]下狱，神气激扬。浊醪[23]夕引，素琴晨张。秋日萧索，浮云无光。郁青霞之奇意，入修夜之不旸[24]。

或有孤臣危涕，孽子坠心[25]。迁客海上[26]，流戍陇阴[27]，此人但闻悲风汩起，血下沾衿。亦复含酸茹叹，销落湮沉。

若乃骑叠迹，车屯轨[28]，黄尘匝地[29]，歌吹四起。无不烟断火绝，闭骨泉里。

已矣哉！春草暮兮秋风惊，秋风罢兮春草生。绮罗毕兮池馆尽，琴瑟灭兮丘垄平。自古皆有死，莫不饮恨而吞声。

注 释

【1】拱木，坟墓上的树木，此处代指坟墓。此处指秦穆公出兵袭击郑国，蹇叔反对，又在出兵之日痛哭，认为军队将一去不返。秦穆公愤怒地回应道："尔何知？中寿，尔墓之木拱矣！"后来，秦军果然无功而返，又在殽地被晋军袭击而全军覆没。敛魂，指坟墓是收敛魂魄之所。

【2】秦帝按剑，形容秦始皇派兵统一六国时的样子。

【3】诸侯西驰，诸侯纷纷向西来献地纳降。

【4】同文共规，指六国统一后"书同文，车同轨"以及统一度量衡的政策。

【5】紫渊为池，用紫渊作为护城河。在长安北有紫泽。

【6】鼋（yuán），大鳖。鼍（tuó），扬子鳄。《竹书纪年》载：周穆王三十七年伐纣，大起九师，东至于九江，叱鼋鼍以为梁。

【7】官车晚出，皇帝的官车迟迟不出，是皇帝驾崩的委婉说法。

【8】赵王既虏，指赵王迁在赵国灭亡后被俘，被羁押到房陵。

【9】薄暮心动，傍晚时心情躁动。

【10】昧旦神兴，天还没亮便神魂蒙绕。指思念故国之情。

【11】李君降北，指李陵投降匈奴。

【12】上郡、雁门，汉代北方军事郡名。

【13】裂帛系书，指前来要求匈奴释放苏武的汉使说天子射猎时曾经在一只大雁上发现苏武亲手所写的帛书。

【14】朝露溘（kè）至，人生苦短，如同朝露，很快就会过去。

【15】明妃，王昭君，因避司马昭讳而改称明君、明妃。

【16】紫台，紫官，指皇帝的官殿。

【17】芜绝，生命被荒废。

【18】敬通，指冯衍，字敬通，东汉上党人。晚年受排挤，闭门不出。

【19】孺人，旧时妻子的统称。稚子，幼年儿女。

【20】脱略，轻慢。跌宕，纵横。指在文史之中抒发自己的志向情感。

【21】赍（jī）志，带着志向。怀，怀抱理想。冯衍《与阴就书》："怀抱不报，赍恨入冥。"

【22】中散，嵇康，曾任中散大夫，世称嵇中散。

【23】浊醪（láo），浊酒。

【24】旸（yáng），明。此处指嵇康所处的是政治极为黑暗的环境。

【25】孽（niè）子坠心，指庶子失落的心情。

【26】迁客海上，被贬谪到沿海之地的人。

【27】流戍陇阴，被流放戍守边陲的人到陇阴穷荒之地。

【28】骑叠迹，战马蹄印相互重叠。车屯轨，战车的轨迹重叠屯集。此处指率军出征。

【29】匝（zā）地，满地、遍地。

雪赋

谢惠连

谢惠连，南朝宋文学家，祖籍陈郡阳夏（今河南太康）。谢灵运族弟。十岁能作文，深得谢灵运赏识，谢灵运"见其新文，每曰：'张华重生，不能易也'"，因而与其结为刎颈之交。因行为轻薄而不得仕官，后在尚书仆射殷景仁的辩护下，出任彭城王刘义康的法曹参军，多有文章传世。元嘉十年（433年）去世，年仅二十七岁。

题 解

《雪赋》是谢惠连的代表作品。本文沿用了汉代大赋主客对答的形式，从酝酿到雪霁云开，展现出一幅素净奇丽的画面。文章对物色描写十分细致，辞藻精致华丽，句式参差错落，节奏感极强。《晋书》言本文"高丽"。

岁将暮，时既昏。寒风积，愁云繁。梁王[1]不悦，游于兔园[2]。乃置旨酒[3]，命宾友。召邹生[4]，延枚叟[5]。相如[6]末至，居客之右[7]。俄而微霰零[8]，密雪下。王乃歌北风于卫诗[9]，咏南山于周雅[10]。授简于司马大夫，曰："抽子秘思[11]，骋子妍辞[12]，侔色揣称[13]，为寡人赋之。"

相如于是避席而起，逡巡[14]而揖。曰：臣闻雪宫建于东国[15]，雪山峙于西域。岐昌发咏于来思[16]，姬满申歌于《黄竹》[17]。《曹风》以麻衣比色[18]，楚谣以幽兰俪曲[19]。盈尺则呈瑞于丰年，袤丈则表沴于阴德[20]。雪之时义远矣哉！请言其始。

若乃玄律穷[21]，严气[22]升。焦溪[23]涸，汤谷凝[24]。火井灭[25]，温泉冰。沸潭无涌[26]，炎风[27]不兴。北户墐扉[28]，裸壤垂缯[29]。于是河海生云，朔漠[30]飞沙。连氛累霭[31]，掩日韬[32]霞。霰淅沥而先集，雪纷糅[33]而遂多。

其为状也，散漫交错，氛氲萧索[34]。蔼蔼浮浮，瀌瀌弈弈[35]。联翩[36]飞洒，徘徊委积[37]。始缘甍而冒[38]栋，终开帘而入隙。初便娟于墀庑[39]，末萦盈于帷席。既因方而为圭，亦遇圆而成璧。眄隰则万顷同缟[40]，瞻山则千岩俱白。于是台如重璧，逵似连璐[41]。庭列瑶阶，林挺琼树，皓鹤夺鲜，白鹇[42]失素，纨袖惭冶[43]，玉颜掩嫭[44]。

若乃积素未亏[45]，白日朝鲜[46]，烂兮若烛龙[47]，衔耀照昆山[48]。尔其流滴垂冰，缘溜承隅[49]，粲兮若冯夷[50]，剖蚌列明珠。至夫缤纷繁骛[51]之貌，皓旰皫洁[52]之仪。回散萦积[53]之势，飞聚凝曜[54]之奇，固展转而无穷[55]，嗟难得而备知[56]。

若乃申娱玩[57]之无已，夜幽静而多怀。风触楹而转响，月承幌[58]而通晖。酌湘吴之醇酎[59]，御狐貉之兼衣[60]。对庭鸥[61]之双舞，瞻云雁之孤飞。践霜雪之交积[62]，怜枝叶之相违[63]。驰遥思于千里，愿接手[64]而同归。

邹阳闻之，懑然[65]心服。有怀妍唱[66]，敬接末曲[67]。于是乃作而赋积雪之歌，歌曰：携佳人兮披重幄[68]，援绮衾兮坐芳褥[69]。燎熏炉兮炳明烛[70]，酌桂酒兮扬清曲。又续写而为白雪之歌，歌曰：曲既扬兮酒既陈，朱颜酡[71]兮思自亲。愿低帷以昵[72]枕，念解佩而褫绅[73]。怨年岁之易暮，伤后会之无因。君宁见阶上之白雪，岂鲜耀于阳春。歌卒。王乃寻绎吟玩[74]，抚览扼腕[75]。顾谓枚叔[76]，起而为乱[77]，乱曰：白羽虽白，质以轻兮，白玉虽白，空守贞兮。未若兹雪，因时兴灭。玄阴凝不昧[78]其洁，太阳不固其节[79]。节岂我名，洁岂我贞。凭云升降，从风飘零。值物赋[80]象，任地班[81]形。素因遇[82]立，污随染成。纵心皓然[83]，何虑何营[84]？

注 释

【1】梁王，西汉梁孝王刘武，汉文帝嫡次子，汉景帝同母弟。喜好文学，曾广招文学之士，邹阳、枚乘、司马相如等人都是梁王上宾。

【2】兔园，梁孝王所筑苑囿名，又名梁苑、梁园。

【3】旨酒，美酒。

【4】邹生，邹阳，见《狱中上梁王书》作者小传。

【5】枚叟，枚乘，见《七发》作者小传。

【6】相如，司马相如，见《大人赋》作者小传。

【7】右，古人以右为尊，司马相如后至而居于上，可见司马相如得到梁王敬重。

【8】俄而，一会儿。霰（xiàn），在高空中由水汽凝结的小冰粒，一般在雪前出现。零，散落。

【9】北风，即《诗·邶风·北风》。春秋时邶地属卫，故称其为卫诗。

【10】南山，即《诗·小雅·信南山》。这两首诗都有关于雨雪的诗句。

【11】抽，抽出。秘思，深邃的思绪。

【12】骋，发挥。妍，妍丽。

【13】侔（móu），齐、相等。揣，揣度。称，相等。

【14】避席，离席而起。逡（qūn）巡，徘徊不进的样子。

【15】雪宫，战国时齐国的宫名。东国，齐国在东部沿海地区，故称东国。

【16】岐，岐山，今陕西岐山县，周朝发源于此。昌，周文王姬昌。来思，《诗·小雅·采薇》："昔我往矣，杨柳依依；今我来思，雨雪霏霏。"相传此诗为周文王所作。

【17】姬满，周穆王，西周第五位天子，相传他曾驾八骏驱驰九万里至昆仑，与西王母相会。《黄竹》，《穆天子传》："天子乃休，日中大寒，北风雨雪，有冻人。天子作诗三章以哀民，曰：我徂黄竹。"

【18】此处指《诗·曹风·蜉蝣》："蜉蝣掘阅，麻衣如雪。"

【19】楚谣，楚辞。相传宋玉所作的《讽赋》有："中有鸣琴焉，臣援而鼓之，为《幽兰》《白雪》之曲。"

【20】袤丈，雪深一丈。袤，长度。沴（lì），伤害。阴德，古人将万物分为阴阳两类，雪属阴。这里指雪若太盛也不利于百姓。

【21】玄律穷，指严冬时节。《尔雅·释天》："九月为玄。"

【22】严气，《礼记》："孟冬之月，天地始肃。"郑玄注："肃，严急之气也。"

【23】焦溪，《水经注》："焦泉发于天门之左，南流成溪，谓之焦泉。"

【24】汤谷，《荆州记》："南阳郡城北有紫山，东有一水，冬夏常温，因名汤谷也。"凝，冻结。

【25】火井，《博物志》："临邛火井，诸葛亮往视后，火转盛，以盆贮水，煮之，得盐。后人以火投井，火即灭，至今不燃。"

【26】沸潭，《水经注》："曲阿季子庙前，井及潭常沸，故名井曰沸井，潭曰沸潭。"无涌，指因天冷结冰而不再涌动。

【27】炎风，《文选》李善注："炎风，在南海外，常有火风，夏日则蒸，杀其过鸟也。"

【28】北户，北开的窗户。墐（jìn）扉，用泥土涂塞的窗户缝。

【29】裸壤，《梁书·东夷传》："其南有侏儒国，人长三四尺。又南黑齿国、裸国，去倭四千余里，船行可一年至。又西南万里有海人，身黑眼白，裸而丑。"有学者考证其在中美洲。垂缯，穿起衣服御寒。缯，丝织品总称。

【30】朔漠，北方的沙漠。

【31】氛，雾气。霭，云气。

【32】揜（yǎn），通"掩"，掩盖。韬，亦为掩盖之意。

【33】粉揉，纷乱的样子。

【34】氛氲，众多的样子。萧索，疏散的样子。

【35】浮浮、瀌（biāo）瀌，《诗·小雅·角弓》："雨雪瀌瀌，见晛（xiàn）曰消。""雨雪浮浮，见晛曰流。"都是形容雨雪繁盛。蔼蔼、弈弈，《广雅》："蔼蔼弈弈，盛貌。"

【36】联翩，连续飞舞的样子。

【37】委积，积聚。

【38】薨（méng），屋脊。冒，覆盖。

【39】便娟，轻盈回旋的样子。墀（chí），台阶上的空地。庑（wǔ），堂下的廊屋。

【40】眄，斜望。缟，白色的丝织品。

【41】逵，宽阔的大路。璐，美玉。

【42】白鹇（xián），鸟名，雄鸟白背有黑色花纹，黑腹。

【43】纨，白色的绢。冶，冶艳，妖艳。

【44】姱（kuā），形容女子美好。

【45】积素未亏，积雪未化。

【46】白日朝鲜，在朝阳照耀下雪一片鲜艳。

【47】烛龙，《山海经》："赤水之北有章尾山。有神，人面蛇身，其瞑乃晦，其视乃明，是烛九阴，是谓烛龙。"也有学者认为烛龙即指太阳。

【48】昆山，昆仑山。古人认为昆仑山是世界的西部边缘。

【49】溜，屋檐下用于排水的沟。隅，屋角。

【50】冯夷，传说中黄河水神，即河伯。

【51】繁骛，众多的鸟。

【52】皓旰（hàn），明亮的样子。曒洁，即"皎洁"。

【53】回散萦积，回旋聚散。

【54】飞聚凝曜，飞雪在阳光照耀下忽散忽聚。

【55】展转，即"辗转"。

【56】备知，完全知晓。

【57】申，同"伸"，展开。玩，赏玩。

【58】幌，床上的帷帐。

【59】醇酎（zhòu），美酒。

【60】兼衣，好几层衣服。

【61】鹍（kūn），鹍鸟，一种形似天鹅的大鸟。

【62】交积，白雪交积，形容雪之厚。

【63】枝叶之相违，树枝树叶相分离，形容枝叶凋零。

【64】接手，携手。

【65】懑然，形容惭愧。

【66】妍唱，美丽的歌曲。

【67】末曲，结尾。

【68】披，以……围裹。重幄，层层帷帐。

【69】援，靠。衾，被子。褥，褥子。

【70】燎，烧。炳，点亮。

【71】酡（tuó），指饮酒后脸色发红的样子。

【72】昵，亲昵、亲近。

【73】褫（chǐ），解衣。绅，大带。

【74】寻绎，反复体会。吟玩，吟咏赏玩。

【75】抚览，把看。扼腕，以一手扼住另一手的手腕，表示激动。

【76】顾，回过头。枚叔，枚乘。

【77】乱，赋的末章称为乱。

【78】玄，黑色。凝，固结遮盖。昧，隐藏，此处引申为污染。

【79】不固其节，不顽固地要求保存自己，指雪在阳光照射下融化。

【80】值，逢。赋，赋予。

【81】任，随。班，赋予。

【82】遇，机遇。

【83】皓然，即“浩然”。

【84】营，钻营、谋求。

《世说新语》十九则

刘义庆

刘义庆，南朝宋临川王，彭城（今江苏徐州）人。曾任荆州刺史等职务，政绩颇佳；后任江州刺史，一年后转任南兖州刺史，加开府仪同三司。刘义庆爱好文学，广招门客，包括鲍照等著名文人都曾受到他的礼遇。他曾会集门客编撰《幽明录》《宣验记》等，但仅有《世说新语》传世。

题　解

本文节选了《世说新语》最为精华的一部分，共十九则。《世说新语》是魏晋时期"笔记小说"的代表作品，汇集了东汉至东晋期间众多高士的言行轶事，共上中下三卷，分三十六类，一千多则，每则长短不一，多则数行，少则三言两语。全书通过记录名士们的趣事，反映了当时士族社会的生活风貌，有助于后人全面了解当时文人雅士的言行举止和当时的社会状况。

在文学技巧方面，《世说新语》善于使用比喻、夸张等技巧，保留下来许多名言佳句，所记载的言行轶事多为后世小说作家取材，《唐语林》等书均是仿《世说新语》体例而作，称为"世说体"。

桓公[1]北征，经金城[2]，见前为琅邪[3]时种柳，皆已十围[4]，慨然曰："木犹如此，人何以堪！"攀枝执条，泫然[5]流泪。

注　释

【1】桓公，桓温，东晋权臣，字元子，谯国龙亢（今安徽怀远县龙亢镇）人。官至大司马、录尚书事。永和二年（346年）因率军消灭成汉而名声大振，晋升征西大将军；永和十年（354年）成功铲除政敌，掌控东晋军政大权；此后三次北伐，又操纵废立之事，改立晋简文帝，但由于第三次北伐大败而归导致声望受损。简文帝崩，桓温未能如愿获得禅让，也未能仿效周公辅政。死后追赠丞相，谥为宣武，仿霍光礼仪葬姑孰青山。后来其子桓玄代晋自立，追尊桓温为宣武帝。

【2】金城，东晋南琅琊郡郡治所在，在今江苏省句容市。此处指桓温在太和四年（369年）的第三次北伐。

【3】琅邪，东晋南琅琊郡，是晋朝南迁时琅琊国人南迁所建立的郡，在

今江苏省南京市。桓温曾在咸康七年（341 年）任琅琊国内史驻守金城，至第三次北伐时已经过了二十八年。

【4】围，双手拇指食指合拢为一围。

【5】泫（xuàn）然，形容眼泪滴落。

顾长康[1]从会稽还，人问山川之美，顾云：“千岩竞秀[2]，万壑争流，草木蒙笼[3]其上，若云兴霞蔚[4]。”

注 释

【1】顾长康，即顾恺之，字长康，东晋画家。他工于诗赋，又善书法，绘画最为出众，他提出的“以形写神”理论奠定了中国传统绘画的基础，时人称为“才绝、画绝、痴绝”。

【2】岩，高耸的山峰。秀，高。

【3】蒙笼，形容茂密。

【4】云兴霞蔚，彩云兴起，此处形容多彩绚丽。

嵇中散临刑东市[1]，神气不变，索琴弹之，奏《广陵散》[2]。曲终，曰：“袁孝尼[3]尝请学此散，吾靳固[4]不与，《广陵散》于今绝矣！”太学[5]生三千人上书，请以为师，不许。文王[6]亦寻悔焉。

注 释

【1】嵇中散，嵇康，曾任中散大夫，世称嵇中散。此处指嵇康因被钟会诬陷而被处死。详见《与山巨源绝交书》作者小传。

【2】《广陵散》，古琴曲名，相传是东汉时流传于广陵（今江苏省扬州市）一带的民间乐曲，描写聂政刺侠累之事。又，古时琴谱不记载旋律节奏，以口传心授的方式进行教学，因此嵇康所奏《广陵散》可能与现在所传的唐代版本并不相同。

【3】袁孝尼，袁准，字孝尼，晋朝建立后任给事中。《三国志·魏志·袁涣传》注：“《袁氏世纪》曰：‘准字孝尼……著书数十万言，论治世之务……

及论五经滞义，圣人之微言，以传于世。'"

【4】靳固，吝惜。

【5】太学，古代由朝廷在中央设立的官学，是古代教育体系中的最高学府。

【6】文王，即司马昭，当时已被封为晋王，死后谥为文王，晋武帝司马炎称帝后追尊为晋文帝。

王戎 [1] 七岁，尝与诸小儿游，看道边李树多子折枝 [2]，诸儿竞走取之，唯戎不动。人问之，答曰："树在道边而多子，此必苦李。"取之，信然 [3]。

注 释

【1】王戎，字濬冲，小字阿戎，琅邪临沂（在今山东省临沂市）人。西晋大臣，官至司徒，封安丰侯，人称王安丰。王戎自幼便有才名，又善于清谈，是"竹林七贤"中最年少的一位。晋武帝伐吴时，因战功及成功安抚吴地之人而封侯。晋惠帝继位，他认为天下将乱，于是不理世事，以山水为乐。八王之乱时，王戎多次被掳，在危难之时却毫无惧色。后世对他的评价褒贬不一，《世说新语》多有关于他贪财吝啬的记载，但也有人认为他是出于自保而自毁名声。此外，也有人批评他位居高官却无所作为。

【2】多子折枝，指果实累累将树枝压弯。

【3】信然，确实如此。

郗太傅在京口 [1]，遣门生与王丞相 [2] 书，求女婿。丞相语郗信："君往东厢，任意选之。"门生归，白 [3] 郗曰："王家诸郎，亦皆可嘉，闻来觅婿，咸自矜持 [4]，唯有一郎在东床上坦腹 [5] 卧，如不闻。"郗公云："正此好！"访之，乃是逸少 [6]，因嫁女 [7] 与焉。

■ 注 释

【1】郗（xī）太傅，郗鉴，字道徽，高平金乡（今山东金乡）人，东晋重臣、书法家。博学儒雅又善于统军作战，曾献计平定王敦叛乱而受重用。后镇守京口（今江苏省镇江市京口区），平定苏峻之乱，击退北方石勒入侵；又多次调解士族之间的矛盾，保证东晋王朝内部稳定。

【2】王丞相，王导，字茂弘，琅邪临沂（今山东省临沂县）人。东晋权臣、东晋王朝的奠基人，辅佐晋元帝南渡并团结士族建立东晋，得到东晋三代皇帝倚重，使王氏家族成为当时最为显赫的大家族（时人称"王与马，共天下"），即使堂兄王敦叛乱也不影响他的地位。历任丞相、太傅，死后依霍光礼仪葬幕府山，谥文献公。

【3】白，告诉。

【4】矜持，拘谨。

【5】坦腹，敞开上衣，袒露腹部。

【6】逸少，王羲之，字逸少。王羲之是王导的侄子。另，"东床快婿"和"令坦"两个典故均出自此。

【7】女，即王羲之夫人郗璿。

张季鹰辟齐王[1]东曹掾，在洛[2]见秋风起，因思吴中菰菜羹、鲈鱼脍[3]，曰："人生贵得适意尔，何能羁宦[4]数千里以要名爵！"遂命驾便归。俄而齐王败，时人皆谓为见机[5]。

■ 注 释

【1】张季鹰，张翰，字季鹰，吴郡吴（今江苏省苏州市）人。性格放纵不拘，人们把他与阮籍相比，称为"江东步兵"。在洛阳任齐王东曹掾时思念家乡菜而弃官归家。

齐王，司马冏，晋惠帝从兄弟。与赵王司马伦勾结，使其废晋惠帝、杀皇后贾南风而自立，但由于不满赏赐而联结其余三王反攻司马伦，将其击败后率数十万军队进入洛阳，被封为大司马，加九锡，辅政。后来司马冏沉溺酒色日益骄纵引发诸王不满，结果被长沙王司马乂突袭而被斩杀，暴尸三日。

【2】洛，洛阳，西晋王朝都城，在今河南省洛阳市。

【3】菰菜羹，《晋书·张翰传》及《太平御览》均作"菰菜、莼羹"，与鲈鱼脍并为吴中名菜。

【4】羁宦，寄居在外地做官。

【5】见机，洞察事情发生的苗头。机，通"几"。

魏武[1]尝过曹娥碑[2]下，杨修[3]从，碑背上见题作"黄绢幼妇，外孙齑臼[4]"八字。魏武谓修曰："解不？"答曰："解。"魏武曰："卿未可言，待我思之。"行三十里，魏武乃曰："吾已得。"令修别记所知。修曰："黄绢，色丝也，于字为绝；幼妇，少女也，于字为妙；外孙，女子也，于字为好；齑臼，受辛也，于字为辞[5]。所谓'绝妙好辞'也。"魏武亦记之，与修同，乃叹曰："我才不及卿，乃觉[6]三十里。"

注 释

【1】魏武，魏武帝曹操。

【2】曹娥，史载："孝女曹娥者，上虞人。父盱，能抚节按歌，婆娑乐神。汉安二年，迎伍君神，泝涛而上，为水所淹，不得其尸。娥年十四，号慕思盱，乃投瓜于江，存其父尸曰：'父在此，瓜当沈。'旬有七日，瓜偶沉，遂自投于江而死。县长度尚悲怜其义，为之改葬，命其弟子邯郸子礼为之作碑。"又，按照记载，此碑应在会稽郡上虞（在今浙江省绍兴市上虞区）一带，而会稽郡当时为孙权领地，曹操不可能到达会稽，《世说新语》此处记载可能是附会之辞。

【3】杨修，字德祖，太尉杨彪之子，有才华，任曹操主簿。与曹植交好，曾多次教授曹植如何对答曹操策问，曹操知晓后十分不满。后来因为曹植醉酒擅闯司马门，被曹操以"前后漏泄言教，交关诸侯"的罪名处死。

【4】齑（jī）白，捣姜蒜等的器具。

【5】于字为辞，辞的异体字是辝。

【6】觉，通"较"，相差，相距。

晋明帝[1]数岁，坐元帝[2]膝上。有人从长安来，元帝问洛下消息，潸然流涕。明帝问何以致泣，具以东渡意[3]告之。因问明帝："汝意谓长安何如日远？"答曰："日远。不闻人从日边来，居然可知。"元帝异之。明日，集群臣宴会，告以此意，更重问之。乃答曰："日近。"元帝失色，曰："尔何故异昨日之言邪？"答曰："举目见日，不见长安。"

注 释

【1】晋明帝，名司马绍，自幼聪慧，有才略而至孝，众臣多亲附之。在位时平定王敦之乱。

【2】元帝，名司马睿，东晋第一位皇帝，西晋时袭封琅琊王，在王导建议下前往建康（今江苏省南京市）。长安陷落，晋愍帝被俘后，司马睿在王导等人拥戴下在建康称帝，建立东晋，朝政则被王导、王敦所掌控。另，永嘉元年（307年），司马睿出任安东将军，前往建康，当时晋明帝九岁。建兴元年（313年），晋愍帝继位，当时晋明帝十五岁。因此此事应在司马睿刚刚抵达建康之时。

【3】东渡意，指司马睿在王导建议下前往建康结交当地士族，以备天下大乱时将建康作为复兴晋朝的基地。

王大将军[1]年少时，旧有田舍名[2]，语音亦楚[3]。武帝[4]唤时贤共言伎艺[5]事，人皆多有所知，唯王都无所关，意色殊恶，自言知打鼓吹，帝令取鼓与之。于坐振袖而起，扬槌奋击，音节谐捷，神气豪上，傍若无人，举坐叹其雄爽。

注 释

【1】王敦，字处仲，琅邪临沂人。东晋丞相王导堂兄，与王导一同协助司马睿建立东晋。东晋建立后，王敦因功累官至大将军，都督江扬荆湘交广六州诸军事，权倾朝野，连晋元帝也对他多有忌惮，多次采取措施对王氏家族予以牵制。而手握重兵的王敦一直有篡位的野心，不仅在自己的领地擅自任命官

吏，后来更是直接率兵进攻建康，掌控朝政，杀死多位朝臣，并纵容手下在建康城内为非作歹。后来王敦病重，其属下便发动叛乱，结果被晋明帝击败，王敦也病重而亡。

【2】田舍民，即现今人们所说的"乡巴佬"，带有贬义。

【3】楚，指方言。因东晋士族多是从北方逃难而来，因此认为南方语音是方言。

【4】武帝，晋武帝司马炎。

【5】伎艺，指琴棋书画等各类艺术。

魏武将见匈奴使。自以形陋，不足雄[1]远国，使崔季珪[2]代，帝自捉刀立床头。既毕，令间谍问曰："魏王何如？"匈奴使答曰："魏王雅望非常，然床头捉刀人，此乃英雄也。"魏武闻之，追杀此使[3]。

注 释

【1】雄，称雄，展示威严。

【2】崔季珪，崔琰，字季珪，仪表堂堂而性格刚正，原为袁绍下属，后任曹操别驾从事。曹操加封魏王时，崔琰被人诬陷，曹操怒而将崔琰罚为徒隶。此后，此人又诬陷崔琰"虬须直视，心似不平"。崔琰遂被曹操赐死。又，相传曹操"姿貌短小"。

【3】后代学者多认为本文记载"近乎儿戏"，一是会见使节之事并非紧急，不会只因相貌便让人代替；二是使者无罪而被杀，将不利于安抚匈奴。

周处[1]年少时，凶强侠气[2]，为乡里所患。又义兴水中有蛟[3]，山中有邅迹虎[4]，并皆暴犯百姓，义兴人谓为三横，而处尤剧。或说处杀虎斩蛟，实冀三横唯余其一。处即刺杀虎，又入水击蛟，蛟或浮或没，行数十里，处与之俱。经三日三夜，乡里皆谓已死，更相[5]庆，竟杀蛟而出。闻里人相庆，始知为人情所患，有自改意。乃自吴寻二陆[6]，平原不在，正见清河，具以情告，并云："欲自修改，而年已蹉跎，终无所成。"清河曰："古人贵朝闻夕死[7]，况君前途尚可。且人患志之不立，亦何忧令名不彰邪？"处遂改励，终为忠臣孝子。

注　释

【1】周处，字子隐。东吴吴郡阳羡（今江苏省宜兴市）人，三国时吴国鄱阳太守周鲂之子。幼年丧父，后在吴国出仕。晋灭吴后，周处历任雍州新平、梁州广汉等地太守，多有政绩。此后任散骑常侍、御史中丞，因弹劾不避权贵而与人结仇。秦雍一带氐羌民族反叛，有人趁机进言让周处出征，又让与周处结怨的梁王司马肜和安西将军夏侯骏做周处的上司。二人在到达当地后，果然逼迫周处率领五千士兵进攻敌军，还不对他进行援助。周处自知必败，却率军奋勇杀敌；他的弓箭耗尽，属下劝他退军，他却说自己当振奋士气，以死殉国。于是力战而死。

【2】侠气，这里指意气用事。

【3】蛟，蛟龙，一种传说中的水生生物。一说，即鳄鱼。

【4】邅（zhān）迹，跛脚。一本作"白额"。

【5】更相，互相。

【6】二陆，陆机、陆云兄弟。陆机曾任平原内史，陆云曾任清河内史，因此人称"陆平原""陆清河"。另，清代劳格《晋书校勘记》考证，周处年轻时，吴国尚未灭亡；吴国灭亡时，陆机不过二十岁，当时周处已经在吴国为官数年。因此此故事很可能是后人杜撰。

【7】《论语·里仁》："朝闻道，夕死可矣。"

王子猷[1]尝暂寄人空宅住，便令种竹。或问："暂住何烦[2]尔！"王啸咏良久，直指竹曰："何可一日无此君！"

注　释

【1】王子猷，即王徽之，字子猷，王羲之第五子，东晋名士、书法家。历任大司马、黄门侍郎，但生性狂放，时常出游，后来直接辞官退居山阴（今

浙江省绍兴市）。

【2】烦，麻烦。

王子猷居山阴。夜大雪，眠觉，开室，命酌酒。四望皎然[1]，因起仿惶[2]，咏左思《招隐诗》[3]。忽忆戴安道[4]，时戴在剡[5]，即便夜乘小船就之。经宿方至，造门不前而返。人问其故，王曰："吾本乘兴而行，兴尽而返，何必见戴！"

注 释

【1】皎然，洁白的样子。

【2】仿惶，即"彷徨"。

【3】左思，西晋文学家，字太冲，齐国临淄（今山东省淄博市）人。《招隐诗》今存两首，富有建安风骨而与当时注重形式的文风不同。

【4】戴安道，戴逵，字安道，东晋艺术家。终身隐居，朝廷多次征召而不出；一生著述颇丰，辞赋、儒学、道家思想均有所涉猎；又擅长绘画、雕塑、弹琴，其画作和雕塑作品在中国艺术史上具有重要地位。

【5】剡（shàn），在今浙江省嵊（shèng）县。有剡溪可通山阴县。

桓子野[1]每闻清歌[2]，辄唤"奈何！[3]"谢公[4]闻之，曰："子野可谓一往有深情[5]。"

注 释

【1】桓子野，桓伊，字叔夏，小字子野，谯国铚县（今安徽濉溪）人。有军事才干，先后出镇豫州、江州，安抚当地百姓并抵抗前秦进攻。善吹笛，号称"江左第一"；又善唱挽歌。

【2】清歌，指没有乐器伴奏的唱歌。一说，指挽歌。

【3】奈何，《古今乐录》说："奈何，曲调之遗音也。"一说，是魏晋人士的伤逝之词。

【4】谢公，谢安，字安石，陈郡阳夏（今河南省太康县）人，东晋政治家、

军事家。早年因谢氏家族没有重要人物在朝为官便出仕为桓温司马。晋简文帝崩，谢安联合王坦之阻止了桓温的计划，并在桓温死后巩固各家关系；后来前秦符坚率军八十余万大举南征，谢安运筹帷幄，派遣谢家子弟以七万晋军大破前秦军队，直接导致前秦土崩瓦解，使东晋转危为安。此后又率军北伐，成功收复黄河以南地区。死后追赠太傅，仿照桓温礼仪安葬。

【5】一往有深情，指情感难以抑制，径直地流露出来。桓伊擅长音律，其唱和的"奈何"能够流露出丰富的感情，谢安因此称赞。

刘伶病酒[1]，渴甚，从妇求酒。妇捐[2]酒毁器，涕泣谏曰："君饮太过，非摄生[3]之道，必宜断之！"伶曰："甚善。我不能自禁，唯当祝鬼神自誓断之耳。便可具酒肉。"妇曰："敬闻命。"供酒肉于神前，请伶祝誓。伶跪而祝曰："天生刘伶，以酒为名；一饮一斛[4]，五斗解酲[5]。妇人之言，慎不可听。"便引酒进肉，隗[6]然已醉矣。

注 释

【1】刘伶，字伯伦，竹林七贤之一，性嗜酒而放达。病酒，指嗜酒成瘾。

【2】捐，舍弃，倒掉。

【3】摄生，养生。

【4】斛，计量单位，一斛为十斗。

【5】酲（chéng），酒醒后神志不清有如患病的状态。

【6】隗（wéi）然，颓然，形容醉倒。

郝隆[1]七月七日出日中仰卧，人问其故，答曰："我晒书[2]。"

注 释

【1】郝隆，字佐治，任征西将军桓温的参军。

【2】我晒书，当时的民间风俗，七月七日曝经书及衣裳。郝隆借此而戏称自己要晒腹中书。

桓公入蜀[1]，至三峡中，部伍中有得猿子者。其母缘岸哀号，行百余里不去，遂跳上船，至便即绝[2]。破视其腹中，肠皆寸寸断。公闻之怒，命黜其人。

注 释

【1】桓公入蜀，指永和二年（346年），桓温率军征伐成汉。

【2】绝，死去。

王蓝田[1]性急。尝食鸡子[2]，以箸刺之，不得，便大怒，举以掷地。鸡子于地圆转未止，仍下地以屐齿[3]蹍之，又不得。瞋甚，复于地取内口中，啮破，即吐之。王右军闻而大笑，曰："使安期[4]有此性，犹当无一豪可论，况蓝田邪！"

注 释

【1】王述，字怀祖，封蓝田侯，人称王蓝田。

【2】鸡子，鸡蛋。

【3】屐（jī），木板鞋。鞋底有两块突出的齿。

【4】安期，王述的父亲王承，字安期，清静寡欲，为政宽恕，名望很大。

王安丰妇，常卿[1]安丰。安丰曰："妇人卿婿，于礼为不敬[2]，后勿复尔。"妇曰："亲卿爱卿，是以卿卿；我不卿卿，谁当卿卿！"遂恒听之。

注 释

【1】卿，平辈间表示亲近而不拘礼法的称呼，此处作动词，称……为卿。

【2】按照礼法，夫妻之间应相敬如宾，所以王戎认为这是不敬。

北山移文

孔稚珪

孔稚珪，一作孔珪，字德璋，会稽山阴（今浙江绍兴）人。南朝齐时曾任太子詹事，死后赠金紫光禄大夫。文章素有盛名，曾与江淹在萧道成幕中"对掌辞笔"。《南齐书》记载他"不乐世务，居宅盛营山水""门庭之内，草莱不剪"。文章大多散佚，今仅存数篇，其中《北山移文》最为人称道。

题　解

本文是一篇骈体文。作者虚构出山林的口吻，对于那些表面上隐居实际则向往荣华富贵的"隐士"加以尖锐的讽刺。本文将山林拟人化，描写景物的羞愤之情，对山林景物的描写十分生动形象。文章对仗工整、音韵和谐，钱钟书评："以风物刻画之工，佐人事讥嘲之切，山水之清音与滑稽之雅虐，相得而益彰。"

又，吕向注《文选》记载当时的著名文人周颙（yóng）曾在钟山（即北山）隐居，后来出任海盐县令又路过此山，于是孔稚珪作《北山移文》讽刺周颙。但《南齐书》并未记载周颙曾隐居过，而孔稚珪与周颙又素有来往，因此本文应是孔稚珪以周颙为题的游戏文章。

钟山之英，草堂之灵[1]，驰烟驿路[2]，勒[3]移山庭。

夫以耿介拔俗[4]之标，萧洒出尘[5]之想，度[6]白雪以方洁，干[7]青云而直上，吾方知之矣。

若其亭亭物表[8]，皎皎霞外[9]，芥千金而不眄[10]，屣万乘[11]

其如脱，闻凤吹于洛浦[12]，值薪歌于延濑[13]，固亦有焉。

岂期终始参差[14]，苍黄[15]翻覆，泪翟子之悲[16]，恸朱公之哭[17]。乍回迹以心染[18]，或先贞而后黩，何其谬哉！呜呼，尚生[19]不存，仲氏[20]既往，山阿寂寥，千载谁赏！

世有周子，隽俗[21]之士，既文既博，亦玄亦史[22]。然而学遁东鲁[23]，习隐南郭[24]，偶吹[25]草堂，滥巾[26]北岳。诱我松桂，欺我云壑[27]。虽假容于江皋[28]，乃缨情[29]于好爵。

其始至也，将欲排巢父，拉许由[30]，傲百氏，蔑王侯。风情张日，霜气横秋。或叹幽人[31]长往，或怨王孙[32]不游。谈空空于释部[33]，覈玄玄于道流[34]，务光[35]何足比，涓子[36]不能俦。

及其鸣驺[37]入谷，鹤书[38]赴陇，形驰魄散，志变神动。尔[39]乃眉轩席次，袂耸[40]筵上，焚芰制而裂荷衣[41]，抗尘容而走俗状。风云凄其带愤，石泉咽而下怆[42]，望林峦而有失，顾草木而如丧。

至其钮金章[43]，绾墨绶[44]，跨[45]属城之雄，冠百里之首。张英风于海甸[46]，驰妙誉于浙右[47]。道帙长摈[48]，法筵久埋[49]。敲扑[50]喧嚣犯其虑，牒诉倥偬[51]装其怀。琴歌既断，酒赋无续。常绸缪于结课[52]，每纷纶于折狱[53]，笼张赵[54]于往图，架卓鲁于前箓[55]，希踪三辅[56]豪，驰声九州牧。

使我高霞孤映，明月独举，青松落阴，白云谁侣？磵户摧绝[57]无与归，石径荒凉徒延伫[58]。至于还飙[59]入幕，写[60]雾出楹，蕙帐空兮夜鹄怨，山人去兮晓猿惊。昔闻投簪逸[61]海岸，今见解兰缚尘缨[62]。于是南岳献嘲，北陇腾笑，列壑争讥，攒峰竦诮[63]。慨游子之我欺，悲无人以赴吊。

故其林惭无尽，涧愧不歇，秋桂遣[64]风，春萝罢月。骋西山之逸议[65]，驰东皋之素谒[66]。

今又促装下邑[67]，浪栧[68]上京，虽情殷于魏阙[69]，或假步于山扃^[70]。岂可使芳杜厚颜，薜荔无耻，碧岭再辱，丹崖重滓^[71]，尘游躅^[72]于蕙路，污渌池^[73]以洗耳。宜扃岫幌^[74]，掩云关，敛轻雾，藏鸣湍。截来辕于谷口，杜妄辔^[75]于郊端。于是丛条瞋胆，叠颖^[76]怒魄。或飞柯^[77]以折轮，乍低枝而扫迹^[78]。请回俗士驾，为君谢逋客^[79]。

注 释

【1】英、灵，都指神灵。草堂，周颙在钟山所建隐舍。《南齐书》："颙于钟山西立隐舍，休沐则归之。"

【2】驿路，可供驿马经过的大路。

【3】勒，刻。

【4】耿介，耿直忠介。拔俗，超脱俗世。

【5】萧洒，脱落无拘束的样子。出尘，超脱俗世。

【6】度，比量。

【7】干，凌驾。

【8】物表，万物之上。

【9】霞外，云霞之上。

【10】芥，小草，此处作动词，视如草芥。眄（miǎn），斜视。

【11】屣（xǐ），草鞋，此处作动词，弃如敝屣。万乘，指天子。

【12】《列仙传》："王子乔，周灵王太子晋，好吹笙作凤鸣，常游于伊、洛之间。"浦，水边。

【13】《文选》吕向注："苏门先生游于延濑，见一人采薪，谓之曰：'子以终此乎？'采薪人曰：'吾闻圣人无怀，以道德为心，何怪乎而为哀也。'遂为歌二章而去。"

【14】参差，不一致。

【15】苍黄，青色和黄色，指天与地。

【16】翟子，墨翟。《淮南子·说林训》："墨子见练丝而泣之，为其可以黄，可以黑。"

【17】朱公，杨朱。《淮南子·说林训》："杨子见歧路而哭之，为其可

以南，可以北。"

【18】乍，刚才。心染，心里牵挂仕途名利。

【19】尚生，尚子平（《后汉书》作"向子平"）。《文选》李善注引《英雄记》："有道术，为县功曹，休归，自入山担薪，卖以供食饮。"《后汉书·逸民列传》："男女娶嫁既毕，敕断家事勿相关，当如我死也。于是遂肆意，与同好北海禽庆俱游五岳名山，竟不知所终。"

【20】仲氏，仲长统，东汉末年人。《后汉书·王充王符仲长统列传》："统性俶傥，敢直言，不矜小节，默语无常，时人或谓之狂生。每州郡命召，辄称疾不就。常以为凡游帝王者，欲以立身扬名耳，而名不常存，人生易灭，优游偃仰，可以自娱。"

【21】周子，周颙（yóng），字彦伦，汝南安城人。周颙言辞婉丽，工隶书，兼善老、易，长于佛理。又，孔稚珪与张融、何点等人为至交好友，周颙与这些人也是好友；孔稚珪也并不反对隐居之士出仕，如《南齐书·杜京产传》就记载他曾上表称赞出仕为官的隐士杜京产。隽（jùn）俗，卓立世俗。

【22】亦玄亦史，《南齐书·周颙传》："泛涉百家，长于佛理。著《三宗论》。"玄，指道家思想。

【23】东鲁，指颜阖（hé）。《庄子·让王》："鲁君闻颜阖得道人也，使人以币先焉。颜阖守陋闾，使者至曰：'此颜阖之家与？'颜阖对曰：'此阖之家。'使者致币。颜阖对曰：'恐听者谬而遗使者罪，不若审。'使者反审之，复来求之，则不得已。"

【24】南郭，《庄子·齐物论》："南郭子綦隐机而坐，仰天嗒然，似丧其偶。"

【25】偶吹，杂合众人吹奏乐器，出自《韩非子·内储说》："齐宣王使人吹竽，必三百人。南国处士请为王吹竽，宣王说之，廪食以数百人。宣王死，湣王立，好一一听之，处士逃。"

【26】巾，隐士所戴头巾。滥巾，即冒充隐士。

【27】壑（hè），山谷。

【28】江皋，江岸。钟山在当时的建康城东，长江南岸。

【29】缨情，系情，难以割舍。

【30】巢父、许由，《高士传》："尧让天下于许由，不受而逃去。尧又

召为九州长，由不欲闻之，洗耳于颍水滨。时其友巢父牵犊欲饮之，见由洗耳，问其故，对曰：'尧欲召我为九州长，恶闻其声，是故洗耳。'巢父曰：'污吾犊口。'牵犊上流饮之。"

【31】幽人，隐逸之士。

【32】王孙，指隐士。出处详见《招隐士》。

【33】空空，佛家义理。佛家认为世上一切皆空，以空明空，故曰"空空"。释部，佛家典籍。

【34】覈（hé），研究。玄玄，道家义理。《道德经》："玄之又玄，众妙之门。"道流，道家之学。

【35】务光，《列仙传》："务光者，夏时人也……殷汤伐桀，因光而谋，光曰：'非吾事也。'汤得天下，已而让光，光遂负石沉窾水而自匿。"

【36】涓子，《列仙传》："涓子者，齐人也。好饵术，隐于宕山。"

【37】鸣驺（zōu），指朝廷派出的使者车马。

【38】鹤书，指征召的诏书。《古今篆隶文体》："鹤头书与偃波书，俱诏板所用，在汉则谓之尺一简，仿佛鹤头，故有其称。"

【39】尔，这时。

【40】袂（mèi）耸，衣袖高举。

【41】芰（jì）制、荷衣，都指用荷叶做成的隐士衣服。《离骚》："制芰荷以为衣兮，集芙蓉以为裳。"

【42】咽（yè），悲泣。怆（chuàng），怨怒的样子。

【43】钮，系。金章，铜印。

【44】绾（wǎn），系。墨绶，黑色的印带。金章、墨绶都是县令佩戴的官印。

【45】跨，超越。

【46】张，广播。海甸，海滨。

【47】驰，传播。浙右，浙江西部。

【48】道帙（zhì），道家的经典。帙，用帛布制成的书画封套，这里指书籍。摈，摈弃。

【49】法筵，讲佛法的几案。埋，废弃。

【50】敲扑，鞭子，此处作动词，鞭打。

【51】牒诉，诉讼状纸。倥（kǒng）偬（zǒng），事务繁忙迫切的样子。

【52】绸缪，纠缠。课，赋税。结课，计算赋税。

【53】狱，案件。折狱，判理案件。

【54】笭，笭盖。张赵，张敞、赵广汉。《汉书》："张敞，字子高，稍迁至山阳太守。"又："赵广汉，字子都，涿郡人也。为阳翟令，以化行尤异，迁京辅都尉。"

【55】卓鲁，卓茂、鲁恭。《后汉书》："卓茂，字子康，南阳人也。迁密令，视人如子，吏人亲爱而不忍欺。"又："鲁恭，字仲康，扶风人也。拜中牟令，螟伤稼，尤牙缘界，不入中牟。"策，簿籍。

【56】希踪，追慕踪迹。三辅，指汉代管理京畿长安周边地区的三个官职。《汉书》："内史武帝更名京兆尹，左内史更名左冯翊，主爵中尉更名右扶风，是为三辅。"

【57】磵（jiàn），通"涧"。摧绝，崩落。

【58】延伫，长时间站立等候。

【59】还飙，回风。

【60】写，通"泻"，吐。

【61】投簪，抛弃冠簪。逸，隐遁。

【62】兰，用兰做的佩饰，古代隐士多以之为佩。缚尘缨，束缚于尘网。

【63】攒峰，密聚在一起的山峰。竦（sǒng），通"耸"，跳动。献嘲、腾笑、争讥、竦诮都是嘲笑的意思。

【64】遣，一作"遗"，排除。

【65】骋，与下句的"驰"都是传播之意。逸议，隐逸高士的清议。

【66】素谒，高尚有德者的言论。

【67】促装，整束行装。下邑，指原来做官的县邑（山阴县）。

【68】浪栧（yì），鼓棹，驾舟。

【69】殷，深厚。魏阙，巍峨高大的门楼。这里指朝廷。

【70】假步，借住。山扃（jiōng），山门。指北山。

【71】重滓（zǐ），再次蒙受污辱。

【72】躅（zhú），足迹。

【73】渌池，清池。

【74】岫（xiù）幌（huǎng），犹言山穴的门户。岫，山穴。幌，帷幕。

【75】杜，堵塞。妄辔，肆意乱闯的车马。

【76】颖，草。

【77】飞柯，飞落的树枝。

【78】乍，骤然。扫迹，遮蔽路径。

【79】君，北山神灵。逋客，逃亡者。指周颙。

送橘启

刘孝标

刘孝标，即刘峻，字孝标，以字行。平原（今山东省平原县）人。南朝文学家。本名法武，自幼颠沛流离，曾被掠卖为奴，生活困苦，但勤勉好学，清河崔慰祖谓之"书淫"，后成为当时著名学者，梁武帝时虽有文才而不得重用。后因病辞官隐居东阳紫岩山，当地士人多拜学于其门下。刘孝标诗文集已散佚，他所注释的《世说新语》丰富详实，与原书并称于世。

题 解

"启"是一种书信文体，一般用于下对上的书信。本文描写橘的产地季节，又写色香味的甘美，仅仅五十六字，便将橘的特性尽数涵盖。

南中橙甘[1]，青鸟[2]所食。始霜之旦[3]，采之风味照座[4]，劈之香雾噀[5]人。皮薄而味珍，脉不粘肤[6]，食不留滓[7]。甘逾萍实[8]，冷亚冰壶。可以熏[9]神，可以荤鲜[10]，可以渍蜜[11]。毡乡之果[12]，宁有此邪？

注 释

【1】南中，此处指南方。甘，通"柑"。橙柑同属橘类水果，此处都作为橘的代称。

【2】青鸟，《山海经·海内北经》："西王母梯几而戴胜。其南有三青鸟，为西王母取食。"又，《伊尹书》："果之美者，箕山之东，青鸟之所，有卢橘夏熟。"

【3】旦，日，此处指"时"。始霜之旦，一般在阴历九月。

【4】风味，风采韵味。照座，形容采摘的橘色泽鲜美而满室生辉。

【5】劈，剖开。香雾，指剖开橘时喷出的汁液和雾气。嚏（xùn），喷。

【6】脉，指橘络。肤，表皮，指橘瓣的内皮。此句指橘络方便剥下来。

【7】滓，残渣。

【8】逾，超过。萍实，一种奇异的果实。《孔子家语·致思》："楚昭王渡江，江中有物大如斗，圆而赤，直触王舟。舟人取之，莫之能识。王使使聘于鲁，问于孔子，曰：'此所谓萍实者也，可剖而食，吉祥也，唯霸者为能获焉。吾昔之郑，过乎陈之野，闻童谣曰：楚昭王，渡江得萍实，大如斗，赤如日，剖而食之甜如蜜。'"

【9】熏，使……宁静。

【10】芼（mào），指蔬菜，此处作动词，引申为作为佐料。鲜，生鱼。《南部烟花记》："南人鱼鲙，细缕金橙拌之，号为金齑玉鲙。"

【11】渍（zì），浸泡。渍蜜，用蜜浸泡，类似于制作蜜饯。

【12】毡乡，指北朝统治地区。毡，毡帐，古代北方游牧民族居住的毡制帐篷。

诗品序

钟嵘

钟嵘，中国南朝文学批评家，字仲伟。颍川长社（今河南长葛市）人。南朝齐时任司徒行参军，入梁后历任中军临川王行参军、西中郎将晋安王记室。梁武帝天监十二年（513年），钟嵘仿汉代"九品论人，七略裁士"的先例，写成诗歌评论专著《诗品》，提出了一套比较系统的诗歌品评的标准。

题 解

本文是《诗品》全书的序言，节选了文中论述诗歌作用的一部分。在《诗品序》中，钟嵘提出：第一，反对无病呻吟，反对刻意追求音韵，反对大量堆砌典故，认为诗歌应追求自然和谐。第二，第一次论述了五言诗的特点，探讨了五言诗的源流和发展。第三，提出"滋味说"，认为诗应有"滋味"，要做到"文已尽而义有余"；提出"真美"原则，要求诗歌要有强烈真挚的感情；提出诗歌创作要做到"指事造形，穷情写物"。第四是区分作家艺术流派并作出系统的品评。

虽然《诗品序》中由于历史局限性而存在着不少的弊病，但这并不伤害其作为中国文学理论批评史上一座重要里程碑的地位。

故诗有三义焉：一曰兴，二曰比，三曰赋[1]。文已尽而义有余，兴也；因物喻志，比也；直书其事，寓言写物，赋也。弘斯三义，酌而用之，干之以风力[2]，润之以丹彩[3]，使味之者无极，闻之者动心，是诗之至也。若专用比兴，则患在意深，意深则词踬[4]。若但用赋体，则患在意浮[5]，意浮则文散，嬉成流移[6]，文无止泊[7]，有芜蔓之累矣。

若乃春风春鸟，秋月秋蝉，夏云暑雨，冬月祁寒[8]，斯四候之感诸诗者也。嘉会[9]寄诗以亲，离群托诗以怨。至于楚臣去境，汉妾辞宫[10]；或骨横朔野，或魂逐飞蓬；或负戈外戍，杀气雄边[11]；塞客衣单，孀闺泪尽；或士有解佩[12]出朝，一去忘返；女有扬蛾入宠[13]，再盼倾国。凡斯种种，感荡心灵，非陈诗何以展其义？非长歌何以骋其情？故曰："诗可以群，可以怨。[14]"使穷贱易安，幽居靡闷，莫尚于诗矣。

注　释

【1】诗有三义，指《诗大序》中总结《诗》的三种表现手法，与"风、雅、颂"合称"六义"，详见本书《诗大序》一文。此处《诗品》将"赋、比、兴"调整为"兴、比、赋"，有强调兴、比两种手法的意思。

【2】干，主干，此处引申为本质。风力，即风骨。

【3】丹彩，文采。

【4】词踬（zhī），文词艰涩不顺畅。

【5】意浮，指语言太过虚浮而无蕴藉。

【6】嬉，游戏、玩耍，此处指不认真。流移，指文词散漫、文意不集中。

【7】止泊，归宿。指文字松散，文章冗长。

【8】祁寒，大寒。祁，大。

【9】嘉会，盛会、宴会。

【10】楚臣去境，指屈原被放逐，汉妾辞宫，指昭君出塞。

【11】杀气雄边，指威震边关。

【12】解佩，指辞官。佩，古代为官者系于衣带上的饰物。

【13】女有扬蛾入宠，指汉武帝宠妃李夫人入宫之事。

【14】诗可以群，可以怨，见本书《论语》三十五则一文。

答谢中书书

陶弘景

陶弘景，字通明，南朝梁时丹阳秣陵（今江苏南京）人，自号华阳隐居，谥号贞白先生。医学家、道士、文学家和书法家。南朝齐时怀才不遇，官职低微，遂辞官退隐茅山。梁武帝代齐后，多次邀请他出山，被他拒绝；但二人多有书信往来，且"国家每有吉凶征讨大事，无不前以咨询，月中常有数信，时人谓之山中宰相"。陶弘景博学多才，是一位百科全书式的学者：文学方面善于描写自然风景，对经史百家都有研究著作；书法工于隶书，又擅长鉴定书法真伪；精通医药，《本草经集注》是我国本草学的一部里程碑式著作；通天文，有多部天文著作；还善于铸刀剑。又对道教发展起到了重要作用，元代茅山宗追尊为第九代宗师。

题 解

本文是作者写给中书鸿胪谢微谈山水之美的一封信笺。全文短小精悍，仅有六十八字，但却将山川之美切实地描绘出来。南朝时，因政治混乱，士人多崇尚隐居山林，在山川之美中寻求精神慰藉。本文文辞清丽，堪称南朝写景名作。

山川之美，古来共谈[1]。高峰入云，清流见底。两岸石壁，五色交辉[2]。青林翠竹，四时俱备。晓雾将歇[3]，猿鸟乱鸣；夕日欲颓[4]，沉鳞[5]竞跃，实是欲界之仙都[6]。自康乐[7]以来，未复有能与[8]其奇者。

注 释

【1】共谈，共同谈论欣赏的。

【2】五色交辉，形容石壁色彩斑斓交相辉映。

【3】歇，消散。

【4】颓，落山。

【5】沉鳞，潜游在水中的鱼。

【6】欲界，佛教把世界分为欲界、色界、无色界。欲界是没有摆脱世俗的七情六欲的众生所处境界，即指人间。仙都，仙人生活的世界。

【7】康乐，指南朝著名山水诗人谢灵运，他继承祖父的爵位，被封为康乐公。

【8】与（yù），参与，此处引申为欣赏。

与陈伯之书

丘迟

丘迟，字希范，南朝文学家，吴兴乌程(今属浙江省湖州市)人。八岁能文，后被梁武帝萧衍器重，萧衍称帝前一系列劝进文书均为丘迟所作。天监四年（505年）随萧宏北伐，以《与陈伯之书》成功劝降陈伯之，后历任司徒从事中郎等职。其诗文辞采艳丽，钟嵘评："丘诗点缀映媚，似落花依草。"

题 解

梁武帝天监四年（505年），临川王萧宏率军北伐叛逃至北魏的陈伯之，陈伯之在寿阳（今安徽省寿县）率军八千抵抗。两军对峙之时，萧宏命从军北伐的丘迟以个人名义写信劝降陈伯之。在本文中，丘迟一方面阐述形势的危险，一方面动之以情、晓之以理，使陈伯之的心理防线崩溃，最终率众投降。

本文多用对比手法，将陈伯之所处的今夕形势相对比，又阐述大义，分析现实，具有极强的说服力；且针对陈伯之读书不多而又多疑的性格特点，将文章写得尽量明白具体，又有骈体文的节奏韵律感，克服了南朝骈体文注重形式的弊病。

迟顿首陈将军[1]足下：无恙，幸甚，幸甚！将军勇冠三军，才为世出[2]，弃燕雀之小志，慕鸿鹄以高翔[3]！昔因机变化，遭遇明主，立功立事，开国称孤[4]。朱轮华毂[5]，拥旄[6]万里，何其壮也！如何一旦为奔亡之虏，闻鸣镝而股战[7]，对穹庐[8]以屈膝，又何劣邪！

寻君去就[9]之际，非有他故，直以不能内审诸己[10]，外受流言，沈迷猖蹶，以至于此。圣朝赦罪责功[11]，弃瑕[12]录用，推赤心于天下[13]，安反侧于万物[14]。将军之所知，不假[15]仆一二谈也。朱鲔涉血于友于[16]，张绣剚刃于爱子[17]，汉主不以为疑，魏君待之若旧。况将军无昔人之罪，而勋重于当世！夫迷途知返，往哲是与[18]，不远而复[19]，先典攸高[20]。主上屈法申恩，吞舟是漏[21]；将军松柏不剪[22]，亲戚安居，高台未倾[23]，爱妾尚在；悠悠尔心，亦何可言！今功臣名将，雁行[24]有序，佩紫怀黄[25]，赞帷幄[26]之谋，乘轺建节[27]，奉疆埸[28]之任，并刑马作誓[29]，传之子孙[30]。将军独靦颜[31]借命，驱驰毡裘之长[32]，宁不哀哉！

夫以慕容超之强，身送东市[33]；姚泓之盛，面缚西都[34]。故知霜露所均[35]，不育异类[36]；姬汉旧邦[37]，无取杂种[38]。北虏僭[39]盗中原，多历年所[40]，恶积祸盈，理至燋烂[41]。况伪孽昏狡[42]，自相夷戮[43]，部落携离[44]，酋豪猜贰[45]。方当系颈蛮邸[46]，悬首藁街[47]，而将军鱼游于沸鼎之中，燕巢于飞幕之上[48]，不亦惑乎？

暮春三月，江南草长，杂花生树，群莺乱飞。见故国之旗鼓，感平生于畴日，抚弦登陴，岂不怆恨[49]！

所以廉公之思赵将[50]，吴子之泣西河[51]，人之情也，将军独无情哉？想早励良规[52]，自求多福。

当今皇帝盛明，天下安乐。白环西献[53]，楛矢[54]东来；夜郎滇池[55]，解辫请职[56]；朝鲜昌海[57]，蹶角受化[58]。唯北狄野心，掘强沙塞之间，欲延岁月之命耳[59]！中军临川殿下[60]，明德茂亲[61]，揔兹戎重[62]，吊民洛汭[63]，伐罪秦中[64]，若遂[65]不改，方思仆言。聊布往怀[66]，君其详之。丘迟顿首。

注 释

【1】陈将军，陈伯之。勇而有膂力，性格多疑又不识书，遇事多依赖心腹进行决断。曾受齐东昏侯（南朝齐第六任皇帝萧宝卷）之命抵御梁武帝萧衍军队，萧衍派人将其劝降。后来在手下人劝说下反叛，被梁军夹击而大败，投奔北魏。天监四年，梁武帝派临川王北伐，陈伯之率军与其对峙。

【2】"勇冠三军""才为世出"，见《答苏武书》一文。

【3】《史记·陈涉世家》："陈涉太息曰：嗟乎！燕雀安知鸿鹄之志哉！"

【4】此句指陈伯之投降梁武帝后，出任征南将军，封丰城县公，邑二千户。

【5】毂（gǔ），车轮中心的圆木。

【6】拥旄（máo），代指古代武将受命指挥一方军队。

【7】鸣镝（dí），响箭，多用作匈奴等北方游牧民族军令的代称。股战，大腿颤抖。

【8】穹庐，北方少数民族居住的毡帐。北魏为鲜卑族，出身北方草原，故以穹庐代称。

【9】去就，指陈伯之弃梁投降北魏事。《梁书·陈伯之传》："……遂相率趣豫章。太守郑伯伦坚守，伯之攻之不能下。王茂前军既至，伯之表里受敌，乃败走，间道亡命出江北，与子虎牙及褚緭俱入魏。"

【10】内审，内心反复考虑。诸，"之于"的合音。

【11】赦罪责功，赦免罪过，责令其立功赎罪。

【12】瑕，玉的斑点，代指过失。弃瑕，即不计较过失。

【13】《后汉书·光武帝纪》："降者更相语曰：'萧王推赤心置人腹中，安得不投死乎！'"

【14】《后汉书·光武帝纪》："收文书，得吏人与郎交关谤毁者数千章。光武不省，会诸将军烧之，曰：'令反侧子自安。'"

【15】不假，不借助，不需要。

【16】朱鲔（wěi），王莽末年绿林军将领，曾劝说刘玄杀死刘秀兄长刘縯（yǎn）。后来刘秀攻洛阳，朱鲔拒守，刘秀派岑彭劝降，说："夫建大事者，不忌小怨。鲔今若降，官爵可保，况诛罚乎？河水在此，吾不食言。"于是朱鲔投降，后来官至少府，封扶沟侯，爵位子孙世袭。涉血，即"喋血"，形容杀人众多，踏血而行。友于，兄弟。

【17】《三国志·魏志·武帝纪》："（建安）二年春正月，公（曹操）到宛。张绣降，既而悔之，复反。公与战，军败，为流矢所中。长子昂、弟子安民遇害。"建安四年，"冬十一月，张绣率众降，封列侯。"剚（zì）刃，用刀刺入人体。又，《魏略》："五官将数因请会，发怒曰：'君杀吾兄，何忍持面视人邪！'绣心不自安，乃自杀。"有人指出曹丕任五官中郎将是在建安十六年（211年），当时张绣已死。

【18】往哲，以往的贤哲。与，赞同。

【19】不远而复，指迷途不远而返回。《易·复卦第二十四》："不远复，无祗悔，元吉。"

【20】先典，古代典籍，这里指《易》。攸，就。高，以……为高明，嘉许。

【21】《盐铁论·刑德》："明王茂其德教而缓其刑罚也。网漏吞舟之鱼。"吞舟，指吞舟之鱼。《史记·酷吏列传》："汉兴，破觚而为圜，斫雕而为朴，网漏于吞舟之鱼。"此句指法律宽大，即使罪行重大也可被赦免。

【22】松柏，古人常在坟墓边植以松柏。此处以松柏代指祖坟。不剪，指未曾受到毁坏。

【23】《新论》记载，雍门周说孟尝君曰："千秋万岁后，高台既已倾，

曲池又已平。"此处以高台代指陈伯之在梁的房舍住宅。

【24】雁行，大雁飞行的行列，这里代指朝臣排列位次。

【25】紫，紫绶，系官印的丝带。黄，金印。

【26】赞，佐助。帷幄，军中的帐幕。《史记·留侯世家》："运筹策帷幄中，决胜千里外。"

【27】轺（yáo），用两匹马拉的轻车，指使节所乘之车。建节，将皇帝赐予的符节插立车上。

【28】疆埸（yì），边境。

【29】刑马，杀马。《史记》《汉书》记载汉高祖刘邦在平定诸异姓王后，与各同姓王及列侯杀白马盟誓：王侯爵位世代相传，永不断绝；非刘氏而王，天下共击之；无功而封侯，天下共击之。此处以"白马之盟"代指梁朝与诸侯的盟约。

【30】传之子孙，这是梁代的盟约，指功臣名将的爵位可传之子孙。

【31】觍（miǎn）颜，厚着脸。

【32】毡裘，以毛织制之衣，是北方游牧民族服装，这里指代北魏。长，头目。这里代指北魏皇帝。

【33】慕容超，南燕君主。东晋末年，南燕多次入侵淮北，掌权的刘裕（即后来的宋武帝）率军北伐，灭亡南燕，捕获慕容超并送建康斩杀。东市，汉代长安多设刑场于东市，后人以东市作为刑场代称。

【34】姚泓，后秦君主。刘裕北伐，派大将王镇恶进攻长安，姚泓率群臣出降，后秦灭亡。面缚，面朝前，双手反缚于后。西都，指长安。

【35】霜露所均，霜露所及之处，指天地间。

【36】异类，异族，即鲜卑等北方游牧民族。

【37】姬汉，周朝和汉朝，代指汉族建立王朝。旧邦，指中原周汉的故土。

【38】杂种，对其他民族的蔑称。

【39】北虏，指北魏。虏，对其他民族的蔑称。僭（jiàn），假冒帝号。

【40】北魏建立于386年，至505年已一百多年。年所，年代。

【41】燋（jiāo），通"焦"。燋烂，溃败灭亡。

【42】伪嬖（bì），指北魏宣武帝。昏狡，昏聩狡诈。

【43】自相夷戮，北魏宣武帝在位时，北魏内部多有皇室自相残杀之事。

【44】携离，四分五裂。携，离。

【45】酋豪，部落酋长。猜贰，猜忌而有二心。

【46】蛮邸，异族首领居住的馆舍。

【47】藁（gǎo）街，汉代长安街名，是各属国使馆所在地。

【48】李善注《文选》引袁崧《后汉书》朱穆上疏曰："养鱼沸鼎之中，栖鸟烈火之上，用之不时，必也焦烂。"又《左传·襄公二十九年》："夫子之在此也，犹燕之巢于幕上。"

【49】李善注《文选》引袁宏《汉献帝春秋》，臧洪《报袁绍书》曰："每登城勒兵，望主人之旗鼓，感故交之绸缪，抚弦搦矢，不觉涕流之覆面也。"畴日，往日。陴（pí），城上的矮墙。怆恨，悲伤。

【50】此处详见《廉颇蔺相如列传》一文。

【51】《吕氏春秋·观表》记载，吴起为魏国守西河，魏武侯听信王错（一说为公叔痤）谗言，使人召回吴起。吴起预料西河必为秦所夺取，故车至于岸门，望西河而泣。后吴起逃亡楚国，西河果为秦所得。

【52】励，勉励，此处引申为做出。良规，妥善的安排。

【53】白环西献，李善注《文选》引《世本》："舜时，西王母献白环及佩。"

【54】楛（hù）矢，用楛木做的箭。《孔子家语》载：武王克商，"于是肃慎氏贡楛矢石砮。"

【55】夜郎，秦汉时期古国名，鼎盛时疆域东至湖广，西及黔滇，北抵川鄂，南达东南亚各国。滇池，指滇国，秦汉时期古国名。

【56】解辫请职，解开盘结的发辫，请求派驻官员赏赐爵位。即表示愿意归顺。

【57】昌海，蒲昌海，西域国名。即今新疆罗布泊。

【58】蹶角，以额头叩地。受化，接受教化。

【59】《汉书·伍被传》记载伍被说淮南王曰："东保会稽，南通劲越，屈强江、淮间，可以延岁月之寿耳。"掘强，即倔强。

【60】中军临川殿下，指临川王萧宏，时任中军将军。

【61】茂亲，至亲。萧宏为梁武帝之弟。

【62】揔（zǒng），通"总"。戎重，军事重任。

【63】吊民，慰问老百姓。汭（ruì），河流弯曲处。洛汭，今河南巩义河洛镇洛口村，洛水汇入黄河处。

【64】秦中，指北魏。今陕西省中部，关中平原一带。

【65】遂，仍旧。

【66】聊布，聊且陈述。往怀，往日的友情。

与朱元思书

吴均

> 吴均，字叔庠（xiáng），吴兴故鄣（今浙江省安吉县）人。南朝梁文学家。好学而有俊才。梁武帝时，被临川王萧宏推荐给梁武帝，受重用。因私撰《齐春秋》，称梁武帝为齐明帝佐命之臣，梁武帝不悦，将书焚毁并将吴均免职。后又奉旨撰《通史》，未成书而去世。
>
> 吴均作品众多，但大多已散佚。他的骈体文善于描写山水景物，时人多效法之，称其为"吴均体"。《梁书》称吴均的文章"清拔有古气"。

题 解

本文是吴均写给他的朋友朱元思的信。南朝时，政治黑暗，战乱频繁，不少文人雅士因而寄情山水，排解心中苦闷。本文中，作者将乘船自桐庐至富阳途中所见与自己的感情相融合，将富春江的山水景色描绘出来，流露出作者流连于山水的情趣。本文辞藻华丽隽永，音韵和谐，清新淡雅。

风烟俱净，天山共色。从流飘荡，任意东西[1]。自富阳至桐庐一百许里，奇山异水，天下独绝。

水皆缥碧[2]，千丈见底。游鱼细石，直视无碍。急湍甚[3]箭，猛浪若奔[4]。

夹岸高山，皆生寒树[5]，负[6]势竞上，互相轩邈[7]，争高直指，千百成峰。泉水激石，泠泠[8]作响；好鸟相鸣[9]，嘤嘤成韵[10]。蝉则千转[11]不穷，猿则百叫无绝。鸢飞戾天[12]者，望峰息心[13]；经纶[14]世务者，窥谷忘反。横柯[15]上蔽，在昼犹昏[16]；疏条交映[17]，有时见日。

注 释

【1】任意东西，随着船的意愿时而向东时而向西漂流。

【2】缥（piǎo）碧，青白色。

【3】甚，胜过，超过。

【4】奔，指飞奔的骏马。

【5】寒树，形状奇异，使人看了有寒意的树。

【6】负，凭借。

【7】轩，向高处伸展。邈（miǎo），向远处伸展。

【8】泠（líng）泠，拟声词，形容水声的清越。

【9】相鸣，互相和鸣。

【10】嘤嘤成韵，鸣声嘤嘤，和谐动听。

【11】转，通"啭"，鸟鸣声。这里指蝉鸣。

【12】鸢（yuān）飞戾天，《诗·大雅·旱麓》："鸢飞戾天，鱼跃于渊。"鹰飞翔于天空，此处比喻追求名利的人。

【13】望峰息心，看到这雄奇的山峰，追逐名利之心就会平静下来。

【14】经纶，筹划、治理。

【15】柯，树木的枝干。

【16】在昼犹昏，在白天也如同黑夜一般。

【17】疏条交映，稀疏的枝条互相掩映。

与施从事书

吴均

题 解

本文是作者写给他的朋友的书信，将巍峨连绵的高山渲染出来，让自己暂时逃离世俗，将情感寄托于山水之中，展现了自己的高洁情怀。

故鄣县[1]东三十五里，有青山，绝壁干[2]天，孤峰入汉[3]；绿嶂百重，清川万转。归飞之鸟，千翼竞来；企[4]水之猿，百臂相接。秋露为霜，春罗[5]被径。风雨如晦，鸡鸣不已[6]。信足荡累颐物[7]，悟衷散赏[8]。

注 释

【1】故鄣县，在今浙江省安吉县。

【2】干，连接。

【3】汉，星汉，即银河。

【4】企，祈求，盼望。

【5】春罗，即女萝，学名松萝。一种地衣植物。

【6】《诗经·郑风·风雨》："风雨如晦，鸡鸣不已。"

【7】信足，随意漫步。荡，荡涤，消除。累，累赘，此处指烦恼。颐物，流连物态以怡情养性。

【8】悟衷，内心有所感悟。散赏，自由欣赏。

《文选》序

萧统

萧统，字德施，梁武帝长子，未及继位便去世，年仅三十岁，死后谥为昭明，世称昭明太子，后被追谥为高宗昭明皇帝。他编纂了中国最早的一部诗文总集《文选》（又称《昭明文选》），收录了许多梁代以前的文学作品。此外，他对佛学也有研究。

题 解

本文是萧统为《文选》所作的序。《文选》是中国现存最早的诗文总集，共六十卷。萧统主张"事出于沉思，义归乎翰藻"，并大胆地将经、史、子等著作与文学区分开，只收录那些辞藻华丽、音韵和谐的作品。

本文中，作者论述了文章的起源流变，阐述《文选》的选文标准，指出作者对于文学性质的认识。文中，作者认为文章与其他的一切事物相通，都是从简到繁，"踵其事而增华，变其本而加厉"。因此，文章应该有精心的构思和华美的文辞。

式观元始[1]，眇觌玄风[2]，冬穴夏巢[3]之时，茹毛饮血[4]之世，世质民淳[5]，斯文未作[6]。逮乎伏羲氏之王天下也，始画八卦，造书契，以代结绳之政，由是文籍生焉[7]。《易》曰："观乎天文，以察时变。观乎人文，以化成天下。[8]"文之时义远矣哉[9]！若夫椎轮为大辂之始[10]，大辂宁有椎轮之质？增[11]冰为积水所成，积水曾微增冰之凛[12]，何哉？盖踵其事而增华[13]，变其本而加厉[14]。物既有之，文亦宜然。随时变改，难可详悉。

尝试论之曰：《诗序》云："诗有六义焉，一曰风，二曰赋，三曰比，四曰兴，五曰雅，六曰颂。[15]"至于今之作者，异乎古昔。古诗之体，今则全取赋名。荀、宋[16]表之于前，贾、马[17]继之于末。自兹以降，源流寔[18]繁。述邑居[19]，则有"凭虚""亡是"[20]之作。戒畋[21]游，则有"长杨""羽猎"[22]之制。若其纪[23]一事，咏一物，风云草木之兴，鱼虫禽兽之流[24]，推而广之，不可胜载矣。又楚人屈原，含忠履洁，君[25]匪从流，臣进逆耳[26]，深思远虑，遂放湘南。耿介之意既伤，壹郁之怀靡愬[27]。临渊有"怀沙"之志[28]，吟泽有"憔悴"之容[29]。骚人[30]之文，自兹而作。

诗者，盖志之所之也。情动于中，而形于言[31]。《关雎》《麟趾》[32]，正始之道[33]著。桑间濮上，亡国之音表[34]。故风雅之道[35]，粲然[36]可观。自炎汉[37]中叶，厥涂[38]渐异：退傅有"在邹"之作[39]，降将著"河梁"之篇[40]。四言五言[41]，区以[42]别矣。又少则三字，多则九言[43]，各体互兴，分镳并驱[44]。

颂者，所以游扬德业，襃[45]赞成功。吉甫有"穆若"之谈[46]，季子有"至矣"之叹[47]，舒布[48]为诗，既言如彼。总成[49]为颂，又亦若此。

次则箴兴于补阙[50]，戒出于弼匡[51]，论则析理精微[52]，铭则序事清润[53]，美终则诔发[54]，图像则赞[55]兴。又诏诰教令[56]之流，表奏笺[57]记之列，书誓符檄[58]之品，吊祭悲哀[59]之作，答客指事[60]之制，三言八字[61]之文，篇辞引序[62]，碑碣志状[63]，众制锋起[64]，源流间出[65]。譬陶匏[66]异器，并为入耳之娱。黼黻[67]不同，俱为悦目之玩。作者之致，盖云备矣[68]！

余监抚[69]余闲，居多暇日。历观文囿[70]，泛览辞林，未尝不心游目想[71]，移晷[72]忘倦。自姬[73]、汉以来，眇焉悠邈[74]，时更七代[75]，数逾千祀[76]。词人才子，则名溢于缥囊[77]。飞文染翰[78]，则卷盈乎缃帙[79]。自非略其芜秽[80]，集其清英[81]，盖欲兼功太半[82]，难矣！

若夫姬公[83]之籍，孔父[84]之书，与日月俱悬，鬼神争奥[85]，孝敬之准式[86]，人伦之师友，岂可重以芟夷[87]，加之剪截？老、庄之作，管、孟之流[88]，盖以立意[89]为宗，不以能文[90]为本，今之所撰[91]，又以略诸。若贤人之美辞，忠臣之抗直[92]，谋夫之话，辩士之端[93]，冰释[94]泉涌，金相玉振[95]，所谓坐狙丘，议稷下[96]，仲连[97]之却秦军，食其[98]之下齐国，留侯之发八难[99]，曲逆[100]之吐六奇，盖乃事美一时，语流千载，概见坟籍[101]，旁出子史[102]，若斯之流，又亦繁博。虽传之简牍[103]，而事异篇章[104]，今之所集，亦所不取。

至于记事之史，系年之书[105]，所以褒贬是非，纪别异同[106]，方之篇翰[107]，亦已不同。若其赞论之综缉辞采[108]，序述之错比文华[109]，事出于深思，义归乎翰藻[110]，故与夫篇什[111]，杂而集之。远自周室，迄于圣代[112]，都[113]为三十卷，名曰《文选》云耳。

凡次文之体[114]，各以汇聚。诗赋体既不一，又以类分[115]。类分之中，各以时代相次。

注　释

【1】式，发语词，无义。元始，指原始时代。

【2】眇（miǎo），远。覿（dí），见。玄风，上古民风。

【3】冬穴，冬天居住在洞穴之中。夏巢，夏天居住在巢穴之中。相传上古时，人们"穴居而野处"（《易·系辞下》），"构木为巢"（《韩非子·五蠹》）。

【4】茹毛饮血，不去皮毛地吃野兽的肉，饮野兽的血。茹，食。

【5】质，质朴。淳，淳厚。

【6】斯文，文章。《论语·子罕》："天之将丧斯文也，后死者不得与于斯文也；天之未丧斯文也，匡人其如予何。"作，兴起，产生。

【7】八卦，相传伏羲作八卦。书契，文字。结绳，即结绳记事，在绳子上打结作为记录。此句见于《尚书序》："古者伏牺氏之王天下也，始画八卦，造书契，以代结绳之政，由是文籍生焉。"

【8】此句见《易·贲卦第二十二》，意为观察天道运行规律，以认知季节变化。注重人事伦理道德，用以教化推广天下。

【9】时义，即意义、作用。见于《易·随卦第十七》："随之时义大矣哉。"

【10】椎轮，没有辐条的原始车轮。大辂（lù），古代帝王所乘的华美的车。

【11】增，通"层"。

【12】微，无。凛（lǐn），冷。

【13】踵，继续。华，文饰。

【14】加厉，更甚。

【15】《诗序》，即《毛诗序》。

【16】荀，即荀子。宋，即宋玉。

【17】贾，即贾谊。马，即司马相如。此处为了追求对偶而省去"司"字。

【18】源流，指流派。寔（shí），通"实"。

【19】邑居，京都。

【20】凭虚，指张衡的《西京赋》。赋中虚构"冯（通'凭'）虚公子"这一形象，因此以"凭虚"代指。亡（wú）是，指司马相如的《上林赋》。赋中虚构"亡是公"这一形象，因此以"亡是"代指。

【21】畋（tián），打猎。

【22】长杨、羽猎，指扬雄的《长杨赋》《羽猎赋》。

【23】若其，至于。纪，记录。

【24】流，类别。

【25】君，指楚怀王。

【26】臣，指屈原。逆耳，逆耳忠言。

【27】壹郁，即抑郁。靡愬（sù），无处申诉。愬，通"诉"。

【28】有怀沙之志，有《怀沙》诗所表达的志向 。屈原在《怀沙》中表达了自杀的决心。

【29】憔悴，困苦萎靡。此句详见《渔父》。

【30】骚人，骚体诗人。《文选》中把《楚辞》等作品单立一类，称为"骚"。

【31】此句见于《毛诗序》："诗者，志之所之也。在心为志，发言为诗。情动于中而形于言。"

【32】《关雎》是《周南》的第一篇，《麟之趾》是《周南》的最后一篇，此处代指《周南》全篇。又，《周南》是《诗》的第一章。

【33】正始之道，正其初始之大道。《毛诗正义》："高以下为基，远以近为始，文王正其家而后及其国，是正其始也。"

【34】《礼记·乐记》："桑间濮上之音，亡国之音也。"郑玄注："濮水之上，地有桑间者，亡国之音于此之水出也。昔殷纣使师延作靡靡之音，已而自沉于濮水。后师涓过焉，夜闻而写之，为晋平公鼓之，是之谓也。"表，出现。

【35】风雅之道，指《诗经》的传统。

【36】粲然，璀璨鲜明的样子。

【37】炎汉，即汉朝。汉属火德，故称炎汉。

【38】厥涂，诗歌发展的道路。厥，其。涂，通"途"，道路。

【39】退傅，指西汉韦孟。韦孟为楚元王太傅，又为其子夷王、其孙王戊之傅。楚王戊荒淫无道，韦孟作诗讽谏。后来他去职居于邹，又作诗一篇。后一首诗因是在邹所作，故称"在邹"。

【40】降将，指李陵。河梁之篇，李陵（今考证是后人假托）送别苏武时作《送苏武诗》三首，其中第三首有"携手上河梁，游子暮何之"一句。又，《送苏武诗》被认为是五言诗成熟的标志。

【41】四言，指韦孟诗。五言，指李陵诗。

【42】以，而。

【43】三字，指三言诗。九言，指九言诗。《文选》吕向注："《文始》：三字起夏侯湛，九言出高贵乡公。"

【44】镳（biāo），马勒在口中的部分叫衔，在口旁的部分叫镳。分镳并驱，形容各种体裁并行不悖。

【45】游扬，称赞弘扬。德业，道德功业。襃（bāo），通"褒"。

【46】吉甫，尹吉甫，周宣王大臣。穆若，指《诗经·大雅·烝民》。穆，和。若，如。

【47】季子，春秋时吴国公子季札。《左传·襄公二十九年》记载季札访问鲁国，鲁国邀请他欣赏周乐："为之歌《颂》，曰：'至矣哉！直而不倨，曲而不屈，迩而不逼，远而不携，迁而不淫，复而不厌，哀而不愁，乐而不荒，用而不匮，广而不宣，施而不费，取而不贪，处而不底，行而不流，五声和，八风平，节有度，守有序，盛德之所同也。'"

【48】舒布，铺陈阐述。

【49】总成，总括成功。

【50】箴，用以规戒劝告的一种文体。补阙，弥补过失。

【51】戒，用以警戒的一种文体。弼，辅助。匡，匡扶。

【52】论，用以阐述道理的一种文体。析，分析。精微，精细。

【53】铭，用以颂扬功德或申明鉴戒的一种文体。序，通"叙"，叙述。清润，清爽温润。

【54】美终，赞美寿终正寝的人。诔（lěi），赞扬死者的德业并表示哀悼的一种文体。发，产生、出现。

【55】图像，画像。赞，用以称赞他人德行功业的一种文体。

【56】诏，皇帝颁发的诏书。诰，皇帝发布的文告。教，诸侯王公告下的文书。令，诸侯王公发布的文书。

【57】奏，对君王言事的一种文体。笺，下级对上级的书信。

【58】誓，誓师的通告。符，传达的命令。檄，征召声讨的通告。

【59】吊，吊文。祭，祭文。悲，此处为追求对偶而加的字。哀，哀文。

【60】答客，指借回答别人的问难来抒发情怀的一种文体。指事，即以枚乘《七发》为代表的"七"体。

【61】三言八字，其确切所指尚不能知晓。一说，这里指隐语，例如《古微书》引《孝经援神契》："宝文出，刘季握。卯金刀，在轸北。字禾子，天下服。"是"三言"；《世说新语》中"魏武尝过曹娥碑下"一篇的"黄绢幼妇，外孙齑臼"则是"八字"。

【62】篇，诗篇。辞，如汉武帝《秋风辞》、陶渊明《归去来辞》等。引，歌曲的一种。序，序文，用来陈述作者意旨一类的文章。

【63】碑，指碑铭。碣（jié），亦是碑铭。志，墓志。状，行状，记死者德行事迹。

【64】锋起，蜂拥而起。锋，通"蜂"。

【65】源流，指文体的源和流，即新旧文体。间（jiàn）出，交错出现。间，间杂。

【66】陶，指埙（xūn），一种乐器。匏（páo），指笙。

【67】黼（fǔ）黻（fú），古代礼服上刺绣的花纹，白与黑相配叫做黼，黑与青相配叫做黻。

【68】致，情致。此句意为，有这样多的文体，作者的情致就能得到表达。

【69】监抚，监国抚军。古代当皇帝亲征时会留太子留守，谓之监国；亲征时太子随从，谓之抚军。

【70】历，即"泛"。文圃，指众多的文章。

【71】心游目想，即"心想目游"，边看边想。

【72】移晷（guǐ），经过很长的一段时间。晷，日影。古人以日影计时。

【73】姬，指周代。

【74】眇焉，久远的样子。悠邈，久远。

【75】更（gēng），经历。七代，指周、秦、汉、魏、晋、宋、齐七朝。

【76】祀，年。

【77】缥囊，盛书的袋子。缥，青白色的绸子。

【78】飞文，即作文。染翰，蘸笔。飞文染翰，形容落笔成书。

【79】缃（xiāng）帙，浅黄色绸子做的书套。

【80】自非，若非。芜秽，指不好的文章。

【81】清英，指好的文章。

【82】兼功，兼顾。太半，多半。

【83】若夫，至于。姬公，指周公旦。

【84】孔父，指孔子。

【85】争奥，较量深奥玄妙。

【86】准式，准则范式。

【87】重，加。芟（shān）夷，删改。

【88】老，老子。庄，庄子。管，管子。孟，孟子。此处代指先秦诸子。

【89】立意，指建立自己的理论学说。

【90】文，文采。

【91】所撰，指《文选》。

【92】抗直，刚直不阿，指抗直的言辞。

【93】端，舌端，指言辞。

【94】释，消融。

【95】相，质。玉振，玉声振扬。

【96】狙（jū）丘、稷下，战国时齐国地名。曹植《与杨德祖书》李善注引《鲁连子》："齐之辩者曰田巴，辩于狙丘而议于稷下，毁五帝，罪三王，一日而服千人。"

【97】仲连，鲁仲连，战国时齐国名士。赵孝成王时，秦军围困邯郸。魏国派使者劝赵尊秦为帝。这时候鲁仲连恰好在赵国。他驳斥了魏国使者的投降主张。秦将听说后，为之却军五十里。事见《战国策·赵策三》。

【98】食其，即郦食其。楚汉相争时，汉派郦食其说齐王田广归汉，下齐七十余城。事见《史记·郦生陆贾列传》。

【99】留侯，指张良。发八难（nàn），汉高祖从郦食其之计，准备封六国的后代以削弱楚。张良一连提出八个难题以劝阻此事，刘邦这才作罢。事见《史记·留侯世家》。

【100】曲逆，指陈平。《史记·陈丞相世家》："凡六出奇计，奇计或颇秘，世莫能闻也。"

【101】概，梗概。坟籍，典籍。《尚书序》："伏牺、神农、黄帝之书，谓之三坟，言大道也。"

【102】子史，子书、史书。

【103】简牍，指书籍。古人以竹简木牍写字。

【104】篇章，指合乎文学标准的文章。

【105】系年之书，按照年代顺序编订的史书，这里泛指史书。

【106】纪别异同，按照时间远近的顺序记载不同的历史事件。

【107】方，比。篇翰，指文学作品。

【108】综缉，综合联缀。辞采，指华美的辞藻。

【109】错比，错杂相比。文华，华美的词藻。

【110】此句即"事义出于深思，归乎翰藻"。即事与义都出于深刻的构思，并通过词藻表达出来。

【111】篇什，《诗经》中雅颂部分十篇为一组，称为"什"。后人便将诗篇称为"篇什"。

【112】圣代，指梁代。

【113】都，综合。

【114】次，编次。体，体例。

【115】《文选》中又分诗、赋为若干小类，诗分二十三类，赋分十五类。

采莲赋

萧绎

萧绎，梁元帝，字世诚，小字七符，自号金楼子，南兰陵（今江苏常州）人，梁武帝萧衍第七子，简文帝萧纲之弟。盲一目，好读书而有文才，但性格多猜忌。侯景之乱时，受梁武帝密诏，却只派两万人救援；梁武帝饿死台城后，他致力于消灭自己的兄弟及侄子；552年消灭侯景后称帝，为梁元帝。但是，由于只注重消灭诸王，导致大片国土被西魏占据；后来在写给西魏宇文泰的信中又极其傲慢，结果招致西魏进攻。梁元帝战败后，便率太子等人投降，不久便被他的侄子萧詧（昭明太子萧统之子）以土袋闷死。

在政治上，梁元帝是导致梁朝灭亡的罪魁祸首；但在文学上，他多才多艺，尤其爱好文学和收藏图书，"四十六岁，自聚书来四十年，得书八万卷"，自称"韬于文士，愧于武夫"。在投降之前，他下令将自己收藏的十四万卷图书全部焚毁。这便是著名的"江陵焚书"，是中国的文化浩劫之一。

题 解

本文是一篇体物抒情小赋，全文以写莲为主，部分写少男少女在莲叶间的泛舟游玩。文章通过写采莲的欢乐和人物体态的优美，将人物与莲相媲美，展现江南特有的水乡情调。

紫茎兮文波[1]，红莲兮芰荷[2]。绿房兮翠盖[3]，素实兮黄螺[4]。于时妖童媛女[5]，荡舟心许[6]。鹢首徐[7]回，兼传羽杯[8]。棹将移而藻挂，船欲动而萍开。尔其纤腰束素，迁延顾步[9]。夏始春余，叶嫩花初。恐沾裳而浅笑，畏倾船而敛裾[10]。故以水溅兰桡[11]，芦侵罗袄[12]。菊泽[13]未反，梧台迥[14]见。荇[15]湿沾衫，菱长绕钏[16]。泛柏舟而容与[17]，歌采莲于江渚[18]。歌曰：碧玉[19]小家女，来嫁汝南王。莲花乱脸色，荷叶杂衣香。因持荐君子，愿袭芙蓉裳[20]。

注 释

【1】文波，微波。《楚辞·招魂》："紫茎屏风，文缘波些。"

【2】芰（jì）荷，出水荷花。

【3】绿房，指莲蓬。翠盖，形容荷叶圆大如帷盖。

【4】素实，白色的莲籽。黄螺，莲蓬外形团团如螺，成熟后由绿渐黄，故称。

【5】妖童，俊俏美貌的少年。媛女，美女。

【6】心许，心心相印。

【7】鹢（yì）首，船头。鹢，鸟名，古代常被画在船头作装饰。徐，缓缓。

【8】羽杯，一种形状似雀的酒杯，左右有鸟羽形状装饰。一说，插鸟羽于杯上，促人速饮。

【9】迁延，拖延。顾步，边走边回头。

【10】敛裾，把衣襟紧抓成一团。

【11】兰桡，兰木做的船楫。

【12】罗裙（jiàn），绫罗垫子。

【13】菊泽，指湖泊。菊，芬芳。

【14】梧台，梧木搭建之台。梧木是良材。迥，远。

【15】荇（xìng），荇菜。

【16】菱，菱草。钏（chuàn），臂环。

【17】柏舟，柏木做的船只。容与，闲暇自得貌。

【18】江渚，江边陆地。

【19】碧玉，当时乐府民歌有《碧玉歌》。郭茂倩《乐府诗集》四五引《乐苑》曰："《碧玉歌》者，宋汝南王所作也。碧玉，汝南王妾名。"

【20】袭，衣上加衣。

三峡

郦道元

　　郦道元，字善长，范阳郡涿县（今河北省涿州市）人，北魏地理学家、散文家，袭封其父爵位为永宁侯。郦道元十多岁时，便游遍名山大川；任荆州刺史时被免官，又游遍天下江河，专心创作《水经注》。十年后，朝廷征召为河南尹。北魏明帝孝昌元年（525年），奉命平定元法僧叛乱，升为御史中尉。在任时，他逮捕并斩杀作奸犯科的汝南王亲信，又弹劾汝南王，因而与汝南王结下仇怨。后来，雍州刺史萧宝夤想发动叛乱，汝南王便趁机进言，让郦道元前往宣抚。结果郦道元与他的弟弟和两个儿子在路上中了埋伏而遇害。

　　《水经注》是郦道元最为重要的作品，是我国最为重要的地理著作之一。《水经注》名为《水经》作注，实则是以《水经》为纲，将一千多条大大小小的河流相关的自然人文资料进行记述的综合性地理著作；范围广泛，资料详实，内容极其详尽。文学上，《水经注》文笔绚烂，语言清丽，以不同的文辞，将不同性格的河流描写出来。后世研究《水经注》的人十分众多，号称"郦学"；文学上也多有后人推崇效法，比如柳宗元著名的《永州八记》便脱胎于《水经注》，苏轼也说："嗟我乐何深，水经也屡读。"

题 解

本文是《水经注·江水》中"（江水）又东过巫县南，盐水从县东南流注之"一句的一条注。本文记录了长江三峡雄奇壮丽的景色，从不同的角度描写三峡不同季节、不同位置、不同角度的景观，注意选取富有特征性的事物进行描写，令读者有如身临其境。本文虽然只有一百余字，却变化无穷，涵盖千里，将三峡山水草木禽兽万物尽皆概括，言简意赅涵义无穷。

自三峡七百里中，两岸连山，略无[1]阙处。重岩叠嶂[2]，隐天蔽日，自非亭午夜分[3]，不见曦月。

至于夏水襄[4]陵，沿溯阻绝[5]。或王命急宣[6]，有时朝发白帝[7]，暮到江陵[8]，其间千二百里，虽乘奔[9]御风，不以[10]疾也。

春冬之时，则素湍[11]绿潭，回清[12]倒影。绝巘[13]多生怪柏，悬泉[14]瀑布，飞漱[15]其间，清荣峻茂[16]，良多趣味。

每至晴初霜旦[17]，林寒涧肃[18]，常有高猿长啸，属引[19]凄异。空谷传响[20]，哀转[21]久绝。故渔者歌曰："巴东三峡巫峡长[22]，猿鸣三声泪沾裳。"

注 释

【1】略无，完全没有。

【2】嶂，如屏障般的山峰。

【3】自，如果。亭午，正午。夜分，半夜。

【4】襄，漫过。

【5】沿，顺流而下。溯，逆流而上。阻绝，交通断绝，不能通行。

【6】宣，传达。

【7】白帝，白帝城，在今重庆奉节县瞿塘峡口的长江北岸，奉节东白帝山上。

【8】江陵，在今湖北省江陵县。

【9】奔，奔马。

【10】不以，比不上。

【11】素湍，白色的急流。

【12】回清，清波回旋。

【13】绝𪩘（yǎn），极高的险峰。

【14】悬泉，从山下流出的泉水，好似悬挂于山峰之上。

【15】漱，冲刷。

【16】清荣峻茂，水清，树茂，山高，草盛。

【17】晴初，秋季雨后初霁。霜旦，降霜的早晨。

【18】肃，寂静。

【19】属（zhǔ）引，连续不断。

【20】响，回声。

【21】哀转，悲哀婉转。

【22】巴东，巴东郡，辖地在今重庆市至湖北省一带。长，在三峡中最长。

大明湖

郦道元

题 解

本文节选自《水经注·济水》，描绘济水支流泺水沿岸的大明湖的风光。本文以比拟手法，点画多个没有生命的景物，赋予其人的灵性，使文章趣味无穷。

其水北为大明湖^[1]，西即大明寺，寺东北两面侧湖，此水便成净池也。池上有客亭，左右楸桐，负日俯仰。目对鱼鸟，水木明瑟。可谓濠梁之性^[2]，物我无违^[3]矣。

注 释

【1】其水，指济水支流泺水。大明湖，在今山东省济南市。

【2】濠梁之性，《庄子·秋水》："庄子与惠子游于濠梁之上。庄子曰：'儵鱼出游从容，是鱼之乐也。'惠子曰：'子非鱼，安知鱼之乐？'庄子曰：'子非我，安知我不知鱼之乐？'惠子曰：'我非子，固不知子矣；子固非鱼也，子之不知鱼之乐，全矣！'庄子曰：'请循其本。子曰汝安知鱼乐云者，既已知吾知之而问我。我知之濠上也。'"

【3】物我无违，与自然相顺应。

孟门山

郦道元

题 解

本文节选自《水经注·河水》，描写黄河上的孟门山的雄伟壮阔。文字简洁有力，描摹生动形象。

孟门，即龙门之上口也。实为河之巨阨^[1]，兼孟门津之名矣。此石经始禹凿，河中漱广^[2]。夹岸崇深，倾崖返捍^[3]，巨石临危，若坠复倚^[4]。古之人有言，水非石凿，而能入石，信哉！其中水流交冲，素气云浮，往来遥观者，常若雾露沾人，窥深悸魄^[5]。其水尚奔浪万寻，悬流千丈，浑洪赑怒^[6]，鼓若山腾^[7]，浚波颓垒^[8]，迄于下口，方知《慎子》^[9]，下龙门，流浮竹，非驷马之追也。

注 释

【1】阰，阻塞的地势。

【2】漱，水流冲刷。漱广，在水流冲刷下河道宽广。

【3】倾崖，水势倾动山崖。返，回冲。捍，撼动，摇动。

【4】倚，依靠。

【5】窥，看。悸，惊。魄，魂魄。

【6】浑洪，水势雄浑如洪水。赑（bì）怒，盛怒。

【7】鼓，激荡。山腾，像山一样腾起。

【8】浚波，深大的波涛。颓垒，水势趋向低平的样子。

【9】《慎子》，古书名，战国时法家学者慎到所著。

王子坊

杨衒之

　　杨衒之，东魏北平（河北满城）人。曾任奉朝请、期城郡守、抚军府司马、秘书监。史书对他记载较少，著有《洛阳伽蓝记》。

　　《洛阳伽蓝记》，简称《伽蓝记》，是东魏武定五年（547年），杨衒之路过北魏旧都洛阳时，感叹于洛阳今夕变化而创作的一部集历史、地理、佛教、文学于一身的笔记著作。书中历数洛阳曾经的伽蓝（佛寺），对伽蓝的源起变迁和庙宇规模，以及相关故事都进行了详尽的记述。《四库全书总目提要》谓"其文秾丽秀逸，烦而不厌"，文笔优美而繁简适中，与《水经注》并称为"北朝文学双璧"。

题　解

本文节选自《洛阳伽蓝记》卷四"城西"，记录王子坊地区北魏时的繁华，突出描写了一些王侯的奢侈腐朽生活和他们的贪婪性格。

自延酤以西，张方沟以东，南临洛水，北达芒山，其间东西二里，南北十五里，并名为寿丘里，皇宗所居也，民间号为王子坊。

当时四海晏清，八荒率职[1]，缥囊纪[2]庆，玉烛调辰[3]，百姓殷阜[4]，年登[5]俗乐。鳏寡不闻犬豕之食，茕独不见牛马之衣[6]。于是帝族王侯、外戚公主，擅[7]山海之富，居川林之饶，争修园宅，互相夸竞。崇门丰室[8]，洞[9]户连房，飞馆[10]生风，重楼起雾。高台芳榭[11]，家家而筑；花林曲池，园园而有。莫不桃李夏绿，竹柏冬青。

而河间王琛[12]最为豪首，常与高阳[13]争衡。造文柏堂，形如徽音殿[14]。置玉井金罐，以五色缋[15]为绳。妓女[16]三百人，尽皆国色；有婢朝云，善吹箎[17]，能为团扇歌、陇上声。琛为秦州刺史，诸羌外叛[18]，屡讨之，不降。琛令朝云假为[19]贫妪，吹箎而乞。诸羌闻之，悉皆流涕，迭相[20]谓曰："何为弃坟井[21]，在山谷为寇也？"即相率归降。秦民语曰："快马健儿，不如老妪吹箎。"

琛在秦州，多无政绩。遣使向西域求名马，远至波斯[22]国，得千里马，号曰"追风赤骥"。次有七百里者十余匹，皆有名字。以银为槽，金为锁环。诸王服[23]其豪富。琛常语人云："晋室石崇[24]乃是庶姓，犹能雉头狐腋[25]，画卵雕薪[26]，况我大魏天王，不为华侈？"造迎风馆于后园。窗户之上，列钱青琐[27]，玉凤衔铃，金龙吐佩。素柰[28]朱李，枝条入檐，伎女[29]楼上，坐而摘食。

琛常会宗室，陈诸宝器，金瓶银瓮百余口，瓯檠盘盒称是[30]。自余[31]酒器，有水晶钵、玛瑙杯、琉璃碗、赤玉卮[32]数十枚。作工奇妙，中土所无，皆从西域而来。又陈女乐及诸名马。复引诸王按行[33]府库，锦罽[34]珠玑，冰罗雾縠[35]，充积[36]其内。绣缬、紬绫、丝彩、越葛[37]、钱绢等，不可数计。琛忽谓章武王融[38]曰："不恨我不见石崇，恨石崇不见我！"

融立性[39]贪暴，志欲[40]无限，见之惋叹，不觉生疾。还家，卧三日不起。江阳王继来省疾[41]，谓曰："卿之财产，应得抗衡。何为叹羡，以至于此？"融曰："常谓高阳一人宝货多于融，谁知河间，瞻之在前[42]。"继笑曰："卿欲作袁术之在淮南，不知世间复有刘备也？[43]"融乃蹶起[44]，置酒作乐。

于时国家殷富，库藏盈溢，钱绢露积[45]于廊者，不可较数。及太后[46]赐百官负绢，任意自取，朝臣莫不称力[47]而去。唯融与陈留侯李崇[48]负绢过任，蹶倒[49]伤踝。太后即不与之，令其空出，时人笑焉。侍中崔光[50]止取两匹。太后问："侍中何少？"对曰："臣有两手，唯堪两匹，所获多矣。"朝贵服其清廉。

注 释

【1】率职，遵守职守，这里引申为称臣纳贡。

【2】缥囊，青白色的布制成的书袋。纪，通"记"。

【3】玉烛，古人称四季气候调和为"玉烛"。《尔雅·释天》："四气和谓之玉烛。"调，调和。辰，时节。

【4】殷阜，富足。

【5】年登，年岁成熟。

【6】茕（qióng），没有兄弟的人。独，没有儿女的人。牛马之衣，以草、麻编织的布，用以给牛马御寒。

以上都是描写当时北魏国泰民安的景象。北魏在孝文帝时进行汉化改革，一定程度上缓解了鲜卑贵族和中原汉族百姓之间的矛盾。但由于照搬汉族的门阀制度，使得贵族门阀势力越发强大。

【7】擅，专有。

　　另，此处说"外戚公主"，原本北魏实行残酷的"子贵母死"制度，一旦皇子被立为皇储，其生母一律赐死，皇子则交由乳母或未生育的皇后妃嫔抚养，目的就是为了防止外戚干政。但是在北魏宣武帝时，笃信佛教的北魏宣武帝废除了这一制度，让太子元诩（即后来的北魏孝明帝）生母胡氏继续抚养太子。结果在宣武帝后期，宣武帝的舅舅高肇依靠宣武帝的信任得以独揽大权。

　　【8】崇门，高大的门户。丰室，华丽的房屋。

　　【9】洞，即相连通。

　　【10】飞馆，高耸如飞起的馆舍房屋。

　　【11】芳榭，有花草缭绕而建筑在高台上的房屋。

　　【12】河间王，元琛，字昙宝，性格贪婪暴虐，在定州、秦州任刺史时随意搜刮百姓，又与高阳王元雍斗富，被百姓痛恨。任定州刺史时本来因受贿被撤职并禁止升迁，后因向孝明帝进献金字孝经，又向宦官贿赂大量财货，从而得以恢复官职。

　　【13】高阳，高阳王元雍。他因扶助胡太后掌权，处死高肇，又在与于忠的政治斗争中获胜，得以独掌大权。在胡太后的纵容下，元雍一时间成为巨富，史书记载他的家中有六千男仆和五百女仆。后来权臣尔朱荣发动政变，元雍等一千余名大臣全部被杀。

　　【14】徽音殿，西晋时的洛阳宫殿名。

　　【15】缋（huì），丝带。

　　【16】妓女，歌舞女伎。

　　【17】箎（chí），一种形如竹子的乐器，有八孔。

　　【18】诸羌，泛指当时西北各民族。外叛，反叛。外，此处指生异心。

　　【19】假为，装扮成。

　　【20】迭相，互相。

　　【21】坟井，故乡。坟，祖坟。乡，故乡。

　　【22】波斯，今伊朗。

　　【23】服，敬服。

　　【24】石崇，字季伦，西晋武帝时大臣，任荆州刺史时纵兵劫掠富商而致富，生活极为豪奢。

　　【25】雉头，以野鸡头上的羽毛织成的衣服。狐腋，以狐狸腋下的毛皮制

成的皮衣。

【26】画卵，在蛋上画上彩色以赠送。雕薪，将木柴雕上花纹再焚烧。

【27】列钱，古代建筑在墙上镶嵌有如带子一般的横木，名为壁带。壁带以金或者玉为装饰，如钱币一般排列，称为"列钱"。青琐，在官室门窗上刻成连环文，并将其涂为青色，称为"青琐"。

【28】素柰（nài），白色的柰果，又称"花红""沙果"。

【29】伎女，指歌舞女子。

【30】檠（qíng），烛台。称是，与之相当。

【31】自余，其余。

【32】卮（zhī），通"卮"，酒器。

【33】按行，巡行。

【34】锦罽（jì），一种有彩色花纹的毛毡。

【35】冰罗，如冰一般洁白的丝织品。雾縠（hú），如雾一般轻柔的绉纱。

【36】充积，堆满。

【37】绣缬（xié），有花纹的丝织品。紬（chóu），通"绸"。越葛，越地（在今福建省、浙江省一带）特产的细葛布。

【38】章武王融，元融，字永兴，性格贪婪残暴。

【39】立性，秉性。

【40】志欲，欲望。

【41】江阳王继，元继，字世仁。宣武帝时，他因在青州掠夺民女为家僮妻妾而被免职。后来他因长子元乂是胡太后的妹夫而得势，势力鼎盛时受到的礼遇与掌权的元雍相当。他晚年时十分贪婪，依靠权势卖官鬻爵，乃至于郡县小吏都是通过行贿而得到任命。省疾，探病。

【42】《论语·子罕》："颜渊喟然叹曰：'仰之弥高，钻之弥坚。瞻之在前，忽焉在后。'"此处意为慨叹豪富已经不如元琛。

【43】东汉末年，军阀袁术占据淮南，刘备为徐州牧，双方在淮水两岸对垒。袁术想要联合吕布进攻刘备，便给吕布写信，信中有："术生年以来，不闻天下有刘备。"表示对刘备的轻视。

【44】蹶（guì），受惊迅速起身。蹶起，惊跳起来。

【45】露积，无遮盖地堆积在空地上。

【46】太后，北魏胡太后，北魏宣武帝妃子，孝明帝之母。六岁的元诩继位，她成为皇太后而掌权。掌权期间，她放纵贵族宗室贪污，大肆兴建寺庙，又在宫中包养情夫，使北魏迅速衰败混乱。孝明帝长大后，不满胡太后掌权，于是召将领尔朱荣进京；结果尔朱荣还未抵达洛阳，孝明帝就暴病而亡（一说是胡太后毒死）。此后，胡太后先是将孝明帝独女假扮后立为皇帝，又改立孝明帝堂侄为幼主。尔朱荣心中起疑，便率军攻入洛阳，将胡太后及幼主投入黄河，又将一千多名在京贵族官员全部杀死，史称"河阴之变"。此后，北魏一蹶不振，数年后分裂为东魏、西魏，实际则被权臣所控制。

【47】称力，量力而行。

【48】李崇，北魏臣子，封陈留侯。性格吝啬而贪婪，生活极为简朴，每餐仅有鲜韭菜与腌韭菜两道菜。元融曾取"二九（韭）一十八"之意，开玩笑说李崇每餐有十八道菜。

【49】蹶倒，跌倒。

【50】崔光，本名崔孝伯，字长仁，北魏臣子。

哀江南赋序

庾信

庾信，字子山，南北朝时文学家，南阳新野（今河南省新野县）人。在北周官至骠骑大将军、开府仪同三司，人称"庾开府"。早年为梁朝臣子，奉命出使西魏，正值西魏南侵，结果被扣留。陈朝建立，与取代西魏的北周交好，北周放归许多滞留在北方的南朝士人，但由于北周武帝爱惜庾信之才，因而不允许庾信返回故乡。

庾信的文章风格分为两个阶段。在梁朝时，文章绮艳，注重音韵。在滞留北方后，因思乡之情和亡国之痛，文章逐渐转向悲壮沉郁的风格，将南方文学的华美和北方文学的刚健结合，文采与风骨兼有。庾信的骈文和辞赋与鲍照并称，代表了南北朝骈文辞赋的最高成就。杜甫评"庾信文章老更成，凌云健笔意纵横"。

题 解

《北史·文苑传》："虽位望显通，常作乡关之思，乃作《哀江南赋》以致其意。""哀江南"三字语出《楚辞·招魂》"魂兮归来哀江南"句。作品中，作者简述了梁朝的盛衰，以史诗的气魄，将对故国人民的哀伤凝聚其中，人称"赋史"。本文是《哀江南赋》的序文，阐述全文主题，多有用典而融化无痕，表达了自己的悲痛。

粤以戊辰之年[1]，建亥之月[2]，大盗移国[3]，金陵瓦解[4]。余乃窜身荒谷[5]，公私[6]涂炭。华阳奔命[7]，有去无归。中兴道销[8]，穷于甲戌[9]。三日哭于都亭[10]，三年囚于别馆[11]。天道周星[12]，物极不反[13]。傅燮之但悲身世[14]，无处求生；袁安之每念王室[15]，自然流涕。昔桓君山之志事[16]，杜元凯之平生[17]，并有著书，咸能自序[18]。潘岳[19]之文采，始述家风；陆机[20]之辞赋，多陈世德。信年始二毛[21]，即逢丧乱，藐是流离，至于暮齿[22]。燕歌[23]远别，悲不自胜；楚老相逢，泣将何及[24]。畏南山之雨[25]，忽践秦庭[26]；让东海之滨，遂餐周粟[27]。下亭[28]漂泊，高桥[29]羁旅。楚歌[30]非取乐之方，鲁酒[31]无忘忧之用。追为此赋，聊以记言[32]，不无危苦之辞，唯以悲哀为主[33]。

日暮途远[34]，人间何世[35]！将军一去，大树飘零[36]；壮士不还，寒风萧瑟[37]。荆璧睨柱，受连城而见欺[38]；载书横阶，捧珠盘而不定[39]。钟仪君子，入就南冠之囚[40]；季孙行人，留守西河之馆[41]。申包胥之顿地[42]，碎之以首；蔡威公之泪尽[43]，加之以血。钓台移柳，非玉关[44]之可望；华亭鹤唳，岂河桥[45]之可闻！

孙策以天下为三分，众才一旅[46]；项籍用江东之子弟，人唯八千[47]。遂乃分裂山河，宰割天下[48]。岂有百万义师，一朝卷甲，芟夷[49]斩伐，如草木焉！江淮无涯岸[50]之阻，亭壁无藩篱[51]之固。头会箕敛[52]者，合纵缔交[53]；锄耰棘矜者，因利乘便[54]。将非江表[55]王气，终于三百年[56]乎？是知并吞六合[57]，不免轵道之灾[58]；混一车书[59]，无救平阳之祸[60]。呜呼！山岳崩颓[61]，既履危亡之运；春秋迭代，必有去故[62]之悲。天意人事，可以凄怆伤心[63]者矣！况复舟楫路穷，星汉非乘槎[64]可上；风飙[65]道阻，蓬莱无可到之期[66]。穷者欲达其言[67]，劳者须歌其事[68]。陆士衡闻而抚掌[69]，是所甘心；张平子见而陋之[70]，固其宜矣！

注　释

【1】粵，发语词，无义。戊辰，梁武帝太清二年（548年）。

【2】建亥之月，阴历十月。

【3】大盗，窃国篡位者，此指侯景。梁武帝太清二年八月，侯景举兵造反。次年，侯景攻陷建康，五月梁武帝驾崩。

【4】金陵，即建康，今南京市，梁朝京城。

【5】窜，逃亡藏匿。荒谷，《左传》杜预注："荒谷，楚地。"此指江陵（今湖北省江陵县）。《北史·庾信传》："侯景作乱，梁简文帝命信率宫中文武千余人营于朱雀航。及景至，信以众先退。台城陷后，信奔于江陵。"

【6】公私，朝廷与私家。

【7】华阳，华山之南。古人以山南为阳。此指江陵。奔命，奉命奔走。梁元帝承圣三年（554年），庾信奉命由江陵出使西魏，十一月，西魏攻陷江陵灭亡梁朝，庾信便羁留于西魏。

【8】中兴，指梁元帝于承圣元年（552年）平侯景之乱，在江陵即位。中兴道销，中兴之道销亡。

【9】甲戌，承圣三年是甲戌年。

【10】《晋书·罗宪传》："魏之伐蜀，宪守永安城。及成都败，知刘禅降，乃率所部临于都亭三日。"

【11】《左传·昭公二十三年》："晋人来讨，叔孙婼如晋，晋人执之，……乃馆诸箕。""三年"确切所指不可考，一说指庾信作《哀江南赋》时距出使已经三年。

【12】周星，即木星，古人称岁星或太岁。木星约十二年绕太阳一周，故称周星。

【13】物极不反，指梁朝在侯景之乱后便逐步走向灭亡。

【14】傅燮，字南容，东汉末年大臣。《后汉书·傅燮传》载，燮为汉阳太守，王国、韩遂等攻城，城中兵少粮乏，其子劝燮弃城归乡，燮慨叹："汝知吾必死耶！……世乱不能养浩然之志，食禄又欲避其难乎？吾行何之，必死如此！"最终战死。

【15】袁安，字邵公，东汉大臣。《后汉书·袁安传》："安以天子幼弱，外戚擅权，每朝会进见，及与公卿言国家事，未尝不噫呜流涕。"

【16】桓君山，桓谭，字君山，东汉时人。著《新论》二十九篇，其序今已散佚。志事，即记事；一作"志士"。

【17】杜元凯，杜预，字元凯，晋初大臣，力排众议进攻并灭亡吴国统一天下，又著有《春秋经传集解》。其序云："少而好学，在官则观于吏治，在家则滋味典籍。"

【18】咸能自序，都能以文章叙述自己的志趣。

【19】潘岳，字安仁，晋代诗人。潘岳有《家风诗》，自述家族的风尚。

【20】陆机，见《文赋》作者小传。

【21】二毛，头发灰白相杂，指人到中年。侯景之乱时，庾信大约四十岁。

【22】暮齿，暮年。

【23】燕歌，指乐府《燕歌行》。《乐府诗集》引《广题》曰："燕，地名也，言良人从役于燕而为此曲。"庾信亦作有《燕歌行》。

【24】楚老，庾信世居楚地，此处即指家乡父老。史书记载，楚人龚胜于王莽时不愿"一身事二姓"，"遂不复开口饮食，积十四日死"。此处庾信引此故事，深惭自己身事二姓。泣将何，《后汉书·逸民传》："桓帝世，党锢事起，守外黄令陈留张升去官归乡里，道逢友人，共班草而言。……因相抱

而泣。老父趋而过之，植其杖，太息言曰：'吁！二大夫何泣之悲也，夫龙不隐鳞，凤不藏羽，网罗高悬，去将安所？虽泣何及乎！'"

【25】南山之雨，《列女传·贤明传》："妾闻南山有玄豹，雾雨七日而不下食者，何也？欲以泽其毛而成文章，故藏而远害。"一说，此处以南山谓君主，即因君主之命不敢不出使西魏。

【26】践秦庭，《左传》记载，吴国伍子胥攻陷楚国郢都，楚昭王出逃，申包胥便前往秦国请求援军，在朝堂靠墙痛哭七天七夜，秦哀公大受感动，亲赋《无衣》而派兵援救楚国，击退吴国。

【27】此处引用伯夷、叔齐之事，指自己在西魏、北周为官而没有像伯夷、叔齐一样守气节。一说，"让东海之滨"指《史记·齐太公世家》载齐康公十九年"田常曾孙田和始为诸侯，迁康公海滨"事，代指北周取代西魏。

【28】下亭，《后汉书·范式传》记载孔嵩奉诏入京，在下亭留宿，结果马匹被盗。

【29】高桥，一作"皋桥"。《后汉书·梁鸿传》记载梁鸿"至吴，依大家皋伯通，居庑下"。

【30】楚歌，楚地民歌。

【31】鲁酒，鲁地之酒。

【32】记言，《汉书·艺文志》："古之王者，世有史官，左史记言，右史记事。"庾信作《哀江南赋》，不仅是感叹身世，也是记录历史。

【33】此句化用嵇康《琴赋》序："称其材干，则以危苦为上；赋其声音，则以悲哀为主。"

【34】《吴越春秋》："子胥谢申包胥曰：'吾日暮途远，吾故倒行而逆施之。'"

【35】《庄子》有《人间世》篇，王先谦《集解》："人间世，谓当世也。"

【36】《后汉书·冯异传》："每所止舍，诸将并坐论功，异常独屏树下，军中号曰'大树将军'。"这里以冯异自比，指自己离开后梁朝灭亡。

【37】此处化用"风萧萧兮易水寒，壮士一去兮不复还"句。详见《荆轲刺秦王》一文。

【38】荆璧，即和氏璧。睨柱，指蔺相如出使秦国之事，详见《廉颇蔺相如列传》一文。

【39】载书，盟书。珠盘，诸侯盟誓所用器皿。《周礼·天官·冢宰》"若合诸侯，则共珠盘玉敦"郑玄注："合诸侯者必割牛耳，取其血歃之以盟。珠盘以盛牛耳。"这里指毛遂自荐出使楚国一事。《史记·平原君列传》："平原君与楚合纵，言其利害，日出而言之，日中不决。毛遂按剑历阶而上，……谓楚王之左右曰：'取鸡狗马之血来！'毛遂奉铜盘而进之，……于是定纵。"

【40】此句指钟仪被晋国俘虏一事。《左传·成公七年》："楚子重伐郑。……囚郧公钟仪，献诸晋。……晋人以钟仪归，囚诸军府。"九年，"晋侯观于军府，见钟仪，问之曰：'南冠而絷者谁也？'有司对曰：'郑人所献楚囚也。'……使与之琴，操南音，……文子曰：'楚囚，君子也。'"

【41】季孙，季平子，春秋时鲁国大夫。行人，春秋时负责朝觐之事的官员。《左传·昭公十三年》记载诸侯在平丘会盟，制裁鲁国侵略邾、莒二国一事，将鲁国大夫季平子拘捕带回晋国。后欲释之，季孙不肯归。叔鱼遂威胁说："……鲋也闻诸吏将为子除馆于西河，其若之何？"季平子恐惧而返回鲁国。

【42】这里指申包胥在秦庭痛苦请求援兵一事。

【43】《说苑》记载蔡威公闭门而泣，三日三夜，泣尽而继之以血，曰："吾国且亡。"

【44】钧台，在今湖北省武汉市武昌区，此处代指南方故土。移柳，《晋书·陶侃传》记载，陶侃镇守武昌，令诸营种植柳树。玉关，即玉门关，此处代指北方。

【45】华亭，在今上海市松江县，陆机兄弟在此共游十余年。河桥，陆机曾率军出征，在河桥兵败而被杀。《世说新语·尤悔》："陆平原河桥败，为卢志所谮，被诛。临刑叹曰：'欲闻华亭鹤唳，可复得乎！'"

【46】孙策，字伯符，东汉末年吴郡富春（今浙江省富阳市）人。其父孙坚死后，孙策率领数百人投靠袁术，后来返回江东，为吴国的建立打下基础。死后，其弟孙权继位，最终建立吴国。一旅，古代五百人为一旅。

【47】《史记·项羽本纪》记载项羽起兵时率八千江东子弟兵渡江。详见《项羽本纪》一文。

【48】此句详见贾谊《过秦论》："宰割天下，分裂山河。"

【49】百万义师，指平定侯景之乱的梁朝大军。卷甲，卷起甲胄逃走。芟夷，删削除灭。《南史·贼臣传》记载，侯景造反后，梁将王质率军三千救援

却又无故退兵，谢禧弃白下城走，带领号称百万的援军前来却又陷入内斗。又记载，侯景因久攻建康不下，于是纵兵劫掠残害百姓。

【50】江淮，指长江、淮河。涯岸，水边河岸。

【51】亭壁，指壁垒等军事防御工事。藩篱，木制的屏障。

【52】《汉书·陈余传》记载："头会箕敛以供军费。"服虔注："吏到其家，以人头数出谷，以箕敛之。"

【53】合纵缔交，《过秦论》："合从缔交，相与为一。"这里以合纵代指叛军相互勾结。

【54】贾谊《过秦论》："锄耰棘矜，不敌于钩戟长铩也。"又："因利乘便，以宰割天下。"此处代指陈武帝陈霸先取代梁朝建立陈朝。

【55】江表，即江外，长江以南。

【56】三百年，自黄龙元年（229 年）孙权在建业称帝，历经东晋、宋、齐、梁四代，共三百余年。

【57】《过秦论》："吞二周而亡诸侯，履至尊而制六合。"

【58】轵道之灾，指秦三世子婴投降。《史记·高祖本纪》记载汉高祖刘邦入关，"秦王子婴素车白马，……降轵道旁。"此处代指梁朝灭亡。轵道，在今陕西省咸阳市西北。

【59】混一车书，秦始皇统一后推行"车同轨、书同文"，这里代指统一天下。

【60】平阳之祸，指西晋永嘉五年（311 年）洛阳陷落，晋怀帝被俘虏而囚禁于平阳，永嘉七年（313 年）遇害；建兴四年（316 年）长安陷落，晋愍帝也被囚禁于平阳，建兴五年（318 年）遇害。

【61】《国语·周语》："山崩川竭，亡之征也。"

【62】春秋迭代，指陈朝替代梁朝。去故，离别故国。

【63】凄怆伤心，阮籍《咏怀诗》其九："素质游商声，凄怆伤我心。"

【64】星汉，银河。槎（chá），竹筏木排。《博物志》："旧说云，天河与海通。近世有人居海渚者，年年八月有浮槎去来不失期。"

【65】飙，暴风。

【66】蓬莱，传说中海上的仙山。无可到之期，《汉书·郊祀志》："自威宣、燕昭使人入海求蓬莱、方丈、瀛洲。此三神山者，其传在勃海中，……

未至，望之如云；及到，三神山反居水下。临之，患且至，则风辄引船而去，终莫能至云。"

【67】《晋书·王隐传》："隐曰：盖古人遇时则以功达其道，不遇则以言达其才。"

【68】《公羊传解诂》："饥者歌其食，劳者歌其事。"

【69】此处指陆机评论左思《三都赋》一事。《晋书·左思传》记载左思作《三都赋》，"初，陆机入洛，欲为此赋。闻思作之，抚掌而笑，与弟云书曰：'此间有伧父作《三都赋》。须其成，当以覆酒甕耳。'及思赋出，机绝叹伏，以为不能加也，遂辍笔焉。"

【70】张平子，张衡，字平子。《艺文类聚》："昔班固观世祖迁都于洛邑，惧将必踰溢制度，不能遵先圣之正法也。故假西都宾，盛称长安旧制，有陋洛邑之议，而为东都主人折礼衷以答之。张平子薄而陋之，故更造焉。"

小园赋

庾信

题　解

《小园赋》是庾信晚年之作。庾信虚构了"小园"这一境界，将自己感叹身世飘零，思念故国的情怀寄托于其中，情景交融，又引用大量典故而融化于无形，将悲痛之情完整地烘托出来。

　　若夫一枝之上，巢夫[1]得安巢之所；一壶之中，壶公[2]有容身之地。况乎管宁藜床[3]，虽穿而可座；嵇康锻灶[4]，既暖而堪眠。岂必连闼洞房[5]，南阳樊重之第[6]；赤墀青锁[7]，西汉王根[8]之宅。余有数亩敝庐，寂寞人外[9]，聊以拟伏腊[10]，聊以避风雨。虽复晏婴近市[11]，不求朝夕之利；潘岳面城[12]，且适闲居之乐。况乃黄鹤戒露，非有意于轮轩[13]；爰居[14]避风，本无情于钟鼓。陆机则兄弟同居[15]，韩康则舅甥不别[16]，蜗角蚊睫[17]，又足相容者也。

尔乃窟室[18]徘徊，聊同凿坏[19]。桐间露落，柳下风来。琴号珠柱[20]，书名玉杯[21]。有棠梨而无馆[22]，足酸枣而非台[23]。犹得敧侧[24]八九丈，纵横数十步，榆柳三两行，梨桃百余树。拔蒙密[25]兮见窗，行敧斜兮得路。蝉有翳兮不惊[26]，雉无罗兮何惧[27]！草树混淆，枝格[28]相交。山为篑覆，地有堂坳[29]。藏狸并窟，乳鹊[30]重巢。连珠细菌，长柄寒匏[31]。可以疗饥[32]，可以栖迟[33]，崎岖[34]兮狭室，穿漏兮茅茨[35]。檐直倚而妨帽，户平行而碍眉[36]。坐帐无鹤[37]，支床有龟[38]。鸟多闲暇，花随四时。心则历陵枯木[39]，发则睢阳乱丝[40]。非夏日而可畏[41]，异秋天而可悲[42]。

一寸二寸之鱼，三竿两竿之竹。云气荫于丛著[43]，金精[44]养于秋菊。枣酸梨酢[45]，桃榹李薁[46]。落叶半床，狂花[47]满屋。名为野人之家[48]，是谓愚公之谷[49]。试偃息[50]于茂林，乃久羡于抽簪[51]。虽有门而长闭[52]，实无水而恒沉[53]。三春负锄[54]相识，五月披裘[55]见寻。问葛洪[56]之药性，访京房[57]之卜林。草无忘忧之意，花无长乐之心[58]。鸟何事而逐酒[59]？鱼何情而听琴[60]？

加以寒暑异令[61]，乖违德性[62]。崔骃[63]以不乐损年，吴质[64]以长愁养病。镇宅神以蕴石[65]，厌山精而照镜[66]。屡动庄舄之吟[67]，几行魏颗之命[68]。薄晚闲闺，老幼相携；蓬头王霸之子[69]，椎髻梁鸿之妻[70]。燋[71]麦两瓮，寒菜一畦。风骚骚[72]而树急，天惨惨[73]而云低。聚空仓而雀噪[74]，惊懒妇而蝉嘶[75]。

昔草滥于吹嘘[76]，籍文言之庆余[77]。门有通德[78]，家承赐书[79]。或陪玄武之观[80]，时参凤凰之墟[81]。观受厘于宣室[82]，赋长杨于直庐[83]。遂乃山崩川竭[84]，冰碎瓦裂，大盗潜移[85]，长离永灭。摧直辔于三危，碎平途于九折[86]。荆轲有寒水之悲，苏武有秋风之别。关山[87]则风月凄怆，陇水[88]则肝肠断绝。龟言此地之寒[89]，鹤讶今年之雪[90]。百龄兮倏忽[91]，光华兮已晚。不雪雁门之踦[92]，先念鸿陆之远[93]。非淮海兮可变[94]，非金丹兮能转[95]。不暴骨于龙门[96]，终低头于马坂[97]。谅天造[98]兮昧昧，嗟生民兮浑浑[99]！

注　释

【1】巢父，相传是尧时的隐士。《高士传》："巢父者，尧时隐人也，山居不荣世利，年老以树为巢而寝其上。"

【2】壶公，相传汉代有一老翁，在集市卖药，又在门前悬挂一壶，药卖完就跳进壶中，因而被称为壶公。一说，壶公名谢元，是东汉道士。《神仙传》："壶公常悬一壶空屋上，日入之后，公跳入壶中，人莫能见。"

【3】藜（lí）床，指用藜草铺床，一说藜木坐榻。《三国志·魏书·管宁传》注引《高士传》："管宁自越海及归，常坐一木榻，积五十余年，未尝箕股，其榻上当膝处皆穿。"

【4】锻灶，打铁用的炉灶。《晋书》记载嵇康"性绝巧而好锻。宅中有一柳树甚茂，乃激水圜之，每夏月，居其下以锻"。

【5】连闼（tà）洞房，房间连通而门户相接。闼，门。洞，通。

【6】《后汉书·樊宏传》记载，南阳人樊重是东汉光武帝的舅舅，家境富有又善于经商，家中房屋都是重堂高阁。

【7】赤墀（chí），指房屋前的红色台阶。青锁，一作"青琐"，指窗户的青色连环花纹。这都是华贵奢侈的装饰。

【8】王根，汉元帝皇后王政君族人，汉成帝所封五侯之一。《汉书·元后传》载："曲阳侯王根骄奢僭上，赤墀青锁。"

【9】人外，人境之外，形容偏僻而与世隔绝。

【10】伏，夏日伏天。腊，寒冬腊月。古人在这两个时间中进行祭祀，又闭门不出而与家人宴饮。

【11】相传齐景公因为晏婴的住宅靠近街市，狭窄而且低湿，便想赐给他位置较好的大宅，晏婴婉言辞谢说："小人近市，朝夕得所求，小人之利也。"此处反其意而用，指自己的住宅靠近市场却不谋求利益。

【12】晋代诗人潘岳作《闲居赋》："退而闲居于洛之涘，陪京泝伊，面

郊后市。"此处亦是反用其意,自己虽然也面城而居,但心情闲适,不像潘岳那样牢骚满腹。

【13】黄鹤戒露,传说鹤性警觉,闻露水滴落之声即高鸣相警。轮轩,华丽的车子。《左传》记载卫懿公好鹤,赐给鹤以官位、俸禄和轩车;后来翟人入侵,卫懿公慌忙召集国人抵抗,国人却说:"使鹤,鹤实有禄位,余焉能战!"最终卫懿公兵败被杀。

【14】爰(yuán)居,一种海鸟,形似凤凰。《国语·鲁语》记载,曾有爰居飞到鲁国东门外,臧文仲派人祭祀,柳下惠说:这是海边有灾,爰居是为了避灾而飞来。又,《庄子·至乐》记载,海鸟飞到鲁国郊外,鲁侯奏九韶之乐去迎它。

【15】《世说新语·赏誉》记载,吴亡后,陆机、陆云兄弟在洛阳同住三间瓦房,陆机住在西面,陆云住东面。又,古人认为兄弟不同宅,因此陆机兄弟的行为是不合礼法的。

【16】韩康,晋代韩伯,字康伯,他的舅舅殷浩十分欣赏他。殷浩北伐失败,被废为庶人,徙于东阳,韩康伯也到了东阳。

【17】蜗角,《庄子·则阳》说,有两个小国,一个在蜗牛的左角上,一个在蜗牛的右角上,时相争地而战,伏尸数万。蚊睫,《晏子春秋》说,东海有虫,结巢在蚊睫的上边,生了两次小虫才飞走,蚊虫竟不知道。

【18】窟室,原指掘地为屋,这里指将土坯垒成房屋。

【19】凿坏,凿开土墙。《淮南子·齐俗训》:"颜阖,鲁君欲相之而不肯,使人以币先焉,凿坏而匿之。"此处比喻隐居。

【20】珠柱,琴名,以珠作为支弦琴柱。

【21】玉杯,《春秋繁露》篇名,董仲舒所著。

【22】西汉甘泉官外有棠梨,但没有台馆。一说,汉代有棠梨官。

【23】《水经注·济水注》载,酸枣县(今河南延津县北)城西有酸枣寺,寺外有韩王望气台。

【24】攲(qī)侧,倾斜在一边。

【25】蒙密,枝叶茂密。

【26】此句指,蝉有树叶遮蔽因而不必惊怕。《庄子·山木》:"蝉方得美荫而忘其身。"此处反用其意。

【27】《诗·王风·兔爰》："雉离于罗。"

【28】格，树的长枝。

【29】篑（kuì），装土的筐。山为篑覆，山是一篑土堆成的。地有堂坳，地上有低洼水池。

【30】藏狸，野猫。乳鹊，哺育幼鸟的鹊。

【31】此句是说，因小园狭小，菌类只能紧密生长如连珠，葫芦只能长出长柄。

【32】疗饥，止饿。

【33】栖迟，栖息。《诗·陈风·衡门》："衡门之下，可以栖迟。泌之洋洋，可以乐饥。"

【34】崎岖，这里形容空间局促。

【35】穿漏，屋顶漏雨。茅茨，用茅草覆盖屋顶。

【36】此句是指，房檐很低，站在下面就要碰着帽子；门很矮，平行进入脚要触着眉毛。

【37】《神仙传》载，三国时吴人介象，死于武昌，归葬建业（今南京），死后有白鹤来集座上。这里以介象自比，指自己不能归葬建业。

【38】《史记·龟策列传》："南方老人用龟支床足，行二十余岁，老人死，移床，龟尚生不死。"此处指自己如同支床的龟，年老不能行走。

【39】历陵，在今江西九江市东。应劭《汉官仪》："豫章郡树生庭中，故以名郡矣。此树尝中枯，逮晋永嘉中，一旦更茂，丰蔚如初。"

【40】睢阳，今河南省商丘市睢阳区，墨子故乡。乱丝，头发蓬白，像团乱丝。《吕氏春秋》载，墨子见染素丝的人而叹息。

【41】《左传·文公七年》："贾季曰：赵盾夏日之日也。"杜预注："冬日可爱，夏日可畏。"夏日，夏天的烈日。

【42】宋玉《九辩》："悲哉，秋之为气也！"

【43】丛蓍（shī），丛生的蓍草。《史记·龟策列传》："蓍生满百茎者，其下必有神龟守之，其上常有青云覆之。"

【44】金精，《玉函方》载，古人把九月上寅日采的甘菊（即杭菊）叫金精。

【45】酢（zuò），古"醋"字。

【46】桃榹（sī），即榹桃，山桃。李薁（yù），即薁李，山李。

【47】狂花，到处乱飞的花。

【48】野人，乡野之人，农夫。《高士传》："汉滨老父者，不知何许人也。汉桓帝延熹中，幸竟陵，过云梦，临沔水，百姓莫不观者，有老父独耕不辍。尚书郎南阳张温异之，使问曰：'人皆来观，老父独不辍，何也？'老父笑而不答。温下道百步，自与言，老父曰：'我野人也，不达斯语。'"

【49】《说苑·政理》："齐桓公出猎，逐鹿而走入山谷之中，见一老公而问之，曰：'是为何谷？'对曰：'为愚公之谷。'桓公曰：'何故？'对曰：'以臣名之。'"

【50】偃息，休息。

【51】抽簪（zān），抽下连系冠发的簪子，散发无束。古人为官，需要束发整冠，以簪固定，因此称隐退为"抽簪"。

【52】虽有门而长闭，化用陶渊明《归去来兮辞》"门虽设而常关"一句。

【53】实无水而恒沉，出自《庄子·则阳》："方且与世违，而心不屑与之俱，是陆沉者也。"无水而沉称为陆沉，比喻隐居。

【54】负锄，代指农夫。皇甫谧《高士传》："林类者，魏人也。年且百岁。底春披裘，拾遗穗于故畦，并歌并进。孔子适卫，望之于野，顾谓弟子曰：'彼叟可与言者。'"

【55】皇甫谧《高士传》："披裘公者，吴人也。延陵季子出游，见道中有遗金，顾彼裘公曰：'取彼金。'公投镰嗔目拂手而言曰：'何子处之高而视人之卑？五月披裘而负薪，岂取金者哉！'"

【56】葛洪，字稚川，号抱朴子，人称葛仙翁，丹阳句容（今江苏省句容市）人，晋代炼丹家、医学家、化学家和博物学家，也是重要的道教人士。

【57】京房，字君明，汉顿丘（今河南省浚县西）人，开创京氏易学。

【58】忘忧，忘忧草，又名萱草，古书记载食萱草可忘忧。长乐，长乐花，又名紫华。

【59】《庄子·至乐》："昔者海鸟止于鲁郊，鲁侯御而觞之于庙，奏九韶以为乐，具太牢以为膳。鸟乃眩视忧悲，不敢食一脔，不敢饮一杯，三日而死。"

【60】《韩诗外传》："昔伯牙鼓琴而渊鱼出听。"

【61】寒暑异令，指南方与北方的气候不同而季节时令相异。

【62】乖违，相反冲突。德性，本性。

【63】崔骃（yīn），东汉车骑将军窦宪擅权骄恣，其主簿崔骃数谏之。宪不能容，使出为长岑长。骃不愿远行，遂不赴任，忧郁而死。

【64】吴质，见《与朝歌令吴质书》一文。建安二十二年（217年），魏大疫，诸人多死。太子与质书，质报之曰："质已四十二矣，白发生鬓，所虑日深，实不复若平日之时也。但欲保身勑行，不蹈有过之地，以为知己之累耳。游宴之欢，难可再遇，盛年一过，实不可追。"

【65】宅神，住宅里的鬼怪。薶（mái）石，古代的迷信说法，认为在住宅四周埋下石头就能镇宅驱邪。薶，通"埋"。

【66】山精，山中的妖精。照镜，《抱朴子》："万物之老者，其精悉能假托人形，以眩惑人目而尝试人，唯不能于镜中易其真形耳，是以古之入山道士皆以明镜九寸已上悬于背后，则老魅不敢近人。"

【67】《史记·张仪列传》记载，战国时越国人庄舄，在楚国做官，病中思念家乡，犹发出越国的语音。

【68】《左传·宣公十五年》记载，晋大夫魏武子有一宠妾无子嗣，武子生病时，命魏颗把这宠妾嫁人；武子临终时，又要求将宠妾殉葬。武子死后，魏颗说魏武子临终时神智错乱，就按照他清醒时说的做。

【69】《后汉书·列女传》载，王霸，东汉太原人，隐士。起初他和令狐子伯友好，后来子伯做了楚相，派他的儿子给王霸送信。子伯之子车马随从，仪容文雅。王霸之子从田里耕作回来，见到令狐子，很惭愧。王霸也因他不知礼节、不修边幅而惭愧地久卧不起。其妻责以应保持高节，不慕荣利。霸笑而起。

【70】梁鸿，字伯鸾，东汉扶风人。家贫博学。《后汉书·逸民传》记载，其妻孟光初嫁时，盛容华服，梁鸿七日不理。孟光改为椎髻，穿布衣，梁鸿才与之和好。

【71】燋（jiāo），同"焦"。

【72】骚骚，形容风声。

【73】惨惨，黯淡无光。庾信《伤心赋》："天惨惨而无色，云苍苍而正寒。"

【74】聚空仓而雀噪，指空仓里的麻雀因饥饿而鸣噪。

【75】惊懒妇而蝉嘶，古代谚语"促织鸣，懒妇惊"，又崔豹《古今注》："蟋蟀，一名吟蛩。秋初生，得寒则鸣。一云济南呼为懒妇。"

【76】草滥，说以草莽之夫而滥居列位。吹嘘，即吹竽，即南郭先生滥竽充数故事。

【77】此句是说，凭借皇恩而泽及子孙。《易·乾卦·文言》："积善之家，必有余庆。"

【78】指祖父庾易为齐征士，不就，如汉之郑玄。《后汉书·郑玄传》记载，郑玄在汉灵帝时屡征不就。北海相孔融深敬之，为玄立一乡曰郑公乡，门曰通德门。

【79】汉代班嗣、班彪兄弟二人，友爱而学识渊博，皇帝曾赐给他们书籍。

【80】玄武，玄武宫，汉代宫名。观，指宫阙，一说玄武观，指南朝玄武湖中的亭观。

【81】参，参加。凤凰，汉代建章宫殿名。墟，处所。

【82】受厘，古代礼节，祭祀后将剩下的肉献给皇帝以贺喜，皇帝接受贺喜称为受厘。宣室，汉代宫殿，在未央宫前。此处引用汉文帝在宣室召见贾谊故事。

【83】长杨，汉代宫殿名。扬雄曾作《长杨赋》。直庐，旧时侍臣值宿之处。

【84】《史记·周本纪》："山崩川竭，亡国之征也。"此处代指侯景叛乱。

【85】大盗潜移，指侯景攻陷建康，梁元帝在江陵称帝。

【86】摧，折断。辔，马缰绳。三危，三危山，一说在雍州西南境，有三山峰，高耸甚危。九折，坂名，在四川省荣经县西邛崃山，山路曲折多险。

【87】关山，古乐府有《关山月》曲。《乐府解题》说："关山月，伤离别也。"

【88】陇水，古乐府《陇头歌辞》有"遥望秦川，肝肠断绝"之句。

【89】龟言此地之寒，前秦皇帝苻坚曾得到一只大龟，后来龟死，有人梦龟言："我要归江南，不遇，死于秦。"

【90】传说西晋太康二年（281年）冬天，天气特别寒冷，有人听到有两只白鹤在桥下说："今兹寒不减尧崩年也。"此处隐喻梁元帝被害。

【91】百龄，百岁，代指人的一生。倏（shū）忽，形容时间短暂。

【92】汉代段会宗曾任雁门郡守，犯法被免职。后来复为都护，他的朋友谷永写信警告他说：你这次不要想立奇功，只要不出毛病，也就足以遮盖雁门

那一次失败了。踦，失败。

【93】《易·渐卦第五十三》："鸿渐于陆，夫征不复。"

【94】春秋时，赵简子说："雀入于海为蛤，雉入于淮为蜃，鼋鼍鱼鳖莫不能化，唯人不能，哀哉！"

【95】金丹，古代方士炼金石丹砂为丹药，认为食之可以长生不老。转，丹在炼炉内转动变化。

【96】《太平广记》引《三秦记》："龙门山，在河东界。禹凿山断门阔一里余。黄河自中流下，两岸不通车马……每岁季春，有黄鲤鱼，自海及诸川，争来赴之。一岁中，登龙门者，不过七十二。初登龙门，即有云雨随之，天火自后烧其尾，乃化为龙矣。"而清张澍辑《三秦记》则记载："江海大鱼薄集龙门下，数千，不得上。上则为龙，不上者鱼，故云曝腮龙门。"

【97】《战国策·楚策》："夫骥之齿至矣，服盐车而上太行。蹄申膝折，尾湛胕溃，漉汁洒地，白汗交流，中阪迁延，负辕不能上。伯乐遭之。下车攀而哭之，解纻衣以幂之。骥于是俛而喷，仰而鸣，声达于天，若出金石声者，何也？彼见伯乐之知己也。"

【98】谅，诚然。天造，天道。

【99】浑浑，糊涂的样子。

枯树赋

庾信

题 解

《枯树赋》是庾信到达北方后的作品。作者以枯树自比，将思乡之情寄托于其中，使文中饱含亡国之痛、思乡之情、羁旅之恨和身世飘零的慨叹，悲切之情溢于言表。而本文音韵和谐，语言清新流利，更是骈体文已经趋于成熟的标志。《朝野佥载》云："梁庾信从南朝初至，北方文士多轻之。信将枯树赋以示之，于后无敢言者。"

殷仲文 [1] 风流儒雅，海内知名；世异时移，出为东阳太守 [2]；常忽忽 [3] 不乐，顾庭槐而叹曰：此树婆娑 [4]，生意尽矣。

至如白鹿贞松 [5]，青牛文梓 [6]；根柢盘魄 [7]，山崖表里 [8]。桂何事而销亡 [9]，桐何为而半死 [10]？昔之三河 [11] 徙植，九畹 [12] 移根；开花建始 [13] 之殿，落实睢阳之园 [14]。声含嶰谷 [15]，曲抱《云门》[16]；将雏集凤 [17]，比翼巢鸳 [18]。临风亭而唳鹤 [19]，对月峡而吟猿 [20]。

乃有拳曲拥肿 [21]，盘坳反覆 [22]；熊彪 [23] 顾盼，鱼龙起伏；节 [24] 竖山连，文横水蹙 [25]。匠石惊视 [26]，公输眩目 [27]。雕镌始就 [28]，剞劂 [29] 仍加；平鳞铲甲，落角摧牙 [30]；重重碎锦，片片真花；纷披 [31] 草树，散乱烟霞。

若夫松子、古度、平仲、君迁 [32]，森梢 [33] 百顷，槎枿 [34] 千年。秦则大夫受职 [35]，汉则将军坐焉 [36]。莫不苔埋菌压，鸟剥虫穿 [37]；或低垂于霜露，或撼顿 [38] 于风烟。东海有白木之庙 [39]，西河有枯桑之社 [40]，北陆以杨叶为关 [41]，南陵以梅根作冶 [42]。小山则丛桂留人 [43]，扶风则长松系马 [44]。岂独城临细柳 [45] 之上，塞落桃林之下 [46]。

若乃山河阻绝，飘零离别；拔本垂泪，伤根沥血 [47]。火入空心 [48]，膏流断节 [49]。横洞口而敧卧 [50]，顿 [51] 山腰而半折，文斜者百围冰碎 [52]，理正者千寻瓦裂 [53]。载瘿衔瘤 [54]，藏穿抱穴 [55]，木魅睒睗 [56]，山精妖孽 [57]。

况复风云不感 [58]，羁旅无归；未能采葛 [59]，还成食薇 [60]；沉沦穷巷，芜没 [61] 荆扉，既伤摇落 [62]，弥嗟变衰。《淮南子》云："木叶落，长年悲 [63]。"斯之谓矣。

乃歌曰：建章三月火 [64]，黄河万里槎 [65]；若非金谷 [66] 满园树，即是河阳一县花 [67]。桓大司马闻而叹曰 [68]：昔年种柳，依依汉南 [69]；今看摇落，凄怆江潭 [70]。树犹如此，人何以堪 [71]！

注　释

【1】殷仲文，字仲文，陈郡长平（今河南省西华县）人，东晋大臣，大司马桓温女婿，少年有才华而容貌俊秀。东晋元兴元年（402年），桓温之子桓玄率军进入建康，殷仲文弃郡投奔，得到信任；元兴二年（403年）桓玄称帝建立楚国，殷仲文身为开国功臣更是得到重用。元兴三年（404年），桓玄败逃，殷仲文趁机迎晋穆帝、安帝皇后回归东晋，被刘裕任命为长史。本来，殷仲文认为自己素有名望，一定会得到刘裕重用，结果官位一直不高，后又被外调为东阳太守，他便感到十分失望。此后，殷仲文因卷入桓胤、骆球等谋反一事，被刘裕所杀。

【2】此处指殷仲文背叛桓玄投降刘裕后，后又不得重用而外调东阳太守一事。东阳，在今浙江省金华市。

【3】忽忽，恍惚，失意的样子。

【4】婆娑（suō），本来是形容舞蹈时婉转婀娜的样子，此处指人的偃息纵弛之貌，形容树的枝干分散剥落。《世说新语·黜免》："桓玄败后，殷仲文还为大司马咨议，意似二三，非复往日。大司马府听前有一老槐，甚扶疏。殷因月朔，与众在听，视槐良久，叹曰：'槐树婆娑，无复生意！'"

【5】至如，发语词，无义。下文"乃有""若夫""若乃"同此。白鹿，白鹿塞，在今甘肃省敦煌市。贞松，松树冬季严寒而不凋，因此人们认为其代表坚贞品格。晋黄义仲《十三州记》载："甘肃敦煌有白鹿塞，多古松，白鹿栖息于下。"

【6】唐徐坚等辑《初学记》引《录异传》载，春秋时秦文公砍伐雍州南山文梓树，断树，一青牛从中逃出，走入泮（pàn）水中。一说，古人以为树万岁化为青牛。

【7】柢（dǐ），树木的本根。盘魄，即磅礴。

【8】山崖表里，以山崖为表里，此处形容根柢牢固。

【9】桂，桂树。销亡，枯死。汉武帝《悼李夫人赋》："秋气憯以凄泪兮，桂枝落而销亡。"

【10】桐，梧桐。半死，凋零。枚乘《七发》："龙门之桐，高百尺而无枝……其根半生半死，冬则烈风、漂霰、飞雪之所激也，夏则雷霆、霹雳之所

感也。"

【11】三河，汉代称河东、河内、河南三郡为三河，大概包括今河南省西北部、山西省南部地区。

【12】畹（wǎn），古代三十亩为一畹。

【13】建始，洛阳宫殿名。

【14】睢（suī）阳之园，是梁孝王所建之园。

【15】嶰（jiè）谷，传说在昆仑山北，黄帝曾派伶纶至此地取竹制作乐器。此处代指乐曲。

【16】《云门》，相传是黄帝时的舞曲。

【17】集，群鸟停落在树上。这句是说凤凰携幼鸟停落在树上。《礼瑞命记》云："黄帝时，凤蔽日而来，止帝园，食常竹实，栖常梧桐，终不去。"乐府古辞《陇西行》："凤凰鸣啾啾，一母将九雏。"

【18】巢，筑巢。鸳，鸳鸯。此处指韩凭夫妇故事，见《韩凭夫妇》一文。

【19】风亭，指风。唳（lì）鹤，白鹤鸣叫。此处指陆机、陆云兄弟被杀前悲叹："华亭鹤唳，有可复闻乎！"

【20】月峡，明月峡，巴郡三峡（明月峡、广德峡、东突峡）之一，在今重庆市东北八十里，峡壁上有圆孔，形状似满月。此处代指月亮。吟猿，《水经注·江水》："巴东三峡巫峡长，猿鸣三声泪沾裳。"见《三峡》一文。

【21】拳曲，弯曲如握拳。拥肿，即"臃肿"，树木瘿（yǐng）节多而不平。

【22】盘坳（ào），盘曲扭结的样子。反覆，指缠绕交错。

【23】彪，幼虎。

【24】节，树的枝干交接处。

【25】文，花纹。蹙（cù），褶皱。

【26】匠石，古代著名工匠，名石。《庄子·人间世》记载，匠石去往齐国，路上见到一株被尊奉为神明的大栎树，连看也不看，因为它木质很差不能用作木料。此处反用其意。

【27】公输，即鲁班，名公输班。眩目，眼光惑乱。

【28】雕镂，雕刻。就，成。

【29】刲（jī）剧（jué），用于雕刻的刻刀。

【30】平、铲、落、摧，义同，指砍掉，铲平。鳞、甲，指树皮。角、牙，

指树干的疙瘩节杈。

【31】纷披，纷乱。

【32】松子，指松树。一说即"松梓"，松树与梓树。古度，树名，不华而实，子从皮中出，大如石榴。平仲，树名，实白如银。君迁，树名，实如瓠（hù）形。

【33】森梢，树木枝繁叶茂。

【34】槎（chá）枿（niè），树木砍伐修剪后重新长出的枝条。

【35】此处指秦始皇封松树为五大夫之事。《史记·秦始皇本纪》载，秦始皇到泰山封禅，路遇大雨，在松树下避雨，便封此松树为"五大夫"，今泰山景区内有清代在原址补种的松树。后人便以"五大夫"代指松树。

【36】此处指冯异坐于大树之下一事。

【37】此句指枯树埋没于青苔，上面寄生菌类，被飞鸟剥啄、蛀虫蛀食。

【38】撼顿，摇撼倒地。

【39】东海，泛指东部沿海地区。白木之庙，相传是黄帝葬女处的天仙官，在今河南省密县。此地有白皮松，称"白木之庙"。

【40】社，土地神，此处指祭祀土地神的神庙。《风俗通义》记载，东汉汝南南顿（今河南项城西南）人张助在干枯的空桑中种李，有眼疾之人在树下休息后眼疾痊愈，于是在此处设庙祭祀。

【41】北陆，泛指北方地区。以杨叶为关，以"杨叶"为关卡之名。

【42】南陵，泛指南方地区。梅根，地名，在安徽贵池县东北。六朝以来在此炼铜铸钱，临梅根河，故称。唐置监，称"梅根监"。

【43】小山，即淮南小山。丛桂留人，《招隐士》："桂树丛生兮山之幽，……攀援桂枝兮聊淹留。"见《招隐士》一文。

【44】扶风，指《扶风歌》，乐府诗篇名。长松系马，刘琨《扶风歌》："据鞍长叹息，泪下如流泉。系马长松下，发鞍高岳头。"

【45】临，看。细柳，在今陕西咸阳市西南渭河北岸，周亚夫屯兵于此，称细柳营。

【46】桃林，即桃林塞，约当今河南灵宝以西、陕西潼关以东地区，其地有函谷关古道。春秋时，晋文公派詹嘉守桃林之塞。

【47】此句指曹操移植梨树一事。《三国志·魏志·武帝纪》裴松之注引《世说》及《曹瞒传》：曹操命花匠移植梨树，"掘之，根伤尽出血。"

【48】火入空心，把干空心的树放入火中。空心，树木枯朽后内部变为空心。

【49】膏流断节，指树脂从断节处流出来。膏，树脂。

【50】敧（qī），倾斜。

【51】顿，倒伏。

【52】文，通"纹"，指树纹。冰碎，如冰一般碎裂。

【53】理，树木的纹理。瓦裂，像瓦一样碎裂。

【54】瘿（yǐng），瘤，指树木枝干上隆起似肿瘤的部分。

【55】藏，指在树上的虫子。穿，蛀虫蛀穿树木。抱，环绕。代指整天环绕树木飞行的飞鸟。穴，作窝。

【56】木魅，树妖。睒（shǎn）睗（shì），目光闪烁的样子。

【57】山精，山妖。《玄中记》："山精如人，头长三四尺，食山蟹，夜出昼藏。"妖孽，此处作动词，为妖孽。

【58】风云，这里比喻社会局势。感，振奋。

【59】采葛，即《诗·王风·采葛》，这里代指完成使命。《诗·王风·采葛》本是写男女的爱情诗，郑玄解作"以采葛喻臣以小事使出"。此处喻自己出使西魏未能完成使命梁朝便灭亡。

【60】食薇，指伯夷、叔齐在首阳山采薇而饿死一事。

【61】芜没，指沦落潦倒。

【62】摇落，比喻衰老。《楚辞》宋玉《九辩》："悲哉秋之为气也，萧瑟兮草木摇落而变衰。"

【63】此句见于《淮南子·说山训》，原文为"见一叶落，而知岁之将暮……故桑叶落而长年悲也"。长年，指老年人。

【64】建章，西汉宫殿名，汉武帝时修建，东汉光武帝建武二年（26年）被焚毁。"三月火"则化用《史记·项羽本纪》记载项羽焚毁咸阳宫殿一事："烧秦宫室，火三月不灭。"

【65】槎（chá），木筏。传说黄河上接天河，有人曾乘木筏抵达牛郎星、织女星。此句指建章宫被焚烧时，灰烬在万里黄河中漂流，有如浮槎。

【66】金谷，金谷园，西晋石崇所建，极尽奢华。石崇《思归引序》称园内有"柏木几于万株"。

【67】河阳,今河南省孟州市西北。潘岳曾任河阳令,下令全城栽满桃树。

【68】桓大司马,即桓温。又,殷仲文为桓温女婿,归降刘裕时桓温早已逝世,因此此处为假托之辞。

【69】依依,枝繁叶茂,一说指杨柳随风飘扬。汉南,汉水之南。

【70】江潭,江水深处,此指江汉平原地区。

【71】此句见《世说新语·言语》桓温北伐故事。

涉务

颜之推

颜之推,琅邪临沂(今山东省临沂市)人,家族世代为官(相传祖先是孔子弟子颜回)。幼而好学,十九岁为梁朝湘东王萧绎(即后来的梁元帝)右常侍。侯景之乱时,颜之推被俘,幸得王则相救,侯景败亡后返回江陵。梁元帝投降西魏,颜之推出逃北齐;北周消灭北齐,颜之推又在北周任官。隋朝建立后,任太子杨勇学士。他最重要的著作是《颜氏家训》。

《颜氏家训》全书共七卷,二十篇,是颜之推教育家族子弟的一部书籍,被称为"古今家训之祖"。全书以传统的儒家思想为中心,同时也注重对工农商贾等技能,对后辈进行修身处世等方面的教育,还包括佛教思想、训诂音韵乃至文学军事等内容。他自称"吾所以复为此者,非敢轨物范世也,业以整齐门内,提撕子孙"。

《颜氏家训》对后世影响很大,诸如朱熹等人均从其中取材。

题 解

本篇主要教育子弟要办实事。魏晋以来,士族门阀逐渐没落,士族子弟往往沉溺于游乐与空谈之中，这也直接推动了下品寒门士人的兴起。颜之推从这一时代背景出发，对那些金玉其外败絮其中的士族子弟进行谴责，主张子弟要求真务实，努力做对社会有益之事。

士君子之处世，贵能有益于物耳，不徒高谈虚论，左琴右书[1]，以费人君禄位也！国之用材，大较不过六事：一则朝廷之臣，取其鉴达治体[2]，经纶[3]博雅；二则文史之臣，取其著述宪章，不忘前古；三则军旅之臣，取其断决有谋，强干习事；四则藩屏[4]之臣，取其明练[5]风俗，清白爱民；五则使命之臣，取其识变从宜，不辱君命；六则兴造之臣，取其程功[6]节费，开略[7]有术：此则皆勤学守行者所能办也。人性有长短，岂责具美于六涂哉？但当皆晓指趣，能守一职，便无愧耳。

吾见世中文学之士，品藻[8]古今，若指诸掌[9]，及有试用，多无所堪。居承平之世，不知有丧乱之祸；处庙堂之下，不知有战陈[10]之急；保俸禄之资，不知有耕稼之苦；肆吏民之上，不知有劳役之勤：故难可以应世经务也。晋朝南渡[11]，优借士族，故江南冠带[12]有才干者，擢为令仆已下，尚书郎、中书舍人已上，典掌机要。其余文义之士，多迂诞浮华，不涉世务，纤微过失，又惜行捶楚，所以处于清高，盖护其短也。至于台阁令史，主书监帅，诸王签省，并晓习吏用，济办时须，纵有小人之态，皆可鞭枚肃督，故多见委使，盖用其长也。人每不自量，举世怨梁武帝父子爱小人[13]而疏士大夫，此亦眼不能见其睫耳。

梁世士大夫，皆尚褒衣博带[14]，大冠高履，出则车舆，入则扶持，郊郭之内，无乘马者。周弘正为宣城王所爱，给一果下马[15]，常服御之，举朝以为放达。至乃尚书郎乘马，则纠劾之。及侯景之乱，肤脆骨柔，不堪行步，体羸气弱，不耐寒暑，坐死仓猝者，往往而然。建康令王复，性既儒雅，未尝乘骑，见马嘶贲陆梁[16]。莫不震慑，乃谓人曰："正是虎，何故名为马乎？"其风俗至此。

古人欲知稼穑之艰难，斯盖贵谷务本[17]之道也。夫食为民天，民非食不生矣，三日不粒[18]，父子不能相存[19]。耕种之，莇锄之[20]，刈获之，载积之，打拂之，簸扬之，凡几涉手，而入仓廪，安可轻农事而贵末业哉？江南朝士，因晋中兴[21]，南渡江，卒为羁旅，至今八九世，未有力田，悉资俸禄而食耳。假令有者，皆信[22]僮仆为之，未尝目观起一拨土，耕一株苗；不知几月当下，几月当收，安识世间余务乎？故治官则不了，营家则不办[23]，皆优闲之过也。

注 释

【1】左琴右书，弹琴读书。

【2】治体，指治理国家的法度政策。

【3】经纶，处理国家大事。

【4】藩屏，藩篱屏蔽，指各地长官。

【5】明练，明白清楚。

【6】程功，掌握工程进度。

【7】开略，思路开阔。

【8】品藻，品评。

【9】若指诸掌，如同处理掌中之物。

【10】陈，通"阵"。

【11】晋朝南渡，指西晋灭亡后晋元帝南渡建康，建立东晋。

【12】冠带，古代士大夫多戴冠束带，因此以冠带作为士大夫代称。

【13】梁武帝父子，指梁武帝萧衍及其子简文帝萧纲、元帝萧绎。他们多任用寒门士人为官。

【14】褒衣博带，即"宽袍博带"，宽大的衣服和衣带。

【15】果下马，一种小马，身高只有三尺，能在果树下行走，因此而得名。

【16】陆梁，跳跃。

【17】本，古代认为农业是国家之本。

【18】粒，以谷米为食。

【19】存，想念、省问。

【20】莃（hāo）锄，即薅锄，一种用来除草的小锄头。

【21】中兴，指东晋建立。

【22】信，依靠。

【23】办，治理。

古之学者必有师。师者，所以传道受业解惑也。人非生而知之者，孰能无惑？惑而不从师，其为惑也，终不解矣。生乎吾前，其闻道也固先乎吾，吾从而师之；生乎吾后，其闻道也亦先乎吾，吾从而师之。吾师道也，夫庸知其年之先后生于吾乎？是故无贵无贱，无长无少，道之所存，师之所存也。

嗟乎！师道之不传也久矣！欲人之无惑也难矣！古之圣人，其出人也远矣，犹且从师而问焉；今之众人，其下圣人也亦远矣，而耻学于师。是故圣益圣，愚益愚。圣人之所以为圣，愚人之所以为愚，其皆出于此乎？爱其子，择师而教之；于其身也，则耻师焉，惑矣。彼童子之师，授之书而习其句读者，非吾所谓传其道解其惑者也。句读之不知，惑之不解，或师焉，或不焉，小学而大遗，吾未见其明也。巫医乐师百工之人，不耻相师。士大夫之族，曰师曰弟子云者，则群聚而笑之。问之，则曰：彼与彼年相若也，道相似也，位卑则足羞，官盛则近谀。呜呼！师道之不复可知矣。巫医乐师百工之人，君子不齿，今其智乃反不能及，其可怪也欤！

圣人无常师。孔子师郯子、苌弘、师襄、老聃。郯子之徒，其贤不及孔子。孔子曰：三人行，则必有我师。是故弟子不必不如师，师不必贤于弟子，闻道有先后，术业有专攻，如是而已。

李氏子蟠，年十七，好古文，六艺经传皆通习之，不拘于时，学于余。余嘉其能行古道，作师说以贻之。

谏太宗十思疏

魏征

魏征，字玄成，巨鹿郡（今河北省巨鹿县）人。唐朝政治家，"贞观之治"时的重要大臣。原为瓦岗军成员，后投降李唐，官拜太子洗马，为太子李建成效力。玄武门之变后，唐太宗李世民因其性格刚正不阿而不杀，且擢升为谏议大夫，后来历任秘书监等职务，封郑国公，并约定将衡山公主下嫁魏征之子。魏征常常犯颜直谏，多次触怒唐太宗，但在唐太宗冷静下来之后反而对他的直言进谏进行嘉奖。贞观十七年（643年），魏征病逝，唐太宗亲自到灵位前祭奠，追赠司空，谥文贞，并称赞道："人以铜为镜，可以正衣冠；以古为镜，可以见兴替；以人为镜，可以明得失。朕常保此三镜，以防己过，今魏征徂逝，遂亡一镜矣！"

题 解

本文是贞观十一年（637年）魏征写给唐太宗的奏章。经过数年的努力治理，唐朝经济不断发展，国家安定，百姓富足。在这种环境下，唐太宗逐渐骄奢起来，开始大修庙宇宫殿，四处巡游。魏征对此十分忧虑，于是在贞观十一年三月至七月，"频上四疏，以陈得失"。本文就是这四疏中的第二篇，在文中，魏征规劝唐太宗要慎始敬终，要知人善任，要崇尚节俭。文学上，这篇文章文理清晰，运用各种修辞手法，说理透彻。唐太宗看了这篇上疏后猛然醒悟，写下《答魏征手诏》，表示从谏改过，并置于案头，奉为座右铭。

臣闻：求木之长者，必固其根本；欲流之远者，必浚其泉源；思国之安者，必积其德义。源不深而望流之远，根不固而求木之长，德不厚而思国之安，臣虽下愚，知其不可，而况于明哲乎？人君当神器[1]之重，居域中之大[2]，将崇极天之峻，永保无疆之休。不念居安思危，戒奢以俭，德不处其厚，情不胜其欲，斯亦伐根以求木茂，塞源而欲流长也。

凡昔元首，承天景[3]命，善始者实繁，克终者盖寡。岂取之易守之难乎？盖在殷[4]忧，必竭诚以待下，既得志则纵情以傲物；竭诚则吴、越为一体，傲物则骨肉为行路。虽董[5]之以严刑，振之以威怒，终苟免而不怀仁，貌恭而不心服。怨不在大，可畏惟人。载舟覆舟，所宜深慎。

诚能见可欲，则思知足以自戒；将有作[6]，则思知止以安人；念高危，则思谦冲而自牧[7]；惧满溢，则思江海下百川；乐盘游[8]，则思三驱[9]以为度；忧懈怠，则思慎始而敬终；虑壅蔽，则思虚心以纳下；惧谗邪，则思正身以黜恶；恩所加，则思无因喜以谬赏；罚所及，则思无以怒而滥刑：总此十思，宏兹九德[10]，简能而任之，择善而从之，则智者尽其谋，勇者竭其力，仁者播其惠，信者效其忠；文武并用，垂拱而治。何必劳神苦思，代百司之职役哉？

注　释

【1】神器，指帝位。

【2】居域中之大，《道德经》："道大，天大，地大，王亦大。域中有四大，而王居其一焉。"

【3】景，大。

【4】殷，深。

【5】董，监督。

【6】作，此处指大兴土木，修筑宫殿。

【7】冲，虚。牧，约束。

【8】盘游，打猎取乐。

【9】三驱，《礼记·王制》："天子诸侯无事，则岁三田。"指天子一年打猎三次。

【10】九德，指忠、信、敬、刚、柔、和、固、贞、顺。

十渐不克终疏

魏征

题 解

唐太宗贞观十三年（639年），随着国内一片歌舞升平，唐太宗的骄傲情绪逐渐滋生，魏征担心唐太宗不能善始善终，于是上疏直谏。文章中，魏征指出太宗有十个不能善始善终的缺点，列举了太宗当初尚能躬行节俭，近年来却逐渐骄奢，将两个时期的太宗相互对比，使太宗明白自己的转变。文章条理清晰，气势雄峻，太宗读罢，下诏说："朕今闻过矣，愿改之，以终善道。"又将本文"列为屏障，庶朝夕见之，兼录付史官"。

臣观自古帝王受图定鼎[1]，皆欲传之万代，贻厥孙[2]谋，故其垂拱岩廊[3]，布政天下，其语道也必先淳朴而抑浮华，其论人也必贵忠良而鄙邪佞，言制度也则绝奢靡而崇俭约，谈物产也则重谷帛而贱珍奇。然受命之初，皆遵之以成治；稍安之后，多反之而败俗。其故何哉？岂不以居万乘之尊，有四海之富，出言而莫己逆，所为而人必从，公道溺于私情，礼节亏于嗜欲故也？语曰："非知之难，行之惟难；非行之难，终之斯难。"所言信矣。

伏惟陛下，年甫弱冠[4]，大拯横流，削平区宇，肇开帝业。贞观之初，时方克壮，抑损嗜欲，躬行节俭，内外康宁，遂臻至治。

论功则汤、武不足方；语德则尧、舜未为远。臣自抉居左右，十有余年，每侍帷幄，屡奉明旨。常许仁义之道，守之而不失；俭约之志，终始而不渝。一言兴邦，斯之谓也。德音在耳，敢忘之乎？而顷年已来，稍乖曩志，敦朴之理，渐不克终。谨以所闻，列之如左：

陛下贞观之初，无为无欲，清静之化，远被遐荒。考之于今，其风渐堕，听言则远超于上圣，论事则未逾于中主。何以言之？汉文、晋武俱非上哲，汉文辞千里之马[5]，晋武焚雉头之裘[6]。今则求骏马于万里，市珍奇于域外，取怪于道路，见轻于戎狄，此其渐不克终，一也。

昔子贡问理人于孔子，孔子曰："懔乎若配索之驭六马。"子贡曰："何其畏哉？"子曰："不以道导之，则吾雠也，若何其无畏篡[7]？"故《书》曰："民惟邦本，本固邦宁[8]。"为人上者奈何不敬？陛下贞观之始，视人如伤，恤其勤劳，爱民犹子，每存简约，无所营为。顷年已来，意在奢纵，忽忘卑俭，轻用人力，乃云："百姓无事则骄逸，劳役则易使。"自古以来，未有百姓逸乐而致倾败者也，何有逆畏其骄逸，而故欲劳役者哉？恐非兴邦之至言，岂安人之长算？此其渐不克终，二也。

陛下贞观之初，损己以利物，至于今日，纵欲以劳人，卑俭之迹岁改，骄侈之情日异。虽忧人之言不绝于口，而乐身之事实切于心。或时欲有所营，虑人致谏，乃云："若不为此，不便我身。"人臣之情，何可复争？此直意在杜谏者之口，岂曰择善而行者乎？此其渐不克终，三也。

立身成败，在于所染，兰芷鲍鱼[9]，与之俱化，慎乎所习，不可不思。陛下贞观之初，砥砺名节，不私于物，唯善是与，亲爱君子，疏斥小人，今则不然，轻亵小人，礼重君子。重君子也，敬而远之；轻小人也，狎而近之巧。近之则不见其非，远之则莫知其是。

莫知其是，则不问而自疏，不见其非，则有时而自昵。昵近小人，非致理之道；疏远君子，岂兴邦之义？此其渐不克终，四也。

《书》曰："不作无益害有益，功乃成；不贵异物贱用物，人乃足。犬马非其土性不畜，珍禽奇兽弗育于国。[10]"陛下贞观之初，动遵尧、舜，捐金抵璧[11]，反朴还淳。顷年以来，好尚奇异，难得之货，无远不臻；珍玩之作，无时能止。上好奢靡而望下敦朴，未之有也。末作滋兴，而求丰实，其不可得亦已明矣。此其渐不克终，五也。

贞观之初，求贤如渴，善人所举，信而任之，取其所长，恒恐不及。近岁已来，由心好恶弘，或从善举而用之，要或一人毁而弃之，或积年任而用之，或一朝疑而远之。夫行有素履[12]，事有成迹，所毁之人，未必可信于所举；积年之行，不应顿失于一朝。君子之怀，蹈仁义而弘大德，小人之性，好谗佞以为身谋，陛下不审察其根源，而轻为之臧否，是使守道者日疏，干求者日进，所以人思苟免，莫能尽力。此其渐不克终，六也。

陛下初登大位，高居深视，事惟清静，心无嗜欲，内除毕弋[13]之物，外绝畋猎之源。数载之后，不能固志，虽无十旬之逸[14]，或过三驱之礼[15]，遂使盘游之娱，见讥于百姓，鹰犬之贡，远及于四夷。或时教习之处，道路遥远，侵晨而出，入夜方还，以驰骋为欢，莫虑不虞[16]之变，事之不测，其可救乎？此其渐不克终，七也。

孔子曰："君使臣以礼，臣事君以忠[17]。"然则君之待臣，义不可薄。陛下初践大位，敬以接下，君恩下流，臣情上达，咸思竭力，心无所隐。顷年已来，多所忽略，或外官充使，奏事入朝，思睹阙庭，将陈所见，欲言则颜色不接，欲请又恩礼不加，间因所短，诘其细过，虽有聪辩之略，莫能申其忠款，而望上下同心，君臣交泰[18]，不亦难乎？此其渐不克终，八也。

傲不可长，欲不可纵，乐不可极，志不可满。四者，前王所以致福，通贤以为深诫。陛下贞观之初，孜孜不怠，屈己从人，恒若不足。顷年已来，微有矜放，恃功业之大，意蔑前王，负圣智之明，心轻当代，此傲之长也。欲有所为，皆取遂意，纵或抑情从谏，终是不能忘怀，此欲之纵也。志在嬉游，情无厌倦，虽未全妨政事，不复专心治道，此乐将极也。率土乂安[19]，四夷款服，仍远劳士马，问罪遐裔，此志将满也。亲狎者阿旨而不肯言，疏远者畏威而莫敢谏，积而不已，将亏圣德。此其渐不克终，九也。

昔陶唐、成汤之时非无灾患，而称其圣德者，以其有始有终，无为无欲，遇灾则极其忧勤，时安则不骄不逸故也。贞观之初，频年霜旱，畿内户口并就关外[20]，携负老幼，来往数千，曾无一户逃亡，一人怨苦，此诚由识陛下矜育之怀，所以至死无携贰。顷年已来，疾于徭役，关中之人，劳弊尤甚。杂匠之徒，下日悉留和雇[21]，正兵之辈，上番[22]多别驱使，和市[23]之物绝于乡闾，递送之夫相继于道路。既有所弊，易为惊扰，脱因水旱，谷麦不收，恐百姓之心，不能如前日之宁帖[24]。此其渐不克终，十也。

臣闻"祸福无门，唯人所召[25]"。人无衅焉，妖不妄作。伏惟陛下统天御宇十有三年，道洽[26]寰中，威加海外，年谷丰稔，礼教聿[27]兴，比屋喻于可封[28]，菽粟同于水火。暨乎今岁，天灾流行，炎气致旱[29]，乃远被于郡国；凶丑作孽[30]，忽近起于毂下。夫天何言哉？垂象示诫如，斯诚陛下惊惧之辰，忧勤之日也。若见诫而惧，择善而从，同周文之小心[31]，追殷汤之罪己[32]。前王所以致理者，勤而行之；今时所以败德者，思而改之。与物更新，易人视听，则宝祚无疆，普天幸甚，何祸败之有乎？然则社稷安危，国家治乱，在于一人而已。当今太平之基，既崇极天之峻；九仞之积，犹亏一篑之功[33]。千载休期，时难再得，明主可为而不为，微臣所以郁结而长叹者也。

臣诚愚鄙，不达事机，略举所见十条，辄以上闻圣听。伏愿陛下采臣狂瞽[34]之言，参以刍荛[35]之议，冀千虑一得，衮职有补[36]，则死日生年，甘从斧钺。

注 释

【1】受图，接受天命掌控天下。定鼎，相传大禹铸九鼎，象征天下九州，后人便以九鼎作为天下的象征，九鼎放置的地方就是国家的首都，因此定鼎即定都。

【2】贻，遗留。厥孙，他们的子孙。

【3】岩廊，高峻的走廊，此处比喻朝廷。

【4】弱冠，男子二十岁。唐太宗李世民十九岁随唐高祖李渊起兵，此后率军南征北战，二十余岁便统一中国。

【5】汉文辞千里之马，汉文帝时有人进献千里马，汉文帝却将千里马归还并赠送路费。

【6】晋武焚雉头之裘，晋武帝时有人进献雉头毛（野鸡头冠的毛）大衣。武帝认为是奇装异服，当众焚毁。

【7】此句见于《孔子家语·致思》，原文为："子贡问治民于孔子。子曰：'懔懔焉若持腐索之扞马。'子贡曰：'何其畏也？'孔子曰：'夫通达御皆人也，以道导之，则吾畜也；不以道导之，则吾雠也。如之何其无畏也。'"又，"懔乎若配索之驭六马"一句引自《尚书·五子之歌》："予临兆民，懔乎若朽索之驭六马，为人上者，奈何不敬？"

【8】此句见于《尚书·五子之歌》。

【9】《孔子家语·六本》："与善人居，如入芝兰之室，久而不闻其香，即与之化矣。"后人便以"兰"和"鲍鱼"形容环境对人的影响。

【10】此句见于《尚书·旅獒》。

【11】捐金抵璧，抛弃金银宝玉。

【12】《易·履卦第十》："初九：素履往，无咎。"素履，比喻行为清

正纯洁。

【13】毕弋，打猎用具。毕，捕捉水边兽的长柄网。弋，以绳系箭而射。

【14】十旬之逸，夏朝第三代天子太康曾沉溺于打猎，十旬不归，结果被有穷氏首领羿取代，在阳夏居住十年后病死。

【15】三驱之礼，《礼记·王制》："天子诸侯无事，则岁三田。"

【16】不虞，不及预料。

【17】此句见于《论语·八佾》："定公问：'君使臣，臣事君，如之何？'孔子对曰：'君使臣以礼，臣事君以忠。'"

【18】交泰，即指上下融合和平。《易·泰卦第十一·象辞》："天地交，泰。"

【19】乂（yì）安，平安无事。

【20】唐代建都长安，东有函谷关，南有武关，西有散关，北有萧关。

【21】和雇，官府出钱雇用劳力。

【22】上番，轮流值勤。

【23】和市，官府向百姓购买物品。

【24】宁帖，安宁服贴。

【25】唯人所召，是人们自己招来的。

【26】洽，普遍。

【27】聿，助词，无义。

【28】陆贾《新语·无为》："尧舜之民，可比屋而封；桀纣之民，可比屋而诛者，教化使然也。"比屋而封，指家家都有德行，人人都可受到封赏。

【29】《新唐书·魏征传》记载，贞观十三年（639年），"自冬至五月不雨"。

【30】此处指突厥突利可汗之弟、中郎将阿史那结社率与人勾结夜袭皇宫一事。

【31】《诗·大雅·大明》："维此文王，小心翼翼。"

【32】《尚书·汤诰》："万方有罪，在予一人。"

【33】《尚书·旅獒》："为山九仞，功亏一篑。"

【34】狂瞽，比喻不见事实而胡言乱语。

【35】刍荛，砍柴的人，代指平民。

【36】《诗·大雅·烝民》："衮职有阙，维仲山甫补之。"郑玄注："衮职者，不敢斥王之言也。王之职有阙辄能补之者，仲山甫也。"孔颖达疏："衮职，实王职也。"

编者注

在唐太宗刚刚即位之初，他从谏如流，注重发展内政，其政绩堪称一代明君。但太宗晚年，在一片赞颂之声中，他的骄傲自满情绪开始滋生。他不仅"渐恶直言"，对于群臣的谏言表现得越来越不耐烦，而且大兴土木，修筑了翠微、玉华等宫殿。至于魏征的谏言，他也只是表面顺从，却不改变自己的言行。他又好大喜功，多次派兵征伐高句丽，为了满足军队的军费需要，他还在民间横征暴敛，导致四川民众起义。而他的几个儿子之间相互争位，太子李承乾与凌烟阁功臣之一的侯君集策划兵变一事更是令他心灰意冷。贞观十七年（643年），在下定立晋王李治为太子的决心后，他说："我三子一弟，所为如此，我心无聊。"竟要拔出佩刀自尽，幸得褚遂良等人阻止。

对于这些行为，唐太宗自己也有所反思，也能相应地做出一些调整。如贞观十八年（644年，魏征死后一年），唐太宗征高句丽受挫，发出了"魏征若在，不使我有是行也"的感叹，将前一年因怀疑其结党营私而推倒的魏征墓碑重新立起。贞观二十二年（648年，唐太宗驾崩前一年），他又亲作《帝范》十二篇，告诫李治，不要效法自己晚年的这些行为。

遗表稿

魏征

题　解

贞观十七年，魏征病逝。唐太宗派人前往魏征家中，找到了一篇遗表草稿，其中只有数行可以分辨。本文中，魏征直到临终之前仍在思考国事，劝谏唐太宗，其中体现的可敬品格，值得后人学习铭记。

天下之事，有善有恶。任善人则国安，用恶人则国乱。公卿之内，情有爱憎；憎者惟见其恶，爱者惟见其善；爱憎之间，所宜详审。若爱而知其恶，憎而知其善[1]，去邪勿疑，任贤勿贰[2]，可以兴矣。

注 释

【1】《礼记·曲礼上》："爱而知其恶，憎而知其善。"

【2】《尚书·大禹谟》："去邪勿疑，任贤勿贰。"

大流沙

玄奘

玄奘，唐代佛学家，汉传佛教史上最伟大的译经师之一，法相唯识宗创始人。俗姓陈，名祎，洛州缑氏县(今河南省偃师市)人。少时家境贫困，随长捷法师住净土寺学习佛经，十三岁剃度为僧。唐朝建立后，玄奘深感各地佛经说法不一，于是决心前往印度求法，但由于不能得到唐朝准许，因此不能如愿。贞观三年（629年），玄奘毅然出发前往天竺，历经艰难险阻终于抵达天竺。他在天竺学习十余年，学成后在曲女城无遮辩论法会上立论，十八天无人敢于出来辩难，于是玄奘声名威震天竺。643年，玄奘回国，带回佛经657部，于645年抵达长安，受到唐太宗热烈欢迎。此后，在唐太宗支持下，玄奘设立译经院，广招译经人员，耗时十余年，将经书一千余卷全部译为汉语。

回到长安后，玄奘将自己游历取经十九年的见闻进行口述，由门人辩机编集而成《大唐西域记》。全书共十二卷，将西域至印度一百多国的风土人情和地理条件记录下来，对于佛教传播的历史和印度历史的研究有极大的意义，近代以来多位西方学者探寻印度佛教遗址时都要依靠《大唐西域记》的描述。

题 解

本文节选自《大唐西域记》卷十二，记录了大流沙（今塔克拉玛干沙漠）的景象，将沙漠地区荒凉而令人惊怪恐惧的气氛生动地渲染出来。

从此东行，入大流沙。沙则流漫，聚散随风，人行无迹，遂多迷路。四远茫茫，莫知所指，是以往来者聚遗骸以记之。乏水草，多热风。风起则人畜昏迷，因以成病。时闻歌啸，或闻号哭，视听之间，恍然不知所至，由此屡有丧亡，盖鬼魅之所致也。

编者注

玄奘取经历经十九年，行程五万余里，途中历经千难万险。如穿越莫贺延沙漠时，他险些渴死；穿越火焰山，他几番昏死；面对高昌王的强留，他绝食三日；翻越帕米尔高原冰川时，又险些滑落。而支撑他克服千难万险，最终到达天竺，取得六百余部佛经的，正是他对于佛教文化与真理的渴求信念。

滕王阁序

王勃

王勃，字子安，绛州龙门（今山西河津）人，初唐诗人，"初唐四杰"之首。自幼能作诗文，被称为神童。十六岁对策高第，任朝散郎。王勃性格恃才傲物，因而经常得罪他人。因私匿罪奴，被人告发，王勃害怕事情泄露而杀死罪奴，结果犯"擅杀官奴"之罪，本应被处死，遇大赦而仅去官职，其父被贬为交趾（在今越南北部）县令。二十五岁时前往交趾省亲，第二年返回广州时渡海溺水而死（一说被救起后惊吓而死），年仅二十七岁。

王勃诗文俱佳，崇尚实用文风，其中离别怀乡的作品最为著名，其诗文风格对初唐文坛风气转变起到了很大作用。

题　解

《滕王阁序》全称《秋日登洪府滕王阁饯别序》，亦名《滕王阁诗序》。滕王阁是唐高祖幼子滕王李元婴出任洪州都督时所建，后来阎伯屿出任洪州牧，重修滕王阁，并在此大宴宾客。王勃此时正在前往交趾省亲途中（一说是王勃十四岁时），路过此地，也参加了这次宴会。《唐摭言》记载，唐高宗上元二年（675年），阎伯屿大会宾客，本想让他的女婿孟学士作赋显露名声，结果在假意谦让之时，王勃却欣然应允。阎伯屿虽然愤怒，但不好发作，只好以"更衣"为名离席，又派人伺王勃下笔。初闻"豫章故郡"一句，他还觉得"亦是老生常谈"；到"星分翼轸"一句，他沉吟不言；等到"落霞与孤鹜齐飞"一句时，他惊叹道："此真天才，当垂不朽矣！"于是亲自来到王勃身旁观看，并将他邀请过来共同赴宴。

本文是骈体文的一个新的高峰，发骈体文格律化通俗化的先声；笔力明快而气势宏伟，更是古今骈体文的典范之作。后来韩愈重修滕王阁，在读了《滕王阁序》后大加赞赏，称"读之可以忘忧"。

豫章故郡，洪都[1]新府。星分翼轸，地接衡庐[2]。襟三江而带五湖，控蛮荆而引瓯越[3]。物华天宝，龙光射牛斗[4]之墟；人杰地灵，徐孺下陈蕃之榻[5]。雄州雾列[6]，俊采星驰。台隍枕夷夏之交，宾主尽东南之美[7]。都督阎公之雅望，棨戟遥临[8]；宇文新州之懿范，襜帷暂驻[9]。十旬休假，胜友[10]如云；千里逢迎，高朋满座。腾蛟起凤，孟学士之词宗[11]；紫电青霜，王将军之武库[12]。家君作宰，路出名区[13]；童子何知，躬逢胜饯。

时维九月，序属三秋[14]。潦水尽而寒潭清，烟光凝而暮山紫。俨骖騑于上路，访风景于崇阿[15]；临帝子之长洲，得天人之旧馆[16]。层峦耸翠，上出重霄；飞阁流丹[17]，下临无地。鹤汀凫渚，穷岛屿之萦回[18]；桂殿兰宫，即冈峦之体势[19]。

披绣闼，俯雕甍[20]，山原旷其盈视，川泽纡其骇瞩[21]。闾阎扑地，钟鸣鼎食[22]之家；舸舰迷津，青雀黄龙之舳[23]。云销雨霁，彩彻区明[24]。落霞与孤鹜齐飞，秋水共长天一色[25]。渔舟唱晚，响穷彭蠡[26]之滨；雁阵惊寒，声断衡阳之浦[27]。

遥襟甫畅，逸兴遄飞[28]。爽籁发而清风生，纤歌凝而白云遏[29]。睢园绿竹，气凌彭泽之樽[30]；邺水朱华，光照临川[31]之笔。四美具，二难并[32]。穷睇眄于中天[33]，极娱游于暇日。天高地迥，觉宇宙之无穷；兴尽悲来，识盈虚之有数。望长安于日下，目吴会于云间[34]。地势极而南溟深，天柱高而北辰远[35]。关山难越，谁悲失路[36]之人？萍水相逢，尽是他乡之客[37]。怀帝阍而不见，奉宣室以何年[38]？

嗟乎！时运不齐，命途多舛。冯唐易老，李广难封[39]。屈贾谊于长沙，非无圣主[40]；窜梁鸿于海曲，岂乏明时[41]？所赖君子见机，达人知命[42]。老当益壮，宁移白首之心[43]？穷且益坚，不坠青云之志[44]。酌贪泉而觉爽，处涸辙以犹欢[45]。北海虽赊，扶摇可接[46]；东隅已逝，桑榆非晚[47]。孟尝高洁，空余报国之情[48]；阮籍猖狂，岂效穷途之哭[49]！

勃，三尺微命[50]，一介书生。无路请缨，等终军[51]之弱冠；有怀投笔，慕宗悫[52]之长风。舍簪笏于百龄，奉晨昏[53]于万里。非谢家之宝树，接孟氏之芳邻[54]。他日趋庭，叨陪鲤对[55]；今兹捧袂，喜托龙门[56]。杨意不逢，抚凌云而自惜[57]；钟期既遇，奏流水以何惭[58]？

呜乎！胜地不常，盛筵难再；兰亭已矣，梓泽[59]丘墟。临别赠言，幸承恩于伟饯；登高作赋，是所望于群公。敢竭鄙怀，恭疏短引^[60]；一言均赋，四韵俱成。请洒潘江，各倾陆海云尔^[61]：

  滕王高阁临江渚，佩玉鸣鸾罢歌舞。

  画栋朝飞南浦云，珠帘暮卷西山雨。

  闲云潭影日悠悠，物换星移几度秋。

  阁中帝子今何在？槛外长江空自流。

注　释

【1】豫章，豫章郡，郡治南昌。又，因避唐代宗李豫讳，"豫章故郡"改为"南昌故郡"，今南昌市滕王阁内石碑及苏轼手书都作"南昌故郡"。洪都，唐代改豫章郡为洪州，设立都督府。

【2】古人将天上星宿与地上区域对应，豫章属于吴地，对应牛斗二星分野，与翼轸二星相邻。衡，指衡山，此处代指衡州（治所在今湖南省衡阳市）。庐，指庐山，此处代指江州（治所在江西省九江市。）

【3】三江，指太湖支流松江、娄江、东江，泛指长江中下游支流。五湖，一说指太湖、鄱阳湖、青草湖、丹阳湖、洞庭湖；一说指菱湖、游湖、莫湖、贡湖、胥湖。这些湖都在鄱阳湖周围，这里泛指南方大湖。蛮荆，指楚地，包括今湖北省、湖南省一带。瓯越，指越地，今浙江省一带。

【4】龙光，指宝剑的光辉。牛、斗，星宿名。《晋书·张华传》记载，西晋初年，张华以牛斗二星之间的紫气请教雷焕，雷焕认为这象征此地有宝剑，于是张华任命雷焕为丰城令寻访宝剑。雷焕寻访多时，终于在丰城牢狱地下找到一个石匣，其中有龙泉、太阿两把宝剑。二人分别佩戴，后来张华被害宝剑丢失，而雷焕病逝后，其子佩戴宝剑时，宝剑忽然跃入水中，随后便有两条龙从水中飞去。

【5】徐孺，徐孺子，名稚，东汉豫章南昌人，当时隐士。《后汉书·徐稚传》记载，东汉名士陈蕃为豫章太守，从不接待宾客，只为徐稚设一睡榻，来时放下，去时便收起。

【6】雾列，像雾一样排列，形容浓密繁华。

【7】枕，占据，地处。尽，都是。东南之美，泛指各地英雄。《尔雅·释

地》：“东南之美，有会稽之竹箭；西南之美，有华山之金石。”后人以“东箭南金”泛指各地英杰。

【8】阎公，阎伯屿，时任洪州都督。棨（qǐ）戟，外有赤黑色缯套的木戟，是高级官员出行的仪仗，此处代指仪仗。

【9】宇文新州，复姓宇文的新州（在今广东省）刺史，名未详。懿范，好榜样。襜帷，车上的帷幕，此处代指车马。暂驻，暂时停留。

【10】旬，十日为一旬。唐代规定，每逢旬日官员休沐，称为“旬休”。胜友，才华出众的友人。

【11】《西京杂记》：“董仲舒梦蛟龙入怀，乃作《春秋繁露》。”又：“扬雄著《太玄经》，梦吐凤凰集《玄》之上，顷而灭。”孟学士，姓名不详。学士是朝廷掌管文学撰著的官员。词宗，文坛宗主，一说指南朝文学家沈约。

【12】《古今注》：“吴大皇帝有宝剑六，二曰紫电。”《西京杂记》：“高祖斩白蛇剑，刃上常带霜雪。”王将军，姓名不详。武库，武器库，一说指西晋名将杜预。

【13】家君作宰，指王勃的父亲任交趾县令。路出名区，指自己路过如此有名的地方。

【14】序，时序，季节顺序。三秋，古人称九月为季秋，又称三秋。

【15】俨，俨然，整齐的样子。骖騑（fēi），驾车的马匹。上路，高高的道路。崇阿，高大的山陵。

【16】帝子、天人，都指建立滕王阁的滕王李元婴。长洲，滕王阁前赣江中的沙洲。旧馆，指滕王阁。

【17】飞阁，架空修筑的阁道。流丹，丹红色漆鲜艳欲滴。

【18】鹤汀，白鹤栖息的水边平地。凫渚，野鸭聚集的小洲。萦回，曲折。

【19】桂、兰，都是名贵的木材，形容宫殿用材讲究。即冈峦之体势，依着山岗的走势。

【20】披，开。绣闼，有华美绘饰的门。雕甍（méng），有华美雕饰的屋脊。

【21】旷，辽阔。盈视，满眼皆是。纡，迂回曲折。骇瞩，对所见的景物感到惊骇。

【22】闾阎，里门，此处代指房屋。扑，满。钟鸣鼎食，古代贵族进餐前需鸣钟列鼎，此处代指贵族。

【23】舸，船。《方言》："南楚江、湘，凡船大者谓之舸。"青雀黄龙，船的装饰形状，青雀指船头为鸟头形，黄龙指船头为龙头形。舳，船尾把舵处，此处代指船只。

【24】销，通"消"，消散。霁，雨过天晴。彩，日光。彻，贯通。区，天空。

【25】此句化用庾信《马射赋》："落花与芝盖同飞，杨柳共春旗一色。"另，关于本句"落霞""孤鹜"，历来有多种说法，多有学者质疑"孤鹜"不能"齐飞"。对此，宋代俞元德《莹雪丛说》认为，"霞"是一种飞蛾，"落"为"零落"；而日本皇宫抄本则写作"孤雾"。

【26】穷，穷尽，此处引申为"直到"。彭蠡，即鄱阳湖。

【27】衡阳，今湖南省衡阳市，境内有回雁峰，相传大雁南飞至此便不再南飞，等到春天再返回北方。

【28】遥，远望。襟，胸襟。甫，顿时。畅，舒畅。兴，兴致。遄，迅速。

【29】爽籁，清脆的排箫音乐。籁，排箫。白云遏，指薛谭学讴故事。

【30】睢园，即汉代梁孝王修建的梁园，又名梁苑、兔园、睢园、修竹园。彭泽，指陶渊明。陶渊明曾任彭泽县令，在任八十余日辞官而作《归去来兮辞》，因此以彭泽代称。樽，酒器，《归去来兮辞》："携幼入室，有酒盈樽。"

【31】邺水，在今河北省临漳县，是曹魏的"王业之本基"，也是魏国的五都之一，曹植曾在此作《公宴诗》："秋兰被长坂，朱华冒绿池。"朱华，荷花。临川，东晋临川郡，东晋大诗人谢灵运曾任临川内史，因此以临川代指。

【32】四美，指良辰、美景、赏心、乐事。谢灵运《拟魏太子邺中集诗序》："天下良辰、美景、赏心、乐事，四者难并。"另一说，四美，指音乐、饮食、文章、言语之美。刘琨《答卢谌诗》："音以赏奏，味以殊珍，文以明言，言以畅神。之子之往，四美不臻。"二难，指难得的贤主嘉宾。

【33】睇眄，看。中天，长天。

【34】吴会（kuài），即绍兴。古代绍兴称吴会、会稽，是三吴之首。另，唐代时，绍兴是与长安齐名的大都会。云间，《世说新语·排调》："荀鸣鹤、陆士龙二人未相识，俱会张茂先坐。张令共语。以其并有大才，可勿作常语。陆举手曰：'云间陆士龙。'荀答曰：'日下荀鸣鹤。'"

【35】南溟，南方的大海。天柱，古人认为天圆地方，西方昆仑山有铜柱，

称为天柱。《神异经》：“昆仑之山，有铜柱焉。其高入天，所谓天柱也。”
北辰，北极星，古人常以北极星代指国君。《论语·为政》：“为政以德，譬
如北辰，居其所而众星共之。”

【36】关山，险关和高山。悲，认为……悲，同情、可怜。失路，仕途不遇。

【37】萍，指浮萍，是一种在水上漂浮的植物。萍水相逢，比喻互不相识
的人偶然相遇。

【38】帝阍，天帝的守门人，此处代指皇宫宫门。奉宣室，指贾谊被汉文
帝召回长安在宣室觐见一事。此处代指入朝为官。

【39】冯唐，西汉官员，年轻时不受重用，汉武帝时被人举荐，当时冯唐
已经九十余岁，不能为官。后人以冯唐比喻老而不得志。李广，汉武帝时名将，
一生与匈奴交战四十余年，却一直未被封侯。汉武帝时多次北伐，李广却难以
立功，后因在沙漠中迷路延误战机，被卫青责问，愤而自杀。

【40】屈贾谊于长沙，指贾谊被贬为长沙王太傅一事。圣主，指汉文帝。

【41】梁鸿，东汉人，作《五噫歌》讽刺朝廷，因此得罪汉章帝，避居齐
鲁、吴中。明时，指汉章帝时代。

【42】机，通“几”，细微的征兆。《易·系辞下》：“君子见几而作。”
达人知命，通达事理的人知道命运。《易·系辞上》：“乐天知命故不忧。”

【43】此句及下文“穷且益坚”出自《后汉书·马援传》：“丈夫为志，
穷当益坚，老当益壮。”

【44】坠，坠落，此处引申为“放弃”。青云之志，《续逸民传》：“嵇
康早有青云之志。”

【45】酌贪泉，指吴隐之饮贪泉故事。相传，广州附近的石门有一贪泉，
饮下泉水的人会变得贪婪，东晋吴隐之出任广州刺史，特地来到石门饮下贪泉，
并作诗说：“古人云此水，一歃怀千金。试使夷齐饮，终当不易心。”后来，
吴隐之坚行节俭，并成功改变当地官场风气，朝廷以其“革奢务啬，南域改变”
之功进其位为前将军。处涸辙，《庄子·外物》记载，庄子向监河侯借粮，监
河侯说将把封地收入借给他，庄子怒而回答说在路上遇到一条在干涸的车辙中
的鲋鱼请求庄子援救，庄子便对他说：“我且南游吴、越之王，激西江之水而
迎子，可乎？”鲋鱼忿然对曰：“君乃言此，曾不如早索我于枯鱼之肆！”

【46】此处指鲲鹏借扶摇（旋风）从北海前往南海的传说。详见《庄子·逍

遥游》一文。

【47】东隅，日出处，指早晨，此处引申为年轻时。桑榆，日落处，表示傍晚，此处引申为年老时。《后汉书·冯异传》："失之东隅，收之桑榆。"

【48】据《后汉书·孟尝传》，孟尝字伯周，东汉会稽上虞人。曾任合浦太守，以廉洁奉公著称，后因病隐居。汉桓帝时多有人举荐但终不能任官。

【49】《晋书·阮籍传》记载阮籍："时率意独驾，不由径路。车迹所穷，辄恸哭而反。"

【50】三尺，古代礼制，束在腰间的绅（腰带），根据地位不同长度也有所不同，士规定为三尺。又，古人称孩子为"三尺"。微命，即"一命"，周朝官阶制度是从一命到九命，一命是最低级的官职。

【51】终军，《汉书》记载，终军二十余岁向汉武帝请求出使南越，说"愿受长缨，必羁南越王而致之阙下"。

【52】投笔，指班超投笔从戎故事。详见《后汉书·班超传》。宗悫（què），据《宋书·宗悫传》，宗悫字元干，南朝宋南阳人，年少时叔父问其志向，他回答说"愿乘长风破万里浪"。

【53】簪笏，冠簪、手版。这都是古代官吏所用的器物，此处代指官位。百龄，百年，指人的一生。奉晨昏，侍奉父母。《礼记·曲礼上》："凡为人子之礼……昏定而晨省。"

【54】非谢家之宝树，《世说新语·言语》记载谢安与侄子谢玄的对话："谢太傅问诸子侄：'子弟亦何预人事，而正欲使其佳？'诸人莫有言者，车骑答曰：'譬如芝兰玉树，欲使其生于阶庭耳。'"淝水之战时，谢玄亲率八千精兵大破前秦，使八十余万前秦大军大败而归。后人以"谢家宝树"比喻能够光耀门庭的子侄。接孟氏之芳邻，指孟子的母亲为教育儿子三次迁居故事。

【55】此处指孔子之子孔鲤与孔子对答故事。《论语·季氏》："陈亢问于伯鱼曰：'子亦有异闻乎？'对曰：'未也。尝独立，鲤趋而过庭。曰："学《诗》乎？"对曰："未也。""不学《诗》，无以言。"鲤退而学《诗》。他日又独立，鲤趋而过庭，曰："学《礼》乎？"对曰："未也。""不学《礼》，无以立。"鲤退而学《礼》。闻斯二者。'陈亢退而喜曰：'问一得三，闻《诗》，闻《礼》，又闻君子之远其子也。'"

【56】捧袂，举起双袖，表示恭敬的姿势。喜托龙门，《后汉书·李膺传》

记载："膺以声名自高，士有被其容接者，名为登龙门。"

【57】此处指司马相如经杨得意引荐被汉武帝任用一事。详见《大人赋》一文作者小传及题解。

【58】此处指伯牙弹琴，钟子期知音故事。

【59】兰亭，指王羲之创作《兰亭集序》之兰亭。详见《兰亭集序》一文题解。梓泽，指晋代石崇的金谷园。

【60】恭疏短引，恭敬地写下一篇小序，此处指本文。

【61】钟嵘《诗品》："陆才如海，潘才如江。"这里形容各宾客的文采。

行由

《六祖坛经》

惠能，俗姓卢氏，自称祖籍范阳（今河北省涿州市），生于岭南新州（今广东省新兴县）。唐代佛教高僧，禅宗祖师，世称禅宗六祖，所建立的南宗后来成为中国佛教禅门的正统。其弟子将他的事迹言行编为《六祖坛经》一书，被奉为禅宗经典。

《六祖坛经》是中国禅宗的经典，也是唯一一部由中国人撰说并被称作"经"的佛教典籍。

题　解

本文节选自《坛经·行由第一》，讲述了惠能的来历，以及惠能"觉悟"的始末。

惠能严父，本贯范阳，左降流于岭南，作新州百姓。此身不幸，父又早亡，老母孤遗，移来南海，艰辛贫乏，于市卖柴。

时，有一客买柴，使令送至客店。客收去，惠能得钱，却出门外，见一客诵经。惠能一闻经语，心即开悟，遂问客诵何经？客曰："《金刚经》。"复问从何所来，持此经典？客云："我从蕲州黄梅县东禅寺来。其寺是五祖忍大师在彼主化，门人一千有余。我到彼中礼拜，听受此经。大师常劝僧俗，但持《金刚经》，即自见性，直了成佛。"惠能闻说，宿昔有缘，乃蒙一客，取银十两与惠能，令充老母衣粮，教便往黄梅参礼五祖。

惠能安置母毕，即便辞违。不经三十余日，便至黄梅，礼拜五祖。祖问曰："汝何方人？欲求何物？"惠能对曰："弟子是岭南新州百姓，远来礼师，惟求作佛，不求余物。"祖言："汝是岭南人，又是獦獠，若为堪作佛？"惠能曰："人虽有南北，佛性本无南北。獦獠身与和尚不同，佛性有何差别？"

五祖更欲与语，且见徒众总在左右，乃令随众作务。惠能曰："惠能启和尚，弟子自心，常生智慧，不离自性，即是福田。未审和尚教作何务？"祖云："这獦獠根性大利！汝更勿言，著槽厂去。"惠能退至后院，有一行者，差惠能破柴踏碓，经八月余。

祖一日忽见惠能曰："吾思汝之见可用，恐有恶人害汝，遂不与汝言。汝知之否？"惠能曰："弟子亦知师意，不敢行至堂前，令人不觉。"

祖一日唤诸门人总来，"吾向汝说，世人生死事大，汝等终日只求福田，不求出离生死苦海。自性若迷，福何可救？汝等各去，自看智慧，取自本心般若之性，各作一偈，来呈吾看。若悟大意，付汝衣法，为第六代祖。火急速去，不得迟滞！思量即不中用！见性之人，言下须见。若如此者，轮刀上阵，亦得见之。"

众得处分，退而递相谓曰："我等众人，不须澄心用意作偈，将呈和尚，有何所益？神秀上座，现为教授师，必是他得。我辈谩作偈颂，枉用心力。"诸人闻语，总皆息心，咸言："我等已后依止秀师，何烦作偈？"

神秀思惟："诸人不呈偈者，为我与他为教授师。我须作偈，将呈和尚。若不呈偈，和尚如何知我心中见解深浅？我呈偈意，求法即善，觅祖即恶，却同凡心，夺其圣位奚别？若不呈偈，终不得法。大难！大难！"

五祖堂前，有步廊三间，拟请供奉卢珍画《楞伽经》变相，及《五祖血脉图》，流传供养。神秀作偈成已，数度欲呈；行至堂前，心中恍惚，遍身汗流，拟呈不得。前后经四日，一十三度呈偈不得。秀乃思惟："不如向廊下书著，从他和尚看见，忽若道好，即出礼拜，云是秀作；若道不堪，枉向山中数年，受人礼拜，更修何道？"是夜三更，不使人知，自执灯，书偈于南廊壁间，呈心所见。偈曰：

　　身是菩提树，心如明镜台，

　　时时勤拂拭，勿使惹尘埃。

秀书偈了，便却归房，人总不知。秀复思惟："五祖明日见偈欢喜，即我与法有缘；若言不堪，自是我迷，宿业障重，不合得法。圣意难测！"房中思想，坐卧不安，直至五更。

祖已知神秀入门未得，不见自性。天明，祖唤卢供奉来，向南廊壁间绘画图相，忽见其偈，报言："供奉却不用画，劳尔远来。经云：凡所有相，皆是虚妄。但留此偈，与人诵持。依此偈修，免堕恶道；依此偈修，有大利益。"令门人炷香礼敬，尽诵此偈，即得见性。门人诵偈，皆叹善哉！

祖三更唤秀入堂，问曰："偈是汝作否？"秀言："实是秀作，不敢妄求祖位。望和尚慈悲，看弟子有少智慧否？"祖曰："汝作此偈，未见本性；只到门外，未入门内。如此见解，觅无上菩提，了不可得。无上菩提，须得言下识自本心，见自本性，不生不灭；于一切时中，念念自见，万法无滞，一真一切真，万境自如如。如如之心，即是真实。若如是见，即是无上菩提之自性也。汝且去，一两日思惟，更作一偈，将来吾看。汝偈若入得门，付汝衣法。"神秀作礼而出。又经数日，作偈不成，心中恍惚，神思不安，犹如梦中，行坐不乐。

复两日，有一童子于碓坊过，唱诵其偈。惠能一闻，便知此偈未见本性。虽未蒙教授，早识大意，遂问童子曰："诵者何偈？"童子曰："尔这獦獠不知？大师言：世人生死事大，欲得传付衣法，令门人作偈来看。若悟大意，即付衣法，为第六祖。神秀上座，于南廊壁上，书《无相偈》，大师令人皆诵：依此偈修，免堕恶道；依此偈修，有大利益。"惠能曰："我亦要诵此，结来生缘。上人，我此踏碓，八个余月，未曾行到堂前。望上人引至偈前礼拜。"

童子引至偈前礼拜，惠能曰："惠能不识字，请上人为读。"时有江州别驾，姓张名日用，便高声读。惠能闻已，遂言："亦有一偈，望别驾为书。"别驾言："汝亦作偈？其事希有！"惠能向别驾言："欲学无上菩提，不得轻于初学。下下人有上上智，上上人有没意智。若轻人，即有无量无边罪。"别驾言："汝但诵偈，吾为汝书。汝若得法，先须度吾。勿忘此言！"惠能偈曰：

菩提本无树，明镜亦非台；

本来无一物，何处惹尘埃？

书此偈已，徒众总惊，无不嗟讶，各相谓言："奇哉！不得以貌取人。何得多时，使他肉身菩萨！"祖见众人惊怪，恐人损害，遂将鞋擦了偈，曰："亦未见性。"众以为然。

次日，祖潜至碓坊，见能腰石春米，语曰："求道之人，为法忘躯，当如是乎！"乃问曰："米熟也未？"惠能曰："米熟久矣！犹欠筛在。"祖以杖击碓三下而去。惠能即会祖意，三鼓入室。

祖以袈裟遮围，不令人见，为说《金刚经》。至"应无所住而生其心"，惠能言下大悟，一切万法不离自性。遂启祖言："何期自性本自清净！何期自性本不生灭！何期自性本自具足！何期自性本无动摇！何期自性能生万法！"祖知悟本性，谓惠能曰："不识本心，学法无益。若识自本心，见自本性，即名丈夫、天人师、佛。"

三更受法，人尽不知，便传顿教及衣钵，云："汝为第六代祖，善自护念，广度有情，流布将来，无令断绝。"

代李敬业传檄天下文

骆宾王

骆宾王，字观光，义乌（今浙江省义乌市）人。骆宾王出身寒门，七岁能作诗，相传《咏鹅》诗就是此时所作，后人将他与王勃、杨炯、卢照邻合称"初唐四杰"。曾任侍御史，后被人诬陷，遇大赦后出任临海县丞，后人称为骆临海。唐睿宗光宅元年（684年），骆宾王随徐敬业讨伐武则天，并为其起草《代李敬业传檄天下文》。兵败后，骆宾王不知去向，一说被杀，一说隐居。

骆宾王一生才高位卑，因此他的诗多有愤激之情，笔力雄健，对于开创唐代文学的局面起到了一定的作用。

题　解

本文是骆宾王的代表作。当时，武则天废唐中宗为庐陵王，改立豫王李旦为帝，是为唐睿宗，自己则临朝称制。同年九月，徐敬业联合其他人共同讨伐武则天，并派骆宾王作檄文，骆宾王遂作下此篇文章。本文立论严正，以具有强大说服力的语言，历数武则天的罪名，将起兵的理由宣告天下，具有极强的鼓动性。

《旧唐书》等记载，武则天读本文，读到"蛾眉不肯让人"一句，只是嘻笑；读到"一抔之土未干，六尺之孤何托"一句时，惊问："此语谁为之？"又说："有如此才，而使之沦落不偶，宰相之过也！"

伪临朝武氏者[1]，性非和顺，地实寒微[2]。昔充太宗下陈[3]，曾以更衣入侍[4]。洎乎晚节[5]，秽乱春宫[6]。潜隐先帝之私[7]，阴图后房之嬖[8]。入门见嫉，蛾眉[9]不肯让人；掩袖工谗，狐媚偏能惑主[10]。践元后于翚翟[11]，陷吾君于聚麀[12]。加以虺蜴[13]为心，豺狼成性，近狎邪僻，残害忠良[14]，杀姊屠兄[15]，弑君鸩母[16]。人神之所同嫉，天地之所不容。犹复包藏祸心，窥窃神器[17]。君之爱子，幽之于别宫[18]；贼之宗盟[19]，委之以重任。呜呼！霍子孟之[20]不作，朱虚侯[21]之已亡。燕啄皇孙[22]，知汉祚之将尽；龙漦帝后[23]，识夏庭之遽衰。

敬业皇唐旧臣，公侯冢子[24]。奉先君之成业，荷本朝之厚恩。宋微子之兴悲[25]，良有以也；袁君山[26]之流涕，岂徒然哉！是用气愤风云，志安社稷。因天下之失望，顺宇内之推心，爰举义旗，以清妖孽。南连百越[27]，北尽三河[28]，铁骑成群，玉轴[29]相接。海陵红粟[30]，仓储之积靡穷；江浦黄旗[31]，匡复之功何远？班声[32]动而北风起，剑气冲而南斗平。暗呜[33]则山岳崩颓，叱咤则风云变色。以此制敌，何敌不摧；以此图功，何功不克！

公等或家传汉爵[34]，或地协周亲[35]，或膺重寄于爪牙[36]，或受顾命于宣室。言犹在耳，忠岂忘心？一抔之土[37]未干，六尺之孤何托？倘能转祸为福，送往事居[38]，共立勤王之勋，无废旧君之命，凡诸爵赏，同指山河[39]。若其眷恋穷城[40]，徘徊歧路，坐昧先几[41]之兆，必贻后至之诛[42]。请看今日之域中，竟是谁家之天下！移檄州郡，咸使知闻。

注　释

【1】伪,徐敬业认为把持朝政的武则天为非法,因此称伪。临朝,临朝称制,代替皇帝执政。武氏,指武则天,当时身为太后。武则天本名无记载,因此此处称武氏。

【2】地,指家庭、家族的社会地位。武则天为唐代开国功臣应国公武士彟(yuē)之女,武士彟为商人世家。

【3】下陈,古代称充实府库、内宫的财物、姬妾为"下陈"。这里指武则天曾为唐太宗的才人。

【4】《汉书》记载,歌女卫子夫在汉武帝更衣时入侍而得到宠幸,后成为皇后。这里指武则天以不光彩的手段获得宠幸。另,史书仅记载武则天回忆当初为唐太宗驯马一事,并无武则天受宠幸的记载。

【5】洎(jì),及,到。晚节,后来。

【6】春官,又称东官,是太子居住的地方,也是太子的代称。此处指唐高宗为太子时与武则天相遇一事。本来,武则天在唐太宗去世后已经按照惯例在感业寺出家,但在唐高宗见到武则天后,正在与萧淑妃争宠的王皇后便向唐高宗请求将武则天纳入官中,以求牵制萧淑妃的势力。

【7】私,宠幸。

【8】嬖(bì),宠爱。

【9】蛾眉,原以蚕蛾的触须比喻女子修长而美丽的眉毛,这里借指美女。

【10】掩袖,指郑袖陷害楚怀王美女一事。楚怀王夫人郑袖嫉妒楚怀王亲近的美女,于是对她说:"楚王讨厌你的鼻子,以后见面要遮住鼻子。"又对楚怀王说,美女是讨厌楚怀王身上的臭味,楚怀王怒而下令割去美人的鼻子,郑袖于是专宠。

此处指唐高宗永徽六年(655年),宫中出现流言,说王皇后联合其母柳氏(宰相柳奭之姊)在宫中使用魇镇之术诅咒武昭仪,唐高宗遂将柳氏赶出宫外,又打算破格升为一品宸妃,在宰相韩瑗、来济反对下作罢,但此时唐高宗已经萌生废掉王皇后的念头。当年十月,唐高宗以"阴谋下毒"的罪名,废掉王皇后与萧淑妃,立武则天为皇后。狐媚,古人认为狐狸能迷惑人,因此称以手段迷人为狐媚。

【11】元，正宫皇后。翚翟（huī dí），用美丽鸟羽织成的衣服，指皇后的礼服。翚，五彩雉鸡。翟，长尾山鸡。

【12】聚麀（yōu），多匹牡鹿共有一匹牝鹿。麀，母鹿。《礼记·曲礼上》："夫惟禽兽无礼，故父子聚麀。"此句指武则天身为唐太宗才人，本应在唐太宗死后按照制度出家，却又还俗成为唐高宗皇后，使高宗乱伦。又，唐高宗在封武则天为皇后时，特地下诏掩饰，说武氏是唐太宗所赐。

【13】虺（huī）蜴，指毒物。虺，毒蛇。蜴，蜥蜴，古人认为蜥蜴有毒。

【14】忠良，指反对立武则天为后的长孙无忌、上官仪、褚遂良等大臣。褚遂良、长孙无忌都是受唐太宗遗诏辅政的重臣，在武则天被立为皇后时先后被贬谪出京；上官仪则与唐高宗谋划废掉武则天，不想消息走漏，武则天直接到高宗面前质问高宗，高宗不得已遂将事情推给上官仪，上官仪最终被灭族。

【15】杀姊屠兄，武则天生母杨氏被封为荣国夫人，杨氏记恨当初武则天异母兄武元庆、武元爽待己甚薄，于是借机将二人外放，后又将武元爽贬谪至振州（今海南省三亚市），二人均死于当地。

【16】弑君鸩（zhèn）母，谋杀君王、毒死母亲。史书中记载唐高宗与武则天生母杨氏均是病逝，并无下毒谋杀的记载。

【17】窥窃神器，阴谋取得帝位。神器，指皇位。

【18】此处指唐高宗死后，中宗李显继位，随后被废为庐陵王，改立睿宗李旦为帝，中宗被幽禁。

【19】宗盟，家属和党羽。

【20】霍子孟，霍光，西汉大臣，受汉武帝托孤辅佐汉昭帝。昭帝驾崩，继位的昌邑王刘贺无道，霍光便废掉刘贺，改立汉宣帝刘病己。此处代指安定皇室的重臣。

【21】朱虚侯，名刘章，汉齐悼惠王刘肥次子，封朱虚侯。吕后当政时，重用诸吕，刘章便与丞相陈平、太尉周勃合谋，在吕后死后诛灭诸吕，拥立汉文帝。

【22】《汉书·五行志》记载：汉成帝时有童谣说"燕飞来，啄皇孙"。后来，赵飞燕入宫为后，因无子便杀死汉成帝所有子女，导致汉成帝无后。此后，王莽借拥立汉平帝掌控政权，最终导致西汉灭亡。此处指武则天先后废杀李忠、李弘、李贤三位太子，致使唐室倾危。

【23】蚩（chí，一说读 lí），唾沫。《史记·周本纪》记载，夏王朝末年，有两条神龙降临在宫中，夏帝命人将它们的唾沫收集起来装在盒子中。周厉王时，厉王命人将盒子打开，结果唾沫流出，化为玄鼋，一宫女遇到后有感而孕，八年后生下一女，因害怕而遗弃之。结果此女被一对贩卖弓弧、箭服的夫妇收养并带到褒国，称为褒姒，被人献给周幽王。周幽王十分高兴，便废掉原来的申后，将她立为皇后。后来，周幽王因宠幸褒姒竟点燃烽火戏弄诸侯取乐，导致诸侯离心离德，西戎趁机入侵，幽王被杀，西周灭亡。

【24】冢子，嫡长子。徐敬业是唐朝开国功臣、英国公李勣嫡长孙，袭封英国公。另，当初唐高宗因是否立武则天为后而犹豫，于是询问李勣，李勣回答说："此陛下家事，何必要问外人。"唐高宗于是下定决心立武则天为后。

【25】此处指微子启路过荒废的商朝旧都，便作《麦秀歌》寄托亡国之思。

【26】袁君山，指东汉大臣桓潭，字君山。汉光武帝时桓潭任给事中，因反对当时盛行的谶纬神学，而被贬为六安县丞，忧愤而死。

【27】百越，指古代越族，居住于东南沿海一带。

【28】三河，洛阳附近河东、河内、河南三郡，是当时政治中心所在的中原之地。

【29】玉轴，战车的美称。

【30】海陵，在今江苏省泰州市海陵区。西汉吴王刘濞曾在此"东煮海水为盐"而建立太仓，后称为海陵仓。红粟，米因久藏而发酵变成红色。

【31】江浦，长江沿岸。浦，水边的平地。黄旗，指王者之旗。

【32】班声，马嘶鸣声。

【33】喑（yīn）鸣，发怒时的喝叫声。

【34】家传汉爵，拥有世代传袭的爵位。唐代文人好以汉代唐，唐代（尤其是盛唐时期）诗文多以汉朝自比，因此此处称"汉爵"。

【35】协，相配，相合。周亲，至亲。

【36】膺（yīng），承受。爪牙，指武将。

【37】一抔（póu）之土，《史记·张释之传》："假令愚民取长陵（汉高祖陵）一抔土，陛下将何法以加之乎？"此处代指皇帝陵寝。

【38】送往事居，送走死去的先帝，侍奉在生的君主。

【39】《史记》记载，汉初大封功臣，誓词云："使河如带，泰山若厉。

国以永宁，爰及苗裔。"

【40】穷城，指孤立无援的城邑。

【41】昧，不分明。几（jī），迹象。

【42】后至之诛，后来的或不来的将被惩治。《周礼·大司马》："比军众，诛后至者。"

钱本草

张说

> 张说，字道济，一字说之，原籍范阳（今河北涿州市），世居河东（今山西永济），后徙洛阳，唐朝政治家、文学家，官至宰相，封燕国公。唐玄宗开元九年（721年），朔方节度使诱杀突厥人引发边境动荡，张说持节前往抚慰，副使担心他的安全写信阻止，他却回信说："吾肉非黄羊，必不畏吃；血非野马，必不畏刺。士见危致命，此吾效死之秋也。"开元十三年（725年），唐玄宗封禅泰山，张说被任命为封禅使，他便趁机将女婿郑镒连提四级，时人称这是"泰山之力"（这也是"泰山"作为岳父别称的典故）。开元十四年（726年），张说被人弹劾贪赃受贿，罪状多属实，但玄宗认为他有功于国家，还是赦免了他。此后，张说由于性格暴躁，与另一位名相姚崇不和，结果离京出任相州刺史。
>
> 张说素有文才，擅长文学，当时朝廷重要辞章多出其手，尤长于碑文墓志，与许国公苏颋齐名，并称"燕许大手笔"。虽然张说性格暴躁、生性贪财而又被朝廷指责为专权，但他在任期间对朝廷制度多有改革，奠定了开元盛世的基础，不失为一代名相。

题 解

本文是张说仿照古代医书《神农本草经》体式与语调撰著的一篇文章，但也有学者认为《钱本草》是张说所著的一本书的名字，本文实为后人伪托。张说身为一代名相，却生性贪财，还因此被人弹劾而被迫去职。在吸取了惨痛的教训后，张说将自己人生数十年的经验浓缩于这篇两百余字的文章中，将钱比作药物，并借此针砭时弊。文章蕴含丰富哲理，寓教深刻，堪称一篇奇文。

钱，味甘，大热，有毒。偏能驻颜采泽流润，善疗饥寒[1]，解困厄之患立验。能利邦国[2]、污贤达、畏清廉。贪者服之，以均平为良；如不均平，则冷热相激，令人霍乱。其药，采无时，采之非理则伤神[3]。此既流行，能召神灵，通鬼气。如积而不散，则有水火盗贼之灾生；如散而不积，则有饥寒困厄之患至[4]。一积一散谓之道，不以为珍谓之德，取与合宜谓之义，无求非分谓之礼，博施济众谓之仁，出不失期谓之信，入不妨己谓之智。以此七术精炼，方可久而服之，令人长寿。若服之非理，则弱志伤神，切须忌之。

注 释

【1】疗饥寒，指钱能解人燃眉之急，使人摆脱饥寒。

【2】利邦国，指大钱能让国家富强起来。

【3】此句意为，如果取财无道，神灵便要降罪。

【4】此句意为，钱如果只积攒不使用，则会招致灾难；只使用不积攒，就可能陷入贫困。

山中与裴秀才迪书

王维

王维，字摩诘，号摩诘居士，祖籍山西省祁县，其父迁居于蒲州（今山西省永济市），遂为河东人。盛唐时期山水田园诗人、画家，人称"诗佛"。历任右拾遗、监察御史等职。至德元年（756年），安禄山攻占长安，王维被迫出任伪职，但长期在辋川别墅居住，并作诗表达心迹。安禄山兵败后，王维本被定罪为六等，后因《凝碧诗》而得到赦免，历任尚书右丞等职，世称"王右丞"。晚年在辋川别墅过着亦官亦隐的生活。

王维诗书画都很有名，且受到佛教思想的影响。早年，他的诗作多为边塞诗，气势雄浑。后期，由于政治的不得意、妻子的去世和佛教思想的影响，逐渐萌生退隐思想，诗作主要描写山水田园，崇尚清淡恬静。苏轼称赞王维是"诗中有画，画中有诗"。

题　解

本文是王维在辋川别墅隐居期间的作品。王维自从购得辋川别墅后，便在此与朋友饮酒赋诗，与山僧谈经论道。而裴迪是王维最好的朋友，他们经常"浮舟往来，弹琴赋诗，啸咏终日"。本文中，王维将自己心向山水田园的情感寄托于笔墨之中，将辋川别墅的春色、月色以及城郭等景物进行描写，静动结合，烘托出冬日的幽深和春日的轻盈的氛围。

近腊月下，景气[1]和畅，故山[2]殊可过。足下方温经，猥[3]不敢相烦，辄便[4]往山中，憩感配寺[5]，与山僧饭讫而去。

北涉玄灞[6]，清月映郭。夜登华子冈[7]，辋水[8]沦涟，与月上下。寒山远火，明灭林外。深巷寒犬，吠声如豹。村墟夜春[9]，复与疏钟相间。此时独坐，僮仆静默[10]，多思曩昔，携手赋诗，步仄径[11]，临清流也。

当待春中，草木蔓发，春山可望，轻鯈[12]出水，白鸥矫翼，露湿青皋[13]，麦陇朝雊[14]，斯之不远，倘能从我游乎？非子天机清妙[15]者，岂能以此不急之务[16]相邀。然是中有深趣矣！无忽[17]。因驮黄檗[18]人往，不一，山中人[19]王维白。

注　释

【1】景气，景色，气候。

【2】故山，旧居的山，指辋川别墅所在地蓝田山。

【3】猥，不合时宜。

【4】辄便，就。

【5】感配寺，王维有游感化寺的诗，《旧唐书》记载蓝田有化感寺，此处疑为化感寺之误。

【6】北涉玄灞（bà），近来渡灞水。玄，黑色，指水深绿发黑。

【7】华子冈，王维辋川别业中的一处胜景。

【8】辋水，即辋川，在蓝田南。

【9】村墟，村庄。夜春（chōng），晚上用白杵捣谷的声音。

【10】静默，此处指已入睡。

【11】仄径，狭窄的小路。

【12】轻鯈（tiáo），即白鯈，鱼名。

【13】皋，水边高地。

【14】朝雊（gòu），早晨野鸡鸣叫。雊，野鸡鸣叫。

【15】天机，天性。清妙，超凡脱俗。天机清妙，性情高远。

【16】不急之务，不着急的事情，闲事。

【17】无忽，不可疏忽。

【18】黄蘗（bò），树木名，果实和茎内皮可入药。

【19】山中人，王维晚年亦官亦隐，故自称山中人。

与韩荆州书

李白

李白，字太白，号青莲居士，剑南道绵州昌隆县（今四川省江油市）人，自言祖籍陇西成纪（今甘肃省天水市秦安县），一说生于安西都护府碎叶城（在今吉尔吉斯斯坦共和国碎叶河边）。盛唐最为杰出的诗人，也是中国历史上最伟大的浪漫主义诗人，人称"诗仙""谪仙人"。青年时游历各地，后出任翰林，受唐玄宗赏识。但由于其桀骜不驯的性格，得罪太监高力士，被迫离开长安。安史之乱时，李白先后游华山、庐山，又受永王李璘邀请为幕僚。永王李璘触怒唐肃宗被杀，李白因罪下狱，因郭子仪力保而免死，改为流放夜郎。途经巫山时，李白遇赦归还，本欲追随李光弼讨伐安史叛军，因病折回。第二年，李白投奔其族叔、当涂县令李阳冰，并在当涂病逝，终年六十一岁。

李白的诗歌被认为是中国浪漫主义诗歌的巅峰，风格浪漫，想象奇特，包罗万象。他反对南朝的形式主义风格，使唐代诗歌得到创造性的飞跃。他的诗歌气势豪迈，大刀阔斧地抒发心中情感与印象，内容多表现不媚权贵的叛逆精神，自然而率真。杜甫称赞李白的诗"惊天地""泣鬼神"，朱熹称他是"圣于诗者"。

题 解

本文是李白在荆州一带游历之时，写给荆州地区的高官韩朝宗的一封自荐信。文章虽是自荐，却蕴涵着作者自命不凡的高昂气概和不肯卑躬屈膝的高尚情操。本文既赞美韩朝宗的礼贤下士，又将自己傲岸自负的性格特点展现出来，以气势雄壮磅礴的文笔，赋予文章极强的艺术感染力。

　　白闻天下谈士相聚而言曰："生不用封万户侯，但愿一识韩荆州。"何令人之景慕[1]，一至于此耶！岂不以有周公之风，躬吐握之事[2]，使海内豪俊，奔走而归之，一登龙门[3]，则声价十倍！所以龙蟠凤逸[4]之士，皆欲收名定价[5]于君侯。愿君侯不以富贵而骄之，寒贱而忽之，则三千之中有毛遂，使白得颖脱而出[6]，即其人焉。

　　白，陇西布衣，流落楚、汉。十五好剑术，遍干[7]诸侯。三十成文章，历抵[8]卿相。虽长不满七尺，而心雄万夫。皆王公大人许与气义。此畴曩[9]心迹，安敢不尽于君侯哉！

　　君侯制作侔[10]神明，德行动天地，笔参造化，学究天人。幸愿开张[11]心颜，不以长揖[12]见拒。必若接之以高宴，纵之以清谈，请日试万言，倚马可待[13]。今天下以君侯为文章之司命[14]，人物之权衡，一经品题，便作佳士。而君侯何惜阶前盈尺之地[15]，不使白扬眉吐气，激昂青云耶？

　　昔王子师为豫州[16]，未下车，即辟荀慈明；既下车，又辟孔文举；山涛作冀州，甄拔三十余人，或为侍中、尚书，先代所美。而君侯亦荐一严协律，入为秘书郎；中间崔宗之、房习祖、黎昕、许莹[17]之徒，或以才名见知，或以清白见赏。白每观其衔恩抚躬[18]，忠义奋发，以此感激，知君侯推赤心于诸贤腹中[19]，所以不归他人，而愿委身国士。傥[20]急难有用，敢效微躯。

　　且人非尧舜，谁能尽善？白谟猷[21]筹画，安能自矜？至于制作，积成卷轴，则欲尘秽视听[22]。恐雕虫小技[23]，不合大人。若赐观刍荛[24]，请给纸墨，兼之书人。然后退扫闲轩，缮写呈上。庶青萍、结绿[25]，长价于薛、卞[26]之门。幸惟下流[27]，大开奖饰[28]，惟君侯图之。

注　释

【1】景慕，敬仰爱慕。

【2】此处指周公吐哺故事。周公自称"我一沐三握发，一饭三吐哺，起以待士，犹恐失天下之贤人"。后人以"周公吐哺"比喻礼贤下士。

【3】龙门，在今山西河津西北黄河两岸，峭壁对峙，形如阙门。相传江海大鱼能上此门者即可化身为龙。东汉李膺有高名，当时士人有受其接待者，名为登龙门。

【4】蟠，盘曲。逸，隐逸。此处指名声不显于外。

【5】收名定价，获取美名，奠定声望。

【6】此处指毛遂自荐故事。秦围邯郸，平原君将去楚国求救，毛遂便自荐为使节："臣乃今日请处囊中耳。使遂早得处囊中，乃颖脱而出，非特其末见而已。"到楚国后成功说服楚王。后人以"脱颖而出"比喻才士一旦获得机会必将显示才能。

【7】干，干谒，对人有所求而请见。

【8】抵，拜谒，进见。

【9】曩（nǎng），往昔。

【10】制作，指文章著述。侔（móu），相等，齐同。

【11】开张，开扩，舒展。

【12】长揖，古代士人相见时拱手高举自上而下行礼，表示身份平等。

【13】倚马可待，东晋时袁宏随同桓温北征，受命作文书时，袁宏倚马而作，顷刻便成，文字精妙。后人以"倚马可待"比喻文思敏捷。

【14】司命，是传说中掌管人的寿命的神，这里代指判定文章优劣的权威。

【15】惜阶前盈尺之地，指不在堂前接见。

【16】王子师，即王允，东汉末年大臣，官至司徒。黄巾之乱时出任豫州刺史，先后征召荀爽（字慈明，汉末硕儒）、孔融等为从事。董卓掌权后，王允策划离间董卓与吕布，最终将董卓杀死而执掌朝政。但由于执意杀死名士蔡邕而失去人心，初平三年（192年）董卓余党围攻长安，王允战败被杀。

【17】严协律，事迹不详。协律，协律郎，官职名。崔宗之，李白好友，开元中入仕，曾为起居郎等职，与孟浩然、杜甫亦曾有交往。房习祖，事迹不

详。黎昕，曾为拾遗官，与王维有交往。许莹，事迹不详。

【18】抚躬，表示慨叹。

【19】《后汉书·光武本纪》："萧王推赤心置人腹中。"

【20】傥，通"倘"。

【21】谟（mó）猷（yóu），谋划，谋略。

【22】尘秽视听，请对方观赏自己的作品的谦辞。

【23】雕虫小技，西汉扬雄称赋为"童子雕虫篆刻"，"壮夫不为"。

【24】刍，割草。荛（ráo），打柴。代指草野之人。

【25】青萍，宝剑名。陈琳《答东阿王笺》："君侯体高世之才，秉青萍、干将之器。"结绿（lù），美玉名。《战国策·秦策三》："臣闻周有砥厄，宋有结绿，梁有悬黎，楚有和璞。此四宝者，工之所失也，而为天下名器。"

【26】薛，薛烛，春秋时越国人，善相剑。卞，卞和。

【27】惟，顾念，一说通"推"。下流，指地位低的人。

【28】奖饰，奖励称誉。

编者注

事实上，在韩朝宗读完李白所作的这篇文章后，从未对李白做出过任何回应，而李白也没能得到一官半职。这与数百年后苏辙的《上枢密韩太尉书》所达到的结果形成了鲜明对比。

从文学角度上来说，这篇《与韩荆州书》气势磅礴；可是从自荐的角度来说，这篇文章是不合格的。首先，"生不用封万户侯，但愿一识韩荆州"一句，未免显得过于肉麻了。《旧唐书》中关于韩朝宗不过只有十个字的记载，《新唐书》也不过寥寥数语，虽有提拔后进的美名（有学者怀疑《新唐书》是受这篇文章影响），却远未到天下士人争相拜访的地步。而"制作侔神明，德行动天地，笔参造化，学究天人"一句，更是过于突兀，使人感到难以接受。其次，李白对自己的形容，也显得过于空洞，如"十五好剑术，遍干诸侯。三十成文章，历抵卿相"一句，看似豪迈，却远不及苏辙在上书中提出的"文气说"那样使人惊叹，反而有吹嘘之嫌。由此观之，李白的这种自荐方式，是不值得我们学习的。

不过，也许正是这次不成功的自荐，让唐王朝少了一个并不优秀的官僚，却为人类带来了一位"惊天地""泣鬼神"的文化巨星。

春夜宴从弟桃李园序

李白

题 解

本文是李白在春夜与堂弟们在桃李园饮宴所作的序。本文以清新俊逸的风格，将此次饮宴中饮酒赋诗之事描绘出来。古人做饮宴诗文，往往赋予悲凉的情调，本文却不落窠臼，将积极乐观的人生态度贯穿全文，别开生面，堪称名篇。

夫天地者，万物之逆旅[1]也；光阴者，百代之过客也。而浮生若梦，为欢几何？古人秉烛夜游[2]，良有以也。况阳春召我以烟景[3]，大块假我以文章[4]。会桃花之芳园，序天伦之乐事。群季[5]俊秀，皆为惠连[6]；吾人咏歌，独惭康乐[7]。幽赏未已，高谈转清。开琼筵以坐花[8]，飞羽觞而醉月。不有佳咏，何伸雅怀？如诗不成，罚依金谷酒数[9]。

注 释

【1】逆旅，客舍。

【2】《古诗十九首》其十五："昼短苦夜长，何不秉烛游。"曹丕《又与吴质书》："少壮真当努力，年一过往，何可攀援！古人思秉烛夜游，良有以也。"

【3】阳春，和煦的春光。烟景，春天气候温润，景色似含烟雾。

【4】大块，大地，指自然。假，借，此处引申为提供。文章，这里指绚丽的文采。

【5】群季，诸弟。古代排列兄弟长幼为伯仲叔季，季最小，作为弟的代称。

【6】惠连，谢惠连，见《雪赋》作者小传。

【7】康乐，指谢灵运，袭封康乐公，世称谢康乐。

【8】坐花，坐在花丛中。

【9】石崇《金谷诗序》："遂各赋诗，以叙中怀，或不能者，罚酒三斗。"后泛指宴会上罚酒三杯的常例。

乞米帖

颜真卿

颜真卿，字清臣，雍州万年县（今陕西省西安市）人，祖籍琅邪郡临沂县（今山东省临沂市），唐朝政治家、书法家。出身于官宦世家琅琊颜氏家族，历任殿中侍御史等职务，后因被宰相杨国忠排斥而出任平原郡太守。在任时，颜真卿意识到安禄山有谋反的可能，于是开始修缮城池，整修战备，并以饮宴麻痹安禄山。天宝十四年（755年），安禄山叛乱，很快便侵占河朔等地，只有颜真卿死守平原，并联合十七郡三十万军马共同抵抗，使安禄山不敢急攻潼关。唐肃宗继位后，封颜真卿为鲁郡公，世称"颜鲁公"。唐德宗时，淮西节度使李希烈反叛，宰相卢杞忌恨颜真卿，便派颜真卿招抚李希烈。李希烈十分欣赏颜真卿，便逼颜真卿为己伸冤，颜真卿不从，此时恰逢李希烈之弟被朝廷处死，李希烈大怒，便派人将颜真卿缢死，终年七十七岁。

颜真卿书法名震天下，其楷书与欧阳询、柳公权、赵孟頫并称"楷书四大家"，风格端庄道劲，被苏轼认为是书法的改革家。他的文章与他的书法风格类似，具有刚正之气，发自内心而毫无保留，质朴却能打动人心。

题 解

765年，安史之乱平定两年后，关中大旱，江南水灾，因战火破坏尚未恢复的农业生产再一次受到重创。此时，颜真卿也陷入困窘，"举家食粥来已数月，今又罄竭"，不得不作下本贴向李太保求救。

本文中，颜真卿直言，自己"拙于生事"，因而才缺乏生财之道。身为刑部尚书、鲁郡公，平定安史之乱的大功臣颜真卿，门生故旧遍布天下，却由于性格刚正不阿，除了俸禄再无生财之道，才陷入向他人乞米的窘境。这正是作者刚直人格的体现。米芾评此贴"最为杰思，想其忠义愤发，顿挫郁屈，意不在字，天真罄露，在于此书"。

拙于生事，举家食粥，来已数月。今又罄竭，只益忧煎，辄恃深情。故令投告，惠及少米，实济艰辛。仍恕干烦也。真卿状。

吊古战场文

李华

> 李华，字遐叔，赵郡赞皇（今河北赞皇县）人，唐代文学家。唐玄宗时任监察御使、右补阙，长安陷落时被迫任伪职，安史之乱后被贬为杭州司户参军。明年，因风痹去官，后又托病隐居而终。他的文章与萧颖士齐名，世称"萧李"，与萧颖士、颜真卿等共倡古义，开古文运动先河，主张"尊经""载道"。

题 解

本文是作者有感于唐玄宗穷兵黩武而作。唐玄宗晚年，好大喜功又穷兵黩武，先是派剑南节度使鲜于仲通讨伐南诏，结果大败而归，六万人战死；

后来又派哥舒翰率军进攻吐蕃石堡城，虽然最终取胜，却也死伤数万人。这些战争不仅为百姓带来了深重的负担，而且还使各藩镇实力大大增强，为后来的安史之乱和藩镇割据埋下祸根。本文中，作者描绘了古战场的荒凉凄惨，将战争为人民带来的深重苦难揭示出来，文字流畅而情景交融。

　　浩浩乎，平沙无垠，夐[1]不见人。河水萦带，群山纠纷[2]。黯兮惨悴，风悲日曛[3]。蓬断草枯，凛若霜晨。鸟飞不下，兽铤[4]亡群。亭长告余曰："此古战场也，常覆三军。往往鬼哭，天阴则闻。"伤心哉！秦欤汉欤？将近代欤？

　　吾闻夫齐魏徭戍，荆韩召募。万里奔走，连年暴露。沙草晨牧，河冰夜渡。地阔天长，不知归路。寄身锋刃，腷臆谁愬[5]？秦汉而还，多事四夷。中州耗斁[6]，无世无之。古称戎夏，不抗王师[7]。文教失宣，武臣用奇[8]。奇兵有异于仁义，王道迂阔[9]而莫为。呜呼噫嘻！

　　吾想夫北风振漠，胡兵伺便。主将骄敌，期门[10]受战。野竖旌旗，川回组练[11]。法重心骇，威尊命贱。利镞穿骨，惊沙入面。主客相搏，山川震眩。声析[12]江河，势崩雷电。至若穷阴[13]凝闭，凛冽海隅[14]，积雪没胫，坚冰在须。鸷鸟休巢，征马踟蹰。缯纩[15]无温，堕指裂肤。当此苦寒，天假强胡，凭陵[16]杀气，以相剪屠。径截辎重，横攻士卒。都尉新降，将军复没。尸踟[17]巨港之岸，血满长城之窟。无贵无贱，同为枯骨。可胜言哉！鼓衰兮力竭，矢尽兮弦绝，白刃交兮宝刀折，两军蹙[18]兮生死决。降矣哉，终身夷狄；战矣哉，骨暴沙砾。鸟无声兮山寂寂，夜正长兮风淅淅。魂魄结兮天沉沉，鬼神聚兮云幂幂[19]。日光寒兮草短，月色苦兮霜白。伤心惨目，有如是耶！

　　吾闻之：牧用赵卒，大破林胡[20]，开地千里，遁逃匈奴。汉倾天下，财殚力痡[21]。任人而已，岂在多乎！周逐猃狁，北至太原[22]。既城朔方[23]，全师而还。饮至策勋[24]，和乐且闲。穆穆棣棣[25]，君臣之间。秦起长城，竟海为关。荼毒生民，万里朱殷[26]。汉击匈奴，虽得阴山[27]，枕骸遍野，功不补患。

苍苍蒸[28]民，谁无父母？提携捧负，畏其不寿。谁无兄弟？如足如手。谁无夫妇？如宾如友。生也何恩，杀之何咎？其存其没，家莫闻知。人或有言，将信将疑。悁悁[29]心目，寤寐见之。布奠倾觞[30]，哭望天涯。天地为愁，草木凄悲。吊祭不至，精魂[31]无依。必有凶年[32]，人其流离。呜呼噫嘻！时耶命耶？从古如斯！为之奈何？守在四夷[33]。

注 释

【1】夐（xiòng），远。

【2】纠纷，重叠交错的样子。

【3】曛，赤黄色，形容日色昏暗。

【4】铤（tǐng），疾走的样子。

【5】腷（bì）臆，心情苦闷。愬，通"诉"，倾诉。

【6】耗斁（dù），损耗败坏。

【7】王师，天子军队。古书中称天子军队是应天顺民、吊民伐罪的仁义之师。

【8】用奇，用奇计。

【9】迂阔，迂腐空疏。

【10】期门，到了军营的大门。

【11】组练，即"组甲被练"，即战甲，代指战士。

【12】析，分离，劈开。

【13】穷阴，极寒之时。

【14】海隅，西北极远之地。海，瀚海，具体所指随时代而变化，唐代指今内蒙古的呼伦贝尔湖，一说指蒙古高原东北至今准噶尔盆地一带的广大地区。

【15】缯，丝织品的总称。纩（kuàng），丝绵。

【16】凭陵，凭借，倚仗。

【17】踣（bó），僵仆。

【18】蹙（cù），迫近，接近。

【19】幂幂，浓密而阴暗。

【20】此处指李牧北伐一事。战国末期，赵将李牧北伐，大破匈奴入侵，击败东胡，降服林胡。其后十余年，匈奴不敢靠近赵国边境。

【21】殚（dān），尽。痡（pū），劳倦，病苦。此处指汉武帝北伐匈奴，穷兵黩武，以至于国力衰退。

【22】猃（xiǎn）狁（yǔn），古代北方的少数民族，即匈奴的前身。周宣王时猃狁南侵，周宣王命尹吉甫率军反击，直至太原（今宁夏固原县北）。《诗·小雅·六月》："薄伐猃狁，至于太原。"

【23】朔方，北方。一说即今宁夏灵武县一带。《诗·小雅·出车》："天子命我，城彼朔方。"

【24】饮至，古代盟会、征伐归来后，在宗庙告祭祖宗并举行宴饮，称为"饮至"。策勋，把功勋记载在简策上。《左传·桓公二年》："凡公行，告于宗庙；反行，饮至，舍爵策勋焉，礼也。"

【25】穆穆，端庄盛美，恭敬谨肃的样子，多用以形容天子的仪表。《礼记·曲礼下》："天子穆穆。"棣棣，文雅安和的样子。

【26】殷（yān），赤黑色。《左传·成公二年》杜预注："血色久则殷。"

【27】阴山，在今内蒙古中部，汉代以前是匈奴南部屏障，匈奴常常越过阴山入侵汉朝。汉武帝时，卫青、霍去病率军夺取阴山，但劳师远征，损失很重。

【28】蒸，通"烝"，众，多。

【29】悁（yuān）悁，忧愁郁闷的样子。

【30】布奠倾觞，把酒倒在地上以祭奠死者。

【31】精魂，精气灵魂。古人认为人死后灵魂会离开身体。

【32】《道德经》："大军之后，必有凶年。"古代军队出征，需要大量征募兵丁，加收重赋作为军费，再加上战争蹂躏，必然造成农业生产受到重创。

【33】《左传·昭公二十三年》："古者天子，守在四夷。"

编者注

在本文中，作者着重展现了战争的残酷，谴责了唐玄宗的穷兵黩武。但对于如何阻止这种穷兵黩武，作者则引用李牧、汉武帝、周文王、秦始皇四人征伐北方少数民族的事迹，来说明用人正确、君臣和睦的"王道"和重视防守的战略是安定边境的正确方式。可以说，作者的想法虽然美好，但却显得过于天真了。

事实上，秦始皇派蒙恬北征，使得匈奴被迫迁往漠北，直到蒙恬遇害、天下大乱，匈奴才回到原来的居住地；而汉武帝北征更是极大程度地打击了匈奴的势力，扩张了汉朝在西域各国的影响力，为日后彻底消灭匈奴势力打下了基础。可见，虽然秦始皇、汉武帝的战争"劳民伤财"，但在安定边疆地区方面，是有其实际意义的。

食鱼帖

怀素

怀素，字藏真，俗姓钱，永州零陵（今湖南零陵）人，唐代书法家。怀素自幼出家，爱好书法，他的书法作品特别是草书闻名于世，与张旭齐名，合称"颠张狂素"；书法率性而为，千变万化，却仍不失法度。他的作品与张旭的狂草作品堪称是中国草书史上的两座高峰。

题 解

本帖是怀素所作的一篇草书文贴，共五十六字。怀素性格狂放，虽为僧人却好饮酒，曾"一日九醉"，也经常食鱼肉。而当时的佛教对僧人食肉饮酒之事争议颇大，因此性格放达的怀素对此也感到多有不便。

老僧在长沙食鱼，及来长安城中，多食肉，又为常流 [1] 所笑，深为不便，故久病，不能多尝异蔬 [2]。予报诸君，欲兴善之会，当得扶嬴也。□[3] 日怀素藏真白。

注　释

【1】常流，凡庸之辈。

另，南北朝随着佛教不断发展，佛教戒律的"中国化"也不断开展。又，唐初曾有多位高僧认为不应在守戒上过于固执，后世虽然对于戒律的要求越来越严格，但仍有多位高僧以不守戒律闻名，如著名的道济和尚（济公）。

【2】此字左半部破损，后人据上下文意补。

【3】此字残损。

荔枝图序

白居易

　　白居易，字乐天，晚号香山居士、醉吟先生，祖籍山西太原，生于河南新郑，唐代诗人、文学家。曾历任左拾遗，多次上书言事，却因过于直接导致唐宪宗不悦。后因越职言事、《赏花》《新井》二诗涉及母亲赏花坠井身亡一事有害名教，被外放。此后，白居易逐渐转向"独善其身"，曾外放苏州、杭州，晚年官至刑部尚书。

　　白居易诗文精切而平易近人，有故事称他的诗"老妪能解"。早年的白居易关注民生，主张诗歌要反映现实，重视实际。在被外放之后，白居易逐渐转向"独善其身"，放意诗酒。他与诗人元稹志同道合，后人合称"元白"；晚年又多与刘禹锡有唱和，人称"刘白"。他的作品影响很大，不仅广泛传播民间，连日本等周边国家也受到白居易诗文的影响。

题 解

本文是白居易为画工所绘的荔枝图作的一篇序。唐代时,荔枝生长于偏远的岭南地区,史书记载杨贵妃嗜荔枝,唐玄宗便派人乘快马不断交接,使荔枝在新鲜的情况下便被送至长安。白居易在元和十四年(819年)外放忠州刺史,第二年,他命画工为荔枝绘制一幅图,并亲自为之作序。本文以短短的一百余字,将荔枝的来历形状详细描绘,文笔精妙。

荔枝生巴峡[1]间,树形团团如帷盖。叶如桂,冬青;华如橘,春荣;实如丹,夏熟。朵如葡萄,核如枇杷,壳如红缯[2],膜如紫绡[3],瓤肉莹白如冰雪,浆液甘酸如醴酪[4]。大略如彼,其实过之。若离本枝,一日而色变,二日而香变,三日而味变,四五日外,色香味尽去矣。

元和十五年[5]夏,南宾[6]守乐天,命工吏图而书之,盖为不识者与识而不及一二三日者云。

注 释

【1】巴峡,指巴州、峡州,在今四川省东部和湖北省西部。另,唐代在岭南(今广东省一带)也广泛种植荔枝。

【2】红缯(zēng),红色的丝绸。缯,丝织品的总称。

【3】绡(xiāo),生丝织成的绸。

【4】醴,甜酒。酪,奶酪。

【5】元和十五年,820年。元和,唐宪宗年号。

【6】南宾,即忠州(今重庆市忠县)。

游大林寺序

白居易

题　解

　　元和十年（815 年），白居易因《赏花》《新井》诗案及越职言事，被贬为江州司马。江州司马实为闲职，因此白居易便借闲暇机会游历庐山。元和十二年（817 年）四月，白居易与友人同游大林寺，作下本文记叙大林寺的景色。本文文辞优美，将大林寺的景色详尽地描写出来。

　　余与河南元集虚、范阳张允中……凡十七人，自遗爱草堂[1]，历东西二林[2]，抵化成，憩峰顶。登香炉峰，宿大林寺。大林穷远，人迹罕到。环寺多清流苍石、短松瘦竹。寺中唯板屋木器，其僧皆海东人[3]。

　　山高地深，时节绝晚，于时孟夏，如正、二月天，山桃始华，涧草犹短；人物风候，与平地聚落不同。初到恍然，若别造一世界者。因口号绝句云：“人间四月芳菲尽，山寺桃花始盛开。长恨春归无觅处，不知转入此中来。”既而周览屋壁，见萧郎中存、魏郎中宏简、李补阙渤三人姓名文句，因与集虚辈叹，且曰：此地实匡庐间第一境。由驿路至山门，曾无半日程，自萧、魏、李游，迨今垂二十年，寂寥无继来者。嗟乎！名利之诱人也如此！时元和十二年四月九日，太原白乐天序。

注　释

　　【1】遗爱草堂，是白居易在庐山遗爱寺建造的草堂。

　　【2】东西二林，指东林寺、西林寺。下文“化成”指化成寺。

　　【3】海东人，即新罗国人，在今朝鲜半岛。

与元九书

白居易

题　解

　　本文节选了《与元九书》中论述诗歌作用和特点的一段。白居易不仅是一位高产的诗人，更是现实主义诗歌的代表人物之一。而这篇《与元九书》便是他对于现实主义诗歌创作理论的总结，对后世诗论和诗歌创作产生了巨大影响；而他所提出的"文章合为时而著，歌诗合为事而作"更是成为后世文学创作的一大准则。

　　就《六经》言，《诗》又首之。何者？圣人感人心而天下和平。感人心者，莫先乎情，莫始乎言，莫切乎声，莫深乎义。诗者，根情，苗言，华声，实义[1]。上自圣贤，下至愚騃，微及豚鱼，幽及鬼神。群分而气同，形异而情一。未有声入而不应、情交而不感者。

注　释

【1】根情，以情为根。苗言，以言为苗。华声，以声为花。实义，以意为实。

马说

韩愈

　　韩愈，字退之，河南河阳（今河南孟县）人，自称郡望昌黎（河北省昌黎县），世称韩昌黎；晚年任吏部侍郎，又称韩吏部。

卒谥文，世称韩文公。唐代文学家，与柳宗元共同倡导古文运动，合称"韩柳"。早年任监察御史等职务，因《谏迎佛骨表》触怒唐宪宗，险些被杀，在裴度等人营救之下免死而被贬为潮州刺史。唐穆宗继位后回京，历任吏部侍郎等职务。

韩愈"文起八代之衰"（苏轼语），主张"文道合一，文以载道"，反对骈文文风，主张恢复秦汉自然质朴的文体，思想复古、文学复古，但在继承的基础上又有所创新，"师其意不师其辞""唯陈言之务去"。在他与柳宗元的努力下，文坛逐渐形成了声势浩大的社会运动。他的散文内容丰富而形式多样，力求创新而构思奇巧；文字气势磅礴，逻辑严密，笔触幽默而设喻巧妙。后世尊他为"唐宋八大家"之首，苏轼在《潮州韩文公庙碑》中对他极为推崇，称他是："匹夫而为百世师，一言而为天下法。"

题 解

本文是韩愈的一篇杂文，原为《杂说》的第四篇，后人根据文意添加了《马说》这个名字。当时，韩愈初登仕途而不得重用，虽然三次上书宰相，待命四十余日却杳无音讯。此后，韩愈又依附于一些节度使幕下，意见仍未被采纳。于是韩愈作下这篇杂文，以马比喻人才，表达了自己对于统治者不能识别人才、培育人才的强烈愤慨。

世有伯乐，然后有千里马。千里马常有，而伯乐不常有。故虽有名马，祇[1]辱于奴隶人之手，骈死于槽枥[2]之间，不以千里称也。

马之千里者，一食或尽粟一石[3]。食[4]马者不知其能千里而食也。是马也，虽有千里之能，食不饱，力不足，才美不外见，且欲与常马等不可得[5]，安求其能千里也？

策之不以其道，食之不能尽其材，鸣之而不能通其意，执策而临之，曰："天下无马！"呜呼！其真无马邪？其真不知马也！

注　释

【1】衹，只是。

【2】骈死，并列而死。骈，两马并驾。槽枥，喂牲口用的食器。

【3】一食（shí），吃一次食物。尽粟一石，吃尽一石粟。

【4】食，通"饲"，喂养。

【5】等，相当。不可得，不可能。

编者注

在本文中，韩愈抨击了那些不懂得识别人才、培育人才的人。想要找到人才，首先要找到能识别人才的伯乐，然后要给予他们人才应有的待遇，这样才能让人才真正发挥出自己的能力。

可是，"培育人才"又谈何容易？仅仅是一个"伯乐"，就足以满足"千里马"所需要的资源吗？事实上，在韩愈所处的中唐时代，对于韩愈这类并非出身名门的文人来说，即使有优秀的"伯乐"，也并不一定能让"千里马"施展才华。如本意是为了提拔寒门士人的科举制，由于请托干谒制度的影响和门第观念的顽固，寒门士人所得到的机会仍然远远少于传统士族门阀子弟，以至于皇帝不得不亲自出面干涉。而中唐猜疑毁谤之风盛行，许多人借"避讳"等封建思想捕风捉影，故意诋毁他人。而中唐藩镇势力壮大，更是促进了唐朝尚武之风的形成，军人一旦获取了战功就可步步高升，而文士却要面临激烈的政治斗争。在这样的环境下，纵使有优秀的"伯乐"，也是难以培育出优秀的人才的。

师说

韩愈

题　解

本文作于唐贞元十八年（802 年），当时韩愈任四门博士，作此文向他的学生李蟠表述教师的重要作用。本文抨击了士大夫耻于从师的观念，倡导要从师而学，表明只要"闻道"，就可以作为老师，不能因为年龄或地位就不愿虚心学习。

古之学者必有师。师者，所以传道受业解惑也。人非生而知之者[1]，孰能无惑？惑而不从师，其为惑也[2]，终不解矣。生乎吾前，其闻道也固先乎吾，吾从而师之；生乎吾后，其闻道也亦先乎吾，吾从而师之。吾师道也，夫庸知[3]其年之先后生于吾乎？是故无贵无贱，无长无少，道之所存，师之所存也。

嗟乎！师道之不传也久矣！欲人之无惑也难矣！古之圣人，其出人也远矣，犹且从师而问焉；今之众人，其下圣人也亦远矣，而耻学于师。是故圣益圣，愚益愚。圣人之所以为圣，愚人之所以为愚，其皆出于此乎？爱其子，择师而教之；于其身也，则耻师焉，惑矣[4]。彼童子之师，授之书而习其句读者[5]也，非吾所谓传其道解其惑者也。句读之不知，惑之不解，或师焉，或不焉[6]，小学而大遗[7]，吾未见其明也。巫医乐师百工之人，不耻相师。士大夫之族，曰师曰弟子云者，则群聚而笑之。问之，则曰："彼与彼年相若也，道相似也。位卑则足羞，官盛则近谀。"呜呼！师道之不复，可知矣。巫医乐师百工之人，君子不齿，今其智乃反不能及，其可怪也欤！

圣人无常师。孔子师郯子、苌弘、师襄、老聃[8]。郯子之徒，其贤不及孔子。孔子曰：三人行，则必有我师。是故弟子不必不如师，师不必贤于弟子，闻道有先后，术业有专攻，如是而已。

李氏子蟠，年十七，好古文，六艺经传[9]皆通习之，不拘于时，学于余。余嘉其能行古道，作《师说》以贻[10]之。

注　释

【1】《论语·季氏》："生而知之者，上也；学而知之者，次也；困而学之，

又其次之；困而不学，民斯为下矣。"知，懂得。

【2】其为惑也，他所存在的疑惑。

【3】庸，发语词，难道。知，了解、知道。

【4】惑矣，糊涂啊！

【5】句读，句逗，指文辞的休止和停顿。古代没有标点符号，因此老师教授时首先要教授句读。

【6】此句指，有的句读不知而从师，有的惑之不解却不从师。不，通"否"。

【7】小学而大遗，学了小的却丢了大的。

【8】郯（tán）子，春秋时郯国国君，孔子曾向他请教官职。苌（cháng）弘，东周敬王大夫，孔子曾向他请教音乐。师襄，春秋时鲁国的乐官，孔子曾向他学琴。老聃，即老子，孔子曾向他学习周礼。

【9】六艺，指六经。经，两汉及其以前的散文。传，古称解释经文的著作为传。

【10】贻，赠送、赠予。

编者注

中国古代有"天地君亲师"一说，将"尊师"与"尊亲""尊君"放到同等高度上。但是，此处所指的"师"，也是有高下之分的。如荀子就曾构想，一是施教的"师"，一是负责教化万民的"君师"。施教者教育弟子，"君师"则教化万民。这种构想，带有一定的理想色彩，在统治者素质良莠不齐的古代，是难以实现的。

因此在汉代，随着经学的发展，出现了"经师"的概念。"经师"精通经学，并将一些已经失传的经典文献传给后人；同时，他们还充当国事顾问，堪称"帝师"。这些"经师"在汉代地位很高，例如东汉末年经学大家郑玄就受到时人的尊敬，就连黄巾军也"见玄皆拜，相约不敢入县境"。

到了唐宋，特别是宋代理学兴起后，"师"的概念也随之发生了变化。"师"被分为数类，最高一等是培养弟子道德的"道德师"，其次是汉代传授一家之业的"经师"，然后是唐宋教授文学创作技巧的"诗文师"，最末则是只能教授章句、追名逐利的"举业师"。可见，到宋代以后，"师"

对弟子的人格教化作用已经被提升到了一个新的高度。此后，这种"重道"的观念逐渐盛行起来。

这种重视道德人格教育的师道，一方面对于社会教化有着良好的促进作用，一方面也使得明清时期负责儿童启蒙教育的"塾师"地位越来越低。他们教授儿童最为基础的内容，却只能得到微薄的工资，还要忍受他人的歧视；而这种恶劣的环境更是造成塾师这一群体的素质不断降低。这一情况，直到现代教育学思想在中国逐渐发展后，才得到改观。

进学解

韩愈

题　解

本文是韩愈任国子博士时所作。本文中韩愈仿效扬雄《解嘲》的文体，假托向学生训话，由学生进行质问，他再进行解释，因此称"进学解"。本文名为问答，实是寄托了作者怀才不遇的苦闷心情。本文近似于赋体，句式排比整齐，朗朗上口，赋予了文章极强的艺术魅力。

国子先生晨入太学[1]，招诸生立馆下，诲之曰："业精于勤，荒于嬉；行成于思，毁于随。方今圣贤相逢，治具[2]毕张。拔去凶邪，登崇畯[3]良。占小善者率以录，名一艺者无不庸[4]。爬罗剔抉[5]，刮垢磨光。盖有幸而获选，孰云多而不扬？诸生业患不能精，无患有司之不明；行患不能成，无患有司之不公。"

言未既，有笑于列者曰："先生欺余哉！弟子事先生，于兹有年矣。先生口不绝吟于六艺之文，手不停披于百家之编。纪事者必提其要，纂言者必钩其玄[6]。贪多务得，细大不捐。焚膏油以继晷，恒兀兀[7]以穷年。先生之业，可谓勤矣。

"抵排异端[8]，攘斥佛老。补苴罅[9]漏，张皇幽眇[10]。寻坠绪[11]

之茫茫，独旁搜而远绍。障百川而东之，回狂澜于既倒。先生之于儒，可谓有劳矣。

"沉浸醲郁，含英咀华，作为文章，其书满家。上规姚姒，浑浑无涯；周诰、殷盘，佶屈聱牙；《春秋》谨严，《左氏》浮夸；《易》奇而法，《诗》正而葩；下逮《庄》《骚》，太史所录；子云、相如[12]，同工异曲。先生之于文，可谓闳其中而肆其外矣。

"少始知学，勇于敢为；长通于方，左右具宜。先生之于为人，可谓成矣。

"然而公不见信于人，私不见助于友。跋前踬后[13]，动辄得咎。暂为御史，遂窜南夷[14]。三年博士，冗不见[15]治。命与仇谋，取败几时[16]。冬暖而儿号寒，年丰而妻啼饥。头童齿豁，竟死何裨。不知虑此，而反教人为？"

先生曰："吁，子来前！夫大木为杗，细木为桷，欂栌、侏儒，椳、阑、扂、楔[17]，各得其宜，施以成室者，匠氏之工也。玉札、丹砂，赤箭、青芝，牛溲、马勃，败鼓之皮[18]，俱收并蓄，待用无遗者，医师之良也。登明选公，杂进巧拙，纡余[19]为妍，卓荦[20]为杰，校短量长，惟器是适者，宰相之方也。昔者孟轲好辩[21]，孔道以明，辙环天下，卒老于行。荀卿守正，大论是弘，逃谗于楚，废死兰陵[22]。是二儒者，吐辞为经，举足为法，绝类离伦[23]，优入圣域，其遇于世何如也？今先生学虽勤而不繇[24]其统，言虽多而不要其中，文虽奇而不济于用，行虽修而不显于众。犹且月费俸钱，岁糜廪[25]粟。子不知耕，妇不知织；乘马从徒，安坐而食。踔常途之役役[26]，窥陈编以盗窃。然而圣主不加诛，宰臣不见斥，兹非其幸欤？动而得谤，名亦随之。投闲置散，乃分之宜。若夫商财贿[27]之有亡，计班资之崇庳[28]，忘己量之所称，指前人之瑕疵，是所谓诘匠之不以杙为楹[29]，而訾医师以昌阳[30]引年，欲进其豨苓也[31]。"

注 释

【1】国子先生，韩愈当时任国子博士，自称国子先生。太学，此处指国子监，古代由中央政府设立的最高学府。唐代国子监下设国子学、太学等七学，以博士为教授官。

【2】治具，治理的工具，主要指法令。《史记·酷吏列传》："法令者，治之具。"

【3】畯，通"俊"，才智出众。

【4】庸，通"用"，采用、录用。

【5】爬罗，爬梳搜罗。剔抉，剔除挑选。

【6】钩，探索。玄，精妙的道理。

【7】兀兀，辛勤不懈的样子。

【8】异端，指儒家学说之外的其他学说。《论语·为政》："攻乎异端，斯害也已。"朱熹集注："异端，非圣人之道，而别为一端，如杨、墨是也。"焦循补疏："异端者，各为一端，彼此互异。"

【9】苴（jū），鞋底中垫的草，此处作动词，填补。罅（xià），裂缝。

【10】皇，大。幽，深。眇，小。

【11】绪，前人留下的事业，此处指儒家道统。韩愈《原道》认为，儒家之道从尧舜传到孔子、孟轲，以后就失传了，韩愈以传承儒家道统自居。

【12】姚，相传舜姓姚。姒（sì），夏禹姓姒。周诰，指《尚书·周书》中的《大诰》《康诰》等篇目。殷盘，指《尚书·盘庚》的上中下三篇。《左氏》，指《左传》。《庄》，指《庄子》。《骚》，指《离骚》。太史，此处指汉太史令司马迁所作《史记》。子云，扬雄字子云。相如，司马相如。

【13】跋（bá），踩。疐（zhì），绊。跋前疐后，指进退不得。《诗·豳风·狼跋》："狼跋其胡，载疐其尾。"

【14】窜，窜逐，此处指贬谪。南夷，指偏远的南方。此处指韩愈于贞元二十年（804年）上书触怒唐德宗，被贬为连州阳山令。

【15】三年博士，指韩愈在元和元年（806年）至元和四年（809年）任国子博士。一说，"三年"应作"三为"，指韩愈第三次为国子博士。冗，闲散。见，通"现"，表现、显露。

【16】几时，时间不一定，即随时。

【17】宋（máng），屋梁。桷（jué），屋椽。槔（bó）栌（lú），斗栱，柱顶上承托栋梁的方木。侏（zhū）儒，梁上短柱。椳（wēi），门的枢臼。闑（niè），门中央所竖的短木，在两扇门相交处。扂（diàn），门闩之类。楔（xiè），门两旁长木柱。

【18】玉札，地榆。丹砂，朱砂。赤箭，天麻。青兰，龙兰。这四种都是名贵的药材。牛溲，牛尿，一说为车前草。马勃，马屁菌。以上两种及"败鼓之皮"都是廉价药材。

【19】纡（yū）余，委婉从容的样子。

【20】卓荦（luò），突出，超群出众。

【21】《孟子·滕文公下》记载孟子有好辩的名声，他说："予岂好辩哉！予不得已也。"

【22】荀子在齐国做祭酒，被人谗毁而逃亡楚国。楚国春申君任他为兰陵令，后来春申君死，他也被解职，死在兰陵。

【23】绝、离，都是超越的意思。绝类离伦，超越了一般人。

【24】繇，通"由"。

【25】靡，浪费，消耗。廪（lǐn），粮仓。

【26】踵（zhǒng），脚后跟，此处指跟随。役役，劳苦。

【27】财贿，财物，这里指俸禄。

【28】班资，等级、资格。庳（bēi），通"卑"，低。

【29】杙（yì），小木桩。楹（yíng），房屋的柱子。

【30】訾（zǐ），毁谤非议。昌阳，菖蒲，古人认为久服可以长寿。

【31】豨（xī）苓，又名猪苓，利尿药。

编者注

本文中，韩愈以假托对话的方式，提出了自己的学习观和文学创作思想。开篇，韩愈就提出了"业精于勤，荒于嬉；行成于思，毁于随"这句千古名言，用以概括勤奋认真学习的重要性。这句话讲述的道理虽然平淡，却是对前人治学经验的总结。到了具体的学习方法上，韩愈则认为应该先做到博学，再深入思考，在博学的基础上做到精约。由此，韩愈又提出读书要将其分门别类，对不同的图书采取不同的读书法，做到既统筹全局又能把握关键。

在文学创作方面，韩愈提倡"复古"，但他的复古并非单纯学习古人的文辞，而要学习古人文章的意旨。不能东拼西凑，抄袭前人，而要在古人的基础上自成一家。此外，文章还要与实际紧密结合，不能为文辞而作无意义的文章。

送孟东野序

韩愈

题　解

本文是韩愈写给即将赴任溧阳县尉的诗人孟郊的一篇赠序。孟郊，字东野，唐代诗人，有才华却终生困顿而不得重用，他的好友韩愈便借他出任溧阳县尉的机会对他的遭遇进行论述。文章表面上认为孟郊的遭遇是天意所决定，实则委婉地斥责了当时的统治者埋没人才的做法。文章句式参差，抑扬顿挫，立意不凡而气势雄壮，是议论文中的佳作。

大凡物不得其平则鸣：草木之无声，风挠[1]之鸣。水之无声，风荡之鸣。其跃也，或激之[2]；其趋[3]也，或梗之；其沸也，或炙[4]之。金石之无声，或击之鸣。人之于言也亦然，有不得已者而后言。其歌也有思，其哭也有怀，凡出乎口而为声者，其皆有弗平者乎！

乐也者，郁于中而泄于外者也，择其善鸣者而假之鸣。金、石、丝、竹、匏、土、革、木八者[5]，物之善鸣者也。维天之于时也亦然，择其善鸣者而假之鸣。是故以鸟鸣春，以雷鸣夏，以虫鸣秋，以风鸣冬。四时之相推夺[6]，其必有不得其平者乎？

其于人也亦然。人声之精者为言，文辞之于言，又其精也，尤择其善鸣者而假之鸣。其在唐、虞，咎陶[7]、禹，其善鸣者也，而假以鸣，夔弗能以文辞鸣，又自假于《韶》[8]以鸣。夏之时，五子以其歌鸣[9]。伊尹鸣殷，周公鸣周[10]。凡载于《诗》《书》六艺，皆鸣之善者也。周之衰，孔子之徒鸣之，其声大而远。传曰："天将以夫子为木铎[11]。"其弗信矣乎！其末也，庄周以其荒唐之辞鸣[12]。楚，大国也，其亡也以屈原鸣[13]。臧孙辰[14]、孟轲、荀卿，以道鸣者也。杨朱、墨翟、管夷吾、晏婴、老聃、申不害、韩非、慎到、田骈、邹衍、尸佼、孙武、张仪、苏秦之属[15]，皆以其术鸣。秦之兴，李斯鸣之。汉之时，司马迁、相如、扬雄，最其善鸣者也。其下魏晋氏，鸣者不及于古，然亦未尝绝也。就其善者，其声清以浮，其节数以急，其辞淫以哀，其志弛以肆[16]；其为言也，乱杂而无章。将天丑[17]其德莫之顾邪？何为乎不鸣其善鸣者也！

唐之有天下，陈子昂、苏源明、元结、李白、杜甫、李观[18]，皆以其所能鸣。其存而在下者，孟郊东野始以其诗鸣。其高出魏晋，不懈而及于古，其他浸淫乎汉氏矣。从吾游者，李翱、张籍[19]其尤。三子者之鸣信善矣。抑不知天将和其声，而使鸣国家之盛邪，抑将穷饿其身，思愁其心肠，而使自鸣其不幸邪？三子者之命，则悬乎天矣。其在上也奚以[20]喜，其在下也奚以悲！东野之役[21]于江南也，有若不释然者，故吾道其于天者以解之。

注　释

【1】挠，摇动。

【2】跃，飞溅。激，此处指阻遏。

【3】趋，此处指水流迅速。

【4】炙，烧。

【5】这八种都是制作乐器的材料。金，金属，用来做钟。石，用来做磬。丝，泛指弦乐器。竹，用来做各种管乐器。匏，葫芦，用来做笙。土，指埙。

革，用来做鼓。木，用来做祝、敔。

【6】推夺，推移、交替。

【7】咎陶，一作皋陶，舜的臣子，负责制定法律。

【8】夔，舜的臣子，乐官。《韶》，古乐曲名，相传是夔所作。

【9】此处指《尚书·五子之歌》。夏代太康失国，他的五个弟弟作《五子之歌》陈述大禹的警戒。

【10】伊尹鸣殷，指相传为伊尹所作的《伊训》《太甲》等文。周公鸣周，指周公所作的《大诰》《多士》《无逸》等文，及《周礼》《仪礼》等礼制。

【11】《论语·八佾》："天下之无道也久矣，天将以夫子为木铎。"木铎是一种铜质木舌的铃，古代宣传政教法令时就会摇动木铎引起人们注意。

【12】此处指《庄子》。荒，广大，唐，空阔。

【13】此处指屈原哀伤楚国衰败而作《离骚》等诗篇。

【14】臧孙辰，即臧文仲，臧孙氏，名辰，春秋时鲁国大夫，有贤名。另，孔子由于臧文仲的一些行为不合"礼"而对他多有贬抑之辞。

【15】此处所列都是春秋战国时期诸子百家学者。杨朱，战国时思想家。申不害，战国初期韩国相国，早期法家学者，著有《申子》。慎到，战国初期道家、法家学者，著有《慎子》。田骈，战国齐国道家学者，著有《田子》。邹衍，一作驺衍，战国末期齐国人，阴阳家的创始人。尸佼，战国人，法家（一说杂家）学者，著有《尸子》。

【16】节，音节。数，频繁、细密。弛，松懈。肆，放肆。

【17】丑，此处用作动词，以……为丑、厌恶。

【18】陈子昂，唐初文学家，是唐诗革新的先驱者。苏源明，盛唐时期文学家。元结，唐代文学家。李观，唐代文学家，李华之子。

【19】李翱，唐代文学家，韩愈的学生。张籍，唐代诗人，经韩愈推荐为国子博士。

【20】奚以，何以。

【21】役，指出任。

祭十二郎文

韩愈

题 解

本文是韩愈写给他的侄子十二郎韩老成的祭文。韩愈自幼丧母、三岁丧父，依靠长兄韩会和兄嫂郑氏抚养而成人。韩愈与十二郎自幼相守，历经患难，感情深厚。后来韩愈四处漂泊，与十二郎很少见面。贞元十九年（803年），韩愈升任监察御史，本欲与十二郎重新相聚，却忽然传来十二郎去世的消息。韩愈不胜悲痛，于是写下本文。本文叙述平和，以朴实的笔调将幼年与十二郎一同经历的事情娓娓道来，并将悲痛之情寓于其中，表现出对兄嫂和十二郎的深切怀念。文章一往情深，感人肺腑，有人称："读诸葛亮《出师表》不堕泪者必不忠，读李密《陈情表》不堕泪者必不孝，读韩愈《祭十二郎文》不堕泪者必不慈。"

年、月、日[1]，季父[2]愈闻汝丧之七日，乃能衔哀致诚，使建中远具时羞之奠[3]，告汝十二郎之灵：

呜呼！吾少孤[4]，及长，不省所怙[5]，惟兄嫂是依。中年，兄殁南方[6]，吾与汝俱幼，从嫂归葬河阳[7]。既又与汝就食江南[8]。零丁孤苦，未尝一日相离也。吾上有三兄[9]，皆不幸早世。承先人[10]后者，在孙惟汝，在子惟吾。两世一身[11]，形单影只。嫂尝抚汝指吾而言曰："韩氏两世，惟此而已！"汝时尤小，当不复记忆。吾时虽能记忆，亦未知其言之悲也。

吾年十九，始来京城。其后四年，而归视汝[12]。又四年，吾往河阳省[13]坟墓，遇汝从嫂丧来葬[14]。又二年，吾佐董丞相[15]于汴州，汝来省吾。止一岁，请归取其孥[16]。明年，丞相薨[17]。

吾去汴州，汝不果来[18]。是年，吾佐戎徐州[19]，使取汝者始行，吾又罢去[20]，汝又不果来。吾念汝从于东[21]，东亦客也，不可以久；图久远者，莫如西归，将成家而致汝。呜呼！孰谓汝遽[22]去吾而殁乎！吾与汝俱少年，以为虽暂相别，终当久相与处。故舍汝而旅食京师，以求斗斛之禄[23]。诚知其如此，虽万乘之公相，吾不以一日辍[24]汝而就也。

去年，孟东野往[25]。吾书与汝曰："吾年未四十，而视茫茫，而发苍苍，而齿牙动摇。念诸父与诸兄，皆康强而早世。如吾之衰者，其能久存乎？吾不可去，汝不肯来，恐旦暮死，而汝抱无涯之戚[26]也！"孰谓少者殁而长者存，强者夭而病者全乎！

呜呼！其信然邪？其梦邪？其传之非其真邪？信也，吾兄之盛德而夭其嗣乎？汝之纯明而不克蒙[27]其泽乎？少者、强者而夭殁，长者、衰者而存全乎？未可以为信也。梦也，传之非其真也，东野之书，耿兰[28]之报，何为而在吾侧也？呜呼！其信然矣！吾兄之盛德而夭其嗣矣！汝之纯明宜业其家者，不克蒙其泽矣！所谓天者诚难测，而神者诚难明矣！所谓理者不可推，而寿者不可知矣！

虽然，吾自今年来，苍苍者或化而为白矣，动摇者或脱而落矣[29]。毛血[30]日益衰，志气日益微，几何不从汝而死也。死而有知，其几何离[31]；其无知，悲不几时，而不悲者无穷期矣。

汝之子始十岁[32]，吾之子始五岁[33]。少而强者不可保，如此孩提者，又可冀其成立邪？呜呼哀哉！呜呼哀哉！

汝去年书云："比得软脚病[34]，往往而剧。"吾曰："是疾也，江南之人，常常有之。"未始以为忧也。呜呼！其竟以此而殒其生乎？抑别有疾而至斯乎？

汝之书，六月十七日也。东野云，汝殁以六月二日；耿兰之报无月日。盖东野之使者，不知问家人以月日；如耿兰之报，不知当言月日。东野与吾书，乃问使者，使者妄称以应之耳。其然乎？其不然乎？

今吾使建中祭汝，吊汝之孤与汝之乳母。彼有食，可守以待终丧[35]，则待终丧而取以来；如不能守以终丧，则遂取以来。其余奴婢，并令守汝丧。吾力能改葬[36]，终葬汝于先人之兆[37]，然后惟其所愿[38]。

呜呼！汝病吾不知时，汝殁吾不知日，生不能相养于共居，殁不得抚汝以尽哀[39]，敛[40]不凭其棺，窆[41]不临其穴。吾行负神明，而使汝夭；不孝不慈，而不能与汝相养以生，相守以死。一在天之涯，一在地之角，生而影不与吾形相依，死而魂不与吾梦相接。吾实为之，其又何尤！彼苍者天，曷其有极[42]！自今以往，吾其无意于人世矣！当求数顷之田于伊颍之上[43]，以待余年。教吾子与汝子，幸其成；长吾女与汝女，待其嫁，如此而已。

呜呼，言有穷而情不可终，汝其知也邪？其不知也邪？呜呼哀哉！尚飨[44]！

注 释

【1】原文拟稿时便作"年、月、日"。另，年应为贞元十九年，月应为六月，日期不详。

【2】季父，父辈中排行最小的叔父。韩愈兄弟三人，韩愈最幼。

【3】建中，韩愈家的仆人。时羞，应时的鲜美佳肴。羞，通"馐"。

【4】孤，幼年丧父称"孤"。韩愈三岁丧父。

【5】怙（hù），《诗·小雅·蓼莪》："无父何怙，无母何恃。"后人便以怙代指父亲，恃代指母亲。

【6】唐代宗大历十二年（777年），韩会贬官韶州刺史，次年死于韶州，年四十三。当时韩愈十一岁，随兄长在韶州。

【7】河阳，今河南省孟县，是韩氏祖宗坟墓所在地。

【8】此处指唐德宗建中二年（781年），淮西节度使李希烈叛乱，韩愈

随嫂迁居宣州（今安徽省宣城市）。

【9】三兄，指韩会、韩介以及幼年夭折的一位兄长。一说，吾指韩愈和十二郎，三兄指韩愈的两个兄长及十二郎的兄长韩百川（韩介的长子）。

【10】先人，指已去世的父亲韩仲卿。

【11】两世一身，子辈和孙辈均只剩一个男丁。

【12】视，古代人称上对下的探亲为视。此处指贞元二年（786年），韩愈十九岁时前往长安应试，贞元八年（792年）中进士，其间曾回到宣州一次。另，韩愈《答崔立之书》与《欧阳生哀辞》均称二十岁至京都举进士，与此处相差一年。

【13】省（xǐng），探望，此引申为凭吊。

【14】此处指韩愈兄嫂郑氏在贞元九年（793年）病逝，韩愈作《祭郑夫人文》吊唁。贞元十一年（795年），韩愈前往河阳祖坟扫墓，与将郑氏灵柩归葬河阳的十二郎相遇。

【15】董丞相，指董晋，当时以检校尚书左仆射、同中书门下平章事任宣武军节度使，负责平乱。韩愈在董晋幕中任节度推官。

【16】取其孥（nú），把家眷接来。

【17】薨（hōng），古代诸侯或二品以上官员死曰薨。贞元十五年（799年），董晋死于汴州，韩愈随归葬队伍西行。四天后，汴州兵变。

【18】不果来，没能前来。汴州发生兵变，十二郎未能前往。

【19】贞元十五年秋，韩愈入徐、泗、濠节度使张建封幕任节度推官。

【20】罢去，指贞元十六年（800年）五月，张建封卒，韩愈离开徐州赴洛阳。

【21】东，指故乡河阳之东的汴州和徐州。

【22】遽（jù），骤然。

【23】斗斛之禄，指微薄的俸禄。韩愈在贞元十七年（801年）前往长安，调任四门博士；贞元十九年（803年）任监察御史。

【24】辍（chuò），停止，此处指离开。

【25】此处指贞元十八年（802年）孟郊出任溧阳县尉，受韩愈之托捎信给十二郎。

【26】无涯之戚，无穷的悲伤。涯，边。戚，忧伤。

【27】纯明，纯正贤明。不克，不能。蒙，蒙受。

【28】耿兰，管理宣州韩氏家业的管家。当时耿兰也有丧报。

【29】韩愈有《落齿》诗："去年落一牙，今年落一齿，俄然落六七，落势殊未已。"

【30】毛血，毛发气血，指体质。

【31】其几何离，分离又会有多久？指死后相会。

【32】汝之子，十二郎有二子，长韩湘，次韩滂。十岁，长子韩湘当时十岁。一作"一岁"，次子韩滂当时一岁。

【33】吾之子始五岁，指韩愈长子韩昶，当时五岁。

【34】软脚病，即脚气病。

【35】终丧，守满三年丧期。古代礼制，父母死守孝三年。

【36】力能改葬，此处指暂时就地埋葬。

【37】兆，墓地，指韩氏祖坟。

【38】惟其所愿，这才算了结心事。

【39】抚汝以尽哀，指抚尸恸哭。

【40】敛，通"殓"。为死者更衣称小殓，尸体入棺称大殓。

【41】窆（biǎn），棺木入土安葬。

【42】此句出自《诗·唐风·鸨羽》："悠悠苍天，曷其有极。"

【43】伊、颍，伊水和颍水，均在今河南省。这里指故乡。

【44】尚飨，古代祭文结语用辞，意为希望死者享用祭品。

毛颖传

韩愈

题 解

本文作于韩愈中年时。韩愈仕途坎坷，多次被贬，于是仿照《史记》文体，作本文寄托内心情感。关于本文的主题，有人认为是讽刺皇帝刻薄寡恩，有人则认为是赞颂毛颖能尽其所能。本文具有滑稽幽默的特点，虽然多为时人所非议，但柳宗元《读韩愈所著＜毛颖传＞后题》则认为，这篇文章不仅能够教育后进，还可解倦提神，又有"读之若捕龙蛇，搏虎豹，急与之角而力不敢暇"的审美效果。

　　毛颖者，中山人也[1]。其先明眎[2]，佐禹治东方土[3]，养万物有功[4]，因封于卯地[5]，死为十二神[6]。尝曰："吾子孙神明之后，不可与物同，当吐而生[7]。"已而果然。明眎八世孙鵷[8]，世传当殷时居中山，得神仙之术，能匿光使物[9]，窃姮娥、骑蟾蜍入月[10]，其后代遂隐不仕云。居东郭者曰鵕[11]，狡而善走，与韩卢[12]争能，卢不及。卢怒，与宋鹊[13]谋而杀之，醢[14]其家。

　　秦始皇时，蒙将军恬南伐楚，次中山，将大猎以惧楚。召左右庶长与军尉，以《连山》筮之[15]，得天与人文之兆[16]。筮者贺曰："今日之获，不角不牙[17]，衣褐之徒[18]，缺口而长须，八窍而趺居[19]，独取其髦[20]，简牍是资[21]。天下其同书，秦其遂兼诸侯乎！"遂猎，围毛氏之族，拔其豪[22]，载颖[23]而归，献俘于章台宫[24]，聚其族而加束缚焉[25]。秦皇帝使恬赐之汤沐[26]，而封诸管城[27]，号曰管城子，曰见亲宠任事。

　　颖为人，强记而便敏[28]，自结绳之代[29]以及秦事，无不纂录。阴阳、卜筮、占相、医方、族氏、山经、地志、字书、图画、九流、百家、天人之书[30]，及至浮图[31]、老子、外国之说，皆所详悉。又通于当代之务，官府簿书、市井贷钱注记[32]，惟上所使。自秦皇帝及太子扶苏、胡亥、丞相斯、中车府令高[33]，下及国人，无不爱重。又善随人意，正直、邪曲、巧拙，一随其人。虽见废弃，终默不泄[34]。惟不喜武士，然见请，亦时往。累拜中书令[35]，与上益狎[36]，上尝呼为中书君。上亲决事，以衡石自程[37]，虽官人不得立左右，独颖与执烛者常侍，上休方罢。颖与绛人陈玄、弘农陶泓，及会稽褚先生友善[38]，相推致[39]，其出处必偕[40]。上召颖，三人者不待诏，辄俱往，上未尝怪焉。

后因进见，上将有任使，拂拭[41]之，因免冠谢[42]。上见其发秃，又所摹画不能称上意。上嘻笑曰："中书君老而秃，不任吾用。吾尝谓中书君，君今不中书邪？"对曰："臣所谓尽心者[43]。"因不复召，归封邑，终于管城。其子孙甚多，散处中国夷狄，皆冒管城，惟居中山者，能继父祖业。

太史公曰：毛氏有两族。其一姬姓，文王之子，封于毛，所谓鲁、卫、毛[44]、聃者也。战国时有毛公、毛遂[45]。独中山之族，不知其本所出，子孙最为蕃昌[46]。《春秋》之成，见绝于孔子[47]，而非其罪。及蒙将军拔中山之豪，始皇封诸管城，世遂有名，而姬姓之毛无闻。颖始以俘见，卒见任使，秦之灭诸侯，颖与有功，赏不酬劳，以老见疏，秦真少恩哉[48]。

注 释

【1】毛颖，即毛笔，此处借做人名。毛，指兔毛。颖，毛笔的锋毫。中山，战国时诸侯国，以出产紫毫毛笔闻名。

【2】明眎（shì），即兔子。《礼记·曲礼》下："兔曰明眎。"

【3】佐禹治东方土，辅佐夏禹治理东方国土。佐，辅助。

【4】养万物有功，古人将四方与四时相对，春对应东方，春季万物生长，因此说明眎养万物有功。

【5】卯地，古人按照十二地支划分方位，卯地指东方。

【6】十二神，即十二生肖。

【7】吐而生，古代传说兔子是口吐而生，因此上唇开裂。

【8】麑（nóu），刚出生的幼兔。

【9】匿光，隐藏身形于日光下。使物，驱使事物。

【10】姮娥，即嫦娥。《淮南子·览冥训》："羿请不死之药于西王母，姮娥窃以奔月。"又，《初学记·天部》上引《五经通义》："月中有兔，与蟾蜍何？兔，阴也；蟾蜍，阳也，而与兔并明，阴系于阳也。"

【11】朘（jùn），狡兔。西汉刘向《新序·杂事》五："昔者，齐有良兔曰东郭朘，盖一旦而走五百里。"

【12】韩卢，战国时韩国的良犬名。《战国策·齐策三》："齐欲伐魏，淳于髡谓齐王曰：'韩子卢者，天下之疾犬也，东郭逡者，海内之狡兔也。韩子庐逐东郭逡，环山者三，腾山者五，兔极于前，犬废于后，犬兔俱罢，各死其处。'"东汉郑玄注《礼记·少仪》："守犬、田犬问名，畜养者当呼之名，谓若韩卢、宋鹊之属。"

【13】宋鹊，战国时宋国的良犬名。《广雅》："韩卢、宋鹊，犬属。"

【14】醢（hǎi），肉酱。此处作动词，剁为肉酱。

【15】《连山》，夏殷的占卦之术，与殷之《归藏》、周之《周易》，统称《三易》。筮，用蓍草卜卦。

【16】天与人文之兆，自然人事征兆。《易·贲卦第二十二·彖传》："观乎天文，以察时变；观乎人文，以化成天下。"

【17】不角不牙，兔子无角无牙。

【18】衣褐之徒，兔子全身有毛。褐，粗布衣服。

【19】八窍而趺（fū）居，《埤雅·释兽》："盖咀嚼者，九窍而胎生，独兔雌雄八窍。"这是不了解兔子生理结构的妄言。趺，两足交叠而坐。居，通"踞"，蹲。

【20】髦，毛中长毫，此处引申为卓然不群的兔子。

【21】简牍是资，指毛笔是在简牍上书写的工具。

【22】豪，豪杰，此处暗喻兔毫长者。

【23】颖，尖端，此处暗指毛颖是兔毫。

【24】章台官，秦官殿。

【25】此处暗喻将兔毛集聚到一起制成毛笔。

【26】赐之汤沐，古代礼制，诸侯觐见天子前要沐浴斋戒表示虔诚，天子也会赐予封地作为"沐浴之资"。此处暗指将兔毛用热水洗净。

【27】管城，县名，今河南省郑州市。此处也暗制作毛笔必须要用竹管。后人以"管城子"作为毛笔的别名。

【28】强记，记忆力强。便敏，便利敏捷。

【29】结绳之代，相传上古时人们结绳记事。

【30】阴阳，阴阳家的书。卜筮，指占卜的书。占相，指相面的书。医方，医书。族氏，族谱。山经，地理方面的书。地志，地方志。字书，文字之类的书。图画，图册。九流，泛指各流派。百家，指诸子百家。天人之书，天道人事之书，泛指所有书籍。

【31】浮图，梵语词汇，指佛教徒，此指佛教。

【32】官府簿书，官府的文件和簿册。市井货钱注记，商贾交易的货物钱财的账簿。市井，集市。

【33】秦皇帝，秦始皇。太子扶苏，秦始皇长子。胡亥，秦二世，秦始皇次子。丞相斯，李斯。中车府令高，赵高。

【34】默，沉默不语。泄，泄露。

【35】中书令，官名，最初负责执掌文书奏章，后执掌机密政务，唐代时成为中书省长官，为宰相职务。此处暗指毛颖可以用于书写。后人也以"中书君"作为毛笔别名。

【36】狎，亲密。

【37】衡，秤。自程，皇帝自定的每日审阅公文的数量。《史记·秦始皇本纪》："天下之事无小大，皆决于上，上至以衡石量书，日夜有呈，不中呈不得休息。"

【38】绛人陈玄，指墨。唐代绛州产墨，以陈旧者为佳，因此以陈为姓。玄，黑色。弘农陶泓，指砚。唐代虢州弘农产砚台，以陶土烧制，因此以陶为姓。砚台盛水，故取名泓。会稽褚先生，指纸。唐代越州会稽产纸，以楮木为原料，故称褚先生。

【39】相推致，互相推荐延请。

【40】出处，出仕或退隐。暗指笔墨纸砚的使用与搁置。必偕，必定在一起。

【41】拂拭，擦拭。指受到恩宠。

【42】免冠谢，脱帽谢恩，暗指脱下笔帽写字。

【43】臣所谓尽心者，暗指毛笔笔心耗尽。

【44】毛，周朝初年的诸侯国，周文王第九子姬郑封于此，称为毛叔郑。《左传·僖公二十四年》："昔周公吊二叔之不咸，故封建亲戚以蕃屏周。管、蔡、郕、霍、鲁、卫、毛、聃、郜、雍、曹、滕、毕、原、酆、郇，文之昭也。"

杜预注："十六国，皆文王之子也。"

【45】毛公，战国时赵国隐士，后成为信陵君门客，曾劝告信陵君援救魏国。

【46】蕃昌，蕃衍昌盛。

【47】此处指孔子作《春秋》绝笔一事。鲁哀公十四年（公元前481年），鲁国捕获一只麒麟，孔子听闻后十分伤心，认为麒麟只在太平盛世出现，如今却出现在乱世，不得其时而被人捕获，于是哀叹："吾道穷矣！"

【48】此处意为，秦朝灭诸侯，毛颖有功却不被封赏，年老就被疏远，秦始皇实在是刻薄寡恩。

送穷文

韩愈

▌题 解

本文是韩愈仿照汉代文学家扬雄的《逐贫赋》所作的一篇文章。"送穷"是中国民间的风俗，而作者便借这一中国特色风俗，仿照《逐贫赋》"主客对答"的写法，通过主人与"智穷""学穷""文穷""命穷""交穷"五鬼的对话，以幽默的口吻对自己"君子固穷"的形象进行自嘲，抨击了庸俗的人情，抒发了内心的幽愤。文章语言幽默风趣，情节变幻起伏，文字形神兼备。

元和六年正月乙丑晦[1]，主人使奴星结柳作车[2]，缚草为船，载糗舆粮[3]，牛系轭下，引帆上樯[4]。三揖穷鬼而告之曰："闻子行有日矣[5]，鄙人不敢问所涂，窃具船与车，备载糗粮，日吉时良，利行四方，子饭一盂[6]，子啜[7]一觞，携朋挚俦[8]，去故就新，驾尘彍风[9]，与电争先，子无底滞[10]之尤，我有资送之恩，子等有意于行乎？"

屏息潜听，如闻音声，若啸若啼，砉欻嚘嘤[11]，毛发尽竖，竦肩缩颈，疑有而无，久乃可明，若有言者曰："吾与子居，四十年余，子在孩提，吾不子愚，子学子耕，求官与名，惟子是从，不变于初。门神户灵，我叱我呵[12]，包羞诡随[13]，志不在他。子迁南荒，热烁湿蒸，我非其乡[14]，百鬼欺陵。太学四年，朝齑暮盐[15]，唯我保汝，人皆汝嫌。自初及终，未始背汝，心无异谋，口绝行语，于何听闻，云我当去？是必夫子信谗，有间于予也。我鬼非人，安用车船，鼻嗅[16]臭香，糗粮可捐。单独一身，谁为朋俦，子苟备知，可数已不？子能尽言，可谓圣智，情状既露，敢不回避。"

主人应之曰："予以吾为真不知也耶！子之朋俦，非六非四，在十去五，满七除二，各有主张，私立名字，捩手覆羹[17]，转喉触讳[18]，凡所以使吾面目可憎、语言无味者，皆子之志也。——其名曰智穷：矫矫亢亢[19]，恶圆喜方，羞为奸欺，不忍伤害；其次名曰学穷：傲数与名，摘抉杳微[20]，高挹群言，执神之机；又其次曰文穷：不专一能，怪怪奇奇，不可时施，只以自嬉；又其次曰命穷：影与行殊，而丑心妍，利居众后，责在人先；又其次曰交穷：磨肌戛骨[21]，吐出心肝，企足以待，实我仇怨。凡此五鬼，为吾五患，饥我寒我，兴讹造讪[22]，能使我迷，人莫能间，朝悔其行，暮已复然，蝇营狗苟，驱去复还。"

言未毕，五鬼相与张眼吐舌，跳踉偃仆[23]，抵掌顿脚，失笑相顾。徐谓主人曰："子知我名，凡我所为，驱我令去，小黠大痴[24]。人生一世，其久几何，吾立子名，百世不磨。小人君子，其心不同，惟乖于时，乃与天通。携持琬琰[25]，易一羊皮，饫[26]于肥甘，慕彼糠糜[27]。天下知子，谁过于予。虽遭斥逐，不忍于疏，谓予不信，请质诗书。"

主人于是垂头丧气，上手称谢，烧车与船，延之上座。

注 释

【1】元和六年，即 811 年。乙丑，这里指正月三十日。晦，每月最后一天。现代人"送穷"则多在正月初五。

【2】星，奴仆名。结柳作车，用柳条编结成车。

【3】糗（qiǔ），古代的一种干粮，米或麦炒熟后磨制成的粉。粮（zhāng），米粮。

【4】樯，帆船上的桅杆。

【5】行有日矣，过几天就要走。

【6】子饭一盂，请您吃一顿饭。饭，请……吃饭。

【7】啜，请……饮。

【8】俦（chóu），同伴。

【9】旷（kuò）风，大风。旷，张大。

【10】底，停止。滞，逗留。

【11】咠（xū）欨（xū），声音细碎。嘤（yōu）嘤（yīng），声音嘈杂。

【12】我叱我呵，呵斥我。

【13】包羞，忍耻。诡随，假意顺从。

【14】我非其乡，我并非本地鬼。此处指韩愈触怒唐宪宗结果被贬谪到潮州。

【15】朝齑（jī）暮盐，形容饮食清苦。齑，切碎的菜。

【16】齅（xiù），"嗅"的古字。

【17】捩（liè），扭，转。覆羹，将汤羹翻到地上。

【18】转喉，说话。触讳，触犯忌讳。

【19】矫矫，方正。兀兀，高尚。

【20】摘抉，研究。杳，深远。微，微妙。

【21】戞（jiá），敲打。

【22】讹，谣言。讪，毁谤。

【23】跳踉（liáng），跳跃。偃（yǎn），仰面跌倒。仆，俯身跌倒。

【24】黠（xiá），狡黠。痴，呆笨。

【25】琬（wǎn）琰（yǎn），泛指美玉。

【26】饫（yù），饱食。

【27】糠糜（mí），糠粥。

送李愿归盘谷序

韩愈

题 解

本文是韩愈写给友人李愿的一篇赠序。韩愈自十八岁起一直在京师求仕，但十几年间一直不顺利，上书宰相也被置之不理。在长期不受重用的怨恨下，韩愈在送友人李愿回盘谷隐居时写下这篇文章，借以倾吐他的不平之气，并表达了自己对友人隐居生活的美慕。

太行之阳有盘谷。盘谷之间，泉甘而土肥，草木丛茂，居民鲜少。或曰："谓其环两山之间，故曰'盘'。"或曰："是谷也，宅 [1] 幽而势阻，隐者之所盘旋 [2]。"友人李愿居之。

愿之言曰："人之称大丈夫者，我知之矣：利泽施于人，名声昭于时，坐于庙朝，进退百官 [3]，而佐天子出令；其在外，则树旗旄 [4]，罗弓矢 [5]，武夫前呵，从者塞途，供给之人，各执其物，夹道而疾驰。喜有赏，怒有刑。才畯 [6] 满前，道古今而誉盛德，入耳而不烦 [7]。曲眉丰颊，清声而便体 [8]，秀外而惠中，飘轻裾，翳长袖，粉白黛绿者 [9]，列屋而闲居，妒宠而负恃 [10]，争妍而取怜。大丈夫之遇知于天子、用力于当世者之所为也。吾非恶此而逃之，是有命焉，不可幸 [11] 而致也。

"穷居而野处 [12]，升高而望远，坐茂树以终日，濯清泉以自洁。采于山，美可茹 [13]；钓于水，鲜可食。起居无时，惟适之安 [14]。与其有誉于前，孰若无毁于其后；与其有乐于身，孰若无忧于其心。

车服不维^[15]，刀锯不加^[16]，理乱^[17]不知，黜陟^[18]不闻。大丈夫不遇于时者之所为也，我则行之。

"伺候于公卿之门，奔走于形势^[19]之途，足将进而趑趄^[20]，口将言而嗫嚅^[21]，处污秽而不羞，触刑辟^[22]而诛戮，侥幸于万一，老死而后止者，其于为人，贤不肖何如也？"

昌黎韩愈闻其言而壮之，与之酒而为之歌曰："盘之中，维子之宫^[23]；盘之土，维子之稼^[24]；盘之泉，可濯可沿；盘之阻，谁争子所^[25]？窈^[26]而深，廓其有容；缭而曲，如往而复。嗟盘之乐兮，乐且无央；虎豹远迹兮，蛟龙遁藏；鬼神守护兮，呵禁不祥。饮且食兮寿而康，无不足兮奚所望！膏^[27]吾车兮秣吾马，从子于盘兮，终吾生以徜徉！"

注 释

【1】宅，位置。

【2】盘旋，盘桓。

【3】进退，使……进退，即任免。

【4】旗旄（máo），旗帜。高级官员出行，队伍前方要有旗帜开道。

【5】罗弓矢，罗列弓箭以展示威仪。

【6】才畯，才能出众的人。畯，同"俊"。

【7】入耳而不烦，指阿谀的言辞悦耳。

【8】便（pián）体，轻盈的体态。

【9】粉白黛绿，形容女子装扮艳丽。

【10】负恃，依靠，指依靠自己的色艺而藐视他人。

【11】幸，侥幸。

【12】穷居而野处，指居住在闭塞简陋的山野中。

【13】茹，吃。

【14】惟适之安，只以舒适为标准。

【15】车服不维，没有官职的束缚。车服，古代官员出行，不同的品级有不同的马车和服饰标准，此处代指官职。维，束缚、约束。

【16】刀锯不加，刑罚不施于身。刀锯，泛指刑具。

【17】理乱，指国家的安宁与动乱。理，即"治"，避唐高宗李治讳而改用"理"字。

【18】黜陟（zhì），官员的升降。黜，降职。陟，升职。

【19】形势，权势。

【20】趑（zī）趄（jū），犹豫而不敢上前的样子。

【21】嗫嚅（rú），吞吞吐吐，欲言又止的样子。

【22】刑辟（bì），法律与刑罚。

【23】维子之宫，是你居住的房室。

【24】稼，此处指种植农作物用的土地。

【25】所，处所。

【26】窈，幽深的样子。

【27】膏，这里指用油脂润滑马车。

子产不毁乡校颂

韩愈

题 解

本文将"子产不毁乡校"和"周厉王弭谤"两个人们耳熟能详的故事联系起来，进行对比，使人们得到深刻的历史教训。表面上，文章写的是子产的故事，歌颂子产善于治国，实际上也是借古讽今，期盼陷入藩镇割据的唐王朝也能有如此的贤相出现。

我思古人，伊郑之侨[1]。以礼相国，人未安其教；游于乡之校，众口嚣嚣[2]。或谓子产："毁乡校则止。"曰："何患焉？可以成美。夫岂多言，亦各其志[3]：善也吾行，不善吾避；维善维否，我于此视。川不可防，言不可弭。下塞上聋，邦其倾矣。"既乡校不毁，而郑国以理。

在周之兴，养老乞言[4]；及其已衰，谤者使监[5]。成败之迹，昭哉可观。

维是子产，执政之式[6]。维其不遇，化止一国。诚率此道，相天下君；交畅旁达，施及无垠，於虖[7]！四海所以不理，有君无臣。谁其嗣之[8]？我思古人！

注 释

【1】伊，语气助词，无义。侨，子产名侨。

【2】嚣嚣，喧哗的声音。

【3】亦各其志，"亦各言其志"。

【4】养老乞言，周代曾经奉养一些年老又有声望的人，请他们提出治国理政方面的意见。

【5】此处指周厉王弭谤一事。详见《邵公谏厉王弭谤》一文。

【6】式，范式。

【7】於（wū）虖，即"呜呼"。

【8】《左传·襄公三十年》记载，子产从政三年，舆人诵之曰："我有子弟，子产诲之；我有田畴，子产殖之。子产而死，谁其嗣之？"

柳子厚墓志铭

韩愈

题 解

本文作于元和十五年（820年），当时韩愈任袁州刺史。韩愈与柳宗元志同道合，友情深厚，他们共同倡导的"古文运动"在唐代文坛产生了极大影响。元和十四年（819年），柳宗元逝世，韩愈作下多篇文字表示哀悼，本文是其中较有代表性的一篇。本文综述柳宗元家世、文章等各方面，着重论述他在柳州的政绩和文学创作，对他的品行表示称赞，对他长期被贬谪的遭遇表示同情。韩愈将哀悼思念之情寄托于文中，酣畅淋漓，充分抒发了作者的心情。

　　子厚，讳宗元[1]。七世祖庆，为拓跋魏侍中，封济阴公[2]。曾伯祖奭，为唐宰相，与褚遂良、韩瑗俱得罪武后，死高宗朝[3]。皇考[4]讳镇，以事母弃太常博士[5]，求为县令江南。其后以不能媚权贵[6]，失御史。权贵人死[7]，乃复拜侍御史[8]。号为刚直[9]，所与游皆当世名人[10]。

　　子厚少精敏，无不通达。逮其父时[11]，虽少年，已自成人，能取进士第[12]，崭然见头角。众谓柳氏有子矣。其后以博学宏词[13]，授集贤殿正字。俊杰廉悍[14]，议论证据今古[15]，出入[16]经史百子，踔厉风发[17]，率常屈其座人。名声大振，一时皆慕与之交。诸公要人，争欲令出我门下[18]，交口荐誉之。

　　贞元十九年，由蓝田尉拜监察御史。顺宗即位，拜礼部员外郎。遇用事者得罪[19]，例出为刺史[20]。未至，又例贬永州司马[21]。居闲[22]，益自刻苦，务记览，为词章，泛滥停蓄[23]，为深博无涯涘[24]。而自肆于山水间。

　　元和中，尝例召至京师；又偕出[25]为刺史，而子厚得柳州。既至，叹曰："是岂不足为政邪？[26]"因其土俗，为设教禁，州人顺赖[27]。其俗以男女质[28]钱，约不时赎[29]，子本相侔[30]，则没为奴婢。子厚与设方计[31]，悉令赎归。其尤贫力不能者，令书其佣[32]，足相当，则使归其质。观察使下其法[33]于他州，比一岁，免而归者且千人。衡湘以南为进士者，皆以子厚为师，其经承子厚口讲指画为文词者，悉有法度可观。

　　其召至京师而复为刺史也，中山刘梦得禹锡[34]亦在遣中，当诣播州。子厚泣曰："播州非人所居，而梦得亲在堂[35]，吾不忍梦得之穷，无辞以白其大人[36]；且万无母子俱往理。"请于朝，将拜疏[37]，愿以柳易播[38]，虽重得罪[39]，死不恨。遇有以梦得事白上者[40]，梦得于是改刺连州。呜呼！士穷乃见节义。今夫平居里巷相慕悦，酒食游戏相徵逐[41]，诩诩强笑语以相取下[42]，握手出肺肝相示[43]，指天日涕泣，誓生死不相背负[44]，真若可信；一旦临小利害，仅如毛发比[45]，反眼若不相识。落陷阱[46]，不一引手救，反挤之，又下石焉者，皆是也。此宜禽兽夷狄所不忍为，而其人自视以为得计。闻子厚之风，亦可以少愧矣。

子厚前时少年，勇于为人[47]，不自贵重顾籍[48]，谓功业可立就，故坐废退[49]。既退，又无相知有气力得位者推挽[50]，故卒死于穷裔[51]。材不为世用，道不行于时也。使子厚在台省[52]时，自持其身，已能如司马刺史时，亦自不斥；斥时，有人力能举之，且必复用不穷。然子厚斥不久，穷不极，虽有出于人，其文学辞章，必不能自力，以致必传于后如今，无疑也。虽使子厚得所愿，为将相一时[53]，以彼易此，孰得孰失，必有能辨之者。

子厚以元和十四年十一月八日卒[54]，年四十七。以十五年七月十日，归葬万年先人墓侧[55]。子厚有子男二人：长曰周六，始四岁；季曰周七[56]，子厚卒乃生。女子二人，皆幼。其得归葬也，费皆出观察使河东裴君行立[57]。行立有节概，重然诺[58]，与子厚结交，子厚亦为之尽，竟赖其力。葬子厚于万年之墓者，舅弟卢遵[59]。遵，涿人，性谨慎，学问不厌。自子厚之斥，遵从而家[60]焉，逮其死不去。既往葬子厚，又将经纪其家，庶几有始终者。

铭曰："是惟子厚之室[61]，既固既安，以利其嗣人。"

注 释

【1】柳宗元字子厚。古代墓志铭按照惯例应称死者官位，因韩愈与柳宗元交好，故称字。讳，生者称名，死者称讳。

【2】七世，指柳宗元七世祖柳庆，北魏时任侍中，北周时封平齐公，其子柳旦封济阴公，此处是作者所记有误。拓跋魏，即北魏，北魏皇室姓拓跋。

【3】曾伯祖奭（shì），即柳奭，字子燕，柳旦之孙，柳宗元高祖子夏之兄，此处作者误记，应为高伯祖。唐太宗时，柳奭任中书舍人，后因外甥女王氏（即后来的王皇后）成为太子妃，擢升兵部侍郎；唐高宗时累官至中书令，相当于宰相。武则天谋废王皇后时，韩瑗与褚遂良力争，结果被武则天诬陷柳奭、韩瑗和褚遂良将要谋反，被杀。褚遂良，唐代书法家，受唐太宗遗诏辅政，后因阻止高宗立武则天为后而被贬，忧愤而死。韩瑗（yuàn），字伯玉，官至侍中，为救褚遂良，也被贬黜。

【4】皇考，古人称呼自己先祖为皇考，宋代起才仅用于称呼先帝。此处指先父。

【5】太常博士，柳镇曾辅佐郭子仪镇守朔方，后调长安，因母亲病逝守丧。柳镇被任命为太常博士时，他因有尊老孤弱在吴，再三辞谢，表示愿担任宣城令。此处作者所记有误。

【6】权贵，指宰相窦参。柳镇曾任殿中侍御史，因不肯与窦参诬陷侍御史穆赞，后又为穆赞平反冤狱，被窦参忌恨而陷害贬官。

【7】此处指窦参因罪被贬，第二年被唐德宗赐死。

【8】侍御史，御史台的属官，职掌纠察百僚，审讯案件。

【9】号为刚直，柳镇曾任晋州录事参军，晋州太守骄悍好杀戮，官吏不敢相争，只有柳镇敢于据理力争。

【10】柳宗元《先君石表阴先友记》记载，他的父亲相与交游者计六十七人，书于墓碑之阴，并说："先君之所与友，凡天下善士举集焉。"

【11】逮（dài）其父时，在他父亲在世的时候。柳镇在江南任官，柳宗元与其母留在长安。十二三岁时，柳宗元前往南方投奔父亲。柳宗元二十一岁时，柳镇卒。

【12】贞元九年（793年），柳宗元进士及第，时年二十一岁。

【13】博学宏词，唐代科举科目名。柳宗元于贞元十二年（796年）中博学宏词科，年二十四。

【14】廉悍，方正、廉洁和坚毅有骨气。

【15】证据今古，引据今古事例作证。

【16】出入，深入浅出。

【17】踔（chuō）厉风发，议论纵横，言辞奋发，见识高远。

【18】令出我门下，想要他做自己的门生。唐代时，考中的进士称主考官为座主，结为师徒，而这也成为晚唐党争的源头。

【19】用事者，指当时掌权的王叔文。唐顺宗时，王叔文实行改革，得罪宦官藩镇，后来宦官逼迫唐顺宗禅位给唐宪宗，并将王叔文及其他参与改革的官员一同罢黜。当时柳宗元也参与了改革，和其他七人一同被贬为司马，号称"八司马"。

【20】例出，按规定遣出。永贞元年（805年），柳宗元被贬为邵州刺史。

【21】例贬，依照规定贬官。司马本是掌管一州军事的副职，后来成为虚职，无实权。

【22】居闲，指公事清闲。

【23】泛滥，文笔汪洋恣肆。停蓄，文笔雄厚凝练。

【24】无涯涘（sì），无边际。

【25】偕出，元和十年（815年），柳宗元等"八司马"同时被召回长安，随后又被外放。

【26】是岂不足为政邪，这里就不值得实施政教吗？

【27】顺赖，顺从信赖。

【28】质，抵押。

【29】不时赎，不按时赎取。

【30】子，利息。本，本金。相侔（móu），相等。

【31】与设方计，为债务人想办法。

【32】书，记下。佣，当雇工。此处指当雇工以工资偿还。

【33】下其法，推行赎回人质的办法。

【34】刘梦得禹锡，刘禹锡字梦得。刘禹锡为彭城人，郡望中山，是汉景帝之子中山靖王刘胜的后裔。刘禹锡是"八司马"之一，被贬官播州刺史。

【35】亲在堂，母亲健在。

【36】大人，父母。

【37】拜疏，上呈奏章。

【38】以柳易播，指以柳州刺史替换播州刺史，让刘禹锡去柳州。

【39】重（chóng）得罪，再加一重罪。

【40】此处指御史中丞裴度、崔群上疏为刘禹锡陈情一事。

【41】徵，约之来。逐，随之去。徵逐，往来频繁。

【42】诩诩（xǔ），夸大的样子，讨好取媚的样子。取下，指采取谦下的态度。

【43】出肺肝相示，形容诚恳坦白。

【44】背负，背叛，变心。

【45】如毛发比，形容事情细微。

【46】陷阱（jǐng），圈套。

【47】为人，助人。有学者研究认为，韩愈并不赞同王叔文改革，因此认为柳宗元参与改革是不合适的行为。

【48】顾籍，顾惜。

【49】废退，指远谪边地，不用于朝廷。

【50】有气力，身居高位的人。推挽，推举提携。

【51】穷裔，穷困的边远地方。

【52】台省，御史台和尚书省，指朝廷中枢。

【53】"八司马"之中，只有程异后来得到李巽推荐，位至宰相，但很快便病逝，没有什么政绩。这里以程异作比。

【54】元和十四年，即819年。十一月八日，一作"十月五日"。

【55】万年县之栖凤原是柳氏祖坟。

【56】周七，即柳告，字用益，柳宗元遗腹子。

【57】裴行立，时任桂管观察使，是柳宗元的上司。

【58】重然诺，看重许下的诺言。

【59】卢遵，柳宗元舅父之子。

【60】从而家，跟从柳宗元，以柳宗元家为己家。

【61】室，幽室，即墓穴。

编者注

柳宗元出身名门河东柳氏，二十一岁便进士及第，不到三十岁就已经官居正六品蓝田尉，后来又能接触到帝师王叔文等人。可以说，青年柳宗元的政治生涯是一帆风顺的。

但这种一帆风顺的局面在永贞革新失败后被彻底扭转了。柳宗元被认为是阿附权柄的小人，直接贬谪到偏远的永州去。自此，柳宗元的政治生涯在实质上已经宣告完结，而他的心境也逐渐从原本的意气风发转向无奈与幽愤。这种情感，在他的作品中多有体现。如《夏昼偶作》《夏初雨后寻愚溪》等诗作，均是在宁静的生活中隐藏着深深的寂寞感；而《晨诣超师院读禅经》则是在烦恼之中借佛学以求逃避；至营造孤寂气氛最为强烈的《江雪》，其中的苦闷、孤独之情更是溢于言表。永州十年中，柳宗元又经历了多重打击，如母亲、女儿以及当初一同进行变革的二王等人相继死去，而国家也陷入内忧外患之中，柳宗元空有一腔热血，却是报国无门。于是，他的诗文之中，逃避的痕迹越发明显。

但在逃避与苦闷之后，柳宗元却又缓缓地站了起来，开始平和地面对现实。他开始着手发展柳州，政绩斐然；而在他的诗文中，永州时期的愁云惨淡则逐渐转变为在平淡之中不经意间流露的酸楚。他的内心仍然充斥着寂寞，但他已不再如永州时期那般悲愤，而是平淡地将自己所见到的景色描绘出来。

最终，在大赦的诏书还未送达之前，由于长期的孤寂、悲愤而重病缠身的柳宗元便去世了。孤寂与悲愤摧残了他的身体，让他的理想全部化为泡影；但这份复杂的感情却在他的文学作品中淋漓尽致地展现出来。

驳复仇议

柳宗元

柳宗元，字子厚，河东（现山西省永济市）人，唐宋八大家之一，唐代文学家、思想家，世称"柳河东"，与韩愈并称"韩柳"，官居柳州刺史而称为"柳柳州"。柳宗元出身官宦家庭，二十一岁进士及第，名声大振。后来参加王叔文改革，因宦官阻挠而失败，被贬为韶州刺史，赴任途中加贬为永州司马。后又奉诏回京，旋即被贬为柳州刺史。元和十四年（819年）大赦，宪宗召柳宗元回京，诏书未及送达，柳宗元便在柳州逝世。

柳宗元是古文运动的有力支持者，一生创作诗文数百篇，散文论说性强，词句严谨；寓言小品短小精练而寓意深远；游记则多有所寄托，情景交融，是山水游记之宗。苏轼将他与陶渊明相比，"所贵乎枯谈者，谓其外枯而中膏，似淡而实美，渊明、子厚之流是也。"

题 解

本文是柳宗元任礼部员外郎时所作的一篇驳论性的奏议，反驳初唐文学家陈子昂的《复仇议》。武则天时，下邽人徐元庆的父亲被县吏赵师韫所杀，后来赵师韫升任御史，徐元庆便隐姓埋名藏身于驿站。后来赵师韫路过驿站，徐元庆便趁机将他杀死。陈子昂《复仇议》认为，徐元庆应该处死，但是他为父报仇应予以表彰，还应将此事编入律令。本文则认为，陈子昂的观点，不仅赏罚不明，而且自相矛盾。徐元庆的做法既符合礼义，又符合法律，因此应该给予充分的肯定。一方面，本文强调的是封建礼义与法律的一致性；另一方面，本文在吏治腐败的封建社会也有一定的进步意义。

臣伏见天后时 [1]，有同州下邽 [2] 人徐元庆者，父爽为县吏赵师韫所杀，卒能手刃父仇，束身归罪。当时谏臣陈子昂建议诛之而旌其闾 [3]；且请"编之于令，永为国典"。臣窃独过 [4] 之。

臣闻礼之大本，以防乱也。若曰无为贼虐，凡为子者 [5] 杀无赦。刑之大本，亦以防乱也。若曰无为贼虐，凡为理者杀无赦。其本则合，其用则异，旌与诛莫得而并焉。诛其可旌，兹谓滥；黩刑 [6]

甚矣。旌其可诛，兹谓僭[7]；坏礼甚矣。果以是示于天下，传于后代，趋义者不知所向，违害者不知所立，以是为典可乎？盖圣人之制，穷理以定赏罚，本情以正褒贬，统于一而已矣。

向使刺谳[8]其诚伪，考正其曲直，原始而求其端，则刑礼之用，判然离矣。何者？若元庆之父，不陷于公罪，师韫之诛，独以其私怨，奋其吏气，虐于非辜，州牧不知罪，刑官不知问，上下蒙冒[9]，吁号不闻；而元庆能以戴天[10]为大耻，枕戈[11]为得礼，处心积虑，以冲仇人之胸，介然自克[12]，即死无憾，是守礼而行义也。执事者宜有惭色，将谢之不暇，而又何诛焉？

其或元庆之父，不免于罪，师韫之诛，不愆[13]于法，是非死于吏也，是死于法也。法其可仇乎？仇天子之法，而戕[14]奉法之吏，是悖骜[15]而凌上也。执而诛之，所以正邦典，而又何旌焉？

且其议曰："人必有子，子必有亲，亲亲相仇，其乱谁救？"是惑于礼也甚矣。礼之所谓仇者，盖其冤抑沉痛而号无告也；非谓抵罪触法，陷于大戮。而曰"彼杀之，我乃杀之"。不议曲直，暴寡胁弱而已。其非经背圣，不亦甚哉！

《周礼》："调人，掌司万人之仇。凡杀人而义者，令勿仇；仇之则死。有反杀者，邦国交仇之。[16]"又安得亲亲相仇也？《春秋公羊传》曰："父不受诛，子复仇可也。父受诛，子复仇，此推刃之道，复仇不除害。[17]"今若取此以断两下相杀，则合于礼矣。且夫不忘仇，孝也；不爱死，义也。元庆能不越于礼，服孝死义，是必达理而闻道者也。夫达理闻道之人，岂其以王法为敌仇者哉？议者反以为戮，黩刑坏礼，其不可以为典，明矣。

请下臣议附于令。有断斯狱者，不宜以前议从事。谨议。

注　释

【1】伏见，看到。古时下级对上级进行陈述时的敬辞。天后，武则天。

武则天晚年被迫退位，被尊为"则天大圣皇帝"；驾崩后，遗诏省去帝号，称"则天大圣皇后"。后来又改称"天后""大圣天后"。

【2】同州，辖境相当于今陕西省大荔、合阳、韩城、澄城、白水等县一带。下邽（guī），县名，今陕西省渭南县。

【3】陈子昂，字伯玉，初唐文学家。武后时曾任右拾遗，为谏诤之官。旌，表彰。闾，里巷的大门，此处代指乡里。

【4】过，此处作动词，认为……是错误的。

【5】汉代时随着儒家成为正统，封建宗法制及其道德核心——孝，也开始与国家法律相互融合。汉朝实行"孝悌力田"和"举孝廉"等制度对孝子进行奖励；实行"子贼杀伤父母……枭其首市"（张家山汉简《二年律令·贼律》）等严刑峻法限制不孝行为；对于包庇父母罪行的行为予以宽恕。东晋时，又开创了"存留养亲"的先例，对于家中父母无人赡养的罪犯予以减刑、免刑或缓刑。

而对于本文中提到的"血亲复仇"，汉代时就曾引起争议。汉初，高祖刘邦规定"杀人者死"；到汉光武帝时，由于为父母报仇杀人之风盛行，汉光武帝也曾令禁止。但仅仅过了几十年，汉章帝就在一个个案中下诏赦免为父报仇的杀人者，又颁布《轻侮法》使此特赦成为定例。此法在朝野之中引起了巨大争议，最终在汉和帝时被废。此后虽然历朝历代都对复仇有着一定的限制，但对复仇之人往往不能按照法律进行处理，而是由国家进行特赦。若曰无为贼虐，如果说不允许贼子肆虐，不允许用私刑。凡为子者，这一类为父报仇的儿子。

【6】黩刑，滥用刑法。黩，轻率。

【7】僭，超出本分。

【8】刺谳（yàn），审理判罪。

【9】蒙冒，蒙蔽与包庇。

【10】戴天，头上顶着天，与仇敌生活在同一片天空之下。《礼记·曲礼上》："父之仇，弗与共戴天。"

【11】枕戈，睡觉时枕着兵器，形容随时想着报仇。

【12】介然，坚定的样子。自克，自我控制。

【13】愆（qiān），过错。

【14】戕（qiāng），杀害。

【15】悖骜（ào），桀骜不驯。骜，傲慢。

【16】此句见于《周礼·地官司徒》："调人掌司万民之难而谐和之。……凡杀人有反杀者，使邦国交仇之。凡杀人而义者，不同国，令勿仇，仇之则死。"

【17】此句见于《春秋公羊传·定公四年》："父不受诛，子复仇可也。父受诛，子复仇，推刃之道也。"推刃，往来相杀。

编者注

在古代法律制度还未健全时，以情代法、情大于法的事情时有发生；而在中国这个尤其重视家族与亲情的国家，情大于法更是有着与其他国家不同的表现形式。

比如"亲亲相隐"制度，自从在《论语》中出现后，历朝历代的法律都有相关的规定。如以法立国的秦朝，就规定子女告发父母和仆人告发主人的"非公室告"案件不予受理，断绝了子告父、仆告主的可能。到了汉代，更是以诏令的形式确定了"亲亲相隐"的正当性。而到了隋唐时期，"亲亲相隐"的制度趋于完善，"情"与"法"也最终完成了融合。类似于"亲亲相隐"的制度还有很多，有的由于负面影响过大而废除（如本文涉及的"血亲复仇"），有的则最终与法律相互融合。这种情况，直到中华人民共和国成立，法律制度逐渐完善后才彻底得到改观。

事实上，由于中国长期处于封建统治的政治环境下，封建家长拥有着极大的权威性，而封建宗法制度更是封建社会的根基。如果坚持"法大于情"，不仅侵犯了封建家长的权威，更动摇了封建宗法制的基础。在封建制社会中，人们逐渐养成了"无讼"的习惯，无论大事小情，都是依靠一位能够得到双方承认的人的调解来解决，少有"对簿公堂"的情况出现。这种"无讼"的习惯，对中华民族的影响极其深远。

捕蛇者说

柳宗元

题 解

唐顺宗时，柳宗元参与了王叔文发起的永贞革新，后因宦官藩镇阻挠而失败，唐顺宗被迫退位，王叔文被赐死，柳宗元也被贬为永州司马。柳宗元在永州十年间，目睹了当地人民的悲惨生活，深感官吏的横征暴敛对百姓压迫深重，于是借永州出产的毒蛇为题，创作了这篇《捕蛇者说》，以针砭时弊，深刻地揭露了严重的社会问题。

永州[1]之野产异蛇：黑质而白章，触草木尽死；以啮人，无御[2]之者。然得而腊之以为饵[3]，可以已大风、挛踠、瘘疠，去死肌，杀三虫[4]。其始太医以王命聚之，岁赋其二[5]。募有能捕之者，当其租入。永之人争奔走焉。

有蒋氏者，专其利三世矣。问之，则曰："吾祖死于是，吾父死于是，今吾嗣为之十二年，几死者数矣。"言之貌若甚戚者。余悲之，且曰："若毒[6]之乎？余将告于莅事者[7]，更若役，复若赋，则何如？"蒋氏大戚，汪然出涕，曰："君将哀而生之乎？则吾斯役之不幸，未若复吾赋不幸之甚也。向吾不为斯役，则久已病矣。自吾氏三世居是乡，积于今六十岁矣。而乡邻之生日蹙[8]，殚其地之出，竭其庐之入。号呼而转徙，饿渴而顿踣[9]。触风雨，犯寒暑，呼嘘毒疠[10]，往往而死者，相藉也。曩与吾祖居者，今其室十无一焉。与吾父居者，今其室十无二三焉。与吾居十二年者，今其室十无四五焉。非死即徙尔，而吾以捕蛇独存。悍吏之来吾乡，叫嚣乎东西，隳突乎南北；哗然而骇者，虽鸡狗不得宁焉。吾恂恂[11]

而起，视其缶，而吾蛇尚存，则弛然^[12]而卧。谨食之，时而献焉。退而甘食其土之有，以尽吾齿。盖一岁之犯死者二焉，其余则熙熙^[13]而乐，岂若吾乡邻之旦旦有是哉。今虽死乎此，比吾乡邻之死则已后矣，又安敢毒耶？"

余闻而愈悲，孔子曰："苛政猛于虎也！^[14]"吾尝疑乎是，今以蒋氏观之，犹信。呜呼！孰知赋敛之毒，有甚于是蛇者乎！故为之说，以俟夫观人风^[15]者得焉。

注　释

【1】永州，在今湖南省永州市。柳宗元在永贞革新失败后被贬到永州任司马。

【2】御，抵挡。

【3】得而腊（xī）之，抓到并把它的肉晾干。腊，干肉，此处作动词，晒干。饵，糕饼，此处指药饵。

【4】大风，麻风病。挛踠（wǎn），手脚弯曲不能伸展。瘘（lòu），脖子肿。疠（lì），毒疮、恶疮。去死肌，去除腐肉。三虫，泛指寄生虫。

【5】赋，征收赋税。二，两次。

【6】毒，怨恨。

【7】莅事者，管理政事的人，此处指地方官。

【8】蹙（cù），窘迫。

【9】顿踣（bó），因劳累而跌倒在地。

【10】疠，此处指瘴气。古人认为南方地区气候湿热，草木及禽兽的尸体容易腐烂而滋生细菌，因此形成毒气，吸入毒气就会使人生病。现代医学则认为，瘴气是由于气候湿热形成的水雾，其中夹杂携带大量病菌的蚊虫，这些蚊虫叮咬人畜就会传播疟疾等传染病。由于古人不了解这一原理，且大群蚊虫聚集远看形状类似于毒气，因此称为瘴气。

【11】恂恂（xún），小心谨慎的样子。

【12】弛然，放心的样子。

【13】熙熙，快乐的样子。

【14】此句见于《礼记·檀弓下》："小子识之，苛政猛于虎也。"

【15】人风，即民风。唐代时为避唐太宗李世民讳，以"人"字代替"民"字。

种树郭橐驼传

柳宗元

题 解

本文是一篇兼有寓言与政论性质的传记文，通过讲述种树者郭橐驼的种树之道，对各种扰民、伤民的行为进行讽刺。中唐时，各地藩镇势力越发强盛，多有叛乱之事发生，且各地藩镇大多自行征收赋税而不上交朝廷，各地豪强地主也不断加强对土地的兼并。在这种情况下，农民不仅要缴纳正常赋税，还要缴纳各地军政长官摊派下的各类杂税，这为农民的生活带来了严重的负担。本文针对这一情况，通过郭橐驼对于种树之道的记述，指出为官者应该注重"养人"，要减少那些扰民的行为。

郭橐驼[1]，不知始何名。病瘘[2]，隆然伏行[3]，有类橐驼者，故乡人号之"驼"。驼闻之，曰："甚善。名我固当。"因舍其名，亦自谓橐驼云。

其乡曰丰乐乡，在长安西。驼业种树，凡长安豪富人为观游[4]及卖果者，皆争迎取养[5]。视驼所种树，或移徙，无不活，且硕茂，早实以蕃[6]。他植者虽窥伺效慕[7]，莫能如也。

有问之，对曰："橐驼非能使木寿且孳[8]也，能顺木之天[9]，以致其性焉尔。凡植木之性，其本欲舒，其培[10]欲平，其土欲故，其筑欲密。既然已，勿动勿虑，去不复顾。其莳[11]也若子，其置也若弃，则其天者全而其性得矣。故吾不害其长而已，非有能硕茂之也；不抑耗其实而已，非有能早而蕃之也。他植者则不然，根拳而土易[12]，其培之也，若不过焉则不及。苟有能反是者，则又爱之太恩[13]，忧之太勤，且视而暮抚，已去而复顾，甚者爪[14]其肤以验其生枯，摇其本以观其疏密，而木之性日以离矣。虽曰爱之，其实害之；虽曰忧之，其实仇之，故不我若也。吾又何能为哉！”

问者曰：“以子之道，移之官理[15]，可乎？”驼曰：“我知种树而已，官理，非吾业也。然吾居乡，见长人者好烦[16]其令，若甚怜焉，而卒以祸。旦暮吏来而呼曰：‘官命[17]促尔耕，勖[18]尔植，督尔获，早缫而绪[19]，早织而缕[20]，字[21]而幼孩，遂[22]而鸡豚。’鸣鼓而聚之，击木[23]而召之。吾小人辍飧饔[24]以劳吏者，且不得暇，又何以蕃吾生而安吾性耶[25]？故病且怠。若是，则与吾业者其亦有类乎？”

问者曰：“嘻，不亦善夫！吾问养树，得养人术。”传[26]其事以为官戒。

注　释

【1】橐（tuó）驼，骆驼。此处指驼背。

【2】病瘘（lòu），患了驼背的病。

【3】伏行，脊背突起而弯腰行走。

【4】为，经营。观游，园林游览。

【5】取养，雇用。

【6】早实，早结果实。实，此处作动词，结果实。蕃，多。

【7】窥伺，偷偷地察看。效慕，仿效。

【8】寿且孳（zī），长寿且茂盛。孳，繁殖。

【9】天，天性，自然生长规律。

【10】培，培土。

【11】莳（shì），栽种。

【12】根拳，树根拳曲。土易，更换新土。

【13】恩，有情义，此处引申为情感深厚。

【14】爪，作动词，抓破树皮。

【15】官理，为官治民。理，治理。唐代为避唐高宗李治讳，改"治"为"理"。

【16】长（zhǎng）人者，为人长者，指地方官。唐代小县长官称为"长"。烦，作动词，使繁多。

【17】官命，官府的命令。

【18】勖（xù），勉励。

【19】缫（sāo），煮茧抽丝。绪，丝头。缫而绪，指纺织丝线。

【20】早织而缕，早点纺好你们的线。缕，线。

【21】字，养育。

【22】遂，顺利地成长。

【23】木，这里指木梆。

【24】小人，平民百姓。辍飧（sūn）饔（yōng），不吃饭。辍，停止。飧，晚饭。饔，早饭。

【25】蕃吾生，繁衍我们的生命，即使人丁兴旺。安吾性，安定我们的生活。性，生命。

【26】传，作传。

段太尉逸事状

柳宗元

题 解

本文是柳宗元贬谪永州时，为当时在史馆修史的韩愈作参考的。唐德宗建中四年（783 年）十月，泾原节度使姚令言的部队在长安哗变，唐德宗出逃，原卢龙节度使朱泚被叛军拥立为帝。时任司农卿的段秀实与其余大臣合谋刺杀朱泚，又在朝会时突然用笏猛击朱泚的头部，唾面大骂朱泚

"狂贼"，最终却因无人相助而遇害。柳宗元十分敬仰他的义举，又对当时朝中散布的"武人一时奋不虑死，以取名天下"的流言感到十分愤慨，因此摘录段秀实生前三则轶事，生动地渲染出了段秀实的刚勇形象，使谣言不攻自破。

　　太尉[1]始为泾州刺史时，汾阳王以副元帅居蒲[2]。王子晞为尚书[3]，领行营节度使，寓军[4]邠州，纵士卒无赖[5]。邠人偷嗜暴恶者，卒以货窜名军伍中，则肆志，吏不得问。日群行丐取于市，不嗛[6]，辄奋击折人手足，椎釜鬲瓮盎[7]盈道上，袒臂徐去，至撞杀孕妇人。邠宁节度使白孝德[8]以王故，戚不敢言。

　　太尉自州以状白[9]府，愿计事。至则曰："天子以生人付公理[10]，公见人被暴害，因恬然。且大乱，若何？"孝德曰："愿奉教。"太尉曰："某为泾州，甚适，少事；今不忍人无寇暴死，以乱天子边事。公诚以都虞候[11]命某者，能为公已乱，使公之人不得害。"孝德曰："幸甚！"如太尉请。

　　既署一月，晞军士十七人入市取酒，又以刃刺酒翁，坏酿器，酒流沟中。太尉列卒取十七人，皆断头注槊上，植市门外。晞一营大噪，尽甲。孝德震恐，召太尉曰："将奈何？"太尉曰："无伤也！请辞于军。"孝德使数十人从太尉，太尉尽辞去。解佩刀，选老躄[12]者一人持马，至晞门下。甲者出，太尉笑且入曰："杀一老卒，何甲也？吾戴吾头来矣！"甲者愕。因谕曰："尚书固负若属耶？副元帅固负若属耶？奈何欲以乱败郭氏？为白尚书，出听我言。"晞出见太尉。太尉曰："副元帅勋塞天地，当务始终。今尚书恣卒为暴，暴且乱，乱天子边，欲谁归罪？罪且及副元帅。今邠人恶子弟以货窜名军籍中，杀害人，如是不止，几日不大乱？大乱由尚书出，人皆曰尚书倚副元帅，不戢士[13]。然则郭氏功名，其与存者几何？"

言未毕，晞再拜曰："公幸教晞以道，恩甚大，愿奉军以从。"顾叱左右曰："皆解甲散还火伍中，敢哗者死！"太尉曰："吾未晡食，请假设[14]草具。"既食，曰："吾疾作，愿留宿门下。"命持马者去，旦日来。遂卧军中。晞不解衣，戒候卒击柝[15]卫太尉。旦，俱至孝德所，谢不能，请改过。邠州由是无祸。

先是，太尉在泾州为营田官[16]。泾大将焦令谌取人田，自占数十顷，给与农，曰："且熟，归我半。"是岁大旱，野无草，农以告谌。谌曰："我知入数而已，不知旱也。"督责益急，农且饥死，无以偿，即告太尉。太尉判状辞甚巽[17]，使人求谕谌。谌盛怒，召农者曰："我畏段某耶？何敢言我！"取判铺背上，以大杖击二十，垂死，舆来庭中。太尉大泣曰："乃我困汝！"即自取水洗去血，裂裳衣疮，手注善药，旦夕自哺农者，然后食。取骑马卖，市谷代偿，使勿知。

淮西寓军帅尹少荣，刚直士也。入见谌，大骂曰："汝诚人耶？泾州野如赭[18]，人且饥死；而必得谷，又用大杖击无罪者。段公，仁信大人也，而汝不知敬。今段公唯一马，贱卖市谷入汝，汝又取不耻。凡为人傲天灾、犯大人、击无罪者，又取仁者谷，使主人出无马，汝将何以视天地，尚不愧奴隶耶！"谌虽暴抗，然闻言则大愧流汗，不能食，曰："吾终不可以见段公！"一夕，自恨死。

及太尉自泾州以司农征[19]，戒其族："过岐，朱泚[20]幸致货币，慎勿纳。"及过，泚固致大绫三百匹。太尉婿韦晞坚拒，不得命。至都，太尉怒曰："果不用吾言！"晞谢曰："处贱无以拒也。"太尉曰："然终不以在吾第。"以如司农治事堂，栖之梁木上。泚反，太尉终，吏以告泚，泚取视，其故封识具存。

太尉逸事如右。元和九年[21]月日，永州司马员外置同正员柳宗元谨上史馆。

今之称太尉大节者出入[22]，以为武人一时奋不虑死，以取名天下，不知太尉之所立如是。宗元尝出入岐周邠斄间[23]，过真定，北上马岭，历亭障堡戍，窃好问老校退卒，能言其事。太尉为人姁姁[24]，常低首拱手行步，言气卑弱，未尝以色[25]待物；人视之，儒者也。遇不可，必达其志，决非偶然者。会州刺史崔公来，言信行直，备得太尉遗事，覆校无疑，或恐尚逸坠，未集太史氏，敢以状私于执事。谨状。

注　释

【1】太尉，段太尉，名秀实，字成公。唐汧阳（今陕西省千阳县）人。累官至司农，死后追赠太尉，因此称段太尉。

【2】汾阳王，即郭子仪，唐代军事家。因平定安史之乱有大功，官至太尉、中书令，封汾阳郡王，唐德宗尊其为"尚父"，世称"郭令公"。此处所说"以副元帅居蒲"指唐代宗广德二年（764年），郭子仪以司徒、中书令身份充任单于镇北大都护、朔方节度大使、河中节度观察使、河中尹、关内河东副元帅，出镇河中。

【3】王子晞，郭晞，郭子仪第三子，常年随父在外征战，屡立战功，历任御史大夫等职，又袭封郭子仪爵位为赵国公。广德二年，郭晞奉命率军支援邠州，抵御吐蕃入侵，大破吐蕃。另，《资治通鉴》胡三省注："据《实录》，时晞官为左常侍，宗元云尚书，误也。"

【4】寓军，在辖区之外驻军。

【5】无赖，此处指劫掠。

【6】嗛（qiè），通"慊"，满足。

【7】鬲（lì），一种像鼎一样的烹饪器。盎，腹大口小的容器。

【8】白孝德，安西（治所在今新疆库车县）人，李光弼部将，屡立战功，封昌化郡王。

【9】状，一种陈述事实的文书。白，秉告。

【10】生人，生民，百姓。理，治。此处避唐太宗李世民、唐高宗李治讳，改"民"为"人"，改"治"为"理"。

【11】都虞候，军队中的执法官。

【12】躄（bì），跛脚。

【13】戢（jí），管束。

【14】晡（bū）食，晚餐。晡，申时，下午三至五时。假，借。设，准备。

【15】柝（tuò），古代巡夜时击打的梆子。

【16】此处指白孝德初任邠宁节度使时，以段秀实署置营田副使，负责屯田。

【17】巽（xùn），通"逊"，委婉，谦恭。

【18】野如赭（zhě），赤地千里，极言干旱的严重。赭，赤褐色。

【19】此处指唐德宗建中元年（780年），段秀自泾原节度使被召为司农卿。

【20】朱泚（cǐ），昌平（今北京市昌平区）人，曾任幽州、泾原等地的节度使。唐德宗建中四年（783年），淮西节度使李希烈进攻襄城，朝廷召泾原节度使姚令言等救援。十月，五千泾源兵抵达长安，由于饭食腐败，军士不满便发动哗变，攻占长安，拥立朱泚为帝，史称"泾原兵变"。

【21】元和九年，814年。

【22】出入，大抵，不外乎。

【23】此处指柳宗元于贞元十年（794年）游历邠州一带。漦（tái），通"邰"，在今陕西省武功县西。

【24】姁（xǔ）姁，和善的样子。

【25】色，脸色。

至小丘西小石潭记

柳宗元

题 解

自从永贞革新失败，被贬为永州司马后，在政治上无比失意的柳宗元便寄情山水，寻访永州地区的山水景物，并将自己的愤懑之情寄托其中，作下八篇山水游记，后人称为"永州八记"，是我国古代山水游记最为优秀的作品之一。本文是记录钻鉧潭西小丘西边的小石潭的游记散文，全文不足二百字，声情并茂地将小石潭的动态美刻画出来，渲染出了小石潭幽美静穆的气氛，将自己被贬官后的悲凄之情寄托其中。

从小丘西行百二十步，隔篁竹[1]，闻水声，如鸣珮环，心乐之。伐竹取道，下见小潭，水尤清冽。全石以为底[2]，近岸，卷石底以出[3]，为坻，为屿，为嵁[4]，为岩。青树翠蔓，蒙络摇缀[5]，参差披拂。

潭中鱼可百许头，皆若空游无所依，日光下澈[6]，影布石上。佁然[7]不动，俶尔[8]远逝，往来翕忽[9]。似与游者相乐。

潭西南而望，斗折[10]蛇行，明灭可见。其岸势犬牙差互[11]，不可知其源。

坐潭上，四面竹树环合，寂寥无人，凄神寒骨，悄怆[12]幽邃。以其境过清[13]，不可久居，乃记之而去。

同游者：吴武陵，龚古，余弟宗玄。隶而从者，崔氏二小生[14]：曰恕己，曰奉壹。

注　释

【1】篁（huáng）竹，竹林。

【2】全石以为底，以整块石头为潭底。

【3】卷石底以出，石底有些部分翻卷过来露出水面。

【4】坻（chí），水中高地。嵁（kān），不平的岩石。

【5】蒙络，覆盖缠绕。摇缀，摇动下垂。

【6】澈，穿透。一作"彻"。

【7】佁（yǐ）然，呆呆的样子。

【8】俶（chù）尔，忽然。

【9】翕（xī）忽，轻快敏捷的样子。

【10】斗折，如北斗七星一般曲折。

【11】差互，互相交错。

【12】悄怆，忧伤的样子。

【13】清，凄清。

【14】小生，年轻人。

袁家渴记

柳宗元

题 解

本文是柳宗元"永州八记"的第五篇，将被贬谪永州的愤懑心情与对美好自然的追求结合并融入文中，抒发了对现实的不满。

由冉溪西南水行十里，山水之可取者五，莫若钴鉧潭。由溪口而西，陆行，可取者八九，莫若西山。由朝阳岩东南水行，至芜江，可取者三，莫若袁家渴[1]。皆永中幽丽奇处也。

楚越之间方言，谓水之反流为"渴"[2]。渴上与南馆高嶂合，下与百家濑合。其中重洲小溪，澄潭浅渚[3]，间厕[4]曲折，平者深墨，峻者沸白。舟行若穷，忽而无际。

有小山出水中，皆美石，上生青丛，冬夏常蔚然。其旁多岩洞，其下多白砾，其树多枫柟[5]石楠，梗槠[6]樟柚。草则兰芷，又有奇卉，类合欢而蔓生，轇轕[7]水石。

每风自四山而下，振动大木，掩苒[8]众草，纷红骇绿[9]，蓊葧[10]香气，冲涛旋濑[11]，退贮溪谷[12]，摇飏葳蕤[13]，与时推移。其大都如此，余无以穷其状。

永之人未尝游焉，余得之不敢专焉，出而传于世。其地主袁氏，故以名焉。

注 释

【1】袁家渴（hé），《舆地纪胜》载："永州袁家渴，在州南十里曾有姓袁者居之，两岸木石奇怪，子厚记叙之。"渴，湖广方言称水之反流（即回流）为渴。在今永州南津渡电站坝址所在地。

【2】英华版本和何焯校本《柳宗元集》有"音若衣褐之褐"六字，余本皆无，可能是注字，并非原文。褐与渴（hé）在楚越方言中读音并不相同。

【3】澄潭，澄清的潭水。浅渚（zhǔ），浅浅露出水面的小块土地。

【4】间厕，交错夹杂。

【5】枏（nán），树名。

【6】楩（pián），黄楩木。楮（zhū），树名。

【7】樛（jiāo）轕（gé），即胶葛，交错纠缠的样子。

【8】掩苒（rǎn），野草轻柔地随风倒斜的样子。苒，轻柔。

【9】纷红骇绿，红花绿叶因惊骇而纷乱。

【10】蓊勃（wěng bó），草木浓郁茂盛。

【11】冲涛旋濑，波涛激流相互撞击，波浪退回到溪谷里。

【12】退贮溪谷，倒流到溪谷中去。贮，贮存、躲避。

【13】飁，通"飘"，飞扬。葳蕤，草木茂盛。

童区寄传

柳宗元

题 解

本文是柳宗元被贬柳州时期的作品（一说是在永州的作品）。创作本文时，柳宗元的生活环境日益恶劣，精神世界也陷入痛苦。于是他创作了这篇《童区寄传》，为下层人民呐喊，通过记述一个被强盗劫持的孩子凭借勇敢机智保全自己的故事，描绘了一个勇敢机智的少年英雄的形象。

柳先生曰：越人少恩，生男女，必货视之。自毁齿[1]以上，父兄鬻卖以觊[2]其利。不足，则取他室[3]，束缚钳梏之[4]，至有须鬣者[5]，力不胜，皆屈为僮。当道[6]相贼杀以为俗。幸得壮大，则缚取幺弱者，汉官[7]因以为己利，苟得僮，恣[8]所为不问。以是越中户口滋耗[9]，少得自脱。惟童区寄以十一岁胜，斯亦奇矣。桂部从事杜周士为余言之。

童区寄者[10]，柳州[11]荛[12]牧儿也。行牧且荛，二豪贼劫持，反接，布囊其口，去逾四十里之虚[13]所，卖之。寄伪儿啼，恐栗，为儿恒状[14]。贼易之，对饮酒，醉。一人去为市；一人卧，植刃道上[15]。童微伺其睡，以缚背刃，力上下，得绝；因取刃杀之。

逃未及远，市者还，得童，大骇，将杀童。遽曰："为两郎僮，孰若为一郎僮耶？彼不我恩也；郎诚见完[16]与恩，无所不可。"市者良久计曰："与其杀是僮，孰若卖之？与其卖而分，孰若吾得专焉？幸而杀彼，甚善！"即藏其尸，持童抵主人所，愈束缚牢甚。夜半，童自转，以缚即炉火烧绝之，虽疮[17]手勿惮；复取刃杀市者。因大号。一虚皆惊。童曰："我区氏儿也，不当为僮。贼二人得我，我幸皆杀之矣。愿以闻于官。"

虚吏白州。州白大府[18]。大府召视儿，幼愿耳。刺史颜证奇之，留为小吏，不肯。与衣裳，吏护还之乡。

乡之行劫缚者，侧目莫敢过其门，皆曰："是儿少秦武阳[19]二岁，而讨杀二豪，岂可近耶？"

注 释

【1】毁齿，指换去乳牙。儿童七八岁时乳牙脱落，长出恒牙。

【2】鬻（yù）卖，出卖。觊（jì），希图，贪图。

【3】取，此处指盗取。他室，人家的孩子。

【4】钳梏（gù），用铁箍套颈，用木铐铐手。

【5】须鬣（liè），髭须，指成年人。

【6】当道，在大路上，指明火执仗。

【7】汉官，唐王朝派往少数民族地区的官吏。

【8】恣，听任，放纵。

【9】滋耗，增加消耗，指死亡者增多而人口减少。

【10】童区（ōu）寄，名叫区寄的童子。

【11】柳州，原文为"郴州"，陈景云《柳集点勘》认为应为"柳州"，并认为此事是在永州听杜周士所述。

【12】荛（ráo），打柴。

【13】虚，通"墟"，集市。

【14】恒状，常有的情态。

【15】植刃道上，把刀插在路上。

【16】完，保全。

【17】疮，通"创"，此处指烧伤。

【18】大府，即太府，指州的上级官府。

【19】秦武阳，战国时燕国勇士，十三岁杀人。详见《荆轲刺秦王》一文。

封建论

柳宗元

■ 题 解

唐中期时，藩镇割据严重，节度使父子相承，各藩镇成为独立王国。因此，唐初对于封建制和郡县制的争论再度兴起。柳宗元于是创作本文，阐述郡县制的优越性，认为封建制百害而无一利，反对泥古和倒退。文章中作者对于历史发展规律的认识远超同时代人，深刻地指出了古今以来的历史进程。本文节选其中论述历代郡县制得失的一部分。

秦有天下，裂都会 [1] 而为之郡邑，废侯卫 [2] 而为之守宰，据天下之雄图[3]，都六合之上游[4]，摄制四海，运于掌握之内，此其所以为得也。不数载而天下大坏，其有由矣：亟[5]役万人，暴其威刑，竭其货贿[6]，负锄梃谪戍之徒[7]，圜视而合从[8]，大呼而成群，时则有叛人而无叛吏，人怨于下而吏畏于上，天下相合，杀守劫令而并起。咎在人怨，非郡邑之制失也。

汉有天下，矫秦之枉，徇周之制，剖海内而立宗子[9]，封功臣。数年之间，奔命扶伤之不暇[10]，困平城[11]，病流矢[12]，陵迟不救[13]者三代。后乃谋臣献画[14]，而离削自守矣[15]。然而封建之始，郡国居半，时则有叛国而无叛郡，秦制之得亦以明矣。继汉而帝者[16]，虽百代可知也。

唐兴，制州邑[17]，立守宰，此其所以为宜也。然犹桀猾[18]时起，虐害方域者，失不在于州而在于兵，时则有叛将而无叛州。州县之设，固不可革也。

或者曰："封建者，必私[19]其土，子其人，适其俗，修其理，施化[20]易也。守宰者，苟其心，思迁其秩[21]而已，何能理乎？"余又非之。

周之事迹，断可见矣：列侯骄盈，黩货事戎[22]，大凡乱国多，理国寡，侯伯不得变其政，天子不得变其君，私土子人者，百不有一。失在于制，不在于政，周事然也。

秦之事迹，亦断可见矣：有理人之制，而不委郡邑[23]，是矣。有理人之臣，而不使守宰[24]，是矣。郡邑不得正其制，守宰不得行其理[25]。酷刑苦役，而万人侧目[26]。失在于政，不在于制，秦事然也。

汉兴，天子之政行于郡，不行于国，制其守宰，不制其侯王。侯王虽乱，不可变也，国人虽病，不可除也；及夫大逆不道[27]，然后掩捕[28]而迁之，勒兵而夷之耳。大逆未彰，奸利浚财[29]，怙势作威，大刻[30]于民者，无如之何，及夫郡邑，可谓理且安矣。

何以言之？且汉知孟舒于田叔[31]，得魏尚于冯唐[32]，闻黄霸之明审[33]，睹汲黯之简靖[34]，拜之可也，复其位可也，卧而委之以辑一方可也[35]。有罪得以黜，有能得以赏。朝拜而不道，夕斥之矣；夕受而不法，朝斥之矣。设使汉室尽城邑而侯王之，纵令其乱人，戚[36]之而已。孟舒、魏尚之术莫得而施，黄霸、汲黯之化莫得而行；明谴而导之，拜受而退已违矣[37]；下令而削之，缔交合从之谋周于同列[38]，则相顾裂眦[39]，勃然而起；幸而不起，则削其半，削其半，民犹瘁[40]矣，曷若举而移之以全其人乎？汉事然也。

今国家尽制郡邑，连置[41]守宰，其不可变也固矣。善制兵，谨择守，则理平[42]矣。

注　释

【1】都会，诸侯的郡城，此处代指诸侯国。

【2】侯卫，拱卫天子的诸侯。

【3】雄图，此处指形势险要之地。

【4】上游，指秦代都城咸阳，位于我国西北，地势居高临下，如同位居于江河上游一样。

【5】亟（qì），屡次。

【6】贿，财。

【7】负锄梃（tǐng）谪戍之徒，扛着木棍锄头谪戍到边疆的人，指陈胜吴广。

【8】圜（huán）视，互相顾看。合从，联合起来。

【9】宗子，此处指皇室子弟。

【10】奔命扶伤之不暇，四处奔走救急，忙于平乱不得空闲。

【11】困平城，指汉高祖讨伐联合匈奴入侵的韩王信，结果在平城被匈奴围困七日之事。

【12】病流矢，指汉高祖镇压淮南王英布叛乱结果被流箭射中一事。

【13】陵迟，逐渐衰落。不救，此处指"不振"。

【14】谋臣献画，指贾谊、晁错、主父偃等人献策分封各诸侯国以削弱其

势力。汉武帝时正式推行"推恩令",将各诸侯国分封给诸王之子,使诸侯国被不断分裂。

【15】离削自守,指诸侯王被分割削弱后,无力反抗中央,于是安分自守。

【16】继汉而帝者,汉朝之后称帝的人。

【17】制,建立,实行。州邑,州县。唐改郡为州。

【18】桀猾,凶恶狡猾的人。此处指唐代藩镇。

【19】私,爱惜。

【20】施化,施行教化。

【21】秩,官阶、品级。

【22】黩货,贪财。事戎,从事战争,此处指好战。

【23】不委郡邑,不把大权交给郡县,指不让地方官各自为政。

【24】不使守宰,不让地方官独断专权。

【25】行其理,随意实行自己的主张。

【26】侧目,怒目而视,形容愤怒的样子。

【27】大逆不道,指犯上作乱。

【28】掩捕,乘其不备而予以逮捕。

【29】奸利,非法取利。浚（jùn）财,搜刮民财。

【30】大,非常。刻,刻薄寡恩。

【31】知孟舒于田叔,《史记·田叔列传》记载:"孝文帝既立,召田叔问之曰:'公知天下长者乎?'对曰:'臣何足以知之!'上曰:'公,长者也,宜知之。'叔顿首曰:'故云中守孟舒,长者也。'是时孟舒坐虏大入塞盗劫,云中尤甚,免。……于是上曰:'贤哉孟舒!'复召孟舒以为云中守。"

【32】得魏尚于冯唐,《史记·张释之冯唐列传》记载,冯唐为云中守魏尚向汉文帝鸣不平:"云中守魏尚坐上功首虏差六级,陛下下之吏,削其爵,罚作之。"文帝便根据冯唐推荐"是日令冯唐持节赦魏尚,复以为云中守"。

【33】黄霸,汉武帝、宣帝时人,任地方官多年,以"持法平""明察内敏"著称,后被汉宣帝提拔,累官至京兆尹、丞相等职务。明审,精明仔细。

【34】汲黯,汉武帝时任东海郡（今山东省郯城县）太守,主张"简政安民",得到赏识,官至主爵都尉。简靖,政治简要而社会安定。

【35】卧而委之,《史记·汲郑列传》记载,汉武帝任命汲黯为淮阳太守,

他称病不接受。汉武帝便说："君薄淮阳邪？吾今召君矣。顾淮阳吏民不相得，吾徒得君之重，卧而治之。"

【36】戚，忧愁。

【37】拜受而退已违矣，当面接受，过后又违反。

【38】缔交合从之谋，交结联合发动叛乱。周于同列，遍及诸侯国。

【39】裂眦（zì），眼眶裂开，形容愤怒。

【40】瘁，病困、受苦。

【41】连置，普遍设置。

【42】理，治理。平，清平。

三戒

柳宗元

题 解

本文是柳宗元所作的三个寓言故事，讲述了麋、驴、鼠三种动物"依势以干非其类，出技以怒强，窃时以肆暴"，最终被人识破而身死人手的可悲结局，从而对社会上那些仗势欺人、色厉内荏的人进行辛辣的讽刺，具有极强的现实意义。

吾恒恶世之人，不知推己之本[1]，而乘物以逞[2]，或依势以干[3]非其类，出技以怒强，窃时以肆暴[4]，然卒迫[5]于祸。有客谈麋、驴、鼠三物，似其事，作《三戒》。

临江之麋

临江之人，畋得麋麑[6]，畜之。入门，群犬垂涎，扬尾皆来。其人怒，怛[7]之。自是日抱就犬，习[8]示之，使勿动，稍使与之戏。积久，犬皆如人意。麋麑稍大，忘己之麋也，以为犬良我友，抵触偃仆^[9]，益狎。犬畏主人，与之俯仰甚善，然时啗^[10]其舌。

三年，麋出门，见外犬在道甚众，走欲与为戏。外犬见而喜且怒，共杀食之，狼藉道上，麋至死不悟。

黔之驴

黔^[11]无驴，有好事者船载以入，至则无可用，放之山下。虎见之，庞然大物也，以为神。蔽林间窥之，稍出近之，慭慭^[12]然莫相知。

他日，驴一鸣，虎大骇远遁，以为且噬^[13]己也，甚恐。然往来视之，觉无异能者。益习其声，又近出前后，终不敢搏。稍近益狎，荡倚冲冒^[14]，驴不胜怒，蹄之。虎因喜，计之曰："技止此耳！"因跳踉大㘎^[15]，断其喉，尽其肉，乃去。

噫！形之庞也类有德，声之宏也类有能，向不出其技，虎虽猛，疑畏，卒不敢取；今若是焉，悲夫！

永某氏之鼠

永有某氏者，畏日^[16]，拘忌^[17]异甚。以为己生岁直子^[18]；鼠，子神也，因爱鼠，不畜猫犬，禁僮勿击鼠。仓廪庖厨，悉以恣^[19]鼠，不问。

由是鼠相告，皆来某氏，饱食而无祸。某氏室无完器，椸^[20]无完衣，饮食大率鼠之余也。昼累累与人兼行，夜则窃啮斗暴，其声万状，不可以寝，终不厌。

数岁，某氏徙居他州；后人来居，鼠为态如故。其人曰："是阴类^[21]，恶物也，盗暴^[22]尤甚。且何以至是乎哉？"假五六猫，阖门撤瓦灌穴，购僮^[23]罗捕之，杀鼠如丘，弃之隐处，臭数月乃已。

呜呼！彼以其饱食无祸为可恒也哉！

注 释

【1】推己之本，推究自己的实际能力。

【2】乘物以逞，依靠别的东西来逞强。

【3】干，侵犯。

【4】肆暴，放肆地做坏事。

【5】迨（dài），遭到。

【6】麑（ní），鹿仔。

【7】怛（dá），恐吓。

【8】习，常常。

【9】抵触，以头角相碰。偃，仰面卧倒。仆，俯面卧倒。

【10】啖（dàn），吃，此处指舔。

【11】黔（qián），指唐代黔中道，管辖今四川省彭水、酉阳、秀山一带和贵州北部部分地区。

【12】慭（yìn）慭然，小心谨慎的样子。

【13】噬，咬。

【14】荡，碰撞。倚，靠近。冲，撞击。冒，冒犯。

【15】跳踉（liáng），跳跃。㘎（hǎn），通"吼"，怒吼。

【16】畏日，怕犯日忌。古人的迷信说法，认为每个日子都有吉凶，凶日有不能做的事情，做了就可能招致灾祸。

【17】拘忌，禁忌。

【18】生岁直子，出生的年份正当农历子年。

【19】恣，放纵。

【20】椸（yí），衣架。

【21】阴类，在阴暗处生活的动物。

【22】盗暴，盗吃食品、糟踏物品。

【23】购僮，此处指雇工。

任氏传

沈既济

沈既济，吴兴德清（今浙江省德清县）人，一说苏州吴县（今江苏省苏州市）。唐代小说家、史学家。唐德宗时受宰相杨炎赏识，历任左拾遗、史馆修撰。后来杨炎犯罪被赐死，他也被贬为处州司户参军。后复入朝，官礼部员外郎。他精通史学，曾撰《建中实录》十卷、《选举志》，今已散佚。而他所作的《枕中记》《任氏传》两篇，是唐传奇小说中年代较早的两篇，标志着唐传奇进入全盛时期。

题 解

本文节选《任氏传》中开头一部分。《任氏传》是早期的唐传奇小说，是最早描写狐仙题材的作品，一反以往狐妖害人的固有认识，塑造了一个聪明美丽而坚贞勇敢的狐仙形象。《任氏传》以狐仙写人世的手法，对后世小说（如《聊斋志异》等）均有一定的影响。

任氏，女妖也。有韦使君[1]者，名崟，第九[2]，信安王祎之外孙[3]。少落拓[4]，好饮酒。其从父妹婿曰郑六，不记其名。早习武艺，亦好酒色，贫无家，托身于妻族；与崟相得，游处不间。

天宝九年[5]夏六月，崟与郑子偕行于长安陌中，将会饮于新昌里。至宣平之南，郑子辞有故，请间去，继至饮所。崟乘白马而东。郑子乘驴而南，入升平之北门。偶值三妇人行于道中，中有白衣者，容色姝丽。郑子见之惊悦，策其驴，忽先之，忽后之，将挑而未敢。白衣时时盼睐，意有所受。郑子戏之曰："美艳若此，而徒行，何也？"白衣笑曰："有乘不解相假，不徒行何为？"郑子曰："劣乘不足以代佳人之步，今辄以相奉。某得步从，足矣。"相视大笑。同行者更相眩诱，稍已狎暱。郑子随之东，至乐游园，已昏黑矣。见一宅，土垣车门，室宇甚严。白衣将入，顾曰："愿少踟蹰。"而入。女奴从者一人，留于门屏间，问其姓第，郑子既告，亦问之。对曰："姓任氏，第二十。"少顷，延入。郑絷驴于门，置帽于鞍。始见妇人年三十余，与之承迎，即任氏姊也。列烛置膳，举酒数觞。任氏更妆而出，酣饮极欢。夜久而寝，其娇姿美质，歌笑态度，举措皆艳，殆非人世所有。将晓，任氏曰："可去矣。某兄弟名系教坊[6]，职属南衙，晨兴将出，不可淹留。"乃约后期而去。

　　既行，乃里门，门扃未发。门旁有胡人鬻饼之舍，方张灯炽炉。郑子憩其帘下，坐以候鼓[7]，因与主人言。郑子指宿所以问之曰："自此东转，有门者，谁氏之宅？"主人曰："此隤墉[8]弃地，无第宅也。"郑子曰："适过之，曷以云无？"与之固争。主人适悟，乃曰："吁！我知之矣。此中有一狐，多诱男子偶宿，尝三见矣，今子亦遇乎？"郑子赧而隐曰："无。"质明[9]，复视其所，见土垣车门如故。窥其中，皆榛荒及废圃耳。既归，见鎏。鎏责以失期。郑子不泄，以他事对。

　　……

　　后岁余，郑子武调，授槐里府果毅尉，在金城县。时郑子方有妻室，虽昼游于外，而夜寝于内，多恨不得专其夕。将之官，邀与任氏俱去。任氏不欲往，曰："旬月同行，不足以为欢。请计给粮饩，端居以迟归[10]。"郑子恳请，任氏愈不可。郑子乃求鎏资助。鎏与更劝勉，且诘其故。任氏良久，曰："有巫者言某是岁不利西行，故不欲耳。"郑子甚惑也，不思其他，与鎏大笑曰：

"明智若此，而为妖惑，何哉！"固请之。任氏曰："倘巫者言可征，徒为公死，何益？"二子曰："岂有斯理乎？"恳请如初。任氏不得已，遂行。鉴以马借之，出祖^[11]于临皋，挥袂别去。

信宿，至马嵬。任氏乘马居其前，郑子乘驴居其后；女奴别乘，又在其后。是时西门圉人^[12]教猎狗于洛川，已旬日矣。适值于道，苍犬腾出于草间。郑子见任氏欻然^[13]坠于地，复本形而南驰。苍犬逐之。郑子随走叫呼，不能止。里余，为犬所获。郑子衔涕出囊中钱，赎以瘗^[14]之，削木为记。回睹其马，啮草于路隅，衣服悉委于鞍上，履袜犹悬于镫间，若蝉蜕然。唯首饰坠地，余无所见。女奴亦逝矣。

旬余，郑子还城。鉴见之喜，迎问曰："任子无恙乎？"郑子泫然对曰："殁矣。"鉴闻之亦恸，相持于室，尽哀。徐问疾故。答曰："为犬所害。"鉴曰："犬虽猛，安能害人？"答曰："非人。"鉴骇曰："非人，何者？"郑子方述本末。鉴惊讶叹息不能已。明日，命驾与郑子俱适马嵬，发瘗视之，长恸而归。追思前事，唯衣不自制，与人颇异焉。

其后郑子为总监使，家甚富，有枥马十余匹。年六十五，卒。……

注释

【1】使君，对州郡长官的尊称。韦鉴官至陇州刺史，因此称韦使君。

【2】第九，排行九。唐代人习惯以排行称呼他人。

【3】信安王祎，李祎，唐太宗曾孙，封信安郡王，曾任礼部尚书、兵部尚书，多有战功。

【4】落拓，放浪不羁。

【5】天宝九年，750年。唐玄宗后期年号天宝。

【6】教坊，唐代掌管女乐的官署。

【7】候鼓，等待晨鼓里门开门。

【8】隤（tuí）墙，颓墙。

【9】质明，天刚亮的时候。

【10】迟（zhì）归，等待回来。

【11】祖，祖饯，古代的一种践行仪式，祭祀路神后设宴饯行。

【12】圉人，养马的官员。

【13】歘（xū）然，忽然。

【14】瘗（yì），埋葬。

陋室铭

刘禹锡

刘禹锡，字梦得，河南洛阳人，自称"家本荥上，籍占洛阳"，又自言系出中山，先祖为西汉中山靖王刘胜。唐朝诗人，人称"诗豪"。

唐顺宗时，刘禹锡参与王叔文发动的永贞革新；后来改革失败，刘禹锡先后被贬为朗州司马、连州刺史等职务。晚年再度入朝，历任太子宾客等职。又加检校礼部尚书、秘书监等虚衔，人称"刘宾客""秘书刘尚书"。

刘禹锡是中唐文坛的代表性人物，尤以诗歌著名，与白居易合称"刘白"，作品关注民生，热爱生活，具有不屈的战斗精神。

题　解

本文通过描绘"陋室"恬静典雅的环境和主人高雅的情操来表述主人志趣。文章不过几十字，却使用了对比、隐喻等多种手法，以富有韵律的语言展现作者洁身自好的生活态度和安贫乐道的隐逸情趣。

山不在高，有仙则名。水不在深，有龙则灵。斯是陋室，惟吾德馨[1]。苔痕上阶绿，草色入帘青。谈笑有鸿儒，往来无白丁。可以调素琴，阅金经[2]。无丝竹之乱耳，无案牍之劳形。南阳诸葛庐，西蜀子云亭。孔子云：何陋之有[3]？

注 释

【1】馨，散布很远的香气，此处指品德高尚。《尚书·君陈》："黍稷非馨，明德惟馨。"

【2】"金经"所指为何，至今仍存在争议。有人认为指《金刚经》，也有人认为是儒家经典；还有人认为，"金"指"珍贵"，"金经"即"珍贵的经书"。

【3】此句见于《论语·子罕》："君子居之，何陋之有？"

柳毅传

李朝威

李朝威，陇西人，唐代传奇作家。生平事迹不详，作品仅存《柳毅传》和《柳参军传》两篇，其中《柳毅传》被鲁迅认为可与元稹的《莺莺传》相提并论，一些学者也认为他是唐代传奇小说的开山鼻祖。

题 解

本文摘选自《柳毅传》前半部分。《柳毅传》讲述了一个神话爱情故事。唐朝时有一个落第书生柳毅，在路过泾阳时遇到在荒野牧羊的龙女，听她讲述了自己被欺凌的事情，并为她带信给父亲洞庭君。洞庭君之弟钱塘君听闻此事大怒，便救回龙女。他又深感柳毅为人高义，便要将龙女嫁给他，但遭柳毅拒绝。此后，柳毅续娶范阳卢氏，才发现卢氏实际是龙女化身，二人便结为夫妇。

故事情节曲折，结构严谨，人物刻画鲜明，描写细致，且文辞艳丽。《柳毅传》对后世小说、戏剧创作影响极大，唐末便有根据本篇而作的《灵应传》，元代又有《柳毅传书》的剧本，此后如《张生煮海》《龙箫记》乃至现代剧《龙女牧羊》等作品均是从《柳毅传》演变而来。

　　仪凤中，有儒生柳毅者，应举下第，将还湘滨。念乡人有客于泾阳者，遂往告别。至六七里，鸟起马惊，疾逸道左[1]，又六七里，乃止。

　　见有妇人，牧羊于道畔。毅怪视之，乃殊色也。然而蛾脸[2]不舒，巾袖无光，凝听翔立，若有所伺。毅诘之曰："子何苦而自辱[3]如是？"妇始楚而谢，终泣而对曰："贱妾不幸，今日见辱问于长者。然而恨贯肌骨，亦何能愧避？幸一闻焉。妾，洞庭龙君小女也。父母配嫁泾川次子，而夫婿乐逸，为婢仆所惑，日以厌薄[4]。既而将诉于舅姑，舅姑爱其子，不能御。迨诉频切，又得罪舅姑。舅姑毁黜[5]以至此。"言讫，歔欷流涕，悲不自胜。又曰："洞庭于兹，相远不知其几多也，长天茫茫，信耗莫通，心目断尽，无所知哀。闻君将还吴，密通洞庭，或以尺书寄托侍者[6]，未卜将以为可乎？"毅曰："吾，义夫也。闻子之说，气血俱动，恨无毛羽，不能奋飞。是何可否之谓乎？然而洞庭深水也，吾行尘间，宁可致意耶？唯恐道途显晦[7]，不相通达，致负诚托，又乖恳愿。子有何术可导我邪？"女悲泣，且谢曰："负载珍重，不复言矣。脱获回耗[8]，虽死必谢。君不许，何敢言？既许而问，则洞庭之与京邑，不足为异也。"

　　毅请闻之。女曰："洞庭之阴，有大橘树焉，乡人谓之社橘。

君当解去兹带，束以他物，然后叩树三发，当有应者。因而随之，无有碍矣。幸君子书叙之外，悉以心诚之话倚托，千万无渝！"毅曰："敬闻命矣。"女遂于襦间解书，再拜以进，东望愁泣，若不自胜。毅深为之戚。乃置书囊中，因复问曰："吾不知子之牧羊，何所用哉？神祇岂宰杀乎？"女曰："非羊也，雨工也[9]。""何为雨工？"曰："雷霆之类也。"毅顾视之，则皆矫顾怒步，饮龁甚异，而大小毛角，则无别羊焉。毅又曰："吾为使者，他日归洞庭，幸勿相避。"女曰："宁止不避，当如亲戚耳。"语竟，引别东去。不数十步，回望女与羊，俱亡所见矣。

其夕，至邑而别其友。月余，到乡还家，乃访友于洞庭。洞庭之阴，果有社橘。遂易带向树，三击而止。俄有武夫出于波间，再拜请曰："贵客将自何所至也？"毅不告其实，曰："走谒大王耳。"武夫揭水指路，引毅以进。谓毅曰："当闭目，数息[10]可达矣。"毅如其言，遂至其宫。始见台阁相向，门户千万，奇草珍木，无所不有。夫乃止毅，停于大室之隅，曰："客当居此以俟焉。"毅曰："此何所也？"夫曰："此灵虚殿也。"谛视之，则人间珍宝，毕尽于此。柱以白璧，砌以青玉，床以珊瑚，帘以水精，雕琉璃于翠楣，饰琥珀于虹栋。奇秀深杳，不可殚言。

然而王久不至。毅谓夫曰："洞庭君安在哉？"曰："吾君方幸玄珠阁，与太阳道士讲火经，少选[11]当毕。"毅曰："何谓火经？"夫曰："吾君，龙也。龙以水为神，举一滴可包陵谷。道士，乃人也。人以火为神圣，发一灯可燎阿房。然而灵用不同，玄化各异。太阳道士精于人理，吾君邀以听焉。"语毕而宫门辟。景[12]从云合，而见一人，披紫衣，执青玉。夫跃曰："此吾君也！"乃至前以告之。君望毅而问曰："岂非人间之人乎？"毅对曰："然。"毅遂设拜，君亦拜，命坐于灵虚之下。谓毅曰："水府幽深，寡人暗昧[13]，夫子不远千里，将有为乎？"毅曰："毅，大王之乡人也。长于楚，游学于秦。昨下第，闲驱泾水之涘，见大王爱女牧羊于野，风鬟雨鬓，所不忍视。毅因诘之。谓毅曰：'为夫婿所薄，舅姑不念，以至于此。'悲泗淋漓，诚怛人心。遂托书于毅。毅许之，今以至此。"因取书进之。洞庭君览毕，以袖掩面而泣曰："老父之罪，不能鉴听，坐贻[14]聋瞽，使闺窗孺弱[15]，远罹构害。公，乃陌上人[16]也，而能急之。幸被[17]齿发，何敢负德？"词毕，又哀咤良久。左右皆流涕。时有宦人密侍君者，君以书授之，命达宫中。须臾，宫中皆恸哭。君惊，谓左右曰："疾告宫中，无使有声，恐钱塘所知。"毅曰："钱塘，何人也？"曰："寡人之爱弟。昔为钱塘长，今则致政[18]矣。"毅曰："何故不使知？"曰："以其勇过人耳。昔尧遭洪水九年者，乃此子一怒也。近与天将失意，塞[19]其五山。上帝以寡人有薄德于古今，遂宽其同气[20]之罪。然犹縻系[21]于此，故钱塘之人日日候焉。"

语未毕，而大声忽发，天坼地裂，宫殿摆簸，云烟沸涌。俄有赤龙长千余尺，电目血舌，朱鳞火鬣，项掣金锁，锁牵玉柱，千雷万霆，激绕其身，霰雪雨雹，一时皆下，乃擘青天而飞去。毅恐蹶仆地。君亲起持之曰："无惧。固无害。"毅良久稍安，乃获自定，因告辞曰："愿得生归，以避复来。"君曰："必不如此。其去则然，其来则不然。幸为少尽缱绻。"因命酌互举，以款人事[22]。

俄而祥风庆云，融融怡怡，幢节玲珑，箫韶[23]以随。红妆千万，笑语熙熙。中有一人，自然蛾眉，明珰满身，绡縠[24]参差。迫而视之，乃前寄辞者。然若喜若悲，零泪如丝。须臾，红烟蔽其左，紫气舒其右，香气环旋，入于宫中。君笑谓毅曰："泾水之囚人至矣。"君乃辞归宫中。须臾，又闻怨苦，久而不已。

有顷，君复出，与毅饮食。又有一人，披紫裳，执青玉，貌耸神溢[25]，立于君左。君谓毅曰："此钱塘也。"毅起，趋拜之。钱塘亦尽礼相接，谓毅曰："女侄不幸，为顽童所辱。赖明君子信义昭彰，致达远冤。不然者，是为泾陵之土矣。飨德怀恩，词不悉心。"毅撝退[26]辞谢，俯仰唯唯[27]。然后回告兄曰："向者辰发灵虚，巳至泾阳，午战于彼，未还于此。中间驰至九天，以告上帝。帝知其冤而宥其失。前所遣责，因而获免。然而刚肠[28]激发，不遑辞候，惊扰宫中，复忤宾客。愧惕惭惧，不知所失[29]。"因退而再拜。君曰："所杀几何？"曰："六十万。""伤稼乎？"曰："八百里。""无情郎安在？"曰："食之矣。"君忾然曰："顽童之为是心也，诚不可忍；然汝亦太草草。赖上帝显圣，谅其至冤，不然者，吾何辞焉？从此已去，勿复如是！"钱塘复再拜。是夕，遂宿毅于凝光殿。

······

注 释

【1】疾逸道左，指马受惊而不受约束，跑到路边。

【2】蛾脸，美丽的脸庞。

【3】辱，受委屈。

【4】厌薄，厌弃。

【5】毁黜，虐待。

【6】侍者，仆人。此处是客气的说法，不直说让柳毅带去，而说转托。

【7】道途显晦，人神之间路途隔绝。显，明，指人间。晦，暗，指幽暗的神仙世界。

【8】脱，倘若。回耗，回音。

【9】雨工，雨神。

【10】数息，几次呼吸，形容时间短。

【11】少选，一会儿。

【12】景，通"影"。

【13】暗昧，糊涂愚昧，表谦虚。

【14】坐贻，因而造成。

【15】闺窗孺弱，闺房中的弱小女子。

【16】陌上人，路人。

【17】被，具有。

【18】致政，指去职，不再为官。

【19】塞，以大水淹没。

【20】同气，同胞兄弟。

【21】縻系，拘禁。

【22】以款人事，尽宾主之礼款待客人。

【23】箫，此处作动词，吹奏。韶，相传是舜时期的乐曲，此处泛指音乐。

【24】绡縠，指绸衣。

【25】貌耸神溢，容貌出众，神采焕发。

【26】撝（huī）退，谦退。

【27】俯仰唯唯，连声答应，做出恭敬的样子。

【28】刚肠，刚直的性情。

【29】失，犯过错。

长恨歌传

陈鸿

陈鸿，字大亮，唐代小说家，曾任太常博士等职，又曾在太和公主远嫁回鹘时充赴回鹘婚礼使判官。他自称"少学乎史氏，志在编年"（《大统记序》），曾撰编年史《大统记》三十卷，今已失传。

题　解

本文是一篇以历史故事为题材的传奇小说。作者陈鸿曾在盩（zhōu）

厔（zhì）（今陕西省周至县）与担任县尉的白居易同游，其间谈及唐玄宗与杨贵妃故事，白居易便作长诗《长恨歌》，陈鸿也作传奇小说《长恨歌传》。小说讲述了杨贵妃入宫后受到宠幸，杨氏一门因此获得荣华富贵；后来安史之乱爆发，杨贵妃随唐玄宗出逃，在马嵬坡死去；此后又有道士索魂，与杨贵妃在仙山相见的故事。本文情节与《长恨歌》大致相同，二者相得益彰。

　　开元中，泰阶平[1]，四海无事。玄宗在位岁久，倦于旰食宵衣[2]，政无大小，始委于右丞相。稍深居游宴，以声色自娱。先是元献皇后、武淑妃[3]皆有宠，相次即世。宫中虽良家子千数，无可悦目者，上心忽忽不乐。

　　时每岁十月，驾幸华清宫，内外命妇[4]，熠耀景从，浴日余波，赐以汤沐，春风灵液，澹荡其间。上心油然，若有所遇，顾左右前后，粉色如土。诏高力士潜搜外宫，得弘农杨玄琰女于寿邸[5]，既笄矣。鬓发腻理，纤秾中度，举止闲冶，如汉武帝李夫人[6]。别疏汤泉，诏赐澡莹，既出水，体弱力微，若不任罗绮。光彩焕发，转动照人。上甚悦。进见之日，奏《霓裳羽衣曲》[7]以导之；定情之夕，授金钗钿合[8]以固之。又命戴步摇[9]，垂金珰。

　　明年，册为贵妃，半后服用。由是冶其容，敏其词，婉娈万态，以中上意。上益嬖焉。时省风九州，泥金五岳，骊山雪夜，上阳春朝。与上行同辇，止同室，宴专席，寝专房。虽有三夫人、九嫔、二十七世妇、八十一御妻[10]，暨后宫才人、乐府妓女，使天子无顾盼意。自是六宫无复进幸者。非徒殊艳尤态致是，盖才智明慧，善巧便佞，先意希旨[11]，有不可形容者。

　　叔父昆弟皆列位清贵，爵为通侯。姊妹封国夫人[12]，富埒王宫，车服邸第，与大长公主[13]侔矣，而恩泽势力，则又过之，出入禁门不问，京师长吏为之侧目。故当时谣谚有云："生女勿悲酸，生男勿喜欢。"又曰："男不封侯女作妃，看女却为门上楣。"其为人心羡慕如此。

天宝末，兄国忠盗丞相位[14]，愚弄国柄。及安禄山引兵向阙，以讨杨氏为词[15]。潼关不守，翠华南幸[16]，出咸阳，道次马嵬亭。六军徘徊，持戟不进。从官郎吏伏上马前，请诛晁错以谢天下[17]。国忠奉牦缨盘水，死于道周。左右之意未快。上问之，当时敢言者，请以贵妃塞天下怨。上知不免，而不忍见其死，反袂掩面，使牵之而去。仓皇展转，竟就死于尺组之下。既而玄宗狩成都[18]，肃宗受禅灵武[19]。

明年大凶归元[20]，大驾还都。尊玄宗为太上皇，就养南宫。自南宫迁于西内。时移事去，乐尽悲来。每至春之日、冬之夜，池莲夏开，宫槐秋落。梨园弟子，玉琯发音，闻《霓裳羽衣》一声，则天颜不怡，左右歔欷。三载一意，其念不衰。求之梦魂，杳不能得。

适有道士自蜀来，知上心念杨妃如是，自言有李少君之术[21]。玄宗大喜，命致其神。方士乃竭其术以索之，不至。又能游神驭气，出天界，没地府以求之，不见。又旁求四虚上下，东极天海，跨蓬壶[22]。见最高仙山，上多楼阙，西厢下有洞户，东向，窥其门，署曰"玉妃太真院"。

方士抽簪扣扉，有双鬟童女，出应其门。方士造次未及言，而双鬟复入。俄有碧衣侍女又至，诘其所从。方士因称唐天子使者，且致其命。碧衣云："玉妃方寝，请少待之。"于时云海沈沈，洞天日晚，琼户重阖，悄然无声。方士屏息敛足，拱手门下。久之，而碧衣延入，且曰："玉妃出。"见一人冠金莲，披紫绡，珮红玉，曳凤舄[23]，左右侍者七八人，揖方士，问皇帝安否，次问天宝十四载已还事。言讫，悯然。指碧衣取金钗钿合，各析其半，授使者曰："为我谢太上皇，谨献是物，寻旧好也。"

方士受辞与信，将行，色有不足。玉妃固征其意。复前跪致词：

"请当时一事，不为他人闻者，验于太上皇，恐钿合金钗，负新垣平^[24]之诈也。"

玉妃茫然退立，若有所思，徐而言曰："昔天宝十载，侍辇避暑于骊山宫。秋七月，牵牛织女相见之夕。秦人风俗，是夜张锦绣，陈饮食，树瓜华，焚香于庭，号为乞巧^[25]。宫掖间尤尚之。时夜殆半，休侍卫于东西厢，独侍上。上凭肩而立，因仰天感牛女事，密相誓心，愿世世为夫妇。言毕，执手各鸣咽。此独君王知之耳。"因自悲曰："由此一念，又不得居此。复堕下界，且结后缘。或为天，或为人，决再相见，好合如旧。"因言："太上皇亦不久人间，幸惟自安，无自苦耳。"

使者还奏太上皇，皇心震悼，日日不豫。其年夏四月，南宫宴驾^[26]。

元和元年冬十二月，太原白乐天自校书郎尉于盩厔任。鸿与瑯玡王质夫家于是邑，暇日相携游仙游寺，话及此事，相与感叹。质夫举酒于乐天前曰："夫希代之事，非遇出世之才润色之，则与时消没，不闻于世。乐天深于诗，多于情者也。试为歌之，如何？"乐天因为《长恨歌》，意者不但感其事，亦欲惩尤物，窒乱阶^[27]，垂于将来者也。歌既成，使鸿传焉。世所不闻者，予非开元遗民，不得知。世所知者，有《玄宗本纪》在。今但传《长恨歌》云尔。

注　释

【1】泰阶，古星座名，即三台星座，分上中下三阶。应劭注《汉书》引《黄帝泰阶六符经》曰："泰阶者，天之三阶也。上阶为天子，中阶为诸侯公卿大夫，下阶为士庶人。上阶上星为男主，下星为女主。中阶上星为诸侯三公，下星为卿大夫。下阶上星为元士，下星为庶人。三阶平则阴阳和，风雨时，社稷神祇咸获其宜，天下大安，是为太平。"

【2】旰（gàn）食宵衣，很晚才吃饭，很早就穿衣起身，形容勤勉从政。

【3】元献皇后，即唐玄宗贵嫔杨氏，肃宗李亨生母。武淑妃，唐玄宗妃子，寿王李瑁生母。

【4】命妇，受朝廷封号的妇女。宫廷内受封的，称内命妇；臣子家庭妇女受封的，称外命妇。

【5】寿邸，寿王的宅第。杨贵妃原为寿王李瑁的妃子。

【6】汉武帝李夫人，李夫人是汉武帝所宠幸的夫人。她的兄长李延年为汉武帝献歌："北方有佳人，绝世而独立，一顾倾人城，再顾倾人国。宁不知倾城与倾国，佳人难再得！"汉武帝感慨世间没有如此佳人，平阳公主便说李延年的妹妹便是此种佳人，武帝一见果然是绝世佳人，便十分宠幸她。

【7】《霓裳羽衣曲》，原为西凉传入的舞曲《婆罗门曲》，后经唐玄宗润色改编为《霓裳羽衣曲》。

【8】钿合，镶嵌着珠玉的盒子。

【9】步摇，插在发髻上的一种首饰，随着女子走动而摇曳，因此称步摇。

【10】此处所举，均为周朝王宫女官名称，此处代指唐宫中妃嫔女官。

【11】意希旨，事先能够揣摸到人的旨意。

【12】姊妹封国夫人，杨贵妃受宠后，她的三个姐妹分别封韩国夫人、虢国夫人、秦国夫人。

【13】大长公主，皇帝的姑母。

【14】兄国忠盗丞相位，杨贵妃兄长杨国忠因杨贵妃的关系被任命为丞相。他在任期间两次发动征讨南诏的战争，又不断打压安禄山，导致其提前发动叛乱。

【15】安禄山起兵时，以"忧国之危，奉密诏讨伐杨国忠以清君侧"为借口。但在杨国忠死后，安禄山的叛乱也没有就此停止。

【16】翠华南幸，指唐玄宗在潼关失陷后仓皇逃亡四川。幸，原指天子前往某处，此处是逃亡的委婉说法。

【17】诛晁错以谢天下，指汉景帝"七国之乱"时，汉景帝听信大臣建议，将晁错腰斩以回应吴王"清君侧"的借口。此处以晁错代指杨国忠。

【18】狩成都，唐玄宗于天宝十五年（756年）到达成都。古代帝王出行称"巡狩"，《孟子》曰："天子适诸侯曰巡狩。巡狩者，巡所守也。"此处实际上是对唐玄宗逃亡的委婉说法。

【19】受禅灵武，唐玄宗逃往蜀地后，太子李亨在灵武即位，率领唐军抵

抗叛军。

【20】大凶归元，指安禄山被杀。唐肃宗至德二年（757年），安禄山被其子安庆绪所杀。

【21】李少君，《史记·孝武本纪》记载是汉武帝时道士，以祠灶、榖道、却老方被汉武帝赏识，后病死。又，《汉书·外戚列传》记载齐人少翁为李夫人招魂之事。此处疑是作者将二人混淆。

【22】蓬壶，即蓬莱，传说中的东海仙山。

【23】凤舄（xì），凤头鞋。

【24】新垣平，汉文帝时人。他曾进献玉杯，刻字"人主延寿"。后来骗术败露，被灭族。

【25】乞巧，古代称七月初七为乞巧节，其时夜晚牵牛织女会于天河。

【26】宴驾，即"晏驾"。古代称皇帝驾崩为宴驾。

【27】尤物，指美色。乱阶，祸乱的途径。

华山赋

杨敬之

杨敬之，字茂孝，祖籍虢州弘农（今河南省灵宝县）人，安史之乱时举家移居吴中（今江苏省苏州市）。唐代文学家杨凌之子，诗人韦应物外孙。约唐宪宗时在世，历任屯田、户部郎中，后因卷入牛李党争被贬为连州刺史。早年曾以《华山赋》示韩愈，受到赏识，又得到宰相李德裕的赏识。

题 解

本文是作者假托与华山之神的对话，描写华山险峻威严的一篇辞赋。文章还陈述了历年来的华山大事，讽刺了统治者对于封禅的盲目推崇。本文成稿后轰动一时，韩愈、李德裕、杜佑等人均十分赞赏，杜牧的《阿房宫赋》也明显受到本文影响。

　　臣有意讽赋，久不得发。偶出东门[1]三百里，抵华岳，宿于趾下。明日，试望其形容，则缩然惧，纷然乐，蹙然忧，歊然[2]嬉。快然欲追云，将浴于天河。浩然毁衣裳，晞发[3]而悲歌。怯欲深藏，果欲必行。热若宅炉，寒若室冰。薰然以和，怫然不平。三复晦明，以摇其精；万态既穷，乃还其真。形骸以安，百钧去背[4]。然后知身之治而见其难焉。于是既留无成，辞以长叹，翛然[5]一人下于崖。金玉其声，霜雪其颜。传则有之，代无其邻。姑射之神[6]，蒙庄[7]云，始不敢视，然得与言，粲然笑曰："用若之求周大物，用若之智穷无端。三四日得无颠倒反侧于胸中乎？是非操其心而自别者耶！虽然，喜若之专而教若之听，无多传。"

　　岳之初成，二仪[8]气凝其间。小积焉为邱，大积焉为山。山之大者曰岳，其数五，余尸[9]其一焉。岳之尊，烛[10]日月，居乾坤。诸山并驰，附丽[11]其根。浑浑河流，从禹以来[12]，自北而奔。姑射九塊[13]，荆巫梁岷，道之云远兮徒遥而宾[14]。岳之形物类无仪。其上无齐，其傍无依。举之千仞不为崇，抑之千仞不为卑。天雨初霁，三峰[15]相差。虹霓出其中，来饮河湄[16]。特立无朋，似乎贤人守位，北面而为臣[17]。望之如云，就之如天。仰不见其巅，肃阿芊芊[18]。蟠[19]五百里，当诸侯田[20]。岳之作，鬼神反覆，蛟龙不敢伏。若岁大旱，鞭之扑之，走之驰之，甘雨[21]烂漫，百川东逝，千里而散。噫气蹶然，怒乎幽岩，渐于人间，其声浏浏。岳之殊，巧说不可穷，见于中天，挚挚而掌[22]，峨峨而莲。起者似人，伏者似兽，坳者似池，洼者似臼，敧者似弁[23]，呀[24]者似口，突者似距[25]，翼者似抱[26]。文乎文，质乎质，动乎动，息乎息，鸣乎鸣，默乎默。上上下下，千品万类，似是而非，似非而是。其乃缮人[27]事，吾焉得毕议。

今作帝耳目，相其聪明。下瞩九州，在宥群生[28]。初太易[29]时，其人俞俞[30]。其主人者，始乎容成，卒乎神农，中间数十君，姓氏可称[31]。其徒以饮食为事，未有仁义。时哉时哉，又何足莅！是后敬乎天，成乎人者，必辟其心，假其神，与之龄，降其人。故轩辕有盛德，蚩尤为贼。生物不遂，帝乃用力。大事不可独治，降以后牧[32]。三人[33]有心，烈火就扑。其子之子，其孙之孙[34]，咸明且仁。虽德之衰，物其所宜。由夏以降，汤发仁以王，癸受[35]暴以亡。甲戊诵钊[36]，不敢有加。唯遵其常，享国遂长。天事著矣，莫见乎高而谓乎茫茫。余受帝命，亿有万岁，而不敢怠遑[37]。

臣赞之曰："若此古矣祖[38]矣，大矣异矣，富矣庶矣，骇矣怖矣。上古之事，粗知之矣。而神之言，又闻之矣。然起居于上，宫室于下，如此之久矣。其所见何如也？"曰："见若咫尺，田千亩矣。见若环堵，城千雉矣。见若杯水，池百里矣。见若蚁垤，台九层矣。醯鸡[39]往来，周东西矣。蟖蠓[40]纷纷，秦速亡矣。蜂窠[41]联联，起阿房矣。俄而复然，立建章[42]矣。小星奕奕，焚咸阳矣[43]。累累茧栗，祖龙藏矣[44]。其下千载，更改兴坏，悲愁辛苦，循其上矣。"臣又问曰："古有封禅[45]，今读书者，云得其传，云失其传，语言纷纶，于神何如也？"曰："若知之乎？闻圣人抚天下，既信于天下，则因山岳而质于天，不敢多物。若秦政汉彻[46]，则率海内以奉祭祀，图福其身。故庙祠相望，坛墠[47]迤逦。盛气臭，夸金玉，聚薪以燔，积灰如封。天下怠矣，然犹慊慊[48]不足。秦由是薙[49]，汉由是弱。明天子得贤者在位，能者在职，庙堂之上，垂衣裳而已。其于封禅，存可也，凶可也。"

注　释

【1】东门，长安东门。

【2】歊（xiāo）然，热情高兴的样子。

【3】睎发，披发。

【4】百钧去背，形容衡量失去标准。

【5】翛（xiāo）然，迅疾的样子。

【6】姑射之神，指《庄子·逍遥游》："藐姑射之山，有神人居焉，肌肤若冰雪，淖约若处子。"

【7】蒙庄，庄子。庄子为宋国蒙人，因此称蒙庄。

【8】二仪，即两仪，阴阳二气。

【9】数五，即五岳。余，华山。尸，占。

【10】烛，照。

【11】附丽，附着。

【12】相传上古时代发生过一场大洪水，禹率领人们疏通黄河河道入海。

【13】姑射，即姑射山，在今山西省临汾县西。九嵏（zōng），即九嵏山，在今陕西省醴泉县。

【14】宾，宾服。

【15】三峰，华山中峰为莲花峰，东峰为仙人掌，南峰为落雁峰，世称华山三峰。

【16】湄，河边水草相交处。古人认为彩虹一端现于水上是在饮水，因此称"饮于河湄"。

【17】古代君主南面而坐，臣子北面而朝。

【18】肃阿芊芊，"阿"应做"何"。

【19】蟠，盘曲。

【20】《周礼》："诸侯之地，封疆四百里。"这里是约数。

【21】甘雨，及时雨。

【22】掌，手掌。传说河伯以掌劈开华山，将其一分为二，使黄河得以贯通。

【23】攲，倾斜。弁，古人的帽子。

【24】呀，口张开的样子。

【25】距，鸡附足的尖骨。

【26】翼，鸟翅，此处指如翅状的岩石。抱，孵卵。

【27】缋人，所指何意不详。一说，指画工。

【28】宥，宽。谓圣贤无为而治，任物自在宽宥地发展，则天下安宁清静。

【29】太易，天地最初形成。

【30】俞俞，从容自得。

【31】《庄子·胠箧》："昔者容成氏、大庭氏、伯皇氏、中央氏、栗陆氏、骊畜氏、轩辕氏、赫胥氏、尊卢氏、祝融氏、伏羲氏、神农氏，当是时也，民结绳而用之，甘其食，美其服，乐其俗，安其居，邻国相望，鸡狗之音相闻，民至老死而不相往来，若此之时，则至治已。"

【32】后，风后。牧，力牧。皆黄帝大臣。

【33】三人，指风后、力牧、大鸿。

【34】其子之子，黄帝生昌意，昌意生高阳，是为帝颛顼。其孙之孙，黄帝之孙为蟜极，蟜极之孙为放勋，是为帝尧。

【35】癸，即夏桀，名履癸。受，即商纣王，名受，一名受德。

【36】甲，太甲，商朝第二代君主。戊，太戊。即位之后，勤治修德，使殷复兴，称为中宗。诵，周成王姬诵。钊，周康王姬钊。

【37】怠遑，懈怠疏忽。

【38】祖，远。

【39】醯（xī）鸡，酒里生的蠛蠓虫。

【40】蠛（miè）蠓，蠓虫。

【41】蜂窠，即蜂房。另，此句上下内容句式，与杜牧《阿房宫赋》颇为相似。又，本文成文时，宰相杜佑（杜牧的祖父）也对此文多有赞赏。

【42】建章，即建章宫。汉武帝太初元年建造，规模宏大。

【43】焚咸阳，指项羽焚毁咸阳的秦国宫殿。

【44】茧栗，蚕茧和栗子，这里代指帝王陵墓。祖龙，即秦始皇。《史记·秦始皇本纪》："三十六年……秋，使者从关东夜过华阴平舒道，有人持璧遮使者曰：'为吾遗滈池君。'因言曰：'今年祖龙死。'"祖龙藏矣，指秦始皇下葬的骊山墓。

【45】封禅，古时帝王祭天地的典礼。在泰山上筑土为坛祭天曰封；在泰山下的小丘除土祭地为禅。这是古代规格最高的大典，只有少数有功德且天降祥瑞的帝王才可以封禅。自秦以来至北宋，共有十位帝王曾封禅泰山；后改封禅为祭祀，康熙、乾隆都曾来到泰山祭祀。

【46】秦政，即秦始皇嬴政。汉彻，即汉武帝刘彻。

【47】坛墠（shàn），古代祭祀的场所。

【48】慊慊，嫌恨的样子。

【49】薙，除草，此处引申为灭亡。

牡丹赋

舒元舆

舒元舆，字升远，唐婺州东阳（今属浙江金华）人。早年得到宰相裴度赏识，后上书八万言自荐，得到唐文宗嘉许。后历任监察御史、同中书门下平章事等职。由于宦官专权，唐文宗十分不满，于是联合舒元舆、李训等人，密谋铲除宦官势力，准备在十一月廿一日以观甘露为名伏兵捕杀神策军首领宦官仇士良。结果伏兵暴露事败，舒元舆等多名大臣被腰斩灭族，史称"甘露之变"。

题 解

本文是舒元舆的代表作，也是第一篇咏颂牡丹的辞赋。本文中，作者详细叙述了洛阳牡丹的起源，又以问答形式批驳了对牡丹不屑一顾、认为歌颂牡丹是"儿女之心"的偏见。本文语言优美，对仗工整，比喻形象，又避开了一般辞赋堆砌辞藻的缺点，以朴素的语言将牡丹描写得富有人情味。《新唐书》记载，"甘露之变"后，成为宦官傀儡的唐文宗曾绕栏吟诵《牡丹赋》，不禁落泪。

古人言花者，牡丹未尝与焉。盖遁于深山，自幽而著，以为贵重所知。花则何遇焉？天后[1]之乡西河也，有众香精舍，下有

牡丹，其花特异。天后叹上苑[2]之有阙，因命移植焉。由此京国[3]
牡丹，日月寖盛[4]。今则自禁闼洎[5]官署，外延士庶之家，弥漫
如四渎[6]之流，不知其止息之地。每暮春之月，遨游之士如狂焉。
亦上国繁华之一事也。近代文士，为歌诗以咏其形容，未有能赋
之者。余独赋之，以极其美。或曰："子常以丈夫功业[7]自许，
今则肆情于一花，无乃犹有儿女之心乎？"余应之曰："吾子独
不见张荆州[8]之为人乎，斯人信丈夫也。然吾观其文集之首，有《荔
枝赋》焉。荔枝信美矣，然亦不出一果耳，与牡丹何异哉？但问
其所赋之旨何如，吾赋牡丹何伤焉？"或者不能对，余遂赋以示之。

圆玄瑞精[9]，有星而景[10]，有云而卿[11]。其光下垂，遇物流形[12]。
草木得之，发为红英。英之甚红，钟乎牡丹。拔类迈伦[13]，国香欺兰。
我研物情，次第而观。

暮春气极，绿苞如珠。清露宵偃，韶光晓驱[14]。动荡支节，
如解凝结，百脉融畅，气不可遏。兀然[15]盛怒，如将愤泄。淑色[16]
披开，照耀酷烈。美肤腻体，万状皆绝。

赤者如日，白者如月。淡者如赭，殷者如血。向者如迎，背
者如诀。坼[17]者如语，含者如咽。俯者如愁，仰者如悦。褰[18]者
如舞，侧者如跌。亚[19]者如醉，曲者如折。密者如织，疏者如缺。
鲜者如濯，惨者[20]如别。初胧胧而下上[21]，次鳞鳞而重叠。锦衾
相覆，绣帐连接[22]。晴笼昼薰，宿露宵裛[23]。或灼灼腾秀[24]，或
亭亭露奇。或飐然[25]如招，或俨然如思。或希风如吟，或泫露[26]
如悲。或垂然如缒[27]，或烂然如披。或迎日拥砌[28]，或照影临池。
或山鸡已驯，或威凤[29]将飞。其态万万，胡可立辨！不窥天府，
孰得而见。乍疑孙武，来此教战[30]。其战谓何？摇摇纤柯[31]。

玉栏风满，流霞成波，历阶重台，万朵千窠[32]。西子南威[33]，
洛神湘娥[34]。或倚或扶，朱颜色酡[35]。角炫红釭[36]，争夤翠蛾。
灼灼夭夭，逶逶迤迤。汉宫三千，艳列星河，我见其少，孰云其多。

弄彩呈妍，压景[37]骈肩。席发银烛，炉升绛烟。洞府真人，会于群仙。晶荧往来，金釭列钱[38]。凝睇相看，曾不晤言。未及行雨，先惊旱莲。

公室侯家，列之如麻，咳唾万金[39]，买此繁华。遑恤[40]终日，一言相夸。列幄庭中，步障开霞[41]。曲庑重梁[42]，松篁[43]交加。如贮深闺，似隔绛纱。仿佛息妫，依稀馆娃[44]。我来睹之，如乘仙槎[45]。脉脉不语，迟迟日斜。九衢游人，骏马香车。有酒如渑[46]，万坐笙歌。一醉是竟，孰知其他！

我案花品，此花第一。脱落[47]群类，独占春日。其大盈尺，其香满室。叶如翠羽，拥抱比栉[48]。蕊如金屑，妆饰淑质[49]。玫瑰羞死，芍药自失。夭桃敛迹，秾李惭出[50]。踯躅[51]宵溃，木兰潜逸。朱槿灰心，紫薇屈膝。皆让其先，敢怀愤嫉？

焕乎美乎！后土之产物也。使其花之如此而伟乎！何前代寂寞而不闻，今则昌然而大来[52]。曷草木之命，亦有时而塞，亦有时而开？吾欲问汝，曷为而生哉？汝且不言，徒留玩[53]以徘徊。

注　释

【1】天后，即武则天。

【2】上苑，又称上林苑，即唐东都上苑，在洛阳东边。《全唐诗》卷五则天皇后诗注："天授二年腊。卿相欲诈称花发，请幸上苑，有所谋也。许之，寻疑有异图，乃遣使宣诏云：'明朝游上苑，火急报春知。花须连夜发，莫待晓风吹。'于是凌晨名花布苑，群臣咸服其异。"

【3】京国，指洛阳。武则天称帝后曾定都洛阳。

【4】寖（qìn）盛，渐渐兴盛。

【5】禁闼（tà），宫禁之中。洎（jì），到。

【6】四渎，古代对四条独流入海的大川的称呼，即长江、黄河、淮河、济水。

【7】丈夫功业，古代指男子应当建功立业报效国家。

【8】张荆州，张九龄，唐玄宗时贤相，正直敢言，后被李林甫排挤而贬

为荆州长史，后世称张荆州。

【9】圆玄，指天。古人以"圆"代称天。《淮南子·本经训》："'戴圆屈方。'注，'圆，天也。'"玄，亦指天。《易·坤卦第二》："天玄而地黄。"瑞精，祥瑞的灵气。古代称生成万物的灵气。

【10】景，此处指霞光。

【11】卿，即卿云，一种彩云，古人认为是祥瑞。

【12】流形，流布成形。这句是说天地祥光云气流行，遇万物而成各种形体。

【13】拔类迈伦，超出于同类之上。

【14】偃，卧。韶光，美好的时光，此处指春光。驱，驱赶，此处指催促。

【15】兀然，忽然。

【16】淑色，美色。

【17】坼（chè），此处指花瓣裂开。

【18】裹（niǎo），通"袅"，指摇摆的牡丹。

【19】亚，通"压"。

【20】惨，颜色暗淡。

【21】胧胧，暗淡的样子。上下，或高或低。

【22】牡丹花将开放时惧烈风酷日，需要以帷幕遮日，才能使花时耐久。此指用锦帷绣帐做成幕帐遮覆牡丹。

【23】裛（yì），通"浥"，润湿。

【24】灼灼，鲜明的样子。腾秀，秀色腾发。

【25】飐（zhǎn）然，风吹物动的样子。

【26】法露，滴露。

【27】缒，将东西系在绳子上坠下去。

【28】拥砌，围看台阶。

【29】威凤，传说中凤有威仪，因此称威凤。

【30】《史记·孙子吴起列传》记载孙武曾训练吴王阖闾间宫女。

【31】纤柯，指纤柔的花枝。

【32】窠，通"棵"。

【33】西子，西施。南威，南之威。此二人传说为春秋时代的美女。

【34】洛神，洛水女神，详见《洛神赋》。湘娥，湘水女神，相传是舜的两位妃子娥皇、女英，听到舜南行死于苍梧，二妃南望痛哭自投湘水而死，遂成湘水之神。

【35】酡，饮酒而脸红。

【36】角炫，较量、炫耀。红釭（gāng），红灯。

【37】压景，压倒日光。

【38】金釭（gāng），古代宫殿壁带上装饰的金环。列钱，古代镶嵌在壁带上的装饰。

【39】此句出自《刺世疾邪赋》，此处指王侯们挥霍万金买取牡丹盛放的繁华景象。

【40】遑，闲暇。恤，体恤，照顾。

【41】开霞，如霞光一般铺开。

【42】曲庑，厅堂四周的廊屋。重梁，屋梁重叠的房屋。

【43】篁，竹。

【44】息妫（guī），春秋时代息侯的夫人。传说楚文王灭息，掳获息妫而归，息妫因亡国之痛，与楚文王不通言语。又因面若桃花，人称"桃花夫人"。馆娃，指西施。吴王夫差为西施曾在姑苏西南灵岩山上建造馆娃宫。

【45】仙槎，《博物志》记载，黄河上游通往天河（银河），有人曾乘槎到天河遇见牛郎织女。

【46】有酒如渑，《左传·昭公十二年》："有酒如渑，有肉如陵。"

【47】脱落，轻慢、不受拘束。

【48】比栉，即栉比，形容牡丹叶子密接相连。

【49】淑质，美善的品质。

【50】《诗·周南·桃夭》："桃之夭夭，灼灼其华。"《诗·召南·何彼秾矣》："何彼秾矣，华如桃李。"

【51】踯躅，杜鹃花别名。

【52】昌然，兴盛、繁荣的样子。来，语气助词。

【53】留玩，流连玩赏。

阿房宫赋

杜牧

杜牧，字牧之，号樊川居士，京兆万年（今陕西省西安市）人。唐代诗人、文学家，出身官宦世家京兆杜氏，祖父是唐德宗时宰相杜佑。二十余岁便小有名气，此后在各个幕府之中担任官吏长达十年，才得以返回长安任职。后因被排挤（此事起因尚有争议）而被外放，历任黄州、池州、睦州刺史等职。晚年居樊川别墅，世称杜樊川。

杜牧长于诗歌，尤擅长篇五言古诗和七言绝句，《诗人主客图序》中将杜牧的诗归为"高古奥逸"。人们将其与杜甫区分，称为"小杜"；又将他与李商隐并称为"小李杜"。他的文章深受韩愈影响，重视思想内容。此外，他的书法也是上乘之作。

题 解

本文创作于杜牧二十三岁时，是一篇借古讽今的赋体散文。当时，唐敬宗荒淫无度，大修宫室，劳民伤财。杜牧于是写下本文。他在《上知己文章启》中说："宝历大起宫室，广声色，故作《阿房宫赋》。"

本文中，杜牧描写了阿房宫的兴建及毁灭，并总结了秦代统治者骄奢亡国的教训，对当时大修宫室的行为作出警告，展现了作者忧国忧民的情怀。全文骈散结合，错落有致。《新唐书》记载，吴武陵曾以此文拜见当时的主考官，主考官读罢便定杜牧为当次科举的第五名。

六王毕[1]，四海一，蜀山兀[2]，阿房[3]出。覆压三百余里[4]，隔离天日。骊山北构而西折，直走咸阳。二川溶溶[5]，流入宫墙。

五步一楼，十步一阁。廊腰[6]缦回，檐牙[7]高啄；各抱地势[8]，钩心斗角[9]。盘盘焉，囷囷焉[10]，蜂房水涡[11]，矗不知其几千万落[12]。长桥卧波，未云何龙[13]？复道行空，不霁[14]何虹？高低冥迷[15]，不知西东。歌台暖响，春光融融。舞殿冷袖，风雨凄凄。一日之内，一宫之间，而气候不齐。

妃嫔媵嫱[16]，王子皇孙[17]，辞楼下殿，辇来于秦，朝歌夜弦，为秦宫人。明星荧荧，开妆镜也；绿云扰扰，梳晓鬟也；渭流涨腻[18]，弃脂水也；烟斜雾横，焚椒兰也。雷霆乍惊，宫车过也；辘辘远听[19]，杳不知其所之也。一肌一容，尽态极妍，缦立远视，而望幸[20]焉。有不得见者，三十六年[21]。

燕赵之收藏，韩魏之经营，齐楚之精英[22]，几世几年，剽掠[23]其人，倚叠如山。一旦不能有，输来其间。鼎铛[24]玉石，金块珠砾，弃掷逦迤[25]，秦人视之，亦不甚惜。嗟乎！一人之心，千万人之心也。秦爱纷奢，人亦念其家。奈何取之尽锱铢，用之如泥沙？使负栋之柱，多于南亩之农夫；架梁之椽，多于机上之工女；钉头磷磷[26]，多于在庾[27]之粟粒；瓦缝参差，多于周身之帛缕；直栏横槛，多于九土之城郭；管弦呕哑，多于市人之言语。使天下之人，不敢言而敢怒。独夫[28]之心，日益骄固。戍卒叫[29]，函谷举[30]，楚人一炬[31]，可怜焦土！

呜呼！灭六国者，六国也，非秦也。族秦者，秦也，非天下也。嗟乎！使六国各爱其人，则足以拒秦。使秦复爱六国之人，则递三世可至万世而为君[32]，谁得而族灭也？秦人不暇自哀，而后人哀之；后人哀之而不鉴之，亦使后人而复哀后人也。

注　释

【1】六王毕，六国灭亡了。毕，完结，指为秦国所灭。

【2】蜀山兀，蜀山树木被砍伐殆尽，成为阿房宫的建筑材料。

【3】阿房，秦阿（ē）房（páng）宫。阿房宫修筑于秦始皇三十五年（公元前212年，一说秦始皇二十八年），位于咸阳上林苑内。《史记》记载，阿房宫一共施工了两年七个月，中途曾因为秦始皇修筑骊山墓而中断，后随着起义军攻入关中，阿房宫的修筑彻底停止。

【4】覆压三百余里，应是夸张之辞，因以秦代的建筑技术不可能建造出如此庞大的建筑。根据近年来的考古发现，阿房宫夯土台东西长1270米、南北宽426米，夯土台基的面积是54.1万平方米。里，面积单位，古代五户为一邻，五邻为一里。

【5】二川，指渭水和樊川。溶溶，形容河水宽广而流动。

【6】廊腰，连接高大建筑物的走廊，在整体结构中如同腰部。

【7】檐牙，屋檐向上翘起，如同牙齿。

【8】各抱地势，各随地形而建。

【9】钩心，指各种建筑物都向中心区攒聚。斗角，指屋角互相对峙。

【10】囷（qūn）囷，曲折回旋的样子。

【11】蜂房水涡，都是形容依山而建的楼阁。

【12】矗，形容建筑物高耸。落，即"座"。

【13】古人认为，有龙就应有云。《易·文言》中有"云从龙"的说法。

【14】霁，雨后天晴。

【15】冥迷，分辨不清。

【16】妃嫔媵（yìng）嫱（qiáng），泛指六国妃嫔。媵是陪嫁的侍女，也可成为嫔、嫱。

【17】王子皇孙，指六国王室的女子。

【18】涨腻，涨起了一层含有胭脂水粉的脂水。

【19】辘辘远听，车声越听越远。辘辘，车行的声音。

【20】幸，古代皇帝到达某处称为"幸"。妃嫔受到皇帝宠爱称为"得幸"。

【21】三十六年，秦始皇自继位为秦王算起至驾崩共计三十六年。此处极言时间之长。

【22】精英，此处作名词，指精品。

【23】剽（piāo）掠，抢劫，掠夺。

【24】铛（chēng），平底的浅锅。

【25】逦迤，连续不断。

【26】磷磷，形容物体的棱角分明而突出，这里形容突出的钉头。

【27】庾（yǔ），露天的谷仓。

【28】独夫，形容众叛亲离、极端孤立的统治者。此处指秦始皇。

【29】戍卒叫，指陈胜、吴广起义。

【30】函谷举，指刘邦率军攻入函谷关，到达咸阳时，秦王子婴投降。

【31】楚人一炬，指项羽在鸿门宴后进入咸阳，放火焚烧秦宫殿，大火三月不灭。但根据近年来的考古发现，阿房宫在项羽攻入咸阳时并未建成，阿房宫遗址也未发现大量火烧的痕迹。考古人员据此推断，项羽焚烧的可能是咸阳宫，因咸阳宫发现大量被火烧过的痕迹。

【32】万世，《史记·秦始皇本纪》记载，秦始皇统一后下诏："朕为始皇帝，后世以计数，二世，三世至于万世，传之无穷。"但秦仅传到第三世便灭亡。

祭小侄女寄寄文

李商隐

李商隐，字义山，号玉溪（谿）生，又号樊南生，祖籍怀州河内（今河南省沁阳市），生于郑州荥阳（今河南省荥阳市），晚唐著名诗人，与杜牧合称"小李杜"，与温庭筠合称"温李"。他自幼丧父，曾任秘书省校书郎、弘农尉等职，但由于卷入牛李党争，导致一生备受排挤，困顿不得志。

李商隐以诗闻名于世，他的诗歌构思新奇，特别是一些爱情诗和无题诗写得十分优美缠绵，但也有一些诗歌内容隐晦，因此有"诗家总爱西昆好，独恨无人作郑笺"之说。他也是晚唐最重要的骈体文作家之一，自从受到晚唐的骈体文大家令狐楚点拨后，他的骈体文逐渐形成了自己的风格，尤其善于用典。他曾有《樊南文集》两卷，却都没有流传下来。

题 解

唐武宗会昌二年（842 年），李商隐的母亲去世，他按照规定离职守孝三年。在这期间，他处理了一些如为几位已故的亲属迁坟安葬并作祭文的事务，其中就包括对他夭折的小侄女寄寄进行祭奠。在本文中，李商隐通篇不用一典只用白描手法叙述生活琐事，情真意切，令人伤感。而本文虽为骈体文，却文风质朴而叙事生动，抒情叙事相互交融，体现出了李商隐的骈体文特有的魅力。

正月二十五日 [1]，伯伯以果子、弄物 [2]，招送寄寄体魄，归大茔 [3] 之旁。

哀哉！尔生四年，方复本族 [4]。既复数月，奄然归无 [5]。于鞠育而未申 [6]，结悲伤而何极 [7]！尔来也何故，去也何缘？念当稚戏之辰，孰测死生之位？

时吾赴调京下 [8]，移家关中，事故纷纶，光阴迁贸 [9]，寄瘗尔骨，五年于兹。白草枯荄 [10]，荒途古陌，朝饥谁饱？夜渴谁怜？尔之栖栖 [11]，吾有罪矣！

今我仲姊 [12]，反葬有期。遂迁尔灵，来复先域。平原卜穴，刊石书铭。明知过礼 [13] 之文，何忍深情所属！自尔殁后，侄辈数人，竹马玉环，绣襜文褓 [14]。

堂前阶下，日里风中，弄药 [15] 争花，纷吾左右。独尔精诚，不知所之。况吾别娶 [16] 已来，胤绪未立 [17]。犹子之义，倍切他人。念往抚存，五情 [18] 空热。

呜呼！荥水之上，坛山之恻。汝乃曾乃祖，松槚 [19] 森行；伯姑仲姑，冢坟相接。汝来往于此，勿怖勿惊。华彩衣裳，甘香饮食。汝来受此，无少无多。

汝伯祭汝，汝父哭汝，哀哀寄寄，汝知之耶？

注 释

【1】正月二十五日，唐武宗会昌四年（844年）。

【2】弄物，玩具。

【3】大茔（yíng），指祖坟。

【4】复本族，回老家。李氏宗族老家在荥阳（今河南省）。

【5】奄然归无，死去的委婉说法。

【6】鞠育，养育之恩。未申，未报。

【7】何极，哪有尽头。

【8】赴调京下，指唐武宗开成五年（840年），李商隐从济源迁至长安，等候职位调动。

【9】迁贸，变化，指时光迅速。

【10】荄（gāi），草根。

【11】栖栖，孤独不安的样子。

【12】仲姊，嫁裴家的裴氏姊，从获嘉迁往祖坟。李商隐作有《祭裴氏姊文》。

【13】《仪礼·丧服》："不满八岁以下，皆为无服之殇。"寄寄只有四岁，按照礼制，不应有石碑铭文，因此说"过礼"。

【14】襦，短上衣。褓，抱被。

【15】药，芍药花。

【16】别娶，指李商隐迎娶泾原节度使王茂元之女为妻。此处写"别娶"，但在本文之外，再无其他文章记载李商隐在此前曾有一位妻子。

【17】胤绪，嗣子，儿子。未立，未生。

【18】五情，五内，泛指内心。

【19】松槚（jiǎ），松树与槚树。

读《司马法》

皮日休

皮日休，晚唐文学家。字袭美，一字逸少，复州竟陵（今湖北省天门市）人。曾居住在鹿门山，道号鹿门子，又号间气布衣、醉吟先生、醉士等。与陆龟蒙齐名，世称"皮陆"。曾任太常博士等职，此后事迹多有争议，一说参加黄巢起义军任翰林学士，一说并未参加。

皮日休其貌不扬，又性情傲慢，作品多同情民间疾苦，对人民的疾苦有着深刻的思考，鲁迅称赞他是唐末"一塌糊涂的泥塘里的光彩和锋芒"。

题 解

本文创作于唐末，是作者阅读古代兵书《司马法》后写下的读后感。晚唐时期，唐朝日益衰败，藩镇割据严重，战争频繁，民不聊生。社会普遍希望能够尽早结束各藩镇争权夺利的战争，让社会恢复和平。本文便从这一角度出发，抨击唐末的社会现实，篇幅虽短却一气呵成，典型地体现了皮日休的散文特色。

古之取天下也以民心，今之取天下也以民命。

唐虞尚仁，天下之民从而帝之。不曰取天下以民心者乎？汉魏尚权，驱赤子于利刃之下，争寸土于百战之内，由士为诸侯，由诸侯为天子，非兵不能威，非战不能服。不曰取天下以民命者乎？

由是编之为术[1]。术愈精而杀人愈多，法益切而害物益甚。

呜呼！其亦不仁矣！

　　蚩蚩之类[2]，不敢惜死者，上惧乎刑，次贪乎赏。民之于君，由子也，何异乎父欲杀其子，先绐[3]以威，后啖[4]以利哉？

　　孟子曰："'我善为阵，我善为战'[5]，大罪也。"使后之君于民有是者，虽不得土，吾以为犹土焉。

注 释

【1】术，战术，此处泛指军事著作。

【2】蚩蚩之类，指被迫打仗的百姓。

【3】绐（dài)，通"诒"，欺骗。

【4】啖（dàn)，喂，此处指引诱。

【5】此句出自《孟子·尽心下》。原文是孟子引用好战的君主的话，对好战的君主进行批评。

英雄之言

罗隐

　　罗隐，字昭谏，新城（今浙江省杭州市富阳区新登镇）人，一说余杭（今浙江省杭州市余杭区），唐末五代时期诗人、文学家、道家学者。本名横，自二十岁起十余次应举不中，于是改名罗隐。史书记载他其貌不扬，又恃才傲物因而被人忌恨，穷困潦倒。后成为吴越国王钱镠幕僚，累官钱塘令等职，仍狂傲如初，但钱镠不以为忤。

　　他的诗文善于提炼民间口语，浅显易懂如同白话，又善于讽刺，受到时人赞赏。他倡导道家学说，思想是乱世中黄老思想复兴的产物。

题 解

本文是作者讽刺帝王虚伪本性的一篇散文。作者以刘邦、项羽为例，深刻揭露出他们夺取天下不过是美慕秦始皇"靡曼骄崇"，大胆而辛辣地讽刺了唐末五代时起兵争夺天下的那些"群雄"不过是谋求一己私利的"群盗"而已。

物之所以有韬晦[1]者，防乎盗也。故人亦然。夫盗亦人也，冠屦[2]焉，衣服焉。其所以异者，退逊之心[3]、正廉之节，不常其性耳。视玉帛而取之者，则曰牵于[4]寒饿；视家国而取之者，则曰救彼涂炭。牵于寒饿者，无得而言矣。救彼涂炭者，则宜以百姓心为心。而西刘则曰："居宜如是"[5]，楚籍[6]则曰"可取而代"。意彼未必无退逊之心、正廉之节，盖以视其靡曼骄崇[7]，然后生其谋耳。为英雄者犹若是，况常人乎？是以峻宇[8]逸游，不为人所窥者，鲜也。

注 释

【1】韬晦，隐藏不露，指将物品藏起来。

【2】冠屦（jù），帽子和鞋子。此处作动词，戴帽穿鞋。

【3】退逊之心，谦退忍让的心。

【4】牵于，受制于。另，晚唐作家爱用生硬语或生僻字。

【5】西刘，西汉汉高祖刘邦。《史记·高祖本纪》记载，刘邦曾见秦始皇出游，叹息道："大丈夫当如此也！"后来他攻占咸阳，"欲止宫休舍"，想住进秦宫殿而被张良、樊哙劝止。

【6】楚籍，西楚霸王项羽。

【7】靡曼骄崇，奢华尊贵。

【8】峻宇，高大的宫室。

越妇言

罗隐

题　解

　　《越妇言》是唐代文学家罗隐创作的一篇小品文。文章共两段，第一段叙述朱买臣"贵"后对其前妻表示的"仁者之心"；第二段记述"越妇"之言，揭露朱买臣"匡国济民"是假，"急于富贵"是真，本质虚伪。全文借古讽今，言辞犀利，借朱买臣前妻之口，表达对封建官僚的讽刺之意，具有强烈的批判精神。

　　买臣[1]之贵也，不忍其去妻[2]，筑室以居之，分衣食以活之，亦仁者之心也。

　　一旦，去妻言于买臣之近侍曰："吾秉箕帚[3]于翁子左右者，有年矣。每念饥寒勤苦时节，见翁子之志，何尝不言通达后以匡国致君[4]为己任，以安民济物为心期。而吾不幸离翁子左右者，亦有年矣，翁子果通达矣。天子疏[5]爵以命之，衣锦以昼之[6]，斯亦极矣。而向所言者，蔑然[7]无闻。岂四方无事使之然耶？岂急于富贵未假[8]度者耶？以吾观之，矜于一妇人，则可矣，其他未之见也。又安可食其食！"乃闭气[9]而死。

注　释

　　【1】买臣，朱买臣，西汉人，武帝时曾任会稽太守。他年轻时好读书，家中贫困，他的妻子难以忍受而离开了他。后来他被任命为会稽太守，路遇前妻和她的丈夫，便将二人带到太守府中供养。一个月后，他的前妻自杀身亡。

　　【2】去妻，前妻。

【3】秉箕帚，拿着扫帚、簸箕，指从事打扫等事务。这里代指做他人妻子。

【4】匡国，匡正国家。致君，使君尊贵，即辅佐国君。

【5】疏，分、赐。

【6】衣锦以昼之，让他衣锦还乡。《汉书》记载，汉武帝在任命朱买臣为会稽太守后对他说："富贵不归故乡，如衣绣夜行，今子何如？"昼之，使他白天行走，比喻荣归故里。

【7】蔑然，泯灭、消失的样子。

【8】未假，不暇，没空闲。假，通"暇"。

【9】闭气，自缢。

南越王寄夫人书

钱镠

钱镠，字具美（一作巨美），浙江杭州临安人。五代十国时期吴越国的创立者。出身贫寒，早年曾贩卖私盐，二十一岁时加入石镜镇指挥使董昌麾下受重用。黄巢起义时，钱镠与董昌建立"八都军"，后与称帝的董昌决裂并将其击败，从而控制两浙，并得到唐王朝赏赐金书铁券，画像入凌烟阁。此后，他多次与南吴交战，又受后梁"吴越王"封号而建立吴越国；直到其部下发动叛乱使吴越国元气大伤后，他才意识到战争对国家的危害，于是转而致力于发展内政。死后葬安国县衣锦乡茅山。庙号太祖，谥号武肃王，民间称他为"海龙王"。

钱镠在位期间，十分重视两浙地区水利发展，曾大力修筑海塘，疏浚内湖；对外方面，他在部下叛乱后采取不参与的态度，依靠向后梁等大势力称臣以保证吴越国的安全。在他的努力下，两浙地区土地丰腴，杭州也一跃成为东南地区的经济中心。他十分敬重罗隐等贤才，因此也受到后世文人很高的评价。

题 解

吴越王钱镠的王妃曾随钱镠南征北战建立基业，而钱镠也十分关爱她；但她由于思念家乡，每年春天都要返回家乡侍奉双亲。一年春天，钱镠在宫中十分思念回家省亲的王妃，便提笔写下了这封信。后来，曾任杭州通判的苏轼听闻了这个故事，便将这封信改编三首《陌上花》诗。

陌上花开，可缓缓归矣。

放妻书

佚名

题 解

1900 年，敦煌莫高窟出土了大量古代文献，研究发现其中有十二件离婚文书——《放妻书》，大多是唐代人的作品。本文便是其中的一篇。在本文中，作者强调了夫妻之间恩爱的重要性，将婚姻失败的责任分摊给夫妻双方，这与将婚姻视作"传宗接代"的传统观念截然不同。作为一篇古代的"离婚书"，本文对于人们了解唐代婚姻制度有着重要意义。

某专甲谨立放妻手书[1]。

盖说夫妇之缘，恩深义重，论谈共被之因，结誓幽远。凡为夫妇之因，前世三生结缘，始配今生夫妇，若结缘不合，比是怨家，故来相对。妻则一言十口，夫则反目生嫌，似猫鼠相憎，如狼羊一处。既以二心不同，难归一意，快会及诸亲，各迁本道。愿妻娘子相离之后，重梳蝉鬓，美裙娥眉，巧逞窈窕之姿，选娉高官之主。解怨释结，更莫相憎。一别两宽，各生欢喜。

于时年月日谨立手书。

注 释

【1】某专甲，相当于"某甲"，指代他人的称呼。另，本文可能是由第三方拟定的范文样本，因此此处使用代称。放，日本学者仁井田升曾认为有"驱逐"的意思，反映了男尊女卑的地位差距，但大多数学者并不认同。学界大多认为，"放"是"放归本宗"的意思，并无贵贱之分；而同时出土的"放夫书"更是证明女方也可以"放"男方，与地位并无关联。

编者注

在唐代，《唐律疏议》规定了三种离婚理由。第一种是中国古代最普遍的"出"，一旦女子有符合"七出"的行为，丈夫就可以"出"妻子。第二种是"义绝"，一旦官府认定夫妻双方有一方触犯法律纲常的行为，就可以强制判处离婚。第三种则是"和离"，如果官府认定夫妻双方不合且自愿分手，就可判处离婚。在敦煌出土的多篇"放妻书"中，虽然也有将责任归咎于夫妻一方的文章，但都属于"和离"，也就是协议离婚。这种协议离婚的制度，不仅在婚姻立法上达到了古代的高峰，对于现代婚姻立法也具有重要的意义。

苏子与客泛舟游于赤壁之下……渺沧海之一粟。哀吾生之须臾，羡长江之无穷。挟飞仙以遨游，抱明月而长终。知不可乎骤得，托遗响于悲风。

苏子曰："客亦知夫水与月乎？逝者如斯，而未尝往也；盈虚者如彼，而卒莫消长也。盖将自其变者而观之，则天地曾不能以一瞬；自其不变者而观之，则物与我皆无尽也，而又何羡乎！

且夫天地之间，物各有主，苟非吾之所有，虽一毫而莫取。惟江上之清风，与山间之明月，耳得之而为声，目遇之而成色，取之无禁，用之不竭，是造物者之无尽藏也，而吾与子之所共适。"

客喜而笑，洗盏更酌。肴核既尽，杯盘狼籍。相与枕藉乎舟中，不知东方之既白。

"月明星稀，乌鹊南飞"，此非曹孟德之诗乎？西望夏口，东望武昌，山川相缪，郁乎苍苍，此非孟德之困于周郎者乎？方其破荆州，下江陵，顺流而东也，舳舻千里，旌旗蔽空，酾酒临江，横槊赋诗，固一世之雄也，而今安在哉？况吾与子渔樵于江渚之上，侣鱼虾而友麋鹿，驾一叶之扁舟，举匏樽以相属。寄蜉蝣于天地，渺沧海之一粟。

唐河店妪传

王禹偁

王禹偁，字元之，济州钜野（今山东巨野）人。世为农家，九岁能文，宋太宗太平兴国八年（983年）登进士第，历任右拾遗、左司谏、知制诰、翰林学士。敢于直言讽谏，因此屡受贬谪。宋真宗即位，召还，复知制诰。后贬至黄州，故世称王黄州。咸平四年（1001年）冬改知蕲州（今湖北蕲春），未逾月而卒，年四十八。王禹偁为北宋诗文革新运动的先驱，文学韩愈、柳宗元，诗崇杜甫、白居易，多反映社会现实，风格清新平易。词仅存一首，反映了作者积极用世的政治抱负，格调清新旷远。著有《小畜集》《五代史阙文》。

题　解

本文描写一个年老体弱的老妇人，面对一个强壮的敌国士兵，却毫无惧色，并且能够巧妙与之周旋，最后将敌兵推入井中，由此可见老妪沉着冷静、聪明勇敢的个性特征。这则故事对于北宋时期屡受北方胡骑侵扰的边关百姓是一个巨大的鼓舞，因而广为流传。

　　唐河店，南距常山郡七里，因河为名。平时虏至店饮食游息，不以为怪；兵兴以来，始防捍之，然亦未甚惧。

　　端拱[1]中，有妪独止店上[2]。会一虏至[3]，系马于门，持弓矢，坐定，呼妪汲水。妪持绠缶[4]趋井，悬而复止。因胡语[5]呼虏为王，且告虏曰："绠短，不能及也。妪老力惫，王可自取之。"虏因系绠弓杪[6]，俯而汲焉。妪自后推虏堕井，跨马诣郡[7]。马之介甲具焉[8]，鞍之后复悬一虏首[9]。常山民吏观而壮[10]之。噫！国之备塞，多用边兵，盖有以也；以其习战斗而不畏懦矣。一妪尚尔，其人可知也。

近世边郡骑兵之勇者，在上谷曰"静塞"，在雄州曰"骁捷"，在常山曰"厅子"[11]。是皆习干戈战斗而不畏懦者也。闻虏之至，或父母辔马，妻子取弓矢，至有不俟甲胄而进者。顷年[12]胡马南下，不过上谷者久之，以"静塞"骑兵之勇也。会边将取"静塞"马分隶帐下以自卫，故上谷不守。

今"骁捷""厅子"之号尚存，而兵不甚众，虽加召募，边人不应，何也？盖选归上都，离失乡土故也；又月给微薄，或不能充；所赐介胄鞍马，皆脆弱羸瘠，不足御胡；其坚利壮健者，悉为上军所取；及其赴敌，则此辈身先，宜其不乐为也。

诚能定其军，使有乡土之恋；厚其给，使得衣食之足；复赐以坚甲健马，则何敌不破！如是得边兵一万，可敌客军五万矣。谋人之国者，不于此而留心，吾未见其忠也。

故因一妪之勇，总录边事，贻于有位者云。

注 释

【1】端拱，宋太宗赵光义的年号（988—989年）。

【2】妪（yù），老年妇女。店，唐河店，地名，在今河北省的西北部。

【3】会，恰巧。虏，指北方辽国的军人。当时宋国与北方的辽国处于战争状态，互为敌国。

【4】绠（gěng），汲水的绳子。缶（fǒu），贮水的瓦罐。

【5】胡语，北方少数民族的语言。

【6】弓杪（miǎo），弓的末端。杪，树梢。

【7】诣（yì），到，往。

【8】介甲，铠甲。具，完备。

【9】彘（zhì）首，猪的头。

【10】壮，认为……豪壮。

【11】静塞、骁捷、厅子，皆为当时地方武装的徽号。

【12】顷年，近年。

编者注

纵观北宋立国一百余年的对外战争历史，会有一疑问：为何社会经济快速发展、财力雄厚的北宋，却在对外战争中多次丧权辱国，最终灭亡于金军的铁蹄之下？

首先，宋朝对于武将专权十分恐惧，因此采取各种方式控制将领的权力。比如宋太宗太平兴国四年（979年），宋军抵御辽军入侵，宋太宗下诏将诸军分为八阵，结果造成兵力分散。幸亏赵延进、李继隆冒死违诏变阵，宋军才得以取胜。但是，这种“将从中御”的指挥方式却一直没有做出调整，这也限制了将领发挥自己的指挥才能。而中央“三司”不相统属各自为政，更是造成指挥混乱。

其次，北宋出于对藩镇割据和各地农民起义的恐惧，“守内虚外”，全国兵力，一半归属于中央禁军，一半分布地方。禁军的首要目的是防备内部叛乱，至于外部侵略，连宋太宗也说：“外忧不过边事，皆可预之为防。”但是，这些注重内部防卫的“精兵”，由于疏于训练，战斗力薄弱，根本无法与常年征战的西夏、辽国军队战斗。

第三，在指挥混乱、战斗力低下的情况下，北宋被迫实行消极防守的策略，范仲淹就曾直言一旦主动出击，这些生活在太平盛世的士兵恐怕难以取胜。于是，驻守边境的部队大多消极防守，只在敌军入侵后才组织防守的策略。这种策略，大大助长了敌人的气焰。

黄冈竹楼记

王禹偁

题 解

　　作者做京官时未曾购置田宅，谪黄州时，因其家贫，翰林学士毕士安赠其白银三百两，到黄冈之后，却有竹楼可居，因"其价廉而工省"。此记成于中秋日，以竹楼为核心，在竹楼上可观山水、听急雨、赏密雪、鼓琴、咏诗、下棋、投壶，亦可手执书卷，焚香默坐，赏景、饮酒、品茶、送日、迎月，极尽人间享乐之事。文章清幽潇洒，可与欧阳修《醉翁亭记》媲美。结构严谨，构思巧妙，层次分明，寓情于景，轻快自然，抒写作者随遇而安、贬谪不惧的心态，含蓄地表现了其愤懑不平之情。

　　黄冈[1]之地多竹，大者如椽[2]。竹工破之，刳[3]去其节，用代陶瓦[4]。比屋[5]皆然，以其价廉而工省也。

　　子城[6]西北隅，雉堞圮毁[7]，蓁莽荒秽，因作小楼二间，与月波楼[8]通。远吞[9]山光，平挹江濑[10]，幽阒辽夐[11]，不可具状。夏宜急雨，有瀑布声；冬宜密雪，有碎玉声。宜鼓琴，琴调虚畅；宜咏诗，诗韵清绝；宜围棋，子声丁丁[12]然；宜投壶[13]，矢声铮铮然；皆竹楼之所助[14]也。

　　公退[15]之暇，披鹤氅衣[16]，戴华阳巾[17]，手执《周易》一卷，焚香默坐，消遣世虑。江山之外，第见风帆沙鸟，烟云竹树而已。待其酒力醒，茶烟歇，送夕阳，迎素月，亦谪居之胜概[18]也。彼齐云、落星[19]，高则高矣；井幹、丽谯[20]，华则华矣；止于贮妓女，藏歌舞，非骚人[21]之事，吾所不取。

　　吾闻竹工云："竹之为瓦仅十稔[22]；若重覆之，得二十稔。"

噫！吾以至道乙未岁，自翰林出滁上[23]，丙申移广陵[24]，丁酉又入西掖[25]；戊戌岁除日[26]，有齐安[27]之命，己亥[28]闰三月到郡。四年之间，奔走不暇，未知明年又在何处，岂惧竹楼之易朽乎！幸后之人与我同志，嗣而葺之[29]，庶斯楼之不朽也！

咸平二年八月十五日记。

注　释

【1】黄冈，今属湖北。

【2】椽（chuán），椽子，架在屋顶承受屋瓦的木条。

【3】刳（kū），削剔，挖空。

【4】陶瓦，用泥烧制的瓦。

【5】比屋，挨家挨户。

【6】子城，城门外用于防护的半圆形城墙。

【7】雉堞（dié）圮（pǐ）毁，城上矮墙倒塌毁坏。雉堞，城上的矮墙。圮毁，倒塌毁坏。

【8】月波楼，黄州的一座城楼。

【9】吞，容纳。

【10】濑，沙滩上的流水。

【11】幽阒（qù）辽夐（xiòng），幽静辽阔。幽阒，清幽静寂。夐，远、辽阔。

【12】丁（zhēng）丁，形容棋子敲击棋盘时发出的清脆悠远之声。

【13】投壶，古人宴饮时的一种游戏。以矢投壶中，投中次数多者为胜。胜者斟酒使败者饮。

【14】助，助成，得力于。

【15】公退，办完公事，退下休息。

【16】鹤氅（chǎng）衣，用鸟羽制的披风。

【17】华阳巾，道士所戴的头巾。

【18】胜概，佳事，美景。

【19】齐云、落星，均为古代名楼。

【20】井幹、丽谯，亦为古代名楼。

【21】骚人，屈原曾作《离骚》，故后人称诗人为"骚人"，亦指风雅之士。

【22】稔（rěn），谷子一熟叫作一稔，引申指一年。

【23】至道乙未岁，自翰林出滁上，宋太宗至道元年（955年），作者因讪谤朝廷罪由翰林学士贬至滁州。

【24】广陵，即现在的扬州。

【25】又入西掖，指回京复任刑部郎中知制诰。西掖，中书省。

【26】戊戌岁除日，戊戌年除夕。戊戌，宋真宗咸平元年（998年）。

【27】齐安，黄州。

【28】己亥，咸平二年（999年）。

【29】嗣而葺（qì）之，继我之意而常常修缮它。嗣，接续、继承。葺，修整。

岳阳楼记

范仲淹

范仲淹，字希文，祖籍邠州（今陕西省彬县），后迁居苏州吴县（江苏市吴县）。北宋名臣，杰出的政治家、军事家、文学家和思想家，生前与包拯同朝。宋仁宗时官至参知政事，相当于副宰相。幼年丧父，对下层人民的痛苦感受较深。曾多次上书批评当时的宰相，三次被贬。宋仁宗庆历三年（1043年），范仲淹对当时朝政的弊病极为痛心，提出"十事疏"，主张建立严密的仕官制度、注意农桑、整顿武备、推行法制、减轻傜役。宋仁宗采纳他的建议，陆续推行，史称"庆历新政"。因保守派反对，不能实现，被贬至陕西四路宣抚使。赴颍州途中病死，谥文正，有《范文正公文集》传世。

题　解

本文写于庆历六年（1046 年）。因得罪了宰相吕夷简，范仲淹贬放河南邓州，庆历五年（1045 年）滕子京重修岳阳楼，请范仲淹作记，并附上一幅《洞庭晚秋图》。写此文时作者并未登临岳阳楼，只凭借此图写出了《岳阳楼记》。孟子说："达则兼善天下，穷则独善其身。"作者被贬官在外，"处江湖之远"，本可以独善其身，落得清闲快乐，但他"先天下之忧而忧，后天下之乐而乐"。欧阳修曰："文正《岳阳楼记》，精切高古，而欧公犹不以文章许之。然要皆磊磊落落，确实典重，凿凿乎如五谷之疗饥，与世之图章绘句、不根事实者，不可同年而语也。"

　　庆历四年[1]春，滕子京谪守巴陵郡[2]。越明年[3]，政通人和[4]，百废具兴[5]。乃[6]重修岳阳楼，增其旧制[7]，刻唐贤今人[8]诗赋于其上。属予作文以记之[9]。

　　予观夫巴陵胜状[10]，在洞庭一湖。衔[11]远山，吞[12]长江，浩浩汤汤[13]，横无际涯[14]；朝晖夕阴，气象万千[15]。此则岳阳楼之大观也[16]，前人之述备矣[17]。然则[18]北通巫峡，南极潇湘[19]，迁客骚人[20]，多会[21]于此，览物之情，得无异乎[22]？

　　若夫霪雨霏霏[23]，连月不开[24]，阴[25]风怒号，浊浪排空[26]；日星隐曜[27]，山岳潜形[28]；商旅不行[29]，樯倾楫摧[30]；薄暮冥冥[31]，虎啸猿啼。登斯楼也，则有[32]去国怀乡，忧谗畏讥[33]，满目萧然[34]，感极而悲者矣[35]。

　　至若春和景明[36]，波澜不惊[37]，上下天光，一碧万顷[38]；沙鸥翔集，锦鳞游泳[39]；岸芷汀兰[40]，郁郁[41]青青。而或长烟一空[42]，皓月千里[43]，浮光跃金[44]，静影沉璧[45]，渔歌互答[46]，此乐何极[47]！登斯楼也，则有心旷神怡[48]，宠辱偕忘[49]，把酒临风[50]，其喜洋洋[51]者矣。

　　嗟夫[52]！予尝求古仁人之心[53]，或异二者之为[54]。何哉？不以物喜，不以己悲[55]；居庙堂之高则忧其民[56]，处江湖之远则忧其君[57]。是进亦忧，退亦忧。然则何时而乐耶？其必曰：先天下之忧而忧，后天下之乐而乐[58]乎。噫！微斯人，吾谁与归[59]？

时六年九月十五日。

注　释

【1】庆历四年，公元1044年。庆历，宋仁宗赵祯的年号。本文末句中的"时六年"，指庆历六年（1046年），点明作文的时间。

【2】滕子京谪（zhé）守巴陵郡，滕子京降职任岳州太守。滕子京，名宗谅，子京是他的字，范仲淹的朋友。谪守，把被革职的官吏或犯了罪的人充发到边远的地方。在这里作为动词被贬官、降职。谪，封建王朝官吏降职或远调。守，做郡的长官。汉朝"守某郡"，就是做某郡的太守；宋朝废郡称州，应说"知某州"。巴陵郡，即岳州，治所在今湖南岳阳，这里沿用古称。"守巴陵郡"就是"守岳州"。

【3】越明年，有三说，其一指庆历五年（1045年），为针对庆历四年而言；其二指庆历六年，此"越"为经过、经历；其三指庆历七年（1047年），针对作记时间庆历六年而言。

【4】政通人和，政事顺利，百姓和乐。政，政事。通，通顺。和，和乐。这是赞美滕子京的话。

【5】百废具兴，各种荒废的事业都兴办起来了。百，不是确指，形容其多。废，这里指荒废的事业。具，通"俱"。

【6】乃，于是。

【7】制，规模。

【8】唐贤今人，唐代和当代名人。贤，形容词作名词用。

【9】属（zhǔ），通"嘱"，嘱托、嘱咐。予，我。作文，写文章。以，连词，用来。记，记述。

【10】夫，那。胜状，胜景，好景色。

【11】衔，包含。

【12】吞，吞吐。

【13】浩浩汤（shāng）汤，水波浩荡的样子。汤汤，水流大而急。

【14】横无际涯，宽阔无边。横，广远。际涯，边。（际、涯的区别，际专指陆地边界，涯专指水的边界）。

【15】朝晖夕阴，气象万千，或早或晚（一天里）阴晴多变化。朝，在早晨，名词做状语。晖，日光。气象，景象。万千，千变万化。

【16】此则岳阳楼之大观也，这就是岳阳楼的雄伟景象。此，这。则，就。大观，雄伟景象。

【17】前人之述备矣，前人的记述很详尽了。前人之述，指上面说的"唐贤今人诗赋"。之，助词，的。备，详尽，完备。矣，语气词"了"。

【18】然则，虽然如此，那么。

【19】南极潇湘，南面直到潇水、湘水。潇水是湘水的支流，湘水流入洞庭湖。南，向南。极，尽，最远到达。

【20】迁客，谪迁的人，指降职远调的人。骚人，诗人。战国时屈原作《离骚》，因此后人也称诗人为骚人。

【21】多，大多。会，聚集。

【22】览物之情，得无异乎，看到自然景物而引发的情感，怎能不有所不同呢？览，观看，欣赏。得无……乎，大概……吧。

【23】若夫，用在一段话的开头以引起下文。下文的"至若"，同此。"若夫"近似"像那"。"至若"近似"至于"。淫雨，连绵不断的雨。霏霏，雨或雪（繁密）的样子。

【24】开，（天气）放晴。

【25】阴，阴冷。

【26】排空，冲向天空。

【27】日星隐曜，太阳和星星隐藏起光辉。曜（不为耀，古文中以此曜做日光），光辉，日光。

【28】山岳潜形，山岳隐没了形体。岳，高大的山。潜，隐没。形，形迹。

【29】行，走，此指前行。

【30】樯（qiáng）倾楫（jí）摧，桅杆倒下，船桨折断。樯，桅杆。楫，船桨。倾，倒下。摧，折断。

【31】薄暮冥冥，傍晚天色昏暗。薄，迫近。冥冥，昏暗的样子。

【32】则，就。有，产生……的（情感）。

【33】去国怀乡，忧谗畏讥，离开国都，怀念家乡，担心（人家）说坏话，惧怕（人家）批评指责。去，离开。国，国都，指京城。忧，担忧。谗，谗言。畏，害怕，惧怕。讥，嘲讽。

【34】萧然，凄凉冷落的样子。

【35】感极，感慨到了极点。而，连词，表顺接。

【36】至若春和景明，至于到了春天气候暖和，阳光普照。至若，至于。春和，春风和煦。景，日光。明，明媚。

【37】波澜不惊，湖面平静，没有惊涛骇浪。惊，这里有"起""动"的意思。

【38】上下天光，一碧万顷，天色湖面光色交映，一片碧绿，广阔无边。一，一片。万顷，极言其广。

【39】沙鸥翔集，锦鳞游泳，沙鸥时而飞翔，时而停歇，美丽的鱼在水中游来游去。沙鸥，沙洲上的鸥鸟。翔集，时而飞翔，时而停歇。集，栖止，鸟停息在树上。锦鳞，指美丽的鱼。鳞，代指鱼。游泳，或浮或沉。游，贴着水面游。泳，潜入水里游。

【40】岸芷（zhǐ）汀（tīng）兰，岸上的小草，小洲上的兰花。芷，香草的一种。汀，小洲，水边平地。

【41】郁郁，形容草木茂盛。

【42】而或长烟一空，有时大片烟雾完全消散。或，有时。长，大片。一，全。空，消散。

【43】皓月千里，皎洁的月光照耀千里。

【44】浮光跃金，湖水波动时，浮在水面上的月光闪耀起金光。这是描写月光照耀下的水波。有些版本作"浮光耀金"。

【45】静影沉璧，湖水平静时，明月映入水中，好似沉下一块玉璧。这里是写无风时水中的月影。

【46】互答，一唱一和。

【47】何极，哪有穷尽。何，怎么。极，穷尽。

【48】心旷神怡，心情开朗，精神愉快。旷，开阔。怡，愉快。

【49】宠辱偕忘，荣耀和屈辱一并都忘了。宠，荣耀。辱，屈辱。偕，一

起，一作"皆"。

【50】把酒临风，端酒面对着风，就是在清风吹拂中端起酒来喝。

【51】洋洋，高兴的样子。

【52】嗟（jiē）夫，唉。嗟、夫为两个词，皆为语气词。

【53】尝，曾经。求，探求。古仁人，古时品德高尚的人。心，思想（感情心思）。

【54】或异二者之为，或许不同于（以上）两种心情。或，近于"或许""也许"的意思，表委婉口气。二者，这里指前两段的"悲"与"喜"。为，这里指心理活动，即两种心情。

【55】不以物喜，不以己悲，不因为外物好坏和自己得失而或喜或悲（此句为互文）。以，因为。

【56】居庙堂之高则忧其民，在朝中做官就担忧百姓。居庙堂之高，处在高高的庙堂上，意为在朝中做官。下文的"进"，即指"居庙堂之高"。

【57】处江湖之远则忧其君，处在僻远的地方做官就为君主担忧。处江湖之远，处在偏远的江湖间，意思是不在朝廷上做官。之，定语后置的标志。下文的"退"，即指"处江湖之远"。

【58】先天下之忧而忧，后天下之乐而乐，即在天下人担忧之前先担忧，在天下人享乐之后才享乐。先，在……之前。后，在……之后。

【59】微斯人，吾谁与归，即（如果）没有这种人，那我同谁一道呢？微，（如果）没有。斯人，这种人（指前文的"古仁人"）。谁与归，就是"与谁归"。归，归依。

严先生祠堂记

范仲淹

题　解

本文约写于范仲淹出任睦州太守时期。文章短小精悍，主题明确，议论充分，节奏明快，感情充沛。它不似《岳阳楼记》那样浩瀚雄浑，也不似刘禹锡的《陋室铭》那般纤巧明丽，却以诚挚质朴的情愫，使人为之感动。

先生[1]，光武之故人也，相尚以道。及帝握《赤符》[2]，乘六龙，得圣人之时，臣妾[3]亿兆[4]，天下孰加焉？惟先生以节高之。既而动星象，归江湖，得圣人之清。泥涂轩冕，天下孰加焉？惟光武以礼下之。

在《蛊》[5]之上九[6]，众方有为，而独"不事王侯，高尚其事"，先生以之。在《屯》[7]之初九，阳德方亨，而能"以贵下贱，大得民也"，光武以。

盖先生之心，出乎日月之上；光武之量，包乎天地之外。微先生，不能成光武之大，微光武，岂能遂先生之高哉？而使贪夫廉，懦夫立，是大有功于名教也。

仲淹来守是邦，始构堂而奠焉，乃复[8]为其后者四家，以奉祠事。又从而歌曰："云山苍苍，江水泱泱，先生之风，山高水长。"

注 释

【1】先生，指严光。

【2】赤符，《赤伏符》，新莽末年谶纬家所造符箓，谓刘秀上应天命，当继汉统为帝。后亦泛指帝王受命的符瑞。

【3】臣妾，原指男女奴隶，这里引申为被统治的人民。

【4】亿兆，古代以十万为亿，十亿为兆。

【5】蛊，六十四卦之一。

【6】上九，九爻。

【7】屯（zhūn），六十四卦之一。

【8】复，免除徭役。

编者注

在很多古代诗文中，我们都能找到"严子陵"这位清高隐士的相关记载。但探究相关的诗文，我们可以发现：虽然在《高士传》和《后汉书》中，与严子陵并列的隐士有好几位，但歌颂严子陵气节的诗文，却远比歌颂其他隐士的诗文要多，以至于到了中晚唐后，"严子陵"便成了隐士的代称。

严子陵的隐居地桐庐，在东晋以前，属于"蛮荒之地"，人迹罕至，自然不会有人到此凭吊严子陵；而在东晋士族南渡后，由于士族间盛行玄理，在玄言诗盛行的时代，严子陵的隐逸并没有得到人们的重视。直到南朝时，随着谢灵运、沈约等人被贬至此，仕途不顺的他们才开始借严子陵的故事表达自己的隐逸思想。

唐朝建立后，由于桐庐仍然远离政治中心，因此严子陵的事迹出现次数较少。但在中唐以后，随着国家的衰败和仕途的坎坷，士人们纷纷开始在诗文中表达自己向往隐逸的心情，而严子陵身为光武帝同学，却在光武帝登基后继续保持清高傲岸的隐士之风的事迹，更使他成为士人们推崇的对象。此后，严子陵高洁傲岸的隐士形象逐渐固定下来。

伶官传序

欧阳修

欧阳修，字永叔，号醉翁、六一居士，汉族，吉州永丰（今江西省吉安市永丰县）人，北宋政治家、文学家，且在政治上负有盛名。因吉州原属庐陵郡，以"庐陵欧阳修"自居。官至翰林学士、枢密副使、参知政事，谥号文忠，世称欧阳文忠公。累赠太师、楚国公。后人又将其与韩愈、柳宗元和苏轼合称"千古文章四大家"。与韩愈、柳宗元、苏洵、苏轼、苏辙、王安石、曾巩被世人称为"唐宋散文八大家"。

欧阳修是宋代文学史上最早开创一代文风的文坛领袖。领导了北宋诗文革新运动，继承并发展了韩愈的古文理论。他的散文创作的高度成就与其正确的古文理论相辅相成，从而开创了一代文风。欧阳修在变革文风的同时，也对诗风、词风进行革新。在史学方面，也有较高成就，他曾主修《新唐书》，并独撰《新五代史》。有《欧阳文忠集》传世。

题　解

此文通过对五代时期后唐盛衰过程的具体分析，推论出"忧劳可以兴国，逸豫可以忘身"和"祸患常积于忽微，而智勇多困于所溺"的结论，说明国家兴衰败亡不由天命而取决于"人事"，借以告诫当时北宋王朝执政者要吸取历史教训，居安思危，防微杜渐，力戒骄奢纵欲。文章开门见山，提出全文主旨：盛衰之理，决定于人事。然后便从"人事"下笔，叙述庄宗由盛转衰、骤兴骤亡的过程，以史实具体论证主旨。具体写法上，采用先抑后扬和对比论证的方法，先极赞庄宗成功时意气之盛，再叹其失败时形势之衰，兴与亡、盛与衰前后对照，强烈感人，最后再辅以《尚书》古训，更增强了文章说服力。全文紧扣"盛衰"二字，夹叙夹议，史论结合，笔带感慨，语调顿挫多姿，感染力很强，成为历来传诵的佳作。

呜呼！盛衰之理，虽曰天命，岂非人事哉！原庄宗[1]之所以得天下，与其所以失之者，可以知之矣。

世言晋王[2]之将终也，以三矢赐庄宗而告之曰："梁[3]，吾仇也；燕王[4]，吾所立，契丹[5]，与吾约为兄弟，而皆背晋以归梁。此三者，吾遗恨也。与尔三矢，尔其无忘乃[6]父之志！"庄宗受而藏之于庙[7]。其后用兵，则遣从事以一少牢[8]告庙，请其矢，盛以锦囊，负而前驱，及凯旋而纳之[9]。

方其系燕父子以组[10]，函[11]梁君臣之首，入于太庙，还矢先王[12]，而告以成功，其意气之盛，可谓壮哉！及仇雠[13]已灭，天下已定，一夫[14]夜呼，乱者四应，仓皇东出，未见贼而士卒离散，君臣相顾，不知所归。至于誓天断发^[15]，泣下沾襟，何其衰也！岂得之难而失之易欤^[16]？抑本其成败之迹^[17]，而皆自于人欤？

《书》^[18]曰："满招损，谦受益。"忧劳可以兴国，逸豫可以忘身^[19]，自然之理也。故方其盛也，举^[20]天下之豪杰，莫能与之争；及其衰也，数十伶人困之，而身死国灭，为天下笑。夫祸患常积于忽微^[21]，而智勇多困于所溺^[22]，岂独伶人^[23]也哉^[24]！作《伶官传》。

注　释

【1】原，推究，考查。庄宗，即后唐庄宗李存勖，李克用长子，继父为晋王，又于后梁龙德三年（923年）称帝，国号唐。同年灭后梁。同光四年（926年），在兵变中被杀，在位仅三年。

【2】晋王，西域突厥族沙陀部酋长李克用。因受唐王朝之召镇压黄巢起义有功，后封晋王。

【3】梁，后梁太祖朱温，原是黄巢部将，叛变归唐，后封为梁王。

【4】燕王，指卢龙节度使刘仁恭。其子刘守光后被朱温封为燕王。此处称刘仁恭为燕王，是笼统说法。

【5】契丹，宋时北方的一个部族。

【6】与，赐给。其，语气副词，表示命令或祈求。乃，你的。

【7】庙，指宗庙，古代帝王祭祀祖先之所。此处专指李克用的祠，同下文的"太庙"。

【8】从事，原指州郡长官的僚属，这里泛指一般幕僚随从。少牢，用一猪一羊祭祀。

【9】纳之，把箭放好。

【10】系，捆绑。组，绳索。

【11】函，木匣。此处用作动词，盛以木匣。

【12】先王，指晋王李克用。

【13】仇雠（chóu），仇敌。

【14】一夫，指庄宗同光四年发动贝州兵变的军士皇甫晖。

【15】誓天断发，截发置地，向天发誓。

【16】岂，难道。欤（yú），表疑问的语气助词。

【17】抑，表转折的连词，相当于"或者""还是"。本，考究。迹，事迹，道理。

【18】《书》，《尚书》。

【19】逸（yì）豫，安逸舒适。忘，"亡"的通假。

【20】举，全、所有。

【21】忽微，形容细小之事。忽是寸的十万分之一，微是寸的百万分之一。

【22】溺，溺爱，对人或事物爱好过分。

【23】伶（líng）人，宫廷中的乐官和授有官职的演戏艺人。

【24】也哉，语气词连用，表示反诘语气。

醉翁亭记

欧阳修

题 解

宋仁宗庆历五年（1045 年），参知政事范仲淹等人遭谗离职，欧阳修上书替他们分辩，被贬到滁州做了两年知州。到任以后，他内心抑郁，但还能发挥"宽简而不扰"的作风，取得了某些政绩。《醉翁亭记》就写在这个时期。文章描写了滁州一带朝暮四季自然景物不同的幽深秀美，滁州百姓和平宁静的生活，特别是作者在山林中与民一起游赏宴饮的乐趣。正当四十岁的盛年却自号"醉翁"，在寄情山水背后隐藏着难言的苦衷，于是借山水之乐来排遣谪居生活的苦闷，以及表达地方长官能"与民同乐"的情怀。

环滁[1]皆山也。其西南诸峰，林壑尤美。望之蔚然[2]而深秀者，琅琊也。山行六七里，渐闻水声潺潺[3]而泻出于两峰之间者，酿泉[4]也。峰回路转，有亭翼然[5]，临于泉上者，醉翁亭也。作亭者谁？山之僧智仙也。名之者谁？太守自谓也。太守与客来饮于此，饮少辄醉，而年又最高，故自号曰醉翁也。醉翁之意不在酒，在乎山水之间也。山水之乐，得之心而寓之酒也。

若夫日出而林霏[6]开，云归而岩穴暝[7]，晦[8]明变化者，山间之朝暮也。野芳发而幽香，佳木秀而繁阴，风霜高洁，水落而石出者，山间之四时也。朝而往，暮而归，四时之景不同，而乐亦无穷也。

至于负者歌于途，行者休于树，前者呼，后者应，伛偻提携[9]，往来而不绝者，滁人游也。临溪而渔，溪深而鱼肥；酿泉为酒，泉香而酒冽；山肴野蔌[10]，杂然而前陈者，太守宴也。宴酣之乐，非丝非竹，射者[11]中，弈者胜，觥筹交错，起坐而喧哗者，众宾欢也。苍颜白发，颓然乎其间者，太守醉也。

已而夕阳在山，人影散乱，太守归而宾客从也。树林阴翳[12]，鸣声上下，游人去而禽鸟乐也。然而禽鸟知山林之乐，而不知人之乐；人知从太守游而乐，而不知太守之乐[13]其乐也。醉能同其乐，醒能述以文者，太守也。太守谓谁？庐陵[14]欧阳修也。

注　释

【1】滁（chú），滁州，今安徽省东部。

【2】蔚然，草木繁盛的样子。

【3】潺（chán）潺，流水声。

【4】酿泉，泉的名字。因水清可以酿酒，故名。

【5】翼然，四角翘起，像鸟张开翅膀的样子。

【6】林霏，树林中的雾气。霏，原指雨、雾纷飞，此处指雾气。

【7】暝（míng），昏暗。

【8】晦，昏暗。

【9】伛偻（yǔ lǚ），腰背弯曲的样子，这里指老年人。提携，小孩子

被大人领着走。

【10】野蔌（sù），野菜。蔌，菜蔬的总称。

【11】射，这里指投壶，古人宴饮时的一种游戏，把箭向壶里投，投中多的为胜，负者照规定的杯数喝酒。

【12】翳（yì），遮盖。阴翳，形容枝叶茂密成阴。

【13】乐，以……为乐。

【14】庐陵，古郡名，庐陵郡，宋代称吉洲，今江西省吉安市。欧阳修先世为庐陵大族。

秋声赋

欧阳修

题 解

此赋作于宋仁宗嘉祐四年（1059 年）秋，欧阳修时年五十三岁，虽身居高位，然有感于宦海沉浮，政治改革艰难，故心情苦闷，乃以"悲秋"为主题，抒发人生的苦闷与感叹。全文以"秋声"为引子，抒发草木被风摧折的悲凉，延及更容易被忧愁困思所侵袭的人，感叹"百忧感其心，万事劳其形"，也是作者自己对人生不易的体悟。全文立意新颖，语言清丽，章法多变，熔写景、抒情、记事、议论为一炉，显示出文赋自由挥洒的韵致。

欧阳子[1]方夜读书，闻有声自西南来者，悚然[2]而听之，曰："异哉！"初淅沥以萧飒[3]，忽奔腾而砰湃[4]；如波涛夜惊，风雨骤至。其触于物也，鏦鏦铮铮[5]，金铁皆鸣；又如赴敌之兵，衔枚[6]疾走，不闻号令，但闻人马之行声。予谓童子："此何声也？汝出视之。"童子曰："星月皎洁，明河[7]在天，四无人声，声在树间。"

予曰："噫嘻悲哉！此秋声也。胡为而来哉？盖夫秋之为状也，其色惨淡，烟霏云敛；其容清明，天高日晶；其气栗冽[8]，砭[9]

人肌骨；其意萧条，山川寂寥。故其为声也，凄凄切切，呼号愤发。丰草绿缛而争茂，佳木葱茏而可悦。草拂之而色变，木遭之而叶脱。其所以摧败零落者，乃其一气之余烈。夫秋，刑官[10]也，于时为阴；又兵象也，于行用金[11]。是谓天地之义气[12]，常以肃杀而为心。天之于物，春生秋实，故其在乐也，商声主西方之音[13]，夷则为七月之律[14]。商，伤也，物既老而悲伤；夷，戮也，物过盛而当杀。"

"嗟夫！草木无情，有时飘零。人为动物，惟物之灵。百忧感其心，万事劳其形，有动于中，必摇其精[15]。而况思其力之所不及，忧其智之所不能，宜其渥[16]然丹者为槁木，黟然[17]黑者为星星。奈何以非金石之质[18]，欲与草木而争荣？念谁为之戕贼[19]，亦何恨乎秋声！"

童子莫对，垂头而睡。但闻四壁虫声唧唧，如助予之叹息。

注　释

【1】欧阳子，作者自称。

【2】悚（sǒng）然，惊惧的样子。

【3】初淅沥以萧飒，起初是淅淅沥沥的细雨带着萧飒的风声。淅沥，形容轻微的声音如风声、雨声、落叶声等。以，表并列，而。萧飒，形容风吹树木的声音。

【4】砰湃，同"澎湃"，波涛汹涌的声音。

【5】鏦（cōng）鏦铮铮，金属相击的声音。

【6】衔枚，古时行军或袭击敌军时，让士兵衔枚以防出声。枚，形似竹筷，衔于口中，两端有带，系于脖上。

【7】明河，天河。

【8】栗冽，寒冷。

【9】砭（biān），古代用来治病的石针，这里引用为刺的意思。

【10】刑官，执掌刑狱的官。《周礼》把官职与天、地、春、夏、秋、冬相配，称为六官。秋天肃杀万物，所以司寇为秋官，执掌刑法，称刑官。

【11】古来征战，多在秋季。又，古人把五行分配于四季，秋天属金。

【12】义气，节烈、刚正之气。

【13】商声主西方之音，古代以五声配四时，商声属秋；五声和五行相配，则商声属金，主西方之音。

【14】夷则为七月之律，古以十二律配十二月，七月为夷则。

【15】必摇其精，损害精气。

【16】渥，红润的脸色。

【17】黟（yī）然，形容黑的样子。

【18】非金石之质，指人体不能像金石那样长久。

【19】戕（qiāng）贼，残害。

梅圣俞诗集序

欧阳修

题 解

本文是欧阳修为自己的好友梅尧臣的诗集所作的序。梅尧臣，字圣俞，北宋诗人，是北宋诗文革新运动的领袖，刘克庄将他誉为宋诗的开山祖师。梅尧臣与欧阳修是好友，二人一同发起了北宋初年的诗文革新运动，并在反对浮靡文风的斗争中结下了深厚友谊。梅尧臣一生困顿而得不到世人重视，最终在嘉祐五年（1060年）去世。第二年，欧阳修为了表达对朋友的怀念，将梅尧臣的诗编为《梅圣俞诗集》，并为之写了这篇序文。

在文章中，作者通过对梅尧臣坎坷仕途的叙写，提出了诗歌"殆穷者而后工"这一著名美学观点。作者认为诗人"内有忧思感愤之郁积，其兴于怨刺"，才能写出好的诗歌来。本文以评述梅尧臣诗作为核心，将对梅尧臣的仰慕与惋惜和自己对于文学创作的见解都完美地融入进来，语言平实流畅，是一篇难得的佳作。

予闻世谓诗人少达而多穷，夫岂然哉？盖世所传诗者，多出于古穷人之辞也。凡士之蕴其所有[1]，而不得施于世者，多喜自放于山巅水涯之外，见虫鱼草木风云鸟兽之状类，往往探其奇怪，内有忧思感愤之郁积，其兴于怨刺[2]，以道羁臣寡妇之所叹，而写人情之难言。盖愈穷则愈工。然则非诗之能穷人，殆穷者而后工也。

予友梅圣俞，少以荫[3]补为吏，累举进士，辄抑[4]于有司，困于州县，凡十余年。年今[5]五十，犹从辟书[6]，为人之佐，郁[7]其所蓄，不得奋见[8]于事业。其家宛陵，幼习于诗，自为童子，出语已惊其长老。既长，学乎六经仁义之说，其为文章，简古[9]纯粹，不求苟说于世。世之人徒知其诗而已。然时无贤愚，语诗者必求之圣俞；圣俞亦自以其不得志者，乐于诗而发之，故其平生所作，于诗尤多。世既知之矣，而未有荐于上者。昔王文康公[10]尝见而叹曰："二百年无此作矣！"虽知之深，亦不果[11]荐也。若使其幸得用于朝廷，作为雅、颂，以歌咏大宋之功德，荐之清庙[12]，而追商、周、鲁颂之作者，岂不伟欤！奈何使其老不得志，而为穷者之诗，乃徒发于虫鱼物类、羁愁感叹之言。世徒喜其工，不知其穷之久而将老也！可不惜哉！

圣俞诗既多，不自收拾。其妻之兄子谢景初，惧其多而易失也，取其自洛阳至于吴兴以来所作，次为十卷。予尝嗜圣俞诗，而患不能尽得之，遽喜谢氏之能类次[13]也，辄序而藏之。

其后十五年，圣俞以疾卒于京师，余既哭而铭之[14]，因索于其家，得其遗稿千余篇，并旧所藏，掇[15]其尤者六百七十七篇，为一十五卷。呜呼！吾于圣俞诗论之详矣，故不复云。

庐陵欧阳修序。

注　释

【1】蕴其所有，怀抱理想和才干。

【2】"兴""怨""刺"都是古代文学理论中对于诗歌作用的概括。《论

语·阳货》："子曰：'小子，何莫学夫《诗》？《诗》可以兴，可以观，可以群，可以怨。'"兴"是古代文学理论中诗歌的主要作用之一，指抒发情志，展开联想；"怨"则指批评政治，表达民情。此外，《毛诗》还将《国风》中的诗歌分为"美"和"刺"两类，"美"指颂歌，"刺"则是批评讽刺。

【3】荫，古代的一种制度，有功之臣的子侄可以凭借父辈的功勋做官。

【4】抑，压抑，指不受重用。

【5】今，通"近"。

【6】辟书，召聘文书。指梅尧臣只能做些撰写文书的工作。

【7】郁，压抑，不得舒发。

【8】奋见，发挥、表现出来。

【9】简古，文风简洁古朴。

【10】王文康公，指王曙。王曙，字晦叔，号文康，宋仁宗时任宰相。

【11】果，最终。

【12】清庙，祖庙。

【13】类次，分类、编排。

【14】铭之，写墓志铭铭记他的一生。

【15】掇，采取，选择。

六国论

苏洵

苏洵，北宋著名散文家，字明允，号老泉，眉州眉山（今四川省眉山县）人。相传二十七岁时才发愤为学，应进士和茂才异等考试皆未中。于是愤而自焚平日所著文章，再度闭门潜心读书，终于博通六艺及诸子百家著作，撰写文章下笔顷时数千言。嘉祐间，得当时名盛一时的翰林学士欧阳修推誉，以文章著名于世。

曾任秘书省校书郎、霸州文安县主簿。后与姚辟同修礼书《太常因革礼》一百卷，书成后不久去世。他主张抵抗辽的攻掠，对大地主的土地兼并、政治特权有所不满。为文擅长策论，语言明畅，笔力雄健，奔腾驰骋，纵横捭阖，老辣犀利，很有战国纵横家笔意。与其子轼、辙，合称"三苏"，俱被列入"唐宋八大家"。有《嘉祐集》行世。

题　解

此篇为苏洵政论文代表作品，提出并论证了六国灭亡"弊在赂秦"的精辟论点，"借古讽今"，抨击宋王朝对辽和西夏的屈辱政策，告诫北宋统治者要吸取六国灭亡的教训，以免重蹈覆辙。

六国破灭，非兵[1]不利，战不善[2]，弊在赂秦[3]。赂秦而力亏，破灭之道[4]也。或曰[5]："六国互丧，率[6]赂秦耶？"曰："不赂者以赂者丧，盖[7]失强援，不能独完[8]。故曰：弊在赂秦也。"

秦以攻取[9]之外，小[10]则获邑，大则得城。较秦之所得，与战胜而得者，其实[11]百倍；诸侯之所亡，与战败而亡者，其实亦百倍。则秦之所大欲[12]，诸侯之所大患，固不在战矣。思厥先祖父[13]，暴霜露[14]，斩荆棘，以有尺寸之地。子孙视[15]之不甚惜，举以予人[16]，如弃草芥。今日割五城，明日割十城，然后得一夕安寝。起视四境，而秦兵又至矣。然则[17]诸侯之地有限，暴秦之欲无厌[18]，奉之弥繁，侵之愈急[19]。故不战而强弱胜负已判[20]矣。至于[21]颠覆[22]，理固宜然[23]。古人云："以地事秦，犹抱薪救火，薪不尽，火不灭[24]。"此言得之[25]。

齐人未尝赂秦，终[26]继[27]五国迁灭[28]，何哉？与嬴[29]而不助五国也。五国既[30]丧，齐亦不免[31]矣。燕赵之君，始有远略[32]，能守其土，义[33]不赂秦。是故燕虽小国而后亡，斯[34]用兵之效也。至丹以荆卿为计，始[35]速[36]祸焉。赵尝五战于秦，二败而三胜。后秦击赵者再[37]，李牧连却[38]之。洎[39]牧以[40]谗[41]诛，邯郸为郡[42]，惜其用武而不终也。且燕赵处秦革灭殆尽之际[43]，可谓智力[44]孤危，战败而亡，诚不得已。向使[45]三国各爱其地，齐人勿附于秦，刺客不行，良将犹在，则胜负之数，存亡之理[46]，当[47]与秦相较，或未易量[48]。

呜呼！以[49]赂秦之地，封天下之谋臣，以事秦之心，礼[50]天下之奇才，并力西向，则吾恐秦人食之不得下咽[51]也。悲夫！有如此之势[52]，而[53]为秦人积威[54]之所劫[55]，日[56]削月割，以趋于[57]亡。为国者无使为积威之所劫哉[58]！

夫六国与秦皆诸侯，其势弱于秦，而犹有可以[59]不赂而胜之之势。苟[60]以天下之大，下[61]而从[62]六国破亡之故事[63]，是又在六国下[64]矣。

注　释

【1】兵，兵器。

【2】善，好。

【3】弊在赂秦，弊病在于贿赂秦国。赂，贿赂。这里指向秦割地求和。

【4】道，原因。

【5】或曰，有人说。这是设问。下句的"曰"是对该设问的回答。

【6】率，都，皆。

【7】盖，承接上文，表示原因，有"因为"的意思。

【8】完，保全。

【9】以攻取，用攻战（的办法）而夺取。

【10】小，形容词作名词，小的地方。

【11】其实，它的实际数目。

【12】所大欲，所最想要的（东西）。大，最。

【13】厥先祖父，泛指他们的先人祖辈，指列国的先公先王。厥，其。先，对去世的尊长的敬称。祖父，祖辈与父辈。

【14】暴（pù）霜露，暴露在霜露之中，意思是冒着霜露。和下文的"斩荆棘，已有尺寸之地"，都是形容创业的艰苦。

【15】视，对待。

【16】举以予人，拿它（土地）来送给别人。实际是"举之以予人"，省略了"之"，代土地。

【17】然则，既然这样，那么。

【18】厌，同"餍"，满足。

【19】奉之弥繁，侵之愈急，（诸侯）送给秦的土地越多，（秦国）侵略诸侯也越厉害。奉，奉送。弥、愈，都是"更加"的意思。

【20】判，决定。

【21】至于，以至于。

【22】颠覆，灭亡。

【23】理固宜然，（按照）道理本来就应该这样。

【24】本句语见《史记·魏世家》和《战国策·魏策》。事，侍奉。

【25】此言得之，这话对了。得之，得其理。之，指上面说的道理。

【26】终，最后。

【27】继，跟着。

【28】迁灭，灭亡。古代灭人国家，同时迁其国宝、重器，故说"迁灭"。

【29】与嬴，亲附秦国。与，亲附。嬴，秦王族的姓，此借指秦国。

【30】既，连词，既然。

【31】免，幸免。

【32】始有远略，起初有长远的谋略，这句中的"始"与下文"至丹"的"至"、"洎牧"的"洎"、"用武而不终"的"不终"，互相呼应。

【33】义，名词作动词，坚持正义。

【34】斯，这。

【35】始，才。

【36】速，招致。

【37】再，两次。

【38】却，使……退却。

【39】洎（jì），及，等到。

【40】以，因为。

【41】谗，小人的坏话。

【42】邯郸为郡，秦灭赵之后，把赵国改为秦国的邯郸郡。邯郸，赵国的都城。

【43】且燕赵处秦革灭殆尽之际，燕赵两国正处在秦国把其他国家快要消灭干净的时候。革，改变，除去。殆，几乎，将要。

【44】智力，智谋和力量（国力）。

【45】向使，以前假如。

【46】胜负之数，存亡之理，胜负存亡的命运。数，天数。理，理数。皆指命运。

【47】当（tǎng），同"倘"，如果。

【48】易量，容易判断。

【49】以，用。

【50】礼，礼待。

【51】食之不得下咽也，指寝食不安，内心惶恐。下，向下。

【52】势，优势。

【53】而，却。

【54】积威，积久而成的威势。

【55】劫，胁迫，劫持。

【56】日，每天，一天天。下文"月"同。

【57】于，比。

【58】为国者无使为积威之所劫哉，治理国家的人不要被积久的威势胁迫啊！无，同"毋"，不要。

【59】可以，可以凭借。

【60】苟，如果。

【61】下，自取下策。一本无"下"。

【62】从，跟随。

【63】故事，旧事，先例。

【64】下，指在六国之后。

编者注

苏洵、苏轼、苏辙父子三人，都曾作《六国论》，分析六国覆亡的原因，并借六国覆亡来讽刺北宋政策上的失误。其中，苏洵的《六国论》以其"弊在赂秦"的新颖观点和颇有战国纵横家风采的文字而为后人所称道。可对于"弊在赂秦"的观点，后人却多有不同意见，如毛泽东就曾批注"此论未必然"。

首先，六国并非没有"封天下之谋臣""礼天下之奇才"。比如曾经"佩六国相印"的苏秦、使梁惠王以千金百乘的厚礼相迎的孟尝君，便是六国礼遇士人的代表。他们礼遇士人的方式不可谓"不厚"，只不过难以与秦国完善的客卿、军功制度相抗衡而已。

其次，各国合纵，其本意并非消灭秦国，而是在秦国强大的威慑力下谋求自保。各国强弱差别不大，地位相近，且一些国家实际上是拥有单独抵御秦国的战绩的。这种情况，就使得联军内部各自心怀鬼胎，表面上联合抗秦，实则包藏祸心；这种一盘散沙的联盟，又如何持久抗敌？

名二子说

苏洵

题　解

庆历六年（1046 年），苏洵赴京赶考。尽管苏洵的才学可以成为"帝王师"，可在朝廷腐败、官场黑暗的环境下还是落榜了。他由此对科举、朝廷失去了信心，转而把希望寄托在两个儿子身上。第二年返乡后，苏洵写了一篇寄寓深重的《名二子说》，表达了自己对两个儿子的期望。当时，苏轼十一岁，苏辙八岁。

轮、辐、盖、轸[1]，皆有职[2]乎车，而轼[3]独若无所为[4]者。虽然，去轼则吾未见其为完车也。轼乎，吾惧汝之不外饰也。天下之车，莫不由辙[5]，而言车之功者，辙不与焉[6]。虽然，车仆马毙，而患亦不及辙，是辙者，善处乎祸福之间也。辙乎，吾知免[7]矣。

注　释

【1】轮，车轮。辐，辐条，插入轮毂以支撑轮圈的细条。盖，车上的伞盖。轸，车厢底部后面的横木，一说为车厢底部四周的横木。

【2】职，专职，专用。

【3】轼，设在车厢前面供人凭倚的横木。

【4】为，用处。

【5】辙，车轮碾出的印迹。

【6】与焉，在其中。与，参加，参与。

【7】免，避免。苏辙个性较为平和淡泊，苏洵预料他会超然福祸之外，所以给他取名为"辙"，希望他安度一生。

横渠四句

张载

张载，字子厚，北宋理学家、哲学家，理学的奠基人之一。陕西凤翔郿县（今陕西眉县）横渠镇人，世称横渠先生。他是理学家程颢、程颐的表叔，也是关学的开创者。

他曾任崇文院校书、知太常礼院，后因其弟反对王安石变法被贬而毅然辞官，在范仲淹勉励下投身学术研究，开创"关学"，名震一时。

张载一生主张"实学"，强调经世致用，在天文、历算、农学等自然科学和军事、政治等方面都有独到的见解。在哲学方面，他认为世界的本源是"气"而非"理"，并构建了独特的"一元论"哲学体系，对后世哲学研究有着深刻影响，包括王夫之在内的许多哲学家都十分推崇张载的理论。

题　解

本文出自于《横渠语录》。张载通过短短的四句话，便将千百年来儒学学者的至高理想——也就是"圣人"的责任表述出来，千百年来的读书人将其引为座右铭。

为天地立心 [1]，为生民立命 [2]，为往圣继绝学 [3]，为万世开太平 [4]。

注　释

【1】关于"天地之心"，早在《易·复卦第二十四》中就有这样的论述："复，其见天地之心乎！"对于这一哲学观念，张载继承了儒家"天人合一"的思想，认为"天本无心"，但生成万物却是"天地之大德"。"天"是"无心"的，但道济天下的"圣人"却不能如天一般没有思虑忧患，因此必须要"为天地立心"。至于"心"的具体含义，程颐认为："合而听之则圣，公则自同。若有私心便不同，同即是天心。"又说："天心所以至仁者，惟公尔。人能至公便是仁。"由此可知，"天心"即仁民爱物之心；而圣人要立的，便是博爱的仁者之心和廓然大公的圣人之心。

【2】《孟子·尽心上》："尽其心者，知其性也。知其性，则知天矣。存其心，养其性，所以事天也。夭寿不二，修身以俟之，所以立命也。"朱熹注："立命，谓全其天之所赋，不以人为害之。"又曰："尽其道而死者，正命也。桎梏死者，非正命也。"所谓"命"，便是修身养性，无论寿命长短，只要能保全自己的本性，就可以称得上是"正命"。"为生民立命"，正是要通过修身致教，使天下生民都能达到"正命"。

【3】宋儒崇尚孟子之学，并将其中最为精髓的理论阐释为"理"与"义"，而这便是宋儒的"绝学"。读圣贤书，若只是如腐儒一般考究字句，自然不可能做到"立心""立命"。只有探寻孔孟的真谛，才能维持自己的天性。

【4】《中庸》曰："君子笃恭而天下平。"圣人治理天下，只需用道德教化民众，就可做到"垂拱而天下治"。孟子讲"王道"，便是倡导这样一种"以德行政"。只要拥有圣人的"大德"，就可垂拱无为而使天下太平。

爱莲说

周敦颐

　　周敦颐，字茂叔，晚号濂溪先生，少时喜爱读书，志趣高远，博学力行，后研究《易经》，在亲友帮助下，谋了些小官，不久辞官而去，在庐山西北麓筑堂定居，创办了濂溪书院，开始设堂讲学。周敦颐是中国理学的开山祖，他的理学思想在中国哲学史上起到了承前启后的作用。但是他生前官位不高，学术地位也不显赫，在他死后，弟子程颢、程颐成名，他的才识才被认可，经过后来朱熹的推崇，学术地位最终确定，被人称为程朱理学的开山祖。

题　解

　　《赣州府志》记有爱莲书院，云："爱莲书院在城北，其地原为督学试院，有周茂叔莲池遗迹。"又有爱莲亭条目："濂溪书院旧在东北玉虚观左……"清邓显鹤《周子全书》《年谱》记载："八年癸卯。先生四十七，正月七日，行县至于都，邀余杭钱建侯（拓）、四明沈希颜游岩题石，并有诗刻石。五月，作《爱莲说》，沈希颜书，五抟篆额。钱拓上石，即十五日事也。"作者以莲自况，托物言志，抒发了内心深沉的感叹。

水陆草木之花，可[1]爱者甚蕃[2]。晋陶渊明独爱菊[3]；自李唐来，世人盛爱牡丹[4]；予独爱莲之出淤泥而不染[5]，濯清涟而不妖[6]，中通外直[7]，不蔓不枝[8]，香远益清[9]，亭亭净植[10]，可远观而不可亵玩焉[11]。

予谓菊[12]，花之隐逸者也[13]；牡丹，花之富贵者也；莲，花之君子者也[14]。噫！[15]菊之爱[16]，陶后鲜有闻[17]；莲之爱，同予者何人[18]？牡丹之爱，宜乎众矣[19]。

注　释

【1】可，值得。

【2】蕃，通"繁"，多。

【3】晋陶渊明独爱菊，晋朝陶渊明只喜爱菊花，常在诗里咏菊，如《饮酒》诗里的"采菊东篱下，悠然见南山"，向来称为名句。

【4】自李唐来，世人盛爱牡丹，从唐朝以来，人们很爱牡丹。唐人爱牡丹，古书里有不少记载，如唐朝李肇的《唐国史补》里说："京城贵游，尚牡丹……每春暮，车马若狂……种以求利，一本有直数万者。"自，（自）从。盛，很，十分，一作"甚"。

【5】予（yú），我。之，助词，用于主谓之间，取消句子独立性，无实际意义。淤泥，河沟或池塘里积存的污泥。染，沾染（污秽）。

【6】濯（zhuó），洗涤。清涟（lián），水清而有微波，这里指清水。妖，妖艳，美丽而不端庄。

【7】中通外直，（它的茎）内空外直。通，空。

【8】不蔓（màn）不枝，不生枝蔓，不长枝节。蔓，名词用作动词，生枝蔓。枝，名词用作动词，长枝节。

【9】香远益清，香气远播，更加显得清芬。远，形容词作动词，遥远，空间距离大。益，更，更加。

【10】亭亭净植，笔直地洁净地立在那里。亭亭，耸立的样子。植，通"直"，立。

【11】可，可以。亵（xiè），亲近而不庄重。玩，玩弄。焉，助词。

【12】谓，认为。

【13】隐逸者，指隐居的人。在封建社会里，有些人不愿意跟统治者同流合污，就隐居避世。

【14】君子，指品德高尚的人。

【15】噫，感叹词，相当于"啊"。

【16】菊之爱，对于菊花的喜爱。之，的。一说为宾语提前的标志。下文"莲之爱""牡丹之爱"同。

【17】鲜（xiǎn），少。闻，听说。

【18】同予者何人，像我一样（喜爱莲花的）还有什么人呢？

【19】宜乎众矣，（喜爱牡丹的）人应该是很多了。宜，当，这里与"乎"连用有当然的意思。众，多。

编者注

作为理学的开山鼻祖，周敦颐之所以热爱莲花，以至于将莲花赞为"君子"，其实是有他独特的哲学用意的。这一点，要结合周敦颐的思想背景来分析。

在周敦颐最重要的著作《通书》中，他以"诚"作为思想核心，论述了人的本性问题和理想的"圣人之性"。而在本文中，"莲"所体现的，正符合周敦颐所构建的"圣人之性"。比如，莲的"出淤泥而不染，濯清涟而不妖"，这种不因外物影响而改变本性的形象，正是周敦颐"无极"的宇宙本源思想的体现；"中通外直""不蔓不枝"正符合儒家重要观念"中"的理念；而"亭亭净植""不可亵玩"等所描绘的内主"虚静""寂然不动"的形象，更是周敦颐"诚"的哲学思想核心理念的最好诠释。可以说，在《爱莲说》中描绘的"莲"，其形象早已超脱出其本来的"水陆草木之花"的范畴，而与周敦颐心目中的"圣人之性"相吻合。

墨池记

曾巩

曾巩，字子固，建昌南丰（今江西南丰县）人。北宋著名散文家，唐宋八大家之一，欧阳修古文运动的支持者和参与者。宋仁宗嘉祐二年（1057年）进士，历任太平州司法参军，馆阁校勘，集贤院校理，越州通判，济州、福州知州，史馆修撰等，官至中书舍人。主张先道而后文。其文自然淳朴，不甚讲究文采，以议论见长，立论精策。《宋史·曾巩传》评其文"立言于欧阳修、王安石间，纡徐而不烦，简奥而不晦，卓然自成一家，可谓难矣"。著作今存《元丰类稿》五十卷。

题　解

墨池在江西省临川县，相传是东晋大书法家王羲之洗笔砚处。相传东晋书法家王羲之在池边习字，池水尽黑。曾巩钦慕王羲之的盛名，于庆历八年（1048年）九月，专程来临川凭吊墨池遗迹。州学教授王盛请他为"晋王右军墨池"作记，于是曾巩根据王羲之的轶事，写下了这篇著名散文《墨池记》。勉励人们刻苦学习，提高道德修养，是一篇寓意深长的"劝学篇"。

临川[1]之城东，有地隐然而高[2]，以临[3]于溪，曰新城。

新城之上，有池洼然[4]而方以长[5]，曰王羲之之墨池者。荀伯子[6]《临川记》云也。羲之尝慕张芝[7]，临池学书，池水尽黑，此为其故迹，岂信然[8]邪[9]？

方[10]羲之之不可强以仕[11]，而尝极东方[12]，出沧海[13]，以娱其意[14]于山水之间。岂有[15]徜徉肆恣[16]，而又尝自休[17]于此邪？羲之之书[18]晚乃善[19]，则其所能，盖[20]亦以精力自致者[21]，非天成也。然后世未有能及[22]者，岂其学不如彼邪[23]？则学固岂可以少哉[24]！况欲深造道德[25]者邪？

墨池之上，今为州学舍[26]。教授[27]王君盛恐其[28]不章[29]也，书“晋王右军墨池”之六字于楹间[30]以揭[31]之，又告于巩曰：“愿有记。”推[32]王君之心，岂爱人之善，虽一能[33]不以废[34]，而因以及乎其迹[35]邪？其亦欲推[36]其事，以勉其学者[37]邪？夫[38]人之有一能，而使后人尚之如此[39]，况仁人庄士[40]之遗风余思[41]，被于来世[42]者何如哉[43]！

庆历八年九月十二日，曾巩记。

注　释

【1】临川，宋朝的抚州临川郡（今江西省临川市）。

【2】隐然而高，微微地高起。隐然，不显露的样子。

【3】临，从高处往低处看，这里有“靠近”的意思。

【4】洼然，低深的样子。

【5】方以长，方而长，就是长方形。

【6】荀伯子，南朝宋人，曾任临川内史。著有《临川记》六卷，其中提到：“王羲之尝为临川内史，置宅于郡城东南高坡，名曰新城。旁临回溪，特据层皋，其地爽垲（kǎi，地势高而干燥），山川如画。今旧井及墨池犹存。”

【7】张芝，东汉末年书法家，善草书，世称“草圣”。王羲之曾与人书云：‘张芝临池学书，池水尽黑，使人耽（dān，酷爱）之若是，未必后之也。’”（《晋书·王羲之传》）

【8】信然，果真如此。

【9】邪，吗，同“耶”。

【10】方，当……时。

【11】强以仕，勉强要（他）作官。王羲之原与王述齐名，但他轻视王述，两人感情不好。后羲之任会稽内史时，朝廷任王述为扬州刺史，管辖会稽郡。羲之深以为耻，称病去职，誓不再仕，从此"遍游东中诸郡，穷诸名山，泛沧海"。

【12】极东方，游遍东方。极，穷尽。

【13】出沧海，出游东海。沧海，指东海。

【14】娱其意，使他的心情快乐。

【15】岂有，莫非。

【16】徜徉肆恣，尽情游览。徜徉，徘徊，漫游。肆恣，任意，尽情。

【17】休，停留。

【18】书，书法。

【19】晚乃善，到晚年才特别好。《晋书·王羲之传》："羲之书初不胜（不及）庾翼、郄愔（xì yīn），及其暮年方妙。尝以章草答庾亮，而（庾）翼深叹伏。"

【20】所能，能够达到这步。盖，大概，副词。

【21】以精力自致者，靠自己的精神和毅力取得的。致，取得。

【22】及，赶上。

【23】岂其学不如彼邪，是不是他们学习下的功夫不如王羲之呢？岂，是不是，表示揣测，副词。学，指勤学苦练。

【24】则学固岂可以少哉，那么学习的功夫难道可以少下吗？则，那么，连词。固，原来，本。岂，难道，表示反问，副词。

【25】深造道德，在道德修养上深造，指在道德修养上有很高的成就。

【26】州学舍，指抚州州学的校舍。

【27】教授，官名。宋朝在路学、府学、州学都置教授，主管学政和教育所属生员。

【28】其，指代墨池。

【29】章，通"彰"，显著。

【30】楹间，指两柱子之间上方一般挂匾额的地方。楹，房屋前面的柱子。

【31】揭，挂起，标出。

【32】推，推测。

【33】一能，一技之长，指王羲之的书法。

【34】不以废，不让它埋没。

【35】因以及乎其迹，因此推广到王羲之的遗迹。

【36】推，推广。

【37】学者，求学的人。

【38】夫，语气词，放在句首，表示将发议论。

【39】尚之如此，像这样尊重他。尚，尊重，崇尚。

【40】仁人庄士，指品德高尚、行为端庄的人。

【41】遗风余思，遗留下来令人思慕的美好风范。余思，指后人的怀念。余，也是"遗"的意思。

【42】被于来世，对于后世的影响。被，影响。

【43】何如哉，会怎么样呢？这里是"那就更不用说了"的意思。

越州赵公救灾记

曾巩

题 解

越州，州治在今浙江绍兴县。赵公即赵抃，宋衢州西安人，字阅道。赵抃居官正直无私，弹劾不避权贵。由于他曾任殿中侍御史，所以京师中对他有"铁面御史"之誉。后任右谏议大夫、资政殿大学士，晚年执越州政务，在越州治绩卓著。特别是在熙宁八年、九年吴越饥疫兼作之际，赵抃在救灾中表现出卓越的见识和吏治才能，在朝野中颇负盛名。《宋史·赵抃传》载，"吴越大饥疫，死者过半。抃尽救荒之术，疗病埋死，而生者以全。下令修城，使得食其力。"曾巩曾出任越州通判，也出色地从事过救灾工作。他详录赵抃救灾业绩，以期总结救灾经验，并盛赞赵抃的吏才与吏德，以为后人之鉴。

熙宁八年夏，吴越大旱。九月，资政殿大学士知越州赵公，前民之未饥，为书问属县灾所被[1]者几乡，民能自食者有几，当廪[2]于官者几人，沟防构筑可僦[3]民使治之者几所，库钱仓粟可发者几何，富人可募出粟者几家，僧道士食之羡粟书于籍者其几具存，使各书以对，而谨其备。

州县吏录民之孤老疾弱不能自食者二万一千九百余人以告。故事，岁廪穷人，当给[4]粟三千石而止。公敛富人所输，及僧道士食之羡[5]者，得粟四万八千余石，佐其费。使自十月朔，人受粟日一升，幼小半之。忧其众相蹂也，使受粟者男女异日，而人受二日之食。忧其流亡也，于城市郊野为给粟之所凡五十有七，使各以便受之而告以去其家者勿给。计官为不足用也，取吏之不在职而寓于境者，给其食而任以事。不能自食者，有是具也。能自食者，为之告富人无得闭粜[6]。又为之官粟，得五万二千余石，平其价予民。为粜粟之所凡十有八，使籴[7]者自便如受粟。又僦民完成四千一百丈，为工三万八千，计其佣与钱，又与粟再倍之。民取息钱者，告富人纵予之而待熟，官为责其偿。弃男女者，使人得收养之。

明年春，大疫。为病坊，处疾病之无归者。募僧二人，属以视医药饮食，令无失所恃。凡死者，使在处随收瘗[8]之。

法，廪穷人尽三月当止，是岁尽五月而止。事有非便文者，公一以自任，不以累其属。有上请者，或便宜多辄行。公于此时，蚤夜惫心力不少懈，事细巨必躬亲。给病者药食多出私钱。民不幸罹[9]旱疫，得免于转死；虽死得无失敛埋，皆公力也。

是时旱疫被吴越，民饥馑疾疠，死者殆半，灾未有巨于此也。天子东向忧劳，州县推布上恩，人人尽其力。公所拊循[10]，民尤以为得其依归。所以经营绥辑[11]先后终始之际，委曲纤悉[12]，无不备者。其施虽在越，其仁足以示天下；其事虽行于一时，其法足以传后。盖灾沴[13]之行，治世不能使之无，而能为之备。民病而后图之，与夫先事而为计者，则有间矣；不习而有为，与夫素得之者，则有间矣。予故采于越，得公所推行，乐为之识其详，岂独以慰越人之思，半使吏之有志于民者不幸而遇岁之灾，推公之所已试，其科条可不待顷而具，则公之泽岂小且近乎！

公元丰二年以大学士加太子保致仕，家于衢[14]。其直道正行在于朝廷，岂弟之实在于身者，此不著。著其荒政可师者，以为《越州赵公救灾记》云。

注　释

【1】被，覆盖。

【2】廪（lǐn），赈济、供给粮食。名词作动词。

【3】僦（jiù），雇佣。

【4】给（jǐ），提供，给予。

【5】羡，剩余的，多余的。

【6】粜（tiào），卖。

【7】籴（dí），买。

【8】瘗（yì），掩埋，埋葬。

【9】罹（lí），遭受苦难或不幸。

【10】拊（fǔ）循，抚慰，安抚。

【11】绥辑（jí），安抚。

【12】纤（xiān）悉，细致而详尽。

【13】灾沴（lì），自然灾害。

【14】衢（qú），大路，四通八达的道路。

赤壁之战

司马光

　　司马光，字君实，北宋陕州夏县涑水乡（今山西省运城安邑镇东北）人，世称涑水先生。十九岁中进士，神宗熙宁初，官至翰林学士御史中丞。司马光在政治上是保守的，神宗用王安石行新政，他竭力反对，与王安石在神宗前争论，强调祖宗之法不可变，神宗不采纳他的意见，任命他为枢密副使，他坚辞不就，离开朝廷，退居洛阳十五年，主编《资治通鉴》。哲宗即位后，保守派重新得势，他被召入京，任门下侍郎、尚书左仆射、宰相，废除新法，当政八个月死去，追封温国公，谥文正。

　　司马光在学术上的不朽贡献，是他花了十九年时间主持编写的编年体历史巨著《资治通鉴》，全书共二百九十四卷，记载了从战国到五代共一千三百六十二年的史实。参加编写的还有史学家刘攽、刘恕、范祖禹等人，所有文稿由司马光删削、润色、整理而成，文笔简洁流畅，如出一人之手。相传成书之后，残稿装满两屋。司马光说他编辑《资治通鉴》时"日力不足，继之以夜""简牍盈积，浩如烟海""精力尽于此书"，可见工程之大，用力之勤。著作有《温国文正司马公集》《稽古录》。

题　解

　　本文选自《资治通鉴》卷六十五《汉纪》五十七。题目是根据后人的习惯称法加的。赤壁之战发生在汉献帝建安十三年（208年）冬。当时曹操消灭了袁术、袁绍、吕布、张绣的军事势力，北方基本平定，便趁势挥师南下，企图一举统一。

这时候，刘表新亡，刘琮投降，曹操在当阳长坂击败刘备，乘胜追击，进兵江陵。南方的军事力量，能与曹操对抗的，只有东吴的孙权。孙权和刘备为了挽救这种危险局面，决定联合抗曹。由于孙刘联军在战前对敌情进行了周密的分析，以己之长，攻敌之短，终于在长江南岸的赤壁大破曹军。从此，魏、蜀、吴三国鼎立的局面开始形成。司马光在《资治通鉴》里记载这次规模巨大的战役，主要是综合《三国志》中的《吴主传》《周瑜传》《鲁肃传》《蜀先主传》《诸葛亮传》以及《江表传》等篇的有关材料写成的。

初[1]，鲁肃闻刘表卒[2]，言于孙权[3]曰："荆州与国邻接[4]，江山险固[5]，沃野万里[6]，士民殷富[7]，若据而有之[8]，此帝王之资也[9]。今刘表新亡[10]，二子不协[11]，军中诸[12]将，各有彼此[13]。刘备天下枭雄[14]，与操有隙[15]，寄寓[16]于表，表恶其能而不能用也[17]。若备与彼协心[18]，上下齐同[19]，则宜抚安[20]，与结盟好[21]；如有离违[22]，宜别图之[23]，以济大事[24]。肃请得奉命吊[25]表二子，并慰劳其军中用事者[26]，及说备使抚表众[27]，同心一意，共治[28]曹操，备必喜而从命[29]。如其克谐[30]，天下可定也。今不速往，恐为操所先[31]。"权即遣肃行[32]。到夏口[33]，闻操已向荆州[34]，晨夜兼道[35]，比至南郡[36]，而[37]琮已降，备南走[38]，肃径迎之[39]，与备会于当阳长坂[40]。肃宣权旨[41]，论[42]天下事势，致殷勤[43]之意，且问备曰："豫州[44]今欲何至？"备曰："与苍梧太守吴巨有旧[45]，欲往投之[46]。"肃曰："孙讨虏聪明仁惠[47]，敬贤礼士[48]，江表英豪咸[49]归附之，已据有六郡[50]，兵精粮多，足以[51]立事[52]。今为君计[53]，莫若遣腹心自结于东[54]，以共济世业[55]。而[56]欲投吴巨，巨是凡人[57]，偏在远郡[58]，行将[59]为人所并，岂足托[60]乎！"备甚悦。肃又谓诸葛亮[61]曰："我，子瑜[62]友也。"即共定交[63]。子瑜者，亮兄瑾也，避乱[64]江东，为孙权长史[65]。备用肃计，进住鄂县之樊口[66]。

曹操自江陵将顺江东下[67]，诸葛亮谓刘备曰："事急矣，请奉命求救于[68]孙将军。"遂与鲁肃俱诣[69]孙权。亮见权于柴桑[70]，说[71]权曰："海内大乱[72]，将军起兵江东，刘豫州收众汉南[73]，与曹操共争天下。今操芟夷大难[74]，略[75]已平矣，遂[76]破荆州，威震四海。英雄无用武之地[77]，故豫州遁逃[78]至此，愿将军量力而处之[79]！若能以吴越之众与中国抗衡[80]，不如早与之绝[81]；若不能，何不按兵束甲[82]，北面[83]而事之！今将军外托服从之名而内怀犹豫[84]之计，事急而不断[85]，祸至无日矣[86]！"权曰："苟[87]如君言，刘豫州何不遂[88]事之乎？"亮曰："田横[89]，齐之壮士耳[90]，犹守义不辱[91]；况刘豫州王室之胄[92]，英才盖世[93]，众士慕仰，若水之归海。若事之不济[94]，此乃天也[95]，安能复为之下乎[96]！"权勃然[97]曰："吾不能举[98]全吴之地，十万之众[99]，受制于人[100]，吾计决矣！非刘豫州莫可以当[101]曹操者，然豫州新败[102]之后，安能抗此难乎[103]？"亮曰："豫州军虽败于长坂[104]，今战士还者及关羽水军精甲[105]万人，刘琦合江夏[106]战士亦不下万人。曹操之众远来疲敝[107]，闻追豫州，轻骑[108]一百一夜行三百余里，此所谓'强弩之末势不能穿鲁缟'[109]者也，故兵法忌之[110]，曰'必蹶上将军'[111]。且[112]北方之人，不习[113]水战；又[114]，荆州之民附[115]操者，逼兵势耳[116]，非心服也。今将军诚能命猛将统[117]兵数万，与豫州协规[118]同力，破操军必矣。操军破，必北还[119]；如此则荆、吴[120]之势强，鼎足之形[121]成矣。成败之机[122]，在于今日！"权大悦，与其群下[123]谋之。

是时曹操遗权书曰[124]："近著奉辞伐罪[125]，旌麾南指[126]，刘琮束手[127]。今治[128]水军八十万众，方与将军会猎[129]于吴。"权以示群下，莫不响震失色[130]。长史张昭[131]等曰："曹公，豺虎也，挟[132]天子以征四方，动以朝廷为辞[133]，今日拒之[134]，事更不顺[135]。且将军大势[136]可以拒操者，长江也；今操得荆州，奄有[137]其地，刘表治水军，蒙冲斗舰[138]乃以千数，操悉浮以沿江[139]，兼有步兵，水陆俱下，此为长江之险已与我共[140]之矣。而势力众寡又不可论[141]。愚谓大计不如迎之[142]。"鲁肃独不言[143]。权起更衣[144]，肃追于宇下[145]。权知其意，执[146]肃手曰："卿[147]欲何言？"肃曰："向察[148]众人之议，专欲误[149]将军，不足[150]与图大事。今肃可迎操耳，如[151]将军不可也。何以言之[152]？今[153]肃迎操，操当以肃还付乡党[154]，品[155]其名位，犹不失下曹从事[156]，乘犊车[157]，从吏卒[158]，交游士林[159]，累官[160]故不失州郡也。将军迎操，欲安所归乎[161]？愿早定大计，莫[162]用众人之议也！"权叹息曰："诸人持议[163]，甚失孤[164]望。今卿廓开大计[165]，正与孤同。"

时周瑜受使至番阳[166]，肃劝权召瑜还。瑜至，谓权曰："操虽托名汉相[167]，其实[168]汉贼也。将军以神武雄才[169]，兼仗父兄之烈[170]，割据[171]江东，地方数千里[172]，兵精足用[173]，英雄乐业[174]，当横行[175]天下，为汉家除残去秽[176]；况操自送死，而[177]可迎之邪？请为将军筹之[178]。今北土未平[179]，马超、韩遂尚在关西[180]，为[181]操后患；而操舍鞍马[182]，仗舟楫[183]，与吴、越争衡[184]。今又盛寒[185]，马无稿草[186]。驱中国士众远涉江湖之间[187]，不习[188]水土，必生疾病。此数者[189]用兵之患也，而操皆冒行之[190]。将军禽[191]操，宜[192]在今日。瑜请得[193]精兵数万人，进住[194]夏口，保[195]为将军破之！"权曰："老贼欲废汉自立[196]久矣，徒忌二袁、吕布[197]、刘表与孤耳；今数雄已灭，惟孤尚存。孤与老贼势不两立[198]，君言当击，甚与孤合[199]，此天以君授孤也[200]。"因拔刀斫前奏案[201]，曰："诸将吏[202]敢复有言当迎操者，与此案同！"乃罢会[203]。

是夜[204]，瑜复[205]见权曰："诸人徒见操书言水步八十万而各恐慑[206]，不复料其虚实[207]，便开此议[208]，甚无谓也[209]。今以实[210]校之，彼所将中国人[211]不过十五六万，且已久疲[212]；所得表众亦极[213]七八万耳，尚怀狐疑[214]。夫以疲病之卒御[215]狐疑之众，众数[216]虽多，甚未足畏[217]。瑜得精兵五万，自[218]足制之，愿将军勿虑[219]！"权抚[220]其背曰："公瑾[221]，卿言至此，甚合孤心。子布、元表[222]诸人各顾妻子，挟持私虑[223]，深失所望；独卿与子敬与孤同耳[224]，此天以卿二人赞[225]孤也！五万兵难卒合[226]，已选三万人，船、粮、战具俱办[227]。卿与子敬、程公便在前发[228]，孤当续发[229]人众，多载资粮[230]，为卿后援。卿能办之[231]者诚决，邂逅不如意[232]，便还就孤[233]，孤当与孟德[234]决之。"遂以周瑜、程普为左右督[235]，将兵与备并力逆操[236]；以鲁肃为赞军校尉[237]，助画方略[238]。

......

进[239]，与操遇于赤壁[240]。

时操军众已有疾疫[241]，初一交战[242]，操军不利[243]，引次[244]江北。瑜等在[245]南岸，瑜部将黄盖曰[246]："今寇众我寡，难与[247]持久。操军方[248]连船舰，首尾相接，可烧而走也[249]。"乃取蒙冲斗舰十艘，载燥荻[250]枯柴，灌油其中，裹以帷幕[251]，上建旌旗[252]，豫备走舸[253]，系[254]于其尾。先以书遗[255]操，诈云[256]欲降。时东南风急，盖以十舰最著前[257]，中江举帆[258]，余船以次[259]俱进。操军吏士皆出营立观[260]，指言[261]盖降。去北军[262]二里余，同时发火，火烈风猛，船往如箭，烧尽北船，延及岸上营落[263]。顷之[264]，烟炎张天[265]，人马烧溺死者[266]甚众。瑜等率轻锐继其后，雷鼓大震[267]，北军大坏[268]，操引军从华容道步走[269]，遇泥泞，道不通，天又大风，悉使羸兵负[270]草填之，骑乃[271]得过。羸兵为人马所蹈藉[272]，陷泥中，死者甚众。刘备、周瑜水陆并进，追操至南郡。时操军兼以饥疫[273]，死者太半[274]。操乃留征南将军曹仁、横野将军徐晃守江陵，折冲将军乐进守襄阳[275]，引军北还。

注 释

【1】初，当初，常用在追述往事的开头。

【2】鲁肃，字子敬，临淮东城（今安徽省定远县）人，孙权手下的重要谋臣和将领。闻，听说。刘表，字景升，山阳高平（今山东省金乡县西）人。当时任荆州牧。州牧是东汉后期一个州的长官，管辖几个郡的军政。

【3】孙权，字仲谋，吴郡富春（今浙江省富阳县）人，吴国开国皇帝，死后谥号大皇帝。父孙坚，为长江太守。兄策，割据江东，封吴侯。孙策死亡，孙权继承父兄之业，占据江东。赤壁之战时，年仅二十七岁。

【4】荆州，东汉的一个行政区，领有南阳、南郡、江夏、零陵、桂阳、长沙、武陵、章陵等八郡，也就是现在的湖北、湖南两省及贵州的东部，州治在南阳襄阳（今湖北省襄阳市）。与，介词，跟、同。国，指孙权割据的东吴。当时孙权虽未称帝，但实际上是一个独立的政权，所以能称"国"。

【5】险固，险要坚固，指荆州"外带江汉，内阻山陵"（见《三国志·鲁肃传》）。

【6】沃野，肥沃的田野。万里，形容地域很广阔。

【7】士民，在古代，"士"和"民"是不同的，"士"指有知识有技能的人，地位比一般的"民"要高一点。"民"指一般的百姓。但这里合在一起，"士民"作一个词，是泛指各阶层的百姓。殷富，殷实富足。殷也是富的意思。

【8】若，如果，连词。据，占据。而，连词，连接"据"和"有"两个动词。之，代词，代荆州这块地盘。

【9】帝王之资，创造帝王大业的凭借。资，这里是凭借的意思。

【10】新亡，刚离世。

【11】二子，刘表的两个儿子刘琦和刘琮（cóng）。刘表不喜欢长子刘琦，把他派到江夏郡去领兵，刘表死后，由刘琮继任荆州牧，兄弟二人矛盾很深。不协，不和。

【12】诸，各。

【13】彼，那个。此，这个。

【14】刘备，字玄德，涿郡涿县（今河北省涿县）人，汉宗室，蜀汉开国皇帝，死后谥号昭烈皇帝，《三国志》等均称其为"先主"。以镇压黄巾起义

起家，在军阀混战中被曹操打败，投靠刘表，后来得到诸葛亮辅助，建立蜀汉。赤壁之战时四十七岁。枭雄，指不甘居人下的杰出人物。枭是一种凶猛的鸟，用来形容人时含有凶猛而不驯服的意思。

【15】操，指曹操。有隙，有裂痕，有嫌怨。隙，嫌怨，感情上的裂痕。刘备原先没有地盘，他一度依附曹操，但后来又投靠袁绍反对曹操，袁绍被曹操打败后，刘备投奔刘表。所以说"与操有隙"。

【16】寄寓，寄居。

【17】恶（wù）其能，畏忌他的才能。恶，讨厌，不喜欢，这里有畏惧、嫉妒的意思。能，才能。不能，没有能够。用，重用。刘备当时投奔刘表，刘表畏忌他的才能，不让他住在襄阳，让他带兵驻在樊城。

【18】备，刘备。彼，他们，指原属刘表手下的人。协心，团结一心。

【19】上，指刘琮、刘琦、刘备等。下，指军中诸将。齐同，一致。

【20】宜，应该。抚安，抚慰。

【21】与结盟好，和他们建立同盟友好的关系。与，介词，和，后面省掉代词"之"。

【22】离违，背离，指刘备和荆州将领不同心协力。

【23】别图之，另外打算这件事。别，另。图，图谋、打算。之，代词，代对待荆州的策略。实际上就是让孙权去攻打荆州。

【24】济大事，成就帝王的大业。济，成就。大事，帝王大业。

【25】请得，意思是"希望能够"。请，允许我。得，能够。吊，慰问。

【26】用事者，掌权的人。

【27】及，并，并且。表众，刘表的部下。

【28】治，对付。

【29】从命，听从意见。从，听从。命，意见。

【30】克谐，能够成功。克，能。谐，和谐，这里有圆满、顺利、办妥的意思。

【31】恐为操所先，恐怕被曹操赶在前头，即先占领荆州。

【32】即，立即。遣，派遣。行，启程，前往。

【33】夏口，地名，今湖北省武昌市，因为处在夏水注入长江的入口处，所以称为夏口。

【34】闻,听说。向荆州,指向荆州进军。

【35】晨夜,日夜。兼道,一天赶两天的路程。

【36】比,及,等到。南郡,荆州下属的一个郡,故城在今湖北省江陵县境内。

【37】而,可是。

【38】南走,向南逃走。走,跑,逃跑。

【39】径迎之,直接去迎接刘备。这句话是说鲁肃改变了去襄阳慰问刘表二子的打算,直接去找刘备。

【40】会,相逢。当阳,地名,今湖北省当阳县。长坂,就是长坂坡,在当阳县东北。

【41】宣,传达,说明。旨,意旨、意图。

【42】论,谈论。

【43】致,向对方表示(礼节、情意等)。殷勤,指情意的真挚恳切。

【44】豫州,指刘备,因为汉王朝曾封刘备为豫州牧,以官名称人,表示尊敬,豫州前省一刘字。

【45】苍梧,郡名,郡治在今广西壮族自治区苍梧市。有旧,有交情。

【46】投,投奔,投靠。

【47】孙讨虏,指孙权,"讨虏"是汉代将军的名号,孙权从汉王朝接受的正式官职是讨虏将军、会稽太守。聪,指听力好,明,指视力好,合在一起指明察事物的能力。仁惠,仁德宽厚。

【48】敬贤,尊敬贤者。礼士,礼遇士人。

【49】江表,江外,指长江以南的地方。古代中国的政治中心一直在黄河流域,从黄河流域来说,"江南"是"江外",也就是"江表"。咸,都。

【50】六郡,会(kuài)稽、吴、丹阳、豫章、庐陵、新都。大致相当于今江苏、浙江、安徽、江西等省。

【51】足以,足够。

【52】事,指争雄天下的大事。

【53】计,打算。

【54】腹心,亲信的人,也作"心腹"。自结于东,主动同东吴结交。自结,主动结交。东,指东吴,当时孙权在东边,刘备在西边,这里以东代指东吴。

【55】世业，流传后世的功业。

【56】而，却，连词，表转折。

【57】凡人，一般人，平常人。

【58】偏在远郡，偏僻、地处边远的州郡。

【59】行将，即将。

【60】托，托身，依靠。

【61】诸葛亮，见《前出师表》一文作者小传。

【62】子瑜，诸葛瑾，字子瑜，诸葛亮长兄。

【63】即，当即。定交，结下交情。

【64】避乱，躲避战乱。

【65】长史，官名。

【66】进，进军。住，通"驻"，驻军，驻扎。鄂县，今湖北省鄂州市。樊口，在今鄂城县西北。

【67】江陵，今湖北省江陵。东，向东。

【68】于，介词，向。

【69】诣，到，去。

【70】见，谒见。柴桑，古地名，故城在今江西省九江市，当时孙权在此驻军。

【71】说，劝说。

【72】海内大乱，指汉末黄巾起义以及随后军阀割据的局面。

【73】收众，招收人马。汉南，汉水以南，这里指刘备投奔刘表后在樊城、新野驻军，积聚了一些力量。

【74】芟，消除。夷，削平。大难，大患，指袁绍、袁术、吕布等割据势力。

【75】略，大致。

【76】遂，于是，就。

【77】此句指刘琮降曹，荆州被曹操占据，刘备失去抵抗的地盘。

【78】遁逃，逃避。

【79】愿，希望。之，指当时曹军南下的情况。

【80】吴越之众，指东吴的人马。吴越，指孙权据有的江东地区，春秋时吴国和越国在这里建国。中国，古汉语中所说的"中国"，通常是一种地域概

念，指中原地区，这里指曹操的力量。抗衡，相对抗。

【81】绝，断绝关系。

【82】按兵，按兵不动。按，止。束甲，把铠甲捆起来。按兵束甲，指停止军事行动。

【83】北面，面朝北，称臣的意思，古代君主面南而坐，臣子面北朝拜。

【84】外托服从之名，表面上假托服从的名义。当时孙权接受讨虏将军的封号，名义上是向汉王朝称臣的，而曹操"挟天子以令诸侯"，所以孙权在名义上也服从曹操。外，表面上。而，连词，表转折，却。犹豫，迟疑不决。

【85】断，决断，决定。

【86】无日，没有几天，意思是很快。

【87】苟，假使。

【88】遂，副词，就。

【89】田横，齐国的贵族，秦亡后自立为王。刘邦统一天下后，他带着部下五百余人逃到海岛，刘邦召他入朝做官，他不愿意臣服于汉朝，走到洛阳附近就自杀了。

【90】耳，语气词，含有"不过如此"的意思。

【91】辱，屈辱。

【92】王室之胄，王室的后代。刘备是汉景帝的儿子中山靖王刘胜的后代。胄，后代。

【93】盖世，超过当世，没有人比得过。

【94】事，指与曹操争天下之事。不济，不成功。

【95】此乃天也，这是由于天意。

【96】安，怎么，哪里。复为之下，再给他做下属。复，再，这是相对于刘备曾投靠过曹操而言，如果这次向曹操投降，就是"复为之下"。

【97】勃然，恼怒的样子。

【98】举，拿，用。

【99】十万之众，这里指全吴的军队。

【100】受制于人，受别人控制。

【101】当，抵挡。

【102】新败，指刘备败于长坂的事。

【103】抗此难，顶住这场灾难。难，灾难、患难。

【104】败于长坂，指刘备驻樊城，曹操引兵进击，刘备逃跑，至长坂，被曹军追及，刘备大败，连妻子和儿子都丢下了，只带了十几个人逃走一事。

【105】战士还者，失败回来的战士。关羽水军，荆州被曹操占领后，刘备派关羽乘船数百艘，从水路到江陵，这部分军队未受损失。精甲，精兵。甲，铠甲，这里代兵士。

【106】合，集合。江夏，郡名，今湖北省黄冈市一带，刘琦做江夏太守，驻军于此。

【107】众，这里指军队。远，指远道。疲散，疲劳不堪。散，坏。

【108】轻骑，轻装的骑兵。骑，名词，一人一马叫"骑"。

【109】鲁缟，鲁地出产的绢。鲁，山东。缟，未经染色的绢。山东出产的白色生绢，以轻细著名。

【110】兵法，指《孙子兵法》。忌之，忌讳这种情况。

【111】《孙子兵法·军事篇》："五十里而争利。必蹶上将军。"蹶，跌倒、挫折，这里是使动用法，"使蹶"。上将军，指主帅。

【112】且，况且，连词。

【113】习，习惯。

【114】又，连词，再加上。

【115】附，归附。

【116】逼，迫。兵势，军队的势力。

【117】诚能，果真能够。统，率领。

【118】协规，协同规划、合谋。规，谋划。

【119】北，向北。还，这里是退却的意思。

【120】荆，指刘备。吴，指孙权。

【121】鼎足之形，指三国分立的形势。

【122】机，关键。

【123】群下，群臣。

【124】是，这。遗，送给。书，信。

【125】奉辞伐罪，奉皇帝的命令讨伐有罪的人。曹操南击刘表，是打着汉献帝的旗号的。

【126】旌麾南指，意思是向南进军。旌麾，主将指挥军队的旗帜。

【127】束，绑起手来。表示就擒，指投降。

【128】治，治理、训练。

【129】会猎，一同打猎，这里以委婉说法故意恐吓孙权。

【130】莫，没有哪一个。响震，被巨大的声音所震动。失色，变了脸色。

【131】张昭，字子布，孙权的谋臣。

【132】挟，挟持。

【133】辞，借口。

【134】拒，抵抗。

【135】不顺，不顺乎理。

【136】大势，优越的形势。

【137】奄有，全部占有。

【138】蒙冲斗舰，大小战船。蒙冲，一种蒙着生牛皮的小型战船，行动迅速，用来袭击敌船。斗舰，一种大型战船。

【139】悉浮以沿江，把（这些战船）全部沿江摆开。

【140】共，共有。

【141】不可论，不能相提并论。

【142】迎之，迎接他，即投降他。

【143】独，只有。言，说话，发表意见。

【144】更衣，上厕所的委婉说法。

【145】宇下，廊檐下。

【146】执，握。

【147】卿，您。君主对臣子客气的称呼。

【148】向，刚才。察，考察。

【149】误，耽误。

【150】不足，不值得。

【151】如，像。

【152】何以言之，就是"以何言之"，凭什么这样说呢？

【153】今，如果、假设。

【154】以肃还付乡党，把我送回老家去。"乡"和"党"都是古代居民组

织，合起来指乡里、老家。

【155】品，评定。

【156】下曹从事，各曹从事中最低的官员。曹，古时官署内分科办事的单位。从事，"曹"的长官。

【157】犊车，牛车。

【158】从吏卒，使吏卒跟在后面，意思是带着吏卒。

【159】交游士林，与士大夫们交往。士林，士大夫们。林，表示多数。

【160】累官，一步一步地升官。

【161】欲安所归，想要回到哪里？意思是想要得到什么结局。

【162】莫，副词，不要。

【163】持议，所持的意见。

【164】失，"使……失去"，动词的使动用法。孤，王侯自称。

【165】廓开，扩开、阐明。大计，根本性的方针。

【166】时，当时，这时。周瑜，字公瑾，庐江舒县（今安徽省舒城县）人。孙权的主将和谋臣，他在二十几岁时就是东吴的重要将领，吴人称之为"周郎"。赤壁之战这一年，周瑜三十三岁。受使，接受使命。番阳，县名，今江西省鄱阳县。

【167】托名汉相，假托汉朝宰相的名义。托名，假托……名义。

【168】其实，他的实质。

【169】神武，超人的武略，指军事才能。雄才，杰出的才干。

【170】父兄之烈，指孙权的父亲孙坚、哥哥孙策的功业。孙权江东割据的基础是孙坚打下的，孙坚死后，孙策统领所部，割据江东。烈，功业。

【171】割据，分割并占有。

【172】地，土地。方数千里，纵横各数千里。

【173】兵精，军队精锐。足用，物质充足。用，名词，物资。

【174】乐业，乐意效力的意思。业，职守。

【175】横行，纵横驰骋。

【176】汉家，汉朝。除残去秽，剪除残暴，去掉污秽。残，残暴。秽，丑恶。"残""秽"在这里比喻坏人。

【177】而，怎么。

【178】筹之，筹划这件事，意思是说再具体分析一下。

【179】北土，北方。平，平定。

【180】马超、韩遂尚在关西，指当时马超、韩遂割据凉州（今甘肃省一带）。

【181】为，成为。

【182】鞍马，泛指战马。鞍，马鞍。

【183】舟楫，泛指战船。楫，船桨。

【184】争衡，争高下。

【185】盛寒，严寒。

【186】稿草，禾茎做的饲料。稿，禾茎。

【187】驱，驱赶。涉，过河、渡水，这里指经历。江湖，指长江及两岸湖泊地带。

【188】不习，不服。

【189】此数者，这几件事情。

【190】冒行之，冒失地、轻率地做这几件事。冒，冒失、冒险。行，实行，这里指蛮干。

【191】禽，捉拿，同"擒"。

【192】宜，应当。

【193】得，拨给，得到。

【194】进，前往，进军。住，通"驻"，驻扎。

【195】保，副词，一定。

【196】老贼，指曹操。废汉，废掉汉朝皇帝。自立，立自己为皇帝。

【197】徒，仅仅，只是。忌，顾忌，顾虑。二袁，指袁绍（曾割据河北）、袁术（袁绍的堂弟，曾割据江淮一带地区）。吕布，曾割据濮阳（今河南省濮阳县）、下邳（今江苏省邳州市）。

【198】势不两立，根据情势，双方不能同时存在。

【199】合，相合，一致。

【200】此天以君授孤也，这是上天把你赐给我。意思是说，天要让我成功，所以给我配备了这么一个得力的辅弼之臣。

【201】斫，砍。前奏案，面前放置奏章文书的矮桌。

【202】诸将吏，各位文武官员。将，武将。吏，文官。

【203】罢会，散会。

【204】是夜，这天晚上。

【205】复，又，再。

【206】诸人，人们，指主降的张昭等人。水步，水军和步兵。恐慑，恐惧、害怕。

【207】料，估计。虚实，指真假。

【208】开此议，提出这种主张。

【209】无谓，没有意义。

【210】以实，根据实际情况。

【211】将，率领。中国人，中原地方的人。

【212】已久疲，久已疲惫。

【213】极，至多，最多。

【214】尚怀狐疑，还抱着犹豫的心理（指刘表的降兵不相信曹操）。狐疑，犹豫，指对曹操有二心。

【215】疲病之卒，疲乏劳累的士卒。疲病，疲乏劳累。御，驾驭、控制、驱使。

【216】众数，人数。

【217】甚未足畏，很不值得害怕。

【218】自，自然、就。

【219】虑，担心。

【220】抚，拍。

【221】公瑾，周瑜的字。

【222】子布，张昭的字。元表，应作"文表"，秦松的字。

【223】挟持，带着、怀着。私虑，私心。

【224】同，同心。

【225】赞，助，辅佐。

【226】难卒合，难以一下子集合起来。

【227】办，准备。

【228】子敬，鲁肃的字。程公，程普，他原是孙坚手下的将军，所以孙

权尊称他为"程公"。前发,先出发。

【229】当,必定。发,调拨、派遣。

【230】资粮,作战物资和粮草。资,物资。

【231】办之,对付他(曹操)。办,治、对付。

【232】邂逅,副词,偶然、万一。不如意,指战事不利。

【233】便还就孤,就回到我这里来。

【234】孟德,曹操的字。

【235】左右督,正副统帅。督,当时军队的统帅。

【236】逆,迎,这里是"迎击"的意思。

【237】赞军校尉,官名,相当于参谋长。

【238】助,协助。画,谋划、筹划。方略,策略。

【239】进,进军。

【240】赤壁,今湖北省嘉鱼县长江南岸。曹操从江陵顺江而下,孙刘联军从樊口逆江而上,两军在赤壁相遇。

【241】时,当时。疾疫,瘟疫。

【242】初一,刚开始。交战,交锋。

【243】不利,失利。

【244】引,退却。次,动词,驻扎。

【245】在,动词,驻扎。

【246】黄盖,字公覆,东吴老将。

【247】与,介词,后面省略代词"之(敌军)"。

【248】方,两船并行,这里是并、并船的意思。

【249】可烧而走也,可以用火攻使他们逃跑。

【250】燥荻,干燥的苇荻。荻,类似芦苇的一种草本植物。

【251】帷幕,帐幕。

【252】旌旗,旗帜的总称。

【253】豫备,即"预备"。走舸,轻快的小船。

【254】系,连结。

【255】遗,送给。

【256】诈云,假说。

【257】盖，黄盖。最著前，居于最前面。

【258】中江，江中心。举帆，拉起船帆。

【259】以次，按次序。

【260】吏士，下级军官和士兵。立观，站着观看。

【261】指言，指点着、谈论着。

【262】去，距离。北军，指曹操的军队。

【263】延，蔓延。营落，营盘、军盘。

【264】顷之，一会儿，顷刻之间。

【265】炎，通"焰"，火焰。张天，满天。

【266】人马烧溺死者，烧溺死的人马。

【267】雷，通"擂"，敲击。震，震动。

【268】坏，崩溃。

【269】华容道，通到华容县的路。华容，指古华容县，在今湖北省潜江市西南。步走，从陆路败逃。

【270】使，派，驱使。羸兵，体弱的兵。负，背。

【271】骑，骑兵。乃，才。

【272】蹈藉，残踏。

【273】兼，兼有。饥，饥饿。疫，疾病。

【274】太半，大半。

【275】襄阳，今湖北省襄阳市。

编者注

　　赤壁之战，曹操大军在占有优势的情况下大败而归，原因何在？曹军面临瘟疫、不习水战、中了黄盖诈降之计外，还有更为深层的原因吗？

　　其一，便是周瑜所指出的马超、韩遂的后患。对比中国历史上的数次南征，我们可以发现，完成统一北方后的南征往往要在统一北方、消灭后顾之忧后，才顺势征服南方的。西晋用计导致鲜卑各部离散后，派杜预、王濬等人率军二十余万渡江灭吴，统一中国；苻坚前秦政权八十万大军南征，在淝水之战战败后便在内乱中迅速分崩离析；隋文帝在北周统一了北方的基础上发兵五十万南征，最终统一中国；而后来的元、清等王朝也是在统一北方后才开始南征的。曹操大军南征，对于背后马超、韩遂的势力终归有所忌惮；一旦他们发兵直取长安，必定造成后方局势不稳。

其二，面对拥有地利的孙刘联盟，曹操的战略布置也存在过于集中的问题。纵观后世的晋灭吴之战、隋灭陈之战和人民解放军渡江战役，无不是在具有兵力优势的情况下实施有重点的多路突击方式，使本就处于劣势的敌人顾此失彼，从而达到突破长江天险并围歼敌人的目的。具有巨大兵力优势的曹操，如果能够以赤壁为核心，从多个方面渡过长江，就有很大可能顺利突破长江天险，从而使孙刘联盟面临多面受敌的困境。

孙权劝学

司马光

题 解

本文节选自《资治通鉴》。描写了原本不爱读书的吕蒙在孙权劝告之下读书学习，很快就取得惊人进步的故事。本文用短短的几句话，就将吕蒙的形象展现出来，文字生动形象而又蕴含丰富哲理。

初，权谓吕蒙[1]曰："卿今当涂掌事[2]，不可不学！"蒙辞以军中多务。权曰："孤岂欲卿治经为博士邪[3]！但当涉猎[4]，见往事耳[5]。卿言多务，孰若孤？孤常读书，自以为大有所益。"蒙乃始就学。及鲁肃过寻阳，与蒙论议[6]，大惊曰："卿今者才略，非复吴下[7]阿蒙！"蒙曰："士别三日，即更[8]刮目相待，大兄[9]何见事之晚乎！"肃遂拜蒙母，结友而别。

注 释

【1】吕蒙，字子明，三国时吴国名将。早年受孙策赏识而被任命为将领，在受到孙权鼓励读书学习后更是蜕变为一位智勇双全的将才，最终接任鲁肃而

官拜南郡太守，成为东吴的"四大都督"之一。他曾以"白衣渡江"之计偷袭荆州，击败关羽。

【2】当涂，当道，当权。涂，通"途"。掌事，掌管政事。吕蒙在赤壁之战后因功被任命为偏将军，兼任寻阳令。

【3】治经，研究儒家经典。博士，古代专门掌管经学传授的学官。

【4】涉猎，粗略地阅读。

【5】往事，指历史。

【6】论议，谈论，商议。鲁肃在周瑜死后受命前往陆口镇守。

【7】吴下，指吴县，如今江苏苏州。

【8】更，重新。

【9】大兄，长兄，这里是对同辈年长者的尊称。

读孟尝君传

王安石

王安石，字介甫，抚州临川（今江西抚州西）人。庆历二年（1042年）进士，一直担任地方官吏。神宗即位，上万言书力主革新。熙宁二年（1069年），拜参知政事，设制置三司条例司，主持变法，积极推行农田、水利、青苗、均输、保甲、免役、市易、保马、方田等新法，却因地主豪族反对以及用人不当等原因失败。熙宁七年（1074年），罢相，出知江宁府。八年（1075年），再相，次年复罢。十年（1077年）封舒国公。元丰二年（1079年），复拜尚书左仆射，改封荆国公，世称王荆公。晚年退居江宁（今江苏南京）城外半山园，自号半山老人。元祐元年（1086年）卒，年六十六，赠太傅。政和三年（1113年），追封舒王。工诗擅文，文风峭刻，政治色彩浓厚，有《临川先生文集》，为"唐宋八大家"之一。

■ 题 解

本文是王安石读《史记·孟尝君传》之后发出的感想，旨在破"孟尝君能得士"的世俗之见。此文名为读后感，实则借题发挥，以表达自己对人才的看法。

世皆称[1]孟尝君[2]能得士[3]，士以故归[4]之，而卒[5]赖[6]其[7]力，以脱于虎豹之秦[8]。嗟乎！孟尝君特[9]鸡鸣狗盗[10]之雄[11]耳[12]，岂足以言得士？不然，擅[13]齐之强，得一士焉，宜[14]可以南面[15]而制[16]秦，尚何取鸡鸣狗盗之力哉？夫[17]鸡鸣狗盗之出其门，此士之所以不至也。

■ 注 释

【1】称，称颂，赞扬。

【2】孟尝君，姓田名文，战国时齐国公子（贵族），封于薛地（今山东省滕县东南）。

【3】士，士人，指品德好、有学识或有技艺的人。

【4】归，投奔，投靠。

【5】卒（zú），终于，最终。

【6】赖，依仗，依靠。

【7】其，指门下士。

【8】虎豹之秦，像虎豹一样残暴的秦国。

【9】特，只、不过。

【10】鸡鸣狗盗，孟尝君曾在秦国为秦昭王所囚，有被杀的危险。他的食客中有个能装成狗的人，就在夜里装成狗混入秦宫，偷得狐白裘，用来贿赂昭王宠妃，孟尝君得以被放走。可是他逃至函谷关时，正值半夜，关门紧闭，按规定要鸡鸣以后才能开关放人出去，而追兵将到。于是他的食客中会学鸡叫的人就装鸡叫，结果群鸡相应，才侥幸逃脱。

【11】雄，长、首领。

【12】耳，罢了。

【13】擅（shàn），拥有。

【14】宜，应该。

【15】南面，指居于君主之位。君王面向南，故云。

【16】制，制服。

【17】夫，发语词。

编者注

　　王安石的这篇文章，在后世学者中引发了巨大争议。众多争议中，既有出于偏见而对王安石进行污蔑的，也有结合王安石变法的客观事实对其议论进行分析的。其实，王安石之所以会贬低这些"鸡鸣狗盗之士"，与他在变法中所面临的客观情况是分不开的。

　　王安石变法期间，由于侵犯了地主阶级的根本利益，许多封建地主对王安石横加攻击，对变法的推行施加阻力。而那些限制恩荫、进纳以及改革科举，扭转"冗官"局面的措施，更是让王安石面临极大的压力。在这种情况下，虽然王安石推行才德兼备，但出于变法的需要和王安石个人用人过于主观和激进的缺陷，导致任用的"人才"仅限于政治方面；而对于那些对变法持有不同意见的人一律予以贬斥的态度，更是将许多优秀人才推到反对派之中。在这种情况下，王安石的取才范围也就越来越窄，这也造成了变法一派中混入许多名为支持改革，实为结党钻营的小人的情况。

　　而孟尝君所处的时代环境，则完全与王安石不同。孟尝君对"鸡鸣狗盗之士"也一视同仁，其目的正是招揽天下有特殊才能的人士。王安石将"鸡鸣狗盗之士"作为孟尝君所养的"士"的代表，未免以偏概全，将冯谖等优秀人才一笔抹杀了。至于蔑视"鸡鸣狗盗之士"的观点，更是与宋朝重文轻武的风气、与王安石只重视政治人才的思想所分不开的。

同学一首别子固

王安石

题 解

北宋庆历元年（1041年），王安石与曾巩同时应礼部试。次年，王安石得中，而曾巩落第还乡。庆历三年（1043年）三月，王安石自扬州签判任上还临川，至舅家。随后，他又前往南丰见了曾巩，此文大约作于此时。

江之南有贤人焉，字子固，非今所谓贤人者，予慕而友[1]之。淮之南有贤人焉，字正之[2]，非今所谓贤人者，予慕而友之。二贤人者，足未尝相过[3]也，口未尝相语[4]也，辞币[5]未尝相接也。其师若[6]友，岂尽同哉？予考其言行，其不相似者，何其少也！曰：学圣人而已矣。学圣人，则其师若友，必学圣人者。圣人之言行，岂有二哉？其相似也适然[7]。

予在淮南，为正之道子固，正之不予疑也。还江南，为子固道正之，子固亦以为然。予又知所谓贤人者，既相似，又相信不疑也。

子固作《怀友》[8]一首遗[9]予，其大略欲相扳[10]以至乎中庸[11]而后已。正之盖亦常云尔。夫安驱[12]徐行，轥[13]中庸之庭，而造于[14]其堂，舍二贤人者而谁哉？予昔非敢自必其有至也，亦愿从事于左右焉尔。辅而进之，其可也。

噫[15]！官有守[16]，私有系[17]，会合不可以常也，作《同学一首别子固》以相警[18]，且相慰云。

注 释

【1】慕，仰慕。友，与……交朋友。

【2】正之，孙侔，字正之，一字少述。吴兴（今浙江湖州）人。早年丧父，事母至孝。多次被人推荐，曾授校书郎扬州州学教授。

【3】相过，拜访，交往。过，访问。

【4】相语，交谈。

【5】辞，这里指书信往来。币，帛，丝织品，这里指礼品。

【6】若，和，与。

【7】适然，理所当然的事情。

【8】《怀友》，原文见宋吴曾《能改斋漫录》卷十四。其文云："因介卿（即介甫）官于扬，予穷居极南……为作《怀友》书两通，一自藏，一纳介卿家。"

【9】遗（wèi），赠送。

【10】扳（pān），同"攀"，援引。

【11】中庸（yōng），儒家奉行的道德标准，认为不偏为中，不变为庸，即不偏不倚，循常守旧。至乎中庸，曾巩《怀友》："望中庸之域，其可以策而及也。"

【12】安驱，稳稳当当地驾车。

【13】辚（lìn），车轮碾过。

【14】造于，到达。

【15】噫（yī），唉，表示感叹。

【16】守，职守，工作岗位。

【17】私，私人。系，牵系，系念。

【18】警（jǐng），警策，勉励。

编者注

王安石年轻时，与曾巩交往甚厚，二人诗文往来频繁，王安石曾为受人讥讽的曾巩辩诬，曾巩也曾向自己的老师欧阳修推荐王安石；此外王、曾两家还是世交。可见，二人的情谊是相当深厚的。可是在熙宁二年（1069年），曾巩出判通州后，此后的十三年间，二人之间几乎没有任何诗文唱和与书信往来。而经常邀请故旧参与变法的王安石，也没有任何邀请曾巩的举动。很明显，二人在变法开始后，关系已经逐渐疏远。

而二人产生分歧的根本原因，正是二人"学圣人"时产生的政治理解不同。其实，在政治上，曾巩对于王安石变法是支持的，他两个弟弟曾布、曾肇更是积极参与变法。但在变法的具体措施上，曾巩主张平和的变法措施，对于王安石过于急躁、激进的改革曾多次提出劝谏；而他所主张的减少赋税等主张，更是和王安石扩大财政收入的改革措施格格不入；至于王安石重视"刑"的主张，曾巩更是明确反对。

作为王安石的至交好友，曾巩十分了解王安石执拗、急躁的性格；虽然曾巩的一些论点显得迂腐，但对于在改革上操之过急的王安石来说，也不失为较好的建议。可是，性格执拗，又长期与反对者论战的王安石，早已听不进去这位老友的劝诫了。

游褒禅山记

王安石

题 解

这篇文章作于 1054 年。当年四月，王安石从舒州（今安徽潜山县）通判任上辞职，在回家探亲途中游览了褒禅山，同年七月以追记形式写下此文。作者叙述他和几位同伴游褒禅山所见到的景物，以及游山经过，并以此为喻，说明要实现远大理想，在研究学问上要"深思而慎取"。王安石是主张变法的，青年时他就有志于改变北宋"积贫积弱"的局面，推行富国强兵政策。但他也认识到，改革不可能一帆风顺，必将遇到重重阻碍，要成功，"志、力、物"缺一不可，但"物"与"力"不可强求，一个人要想为社会有所贡献，能做的只有"尽吾志"。"尽吾志"正是王安石后来百折不挠实行变法的思想基础，也是他文章应"有补于世""以适用为本"思想的具体体现。

褒禅山亦谓之华山，唐浮图慧褒始舍于其址[1]，而卒[2]葬之；以故其后名之曰"褒禅"[3]。今所谓慧空禅院者，褒之庐冢[4]也。

距其院东五里，所谓华山洞者，以其乃华山之阳名[5]之也。距洞百余步，有碑仆道[6]，其文漫灭[7]，独其为文[8]犹可识曰"花山"。今言"华"如"华实"之"华"者，盖音谬也[9]。

其下平旷，有泉侧出，而记游[10]者甚众，所谓前洞也。由山以上五六里，有穴窈然[11]，入之甚寒，问其深[12]，则其好游者不能穷也，谓之后洞。余与四人拥火[13]以入，入之愈深，其进愈难，而其见[14]愈奇。有怠[15]而欲出者，曰："不出，火且尽。"遂与之俱出。盖余所至，比好游者尚不能十一[16]，然视其左右，来而[17]记之者已少。盖其又深，则其至又加[18]少矣。方是时[19]，予之力尚足以入，火尚足以明也。既其出，则或咎其欲出者，而余亦悔其随之而不得极夫游之乐也。

于是余有叹焉。古人之观于天地、山川、草木、虫鱼、鸟兽，往往有得，以其求思之深而无不在也。夫夷以近，则游者众；险以远，则至者少。而世之奇伟瑰怪，非常之观，常在于险远，而人之所罕至焉，故非有志者不能至也。有志矣，不随以止也，然力不足者，亦不能至也。有志与力，而又不随以怠，至于幽暗昏惑而无物以相之，亦不能至也。然力足以至焉而不至，于人为可讥，而在己为有悔。尽吾志也而不能至者，可以无悔矣，其孰能讥之乎？此余之所得也！

余于仆碑，又以悲夫古书之不存，后世之谬其传而莫能名[20]者，何可胜道[21]也哉！此所以学者不可以不深思而慎取之也。

四人者：庐陵萧君圭君玉[22]，长乐王回深父[23]，余弟安国平父、安上纯父[24]。

至和元年七月某日，临川王某记[25]。

注 释

【1】浮图,梵语音译词,也写作"浮屠"或"佛图",本意是佛或佛教徒,这里指和尚。慧褒,唐代高僧。址,地基、基部、基址,这里指山脚。

【2】卒,最终。

【3】禅,梵语译音"禅那"的简称,意思是"静思",指佛家追求的一种境界。后来泛指有关佛教的人和事物,如禅师、坐禅、禅房等。褒禅,慧褒禅师。

【4】慧空禅院,寺院名。庐冢(zhǒng),古时为了表示孝敬父母或尊敬师长,在他们死后的服丧期间,为守护坟墓而盖的屋舍,也称"庐墓"。这里指慧褒弟子在慧褒墓旁盖的屋舍。庐,屋舍(一说指慧褒生前的屋舍)。冢,坟墓。

【5】华山洞,南宋王象生《舆地纪胜》写作"华阳洞",看正文下出应写作"华阳洞"。名,命名。

【6】仆道,倒在路旁。

【7】文,碑文,与下文"独其为文(碑上残存的文字)"的"文"不同。漫灭,指因风化剥落而模糊不清。

【8】文,文字,这里指的是碑上残存的文字。

【9】此句中,第一个"华"读"华(huā),第二个"华"读"华(huá)"。汉字最初只有"华(huā)"字,没有"花"字,后来有了"花"字,"华""花"分家,"华"才读为huá。王安石认为碑文上的"花"是按照"华"的古音而写的今字,仍应读huā,而不应读"华(huá奢侈、虚浮)实"的huá。按,这里说的不是五岳中的"华(huà)山"。

【10】侧出,从旁边涌出。记游,指在洞壁上题诗文留念。

【11】上,名词活用作动词,向上走。窈(yǎo)然,深远幽暗的样子。

【12】问,探究,追究。深,形容词活用作名词,深度。

【13】拥火,拿着火把。拥,持,拿。

【14】见,动词活用作名词,见到的景象。

【15】怠,懈怠。

【16】盖,表猜测的发语词,大概。不能十一,不及十分之一。

【17】而，并且，而且。

【18】至，动词活用作名词，到达的人。加，更，更加。

【19】方是时，正当这个时候。

【20】谬其传，把那些（有关的）传说弄错。莫能名，不能说出真相（一说真名）。

【21】何可胜道，怎么能说得完。

【22】庐陵，今江西吉安。萧君圭，字君玉。

【23】长乐，今福建长乐。王回，字深父。父，通“甫”，下文的“平父”“纯父”的“父”同。

【24】王安国，字平父。王安上，字纯父。

【25】至和元年，1054年。临川，今江西临川。王某，王安石。古人作文起稿，写到自己的名字，往往只作“某”，或者在“某”上冠姓，以后在誊写时才把姓名写出。根据书稿编的文集，也常常保留“某”的字样。

答司马谏议书

王安石

题　解

本文针对司马光认为新法“侵官、生事、征利、拒谏、怨谤”的指责，指出儒者所争，尤在于名实。名实已明，而天下之理得矣。从而说明变法是正确的。司马光的攻击名实不符，全是谬论。文章逐条驳斥司马光的谬论，表示出作者坚持改革、绝不为流言俗语所动的决心。

某启[1]：

昨日蒙教[2]，窃以为与君实游处[3]相好之日久，而议事每不合，所操之术[4]多异故也。虽欲强聒[5]，终必不蒙见察，故略上报[6]，不复一一自辩。重念蒙君实视遇厚[7]，于反复不宜卤莽[8]，故今具道所以^[9]，冀^[10]君实或见恕也。

盖儒者^[11]所争，尤在名实^[12]，名实已明，而天下之理得矣。今君实所以见教者，以为侵官、生事、征利、拒谏，以致天下怨谤^[13]也。某则以谓：受命于人主^[14]，议法度而修^[15]之于朝廷，以授之于有司^[16]，不为侵官；举^[17]先王之政，以兴利除弊，不为生事；为天下理财，不为征利；辟邪说^[18]，难壬人^[19]，不为拒谏。至于怨谤之多，则固前^[20]知其如此也。

人习于苟且非一日，士大夫多以不恤国事、同俗自媚于众^[21]为善，上^[22]乃欲变此，而某不量敌之众寡，欲出力助上以抗之^[23]，则众何为而不汹汹然^[24]？盘庚之迁^[25]，胥怨^[26]者民也，非特朝廷士大夫而已。盘庚不为怨者故改其度^[27]，度义^[28]而后动，是^[29]而不见可悔故也。如君实责我以在位久，未能助上大有为，以膏泽^[30]斯民，则某知罪矣；如曰今日当一切不事事^[31]，守前所为^[32]而已，则非某之所敢知^[33]。

无由会晤，不任区区向往之至^[34]。

注 释

【1】启，写信说明事情。

【2】蒙教，承蒙指教。这里指接到来信。

【3】君实，司马光的字。古人写信称对方的字以示尊敬。游处，同游共处，即同事交往的意思。

【4】操，持，使用。术，方法，主张。

【5】强聒（guō），硬在耳边啰嗦，强作解说。聒，语声嘈杂。

【6】上报，给您写回信，指王安石接到司马光第一封来信后的简答。

【7】重（chóng）念，再三想想。视遇厚，看重的意思。视遇，看待。

【8】反覆，指书信往来。卤莽，简慢无礼。

【9】具道，详细说明。所以，原委。

【10】冀（jì），希望。

【11】儒者，这里泛指一般封建士大夫。

【12】名实，名义和实际。

【13】怨谤（bàng），怨恨，指责。

【14】人主，皇帝。这里指宋神宗赵顼。

【15】议法度，讨论、审定国家的法令制度。修，修订。

【16】有司，负有专责的官员。

【17】举，推行。

【18】辟邪说，驳斥错误的言论。辟，驳斥，排除。

【19】难（nàn），责难。壬（rén）人，佞人，指巧辩谄媚之人。

【20】前，预先。

【21】恤（xù），关心。同俗自媚于众，指附和世俗的见解，向众人献媚讨好。

【22】上，皇上。

【23】抗，抵制，斗争。

【24】汹汹然，吵闹、叫嚷的样子。

【25】盘庚，商朝中期的一个君主。商朝原来建都在黄河以北的奄（今山东曲阜），常有水灾。为了摆脱政治上的困境和自然灾害，盘庚即位后，决定迁都到殷（今河南安阳西北）。这一决定曾遭到全国上下的怨恨反对。后来，盘庚发表文告说服了他们，完成了迁都计划。

【26】胥（xū）怨，全都抱怨。胥，皆。

【27】改其度，改变他原来的计划。

【28】度（duó）义，考虑是否合理。度，考虑，这里用作动词。

【29】是，这里用作动词，认为做得对。

【30】膏泽，施加恩惠。这里用作动词。

【31】一切不事事，什么事都不做。事事，做事。前一"事"字是动词，后一"事"字是名词。

【32】守前所为，墨守前人的作法。

【33】所敢知，愿意领教的。知，领教。

【34】不任（rén）区区向往之至，内心不胜仰慕。这是旧时写信的客套语。不任，不胜，形容情意的深重。区区，小，这里指自己，自谦词。

本朝百年无事札子

王安石

题 解

此文作于宋神宗熙宁元年（1068 年），当时王安石四十八岁，年初任翰林学士，四月，神宗诏王安石进京，越级与神宗直接对答。宋神宗赵顼二十一岁继承皇位，和仁宗、英宗相比，他是个想有所作为的皇帝，因而继位不久，便从江宁将王安石诏回。据《宋史·王安石传》：熙宁元年四月，始造朝，入对。帝问所治为先，对曰："择术为先。"帝曰："唐太宗何如？"曰："陛下当法尧舜，何以太宗为哉！尧舜之道，至简而不烦，至要而不迂，至易而不难，但末世学者不能通知，以为高不可及尔。"帝曰："卿可谓责难于君。朕自视眇躬，恐无以副卿此意。可悉意辅政，庶同济此道。"李焘《续资治通鉴长编》亦载宋神宗询问王安石"祖宗守天下，能百年无大变，粗致太平，以何道也"的问题。面对神宗的频频垂询，于是王安石写了这篇文章。

臣前蒙陛下问及本朝所以享国 [1] 百年，天下无事之故。臣以浅陋 [2]，误承 [3] 圣问，迫于日晷 [4]，不敢久留，语不及悉 [5]，遂辞而退。窃惟念 [6] 圣问及此，天下之福，而臣遂无一言之献，非近臣 [7] 所以事君之义，故敢昧冒 [8] 而粗有所陈。

伏惟 [9] 太祖躬上智独见 [10] 之明，而周知 [11] 人物之情伪，指挥付托 [12] 必尽其材，变置施设 [13] 必当其务 [14]。故能驾驭 [15] 将帅，训齐 [16] 士卒，外以捍夷狄 [17]，内以平中国 [18]。于是除苛赋，止虐刑，废强横之藩镇 [19]，诛贪残之官吏，躬 [20] 以简俭为天下先 [21]。其于出政发令之间，一以安利元元 [22] 为事。太宗承之以聪武 [23]，真宗 [24] 守之以谦仁，以至仁宗、英宗 [25]，无有逸德 [26]。此所以享国百年而天下无事也。

仁宗在位，历年最久。臣于时实备从官[27]，施为本末[28]，臣所亲见。尝试为陛下陈其一二，而陛下详择其可，亦足以申鉴[29]于方今。伏惟仁宗之为君也，仰畏天，俯畏人[30]；宽仁恭俭，出于自然[31]，而忠恕诚悫[32]，终始如一。未尝妄兴一役，未尝妄杀一人；断狱务在生之[33]，而特恶吏之残扰[34]。宁屈己弃财于夷狄[35]，而终不忍加兵。刑平而公，赏重而信。纳用谏官御史[36]，公听并观[37]，而不蔽于偏至之谗[38]。因任众人耳目[39]，拔举疏远[40]，而随之以相坐之法[41]。盖监司之吏以至州县[42]，无敢暴虐残酷，擅有调发[43]以伤百姓。自夏人顺服[44]，蛮夷遂无大变，边人父子夫妇得免于兵死，之而中国人安逸蕃息[45]，以至今日者，未尝妄兴一役，未尝妄杀一人，断狱务在生之，而特恶吏之残扰，宁屈己弃财于夷狄，而不忍加兵之效[46]也。大臣贵戚[47]、左右近习[48]，莫敢强横犯法，其自重慎，或甚于闾巷之人[49]，此刑平而公之效也。募天下骁雄横猾[50]以为兵，几至百万，非有良将以御[51]之，而谋变者辄败[52]；聚天下财物，虽有文籍[53]，委之府史[54]，非有能吏以钩考[55]，而断盗者辄发[56]；凶年饥岁，流者填道[57]，死者相枕[58]，而寇攘者辄得[59]。此赏重而信之效也。大臣贵戚、左右近习，莫能大擅威福，广私货赂，一有奸匿[60]，随辄上闻；贪邪横猾，虽间或见用[61]，未尝得久。此纳用谏官、御史，公听并观，而不蔽于偏至之谗之效也。自县令京官以至监司台阁[62]，升擢[63]之任，虽不皆得人[64]，然一时之所谓才士，亦罕蔽塞而不见收举者[65]，此因任众人之耳目，拔举疏远，而随之以相坐之法之效也。升退[66]之日，天下号恸[67]，如丧考妣[68]，此宽仁恭俭，出于自然，忠恕诚悫，终始如一之效也。

然本朝累世因循末俗[69]之弊，而无亲友群臣之议。人君朝夕与处，不过宦官女子[70]；出而视事[71]，又不过有司之细故[72]。未尝如古大有力之君，与学士大夫讨论先王之法，以措之天下[73]也。一切因任自然之理势[74]，而精神之运[75]有所不加，名实[76]之间有所不察。君子非不见贵，然小人亦得厕[77]其间；正论非不见容，然邪说亦有时而用。以诗赋记诵求天下之士[78]，而无学校养成之法[79]；以科名资历叙[80]朝廷之位，而无官司课试[81]之方。监司无检察之人，守将非选择之吏。转徙之亟[82]既难于考绩，而游谈之众[83]因得以乱真[84]。交私养望者[85]多得显官，独立营职者[86]或见排沮[87]。故上下偷惰取容[88]而已，虽有能者在职，亦无以异于庸人。农民坏于繇役[89]，而未尝特见救恤，又不为之设官，以修其水土之利。兵士杂于疲老[90]，而未尝申敕[91]训练，又不为之择将，而久其疆埸之权[92]。宿卫则聚卒伍[93]无赖之人，而未有以变五代姑息羁縻[94]之俗；宗室则无教训选举之实，而未有以合先王亲疏隆杀之宜[95]。其于理财，大抵无法，故虽俭约而民不富，虽忧勤而国不强。赖非夷狄昌炽之时[96]，又无尧、汤水旱之变[97]，故天下无事，过于百年。虽曰人事，亦天助也。盖累圣[98]相继，仰畏天，俯畏人，宽仁恭俭，忠恕诚悫，此其所以获天助也。

伏惟陛下躬上圣之质[99]，承无穷之绪[100]，知天助之不可常恃[101]，知人事之不可怠终[102]，则大有为之时，正在今日。臣不敢辄废将明之义[103]，而苟逃讳忌之诛[104]。伏惟陛下幸赦[105]而留神[106]，则天下之福也。取进止[107]。

注　释

【1】享国，享有国家。指帝王在位掌握政权。

【2】浅陋，见识浅薄。这里为自谦之词。

【3】误承，误受的意思。这里为自谦之词。圣，指皇帝。

【4】日晷（guǐ），按照日影移动来测定时刻的仪器。这里指时间。

【5】语不及悉，回禀的话来不及细说。悉，详尽。

【6】窃惟念，我私下在想。这和下文"伏惟"一样，都是旧时下对上表示敬意的用语。

【7】近臣，皇帝亲近的大臣。当时王安石任翰林学士，是侍从官。

【8】昧冒，即"冒昧"，鲁莽、轻率。这里为自谦之词。

【9】伏惟，古人奏札、书信中常用的套语，意为"我暗自考虑"。

【10】躬，本身具有。上智，极高的智慧。独见，独到的见解。

【11】周知，全面了解。

【12】付托，托付、交待。指委任臣下做事。

【13】变置施设，设官分职。变置，指改变前朝的制度而重新设立新制。

【14】当其务，合于当前形势的需要。

【15】驾驭，统率、指挥。

【16】训齐，使人齐心合力。

【17】夷狄，旧时指我国东部和北部的少数民族。这里指北宋时期建立在我国北方和西北方的契丹、西夏两个少数民族政权。下文"蛮夷"也是同样的意思。

【18】内以平中国，指宋太祖对内平定统一了中原地区。中国，指中原地带。

【19】废强横之藩镇，指宋太祖收回节度使的兵权。唐代在边境和内地设置节度使，镇守一方，总揽军政，称为藩镇。唐玄宗以后至五代时，藩镇强大，经常发生叛乱割据之事。宋太祖有鉴于此，使节度使仅为授予勋戚功臣的荣衔。

【20】躬，亲自。这里与上文"躬"字意思稍有区别。

【21】为天下先，做天下人的表率。

【22】安利元元，使老百姓得到平安和利益。元元，老百姓。

【23】太宗，赵匡胤的弟弟赵光义，在位二十二年。聪武，聪睿圣武。

【24】真宗，太宗之子赵恒，继太宗后为帝，在位二十五年。

【25】仁宗，真宗之子赵祯，在位四十二年。英宗，太宗曾孙、濮王允让之子，继仁宗后为帝，在位不足四年。

【26】逸德，失德。

【27】实备从官，王安石在宋仁宗时曾任知制诰，替皇帝起草诏令，是皇帝的侍从官。

【28】施为本末，一切措施的经过和原委。

【29】申鉴，引出借鉴。

【30】此句意为"上畏天命，下畏人事"，即说话行事都须十分谨慎。

【31】自然，本性。

【32】诚悫（què），诚恳。

【33】断狱，审理和判决罪案。生，指给犯人留有活路。

【34】恶（wù），厌恨。吏之残扰，指官吏对百姓的残害、扰攘。

【35】弃财于夷狄，指北宋政府每年向契丹和西夏两个少数民族政权献币纳绢以求和之事。宋真宗景德元年（1004年），北宋政府与契丹讲和，每年需向契丹献币纳绢。宋仁宗庆历二年（1042年），宋又向契丹增加银绢以求和。庆历四年（1044年），宋又以献币纳绢的方式向西夏妥协。王安石这里是替宋仁宗的屈服妥协曲为辩解的话。

【36】谏官，执掌劝谏皇帝的官员。御史，执掌纠察百官的官员。

【37】公听并观，多听多看。意即听取了解各方面的意见情况。

【38】偏至之谗，片面的谗言。

【39】因任众人耳目，相信众人的见闻。

【40】拔举疏远，提拔、起用疏远的人。疏远，这里指与皇帝及高官显贵关系不密切但有真实才干的人。

【41】相坐之法，指被推荐的人如果后来失职，推荐人便要受罚的一种法律。

【42】监司之吏，监察州郡的官员。宋朝设置诸路转运使、安抚使、提点刑狱、提举常平四司，兼有监察之责，称为监司。州县，指地方官员。

【43】调发，指征调劳役赋税。

【44】夏人顺服，西夏政权在宋初与宋王朝有磨擦，至仁宗庆历三年（1043年），西夏主元昊遣使请和，从此宋、夏间的战事宣告结束。

【45】安逸蕃息，休养生息。蕃，繁殖。

【46】效，结果。

【47】贵戚，皇亲国戚。

【48】左右近习，指皇帝周围亲近的人。

【49】甚于闾巷之人，比平民百姓更加谨慎畏法。

【50】骁（xiāo）雄横猾，指勇猛强暴而奸诈的人。

【51】御，统率，管理。

【52】谋变者辄败，凡有阴谋哗变者，很快就被平定。

【53】文籍，账册。

【54】府史，衙门中的书吏。

【55】钩考，查核。

【56】断盗者，一作欺盗，贪污中饱的人。发，被揭发。

【57】流者填道，流亡的人塞满了道路。

【58】死者相枕，尸体枕着尸体。

【59】寇攘（rǎng）者，强盗。得，被抓获。

【60】奸慝（tè），奸邪的事情。

【61】间或见用，有时也会被提拔任用。

【62】台阁，指执政大臣。

【63】升擢（zhuó），提升。

【64】得人，得到贤才，任人唯贤。

【65】罕，少有。蔽塞，埋没。收举，任用。

【66】升遐（xiá），对皇帝死亡的讳称。

【67】号恸（tòng），大声痛哭。

【68】考妣（bǐ），称已死的父母，父为考，母为妣。

【69】累世，世世。因循末俗，沿袭着旧习俗。

【70】女子，指皇宫中的后妃宫女。

【71】出而视事，指临朝料理国政。

【72】有司之细故，官府中琐屑细小的事情。

【73】措之天下，把它实施于天下。

【74】自然之理势，客观形势。

【75】精神之运，主观努力。

【76】名实，名目和实效。

【77】厕，参与。

【78】诗赋记诵求天下之士，宋代科举考试以写作诗赋、背诵经义为主要内容。王安石变法，一度取消诗赋考试。

【79】学校养成之法，指建立州县学，用儒家经典来教育士子。

【80】科名，科举名目，如进士、明经之类。资历，任职年限。叙，排名次序。

【81】课试，考察测试官吏政绩。

【82】转徙，调动官职。亟（qì），频繁。

【83】游谈之众，夸夸其谈的人。

【84】乱真，混作真有才干的人。

【85】交私养望者，私下勾结、猎取声望的人。

【86】独立营职者，不靠别人、勤于职守的人。

【87】排沮（jǔ），排挤、压抑。

【88】偷惰，偷闲懒惰。取容，指讨好、取悦上司。

【89】繇（yáo）役，即徭役，封建社会中为官府无偿劳动的制度。

【90】杂于疲老，混杂着年迈力疲之人。

【91】申敕（chì），发布政府的命令。这里引申为告诫、约束的意思。

【92】久其疆场（yì）之权，让他们（指武将）长期掌握军事指挥权。

【93】宿卫，禁卫军。卒伍，这里指兵痞。

【94】五代，指北宋之前的后梁、后唐、后晋、后汉、后周五个朝代。姑息羁（jī）縻（mí），纵容笼络、胡乱收编的意思。

【95】亲疏隆杀（shài）之宜，亲近或疏远、恩宠或冷落的区别原则。

【96】赖非夷狄昌炽（chì）之时，幸好赶上不是外敌猖狂进犯的时日。

【97】尧、汤水旱之变，相传尧时有九年的水患，商汤时有五年的旱灾。

【98】累圣，累代圣君。这里指上文提到的宋太祖、太宗、真宗、仁宗、英宗诸帝。

【99】躬上圣之质，具备最圣明的资质。

【100】承无穷之绪，继承永久的帝业。绪，传统。

【101】恃，依赖，倚仗。

【102】怠终，轻忽马虎一直拖到最后。意思是最后要酿成大祸。

【103】辄废，轻易地废止。将明之义，语出《诗经·大雅·烝民》，意谓大臣辅佐赞理的职责。将，实行。明，辨明。义，职责。

【104】苟逃，侥幸逃避。讳忌之诛，因触怒天子而受到责罚。

【105】赦，宽恕免罪。

【106】留神，留意，重视。

【107】取进止，这是写给皇帝奏章的套语，意思是我的意见是否妥当、正确，请予裁决。

伤仲永

王安石

题　解

　　本文讲述了江西金溪一个名叫"方仲永"的神童，因后天父亲不让其学习而把他当作"造钱工具"最终沦落为一个普通人的故事。文章借仲永为例，告诫人们绝不可单纯依靠天资而不去学习新知识，必须注重后天的教育和学习，强调了后天教育和学习对成才的重要性。

　　金溪[1]民方仲永，世隶[2]耕。仲永生[3]五年，未尝识书具[4]，忽啼求[5]之。父异[6]焉，借旁近与[7]之，即书诗四句，并自为其名。其诗以养[8]父母、收族为意[9]，传一[10]乡秀才观之。自是指物作诗立就，其文理[11]皆有可观者。邑人奇[12]之，稍稍宾客[13]其父，或以钱币乞[14]之。父利其然[15]也，日扳仲永环谒[16]于邑人，不使学。

　　余闻之也久。明道[17]中，从先人[18]还家，于舅家见之，十二三矣。令作诗，不能称前时之闻[19]。又七年，还自扬州，复[20]到舅家问焉。曰："泯然众人矣[21]。"

　　王子[22]曰：仲永之通悟[23]，受之天[24]也。其受之天也，贤于材[25]人远矣。卒[26]之为众人，则其受于人者不至[27]也。彼其[28]受之天也，如此其贤也，不受之人，且为众人；今夫不受之天，固众人，又不受之人，得为众人而已耶[29]？

注 释

【1】金溪，地名，今在江西金溪。

【2】隶，属于。

【3】生，生长到。

【4】识，认识。书具，书写的工具（笔、墨、纸、砚等）。

【5】求，要。

【6】异，对……感到诧异。

【7】借旁近，就近借来。旁近，附近，这里指邻居。与，给。

【8】养，奉养，赡养。

【9】收族，团结宗族。收，聚，团结。意，主旨（中心或文章大意）。

【10】一，全。

【11】文，文采。理，道理。

【12】邑人，同（乡）县的人。奇，对……感到惊奇（奇怪）。

【13】稍稍，渐渐。宾客，这里是以宾客之礼相待的意思。

【14】乞，求取。

【15】利其然，认为这样是有利可图的。利，认为……有利可图。

【16】日，每天。扳，通"攀"，牵，引。环，四处，到处。谒，拜访。

【17】明道，宋仁宗赵祯年号。

【18】从，跟随。先人，指王安石死去的父亲。

【19】前时之闻，以前的名声。

【20】复，又，再。

【21】泯然众人矣，完全如同常人了。

【22】王子，王安石的自称。

【23】通，通达。悟，聪慧。

【24】受，接受。天，先天。

【25】贤，胜过，超过。于，比。材，同"才"，才能。

【26】卒，最终。

【27】于，被。不至，没有达到要求。至，达到。

【28】彼其，他。

【29】已，停止。耶，表示反问，相当于"吗""呢"。

编者注

在我们所处的社会中，常常能够见到这样一种情况：媒体渲染包装出一位所谓的"天才"，让他出现在各种节目、表演之中。这些"天才"在幼年时还可以获得人们的赞誉，可在他们成年后，却往往如仲永一般"泯然众人"。仲永的故事已经传诵千年，为何还是有这么多的"仲永"诞生？到底该怎么做，才能不再有"仲永"的悲剧？

现代科学研究给了我们答案。第一，在大部分情况下，人要到二十二岁才完全发育成熟，任何让孩子"少年老成"的做法都是不可取的，因此对孩子的教育也绝不可急于求成；第二，人的能力虽然与遗传等先天因素有关，但后天的教育、环境也同样重要，如果抛弃教育，脱离环境，只进行抽象知识学习，不仅会降低孩子的环境适应力，还会加剧精神疾病的发病率。

超然台记

苏轼

苏轼，北宋文学家、政治家、艺术家。字子瞻，一字和仲，号东坡居士。苏洵之子，苏辙长兄。嘉祐二年（1057年）进士，累官至端明殿学士兼翰林院侍读学士、礼部尚书。后加赐谥号文忠，复追赠太师。他与父亲苏洵、弟弟苏辙同列"唐宋八大家"。

苏轼早年虽然支持变法，但对王安石变法中的一些举措有不同意见，结果遭到王安石的贬斥，又被新党爪牙李定陷害；他只好自求外放为杭州通判。四十三岁时，他身陷"乌台诗案"，险些被杀，幸得太皇太后及王安石等人力挽才免于一死，遂被贬为黄州团练副使。王安石罢相后，他返回朝中，但又因反对"尽废新法"而被司马光为首的旧党排斥。后来章惇上台，又将他贬谪至儋州。

苏轼的散文、诗、词、赋皆影响极大，又精于绘画书法，是中华文明史上罕见的全才。散文方面，其文汪洋恣肆，明白畅达，堪称宋代乃至中国散文史上的巅峰。诗歌方面，以豪放为主，善用夸张比喻。词则首创"豪放"一派，振作了晚唐、五代以来绮靡的西昆体余风。在艺术方面，他名列"苏黄米蔡"四大书法家之首；画则开创了湖州画派。

题 解

这篇文章反映了作者知足常乐、超然达观的人生态度，隐含着内心的苦闷失意。"乐"字贯穿全文，先写超然于物外，无往而不乐，不能超然于物外，则必悲哀。再写初到胶西之忧，初安之乐，治园修台，登览游乐。全文处处不离乐字，是"一字立骨"的佳作。

凡物皆有可观 [1]。苟有可观，皆有可乐，非必怪奇伟丽者也。哺糟啜醨 [2]，皆可以醉 [3]；果蔬草木，皆可以饱 [4]。推此类也，吾安往而不乐 [5]？

夫所为求福而 [6] 辞祸者 [7]，以福可喜而祸可悲也。人之所欲无穷，而物之可以足吾欲者有尽 [8]，美恶之辨战乎中，而去取之择交乎前。则可乐者常少，而可悲者常多。是谓求祸而辞福。夫求祸而辞福，岂人之情 [9] 也哉？物有以 [10] 盖 [11] 之矣。彼游于物之内，而不游于物之外。物非有大小也，自其内而观之，未有不高且大者也。彼挟其高大以临我，则我常眩乱反复，如隙中之观斗，又焉 [12] 知胜负之所在。是以美恶横 [13] 生，而 [14] 忧乐出焉 [15]，可不大哀乎！

　　余自钱塘移守胶西，释舟楫之安，而服车马之劳；去雕墙之美，而蔽采椽之居；背[16]湖山之观，而适桑麻之野。始至之日，岁比[17]不登[18]，盗贼满野，狱讼充斥；而斋厨索然，日食杞菊。人固疑余之不乐也。处之期年，而貌加丰，发之白者，日以反黑。予既乐其风俗之淳，而其吏民亦安予之拙也。于是治其园圃，洁其庭宇，伐安丘、高密之木，以修补破败，为苟全[19]之计。而园之北，因城以为台者旧矣，稍葺[20]而新之。时相与登览，放意肆志焉。南望马耳、常山，出没隐见，若近若远，庶几[21]有隐君子乎！而其东则庐山，秦人卢敖之所从遁也。西望穆陵，隐然如城郭，师尚父、齐桓公之遗烈[22]，犹有存者。北俯潍水，慨然太息，思淮阴之功，而吊其不终。台高而安，深而明，夏凉而冬温。雨雪之朝，风月之夕，予未尝不在，客未尝不从。撷园蔬，取池鱼，酿秫[23]酒，瀹[24]脱粟而食之，曰："乐哉游乎！"

　　方是时，予弟子由，适在济南，闻而赋之，且名其台曰"超然"，以见余之无所往而不乐者，盖游于物之外也。

注　释

【1】凡物皆有可观，省略"者"，即可观者，值得观赏的地方。

【2】哺，吃。啜，喝。醨，米酒。

【3】醉，使……醉。

【4】饱，使……饱。

【5】吾安往而不乐，即"吾往安而不乐"。而，表承接。

【6】而，表并列，并且。

【7】者，……的原因。

【8】而物之可以足吾欲者有尽，但是能满足我们欲望的东西却是有限的。

【9】情，心愿。

【10】有以，可以用来。

【11】盖，蒙蔽。

【12】焉，哪里。

【13】横，意外发生。

【14】而，表承接，随后。

【15】焉，于此。

【16】背，远离。

【17】比，连续，常常。

【18】登，丰收。

【19】苟全，大致完备。

【20】葺（qì），原指用茅草覆盖房子，后泛指修理房屋。

【21】庶几，表希望或推测。

【22】遗烈，前辈留下来的功业。

【23】秫（shú），黏高粱，可以做烧酒。有的地区就指高粱。

【24】瀹（yuè），煮。

留侯论

苏轼

题 解

本文是苏轼在嘉祐五年（1060 年）参加科举考试前上杨畋、富弼等人二十五篇《进策》、二十五篇《进论》中的一篇。作者根据张良圯下受书及辅佐刘邦统一天下的事例，论证了"忍小忿而就大谋""养其全锋而待其弊"两个道理。文章纵横曲折，富有气势。

古之所谓豪杰之士者，必有过人之节[1]。人情有所不能忍者，匹夫见辱，拔剑而起，挺身而斗，此不足为勇也。天下有大勇者，卒然[2]临之而不惊，无故加之而不怒。此其所挟持者甚大[3]，而其志甚远也。

夫子房[4]受书于圯上之老人[5]也，其事甚怪；然亦安知其非秦之世，有隐君子者出而试之。观其所以微见其意者，皆圣贤相与警戒之义；而世不察，以为鬼物[6]，亦已过矣。且其意不在书。

当韩之亡，秦之方盛也，以刀锯鼎镬待天下之士[7]。其平居无罪夷灭者，不可胜数。虽有贲、育[8]，无所复施。夫持法太急者，其锋不可犯，而其势未可乘。子房不忍忿忿之心，以匹夫之力而逞于一击之间[9]；当此之时，子房之不死者，其间不能容发，盖亦已危矣。

千金之子，不死于盗贼，何者？其身之可爱[10]，而盗贼之不足以死也。子房以盖世之才，不为伊尹太公之谋[11]，而特出于荆轲聂政之计[12]，以侥幸于不死，此圯上老人所为深惜者也。是故倨傲鲜腆[13]而深折之。彼其能有所忍也，然后可以就大事，故曰："孺子可教也。"

楚庄王伐郑，郑伯肉袒牵羊以逆；庄王曰："其君能下人，必能信用其民矣。"遂舍之[14]。勾践之困于会稽，而归臣妾于吴者，三年而不倦[15]。且夫有报人[16]之志，而不能下人者，是匹夫之刚也。夫老人者，以为子房才有余，而忧其度量之不足，故深折其少年刚锐之气，使之忍小忿而就大谋。何则？非有生平之素[17]，卒然相遇于草野之间，而命以仆妾之役[18]，油然[19]而不怪者，此固秦皇之所不能惊，而项籍之所不能怒也。

观夫高祖之所以胜，而项籍之所以败者，在能忍与不能忍之间而已矣。项籍唯不能忍，是以百战百胜而轻用其锋；高祖忍之，养其全锋而待其弊，此子房教之也。当淮阴破齐而欲自王，高祖发怒，见于词色[20]。由此观之，犹有刚强不忍之气，非子房其谁全之？

太史公疑子房以为魁梧奇伟，而其状貌乃如妇人女子，不称其志气 [21]。呜呼！此其所以为子房欤！

注 释

【1】节，气节。

【2】卒然，突然。卒，通"猝"。

【3】所挟持者甚大，指志向高远。挟持，指抱负。

【4】子房，张良，字子房，颍川城父（今河南许昌）人，生于战国时韩国新郑。汉朝开国元勋之一，刘邦的谋臣，后封留侯，谥号文成。张良出身韩国贵族，祖父和父亲做了五任韩国相国；在韩国亡国后，他曾策划暗杀秦始皇失败而流亡。秦末天下大乱，他投奔复国的韩王成，又在韩王成被项羽杀死后投奔刘邦，屡出奇计，最终帮助刘邦统一天下。刘邦称："夫运筹策帷帐之中，决胜千里之外，吾不如子房。"

【5】《史记·留侯世家》记载，张良曾在下邳桥上散步，遇到一名老人。老人看到张良便将鞋径直丢到桥下，对张良说："孺子，下取履！"张良忍住怒气，下去拿回了鞋子。老人又说："履我！"张良便长跪着为他穿上了。此后，老人与张良两次在桥上约见，张良两次迟到而受到责备。第三次张良干脆选择半夜便前往桥上，终于等到老人，老人很高兴，便送他一部书说："读此则为王者师矣。后十年兴，十三年孺子见我济北谷城，山下黄石即我矣。"张良回去拜读后才知是《太公兵法》。

【6】以为鬼物，黄石公的事迹非常离奇，因此多有人认为是虚构的鬼神故事。王充《论衡·自然》："或曰……张良游泗水之上，遇黄石公，授公书。盖天佐汉诛秦，故命令神石为鬼书授人。"

【7】以刀锯鼎镬待天下之士，指秦统一六国后以严苛刑法管制从前的六国之士，防止他们图谋恢复故国。

【8】贲、育，孟贲、夏育，古代著名勇士。

【9】《史记·留侯世家》载"秦灭韩"，"（张良）悉以家财求客刺秦王，为韩报仇……得力士，为铁椎重百二十斤。秦皇帝东游，良与客狙击秦皇帝博浪沙中，误中副车。秦皇帝大怒，大索天下，求贼甚急，为张良故也。"

【10】可爱，这里指珍贵。

【11】伊尹太公之谋，谓安邦定国之谋。

【12】荆柯聂政之计，谓行刺之下策。

【13】鲜腆，无礼、厚颜。

【14】《左传·宣公十二年》记载，楚庄王攻克郑国，郑伯光着上身、牵着羊出城投降，楚庄王认为他能取信于民，便释放了他而与郑国议和。

【15】这里指勾践卧薪尝胆故事。详见本书《勾践灭吴》一文。

【16】报人，向人报仇。

【17】非有生平之素，指素昧平生。

【18】仆妾之役，指"取履"一事。

【19】油然，兴盛的样子。

【20】《史记·淮阴侯列传》记载，韩信击破齐国后，向刘邦请封"假王"。此时刘邦正被项羽围困，在收到书信后刘邦破口大骂："吾困于此，旦暮望若来佐我，乃欲自立为王！"张良和陈平马上踩了刘邦的脚，又小声告诉刘邦说不能得罪韩信。刘邦立刻醒悟，改骂曰："大丈夫定诸侯，即为真王耳，何以假为！"于是直接封韩信为齐王。此后，项羽手下的武涉和韩信手下谋士蒯彻先后劝韩信叛汉，韩信最终也没有同意，而是助刘邦彻底击败项羽。

【21】《史记·留侯世家》："太史公曰：'余以为其人计魁梧奇伟，至见其图，状貌如妇人好女。'"不称，不相称。

乞开杭州西湖状

苏轼

题 解

苏轼不仅是一位伟大的文学家，更是一位优秀的政治家。虽然他由于政治立场原因多次遭当权者打压，但在从政期间，苏轼也多有功绩。尤其是他在出知杭州期间疏浚西湖一事，不仅功在当时，对此后一千年来的杭州发展也大有裨益。本文便是苏轼在元祐四年（1089年）第二次出知杭州时上书朝廷请求疏浚西湖的奏章。本文不仅详细地分析了疏浚西湖的好处，还给出了筹措经费等具体操作方法；不仅造福了当地百姓，还为陷入财政困难的北宋朝廷解忧，是一篇不可多得的公文佳作。

这还是第一次在官方文件中出现"西湖"的称呼。而苏轼修筑的"苏堤"，更是成为如今的"西湖十景"之首。

臣闻天下所在陂湖 [1] 河渠之利，废兴成败，皆若有数。惟圣人在上，则兴利除害，易成而难废。昔西汉之末，翟方进为丞相，始决坏汝南鸿隙陂，父老怨之，歌曰："坏陂谁？翟子威。饭我豆食羹芋魁。反乎覆，陂当复。谁言者？两黄鹄。[2]"盖民心之所欲而讬之天，以为有神下告我也。孙皓时，吴郡上言临平湖自汉末草秽壅塞，今忽开通，长老相传："此湖开，天下平。"皓以为己瑞，已而，晋武帝平吴 [3]。由此观之，陂湖河渠之类，久废复开，事关兴运。虽天道难知，而民心所欲，天必从之。

杭州之有西湖，如人之有眉目，盖不可废也。唐长庆中，白居易为刺史。方是时，西湖溉田千余顷 [4]。及钱氏有国，置撩湖兵士千人，日夜开浚 [5]。自国初以来，稍废不治，水涸草生，渐成葑田 [6]。熙宁中，臣通判本州 [7]，则湖之葑合盖十二三耳。至今才十六七年之间，遂堙塞其半。父老皆言十年以来，水浅葑横，如云翳空，倏忽便满。更二十年，无西湖矣。使杭州而无西湖，如人去其眉目，岂复为人乎？

臣愚无知，窃谓西湖有不可废者五。天禧中，故相王钦若，始奏以西湖为放生池，禁捕鱼鸟，为人主祈福 [8]。自是以来，每岁四月八日，郡人数万，会于湖上，所活羽毛鳞介 [9] 以百万数，皆西北向稽首仰祝千万岁寿。若一旦堙塞，使蛟龙鱼鳖，同为涸辙之鲋 [10]。臣子坐观，亦何心哉！此西湖之不可废者一也。杭之为州，本江海故地，水泉咸苦，居民零落，自唐李泌始引湖水作六井，然后民足于水，井邑日富 [11]，百万生聚，待此而后食。今湖狭水浅，六井渐坏，若二十年之后，尽为葑田，则举城之人，复饮咸苦，其势必自耗散。此西湖之不可废者二也。白居易作《西湖石函记》云："放水溉田，每减一寸，可溉十五顷；每一伏时，可溉五十顷，若蓄泄及时，则濒河千顷，可无凶岁。"今虽不及千顷，而下湖数十里间，茭菱谷米，所获不赀 [12]。此西湖之不可废者，三也。西湖深阔，则运河可以取足于湖水 [13]。若湖水不足，则必取足于江潮，潮之所过，泥沙浑浊，一石五斗 [14]。不出三岁，辄调兵夫十余万功开浚，而河行市井中，盖十余里，吏卒搔扰，泥水狼籍，为居民莫大之患。此西湖之不可废者，四也。天下酒税之盛，未有如杭者也，岁课二十余万缗 [15]。而水泉之用，仰给于湖，若湖渐浅狭，水不应沟，则当劳人远取山泉，岁不下二十万功。此西湖之不可废者，五也。

　　臣以侍从，出膺宠寄 [16]，目睹西湖有必废之渐 [17]，有五不可废之忧，岂得苟安岁月，不任其责。辄已差官打量湖上葑田，计二十五万余丈，度用二十余万功 [18]。近者伏蒙皇帝陛下、太皇太后 [19] 陛下以本路饥馑，特宽转运司上供额斛五十余万石 [20]，出粜常平 [21] 米亦数十万石，约敕诸路，不取五谷力胜税钱 [22]，东南之民，所活不可胜计。今又特赐本路度牒 [23] 三百，而杭独得百道。臣谨以圣意增价召人入中，米减价出粜以济饥民，而增减耗折之余，尚得钱米约共一万余贯石。臣辄以此钱米募民开湖，度可得十万功。自今月二十八日兴功，农民父老，纵观太息，以谓二圣既捐利与民，活此一方，而又以其余弃，兴久废无穷之利，使数千人得食其力以度此凶岁，盖有泣下者。臣伏见民情如此，而钱米有限，所募未广，葑合之地，尚存大半，若来者不嗣 [24]，则前功复弃，深可痛惜。若更得度牒百道，则一举募民除去净尽，不复遗患矣。

伏望皇帝陛下、太皇太后陛下少赐详览[25]，察臣所论西湖五不可废之状，利害较然，特出圣断，别赐臣度牒五十道，仍敕转运、提刑司，于前来所赐诸州度牒二百道内，契勘赈济支用不尽者，更拨五十道价钱与臣，通成一百道，使臣得尽力毕志，半年之间，目见西湖复唐之旧，环三十里，际山[26]为岸。则农民父老，与羽毛鳞介，同泳圣泽，无有穷已。臣不胜大愿，谨录奏闻，伏候敕旨。

注 释

【1】陂（bēi）湖，池塘湖泊。陂，池塘。

【2】此处指汉成帝时翟方进拆除鸿隙大陂一事。《汉书·翟方进传》："初，汝南旧有鸿隙大陂，郡以为饶，成帝时，关东数水，陂溢为害。方进为相，与御史大夫孔光共遣掾行视，以为决去陂水，其地肥美，省堤防费而无水忧，遂奏罢之。及翟氏灭，乡里归恶，言方进请陂下良田不得而奏罢陂云。王莽时常枯旱，郡中追怨方进，童谣曰：'坏陂谁？翟子威。饭我豆食羹芋魁。反乎覆，陂当复。谁云者？两黄鹄。'"子威，翟方进字子威。饭我豆食羹芋魁，即以豆为饭食以芋根为羹，形容生活困苦。两黄鹄，是民众将童谣假托为神灵所作的说法。这句童谣形容翟方进让当地人无法灌溉农田，令当地人生活困苦。

【3】《三国志·吴志·三嗣主传》："天玺元年，吴郡言临平湖自汉末草岁壅塞，今更开通。长老相传，此湖塞，天下乱，此湖开，天下平。"此后五年，晋武帝灭吴统一中国，孙皓投降，被封为违命侯。

【4】白居易曾任杭州刺史。白居易《西湖石函记》云："钱塘湖，一名上湖，周回三十里。北有石函，南有笕。凡放水溉田，每减一寸，可溉十五余顷。每一复时，可溉五十余顷。此州大抵春多雨，夏秋多旱。若堤防如法，蓄泄及时，即濒湖千余顷田无凶岁矣。"

【5】《十国春秋·吴越世家》记载，后梁贞明元年（915年）十一月，"（吴越王）置都水营使以主水事，募卒为都，号曰'撩浅军'，亦谓之'撩清'；命于太湖旁置'撩清卒'四部，凡七八千人，常为田事，治河筑堤，一路径下吴淞江，一路自急水港下淀山湖入海，居民旱则运水种田，涝则引水出田。"

【6】莽（fēng），形容杂草丛生相互交错。莽田，即杂草丛生的土地。

【7】熙宁四年至七年（1071—1074年）苏轼曾任杭州通判。

【8】天禧四年（1020年），故相太子太保判杭州王钦若奏以西湖为放生池，禁止采捕，朝廷批准，此后每年当地人都会在湖上放生。

【9】羽毛鳞介，指鸟类与鱼类。

【10】《庄子·外物》："周顾视车辙，中有鲋鱼焉。周问之曰：'鲋鱼来，子何为者耶？'对曰：'我，东海之波臣也。君岂有斗升之水而活我哉？'周曰：'诺！我且南游吴越之王，激西江之水而迎子，可乎？'鲋鱼忿然作色曰：'吾失我常与，我无所处。我得斗升之水然活耳。君乃言此，曾不如早索我于枯鱼之肆！'"

【11】李泌，字长源，唐朝中期名相。苏轼《六井记》记载，李泌在任杭州刺史时修筑六井，为当地人民提供水源。井邑日富，意谓杭州城的老百姓日益富足。井邑，即城市。

【12】不赀（zī），不可计算。

【13】此句指西湖与运河相通。

【14】一石五斗，一石水中就含五斗泥沙，意为泥沙之多。一石相当于十斗。

【15】缗（mín），穿钱之绳，每缗一千文。

【16】此句指苏轼从京城出知杭州。

【17】渐，通"潜"，潜在的危险。

【18】功，通"工"。

【19】太皇太后，当时宋哲宗年幼，由祖母太皇太后高氏垂帘听政。

【20】本句意为，特别宽赦转运司上交供奉皇室之赋税五十余万石。额斛，指应交之额斛数。

【21】粜（tiào），卖米。常平，指常平仓，古代一种用于调节粮价而设置的粮仓。

【22】五谷力胜税钱，商税之一，即贩卖五谷要纳商税。

【23】宋代时僧尼出家需要用金钱购买度牒，拥有度牒的僧尼才能得到国家承认。

【24】不嗣，不继，指继任者不能继续这项工作。

【25】少赐详览，稍许抽暇看一看。表示谦恭。

【26】际山，靠山。

石钟山记

苏轼

题 解

宋神宗元丰七年（1084年）六月，苏轼由黄州团练副使调任汝州（现河南临汝）团练副使时，顺便送他的长子苏迈到饶州德兴县任县尉，途径湖州，游览了石钟山，进行实地考察，为辨明石钟山命名的由来，写了这篇文章。

《水经》云：“彭蠡[1]之口有石钟山焉。”郦元[2]以为下临深潭，微风鼓[3]浪，水石相搏[4]，声如洪钟[5]。是说[6]也，人常疑之。今以钟磬[7]置水中，虽大风浪不能鸣也，而况石乎！至唐李渤[8]始访其遗踪[9]，得双石于潭上，扣而聆之，南声函胡[10]，北音清越[11]，桴止响腾[12]，余韵徐歇[13]。自以为得之[14]矣。然是说也，余尤[15]疑之。石之铿然[16]有声者，所在皆是[17]也，而此独以钟名，何哉？

元丰[18]七年六月丁丑[19]，余自齐安[20]舟行适临汝[21]，而长子迈将赴[22]饶之德兴尉，送之至湖口[23]，因得观所谓石钟者。寺僧使小童持斧，于乱石间择其一二扣之，硿硿焉[24]，余固笑而不信也。至莫夜[25]月明，独与迈乘小舟，至绝壁下。大石侧立千尺，如猛兽奇鬼，森然[26]欲搏人[27]；而山上栖鹘[28]，闻人声亦惊起，磔磔[29]云霄间；又有若老人咳且笑于山谷中者，或曰此鹳鹤[30]也。余方心动[31]欲还，而大声发于水上，噌吰[32]如钟鼓不绝。舟人[33]大恐。徐而察之，则山下皆石穴罅[34]，不知其浅深，微波入焉，涵澹澎湃[35]而为此[36]也。舟回至两山间，将入港口，有大石当中流[37]，可坐百人，空中[38]而多窍[39]，与风水相吞吐，有窾坎镗鞳[40]之声，与向之噌吰者相应，如乐作焉。因笑谓迈曰："汝识之乎[41]？噌吰者，周景王之无射[42]也；窾坎镗鞳者，魏庄子之歌钟[43]也。古之人不余欺也[44]！"

事不目见耳闻，而臆断[45]其有无，可乎？郦元之所见闻，殆[46]与余同，而言之不详；士大夫终[47]不肯以小舟夜泊绝壁之下，故莫能知；而渔工水师[48]虽知而不能言[49]。此世所以不传也[50]。而陋者[51]乃以斧斤考击而求之[52]，自以为得其实[53]。余是以记之，盖叹郦元之简，而笑李渤之陋也。

注　释

【1】彭蠡，鄱阳湖的又一名称。

【2】郦元，即郦道元。

【3】鼓，振动。

【4】搏，击，拍。

【5】洪钟，大钟。

【6】是说，这个说法。

【7】磬（qìng），古代打击乐器，形状像曲尺，用玉或石制成。

【8】李渤，唐朝洛阳人，写过一篇《辨石钟山记》。

【9】遗踪，旧址，陈迹。这里指所在地。

【10】南声函胡，南边（那座山石）的声音重浊而模糊。函胡，通"含糊"。

【11】北音清越，北边（那座山石）的声音清脆而响亮。越，高扬。

【12】桴（fú）止响腾，鼓槌停止了（敲击），声音还在传播。腾，传播。

【13】余韵徐歇，余音慢慢消失。韵，这里指声音。徐，慢。

【14】得之，找到了这个（原因）。之，指石钟山命名的原因。

【15】尤，更加。

【16】铿（kēng）然，敲击金石所发出的响亮的声音。

【17】所在皆是，到处都（是）这样。是，这样。

【18】元丰，宋神宗的年号。

【19】六月丁丑，农历六月初九。

【20】齐安，在今湖北黄州。

【21】临汝，即汝州（今河南临汝）。

【22】赴，这里是赴任、就职的意思。

【23】湖口，今江西湖口。

【24】硿（kōng）硿焉，硿硿地（发出响声）。焉，相当于"然"。

【25】莫（mù）夜，晚上。莫，通"暮"。

【26】森然，形容繁密直立。

【27】搏人，捉人，打人。

【28】栖鹘（hú），宿巢的老鹰。鹘，鹰的一种。

【29】磔（zhé）磔，鸟鸣声。

【30】鹳鹤，水鸟名，似鹤而顶不红，颈和嘴都比鹤长。

【31】心动，这里是心惊的意思。

【32】噌吰（chēng hóng），这里形容钟声洪亮。

【33】舟人，船夫。

【34】罅（xià），裂缝。

【35】涵澹澎湃，波浪激荡。涵澹，水波动荡。澎湃，波浪相激。

【36】为此，形成这种声音。

【37】中流，水流的中心。

【38】空中，中间是空的。

【39】窍，窟窿。

【40】窾（kuǎn）坎，击物声。镗（táng）鞳（tà），钟鼓声。

【41】汝识（zhì）之乎，你知道那些（典故）吗？识，知道。

【42】《国语》记载，周景王二十三年（前522年）铸成"无射（yì）"钟。

【43】《左传》记载，鲁襄公十一年（前561年）郑人以歌钟和其他乐器献给晋侯，晋侯分一半赐给晋大夫魏绛。庄子，魏绛的谥号。歌钟，古乐器。

【44】古之人不余欺也，古人（称这山为"石钟山"）没有欺骗我啊！不

余欺，就是"不欺余"。

【45】臆断，根据主观猜测来判断。

【46】殆，大概。

【47】终，终究。

【48】渔工水师，渔人（和）船工。

【49】言，指用文字表述、记载。

【50】此世所以不传也，这（就是）世上没有流传下来（石钟山得名由来）的缘故。

【51】陋者，浅陋的人。

【52】以斧斤考击而求之，用斧头敲打石头的办法来寻求（石钟山得名的）原因。考，敲击。

【53】实，指事情的真相。

编者注

在本文中，苏轼考证了"石钟山"命名的原因。不过，后人对于苏轼考证的结果也多有异议。1859年，在湖口组织修筑城垣的曾国藩在石钟山下游历，经过考察后，他在日记中写下了这样一段话："棹小舟至钟山下，寻石洞。入可数十丈，仍由东大石下出。大石，即东坡所称可坐百人者也。余曰：石钟山者，山中空，形如钟。东坡叹李渤之陋，不知坡亦陋也。""上钟岩与下钟岩，其下皆有洞，可容数百人，深不可穷，形如覆钟。乃知钟山以形言之，非以声言之。郦氏、苏氏所言，皆非事实也。"

但事实上，他们由于只在石钟山附近进行短暂停留，因此未能完全考虑到因季节变化产生的江湖水位涨落的因素，故而存在一定的片面性。现代科学研究表明，石钟山在水流的侵蚀作用下形成了钟形的巨大溶洞，在春夏水位提升而未升到洞顶时，水浪冲击洞顶即可发出轰然如钟声的声音。因此，石钟山是既有"钟"之形，更有"钟"之声。

前赤壁赋

苏轼

题 解

宋神宗元丰二年（1079 年），苏轼因写下《湖州谢上表》被扣上诽谤朝廷的罪名，被捕入狱，史称"乌台诗案"。"几经重辟"，惨遭折磨。后经多方营救，于当年十二月释放，贬为黄州团练副使，但"不得签署公事，不得擅去安置所"。这无疑是一种"半犯人"式的管制生活。元丰五年（1082年），苏轼曾于七月十六和十月十五两次泛游赤壁，写下了两篇以赤壁为题的赋，后人称第一篇为《前赤壁赋》，第二篇为《后赤壁赋》。此篇记叙月夜泛舟游赤壁的所见所感，以主观感受为线索，通过主客问答的形式怀古伤今，达到精神解脱的境界。情韵深致，在中国文学史上有很高的地位，对之后的赋、散文、诗产生重大影响。

壬戌[1] 之秋，七月既望[2]，苏子与客泛舟游于赤壁之下。清风徐[3] 来，水波不兴[4]。举酒属[5] 客，诵明月之诗[6]，歌窈窕之章[7]。少焉[8]，月出于东山之上，徘徊于斗牛[9] 之间。白露[10] 横江[11]，水光接天。纵一苇之所如，凌万顷之茫然[12]。浩浩乎如冯虚御风[13]，而不知其所止；飘飘乎如遗世[14] 独立，羽化[15] 而登仙[16]。

于是饮酒乐甚，扣舷[17] 而歌之。歌曰："桂棹兮兰桨[18]，击空明[19] 兮溯[20] 流光[21]。渺渺[22] 兮予怀，望美人[23] 兮天一方。"客有吹洞箫者，倚歌[24] 而和[25] 之。其声呜呜然，如怨[26] 如慕[27]，如泣如诉；余音[28] 袅袅[29]，不绝如缕[30]。舞幽壑之潜蛟[31]，泣孤舟之嫠妇[32]。

苏子愀然[33]，正襟危坐[34]，而问客曰："何为其然也[35]？"客曰："'月明星稀，乌鹊南飞。'[36]此非曹孟德之诗乎？西望夏口[37]，东望武昌[38]，山川相缪[39]，郁[40]乎苍苍，此非孟德之困于周郎[41]者乎？方其破荆州，下江陵，顺流而东也[42]，舳舻[43]千里，旌旗蔽空，酾酒[44]临江，横槊[45]赋诗，固一世之雄也，而今安在哉？况吾与子渔樵于江渚之上，侣[46]鱼虾而友麋[47]鹿，驾一叶之扁舟[48]，举匏尊[49]以相属。寄[50]蜉蝣[51]于天地，渺[52]沧海[53]之一粟。哀吾生之须臾[54]，羡长江之无穷。挟飞仙以遨游，抱明月而长终[55]。知不可乎骤[56]得，托遗响[57]于悲风[58]。"

苏子曰："客亦知夫水与月乎？逝者如斯[59]，而未尝往也；盈虚者如彼[60]，而卒[61]莫消长[62]也。盖将自其变者而观之，则天地曾不能[63]以一瞬[64]；自其不变者而观之，则物与我皆无尽也，而又何羡乎！且夫天地之间，物各有主，苟非吾之所有，虽一毫而莫取。惟江上之清风，与山间之明月，耳得之而为声，目遇之而成色，取之无禁，用之不竭。是[65]造物者[66]之无尽藏[67]也，而吾与子之所共适[68]。"

客喜而笑，洗盏更酌。肴核既尽，杯盘狼籍。相与枕藉乎舟中，不知东方之既白。

注　释

【1】壬戌，宋神宗元丰五年，岁次壬戌。

【2】既望，农历每月十六。农历每月十五日为"望日"，十六日为"既望"。

【3】徐，缓缓地。

【4】兴，起。

【5】属（zhǔ），通"嘱"，致意，引申为劝酒。

【6】明月之诗，指《诗经·陈风·月出》。

【7】窈窕之章，《陈风·月出》诗首章为："月出皎兮，佼人僚兮，舒窈纠兮，劳心悄兮。""窈纠"同"窈窕"。

【8】少焉，一会儿。

【9】斗牛，星座名，即斗宿（南斗）、牛宿。

【10】白露，白茫茫的水气。

【11】横江，笼罩江面。

【12】此二句意谓，任凭小船在宽广的江面上漂荡。万顷，极为宽阔的江面。茫然，旷远的样子。

【13】冯（píng）虚御风，乘风腾空而遨游。冯虚，凭空，凌空。冯，通"凭"，乘。虚，太空。御，驾御。

【14】遗世，离开尘世。

【15】羽化，传说成仙的人能像长了翅膀一样飞升。

【16】登仙，登上仙境。

【17】扣舷（xián），敲打着船边，指打节拍。

【18】桂棹（zhào）兮兰桨，桂树做的棹，兰木做的桨。

【19】空明，月亮倒映水中的澄明之色。

【20】溯，逆流而上。

【21】流光，在水波上闪动的月光。

【22】渺渺，悠远的样子。

【23】美人，比喻心中美好的理想或好的君王。

【24】倚歌，按照歌曲的声调节拍。

【25】和，同声相应，唱和。

【26】怨，哀怨。

【27】慕，眷恋。

【28】余音，尾声。

【29】袅（niǎo）袅，形容声音婉转悠长。

【30】缕，细丝。

【31】幽壑，深谷，这里指深渊。此句意为潜藏在深渊里的蛟龙为之起舞。

【32】嫠（lí）妇，寡妇。白居易《琵琶行》写孤居的商人妻云："去来

江口守空船，绕舱明月江水寒。夜深忽梦少年事，梦啼妆泪红阑干。"这里化用其事。

【33】愀（qiǎo）然，容色改变的样子。

【34】正襟危坐，整理衣襟，（严肃地）端坐着。

【35】何为其然也，箫声为什么会这么悲凉呢？

【36】此句是曹操《短歌行》中的诗句。

【37】夏口，故城在今湖北武昌。

【38】武昌，今湖北鄂城县。

【39】缪（liáo），通"缭"，盘绕。

【40】郁，茂盛的样子。

【41】孟德之困于周郎，指赤壁之战。周郎，周瑜二十四岁为中郎将，吴中皆呼为周郎。

【42】以上三句指建安十三年（208年）刘琮率众向曹操投降，曹军不战而占领荆州、江陵。方，当。荆州，辖南阳、江夏、长沙等八郡，今湖南、湖北一带。江陵，当时的荆州首府，今湖北县名。

【43】舳舻（zhú lú），战船前后相接，这里指战船。

【44】酾（shī）酒，滤酒，这里指斟酒。

【45】横槊（shuò），横执长矛。槊，长矛。

【46】侣，以……为伴侣，这里为意动用法。

【47】麋（mí），鹿的一种。

【48】扁（piān）舟，小舟。

【49】匏尊（páo zūn），用葫芦做成的酒器。匏，葫芦。尊，同"樽"。

【50】寄，寓托。

【51】蜉蝣（fú yóu），一种朝生暮死的昆虫。此句比喻人生之短暂。

【52】渺，小。

【53】沧海，大海。此句比喻人类在天地之间极为渺小。

【54】须臾，片刻，形容生命之短。

【55】长终，至于永远。

【56】骤，多。

【57】遗响，余音，指箫声。

【58】悲风，秋风。

【59】逝者如斯，流逝得像这江水。语出《论语·子罕》："子在川上曰：'逝者如斯夫，不舍昼夜。'"

【60】盈虚者如彼，指月亮的圆缺。

【61】卒，最终。

【62】消长，增减。

【63】曾（zēng）不能，固定词组，连……都不够。曾，连……都。

【64】一瞬，一眨眼的工夫。

【65】是，这。

【66】造物者，天地自然。

【67】无尽藏（zàng），无穷无尽的宝藏。

【68】适，此处意为玩赏、享用。

编者注

在"乌台诗案"后，苏轼被下狱，他以为自己必死，以至于写信向苏辙交代身后之事，又暗藏金丹准备自尽。后经多方营救，苏轼才得以免死，于第二年春天到达黄州。经历了人生巨大转变的苏轼，在人生观、哲学思想方面也开始产生了明显的变化。

在生死观方面，曾经深受道家思想影响，又经历了九死一生的苏轼，一方面继承了老子的"齐生死"思想，一方面又予以发展和超越。在本文中，"客"便是这种"齐生死"的虚无观念的体现，认为"吾生"毕竟"须臾"，最终仍将归于虚无；而苏轼却认为"物与我皆无尽也"，既然人生须臾，更要抓住这短暂的机会去感受这"江上清风""山间明月"。可以说，苏轼的观点，既有经受挫折之后的悲伤，更有面对挫折的乐观和豁达。

而在乐观豁达的生死观的基础上，苏轼更是提出了他豁达的动静、时空观念。江水东去不回，明月有盈有虚，从变化的角度都"不能以一瞬"，从不变的角度则是"物与我皆无尽也"。无论是江水、明月，无论是升迁、贬谪，无论是失意、得意，都不过是转瞬即逝。既然都是转瞬即逝，那么又有什么可羡慕的呢？

对于文末的"取"与"不取",更是展现了苏轼淡泊的人生观。名利、地位、荣辱,都是有其归属的,若不属于自己,则"一毫而莫取";但是这"江上清风""山间明月"却只属于自然,无论是谁都可以尽情欣赏。既然高位不属于自己,那么为何不对贬谪淡然视之,去尽情享受"取之无禁,用之不竭"的清风明月呢?

经受了大起大落的苏轼,没有陷入消极避世的窠臼,而是以豁达大度的心胸,为后世带来无数篇文学艺术的经典之作。

后赤壁赋

苏轼

题 解

此篇是《前赤壁赋》的姐妹篇。作者在文中所抒发的思想感情与前篇毫无二致,但是笔墨全不相同。全文以叙事写景为主,主要写江岸上的活动,具有诗情画意。

是岁十月之望,步自雪堂[1],将归于临皋[2]。二客从予,过黄泥之坂[3]。霜露既降,木叶[4]尽脱。人影在地,仰见明月,顾而乐之,行歌相答[5]。已而[6]叹曰:"有客无酒,有酒无肴,月白风清,如此良夜何[7]?"客曰:"今者薄暮[8],举网得鱼,巨口细鳞,状如松江之鲈[9]。顾安所得酒乎[10]?"归而谋诸妇[11]。妇曰:"我有斗[12]酒,藏之久矣,以待子不时之须[13]。"于是携酒与鱼,复游于赤壁之下[14]。江流有声,断岸千尺[15],山高月小,水落石出。曾日月之几何,而江山不可复识矣[16]!

予乃摄衣[17]而上,履巉岩[18],披蒙茸[19],踞虎豹[20],登虬龙[21],攀栖鹘[22]之危巢,俯冯夷之幽宫[23]。盖二客不能从焉。划然长啸[24],

草木震动，山鸣谷应，风起水涌。予亦[25]悄然[26]而悲，肃然[27]而恐，凛乎其不可留[28]也。反[29]而登舟，放[30]乎中流，听其所止而休焉[31]。

时夜将半，四顾寂寥[32]。适有孤鹤，横江东来[33]。翅如车轮，玄裳缟衣[34]，戛然[35]长鸣，掠[36]予舟而西也。须臾客去，予亦就睡[37]。梦一道士，羽衣翩仙[38]，过临皋之下，揖予[39]而言曰："赤壁之游乐乎？"问其姓名，俛[40]而不答。"呜呼！噫嘻[41]！我知之矣。畴昔之夜[42]，飞鸣而过我[43]者，非子也耶[44]？"道士顾[45]笑，予亦惊寤[46]。开户视之，不见其处。

注 释

【1】步自雪堂，从雪堂步行出发。雪堂，苏轼在黄州所建的新居，离他在临皋的住处不远，在黄冈东面。堂在大雪时建成，画雪景于四壁，故名"雪堂"。

【2】临皋（gāo），亭名，在黄冈南长江边上。苏轼初到黄州时住在定惠院，不久就迁至临皋亭。

【3】黄泥之坂（bǎn），黄冈东面东坡附近的山坡叫"黄泥坂"。坂，斜坡，山坡。文言文为调整音节，有时在一个名词中增"之"字，如欧阳修的《昼锦堂记》："乃作昼锦之堂于后圃。"

【4】木叶，树叶。木，本来是木本植物的总名，"乔木""灌木"的"木"都是用的这个意思。后来多用"木"称"木材"，而用本义是"树立"的"树"作木本植物的总名。

【5】行歌相答，边行边吟诗，互相唱和；且走且唱，互相酬答。

【6】已而，过了一会儿。

【7】如此良夜何，怎样度过这个美好的夜晚呢？如……何，怎样对待……"如何"跟"奈何"差不多，都有"对待""对付"的意思。

【8】今者薄暮，方才傍晚的时候。薄暮，太阳将落天快黑的时候。薄，迫，逼近。

【9】淞江之鲈（lú），鲈鱼是松江（现在属上海）的名产，体扁，嘴大，鳞细，味鲜美。

【10】顾安所得酒乎，但是从哪儿能弄到酒呢？顾，但是，可是。安所，何所，哪里。

【11】谋诸妇，谋之于妻，找妻子想办法。诸，相当于"之于"。

【12】斗，古代盛酒的器具。

【13】不时之须，随时的需要。"须"通"需"。

【14】复游于赤壁之下，这是泛舟而游。下文"摄衣而上"是舍舟登陆，"反而登舟"是回到船上。

【15】断岸千尺，江岸上山壁峭立，高达千尺。断，阻断，有"齐"的意思，这里形容山壁峭立的样子。

【16】此句意为，才过了几天啊（眼前的江山明知是先前的江山），先前的景象再不能辨认了。这话是联系前次赤壁之游说的。前次游赤壁在"七月既望"，距离这次仅仅三个月，时间很短，所以说"曾日月之几何"。前次所见的是"水光接天""万顷茫然"，这次所见的是"断岸千尺""水落石出"，所以说"江山不可复识"。曾，才，刚刚。这样用的"曾"常放在疑问句的句首。"曾日月之几何"，也就是"曾几何时"。

【17】摄衣，提起衣襟。摄，牵曳。

【18】履巉（chán）岩，登上险峻的山崖。履，践，踏。巉岩，险峻的山石。

【19】披蒙茸，分开乱草。蒙茸，杂乱的丛草。

【20】踞，蹲或坐。虎豹，指形似虎豹的山石。

【21】虬龙，指枝柯弯曲形似虬龙的树木。虬，龙的一种。登虬龙是说游于树林之间。

【22】栖鹘（hú），睡在树上的鹘。栖，鸟宿。鹘，意为隼，鹰的一种。

【23】俯冯（píng）夷之幽宫，低头看水神冯夷的深宫。冯夷，水神。幽，深。"攀栖鹘之危巢，俯冯夷之幽宫"，这句是说，上登山的极高处，下临江的极深处。

【24】划然长啸，高声长啸。划有"裂"的意思，这里形容长啸的声音。啸，蹙口作声。

【25】亦，是承接上文"二客不能从"说的。上文说，游到奇险处二客不能从；这里说，及至自己发声长啸，也感到悲恐，再不能停留在山上了。

【26】悄然，静默的样子。

【27】肃然，因恐惧而收敛的样子。

【28】留，停留。

【29】反，同"返"，返回。

【30】放，纵，遣。这里有任船漂荡的意思。

【31】听其所止而休焉，任凭那船停止在什么地方就在什么地方休息。

【32】四顾寂寥，向四外望去，寂寞空虚。

【33】横江东来，横穿大江上空从东飞来。

【34】玄裳缟衣，下服是黑的，上衣是白的。玄，黑。裳，下服。缟，白。衣，上衣。仙鹤身上的羽毛是白的，尾巴是黑的，所以这样说。

【35】戛然，形容鹤雕一类的鸟高声叫唤的声音。如白居易《画雕赞》里"轩然将飞，戛然欲鸣"。

【36】掠，擦过。

【37】须臾客去，予亦就睡，这时的作者与客已经舍舟登岸，客去而作者就寝于室内，看下文的"开户"便明。

【38】羽衣翩仙，穿着羽衣（道士穿的用鸟羽制成的衣服），轻快地走着。翩仙，一作"蹁跹"。

【39】揖予，向我拱手施礼。

【40】俛，同"俯"，低头。

【41】呜呼噫嘻，这四个字都是叹词，也可以呜呼，噫，嘻分开用，或者呜呼，噫嘻分开用。

【42】畴昔之夜，昨天晚上。此语出于《礼记·檀弓》上篇"予畴昔之夜"。畴，语首助词，没有实在的意思。昔，昨。

【43】过我，从我这里经过。

【44】非子也耶，不是你吗？"也"在这里不表示意义，只起辅助语气的作用。

【45】顾，回头看。

【46】寤，觉，醒。

文与可画筼筜谷偃竹记

苏轼

题 解

筼筜谷，在陕西洋县西北，谷中多竹。宋神宗熙宁八年（1075年），文同任洋州知州，曾在此谷中筑亭。文同，字与可，梓州永泰（今属四川盐亭）人，苏轼的表兄兼好友，北宋著名画家，善画山水，尤善画竹，创深墨为面、淡墨为背的竹叶画法，开后世"湖州竹派"，曾画《筼筜谷偃竹》赠苏轼。元丰二年（1079年）正月，文与可病逝。七月，苏轼在湖州曝晒书画，看到文与可的这幅遗作，写了这篇题记。"胸有成竹"出处为此文。

竹之始生，一寸之萌耳[1]，而节叶具焉。自蜩腹蛇蚹[2]以至于剑拔十寻者，生而有之也。今画者乃节节而为之，叶叶而累之，岂复有竹乎？故画竹必先得成竹于胸中，执笔熟视，乃见其所欲画者，急起从之，振笔直遂[3]，以追其所见，如兔起鹘落，少纵则逝矣。与可之教予如此。予不能然也，而心识其所以然。夫既心识其所以然，而不能然者，内外不一，心手不相应，不学之过也。故凡有见于中而操之不熟者，平居自视了然，而临事忽焉丧之，岂独竹乎？

子由为《墨竹赋》以遗与可曰："庖丁[4]，解牛者也，而养生者取之；轮扁，斫轮者也[5]，而读书者与之。今夫夫子之托于斯竹也，而予以为有道者则非邪？"子由未尝画也，故得其意而已。若予者，岂独得其意，并得其法。

与可画竹，初不自贵重，四方之人持缣素[6]而请者，足相蹑于其门。与可厌之，投诸地而骂曰："吾将以为袜材。"士大夫传之，以为口实。及与可自洋州还，而余为徐州。与可以书遗余曰："近语士大夫，吾墨竹一派[7]，近在彭城，可往求之。袜材当萃于子矣[8]。"书尾复写一诗，其略云："拟将一段鹅溪绢[9]，扫取寒梢万尺长。"予谓与可："竹长万尺，当用绢二百五十匹，知公倦于笔砚，愿得此绢而已。"与可无以答，则曰："吾言妄矣。世岂有万尺竹哉？"余因而实之，答其诗曰："世间亦有千寻竹，月落庭空影许长。"与可笑曰："苏子辩则辩矣，然二百五十匹绢，吾将买田而归老焉。"因以所画筼筜谷偃竹遗予曰："此竹数尺耳，而有万尺之势。"筼筜谷在洋州，与可尝令予作洋州三十咏，《筼筜谷》其一也。予诗云："汉川修竹贱如蓬，斤斧何曾赦箨龙[10]。料得清贫馋太守，渭滨千亩在胸中。"与可是日与其妻游谷中，烧笋晚食，发函得诗，失笑喷饭满案。

元丰二年正月二十日，与可没于陈州。是岁七月七日，予在湖州曝书画，见此竹，废卷而哭失声。昔曹孟德祭桥公文，有"车过""腹痛"之语[11]，而予亦载与可畴昔戏笑之言者，以见与可于予亲厚无间如此也。

注 释

【1】萌，嫩芽。

【2】蜩（tiáo）腹，蝉的肚皮。蛇蚹，蛇腹下的横鳞。

【3】遂，完成。

【4】庖丁，厨师。详见《庖丁解牛》一文。

【5】《庄子·天道》载，桓公在堂上读书，轮扁（piān）在堂下斫（zhuó）轮，轮扁停下工具，说桓公所读的书都是古人的糟粕，桓公责问其由。轮扁说，臣斫轮"不徐不疾，得之于手而应于心，口不能言，有数存焉于其间"，却无法用口传授给别人。斫，雕斫。

【6】缣素，供书画用的白色细绢。

【7】墨竹一派，善画墨竹的人，指苏轼。

【8】林材当萃于子矣，谓求画的细绢当聚集到你处。

【9】鹅溪，在今四川盐亭县西北，附近产名绢，称鹅溪绢，宋人多用作书画材料。

【10】箨（tuò）龙，指竹笋。

【11】此处详见《祀故太尉桥玄文》一文。苏轼以此典故比喻自己与文与可的情谊笃厚。

记游定惠院

苏轼

题　解

本文记述了苏轼与二三友人一天愉快的游赏，随物赋形，信笔抒意，以淡雅的笔触，将叙事、写景、抒情融为一体，渲染出一种清新隽永的意境。引人入胜，耐人寻味。

黄州定惠院[1]东小山[2]上，有海棠一株，特繁茂。每岁盛开，必携客[3]置酒[4]，已五醉[5]其下矣。今年复与参寥禅师[6]及二三子[7]访焉，则园已易主。主虽市井人[8]，然以予故，稍加培治。山上多老枳木[9]，性[10]瘦韧[11]，筋脉[12]呈露，如老人头颈。花白而圆，如大珠累累[13]，香色皆不凡。此木不为人所喜，稍稍[14]伐去，以予故，亦得不伐。既饮，往憩[15]于尚氏[16]之第[17]。尚氏亦市井人也，而居处修洁[18]，如吴越[19]间人，竹林花圃皆可喜。醉卧小板阁上，稍醒，闻坐客崔成老[20]弹雷氏琴[21]，作悲风晓月，铮铮然，意非人间也。晚乃步出城东，鬻[22]大木盆，意者谓可以注清泉，瀹[23]

瓜李，遂寰缘^[24]小沟，入何氏、韩氏^[25]竹园。时何氏方作堂竹间，既辟地矣，遂置酒竹阴下。有刘唐年^[26]主簿者，馈油煎饵，其名为甚酥^[27]，味极美。客尚欲饮，而予忽兴尽，乃径归。道过何氏小圃，乞其藂橘^[28]，移种雪堂之西^[29]。坐客徐君得之^[30]将适闽中^[31]，以后会未可期，请予记之，为异日拊掌^[32]。时参寥独不饮，以枣汤代之。

注 释

【1】定惠院，在黄州（今湖北黄冈）东南。苏轼于元丰三年（1080年）二月到黄州，最初寓居定惠院。同年五月移居临皋亭。

【2】小山，即柯山。

【3】携客，与客聚会。

【4】置酒，陈设酒宴。

【5】五醉，苏轼此游在元丰七年（1084年）三月初三日，在黄州已经五次见此海棠花开，醉饮其下。

【6】参（cān）寥（liáo）禅师，僧人道潜，钱塘人，苏轼通判杭州时与之交游。

【7】二三子，同游者有崔成老、徐得之等人。

【8】市井人，商贾。

【9】枳（zhǐ）木，也称枸橘，果实可入药。

【10】性，质地。

【11】瘦韧（rèn），指不茁壮，但柔软坚实。

【12】筋脉，原指静脉管，这里指树的韧皮纤维皮层。

【13】累累（lěi），连接成串。

【14】稍稍，全都。

【15】憩（qì），休息。

【16】尚氏，疑为尚世之。原为落第秀才，后成小商人，湖北黄冈人。

【17】第，大住宅。

【18】修洁，高洁。修，指空间距离大。洁，整洁。

【19】吴越，指古代吴国、越国。此指江浙一带地方。

【20】崔成老，崔闲，字成老，号玉涧，庐山道士。他是琴曲《醉翁操》的作者沈遵的弟子，精古琴。曾往黄州访苏轼，成为挚交琴友。

【21】雷氏琴，苏轼题跋有《家藏雷琴》一首，言琴上有"雷家记"字样。谓"此最琴之妙，而雷琴独然"。

【22】鬻（yù），卖，这里可作买讲。

【23】瀹（yuè），浸渍。

【24】夤（yín）缘，循沿。

【25】何氏、韩氏，指友人何圣可、韩毅甫。

【26】刘唐年，字君佐，时任黄州主簿。

【27】为甚酥（sū），一种米粉做的油煎饼，甚酥美，苏轼起名"为甚酥"。

【28】藂（cóng）橘，一丛橘树，藂，同"丛"。

【29】雪堂之西，指雪堂西面的东坡之地。

【30】徐君得之，徐大正，字得之，黄州知州徐大受之弟，苏轼友人。

【31】闽（mǐn）中，古郡名，治所在冶县（今福州市），辖境相当于今福建省和浙江省宁海及其以南的灵江、瓯江、飞云江流域。后以"闽中"通指福建一带。

【32】拊（fǔ）掌，拍掌，意谓开怀大笑。

答谢民师推官书

苏轼

题　解

这篇文章写于北宋元符三年（1100年）。当时谪居琼州的苏轼遇赦北还，九月底路过广州。担任广州推官的谢民师多次携带诗文登门求教，他们在很短的时间内结下了情谊。苏轼离开广州后，两人继续书信往来，《答谢民师推官书》是答谢民师的第二封信。

近奉违[1]，亟辱[2]问讯，具审[3]起居佳胜，感慰深矣。某受性刚简[4]，学迂材下[5]，坐废累年[6]，不敢复齿缙绅[7]。自还海北[8]，见平生亲旧，惘然如隔世人，况与左右无一日之雅[9]，而敢求交乎？数赐见临[10]，倾盖如故[11]，幸甚过望[12]，不可言也。

所示书教[13]及诗赋杂文，观之熟矣。大略如行云流水，初无定质[14]，但常行于所当行，常止于所不可不止，文理[15]自然，姿态横生。孔子曰："言之不文[16]，行[17]而不远。"又曰："辞[18]达而已矣。"夫[19]言止于达意，即疑若[20]不文，是大不然。求物之妙[21]，如系风捕景[22]，能使是物[23]了然于心者，盖[24]千万人而不一遇也。而况能使了然于口与手者乎？是之谓辞达。辞至于能达，则文不可胜用矣[25]。扬雄好[26]为艰深之辞，以文浅易之说[27]，若正言之[28]，则人人知之矣。此正所谓雕虫篆刻者[29]，其《太玄》《法言》[30]，皆是类也[31]。而独[32]悔于赋，何哉？终身雕篆，而独变其音节[33]，便谓之经[34]，可乎？屈原作《离骚经》[35]，盖风雅之再变者[36]，虽与日月争光可也。可以其似赋而谓之雕虫乎？使贾谊[37]见孔子，升堂有余矣[38]，而乃以赋鄙之[39]，至与司马相如同科[40]，雄之陋如此比[41]者甚众，可与知者道，难与俗人言也；因论文偶及之耳。欧阳文忠公[42]言文章如精金美玉，市有定价，非人所能以口舌定贵贱也。纷纷多言，岂能有益于左右，愧悚[43]不已！

所须惠力法雨堂[44]两字，轼本不善作大字，强作终不佳；又舟中局迫[45]难写，未能如教[46]。然轼方过临江[47]，当往游焉。或[48]僧有所欲记录，当为作数句留院中，慰左右念亲[49]之意。今日至峡山寺[50]，少留[51]即去。愈远[52]，惟万万以时自爱[53]。

注 释

【1】奉违，指与对方告别。奉，敬词。违，别离。

【2】亟（qì），屡次。辱，委屈，谦词。

【3】具审，完全了解。审，明白。

【4】受性，秉性，秉赋。刚简，刚强质直。

【5】学迂，学问迂阔。材下，才干低下。

【6】坐废，因事贬职。累年，好几年。苏轼于宋哲宗绍圣元年（1094年）被放逐惠州，绍圣四年（1097年）改谪儋州，元符三年（1100年），始内调，前后达七年。

【7】复齿缙（jìn）绅，再列入士大夫阶层。

【8】还海北，这是指徽宗继位，苏轼遇赦，自海南岛贬所渡海北还的事。

【9】左右，本指左右侍从的人，这里是对人的尊称。雅，素常，指旧交情。

【10】见临，来访。

【11】倾盖如故，一见如故。倾盖，《孔子家语》记孔子之郯，遇程子于途，并车对语，彼此的车盖相依而下倾。形容偶然相遇却如老朋友一般。

【12】过望，出乎意料之外。

【13】书教，这里指书启、谕告之类的官场应用文章。

【14】质，这里指体式。

【15】文理，指文章的结构、脉络。

【16】文，文彩。

【17】行，这里指传播。

【18】辞，指语言。

【19】夫，语首助词。

【20】疑若，怀疑。

【21】妙，奥妙。

【22】景，同"影"。

【23】是物，此物，指所求得事物的奥妙。

【24】盖，大概是。

【25】大可胜用，用不完。

【26】扬雄，字子云，西汉著名学者。好，喜欢。

【27】文，遮掩，粉饰。说，内容。

【28】正言，直截了当地说。

【29】雕虫篆刻，雕琢字句的意思，比喻小技。虫，虫书，笔划如虫形的一种字体。刻，刻符，刻在信符上的一种字体。这是秦代八种字体中的两种。

【30】《太玄》《法言》，均为扬雄所著。

【31】类，这一类（雕虫篆刻的东西）。

【32】独，只是。

【33】音节，指辞赋的用韵、讲求声调等。

【34】经，扬雄仿《易经》作《太玄》，仿《论语》作《法言》，自以为是"经"书了。

【35】《离骚经》，汉王逸注《楚辞》，尊《离骚》为经，称《九章》《九歌》为传。

【36】风、雅，代指《诗》。再变，风雅中一些抒写忧怨之情的诗，汉人称为"变风""变雅"。苏轼以《离骚》比附风雅，故云"再变"。

【37】贾谊，西汉著名的政论家、辞赋家，著有《新书》。

【38】升堂有余，即入门、升堂、入室，是儒家道德学问修养由浅入深的三种境界。升堂，喻学问已达相当的深度。升堂有余，就是已达到"入室"的极深造诣阶段。《论语·先进》："子曰：由也升堂矣，未入于室也。"

【39】以赋鄙之，扬雄因为贾谊曾作过赋，所以轻视他。

【40】司马相如，西汉著名的辞赋家。同科，科，品类。同科，等类齐观。

【41】陋，识见低下。比，类。

【42】欧阳文忠公，欧阳修，文忠是他的谥号。

【43】愧悚（sǒng），惭愧和恐惧。

【44】须，需要。惠力，佛寺名。法雨堂，当为惠力寺中的一个堂名。谢民师曾求苏轼给惠力寺题写"法雨堂"的匾额。

【45】局迫，狭窄。

【46】如教，照嘱托办。

【47】方，将来。临江，今江西省清江县。

【48】或，也许。

【49】念亲，思念父母。

【50】峡山寺，即广庆寺，在广东省清远县，因山对峙江中，故得此名。

【51】少留，稍稍停留。

【52】愈远，（离开您）愈加远了。

【53】以时，随时。自爱，保重自己。

潮州韩文公庙碑

苏轼

题　解

潮州（今广东潮安县）知州王涤在宋哲宗元祐七年（1092年）重修韩愈庙后，写书请苏轼为此庙撰写碑文。苏轼慨然从命，不久就将手书碑样寄给王涤，就是这篇《潮州韩文公庙碑》。

匹夫而为百世师，一言而为天下法，是皆有以参天地之化[1]，关盛衰之运。其生也有自来，其逝也有所为。故申、吕自岳降[2]，傅说为列星[3]，古今所传，不可诬也。孟子曰："我善养吾浩然之气[4]。"是气也，寓于寻常之中，而塞乎天地之间。卒然遇之，则王、公失其贵，晋、楚失其富[5]，良、平失其智[6]，贲、育失其勇[7]，仪、秦失其辨[8]。是孰使之然哉？其必有不依形而立，不恃力而行，不待生而存，不随死而亡者矣！故在天为星辰，在地为河岳，幽则为鬼神，而明则复为人。此理之常，无足怪者。

自东汉以来，道[9]丧文弊，异端[10]并起。历唐贞观开元之盛[11]，辅以房、杜、姚、宋[12]而不能救。独韩文公起布衣，谈笑而麾之，天下靡然从公，复归于正[13]，盖三百年于此矣[14]。文起八代[15]之衰，而道济天下之溺[16]，忠犯人主之怒[17]，而勇夺三军之帅[18]。此岂非参天地、关盛衰，浩然而独存者乎？

盖尝论天人之辨：以谓人无所不至，惟天不容伪。智可以欺王公，不可以欺豚鱼[19]；力可以得天下，不可以得匹夫匹妇之心。故公之精诚，能开衡山之云[20]，而不能回宪宗之惑[21]；能驯鳄鱼之暴[22]，而不能弭皇甫镈、李逢吉之谤[23]；能信于南海[24]之民，庙食[25]百世，而不能使其身一日安于朝廷之上：盖公之所能者天也，其所不能者人也。

始潮人未知学，公命进士赵德为之师，自是潮之士，皆笃于文行，延及齐民，至于今，号称易治。信乎孔子之言："君子学道则爱人，小人学道则易使也[26]。"潮人之事公也，饮食必祭，水旱疾疫，凡有求必祷焉。而庙在刺史公堂之后[27]，民以出入为艰。前太守[28]欲请诸朝作新庙，不果。元祐五年[29]，朝散郎王君涤[30]来守是邦，凡所以养士治民者，一以公为师，民既悦服，则出令曰："愿新公庙者，听。"民欢趋之，卜地[31]于州城之南七里，期年而庙成。

或曰："公去国万里而谪于潮，不能一岁[32]而归，没[33]而有知，其不眷恋于潮也审[34]矣！"轼曰："不然。公之神在天下者，如水之在地中，无所往而不在也。而潮人独信之深，思之至，焄蒿凄怆[35]，若或见之。譬如凿井得泉，而曰水专在是，岂理也哉！"

元丰元年[36]，诏封公昌黎伯[37]，故榜曰[38]："昌黎伯韩文公之庙"。潮人请书其事于石，因作诗以遗之[39]，使歌以祀公。其辞曰：

公昔骑龙白云乡，手抉云汉分天章[40]，天孙[41]为织云锦裳。飘然乘风来帝旁，下与浊世扫秕糠[42]。西游咸池略扶桑[43]，草木衣被昭回光[44]。追逐李、杜[45]参翱翔，汗流籍、湜走且僵[46]。灭没倒影不能望[47]，作书诋佛讥君王。要观南海窥衡湘，历舜九嶷吊英皇[48]。祝融先驱海若藏[49]，约束蛟鳄如驱羊。钧天无人帝[50]悲伤，讴吟下招遣巫阳[51]。爆牲鸡卜羞我觞[52]，于餐荔丹与蕉黄[53]。公不少留我涕滂，翩然被发下大荒[54]。

注 释

【1】《礼记·中庸》："可以赞天地之化育，则可以与天地参矣。"宋朱熹注："与天地参，谓与天地并立为三矣。"

【2】申、吕，指周宣王时的申伯和吕侯（亦称甫侯），伯夷的后代。相传他们是山岳之神降生的。

【3】傅说，商王武丁的宰相。相传他死后飞升上天，和众星并列。

【4】浩然之气，盛大刚直的正气。

【5】战国时，晋楚一度是两个最富强的国家。《孟子·公孙丑下》："曾子曰：'晋、楚之富，不可及也。'"

【6】良、平，张良和陈平，都是汉高祖刘邦的开国功臣，都以足智多谋著称。

【7】贲、育，孟贲和夏育，古代著名的勇士。

【8】仪、秦，张仪和苏秦，战国时游说列国的纵横家。

【9】道，指儒家的学说思想，即所谓道统。

【10】异端，儒家把道家、墨家等不同的学派斥为异端。这里指汉、魏以来长期兴盛的佛教与道教。

【11】贞观，唐太宗李世民的年号。开元，唐玄宗李隆基的年号。这两个时期，历史上号称"太平盛世"。

【12】房、杜，即房玄龄和杜如晦，唐太宗时的贤相。姚、宋，即姚崇和宋璟，唐玄宗前期的名相。

【13】正，儒家的正道。

【14】盖三百年如此，从韩愈倡导古文到苏轼时期将近三百年。

【15】八代，指东汉、魏、晋、宋、齐、梁、陈、隋。

【16】道济天下之溺，指韩愈提倡儒家之道，把天下人从沉溺佛、老等异端的困境中拯救出来。济，拯救。

【17】忠犯人主之怒，指唐宪宗李纯派使者往凤翔迎佛骨入宫，韩愈上表进谏，言词激切，触怒宪宗，几乎被处死。幸得大臣裴度、崔群等营救，才贬为潮州刺史。

【18】勇夺三军之帅，指唐穆宗李恒时，镇州（治所在今河北正定县）叛

乱，杀节度使田弘正，另立王廷凑，韩愈奉命前去宣抚。大臣们都替他担心，认为有被杀的危险，但他只用一次谈话便说服了作乱的将士。回京后穆宗大为高兴，转韩愈为吏部侍郎。

【19】豚鱼，泛指小动物。豚，小猪。

【20】衡山，五岳中的南岳，在湖南省衡山县境内。据韩愈《谒衡岳庙遂宿岳寺题门楼》诗，韩愈路过衡山游南岳，正逢秋雨，天阴无风，他诚心祷告，马上云开雨止，天气晴朗。

【21】不能回宪宗之惑，指韩愈谏迎佛骨，唐宪宗不听一事。

【22】韩愈任潮州刺史时，听说鳄鱼危害百姓，便作《祭鳄鱼文》，命令鳄鱼迁走。据说后来鳄鱼果然向西迁移六十里。

【23】弭，消除。韩愈贬潮州后，上表谢罪。宪宗看后，很是后悔，想叫他官复原职，但遭到宰相皇甫镈的中伤阻止，就改韩愈为袁州刺史。唐穆宗时，宰相李逢吉曾弹劾韩愈，罢去韩愈御史大夫职务，降为兵部侍郎。

【24】南海，潮州临南海，所以借南海指潮州。

【25】庙食，接受后世的立庙祭祀。

【26】"君子学道则爱人"二句，语见《论语·阳货》。君子，指士大夫。小人，指老百姓。

【27】刺史公堂，州官办公的厅堂。刺史，唐代州的最高行政长官。

【28】太守，唐时的刺史，相当汉的太守。这里沿用旧名。

【29】元祐五年，宋哲宗元祐五年，即1090年。

【30】朝散郎，文官名，官阶为从七品。王涤，生平不详。

【31】卜地，选择地址。

【32】不能一岁，没有一年。韩愈于唐宪宗元和十四年（819年）正月被贬潮州刺史，同年十月改袁州刺史，在潮州不到一年。

【33】没，通"殁"，死亡。

【34】审，明白。

【35】焄蒿凄怆，祭祀时引起悲伤的情感。焄，指祭物的香气。蒿，香气蒸发上升的样子。

【36】元丰元年，据《经进东坡文集事略》卷五十五，应为"元丰七年"。宋神宗元丰七年，即1084年。

【37】昌黎伯，韩愈的祖籍在昌黎（今属河北省），因而世称昌黎伯。

【38】榜，木匾。

【39】遗，送给。

【40】手抉，用手挑取。云汉，天河。天章，文采。

【41】天孙，星名，即织女星。

【42】秕糠，本指米的皮屑，这里比喻邪说异端。

【43】咸池，神话中太阳沐浴的地方。略，到。扶桑，神话中日没的地方。

【44】草木衣被昭回光，是说韩愈的道德文章辉映一代，如同日月光照大地、泽及草木一样。

【45】李、杜，李白和杜甫。

【46】籍、湜，张籍和皇甫湜，唐代文学家，韩愈同时代人。汗流、走且僵，都是形容追赶不上。

【47】灭没倒影不能望，形容张籍、皇甫湜像倒影一样容易灭没，不能仰望韩愈日月般的光辉。

【48】九嶷，山名，又名苍梧，在今湖南省宁远县境内。英、皇，女英、娥皇，尧帝的两个女儿，同嫁舜帝为妃。

【49】祝融，传说的火神。海若，海神。

【50】钧天，天的中央。帝，天帝。

【51】讴吟，唱歌。巫阳，神巫名。

【52】犦牲，用牦牛作祭品。鸡卜，用鸡骨占卜。羞我觞，进酒。

【53】荔丹，红色的荔枝。蕉黄，黄色的香蕉。以上两句指庙中的祭品。

【54】翩然被发下大荒，祈望韩愈快快降临人世享受祭祀。

黠鼠赋

苏轼

题 解

本文是苏轼少年时代写的一篇咏物赋。它寓哲理于趣味之中，可以使读者于诙谐的叙述中获得有益的启示。它就一只老鼠在人面前施展诡计逃脱的事，说明一个道理：人做事心要专一，才不至于被突然事变所左右。

苏子夜坐，有鼠方啮[1]。拊[2]床而止[3]之，既止复作。使童子烛之，有橐[4]中空。嘐嘐聱聱[5]，声在橐中。曰："噫！此鼠之见闭[6]而不得去者也。"发[7]而视之，寂无所有，举烛而索[8]，中有死鼠。童子惊曰："是方啮也，而遽死也？向为何声，岂其鬼耶？"覆而出之，堕地乃走，虽有敏者，莫措其手。

苏子叹曰："异哉，是鼠之黠也！闭于橐中，橐坚而不可穴[9]也。故不啮而啮，以声致[10]人；不死而死，以形求脱也。吾闻有生，莫智于人。扰龙伐[11]蛟，登龟狩[12]麟，役万物而君[13]之，卒见使[14]于一鼠，堕[15]此虫之计中，惊脱兔于处女[16]，乌[17]在其为智也？"

坐而假寐，私念其故。若有告余者，曰："汝为多学而识之，望道而未见也，不一于汝而二于物，故一鼠之啮而为之变也。人能碎千金之璧而不能无失声于破釜，能搏猛虎不能无变色于蜂虿[18]，此不一之患也。言出于汝而忘之耶！"余俛[19]而笑，仰而觉。使童子执笔，记余之作。

注 释

【1】啮，咬。

【2】拊，拍。

【3】止，使……停止

【4】橐（tuó），袋子。

【5】嘐（jiāo）嘐聱（áo）聱，这里是形容老鼠咬物的声音。

【6】见闭，被关闭。见，被。

【7】发，打开。

【8】索，搜索。

【9】穴，咬洞，这里作动词用。

【10】致，招引。

【11】扰，驯服。伐，击，刺杀，此处指"擒"。

【12】登，捉取。狩，狩猎。

【13】君，统治。

【14】见使，被役使。

【15】堕，陷入。

【16】脱兔于处女，起初像处女一样沉静（使敌方不做防备），然后像逃跑的兔子一样突然行动，使对方来不及出击，这里指老鼠从静到动的突变。

【17】乌，何，哪里。

【18】虿（chài），蝎子。

【19】俛（fǔ），俯下身子。

记承天寺夜游

苏轼

题　解

这篇文章作于宋神宗元丰六年（1083 年），文中对月夜景色作了美妙描绘，真实记录了作者当时生活的一个片段。当时作者正因"乌台诗案"被贬谪到黄州任职。此文表达壮志难酬的苦闷，自解、自慰、自我排遣，同时表现了作者旷达乐观的人生态度。

元丰六年[1]十月十二日夜，解衣欲睡，月色入户[2]，欣然起行[3]。念[4]无与为乐者，遂至承天寺寻张怀民[5]。怀民亦未寝，相与步于中庭。

庭下如积水空明[6]，水中藻荇[7]交横，盖竹柏影也。何夜无月？何处无竹柏？但少闲人[8]如吾两人者耳。

■ 注　释

【1】元丰六年，1083年。元丰，宋神宗的年号。当时作者因"乌台诗案"被贬黄州已经四年。

【2】户，一说指堂屋的门，又一说指窗户，这里指门。

【3】行，散步。

【4】念，考虑，想到。

【5】张怀民，作者的朋友。名梦得，字怀民，清河（今河北清河）人。元丰六年（1083年）也被贬到黄州，寓居承天寺。

【6】空明，形容水的澄澈。在这里形容月色如水般澄净明亮的样子。

【7】藻，水草的总称。荇（xìng），一种多年生水草，叶子像心脏形，面绿背紫，夏季开黄花。这里泛指水草。

【8】闲人，这里是指不汲汲于名利而能从容流连光景的人。苏轼这时被贬为黄州团练副使，这是一个有职无权的官，所以他十分清闲，自称"闲人"。

二红饭

苏轼

■ 题　解

苏轼在黄州时，一家八口，口粮常常不足，他的一位老友马正卿为他向当地官府求情，将附近数十亩荒废的营地交他耕种，自食其力。此文寥寥百余字，作者却将那种贬逐生涯描述得丰富多彩、妙趣横生，读后感受到其中无边的苦涩。

　　今年东坡[1]收大麦二十余石，卖之价甚贱，而粳米适尽，故日夜课[2]奴婢舂以为饭。嚼之啧啧有声，小儿女相调[3]，云是嚼虱子。然日中腹饥[4]，用浆水[5]淘食之，自然甘酸浮滑，有西北村落气味。今日复令庖人杂[6]小豆作饭，尤有味，老妻大笑曰："此新样二红饭也。"

注　释

　　【1】东坡，据《宋史·苏轼传》："轼出台狱，以黄州团练副使安置，与田父野老相从溪山间，筑室于东坡，自号'东坡居士'。"

　　【2】课，督促完成指定的工作。

　　【3】调，调戏，调侃。

　　【4】日中腹饥，古人饮食习惯是一天两餐，没有午餐。日中，中午。

　　【5】浆水，米汤之类。

　　【6】庖人，做饭的人。杂，掺杂。

记海南作墨

苏轼

题　解

　　苏轼所到之处，"无不以笔砚自随"，在海南儋州时，当地不但"无书可读"，就连纸墨也极为稀罕。制墨就成了头等大事。苏轼看到儋州城附近的儋耳山（即今松林岭）上长有许多松树，便决定因地制宜，利用松脂、牛皮胶等物混合制墨。

己卯[1]腊月二十三日，墨灶火大发，几焚屋，救灭，遂罢作墨。得佳墨大小五百丸，入漆者几百丸，足以了一世著书用，仍以遗[2]人，所不知者何人也。余松明[3]一车，仍以照夜。二十八日二鼓[4]，作此纸。

注　释

【1】己卯，北宋元符二年，即1099年。

【2】遗，赠送。

【3】松明，俗称松树明子，古代用于照明。山松多油脂，劈成细条，燃以照明。

【4】二鼓，即二更，古代夜晚用鼓打更，二更天也称为二鼓。

与范子丰书其八

苏轼

题　解

这是苏东坡在黄州时写给亲家范子丰的一则文字，表达"江山风月，本无常主"的想法，对当时的"两税及助役"流露出嘲讽的态度。

临皋亭[1]下八十数步，便是大江，其半是峨眉雪水，吾饮食沐浴皆取焉，何必归乡哉！江山风月，本无常主，闲者便是主人。闻范子丰[2]新第[3]园池，与此孰胜？所不如者，上无两税及助役钱耳[4]。

注　释

【1】临皋亭，在湖北黄冈县南江边，苏轼曾寓居于此。

【2】范子丰，苏轼的儿女亲家。

【3】第，宅第。

【4】两税及助役钱，新法规定，农民要交春秋两税，外加青苗助役钱。苏轼反对并以此讥讽。

记游松风亭

苏轼

题　解

宋哲宗绍圣元年（1094年），哲宗亲政，章惇为相，苏轼被贬为宁远军节度副使惠州（今广东惠州）。十月，苏轼到达惠州，居住在嘉祐寺，游览松风亭时作此文。

余尝寓居惠州嘉祐寺[1]，纵步[2]松风亭下。足力疲乏，思欲就亭止息。望亭宇尚在木末，意谓[3]是如何得到？良久，忽曰："此间有甚么歇不得处？"由是[4]如挂钩之鱼，忽得解脱。若人悟此，虽兵阵相接，鼓声如雷霆，进则死敌[5]，退则死法[6]，当恁么时[7]也不妨熟歇[8]。

注　释

【1】嘉祐寺，故址在白鹤峰以东，明代改建为城隍庙。

【2】纵步，放开脚步走。

【3】意谓，心里说，文中有"心想"之意。

【4】由是，因此。

【5】死敌，死于敌手。

【6】死法，死于军法。

【7】恁（nèn）么时，这时候。

【8】熟歇，好好地休息一番。

黄州快哉亭记

苏辙

> 苏辙，字子由，晚年自号颍滨遗老。苏洵次子，苏轼之弟，人称"小苏"。北宋时眉山（今四川省眉山县）人。宋神宗年间曾任翰林学士、尚书右丞、门下侍郎等职，哲宗元祐年间参加过治河争论，为第三次回河的主要反对者。为文以策论见长，在北宋自成一家，但比不上苏轼的才华横溢。他在散文上的成就，如苏轼所说，达到了"汪洋澹泊，有一唱三叹之声，而其秀杰之气终不可没"。著有《栾城集》。与其父苏洵、兄苏轼合称"三苏"，均在"唐宋八大家"之列。

题 解

宋神宗元丰二年（1079年）八月，苏轼因"乌台诗案"下狱，十二月责授黄州团练副使。苏辙上书营救，奏乞纳官以赎兄轼之罪，因而"坐请监绮州（今江西商安县）盐酒税，五年不得调"（苏辙《颍滨遗老传》）。黄州与绮州相距非遥，有水道相通。元丰五年（1082年），苏辙便沿赣水，入鄱阳湖，溯大江来黄州，与其兄苏轼相聚，畅叙患难中的手足之情。他们一道游览了黄州及其对江的武昌西山，凭吊陈迹。元丰六年（1083年），与苏轼同谪居黄州的张梦得，为览观江流，在住所西南建造了一座亭子，苏轼替它取名为"快哉亭"，这篇文章就是应张梦得邀请所作。

江[1]出西陵[2]，始[3]得平地。其流奔放[4]肆大[5]，南合沅、湘[6]，北合汉沔[7]，其势益张[8]。至于赤壁[9]之下，波流浸灌[10]，与海相若。清河[11]张君梦得[12]，谪[13]居齐安[14]，即[15]其庐之西南为亭，以览观江流之胜[16]，而余兄子瞻名之曰"快哉"。

盖亭之所见[17]，南北百里，东西一舍[18]。涛澜汹涌，风云开阖[19]。昼则舟楫出没于其前，夜则鱼龙悲啸于其下，变化倏忽[20]，动心骇目[21]，不可久视[22]。今乃得玩之几席之上[23]，举目而足[24]。西望武昌诸山，冈陵起伏，草木行列[25]，烟消日出。渔夫樵父之舍皆可指数[26]。此其所以为"快哉"者也。至于长洲[27]之滨，故城之墟[28]，曹孟德、孙仲谋之所睥睨[29]，周瑜、陆逊之所骋骛[30]，其流风遗迹，亦足以称快世俗[31]。

昔楚襄王从宋玉、景差于兰台之宫[32]，有风飒然至者，王披[33]襟当[34]之，曰："快哉，此风[35]！寡人所与庶人共者耶？"宋玉曰："此独大王之雄风耳，庶人安得共之！"玉之言，盖有讽焉[36]。夫风无雌雄之异，而人有遇不遇之变[37]。楚王之所以为乐，与庶人之所以为忧，此则人之变也，而风何与[38]焉？士生于世，使[39]其中[40]不自得[41]，将何往而非病？使其中坦然，不以物伤性[42]，将何适[43]而非快？

今张君不以谪为患[44]，窃[45]会计[46]之余功[47]，而自放[48]山水之间，此其中宜有以过人者。将蓬户[49]瓮牖[50]无所不快，而况乎濯[51]长江之清流，揖[52]西山之白云，穷耳目之胜[53]以自适[54]也哉！不然，连山绝壑，长林古木，振之以清风，照之以明月，此皆骚人思士之所以悲伤憔悴而不能胜者，乌[55]睹其为快也哉！

元丰六年十一月朔[56]日，赵郡[57]苏辙记。

<hr>

注　释

【1】江，长江。

【2】西陵，西陵峡，又名夷陵峡，长江三峡之一，在湖北宜昌西北。

【3】始，才。

【4】奔放，水势疾迅。

【5】肆大，水流阔大。肆，极，甚。

【6】沅，沅水（也称沅江）。湘，湘江。两水都在长江南岸，流入洞庭湖，注入长江。

【7】汉沔（miǎn），就是汉水。汉水源出陕西宁羌，初名漾水，东流经沔县南，称沔水，又东经褒城，纳褒水，始称汉水。汉水在长江北岸。

【8】益张，更加盛大。张，大。

【9】赤壁，赤鼻矶，现湖北黄冈城外，苏辙误以为周瑜破曹操处。

【10】浸、灌，意思都是"注"。此处指水势浩大。

【11】清河，县名，现河北清河。

【12】张君梦得，张梦得，字怀民，苏轼友人。

【13】谪，贬官。

【14】齐安，宋代黄冈为黄州齐安郡，因称。

【15】即，就着，依着。

【16】胜，胜景，美景。

【17】亭之所见，在亭上能够看到的（范围）。所见，所看到的景象。

【18】一舍（shè），三十里。古代行军每天走三十里宿营，叫做"一舍"。

【19】风云开阖（hé），风云变化。意思是风云有时出现，有时消失。开，开启。阖，闭合。

【20】倏（shū）忽，顷刻之间，一瞬间，指时间短。

【21】动心骇目，犹言"惊心动魄"。这是指景色变化万端，能使见者心惊，并不是说景色可怕。

【22】不可久视，这是说，以前没有亭子，无休息之地，不能长久地欣赏。

【23】今乃得玩之几席之上，可以在亭中的几旁席上赏玩这些景色。几，小桌，茶几。

【24】举目而足，抬起眼来就可以看个够。

【25】草木行列，草木成行成列非常茂盛，形容草木繁荣。

【26】指数，名词作状语，用手指清点。

【27】长洲，江中长条形的沙洲或江岸。

【28】故城之墟，旧日城郭的遗址。故城，指隋朝以前的黄州城（唐朝时把黄州城迁移了）。墟，旧有的建筑物已被毁平而尚留有遗迹的空地。

【29】睥睨，斜视的样子，引申为傲视。赤壁之战时，曹操、孙权都有气吞对方的气概。

【30】周瑜、陆逊之所骋骛，即周瑜、陆逊活跃的地方。周瑜曾破曹操于赤壁，陆逊曾袭关羽于荆州，败刘备于夷陵，破魏将曹休于皖城。骋骛，犹言"驰马"，形容他们驰骋疆场。

【31】称快世俗，使世俗之人称快。称快，使动用法，使……称快。

【32】宋玉有《风赋》，讽楚襄王之骄奢。楚襄王，即楚顷襄王，名横，楚怀王之子。从，使……从。宋玉、景差都是楚襄王之侍臣。兰台宫，遗址在湖北钟祥东。

【33】披，敞开。

【34】当，迎接。

【35】快哉，此风，即"此风快哉"，解释为这风多么让人感到畅快啊！

【36】盖有讽焉，大概有讽谏的意味在里头。讽，讽喻。焉，兼词于之，在那里。

【37】人有遇不遇之变，人有遇时和不遇时的不同。遇，指机遇好，被重用。

【38】与（yù），参与，引申为有何关系。

【39】使，假使。

【40】中，内心，心中。

【41】自得，自己感到舒适、自在。

【42】以物伤性，因外物（指环境）而影响天性（本性）。

【43】适，往，去。

【44】患，忧愁。

【45】窃，偷得，这里即"利用"之意。

【46】会计，指征收钱谷、管理财务行政等事务。

【47】余功，公事之余。

【48】自放，自适，放情。放，纵。

【49】蓬户，用蓬草编门。

【50】瓮牖，用破瓮做窗。

【51】濯，洗涤。

【52】揖（yī），拱手行礼。这里的意思是面对（西山白云）。

【53】胜，承受。

【54】自适，自求安适。适，闲适。

【55】乌，哪里。

【56】朔，夏历每月初一。

【57】赵郡，苏辙先世为赵郡栾城（今河北赵县）人。

上枢密韩太尉书

苏辙

题 解

宋仁宗嘉祐元年（1056 年），苏洵带着苏轼、苏辙兄弟二人前往东京，并得到了文坛盟主欧阳修的赏识。第二年，兄弟二人同中进士，此后苏辙又向当时的枢密使韩琦写了一封书信，就是这篇《上枢密韩太尉书》。

在文中，苏辙表达了对于韩琦的仰慕，又阐述了自己的文学主张"文者气之所形"。但与一般的干谒文不同，本文并未展现出攀高枝求高官之意，但也不太过高傲，而是将求见高人的内心愿望表达出来，文辞恳切而令人容易接受。

太尉 [1] 执事：辙生好为文，思之至深。以为文者气之所形，然文不可以学而能，气可以养而致 [2]。孟子曰："吾善养吾浩然之气。"今观其文章，宽厚宏博，充乎天地之间，称其气之小大。太史公行天下，周览四海名山大川，与燕、赵间豪俊交游，故其文疏荡[3]，颇有奇气。此二子者，岂尝执笔学为如此之文哉？其气充乎其中[4]而溢乎其貌，动乎其言而见乎其文，而不自知也。

辙生十有九年矣。其居家所与游者，不过其邻里乡党之人；所见不过数百里之间，无高山大野可登览以自广；百氏之书，虽无所不读，然皆古人之陈迹，不足以激发其志气。恐遂汩没[5]，故决然舍去，求天下奇闻壮观，以知天地之广大。过秦、汉之故都，恣观终南、嵩、华之高，北顾黄河之奔流，慨然想见古之豪杰。至京师，仰观天子宫阙之壮，与仓廪、府库、城池、苑囿之富且大也，而后知天下之巨[6]丽。见翰林欧阳公[7]，听其议论之宏辩，观其容貌之秀伟，与其门人贤士大夫游，而后知天下之文章聚乎此也。太尉以才略冠天下，天下之所恃以无忧，四夷之所惮以不敢发[8]，入则周公、召公，出则方叔、召虎[9]。而辙也未之见焉。

且夫人之学也，不志其大[10]，虽多而何为？辙之来也，于山见终南、嵩、华之高，于水见黄河之大且深，于人见欧阳公，而犹以为未见太尉也。故愿得观贤人之光耀，闻一言以自壮，然后可以尽天下之大观而无憾者矣。

辙年少，未能通习吏事。向之来，非有取于斗升之禄，偶然得之，非其所乐。然幸得赐归待选[11]，便得优游[12]数年之间，将归益治其文，且学为政。太尉苟以为可教而辱教之，又幸矣！

> **注 释**
>
> 【1】太尉，指韩琦。韩琦时任枢密使，枢密使执掌军权，位高权重，与秦汉时太尉职务相似，因此时人以太尉代称。
>
> 【2】此句意为，文章是由气形成的，然而文章不能借学习而擅长，气质却可以靠加强修养得到。"气"是古代文学创作理论中的一个重要概念，曹丕《典论·论文》和韩愈《答李翊书》都对此有过论述。在文中，苏辙继承并发展了他们的观点，认为气可以依靠后天的修养学习获得。

【3】疏荡，洒脱而不拘束。

【4】其中，心胸之中。

【5】汩没，埋没。

【6】巨，极其。

【7】翰林欧阳公，即欧阳修。当时他以翰林学士身份担任嘉祐二年（1057年）科举的主考。

【8】韩琦曾在北宋与西夏边境镇守，有"军中有一韩，西贼闻之心骨寒"的称呼。

【9】方叔、召虎，都是周宣王时的重臣，多有战功。

【10】不志其大，没有立下大志。

【11】赐归待选，朝廷允许回乡等待朝廷的选拔。另，嘉祐二年四月，苏轼、苏辙的母亲去世，父子三人遂返回家乡。

【12】优游，从容闲暇。

活板

沈括

沈括，字存中，号梦溪。杭州钱塘（今浙江杭州）人，北宋科学家、政治家。精通天文、数学、物理学、化学、地质学、气象学、地理学、农学和医学。仁宗嘉祐八年（1063年）进士。神宗时参与王安石变法运动。熙宁五年（1072年）提举司天监，次年赴两浙考察水利、差役。熙宁八年（1075年）出使辽国，驳斥辽的争地要求。次年任翰林学士，权三司使，整顿陕西盐政。后知延州（今陕西延安），加强对西夏的防御。元丰五年（1082年）以宋军于永乐城之战中为西夏所败，连累被贬。晚年以平生见闻，在镇江梦溪园撰写了笔记体巨著《梦溪笔谈》，全书共三十卷，内容丰富，包括天文、地理、数学、物理、文艺、历史、化学、地质学、气象学、地理学、农学和医学等，是一部包容多种知识的笔记巨作。此书被英国著名学者李约瑟誉为"中国科技史上的坐标"。

题 解

本文选自沈括《梦溪笔谈·技艺》卷一八。活板又叫活字印刷术，中国古代四大发明之一。用雕版印刷书籍的方法唐朝人还没有大规模采用。五代时才开始印刷"五经"，以后的各种图书都是雕版印刷本。宋仁宗庆历元年（1041 年）至八年（1048 年）间一位名叫毕昇的普通劳动者发明了活字版印刷术。沈括比毕昇小十几岁，是同时代的人，而且毕昇制造的陶活字后来归沈括的侄子所有，因此沈括《梦溪笔谈》中关于毕昇发明活字版印刷术的记载是翔实可信的。

板印书籍[1]，唐人尚未盛为之[2]。五代[3]时始印五经[4]，已后[5]典籍[6]皆为板本[7]。

庆历[8]中有布衣[9]毕昇，又为活板。其[10]法：用胶泥刻字，薄如钱唇[11]，每字为一印[12]，火烧令坚[13]。先设一铁板，其上以松脂、蜡和[14]纸灰之类冒[15]之。欲[16]印，则以一铁范[17]置铁板上，乃密布字印，满铁范为一板，持就火炀之[18]，药[19]稍熔，则以一平板按其面，则字平如砥[20]。若止[21]印三二本，未为简易[22]；若印数十百千本[23]，则极为神速。常作二铁板，一板印刷，一板已自[24]布字，此印者才毕，则第二板已具[25]，更互[26]用之，瞬息可就。每一字皆有数印，如"之""也"等字，每字有二十余印，以[27]备一板内有重复者。不用，则以纸帖之[28]，每韵为一帖，木格贮之[29]。有奇[30]字素无备者，旋[31]刻之，以草火烧，瞬息可成。不以木为之者[32]，文理[33]有疏密，沾水则高下不平，兼[34]与药相粘，不可取[35]；不若燔土[36]，用讫[37]再火令药熔，以手拂之[38]，其印自落，殊不[39]沾污。

昇死，其印为予[40]群从[41]所得，至今保藏。

注 释

【1】板印书籍，用雕版印刷书籍。板印，用雕版印刷。

【2】盛为之，大规模地做这种事。之，指"板印书籍"。

【3】五代，指唐朝以后的后梁、后唐、后晋、后汉、后周五个朝代。

【4】五经，儒学的经典，指《易经》《尚书》《诗经》《礼记》《春秋》。汉后合称"五经"。

【5】已后，即"以后"。已，同"以"。

【6】典籍，泛指各种重要（文献）书籍。

【7】板本，板印的本子。

【8】庆历，宋仁宗年号。

【9】布衣，平民。这里指没有做官的读书人。古代平民穿麻布衣服，所以称布衣。

【10】其，代词。做活版的方法。

【11】钱唇，铜钱的边缘。

【12】印，印模、字印。

【13】令坚，使……坚硬。

【14】和（huò），混合。

【15】冒，蒙、盖。

【16】欲，想。

【17】范，框子。

【18】持就火炀（yáng）之，把它拿到火上烤。就，靠近。炀，烤。

【19】药，指上文说的松脂、蜡等物。

【20】字平如砥（dǐ），字印像磨刀石那样平。砥，磨刀石。

【21】止，同"只"，仅仅。

【22】未为简易，不能算是简便。

【23】数十百千，几十乃至百、千。

【24】自，别自，另外。

【25】具，准备好。

【26】更（gēng）互，交替、轮流。

【27】以，用来。

【28】以纸帖（tiě）之，用纸条给它做标记。帖，用标签标出。

【29】每韵为一帖（tiě），木格贮（zhù）之，即每一个韵部的字做一个标签，用木格子把它存放起来。韵，指韵部。帖，标签，名词。唐宋时，人们按照诗歌押韵的规律，把汉字分为206韵，后来又合并为106韵。

【30】奇（jī）字，写法特殊，或生僻、不常用的字。

【31】旋，旋即。

【32】不以木为之者，不用木头刻活字的原因。

【33】文理，纹理，质地。文，通"纹"，花纹。

【34】兼，又。

【35】不可取，拿不下来。

【36】燔（fán）土，指火烧过的黏土字印。燔，烧。

【37】讫（qì），终了，完毕。

【38】拂（fú），擦拭，掸去。

【39】殊不，一点也不。

【40】予，我。

【41】群从（cóng），堂兄弟及侄子辈。

正午牡丹

沈括

 题　解

本篇选自《梦溪笔谈》。由欧阳修从牡丹丛和猫古画中看出时间为正午的故事，寓意写文章作画要实事求是，有崇实精神。

欧阳公尝[1]得一古画牡丹丛，其下有一猫，未识其精粗[2]。丞相正肃吴公[3]与欧阳公姻家[4]，一见曰："此正午牡丹也。何以明之[5]？其花披哆[6]而色燥，此日中时花也；猫眼黑睛如线，此正午猫眼也。若带露花，则房敛而色泽[7]。猫眼早暮则睛圆，日高渐狭长，正午则如一线耳。"此善求古人笔意[8]也。

注 释

【1】尝，曾经。

【2】精粗，精良和粗劣。这里指古画水平的高低。

【3】正肃吴公，即吴育，北宋丞相，字春卿，浦城人，谥正肃。

【4】姻家，亲家。

【5】何以，即"以何"，凭什么，根据什么。明之，辨别它。明，辨别。

【6】披哆（chǐ），下垂散开，此处指花朵蔫的样子。

【7】房，这里指花房，即花冠，花心。敛，聚拢，收。泽，滋润。

【8】笔意，这里是指画作的意境。

雁荡山

沈括

题 解

宋神宗熙宁七年（1074年），沈括巡视温州，曾到雁荡山进行实地考察。他对雁荡山的地貌特点做了精心观察，并联系黄土高原的地形进行类比分析，正确推断出雁荡山是由于流水侵蚀的作用，才使平原变成山岳。这是科学的创见。

　　温州雁荡山[1]，天下奇秀。然自古图牒[2]，未尝有言者[3]。祥符中[4]，因造玉清宫[5]，伐山取材，方[6]有人见之，此时尚未有名[7]。按西域书[8]，阿罗汉诺矩罗居震旦东南大海际雁荡册芙蓉峰龙湫[9]。唐僧贯休为《诺矩罗赞》[10]，有"雁荡经行云漠漠[11]，龙湫宴坐雨蒙蒙"[12]之句。此山南有芙蓉峰，峰下有芙蓉驿[13]，前瞰[14]大海，然未知雁荡、龙湫所在[15]。后因伐木，始见此山。山顶有大池，相传为雁荡[16]，下有二潭水，以为龙湫。又有经行峡、归坐峰，皆后人以贯休诗名之也[17]。谢灵运为永嘉守[18]，凡永嘉山水游历殆[19]遍，独不言此山，盖[20]当时未有雁荡之名。

　　予观雁荡诸峰，皆峭拔险怪[21]，上耸千尺[22]，穿崖巨谷[23]，不类[24]他山，皆包在诸谷中[25]。自岭外望之，都无所见，至谷中则森然干霄[26]。原其理[27]，当是为谷中大水冲激，沙土尽去，唯巨石岿然[28]挺立耳。如大小龙湫、水帘、初月谷之类，皆是水凿之穴[29]。自下望之，则高岩峭壁；从上观之，适与地平[30]。以至诸峰之顶，亦低于山顶之地面[31]。世间沟壑中水凿之处，皆有植土龛岩[32]，亦此类耳。今成皋、陕西大涧中[33]，立土动及[34]百尺，迥然[35]耸立，亦雁荡具体而微者[36]，但此土彼石耳。既非挺出地上[37]，则为深谷林莽[38]所蔽，故古人未见，灵运所不至，理不足怪也。

注　释

【1】雁荡山，在浙江省温州市东北。

【2】图牒，图书文件。牒，公文，文件。

【3】未尝有言者，不曾有记载它的。尝，曾经。有言者，是"有言之者"的省略。

【4】祥符中，祥符年间。祥符，宋真宗赵恒的年号。

【5】玉清宫，宋真宗改建昭应宫为玉清昭应宫。

【6】方，才，副词。

【7】尚未有名，还没有雁荡山这个名称。

【8】西域书，指佛经。西域，汉代敦煌以西诸地的总称。

【9】阿罗汉诸矩罗居震旦东南大海际雁荡山芙蓉峰龙湫，圣者诸矩罗居住在中国东南方靠海的雁荡山芙蓉峰的龙湫。阿罗汉，也称罗汉，梵语音译，是佛家对"圣者"的尊称。诸矩罗，唐代的一个和尚，据《乐清县志》记载，原名罗尧运，眉州青神（今四川青神县）人。震旦，古时印度对中国的称呼。震指东方，旦指日出，意即东方日出之地。芙蓉峰，在雁荡山南部，峰下有芙蓉驿（在今芙蓉镇）。龙湫，雁荡山的瀑布名，瀑布下有两个深潭，叫做大龙湫和小龙湫。湫，深水池。

【10】贯休，唐代著名的和尚（832—913年），善诗画，著有《禅月集》，今传二十五卷，内无《诸矩罗赞》。《全唐诗》编贯休诗五十二卷，第十二卷中有"雁荡经行云漠漠，龙湫宴坐雨蒙蒙"两句。

【11】雁荡经行云漠漠，意思是说从雁荡山经过时看见白云漠漠。这是形容雁荡山极高，与云天相接。漠漠，密布的样子。

【12】龙湫宴坐雨蒙蒙，即在龙湫附近静坐观赏风景时对着细雨蒙蒙。宴坐，闲居静坐。雨蒙蒙，这里形容龙湫瀑布飞溅之水沫如细雨迷蒙。

【13】驿，古代传送公文的人休息和换马的地方。

【14】瞰，俯视。

【15】然未知雁荡、龙湫所在，但是（人们）还不知道雁荡、龙湫在什么地方。

【16】雁荡，又名雁湖，在芙蓉峰顶。明代陈仁锡《潜确居类书》："雁荡山在乐清县，山顶有一湖，方可十里，水常不涸，春雁归时都宿此，故名。"

【17】名之，给它命名。名，命名，动词。之，代词，代"经行峡、宴坐峰"。

【18】永嘉，即永嘉郡，今浙江省温州地区。守，太守，郡的最高行政官。

【19】殆，几乎。

【20】盖，连词，承接上文，推测原因，可译为"原来是"。

【21】峭，陡峭。拔，挺拔。险，险峻。怪，奇异。

【22】上耸千尺，向上耸立约有千尺。

【23】穹崖，很高的山崖。穹，高大。巨谷，巨大的山谷。谷，两山之间狭长而有出口的地带。

【24】类，同，相似。

【25】皆包在诸谷中，雁荡山诸峰都被包拢在各个深谷中。

【26】森然，形容山峰高耸林立。干霄，直插云霄。干，冒犯，这里可译为"插入"。

【27】原其理，推求其中的道理。原，推求，考究。

【28】峭然，高大独立的样子。

【29】水凿之穴，水流冲刷（而形成）的洞穴。水凿，指水流冲刷。

【30】适与地平，（山谷里的雁荡诸峰）恰好跟（整个山岭的）地面一样平。适，恰好。

【31】以至诸峰之顶，亦低于山顶之地面，即以至于这些山峰的最高峰也还低于整个山岭顶部的地面。

【32】皆有植土龛岩，都有直立的土壁或上部突出下部凹陷的岩石。植土，指沟壑两旁高而直立的土层。龛岩，指底部向内凹陷的岩石。

【33】成皋，旧县名，在今河南省荥阳县西境。陕西，陕县以西。陕，即河南陕县，宋朝叫陕州或陕郡。大涧，夹在两山间的大水沟。

【34】立土，直立的土壁。动及，经常达到，往往达到。

【35】迥然，差得很远的样子。这里形容直立的土壁，与沟壑相比，高得非常悬殊。

【36】亦雁荡具体而微者，意思是说土壁的形态，也可以说是具备了雁荡山的各种形态，不过是规模较小的。具体而微，各体（部分）都具备，但规模较小。

【37】既非挺出地上，（雁荡山）既然不是挺立在地面之上。

【38】林莽，指深山密林中的草木。

陨石

沈括

题 解

此篇选自《梦溪笔谈·神奇》，如实地记录了宋英宗治平元年（1064年），常州地区发生的一次陨星坠落的情景。陨星的坠落其实与地震一样，是一种常见的自然现象。早在两千多年前的春秋时代，中国史书上就有记载，只不过语焉不详，更加上后代唯心主义者又将陨星神秘化，致使有关陨星的记载远离科学。作者身处封建迷信盛行的年代，能以科学的精神认识并记述陨星现象，实属难能可贵。

治平[1]元年，常州[2]日禺时[3]，天有大声如雷，乃一大星，几[4]如月，见[5]于东南。少时[6]而又震一声，移著[7]西南。又一震而坠在宜兴[8]县民许氏园中。远近皆见，火光赫然照天，许氏藩篱皆为所焚。是时火息，视地中有一窍如杯大，极深。下[9]视之，星在其中，荧荧然。良久渐暗，尚热不可近。又久之，发[10]其窍，深三尺余，乃得一圆石，犹热，其大如拳，一头微锐，色如铁，重亦如之。州守[11]郑伸[12]得之，送润州[13]金山寺[14]，至今匣藏，游人到则发视[15]。王无咎[16]为之传甚详。

注 释

【1】治平，宋英宗赵曙的年号（1064—1067年）。

【2】常州，古代州名，治所在今江苏省常州市。

【3】日禺（yú）时，太阳西下时。禺，禺谷，古代传说太阳落下的地方叫禺谷。一说"禺"即"禺中"，指"日近午"，也就是快到中午的时候。推敲文义，沈括所描写的情况应该发生在傍晚时分，因为天光渐暗时，才能见其

"几如月""火光赫然照天""星在其中，荧荧然"；如果是在中午阳光灿烂的时分，与所描写的情况似乎不符。

【4】几（jī），将近，接近。

【5】见（xiàn），出现。

【6】少时，不多时，不多一会儿。

【7】著（zhuó），放置，安放，文中是"到"、"至"的意思。

【8】宜兴，地名，在今江苏省宜兴市。

【9】下，往下。

【10】发，开挖，挖掘。

【11】州守，宋代州一级的行政长官。

【12】郑伸，人名，事迹不详。

【13】润州，古代州名，治所在今江苏省镇江市。

【14】金山寺，即今江苏镇江金山寺。金山，位于镇江市西北，原在长江中，后因沙涨水退，渐与南岸相连。

【15】发视，文中指打开匣子让人观看。

【16】王无咎，字补之，王安石的学生。

《东京梦华录》序

孟元老

孟元老，名钺，号幽兰居士，原籍不详。他跟随父亲宦游四方，崇宁二年（1103年）到汴京，在京城居住二十多年。靖康之乱后到江左避难，回忆汴京繁盛情景，著为《东京梦华录》。此书生动地记录了北宋都城汴京的都市生活、风土民情、城市建筑、商业服务、勾栏瓦肆及说书、杂剧、歌舞伎艺等情景，是北宋时期乃至中国文学史上重要的笔记著作。

题解

北宋靖康二年（1127年），北方女真族的铁骑长驱中原，直捣汴京（今河南开封），掳掠徽、钦二帝及太妃、太子、宗室三千人，辇毂繁华、壮丽辉煌的宋都顷刻间灰飞烟灭，宗庙毁废，北宋宣告灭亡。大批臣民逃命南方，颠沛流离的生活使他们的心中时时闪动着汴梁的富华景象，依依不舍地频频回顾餍足的生活。孟元老怀着对往昔的无限眷念和对现实的无限伤感，撰写了《东京梦华录》，此文为序。

仆[1]从先人[2]宦游[3]南北，崇宁[4]癸未[5]到京师[6]，卜居[7]于州西金梁桥[8]西夹道之南。渐次长立，正当[9]辇毂之下[10]。太平日久，人物繁阜[11]。垂髫[12]之童，但[13]习鼓舞；班白[14]之老，不识干戈。时节相次[15]，各有观赏。灯宵月夕，雪际花时，乞巧[16]登高[17]，教池游苑[18]。举目则青楼画阁，绣户珠帘。雕车竞驻于天街[19]，宝马[20]争驰于御路[21]，金翠耀目，罗绮飘香。新声[22]巧笑[23]于柳陌花衢[24]，按管调弦[25]于茶坊酒肆。八荒[26]争凑[27]，万国咸[28]通[29]。集四海之珍奇，皆归市易[30]；会寰区[31]之异味[32]，悉[33]在庖厨[34]。花光满路，何限[35]春游；箫鼓[36]喧空[37]，几家夜宴。伎巧[38]则惊人耳目，侈奢则长人精神。瞻天表[39]则元夕[40]教池，拜郊[41]孟享[42]。频观公主下降[43]，皇子纳妃[44]。修造则创建明堂[45]，冶铸则立成鼎[46]鼐[47]。观妓籍[48]则府曹[49]衙罢[50]，内省宴回[51]；看变化[52]则举子唱名[53]，武人换授[54]。仆数十年烂赏[55]迭游[56]，莫知厌足[57]。

一旦兵火，靖康丙午之明年[58]，出京南来[59]，避地江左[60]，情绪牢落[61]，渐入桑榆[62]。暗想当年，节物风流，人情和美，但成怅恨。近与亲戚会面，谈及曩昔[63]，后生往往妄生不然。仆恐浸久[64]，论其风俗者，失于事实，诚为可惜。谨省记编次成集，庶几开卷得睹当时之盛。古人有梦游华胥之国[65]，其乐无涯者，仆今追念，回首怅然，岂非华胥之梦觉哉？目[66]之曰《梦华录》。

　　然以京师之浩穰[67]，及有未尝经从处，得之于人，不无遗阙。倘遇乡党[68]宿德[69]，补缀周备，不胜幸甚[70]。此录语言鄙俚，不以文饰者，盖欲上下通晓尔，观者幸详焉。

　　绍兴丁卯[71]岁除日[72]，幽兰居士孟元老序。

注　释

【1】仆，谦辞，我。

【2】先人，亡父，作者著文时其父已去世，事后追忆，故云。

【3】宦游，做官。

【4】崇宁，宋徽宗赵佶的年号。

【5】癸未，崇宁二年（1103年）。

【6】京师，首都。此指汴京。

【7】卜居，古人用占卜选择居所，这里泛指择地定居。

【8】金梁桥，汴河流经城内，有桥十三座。由西水门向东数第三座为金梁桥。

【9】正当，正值。当，遇到。

【10】辇毂（niǎn gǔ）之下，在皇帝所乘车轮下面，指京师地区。毂，车轮中心的圆木，周围与车辐的一端相接，可以插轴。

【11】繁阜（fù），繁多。

【12】垂髫（tiáo），古时儿童不束发，头发下垂，借指儿童或童年时期。髫，儿童垂下的头发。

【13】但，只。

【14】班白，通"斑白"，鬓发花白。

【15】相次，相继，一个接一个。

【16】乞巧，旧时风俗，相传农历七月初七夜天上牛郎织女相会，妇女于当晚穿针，称为乞巧。

【17】登高，指重九（农历九月初九）登高的风俗。

【18】教池游苑（yuàn），指金明池、琼林苑的春季游赏活动。

【19】天街，京城中皇帝巡行的街道，也称"御街"。

【20】宝马，珠宝装饰之马。

【21】御路，皇帝巡行的道路。

【22】新声，新作的乐曲。

【23】巧笑，美好的笑容。

【24】柳陌花衢（qú），指妓院聚集之所，同"花街柳巷"。

【25】按管调（diào）弦，指演奏各种音乐。按管，吹奏管乐。调弦，弹奏弦乐。

【26】八荒，八方荒远的地方。

【27】凑，会合。

【28】咸，全部，都。

【29】通，到达。

【30】市易，买卖交易。

【31】寰（huán）区，犹天下，指国家全境。

【32】异味，异常的美味。

【33】悉，全，都。

【34】庖（páo）厨，厨房，这里指当时的饮食行业。

【35】何限，岂止，不仅仅。表示不确定。

【36】箫鼓（xiāo gǔ），这里代指音乐声。

【37】喧空，声音响彻云霄。

【38】伎（jì）巧，即技巧。

【39】天表，皇帝的容貌。

【40】元夕，农历正月十五夜晚，即元宵。

【41】拜郊，到郊外祭坛祭拜天地。

【42】孟享，指初次祭祀。

【43】公主下降，即公主"屈尊"下嫁。下降，结婚。

【44】皇子纳妃，指皇子娶妻妾。

【45】明堂，古代帝王宣明政教的地方，朝会、祭祀、庆赏等大典均在此举行。这里指当时的大庆殿。

【46】鼎（dǐng），三足的金属容器。

【47】鼐（nài），大鼎。

【48】妓籍，指在籍的歌舞女艺伎。

【49】府曹，指各不同官府衙门。

【50】衙（yá）罢，办公完毕。

【51】内省宴回，宫中或尚书省宴散而回。

【52】变化，指地位、身份的改变。

【53】举子唱名，举子中进士殿试后，皇帝呼名召见登第进士。

【54】换授，改授官职。

【55】烂赏，欣赏得烂熟。

【56】迭（dié）游，多次游玩。

【57】厌足，满足。

【58】靖（jìng）康丙午之明年，即靖康丁未年（1127年）。靖康，宋钦宗赵桓的年号（1126—1127年）。

【59】出京南来，离开汴京向南方逃来。

【60】江左，古人叙地理以东为左，江左即长江下游以东地区，在今江苏省一带。

【61】牢落，孤寂，无所寄托。

【62】渐入桑榆，指渐至晚年。桑榆，《太平御览》三引《淮南子》："日西垂景在树端，谓之桑榆。"以桑榆喻日暮，又以喻晚年。

【63】曩（nǎng）昔，过去，从前。

【64】浸久，渐久。

【65】梦游华胥（xū）之国，《列子·黄帝》载，黄帝"昼寝而梦，游于华胥之国。其国无帅长，自然而已；其民无嗜欲，自然而已。黄帝既寤，怡然自得"。后称追念往事为"梦华"。

【66】目，称。

【67】浩穰（ráng），宽广繁华。《汉书·张敞传》："京兆典京师，长安中浩穰，于三辅尤为剧。"

【68】乡党，乡、党均为古代基层行政单位。此犹言乡里。

【69】宿德，年高有德者。

【70】不胜幸甚，荣幸之极。幸，希望。

【71】绍兴丁卯，即绍兴十七年（1147年）。绍兴，宋高宗赵构的年号。

【72】除日，农历十二月最后一日。

奥森文库传家系列

《大美中文课之唐诗千八百首》（全三册）已上市，京东、当当、天猫、淘宝、各大新华书店有售。

《大美中文课之唐宋词千八百首》（全三册）、《花间集》、《纳兰词》、《李清照全集》、《东坡乐府》、《大美中文课之传世家训》即将上市，敬请期待！

《大美中文课之古文观止新编》（全三册）隆重上市！扫描下面二维码关注"奥森书友会"微信公众号，回复"古文""观止"即可获赠全书译文。

奥森文库 传家系列

大美中文课 之

古文观止新编

奥森书友会 ▼ 编

下

台海出版社

议国是

李纲

李纲，字伯纪，号梁溪先生，常州无锡人，祖籍福建邵武。两宋之际抗金名臣。靖康元年（1126年）金兵入侵汴京时，任京城四壁守御使，团结军民，击退金兵。但不久即被投降派所排斥。宋高宗即位初，一度起用为相，曾力图革新内政，仅七十七天即遭罢免。绍兴二年（1132年），复起用为湖南宣抚使兼知潭州，旋即又遭免职。他多次上疏陈诉抗金大计，均未被采纳。能诗文，写有不少爱国篇章。亦能词，其咏史之作，形象鲜明生动，风格沉雄劲健。著有《梁溪先生文集》《靖康传信录》《梁溪词》。

题 解

此篇是作者任宰相时，上书给宋高宗的十篇奏议中的第一篇。靖康二年（1127年）五月，康王赵构即帝位于南京应天府，是为宋高宗，改当年为建炎元年，史称南宋。他起用深孚众望的李纲为尚书右仆射兼中书侍郎。右谏议大夫范宗尹力主议和，说李纲"名浮于实，而有震主之威，不可以相"。御史中丞颜岐说李纲为金人所恶，也反对李纲任相。

六月，刚到任的李纲认为当务之急是议国是、议巡幸、议赦宥、议僭逆、议伪命、议战、议守、议本政、议责成、议修德。他反对议和，要求表彰抗金中的死节之士，还都开封，重整军务。他强烈要求严惩降金官吏，表示："臣不可与邦同列，当以笏击之。"

李纲积极支持两河军民抗金，任张所为河北招抚使，傅亮为河东经制副使，宗泽为开封府知府。他认为只要上下齐心抗金，"三数年间，军政益修，甲车咸备，然后大举以讨之，报不共戴天之仇，雪振古所无之耻。"在李纲的苦心经营之下，南宋政局逐渐稳定。

臣窃以和、战、守，三者一理也。虽有高城深池，弗能守也。则何以战？虽有坚甲利兵，弗能战也，则何以和？以守则固，以战则胜，然后其和可保。不务战、守之计，唯信讲和之说，则国势益卑，制命于敌无以自立矣。

景德[1]中，契丹[2]入寇，罢远幸[3]之谋，决亲征之策，捐金币三十万[4]而和约成；百有余年，两国生灵，皆赖其利，则和、战、守，三者皆得也。靖康之春，粗得守策，而割三镇之地[5]，许不可胜计之金币以议和，惩劫寨之小衄而不战[6]，和与战两失之。其冬，金人再寇畿甸[7]，廷臣以春初固守为然。而不知时事之异，胶柱鼓瑟[8]，初[9]无变通之谋，内之不能抚循士卒，以死捍[10]贼；外之不能通达号令，以督援师。金人既登城矣，犹降和议已定之诏，以款四方勤王之师[11]，使虏得逞其欲。凡都城玉帛子女、重宝图籍、仪卫辇辂[12]、百工技艺，悉索取之，次第遣行；及其终也，劫质二圣，巡幸[13]沙漠，东宫[14]亲王、六宫戚属、宗室之家，尽驱以行。因逼臣僚易姓建号[15]。自古夷狄[16]之祸中国，未有若此之甚者。是靖康之冬，并守策失之，而卒为和议所误也。

天祚有宋[17]，必将有主，故使陛下脱身危城[18]之中，总师大河之外[19]；入继大统，以有神器[20]。然以今日国势揆[21]之靖康之初，其不相若远甚。则朝廷所以捍患御侮，粒宁[22]万邦者，于和、战、守当何所从而可也。

臣愚，虽不足以知朝廷国论[23]大体，然窃恐犹以和议为然也。何哉？二圣播迁，陛下父兄沉于虏廷，议者必以谓非和则将速二圣之患，而亏陛下孝友之德，故不得不知。臣窃以为不然。夫为天下者不顾其亲；顾其亲而忘天下之大计者，此匹夫之孝友也。

昔汉高祖与项羽战于荥阳、成皋间，太公为羽军所得，其危屡矣。高祖不顾，其战弥励[24]。羽不敢害，而卒归太公。然则不顾其亲而战者，乃所以归太公之术也。晋惠公为秦所执[25]，吕郤谋立子圉以靖[26]国人，其言曰："失君有君，群臣辑睦[27]，甲兵益多，好我者劝[28]，恶我者惧，庶有益乎。"秦不敢害，而卒归惠公。然则不恤敌国[29]而自治者，乃所以归惠公之术也。今[30]有贼盗于此，劫质主人，以兵威临之，则必不敢加害；以卑辞求之，则所索弥多，往往有不可测之理。何则？彼为利谋，陵[31]懦畏强，而初无恻隐之心故也。今二圣之在虏廷，莫知安否之审[32]，固臣子之所不忍言。然吾不能逆[33]折其意，又将堕其计中。以和议为信然，彼必曰割某地以遗我，得金币若干则可；不然，二圣之祸，且将不测。不予之，是陛下之忘父兄也；予之，则所求无厌。虽曰割天下之山河，竭取天下之财用，山河财用有尽，而金人之欲无穷，少有衅端[34]，前所与者，其功尽废，遂当拱手[35]以听命而已。昔金人与契丹二十余战，战必割地厚赂以讲和；既和，则又求衅以战，卒灭契丹。今又以和议惑中国，至于破都城，灭宗社[36]，易姓建号，其不道如此。而朝廷犹以和议为然，是将以天下畀[37]之敌国而后已。臣愚，窃以为过矣。

　为今之计，莫若一切[38]罢和议，专务自守之策，而战议则姑俟于可为之时。何哉？彼既背盟而劫质，地不可复；予惟以二圣在其国中，不忍加兵，俟其入寇，则多方以御之；所破城邑，徐议收复。建藩镇[39]于河北、河东之地，置帅府要郡于沿河、江淮之南，治城壁，修器械，教水军，习车战：凡捍御之术，种种具备，使进无抄掠[40]之得，退有邀击[41]之患，则虽时有出没，必不敢深入而凭陵[42]。三数年间，生养休息，军政益修，士气渐振，将帅得入，车甲备具；然后可议大举，振天声[43]以讨之，以报不共戴天之仇，以雪振古[44]所无之耻。彼知中国能自强如此，岂徒不敢肆凶，而二圣保万寿之休 [45]，亦将悔祸率从 [46]，而銮舆 [47] 有可还之理。倘舍此策，益割要害之地，奉金币以予之，是倒持太阿，以其柄授人，藉寇兵而资盗粮也。前日既信其诈谋以破国 [48] 矣，今又欲蹈覆车之辙以破天下，岂不重 [49] 可痛哉！

或谓强弱有常势，弱者不可不服于强。昔越王勾践卑身重赂以事吴，而后卒报其耻。今中国事势弱矣，盍 [50] 以勾践为法，卑身重赂以事之，庶几可以免一时之祸，而成将来之志乎？臣以为不然。夫吴伐越，勾践以甲楯三百栖于会稽 [51]，遣使行成 [52]，而吴许之。当是时，吴无灭越之志，故勾践得以卑身厚赂以成其谋，枕戈尝胆以励其志，而卒报吴。今金人之于国家何如哉？上自二圣东宫，不逮宗室之系于属籍者 [53]，悉驱之以行；而陛下之在河北，遣使降伪诏 [54]，以宣召求之，如是其急也，岂复有恩于赵氏哉？虽卑身至于奉藩称臣，厚赂至于竭天下之财以予之，彼亦未足为德也，必至于混一区宇而后已。然则今日之事，法勾践尝胆枕戈之志则可，法勾践卑身厚赂之谋则不可。事固有似是而非者，正谓此也。

然则今日为朝廷计，正当岁时 [55] 遣使以问二圣之起居，极所以崇奉之者。至于金国，我不加兵，而待其来寇，则严守御以备之。练兵选将，一新军律。俟我国势既强，然后可以兴师邀请 [56]。有此武功，以俟将来，此最今日之上策也。

古语有之曰：愿与诸君共定国是。夫国是定，然后设施注措 [57]，以次推行。上有素定之谋 [58]，下无趋向之惑，天下之事不难举也。靖康之间，惟其国是不定，而且和且战，议论纷然，致有今日之祸；则今日之所当监者 [59]，不在靖康乎？臣故陈守、战、和三说以献。伏愿陛下断自渊衷 [60]，以天下为度，而定国是，则中兴之功可期矣。取进止！[61]

注　释

【1】景德，宋真宗赵恒的年号。

【2】契丹，东北的少数民族，时建有辽国。

【3】幸，皇帝出游称"幸"。远幸之谋，指契丹入侵时，有人曾主张迁都金陵或成都。

【4】金币三十万，宋真宗时期，北宋与契丹所订"澶渊之盟"，约定每年给契丹银十万两、绢二十万匹。

【5】靖康元年正月，金兵南侵至黄河北岸，宋钦宗守住汴京，与金人议和，答应每年献金五百万两、银五千万两、牛马各万头、缎百万匹，割让中山、太原、河间三镇之地。

【6】惩，惩戒。衄。挫败。姚平仲曾以步骑夜袭金营，失利，宋从此罢战讲和。

【7】畿甸，京城附近地区。

【8】胶柱鼓瑟，瑟弹奏前，须转动弦柱以调整音高，若用胶将弦柱粘住，则无法调音。喻固执拘泥，不知变通。

【9】初，全然，完全。

【10】捍，抵御。

【11】款，延缓。勤王，为王事勤劳，指起兵救援王朝。

【12】仪卫，仪仗和侍卫。辇辂。皇帝的车子。

【13】巡幸，皇帝出巡外地称"巡幸"。此乃被俘北去，言巡幸，是讳饰之词。

【14】东宫，指太子，古代太子住东宫。

【15】易姓建号，徽、钦二帝降后，金主逼迫宋臣立张邦昌为傀儡皇帝，建国号楚。

【16】夷狄，泛指少数民族。

【17】有宋，即宋王室。"有"是名词词头。

【18】脱身危城，金兵围汴京时，赵构不在京城，未被俘，故云。

【19】大河之外，赵构以河北兵马大元帅，驻军相州（今河南安阳），其地相对汴京来说，在黄河以北，故称"大河之外"。

【20】神器，指帝位，政权。

【21】揆，比拟，较量。

【22】救宁，安抚。

【23】国论，国家大计。

【24】励，更加起劲。

【25】春秋时，晋、秦二国在韩原（今陕西韩城西南）交战，晋惠公被秦国抓走，晋臣吕甥等谋，另立惠公的儿子圉为君。

【26】靖，安定。

【27】辑睦，和睦。

【28】劝，鼓励。

【29】恤敌国，指望敌国体恤。

【30】今，假设连词。

【31】陵，欺侮。

【32】审，详细情况。

【33】逆，迎头，预先。

【34】衅端，事端，争端。

【35】拱手，两手抱合于胸前，以示恭敬。

【36】宗社，宗庙与社稷，代指国家。

【37】畀，给予。

【38】一切，一概，完全。

【39】藩镇，拱卫国家的重镇。河北、河东，宋所设置的路名。

【40】抄掠，抢掠。

【41】邀击，拦击。

【42】凭陵，侵扰，侵凌。

【43】振天声，出征时的钟鼓之声震天。

【44】振古，自古。

【45】休，福。

【46】悔祸，后悔从前的为祸。率从，顺从。

【47】銮舆，皇帝的车子，上装有銮铃（鸣声似鸾鸟之铃），此以代徽宗、钦宗。

【48】国，都城。

【49】重，不止一层。

【50】盍，何不。

【51】甲盾，指按甲持盾的战士。会稽，越国山名（在今浙江绍兴县）。

【52】行成，求和。

【53】逮，及，到。属籍，族籍。

【54】遣使降伪诏，金兵围汴京时，赵构率兵从相州奔向澶渊，想解除京城之围，金人为了一网打尽，曾派人诱召他到金营。

【55】岁时，每年的四时。

【56】邀请，指提出要求。

【57】设施注措，指国家应该设立、施行、措置的大小事情。

【58】素定之谋，已经定好不变的策略。

【59】监，古"鉴"字，镜子。当监，应该引以为鉴戒。

【60】渊衷，见识深远之心。

【61】取进止，当时奏议结尾的套语，意为以上所言，是采用还是不采用，取决于皇上，请皇上决定办理。

论马

岳飞

岳飞，字鹏举，相州汤阴（今河南汤阴县）人，北宋末、南宋初的军事家。官至少保、枢密副使，封武昌郡开国公。

岳飞于北宋末年投军，因其军事才能优秀，得到宗泽等名将赏识而不断升迁。在抗金战争的十余年间，岳飞率领岳家军与金军进行了数百次战斗，所向披靡；尤其是1140年的北伐，岳飞率兵收复了郑州等地，在郾城大败金军，兵锋直抵朱仙镇。由于宋高宗、秦桧等投降派的破坏，岳飞不得不班师回朝；回朝后，岳飞便遭秦桧等人诬陷而入狱。1142年1月，岳飞以"莫须有"的"谋反"罪名，迫令自害，通说为自缢，其长子岳云和部将张宪皆被害。宋孝宗时，岳飞冤案才得以平反，追谥武穆，后追赠太师，追封鄂王，改谥忠武，并将岳飞改葬于杭州西湖畔。

岳飞治军严明，其麾下的岳家军号称"冻死不拆屋，饿死不掳掠"；金军哀叹"撼山易，撼岳家军难"。岳飞是南宋初期唯一一位成功组织大规模进攻的将领，他提出的"连结河朔"的策略使南宋朝廷得以收复大片失地。文学上，岳飞的文学才华也是古代将帅中少有，《满江红·怒发冲冠》更是千古传颂的名篇。

题 解

本文借描写马的饮食和行走，说明要成为"负重致远"之才，必须具备若干要素。

骥不称其力，称其德也。臣有二马，故常 [1] 奇之。日啖 [2] 豆数升，饮泉一斛 [3]，然非精洁宁饿死不受，介胄 [4] 而驰，其初若不甚疾。比 [5] 行百余里，始振鬣长鸣，奋迅示骏，自午至酉，犹可二百里；褫 [6] 鞍甲而不息、不汗，若无事然。此其为马，受大而不苟取，力裕而不求逞，致远之材也。值复襄阳，平杨么，不幸相继以死。今所乘者不然。日所受不过数升，而秣 [7] 不择粟，饮不择泉，揽辔未安，踊跃疾驱，甫百里，力竭汗喘，殆欲毙然。此其为马，寡取易盈，好逞易穷，驽钝之材也。

注 释

【1】故常，过去常常。

【2】啖，吃。

【3】斛，量器名，古代一斛为十斗。

【4】介，甲衣。胄，头盔。这里作动词。

【5】比，及，等到。

【6】褫（chǐ），解除。

【7】秣，吃饲料。

五岳祠盟记

岳飞

题 解

这篇"盟记"作于岳飞率军迎敌收复建康（今江苏南京）之后。文章虽篇幅短小，却写得壮怀激烈，鼓舞人心。开头总述了作者奋而从军的缘起、对敌作战的经历以及当前获取的战果。接着作者申述怀抱，盟发誓言，豪言壮语表现出克敌制胜的坚定信念和顽强斗志，堂堂正正，凛凛尊严，具有激动人心的力量。此篇文章的文字铿锵顿挫，掷地有声。以四字句为主，节奏急促，明快向上，间以六字句，读来铿锵有力。

自中原板荡[1]，夷狄[2]交侵，余发愤河朔[3]，起自相台[4]，总发[5]从军，历二百余战。虽未能远入夷荒[6]，洗荡巢穴，亦且快国雠之万一[7]。今又提一旅孤军，振起宜兴[8]，建康之城，一鼓败虏，恨[9]未能使匹马不回耳！

故且养兵休卒，蓄锐待敌，嗣[10]当激励士卒，功期再战[11]，北逾沙漠，蹀血虏廷[12]，尽屠夷种。迎二圣[13]，归京阙，取故地，上版图[14]，朝廷无虞[15]，主上奠枕[16]，余之愿也。河朔岳飞题。

注 释

【1】《诗经·大雅》中描述周厉王暴虐无道的二篇，分别名为《板》《荡》，后二字连称以指政治混乱，社会动荡。

【2】夷狄，指少数民族，古称东方为夷，北方为狄，此系泛指。

【3】河朔，黄河以北地区。

【4】相台，即相州，治所在邺县（今河北临漳县），曹操曾在此建铜雀台，故称相台。

【5】总发，束聚头发，指刚成年。古时男子年二十束发加冠，以示成年。岳飞二十从军，故有此说。

【6】夷荒，此指金国，因在今东北地区，故有此说。

【7】"亦且"句，总算是也报了国仇的万分之一。雠，通"仇"。

【8】振起宜兴，《宋史·岳飞传》："建炎四年，兀术攻常州，宜兴令迎飞移屯焉。"指收复建康的战役是从宜兴开始的。宜兴，今属江苏。

【9】恨，可惜。

【10】嗣（sì），接着，随后。

【11】功期再战，期望在下次战役中立功。

【12】蹀（dié）血虏廷，捣毁敌人的老巢。蹀血，踏着血迹，指冒死冲锋。虏廷，指金国国都上京会宁府（今黑龙江阿城附近）。

【13】二圣，指被金兵掳去的宋徽宗、宋钦宗父子。

【14】版图，户籍册和疆域图。

【15】虞，忧虑。

【16】奠枕，安枕。

金石录后序

李清照

李清照，号易安居士。齐州章丘（今山东章丘）人。宋代著名女词人，工诗，能文，尤擅长词，为婉约派代表，有"千古第一才女"之称。她生活在两宋之交，靖康之变不仅成为她人生状况的分野，也是她文学创作思想风格的迥然分野。

题 解

《金石录后序》是李清照的一篇回忆性散文，是研究李清照生平史实的第一手资料，是李清照个人生活、家庭背景及她所处的那个动荡时代的真实反映。李清照创作《金石录后序》正是北宋灭亡、南宋初建的时候，社会正处于大变革时代。全篇重点放在叙述金石书画的"得之艰而失之易"，是一篇带有自传性而又抒情性极强的散文，匠心独运，具有很强的艺术感染力。

右[1]金石录三十卷者何？赵侯德父[2]所著书也。取上自三代，下迄五季[3]，钟、鼎、甗、鬲、盘、彝、尊、敦之款识[4]，丰碑、大碣[5]，显人、晦士[6]之事迹，凡见于金石刻者二千卷，皆是正[7]伪谬，去取褒贬，上足以合圣人之道，下足以订史氏之失者，皆载之，可谓多矣。

呜呼，自王播、元载之祸[8]，书画与胡椒无异；长舆、元凯之病，钱癖与传癖何殊[9]。名虽不同，其惑一也。

余建中辛巳[10]，始归[11]赵氏。时先君作礼部员外郎[12]，丞相[13]时作吏部侍郎。侯年二十一，在太学作学生。赵、李族寒，素贫俭。每朔望谒告[14]出，质衣，取半千钱[15]，步入相国寺[16]，市[17]碑文果实归，相对展玩咀嚼，自谓葛天氏[18]之民也。后二年，出仕宦，便有饭蔬衣练[19]，穷遐方绝域[20]，尽天下古文奇字[21]之志。日就月将[22]，渐益堆积。丞相居政府，亲旧或在馆阁[23]，多有亡诗逸史，鲁壁汲冢[24]所未见之书，遂力传写，浸[25]觉有味，不能自已。后或见古今名人书画，一代奇器，亦复脱衣市易。尝记崇宁间[26]，有人持徐熙[27]牡丹图，求钱二十万。当时虽贵家子弟，求二十万钱，岂易得耶。留信宿[28]，计无所出而还之。夫妇相向怅怅者数日。

后屏居[29]乡里十年，仰取俯拾[30]，衣食有余。连守两郡[31]，竭其俸入，以事铅椠[32]。每获一书，即同共勘校，整集签题。得书、画、彝[33]、鼎，亦摩玩舒卷[34]，指摘疵病，夜尽一烛为率[35]。故能纸札精致，字画完整，冠诸收书家。余性偶强记，每饭罢，坐归来堂[36]烹茶，指堆积书史，言某事在某书、某卷、第几叶[37]、第几行，以中否角胜负，为饮茶先后。中即举杯大笑，至茶倾覆怀中，反不得饮而起。甘心老是乡矣。故虽处忧患困穷，而志不屈。收书既成，归来堂起书库，大橱簿甲乙[38]，置书册。如要讲读，即请钥上簿[39]，关出[40]卷帙。或少损污，必惩责揩完涂改，不复向时之坦夷也[41]。是欲求适意，而反取憀慄[42]。余性不耐[43]，始谋食去重肉[44]，衣去重采[45]，首无明珠、翠羽之饰，室无涂金、刺绣之具。遇书史百家，字不刓缺[46]，本不讹谬者，辄市之，储作副本。自来家传周易、左氏传，故两家者流，文字最备。于是几案罗列，枕席枕藉[47]，意会心谋，目往神授[48]，乐在声色狗马之上。

至靖康丙午岁[49]，侯守淄川[50]，闻金寇犯京师，四顾茫然，盈箱溢箧[51]，且恋恋，且怅怅，知其必不为己物矣。建炎丁未[52]春三月，奔太夫人[53]丧南来。既长物[54]不能尽载，乃先去书之重大印本者，又去画之多幅者，又去古器之无款识者，后又去书之监本者[55]，画之平常者，器之重大者。凡屡减去，尚载书十五车。至东海[56]，连舻渡淮，又渡江，至建康。青州[57]故第，尚锁书册什物，用屋十余间，冀望来春再备船载之。十二月，金人陷青州，凡所谓十余屋者，已皆为煨烬矣[58]。

建炎戊申[59]秋九月，侯起复[60]知建康府。已酉[61]春三月罢，具舟上芜湖[62]，入姑孰[63]，将卜居赣水上[64]。夏五月，至池阳[65]。被旨知湖州[66]，过阙上殿[67]。遂驻家池阳，独赴召。六月十三日，始负担，舍舟坐岸上，葛衣岸巾[68]，精神如虎，目光烂烂射人[69]，望舟中告别。余意甚恶[70]，呼曰："如传闻城中缓急[71]，奈何？"

戟手[72]遥应曰："从众。必不得已，先弃辎重，次衣被，次书册卷轴，次古器，独所谓宗器者[73]，可自负抱，与身俱存亡，勿忘之。"遂驰马去。途中奔驰，冒大暑，感疾。至行在[74]，病疟[75]。七月末，书报卧病。余惊怛，念侯性素急，奈何。病疟或热，必服寒药，疾可忧。遂解舟下，一日夜行三百里。比至，果大服柴胡、黄芩药[76]，疟且痢，病危在膏盲[77]。余悲泣，仓皇不忍问后事。八月十八日，遂不起。取笔作诗，绝笔而终，殊无分香卖履[78]之意。

葬毕，余无所之。朝廷已分遣六宫[79]，又传江当禁渡。时犹有书二万卷，金石刻二千卷，器皿、茵褥[80]，可待百客，他长物称是[81]。余又大病，仅存喘息。事势日迫。念侯有妹婿，任兵部侍郎，从卫在洪州[82]，遂遣二故吏，先部送[83]行李往投之。冬十二月，金寇陷洪州，遂尽委弃。所谓连舻渡江之书，又散为云烟矣。独余少轻小卷轴书帖、写本李、杜、韩、柳集[84]，《世说》[85]《盐铁论》，汉唐石刻副本数十轴，三代鼎鼐十数事[86]，南唐写本书数箧，偶病中把玩，搬在卧内者，岿然独存[87]。

上江[88]既不可往，又虏势叵测[89]，有弟迒任敕局删定官[90]，遂往依之。到台[91]，台守已遁。之剡[92]，出陆[93]，又弃衣被。走黄岩[94]，雇舟入海，奔行朝[95]，时驻跸章安[96]，从御舟海道之温[97]，又之越[98]。庚戌[99]十二月，放散百官，遂之衢[100]。绍兴辛亥[101]春三月，复赴越，壬子[102]，又赴杭[103]。

先侯疾亟[104]时，有张飞卿学士，携玉壶过，视侯，便携去，其实珉也[105]。不知何人传道，遂妄言有颁金[106]之语。或传亦有密论列者[107]。余大惶怖，不敢言，亦不敢遂已，尽将家中所有铜器等物，欲走外廷投进[108]。到越，已移幸四明[109]。不敢留家中，并写本书寄剡。后官军收叛卒，取去，闻尽入故李将军家。所谓岿然独存者，无虑[110]十去五六矣。惟有书画砚墨，可五七簏[111]，更不忍置他所。常在卧榻下，手自开阖。在会稽[112]，卜居土民钟氏舍。忽一夕；穴壁[113]负五簏去。余悲恸不已，重立赏收赎。后二日，邻人钟复皓出十八轴求赏，故知其盗不远矣。万计求之，其余遂不可出。今知尽为吴说[114]运使贱价得之。所谓岿然独存者，乃十去其七八。所有一二残零不成部帙书册，三数种平平书帙，犹复爱惜如护头目[115]，何愚也耶。

今日忽阅此书，如见故人。因忆侯在东莱静治堂[116]，装卷初就，芸签缥带[117]，束十卷作一帙。每日晚吏散[118]，辄校勘二卷，跋题一卷。此二千卷，有题跋者五百二卷耳。今手泽[119]如新，而墓木已拱[120]，悲夫！

昔萧绎江陵陷没，不惜国亡，而毁裂书画[121]。杨广江都倾覆，不悲身死，而复取图书[122]。岂人性之所著，死生不能忘之欤。或者天意以余菲薄[123]，不足以享此尤物耶[124]。抑亦死者有知，犹斤斤爱惜，不肯留在人间耶。何得之艰而失之易也。

呜呼，余自少陆机作赋之二年[125]，至过蘧瑗知非之两岁[126]，三十四年之间，忧患得失，何其多矣！然有有必有无，有聚必有散，乃理之常。人亡弓，人得之[127]，又胡足道！所以区区记其终始者，亦欲为后世好古博雅者之戒云。

绍兴二年、玄黓岁，壮月朔甲寅[128]，易安室题。

注 释

【1】右，以上。后序在书末故云。

【2】赵侯德父，唐时以州、府长官称侯，赵明诚曾任莱州、淄州、建康府及湖州长官。德父，赵明诚之字。

【3】五季，即五代时后梁、后唐、后晋、后汉、后周五个朝代。

【4】甗（yǎn），陶制炊具。鬲（lì），古代炊具。敦（duì），青铜制食器。款识（zhì），铭刻在金石器物上的文字。

【5】丰碑、大碣（jié），都指石碑。长方形为碑，圆形为碣。丰，大。

【6】晦士，隐士。

【7】是正，订正。

【8】王播，应是王涯，此处为李清照笔误。王涯，字广律，唐文宗时人，酷爱收藏。"甘露之变"时，为宦官所杀，家产被抄没，所藏书画，尽弃于道。元载，唐代宗时宰相，为官贪横，好聚敛。后获罪赐死抄没其家产时，仅胡椒即有八百石。

【9】《晋书·杜预传》："预常称济有马癖，峤有钱癖。武帝闻之，谓预曰：'卿有何癖？'对曰：'臣有《左传》癖。'"和峤字长舆，杜预字元凯。

【10】建中辛巳，宋徽宗建中靖国元年（1101 年）。

【11】归，嫁。

【12】先君，指作者父亲李格非。旧称过世的父亲为先君、先父。礼部员外郎，礼部分曹办事官员。

【13】丞相，指赵明诚父赵挺之，曾官至尚书右仆射（相当于丞相）。

【14】谒（yè）告，谒见。

【15】质，典当。半千，五百。

【16】相国寺，北宋时汴京（今河南开封）最大的寺庙，也是当时著名的集市。

【17】市，购买。

【18】葛天氏，传说中远古时代的帝王，其时民风淳朴，安居乐业。

【19】饭蔬衣练，吃穿简单随意。蔬，蔬菜。练，粗帛。

【20】遐（xiá）方绝域，遥远荒僻之地。

【21】古文奇字，指秦汉碑版刻石之文字。

【22】日就月将，日积月累。

【23】馆阁，掌管国家图书、编修国史的机构。

【24】亡诗逸史，泛指散失的历史文化资料。亡诗，《诗经》305 篇之外的周诗。鲁壁汲冢，指《古论语》和古本《竹书记年》，此处泛指出土文物。《汉书·艺文》："武帝末，鲁共王坏孔子宅，欲以广其宫，而得古文及《礼记》《论语》《孝经》凡数十篇，古字也。"《晋书·武帝纪》："汲郡人不（fǒu）准（biāo）掘魏襄王冢，得竹简小篆古书十余万言。"冢，墓。

【25】浸，渐渐。

【26】崇宁，宋徽宗年号（1102—1106年）。

【27】徐熙，五代时南唐著名画家。

【28】信宿，两夜。

【29】屏（bǐng）居，退职闲居。赵挺之与蔡京争权失败罢相后不久死去，亲旧多遭迫害。赵明诚去官后携李清照回到青州故里。

【30】仰取俯拾，指多方谋求衣食。

【31】连守两郡，赵明诚自宋徽宗宣和三年（1121年）至宋钦宗靖康元年（1126年）先后知莱州、淄州。

【32】铅椠（qiàn），书写用具，这里指校勘、刻写。

【33】彝（yí），青铜制祭器。

【34】摩玩舒卷，反复观赏，爱不释手。

【35】率（lǜ），限度。

【36】归来堂，赵李二人退居青州时住宅名，取陶渊明《归去来辞》意。

【37】叶，同"页"。

【38】簿甲乙，分类登记。

【39】请钥，取钥匙。上簿，登记。

【40】关出，检出。

【41】坦夷，随意无所谓的样子。

【42】憀（liáo）慄（lì），不安貌。

【43】不耐，无能，缺乏持家的本事。

【44】重肉，两样荤菜。

【45】重采，两件绸衣。

【46】刓（wán）缺，缺落。

【47】枕藉，堆积。

【48】神授，神往。

【49】靖康丙午岁，宋钦宗靖康元年（1126年）。

【50】淄川，今山东淄博。

【51】箧（qiè），小箱子。

【52】建炎丁未，宋高宗建炎元年（1127年）。

【53】太夫人，指赵明诚之母。

【54】长（cháng）物，多余之物。

【55】监本，国子监刻印的版本。

【56】东海，即海州，今江苏连云港一带。

【57】青州，今山东青州。

【58】煨（wēi）烬，灰烬。煨，热灰。

【59】建炎戊申，建炎二年（1128年）。

【60】起复，重新启用。

【61】己酉，建炎三年（1129年）。

【62】芜湖，今安徽芜湖。

【63】姑孰，今安徽当涂。

【64】赣水，即赣江。

【65】池阳，今安徽贵池。

【66】湖州，今浙江吴兴一带。

【67】过阙上殿，指朝见皇帝。

【68】葛衣岸巾，穿葛布衣，戴露额头巾。

【69】目光烂烂射人，《世说新语·容止》："裴令公目王安丰：眼烂烂如岩下电。"形容目光富于神采。

【70】意甚恶，情绪很不好。

【71】缓急，偏义复词，指危急。

【72】戟手，举手屈肘如戟状。

【73】宗器，宗庙所用的祭祀、乐器。这里指最为贵重之物。

【74】行在，皇帝出外居留之所。这里指建康。

【75】痁（shān），疟疾。

【76】柴胡、黄芩（qín），两味退热的中药。

【77】膏肓（huāng），《左传·成公十年》："在肓之上，膏之下，攻之不可，达之不及，药不至焉，不可为也。"

【78】分香卖履，指就家事留遗嘱。曹操《遗令》："余香可分与诸夫人，不命祭。诸舍中无所为，学作履组卖也。"履，麻鞋。

【79】分遣六宫，疏散宫中妃子、宫女人等。

【80】茵褥，枕席、被子之类。

【81】他长物称是，其余用物与此数相当。

【82】从卫，担任皇帝的侍从、警卫。洪州，今江西南昌。

【83】部送，押送。

【84】李、杜、韩、柳集，唐代著名文学家李白、杜甫、韩愈、柳宗元的作品集。

【85】世说，即《世说新语》。

【86】鼐（nài），大鼎。十数事，十余种。

【87】岿然独存，指遭劫难而得幸存者。汉王延寿《鲁灵光殿赋》："西京未央建章之殿，皆见隳（huī）坏，而灵光岿然独存。"

【88】上江，指今安徽一带，以其在今江苏上游故名。

【89】叵（pǒ）测，不可测度。

【90】敕（chì）局删定官，负责编辑皇上诏令的官员。

【91】台，台州，今浙江临海。

【92】剡（shàn），剡溪，著名的风景胜地，在今浙江嵊县。

【93】出陆，走陆路。

【94】黄岩，今浙江黄岩。

【95】行朝，同"行在"。

【96】驻跸（bì），指皇帝停留。章安，在今浙江临海东南。

【97】温，温州，治所在今浙江温州。

【98】越，越州，治所在今浙江绍兴。

【99】庚戌，建炎四年（1130年）。

【100】衢（qú），衢州，治所在今浙江衢县。

【101】绍兴辛亥，宋高宗绍兴元年（1131年）。

【102】壬（rén）子，绍兴二年（1132年）。

【103】杭，今浙江杭州。

【104】疾亟（jí），病危。

【105】珉（mín），似玉的石头。

【106】颁金，分取金银财物。

【107】密论列，秘密举报。

【108】外廷，同"行朝"。投进，进献。

【109】幸，皇帝光临称"幸"。四明，即明州，今浙江宁波。

【110】无虑，大约。

【111】簏（lù），竹箱。

【112】会稽，今浙江绍兴。

【113】穴壁，在墙上打洞。

【114】吴说（yuè），宋代著名书法家。时任福建路转运判官，故称运使。

【115】如护头目，好像保护头与眼睛一样。

【116】东莱，即莱州。静治堂，为赵、李之书斋名。

【117】芸签，用芸草制成的书签。缥带，用来束扎卷轴的丝带。

【118】吏散，官吏结束一天的工作回家，即"下班"。

【119】手泽，亲手书写之墨迹。

【120】墓木已拱，指死已多时。《左传·僖公三十二年》记载秦穆公派人对蹇叔说："尔何知？中寿，尔墓之木拱矣。"拱，两手合围。

【121】此指梁元帝在西梁灭亡时烧毁收藏的十多万卷书，这被认为是中华文化遭受的一次浩劫。详见《论梁元帝读书》一文。

【122】此指唐颜师古撰传奇《南部烟花录》载，其死后显灵将生前所珍爱的书卷尽数据为己有。

【123】菲薄，指命薄。

【124】尤物，特异之物。

【125】少陆机作赋之二年，指十八岁。相传陆机二十岁作文赋。

【126】过蘧（qú）瑗知非之两岁，指五十二岁。《淮南子·原道训》："蘧伯玉年五十而知四十九年之非。"蘧瑗，字伯玉，春秋时卫国大夫。

【127】《孔子家语·好生》载："楚王出游，亡弓。左右请求之。王曰：'止。楚王失弓，楚人得之，又何求！'孔子闻之，惜乎其不大也。不曰'人遗弓，人得之'而已，何必楚也！"

【128】绍兴二年，即1132年。玄黓（yì），《尔雅·释天》："太岁……在壬曰玄黓。"绍兴二年正好是壬子年。壮月，八月。按：此署年或有误。

词论

李清照

题 解

本文是李清照关于词的一篇专论文章。在文章中，李清照提出词"别是一家"，强调了诗与词的区别，强调了词牌配合曲调演唱的重要性，并通过对其他各家的优秀词作的评价系统地阐释如何判断词作的优劣。本文篇幅较短，因此对一些问题也未能进行深入分析，有片面之嫌；但其"别是一家"的理论，对于后世论词之人产生了重要影响。

乐府声诗 [1] 并著，最盛于唐。开元、天宝间，有李八郎 [2] 者，能歌擅天下。时新及第进士开宴曲江，榜中一名士先召李，使易服隐名姓，衣冠故敝，精神惨沮，与同之宴所。曰："表弟愿与坐末 [3]。"众皆不顾。既酒行乐作，歌者进，时曹元谦、念奴 [4] 为冠，歌罢，众皆咨嗟称赏。名士忽指李曰："请表弟歌。"众皆哂，或有怒者。及转喉发声，歌一曲，众皆泣下，罗拜 [5]，曰："此必李八郎也。"自后郑卫之声 [6] 日炽，流靡之变日烦。已有《菩萨蛮》《春光好》《莎鸡子》《更漏子》《浣溪沙》《梦江南》《渔父》等词，不可遍举。

五代干戈，四海瓜分豆剖 [7]，斯文 [8] 道熄。独江南李氏君臣 [9] 尚文雅，故有"小楼吹彻玉笙寒""吹皱一池春水"之词 [10]。语虽甚奇，所谓"亡国之音哀以思" [11] 也。

逮至本朝，礼乐文武大备，又涵养百余年，始有柳屯田永 [12] 者，变旧声作新声，出《乐章集》，大得声称于世。虽协音律，而词语尘下 [13]。又有张子野、宋子京兄弟 [14]、沈唐、元绛、晁次膺辈继出，虽时时有妙语，而破碎何足名家。至晏元献、欧阳永叔、苏子瞻[15]，学际天人[16]，作为小歌词，直如酌蠡[17]水于大海，然皆句读不葺之诗尔。又往往不协音律者，何耶？盖诗文分平侧[18]，而歌词分五音[19]，又分五声[20]，又分六律[21]，又分清浊轻重[22]。且如近世所谓《声声慢》《雨中花》《喜迁莺》，既押平声韵，又押入声韵；《玉楼春》本押平声韵，又押上去声韵，又押入声。本押仄声韵，如押上声则协；如押入声，则不可歌矣。

王介甫、曾子固[23]，文章似西汉，若作一小歌词，则人必绝倒[24]，不可读也。乃知词别是一家，知之者少。后晏叔原、贺方回、秦少游、黄鲁直[25]出，始能知之。又晏苦无铺叙；贺苦少典重[26]；秦则专主情致，而少故实[27]，譬如贫家美女，虽极妍丽丰逸，而终乏富贵态；黄即尚故实，而多疵病，譬如良玉有瑕，价自减半矣。

注　释

【1】声诗，指可以演唱的五七言诗。

【2】李八郎，李衮，唐玄宗时有名的歌唱者。

【3】坐末，陪下座。

【4】曹元谦、念奴，都是唐代有名歌唱者。

【5】罗拜，团团下拜。

【6】郑卫之声，春秋时郑国、卫国的音乐。郑卫之音历来被儒家认为是雅乐的对立面，因而被后人引用为"靡靡之音"的代称。

【7】瓜分豆剖，四分五裂。

【8】斯文，文明。

【9】李氏君臣，指南唐李璟、李煜父子及冯延巳。三人均是当时著名词人。

【10】《南唐书·冯延巳传》："元宗尝戏延巳曰：'吹皱一池春水，干卿何事？'延巳答：'未如陛下小楼吹彻玉笙寒。'元宗悦。"

【11】亡国之音哀以思，语出《礼记·乐记》。

【12】柳屯田永，指柳永，曾任屯田员外郎，世称柳屯田。

【13】尘下，庸俗低下。

【14】张子野，张先，字子野。宋子京兄弟，指宋庠（字公序）、宋祁（字子京）兄弟。

【15】晏元献，晏殊，死后谥元献。欧阳永叔，欧阳修，字永叔。苏子瞻，苏轼，字子瞻。

【16】天人，形容学问深不可测。

【17】酌蠡，舀取。蠡，瓢。

【18】平侧，即平仄。

【19】五音，指唇、齿、喉、舌、鼻发之音。

【20】五声，指宫、商、角、徵、羽五音阶。

【21】六律，即黄钟、太簇、姑洗、蕤宾、夷则、无射六音律。

【22】清浊轻重，即清音、浊音、轻声、重声。

【23】王介甫，王安石，字介甫。曾子固，曾巩，字子固。

【24】绝倒，笑倒。

【25】晏叔原，晏几道，字叔原。贺方回，贺铸，字方回。秦少游，秦观，字少游。黄鲁直，黄庭坚，字鲁直。

【26】典重，庄重。

【27】故实，典故、史实。

编者注

本文在词论史上是一篇不可多得的佳作，但由于对女词人的偏见，许多论者往往对这篇文章加以讥讽冷落，而不能进行客观评价。直到20世纪80年代，学界才开始突破束缚，全面而客观地评价本文。在本文中，李清照十分重视词的音律问题，对词的音律作用的阐述推动了词这一体裁的发展；但她对于音律过于苛求，对诸家词作过于挑剔，也未免失之偏颇。

峨眉山行纪

范成大

范成大，字至能，一字幼元，早年自号此山居士，晚号石湖居士。平江府吴县（今江苏苏州）人。南宋名臣、文学家、诗人。素有文名，尤工于诗。他从江西派入手，后学习中、晚唐诗，继承白居易、王建、张籍等诗人新乐府的现实主义精神，终于自成一家。风格平易浅显、清新妩媚。诗题材广泛，以反映农村社会生活的作品成就最高。与杨万里、陆游、尤袤合称南宋"中兴四大诗人"。

题 解

本文选自《吴船录》卷上。原文无题目，系后人所加。宋孝宗淳熙四年（1177 年），作者自四川制置史被召回临安。本文是作者回临安途中游峨眉记行的一部分。

乙未 [1]，大霁 [2]。……过新店、八十四盘、娑罗平 [3]。娑罗者，其木叶如海桐 [4]，又似杨梅 [5]，花红白色，春夏间开，惟此山有之。初登山半即见之，至此满山皆是。大抵大峨 [6] 之上，凡草木禽虫悉非世间所有。昔固传闻，今亲验之。余来以季夏 [7]，数日前雪大降，木叶犹有雪渍斓斑 [8] 之迹。草木之异，有如八仙而深紫 [9]，有如牵牛 [10] 而大数倍，有如蓼 [11] 而浅青。闻春时异花尤多，但是时山寒，人鲜能识之 [12]。草叶之异者亦不可胜数。山高多风，木不能长，枝悉下垂。古苔如乱发鬖鬖 [13] 挂木上，垂至地，长数丈。又有塔松[14]，状似杉而叶圆细，亦不能高；重重偃蹇如浮图[15]，至山顶尤多。又断[16]无鸟雀，盖山高，飞不能上。

自娑罗平过思佛亭、软草平、洗脚溪，遂极峰顶光相寺[17]，亦板屋数十间，无人居，中间有普贤小殿[18]。以卯[19]初登山，至此已申[20]后。初衣暑绤[21]，渐高渐寒，到八十四盘则骤寒。比及山顶，亟挟纩[22]两重，又加毳衲驼茸之裘[23]，尽衣笥[24]中所藏，系重巾，蹑[25]毡靴，犹凛栗[26]不自持，则炽炭拥炉危坐[27]。山顶有泉，煮米不成饭，但碎如砂粒。万古冰雪之汁，不能熟物[28]，余前知之。自山下携水一缶[29]来，财[30]自足也。

移顷[31]，冒寒登天仙桥，至光明岩，炷香[32]。小殿上木皮盖之。王瞻叔参政[33]尝易以瓦，为雪霜所薄[34]，一年辄碎。后复以木皮易之，翻[35]可支二三年。人云佛现悉以午[36]，今已申后，不若归舍，明日复来。逡巡[37]，忽云出岩下傍[38]谷中，即雷洞山也。云行勃勃[39]如队仗，既当岩则少[40]驻。云头现大圆光，杂色之晕[41]数重。倚立相对，中有水墨影若仙圣跨象者[42]。一碗茶顷，光没，而其傍复现一光如前，有顷亦没。云中复有金光两道，横射岩腹，人亦谓之"小现"。日暮，云物皆散，四山寂然。乙夜灯出[43]，岩下遍满，弥望以千百计。夜寒甚，不可久立。

丙申[44]，复登岩眺望[45]。岩后岷山[46]万重；少北则瓦屋山[47]，在雅州[48]；少南则大瓦屋，近南诏[49]，形状宛然[50]瓦屋一间也。小瓦屋亦有光相[51]，谓之"辟支佛现"[52]。此诸山之后，即西域雪山，崔嵬刻削[53]，凡数十百峰。初日照之，雪色洞明[54]，如烂银[55]晃耀曙光中。此雪自古至今未尝消也。山绵延入天竺诸蕃[56]，相去不知几千里，望之但如在几案间[57]。瑰奇胜绝之观[58]，真冠[59]平生矣。

复诣岩殿致祷，俄氛雾[60]四起，混然[61]一白。僧云："银色世界也。"有顷，大雨倾注，氛雾辟易[62]。僧云："洗岩雨也，佛将大现。"兜罗绵云[63]复布岩下，纷郁[64]而上，将至岩数丈[65]辄止，云平如玉地。时雨点有余飞。俯视岩腹，有大圆光偃卧[66]平云之上，外晕三重，每重有青、黄、红、绿之色。光之正中，虚明凝湛[67]，观者各自见其形现于虚明之处，毫厘无隐，一如对镜，举手动足，影皆随形，而不见傍人。僧云："摄身光也。"此光既没，前山风起云驰。风云之间，复出大圆相光，横亘数山，尽诸异色，合集成采，峰峦草木，皆鲜妍绚蒨[68]，不可正视。云雾既散，而此光独明，人谓之"清现"。凡佛光欲现，必先布云，所谓"兜罗绵世界"。光相依云而出；其不依云，则谓之"清现"，极难得。食顷，光渐移，过山而西。左顾雷洞山上，复出一光，如前而差小[69]。须臾，亦飞行过山外，至平野间转徙[70]，得得与岩正相值[71]，色状俱变，遂为金桥，大略如吴江垂虹[72]，而两坦[73]各有紫云捧之。凡自午至未，云物净尽，谓之"收岩"，独金桥现至酉[74]后始没。

注　释

【1】乙未，乙未日，即宋孝宗淳熙四年（1177年）六月二十七日，作者登峨眉山的第三天。

【2】霁，雨或雪停止。

【3】盘，言道路盘曲。平，也写作"坪"。

【4】海桐，常绿乔木，生长于福建、广东海边。叶子呈倒卵形，有光泽，边缘向背面卷；花白色，有香味，果实呈椭圆形。

【5】杨梅，常绿灌木或乔木，叶子狭长，花褐色，雌雄异株。果实味酸甜。

【6】大峨，峨眉山分大峨、二峨、三峨，绵亘数县。大峨是峨眉山的主峰，位于四川省峨眉县的西南方。

【7】季夏，阴历六月。从前，把每一季的三个月分别以"孟""仲""季"称之。

【8】雪渍烂斑，雪水浸润的水斑。

【9】有，肯定性无定代词，有的。下二句中的"有"字与之相同。八仙，又叫绣球花，一种落叶灌木，丛生，高两米左右，叶呈椭圆形，秋天开淡紫色花，呈球状。

【10】牵牛，又叫喇叭花。一年生草本植物，缠绕茎。叶呈心脏形状，通常三裂，有长柄花冠呈喇叭形，有淡红、紫红、紫蓝几种颜色，筒部为白色，早晨花开，午前即萎。

【11】蓼，一年生草本植物，叶子呈披针形，秋开呈穗状的淡红色小花。

【12】人鲜能识之，作者《娑罗平》诗"神农尝外尽灵药，天女散余多异花"，就是指这些很少有被人认识的草木。

【13】鬖鬖，下垂的样子。

【14】塔松，形状像宝塔一样的松树。

【15】偃蹇，耸立。浮图，又写作"佛图""浮屠"，塔。

【16】断，副词，绝。

【17】极，形容词用作动词，最后到达。光相寺，在大峨山绝顶，旧名光普殿，唐以后改名"光相寺"。

【18】普贤，菩萨名。

【19】卯，清晨五时至七时。

【20】申，下午三时至五时。

【21】衣，名词用如动词，穿。绤，粗葛布。

【22】亟，急迫，赶紧。挟，持，拿，这里指穿上。纩，丝棉。

【23】毳，鸟兽的细毛。衲，和尚穿的衣服。驼茸，骆驼的细毛绒。裘，皮衣，这里泛指衣服。

【24】笥，盛衣服的方形竹器。

【25】蹑，踩，这里作"穿"解。

【26】凛栗，冷得发抖。

【27】炽，动词，使动用法，使（炭）烧得很旺。危坐，端坐。

【28】峨眉山高，气压低，水的沸点低，所以食物煮不熟。此处作者的认识是不科学的。

【29】缶，一种肚大口小的陶器。

【30】财，通"才"。

【31】移顷，移时，不久。

【32】炷香，烧香。

【33】王瞻叔参政，名之望，字瞻叔，宋高宗绍兴进士，宋孝宗时官至参知政事。

【34】薄，浸蚀。

【35】翻，通"反"，反而。

【36】佛，佛光。午，上午十一时至下午一时。过午以后，太阳高悬天空，山中的云气铺满岩谷，在平平的云海上面就会出现一个直径数公尺的彩色圆环，颜色越来越浓，外红内紫，极为绚丽，峨眉山为佛地，人们见此奇景，就谓之"佛光"。佛光的变化决定于太阳的部位和云海的状况。佛光的成因，与雨过天晴后虹的成因类似。

【37】逡巡，有所顾虑而徘徊或不敢前进，这里指拿不定主意。

【38】傍，同"旁"。

【39】勃勃，通"菲菲"或"纷纷"。"勃勃"与"菲菲""纷纷"古代读音相近，音近义通。《楚辞·离骚》："芳菲菲其弥章。"东汉王逸注："菲菲，犹'勃勃'。"

【40】少，通"稍"。

【41】晕，日月周围的光圈。

【42】仙圣，指普贤。跨象，普贤塑像往往骑着大象。

【43】乙夜，二更时候，约为夜间十时。《后汉书·百官志》三"右丞"，唐人颜师古注："凡中宫漏夜尽，鼓鸣则起，钟鸣则息。卫士甲乙徼相传，甲夜毕，传乙夜，相传尽五更。"灯，就是所谓"圣灯"或"神灯"。峨眉山顶有几处地方，晴夜远望山林，可以看到萤火一样的光点，并且越来越多，阴历三四月份最多，五至八月份较少。有人说这是磷火。

【44】丙申，二十八日。

【45】眺望，远望。

【46】岩，光明岩。岷山，在四川省、甘肃省交界的地方。

【47】瓦屋山，岷山的支脉。

【48】雅州，今四川雅安地区。

【49】南诏，唐代国名，五代时为段思平所灭，改称大理国，治所为羊苴

哶城（今云南省大理县）。辖区在今缅甸北部、老挝北部和云南省一带地方。

【50】宛然，好像。

【51】光相，佛光。下文的"相光"意思一样。

【52】辟支佛，"辟支迦佛陀"的简称，意译为"独悟"。凡无师承而独自悟知佛道的佛称"辟支迦佛陀"。现，光相出现。

【53】崔嵬，高耸。刻削，像用刀刻削成的，形容陡峭。

【54】洞明，透亮。

【55】烂银，光亮的银子。

【56】天竺，中国古代对印度的称呼。蕃，也写作"番"，我国古代对边疆各族和外国的称呼。

【57】几，小桌子。案，一种旧式的狭长桌子。

【58】瑰奇，瑰丽奇特。观，景象。

【59】冠，居第一位。

【60】氛雾，雾气。

【61】混然，茫茫然。

【62】辟易，这里形容云雾飘飞情状，云雾滚滚的样子。

【63】兜罗，外国树名，亦译作"堵罗"，意译为"柳花"。兜罗绵，兜罗树的花絮，意译为"柳花絮"。兜罗绵云，像兜罗绵那样的云。

【64】纷郁，盛多，浓密。

【65】将至岩数丈，离光明岩顶端还有几丈高。

【66】偃卧，仰卧，这里意为"平铺"。

【67】虚明，空虚而明亮。凝，凝结。这里指不动荡，稳定。湛，清澈。

【68】鲜妍绚蔚，新鲜，妍丽，绚烂，鲜明。

【69】差小，略微小一点。

【70】转徙，转移。

【71】得得，唐宋时期方言，意为"特地"，这里可解作"恰巧"。相值，相当。

【72】吴江垂虹，吴江上的垂虹桥。吴江，也称"吴淞江"。垂虹桥在吴江县县东。宋仁宗庆历八年（1048年）建造，本名"利往桥"。因桥上有一座"垂虹亭"，所以又名"垂虹桥"。

【73】圯，《说文解字》释"东楚谓桥为圯"。两圯，指桥的两旁。

【74】酉，下午五时至七时。

唐人避讳

洪迈

洪迈，字景卢，号容斋，又号野处。南宋饶州鄱阳（今江西省鄱阳县）人，南宋著名文学家。官至翰林院学士、资政大夫、端明殿学士，宰执（副相）、封魏郡开国公、光禄大夫。卒年八十，谥"文敏"。配张氏，兵部侍郎张渊道女、继配陈氏，均封和国夫人。

题 解

本文选自《容斋续笔》卷十一。唐人对避家讳尤其讲究，甚至做出许多不近人情的怪事。作者对此进行了抨击。

唐人避家讳甚严，固有出于礼律之外者。李贺[1]应进士举，忌之者斥[2]其父名晋肃，以晋与进字同音，贺遂不敢试。韩文公[3]作《讳辩》，论之至切，不能解众惑也。《旧唐史》至谓韩公此文，为文章之纰缪[4]者，则一时横议可知矣。杜子美有《送李二十九弟晋肃入蜀》诗，盖其人云。裴德融讳"皋"，高锴以礼部侍郎典贡举，德融入试，锴曰："伊讳'皋'，向某下就试，与及第，困一生事。"后除屯田员外郎，与同除郎官一人，同参右丞卢简求。到宅，卢先屈前一人入，前人启云："某与新除屯田裴员外同祗候[5]。"卢使驱使官传语曰："员外是何人下及第？偶有事，不得奉见。"裴苍遽出门去。观此事,尤为乖剌[6]。锴、简求皆当世名流,而所见如此。《语林》载崔殷梦知举,吏部尚书归仁晦托弟仁泽,殷梦唯唯而已。无何,仁晦复诣托之,至于三四。殷梦敛色端笏,曰:"某见进表让此官矣。"仁晦始悟己姓,殷梦讳也。按《宰相世系表》,其父名龟从,此又与高相类。且父名晋肃,子不得举进士,父名皋,子不得于主司姓高下登科,父名龟从,子不列姓归人于科籍,揆[7]之礼律,果安在哉?后唐天成[8]初,卢文纪为工部尚书,新除郎中于邺公参,文纪以父名嗣业,与同音,竟不见。邺忧畏太过,一夕雉经[9]于室。文纪坐谪石州司马。此又可怪也。

注　释

【1】李贺,唐朝诗人。

【2】斥,指出。

【3】韩文公,韩愈,谥文,故称韩文公。

【4】纰缪,错误。

【5】祗候,恭敬地问候。

【6】乖剌,不合情理。

【7】揆,衡量。

【8】天成,后唐明宗李嗣源年号。

【9】雉经,以绳自缢。

一世人材

洪迈

题　解

本文选自《容斋随笔》卷十六,文章从选拔人才的依据,引出对科举制度的反思。

一世人材，自可给一世之用。苟有以致之，无问其取士之门如何也。今之议者，多以科举经义、诗赋为言，以为诗赋浮华无根柢，不能致实学，故其说常右经而左赋。是不然。成周之时，下及列国，皆官人以世，周之刘、单、召、甘，晋之韩、赵、荀、魏，齐之高、国、陈、鲍，卫之孙、宁、孔、石，宋之华、向、皇、乐，郑之罕、驷、国、游，鲁之季、孟、藏、展，楚之斗、蒍、申、屈，皆世不乏贤，与国终毕。汉以经术及察举，魏、晋以州乡中正，东晋、宋、齐以门第，唐及本朝以进士，而参之以任子，皆足以尽一时之才。则所谓科目，特借以为梯阶耳！经义、诗赋，不问可也。

陈季常

洪迈

题 解

本文选自《容斋三笔》卷三。陈季常，陈希亮之子，与苏轼交厚，本文为"河东狮吼"的出处。

陈慥，字季常，公弼之子，居于黄州之岐亭，自称"龙丘先生"，又曰"方山子"。好宾客，喜畜声妓[1]，然其妻柳氏绝[2]凶妒，故东坡有诗云："龙丘居士亦可怜，谈空说有夜不眠。忽闻河东狮子吼，拄杖落手心茫然。"河东狮子，指柳氏也。坡又尝醉中与季常书云："一绝乞[3]秀英君。"想是其姜小字。黄鲁直元祐中有与季常简[4]曰："审柳夫人时须医药，今已安平否？公暮年来想渐求清净之乐，姬媵[5]无新进矣，柳夫人比何所念以致疾邪？"又一贴云："承谕[6]老境情味，法当如此，所苦[7]既不妨游观山川，自可损[8]药石，调护起居饮食而已。河东夫人亦能哀怜老大[9]，一任放不解事^[10]邪？"则柳氏之妒名，固彰著于外，是以二公皆言之云。

注 释

【1】喜畜声妓，喜欢蓄养歌舞乐妓。

【2】绝，非常。

【3】一绝，一首绝句。乞，请求。

【4】简，书简，书信。

【5】姬滕，姬妾。

【6】承谕，承蒙您高谕我。

【7】所苦，苦闷的时候。

【8】损，减少。

【9】哀怜老大，体谅您年纪太大。

【10】一任放不解事，任凭您放荡不羁，不解世事。

百丈山记

朱熹

朱熹，字元晦，一字仲晦，号晦庵，徽州婺源（今江西婺源）人，生于南剑州（今福建南平）。南宋高宗绍兴年间进士，历仕高宗、孝宗、光宗、宁宗四朝，官至宝文阁待制。谥号"文"，赠太师，追封信国公，改徽国公。他是著名的唯心主义哲学家，也是宋代理学的集大成者，明清以来，被奉为"大贤"，配享孔庙，其学说在元代以后更是成为"官学"，在日本和朝鲜半岛亦广有影响。其著作繁富，除《诗集传》等专著外，有《朱文公文集》。

题　解

本文选自《朱文公文集》，作于宋孝宗淳熙二年（1175年）的夏天。作者没有把笔墨花在记述出游的时间、行程等上面，而是着力于描写百丈山的优美风景。铺排得当，重点突出，引人入胜。状物写景，准确而形象，细致而生动，表现出作者精细的观察能力和运用语言的功夫，是一篇以刻画山水景物见长的游记。

登百丈山[1]三里许[2]，右俯绝壑[3]，左控[4]垂崖；叠石为磴[5]，十余级乃得度[6]。山之胜，盖自此始[7]。

循[8]磴而东，即得小涧，石梁[9]跨于其上。皆苍藤古木，虽盛夏亭午无暑气[10]；水皆清澈，自高浈下[11]，其声溅溅然[12]。度石梁，循两崖，曲折而上，得山门[13]，小屋三间，不能容十许人。然前瞰[14]涧水，后临石池，风来两峡间，终日不绝。门内跨池又为石梁，度而北，蹑石梯，数级入庵[15]。庵才老屋数间，卑庳迫隘[16]，无足观[17]，独其西阁[18]为胜。水自西谷中循石罅[19]奔射出阁下，南与东谷水并注池中[20]，自池而出，乃为前所谓小涧者。阁据[21]其上流，当水石峻激相搏处[22]，最为可玩[23]。乃壁其后，无所睹[24]。独夜卧其上，则枕席之下，终夕潺潺，久而益悲，为可爱耳[25]。

出山门而东，十许步，得石台，下临峭岸[26]，深昧[27]险绝。于林薄[28]间东南望，见瀑布自前岩穴瀵涌而出[29]，投空下数十尺。其沫乃如散珠喷雾，日光烛之[30]，璀璨[31]夺目，不可正视。台当山西南缺[32]，前揖芦山[33]，一峰独秀出，而数百里间峰峦高下，亦皆历历[34]在眼。日薄[35]西山，余光横照，紫翠重叠[36]，不可殚数[37]。旦起下视，白云满川，如海波起伏；而远近诸山出其中者，皆若飞浮来往，或涌或没，顷刻万变。台东径[38]断，乡人凿石容磴[39]以度，而作神祠[40]于其东，水旱祷焉[41]。畏险者或[42]不敢度，然山之可观者，至是则亦穷矣[43]。

余与刘充父、平父、吕叔敬、表弟徐周宾游之[44]。既皆赋诗以纪其胜[45]，余又叙次[46]其详如此。而最其可观者[47]，石磴、小涧、山门、石台、西阁、瀑布也，因各别为小诗以识其处[48]，呈同游诸君，又以告夫欲往而未能者。

注 释

【1】百丈山，在今福建建阳市东北与今武夷山市交界处，海拔690米。

【2】三里许，约三里路。

【3】绝壑（hè），深险的山谷。

【4】控，控扼，引接。

【5】磴（dèng），石台阶。

【6】度，越过。

【7】"山之"句，是说百丈山的优美景色大概就从这里开始了。

【8】循，顺、沿。

【9】梁，桥。

【10】"虽盛"句，是说即使是在盛夏中午最炎热的时候，也感觉不到逼人的暑气。

【11】淙（cóng）下，涧水发出淙淙的声音流下。淙，流水的声音。

【12】溅溅，水疾流时发出的声音。

【13】山门，寺庙多在山林，在通往庙宇的引道上设立外门，称"山门"。

【14】瞰（kàn），俯视。

【15】蹑（niè），踩。庵（ān），僧尼敬佛住的小屋。后来多指尼姑修行的小庙。

【16】卑庳（bì），低矮。庳，原作"痹"，误。迫隘（ài），狭窄。

【17】无足观，没有什么值得观赏的。

【18】西阁，指庵中的西阁楼。

【19】罅（xià），缝隙。

【20】并注，一同流入。

【21】据，占据，位居。

【22】当，面对。水石峻激相搏，即山石峻峭，水流湍急，水石相撞，如同搏击。

【23】玩，观赏。

【24】"乃壁"句，承上句说，然而在西阁后面，却是石壁，没有什么风景可看的。乃，而，却，表示转折语气。壁，石壁。其，指西阁。

【25】"独夜卧"五句，是说唯独在夜里睡在西阁楼上，枕席下面就整宿都响着潺潺的流水声，听久了，更感到悲凉，这种情境令人觉得可爱罢了。其，指西阁。潺潺（chán），流水声。

【26】峭（qiào）岸，悬崖峭壁。

【27】深昧，深暗。

【28】林薄，草木丛杂的地方。

【29】瀵（fèn）涌，水同源分流喷出。这句是说，看见瀑布由前方岩石洞穴中喷涌而出。

【30】烛，照耀。

【31】璀璨（cuǐ càn），光彩鲜明。

【32】缺，指山的缺口。

【33】芦山，芦峰山，在今福建建阳市西北，与百丈山东西遥对。石台面对芦山，像是在拱手作揖，所以说"前揖"。

【34】历历，分明的样子。

【35】薄，迫近。

【36】紫翠重叠，是说群山在夕阳照耀下，或紫或翠，重叠相映。

【37】不可殚（dān）数，数不尽。

【38】径，小路。

【39】凿石容磴，在山壁上凿出石级为路。

【40】神祠（cí），祭神的祠堂。

【41】水旱祷焉，天旱或水涝时在这里向神佛祈祷。

【42】或，有的人，复指"畏险者"。

【43】"然山"句，是说百丈山值得观赏的景物到此也就穷尽了。是，此，

指台东神祠。

【44】之，指百丈山。

【45】"既皆"句，朱熹有《游百丈山以徒倚弄云泉分韵赋诗得云字》。

【46】叙次，依次叙述。

【47】最其可观者，最值得观赏的地方。

【48】各别为小诗，每一处另外写了一首小诗。《百丈山六咏》是六首五言绝句。今录其中题为《瀑布》一首："巅崖山飞泉，百尺散风雨。空质丽清晖，龙鸾共掀舞。"识（zhì），记。

审势

辛弃疾

辛弃疾，字幼安，号稼轩，山东东路济南府历城县（今山东历城）人。生于金国，少年抗金归宋，曾任江西安抚使、福建安抚使等职。死后追赠少师，谥忠敏。

辛弃疾是南宋豪放派词人，人称词中之龙，与苏轼合称"苏辛"，与李清照并称"济南二安"，和陆游双峰并峙。辛弃疾词风"激昂豪迈、风流豪放"，代表着南宋豪放词的最高成就。

题 解

宋孝宗乾道元年（1165年），辛弃疾写下《美芹十论》，陈述抗金救国、收复失地、统一中原的大计。这"十论"，无一不是精辟之论，是一部很好的军事论著，有着很高的研究价值。《审势》为其中的第一论。

用兵之道，形与势二[1]。不知而一之，则沮于形、眩[2]于势，而胜不可图，且坐受毙矣。

何谓形？小大是也。何谓势？虚实[3]是也。土地之广，财赋之多，士马之众，此形也，非势也。形可举以示威，不可用以必胜。譬如转嵌岩[4]于千仞之山，轰然其声，巍然其形，非不大可畏也；然而堑留木柜[5]，未容于直[6]，遂有能迂回而避御之，至力杀形禁[7]，则人得跨而逾之矣。若夫势则不然，有器必可用，有用必可济。譬如注矢石于高墉[8]之上，操纵自我，不系于人，有轶[9]而过者，抨击中射惟意所向，此实之可虑也。自今论之：虏人虽有嵌岩可畏之形，而无矢石必可用之势，其举以示吾者，特以威而疑我也；未欲用以求胜者，固知其未必能也[10]。彼欲致疑，吾且信之以为可疑；彼未必能，吾且意其或能；是亦未详夫形、势之辨耳。臣请得而条陈之：

虏人之地，东薄于海，西控于夏[11]，南抵于淮[12]，北极于蒙[13]，地非不广也；虏人之财，签兵于民[14]而无养兵之费，靳恩于郊而无泛恩之赏[15]，又辅之以岁币之相仍[16]，横敛之不恤，则财非不多也；沙漠之地，马所生焉；射御长技，人皆习焉，则其兵又可谓之众矣。以此之形，时出而震我，亦在所可虑，而臣独以为不足恤者，盖虏人之地虽名为广，其实易攻，惟其无事，兵劫形制[17]，若可纠合，一有惊扰，则忿怒纷争，割据蜂起。辛巳之变，萧鹧巴反于辽，开赵反于密，魏胜反于海，王友直反于魏，耿京反于齐、鲁，亲而葛王反于燕[18]，其余纷纷所在而是，此则已然之明验，是一不足虑也。

虏人之财虽名为多，其实难恃，得吾岁币惟金与帛，可以备赏而不可以养士；中原廪窖[19]，可以养士，而不能保其无失。盖虏政庞[20]而官吏横，常赋供亿[21]民粗可支，意外而有需，公实取一而吏七八之，民不堪而叛；叛则财不可得而反丧其资，是二不足虑也。

若其为兵，名之曰多，又实难调而易溃。且如中原所签[22]，谓之大汉军[23]者，皆其父祖残于蹂践之余，田宅罄于捶剥之酷，怨忿所积，其心不一；而沙漠所签者[24]越在万里之外，虽其数可以百万计，而道里辽绝[25]，资粮器甲一切取办于民，赋输调发非一岁而不可至。始逆亮南寇之时，皆是诛胁酋长、破灭资产，人乃肯从，未几中道窜归者已不容制，则又三不足虑也。

又况虏廷今日用事之人，杂以契丹、中原、江南之士，上下猜防。议论龃龉[26]，非如前日粘罕、兀术[27]辈之叶。且骨肉间僭弑[28]成风，如闻伪许王以庶长出守于汴[29]，私收民心，而嫡少尝暴之于其父[30]，此岂能终以无事者哉[31]？我有三不足虑，彼有三无能为，而重之以有腹心之疾，是殆自保之不暇，何以谋人？

臣亦闻古之善觇[32]人国者，如良医之切脉，知其受病之处而逆其必殒[33]之期，初不为肥瘠而易其智。官渡之师，袁绍未遽弱也，曹操见之以为终且自毙者，以嫡庶不定而知之也[34]。咸阳之都，会稽之游，秦尚自强也，高祖见之以为当如是矣，项籍见之以为可取而代之者，以民怨已深而知之[35]。盖国之亡，未有如民怨、嫡庶不定之酷，虏今并有之，欲不亡何待！臣故曰："形与势异。"为陛下实深察之。

注 释

【1】形与势二，形与势是两回事。形，军事实力，包括土地、财赋、兵马等。势，指人的能动性。

【2】眩，迷惑。

【3】虚实，《孙子兵法》有《虚实篇》，有"避实而击虚"一说。

【4】转嵌岩，转动大岩石。

【5】堑留木柜，用壕沟或者巨木挡住从高处落下的岩石。

【6】未容于直，阻止巨石直线坠落。

【7】力杀形禁，指岩石下坠的力量逐渐衰落乃至于停止。

【8】注矢石，投射箭石。墉，城墙、壁垒。

【9】轶，跑过。

【10】这句是说，金人声称将以以上的优势取得胜利，我却认为他们不能。

【11】控，连接。夏，指西夏国。

【12】淮，淮河。是当时宋金两国的边界。

【13】蒙，蒙古。

【14】签兵于民，指金人平时登记百姓户籍，到战时按户籍征调兵员，给养由士兵自行负责。

【15】靳恩，吝惜恩赏。郊，郊祀，指祭天。宋代三年进行一次郊祀，每次郊祀朝廷都会进行大赦和大赏。而金国在金世宗大定十一年（1171年）才开始举行郊祀，已经在本文作成的七年之后；此前金国没有郊祀，自然也就没有郊祀赏赐，因此此处说吝惜。

【16】岁币之相仍，南宋高宗绍兴十二年（1142年），宋金达成和议，宋朝每年向金缴纳"金、银、绢各二十五万两、匹"，称之为"岁币"，年年如此。

【17】兵劫形制，迫于武力劫持和形势强制。

【18】辛巳，指宋高宗绍兴三十一年（1161年），金主完颜亮南侵，却被宋将虞允文击败，金军发生内讧，完颜亮被杀。在起兵之前，完颜亮向辽地征兵，辽人萧鹧巴反。此外，山东人开赵在密州起兵抗金，魏胜率义军攻占海州，高平人王友直率义军攻破魏州，耿京在山东一带也率义军反抗（当时辛弃疾是耿京义军的掌书记）。葛王，即后来的金世宗完颜雍，趁完颜亮南征的机会在辽阳起兵自立为帝。燕，辽阳在宋朝的燕地，故名。

【19】廪窖，储藏粮食的仓库地窖。这里指金国向中原百姓征发的粮食。

【20】庞，政令不一。

【21】常赋供亿，正常赋税和供给。

【22】签，金人征兵称之为签兵。

【23】大汉军，指金人强行征发汉人组成的军队。

【24】沙漠所签者，指女真族的士兵。

【25】道里辽绝，道路遥远。金人分布于东北地区，距中原路途遥远。

【26】龃龉，不合。

【27】粘罕，完颜宗翰，金国开国功臣，历经三朝，屡立奇功，俘虏辽末帝和北宋徽、钦二帝。《金史》称他是："内能谋国，外能谋敌，决策制胜，有古名将之风。"兀术，完颜宗弼，金太祖完颜阿骨打第四子，曾率军在海上追击出逃的宋高宗，多有战功。

【28】僭弑，超越本分，杀害亲长。金熙宗和完颜亮都曾在国内滥杀无辜，引起贵族的不满，他们二人也都被宗室杀死。

【29】《金史》记载金世宗庶长子完颜允中封许王，但没有关于他出守汴京的记载。伪，宋朝以金国为敌，因此称其为"伪"。

【30】嫡少尝暴之于其父，《金史》记载金太子完颜允恭曾在金世宗面前揭发完颜允中在汴京收买民心一事。完颜允恭是金世宗第二子，明德皇后所生；而完颜允中是长子，张元妃所生，因此称"嫡少"。

【31】此岂能终以无事者哉，这难道能保证他们平安无事？另，完颜允恭早逝，其子后来继位为金章宗，对完颜允中十分猜忌，后来完颜允中涉嫌谋反被杀。

【32】觇（chān），窥视。

【33】逆，预料。殒，死亡。

【34】这里指官渡之战。袁绍有三子，长子袁谭与幼子袁尚争夺继承人之位，曹操进攻北方时二人相互争斗，结果都被杀死。而曹操预见到这种结局的言论不见史书记载，可能是作者推测。

【35】此处指秦始皇出游，刘邦说："大丈夫当如此也！"项羽说："彼可取而代也。"这里是说，刘邦项羽会说这样的话，显示出秦朝表面强盛实际是外强中干。

灉亭记

陆游

陆游，字务观，号放翁，越州山阴（今浙江绍兴）人，南宋文学家、史学家、诗人。一生笔耕不辍，诗词文俱有很高成就，其诗语言平易晓畅、章法整饬谨严，兼具李白的雄奇奔放与杜甫的沉郁悲凉，尤以饱含爱国热情对后世影响深远。

题 解

广勤在会稽山修行，却无时不在想念自己的家乡灉山。一般和尚唯恐出游不远，在外地的时间唯恐不长，以示了断尘缘。作者感慨怀旧为人之常情，人应听从心灵的呼唤，而不应碍于世俗观念扭曲自我。

灉[1]山道人广勤庐[2]于会稽之下，伐木作亭，苫之以茅[3]，名之曰灉亭，而求记于陆子。吾闻乡居邑处，父兄子弟相扶持以生、相安乐以老且死者，民之常[4]也。士大夫去而立朝，散之四方，功名富贵，足以老而忘返矣，犹或以不得车骑冠盖，雍容于途[5]，以夸其邻里，而光耀其族姻为憾。惟浮屠师[6]一切反此，其出游惟恐不远，其游之日惟恐不久，至相与语其平生，则计道里远近、岁月久暂以相高。呜呼，亦异矣。勤公之心独不然。言曰：吾出游三十年，无一日不思灉。而适不得归，未尝以远游夸其朋侪[7]。其在灉亭，语则灉也，食则灉也。烟云变灭，风雨晦冥[8]，吾视之若灉之山。樵牧往来，老稚啸歌，吾视之若灉之人。疏一泉，移一石，蓺一草木，率以灊观之，恍然不知身之客也。夫人之情无不怀其故者，浮屠师亦人也，而忘其乡邑父兄子弟，无乃非人之情乎。自尧、舜、周、孔，其圣智千万于常人矣，然犹不以异于人情为高，浮屠师独安取此哉。则吾勤公可谓笃于自信，而不移于习俗者矣。故与为记。

绍兴三十年十二月十二日记。

注 释

【1】灊（qián），古县名。今属安徽。

【2】庐，居住。

【3】苫（shàn）之以茅，将茅草覆在亭子上。

【4】常，伦常。

【5】雍容于途，在道路上展示华丽的冠服和车马，有威仪的样子。

【6】浮屠师，和尚。

【7】朋侪，朋辈。

【8】晦冥，昏暗，阴沉。

陈氏老传

陆游

题 解

陆游通过为会稽一位陈姓老人作传，说明士大夫应不忘以稼穑为本，这样在官场上才有独立的人格，受奸人排挤时至少可以回家务农，赡养父母妻子。否则，失去田园，没有生活退路，只能屈于名位，以致辜负国家。表达想保持人格，正直为官，同时要面对官场险恶的矛盾心情。

会稽五云乡[1]陈氏老，年近八十，生三子，有孙数人，皆业农[2]。

惟力耕致给足，凡兼并[3]之事，抵质贾贩以取赢者，一切不为。耕桑之外，惟渔樵[4]畜牧而已。子孙但略使识字，不许读书为士。婚姻悉取农家，非其类皆拒不与通。室庐不妄增一椽[5]，器用皆朴质坚壮，不加漆饰，衣惟布襦[6]，裙取适寒暑之宜[7]。行之四五十年如一日，子孙亦皆化之[8]，无违陈氏。所居在刺涪[9]山下，地名曰南溪云。

陆子曰：予尝悲士之仕者，若苟名位而已[10]，则为负国。必无负焉，则危身害家，忧其父母有所不免。耕稼之业，一舍而去之，复其故甚难。予先世本鲁墟[11]农家，自祥符间去而仕[12]，今且二百年，穷通显晦[13]所不论，竟无一人得归故业[14]者。室庐、桑麻、果树、沟池之属，悉已芜没。族党散徙四方，盖有不知所之者。过鲁墟，未尝不太息兴怀，至于流涕也。

闻陈氏事，因为述其梗概传之，庶观者有感焉。

注　释

【1】会稽五云乡，古地名，在今浙江绍兴。

【2】业农，务农。

【3】兼并，兼并他人土地。

【4】渔樵，捕鱼，砍柴。

【5】椽，指房屋的间数。

【6】布襦，布做的短衣短袄。

【7】裙取适寒暑之宜，下身衣服只要能适应寒暑即可。裙，古指下裳，男女都有。

【8】子孙亦皆化之，子孙都被老人同化，适应这种生活方式。

【9】刺涪，山名，在今绍兴境内。

【10】若苟名位而已，如果仅满足于贪求名利。

【11】鲁墟，在今绍兴城区附近东浦镇。

【12】祥符，宋真宗年号。去而仕，离开家乡外出做官。

【13】穷通显晦，困窘、亨通、显赫、背晦。

【14】故业，原来从事的农业。

书巢记

陆游

题 解

陆游自幼嗜好读书。晚年的陆游仕途不顺，便在自己的"书巢"中以读书为乐。本文清新隽永而富有趣味，是一篇精美的论说短文。

陆子既老且病，犹不置读书，名其室曰书巢。客有问曰："鹊巢于木，巢之远人者；燕巢于梁，巢之袭人者。凤之巢，人瑞之；枭之巢，人覆之。雀不能巢，或夺燕巢，巢之暴者也；鸠不能巢，伺鹊育雏而去，则居其巢，巢之拙者也。上古有有巢氏[1]，是为未有宫室之巢。尧民之病水者，上而为巢，是为避害之巢[2]。前世大山穷谷中，有学道之士，栖木若巢，是为隐居之巢。近时饮家者流，或登木杪[3]，酣醉叫呼，则又为狂士之巢。今子幸有屋以居，牖户墙垣，犹之比屋也，而谓之巢，何耶？"

陆子曰："子之辞辩矣，顾未入吾室。吾室之内，或栖于椟[4]，或陈于前，或枕藉于床，俯仰四顾，无非书者。吾饮食起居，疾痛呻吟，悲忧愤叹，未尝不与书俱。宾客不至，妻子不觌[5]，而风雨雷雹之变，有不知也。间有意欲起，而乱书围之，如积槁枝，或至不得行，辄自笑曰：'此非吾所谓巢者邪。'"乃引客就观之。客始不能入，既入又不能出，乃亦大笑曰："信乎其似巢也。"客去，陆子叹曰："天下之事，闻者不如见者知之为详，见者不如居者知之为尽。吾侪未造夫道之堂奥[6]，自藩篱之外而妄议之，可乎？"因书以自警。淳熙九年九月三日，甫里陆某务观记。

注　释

【1】有巢氏，传说中的上古帝王。相传那时人们还不会修筑房屋，有巢氏便教人们在树上修筑房屋以躲避野兽。

【2】相传尧时中国曾经历过一场特大洪水，许多文明都有类似记载。见本书《女娲补天》一文编者注。

【3】杪（miǎo），树梢的细枝。

【4】椟（dú），木柜、木匣，这里指书橱。

【5】觌（dí），相见。

【6】堂奥，房屋正中偏前的厅堂之中，这里代指道的精微之处。

神女峰

陆游

题　解

本文选自陆游的《入蜀记》。《入蜀记》共六卷，是中国第一部长篇游记。宋孝宗乾道五年（1170年）末，作者由山阴（今浙江绍兴）赴任夔州（今重庆奉节一带）通判（知州的佐理官），乘船由运河、长江水路前往，历时160天，经今浙、苏、皖、赣、鄂、渝六省市，写每日经过什么地方或舟中所见，间或考证古闻旧事。评古论今，卓见迭出，寄慨遥深。

二十三日，过巫山凝真观，谒[1]妙用真人祠[2]，真人即世所谓[3]巫山神女也。祠正对巫山，峰峦上入霄汉[4]，山脚直插江中，议者谓太、华、衡、庐[5]皆无此奇。然十二峰者不可悉见，所见八九峰，惟神女峰最为纤丽奇峭，宜为仙真所托。祝史云："每八月十五夜月明时，有丝竹之音，往来峰顶，山猿皆鸣，达旦方渐止。"庙后，山半有石坛，平旷。传云："夏禹见神女，授符书于此。"坛上观十二峰，宛如屏障。是日，天宇晴霁[6]，四顾无纤翳[7]，惟神女峰上有白云数片，如鸾鹤翔舞徘徊，久之不散，亦可异也。

注　释

【1】谒，进见（地位或辈分高的人）。这里是进见神灵。

【2】祠，供奉祖宗、鬼神或先贤的处所。

【3】所谓，所说的，这里是对上文所叙述的事情加以说明。

【4】霄，云霄。汉，天河。

【5】太、华、衡、庐，泰山、华山、衡山、庐山。

【6】霁，（雨雪停止）天放晴。

【7】纤翳，一丝一毫的云彩。翳，遮盖，这里指云。

浮船

陆游

题　解

本文选自陆游的《入蜀记》，描写在大江航行时遇到的奇闻异事。

十四日。晓雨。过一小石山，自顶直削去半，与余姚江滨之蜀山[1]绝相类。抛大江，遇一木筏，广十余丈，长五十余丈。上有三四十家，妻子鸡犬臼碓皆具，中为阡陌[2]相往来，亦有神祠，素所未睹也。舟人云：此尚其小者耳，大者于筏上铺土作蔬圃，或作酒肆，皆不复能入夹，但行大江而已。是日，逆风挽船，自平旦至日昳[3]，才行十五六里。

注 释

【1】余姚江，今浙江省余姚江，经余姚县东南汇入甬江流入东海。蜀山，在余姚县。

【2】阡陌，田间小路，南北为阡，东西为陌。

【3】日昳，太阳开始偏西，约下午两点左右。

《念奴娇·闹红一舸》序

姜夔

姜夔，字尧章，号白石道人，饶州鄱阳（今江西鄱阳）人。南宋词人、音乐家。在姜夔所处的时代，南宋和金朝南北对峙，民族矛盾和阶级矛盾都十分尖锐复杂。战争的灾难和人民的痛苦使姜夔感到痛心，但由于幕僚清客生涯的局限，他虽然也发出或流露过激昂的呼声，而凄凉的心情却表现在一生的大部分文学和音乐创作里。庆元中，曾上书乞正太常雅乐。姜夔一生布衣，靠卖字和朋友接济为生。他多才多艺，精通音律，能自度曲，其词格律严密，其作品素以空灵含蓄著称，有《白石道人歌曲》。

题 解

本文通过对荷塘景色的描绘，把读者带到了一个光景奇绝、清幽空灵的世界。托物比兴，借写荷花寄托对超凡脱俗的生活的追求。

余客武陵[1]，湖北宪治在焉。古城野水，乔木参天。余与二三友，日荡舟其间，薄[2]荷花而饮，意象幽闲，不类人境。秋水且涸，荷叶出地寻丈。因列坐其下，上不见日，清风徐来，绿云自动。间于疏处，窥见游人画船，亦一乐也。揭^[3]来吴兴^[4]，数得相羊^[5]荷花中。又夜泛西湖，光景^[6]奇绝。故以此句写之。

注 释

【1】武陵，今湖南常德县。

【2】薄，临近。

【3】揭（juān），来，来到。

【4】吴兴，今浙江湖州。

【5】相羊，亦作"相佯"，亦作"相徉"，徘徊，盘桓。

【6】光景，风光，景象。

观潮

周密

> 周密，字公谨，号草窗，又号四水潜夫、弁阳老人。祖籍齐州历城（今山东济南），曾祖随宋室南渡，始居湖州（今浙江吴兴）。周密历任临安府、两浙转运司幕职，义乌县知县。宋亡不仕，寓杭州。抱遗民之痛，致力故国文献，遂辑录家乘旧闻，著有《齐东野语》《武林旧事》等书。其词远祖清真，近法姜夔，风格清雅秀润，与吴文英并称"二窗"，词集名《萍洲渔笛谱》《草窗词》。

题 解

本文节选自《武林旧事》第三卷。本文通过描写作者耳闻目睹钱塘江大潮在潮来前、潮来时、潮头过后的景象，以及观潮的盛况，将自然美、人情美巧妙地交织在一起，用十分精练的笔墨，分四段描绘出海潮的壮观景象、水军演习的动人情景、弄潮健儿的英姿飒爽和观潮人群的惊叹不已，使读者身历其境。

浙江[1]之潮，天下之伟观也。自既望以至十八日[2]为最盛。方其远出海门[3]，仅如银线[4]；既而[5]渐近，则玉城雪岭际天[6]而来，大声如雷霆，震撼激射，吞天沃日[7]，势极雄豪。杨诚斋诗云"海涌银为郭，江横玉系腰"[8]者是也。

每岁京尹出浙江亭教阅水军[9]，艨艟[10]数百，分列两岸；既而尽奔腾分合五阵之势[11]，并有乘骑弄旗标枪舞刀[12]于水面者，如履平地。倏尔黄烟四起，人物略不相睹[13]，水爆轰震[14]，声如崩山。烟消波静，则一舸无迹[15]，仅有"敌船"[16]为火所焚，随波而逝[17]。

吴儿善泅者数百[18]，皆披发文身[19]，手持十幅大彩旗，争先鼓勇，溯迎而上[20]，出没于鲸波万仞中[21]，腾身百变[22]，而旗尾略不沾湿，以此夸能。

江干[23]上下十余里间，珠翠罗绮溢目[24]，车马塞途，饮食百物皆倍穹[25]常时，而僦赁看幕[26]，虽席地不容间也[27]。

■ 注　释

【1】浙江，钱塘江。

【2】自既望以至十八日，从农历八月十六日到十八日。既望，农历十六日（十五日叫望）。

【3】方其远出海门，当潮从入海口涌起的时候。方，当……时。其，代词，指潮。出，发、起。海门，浙江入海口，那里两边的山对峙着。

【4】仅如银线，几乎像一条（横画的）银白色的线。仅，几乎，将近。

【5】既而，不久。

【6】玉城雪岭，形容泛着白沫的潮水像玉砌的城墙和白雪覆盖的山岭。际天，连接着天。

【7】沃日，冲荡太阳。形容波浪大。沃，用水淋洗，冲荡。

【8】"海涌银为郭，江横玉系腰"一句，是《浙江观潮》一诗里的句子，意思是，海水涌起来，成为银子堆砌的城郭；浙江横着，潮水给系上一条白玉的腰带。

【9】每岁京尹（yǐn）出浙江亭教阅水军，每年（农历八月）京都临安府长官来到浙江亭教阅水军。岁，年。京尹，京都临安府（今浙江杭州）的长官。浙江亭，馆驿名，在城南钱塘江岸。

【10】艨艟（méng chōng），战船。

【11】既而尽奔腾分合五阵之势，演习五阵的阵势，忽而疾驶，忽而腾起，忽而分，忽而合，极尽种种变化。尽，穷尽。五阵，指两、伍、专、参、偏五种阵法。

【12】乘骑（chéng jì）弄旗标枪舞刀，乘马、舞旗、举枪、挥刀。骑，马。弄，舞动。标，树立、举。

【13】略不相睹，彼此一点也看不见。睹，看。

【14】水爆，水军用的一种爆炸武器。

【15】一舸无迹，一条船的踪影也没有了。舸，船。

【16】敌船，指假设的敌方战船。

【17】逝，去，往。

【18】吴儿善泅（qiú）者数百，几百个擅于泅水的吴地健儿。吴，即今江苏、浙江一带。因春秋时为吴国之地，故称。善，善于。泅，游泳、浮水。

【19】披发文（wén）身，披散着头发，身上画着花纹。文，动词，画着文彩。

【20】溯（sù）迎而上，逆流迎着潮水而上。溯，逆流而上。而，表修饰。

【21】鲸波万仞（rèn），万仞高的巨浪。鲸波，巨浪。鲸所到之处，波涛汹涌，所以称巨浪为鲸波。万仞，形容浪头极高，不是实指。

【22】腾身百变，翻腾着身子变换各种姿态。

【23】江干（gān），江岸。

【24】珠翠罗绮（qǐ）溢目，满眼都是华丽的服饰。珠翠罗绮，泛指妇

女的首饰和游人的华丽衣服。溢目，满眼。

【25】倍穹（qióng），（价钱）加倍的高。穹，动词，高。倍，形容词，指很多倍。

【26】而僦（jiù）赁（lìn）看幕，租用看棚的人（非常多）。而，表转折。僦、赁，都是租用的意思。看幕，为观潮而特意搭的帐棚。

【27】虽席地不容间也，中间即使是一席的空地也不容有空。虽，即使。席地，一席之地，仅容一个座位的地方。间（jiān），空间。

放翁钟情前室

周密

题 解

本篇选自《齐东野语》卷一。陆游和前妻唐琬感情深厚，婚后生活也十分美满。然而唐琬得不到婆婆的欢心，最后被迫与陆游离散。文中穿插了几首陆游的诗词，表现他一往情深、哀怨眷恋的感情，读来凄婉感人。

陆务观[1]初娶唐氏，闳[2]之女也，于其母夫人为姑侄。伉俪相得，而弗获于其姑。既出[3]，而未忍绝之，则为别馆，时时往焉。姑知而掩之，虽先知挈去[4]，然事不得隐，竟绝之，亦人伦之变也。

唐后改适[5]同郡宗子士程[6]。尝以春日出游，相遇于禹迹[7]寺南之沈氏园。唐以语赵，遣致酒肴，翁怅然久之，为赋《钗头凤》一词，题园壁间云："红酥手，黄滕酒，满城春色宫墙柳。东风恶，欢情薄，一怀愁绪，几年离索。错！错！错！春如旧，人空瘦，泪痕红浥[8]鲛绡透。桃花落，闲池阁，山盟虽在，锦书难托。莫！莫！莫！"实绍兴乙亥岁也。

翁居鉴湖之三山，晚岁每入城，必登寺眺望，不能胜情。尝赋二绝云："梦断香销四十年，沈园柳老不飞绵。此身行作稽山土，犹吊遗踪一怅然。"又云："城上斜阳画角哀，沈园无复旧池台。伤心桥下春波绿，曾是惊鸿照影来。"盖庆元己未岁也。

未久，唐氏死。至绍熙壬子岁，复有诗。序云："禹迹寺南，有沈氏小园。四十年前，尝题小词一阕壁间。偶复一到，而园已三易主，读之怅然。"诗云："枫叶初丹槲叶黄，河阳愁鬓怯新霜。林亭感旧空回首，泉路凭谁说断肠。坏壁辞题尘漠漠，断云幽梦事茫茫。年来妄念消除尽，回向蒲龛一炷香。"

又至开禧乙丑岁暮，夜梦游沈氏园，又两绝句云："路近城南已怕行，沈家园里更伤情。香穿客袖梅花在，绿蘸寺桥春水生。""城南小陌又逢春，只见梅花不见人。玉骨久成泉下土，墨痕犹锁壁间尘。"

沈园后属许氏，又为汪之道宅云。

注　释

【1】陆务观，陆游。

【2】闳，唐闳，其女唐琬。据考，刘克庄《后村诗话》载赵士程与陆游为中表，周密转录未慎，误作陆游与唐琬为中表。

【3】出，古代女子被休弃。

【4】先知挈去，预先知道（带她）离去。

【5】适，嫁。

【6】宗子士程，赵士程，宋之宗室。

【7】禹迹，大禹治水足迹处。

【8】浥，湿润。鲛绡，传说中鲛人所织的绡，亦借指薄绢、轻纱。

指南录后序

文天祥

文天祥，字宋瑞，又字履善，别号文山，吉州庐陵（今江西吉安）人。南宋政治家、文学家。宝祐四年（1256年）进士第一。历官江西提刑、平江知府，仕至右丞相兼枢密使，加少保，封信国公。他的诗、词和散文记录了抗元斗争的经历，反映了南宋末年广大军民誓死不屈的英雄气概和大无畏精神。风格悲壮，感人至深。著有《文山先生全集》。

题 解

南宋德祐二年（1276年）正月，元军兵临临安城下，南宋满朝文武惊慌失措。文天祥挺身而出，受命于危难之际，出使元营谈判。在敌人面前，文天祥慷慨陈词，力图挽狂澜于既倒，说服敌方撤军。结果元军扣留了文天祥，并于二月九日押解北上。二月二十九日夜，文天祥一行在镇江逃脱，历尽艰险，经真州等地到大通州，然后航海南下，先到温州，再转福州。他把患难之中所写的诗编成《指南录》，写有自序，每首诗前，多有小序，故该文称后序。

德祐二年[1]正月十九日，予除右丞相，兼枢密使[2]，都督诸路军马。时北兵已迫修门外[3]，战、守、迁皆不及施。缙绅、大夫、士萃于左丞相府[4]，莫知计所出。会使辙[5]交驰，北邀当国者[6]相见，众谓予一行，为可以纾[7]祸。国事至此，予不得爱身，意北亦尚可以口舌动也。初，奉使往来，无留北者，予更欲一觇[8]北，归而求救国之策。于是辞相印不拜，翌日，以资政殿学士行[9]。

初至北营，抗词慷慨，上下颇惊动，北亦未敢遽轻吾国。不幸吕师孟构恶[10]于前，贾余庆献谄[11]于后，予羁縻不得还，国事遂不可收拾。予自度不得脱，则直前诟虏帅失信[12]，数[13]吕师孟叔侄为逆，但欲求死，不复顾利害。北虽貌敬，实则愤怒，二贵酋名曰"馆伴"[14]，夜则以兵围所寓舍，而予不得归矣。未几，贾余庆等以祈请使[15]诣北，北驱予并往，而不在使者之目。予分当引决[16]，然而隐忍[17]以行，昔人云：将以有为也[18]。

至京口[19]，得间奔真州[20]，即具以北虚实告东西二阃[21]，约以连兵大举。中兴机会，庶几在此。留二日，维扬帅下逐客之令[22]，不得已，变姓名，诡踪迹，草行露宿，日与北骑相出没于长淮间。穷饿无聊，追购[23]又急；天高地迥，号呼靡及。已而得舟，避渚州[24]，出北海[25]，然后渡扬子江，入苏州洋[26]，展转四明。天台[27]，以至于永嘉[28]。

呜呼！予之及于死者，不知其几矣。诋大酋[29]，当死；骂逆贼，当死；与贵酋处二十日，争曲直，屡当死；去京口，挟匕首以备不测，几自刭死；经北舰[30]十余里，为巡船所物色[31]，几从鱼腹死；真州逐之城门外，几彷徨死；如扬州，过瓜洲扬子桥[32]，竟使[33]遇哨，无不死；扬州城下，进退不由，殆例[34]送死；坐桂公塘[35]土围中，骑数千过其门，几落贼手死；贾家庄几为巡徼[36]所陵迫死；夜趋高邮[37]，迷失道，几陷死；质明[38]，避哨竹林中，逻者数十骑，几无所逃死；至高邮，制府檄下[39]，几以捕系死；行城子河[40]，出入乱尸中，舟与哨相后先，几邂逅死；至海陵[41]，如高沙[42]，常恐无辜死；道海安、如皋[43]，凡三百里，北与寇往来其间，无日而非可死；至通州[44]，几以不纳死；以小舟涉鲸波[45]，出无可奈何，而死固付之度外矣！呜呼，死生昼夜事也。

死而死矣，而境界危恶，层见错出，非人世所堪。痛定思痛，痛何如哉！

予在患难中，间以诗记所遭。今存其本，不忍废，道中手自抄录。使北营，留北关外[46]，为一卷；发北关外，历吴门、毗陵[47]，渡瓜洲，复还京口，为一卷；脱京口，趋真州、扬州、高邮、泰州、通州，为一卷；自海道至永嘉，来三山[48]，为一卷。将藏之于家，使来者读之，悲予志焉。

呜呼！予之生也幸，而幸生也何为[49]？所求乎为臣，主辱臣死有余僇[50]；所求乎为子，以父母之遗体行殆而死，有余责[51]。将请罪于君，君不许；请罪于母，母不许。请罪于先人之墓，生无以救国难，死犹为厉鬼以击贼，义也。赖天之灵，宗庙之福，修我戈矛，从王于师，以为前驱；雪九庙[52]之耻，复高祖[53]之业；所谓誓不与贼俱生，所谓鞠躬尽力，死而后已，亦义也。嗟夫！若予者，将无往而不得死所矣。向也使予委骨于草莽，予虽浩然无所愧怍，然微以自文[54]于君亲，君亲其谓予何！诚不自意，返吾衣冠[55]，重见日月[56]，使旦夕得正丘首[57]，复何憾哉！复何憾哉！

是年夏五[58]，改元景炎[59]。庐陵文天祥自序其诗，名曰《指南录》。

注　释

【1】德祐二年，即 1276 年。德祐，宋恭帝的年号。

【2】枢密使，宋朝掌管军事的最高长官，位与宰相等。

【3】北兵，即元兵。修门，《楚辞·招魂》："魂兮归来，入修门些。"本指楚国郢都城门，这里代指南宋都城临安的城门。

【4】左丞相，当时吴坚任左丞相。

【5】使辙，指使臣车辆。

【6】当国者，指宰相。

【7】纾（shū），解除。

【8】觇（chān），侦察，窥视。

【9】以资政殿学士行，以资政殿学士的身份前往。资政殿学士，宋朝给予离任宰相的荣誉官衔。

【10】吕师孟，时为兵部尚书，叛将吕文焕之侄。构恶，结怨。

【11】贾余庆，官同签书枢密院事。知临安府，后代文天祥为右丞相，时与文天祥同出使元营。献谄，《指南录·纪事》："予既絷维，贾余庆以逢迎继之。""献谄"之事当即指此。

【12】诟，责骂。失信，指元军扣押使臣。

【13】数（shǔ），列举罪责，加以谴责。

【14】馆伴，接待外国使臣的人员。

【15】祈请使，奉表请降的使节。

【16】分，本分。引决，自杀。

【17】隐忍，屈志忍耐，忍辱而活。

【18】"昔人"二句，作者引用韩愈《张中丞传后叙》之语，意谓自己暂时隐忍，保全性命，以图有所作为。

【19】京口，今江苏省镇江市，当时为元军占领。

【20】真州，今江苏省仪征县，当时仍为宋军把守。

【21】东西二阃，指宋淮东制置使李庭芝和淮西制置使夏贵。阃（kǔn），城郭门限，这里代指在外统兵主帅。

【22】维扬帅，指淮东制置使李庭芝。维扬，扬州，当时为淮东制置使所驻之地。下逐客之令，文天祥到真州后，与真州安抚使苗再成计议，约李庭芝共破元军。李庭芝因听信谗言，怀疑文天祥通敌，令苗再成将其杀死，苗再成不忍，放文天祥脱逃。

【23】追购，悬赏追缉。

【24】渚州，指长江中的沙州，时已被金兵占领。

【25】北海，指淮海。

【26】苏州洋，今上海市附近的海域。

【27】四明，今浙江省宁波市。天台，今浙江省天台县。

【28】永嘉，今浙江省温州市。

【29】诋，辱骂。大酋，指元军统帅伯颜。

【30】北舰，指元军舰队。

【31】物色，按形貌搜寻。

【32】瓜洲，在扬州南长江中。扬子桥，在扬州南。

【33】竟使，倘使。

【34】殆，几乎，差不多。例，等于。

【35】桂公塘，地名，在扬州城外。

【36】贾家庄，地名，在扬州城北。巡徼，这里指在地方上巡逻之人。

【37】高邮，今江苏省高邮县。

【38】质明，黎明。

【39】制府，指淮东制置使官府。檄，原指晓喻或声讨的文书，这里是指李庭芝追捕文天祥的文书。捕系，捉拿囚禁。

【40】城子河，在高邮县境内。

【41】海陵，今江苏省泰州市。

【42】高沙，即高邮。

【43】海安、如皋，县名，今均属江苏省。

【44】通州，今江苏省南通市。

【45】鲸波，海中汹涌的大浪。涉鲸波，指出海。

【46】北关外，指临安城北高亭山，文天祥出使元营于此。

【47】吴门，今江苏省苏州市。毗陵，今江苏省常州市。

【48】三山，即今福建省福州市，因城中有闽山、越王山、九仙山，故名"三山"。

【49】"予之"二句是说，我能活下来是幸运的，但侥幸生存是为了做什么呢？

【50】僇（lù），侮辱。

【51】"所求"二句，《礼记·祭义》："不敢以先父母之遗体行殆。"父母之遗体，父母授予自己的身体。殆，危险。

【52】九庙，皇帝祭祀祖先共有九庙，这里以"九庙"指代国家。

【53】高祖，指宋太祖赵匡胤。

【54】微以，无以。自文，自我表白。

【55】返吾衣冠，回到我的衣冠之乡，即回到南宋。

【56】日月，这里指皇帝和皇后。

【57】"使旦夕得正丘首"句，《礼记·檀公上》："古之人有言曰：狐死正丘首，仁也。"传说狐狸死时，头必朝向出生时的山丘。作者用这个典故来表明不忘故国的情怀。

【58】夏五，即夏五月。

【59】改元景炎，由于宋恭帝为元兵掳去，德祐二年（1276年）五月，文天祥等人在福州立赵昰为帝，是为端宗，改元景炎。

金元

送何太虚北游序

吴澄

吴澄,字幼清,晚年改字伯清。抚州崇仁(今属江西)人,人又称草庐先生。幼聪敏好学,曾受教于朱熹再传弟子饶鲁的门人程若庸,与其族子程钜夫为同学。他出生在南宋末年,但大部分时间是在元朝度过的。吴澄出身世儒之家,受家庭熏陶,自幼读儒家著作。十六岁拜临汝书院山长程若庸为师,十九岁正式就读于临汝书院。二十岁应乡试中选。元朝建立后,先后任翰林文字兼国史编修、江西提学副提举、国子监丞、司业,后迁翰林学士、太中大夫、经筵讲官等职。虽任过许多官职,但"旋进旋退",时间很短,其大半岁月都是居于穷乡陋壤,孜孜于理学,"研经籍之微,玩天人之妙。"撰有《五经纂言》《孝经章句》《草庐精语》《道德经注》等书,后人辑于《草庐吴文正公全集》,其易学著作有《易纂言》《易纂言外翼》《易叙录》。

题 解

元至大年间,何太虚离家北上大都(今北京市),吴澄特地写了这篇文章给他送行。作者指出,出游的真正目的,在于达到"万物皆备于我"这一终极目标。不断交友,阅历更加丰富,见识日渐增长,精神也日渐振奋。将大自然一切山川风土,世间一切民情风俗,古今诗文皆备于心,充满大智慧,方可不出户也。

士[1]可以游乎？"不出户，知天下"[2]，何以游为哉！士可以不游乎？男子生而射六矢[3]，示有志乎上下四方也，而何可以不游也？

夫子，上智也，适周而问礼[4]，在齐而闻韶[5]，自卫复归于鲁，而后雅、颂各得其所也[6]。夫子而不周、不齐、不卫也，则犹有未问之礼，未闻之韶，未得所之雅、颂也。上智且然，而况其下者乎？士何可以不游也！

然则彼谓不出户而能知者，非欤？曰：彼老氏意也。老氏之学，治身心而外天下国家者也。人之一身一心，天地万物咸备，彼谓吾求之一身一心有余也，而无事乎他求也，是固老氏之学也。而吾圣人之学不如是。圣人生而知也，然其所知者，降衷秉彝[7]之善而已。若夫山川风土、民情世故、名物度数、前言往行，非博其闻见于外，虽上智亦何能悉知也。故寡闻寡见，不免孤陋之讥。取友者，一乡未足，而之一国；一国未足，而之天下；犹以天下为未足，而尚友古之人焉。陶渊明所以欲寻圣贤遗迹于中都也[8]。然则士何可以不游也？

而后之游者，或异乎是。方其出而游乎上国[9]也，奔趋乎爵禄之府，伺候乎权势之门，摇尾而乞怜，胁肩而取媚，以侥幸于寸进[10]。及其既得之，而游于四方也，岂有意于行吾志哉！岂有意于称吾职哉！苟可以夺攘其人，盈厌[11]吾欲，囊橐既充，则阳阳而去尔。是故昔之游者为道，后之游者为利。游则同，而所以游者不同。

余于何弟太虚之游，恶得无言乎哉！太虚以颖敏之资，刻厉之学，善书工诗，缀文研经，修于己，不求知于人，三十余年矣。口未尝谈爵禄，目未尝觊权势，一旦而忽有万里之游，此人之所怪而余独知其心也。世之士，操笔仅记姓名，则曰："吾能书！"

属辞稍协声韵，则曰："吾能诗！"言语布置，粗如往时所谓举子业[12]，则曰："吾能文！"阃门称雄，矜己自大，醯瓮之鸡[13]，坎井之蛙，盖不知瓮外之天、井外之海为何如，挟其所已能，自谓足以终吾身、没吾世而无憾。夫如是又焉用游！太虚肯如是哉？书必钟、王，诗必陶、韦，文不柳、韩、班、马不止也[14]。且方窥闯圣人之经，如天如海，而莫可涯，讵敢以平日所见所闻自多乎？此太虚今日之所以游也。

是行也，交从日以广，历涉日以熟，识日长而志日起。迹圣贤之迹而心其心，必知士之为士，殆不止于研经缀文工诗善书也。闻见将愈多而愈寡，愈有余而愈不足，则天地万物之皆备于我者，真可以不出户而知。是知也，非老氏之知也。如是而游，光前绝后之游矣，余将于是乎观。

澄所逮事之祖母，太虚之从祖姑也。故谓余为兄，余谓之为弟云。

注　释

【1】士，古"四民"之一。这里指读书人。

【2】不出户，知天下，出自老子的《道德经》第四十七章。

【3】射六矢，《礼记·内则》载，国君世子生，三天以后，用桑木为弓，蓬草为箭，射天地和四方。表示有志于天下。

【4】《史记·孔子世家》载，孔子曾经到周国向老子问礼。

【5】《论语·述而》："子在齐闻韶，三月不知肉味。"齐，春秋国名，地在今山东省。韶，虞舜时的音乐。

【6】《论语·子罕》："子曰：吾自卫反鲁，然后乐正，雅、颂各得其所。"当时诗乐残阙，孔子周游四方，参互考订，晚年从卫国回来，正乐。雅是周王朝王都的歌，颂是庙堂祭祀的乐章。

【7】降衷，语出《尚书·汤诰》："惟皇上帝，降衷于下民。"衷，善。秉彝，语出《诗·大雅·烝民》："民之秉彝，好是懿德。"彝，常，规律，

本性。

【8】中都，春秋鲁邑，在今山东汶上县西，孔子曾经做过中都宰。或指中原一带。

【9】上国，诸侯称帝室为上国，后因以称京城。

【10】寸进，微小的进步。这里指一官半职。

【11】盈厌，满足。盈，充满。厌，饱足。

【12】举子业，科举时代被荐举应试的读书人称举子。科举试文有一定的程式，因称考试前的学习、模仿作应试文章为举子业。

【13】醨（xī）甕（wèng）之鸡，即甕里醨鸡。醨鸡，浮在酒上的小虫，一名蠛蠓。《庄子·田子方》篇载，孔子向老子问礼后，对颜回说："丘之于道也，其犹醨鸡与？微夫子之发吾覆也，吾不知天地之大全也。"

【14】钟、王，指魏钟繇、晋王羲之，均为古代著名书法家。陶、韦，指晋陶渊明、唐韦应物，均为古代著名山水诗人。柳、韩、班、马，指唐柳宗元和韩愈、汉班固和司马迁，都是古代著名散文家。

送秦中诸人引

元好问

元好问，字裕之，号遗山，太原秀容（今山西忻州市）人。七岁能诗，十四岁从陵川郝晋卿学。青少年时即以能诗名动京师。金亡不仕，以遗老终。元好问是金元时期杰出诗人，一代宗匠。诗多幽燕之气，慷慨悲凉，寄寓家国兴亡之感。他有志编纂金史，未成而卒。有《遗山先生文集》四十卷，并编有《中州集》十卷、《唐诗鼓吹》十卷。

题 解

这是一篇送别的文章，引，即"序"，送别赠言之文。文章赞美了关中风土人情，表达了作者向往田园生活的志趣。开篇尽情称颂了关中的民风、山川、胜迹，中间写自己向往的关中之情，最后是送别并相约明年在关中重见。文章最后一段，显然是从苏轼《前赤壁赋》化出，有文赋的格调。

关中[1]风土完厚，人质直而尚义，风声习气，歌谣慷慨，且有秦、汉之旧[2]。至于山川之胜，游观之富[3]，天下莫与为比。故有四方之志者，多乐居焉。

予年二十许时，侍先人官略阳[4]，以秋试[5]留长安中八九月。时纨绮气未除，沉涵酒间。知有游观之美而不暇也。长大来，与秦人游益多，知秦中事益熟，每闻谈周、汉都邑及蓝田、鄠、杜间风物[6]，则喜色津津然动于颜间。二三君多秦人，与余游，道相合而意相得也。常约近南山[7]，寻一牛田[8]，营五亩之宅[9]，如举子结夏课时[10]，聚书深读，时时酿酒为具，从宾客游，伸眉高谈，脱屣[11]世事，览山川之胜概，考前世之遗迹，庶几乎不负古人者。然予以家在嵩[12]前，暑途千里，不若二三君之便于归也。清秋扬鞭，先我就道，矫首西望，长吁青云。

今夫世俗惬意事，如美食大官、高赀[13]华屋，皆众人所必争，而造物者之所甚靳[14]，有不可得者。若夫闲居之乐，澹乎其无味，漠乎其无所得，盖其放于方之外者之所贪，人何所争，而造物者亦何靳耶？行矣诸君，明年春风，待我于辋川[15]之上矣。

注 释

【1】关中，地名。相当于今陕西南部。春秋战国时函谷关以西的秦国地域称关中或秦中。

【2】秦、汉之旧，指这一带的人秉性质直，尚好歌谣。

【3】山川之胜，指华山、终南山、关中八水等秀山名川。游观之富，自秦汉至隋唐，京城长安成为文人遗迹荟萃之地。

【4】先人，指元好问叔父元格，元好问自幼即过继给叔父为后。略阳，今属陕西省。

【5】秋试，秋天的科举考试，在各地分别举行。

【6】周，西周时建都镐（hào）京，在今西安市西南。蓝田，县名，今属陕西，以产美玉著名。鄠（hù），今陕西户县。杜，杜陵，一名乐游原，汉宣帝在此筑陵，遂称杜陵，在今西安市东南。蓝田、鄠、杜一带为古代文士官僚游宴及园林所在，名胜古迹很多。

【7】南山，终南山，在今西安市南，风景秀美。

【8】牛田，原指养官府之牛而供牧牛人耕用的土地。这里是泛指。

【9】五亩之宅，《孟子·梁惠王上》："五亩之宅树之以桑，五十者可以衣帛矣。"

【10】举子，被荐举应试之士称举子。夏课，举子考试未中，退而继续温习叫过夏，结业出学叫结夏课。

【11】屣（xǐ），鞋。

【12】嵩，嵩山，在今河南登封县北。元好问于金宣宗兴定二年（1218年）从宜阳县移居登封县。

【13】赀（zī），钱财。

【14】靳（jìn），吝惜。

【15】辋（wǎng）川，水名，在今陕西蓝田县南。唐代诗人王维曾筑别墅于此。

与柳颖书

赵鸾鸾

题 解

赵鸾鸾的父亲将她许配给同乡才子柳颖，柳家发生变故后她的母亲悔婚，又将她嫁给缪氏子。后来缪氏子死，她又嫁给柳颖。这封信就是她向柳颖再次求婚的信，在信中作者表明自己的心迹，表达自己的愿望，真情流露。明初的李昌祺曾经将这段故事改编为传奇小说《鸾鸾传》，当时颇受欢迎。

妾本良家，幼承慈训。调铅傅粉，深处中闺；执枲[1]治丝，谨循《内则》[2]。惟知纫针而补缀，未解举案以齐眉。天与荣华，亲怜巧慧。冰为神而玉为骨，蝤如领而手如荑[3]。

正及芳年，遴选佳婿。讵期薄命，竟配下流。遂尔辜其出众之才，屈其倾城之貌。敛兹怨悔，寓厥诗词。对月白之宵，遇风清之旦，强与语，强与笑，鸾伴山鸡；触于目，触于心，鹓随野鹜[4]。孰料庸才短折，屡质孤孽。土木形骸，恶况暂空于眼底；风花情性，幽惊尚忧于尊前。徒怀蔡琰[5]之悲，永抱淑真[6]之恨。

已甘弃置，过辱聘求。盖以伸前时之好言，作后日之佳话。诚愿托身贵族，委质明公。挽桓君之鹿车[7]，吹秦娥之凤管[8]。愿毕志以偕老，冀投身而相从。未侍光仪，先申愚悃[9]。惟高明其谅之。

注　释

【1】枲（xǐ），不结籽的大麻。此处泛指麻。

【2】《内则》，《礼记》篇名。内容是论封建的妇德、妇道。

【3】此句出自《诗·卫风·硕人》："手如柔荑，肤如凝脂，领如蝤蛴，齿如瓠犀。"蝤（qiú）蛴，天牛的幼虫。荑，初生的白茅嫩芽。

【4】这里的"鸾"和"鹓"一语双关，明指凤凰，暗指作者赵鸾鸾。

【5】蔡琰，原字昭姬，后改称文姬。汉末陈留人，东汉末年诗人，文学家蔡邕之女。最初下嫁卫仲道，夫死后返回娘家。汉末战乱时被董卓部将掳走，又被匈奴左贤王掳去。后来她被曹操赎回，改嫁同乡董祀，史称"文姬归汉"。后来她作《悲愤诗》，自述悲惨遭遇，抒发心中悲愤。

【6】淑真，即朱淑真，南宋钱塘人，自号幽栖居士，是南宋著名的女诗人。

自幼受到良好的教育，后来因婚姻不甚美满，心中时觉苦闷，四十余岁便抑郁而终。

【7】桓君，即桓少君，东汉鲍宣妻。《后汉书》记载，少君初嫁时，嫁妆甚丰，鲍宣不悦，少君便将嫁妆送回娘家，改着短装，与鲍宣共挽鹿车而回。时人皆认为桓少君勤俭贤惠。鹿车，人力拉动的小车。

【8】秦娥，即秦穆公的女儿弄玉。相传，秦穆公将弄玉嫁给萧史为妻，萧史以凤台为居，弄玉便随萧史学习吹箫。一日萧史吹箫引来凤凰，二人便乘凤升天成仙。

【9】愚悃（kǔn），谦辞，自己的诚意。

为四大擲千何所其上挂扶桑蟠木与阳乌亲乎其下撞蛟宫水府与龙子友乎听其所之靡弗

数喜双睫才复交五鼓起观朝旭初黑气罩幕窅窅莽莽有若混沌未辟莫辨四方上下忽风起波涌千

道须臾大火轮上……口……

户勋趺半瞑……

航浮渺茫……

挟而扬於

琉球只尺

花津顺流

腾峡口崎

登侯涛山踞鳌柱峰扣潮音洞乘流送目陟觉东南天地大荒寥廓开朗乔然灏溁金鸡虎

峡东谷豁鼓怒巨涛摧礮六合撼顿夜宿佛阁上通霄闻大风霆声或如万面战鼓訇訇而来

大擲千何所其上挂扶桑蟠木与阳乌亲乎其下撞蛟宫水府与龙子友乎听其所之靡弗惝

花津顺流东下登侯涛山踞鳌柱峰扣潮音洞乘流送目陟觉东南天地大荒寥廓开朗乔然灏溁金鸡虎

冥寂默朝观音大士则目不复有日轮耳不复有海涛声出乎形观入乎禅定无所

扬东行乌迅人疾瞬息千里蜿景鳐鲸衡波而趺浪鹈鹕海凫翔风而鸣雨轻蛤蟆蚌依沙

茫茫绝……舟在大……

琉球只尺

花津顺流

腾峡口崎

柔流送目

西哉再眺

为还栖隐处

灏溁金鸡

聚夜宿佛

送东阳马生序

宋濂

宋濂，字景濂，号潜溪，祖籍金华潜溪（今浙江义乌），后迁居金华浦江（今浙江浦江）。明初著名政治家、文学家，曾被明太祖朱元璋誉为"开国文臣之首"。后因其长孙宋慎牵连胡惟庸案，全家流放茂州，途中病死于夔州（现重庆奉节县）。

题　解

明洪武十一年（1378 年），宋濂告老还乡的第二年，应诏从家乡浦江（今浙江省浦江县）到应天（今江苏省南京市）去朝见。同乡晚辈马君则前来拜访，宋濂写了这篇序，介绍自己的学习经历和学习态度，勉励他人勤奋学习，刻苦励志。

余幼时即嗜学[1]。家贫，无从致[2]书以观，每假借[3]于藏书之家，手自笔录，计日以还。天大寒，砚冰坚，手指不可屈伸，弗之怠[4]。录毕，走[5]送之，不敢稍逾约[6]。以是人多以书假余，余因得遍观群书。既加冠[7]，益慕圣贤之道[8]，又患无硕师、名人与游[9]，尝趋[10]百里外，从乡之先达执经叩问[11]。先达德隆望尊，门人弟子填其室，未尝稍降辞色[12]。余立侍左右，援疑质理[13]，俯身倾耳以请；或遇其叱咄[14]，色愈恭，礼愈至，不敢出一言以复；俟其欣悦[15]，则又请焉。故余虽愚，卒[16]获有所闻。

当余之从师也，负箧曳屣[17]，行深山巨谷中，穷冬[18]烈风，大雪深数尺，足肤皲裂[19]而不知。至舍，四支僵劲[20]不能动，媵人持汤沃灌[21]，以衾[22]拥覆，久而乃和。寓逆旅[23]，主人日再食[24]，无鲜肥滋味之享。同舍生皆被绮绣[25]，戴朱缨宝饰[26]之帽，腰白玉之环[27]，左佩刀，右备容臭[28]，烨然[29]若神人。余则缊袍敝衣[30]处其间，略无慕艳意。以中有足乐者，不知口体之奉不若人也。盖余之勤且艰若此。今虽耄老[31]，未有所成，犹幸预君子[32]之列，而承天子之宠光，缀[33]公卿之后，日侍坐备顾问，四海亦谬称[34]其氏名，况才之过于余者乎？

今诸生学于太学[35]，县官日有廪稍[36]之供，父母岁有裘葛之遗[37]，无冻馁之患矣；坐大厦之下而诵诗书，无奔走之劳矣；有司业、博士[38]为之师，未有问而不告，求而不得者也。凡所宜有之书，皆集于此，不必若余之手录、假诸人而后见也。其业有不精、德有不成者，非天质之卑[39]，则心不若余之专耳，岂他人之过哉！

东阳马生君则，在太学已二年，流辈[40]甚称其贤。余朝[41]京师，生以乡人子谒[42]余，撰长书以为贽[43]，辞甚畅达；与之论辩，言和而色夷[44]。自谓少时用心于学甚劳，是可谓善学者矣。其将归见[45]其亲也，余故道为学之难以告之。谓余勉乡人以学者，余之志也[46]；诋我夸际遇之盛而骄乡人者[47]，岂知余者哉！

注 释

【1】余，我。嗜（shì）学，爱好读书。

【2】致，得到。

【3】假借，借。

【4】弗之怠，即"弗怠之"，不懈怠，不放松读书。弗，不。之，指代抄书。

【5】走，跑，这里意为"赶快"。

【6】逾约，超过约定的期限。

【7】既，已经，到了。加冠，古代男子到二十岁时，举行加冠（束发戴

帽）仪式，表示已成年。

【8】圣贤之道，指孔孟儒家的道统。宋濂是一个主张仁义道德的理学家，所以十分推崇它。

【9】硕（shuò）师，学问渊博的老师。游，交游。

【10】尝，曾。趋，奔赴。

【11】乡之先达，当地在道德学问上有名望的前辈。这里指浦江的柳贯、义乌的黄溍等古文家。执经叩问，携带经书去请教。

【12】稍降辞色，把言辞放委婉些，把脸色放温和些。辞色，言辞和脸色。

【13】援疑质理，提出疑难，询问道理。

【14】叱（chì）咄（duō），训斥，呵责。

【15】俟（sì），等待。忻（xīn），同"欣"。

【16】卒，终于。

【17】箧（qiè），箱子。曳（yè）屣（xǐ），拖着鞋子。

【18】穷冬，隆冬。

【19】皲（jūn）裂，皮肤因寒冷干燥而开裂。

【20】僵劲，僵硬。

【21】媵人，陪嫁的女子。这里指女仆。持汤沃灌，指拿热水喝或拿热水浸洗。汤，热水。沃灌，浇水洗。

【22】衾（qīn），被子。

【23】逆旅，旅店。

【24】日再食，每日两餐。

【25】被（pī）绮绣，穿着华丽的绸缎衣服。被，同"披"。绮，有花纹的丝织品。

【26】朱缨宝饰，红穗子上穿有珠子等装饰品。

【27】腰白玉之环，腰间悬着白玉圈。

【28】容臭，香袋子。臭（xiù），气味，这里指香气。

【29】烨（yè）然，光彩照人的样子。

【30】缊（yùn）袍，粗麻絮制作的袍子。敝衣，破衣。

【31】耄（mào）老，年老。八九十岁的人称耄。宋濂此时已六十九岁。

【32】幸预，有幸参与。君子，指有道德学问的读书人。

【33】缀，这里意为"跟随"。

【34】谬称，不恰当地赞许。这是作者的谦词。

【35】诸生，指太学生。太学，明代中央政府设立的教育士人的学校，称作太学或国子监。

【36】县官，这里指朝廷。廪（lǐn）稍，当时政府免费供给的俸粮称"廪"或"稍"。

【37】裘（qiú），皮衣。葛，夏布衣服。遗（wèi），赠，这里指接济。

【38】司业、博士，分别为太学的次长官和教授。

【39】非天质之卑，如果不是由于天资太低下。

【40】流辈，同辈。

【41】朝，旧时臣下朝见君主。宋濂写此文时，正值他从家乡到京城应天（南京）见朱元璋。

【42】以乡人子，以同乡之子的身份。谒（yè），拜见。

【43】撰（zhuàn），写。长书，长信。贽（zhì），古时初次拜见时所赠的礼物。

【44】夷，平易。

【45】归见，回家探望。

【46】"谓余"二句，认为我是在勉励同乡人努力学习，这是说到了我的本意。

【47】诋，毁谤。际遇之盛，遭遇的得意，指得到皇帝的赏识重用。骄乡人，对同乡骄傲。

送天台陈庭学序

宋濂

题　解

宋濂好奖掖后进，对后进士子多有赠序加以勉励。其所作赠序，常以自身经历出发，娓娓而谈，浅近生动，如话家常，以勉励士子立志当高远，学业骜精进。《送天台陈庭学序》即宋濂写给天台陈庭学的一篇赠序。意在说明陈庭学宦游四川以后，"其诗益工""其气愈充，其语愈壮，其志意愈高"，乃是得益于奇异山水的熏陶。

　　西南山水，惟川蜀[1]最奇，然去中州[2]万里，陆有剑阁栈道[3]之险，水有瞿塘滟滪之虞[4]。跨马行，则竹间山高者，累旬日不见其巅际。临上而俯视，绝壑万仞，杳[5]莫测其所穷，肝胆为之悼栗[6]。水行则江石悍利，波恶涡诡[7]，舟一失势尺寸，辄糜碎[8]土沉，下饱鱼鳖。其难至如此，故非仕有力者，不可以游；非材有文者，纵游无所得；非壮强者，多老死于其地。嗜奇之士恨焉。

　　天台[9]陈君庭学，能为诗，由中书左司掾[10]屡从大将北征，有劳，擢四川都指挥司照磨[11]，由水道至成都。成都，川蜀之要地。扬子云、司马相如、诸葛武侯[12]之所居。英雄俊杰战攻驻守之迹，诗人文士游眺饮射[13]、赋咏歌呼之所，庭学无不历览。既览必发为诗，以纪其景物时世之变，于是其诗益工。

　　越三年，以例自免归，会余于京师；其气愈充，其语愈壮，其志意愈高，盖得于山水之助者侈矣[14]。余甚自愧。方余少时，尝有志于出游天下，顾[15]以学未成而不暇。及年壮可出，而四方兵起[16]，无所投足。逮今圣主兴而宇内定，极海之际，合为一家，而余齿已加耄矣[17]，欲如庭学之游，尚可得乎？然吾闻古之贤士，若颜回、原宪[18]，皆坐守陋室，蓬蒿没户，而志意常充然，有若囊括于天地者，此其故何也？得无[19]有出于山水之外者乎？庭学其试归而求焉。苟有所得，则以告余，余将不一愧而已也。

注　释

【1】川蜀，泛指今四川一带。

【2】中州，泛指今河南一带。写此文时，宋濂正在河南龙门山讲学。

【3】剑阁栈道，古栈道名，在今四川省剑阁县东北大剑山和小剑山之间。栈道，在山势险峻无路可行的地方凿石架木所修成的通道。

【4】瞿塘，即瞿塘峡，为长江三峡之一。滟滪，即滟滪堆，在瞿塘口，是突出在长江江心的巨石，为长江上著名的险滩。虞，忧虑。

【5】杳，深邃朦胧貌。

【6】悼栗，颤抖。

【7】波恶，形容波涛很大很凶。涡诡，指怪异的旋流。

【8】糜碎，粉碎。

【9】天台，县名，今属浙江省。

【10】中书左司掾，元代以中书省总领百官，与枢密院、御史台分把政、军、监察三权。中书省下置左右司，分管省事，明初尚沿元制。掾，古代属官的通称。

【11】擢，提升。指挥司，明代在各省设置的地方军事机关。照磨，指挥司的属官，主管文书。

【12】扬子云、司马相如，都是西汉时期有名的辞赋家；诸葛武侯，即诸葛亮，曾封武乡侯，故后人亦称之诸葛武侯。

【13】射，指射箭，为古代"六艺"之一。

【14】侈，大，多。

【15】顾，不过。

【16】四方兵起，指元末全国各地的农民起义和反元战争。

【17】耄，老。

【18】颜回、原宪，都是孔子的学生，一生穷困而德行很高。

【19】得无，岂不是。

松风阁记

刘基

刘基，字伯温，浙江青田（今浙江省文成县）人，元末明初军事家、政治家，明朝开国元勋。他也是有名的诗文作家，一些作品反映了当时的社会动乱和人民的痛苦。散文古朴浑厚、锋利遒劲，以寓言体散文最为著名。游记则描写细致，清新生动。著有《郁离子》《覆瓿集》《犁眉公集》《写情集》《春秋明经》等。他的著作被后人合编为《诚意伯文集》。

题　解

《松风阁记》由两篇组成，内容的重点各自不同。第一篇以议论为主，先从风和松谈起，接着谈到松声的特点，再归结到金鸡峰上三棵松，用四种比喻形象地表现了不同的风吹松的声音。第二篇是第一篇的补充，着重描写作者耳闻目睹的风吹松的情况，并继续用五种比喻形象地表现了风吹松的声音，笔墨简练，形象真切。

（一）

雨、风、露、雷，皆出乎[1]天。雨、露有形，物待以滋[2]。雷无形而有声，惟风亦然。

风不能自为声，附于物而有声；非若雷之怒号[3]，訇磕于虚无[4]之中也。惟其附于物而为声，故其声一随于物，大小清浊，可喜可愕[5]，悉[6]随其物之形而生焉。土石厐崒[7]，虽附之不能为声；谷[8]虚而大，其声雄以厉[9]；水荡[10]而柔，其声汹以豗[11]。皆不得其中和^[12]，使人骇^[13]胆而惊心。故独于草木为宜。而草木之中，叶之大者，其声窒^[14]；叶之槁^[15]者，其声悲；叶之弱者，其声懦而不扬^[16]。是故宜于风者莫如^[17]松。盖^[18]松之为物，干挺而枝樛^[19]，叶细而条长，离奇而龙嵸^[20]，潇洒而扶疏^[21]，鬖髿而玲珑^[22]。故风之过之^[23]，不壅不激^[24]，疏通畅达，有自然之音；故听之可以解烦黩^[25]，涤昏秽^[26]，旷神怡情^[27]，恬淡寂寥^[28]，逍遥太空^[29]，与造化^[30]游。宜乎适意山林之士乐之而不能违也^[31]。

金鸡之峰^[32]，有三松焉，不知其几百年矣。微风拂之，声如暗泉飒飒走石濑^[33]；稍大，则如奏雅乐^[34]；其大风至，则如扬^[35]波涛，又如振^[36]鼓，隐隐^[37]有节奏。方舟上人为阁^[38]其下，而名之曰松风之阁。予尝过而止之^[39]，洋洋^[40]乎若将留而忘归焉。盖虽在山林，而去^[41]人不远，夏不苦暑^[42]，冬不酷寒^[43]，观于松可以适^[44]吾目，听于松可以适吾耳，偃蹇而优游^[45]，逍遥而相羊^[46]，无外物以汩^[47]其心，可以喜乐，可以永日^[48]；又何必濯颍水而以为高^[49]，登首阳而以为清也哉^[50]！

予，四方之寓人也^[51]，行止^[52]无所定，而于是阁不能忘情^[53]，故将与上人别而书^[54]此以为之记。时至正十五年七月九日也^[55]。

（二）

松风阁在金鸡峰下，活水源上。予今春始至，留再宿^[56]，皆值雨，但闻波涛声彻昼夜^[57]，未尽阅其妙也。至是^[58]，往来止阁上凡^[59]十余日，因得备悉其变态^[60]。

盖阁后之峰，独高于群峰，而松又在峰顶。仰视如幢葆^[61]临头上。当日正中时，有风拂其枝，如龙凤翔舞，离褷蜿蜒^[62]，轇轕徘徊^[63]；影落檐瓦间，金碧相组绣^[64]，观之者目为之明。有声如吹埙篪^[65]，如过雨，又如水激崖石，或如铁马驰骤^[66]，剑槊相磨戛^[67]；忽又作草虫鸣切切^[68]，乍^[69]大乍小，若远若近，莫可名状[70]。听之者耳为之聪[71]。

予以问上人。上人曰:"不知也。我佛以清净六尘[72]为明心之本。凡耳目之入,皆虚妄耳。"予曰:"然则上人以是[73]而名其阁,何也?"上人笑曰:"偶然耳。"留阁上又三日,乃归。至正十五年七月二十三日记。

注 释

【1】乎,于。

【2】滋,生长,繁殖。

【3】怒号,发出巨大的声响。

【4】訇磕(hōng kē),大声。虚无,指天空。

【5】愕(è),惊讶。

【6】悉,全都。

【7】屃赑(xì bì),赑龟(赑,读音xī)的别名。赑龟是一种爬行动物,背面褐色,腹面淡黄色。碑下的石座一般都雕成屃赑的形状,取它力大能负重的意思。这里就是指强健有力。

【8】谷,两山之间叫谷。

【9】雄,雄壮有力。以,连词,意义和"而"相同。厉,猛烈。

【10】荡,摇动。

【11】汹,水中波浪翻滚的声音。㕢(huī),麦响。

【12】中和,不刚不柔,平和。

【13】骇,惊惧。

【14】窒(zhì),阻塞。

【15】槁(gǎo),枯。

【16】懦,软弱。扬,高昂。

【17】莫若,不如。

【18】盖,连词,表示原因。

【19】挺,笔直。㧏(jiǔ),弯曲向下。

【20】离奇,树根盘曲的样子。龍鏦(lóng sǒng),高耸。

【21】潇洒，飘逸、自然。扶疏，枝叶繁茂的样子。

【22】鬖髿（sān suō），蓬松的样子。玲珑，灵巧的样子。

【23】这句说，所以，当风吹过松树的时候。

【24】雍（yōng），堵塞。激，冲击。

【25】黩（dú），忧。

【26】涤，洗。昏秽（huì），黑暗的和肮脏的东西。

【27】旷神，使心境阔大。怡情，使心情愉快。

【28】恬（tián）淡，清静。寂寥，寂静。

【29】太空，天空。

【30】造化，旧时指自然界的创造者，也指自然界。

【31】宜乎，怪不得。违，离开。

【32】金鸡之峰，在会稽山上。会稽山在浙江省绍兴县附近。

【33】拂，轻轻吹过。暗泉，暗伏而不露出地面的泉水。飒（sà）飒，这里是形容水声。石濑（lài），沙石上的急流。

【34】雅乐，正乐。古时把那种正规的、标准的音乐叫作雅乐。

【35】扬，向上吹起。

【36】振，击。

【37】隐隐，隐约，听起来不很清楚。

【38】上人，对僧人的一种称呼。为，这里是建造的意思。阁，一种建筑物，多建筑在高处，周围开窗，可以眺远。

【39】尝，曾经。止，停留，居住。

【40】洋洋，快意的样子。

【41】去，距离。

【42】这句说，在夏天，不因暑热而感到难受。

【43】这句说，在冬天，不因寒冷而感到痛苦。

【44】适，感到舒服。

【45】偃蹇（jiǎn），高耸引申为傲慢。优游，闲暇自得的样子。

【46】逍遥，无拘无束，自由自在。相羊，徘徊。

【47】汩（gǔ），乱。

【48】永日，度过漫长的一天。

【49】濯（zhuó），洗。颍水，河名。源出河南省登封县西的颍谷，东南流至安徽省境内，入淮河。相传尧想把天下让给许由，许由不接受，隐居在颍水附近。尧又想任命他作九州长，他仍不肯接受，并且认为尧的这种话弄脏了他的耳朵，就跑到颍水边上去洗耳朵。高，品行高尚。

【50】首阳，山名。在山西省永济县南。相传伯夷、叔齐在周武王灭殷以后，逃避到首阳山，不食周粟而死。清，品行纯洁。

【51】四方之寓人，在四方作客的人，到处为家的人。

【52】行止，行踪。

【53】是，这个。忘情，无动于衷。

【54】书，写。

【55】至正十五年，1355年。至正，元顺帝妥欢帖睦尔的年号（1341—1368年）。

【56】这句说，停留了两天。

【57】彻昼夜，整天整夜。

【58】至是，到了这一次。

【59】止，停留，居住。凡，总共。

【60】备悉，全知。变态，变化的状态。

【61】幢（chuáng），旗帜。葆，伞。

【62】离褷（shī），形容松枝像羽毛初生的样子。蜿蜒，弯弯曲曲，像蛇爬行的样子。

【63】鏐轕（jiāo gé），纵横交错的样子。徘徊，来回摆动的样子。

【64】组绣，编织成彩色的花纹。

【65】埙（xūn），古代的一种乐器，用陶土烧制而成。篪（chí），古代的一种乐器，用竹管制成。

【66】铁马，铁骑，指骑兵。驰骤，驰骋，奔腾。

【67】槊（shuò），长矛，古代的一种兵器。磨戛（jiá），撞击。

【68】草虫，即草螽（zhōng）。一种昆虫，善跳跃，雄虫前翅有发声器，扇动翅膀就能发声。切切，形容又细又急的声音。

【69】乍（zhà），忽。

【70】莫可名状，说不清它的状况。

【71】聪，听觉灵敏。

【72】六尘，佛经上把色、声、香、味、触、法叫作"六尘"。尘是脏污的意思。佛经上认为，"六尘"能染污"六根"（眼、耳、鼻、舌、身、意）。

【73】以是，用这，因此。

卖柑者言

刘基

题 解

这是一篇政治寓言，讲述由买卖一个坏了的柑橘的小事引起议论，假托卖柑者的一席话，深刻讽刺了那些虚有其表、无所作为的官员的丑恶嘴脸以及朝廷的腐败。

杭有卖果者，善藏柑，涉[1]寒暑不溃[2]。出之烨然[3]，玉[4]质而金色。置于市，贾[5]十倍，人争鬻[6]之。予贸[7]得其一，剖之，如有烟扑口鼻，视其中，则干若[8]败絮[9]。予怪而问之曰："若[10]所市于人者，将以实[11]笾豆[12]，奉祭祀，供宾客乎？将炫[13]外以惑[14]愚瞽[15]也？甚矣哉，为[16]欺[17]也！"

卖者笑曰："吾业[18]是有年矣，吾赖[19]是以食[20]吾躯。吾售之，人取之，未尝有言，而独不足子所乎？世之为欺者不寡矣，而独我也乎？吾子未之思也。今夫[21]佩虎符[22]、坐皋比[23]者，洸洸[24]乎干城之具[25]也，果能授孙、吴[26]之略[27]耶？峨[28]大冠、拖长绅[29]者，昂昂[30]乎庙堂[31]之器[32]也，果能建伊、皋[33]之业[34]耶？盗起[35]而不知御[36]，民困而不知救，吏奸而不知禁，法斁[37]而不知理，坐[38]糜[39]廪粟[40]而不知耻。观其坐高堂，骑大马，醉[41]醇醴而饫[42]肥鲜者，孰不巍巍[43]乎可畏，赫赫[44]乎可象[45]也？又何往而不金玉其外、败絮其中[46]也哉？今子是之不察，而以察吾柑！"

予默默无以应。退而思其言，类[47]东方生[48]滑稽之流[49]。岂其愤世疾邪[50]者耶？而托[51]于柑以讽耶？

注　释

【1】涉，经过，经历。

【2】溃，腐烂，腐败。

【3】烨（yè）然，光彩鲜明的样子。

【4】玉，像玉石一样。

【5】贾（jià），同"价"，价格。

【6】鬻（yù），这里是买的意思。

【7】贸，买卖，这里是买的意思。

【8】若，像，好像。

【9】败絮，破败的棉絮。

【10】若，代词，你，你们。

【11】实，填满，装满。

【12】笾（biān）豆，古代祭祀时盛祭品用的两种器具。笾，竹制的食器。豆，木制、陶制或铜制的食器。

【13】炫，炫耀，夸耀。

【14】惑，迷惑，欺骗。

【15】愚瞽（gǔ），愚蠢的人和瞎子。瞽，瞎子。

【16】为，做。

【17】欺，欺骗人的事。

【18】业，以……为职业。

【19】赖，依赖，依靠。

【20】食（sì），同"饲"，这里有供养、养活的意思。

【21】夫，发语词。

【22】虎符，虎形的兵符，古代调兵用的凭证。

【23】皋（gāo）比（pí），虎皮，指将军的坐席。比，通"皮"，毛皮。

【24】洸（guāng）洸，威武的样子。

【25】干城之具，捍卫国家的将才。干，盾牌，文中意为捍卫。干和城都用以防御。具，将才。

【26】孙、吴，指古代著名军事家孙武和吴起。

【27】略，谋略。

【28】峨，高高地，指高戴。

【29】拖长绅，拖着长长的腰带。绅，古代士大夫束在外衣上的带子。

【30】昂昂，气宇轩昂的样子。

【31】庙堂，指朝廷。

【32】器，才能，本领，这里指"有才能的人"。

【33】伊、皋（gāo），指古代著名政治家伊尹和皋陶。

【34】业，功业。

【35】起，兴起。

【36】御，抵御。

【37】斁（dù），败坏。

【38】坐，坐在高位的意思，指那些在高位上却不干正事。

【39】靡，通"糜"，浪费。

【40】廪（lǐn）粟，国家发的俸米。

【41】醉，醉饮。

【42】饫（yù），饱食。

【43】巍巍，高大的样子。

【44】赫赫，显赫的样子。

【45】象，模仿。

【46】金玉其外、败絮其中，比喻虚有其表，及外表好而实质坏的人。

【47】类，像。

【48】东方生，指东方朔。汉武帝时曾任太中大夫，性格诙谐，善于讽谏。

【49】滑稽（古书中读作gǔjī）之流，指诙谐多讽、机智善辩的人。

【50】愤世疾邪，激愤、痛恨世间邪恶的现象。疾，愤恨。

【51】托，假托。

书博鸡者事

高启

高启，字季迪，自号青丘子，长洲（今江苏苏州市）人，是元末明初的著名诗人，文学史上的明初四杰之一（另三人是杨基、张羽、徐贲）。有文武才，无书不读，对历史尤有深入研究。一生不慕富贵，不为礼法所拘。明洪武二年（1369 年），明太祖朱元璋召他编修《元史》，授翰林院国史编修官。第二年，升户部右侍郎，他不愿做官，以"少年不敢当重任"为理由，回到青丘，教书自给。洪武五年（1372 年），高启因受牵连，于洪武七年（1374 年）九月被腰斩。著有诗集《高太史大全集》十八卷，存诗两千余首；文集《凫藻集》五卷。

题　解

本文选自《凫藻集》，所记博鸡者的事迹，暴露了元朝末年统治阶级内部或互相斗争，或互相勾结，上层的人对权贵、豪民的不法行为不闻不问，下层群众却能仗义向恶势力进行冲击，由此反映了"元政紊弛，而变兴自下之渐"的社会现实。

博鸡者[1]，袁州人[2]，素无赖[3]，不事产业[4]，日抱鸡呼少年博市中。任气[5]好斗，诸为里侠者皆下之[6]。

元至正间[7]，袁有守多惠政[8]，民甚爱之。部使者臧新贵[9]，将按郡[10]至袁。守自负年德易之[11]，闻其至，笑曰："臧氏之子也。"或以告臧，臧怒，欲中守法[12]。会袁有豪民尝受守杖[13]，知使者意嗛守[14]，即诬守纳己赇[15]。使者遂逮[16]守，胁服[17]，夺[18]其官。袁人大愤，然未有以报也[19]。

一日，博鸡者邀[20]于市。众知有为[21]，因让[22]之曰："若素名勇[23]，徒能藉贫屡[24]者耳彼豪民恃其资[25]，诬去贤使君[26]，袁人失父母[27]；若诚[28]丈夫，不能为使君一奋臂耶[29]？"博鸡者曰："诺[30]。"即入闾左[31]，呼子弟素健者，得数十人，遮[32]豪民于道。豪民方华衣[33]乘马，从[34]群奴而驰，博鸡者直前捽下[35]，提殴之[36]。奴惊，各亡[37]去。乃裼豪民衣自衣[38]，复自策[39]其马，麾众拥[40]豪民马前，反接[41]，徇诸市[42]。使自呼曰："为民诬太守者视此[43]！"一步一呼，不呼则杖，其背尽创。豪民子闻难[44]，鸠宗族童奴百许人[45]，欲要篡[46]以归。博鸡者逆[47]谓曰："若欲死而父，即前斗[48]。否则阖门善俟[49]。吾行市[50]毕，即归[51]若父，无恙也[52]。"豪民子惧遂杖杀其父[53]，不敢动，稍敛[54]众以去。袁人相聚从观[55]，欢动一城。郡录事骇之[56]，驰白府[57]。府佐快其所为[58]，阴纵之[59]不问。日暮，至豪民第门[60]，捽使跪，数[61]之曰："若为民不自谨[62]，冒[63]使君，杖汝，法也；敢用是为怨望[64]，又投间[65]蔑污使君，使罢[66]。汝罪宜死[67]，今姑贷汝[68]。后不善自改，且复妄言[69]，我当焚汝庐、戕[70]汝家矣！"豪民气尽，以额叩地，谢不敢[71]。乃释之。

博鸡者因告众曰："是足以报[72]使君未耶？"众曰："若所为诚快，然使君冤未白[73]，犹[74]无益也。"博鸡者曰："然。"即连楮[75]为巨幅，广[76]二丈，大书一"屈"字，以两竿夹揭之[77]，走诉行御史台[78]。台臣弗为理[79]。乃与其徒日张"屈"字游金陵[80]市中。台臣惭，追受其牒[81]，为复守官而黜[82]臧使者。方[83]是时，博鸡者以义闻东南[84]。

高子曰[85]：余在史馆[86]，闻翰林天台[87]陶先生言博鸡者之事。

观袁守虽得民[88]，然自喜轻上[89]，其祸非外至也[90]。臧使者枉用三尺[91]，以仇一言之憾[92]，固贼戾[93]之士哉！第为上者不能察[94]，使匹夫攘袂[95]群起，以伸[96]其愤，识者固知元政紊弛[97]，而变兴自下之渐矣[98]。

注　释

【1】博鸡，斗鸡赌输赢。

【2】袁州，治所在今江西省宜春县。

【3】素无赖，平日游手好闲。

【4】不事产业，不从事生产劳动。

【5】任气，意气用事。

【6】里，乡里，当地。下，佩服，退让。这句说，许多在当地有侠义行为的人都对他退让。

【7】至正，元顺帝妥欢帖睦尔的年号（1341—1368年）。

【8】守，州郡的长官，就是下面说的"太守"，实际是指知府。惠政，善政。

【9】新贵，新近显贵得势。

【10】按郡，巡察州郡地方。

【11】这句说，袁州太守依仗着自己年老有德，看不起那个姓臧的使者。易是轻视的意思。

【12】这句说，想要利用法律来伤害太守。

【13】会，刚巧。豪民，土豪。尝，曾经。杖，杖刑，用木棍打背、臀或腿。

【14】嗛（xián），怀恨。

【15】纳，接受。赇（qiú），贿赂。

【16】逮，逮捕。

【17】胁服，威逼认罪。

【18】夺，罢免。

【19】报，对付。这句说，然而还没有想到对付的办法。

【20】遨（áo），游逛。

【21】有为，可以有所作为。

【22】让，责备。

【23】这句说，你一向以勇敢出名。

【24】徒能，只能。藉，践踏。这里是欺压的意思。贫孱（chán），贫穷弱小。

【25】恃（shì），依仗。资，钱财。

【26】去，指罢免。使君，指太守。

【27】父母，比喻有惠政的太守。

【28】诚，确实是。

【29】奋臂，举臂，表示出力。

【30】诺，表示答应的声音。

【31】闾左，这里指贫民聚居的地方。

【32】遮，挡。

【33】华衣，穿着一身华丽的衣服。

【34】从，跟随。

【35】直前，一直向前。捽（zuó），揪。

【36】提殴，用手提着加以殴打。

【37】亡，逃。

【38】褫（chǐ），剥。自衣，穿在自己身上。

【39】复，又。策，用马鞭子赶马。

【40】麾（huī），指挥。拥，围。

【41】反接，双手反绑着。

【42】徇诸市，让他在市场上游街示众。

【43】这句说，做老百姓而诬告太守的，就会落得这样下场。

【44】难，祸事。

【45】鸠（jiū），聚集。宗族，同一父系家族的成员。童，未成年的仆人。百许人，一百多人。

【46】要（yāo）篡，拦路抢走。

【47】逆，对面迎上去。

【48】这两句说，你如果想让你的父亲死掉，那就上前来对打。而父，你的父亲。

【49】这句说，否则就关门坐在家里好好地等着。

【50】行市，在市场上游行。

【51】归，还。

【52】无恙，不会受害。

【53】遽，即刻。这句说，豪民之子害怕博鸡者会立即用棍杖打死他父亲。

【54】敛，招拢，约束。

【55】相聚从观，互相追随着挤在一起观看。

【56】郡录事，州郡地方上掌管文书的官吏。骇，惊惧。

【57】白，告知。府，古时县以上一级的地方行政单位。

【58】府佐，府一级官员的副职。快，感到高兴。这句说，府佐对博鸡者所做的事感到高兴。

【59】阴纵之，暗中放任不管。

【60】第，官僚、贵族的家宅。

【61】数，列举过错。

【62】不自谨，自己不检点。

【63】冒，冒犯。

【64】用是，因此。怨望，怨恨。这句说，你竟敢因此而怀恨在心。

【65】投间，趁机，钻空子。

【66】罢，罢免。这句说，使他丢了官。

【67】宜，应当。

【68】姑，暂且。贷，饶恕。

【69】这两句说，今后如果不好好改过自新，并且还要胡说乱讲。

【70】庐，房屋。戕（qiāng），杀害。

【71】谢不敢，认罪，表示不敢再犯。

【72】是，这。报，报答。

【73】白，伸雪。

【74】犹，还，仍然。

【75】楮（chǔ），纸。楮是树，它的树皮纤维可造纸，所以古人把纸叫作楮。

【76】广，宽度。

【77】揭，高举。

【78】行御史台，设在地区的执行御史台职责的官署。御史台是中央监察机关。元大德元年（1297 年），金陵（今南京）被定为江南诸道行御史台，设官品秩同内台，掌监察江浙、江西、湖广三省。

【79】理，处理。

【80】徒，同伙。张，指打开横幅。金陵，今江苏省南京市。

【81】追，事后补行。牒，公文。这里指状纸。

【82】复，恢复。黜（chù），罢免。

【83】方，正当。

【84】这句说，博鸡者由于他的侠义行为而闻名于东南一带地方。

【85】高子，作者自称。

【86】史馆，官署名，掌管监修国史之事。

【87】翰林，官名，明代在科举考试中选拔一部分人入翰林院为翰林官。明代的翰林院是掌管修史、著作、图书等事的官署，史馆就并在其中。天台，今浙江天台县。

【88】得民，受到人民的爱戴。

【89】自喜，自以为自己很好。轻上，瞧不起上级。

【90】这句说，太守的得祸，不是由于外来的原因。

【91】三尺，指剑，这里指操生杀之权。这句说，姓臧的使者滥用权力。

【92】仇（chóu），报复。憾，怨恨。

【93】贼戾（lì），不正派，凶残。

【94】第，但。为上者，做上级的人。察，查察。

【95】匹夫，泛指平民。攘袂（rǎng mèi），撸起袖子。

【96】伸，这里是发泄的意思。

【97】识者，有见识的人。元政，元代的政治。紊驰（wěn chí），混乱、松弛。

【98】这句说，事变从下面兴起的趋势已经渐渐形成了。

听蕉记

沈周

沈周，字启南，号石田、白石翁、玉田生、有竹居主人等。长洲（今江苏苏州）人。明代杰出的书画家。不应科举，专事诗文、书画，是明代中期文人画"吴派"的开创者，与文征明、唐寅、仇英并称"明四家"。传世作品有《庐山高图》《秋林话旧图》《沧州趣图》等。著有《石田集》《客座新闻》等。

题　解

雨打芭蕉，是中国传统文化中的一个典型意象，也是历代文人最欣赏的天籁般的声音。雨中的蕉叶，翠绿欲滴，让满园的台榭轩窗尽染碧色；淅淅沥沥的雨打芭蕉声，能勾起人多少深藏的情思、不尽的遐想和种种细腻的感受。"卧石听涛，满衫松色；开门看雨，一片蕉声"，是多少文人向往的诗意境界。

夫蕉者，叶大而虚，承雨有声。雨之疾徐[1]、疏密，响应不忒。然蕉何尝有声，声假雨也。雨不集，则蕉亦默默静植[2]；蕉不虚，雨亦不能使为之声。蕉雨固[3]相能也。蕉静也，雨动也，动静戛摩而成声，声与耳又相能想入也。迨若匝匝插插，剥剥滂滂，索索淅淅，床床浪浪，如僧讽堂，如渔鸣[4]榔，如珠倾，如马骧，得而象[5]之，又属[6]听者之妙也。

长洲胡日之种蕉于庭，以伺雨，号"听蕉"，于是乎有所得于动静之机者欤？

注 释

【1】徐，缓缓地。

【2】植，立。

【3】固，的确。

【4】鸣，敲。

【5】象，想象。

【6】属，是。

移树说

李东阳

李东阳，字宾之，号西涯，茶陵（今属湖南）人。明天顺八年（1464年）进士，授编修。弘治年间，进礼部尚书，兼文渊阁大学士，与首辅刘健等人竭心献纳。明武宗在位时，刘瑾掌权，身为首辅李东阳为了避祸，表面敷衍，在刘瑾乱政时尽力补救，又能保全善类，奖拔后进。在朝五十年，门生满天下，为当时文坛领袖。著有《怀麓堂全集》。

题 解

本文以作者亲历之事，引出深刻道理，文字朴实。

予城西旧茔[1]久弗树，比[2]辟地东邻，有桧百余株，大者盈拱[3]，高可二三丈，予惜其生不得所。有种树者曰："我能为公移之。"予曰："有是哉？"请试，许之。

　　予尝往观焉。乃移其三之一。规[4]其根围数尺，中留宿土，坎[5]其四周，及底而止。以绳绕其根，若碇然[6]，其重虽千人莫能举也。则𡹔其坎之棱[7]，緪[8]树腰而卧之，根之罅实以虚壤[9]，复卧而北，树为壤所垫，渐高以起，卧而南亦如之。三卧三起，其高出于次。棚木[10]而床，横载之，曳[11]以两牛，翼[12]以十夫，其大者倍其数。行数百武[13]，植于墓后，为三重。阅岁而视之，成者十九。则又移其余，左右翼以及于门[14]。再阅岁而视之，其成者又十而九也。于是条干交接，行列分布，郁然改观，与古墓无异焉。夫规大而坎疏，故根不离；宿土厚，故元气足；乘虚而起渐，故出而无所伤。取必于旦夕之近，而巧夺于二十余年之远，盖其治之也有道，而行之也有序尔[15]。

　　予因叹夫世之培植人材，变化气习者，使皆得其道而治之，几何不为君子归也哉？族子嘉敬举乡贡[16]而来。予爱其质近于义，留居京师，与之考业论道，示之向方[17]，俾从贤士大夫游，有所观法[18]而磨砺，知新而聚博[19]。越三年，志业并进，再诎有司[20]，将归省其亲。予冀其复来，以成其学，且见之用也。作《移树说》以贻之。

注　释

【1】予城，指作者故里湖南茶陵。旧茔，祖坟。

【2】比，近来。

【3】盈拱，合抱。

【4】规，环绕树根划定所掘坎穴之面积。

【5】坎，掘土成坎，用作动词。

【6】碇（dìng），停船时用以沉落水中的石块，类今之锚。

【7】𡹔（duò），毁坏。棱，指土坎之类某一边。

【8】緪（gěng），大绳。这里作动词，指以此捆缚。

【9】虚壤，所挖的浮土。

【10】棚木，架木。

【11】曳，牵引。

【12】翼，协助。

【13】百武，百步。

【14】门，指墓门。

【15】尔，通"耳"。

【16】乡贡，即乡试，录取者为举人。

【17】方，正道。

【18】观法，观摩，效法。

【19】聚博，积学博识。

【20】诎（chù），通"黜"，摈退不取。有司，指考官。

医戒

李东阳

题　解

不仅庸医害人，患病的人如果一味迷信名医，将性命寄托在徒有其名的庸人手中，也会给自己带来祸害。不光是看病这种事，世上的事情其实都是这个道理。

予年二十九[1]，有脾病焉，其症能食而不能化，因节不多食，渐节渐寡，几至废食，气渐苶[2]，形日就惫。医谓："为瘵也[3]。"以药补之，病益甚，则补益峻[4]。岁且尽[5]，乃相谓曰："吾计且穷矣，若春水旺，则脾土必重伤[6]。"先君子[7]忧之。

会有老医孙景祥氏来视，曰："及春乃解。"予怪问之，孙曰："病在心火，故得木而解[8]。彼谓脾病者，不揣其本故也。子无乃有忧郁之心乎？"予爽然 ^[9] 曰："噫！是也。"盖是时予屡有妻及弟之丧 ^[10]，悲怆交积，积岁而病，累月而瘳，非惟医不能识，而予亦忘之矣。于是括旧药尽焚之，悉听其所为，三日而一药，药不过四五剂，及春而果差 ^[11]。

因叹曰："医不能识病，而欲拯人之危，难矣哉！"又叹曰："世之徇名遗实 ^[12]，以躯命托之庸人之手者，亦岂少哉！向不此医之值 ^[13]，而徒托诸所谓名医，不当补而补，至于瘳而莫之悟也！"因录以自戒。

注　释

【1】予年二十九，当时为明成化十一年乙未（1475年）。

【2】苶（nié），衰弱。

【3】瘵（zhài），《说文》："瘵，病也。"此处盖指脾病。

【4】峻，急迫。

【5】岁且尽，一年将终。

【6】"春水"二句，中医以"五行"与"五脏"相配，脾属土，故称"脾土"。脾的功能在于运化水湿，春季水盛，将加重脾脏负担，故说"脾土必重伤"。

【7】先君子，亡父的敬称。

【8】"病在心火"二句，心属火。中医以"五行"与"五时"（春、长夏、夏、秋、冬）相配，春属木。木能生火，故有心病的人，至春季心火便得以散发，故说"得木而解"。

【9】爽然，明白清楚。《说文》："爽，明也。"

【10】"盖是时"句，成化十年甲午（1474年），作者二十八岁，三弟李三川亡。次年，继室岳夫人（岳正之女）又卒。

【11】差（chài），同"瘥"，病愈。

【12】徇名遗实，谓徒慕其名，而不究其实际情形。徇，随顺。遗，抛弃。

【13】向，倘或。值，遇。

编者注

在《韩非子·喻老》中记载的"扁鹊见蔡桓公"的故事中，蔡桓公不能听从名医扁鹊的劝告，结果发病身死。可是在本文中，听从了医生的作者的病情却愈发严重。不听从医生劝告而耽误病情、只凭名声就盲目相信医生导致庸医误人的事情，不仅古代有很多，即使在今天也时常发生。

在我国古代，医生奉行的是医术的"精"，而对于那些拒绝配合的患者，医生有权拒绝治疗（如扁鹊提出的"六不治"）；但在西方现代医学理论传入中国后，《日内瓦宣言》逐渐成为医生的共同准则，拒绝医治患者的现象也随着医疗制度的建设而逐渐消失。但是，随着时代的发展，我们看到的不是医患关系的日益和谐，反倒是医患关系日渐恶化，恶意扰乱医院秩序的事情时有发生。

事实上，只从医治的结果来评判医生是否合格的行为，既不符合科学规律，也对医生不公平。生老病死是自然现象，而医生能做到的，便是尽自己的所能，诚实地向患者告知其真实情况，并为其提出最为合理的医疗方案，帮助患者做出选择。作为患者，也要以信任回报医生的诚实，避免在治疗过程中对医生的治疗产生不符合科学的干扰。而作为良好医患环境的建设者，政府也应提高医生这一职业的门槛，将那些医术不精或缺乏职业道德的医生淘汰出去。三方共同努力，才能让医生能够以诚心救治患者，让患者以信任回报医生。

中山狼传

马中锡

马中锡，字天禄，明代故城人（今河北省故城县）。成化十一年（1475 年）进士。明武宗时曾任兵部侍郎，因与宦官刘瑾作斗争，被逮捕下狱。刘瑾受诛后，才再出任巡抚。正德六年（1511年），刘六、刘七等起义，马中锡以右都御史前往镇压，主张用"招抚"手段来诱降，遭到统治集团内部的攻击，被加以"纵贼"的罪名，死于狱中。著有《东田集》。

题 解

这篇作品，有人说是在讽刺墨家的"兼爱说"；有人说是讽刺李梦阳不肯为康海伸冤（康海本人也写过《中山狼》杂剧），但后面的说法其实是一种附会，《四库全书总目提要》中已有辩证。读者应从两方面来认识这篇作品：一是它揭示了狼总是要吃人的本质意义；二是文中所描写的狼的狡猾、贪残，东郭先生的迂腐、软弱，老丈的机智、坚定的形象，都很鲜明生动。由于思想性和艺术性的紧密结合，本文对现代的读者仍然很有启发意义。

赵简子大猎于中山[1]，虞人道[2]前，鹰犬罗后。捷禽鸷兽[3]应弦而倒者不可胜数[4]。有狼当道，人立[5]而啼。简子垂手登车[6]，援乌号[7]之弓，挟肃慎[8]之矢，一发饮羽[9]，狼失声而逋[10]。简子怒，驱车逐之。惊尘蔽天，足音鸣雷，十步之外不辨人马。时墨者东郭先生将北适中山以干仕[11]，策蹇[12]驴，囊[13]图书，夙行失道[14]，望尘惊悸[15]。狼奄[16]至，引首[17]顾曰："先生岂有志于济物[18]哉？昔毛宝放龟而得渡[19]，随侯救蛇而获珠[20]，蛇龟固弗灵于狼[21]也。今日之事，何不使我得早处囊中，以苟延残喘[22]乎？异时倘得脱颖而出[23]，先生之恩，生死而肉骨[24]也。敢不努力以效龟蛇之诚！"

先生曰："嘻[25]！私汝狼以犯世卿[26]，忤[27]权贵，祸且不测，敢望报乎[28]？然墨之道，'兼爱'[29]为本，吾终当有以活汝[30]，脱[31]有祸，固所不辞也。"乃出图书，空囊橐[32]，徐徐焉实[33]狼其中，前虞跋胡[34]，后恐疐尾[35]，三纳之而未克[36]。徘徊容与[37]，追者益[38]近。狼请[39]曰:"事急矣,先生果将揖逊救焚溺,而鸣銮避寇盗耶[40]?惟先生速图[41]!"乃中蹋蹐四足[42],引绳而束缚之,下首至尾[43],曲脊掩胡[44],猬缩蠖屈[45],蛇盘龟息[46],以听命[47]先生。先生如其指[48],内[49]狼于囊,遂括囊口,肩举[50]驴上,引避道左[51]以待赵人之过。

已而[52]简子至,求狼弗得[53]。盛怒[54],拔剑斩辕端[55]示先生,骂曰:"敢讳狼方向者,有如此辕[56]!"先生伏踬[57]就地,匍匐[58]以进,跽[59]而言曰:"鄙人不慧[60],将有志于世[61],奔走遐方[62],自迷正途[63],又安能发狼踪以指示夫子之鹰犬也[64]?然尝闻之,'大道以多歧亡羊'[65]。夫[66]羊,一童子可制[67]之,如是其驯也,尚以多歧而亡;狼非羊比,而中山之歧可以亡羊者何限?乃区区[68]循大道以求之,不几于守株缘木[69]乎?况田猎,虞人之所事也,君请问诸皮冠[70]。行道之人[71]何罪哉?且鄙人虽愚,独不知夫狼乎;性贪而狠,党豺[72]为虐,君能除之,固当窥左足[73]以效微劳,又肯讳之而不言哉?"简子默然[74],回车就道,先生亦驱驴兼程[75]前进。

良久[76],羽旄[77]之影渐没,车马之音不闻。狼度[78]简子之去远,而作声囊中曰:"先生可留意矣。出我囊[79],解我缚,拔矢我臂[80],我将逝[81]矣。"先生举手出狼,狼咆哮谓先生曰:"适为虞人逐其来甚速,幸先生生我[82]。我馁[83]甚,馁不得食,亦终必亡而已[84]。与其饥死道路,为群兽食[85],毋宁[86]毙于虞人,以俎豆于贵家[87]。先生既墨者,摩顶放踵[88]思一利天下,又何吝一躯啖我而全微命乎[89]?"逐鼓吻奋爪[90],以向[91]先生。

先生仓卒以手搏[92]之,且搏且却[93],引蔽驴后[94],便旋而走[95],狼终不得有加[96]于先生,先生亦竭力拒,彼此俱倦,隔驴喘息。先生曰:"狼负我,狼负我!"狼曰:"吾非固欲负汝[97],天生汝辈,固需吾辈食也。"相持既久,日暮[98]渐移。先生窃念[99]:天色向晚,狼复群至，吾死矣夫！因绐[100]狼曰："民俗[101]，事疑必询三老[102]。第[103]行矣，求三老而问之，苟[104]谓我可食即食，不可即已[105]。"狼大喜，即与偕行。

逾时[106]，道无行人，狼馋甚，望老木僵立路侧，谓先生曰："可问是老。"先生曰："草木无知，叩焉何益[107]？"狼曰："第问之，彼当有言矣。"先生不得已，揖老木具述始末[108]，问曰："若然，狼当食我耶？"木中轰轰有声，谓先生曰："我杏也。往年老圃[109]种我时，费一核耳，逾年华[110]，再逾年实[111]，三年拱把[112]，十年合抱，至于今二十年矣。老圃食我[113]，老圃之妻食我，外至宾客，下至于仆，皆食我；又复鬻实于市以规利[114]，我其有功于老圃甚巨[115]。今老矣，不得敛华就实[116]，贾[117]老圃怒，伐我条枚[118]，芟[119]我枝叶，且将售我工师之肆取直[120]焉。噫！樗朽之材[121]，桑榆之景[122]，求免于斧钺之诛[123]而不可得。汝何德于狼，乃觊免乎[124]？是固当食汝[125]。"

言下，狼复鼓吻奋爪，以向先生。先生曰："狼爽盟[126]矣。矢[127]询三老，今值[128]一杏，何遽见迫耶[129]？"复与偕行。

狼愈急，望见老牸[130]曝日败垣[131]，谓先生曰："可问是老。"先生曰："向者[132]草木无知，谬言[133]害事。今牛，禽兽耳，更何问为？"狼曰："第问之，不问将噬汝[134]。"

先生不得已，揖老牸，再述始末以问，牛皱眉瞪目，舐鼻张口，向先生曰："老杏之言不谬矣。老牸茧栗[135]少年时，筋力颇健，老农卖一刀以易我，使我贰群牛[136]，事南亩[137]。既壮，群牛日益老惫[138]，凡事我都任之。彼将驰驱，我伏田车[139]择便途以急左趋；彼将躬耕，我脱辐衡[140]，走郊坰以辟榛荆[141]。老农亲我[142]犹左右手。衣食仰我而给，婚姻仰我而毕，赋税仰我而输，仓庾仰我而实[143]。我亦自说，可得帷席之蔽如马狗也[144]。往年家储无儋石[145]，今麦收多十斛[146]矣；往年穷居无顾借[147]，今掉臂行村社[148]矣，往年尘卮罌[149]，涸唇吻[150]，盛酒瓦盆半生未接[151]，今酳[152]黍稷，据尊罍[153]，骄妻妾矣；往年衣短褐[154]，侣木石[155]，手不知揖，心不知学，今持兔园册[156]，戴笠子，腰韦[157]带，衣宽博[158]矣。一比一粟，皆我力也。顾[159]欺我老弱，逐我荒野；酸风射眸[160]，寒日吊影[161]；瘦骨如山，老泪如雨；涎垂而不可收，足挛[162]而不可举；皮毛具亡，疮痏未瘥[163]。老农之妻妬且悍，朝夕进说曰：'牛之一身无废物也：肉可脯[164]，皮可鞟[165]，骨角且切磋[166]为器。'指大儿曰：'汝受业庖丁[167]之门有年矣，胡不砺刃于硎[168]以待？'迹是观之[169]，是将不利于我，我不知死所矣[170]！夫我有功，彼无情，乃若是行将[171]蒙祸。汝何德于狼，觊幸免乎？"言下，狼又鼓吻奋爪以向先生，先生曰："毋欲速[172]。"

遥望老子杖藜[173]而来，须眉皓然[174]，衣冠闲雅[175]，盖有道者[176]也。先生且喜且愕[177]。舍狼而前[178]，拜跪啼泣，致辞曰："乞丈人[179]一言而生。"丈人问故，先生曰："是狼为虞人所窘[180]，求救于我，我实生之[181]。今反欲咥我，力求不免，我又当死之[182]。欲少延于片时，誓定是于三老[183]。初逢老杏，强我[184]问之，草木无知几杀我；次逢老牸，强我问之，禽兽无知，又将杀我；今逢丈人，岂天之未丧斯文也[185]！敢乞一言而生。"因顿首杖下，俯伏听命。

丈人闻之，欷歔[186]再三，以杖叩狼曰："汝误矣。夫人有恩而背之，不祥莫大焉[187]。儒谓受人恩而不忍者，其为子必孝；又谓虎狼之父子[188]。今汝背恩如是，则并父子亦无矣。"乃厉声[189]曰："狼速去，不然，将杖杀汝。"

狼曰："丈人知其一，未知其二[190]，请愬[191]之，愿丈人垂听[192]！初，先生救我时，束缚我足，闭我囊中，压以诗书，我鞠躬不敢息[193]，又蔓词以说[194]简子，其意盖将死我于囊而独窃其利[195]也。是安可不咥？"丈人顾先生曰："果如是，是羿亦有罪焉[196]。"先生不平，具状其囊狼怜惜[197]之意。狼亦巧辩不已以求胜。丈人曰："是皆不足以执信也[198]。试再囊之，吾观其状，果困苦否。"狼欣然从之，信[199]足先生。先生复缚置囊中，肩举驴上，而狼未知也。丈人附耳谓先生曰："有匕首[200]否？"先生曰："有。"于是出匕。丈人目先生使引匕刺狼。先生曰："不害狼乎？"丈人笑曰："禽兽负恩如是，而犹不忍杀，子固仁者，然愚亦甚矣。从井以救人，解衣以活友，于彼计则得，其如就死地何？先生其此类乎！仁陷于愚，固君子之所不与也。"言已大笑，先生亦笑，遂举手且先生操刃区殪，弃道上而去。

注　释

【1】赵简子，春秋时期晋国的大夫，实际上是晋国执政者。中山，今河北省定县一带。

【2】虞人，管狩猎的官。道，同"导"。

【3】捷禽，灵敏的飞鸟。鸷兽，猛兽。

【4】应弦而倒者，弓弦一响就被射倒的禽兽。不可胜数，算不清。

【5】人立，像人一样直立。

【6】垂手登车，从容上车。

【7】援，手拉。乌号，古代良弓的名称。

【8】肃慎，古代东北方的种族名，曾朝贡弓箭。以上是比喻赵简子所用的是上等弓箭。

【9】饮羽，形容箭射进肉中很深，连箭末的羽毛都看不见了。饮，吞没的意思。

【10】逋，逃跑。

【11】墨者，信奉墨子学说的人。墨子主张"兼爱"（爱一切人）。东郭先生，古代寓言中常用的人名。适，到。干仕，谋求官职。

【12】策，赶。蹇（jiǎn），行动迟缓。

【13】囊，袋里藏着。

【14】夙（sù）行，清早赶路。失道，迷路。

【15】惊悸，骇惧。

【16】奄，突然。

【17】引首，伸头。

【18】岂，难道。济物，成全别人。

【19】毛宝，晋代人，曾买一只乌龟放生，后来在战事中投江逃命，好像有个东西载他过江，登岸一看，正是从前所放的乌龟。这是《搜神记》中的一段神话。

【20】随侯，随（今湖北随县）国的君主。据说他曾为一条受伤的蛇敷药，后来蛇衔来一颗名贵的珍珠报答他。

【21】蛇龟固弗灵于狼，狼的灵敏总比那蛇和龟还要高些。

【22】早处，赶紧躲进。囊中，指东郭先生装图书的口袋。苟延残喘，使垂危的生命得以延续下去。

【23】脱颖而出，《史记·平原君列传》作"颖脱而出"，意思是：锥子放在口袋里，总会要露出锥尖来的。颖，尖子（物体的尖锐部分）。脱颖而出脱化于"乃颖脱而出，非特其末见而已"意为锥芒全体脱出，非只露尖而已。比喻人的本领全部显露出来。此意又见左思《吴都赋》："钩爪锯牙，自成锋颖。"

【24】生死而肉骨，救活已死的人，长肉在枯骨上。

【25】嘻，叹气的声音。

【26】私汝狼，包庇你这狼。犯，得罪。世卿，指赵简子。春秋时代，各国大都由一个或几个大家族世代掌握政权，称为世卿。

【27】忤，触怒。

【28】这句说，唉！为了包庇你这狼而得罪了世卿，触怒了当权的贵族，我自己说不定会遭殃，还指望你报恩吗？

【29】"兼爱"，墨子学说中的一个要点。他主张一视同仁、不分敌我的爱。

【30】吾终当有以活汝，我总要想法子救你的命。

【31】脱，即使。

【32】橐（tuó），本意是没有底的口袋，事实上往往囊橐加称。

【33】徐徐焉，慢吞吞地。实，装。

【34】前虞跋胡，往前担忧压住垂肉。虞，担忧。胡，嘴巴下面的垂肉。

【35】后恐疐（zhì）尾，往后恐怕压住尾巴。疐，跌倒。

【36】克，成功。

【37】徘徊容与，迟疑不决、拖拖沓沓。

【38】益，愈。

【39】请，恳求。

【40】先生果将揖逊救焚溺，而鸣銮避寇盗耶，你难道真要在抢救火烧水淹的时候还讲礼貌，在遭盗逃命的时候，还像平时坐着车一样摇响叮当的铃声吗？揖逊，打恭作揖地讲究客套。銮，驾车的马身上装饰的铃铛。

【41】惟，希望。速图，赶快想办法。

【42】乃，于是。蜷踏四足，缩作一团。

【43】下首至尾，把头弯下来凑到尾巴上。

【44】曲脊掩胡，弓着脊梁，遮住垂肉。

【45】猬缩蠖（huò）屈，像刺猬一样缩起来，像尺蠖虫爬行时一样弯起来。

【46】龟息，像乌龟休息时一样，头颈四肢缩成一团。

【47】听命，任凭摆布。

【48】如其指，按照他的意思做。

【49】内，同"纳"。

【50】肩举，揹在肩上。

【51】引避道左，躲避在路旁。

【52】已而，一会儿。

【53】求狼弗得，找不到狼。

【54】盛怒，大怒。

【55】辕，车前面两根驾马的直木。端，一头。

【56】敢讳狼方向者，有如此辕，谁敢隐瞒狼的去向，谁就会和这辕一样。

【57】伏踬，意思就是请罪。

【58】匍匐，在地上爬。

【59】恶，跪。

【60】鄙人，乡下人，东郭先生自己谦称。不慧，不才、无能的意思。

【61】有志于世，打算在世上做些事业。

【62】遐方，远方。

【63】自迷正途，自己迷失了方向。

【64】又安能发狼踪以指示夫子之鹰犬也，我又怎能发现狼的去向，给您的猎鹰猎犬以指示呢？

【65】大道以多歧亡羊，见《列子·说符》，意思是：大路上的岔道多，所以羊会走失。歧，岔道。

【66】夫，发语词。

【67】制，降服。

【68】区区，仅仅。

【69】不几于，岂不是差不多等于。守株，守株待兔。缘木，缘木求鱼，是说爬上树去捕鱼。这是用来比喻不根据实际强求办不到的事。

【70】诸，即"之于"两字合起来的意思。皮冠，古代打猎时所戴的帽子，这里代表管狩猎的专官。

【71】行道之人，赶路的人。

【72】党豺，与豺为一伙。

【73】跬左足，语见《汉书·息无躬传》，就是抬脚起步的意思。跬，通"跬"，半步。

【74】默然，不作声。

【75】兼程，加倍赶路。

【76】良久，很久。

【77】羽旄，旗子上的装饰。这里借指赵简子一行人。

【78】度（duó），估计。

【79】出我囊，把我从囊中放出来。

【80】拔矢我臂，把我胳膊上的箭拔去。

【81】逝，走。

【82】生我，救活了我。

【83】馁（něi），饿。

【84】亦终必亡而已，也终归是死路一条罢了。

【85】为群兽食，被别的野兽吃掉。

【86】毋宁，还不如。

【87】俎豆于贵家，供贵族作食品。俎豆，古代盛食品的器皿。

【88】摩顶放踵，劳累奔波得从头顶到脚跟都伤了。

【89】又何吝一躯啖我而全微命乎，您又何必舍不得将身体送我吃，让我可以保全这条性命呢？啖我，给我吃。

【90】鼓吻（wěn）奋爪，准备吃人的样子。吻，嘴巴。

【91】向，冲向。

【92】仓卒（cù），匆促。卒，同"猝"。搏，格斗。

【93】且搏且却，边打边退。

【94】引蔽驴后，以驴子为掩护。

【95】便旋而走，绕着弯子跑。

【96】有加，占上风。

【97】吾非固固欲负汝，我也不是一定要对不起你。

【98】晷（guǐ），日影。

【99】窃念，心里计算。

【100】绐（dài），骗。

【101】民俗，民间风俗。

【102】事疑必询三老，有疑难事一定要请教三位老年人。

【103】第，只管。

【104】苟，如果。

【105】即已，那就作罢（不要吃）。

【106】逾时，过了一会儿。

【107】叩焉何益，问它有什么用？

【108】具述始末，从头到尾述说一遍。

【109】老圃，种树的老园丁。

【110】华，开花。

【111】实，结果。

【112】拱把，两把粗细。

【113】食我，吃我的果实。

【114】鬻（yù），卖。规利，图利。

【115】我其有功于老圃甚巨，我可以说是对种树老园丁有过很大功劳。

【116】不得敛华就实，只是开花不能结果。敛花就实，花谢果结。

【117】贾（gǔ），博得。

【118】条枚，枝干。

【119】芟（shān），剪除。

【120】工师之肆，工匠的铺子。取直，就是换钱的意思。直，同"值"。

【121】樗（chū）朽之材，无用的树木。

【122】桑榆之景，指晚年。

【123】钺（yuè），大斧。诛，砍伐。

【124】觊（jì），希望。这句说，你对狼有过什么好处，就希望它宽免
你吗？

【125】是固当食汝，所以它应当吃掉你。

【126】爽盟，背约，失信。

【127】矢，发誓，保证。

【128】值，遇到。

【129】何遽（jù）见迫耶，为什么就急于迫害我呢？遽，立刻。

【130】牸（zì），母牛。

【131】曝（pù）日，晒太阳。败垣（yuán），破墙。

【132】向者，刚才。

【133】谬言，胡说。

【134】咥（dié），咬。

【135】茧栗，牛角初长成。

【136】贰群牛，和别的牛群一起。贰，并，一道。

【137】事南亩，从事耕地。

【138】惫，疲乏。

【139】伏田车，低下头驾车。

【140】辐衡，驾在牛身上的横木。辐，当作"福"。

【141】坰（jiōng），野外。辟榛荆，开荒。榛荆，野草杂树。

【142】亲我，依靠我。

【143】仓庾（yǔ），粮囤。仰，依靠。这句说：老农靠我吃饭穿衣，靠我男婚女嫁，靠我完缴租税，靠我填满谷仓。

【144】帷席，帷帐和席子。这句说：我也自信死后可能像狗马一样，得到一张帷席埋葬尸体。

【145】儋（dān）石，两担的粮食。

【146】斛（hú），担。

【147】无顾借，无聊。

【148】掉臂，逍遥自在的意思。村社，农村中的社集。

【149】尘卮（zhī）罍，酒杯和酒缸积满了灰尘（表示一直不用）。

【150】涸唇吻，嘴唇发燥（表示一直没有尝到酒）。

【151】半生，半辈子。未接，没有触碰过（酒）。

【152】酝，酿。

【153】据，执持。尊罍（léi），酒器。

【154】衣，穿。褐，粗毛布。

【155】侣木石，与木石为伴。意思是没有社会交际。

【156】兔园册，村塾中学究所读的浅陋课本。

【157】腰，腰间佩带。韦，熟皮。

【158】宽博，宽大的衣服。

【159】顾，但是。

【160】酸风，冷风。射眸，刺痛眼睛。

【161】吊影，意思是冷清清地和影子互相慰问。

【162】挛（luán），肌肉抽筋。

【163】痍，伤痕。瘥，痊愈。

【164】脯，肉干。

【165】鞟（kuò），去毛的皮。

【166】切磋（cuō），磨治。

【167】庖丁，厨师。

【168】砺刃，磨刀。硎，磨刀石。

【169】迹是观之，根据这种迹象看来。

【170】不知死所矣，不知道会是怎样的死法了。

【171】乃若是，况且还是这样。行将，不久就要。

【172】毋欲速，不要性急。

【173】藜，可以作拐杖的植物。

【174】皓然，形容须眉雪白。

【175】闲雅，优闲文雅。

【176】盖有道者，大概是个有道之士。

【177】愕（è），惊。

【178】舍狼而前，撇下狼迎向前去。

【179】丈人，对老者的敬称。

【180】是狼，这条狼。窘，困迫。

【181】生之，救了它。

【182】死之，为它而死。

【183】誓定是于三老，讲定以三位老者的话为准。

【184】强我，（狼）强迫我。

【185】岂天之未丧斯文也，莫非天不绝我这书生的命？

【186】歔欷，叹气的声音。

【187】不祥莫大焉，再没有比这更不吉利的事了。

【188】又谓虎狼之父子，之，疑是"知"字之误。意思说：即使是虎狼，也有父子之爱。

【189】厉声，高声大喝。

【190】丈人知其一，未知其二，你只知道一方面，却不知道另一方面。

【191】愬，同"诉"。

【192】垂听，要求别人听自己发表意思的谦辞。

【193】鞠躬，弓着身子。息，出气。

【194】蔓词，说些无谓的话。说（shuì），蒙蔽。

【195】死我于囊，让我死在囊里。独窃其利，独占好处。

【196】羿亦有罪焉，逄蒙向羿学射箭，后来本事学会了，就把老师杀了。孟子说："是亦羿有罪焉。"意思是说：羿不能辨别人的好坏，以致死在坏人手里，他自己也有错处。

【197】具状，详详细细描述一番。囊狼怜惜，因怜惜狼而把它装在袋里。

【198】是皆不足以执信也，这些话都是口说无凭。

【199】信，古字与"伸"通。

【200】匕（bǐ）首，短剑。

编者注

东郭先生与中山狼的故事早已为世人所熟知。迂腐的东郭先生救下了狡猾的狼，结果被狼攻击；在老丈机智地困住狼之后，东郭先生却依旧犹豫不决，不愿将忘恩负义的狼杀死。东郭先生的"愚"，不仅在于他不能认清狼的本质，还在于他不能吸取搭救狼之后反被袭击的教训，仍然对残忍的狼有同情之心。我们了解东郭先生的故事，不仅要避免他的迂腐，更要避免他吃一堑后不能长一智的错误。

夜渡两关记

程敏政

程敏政，字克勤，明代休宁篁墩（今屯溪）人，时人称为程篁墩。程敏政自幼聪明好学，酷爱读书，从小就有"神童"之号。成化二年（1466年）殿式一甲第二名，授翰林院编修，官至礼部右侍郎。博览群书，熟悉历朝典籍，多次参加明英宗、明宪宗两朝实录编写、校正。任侍讲学士时，能联系实际讲解经史大义，陈述利弊，直言不讳，尽职尽责，受到朝廷器重。后涉徐经、唐寅科场案被诬鬻题而下狱。出狱后，愤恚发痛而卒，赠礼部尚书。著有《宋遗民录》《篁墩文集》《明文衡》等。史书上称他"学问该博，为一时冠"。

题 解

这是一篇纪实散文，记载了作者因省亲心切，夜渡清流关和昭关所遇惊险之事。两次都是虚惊，同样都是夜渡地势险恶而又多猛兽的关隘，但在作者笔下各有不同的写法，扣人心弦，让读者身临其境。作者用笔跌宕起伏，曲折回合，极尽腾挪之妙，但这又是通过极自然的文字、巧妙的布局来完成的。

予谒告[1]南归，以成化戊戌冬十月十六日过大枪岭[2]。抵大柳树驿[3]，时日过午矣，不欲但已，问驿吏，吏给言，须晚，尚可及滁州也[4]。上马行三十里，稍稍闻从者言，前有清流关[5]，颇险恶，多虎。心识之[6]。

抵关，已昏黑，退无所止。即遣人驱山下邮卒[7]，挟铜钲束燎[8]以行。山口两峰夹峙，高数百寻[9]，仰视不极[10]。石栈岖崟[11]，悉下马，累肩而上[12]。仍相约，有警即前后呼噪为应。适有大星，光煜煜，自东西流。寒风暴起，束燎皆灭，四山草木萧飒有声。由是人人自危，相呼噪不已。铜征哄发，山谷响动。行六七里，及山顶，忽见月出如烂银盘，照耀无际，始举手相庆。然下山犹心悸不能定者久之。予默计此关乃赵检点破南唐擒其二将处[13]。兹游虽险，而奇当为平生绝冠。夜二鼓[14]，抵滁阳[15]。

十七日午，过全椒[16]，趋和州[17]。自幸脱险即夷[18]，无复置虑。行四十里，渡后河[19]。见面山隐隐，问从者，云："当陟此，乃至和州香林院[20]。"已而，日冉冉过峰后，马入山嘴，峦岫[21]回合，桑田秩秩[22]，凡数村，俨若武陵、仇池[23]，方以为喜。既暮，入益深，山益多，草木塞道，杳不知其所穷，始大骇汗。过野庙，遇老叟，问此为何山，曰："古昭关也[24]。去香林院尚三十余里，宜急行。前山有火起者，乃烈原[25]以驱虎也。"时铜钲、束燎皆不及备。傍山涉涧，怪石如林，马为之避易[26]；众以为伏虎，却顾反走，颠仆枕藉，呼声甚微，虽强之大噪，不能也。良久乃起，复循岭以行，谛视崖堑[27]，深不可测，涧水潺潺，与风疾徐。仰见星斗满天，自分恐不可免。且念伍员昔尝厄于此关[28]，岂恶地固应尔耶？尽二鼓，抵香林。灯下恍然自失，如更生者。

　　噫！予以离亲之久，诸所弗计，冒险夜行，度二关，犯虎穴，虽濒危而幸免焉，其亦可谓不审也已！谨志之，以为后戒。

注　释

【1】谒告，请假。

【2】成化戊戌，成化十四年（1478年）。成化，明宪宗朱见深年号。大枪岭，在今安徽省滁州市西六十里。

【3】大柳树驿，又名大柳寨，在安徽滁州市西北五十里。

【4】绐（dài），欺骗。须，等到。滁州，今安徽滁州市。

【5】清流关，在安徽滁州市西北二十五里。

【6】识（zhì），记住。

【7】邮卒，指驿站的守卒。

【8】铜钲（zhēng），古代一种乐器，后指铜锣。束燎，火把。

【9】寻，古代以八尺为一寻。

【10】不极，不能看到顶峰。

【11】石栈，山岩上挖凿的道路，岖崟（yín），山石险峻的样子。

【12】累肩，形容石栈陡峭，前面行走的人好像踩在后面人的肩上。

【13】赵点检，指赵匡胤，他在后周任殿前都点检。二将，指南唐大将军姚凤、皇甫晖。

【14】二鼓，二更天。

【15】滁阳，即滁州。因其地在滁水之北，故名。

【16】全椒，今安徽全椒县，在滁州南。

【17】和州，今安徽和县。

【18】夷，平。

【19】后河，在今安徽和县北。

【20】香林院，在和县北三十五里。

【21】岫（xiù），峰峦。

【22】秩秩，整齐有序的样子。

【23】武陵，今湖南常德市。这里指晋代陶渊明《桃花源记》中所说的桃源。发现桃花源的人是武陵人。仇池，在今甘肃省成县西，本名"仇维"，因山上有池，故又称仇池。

【24】昭关，在安徽金山县北，两山对峙，形成交通要道。春秋时为吴楚两国的界关。

【25】烈原，烧山。

【26】避易，退避。

【27】崖堑，陡崖和深沟。

【28】伍员，字子胥。他父兄被楚平王杀害，逃往吴国，"到昭关，昭关欲执之。伍胥遂与胜独身步走，几不得脱。"事见《史记·伍子胥列传》。

知行合一

王守仁

王守仁，幼名云，字伯安，别号阳明。浙江绍兴府余姚县（今属宁波余姚）人，因曾筑室于会稽山阳明洞，自号阳明子，学者称之为阳明先生，亦称王阳明。明代著名的思想家、文学家、哲学家和军事家，陆王心学之集大成者，精通儒家、道家、佛家。弘治十二年（1499年）进士，历任刑部主事、贵州龙场驿丞、庐陵知县、右佥都御史、南赣巡抚、两广总督等职，晚年官至南京兵部尚书、都察院左都御史。因平定宁王朱宸濠叛乱立下军功而被封为新建伯，隆庆年间追赠新建侯。谥文成，故后人又称王文成公。有《王文成公全书》。

　　王阳明最大的成就，便是创建"阳明学"（又称"心学"）。他继承了陆九渊"心即是理"的思想，主张最高的道理只需求诸心中即可得到；人欲和天理也并非是宋代理学所认为的对立关系，而是可以被接受的。王阳明死后，他的主张被他的学生们发扬光大，逐渐形成了左右两派。后来，阳明学还传播到了日本，逐步形成了有日本特色的"阳明学"，并在明治维新时期成为显学，东乡平八郎、吉田松阴等人均是阳明学的追随者。

题　解

　　这是阳明先生给友人顾东桥的信中的一部分。顾东桥（1476 — 1545年），名鳞，字华玉。江苏江宁人。原文《答顾东桥书》，收录于《传习录》中卷。"知行合一"是构成阳明心学的核心内容之一。阳明先生认为：知是行动的开始，行则为知的完成，二者互为始末，因此行一件事前，必先有知，而行事必以知为前提。

　　来书云："所喻知行并进，不宜分别前后，即《中庸》'尊德性而道问学'之功，交养互发，内外本末，一以贯之之道。然工夫次第，不能无先后之差。如知食乃食，知汤乃饮，知衣乃服，知路乃行，未有不见是物，先有是事。此亦毫厘倏忽之间，非谓截然有等，今日知之，而明日乃行也。"

　　既云"交养互发，内外本末，一以贯之"，则知行并进之说无复可疑矣。又云"工夫次第，不能无先后之差"，无乃自相矛盾已乎？"知食乃食"等说，此尤明白易见。但吾子为近闻[1]障蔽，自不察耳。夫人必有欲食之心，然后知食，欲食之心即是意，即是行之始矣。食味之美恶，必待入口而后知，岂有不待入口而已先知食味之美恶者邪？必有欲行之心，然后知路，欲行之心即是意，即是行之始矣。

路歧之险夷，必待身亲履历而后知，岂有不待身亲履历而已先知路
歧之险夷者邪？"知汤乃饮，知衣乃服"，以此例之，皆无可疑。
若如吾子之喻，是乃所谓"不见是物，先有是事"者矣。吾子又谓
"此亦毫厘倏忽之间，非谓截然有等，今日知之，而明日乃行也"。
是亦察之尚有未精。然就如吾子之说，则知行之为合一并进，亦自
断无可疑矣。

注　释

【1】近闻，指朱熹知先行后的观点。

天下无心外之物

王守仁

题　解

"天下无心外之物"是王阳明心学的精粹所在。王阳明心学判断是非
的标准，就是自己的"心"。他认为"理"是存在于你的心里面，每个人
都有，你去发现它就是了。

先生游南镇[1]，一友指岩中花树问曰："天下无心外之物。
如此花树，在深山中自开自落，于我心亦何相关？"

先生曰："你未看此花时，此花与汝心同归于寂；你来看此
花时，则此花颜色一时明白起来，便知此花不在你的心外。"

注　释

【1】南镇，会稽山旧称。

项脊轩志

归有光

归有光，明代散文家、文学家、古文家。字熙甫，又字开甫，别号震川，自号项脊生，是"唐宋八大家"与清代"桐城派"之间的桥梁，世称"震川先生"。明代昆山（今江苏昆山）人，后徙居嘉定（今上海嘉定区）。早年从师于同县的魏校。嘉靖进士，官至南京太仆寺丞。文风朴实自然，浑然天成，不事雕琢。

题　解

归有光的远祖曾居住在江苏太仓的项脊泾。作者把小屋命名为项脊轩，有纪念意义。本文叙述与项脊轩有关的人事变迁，借"百年老屋"的几经兴废，回忆家庭琐事，抒发物在人亡、三世变迁的感慨。用或喜或悲的感情作为贯穿全文的意脉，将生活琐碎事串为一个整体，言有尽而意无穷。

项脊轩 [1]，旧 [2] 南阁子也。室仅方丈 [3]，可容一人居。百年老屋，尘泥渗漉 [4]，雨泽下注 [5]；每移案 [6]，顾视 [7]，无可置者。又北向，不能得日 [8]，日过午已昏 [9]。余稍为修葺 [10]，使不上漏。前辟 [11] 四窗，垣墙周庭 [12]，以当 [13] 南日，日影反照，室始洞然 [14]。又杂植兰桂竹木于庭，旧时栏楯 [15]，亦遂增胜 [16]。借书满架，偃仰 [17] 啸歌 [18]，冥然兀坐 [19]，万籁有声 [20]；而庭阶寂寂，小鸟时来啄食，人至不去。三五之夜 [21]，明月半墙，桂影斑驳，风移影动，珊珊 [22] 可爱。

然余居于此，多可喜，亦多可悲。先是庭中通南北为一。迨诸父异爨 [23]，内外多置小门，墙往往而是 [24]。东犬西吠 [25]，客逾庖而宴[26]，鸡栖于厅。庭中始为篱，已[27]为墙，凡再[28]变矣。家有老妪，尝居于此。妪，先大母婢也，乳二世，先妣抚之甚厚。室西连于中闺，先妣尝一至。妪每谓余曰："某所，而母立于兹。"妪又曰："汝姊在吾怀，呱呱而泣；娘以指叩门扉曰：'儿寒乎？欲食乎？'吾从板外相为应答[29]。"语未毕，余泣，妪亦泣。余自束发[30]，读书轩中，一日，大母过余曰："吾儿，久不见若影，何竟日[31]默默在此，大类女郎也？"比去，以手阖[32]门，自语曰："吾家读书久不效，儿之成，则可待乎！"顷之，持一象笏至，曰："此吾祖太常公宣德间执此以朝，他日汝当用之！"瞻顾遗迹[33]，如在昨日，令人长号不自禁。

轩东，故尝为厨，人往，从轩前过。余扃牖[34]而居，久之，能以足音辨人。轩凡四遭火，得不焚，殆[35]有神护者。

项脊生曰："蜀清守丹穴，利甲天下，其后秦皇帝筑女怀清台；刘玄德与曹操争天下，诸葛孔明起陇中。方二人之昧昧于一隅也，世何足以知之，余区区处败屋中，方扬眉、瞬目，谓有奇景。人知之者，其谓与坎井之蛙何异？"

余既为此志，后五年，吾妻来归[36]，时至轩中，从余问古事，或凭几学书[37]。吾妻归宁[38]，述诸小妹语曰："闻姊家有阁子，且何谓阁子也？"其后六年，吾妻死，室坏不修。其后二年，余久卧病无聊，乃使人复葺南阁子，其制[39]稍异于前。然自后余多在外，不常居。

庭有枇杷树，吾妻死之年所手植[40]也，今已亭亭如盖矣[41]。

▋ **注　释**

【1】项脊轩，归有光家的一间小屋。轩，小的房室。

【2】旧，旧日的，原来的。

【3】方丈，一丈见方。

【4】尘泥渗（shèn）漉（lù），（屋顶墙头上的）泥土漏下。渗，透过。漉，漏下。渗漉，从小孔慢慢漏下。

【5】雨泽下注，雨水往下倾泻。雨泽，雨水。下，往下。

【6】案，几案，桌子。

【7】顾视，环看四周。顾，环视。

【8】得日，照到阳光。

【9】昏，光线不明。

【10】修葺（qì），修缮，修理，修补。

【11】辟，开。

【12】垣墙周庭，庭院四周砌上围墙。垣，在这里名词作动词，指砌矮墙。垣墙，砌上围墙。周庭，（于）庭子周围。

【13】当，挡住。

【14】洞然，明亮的样子。

【15】栏楯（shǔn），栏杆。纵的叫栏，横的叫楯。

【16】增胜，增添了光彩。胜，美景。

【17】偃，伏下。仰，仰起。偃仰，安居。

【18】啸歌，长啸或吟唱。这里指吟咏诗文，显示豪放自若。啸，口里发出长而清越的声音。

【19】冥然兀坐，静静地独自端坐着。兀坐，端坐。

【20】万籁有声，自然界的一切声音都能听到。万籁，指自然界的一切声响。籁，孔穴里发出的声音，也指一般的声响。

【21】三五之夜，农历每月十五的夜晚。

【22】珊珊，衣裾玉佩的声音，通"姗"，引申为美好的样子。

【23】迨（dài）诸父异爨（cuàn），等到伯、叔们分了家。迨，及，等到。诸父，伯父、叔父的统称。异爨，分灶做饭，意思是分了家。

【24】往往，指到处，处处。而，修饰关系连词。是，这（样）。

【25】东犬西吠，东边的狗对着西边叫。意思是分家后，狗把原住同一庭院的人当作陌生人。

【26】逾（yú）庖（páo）而宴，越过厨房而去吃饭。庖，厨房。

【27】已，已而，随后不久。

【28】凡，总共。再，两次。

【29】相为应答，一一回答。相，偏义复词，指她（先母）。

【30】束发，古代男孩成年时束发为髻，十五岁前指儿童时代。

【31】竟日，一天到晚。竟，从头到尾。

【32】阖（hé），合上。

【33】瞻顾遗迹，回忆旧日事物。瞻，向前看。顾，向后看。瞻顾，泛指看，有瞻仰、回忆的意思。

【34】扃（jiōng）牖（yǒu），关着窗户。扃，（从内）关闭。牖，窗户。

【35】殆，恐怕，大概，表示揣测的语气。

【36】来归，嫁到我家来。归，古代女子出嫁。

【37】凭几学书，伏在几案上学写字。几，小或矮的桌子。书，写字。

【38】归宁，出嫁的女儿回娘家省亲。

【39】制，指建造的格式和样子。

【40】手植，亲手种植。手，亲手。

【41】亭亭如盖，高高挺立，树冠像伞盖一样。亭亭，直立的样子。盖，古称伞。

寒花葬志

归有光

题 解

寒花是归有光亡妻魏氏的婢女，随嫁来到归家的时候，只有十岁。五年后，魏夫人去世。又过了四年，即明世宗嘉靖十六年（1537年）五月四日，寒花去世，于是归有光为她写下了这篇葬志。

婢 [1]，魏孺人 [2] 媵 [3] 也。嘉靖丁酉 [4] 五月四日死。葬虚丘 [5]。事 [6] 我而不卒 [7]，命也夫！

婢初媵时，年十岁，垂双鬟^[8]，曳^[9]深绿布裳^[10]。一日天寒，爇^[11]火煮荸荠^[12]熟，婢削之盈瓯^[13]，予入自外，取食之，婢持去不与。魏孺人笑之。孺人每令婢倚几旁饭^[14]，即饭，目眶冉冉^[15]动，孺人又指予以为笑。

回思是时，奄忽^[16]便已十年。吁，可悲也已！

注 释

【1】婢，指寒花。

【2】魏孺（rú）人，指作者之妻魏氏。孺人，古代官员之母或妻的封号。

【3】媵（yìng），陪嫁的婢女。

【4】嘉靖丁酉（yǒu），即1537年。嘉靖，明世宗朱厚熜年号（1522—1566年）。

【5】虚丘，地名。作者家乡江苏昆山县东南有丘虚镇，二字或倒置。一说，"虚"同"墟"，"墟丘"即大丘，土山。另一版本为虎丘。

【6】事，服侍。

【7】卒，到头，到底。

【8】鬟（huán），妇女梳的环形的发髻。

【9】曳（yè），拖着，这里是拉的意思。

【10】裳，古时下身的衣服，类似于长裙。男女均穿。

【11】爇（ruò），点燃。

【12】荸（bí）荠（qí），一种水生植物。根部可吃，南方或称马蹄。

【13】瓯（ōu），小瓦盆。

【14】饭，吃饭。

【15】冉（rǎn）冉，形容缓慢移动或飘忽迷离。

【16】奄忽，忽然，很快的，形容时间过得很快。

先妣事略

归有光

题 解

归有光母亲十六岁嫁到归家，十八岁生下他，二十六岁去世，当时归有光只八岁。十六年后，归有光二十四岁，已娶妻育雏，可能出于养儿更知父母恩的原因，这篇怀念母亲之作就是在这时写的。

先妣周孺人[1]，弘治[2]元年二月二十一日生。年十六年来归[3]。逾年[4]生女淑静，淑静者大姊也；期而生有光；又期而生女子[5]，殇一人[6]，期[7]而不育者[8]一人；又逾年生有尚，妊[9]十二月；逾年，生淑顺；一岁，又生有功。有功之生也，孺人比乳[10]他子加健[11]。然数颦蹙[12]顾诸婢曰："吾为多子苦！"老妪[13]以杯水盛二螺进，曰："饮此，后妊不数矣[14]。"孺人举之尽[15]，喑[16]不能言。

正德[17]八年五月二十三日，孺人卒[18]。诸儿见家人泣，则随之泣。然犹以为母寝[19]也，伤哉！于是家人延画工画[20]，出二子，命之曰：鼻以上画有光，鼻以下画大姊。以二子肖[21]母也。

孺人讳[22]桂。外曾祖讳明。外祖讳行，太学生[23]。母何氏，世居吴家桥，去县城东南三十里；由千墩浦而南，直桥[24]并[25]小港以东，居人环聚，尽周氏也。外祖与其三兄皆以资雄[26]，敦尚简实，与人姁姁[27]说村中语，见子弟甥侄无不爱。

孺人之[28]吴家桥则治木绵[29]；入城则缉纑[30]，灯火荧荧[31]，每至夜分[32]。外祖不二日使人问遗[33]。孺人不忧米盐，乃劳苦若不谋夕[34]。冬月炉火炭屑，使婢子为团，累累[35]暴[36]阶下。室靡[37]弃物，家无闲人。儿女大者攀衣[38]，小者乳抱[39]，手中纫缀不辍[40]。

户内洒然[41]。遇僮奴有恩[42]，虽至棰楚[43]，皆不忍有后言[44]。吴家桥岁致[45]鱼蟹饼饵，率人人得食[46]。家中人闻吴家桥人至，皆喜。有光七岁，与从兄[47]有嘉入学，每阴风细雨，从兄辄留[48]，有光意恋恋[49]，不得留也。孺人中夜觉寝[50]，促有光暗诵《孝经》即熟读，无一字龃龉[51]，乃喜。

孺人卒，母何孺人亦卒。周氏家有羊狗之痾[52]。舅母卒，四姨归顾氏，又卒，死三十人而定。惟外祖与二舅存。

孺人死十一年，大姊归王三接，孺人所许聘[53]者也。十二年，有光补学官弟子[54]，十六年而有妇[55]，孺人所聘者也。期而抱女，抚爱之，益念孺人。中夜与其妇泣，追惟[56]一二，仿佛如昨，余则茫然矣。世乃有无母之人，天乎？痛哉！

注　释

【1】孺（rú）人，明清时代七品官的母亲或妻子封孺人，后成为古人对母亲或妻子的尊称。

【2】弘治，明孝宗朱祐樘的年号。

【3】来归，嫁来。

【4】逾（yú）年，过了一年。

【5】生女子，生一男一女双胞胎。

【6】殇（shāng）一人，生时死了一个。

【7】期（jī），满一年。

【8】不育者，无法抚养。

【9】妊（rèn），怀孕。

【10】乳，养育。

【11】加健，加倍强健。

【12】颦（pín）蹙（cù），皱眉头。

【13】老妪（yù），老妇人。

【14】妊不数（shuò）矣，不会经常怀孕。

【15】举之尽，端起来喝完了。

【16】喑（yīn），哑。

【17】正德，明武宗朱厚照的年号。

【18】卒，死。

【19】寝（qǐn），睡着。

【20】延画工画，请来画工（为死去的母亲）画像。

【21】肖（xiào），像。

【22】讳，封建时代称死去的尊长名字为讳。

【23】太学生，太学的学生。太学为全国最高学府，在明代就是国子监。

【24】直桥，对着桥头。

【25】并，依傍。

【26】资雄，有钱。

【27】姁（xǔ）姁，言语温和亲切。

【28】之，到。

【29】木棉，棉花。

【30】缉纑（lú），把麻搓成线，准备织布。

【31】荧（yíng）荧，闪动的样子。

【32】夜分，半夜。

【33】问遗（wèi），馈赠。

【34】不谋夕，本意指贫家吃了早饭没晚饭。这里是形容作者母亲的勤劳节俭。

【35】累（lěi）累，繁多的样子。

【36】暴（pù），同"曝"，晒。

【37】靡（mǐ），无。

【38】攀衣，拉着衣角行走。

【39】乳抱，抱在怀中喂奶。

【40】纫（rèn）缀不辍，缝缝补补。

【41】洒然，整洁的样子。

【42】遇僮（tóng）奴有恩，对待奴仆很讲情义。

【43】棰（chuí）楚，杖打，一种用木杖鞭打的古代刑罚。

【44】不忍有后言，不肯在背后说埋怨的话。

【45】致，送给。

【46】率人人得食，人人都能吃到。

【47】从（cóng）兄，堂兄。

【48】辄（zhé）留，请假不去上学。

【49】恋恋，依依不舍。

【50】中夜觉寝，半夜睡醒。

【51】龃（jǔ）龉（yǔ），牙齿上下不整齐，指不顺畅。

【52】羊狗之疴（kē），疾病，羊癫风。

【53】许聘，定下的亲事。

【54】学官弟子，即秀才，经过本省各级考试取入府、州、县学的生员。学官是各级地方教官的统称，府学称教授，州学称学正，县学称教谕，负责管教在学的生员。

【55】有妇，结婚。

【56】追惟，追念。

信陵君救赵论

唐顺之

　　唐顺之，字应德，一字义修，号荆川。武进（今江苏省常州市）人。嘉靖八年（1529年）会试第一，授庶吉士，调兵部主事，后转吏部。嘉靖十二年（1533年），任翰林院编修，校累朝实录。后罢官入阳羡（今江苏宜兴）山中，读书十余年。倭寇蹂躏大江南北，他以职方郎中之职视师浙江，亲身出海，多次击败倭寇，擢右佥都御史，巡抚凤阳。嘉靖三十九年（1560年）渡海过焦山，在通州（今江苏南通）去世。著有《荆川先生文集》《史纂左编》《两汉解疑》《南北奉使集》《荆川稗编》《诸儒语要》等。

题 解

本文是一篇史论文章。作者创作本文时，正值明朝君主大权旁落的正德、嘉靖年间。当时，宦官权臣交替把持朝政，君主则不理政务。对此，作者敢怒而不敢言，于是"借题发挥"，以分析信陵君窃符救赵一事中信陵君的罪过和魏王的错误，来隐喻当时君主或荒淫无道，或迷信道教，导致权力被宦官和内阁掌握的情况。全文构思严谨，特色鲜明，且词句深入浅出，易于理解。

论者以窃符[1]为信陵君之罪，余以为此未足以罪信陵也。夫强秦之暴亟矣，今悉兵以临赵，赵必亡。赵，魏之障也。赵亡，则魏且为之后。赵、魏，又楚、燕、齐诸国之障也，赵、魏亡，则楚、燕、齐诸国为之后。天下之势，未有岌岌[2]于此者也。故救赵者，亦以救魏；救一国者，亦以救六国也。窃魏之符以纾魏之患，借一国之师以分六国之灾，夫奚不可者？

然则信陵果无罪乎？曰：又不然也。余所诛者，信陵君之心也。

信陵一公子耳，魏固有王也。赵不请救于王，而谆谆焉请救于信陵，是赵知有信陵，不知有王也。平原君[3]以婚姻激信陵，而信陵亦自以婚姻之故，欲急救赵，是信陵知有婚姻，不知有王也。其窃符也，非为魏也，非为六国也，为赵焉耳。非为赵也，为一平原君耳。使祸不在赵，而在他国，则虽撤魏之障，撤六国之障，信陵亦必不救。使赵无平原，而平原亦非信陵之姻戚，虽赵亡，信陵亦必不救。则是赵王与社稷之轻重，不能当一平原公子，而魏之兵甲所恃以固其社稷者，只以供信陵君一姻戚之用。幸而战胜，可也，不幸战不胜，为虏于秦，是倾魏国数百年社稷以殉姻戚，吾不知信陵何以谢[4]魏王也。

夫窃符之计，盖出于侯生，而如姬成之也。侯生教公子以窃符，如姬为公子窃符于王之卧内，是二人亦知有信陵，不知有王也。余以为信陵之自为计，曷若[5]以唇齿之势激谏于王，不听，则以其欲死秦师者而死于魏王之前，王必悟矣。侯生为信陵计，曷若见魏王而说之救赵，不听，则以其欲死信陵君者而死于魏王之前，王亦必悟矣。如姬有意于报信陵[6]，曷若乘王之隙而日夜劝之救，不听，则以其欲为公子死者而死于魏王之前，王亦必悟矣。如此，则信陵君不负魏，亦不负赵；二人不负王，亦不负信陵君。何为计不出此？信陵知有婚姻之赵，不知有王。内则幸姬，外则邻国，贱则夷门野人，又皆知有公子，不知有王。则是魏仅有一孤王耳。

呜呼！自世之衰，人皆习于背公死党之行而忘守节奉公之道，有重相而无威君，有私仇而无义愤，如秦人知有穰侯[7]，不知有秦王，虞卿[8]知有布衣之交，不知有赵王，盖君若赘旒[9]久矣。由此言之，信陵之罪，固不专系乎符之窃不窃也。其为魏也，为六国也，纵窃符犹可。其为赵也，为一亲戚也，纵求符于王，而公然得之，亦罪也。

虽然，魏王亦不得无罪也。兵符藏于卧内，信陵亦安得窃之？信陵不忌魏王，而径请之如姬，其素窥魏王之疏也；如姬不忌魏王，而敢于窃符，其素恃魏王之宠也。木朽而蛀生之矣。古者人君持权于上，而内外莫敢不肃。则信陵安得树私交于赵？赵安得私请救于信陵？如姬安得衔信陵之恩？信陵安得卖恩于如姬？履霜之渐[10]，岂一朝一夕也哉！由此言之，不特众人不知有王，王亦自为赘旒也。

故信陵君可以为人臣植党之戒，魏王可以为人君失权之戒。《春秋》书葬原仲、翚帅师[11]。嗟夫！圣人之为虑深矣！

注　释

【1】符，兵符，其形如虎，故又称"虎符"。古代将帅出征时，由国君和将帅各执兵符一半，以后国君想调动军队时，须将国君所执的一半送至将帅

处，与将帅所执的一半吻合后方能接受命令。

【2】岌（jí）岌，极端危险。

【3】平原君，战国时赵惠文王之弟，名赵胜，曾任赵相，为战国四公子之一。其夫人为信陵君之姐。当秦兵围赵时，平原君曾多次派使者向信陵君求救，并以姻亲关系来打动其心。

【4】谢，在这里是"请罪"之意，与现代用法不同。

【5】曷若，何如，倘若。

【6】"如姬"句，如姬之父被人杀害，信陵君曾为之复仇，故如姬对信陵君深为感激。

【7】穰（ráng）侯，魏冉，秦昭襄王之舅父，曾任秦将军、相国，握有秦国军政大权。"穰侯"为其封号。

【8】虞卿，赵孝成王时相国。他和魏国的魏齐曾为早年间的好友，其后魏齐遇难出奔，他为了帮助魏齐，竟弃官与之一起出走。

【9】赘旒（zhuì liú），多余的东西。旒，同"瘤"。

【10】履霜之渐，《易经·坤》："履霜坚冰至。"说明行路时如踏到霜，则冰天雪地即将到来。

【11】葬原仲，原仲为陈国大夫，死后，其旧友季友（鲁国的公子）私自去陈国将其埋葬。孔子认为这是非礼的行动。翚（huī）帅师，鲁隐公时，宋、陈等国进攻郑国，宋国也要鲁国出兵，鲁隐公不同意，鲁大夫翚（即羽父）未得允许便帅师而去。孔子认为这是目无君主。

书《秦风·蒹葭》三章后

唐顺之

题 解

这篇文章选自《荆川先生文集》卷十七，是针对《诗经·秦风·蒹葭》的读后感。《蒹葭》一诗，共三章，每章八句，其首章说："蒹葭苍苍，白露为霜，所谓伊人，在水一方。溯洄从之，道阻且长。溯游从之，宛在水中央。"二三章各改了几个字，反复吟唱这一内容。对诗中的"伊人"，各家有不同的说法。唐顺之认为是隐士，因而从《秦风》的其他诗中所表露出的"靡然矜侠趋势"的社会风俗，说到这一独醒的隐士，称赞他不慕当世之荣，也无心于后世之名，超过了颜阖、严光的隐行行为，称得上是隐士中的最高人物。文中透露了作者对世风的不满，对能保持独立人格的清醒隐士的赞颂。

　　嘉靖戊申[1]，秋七月二十五日夜，雷雨大作，万艘震荡。平明开霁，则河水增高四五尺矣。余与褚生泛小舠[2]，如陈渡[3]，临流歌啸，渺然有千里江湖之思。因咏《秦风·蒹葭》三章，则宛如目前风景，而所谓伊人者，犹庶几见之。

　　且秦时风俗，不雄心于戈矛战斗[4]，则痒技于獗歇射猎[5]。至其声利[6]所驱，虽豪杰亦且侧足于寺人、媚子之间[7]，方以为荣而不知愧。其义士亦且沈酣豢养，与君为殉而为可赎[8]。盖靡然矜侠趋势之甚矣。

　　而乃有遗世独立，澹乎埃壒[9]之外若斯人者，岂所谓一国之人皆若狂，而此其独醒者欤？抑亦以秦之不足与，而优游肥遁[10]，若后来凿坏、羊裘之徒者[11]，在当时固已有欤？

　　余独惜其风可闻而姓名不著，不得与凿坏、羊裘之徒并列隐逸传[12]。然凿坏、羊裘之徒以其身而逃之，《蒹葭》伊人者乃并其姓名而逃之，此又其所以为至也。

　　噫嘻！士固有不慕乎当世之荣，而亦何心于后世之名也哉？因慨然为之一笑，遂书以示褚生。

注　释

【1】嘉靖戊申，嘉靖二十七年（1548 年）。嘉靖为明世宗年号（1522—1566 年）。

【2】褚生，名滔，唐顺之弟子。舠（dāo），刀形的小船。

【3】陈渡，在江苏武进（今常州）西南十余里的小镇名。

【4】雄心于戈矛战斗，指《秦风·无衣》而言，诗中有"王于兴师，修我戈矛，与子同仇"之句。

【5】猃（xiǎn）歇射猎，指《秦风·驷铁》而言，诗中有"载猃歇骄"之句。猃和歇骄都是猎犬名，长嘴的叫猃，短嘴的叫歇骄。

【6】声利，声势和财利。

【7】侧足，形容畏惧而不敢正立。寺人，太监。《秦风·车邻》中有："未见君子，寺人之令。"媚子，指亲近的宠臣。《秦风·驷铁》中有："公之媚子，从公于狩。"

【8】"其义士"二句，指《秦风·黄鸟》所写的内容。

【9】壒（ài），灰尘。

【10】肥遁，隐居避世。

【11】凿坏（péi），扬雄《解嘲》："故士或自盛以橐，或凿坏以遁。"《汉书》颜师古注引应劭说："凿坏，谓颜阖也。鲁君闻颜阖贤，欲以为相，使者往聘，因凿后垣而亡。坏，壁也。"羊裘，指后汉严光。严光曾与汉武帝刘秀一同游学，刘秀称帝以后，严光更改姓名，隐居不见。齐国上书说，有一名男子披着羊裘在大湖中钓鱼，刘秀疑为严光，派出三人聘请他，那人正是严光。然而严光最终还是没有去做官。

【12】隐逸传，指正史中的《隐逸传》，专记有名声的隐士。

豁然堂记

徐渭

徐渭，字文清，后改字文长，别号青藤老人、天池山人、田水月等，绍兴府山阴（今浙江绍兴）人。明代杰出的文学艺术家，被列为中国古代十大名画家之一。徐渭多才多艺，在书画、诗文、戏曲等领域均有很深造诣，且能独树一帜，给当世及后代都留下了深远的影响。其画能吸取前人精华而脱胎换骨，一改因袭模拟的旧习，喜用泼墨勾染，水墨淋漓，重写意慕生，不求形似求神似，以其特有的风格，开创了一代画风。山水、人物、花鸟、竹石无所不工，以花卉最为出色，被公认为青藤画派的鼻祖。著有《徐文长全集》《徐文长佚草》及杂剧《四声猿》，戏曲理论《南词叙录》等。

题　解

本文通过描写"豁然堂"内外的景观及其带给人的感受，引出一个深刻的道理：人心若为私利所阻碍，就会变得像改建前的"豁然堂"一样晦暗，看不见外界的事物。

越中山之大者，若禹穴、香炉、蛾眉、秦望之属，以十数，而小者至不可计。至于湖，则总之称鉴湖，而支流之别出者，益不可胜计矣。郡城隍祠，在卧龙山之臂，其西有堂，当湖山环会处。语其似，大约缭青萦白，髻峙带澄。而近俯雉堞[1]，远问村落。其间林莽田隰之布错，人禽宫室之亏蔽，稻黍菱蒲莲芡之产，畦渔犁楫之具，纷披于坻洼；烟云雪月之变，倏忽于昏旦。数十百里间，巨丽纤华，无不毕集人衿带上。或至游舫冶尊，歌笑互答，若当时龟龄[2]所称"莲女""渔郎"者，时亦点缀其中。

于是登斯堂，不问其人，即有外感[3]中攻，抑郁无聊之事，每一流瞩，烦虑顿消。而官斯土者，每当宴集过客，亦往往寓庖[4]于此。独规制无法，四蒙以辟，西面凿牖，仅容两躯。客主座必东，而既背湖山，起座一观，还则随失。是为坐斥旷明，而自取晦塞。予病其然，悉取西南牖之，直辟[5]其东一面，令客座东而西向，倚几以临即湖山，终席不去。而后向之所云诸景，若舍塞而就旷，却晦而即明。工既讫，拟其名，以为莫"豁然"宜。

既名矣，复思其义曰："嗟乎，人之心一耳。当其为私所障时，仅仅知我有七尺躯，即同室之亲，痛痒当前，而盲然若一无所见者，不犹向之湖山，虽近在目前，而蒙以辟者耶？及其所障既彻，即四海之疏，痛痒未必当吾前也，而灿然若无一而不婴[6]于吾之见者，不犹今之湖山，虽远在百里，而通以牖者耶？由此观之，其豁与不豁，一间耳。而私一己、公万物之几系焉。此名斯堂者与登斯堂者，不可不交相勉者也，而直为一湖山也哉？"既以名于是义，将以共于人也，次而为之记。

注　释

【1】雉堞（dié），城墙。

【2】龟龄，即王十朋，字龟龄，宋代文学家。作有《会稽风俗赋》，其中有"有菱歌兮声峭，有莲女兮貌都，日出兮烟销，渔郎兮啸呼"之句。

【3】外感，由外界事物所引起的感触。

【4】寓庖，借此地宴会宾客。

【5】辟，通"壁"。

【6】婴，通"撄"，接触。

报刘一丈书

宗臣

宗臣，字子相，号方城山人，兴化（今属江苏省泰兴市兴化县）人。嘉靖二十九年（1550年）中进士，任过刑部主事、吏部考官、福建提学等官职。为人性格耿介，不依附权贵。与李攀龙、王世贞、谢榛、梁有誉、徐中行、吴国伦合称"后七子"。著有《宗子相集》。散文很少摹拟堆砌习气，其散文成就在后七子中比较突出。

题　解

这是明代文学家宗臣给刘一丈写的一封回信。刘一丈，是宗臣父亲宗周的朋友，是宗臣的长辈，因排行第一，故称为"一丈"，文中又称为"长者"。因是书信，又是写给长辈的，所以首尾两节不免寒暄客套之语，这也是一般书信的常见格式。

数千里外，得长者时赐一书，以慰长想，即亦甚幸矣；何至更辱馈遗，则不才益将何以报焉？书中情意甚殷，即长者之不忘老父，知老父之念长者深也。

至以"上下相孚，才德称位"语不才，则不才有深感焉。夫才德不称，固自知之矣；至于不孚之病，则尤不才为甚。

且今之所谓孚者，何哉？日夕策马，候权者之门。门者故不入，则甘言媚词，作妇人状，袖 [1] 金以私之。即门者持刺入，而主人又不即出见；立厩中仆马之间，恶气袭衣袖，即饥寒毒热不可忍，不去也。抵暮，则前所受赠金者，出报客曰："相公倦，谢客矣！客请明日来！"即明日，又不敢不来。夜披衣坐，闻鸡鸣，即起盥栉 [2]，走马抵门；门者怒曰："为谁？"则曰："昨日之客来。"则又怒曰："何客之勤也？岂有相公此时出见客乎？"客心耻之，强忍而与言曰："亡奈何矣，姑容我入！"门者又得所赠金，则起而入之；又立向所立厩中。幸主者出，南面召见，则惊走匍匐阶下。主者曰："进！"则再拜，故迟不起；起则上所上寿金。主者故不受，则固请。主者故固不受，则又固请，然后命吏内 [3] 之。

则又再拜，又故迟不起；起则五六揖始出。出揖门者曰："官人幸顾我，他日来，幸无阻我也！"门者答揖。大喜奔出，马上遇所交识，即扬鞭语曰："适自相公家来，相公厚我，厚我！"且虚言状。即所交识，亦心畏相公厚之矣。相公又稍稍语人曰："某也贤！某也贤！"闻者亦心许交赞之。

此世所谓上下相孚也，长者谓仆能之乎？前所谓权门者，自岁时伏腊，一刺之外，即经年不往也。间[4]道经其门，则亦掩耳闭目，跃马疾走过之，若有所追逐者，斯则仆之褊衷，以此长不见怡于长吏，仆则愈益不顾也。每大言曰："人生有命，吾惟有命，吾惟守分而已。"长者闻之，得无厌其为迂乎？

乡园多故，不能不动客子之愁。至于长者之抱才而困，则又令我怆然有感。天之与先生者甚厚，亡论长者不欲轻弃之，即天意亦不欲长者之轻弃之也，幸宁心哉！

注 释

【1】袖，藏在衣袖里。

【2】栉，梳头。

【3】内，同"纳"，接受，接纳。

【4】间，有时。

蔺相如完璧归赵论

王世贞

王世贞，明代文学家。字元美，号凤洲，又号弇州山人。江苏太仓人。嘉靖丁未年（1547年）进士，官至南京刑部尚书。早年与李攀龙同为后七子领袖，继承并鼓吹前七子的复古理论，主张诗必大历以上，文必西汉。李攀龙早卒，他独主诗坛二十年，号令一世。王世贞持论不像李攀龙那样偏激，时有卓见。他主张诗歌要华与实统一，提倡"学古而化"。晚年，见解有所改变，悟出"代不能废人，人不能废篇，篇不能废句"（《守诗选序》）的道理，并觉察到复古的流弊。王世贞以文学、藏书而知名，其诗歌，才力雄，学殖富，在后七子中成就最高。他的诗歌现实感较强，对封建官僚制度和时弊多有所揭露和抨击。著有《弇州山人四部稿》《弇州山人续稿》。

题　解

这是一篇有名的史论，作者对蔺相如完璧归赵这一史实发表不同看法，得出因为秦国不想和赵国为敌，因此蔺相如能完璧归赵，"天固曲全之哉"的结论。文章逻辑清晰，论述严密，辩驳有力，合情合理，很有说服力。

蔺相如之完璧[1]，人皆称之，予未敢以为信也。

夫秦以十五城之空名，诈赵而胁其璧。是时言取璧者情也[2]，非欲以窥赵也。赵得其情则弗予，不得其情则予；得其情而畏之则予，得其情而弗畏之则弗予。此两言决耳，奈之何既畏而复挑其怒也？

且夫秦欲璧，赵弗予璧，两无所曲直也。入璧而秦弗予城，曲在秦；秦出城而璧归，曲在赵。欲使曲在秦，则莫如弃璧；畏弃璧，则莫如弗予。夫秦王既按图以予城，又设九宾[3]，斋而受璧，其势不得不予城。璧入而城弗予，相如则前请曰："臣固知大王之弗予城也。夫璧非赵璧乎？而十五城秦宝也。今使大王以璧故而亡其十五城，十五城之子弟，皆厚怨大王以弃我如草芥也。大王弗予城而绐[4]赵璧，以一璧故而失信于天下，臣请就死于国，以明大王之失信。"秦王未必不返璧也。今奈何使舍人怀而逃之，而归直于秦？是时秦意未欲与赵绝耳。令[5]秦王怒，而僇[6]相如于市，武安君十万众压邯郸[7]，而责璧与信，一胜而相如族[8]，再胜而璧终入秦矣。吾故曰："蔺相如之获全于璧也，天也！"

若其劲渑池[9]，柔廉颇[10]，则愈出而愈妙于用。所以能完赵者，天固曲全之哉！

注 释

【1】蔺相如之完璧，赵惠文王得到稀世之宝——和氏璧，秦昭王想用十五座城换取这块璧。当时秦强赵弱，赵王恐给了秦璧却得不到城。蔺相如请命奉璧入秦，见秦王无意给赵城，用计赚回和氏璧，并叫随从化装从小路逃走，完璧归赵。

【2】情，实情、本意。

【3】九宾，古代举行大典时所用的极隆重的礼仪。宾，指傧相，迎宾礼赞的官吏。

【4】绐，欺骗。

【5】令，假如。

【6】僇，通"戮"，杀戮。

【7】武安君，秦国大将白起的封号。邯郸，赵国都城，在今河北邯郸市。

【8】族，灭族。

【9】劲渑池，公元前279年，秦王约赵王会于渑池。宴会上秦王请赵王鼓瑟以辱赵王。蔺相如随行，便以刺杀秦王相威胁，请秦王为赵王击缶。劲，强劲、果敢的意思。

【10】柔廉颇，蔺相如因"完璧归赵"和"渑池会"功大，拜为上卿，位在廉颇之上。廉颇不服，打算侮辱他。蔺相如以国家利益为重，多次避让廉颇。廉颇受到感动，负荆请罪。廉蔺遂成刎颈之交。柔，忍让、退让的意思。

题《海天落照》图后

王世贞

题　解

　　这是王世贞的晚年之作。此时的弇州山人，已自称"老人"，非复写《艺苑卮言》时的翩翩才子；观此文，叙事平铺，并无起伏，自首至尾，亦无奇语惊人，似也可属老人的随手散漫之笔。然而，姜桂之性，老而弥辣，这篇不事绘饰之作，却也自有其可观的老到之处，那就是：语虽絮絮琐琐，却无一处闲笔。

　　《海天落照图》，相传小李将军昭道[1]作，宣和[2]秘藏，不知何年为常熟刘以则[3]所收，转落吴城汤氏[4]。嘉靖[5]中，有郡守，不欲言其名，以分宜子大符[6]意迫得之。汤见消息非常。乃延仇英实父[7]别室，摹一本，将欲为米颠[8]狡狯，而为怨家所发。守怒甚，将致叵测。汤不获已，因割陈缉熙[9]等三诗于仇本后，而出真迹，邀所善彭孔嘉[10]辈，置酒泣别，摩挲三日后归守，守以归大符。大符家名画近千卷，皆出其下。寻坐法[11]，籍入天府[12]。隆庆初，一中贵[13]携出，不甚爱赏，其位下小珰[14]窃之。时朱忠僖[15]领缇骑，密以重赀购，中贵诘责甚急，小珰惧而投诸火。此癸酉[16]秋事也。

　　余自弱中闻之拾遗人[17]，相与慨叹妙迹永绝。今年春，归息弇园，汤氏偶以仇本见售，为惊喜，不论直收之。

　　按《宣和画谱》[18]称昭道有《落照》《海岸》二图，不言所谓《海天落照》者。其图有御题[19]，有瘦金、瓢印[20]与否亦无从辨证，第睹此临迹之妙乃尔，因以想见隆准公[21]之惊世也。实父十指如叶玉人[22]，即临本亦何必减逸少[23]宣示、信本[24]《兰亭》哉！老人馋眼，今日饱矣！为题其后。

注 释

【1】李将军昭道，李昭道，唐代画家，世称小李将军，其父李思训世称大李将军。

【2】宣和，宋徽宗的年号（1119—1125 年）。

【3】刘以则，明代收藏家。

【4】汤氏，当时的古董商。

【5】嘉靖，明世宗的年号（1522—1566 年）。

【6】大符，严世蕃，字大符，明嘉靖年间奸相严嵩（江西分宜人）之子。

【7】仇英实父，仇项，字实父，号十洲，明代画家。

【8】米颠，米芾，宋代画家，为人颠狂，世称"米颠"。善仿古以乱真，故文中称其"狡狯"。

【9】陈缉熙，陈鉴，字缉熙，明代收藏家。

【10】彭孔嘉，彭年，字孔嘉，明代书画家文征明的学生。

【11】坐法，指嘉靖末严嵩革职，严世蕃被处死。

【12】籍入天府，没收入官。

【13】中贵，受皇帝宠幸的大太监。

【14】小珰，小宦官。

【15】朱忠僖，朱希孝，谥忠僖，隆庆（1567—1572 年）年间领锦衣卫（即下文之"缇骑"，为皇帝的亲军，掌诏狱）。

【16】癸酉，明神宗万历元年（1573 年）。

【17】拾遗人，旧货商。

【18】《宣和画谱》，记载宣和时宫内藏画的册录，宋徽宗时编。

【19】御题，指宋徽宗的题词。

【20】瘦金，徽宗所创的一种字体。瓢印，徽宗在其所藏古书画上所用的瓢形印鉴。

【21】隆准公，隆准，高鼻梁，古时以为帝王之相。李昭道为唐宗室，故称。

【22】叶玉人，将玉雕成叶状的高手匠人。见《列子·说符》。比喻仇英画手之巧妙。

【23】逸少，王羲之，字逸少，晋代书法家，曾临三国魏书法家钟繇《宣示表》。

【24】信本，欧阳询，字信本，唐代书法家，曾临王羲之《兰亭序》。

海览

屠隆

屠隆，字长卿，又字纬真，号赤水，又号鸿苞居士，鄞县（今属浙江）人。明神宗万历五年（1577年）进士，任颍上知县，后来调青浦，迁礼部主事。他与西宁侯宋世恩交情很好，宴游甚欢。刑部主事俞显卿曾被屠隆诋毁，于是暗自揭发屠隆与宋世恩生活淫纵，屠隆上疏辩解，自称受人挟仇诬陷，后来被两次罢黜。回乡后，更加纵情于写诗和饮酒，喜好招待宾客。由于家境贫寒，以卖文为生。史称屠隆有奇才，"落笔数千言立就"。诗文杂著有《白榆集》《由拳集》《鸿苞集》等。又工曲，著有《昙花记》《修文记》等。

题　解

本文堪称是明代小品中写海景最为雄奇的一篇，可比汉代枚乘的《七发》。本文抓住普陀海天的万千变化，加以铺陈渲染，将大海的雄奇壮阔淋漓尽致地展现出来。此外，作者还在文中穿插了神话故事和传说，这为文章所描写的普陀景象又添了一股神秘的气息。

放舟桃花津，顺流东下，登候涛山，踞鳌柱峰，扪潮音洞[1]，乘流送目，陡觉东南天地大荒，寥廓开朗，矞然[2]灏漾。金鸡虎蹲，两山对峙，奔腾峡口。蛟门峡东，谽谺[3]鼓怒，巨涛摧碌[4]，六合撼顿。

夜宿佛阁上，通宵闻大风雷声。或如万面战鼓訇訇[5]而来，疑遂卷此山去，令我眇焉四大[6]掷于何所？其上挂扶桑[7]蟠木，与阳乌[8]亲乎；其下撞蛟宫水府，与龙子友乎。听其所之，靡弗愉快，心魂恍荡，数惊数喜，双睫不复交。

五鼓，起观朝旭。初，黑气罩幕，窅窅[9]莽莽，有若混沌未辟，莫辨四方上下。忽风起波涌，赤光进出，横射万道。须臾大火轮吐海底，海峰如赭，云霞紫翠，倏忽变幻，使人神悸精眩，散发狂叫，壮哉！咄咄！天地亦复好怪乃尔！顷之阖户跏趺，半瞑冥寂，默朝观音大士[10]，则目不复有日轮，耳不复有海涛声，出乎形观，入乎禅定[11]，无所不空，无所不丧。

已，遂乘孤航，浮渺茫，绝东行，鸟迅人疾，瞬息千里。蟠蜃鳣[12]鲸衡波而跋浪，鹈鹕海凫翔风而鸣雨，蛏蛤螺蚌依沙而走穴，天吴川后[13]按节而扬旟。舟在大波中，蓬蓬天上，无处可着，濆洞砰湃，邈隔神州，远近诸岛，历历来献。大者如拳，小者如粟。日本、三韩[14]、琉球只尺矣！遥睇梅岑[15]，想梅子真[16]炼药石室，葱茜哉！再眺马秦、桃花诸山，问安期生[17]脱玉舄还栖隐处，飘然欲往。

黑礁既过，赤桥来迎。秦皇帝使神人鞭石，石为流血，事太荒唐。始皇虽无道，亦一时共主，故海岳诸神灵所宗，容有之矣。再望东霍山，徐市[18]楼船去而不返，童男女三千安在？昔人所传蓬莱三山，非近非远，近则几席，远则万里，夙有仙骨，呼吸可至。金堂玉室，灵药瑶草，斑驎紫磨[19]，实有非幻。所以天风吹之而去，为夫凡胎秽器耳。

注　释

【1】潮音洞，在今浙江省普陀县普陀山的东南角，是一由海水冲蚀而成的巨型水洞，洞深三十余米，潮水奔腾入洞，声若惊雷，故名。

【2】矞（wěng）然，天色清明。

【3】谽（hān）谺（xiā），山谷幽深。

【4】磢（chuǎng），碰撞。

【5】訇訇，形容声音很大。

【6】四大，即道教所称道、天、地、王（一作人）。

【7】扶桑，神话中的大树，传说中太阳升起之处。

【8】阳乌，即太阳。传说日中有三足乌，故名。

【9】窅（yǎo）窅，即窈窈，深远的样子。

【10】观音大士，佛教大乘菩萨之一。

【11】禅定，佛教的一种修行方法，即"安静而止息杂虑"，进入身心"轻安"、观照"明净"的状态，便成禅定。

【12】蝤，梭子蟹。蜃，大蛤。鳇，鲟鳇鱼。

【13】天吴，古代传说中的水神。川后，即河伯，水神，一说指黄河河神。

【14】三韩，指朝鲜。汉朝时朝鲜南部分为马韩、辰韩、弁韩三韩。

【15】梅岑，普陀山的别称，传说是梅子真炼药处。

【16】梅子真，梅福，字子真，汉九江寿春人，官南昌尉。王莽执政后，弃妻离家成仙而去。

【17】安期生，先秦方士，相传他是海上的神仙。

【18】徐市，一作徐福，秦方士。曾奉秦始皇之命率童男童女出海寻求仙山，有学者认为他后来逃亡日本，成为大和民族的祖先之一。

【19】斑骥紫麇（jūn），传说中的良马。

在京与友人书

屠隆

题 解

本文描绘了两幅民情风俗画，一幅是北京的繁华喧嚣，一幅是乡村的宁静欢乐。全文除了结尾"绝胜长安骑马冲泥也"一句外，没有任何评论文字，而作者追求潇洒生活、憎恶繁华喧嚣的情感却寓于其中。

燕市带面衣[1]，骑黄马，风起飞尘满衢陌[2]。归来下马，两鼻孔黑如烟突[3]。人马屎和沙土，雨过淖泞没鞍膝。在姓竞策蹇驴[4]，与官人肩相摩。大官传呼来，则疾窜避委巷[5]不及，狂奔尽气，汗流至踵[6]，此中况味如此。

遥想江村夕阳，渔舟投浦，返照入林，沙明如雪，花下晒网罟[7]。酒家白板青帘[8]，掩映垂柳，老翁挈鱼提瓮出柴门。此时偕三五良朋，散步沙上，绝胜长安[9]骑马冲泥也。

注 释

【1】燕市，指明代首都北京，它原为春秋时燕国都城蓟。面衣，古代遮面的一种服饰。

【2】衢陌，通道及田间小路，这里指大街小巷。

【3】烟突，烟囱。

【4】蹇驴，跛脚的驴子。

【5】疾窜，飞速。委巷，曲巷，小巷。

【6】踵，脚跟。

【7】网罟（gǔ），渔网。

【8】白板，指没有上漆的本色木板。青帘，酒帘。

【9】长安，代指京都北京。

童心说

李贽

李贽，原姓林，名载贽，后改姓李，名贽，字宏甫，号卓吾，又号百泉居士、温陵居士等，泉州晋江（今福建泉州市）人。二十六岁中举，嘉靖三十四年（1555年）授河南辉县教谕，历礼部司务、南京刑部员外郎。万历五年（1577年）任云南姚安知府，三年后弃官，寓居湖北黄安耿定理家。不久移居麻城龙湖芝佛院，著书讲学。万历二十九年（1601年），受马经纶邀请，赴北京通州。次年，被加上"敢倡乱道，惑世诬民"的罪名，被捕下狱，自刎而死。他是明代中叶重要的思想家、文学家，他以"异端"自命，认为不能"以孔子之是非为是非"。他的散文见解精辟，犀利泼辣。著有《焚书》《续焚书》《藏书》《续藏书》《李温陵集》等。

题　解

"童心"就是赤子之心，"一念之本心"，实际上只是表达个体的真实感受与真实愿望的"私心"，是真心与真人得以成立的依据。李贽将认知的是非标准归结为童心。他认为文学都必须真实坦率地表露作者内心的情感和人生的欲望。在李贽看来，要保持"童心"，要使文学存真去假，就必须割断与道学的联系；将那些儒学经典大胆斥为与"童心之言"相对立的伪道学，这在当时道学僵化的环境中有它的进步性与深刻性。

　　龙洞山农 [1] 叙《西厢》[2]，末语云："知者勿谓我尚有童心可也。"夫童心者，真心也。若以童心为不可，是以真心为不可也。夫童心者，绝假纯真，最初一念之本心也。若失却童心，便失却真心；失却真心，便失却真人。人而非真，全不复有初矣。童子者，人之初也；童心者，心之初也。夫心之初，曷[3]可失也？然童心胡然而遽失[4]也。

盖方其始也，有闻见[5]从耳目而入，而以为主于其内[6]而童心失。其长也，有道理从闻见而入，而以为主于其内而童心失。其久也，道理闻见日以益多，则所知所觉日以益广，于是焉又知美名之可好也，而务欲以扬[7]之而童心失。知不美之名之可丑也，而务欲以掩之而童心失。夫道理闻见，皆自多读书识义理而来也。古之圣人，曷尝不读书哉。然纵不读书，童心固[8]自在也；纵多读书，亦以护此童心而使之勿失焉耳，非若学者反以多读书识义理而反障之也。夫学者既以多读书识义理障其童心矣，圣人又何用多著书立言以障学人为耶？童心既障，于是发而为言语，则言语不由衷；见[9]而为政事，则政事无根柢；著[10]而为文辞，则文辞不能达[11]。非内含于章美也，非笃实生辉光也[12]，欲求一句有德之言，卒[13]不可得，所以者何？以童心既障，而以从外入者闻见道理为之心也。

夫既以闻见道理为心矣，则所言者皆闻见道理之言，非童心自出之言也，言虽工[14]，于我何与？岂非以假人言假言，而事假事、文[15]假文乎！盖其人既假，则无所不假矣。由是而以假言与假人言，则假人喜；以假事与假人道，则假人喜；以假文与假人谈，则假人喜。无所不假，则无所不喜。满场是假，矮人何辩也[16]。然则虽有天下之至文，其湮[17]灭于假人而不尽见于后世者，又岂少哉！何也？天下之至文，未有不出于童心焉者也。苟童心常存，则道理不行，闻见不立，无时不文，无人不文，无一样创制体格文字而非文者。诗何必古《选》[18]，文何必先秦，降而为六朝，变而为近体[19]，又变而为传奇[20]，变而为院本[21]，为杂剧，为《西厢曲》，为《水浒传》，为今之举子业[22]，皆古今至文，不可得而时势先后论也。故吾因是而有感于童心者之自文也，更说什么六经[23]，更说什么《语》《孟》乎[24]！

夫六经、《语》、《孟》，非其史官过[25]为褒崇之词，则其臣子极为赞美之语，又不然，则其迂阔门徒、懵懂[26]弟子，记忆师说，有头无尾，得后遗前，随其所见，笔之于书。后学不察[27]，便谓出自圣人之口也，决定目之为经矣，孰知其大半非圣人之言乎？纵出自圣人，要亦有为而发，不过因病发药，随时处方，以救此一等懵懂弟子，迂阔门徒云耳。医药假病，方难定执，是岂可遽以为万世之至论乎？然则六经、《语》、《孟》，乃道学[28]之口实，假人之渊薮[29]也，断断乎其不可以语于童心之言明矣。呜呼！吾又安得真正大圣人童心未曾失者而与之一言文哉[30]！

注　释

【1】龙洞山农，或认为是李贽别号，或认为颜钧，字山农。

【2】《西厢》，指元代王实甫的《西厢记》。

【3】曷（hé），何，什么。

【4】胡然而遽（jù）失，为什么很快就失去。遽，急，突然。

【5】闻见，听到的和看到的，指儒家思想。

【6】而以为主于其内，耳闻目睹的东西进入人心，变成了心灵活动的主持者。

【7】扬，发扬。

【8】固，本来。

【9】见，通“现”。

【10】著（zhù），显现。

【11】达，畅通。

【12】非内含于章美也，非笃（dǔ）实生辉光也，是因为那不是内里含有童心，外显而为美，不是内在忠厚老实的德性而发出的辉光。

【13】卒，最终。

【14】工，精巧。

【15】文，写（文章）。

【16】矮人何辩，这里以演戏为喻，矮人根本看不到，就无法分辨了。

【17】湮（yān），埋没。

【18】诗何必古《选》，《文选》收录的古诗并不一定是最好的。《选》，指南朝梁代萧统编的古诗集《文选》，又称《昭明文选》。古，推崇。

【19】变而为近体，指诗歌由古体变为近体律体。近体，指近体诗，包括律诗和绝句。

【20】传奇，指唐人的传奇小说。

【21】院本，金代行院演出的戏剧脚本。

【22】举子业，指科举考试的文章，也就是八股文。

【23】六经，指儒家的经典《诗》《书》《礼》《乐》《易》《春秋》。

【24】《语》《孟》，指《论语》《孟子》，《四书》中的两种。

【25】过，过分。

【26】懵（měng）懂，糊涂。

【27】察，知晓。

【28】道学，指道学家。

【29】渊薮（sǒu），原指鱼和兽类聚居的处所。比喻人或物聚集的地方。

【30】吾又安得真正大圣人童心未曾失者而与之一言文哉，我又从哪里能够找到一个童心未曾失掉的真正大圣人，可以与他谈一谈文章的道理呢？

赞刘谐

李贽

题 解

这篇文章选自《焚书》卷三。刘谐，字宏源，麻城（今属湖北）人，隆庆五年（1571 年）进士。文章通过刘谐对道学家诙谐调笑的两句话，尖锐地讽刺和批判了道学家们煞有介事地自我标榜为孔子的真正门徒，以及他们所宣扬的"天不生仲尼，万古如长夜"的论调，从而赞扬了刘谐的话是至理名言，也体现了李贽的反传统精神。文章短小精悍，批判尖锐有力，语言风趣幽默，对道学家加以漫画化，极尽揶揄讽刺之能事。

有一道学，高屐大履[1]，长袖阔带，纲常[2]之冠，人伦之衣[3]，拾纸墨之一二，窃唇吻之三四，自谓真仲尼之徒焉。时遇刘谐。刘谐者，聪明士，见而哂[4]曰："是未知我仲尼兄也。"其人勃然作色而起曰："'天不生仲尼，万古如长夜'[5]。子何人者，敢呼仲尼而兄之？"刘谐曰："怪得羲皇[6]以上圣人尽日燃纸烛[7]而行也！"其人默然自止。然安知其言之至哉！

李生[8]闻而善曰：斯言也，简而当，约而有余，可以破疑网而昭中天矣。其言如此，其人可知也。盖虽出于一时调笑之语，然其至者百世不能易。

注　释

【1】屐（jī），木屐，一种木底有齿的鞋子。履，鞋。

【2】纲常，三纲五常。三纲指父为子纲，君为臣纲，夫为妻纲。五常指仁、义、礼、智、信。

【3】人伦，指封建社会所规定的人与人之间的伦常关系。如《孟子·滕文公上》所说的："使契为司徒，教以人伦：父子有亲，君臣有义，夫妇有别，长幼有序，朋友有信。"

【4】哂（shěn），讥笑。

【5】"天不生仲尼"二句，宋强行父《唐子西文录》载："蜀道馆舍壁间题一联云：'天不生仲尼，万古如长夜。'不知何人诗也。"朱熹也在《朱子语类》中引用过。

【6】羲皇，传说中的古帝伏羲氏。

【7】纸烛，蘸油点火照明的纸捻。

【8】李生，作者自称。

牡丹亭记题词

汤显祖

汤显祖，字义仍，号海若，又号若士，别称清远道人，临川（今属江西）人。万历十一年（1583年）进士，曾任南京太常博士、礼部主事等职。万历十九年（1591年），因抗疏抨击朝政，被贬广东徐闻典史。后调浙江遂昌知县。万历二十六年（1598年），弃官归家。以戏剧名世，著有"临川四梦"，包括《紫钗记》《还魂记》（即《牡丹亭》）《南柯记》《邯郸记》，其中以《牡丹亭》最著名。

题　解

本文通过女主角杜丽娘与柳梦梅生死离合的爱情故事，热情歌颂了杜丽娘的至情，歌颂了反道学、反礼教，追求爱情自由的斗争精神。这篇题词作于万历二十六年（1598年），是作者在遂昌弃官返临川后数月写成。文中强调情的神奇作用，并以"情"驳"理"，表现了作者新的思想观点。

天下女子有情，宁有如杜丽娘者乎！梦其人即病，病即弥连[1]，至手画形容[2]传于世而后死。死三年矣，复能溟莫[3]中求得其所梦者而生。如丽娘者，乃可谓之有情人耳。情不知所起，一往而深。生者可以死，死可以生。生而不可与死，死而不可复生者，皆非情之至也。梦中之情，何必非真，天下岂少梦中之人耶？必因荐枕[4]而成亲，待挂冠而为密者[5]，皆形骸[6]之论也。

传杜太守事者，仿佛晋武都守李仲文、广州守冯孝将儿女事[7]。

予稍为更而演之。至于杜守收考柳生，亦如汉睢阳王收考谈生也^[8]。

嗟夫，人世之事，非人世所可尽。自非通人^[9]，恒以理相格耳^[10]。第云理之所必无，安知情之所必有邪！

注　释

【1】弥连，即"弥留"，言久病不愈。《牡丹亭·诊祟》旦白："我自春游一梦，卧病至今。"

【2】手画形容，指亲手为自己画像。见该剧第十四出《写真》。

【3】溟莫，指阴间。溟，同"冥"。

【4】荐枕，荐枕席。《文选》宋玉《高唐赋》："闻君游高唐，愿荐枕席。"李善注："荐，进也，欲亲近于枕席，求亲昵之意也。"

【5】挂冠，谓辞官。密，亲近。

【6】形骸，形体，对精神而言。意谓肤浅之说。

【7】晋武都守李仲文，《搜神后记》卷四："武都太守李仲文丧女，暂葬郡城之北。其后任张世之之男子常，梦女来就，遂共枕席。后发棺视之，女尸已生肉，颜姿如故。但因被发棺，未能复生。"广州守冯孝将儿女事，冯孝将为广州太守时，他的儿子梦见一女子说："我是前太守北海徐玄方女，不幸早亡，亡来今已四年，为鬼所枉杀。……应为君妻。"后来在本命年的生日，掘棺开视，女子体貌如故，遂为夫妇。事见《搜神后记》卷四，又见《异苑》及《幽明录》等。

【8】汉睢阳王收考谈生，《列异传》载："汉谈生，四十无妇，夜半读书，有女子来就生为夫妇，约三年中不能用火照。后生一子，已二岁，生夜伺其寝，以烛照之，腰上已生肉，腰下但有枯骨。妇觉，以一珠袍与生，并裂取生衣裾而去。后生持袍诣市，睢阳王家买之。王识女袍，以生为盗墓贼，乃收拷生。生以实对。王视女冢如故。发现之，得谈生衣裾。又视生儿正如王女，乃认谈生为婿。"又见于《搜神记》。

【9】通人，学通古今的人。

【10】格，推究。

《甘薯疏》序

徐光启

徐光启，字子先，号玄扈，天主教圣名保禄，汉族，上海县法华汇（今上海市）人，明代著名科学家、政治家。官至崇祯朝礼部尚书兼文渊阁大学士、内阁次辅。徐光启毕生致力于数学、天文、历法、水利等方面的研究，勤奋著述，尤精晓农学，译著《几何原本》《泰西水法》《农政全书》等。同时他还是一位沟通中西文化的先行者，为17世纪中西文化交流作出了重要贡献。

题 解

本文介绍了甘薯这个作物新品种的益处和种法，并且主要表现了徐光启对农业生产的一种先进思想。

方舆[1] 之内，山陬海澨[2]，丽土之毛[3]，足以活人者多矣。或隐弗章[4]。即章矣，近之人习用[5] 之，以为泽居之鱼鳖、山居之麋鹿[6] 也，远之人逖[7] 闻之，以为逾汶之貉、逾淮之橘也[8]，坐是[9]，两者[10] 弗获相通焉。

余不佞[11] 独持迂论[12]，以为能相通者什九[13]，不者什一[14]。人人务[15] 相通，即世可无虑不足，民可无道殣[16]。或嗤笑之[17]，固陋之心，终不能移。每闻他方之产可以利济人者，往往欲得而艺[18] 之，同志者或不远千里而致[19]，耕获菑畬[20]，时时利赖其用，以此持论颇益坚。岁戊申[21]，江以南大水[22]，无麦禾，欲以树艺佐[23] 其急，且备异日[24] 也，有言闽、越[25] 之利甘薯者，客莆田[26] 徐生为予三致其种[27]，种[28]之，生且蕃[29]，略[30]无异彼土。庶几载橘逾淮弗为枳矣。余不敢以麋鹿自封[31]也，欲遍布[32]之，恐不可户说[33]，辄以是疏先焉[34]。

注　释

【1】方舆，土地。引申的意义为"领域"。

【2】陬（zōu），角。澨（shì），水滨。

【3】丽土之毛，生长在土地上的植物。丽，附属。毛，草，植物。

【4】章，显明。

【5】习用，惯常接触。

【6】泽居之鱼鳖（biē）、山居之麋鹿，意思是说，某种生物只在某种特定地区才有，例如鱼鳖生活在水里，麋鹿生活在山中一样。泽居，生活在水里。鳖，甲鱼。

【7】邋（tǐ），遥远。

【8】汶，汶水，在山东中部。貉（hé），兽名。似狸，锐头、尖鼻，毛色斑驳。《周礼·考工记》说："貉逾汶则死，地气然也。"这是说，貉过了汶水，受不住天气的寒冷，就要死掉。淮，淮河，源出河南桐柏山，东流经皖北、苏北。《晏子春秋》载："橘生淮南，则为橘；生淮北，则为枳（zhǐ）。叶徒相似，其实味不同。所以然者何？水土异也。"

【9】坐是，因此。

【10】两者，远、近两方面的东西。

【11】不佞（nìng），没有才干。

【12】迂论，迂阔而不切实际的言论。这是作者自谦的话。

【13】什九，十分之九。

【14】不者，"不能相通者"的省词。什一，十分之一。

【15】务，谋求。

【16】道殣（jǐn），饿死在路上。殣，饿死。

【17】或，有人。嗤（chī）笑，冷笑，讥笑。之，代词，这里指徐光启自己。

【18】艺，种植。

【19】致，送来。

【20】菑（zī），开垦一年的土地叫"菑"。畲（yú），开垦两年的土地叫"畲"。耕获菑畲，就是加以栽培的意思。

【21】戊申，即明神宗万历三十六年（1608年）。

【22】大水，"水"字原脱，据王重民校补。万历三十六年六月，从南京到镇江、苏州、松江，都发生大水灾。

【23】树艺，种植。佐，救助。

【24】且备异日，而且防备将来（的灾荒）。

【25】闽，福建。越，浙江。

【26】莆田，今属福建省。

【27】种（zhǒng），薯种。

【28】种（zhòng），种植。

【29】蕃，茂盛。

【30】略，大致。

【31】麋鹿自封，是"麋鹿之说自封"的省词。"麋鹿之说"就是前面"山居之麋鹿也"的说法。

【32】布，流传，传播，推广。

【33】户说，一户一户人家去游说。

【34】辄以是疏先焉，就写了这本《甘薯疏》作为倡导。辄，就。

龙湖

袁宗道

袁宗道，字伯修，号玉蟠，又号石浦。明代文学家，湖广公安（今属湖北）人。万历十四年（1586年）会试第一，选庶吉士，授编修,官至右庶子。"公安派"的发起者和领袖之一,与弟袁宏道、袁中道并称"公安三袁"。

题　解

本文描写明代思想家李贽龙湖居所的景观之美。袁氏三兄弟受李贽的思想影响很大,万历十八年(1590 年)起,三袁都与李贽有所来往。本文以寥寥数语描写龙湖景致,笔力精练,体现出作者独特的风格。

龙湖,一云龙潭,去麻城[1]三十里。万山瀑流,雷奔而下,与溪中石骨相触,水力不胜石,激而为潭。潭深十余丈,望之深青,如有龙眠,而土之附石者,因而夤缘得存。突兀一拳,中央峙立,青树红阁,隐见其上,亦奇观也。

潭右为李宏甫精舍[2]佛殿始落成,倚山临水,每一纵目,则光、黄诸山,森然屏列,不知几万重。

余本问法而来,初非有意山水,且谓麻城僻邑,常与屠陵、石首[3]伯仲,不意其泉石奇至此也。故识。癸巳五月五日记。

注　释

【1】麻城,今湖北麻城市。

【2】李宏甫,李贽,宏甫为其字。万历九年(1581 年)辞官。万历十六年(1588 年)徙居麻城龙潭湖芝佛院,从事著述。精舍,旧时书斋、学舍、集生徒讲学之所。

【3】屠陵,汉县名,今湖北公安县。石首,县名,今属湖北。

徐文长传

袁宏道

> 袁宏道，明文学家。字中郎，号石公，湖广公安（今属湖北）人。万历进士，官吏部郎中。与兄宗道、弟中道，并称"三袁"，为公安派创始者，文学成就居三袁之首。其思想受李贽影响较深，重视小说戏曲和民歌在文学中的地位。诗文不满前后七子摹拟复古主张，强调抒写"性灵"，在一定程度上突破儒家思想束缚。作品率真自然，内容多写闲情逸致，部分篇章反映人间疾苦，对当时政治现实有所批判。著有《袁中郎全集》。

题 解

徐文长是明嘉靖至万历年间著名的文学艺术家，幼有文名，但只考上一个秀才，以后屡试不就。他好谈兵法，积极参与当时东南沿海的抗倭战争，曾入浙闽军务总督胡宗宪幕中，参预机宜，写过两篇对倭作战的方案，自称："尝身匿兵中，环舟贼垒，度地形为方略。"后胡宗宪被捕下狱，他也受到牵连，忧愤成狂，之后游历山水，遇见总兵李成梁并教导其子李如松兵法战略，并使李如松在万历二十年（1592年）的朝鲜战争中大败丰臣秀吉的日本军。他怀才不遇，在仕途上备受挫折，在文学上亦不得志。他与后七子李攀龙、王世贞同时，却是李、王的反对派。他曾批判复古派效古人某篇某体是人而"学为鸟言者"（《叶子肃诗序》）。当时复古派盛行，王、李之作遍天下，他自然受到冷落。徐文长生前虽有文集刊行，但鲜为人知。他死后四年，袁宏道偶然地在陶望龄的家中发现其诗集《阙编》，大为惊异，叹为平生仅见，于是写了这篇传记。

　　余一夕，坐陶太史[1]楼，随意抽架上书，得《阙编》诗一帙[2]。恶楮毛书[3]，烟煤败黑，微有字形。稍就灯间读之，读未数首，不觉惊跃，忽呼周望："《阙编》何人作者？今邪？古邪？"周望曰："此余乡徐文长先生书也。"两人跃起，灯影下读复叫，叫复读，僮仆睡者皆惊起。盖不佞[4]生三十年，而始知海内有文长先生。噫，是何相识之晚也！因以所闻于越人士者，略为次第[5]，为《徐文长传》。

　　徐渭，字文长，为山阴诸生[6]，声名籍甚[7]。薛公蕙校[8]越时，奇其才，有国士之目[9]。然数奇[10]，屡试辄蹶[11]。中丞胡公宗宪闻之，客诸幕[12]。文长每见，则葛衣乌巾[13]，纵谈天下事。胡公大喜。是时，公督数边兵[14]，威振东南，介胄之士[15]，膝语蛇行[16]，不敢举头，而文长以部下一诸生傲之，议者方[17]之刘真长、杜少陵云。会得白鹿，属[18]文长作表，表上，永陵[19]喜。公以是益奇之，一切疏记，皆出其手。

　　文长自负才略，好奇计，谈兵多中，视一世士无可当意者。然竟不偶[20]。文长既已不得志于有司，遂乃放浪曲蘖[21]，恣情山水，走齐、鲁、燕、赵之地，穷览朔漠[22]。其所见山崩海立，沙起云行，风鸣树偃，幽谷大都，人物鱼鸟，一切可惊可愕之状，一一皆达之于诗。其胸中又有勃然不可磨灭之气，英雄失路、托足无门之悲，故其为诗，如嗔如笑，如水鸣峡，如种[23]出土，如寡妇之夜哭，羁人[24]之寒起；虽其体格时有卑者，然匠心独出，有王者气[25]，非彼巾帼而事人者所敢望也。文有卓识，气沉而法严，不以模拟损才，不以议论伤格[26]，韩、曾之流亚[27]也。文长既雅[28]不与时调合，当时所谓骚坛主盟者，文长皆叱而奴之，故其名不出于越[29]，悲夫！喜作书，笔意奔放如其诗，苍劲中姿媚跃出，欧阳公[30]所谓"妖韶女[31]老自有余态"者也。间以其余，旁溢为花鸟，皆超逸有致。

卒以疑杀其继室，下狱论[32]死。张太史元汴[33]力解，乃得出。晚年愤益深，佯狂益甚，显者至门，皆拒不纳。时携钱至酒肆[34]，呼下隶与饮。或自持斧击破其头，血流被面，头骨皆折，揉之有声。或以利锥锥其两耳，深入寸余，竟不得死。周望言：晚岁诗文益奇，无刻本，集藏于家。余同年有官越者，托以抄录，今未至。余所见者，《徐文长集》《阙编》二种而已。然文长竟以不得志于时，抱愤而卒。

石公[35]曰：先生数奇不已，遂为狂疾；狂疾不已，遂为围圄。古今文人牢骚困苦，未有若先生者也。虽然，胡公间世[36]豪杰，永陵英主，幕中礼数[37]异等，是胡公知有先生矣；表上，人主[38]悦，是人主知有先生矣。独身未贵耳。先生诗文崛起，一扫近代芜秽之习，百世而下，自有定论，胡为不遇哉？梅客生[39]尝寄余书曰："文长，吾老友，病奇于人，人奇于诗。"余谓文长无之而不奇者也；无之而不奇，斯无之而不奇[40]也。悲夫！

注 释

【1】陶太史，作者之友陶望龄，授翰林编修，官至国子监祭酒。太史，翰林编修的别称。

【2】帙（zhì），用布帛包制的包书套，后即称一套书为一帙。

【3】恶楮（chǔ）毛书，纸质低劣，刻工粗糙。楮，木名，树皮可造纸，因而作为纸的代称。

【4】不佞，自称的谦词。

【5】次第，依次编写。

【6】山阴，今浙江绍兴。诸生，经考试入学的生员，俗称秀才。

【7】籍甚，盛大。

【8】校（jiào），考核。

【9】国士之目，国中杰出的人才。目，兼有名称、品评之义。

【10】数奇（jī），命运乖舛，遇事不利。

【11】蹶，失败，挫折。

【12】客诸幕，即客之于幕，意即延请其为幕友。

【13】葛衣乌巾，葛布制衣，黑色头巾，乡野隐者之服，形容不拘礼节。

【14】边兵，边防军。

【15】介胄之士，武官。

【16】膝语蛇行，跪下说话，匍匐而行。

【17】方，比拟。

【18】属，通"嘱"，嘱咐。

【19】永陵，明世宗朱厚熜所葬之陵墓，此代指明世宗。

【20】不偶，遭遇不顺利，没有成就。

【21】曲蘖（niè），酒的代称。

【22】朔漠，北方沙漠。

【23】种，植物的种子。

【24】羁人，旅途漂泊的人。

【25】王者气，有诗国君王的气派。

【26】格，格调，风格。

【27】韩、曾之流亚，韩愈、曾巩一类的人。

【28】雅，高尚，美好。

【29】越，越国，今浙江东部，因徐文长是浙江绍兴人，故如此说。

【30】欧阳公，欧阳修，唐宋八大家之一。

【31】妖韶女，艳丽美好的女子。

【32】论，定罪。

【33】张太史元汴，曾任翰林侍读，故称太史。

【34】酒肆，酒馆。

【35】石公，作者自称，袁宏道号石公。

【36】间世，隔世。

【37】礼数，礼仪的级别。

【38】人主，帝王。

【39】梅客生，梅国桢，字客生，湖北麻城人，万历进士，官兵部右侍郎。

【40】奇，倒霉。

虎丘记

袁宏道

题　解

　　袁宏道任吴县令时曾六次游览虎丘，两年后辞官时，又故地重游写出《虎丘记》。该文记述了中秋夜苏州人游虎丘的情景，其中写得最精彩的是有关唱歌的场面。从开始"唱者千百"到最后"壮士听而下泪"，层层深入，情景交融，把读者引入到一个若有所失，但更有所得的境界里。

　　虎丘[1]去城可七八里，其山无高岩邃壑，独以近城故，箫鼓楼船，无日无之。凡月之夜，花之晨，雪之夕，游人往来，纷错如织，而中秋为尤胜。每至是日，倾城阖户，连臂而至。衣冠士女，下迨蔀屋[2]，莫不靓妆丽服，重茵累席，置酒交衢间[3]，从千人石[4]上至山门，栉比如鳞，檀板丘积，樽罍云泻，远而望之，如雁落平沙，霞铺江上，雷辊[5]电霍，无得而状。

　　布席之初，唱者千百，声若聚蚊，不可辨识。分曹部署[6]，竞以歌喉相斗，雅俗既陈，妍媸自别。未几而摇头顿足者，得数十人而已。已而明月浮空，石光如练，一切瓦釜[7]，寂然停声，属而和者，才三四辈；一箫，一寸管，一人缓板而歌，竹肉[8]相发，清声亮彻，听者魂销。比至夜深，月影横斜，荇藻[9]凌乱，则箫板亦不复用；一夫登场，四座屏息，音若细发，响彻云际，每度一字，几尽一刻，飞鸟为之徘徊，壮士听而下泪矣。

　　剑泉[10]深不可测，飞岩如削。千顷云得天池诸山作案[11]，峦壑竞秀，最可觞客。但过午则日光射人，不堪久坐耳。文昌阁亦佳，晚树尤可观。面北为平远堂[12]旧址，空旷无际，仅虞山[13]一点在望。堂废已久，余与江进之[14]谋所以复之，欲祠韦苏州、白乐天[15]诸公于其中；而病寻作，余既乞归，恐进之之兴亦阑矣。山川兴废，信有时哉！

　　吏吴两载，登虎丘者六。最后与江进之、方子公[16]同登，迟月生公石[17]上，歌者闻令来，皆避匿去。余因谓进之曰："甚矣，乌纱之横，皂隶之俗哉！他日去官，有不听曲此石上者，如月！"[18]今余幸得解官称吴客矣。虎丘之月，不知尚识[19]余言否耶？

注　释

　　【1】虎丘，旧名海涌山，在今江苏苏州市郊。传说春秋时吴王阖闾下葬之后，金精之气化而为虎，踞其坟，故号虎丘。

　　【2】下迨（dài）蔀（bù）屋，下至小户人家。迨，及，至。蔀屋，穷苦人家昏暗的屋子。

　　【3】交衢（qú）间，指路边。

　　【4】千人石，虎丘山脚巨石。

　　【5】雷辊（gǔn），雷的轰鸣声，这里指车轮滚滚声。

　　【6】分曹部署，分批安排。曹，成对。

　　【7】瓦釜，屈原《卜居》："黄钟毁弃，瓦釜雷鸣。"瓦釜即瓦缶，一种小口大腹的瓦器，也是原始的乐器。这里比喻低级的音乐。

　　【8】竹肉，《世说新语·识鉴》刘孝标注引（孟）嘉别传："听妓，丝不如竹，竹不如肉，何也？答曰，渐近自然。"丝指弦乐器，竹指管乐器，肉指人的歌喉。

　　【9】荇藻，两种水草名。这里用以形容月光下树的枝叶影子。苏轼《记承天寺刘公夜游》："庭下如积水空明，水中藻荇交横，盖竹柏影也。"

　　【10】剑泉，在虎丘千人石下，相传为吴王洗剑处，又称剑池。

　　【11】千顷云，山名，在虎丘山上。天池，山名，又名华山，在苏州阊门外三十里。此句说千顷云得天池等山作为它的几案。

　　【12】平远堂，初建于宋代，至元代改建。

　　【13】虞山，位于江苏常熟市西北。

【14】江进之，名盈科，字进之，桃源（今属湖南）人，万历二十年（1592年）进士，时任长洲（与吴县同治苏州）知县。与作者友善。

【15】祠，祭祀。韦苏州，唐诗人韦应物，曾任苏州刺史。白乐天，唐诗人白居易，曾任苏州刺史。任上曾开河筑堤，直达山前，人称白公堤，即今山塘街。

【16】方子公，方文僎，字子公，新安（今安徽歙县）人。穷困落拓，由袁中道荐与宏道，为宏道料理笔札。

【17】生公石，虎丘大石名。传说晋末高僧竺道生，世称生公，尝于虎丘山聚石为徒，讲《涅槃经》，群石为之点头。

【18】如月，对月发誓。"有如"或"如"，为古人设誓句式。《诗·王风·大车》："谓予不信，有如皦日！"《左传·僖公二十四年》晋公子重耳临河之誓："所不与舅氏同心者，人如白水！"宋周密《齐东野语》卷十一录蜀中妓与情人佥别词："若相忘，有如此酒！"皆指眼前一物作誓。

【19】识（zhì），通"志"，记忆。

满井游记

袁宏道

题 解

满井是明清两朝北京近郊的一个风景区。文章用精简的文字记游绘景、抒情寓理。历历如画的景物描写，透出京郊早春的芬芳气息，写出了作者对春回大地的喜悦和对早春的欣赏和赞美，寓情于景，借景抒情，表达了作者旷达、乐观的人生态度，以及对自由的向往。

燕地[1]寒，花朝节[2]后，余寒犹[3]厉。冻风时作[4]，作则飞沙走砾[5]。局促[6]一室之内，欲出不得。每冒风驰行，未百步辄返。

廿二日天稍和[7]，偕[8]数友出东直[9]，至满井。高柳夹堤，土膏[10]微润，一望空阔，若脱笼之鹄[11]。于时[12]冰皮[13]始[14]解，波色乍[15]明，鳞浪[16]层层，清澈见底，晶晶然[17]如镜之新开[18]而冷光之乍[19]出于匣[20]也。山峦为晴雪所洗[21]，娟然[22]如拭[23]，鲜妍明媚，如倩女之靧面而髻鬟之始掠也[24]。柳条将舒[25]未舒，柔梢[26]披风[27]，麦田浅鬣寸许[28]。游人虽未盛，泉而茗者、罍而歌者、红装而蹇者[29]，亦时时有。风力虽[30]尚劲[31]，然徒步则汗出浃[32]背。凡曝沙之鸟，呷浪之鳞[33]，悠然自得[34]，毛羽鳞鬣[35]之间皆有喜气。始知郊田之外未始无春[36]，而城居者未之知也。

夫[37]不能以游堕事[38]而潇然[39]于山石草木之间者，惟[40]此官[41]也。而此地适[42]与余近，余之游将自此始，恶能[43]无纪[44]？己亥之二月也。

注 释

【1】燕地，指今河北北部、辽宁西部、北京一带。这一地区原为周代诸侯国燕国故地。

【2】花朝节，旧时以阴历二月十二日为花朝节，据说这一天是百花生日。

【3】犹，仍然。

【4】冻风时作，冷风时常刮起来。作，起，兴起。

【5】砾，小石块，碎石子。

【6】局促，拘束，形容受到束缚而不得舒展。

【7】和，暖和。

【8】偕，一同，一起。

【9】东直，北京东直门，在旧城东北角。满井在东直门北三四里。

【10】土膏，肥沃的土地。膏，肥沃。

【11】若脱笼之鹄（hú），好像从笼中飞出去的天鹅。鹄，一种水鸟，俗名天鹅。

【12】于时，在这时。

【13】冰皮，冰层。

【14】始，刚刚。

【15】乍，刚刚，开始。

【16】鳞浪，像鱼鳞似的细浪纹。

【17】晶晶然，光亮的样子。

【18】镜之新开，镜子新打开。

【19】乍，突然。

【20】匣，指镜匣。

【21】山峦为晴雪所洗，山峦被融化的雪水洗干净。为，表被动。晴雪，晴空之下的积雪。

【22】娟然，美好的样子。

【23】拭，擦拭。

【24】如倩女之靧（huì）面而髻（jì）鬟（huán）之始掠也，像美丽的少女洗好了脸刚梳好髻鬟一样。倩女，美丽的女子。靧，洗脸。掠，梳掠。

【25】舒，舒展。

【26】梢，柳梢。

【27】披风，在风中散开。披，开、分散。本句省略介词于，即"披于风"。

【28】麦田浅鬣（liè）寸许，意思是麦苗高一寸左右。鬣，兽颈上的长毛，一说马鬃，这里形容不高的麦苗。

【29】泉而茗（míng）者，罍（léi）而歌者，红装而蹇（jiǎn）者，汲泉水煮茶喝的，端着酒杯唱歌的，穿着艳装骑驴的。泉，这里指汲泉水。茗，这里指煮茶。罍，这里指端着酒杯。蹇，这里指骑驴。这里全是名词作动词用。

【30】虽，这里的虽指虽然，而不是即使。

【31】劲，猛、强有力。读 jìng。

【32】浃（jiā），湿透。

【33】曝（pù）沙之鸟，呷（xiā）浪之鳞，在沙滩上晒太阳的鸟，浮到水面戏水的鱼。呷，吸，这里用其引申义。鳞，借代用法，代鱼。

【34】悠然自得，悠闲舒适。悠然，闲适的样子。自得，内心得意舒适。

【35】毛，指虎狼兽类；羽，指鸟类；鳞，指鱼类和爬行动物；鬣，指马一类动物。毛羽鳞鬣，合起来，泛指一切动物。

【36】未始无春，未尝没有春天。这是对第一段"燕地寒"等语说的。

【37】夫（fú），用于句子开头，可翻译为大概。

【38】堕（huī）事，耽误公事。堕，古同"隳"，坏、耽误。

【39】潇然，悠闲自在的样子。

【40】惟，只。

【41】此官，当时作者任顺天府儒学教授，是个闲职。

【42】适，正好。

【43】恶（wū）能，怎能。恶，怎么。

【44】纪，通"记"，记录。

天目（一）

袁宏道

题　解

本文选自《袁宏道集笺校》卷十。这是作者万历二十五年（1597年）在於潜县所作的两篇天目山游记中的一篇。天目山有两支，东天目山在浙江临安县西北；西天目山，与於潜接界。东西两支均有天池，好像天的眼睛，故称天目山。

　　天目幽邃奇古不可言，由庄至颠，可二十余里。凡山深僻者多荒凉，峭削者鲜迂曲，貌古则鲜妍不足，骨大则玲珑绝少，以至山高水乏，石峻毛枯，凡此皆山之病[1]。天目盈山皆壑，飞流淙淙，若万匹缟，一绝也。石色苍润，石骨[2]奥巧，石径曲折，石壁竦峭，二绝也。虽幽谷县岩，庵宇皆精，三绝也。余耳不喜雷，而天目雷声甚小，听之若婴儿声，四绝也。晓起看云，在绝壑下，白净如绵，奔腾如浪，尽大地作琉璃海，诸山尖出云上若萍，五绝也。然云变态最不常，其观奇甚，非山居久者不能悉其形状。山树大者，几四十围，松形如盖，高不逾数尺，一株直万余钱，六绝也。

头茶之香者，远胜龙井，笋味类绍兴破塘，而清远过之，七绝也。余谓大江之南，修真栖隐之地，无逾此者，便有出缠 [3] 结室之想矣。

　　宿幻住之次日，晨起看云，巳后登绝顶，晚宿高峰死关。次日由活埋庵寻旧路而下。数日晴甚霁，山僧以为异，下山率相贺。山中僧四百余人，执礼甚恭，争以饭相劝。临行，诸僧进曰："荒山僻小，不足当巨目，奈何？"余曰："天目山某等亦有些子分 [4]，山僧不劳过谦，某亦不敢面誉。"因大笑而别。

注　释

　　【1】病，毛病，缺陷。

　　【2】骨，品质、风骨。

　　【3】出缠，指超脱尘世。

　　【4】子分，指缘分。

叙陈正甫《会心集》

袁宏道

题　解

　　这是作者为友人陈所学所编《会心集》一书写的序，作于明万历二十五年（1597年），《会心集》今已不存。陈所学，字正甫，湖北竟陵人，时任徽州知府，是作者的朋友。在宋人那里，"趣"本来是个艺术审美概念，通常用它来评说作品，作者却用它来论说具有真美特质的事物，尤其是人的自然真率的生命形态与精神境界。作者把"趣"从文学创作引申到人生态度，把人的人格之美和人性之真联系起来。

　　世人所难得者唯趣。趣如山上之色、水中之味、花中之光、女中之态，虽善说者不能下一语，唯会心者知之。今之人慕趣之名，求趣之似，于是有辨说书画、涉猎古董以为清，寄意玄虚、脱迹尘纷以为远，又其[1]下则有如苏州[2]之烧香煮茶者。此等皆趣之皮毛，何关神情？

夫趣得之自然者深，得之学问者浅。当其为童子也，不知有趣，然无往而非趣也。面无端容，目无定睛，口喃喃而欲语，足跳跃而不定，人生之至乐，真无逾于此时者。孟子所谓不失赤子，老子所谓能婴儿，盖指此也。趣之[3]正等正觉[4]最上乘也。山林之人，无拘无缚，得自在度日，故虽不求趣而[5]趣近之。愚不肖之[6]近趣也，以无品也，品愈卑[7]，故所求愈下。或为酒肉，或为声伎，率[8]心而行，无所忌惮，自以为绝望于[9]世，故举世非[10]笑之不顾也，此又一趣也。迨[11]夫年渐长，官渐高，品渐大，有身如梏，有心如棘，毛孔骨节俱为闻见知识所缚，入理愈深，然其去趣愈远矣。

余友陈正甫，深于[12]趣者也，故所述《会心集》若干卷，趣居其多。不然，虽介[13]若伯夷，高若严光，不录也。噫，孰谓有品如君、官如君、年之壮如君，而能知如此者哉！

注　释

【1】其，指示代词，那些。

【2】苏州，唐代诗人韦应物任官终于苏州刺史。

【3】之，定语后置的标志词。

【4】正等，即上等。正觉，大彻大悟的境界。

【5】而，表转折。

【6】之，取消句子独立性。

【7】卑，低等的。

【8】率，顺从。

【9】于，和。

【10】非，指责、批评。

【11】迨，等到。

【12】于，在。

【13】介，孤高。

《菜根谭》九则

洪应明

> 洪应明，字自诚，号还初道人，明朝人，事迹不详，人们只能通过他的《仙佛奇踪》了解到他早年热衷于功名，晚年则归隐山林洗心礼佛。

题 解

《菜根谭》是洪应明编著的一部论述修养、人生、处世、出世的语录集。全书采用语录体，将儒释道三家思想融合起来，阐述作者所体会到的人生处世哲学。《菜根谭》文字浅显而工整，含义深远又耐人寻味。"菜根"指人应接受的艰苦磨炼，正所谓"咬得菜根，百事可做"。

势利纷华，不近者为洁，近之而不染者尤洁；智械机巧，不知者为高，知之而不用者尤高。

耳中常闻逆耳之言，心中常有拂心之事，才是进德修行的砥石。若言言悦耳，事事快心，便把此生埋在鸩毒中矣。

天地寂然不动，而气机无息少停；日月昼夜奔驰，而贞明万古不易。故君子闲时要有吃紧的心思，忙处要有悠闲的趣味。

路径窄处，留一步与人行；滋味浓的，减三分让人嗜。此是涉世一极安乐法。

夜深人静，独坐观心，始知妄穷而真独露。每于此中，得大机趣。既觉真现妄难逃，又于此中得大惭忸。

饱后思味，则浓淡之境都消；色后思淫，则男女之见尽绝。故人常以事后之悔悟，破临事之痴迷，则性定而动无不正。

交友须带三分侠气，做人要存一点素心。

降魔者，先降自心，心伏则群魔退听；驭横者，先驭其气，气平则外横不侵。

欲路上事，毋乐其便而姑为染指，一染指便深入万仞；理路上事，毋惮其难而稍为退步，一退步便远隔千山。

浣花溪记

钟惺

钟惺，明代文学家。字伯敬，号退谷，湖广竟陵（今湖北天门市）人。万历三十八年（1610年）进士。曾任工部主事。后官至福建提学佥事。不久辞官归乡，闭户读书，晚年入寺院。为人严冷，不喜接俗客，由此得谢人事，研读史书。他与同里谭元春共选《唐诗归》和《古诗归》，名扬一时，形成"竟陵派"，世称"钟谭"。

题 解

唐肃宗乾元二年（759年）冬天，杜甫由同谷（今甘肃成县）流亡到成都，借住在浣花溪边的草堂寺里。第二年春天，杜甫在寺旁修建草堂并居住了四年。浣花溪由此闻名。中进士后，授官行人司行人的钟惺于万历三十九年（1611年）奉命使蜀，游览成都浣花溪杜工部祠后，写了这篇《浣花溪记》。

出成都南门，左为万里桥[1]。西折纤秀长曲，所见如连环、如玦[2]、如带、如规[3]、如钩，色如鉴、如琅玕、如绿沉瓜[4]，窈然[5]深碧，潆回[6]城下者，皆浣花溪委[7]也。然必至草堂[8]，而后浣花有专名，则以少陵浣花居[9]在焉耳。

行三四里为青羊宫[10]，溪时远时近。竹柏苍然[11]，隔岸阴森者尽溪，平望如荠[12]。水木清华[13]，神肤洞达[14]。自宫以西，流汇而桥者三[15]，相距各不半里。舁夫[16]云通灌县[17]，或所云"江从灌口来"[18]是也。

人家住溪左，则溪蔽不时见，稍断则复见溪。如是者数处，缚柴编竹[19]，颇有次第。桥尽，一亭树道左，署曰"缘江路"。过此则武侯祠[20]。祠前跨溪为板桥一，覆以水槛[21]，乃睹"浣花溪"题榜。过桥，一小洲横斜插水间如梭，溪周之，非桥不通，置亭其上，题曰"百花潭水"。由此亭还，度桥，过梵安寺[22]，始为杜工部祠[23]。像颇清古，不必求肖，想当尔尔[24]。石刻像一，附以本传，何仁仲别驾[25]署华阳时所为也。碑皆不堪读。

钟子曰：杜老二居，浣花清远，东屯险奥，各不相袭。严公[26]不死，浣溪可老，患难之于朋友大矣哉！然天遣此翁增夔门一段奇耳。穷愁奔走，犹能择胜，胸中暇整[27]，可以应世，如孔子微服主司城贞子时也。

时万历辛亥[28]十月十七日，出城欲雨，顷之霁[29]。使客[30]游者，多由监司[31]郡邑招饮，冠盖稠浊，磬折[32]喧溢，迫暮趣[33]归。是日清晨，偶然独往。楚人[34]钟惺记。

注 释

【1】万里桥，在今四川成都市南，旧名长星桥。传说三国时蜀国费祎（yī）出使吴国，诸葛亮在这里替他饯行说："万里之行始于此。"因此改称万里桥。

【2】玦（jué），似环而有缺口的玉佩。

【3】规，画圆形的工具。这里指圆弧。

【4】色如鉴、如琅玕、如绿沉瓜，颜色像镜子，像美丽的石头，像绿沉瓜。鉴，镜子。琅玕，美石，诗人多以青琅玕来比竹。绿沉瓜，一种深绿色的瓜，史载梁武帝西苑食绿沉瓜。

【5】窈（yǎo）然，幽深的样子。

【6】潆（yíng）回，水流回旋的样子。

【7】委，江河下游。

【8】草堂，杜甫寓居成都时，曾在浣花溪畔盖了一所草堂。

【9】少陵，指杜甫，他在诗中自称"少陵野老"。浣花居，在浣花溪的住宅，就是草堂。

【10】青羊宫，道观名，在今四川成都市西南浣花溪附近。传说是老子与关尹喜相约会见的地方，明初蜀王朱椿重建。

【11】苍然，幽深碧绿的样子。

【12】平望如荠，平望过去，树木像荠菜一样。平望，平视。

【13】水木清华，水光树色清幽美丽。

【14】神肤洞达，指清新舒爽。

【15】流汇而桥者三，溪水所流经的桥有三座。

【16】舁（yú）夫，抬轿子的人。舁，抬。

【17】灌县，今四川灌县。

【18】江从灌口来，这是杜甫《野望固过常少仙》中的诗句。江，指锦江。锦江发源于郫县，流经成都城南，是岷江的支流。岷江发源于岷山羊膊岭，从灌县东南流经成都附近，纳锦江。故上文说"通灌县"。灌口，灌县古为灌口镇，西北有灌口山。

【19】缚柴编竹，用柴竹做门墙。

【20】武侯祠，诸葛亮祠，因其生前为武乡侯，故称。

【21】水槛，临水的栏杆。

【22】梵安寺，在今成都市南，本名浣花寺，宋改梵安寺，因与杜甫草堂相近，俗称草堂寺。

【23】杜工部祠，宋人吕大防就杜甫草堂故址建祠，因杜甫曾任工部员外郎，称杜工部祠。

【24】想当尔尔，谓想象中的杜甫大概是这个样子。尔尔，如此。

【25】何仁仲，万历时为夔州通判。别驾，即通判。

【26】严公，指严武。杜甫漂泊四川，依镇守成都的严武，在浣花溪构筑草堂，安居了几年。代宗永泰元年（765 年）四月，严武死，杜甫离开成都，准备出川。

【27】暇整，即"好整以暇"，形容遇事从容不迫。《左传·成公十六年》，"日臣之使于楚也，子重问晋国之勇，臣对曰：'好以众整。'曰：'又何如？'臣对曰：'好以暇。'"

【28】万历辛亥，万历三十九年（1611 年）。

【29】顷之霁，一会儿天晴了。霁，天放晴。

【30】使客，朝廷派的使臣。

【31】监司，监察州郡的官。

【32】磬折，弯腰敬礼的情状。

【33】趣（cù），同"促"，急速。

【34】楚人，竟陵战国时为楚地，因此钟惺自称楚人。

游黄山日记后

徐霞客

徐霞客，名弘祖，字振之，号霞客，汉族，南直隶（今江苏省）江阴人。明朝末期地理学家、探险家、旅行家和文学家。他经三十年考察撰成的二百六十多万字（遗失达二百多万字，只剩下六十多万字）《徐霞客游记》开辟了地理学上系统观察自然、描述自然的新方向，既是系统考察祖国地貌地质的地理名著，又是描绘华夏风景资源的旅游巨篇，还是文字优美的文学佳作，在国内外具有深远的影响。近年，视徐霞客为游圣，步徐霞客足迹，游览祖国大好河山已成为中国旅游界的新时尚。

题　解

　　此篇为作者第二次游黄山所记，主要记叙作者登天都峰、莲花峰之经历和所见胜景。作者第一次游黄山时，未上天都、莲花二峰，此次是为了却夙愿而来，兴趣盎然，语言精练而又恣肆自如，加之作者心情舒畅，故而文章神采飞扬，充满色彩感，实为难得佳作。

　　戊午九月初三日，出白岳榔梅庵，至桃源桥。从小桥右下，陡甚，即旧向黄山路也。七十里，宿江村。

　　初四日，十五里，至汤口。五里，至汤寺，浴于汤池。扶杖望硃砂庵而登。十里，上黄泥冈。向时云里诸峰，渐渐透出，亦渐渐落吾杖底。转入石门 [1]，越天都 [2] 之胁而下，则天都、莲花二顶，俱秀出天半，路旁一岐东上，乃昔所未至者，遂前趋直上，几达天都侧。复北上，行石罅中。石峰片片夹起；路宛转石间，塞者凿之，陡者级之，断者架木通之，悬者植梯接之。下瞰峭壑阴森，枫松相间，五色纷披，灿若图绣。因念黄山当生平奇览，而有奇若此，前未一探，兹游快且愧矣。

　　时夫仆俱阻险行后，余亦停弗上；乃一路奇景，不觉引余独往。既登峰头，一庵翼然，为文殊院 [3]，亦余昔年欲登未登者。左天都，右莲花，背倚玉屏风，两峰秀色，俱可手揽。四顾奇峰错列，众壑纵横，真黄山绝胜处。非再至，焉知其奇若此！遇游僧澄源至，兴甚勇。时已过午，奴辈适至。立庵前，指点两峰。庵僧谓："天都虽近而无路，莲花可登而路遥。只宜近盼天都，明日登莲顶。"余不从，决意游天都。

　　挟澄源、奴子仍下峡路。至天都侧，从流石蛇行而上。攀草牵棘，石块丛起则历块，石崖侧削则援崖。每至手足无可着处，澄源必先登垂接。每念上既如此，下何以堪？终亦不顾。历险数次，遂达峰顶。惟一石顶壁起犹数十丈，澄源寻视其侧，得级，挟余以登。万峰无不下伏，独莲花与抗耳。时浓雾半作半止，每一阵至，则对面不见。眺莲花诸峰，多在雾中。独上天都，予至其前，则雾徙于后；予越其右，则雾出于左。其松犹有曲挺纵横者；柏虽大于如臂，无不平贴石上、如苔藓然。山高风巨，雾气去来无定。下盼诸峰，时出为碧峤[4]，时没为银海。再眺山下，则日光晶晶，别一区宇也。日渐暮，遂前其足，手向后据地，坐而下脱。至险绝处，澄源并肩手相接。度险，下至山坳，暝色已合。复从峡度栈[5]以上，止文殊院。

初五日，平明，从天都峰坳中北下二里，石壁斯然。其下莲花洞正与前坑石笋对峙，一坞幽然。别澄源，下山至前岐路侧，向莲花峰[6]而趋。一路沿危壁西行，凡再降升，将下百步云梯，有路可直跻莲花峰。既陟而磴绝，疑而复下。隔峰一僧高呼曰："此正莲花道也！"乃从石坡侧度石隙。径小而峻，峰顶皆巨石鼎峙，中空如室。从其中叠级直上，级穷洞转，屈曲奇诡，如下上楼阁中，忘其峻出天表也。一里，得茅庐，倚石鳞中。方徘徊欲升，则前呼道之僧至矣。僧号凌虚，结茅于此者，遂与把臂陟顶。顶上一石，悬隔二丈，僧取梯以度。其巅廓然，四望空碧，即天都亦俯首矣。盖是峰居黄山之中，独出诸峰上，四面岩壁环耸，遇朝阳雾色，鲜映层发，令人狂叫欲舞。

久之，返茅庵。凌虚出粥相饷，啜一盂，乃下。至岐路侧，过大悲顶，上天门。三里，至炼丹台。循台嘴而下，观玉屏风[7]、三海门诸峰，悉从深坞中壁立起。其丹台一冈中垂，颇无奇峻，惟瞰翠微之背，坞中峰峦错耸，上下周映，非此不尽瞻眺之奇耳。还过平天矼，下后海，入智空庵，别焉。三里，下狮子林，趋石笋矼，至向年所登尖峰上。倚松而坐，瞰坞中峰石回攒，藻缋[8]满眼，始觉匡庐、石门，或具一体，或缺一面，不若此之闳博富丽也！久之，上接引崖，下眺坞中，阴阴觉有异。复至冈上尖峰侧，践流石，援棘草，随坑而下，愈下愈深，诸峰自相掩蔽，不能一目尽也。日暮，返狮子林。

初六日，别霞光，从山坑向丞相原。下七里，至白沙岭[9]，霞光复至。因余欲观牌楼石，恐白沙庵[10]无指者，追来为导。遂同上岭，指岭右隔坡，有石丛立，下分上并，即牌楼石也。余欲逾坑溯涧，直造其下。僧谓："棘迷路绝，必不能行。若从坑直下丞相原，不必复上此岭；若欲从仙灯而往，不若即由此岭东向。"余从之，循岭脊行。岭横亘天都、莲花之北，狭甚，旁不容足，南北皆崇峰夹映。岭尽北下，仰瞻右峰罗汉石，圆头秃顶，俨然二僧也。下至坑中，逾涧以上，共四里，登仙灯洞。洞南向，正对天都之阴。僧架阁连板于外，而内犹穹然，天趣未尽刊[11]也。复南下三里，过丞相原[12]，山间一夹地耳。其庵颇整，四顾无奇，竟不入。复南向循山腰行，五里，渐下。涧中泉声沸然，从石间九级下泻，每级一下有潭渊碧，所谓九龙潭[13]也。黄山无悬流飞瀑，惟此耳。又下五里，过苦竹滩[14]，转循太平县路，向东北行。

注　释

【1】石门，应指今云巢洞。清人王灼《黄山纪游》载："有巨石当路，而中空如门，累石为磴，其间可数十级，题之曰'云巢'。"

【2】天都，天都峰，海拔 1810 米。峰顶有一巨石耸立，高数十丈，有石级可登。顶部略呈长方形，长约十步，宽约五步，刻有"登峰造极"四字。

【3】文殊院，在天都、莲花两峰间，左有狮石，右有象石，后毁于火。今在原址建宾馆，名玉屏楼。

【4】峤（jiào），尖而高的山。

【5】栈（zhàn），即栈道。在峭岩陡壁上，傍山凿孔、架木连阁修成的道路，又称阁道。

【6】莲花峰，为黄山最高峰，海拔 1860 米。莲花峰、天都峰、光明顶为黄山三大主峰。

【7】玉屏风，应即玉屏峰，为黄山三十六小峰之一。

【8】藻（zǎo），文采。缋，同"绘"，彩画。

【9】白沙岭，在云谷寺西北，云谷寺通往皮蓬的途中。

【10】白沙庵，在白沙岭畔的岔路口，附近有入胜亭。

【11】刊，削除。

【12】丞相原，在钵盂峰下，相传南宋右丞相程元凤曾在此读书，故名。明代改名云谷寺。为从东路登山要道，南面入口石刻甚多。寺址已建为宾馆。

【13】九龙潭，黄山东隅罗汉峰与香炉峰之间，有飞流九折，称九龙瀑。一折一潭，亦有九潭，称九龙潭。

【14】苦竹滩，即今歙县苦竹溪，在汤口东北的公路边。

核舟记

魏学洢

魏学洢，字子敬，嘉善（今属浙江省嘉兴市）人，明朝末年的著名散文作家，也是一代明臣魏大中的长子，其一生短暂，未做过官，好学善文，著有《茅檐集》。《核舟记》是其代表作。

题 解

本文所写的这件雕刻品，原材料是一个"长不盈寸"的桃核，刻而成舟，生动地表现了历史上一个著名的文学故事。舟上五人，须眉毕见，其他如箬篷、窗、楫、壶、炉等，无不应有尽有；还有三十四个字，勾画了了，可谓巧夺天工。

明有奇巧人[1]曰王叔远[2]，能以径寸之木[3]，为宫室、器皿、人物，以至鸟兽、木石，罔不因势象形，各具情态[4]。尝贻[5]余核舟一，盖大苏泛赤壁云[6]。

舟首尾长约八分有奇[7]，高可二黍许[8]。中轩敞者为舱[9]，箬篷[10]覆之。旁开小窗，左右各四，共八扇。启窗而观，雕栏相望焉[11]。闭之，则右刻"山高月小，水落石出"[12]，左刻"清风徐来，水波不兴"[13]，石青糁之[14]。

船头坐三人，中峨冠[15]而多髯[16]者为东坡，佛印[17]居右，鲁直[18]居左。苏黄共阅一手卷[19]；东坡右手执卷端，左手抚鲁直背；鲁直左手执卷末，右手指卷，如有所语。东坡现右足，鲁直现左足，身各微侧；其两膝相比者[20]，各隐卷底衣褶中[21]。佛印绝类弥勒[22]，袒胸露乳，矫首昂视[23]，神情与苏黄不属[24]。卧右膝[25]，诎[26]右臂支船，而竖其左膝，左臂挂念珠[27]倚之[28]，珠可历历数也[29]。

舟尾横卧一楫[30]。楫左右舟子[31]各一人。居右者椎髻[32]仰面，左手倚一衡[33]木，右手攀[34]右趾，若啸呼[35]状。居左者右手执蒲葵扇，左手抚炉，炉上有壶，其人视端容寂[36]，若听茶声然[37]。

其船背稍夷[38]，则题名其上，文曰"天启壬戌[39]秋日，虞山王毅叔远甫[40]刻"，细若蚊足，钩画了了[41]，其色墨[42]。又用篆章[43]一，文曰"初平山人"，其色丹[44]。

通计一舟：为[45]人五，为窗八，为箬篷，为楫，为炉，为壶，为手卷，为念珠者各一；对联、题名并篆文，为字共三十有四；而计其长，曾不盈寸[46]，盖简[47]桃核修狭[48]者为之。魏子详瞩既毕，诧曰：嘻！技亦灵怪矣哉[49]！庄、列所载，称惊犹鬼神者良多，然谁有游削[50]于不寸之质，而须[51]麋了然者？假有人焉，举我言以复于我，我必疑其诳。乃今亲睹之。繇[52]斯以观，棘刺之端，未必不可为母猴也[53]。嘻！技亦灵怪矣哉！

注　释

【1】奇巧人，技艺奇妙精巧的人。奇，奇特。

【2】王叔远，名毅，字叔远，明代民间微雕艺人。

【3】径寸之木，直径一寸的木头。径，直径。

【4】罔不因势象形，各具情态，都能就着木头原来的样子模拟那些东西的形状，各有各的神情姿态。罔，无，没有。罔不，无不，全都。因，顺着，就着。象，模仿，这里指雕刻。各，各自。具，具有。情态，神态。

【5】贻，赠。

【6】盖大苏泛赤壁云，刻的是苏轼乘船游赤壁的故事。盖，表示推测的句首语气词。泛，泛舟，坐船游览。云，句尾语助词。

【7】有（yòu）奇（jī），多一点。有，通"又"，用来连接整数和零数。奇，零数。

【8】高可二黍许，大约有二个黄米粒那样高。可，大约。黍，又叫黍子，去皮后叫黄米。一说，古代一百粒排列起来的长度是一尺，因此一个黍粒的长度是一分。许，上下。

【9】中轩敞者为舱，中间高起开敞的部分是船舱。轩，高起。敞，敞开。为，是。

【10】箬篷，用箬竹叶做成的船篷。箬的异形字是"箬"。

【11】雕栏相望焉，雕刻着花纹的栏杆左右相对。望，对着，面对着。

【12】山高月小，水落石出，苏轼《后赤壁赋》里的文句。

【13】清风徐来，水波不兴，苏轼《赤壁赋》里的文句。清，清凉。徐，缓缓地，慢慢地。兴，起。

【14】石青糁（sǎn）之，用石青涂在刻着字的凹处。石青，一种青绿色的矿物颜料。糁，涂。

【15】峨冠，戴着高高的帽子。名词作动词用。

【16】髯（rán），两腮的胡须。这里泛指胡须。

【17】佛印，人名，是个和尚，苏轼的朋友。

【18】鲁直，宋代诗人、书法家黄庭坚，字鲁直。他也是苏轼的朋友。

【19】手卷，横幅的书画卷子。

【20】其两膝相比者，他们的互相靠近的两膝（苏东坡的左膝和黄庭坚的右膝）。比，靠近。

【21】各隐卷底衣褶中，都隐蔽在手卷下边的衣褶里（意思说，从衣褶上

可以看出相并的两膝）。

【22】绝类弥勒，极像佛教的弥勒菩萨。类，像。

【23】矫首昂视，抬头仰望。矫，举。

【24】不属（zhǔ），不相类似。

【25】卧右膝，卧倒右膝。

【26】诎，同"屈"，弯曲。

【27】念珠，信佛教的人念佛时用以计数的成串珠子。

【28】倚之，（左臂）靠在左膝上。

【29】历历数也，清清楚楚地数出来。历历，分明可数的样子。

【30】楫，船桨。

【31】舟子，撑船的人，船夫。

【32】椎髻，梳成椎形发髻，属于词类活用。

【33】衡，通"横"，横着。

【34】攀，扳着。

【35】啸呼，大声呼叫。

【36】其人视端容寂，那个人，眼睛正视着（茶炉），神色平静。

【37】若听茶声然，好像在听茶水开了没有的样子。若……然，相当于"好像……的样子"。

【38】船背稍夷，船的底面稍平。背，这里指船底。夷，平。

【39】天启壬戌，天启二年（1622年）。天启，明熹宗朱由校年号。

【40】虞山王毅叔远甫，常熟人王毅字叔远。虞山，现在江苏省常熟县西北，这里用来代替常熟。甫，通"父"，古代对男子的美称，多附于字之后。

【41】了了，清清楚楚。

【42】墨，这里的意思是黑。

【43】篆章，篆字图章。

【44】丹，朱红色。

【45】为，刻有。

【46】曾不盈寸，竟然不满一寸。盈，满。

【47】简，同"拣"，挑选。

【48】修狭，长而窄。

【49】技亦灵怪矣哉，技艺也真神奇啊。"矣"和"哉"连用，有加重惊叹语气的作用。

【50】游削，挥动、运用刻刀。

【51】须，胡须眉毛，此处指极小、极细、极短等等。

【52】繇，通"由"。

【53】棘刺之端，未必不可为母猴，荆棘的末端的尖刺，未必不可以刻一个母猴啊。

海忠肃公

宋懋澄

宋懋澄，明文学家、藏书家。字幼清，号雅源，一作稚源或自源，松江华亭（今上海松江县）人。其先祖是赵宋王朝的宗室，后随宋南迁至杭州，南宋灭亡以后，遂改姓为宋，一为避嫌，二则以纪念故朝。好诗文，以富藏书知名，所藏书多有秘本、手抄本及名家所校本。建有书楼名"九籥楼"，藏书充栋。与王圻、施大经、俞汝楫为明万历年间上海四大藏书家。所作诗文，秀逸隽永。部分作品不满社会现实。其作品集《九籥集》，曾录有文学作品如文言小说《负情侬传》，民间喜爱的杜十娘故事即在其《禅篇》中。《九籥集》在清代被列为禁书。

题 解

本文选取海瑞仕宦生涯中的几件真实和传闻事迹，以突现其刚正廉明之德操。

忠肃公[1]之批麟[2]也，世庙[3]震怒，绕殿行竟夕，拔面上肉刺都尽，召华亭[4]定议斩之，华亭请其疏下，迟数日不拟[5]，上督促至再，华亭俯伏泣曰："臣岂敢成陛下杀谏臣之名。"上怒始解，忠肃深德华亭。后开府江南[6]为华亭处分田宅，实君子爱人以德也。第奉行者稍过[7]，遂至华亭不堪，四郡士大夫，咸为华亭解纷，谓忠肃曰："圣人不为已甚。[8]"忠肃拂然[9]曰："诸公焉知海瑞非圣人耶？"缙绅悉股粟[10]而退。公初为尹[11]，御史按下邑，视驿传弗办[12]者，辄坐以不职[13]。至公县界，公惟具不借[14]百双，而身请负船[15]，辞曰："敝邑偏小故也。"使者不宿而去。后别官它省，有御史怒某县令，县令密使嬖儿[16]侍御史，御史迩[17]之甚，遂窃其符，逾墙走，明晨起视篆[18]，篆箧已空，心疑县尹，而不敢发，遂称疾不治事。忠肃往候御史，御史素闻忠肃有吏才，密告之以故。忠肃令御史夜半于厨中发火，火光烛天，群属悉来救援，御史持篆箧授县尹，令多官各有所护，及火灭，县尹上篆箧，则符宛在中央矣。余叔父季膺君[19]官江右驿传时，当忠肃拜御史大夫[20]，道出江右，与诸藩公谦[21]毕，复具公䜩[22]，中有银盃[23]十二两，忠肃独拜登[24]，群公皆咤其异于平日。三月后，附一书于江右公役，且还前负，益以子金[25]，乃知公于江右时直囊无一钱耳。及卒诸公检其遗装，惟俸钱数十缗[26]，身尚卧蒿[27]中也。

注　释

【1】忠肃公，指海瑞，字汝贤，号刚峰，明广东琼山（今海南省海口市琼山区）人。早年历任淳安知县、嘉兴通判、户部主事，后上疏死谏嘉靖皇帝斋醮，嘉靖震怒，本欲将其下狱处死，后嘉靖驾崩，隆庆皇帝赦免其罪，又升右佥都御史巡抚应天十府，政绩颇多。后又召为南京右都御史，年七十四岁卒于官，谥忠介。海瑞是历史上著名的"清官"，其传奇故事颇多，受到人民爱戴，民间小说戏剧多以其事迹为题材。

【2】批鳞，当作"批鳞"，字面意思是触犯龙的逆鳞，后作为触犯君主、直言犯上的代称。这里指嘉靖四十五年（1566年）二月，海瑞上疏谏"专意斋醮"事，内有"吏贪官横，民不聊生，水旱无时，盗贼滋炽，陛下试思今日天下，为何如乎"等痛切陈言。《明史》记载，嘉靖读罢，大怒，命左右"趣执之，无使得遁"。当时，司礼监掌印太监黄锦说海瑞已经买好棺材待罪，嘉靖沉默许久，说："此人可方比干，第朕非纣耳。"于是命刑部将海瑞下狱。刑部论为死罪，嘉靖留中不发（不作回复）；户部司务上书请求释放，嘉靖大怒，将其廷杖数百。后来嘉靖驾崩，继位的隆庆皇帝将其释放。在海瑞将被释放时，提牢主事认为海瑞将被任用，便设宴款待；海瑞以为自己将被处死，于是大吃一顿。结果在听闻嘉靖驾崩，自己被释放的消息后，海瑞大哭不止，又将饮食全部呕出，昏倒于地。

【3】世庙，即明世宗朱厚熜，庙号世宗。明武宗无子，首辅杨廷和根据《皇明祖训》拥立其堂弟兴王世子朱厚熜继位，年号嘉靖，后人多以年号称其为嘉靖皇帝。初期颇有作为，诛杀佞臣、裁撤锦衣卫三万人，又推行改革，成效显著。后期，嘉靖迷信道教，二十余年不见朝臣，致使奸相严嵩把持朝政，朝臣贪腐严重，民间起义不断。

【4】华亭，即徐阶，字子升，号少湖、存斋，明松江华亭（今上海市松江区）人。曾任礼部尚书兼东阁大学士，与首辅严嵩争权；后来严嵩倒台，徐阶继任首辅，先后引张居正、高拱入阁。在嘉靖去世后，徐阶大力革除弊政，为嘉靖年间获罪的大臣们平反，朝野称之为"名相"。

【5】不拟，不进行票拟。明朝内阁大学士有票拟权，官员上书先要呈送内阁，由内阁提出意见，再由皇帝批阅。此处徐阶便行使权力阻止嘉靖处死海瑞。

【6】开府江南，指隆庆三年（1569年），海瑞以右金都御史巡抚应天十府，惩贪抑霸，整顿吏治，颇有成效。后来海瑞得知已经退休的徐阶的家人大肆兼并土地，便要求徐阶退田，使得徐阶十分难堪。

【7】奉行者稍过，指徐阶的政敌首辅高拱借要求徐阶退田的机会迫使其退田一半，并将其二子充军。徐阶因此事怨恨海瑞，于是贿赂给事中戴凤翔弹劾海瑞，迫使其离职，直到万历年间海瑞才被重新启用，但也只是担任无实权的虚职。

【8】圣人不为已甚，出自《孟子·离娄下》："仲尼不为已甚者。"指孔子不做过分的事情。

【9】拂然，愤怒的样子。拂，通"怫"。

【10】股粟，当作"股栗"，也作"股慄"，大腿发抖，形容十分恐惧。

【11】此处指海瑞以南平教渝迁淳安知县。

【12】弗办，指驿站没有做好接待官员的准备。

【13】坐，判罪。不职，不称职。

【14】不借，草鞋。《急就篇》卷二颜师古注："不借者，小屦也，以麻为之，其贱易得，人各自有，不须假借，因为名也。"

【15】负船，指为船拉纤。

【16】嬖（bì）儿，指身份低下而受宠爱的姬妾。

【17】迩，亲近。

【18】视篆，掌印视事。官印上的文字以篆文刻成，因此称篆。

【19】余叔父季膺君，即作者的叔父宋尧武，字季鹰，号逊庵，华亭人。官至云南参政。宋懋澄《九籥集》卷七有《叔父参知季鹰公行状》。

【20】御史大夫，指万历十三年（1585年），海瑞被"召为南京右佥都御史"。

【21】诸藩公，指布政使一级的官员。讌（yàn），酒宴。

【22】赆（jìn），古代以财物送行之礼。

【23】银盃，即"银杯"。

【24】拜登，古人接受赐赠的敬词。

【25】子金，即利息。

【26】缗（mín），古代以钱一千文为一缗。

【27】藁，这里指草席。

五人墓碑记

张溥

张溥，字乾度，后改字天如，号西铭。南直隶太仓人（今属江苏）。明崇祯四年（1631年）进士，选庶吉士，文学家。自幼发愤读书，所读书必手抄，抄至六七遍才停止，后来就把他的书斋名叫"七录斋"，明史上记有他"七录七焚"的佳话。与同乡张采齐名，合称"娄东二张"。两人相互砥砺，崇尚节气，切磋文理，立志改革世风日下的文坛。天启四年（1624年），二人在苏州创建复社，主张"兴复古学"。天启六年（1626年），撰写《五人墓碑记》，痛斥阉党。崇祯元年（1628年），与张采一起，在太仓发起了驱逐阉党骨干顾秉谦的斗争，所撰散文，脍炙人口，因此，"二张名重天下"。崇祯二年（1629年），组织和领导复社与阉党作斗争，复社的声势震动朝野。张溥一生著作宏丰，编述三千余卷，涉及文、史、经学各个学科，精通诗词，尤擅散文、时论，散文风格亢爽质朴。著有《七录斋集》。

题 解

本文作于明崇祯元年（1628年）。天启年间，宦官魏忠贤专权，网罗遍天下，以残暴手段镇压东林党人。天启六年（1626年），派人到苏州逮捕曾任吏部主事、文选员外郎的周顺昌，激起苏州市民的义愤，爆发了反抗宦官统治的斗争。本文是为纪念这次斗争中被阉党杀害的五位义士而写的碑文。

五人者，盖当蓼洲周公[1]之被逮，激于义而死焉者也。至于今，郡之贤士大夫请于当道[2]，即除魏阉废祠之址[3]以葬之；且立石于其墓之门，以旌[4]其所为。呜呼，亦盛矣哉！

夫五人之死，去今之墓[5]而葬焉，其为时止十有一月耳。夫十有一月之中，凡富贵之子，慷慨得志之徒，其疾病而死，死而湮没不足道者，亦已众矣；况草野之无闻者欤！独五人之皦皦[6]，何也？

予犹记周公之被逮，在丁卯三月之望[7]。吾社之行为士先者[8]，为之声义[9]，敛赀财以送其行，哭声震动天地。缇骑[10]按剑而前，问："谁为哀者？"众不能堪[11]，抶而仆之[12]。是时以大中丞抚吴者为魏之私人[13]，周公之逮所由使也；吴之民方痛心焉，于是乘其厉声以呵[14]，则噪而相逐[15]。中丞匿于溷藩[16]以免。既而以吴民之乱请于朝，按诛[17]五人，曰颜佩韦、杨念如、马杰、沈扬、周文元，即今之傫然[18]在墓者也。

然五人之当刑也，意气扬扬，呼中丞之名而詈之[19]，谈笑以死。断头置城上，颜色不少变。有贤士大夫发五十金，买五人之脰而函之[20]，卒与尸合。故今之墓中全乎为五人也。

嗟夫！大阉[21]之乱，缙绅[22]而能不易其志者，四海之大，有几人欤？而五人生于编伍[23]之间，素不闻《诗》《书》之训，激昂大义，蹈死不顾，亦曷[24]故哉？且矫诏[25]纷出，钩党之捕[26]遍于天下，卒以吾郡之发愤一击，不敢复有株治[27]；大阉亦逡巡[28]畏义，非常之谋，难于猝发[29]，待圣人之出而投缳道路[30]：不可谓非五人之力也！

由是观之，则今之高爵显位，一旦抵罪[31]，或脱身以逃，不能容于远近，而又有剪发杜门、佯狂不知所之者[32]，其辱人贱行[33]，视五人之死，轻重固何如哉？是以蓼洲周公忠义暴于朝廷[34]，赠谥美显[35]，荣于身后；而五人亦得以加其土封[36]，列其姓名于大堤之上，凡四方之士，无有过而拜且泣者，斯固百世之遇也[37]。

不然，令五人者保其首领，以老于户牖[38]之下，则尽其天年，人皆得以隶使之[39]，安能屈[40]豪杰之流，扼腕[41]墓道，发其志士之悲哉！故予与同社诸君子，哀斯墓之徒有其石也，而为之记，亦以明死生之大[42]，匹夫之有重于社稷也[43]。

贤士大夫者，冏卿因之吴公[44]，太史文起文公[45]、孟长姚公也[46]。

注 释

【1】蓼洲周公，周顺昌，号蓼洲，吴县（今江苏省苏州市）人。万历年间进士，曾官福州推官、吏部主事、文选员外郎等职，因不满朝政，辞职归家。东林党人魏大中被逮，途经吴县时，周顺昌不避株连，曾招待过他。后周顺昌被捕遇害。崇祯年间，谥忠介。

【2】郡，指吴郡，即今苏州市。当道，执掌政权的人。

【3】除魏阉废祠之址，谓清除魏忠贤生祠的旧址。除，修治，修整。魏阉，对魏忠贤的贬称。魏忠贤专权时，其党羽在各地为他建立生祠，事败后，这些祠堂均被废弃。

【4】旌（jīng），表扬，赞扬。

【5】去，距离。墓，用作动词，即修墓。

【6】皦（jiǎo）皦，同"皎皎"，光洁，明亮。这里指显赫。

【7】丁卯三月之望，天启七年（1627年）农历三月十五日，此处属于作者笔误，实际应为天启六年（1626年）丙寅年。

【8】吾社，指应社。行为士先者，行为能够成为士人表率的人。

【9】声义，伸张正义。

【10】缇骑（tí jì），穿桔红色衣服的朝廷护卫马队。明清逮治犯人也用缇骑，故后世用以称呼捕役。

【11】堪，忍受。

【12】扶（chì）而仆之，谓将其打倒在地。扶，击。仆，使仆倒。

【13】"是时"句，这时做苏州巡抚的人是魏忠贤的党羽。大中丞，官职名。抚吴，做吴地的巡抚。魏之私人，魏忠贤的党徒。

【14】其，指毛一鹭。呵，呵斥、责骂。

【15】噪而相逐，大声吵嚷着追逐。

【16】匿于溷（hùn）藩，藏在厕所。溷，厕所。藩，篱、墙。

【17】按诛，追究案情判定死罪。按，审查。

【18】傫（lěi）然，聚集的样子。

【19】詈（lì），骂。

【20】脰（dòu），颈项，头颅。函之，用棺材收敛他们。

【21】大阉，指魏忠贤。

【22】缙绅，也作"搢绅"，指古代缙笏（将笏插于腰带）、垂绅（垂着衣带）的人，即士大夫。缙，同"搢"，插。绅，大带。

【23】编伍，指平民。古代编制平民户口，五家为一"伍"。

【24】曷，同"何"。

【25】矫诏，假托君命颁发的诏令。

【26】钩党之捕，这里指搜捕东林党人。钩党，被指为有牵连的同党。

【27】株治，株连惩治。

【28】逡（qūn）巡，欲进不进、迟疑不决的样子。

【29】非常之谋，指篡夺帝位的阴谋。猝（cù）发，突然发动。

【30】圣人，指崇祯皇帝朱由检。投缳（huán）道路，天启七年（1627年），崇祯即位，将魏忠贤放逐到凤阳去守陵，不久又派人去逮捕他。他得知消息后，畏罪吊死在路上。投缳，自缢。投，掷、扔。缳，绳圈，绞索。

【31】抵罪，因犯罪而受相应的惩罚。

【32】"而又有"二句，还有剃发为僧，闭门索居，假装疯颠而不知下落的。

【33】辱人贱行，可耻的人格，卑贱的行为。

【34】暴（pù），显露。

【35】赠谥美显，指崇祯追赠周顺昌"忠介"的谥号。美显，美好荣耀。

【36】加其土封，增修他们的坟墓。

【37】百世之遇，百代的幸遇。

【38】户牖（yǒu），指家里。户，门。牖，窗。

【39】隶使之，当作仆隶一样差使他们。隶，名词用作状语，像对待奴仆那样。

【40】屈，使屈身，倾倒。

【41】扼腕，用手握腕，表示情绪激动、振奋或惋惜。

【42】明死生之大，表明死生的重大意义。

【43】匹夫，指平民，这里指五义士。社稷，国家。

【44】冏（jiǒng）卿，太仆卿，官职名。因之吴公，吴默，字因之。

【45】太史，指翰林院修撰。文起文公，文震孟，字文起。

【46】孟长姚公，姚希孟，字孟长。

狱中上母书

夏完淳

夏完淳，别名复，字存古，号小隐、灵首（一作灵胥），乳名端哥，明末（南明）诗人，汉族。明松江府华亭县人（现上海市松江）。夏完淳的父亲夏允彝为江南名士，与夏完淳的老师陈子龙创立几社。夏完淳受父亲影响，矢志忠义，崇尚名节。天资聪颖，早慧，五岁读经史。当时陈继儒曾写诗赞："包身胆，过眼眉，谈精义，五岁儿。"七岁能诗文，九岁写出《代乳集》。十四岁从父及陈子龙参加抗清活动。鲁王监国授中书舍人。事败被捕下狱，赋绝命诗，遗母与妻，临刑神色不变。著有《南冠草》《续幸存录》等。

题 解

本文选自《夏完淳集》卷八。这是清顺治四年（1647 年），夏完淳在南京狱中写给其生母及嫡母的绝笔信。作者在临刑前为"不得以身报母"而深感悲痛，为家中"八口"的生计问题而深感忧虑；但他又认为"为父为君，死亦何负于双慈""以身殉父"是死得其所的。文中表达了作者以身赴义、视死如归的气节。全文一唱三叹，慷慨悲壮，感人至深。

不孝完淳今日死矣！以身殉父，不得以身报母矣！痛自严君见背[1]，两易春秋[2]。冤酷[3]日深，艰辛历尽。本图复见天日[4]，以报大仇，恤死荣生[5]，告成黄土[6]。奈天不佑我，钟虐先朝[7]。一旅才兴[8]，便成齑粉[9]，去年之举[10]，淳已自分[11]必死，谁知不死，死于今日也！斤斤[12]延此二年之命，菽水之养[13]无一日焉。致慈君托迹于空门[14]，生母寄生[15]于别姓，一门漂泊，生不得相依，死不得相问。淳今日又溘然先从九京[16]，不孝之罪，上通于天。

呜呼！双慈[17]在堂，下有妹女，门祚[18]衰薄，终鲜兄弟[19]。淳一死不足惜，哀哀八口，何以为生？虽然已矣。淳之身，父之所遗；淳之身，君之所用。为父为君，死亦何负于双慈？但慈君推干就湿[20]，教礼习诗，十五年如一日；嫡母慈惠，千古所难。大恩未酬，令人痛绝。慈君托之义融女兄[21]，生母托之昭南女弟[22]。

淳死之后，新妇遗腹得雄[23]，便以为家门之幸；如其不然，万勿置后[24]。会稽大望[25]，至今而零极矣[26]。节义文章如我父子者几人哉？立一不肖后，如西铭先生[27]为人所诟笑，何如不立之为愈耶？呜呼！大造茫茫，总归无后[28]，有一日中兴再造，则庙食千秋，岂止麦饭豚蹄，不为馁鬼而已哉[29]？若有妄言立后者，淳且与先文忠在冥冥诛殛顽嚣[30]，决不肯舍！

兵戈天地，淳死后，乱且未有定期。双慈善保玉体，无以淳为念。二十年后，淳且与先文忠为北塞之举矣[31]。勿悲勿悲！相托之言，慎勿相负。武功甥将来大器[32]，家事尽以委之。寒食盂兰[33]，一杯清酒，一盏寒灯，不至作若敖之鬼[34]，则吾愿毕矣。新妇结褵[35]二年，贤孝素著。武功甥好为我善待之，亦武功渭阳情也[36]。

语无伦次，将死言善[37]，痛哉痛哉！人生孰无死，贵得死所耳。父得为忠臣，子得为孝子，含笑归太虚[38]，了我分内事。大道本无生[39]，视身若敝屣[40]。但为气所激[41]，缘悟天人理[42]。恶梦十七年，报仇在来世。神游天地间，可以无愧矣！

注 释

【1】严君，对父亲的敬称。见背，去世。

【2】两易春秋，换了两次春秋，即过了两年。作者父亲在两年前（1645年）殉国。

【3】冤酷，冤仇与惨痛。

【4】复见天日，指恢复明朝。

【5】恤死荣生，使死去的人（指其父）得到抚恤，使活着的人（指其母）得到荣封。

【6】告成黄土，把复国成功的事向祖先的坟墓祭告。

【7】钟，聚焦。虐，指上天惩罚。先朝，指明朝。

【8】一旅才兴，指吴易的抗清军队刚刚崛起。夏完淳参加了吴易的军队，担任参谋。

【9】齑（jī）粉，碎粉末。这里比喻被击溃。

【10】去年之举，指1646年起兵抗清失败事。吴易兵败后，夏完淳只身流亡。

【11】自分，自料。

【12】斤斤，仅仅。

【13】菽水之养，代指对父母的供养。《礼记·檀弓下》："啜菽饮水尽其欢，斯之谓孝。"

【14】慈君，作者的嫡母盛氏。托迹，藏身。空门，佛门。

【15】生母，作者生母陆氏。是夏允彝的妾。寄生，寄居。

【16】溘（kè）然，忽然。从，追随。九京，泛指墓地。

【17】双慈，嫡母与生母。

【18】门祚（zuò），家运。

【19】终鲜兄弟，这里指没有兄弟。

【20】推干就湿，把床上干处让给幼儿，自己睡在湿处，讲母亲抚育子女的辛劳。

【21】义融女兄，作者的姐姐夏淑吉，号义融。

【22】昭南女弟，作者的妹妹夏惠吉，号昭南。

【23】新妇，这里指作者的妻子。雄，男孩。

【24】置后，抱养别人的孩子为后嗣。

【25】会稽大望，这里指夏姓大族。古代传说，夏禹曾会诸侯于会稽。于是后来会稽姓夏的人就说禹是他们的祖先。

【26】零极，零落到极点。

【27】西铭先生，张溥，别号西铭。明末文学家，复社的领袖。死于崇祯十四年（1641年），无后，次年由钱谦益等代为立嗣。钱谦益后来投降了清朝。人们认为这有损张溥的名节。

【28】这两句说，如果上天不明，让明朝灭亡了，那么即使自己有后，也会被杀，终归无后。大造，造化，指天。茫茫，不明。

【29】"有一日"四句，意思是，将来如果明朝恢复，自己为抗清而死，纵或无后，也将万古千秋地受人祭祀，何止像普通人那样只享受简单的祭品，不会做饿死鬼呢？中兴再造，指明朝恢复。庙食，指鬼神在祠庙里享受祭祀。麦饭豚蹄，指简单的祭品。馁鬼，挨饿的鬼。

【30】文忠，夏允彝死后，南明鲁王谥为文忠公。冥冥，阴间。诛殛（jí），诛杀。顽嚚（yín），愚顽而多言不正的人。

【31】"二十年后"二句，意思是，如果死后再度为人，那么二十年后，还要与父亲在北方起兵反清。

【32】武功甥，作者姐姐夏淑吉的儿子侯檠，字武功。大器，大材。

【33】寒食，这里指清明节，是人们上坟祭祖的时节。盂兰，旧俗的农历七月十五日燃灯祭祀，"超度鬼魂"，称盂兰盆会。

【34】若敖之鬼，没有后嗣按时祭祀的饿鬼。若敖，若敖氏，春秋时楚国公族名。这一族的后代令尹子文看到族人子越椒行为不正，估计他可能会给整个家庭带来灾难，临死前，对族人哭着说："鬼犹求食，若敖氏之鬼，不其馁而。"后来，若敖氏终于因为越椒叛楚而被灭了全族。

【35】结褵（lí），代指成婚。

【36】渭阳情，指甥舅之间的情谊。《诗经·秦风·渭阳》有"我送舅氏，曰至渭阳"句。据说是写晋公子重耳出亡，秦穆公收容他做晋君。送他归国时，他的外甥康公送他到渭水之阳，作诗赠别。后世遂用渭阳比喻甥舅。

【37】将死言善，《论语·泰伯》："人之将死，其言也善。"

【38】太虚，天。

【39】"大道"句，依照道家的说法，人本来是从无而生，死后又归于无。

【40】敝屣，破草鞋。

【41】气，正义之气。激，激发。

【42】"缘悟"句，因为明白了天意与人事的关系。

陶庵梦忆序

张岱

张岱，又名维城，字宗子，又字石公，号陶庵、天孙，别号蝶庵居士，晚号六休居士，汉族，山阴(今浙江绍兴)人，寓居杭州。出生仕宦世家，少为富贵公子，精于茶艺鉴赏，爱繁华，好山水，晓音乐、戏曲，明亡后不仕，入山著书以终。张岱为明末清初文学家、史学家，其最擅长散文，著有《琅嬛文集》《陶庵梦忆》《西湖梦寻》《三不朽图赞》《夜航船》等。

题 解

《陶庵梦忆序》是张岱为其传世之作《陶庵梦忆》所作的序。张岱是仕宦世家子弟，前半生过着封建士大夫的风流浪漫生活，可惜偏逢末世，随着明清政权的更替，当时的前明官僚钱谦益、吴梅村、龚鼎孳等苟事新朝，而张岱却"披发入山"，隐居不仕，生活窘迫，"常至炊断"，坚决不同清统治者合作，体现了刚直不阿的气节。作为"故国不堪回首"的明朝遗民，今昔对比，现实与梦幻交织，便化作了《陶庵梦忆序》等写梦写幻的追忆之作。

陶庵国破家亡，无所归止。披发入山，骇骇[1]为野人。故旧见之，如毒药猛兽，愕窒不敢与接[2]。作《自挽诗》，每欲引决[3]，因《石匮书》未成，尚视息[4]人世。然瓶粟屡罄[5]，不能举火[6]。始知首阳二老[7]，直头[8]饿死，不食周粟，还是后人粧点语也。

饥饿之余，好弄笔墨。因思昔人生长王谢[9]，颇事豪华，今日罹此果报[10]：以笠报颅，以篑报踵，仇簪履也[11]；以衲报裘，以苎报絺，仇轻暖也[12]；以藿报肉，以粝报粮，仇甘旨也[13]；以荐[14]报床，以石报枕，仇温柔也；以绳报枢，以瓮报牖，仇爽垲也[15]；以烟报目，以粪报鼻，仇香艳也；以途报足，以囊报肩，仇舆从[16]也。种种罪案，从种种果报中见之。

鸡鸣枕上[17]，夜气方回[18]。因想余生平，繁华靡丽，过眼皆空，五十年来，总成一梦。今当黍熟黄粱[19]，车旋蚁穴[20]，当作如何消受？遥思往事，忆即书之，持问佛前，一一忏悔。不次岁月[21]，异年谱也；不分门类，别志林[22]也。偶拈一则，如游旧径，如见故人，城郭人民，翻用自喜[23]。真所谓痴人前不得说梦矣。

昔有西陵脚夫，为人担酒，失足破其瓮。念无以偿，痴坐伫想曰："得是梦便好！"一寒士乡试中式，方赴鹿鸣宴[24]，恍然犹意非真[25]，自啮[26]其臂曰："莫是梦否？"一梦耳，惟恐其非梦，又惟恐其是梦，其为痴人则一也。

余今大梦将寤[27]，犹事雕虫[28]，又是一番梦呓。因叹慧业文人[29]，名心难化，政如邯郸梦断[30]，漏尽钟鸣[31]，卢生遗表，犹思摹榻二王[32]，以流传后世。则其名根[33]一点，坚固如佛家舍利[34]，劫火[35]猛烈，犹烧之不失也。

注　释

【1】骇（hài）骇，通"骇骇"，令人惊异的样子。

【2】愕窒（è zhì）不敢与接，不敢喘气，害怕接近。愕，陡然一惊的

样子。窒，指窒息。接，接近、接触。

【3】引决，自裁，自杀。

【4】视息，观看和呼吸，即指活着。

【5】罄（qìng），空，净尽。

【6】举火，指生火做饭。

【7】首阳二老，伯夷、叔齐是商末孤君的两个儿子。相传其父遗命要立次子叔齐为继承人。孤竹君死后，叔齐让位给伯夷，伯夷不接受，叔齐也不愿意登位，先后逃到周国。周武王伐纣，二人叩马谏阻。武王灭商后，他们耻食周粟，采薇而食，饿死于首阳山。

【8】直头，竟自，一直。

【9】生长王谢，生长在王、谢这样的家庭里。王谢，指东晋时王导、谢安两大望族，他们的生活都很豪华。《南史·侯景传》："景请婚于王、谢，帝曰：'王、谢门高，非偶；可于朱、张以下求之。'"后世因以代指门高世族。

【10】罹（lí）此果报，遭到这样的因果报应。罹，到。果报，佛教说法，认为人做了什么样的事，就会得到什么样的后果，称为"果报"，也称"因果报应"。

【11】以笠报颅，以簣（kuì）报踵，仇簪履也，这三句话是说，今天头戴草帽，脚穿草鞋，这是报应过去的插簪穿履。下面几句句意相同。笠，草帽。簣，草编的筐子，这里指草鞋。踵，脚跟。仇，报答、报应。

【12】衲，补褛的衣服。裘，皮袍。苎，麻织品。絺，粗葛布。轻暖，轻而温暖，比喻衣服鲜厚。

【13】藜，一种野菜。粝，粗米。粮，好粮米。甘旨，美味的食品。

【14】荐，草褥子。

【15】枢，门轴。牖，窗口。这里说用绳拴门板，用瓦瓮的口作窗户，极言其贫穷之状。爽垲，指明亮干燥的房子。

【16】舆，车、轿。从，随从的人。

【17】鸡鸣枕上，在枕上听见鸡叫。

【18】夜气，黎明前的清新之气。《孟子·告子上》："夜气不足以存，则其违禽兽不远矣。"孟子认为，人在清明的夜气中一觉醒来，思想未受外界感染，良心易于发现。比喻人未受物欲影响时的纯洁心境。方回，指思想刚一转动。

【19】黍熟黄粱，自己刚从梦中醒来。黄粱，事出唐沈既济作的《枕中记》。大意是说，卢生在邯郸路上遇见道士吕翁，吕翁给他一个磁枕，他枕着入睡，梦见自己一世富贵，梦醒以后，才明白是道士警告他富贵是一场虚空。在他初睡时，旁边正煮着一锅黄黍，醒来时，黄黍还没有熟。

【20】车旋蚁穴，自己的车马刚从蚂蚁穴中回来。蚁穴，事见唐李公佐作的《南柯太守传》。大意是说，淳于梦在家中酒醉，梦至"槐安国"，国王以女嫁之，任南柯太守，荣华富贵，显赫一时。后与敌战而败，公主亦死，被遣回，梦醒之后，寻找梦里踪迹，见槐树南枝下有蚁穴，即梦中所历。以上两句都是借比自己历经艰难之后的寂寥时刻。

【21】不次岁月，不排列年月。

【22】志林，书名，后人整理苏轼的笔记，分类编辑而成。这里借指一般分类编排的笔记本。

【23】城郭人民，翻用自喜，这两句是说，如同见到了昔日的城郭人民，自己反而能因此高兴。古代传说汉朝人丁令威学道于灵虚山，后来变成了一只鹤，飞回家乡辽东，见到人世已经发生了很大的变化，于是唱道："有鸟有鸟丁令威，去家千年今始归。城郭如故人民非，何不学仙冢累累。"（见《搜神后记》）张岱所作《陶庵梦忆》一书，多记明代旧事，所以暗用了这个典故。

【24】鹿鸣宴，唐代乡试后，州县长官宴请考中举子的宴会。因宴会时歌《诗经·小雅·鹿鸣》之章，故名。明清时，于乡试放榜次日，宴请主考以下各官及考中的举人，称鹿鸣宴。

【25】犹意非真，还以为不是真的。

【26】啮（niè），咬。

【27】大梦将寤，这里指人的一生将尽。佛家常称人生一世为大梦一场。寤，醒。

【28】犹事雕虫，这里指写作。雕虫，雕刻此虫，比喻小技巧。

【29】慧业文人，能运用智力、写作文章的人。慧业，佛家名词，运用智慧的事业，这里指文事。

【30】邯郸梦断，即指前所述的黄粱梦醒。

【31】漏尽钟鸣，古代用铜壶滴漏来计时刻，又在天明时打种报晓。漏尽，即指夜尽。钟鸣，即指天明。都是说夜梦该醒的时候。

【32】卢生遗表，犹思摹搨二王，《枕中记》载卢生将殁时上疏，没有"犹思摹搨二王"的事。汤显祖根据同一故事写的戏曲《邯郸记》，在卢生临死时，却说过这样的话："俺的字是钟繇法帖，皇上最所爱重，俺写下一通，也留与大唐作镇世之宝。"二王，指王羲之、王献之，他们和钟繇都是著名书法家。

【33】名根，指产生好名这一思想的根性。根，佛家的说法，是能生之义。人的眼、耳、鼻、舌、身、意，都能生出意识，称为六根。

【34】舍利，梵语"身骨"的译音。佛教徒死后火葬，身体内一些烧不化的东西，结成颗粒，称为"舍利子"。

【35】劫火，佛家以为坏劫中有水、风、火三劫灾。这里指焚化身体（结束一生）的火。劫，梵语"劫簸"的略称。动簸是在一段时间的意思。这里指人的一生。

西湖七月半

张岱

题 解

本文先描绘了达官贵人、名娃闺秀、名妓闲僧、慵懒之徒四类看月之人；与这些附庸风雅的世俗之辈形成鲜明对比的是最后一累，即作者的好友及佳人，其观景赏月时行为的持重高雅、情态气度与西湖的优美风景和谐一致。作者对五类人的描述，字里行间不见褒贬之词，然孰优孰劣、孰雅孰俗昭然若示。文章表面写人，又时时不离写月，看似无情又蕴情于其中，完美而含蓄地体现了作者抑浅俗、颂高雅的主旨。

西湖 [1] 七月半 [2]，一无可看，止可看看七月半之人 [3]。看七月半之人，以五类看之 [4]。其一，楼船 [5] 箫鼓 [6]，峨冠 [7] 盛筵 [8]，灯火优傒 [9]，声光相乱，名为看月而实不见月者，看之 [10]。其一，亦船亦楼，名娃[11]闺秀[12]，携及童娈[13]，笑啼杂之，环坐露台[14]，左右盼望[15]，身在月下而实不看月者，看之。其一，亦船亦声歌，名妓闲僧，浅斟[16]低唱[17]，弱管轻丝[18]，竹肉[19]相发，亦在月下，亦看月而欲人看其看月者，看之。其一，不舟不车，不衫不帻[20]，酒醉饭饱，呼群三五[21]，跻[22]入人丛，昭庆[23]、断桥[24]，嚣[25]呼嘈杂，装假醉，唱无腔曲[26]，月亦看，看月者亦看，不看月者亦看，而实无一看者，看之。其一，小船轻幌[27]，净几暖炉，茶铛[28]旋[29]煮，素瓷静递[30]，好友佳人，邀月同坐，或匿影[31]树下，或逃嚣里湖，看月而人不见其看月之态，亦不作意[32]看月者，看之。

杭人[33]游湖，巳[34]出酉[35]归，避月如仇。是夕好名[36]，逐队争出，多犒[37]门军[38]酒钱。轿夫擎[39]燎[40]，列俟[41]岸上。一入舟，速[42]舟子[43]急放[44]断桥，赶入胜会。以故二鼓[45]以前，人声鼓吹[46]，如沸如撼[47]，如魇[48]如呓[49]，如聋如哑[50]。大船小船一齐凑岸，一无所见，止见篙[51]击篙，舟触舟，肩摩[52]肩，面看面而已。少刻兴尽，官府席散，皂隶[53]喝道[54]去。轿夫叫，船上人怖以关门[55]，灯笼火把如列星[56]，一一簇拥而去。岸上人亦逐队赶门，渐稀渐薄，顷刻散尽矣。

吾辈始舣[57]舟近岸，断桥石磴[58]始凉，席其上[59]，呼客纵饮[60]。此时月如镜新磨[61]，山复整妆，湖复頮[62]面，向[63]之浅斟低唱者出，匿影树下者亦出。吾辈往通声气[64]，拉与同坐。韵友[65]来，名妓至，杯箸安[66]，竹肉发。月色苍凉，东方将白，客方散去。吾辈纵舟[67]，酣睡于十里荷花之中，香气拍[68]人，清梦甚惬[69]。

注　释

【1】西湖，即今杭州西湖。

【2】七月半，农历七月十五，又称中元节。

【3】"止可看"句，谓只可看那些来看七月半景致的人。止，同"只"。

【4】以五类看之，把看七月半的人分作五类来看。

【5】楼船，指考究的有楼的大船。

【6】箫鼓，指吹打音乐。

【7】峨冠，头戴高冠，指士大夫。

【8】盛筵，摆着丰盛的酒筵。

【9】优傒（xī），优伶和仆役。

【10】看之，谓要看这一类人。下四类叙述末尾的"看之"同。

【11】娃，美女。

【12】闺秀，有才德的女子。

【13】童娈（luán），容貌美好的家僮。

【14】露台，船上露天的平台。

【15】盼望，都是看的意思。

【16】浅斟，慢慢地喝酒。

【17】低唱，轻声地吟讴。

【18】弱管轻丝，谓轻柔的管弦音乐。

【19】竹肉，指管乐和歌喉。

【20】"不舟"二句，不坐船，不乘车；不穿长衫，不戴头巾，指放荡随便。帻（zé），头巾。

【21】呼群三五，呼唤朋友，三五成群。

【22】跻（jī），通"挤"。

【23】昭庆，寺名。

【24】断桥，西湖白堤的桥名。

【25】嚣，呼叫。

【26】无腔曲，没有腔调的歌曲，形容唱得乱七八糟。

【27】幌（huàng），窗幔。

【28】铛（chēng），温茶、酒的器具。

【29】旋（xuàn），随时，随即。

【30】素瓷静递，雅洁的瓷杯无声地传递。

【31】匿影，藏身。

【32】作意，故意，作出某种姿态。

【33】杭人，杭州人。

【34】巳，巳时，约为上午九时至十一时。

【35】酉，酉时，约为下午五时至七时。

【36】是夕好名，七月十五这天夜晚，人们喜欢这个名目。名，指中元节的名目，等于说"名堂"。

【37】犒（kào），用酒食或财物慰劳。

【38】门军，守城门的军士。

【39】擎（qíng），举。

【40】燎（liào），火把。

【41】列俟（sì），排着队等候。

【42】速，催促。

【43】舟子，船夫。

【44】放，开船。

【45】二鼓，二更，约为夜里十一点左右。

【46】鼓吹，指鼓、钲、箫、笳等打击乐器、管弦乐器奏出的乐曲。

【47】如沸如撼，像水沸腾，像物体震撼，形容喧嚷。

【48】魇（yǎn），梦中惊叫。

【49】呓，说梦话。这句指在喧嚷中种种怪声。

【50】如聋如哑，指喧闹中震耳欲聋，自己说话别人听不见。

【51】篙，用竹竿或杉木做成的撑船的工具。

【52】摩，触。

【53】皂隶，衙门的差役。

【54】喝道，官员出行，衙役在前边吆喝开道。

【55】怖以关门，用关城门恐吓。

【56】列星，分布在天空的星星。

【57】舣（yǐ），通"移"，移动船使船停靠岸边。

【58】石磴（dèng），石头台阶。

【59】席其上，在石磴上摆设酒筵。

【60】纵饮，尽情喝。

【61】镜新磨，刚磨制成的镜子。古代以铜为镜，磨制而成。

【62】靧（huì）面，洗脸。

【63】向，方才，先前。

【64】往通声气，过去打招呼。

【65】韵友，风雅的朋友，诗友。

【66】箸（zhù），筷子。安，放好。

【67】纵舟，放开船。

【68】拍，扑。

【69】惬（qiè），快意。

柳敬亭说书

张岱

题 解

本篇主要介绍柳敬亭说书艺术的纯熟，受肯定之处不在容貌（外在），而是技巧（内在）的精湛，描述了一段柳敬亭说书的实际情形，文章中宛如见到柳敬亭说书时的精神气势，也见到作者陈述笔力之高。

南京柳麻子，黧黑，满面疤瘤，悠悠忽忽，土木形骸[1]。善说书。一日说书一回，定价一两。十日前先送书帕[2]下定，常不得空。南京一时有两行情人[3]，王月生、柳麻子是也。余听其说景阳冈武松打虎白文[4]，与本传大异。其描写刻画，微入毫发；然又找截[5]干净，并不唠叨。哱夬[6]声如巨钟，说至筋节处，叱咤叫喊，汹汹崩屋。武松到店沽酒，店内无人，謈[7]地一吼，店中空缸空甓皆瓮瓮有声。闲中著色，细微至此。主人必屏息静坐，倾耳听之，彼方掉舌；稍见下人呫哔[8]耳语，听者欠伸有倦色，辄不言，故不得强。每至丙夜[9]，拭桌剪灯，素瓷静递，款款言之。其疾徐轻重，吞吐抑扬，入情入理，入筋入骨，摘世上说书之耳，而使之谛听，

不怕其不齰 [10] 舌死也。柳麻貌奇丑，然其口角波俏，眼目流利，衣服恬静，直与王月生同其婉娈，故其行情正等。

注　释

【1】土木形骸，谓不修饰。

【2】书帕，指请柬与定金。

【3】行情人，走红的人。

【4】白文，即大书，专说不唱。

【5】找，补充。截，删略。

【6】哱夬（bó guài），形容声音雄厚而果决。

【7】馨（bó），大叫。

【8】呫哔（chè），低声细语。

【9】丙夜，三更时，即夜十一时至一时。

【10】齰（zé），咬。

虎丘中秋夜

张岱

题　解

本文可与袁宏道《虎丘记》参照阅读，均描写虎丘中秋游人如云的盛况和是夜鼓乐竹肉之声。本文紧凑凝练，在题材的提炼、章法的安排、字句的锤炼等方面，都有独到之处。

虎丘八月半，土著流寓、士夫眷属、女乐声伎 [1]、曲中名妓戏婆、民间少妇好女、崽子娈 [2] 童及游冶 [3] 恶少、清客帮闲、傒 [4] 僮走空之辈，无不鳞集。自生公台、千人石、鹤涧、剑池、申文定祠下，至试剑石、一二山门，皆铺毡席地坐，登高望之，如雁落平沙，霞铺江上。

天暝月上，鼓吹百十处，大吹大擂，十番铙钹，渔阳掺挝[5]，动地翻天，雷轰鼎沸，呼叫不闻。更定，鼓铙渐歇，丝管繁兴，杂以歌唱，皆"锦帆开，澄湖万顷"同场大曲，蹲踏和锣丝竹肉声，不辨拍煞。更深，人渐散去，士夫眷属皆下船水嬉，席席征歌，人人献技，南北杂之，管弦迭奏，听者方辨句字，藻鉴[6]随之。二鼓人静，悉屏管弦，洞箫一缕，哀涩清绵，与肉相引，尚存三四，迭更为之。三鼓，月孤气肃，人皆寂阒[7]，不杂蚊虻。一夫登场，高坐石上，不箫不拍，声出如丝，裂石穿云，串度抑扬，一字一刻，听者寻入针芥，心血为枯，不敢击节，惟有点头。然此时雁比而坐者，犹存百十人焉。使非苏州，焉讨识者？

注　释

【1】伎，古代以歌舞为业的女子。

【2】姣，相貌美。

【3】游冶，放浪。

【4】傒，奴仆。

【5】渔阳掺挝，鼓曲名。

【6】藻鉴，品藻和鉴别。

【7】阒，没有声音。

湖心亭看雪

张岱

题　解

本文为张岱的代表作。作者通过追忆在西湖乘舟看雪的一次经历，写出了雪后西湖清新雅致的特点，表现了深挚的隐逸之思，寄寓了幽深的眷恋和感伤的情怀。

　　崇祯五年[1]十二月，余住西湖。大雪三日，湖中人鸟声俱绝。是日更定[2]矣，余拏[3]一小舟，拥毳衣炉火[4]，独往湖心亭看雪。雾凇沆砀[5]，天与云、与山、与水，上下一白。湖上影子，惟长堤一痕[6]、湖心亭一点、与余舟一芥[7]，舟中人两三粒而已。

　　到亭上，有两人铺毡对坐，一童子烧酒，炉正沸。见余，大喜曰："湖中焉得更有此人！"拉余同饮。余强饮[8]三大白[9]而别。问其姓氏，是金陵人，客此[10]。及下船，舟子喃喃曰："莫说相公痴，更有痴似相公[11]者！"

注　释

【1】崇祯五年，1632年。崇祯，是明思宗朱由检的年号。

【2】是，代词，这。更定，指初更以后，晚上八点左右。定，开始。

【3】拏，通"桡"，撑（船）。

【4】拥毳（cuì）衣炉火，穿着细毛皮衣，带着火炉。毳衣，细毛皮衣。毳，鸟兽的细毛。

【5】雾凇沆砀，冰花一片弥漫。雾，从天上下罩湖面的云气。凇，从湖面蒸发的水汽。沆砀，白气弥漫的样子。曾巩《冬夜即事诗》自注："齐寒甚，夜气如雾，凝于水上，旦视如雪，日出飘满阶庭，齐人谓之雾凇。"

【6】长堤一痕，形容西湖长堤在雪中只隐隐露出一道痕迹。堤，沿河或沿海的防水建筑物。这里指苏堤。一，数词。痕，痕迹。

【7】一芥，一棵小草。芥，小草，比喻轻微纤细的事物（像小草一样微小）。

【8】强（qiǎng）饮，尽情喝。强，尽力，勉力，竭力。一说，高兴地，兴奋地。

【9】大白，大酒杯。白，古人罚酒时用的酒杯，也泛指一般的酒杯，这里的意思是三杯酒。

【10】客此，在此地客居。客，做客，名词作动词。

【11】相公，原意是对宰相的尊称，后转为对年轻人的敬称及对士人的尊称。

报恩塔

张岱

题 解

报恩塔，在南京中华门外报恩寺内，后毁于战火。本文描写报恩塔的恢弘，表面上是对明代国威的赞颂，实际上却蕴含着对江山易主的悲怆之情。

中国之大古董，永乐之大窑器 [1]，则报恩塔是也。报恩塔成于永乐初年，非成祖开国之精神、开国之物力、开国之功令，其胆智才略足以吞吐此塔者，不能成焉。

塔上下金刚佛像千百亿金身。一金身，琉璃砖十数块凑砌成之，其衣褶不爽分，其面目不爽毫，其须眉不爽忽，斗榫合缝 [2]，信属鬼工。闻烧成时，具三塔相，成其一，埋其二，编号识 [3] 之。今塔上损砖一块，以字号报工部 [4]，发一砖补之，如生成焉。

夜必灯，岁费油若干斛。天日高霁，霏霏霭霭，摇摇曳曳，有光怪出其上，如香烟缭绕，半日方散。永乐时，海外夷蛮重译 [5] 至者百有余国，见报恩塔，必顶礼赞叹而去，谓四大部洲所无也。

注 释

【1】窑器，陶瓷器具。

【2】斗榫（sǔn）合缝，形容榫头和卯眼非常适合，不露缝隙。

【3】识，标记。

【4】工部，指掌管工程建筑的衙门。

【5】重译，言语不通需辗转翻译。

炉峰月

张岱

题　解

本文选自《陶庵梦忆》，描写作者与友人登上炉峰赏月的经历。炉峰山势险峻，且山中有老虎出没，作者等人在此赏月，"山中草木都发光怪，悄然生恐"，别有情趣。结尾将关于自己一行人的传言与谢灵运被误作山贼的事情对比，又使文章平添了幽默风趣。

炉峰[1]绝顶，复岫[2]回峦，斗耸[3]相乱，千丈岩陬牙横梧[4]，两石不相接者丈许，俯身下视，足震慑不提前。王文成少年曾趵[5]而过，人服其胆。余叔尔蕴以毡裹体，縋[6]而下，余挟二樵子，从壑底掀[7]而上，可谓痴绝。丁卯[8]四月，余读书天瓦庵，午后同二三友人登绝顶，看落照。一友曰："少需之，俟月出去。胜期难再得，纵遇虎，亦命也。有虎亦有道[9]，夜则下山觅豚犬食耳，渠[10]上山亦看月耶？"语亦有理，四人踞坐金简石上，是日，月正望[11]，日没月出，山中草木都发光怪，悄然生恐。月白路明，相与策杖而下。行未数武[12]，半山嗥[13]呼，乃余苍头[14]同山僧七八人，持火燎[15]、鞠刀[16]、木棍，疑余辈遇虎失路，缘山叫喊耳。余接声应，奔而上，扶掖下之。次日，山背有人言："昨晚更定，有火燎数十把，大盗百余人，过张公岭，不知出何地？"吾辈匿笑不之语。谢灵运开山临潲，从者数百人，太守王琇惊骇，谓是山贼，及知为灵运，乃安[17]。吾辈是夜不以山贼缚献太守，亦幸矣。

注　释

【1】炉峰，今浙江省绍兴市越城区会稽山的香炉峰。

【2】岫，峰峦、山谷。

【3】斗耸，陡峭高耸。斗，通"陡"。

【4】陬（zōu）牙横梧，山势犬牙交错的样子。

【5】王文成，王守仁，死后朝廷赠新建伯，谥文成，故称王文成。趵，跳跃。

【6】缒（zhuì），用绳悬人下坠。

【7】摭（wǎ），爬。

【8】丁卯，明熹宗天启七年（1627 年）。

【9】有道，指生活习性。

【10】渠，它。此处指虎。

【11】正望，农历十五日。

【12】武，半步。

【13】噭（jiāo），叫喊。

【14】苍头，仆人。

【15】火燎，火把。

【16】鞘（yào）刀，插在靴筒里的短刀。

【17】谢灵运被指为山贼的事，《宋书·谢灵运传》："尝自始宁南山，伐木开径，直至临海，从者数百人。临海太守王琇惊骇，谓为山贼，徐知是灵运，乃安。"澥（xiè），海。

夜航船序

张岱

题　解

《夜航船》是由张岱编写的一本百科全书式的读本。"夜航船"指的是南方水乡长途航行中，船上的人因无聊而闲谈消遣；船上的人，既有文人学士，也有富商大贾，更有平民百姓，而这些人的谈论内容更是包罗万象。张岱为本书起名《夜航船》，就是将这些人谈天说地的内容记录下来。《夜航船》内容丰富，三教九流、政治人事等无所不包，使用的则是较为浅近的文言，虽然有些故事看起来荒诞不经，但趣味性十足，读起来饶有趣味。

　　本文是张岱为《夜航船》所作的序言。在本文中，张岱特意使用了轻松诙谐的叙事方式，令读者在轻松愉悦中对这本无所不包的读本产生兴趣。

　　天下学问，惟夜航船中最难对付[1]。盖村夫俗子，其学问皆预先备办，如瀛洲十八学士[2]、云台二十八将[3]之类，稍差其姓名，辄掩口笑之。彼盖不知十八学士、二十八将，虽失记其姓名，实无害于学问文理，而反谓错落[4]一人，则可耻孰甚。故道听途说，只辨口头数十个名氏，便为博学才子矣。

　　余因想吾八越[5]，惟余姚风俗，后生小子，无不读书，及至二十无成，然后习为手艺。故凡百工贱业，其《性理》《纲鉴》[6]，皆全部烂熟，偶问及一事，则人名、官爵、年号、地方枚举之，未尝少错。学问之富，真是两脚书厨，而其无益于文理考校，与彼目不识丁之人无以异也。

　　或曰："信如此言，则古人姓名总不必记忆矣。"余曰："不然。姓名有不关于文理，不记不妨，如八元、八恺[7]、厨俊顾及[8]之类是也。有关于文理者，不可不记，如四岳三老[9]、臧穀[10]、徐夫人[11]之类是也。"

　　昔有一僧人，与一士子同宿夜航船。士子高谈阔论，僧畏慑，拳足而寝。僧人听其语有破绽，乃曰："请问相公，澹台灭明[12]是一个人、两个人？"士子曰："是两个人。"僧曰："这等尧舜是一个人、两个人？"士子曰："自然是一个人！"僧乃笑曰："这等说起来，且待小僧伸伸脚。"

余所记载，皆眼前极肤浅之事，吾辈聊且记取，但勿使僧人伸脚则亦已矣。故即命其名曰《夜航船》。

古剑陶庵[13]老人张岱书。

注 释

【1】在江南地区长途航行的船只中，既可能有经商的富豪，也可能有赴任的官员，还可能有饱读诗书的文士，他们闲谈的内容自然也是五花八门，因此称"最难对付"。

【2】唐初李世民曾建立文学馆，以杜如晦、房玄龄、姚思廉、薛收、陆德明、孔颖达、虞世南等十八人并为学士，又请阎立本画像，褚亮作赞，题十八人名号、籍贯，藏之书府，时人谓之"登瀛洲"。

【3】东汉明帝时，汉明帝为了纪念曾随汉光武帝刘秀开创基业的功臣，便命人将邓禹、吴汉等二十八将画像于洛阳南宫之云台，人称云台二十八将。

【4】错落，指弄错或遗漏。

【5】八越，绍兴（古代属越地）领辖八县：山阴、会稽、萧山、诸暨、余姚、上虞、嵊县、新昌，故称。

【6】《性理》《纲鉴》，两部明代较流行的著述，即《性理大全》和《纲鉴》。前者为明初时刊刻的一部宋人理学汇编。后者系承袭朱熹《通鉴纲目》体例编写的史书，取纲目、通鉴各一字而得名。

【7】传说五帝之一的帝喾高辛氏有才子八人，人称"八元"；颛顼高阳氏有才子八人，人称"八恺"。

【8】《后汉书·党锢列传》记载，东汉末年桓帝、灵帝时宦官专权，许多士大夫奋起反抗。其中度尚、张邈等八人被称为"八厨"（即能仗义疏财救人者），李膺、荀昱等八人被称为"八俊"（即人中英杰），郭林宗、宗慈等八人被称为"八顾"（即能以德行领导他人者），张俭、岑晊等人被称为"八及"（即能引导他人学习那些优秀人士的）。后来，宦官在灵帝的支持下将他们全部禁锢，史称"党锢之祸"。此后朝政愈发黑暗，最终激起黄巾之乱，使汉王朝走向灭亡。

【9】四岳三老，传说尧舜时四方的部落首领称"四岳"；《礼记·礼运》

载，古代地方掌教化之官有"三老"。

【10】臧穀，即臧与穀，庄子寓言中两个虚拟的人名。《庄子·骈拇》："臧与穀二人相与牧羊，而俱亡其羊。问臧奚事，则挟策读书；问穀奚事，则博塞以游。二人者，事业不同，其于亡羊均也。"

【11】徐夫人，姓徐名夫人，是战国时的铸剑师。《战国策》记载荆轲刺秦王所用的匕首便是他所铸。

【12】澹台灭明，字子羽，孔子弟子，孔门七十二贤人之一。他长相丑陋，孔子认为他没什么大作为。后来他在吴地传播儒学，有三百多人随他学习，孔子也为自己以貌取人而感到后悔。

【13】古剑，张岱祖籍剑州，因此常自称为"古剑"。陶庵，张岱号陶庵。

自为墓志铭

张岱

题　解

本文是作者为自己作下的墓志铭。当时，明王朝已经灭亡，作为遗民的作者，心中对于人生的感慨以及家国兴衰的感慨交织于心。文中，作者抛出了自己的"七不解"：贵贱、贫富、文武、尊卑、宽猛、缓急和智愚。面对一瞬间从人生的顶峰跌落的境遇，作者心中苦闷，于是对自身进行了剖析、反省，对自己年轻时的虚度年华进行忏悔。文章感情真挚，在自我嘲弄中又蕴含着对于高洁品格的向往。

蜀人张岱，陶庵其号也。少为纨裤子弟，极爱繁华，好精舍，好美婢，好娈童，好鲜衣，好美食，好骏马，好华灯，好烟火，好梨园，好鼓吹，好古董，好花鸟，兼以茶淫橘虐[1]，书蠹诗魔，劳碌半生，皆成梦幻。年至五十，国破[2]家亡，避迹山居。所存者，破床碎几，折鼎病琴，与残书数帙，缺砚一方而已。布衣蔬食，常至断炊。回首二十年前，真如隔世。

　　常自评之，有七不可解。向以韦布[3]而上拟公侯，今以世家而下同乞丐，如此则贵贱紊矣，不可解一。产不及中人，而欲齐驱金谷，世颇多捷径，而独株守於陵[4]，如此则贫富舛矣，不可解二。以书生而践戎马之场，以将军而翻文章之府，如此则文武错矣，不可解三。上陪玉帝而不谄，下陪悲田院[5]乞儿而不骄，如此则尊卑溷矣，不可解四。弱则唾面而肯自干，强则单骑而能赴敌，如此则宽猛背矣，不可解五。夺利争名，甘居人后，观场游戏，肯让人先，如此则缓急谬矣，不可解六。博弈樗蒱[6]，则不知胜负，啜茶尝水，是能辨渑淄[7]，如此则智愚杂矣，不可解七。有此七不可解，自且不解，安望人解？故称之以富贵人可，称之以贫贱人亦可；称之以智慧人可，称之以愚蠢人亦可；称之以强项[8]人可，称之以柔弱人亦可；称之以卞急人可，称之以懒散人亦可。学书不成，学剑不成，学节义不成，学文章不成，学仙学佛，学农学圃，俱不成。任世人呼之为败子，为废物，为顽民，为钝秀才，为瞌睡汉，为死老魅也已矣。

　　初字宗子，人称石公，即字石公。好著书，其所成者，有《石匮书》《张氏家谱》《义烈传》《琅嬛文集》《明易》《大易用》《史阙》《四书遇》《梦忆》《说铃》《昌谷解》《快园道古》《傒囊十集》《西湖梦寻》《一卷冰雪文》行世。生于万历丁酉[9]八月二十五日卯时，鲁国相大涤翁之树子也[10]，母曰陶宜人。幼多痰疾，养于外大母马太夫人者十年。外太祖云谷[11]公宦两广，藏生牛黄丸盈数簏，自余囡地以至十有六岁，食尽之而厥疾始廖。六岁时，大父雨若[12]翁携余之武林，遇眉公[13]先生跨一角鹿，为钱塘游客，对大父曰："闻文孙善属对，吾面试之。"指屏上《李白骑鲸图》曰："太白骑鲸，采石江边捞夜月[14]。"余应曰："眉公跨鹿,钱塘县里打秋风。"眉公大笑,起跃曰:"那得灵隽若此!吾小友也。"欲进余以千秋之业,岂料余之一事无成也哉!

甲申[15]以后,悠悠忽忽,既不能觅死,又不能聊生,白发婆娑,犹视息人世。恐一旦溘先朝露,与草木同腐,因思古人如王无功、陶靖节、徐文长[16]皆自作墓铭,余亦效颦为之。甫构思,觉人与文俱不佳,辍笔者再。虽然,第言吾之癖错,则亦可传也已。曾营生圹[17]于项王里之鸡头山,友人李研斋题其圹曰:"呜呼,有明著述鸿儒陶庵张长公之圹。"伯鸾[18],高士,冢近要离,余故有取于项里也。明年,年跻七十,死与葬,其日月尚不知也,故不书。

铭曰:穷石崇,斗金谷。盲卞和,献荆玉。老廉颇,战涿鹿。赝龙门[19],开史局。馋东坡,饿孤竹[20]。五羖大夫,焉能自鬻?空学陶潜,枉希梅福[21]。必也寻三外野人[22],方晓我之衷曲。

注 释

【1】淫、虐,都是指过分地喜爱。橘,"橘中秘"棋谱。

【2】国破,明思宗崇祯十七年(1644年),李自成起义军攻破北京,崇祯在煤山自缢,明朝灭亡。

【3】韦布,韦带布衣。韦带为古代贫残之人所系的无饰皮带。布衣指平民所穿的粗陋衣服。此处指平民。

【4】於陵,齐国的陈仲子曾经隐居此地。这里是作者用以比喻自己过着隐居的生活。

【5】悲田院,一作卑田院。佛教以施贫为悲田,所以称救济贫民的机构为悲田院,后泛指乞丐聚集的地方。

【6】博,六博,古代的一种棋戏。弈,围棋。摴蒱,博戏名,以掷骰决胜负,后作为赌博的代称。

【7】渑淄,渑水和淄水,春秋战国时齐国的两条河流。《列子·说符》记载,它们的水味不同,合到一起则难以辨别,只有春秋时齐国的易牙能分辨。

【8】强项，不肯低头，形容刚强正直。

【9】万历丁酉，明神宗万历二十五年（1597年）。

【10】鲁国相，指张岱的父亲，曾任鲁献王的右长史，其职务相当于汉朝的国相，故称。大涤翁，张岱的父亲，名张耀芳，字尔弢，号大涤。树子，妻所生的儿子，区别于妾所生的儿子。

【11】外太祖，外曾祖父。云谷，张岱的外曾祖父陶某的字或别号。

【12】雨若，张岱祖父张汝霖的字。

【13】眉公，陈继儒，字仲醇，号眉公，华亭（今上海市松江区）人，明代的文学家、书画家。

【14】太白骑鲸，李白骑鲸，民间传说李白是醉酒入水揽月而死，后演变为李白在采石矶"骑鲸仙去"。

【15】甲申，明思宗崇祯十七年（1644年），这一年明朝灭亡。

【16】王无功，王绩，字无功，隋唐之际的诗人，有《自作墓志文》。陶靖节，陶渊明，私谥靖节，曾作《自祭文》。徐文长，徐渭，字文长，有《自为墓志铭》。

【17】生圹，生前预造的墓穴。

【18】伯鸾，东汉的梁鸿，字伯鸾，博学有气节，隐居不仕，所以称他为高士。他十分崇敬春秋时刺客要离，因此要求将自己葬在要离的坟墓附近。

【19】赝，假。龙门，今山西省河津县。司马迁出生在这里，所以后人常以龙门代称司马迁。作者曾著一部纪传体的明史，名《石匮书》。

【20】东坡，指苏轼。相传苏轼好吃，所以称他为馋东坡。孤竹，指孤竹君之子伯夷、叔齐。

【21】梅福，字子真。王莽专权，他弃家出走，传说他后来成了仙人。

【22】三外野人，南宋诗人郑思肖在宋亡后隐居吴下，自称三外野人。

丹青

宋应星

宋应星，字长庚，江西奉新县宋埠镇牌楼村人。明末清初科学家。万历四十三年（1615 年）他考中举人。但以后五次进京会试均告失败。五次跋涉，见闻大增。他在田间、作坊调查到许多生产知识。他鄙弃那些"知其味而忘其源"的"纨绔子弟"与"经士之家"。在担任江西分宜县教谕年间写成了《天工开物》。

《天工开物》初刊于明崇祯十年（1637 年），是世界上第一部关于农业和手工业生产的综合性著作，是中国古代一部综合性的科学技术著作，有人也称它是一部百科全书式的著作，外国学者称它为"中国 17 世纪的工艺百科全书"，是中国科技史料中保留最为丰富的一部。它更多地着眼于手工业，反映了中国明代末年出现资本主义萌芽时期的生产力状况。作者在书中强调人类要和自然相协调、人力要与自然力相配合。

题　解

丹和青是我国古代绘画常用的两种颜色，借指绘画。此篇选自《天工开物》，反映了丹青对古代文献记载的重要性及人与自然的协调性。

宋子曰：斯文千古之不坠[1] 也，注玄尚白[2]，其功孰与京[3]哉？离火红而至黑孕其中[4]，水银白而至红呈其变[5]。造化炉锤，思议何所容也。五章[6] 遥降，朱临墨而大号彰[7]。万卷横披，墨得朱而天章焕。文房异宝，珠玉何为[8]？至画工肖像万物，或取本姿,或从配合,而色色咸备焉。夫亦依坎附离,而共呈五行变态^[9],非至神孰能与于斯哉?

注 释

【1】斯文,此作文化、文明解。不坠,不断绝。

【2】注玄尚白,典出《汉书·扬雄传》:"雄方草《太玄》,用以自守(洁身自好),泊如也。或嘲雄以玄尚白,而雄解之,号曰《解嘲》。"此处原意,是在白纸上写黑字的意思。

【3】孰与京,有谁能与相比。

【4】离火红而至黑孕其中,八卦中"离"为火,故称离火。火燃尽则为黑烬,故云"至黑孕其中"。

【5】水银白而至红呈其变,水银可以炼成银朱。

【6】五章,《尚书·皋陶谟》:"天命有德,五服五章哉。"此处指穿着各种颜色官服以区分等级的王公大臣。

【7】朱临墨而大号彰,与下文"墨得朱而天章焕",都语意双关,一方面说朱、墨等颜料对文化的发展有极大意义,另一面又以"朱"代指明朝,以"墨"代指文化,说文化在大明皇帝手里得到极大发展,而大明朝也得到文化的支持。

【8】文房异宝,珠玉何为,文房才是奇珍异宝,珠玉算得了什么。

【9】坎为水,离为火,水火相济,五行中的金、木、土也发生变化,于是出现了各种朱墨颜色。

小洋

王思任

王思任，字季重，号谑庵，浙江山阴（今浙江省绍兴市）人。曾任袁州推官、九江佥事；清军攻破南京后，鲁王监国，任命王思任为礼部右侍郎，进尚书。清顺治三年（1646年），清军攻陷绍兴，王思任闭门大书"不降"，绝食而死。王思任作有多篇游记散文，著有《王季重十种》。

题　解

本文描写了小洋一带的奇妙景色。文章语意新奇，妙语连珠，艺术感染力极强。

由恶溪登括苍，舟行一尺，水皆污也。天为山欺[1]，水求石放，至小洋而眼门一辟。

吴闳仲送我，挈睿孺楚船口，席坐引白[2]，黄头郎以棹歌[3]赠之，低头呼卢[4]，饿而惊视，各大叫，始知颜色不在人间也。又不知天上某某名何色，姑以人间所有者仿佛图之。

落日含半规，如胭脂初从火出。溪西一带山，俱以鹦鹉绿，鸦背青，上有猩红云五千尺，开一大洞，逗出缥天，映水如绣铺赤玛瑙。

日益曶[5]，沙滩色如柔蓝慁白[6]，对岸沙则芦花月影，忽忽不可辨识。山俱老瓜皮色。又有七八片碎剪鹅毛霞，俱黄金锦荔，堆出两朵云，居然晶透葡萄紫也。又有夜岚数层斗起，如鱼肚白，突入出炉银红[7] 中，金光煜煜[8] 不定。盖是际，天地山川，云霞日彩，烘蒸郁衬，不知开此大染局作何制。意者，妒海蜃[9]，凌阿闪[10]，一漏卿丽[11] 之华耶？将亦谓舟中之子，既有荡胸决眦[12] 之解，尝试假尔以文章，使观其时变乎？何所遘之奇也！

夫人间之色仅得其五，五色[13] 互相用，衍至数十而止，焉有不可思议如此其错综幻变者！曩吾称名取类，亦自人间之物而色之耳，心未曾通，目未曾睹，不得不以所睹所通者，达之于口而告之于人；然所谓仿佛图之，又安能仿佛以图其万一也！嗟呼，不观天地之富，岂知人间之贫哉！

注 释

【1】天为山欺，指山势高峻直达于天。

【2】引白，举杯饮酒。

【3】黄头郎，指船夫，头戴黄帽，故称。汉代有黄头郎之官，掌管船舶行驶。棹（zhào）歌，船夫行船时所唱的歌。

【4】呼卢，即呼卢喝雉，古时的一种赌博性质的游戏。

【5】曶（hū），天色昏暗。

【6】柔、懦，都指柔弱。这里指柔弱的蓝、白色，即浅蓝、灰白色。

【7】银红，即银朱，一种药材。由水银和硫磺加热制成。此指夜雾中闪耀银光的红色。

【8】煜（yù）煜，明亮的样子。

【9】海蜃，即海市蜃楼。

【10】阿闪，即阿閦（cù），又称不动如来佛，是佛教五方佛中的东方佛。此指佛的妙境。

【11】卿，卿云，古人认为是祥瑞。卿丽，即美丽的彩云。

【12】荡胸决眦，心胸荡漾，眼眶欲裂。杜甫《望岳》："荡胸生层云，决眦入归鸟。"

【13】五色，古人以青、黄、赤、黑、白为正色。

泰山之阳，汶水西流；其阴，济水东流。阳谷皆入汶，阴谷皆入济。当其南北分者，古长城也。最高日观峰，在长城南十五里。

余以乾隆三十九年十二月，自京师乘风雪，历齐河、长清，穿泰山西北谷，越长城之限，至于泰安。是月丁未，与知府朱孝纯子颍由南麓登。四十五里，道皆砌石为磴，其级七千有余。

泰山正南面有三谷。中谷绕泰安城下，郦道元所谓环水也。余始循以入，道少半，越中岭，复循西谷，遂至其巅。古时登山，循东谷入，道有天门。东谷者，古谓之天门溪水，余所不至也。今所经中岭及山巅，崖限当道者，世皆谓之天门云。道中迷雾冰滑，磴几不可登。及既上，苍山负雪，明烛天南；望晚日照城郭，汶水、徂徕如画，而半山居雾若带然。

戊申晦，五鼓，与子颍坐日观亭，待日出。大风扬积雪击面。亭东自足下皆云漫。稍见云中白若樗蒱数十立者，山也。极天云一线异色，须臾成五采。日上，正赤如丹，下有红光动摇承之。或曰，此东海也。

九牛坝观觚戏记

彭士望

彭士望，本姓危，字躬庵，又字达生，号树庐，明末清初南昌人。自幼聪慧，十六岁补县学生，与欧阳斌元研究经世之学。明思宗崇祯十二年（1639年），其父去世，临终前嘱其当以黄道周为师。清军入关后，杨廷麟起兵抵抗，彭士望为他募兵。南明时，史可法督师扬州，他与欧阳斌元应召前往，建议任用高杰、左良玉，史可法不采纳，彭士望便辞归。后来清军围攻南昌，彭士望前往翠微峰避难，与魏禧、魏际瑞、魏礼、林时益、李腾蛟、邱维屏、彭任、曾灿等九人躬耕相食，论道讲学，提倡古文实学，世称"易堂九子"。

题　解

本文完整地记述了一次民间家庭杂技戏班演出的整个过程。文章不仅对杂技表演的节目、场地等进行细致的描绘，又对演员们在艰难的情况中顽强奋斗的精神予以赞赏。而文中的议论部分，更表达了对利己主义者的抨击；文末的议论则展现了作者的家国之痛。

　　树庐叟负幽忧之疾[1]于九牛坝茅斋之下。戊午闰月除日[2]，有为角抵之戏者，踵门告曰："其亦有以娱公？"叟笑而颔之。因设场于溪树之下。密云未雨，风木泠然，阴而不燥。于是邻幼生周氏之族、之宾、之友戚，山者牧樵，耕者犁犊，行担簦者，水桴楫者，咸停释而聚观焉。

初则累重案，一妇仰卧其上，竖双足承八岁儿，反覆卧起，或鹄立合掌拜跪，又或两肩接足，儿之足亦仰竖，伸缩自如。间又一足承儿，儿拳曲如莲出水状。其下则二男子、一妇、一女童与一老妇，鸣金鼓，俚歌杂佛曲和之，良久乃下。又一妇登场，如前卧，竖承一案，旋转周四角，更反侧背面承之；儿复立案上，拜起如前仪。儿下，则又承一木槌，槌长尺有半，径半之。两足圆转，或竖抛之而复承之。妇既罢，一男子登焉，足仍竖，承一梯可五级，儿上至绝顶，复倒竖穿级而下。叟悯其劳，令暂息，饮之酒。

其人更移场他处，择草浅平坡地，去瓦石，乃接木为蹻，距地约八尺许。一男子履其上，傅粉墨，挥扇杂歌笑，阔步坦坦，时或跳跃，后更舞大刀，回翔中节。此戏，吾乡暨江左时有之。更有高丈余者，但步不能舞。最后设软索，高丈许，长倍之；女童履焉，手持一竹竿，两头载石如持衡，行至索尽处，辄倒步，或仰卧，或一足立，或偃行，或负竿行如担，或时坠挂复跃起；下鼓歌和之，说白俱有名目，为时最久，可十许刻。女下，妇索帕蒙双目为瞽者，番跃而登，作盲状，东西探步，时跌若坠，复摇晃似战惧，久之乃已；仍持竿，石加重，盖其衡也。

方登场时，观者见其险，咸为之股栗，毛发竖，目眩晕，惴惴唯恐其倾坠。叟视场上人，皆暇整[3]从容而静，八岁儿亦斋栗如先辈主敬[4]，如入定僧。此皆诚一之所至，而专用之于习，惨淡攻苦，屡蹉跌而不迁，审其机以应其势，以得其致力之所在；习之又久，乃至精熟，不失毫芒，乃始出而行世，举天下之至险阻者皆为简易。夫曲艺[5]则亦有然者矣！以是知至巧出于至平，盖以志凝其气，气动其天，非卤莽灭裂[6]之所能效此。其意庄生知之，私其身不以用于天下；仪、秦亦知之，且习之，以人国戏，私富贵，以自贼其身与名。庄所称僚之弄丸[7]、庖丁之解牛、佝偻之承蜩[8]、纪渻子之养鸡[9]，推之伯昏瞀人[10]临千仞之蹊，足逡巡垂二分在外，吕梁丈人[11]出没于悬水三十仞，流沫四十里之间，何莫非是，其神全也。叟又以视观者，久亦忘其为险，无异康庄大道中，与之俱化。甚矣，习之能移人也！

其人为叟言：祖自河南来零陵，传业者三世，徒百余人。家有薄田，颇苦赋役，携其妇与妇之娣姒，兄之子，提抱之婴孩，糊其口于四方，赢则以供田赋。所至江、浙、西粤、滇、黔、口外绝徼[12]之地，皆步担，器具不外贷。谙草木之性，捃摭续食，亦以哺其儿。

叟视其人，衣敝缊，飘泊羁穷，陶然有自乐之色。群居甚和适。男女五六岁即授技，老而休焉，皆有以自给。以道路为家，以戏为田，传授为世业。其肌体为寒暑风雨冰雪之所顽，智意为跋涉艰远人情之所徼怃磨砺，男妇老稚皆顽钝。偎敏机利，捷于猿猱，而其性旷然如麋鹿。

叟因之重有感矣。先王之教，久矣夫不明不作，其人恬自处于优笑巫觋[13]之间，为夏仲御[14]之所深疾；然益知天地之大，物各遂其生成，稗稻并实，无偏颇也。彼固自以为戏，所游历几千万里，高明巨丽之家，以迄三家一巷之村市，亦无不以戏观之，叟独以为有所用。身老矣，不能事洴澼絖[15]，亦安所得以试其不龟手之药，托空言以记之。固哉，王介甫[16]谓鸡鸣狗盗之出其门，士之所以不至！患不能致鸡鸣狗盗耳，吕惠卿[17]辈之诪谩，曾鸡鸣狗盗之不若。鸡鸣狗盗之出其门，益足以致天下之奇士，而孟尝未足以知之。信陵、燕昭知之，所以收浆、博、屠者[18]之用，千金市死马之骨，而遂以报齐怨[19]。宋亦有张元、吴昊[20]，虽韩、范[21]不能用，以资西夏，宁无复以叟为戏言也。悲夫！

注 释

【1】树庐叟，作者自称，彭士望一字树庐。幽忧之疾，《庄子·让王》："我适有幽忧之病。"这里指忧劳深重。

【2】戊午闰月，康熙十七年（1678年）闰三月。除日，指一个月的最后一天。

【3】暇整，即"好整以暇"。出自《左传·成公十六年》，意谓紧张之中能保持镇静。

【4】斋栗，形容敬畏恐惧。语出《尚书·大禹谟》。主敬，持守诚敬。

【5】曲艺，小技。《礼记·文王世子》："曲艺皆誓之。"郑玄注："曲艺，为小技能也。"这里指杂技。

【6】卤莽灭裂，《庄子·则阳》："长梧封人问子牢曰：'君为政焉勿卤莽，治民焉勿灭裂。昔予为禾，耕而卤莽之，则其实亦卤莽而报予；芸而灭裂之，其实亦灭裂而报予。'"成玄英疏："卤莽，不用心也。灭裂，轻薄也。"

【7】像之弄丸，春秋时楚国勇士熊宜僚善弄丸。《庄子·徐无鬼》："市南宜僚弄丸而两家之难解。"弄丸，将丸投到空中，以手相接，丸不堕地。

【8】伛偻（gōu）之承蜩（tiáo），《庄子·达生》记载，孔子去楚国，见到一个驼背的人用竿胶蝉，因经过长时间锻炼，故技艺高超。

【9】纪渻（shèng）子之养鸡，《庄子·达生》记载，纪渻子为齐王养斗鸡，训练四十天后，鸡被养得像木鸡一样，别的鸡见了都害怕逃走。

【10】伯昏瞀（mào）人，一作伯昏无人。《庄子·田子方》记载他是楚国的隐士，登高山临深渊而无所畏惧。

【11】吕梁丈人，《庄子·达生》记载，孔子在吕梁见一男子在飞悬的瀑布下游泳，水性极好，男子自称"长于水而安于水"。

【12】口，长城的关隘，口外指长城以北。绝徼，极远的边界。

【13】优笑，以乐舞供人取乐的艺人。巫觋（xí），即巫师，女的叫巫，男的叫觋。

【14】夏仲御，晋代夏统，字仲御，《晋书·隐逸传》记载其叔父敬宁祭祀先人时招来女巫，表演歌舞杂技，夏统见到后惊愕而走。

【15】洴（píng）澼（pì）絖（kuàng），漂洗绵絮。详见《庄子·逍

遥游》。

【16】王介甫，王安石。此处详见《读孟尝君传》一文。

【17】吕惠卿，字吉甫，最初附和王安石，受到王安石信任；后来王安石变法失败，他又竭力排斥王安石。后人多认为吕惠卿等投机分子受到重用是王安石变法失败的主因之一。

【18】浆、博、屠者，信陵君曾结交卖浆者薛公、赌徒毛公和屠户朱亥，后来他们都为信陵君效命。

【19】此处指燕昭王以千金买千里马骨，后来招致乐毅等人才，大破齐国。

【20】张元、吴昊，都是北宋时陕西人，有才学却不能被当时经略西北的韩琦、范仲淹任用，后来投奔西夏王元昊。

【21】韩、范，指韩琦、范仲淹。

原君

黄宗羲

　　黄宗羲，字太冲，号梨洲，世称南雷先生或梨洲先生，浙江余姚（今浙江省余姚市）人。明末清初的经学家、史学家、思想家、地理学家、天文历算学家、教育家。后人将他与顾炎武、王夫之并称明末清初三大思想家，称他是"中国思想启蒙之父"。

　　其父黄尊素是东林党人，曾任监察御史，被阉党迫害而死。崇祯时阉党倒台，黄宗羲怀揣铁锥入京伸冤，在审讯阉党成员许显纯、李实之时，黄宗羲以锥刺之，又殴打崔应元，声名大噪，明思宗叹其为"忠臣孤子"。后参与抗清活动，成为"复社"领导人之一；南明时阮大铖搜捕复社人士，黄宗羲被捕入狱。南明覆灭，黄宗羲曾组织武装抵抗，后屡次拒绝清廷征召而隐居。康熙帝曾多次邀请黄宗羲参与《明史》编修工作，黄宗羲也采取了一定程度的妥协，这使得他的作品得以避开清代的文字狱而流传后世。

黄宗羲学识渊博，天文、历算、音律、经史百家等均有所涉猎，思想方面崇尚王阳明心学，又体现出一定的民主、民权思想，在政治、经济方面也有许多超出时代的见解。文学上，黄宗羲强调"性情"，反映现实，主张文章要表达真情实意。

题　解

本文是《明夷待访录》的第一篇文章。"原君"即推究为君之道。本文作为全书的第一篇文章，具有统领全书的意义。文章探讨了君主制的产生与发展，痛斥那些以天下为私产的君主，批判君主制的流弊，具有进步意义。有学者认为，黄宗羲的这一表述，已经属于近代民主思想的范畴，在民权方面还超越了法国思想家卢梭。

有生之初，人各自私也，人各自利也；天下有公利而莫或兴之，有公害而莫或除之。有人者出，不以一己之利为利，而使天下受其利；不以一己之害为害，而使天下释其害；此其人之勤劳必千万于天下之人。夫以千万倍之勤劳，而己又不享其利，必非天下之人情所欲居也。故古之人君，量而不欲入者，许由、务光是也；入而又去之者，尧、舜是也；初不欲入而不得去者，禹是也。岂古之人有所异哉？好逸恶劳，亦犹夫人之情也。

后之为人君者不然。以为天下利害之权皆出于我，我以天下之利尽归于己，以天下之害尽归于人，亦无不可；使天下之人，不敢自私，不敢自利，以我之大私为天下之大公。始而惭焉，久而安焉。视天下为莫大之产业，传之子孙，受享无穷；汉高帝所谓"某业所就，孰与仲多"者[1]，其逐利之情，不觉溢之于辞矣。

此无他，古者以天下为主，君为客，凡君之所毕世而经营者，为天下也。今也以君为主，天下为客，凡天下之无地而得安宁者，为君也。是以其未得之也，屠毒天下之肝脑，离散天下之子女，以博我一人之产业，曾不惨然。曰："我固为子孙创业也。"其既得之也，敲剥天下之骨髓，离散天下之子女，以奉我一人之淫乐，视为当然。曰："此我产业之花息也。"然则，为天下之大害者，君而已矣。向使无君，人各得自私也，人各得自利也。呜呼！岂设君之道固如是乎？

古者天下之人爱戴其君，比之如父，拟之如天，诚不为过也。今也天下之人怨恶其君，视之如寇仇，名之为独夫，固其所也。而小儒规规焉以君臣之义无所逃于天地之间，至桀、纣之暴，犹谓汤、武不当诛之，而妄传伯夷、叔齐无稽之事，乃兆人万姓崩溃之血肉，曾不异夫腐鼠。岂天地之大，于兆人万姓之中，独私其一人一姓乎！是故武王圣人也，孟子之言，圣人之言也；后世之君，欲以如父如天之空名，禁人之窥伺者，皆不便于其言，至废孟子而不立[2]，非导源于小儒乎！

虽然，使后之为君者，果能保此产业，传之无穷，亦无怪乎其私之也。既以产业视之，人之欲得产业，谁不如我？摄缄縢，固扃鐍，一人之智力，不能胜天下欲得之者之众，远者数世，近者及身，其血肉之崩溃在其子孙矣。昔人愿世世无生帝王家[3]，而毅宗之语公主，亦曰："若何为生我家[4]！"痛哉斯言！回思创业时，其欲得天下之心，有不废然摧沮者乎！

是故明乎为君之职分，则唐、虞之世，人人能让，许由、务光非绝尘也；不明乎为君之职分，则市井之间，人人可欲，许由、务光所以旷后世而不闻也。然君之职分难明，以俄顷淫乐不易无穷之悲，虽愚者亦明之矣。

注 释

【1】《史记·高祖本纪》载汉高祖刘邦称帝后，曾对其父说："始大人常以臣无赖，不能治产业，不如仲力，今某之业所就，孰与仲多？"

【2】《孟子·尽心下》中有"民为贵，社稷次之，君为轻"的话，明太祖朱元璋读后便下令将此篇从"四书"中删去，又下诏废除对孟子的祭祀。详见《民为贵章》一文。

【3】《南史·王敬则传》载南朝宋顺帝刘准被萧道成拥立，名为皇帝实为傀儡。十三岁时，他被萧道成逼迫而禅让，出宫时曾发愿："愿后身世世勿复生天王家！"两个月后，他被看守的士兵杀死，年仅十三岁。

【4】毅宗，明崇祯帝，南明初谥思宗，后改毅宗。李自成攻入北京后，他进入寿宁宫，对长平公主说"汝何故生我家！"然后以剑砍长平公主，断其左臂。

廉耻

顾炎武

顾炎武，原名绛，字忠清，字宁人，亦自署蒋山佣；明朝灭亡后慕文天祥学生王炎午为人，于是改名炎武，人们尊称他亭林先生。明朝南直隶昆山县（今江苏省昆山市）人，明末清初著名的思想家、学者。与黄宗羲、王夫之并称"明末清初三大儒""清初三先生"或"明末清初三大思想家"。

顾炎武出身江东世族，早年屡试不中，认为"八股之害，等于焚书；而败坏人才，有甚于咸阳之郊所坑"于是退而读书，成为著名的学者。清军入关后，顾炎武经昆山县令推荐任南明兵部司务；清军攻陷南京，顾炎武参加王永祚义军，欲解昆山之围而失败,生母被断去右臂,嗣母绝食而亡,遗命顾炎武终身不得事清。顺治时,遭人陷害而下狱,幸得友人搭救而脱险,于是北上游学,联结反清人士。清廷曾多次邀请他出仕,但他坚辞不就。

思想方面,顾炎武反对宋明理学,提倡经世致用,倡导考据,被认为是清代考据学的开山之祖。文学方面,顾炎武的文章也贯彻了经世致用的思想,朴素自然而论理清楚。

题 解

本文选自《日知录》,表达了顾炎武的廉耻观。文章以"礼义廉耻,国之四维"开篇,强调了廉耻对天下、国家乃至于个人的重要性,又论证了廉耻对于治军的重要性。本文中无论是强调廉耻的作用,还是文章本身的朴素清晰,都贯彻了顾炎武"经世致用"的精神。

《五代史·冯道传》[1]论曰,礼义廉耻,国之四维。四维不张,国乃灭亡[2]。善乎!管生之能言[3]也。礼义,治人之大法。廉耻,立人之大节。盖不廉则无所不取,不耻则无所不为。人而如此,则祸败乱亡,亦无所不至。况为大臣,而无所不取,无所不为,则天下其有不乱,国家其有不亡者乎?然而四者之中,耻尤为要。故夫子之论士,曰行己有耻[4]。孟子曰:人不可以无耻,无耻之耻,无耻矣[5],又曰:耻之于人大矣,为机变之巧者,无所用耻焉[6]。所以然者,人之不廉而至于悖礼犯义,其原皆生于无耻也。故士大夫之无耻,是谓国耻。

吾观三代以下,世衰道微,弃礼义,捐廉耻,非一朝一夕之故。然而松柏后雕于岁寒[7],鸡鸣不已于风雨[8],彼昏之日,固未尝无独醒之人[9]也。顷读《颜氏家训》有云:齐朝一士夫尝谓吾曰:我有一儿,年已十七,颇晓书疏。教其鲜卑语及弹琵琶,稍欲通解。

以此伏事公卿，无不宠爱。吾时俯而不答。异哉，此人之教子也！若由此业自致卿相，亦不愿汝曹为之。嗟乎，之推不得已而仕于乱世，犹为此言，尚有小宛[10]诗人之意。彼阉然[11]媚于世者，能无愧哉？

罗仲素[12]曰，教化者，朝廷之先务。廉耻者，士人之美节。风俗者，天下之大事。朝廷有教化，则士人有廉耻。士人有廉耻，则天下有风俗。

古人治军之道，未有不本于廉耻者。《吴子》[13]曰：凡制国治军，必教之以礼，励之以义，使有耻也。夫人有耻，在大足以战，在小足以守矣。《尉缭子》[14]言：国必有慈孝廉耻之俗，则可以死易生。而太公对武王，将有三胜[15]，一曰礼将，二曰力将，三曰止欲将。故礼者所以班朝治军[16]，而兔置[17]之武夫皆本于文王后妃之化，岂有淫刍荛，窃牛马，而为暴于百姓者哉。《后汉书》：张奂[18]为安定属国都尉，羌豪帅感奂恩德，上马二十匹，先零酋长又遗金鐻[19]八枚。奂并受之，而召主簿于诸羌前，以酒酹地曰：使马如羊，不以入厩。使金如粟，不以入怀。悉以金马还之。羌性贪而贵吏清，前有八都尉，率好财货，为所患苦，及奂正身洁己，威化[20]大行。呜呼，自古以来，边事之败，有不始于贪求者哉？吾于辽东之事[21]有感。

杜子美[22]诗：安得廉颇将，三军同晏眠[23]。一本作廉耻将，诗人之意，未必及此。然吾观《唐书》[24]，言王俭为武灵节度使。先是，吐蕃欲成乌兰桥，每于河壖先贮材木，皆为节帅遣人潜载之，委于河流，终莫能成。蕃人知俭贪而无谋，先厚遗之，然后并役成桥，仍筑月城守之。自是朔方御寇不暇，至今为患，由俭之黩货也。故贪夫为帅，而边城晚开。得此意者，郢书燕说[25]，或可以治国乎？

注　释

【1】《五代史》，此处指北宋欧阳修私修的《新五代史》，记录五代时期的历史。冯道，字可道，自号长乐老，曾侍奉五朝、八姓、十三帝，为官四十余年，"累朝不离将相、三公、三师之位"。自宋代至清代，学者往往从儒家忠君思想角度出发批评他是"贰臣"，司马光甚至因此否定他的全部功绩；而现代学者则称赞他在济民主政以及提携人才方面的功绩。欧阳修编修《新五代史》时，也从儒家忠君思想出发，认为冯道是"无廉耻者"。

【2】此句出自《管子·牧民》一文。

【3】能言，独到见解。

【4】行己有耻，出自《论语·子路》："子贡问曰：'何如斯可谓之士矣？'子曰：'行己有耻，使于四方，不辱君命，可谓士矣。'"

【5】《孟子·尽心上》："人不可以无耻，无耻之耻，无耻矣。"

【6】《孟子·尽心上》："耻之于人大矣，为机变之巧者，无所用耻焉。不耻不若人，何若人有？"

【7】《论语·子罕》："子曰：'岁寒，然后知松柏之后雕也。'"

【8】"鸡鸣不已于风雨"出自《诗·郑风·风雨》："风雨如晦，鸡鸣不已。"

【9】独醒之人，出自《楚辞·渔父》："举世皆浊我独清，众人皆醉我独醒。"

【10】小宛，指《诗·小雅·小宛》，朱熹《诗集传》注："此大夫遭时之乱，而兄弟相戒以免祸之诗。"

【11】阘然，曲意逢迎的样子。

【12】罗仲素，罗从彦，字仲素，号豫章先生，宋代理学家，杨时门人，二程再传弟子。

【13】《吴子》，又名《吴起兵法》，是军事家吴起的著作。

【14】《尉缭子》，作者、成书时代皆不详，是一部兵书。

【15】"将有三胜"，见《六韬·励军》。

【16】班朝治军，出自《礼记·曲礼上》，孔颖达疏："班，次也；朝，朝廷也；次，谓司士正朝仪之位次也；治军，谓师旅卒伍各正其部分也。"

【17】兔罝（jū），出自《诗·国风·周南》，朱熹《诗集传》以为该诗主讲文王后妃德化。

【18】张奂，字然明。东汉时期名将、学者。

【19】镰（jù），古乐器，形似钟。

【20】威化，声威德化。

【21】辽东之事，指居于辽东的清军入关。

【22】杜子美，即杜甫，字子美。此句出自杜甫《遣兴三首》其一。

【23】晏眠，安眠。

【24】此处记载王似受贿一事，《旧唐书》《新唐书》均有记载。

【25】郢书燕说，曲解原意、以讹传讹，出自《韩非子·外储说左上》。

正始

顾炎武

题 解

"正始"是魏少帝曹芳的年号，当时道家思想在士大夫之间逐渐盛行，清谈之风渐起。顾炎武便对此进行论证，批评了当时的这种风气，并进一步论证了"亡国"与"亡天下"的区分，并指出"保天下者，匹夫之贱，与有责焉耳矣"！这一观点后被梁启超提炼为"天下兴亡，匹夫有责"，成为中华民族的共同准则。

有亡国，有亡天下。亡国与亡天下奚辨？曰：易姓改号谓之亡国，仁义充塞，而至于率兽食人[1]，人将相食，谓之亡天下。魏晋人之清谈，何以亡天下？是孟子所谓杨墨之言，至于使天下无父无君，而入于禽兽者也[2]。昔者嵇绍之父康被杀于晋文王[3]，至武帝革命[4]之时，而山涛荐之入仕，绍时屏居私门[5]，欲辞不就。涛谓之曰："为君思之久矣。天地四时犹有消息[6]，而况于人乎。"

一时传诵，以为明言，而不知其败义伤教，至于率天下而无父者也。夫绍之于晋，非其君也，忘其父而事其非君。当其未死三十余年之间，为无父之人亦已久矣，而荡阴之死^[7]，何足以赎其罪乎？且其入仕之初，岂知必有乘舆败绩之事，而可树其忠名以盖于晚也。

　　自正始以来，而大义之不明遍于天下。如山涛者，既为邪说之魁，遂使嵇绍之贤且犯天下之不韪而不顾^[8]。夫邪正之说，不容两立，使谓绍为忠，则必谓王裒^[9]为不忠而后可也。何怪其相率臣于刘聪、石勒^[10]，观其故主青衣行酒^[11]，而不以动其心者乎？是故知保天下，然后知保其国。保国者，其君其臣，肉食者谋之；保天下者，匹夫之贱，与有责焉耳矣。

注　释

【1】《孟子·梁惠王上》："庖有肥肉，厩有肥马，民有饥色，野有饿莩，此率兽而食人也。"朱熹注："厚敛于民以养禽兽，而使民饥以死，则无异于驱兽以食人矣。"又《孟子·滕文公下》："仁义充塞，则率兽食人，人将相食。"

【2】《孟子·滕文公下》："圣王不作，诸侯放恣，处士横议，杨朱、墨翟之言盈天下。天下之言，不归杨，则归墨。杨氏为我，是无君也；墨氏兼爱，是无父也。无父无君，是禽兽也。"

【3】嵇绍，字延祖，嵇康之子。晋文王，即司马昭，死后其子司马炎谥为文王，称帝后追尊为文帝。

【4】武帝，晋武帝司马炎。革命，更换朝代。

【5】屏居，退隐。私门，私人住宅。

【6】消息，消长与盛衰。

【7】荡阴，今河南省汤阴县。此处指晋惠帝永安元年（304年），东海王司马越携晋惠帝讨伐成都王司马颖，结果在荡阴战败，晋军纷纷溃逃，只有嵇绍来到晋惠帝车驾前以身护主，结果被杀，血溅到晋惠帝的衣服上。后来侍从打算为晋惠帝清洗染血的衣服，晋惠帝说："这是嵇侍中的血，不要洗去！"后人以"嵇侍中血""嵇绍血"作为忠心的象征。

【8】犯天下之不韪，出自《左传·隐公十一年》："不度德，不量力，

不亲亲，不征辞，不察有罪，犯五不韪，而以伐人，其丧师也，不亦宜乎？"

【9】王裒（bāo），字伟元，城阳营陵人，西晋学者。其父王仪被司马昭所杀，王裒不愿事西晋，隐居授书。

【10】刘聪，一名刘载，字玄明，匈奴人，十六国时期汉赵君主。他弑兄自立，攻灭西晋，俘虏杀害怀、愍二帝。石勒，字世龙，羯族，十六国时期后赵建立者。原为汉赵将领，刘聪病死后，靳准杀死太子刘粲而自立为天王，石勒便与刘曜共同起兵将其攻灭。后来二人交恶，石勒便脱离汉赵，建立后赵国。

【11】故主，晋怀帝。青衣，汉以后卑贱者着青衣。刘聪俘虏晋怀帝后，曾令其作为仆人为客人斟酒，多名晋朝旧臣在酒席上因此当众号哭，刘聪心中厌恶，遂将这些人全部杀害。

自题墓石

王夫之

王夫之，字而农，号姜斋，又号夕堂，或署一瓢道人、双髻外史，晚年隐居于形状如顽石的石船山，自署船山病叟、南岳遗民，人们尊称其为船山先生。湖南衡阳人，是明末清初的思想家、哲学家，也是当时著名的儒家学者。与顾炎武、黄宗羲并称明清之际三大思想家。

早年曾致力于抗清活动，失败后投奔南明永历政权，因南明朝廷党争而前往桂林。南明节节败退，王夫之也隐姓埋名，最终在衡山石船山定居著述。晚年贫病交迫，吴三桂叛乱，请他写《劝进表》，他却严词拒绝。清康熙三十一年（1692年），王夫之去世，终年七十三岁。

王夫之的研究范围十分广泛，包括天文、历法、数学、地理等，尤精经史和文学。思想方面，他有继承程朱理学的一面，但反对

"存天理，灭人欲"，主张历史进化论，反对天命观。文学方面，反对无病呻吟，反对以格律束缚创作，"诗固不可以律度拘"。后人研究王夫之思想的流派被称为"船山学"，他的著作被后人编为《船山遗书》。

题 解

《自题墓石》是王夫之晚年为自己作的墓志铭。铭文十分简短，却将王夫之复兴大业壮志未酬的悲壮心情体现得淋漓尽致。

有明遗臣行人 [1] 王夫之，字而农，葬于此。其左则其继配襄阳郑氏之所祔 [2] 也。自为铭曰：

拘刘越石 [3] 之孤愤，而命无从致，希张横渠 [4] 之正学，而力不能企。幸全归于兹丘 [5]，固衔恤 [6] 以永世。

墓石可不作，徇汝兄弟 [7] 为之，止此不可增损一字，行状原为请志铭而作，既有铭不可赘。若汝兄弟能老而好学，可不以誉我者毁我，数十年后，略记以示后人可耳，勿庸问世也。背此者自昧其心。

注 释

【1】行人，王夫之投奔南明朝廷后，受瞿式耜荐，曾为南明桂王的行人司行人。

【2】祔（fù），合葬。

【3】刘越石，刘琨，详见《答卢谌书》一文作者小传。

【4】张横渠，张载，字子厚，凤翔郿县横渠镇人，世称横渠先生。北宋哲学家。他哲学中的唯物主义部分，对王夫之有很大影响，王撰有《张子正蒙注》一书。

【5】全归，全身而死。丘，指坟墓。

【6】衔恤，心中含有忧虑。另，《自题墓石》到此为止，下文是告知他的两个儿子的话。

【7】徇，曲从、顺从。兄弟，指王夫之的两个儿子王攽、王敔。

论梁元帝读书

王夫之

题　解

本文是作者的一篇史论。梁元帝爱好藏书，爱好读书，藏书十多万卷，却在政治上屡出昏招，最终国破身死，十余万卷书也被他付之一炬。本文便是作者对梁元帝败亡的原因进行分析。作者在文中尖锐地指出，梁元帝败亡并非由于读书，但与读书方法错误有着很大的关系，沉溺于寻章摘句的行为与游戏赌博其实没有什么区别。随后作者笔锋一转，从梁元帝的行为引出对沉溺于解释"格物"的"小儒"的批判，最终总结正确的读书方法。文章虽为读史，却又影射明末空谈学风盛行推动明朝灭亡的现实，文笔犀利而深刻。

江陵陷，元帝焚古今图书十四万卷。或问之，答曰："读书万卷，犹有今日，故焚之。"未有不恶其不悔不仁，而归咎于读书者，曰："书何负于帝哉？"此非知读书者之言也。帝之自取灭亡，非读书之故，而抑未尝非读书之故也。取帝之所撰著而观之，搜索骈丽，攒及影迹，以夸博记者，非破万卷而不能。于其时也，君父悬命于逆贼，宗社垂丝于割裂[1]；而晨览夕批，疲役于此，义不能振，机不能乘，则与六博、投琼[2]、耽酒、渔色也，又何以异哉？夫人心一有所倚，则圣贤之训典，足以锢志气于寻行数墨之中，得纤曲而忘大义，迷影迹而失微言，且为大惑之资也，况百家小道，取青妃白[3]之区区者乎。

呜呼！岂徒元帝之不仁，而读书止以导淫哉？宋末胡元之世，名为儒者，与闻格物之正训，而不念格之也将以何为。数《五经》《语》《孟》文字之多少而总记之，辨章句合离呼应之形声而比拟之，饱食终日，以役役于无益之较订，而发为文章，侈筋脉排偶以为工，于身心何与耶？于伦物何与耶？于政教何与耶？自以为密而傲人之疏，自以为专而傲人之散，自以为勤而傲人之惰。若此者，非色取不疑之不仁[4]。好行小慧[5]之不知哉？其穷也，以教而锢人之子弟；其达也，以执而误人之国家；则亦与元帝之兵临城下而讲《老子》[6]，黄潜善之虏骑渡江而参圆悟者奚别哉[7]？抑与萧宝卷[8]、陈叔宝[9]之酣歌恒舞，白刃垂头而不觉者，又奚别哉？故程子斥谢上蔡之玩物丧志[10]，有所玩者，未有不丧者也。梁元、隋炀[11]、陈后主、宋徽宗[12]皆读书者也，宋末胡元之小儒亦读书者也，其迷均也。

或曰：“读先圣先儒之书，非雕虫之比，固不失为君子也。”夫先圣先儒之书，岂浮屠氏之言，书写读诵而有功德者乎？读其书，察其迹，析其字句，遂自命为君子，无怪乎为良知之说者起而斥之也。乃为良知之说，迷于其所谓良知，以刻画而仿佛者，其害尤烈也。

夫读书将以何为哉？辨其大义，以立修己治人之体也；察其微言，以善精义入神之用也。乃善读者有得于心而正之以书者鲜矣，下此而如太子弘之读《春秋》而不忍卒读者鲜矣[13]，下此而如穆姜[14]之于《易》，能自反而知愧者鲜矣。不规其大，不研其精，不审其时，且有如汉儒之以《公羊》废大伦[15]，王莽之以讥二名待匈奴[16]，王安石以国服赋青苗者，经且为蠹[17]。而史尤勿论已。读汉高之诛韩、彭而乱萌消[18]，则杀亲贤者益其忮毒；读光武之易太子而国本定，则丧元良者启其偏私[19]；读张良之辟谷以全身，则炉火彼家之术进[20]；读丙吉之杀人而不问[21]，则怠荒废事之陋成。无高明之量以持其大体，无斟酌之权以审于独知，则读书万卷，止以导迷，顾不如不学无术者之尚全其朴也。

孔子曰："吾十有五而志于学[22]。"志定而学乃益，未闻无志而以学为志者也。以学而游移其志，异端邪说，流俗之传闻，淫曼之小慧，大以蚀其心思，而小以荒其日月，元帝所为至死而不悟者也。恶得不归咎于万卷之涉猎乎？儒者之徒，而效其卑陋，可勿警哉？

注　释

【1】此处指梁武帝萧衍被侯景围困，遣使向梁元帝萧绎宣读密诏，要求他援救建康，可他却拥兵观望，导致梁武帝在台城饿死；此后侯景又杀死简文帝自立，此时萧绎却忙于与自己的兄弟子侄争斗。

【2】六博，古代一种博戏。投琼，投骰子。

【3】取青妃（pēi）白，即"妃青俪白"，也作"妃黄俪白""妃红俪白"，原指诗文对仗工整如黄白两色相配，这里比喻卖弄文字技巧。

【4】色取不疑之不仁，出自《论语·颜渊》："色取仁而行违，居之不疑。"意思是表面上爱好仁德，实际行动与仁德相悖，却以仁人而自居。

【5】好行小慧，喜欢卖弄小聪明。出自《论语·卫灵公》："群居终日，言不及义，好行小慧，难矣哉！"

【6】《梁书·元帝纪》记载，梁元帝承圣三年（554年）九月，梁元帝在龙光殿讲述《道德经》，而西魏此时已经派军队入侵，直到十月襄阳投降，他才停止讲学。当年年底，魏军包围江陵，他焚毁十四万卷图书后前往西魏军营投降。

【7】黄潜善，宋高宗南渡时宰相，主张和议，与汪伯彦勾结，贬斥抗金派大臣李纲等人，后被列入《宋史·奸臣传》。虏骑渡江而参圆悟，《宋史·奸臣传》："郓、濮相继陷没，宿、泗屡警，右丞许景衡以扈卫单弱，请帝避其

锋，潜善以为不足虑，率同列听浮屠克勤说法。"结果泗州很快报告金军将至，宋高宗连忙出逃，黄潜善也急忙出逃，随后逃难的人们相互踩踏，死伤无数。当时人们十分怨恨黄潜善，以至于司农卿黄锷出逃时，军士听说有黄姓的官员路过便以为是黄潜善，不等他分辩便将他杀死。

【8】萧宝卷，即南朝齐皇帝，荒淫无道，梁兵围困京城时，他仍在含德殿吹笙歌作《女儿子》。当夜还未睡熟，就被属下将领杀死，梁武帝萧衍下令封其为东昏侯。

【9】陈叔宝，南朝陈末代皇帝。在位时广修宫室，饮酒取乐，荒淫无道。又宠幸贵妃张丽华及多名妃嫔美人，经常将一些善于文学的大臣召入宫中饮酒作诗。后来五十万隋军南征，他自恃长江天险，不以为意，继续饮酒作诗。第二年正月，隋将韩擒虎奇袭攻入建康，陈叔宝惊慌失措，与贵妃躲于井中，被俘。被俘后，隋文帝经常邀请他参加宴会，特意不演奏江南音乐以避免他伤心，他却终日饮酒取乐，"每日与子弟饮酒一石"。隋文帝听闻此事后，也感叹道："陈叔宝全无心肝。"又说：贺若弼进攻京口，守军告急，陈叔宝却不予理会，继续饮酒作诗；后来隋军进入宫殿，发现告急文书还在床下，封皮尚未拆去。陈的灭亡，可以说是天意。杜牧《台城曲》有"门外韩擒虎，楼头张丽华"一句，讽刺陈叔宝昏庸愚蠢。

【10】程子，即程颢，字伯淳，人称明道先生，北宋理学家。谢上蔡，即谢良佐，字显道，上蔡人，程门弟子，人称上蔡先生。《宋元学案》卷十四《明道学案下》："《程氏遗书》曰：良佐昔录五经语作一册，伯淳见之，谓曰'玩物丧志'。"

【11】隋炀，隋炀帝杨广。在位期间，虽然多次完善政治制度，但好大喜功，穷奢极欲，几乎年年都要征发重役。一方面，杨广修筑了诸如大运河等工程，推动经济发展；但是，极其繁重的徭役为百姓带来沉重负担，最终激起隋末民众乃至贵族的大规模起义，导致隋朝土崩瓦解，杨广自己也被叛军杀死。杨广还是隋唐时期较有代表性的诗人之一，又有大量经过妥善保管的藏书。《资治通鉴》记载："帝幸书室，户扉及厨扉皆自启。"

【12】宋徽宗，赵佶，北宋最后的两位皇帝之一。精于书画，是著名的画家、书法家，对中国绘画和书法的发展起了巨大的推动作用；又通晓音乐，能作词。但是他"诸事皆能，独不能为君"（脱脱语），在位期间任用贪官，横

征暴敛，又好大喜功，最终导致北宋被金国所灭。

【13】《新唐书·三宗诸子传》："孝敬皇帝弘，显庆元年立为皇太子。受《春秋左氏》于率更令郭瑜，至楚世子商臣弑其君，喟而废卷曰：'圣人垂训，何书此耶？'瑜曰：'孔子作《春秋》，善恶必书，褒善以劝，贬恶以诫，故商臣之罪，虽千载犹不得灭。'弘曰：'然所不忍闻，愿读他书。'"弘，即唐高宗太子李弘，武则天所生，性格仁孝，二十四岁时与高宗、武后赴合璧宫时暴病而亡。旧说他是被武则天毒死，但后代学者多认为他是因病而死。

【14】穆姜，春秋时鲁宣公夫人，鲁成公之母。穆姜和叔孙侨如私通，想合谋驱逐当时执政的季文子、孟献子而占据其家财，又想废掉成公而立其庶弟。鲁成公死，鲁襄公即位，她被迁往东宫。她命卜史占卦，得《艮》中的《随》卦，有出走的卦象，卜史便劝她出逃，她说："有四德者，《随》而无咎。我皆无之，岂《随》也哉？我则取恶，能无咎乎？必死于此，弗得出矣。"最后她死在东宫。

【15】《后汉书·光武帝纪》记载，建武十七年（41 年）光武帝因郭皇后舅父叛乱被杀及失宠，便找借口将她废为中山王太后，改立原配阴丽华为皇后。第二年，又下诏说："《春秋》之义，立子以贵。东海王阳，皇后之子，宜承大统。皇太子疆，崇执谦退，愿备藩国，父子之情，重久违之。其以疆为东海王，立阳为皇太子，改名庄。"刘庄即是后来的汉明帝。"《春秋》之义，立子以贵"见于《公羊传·隐公元年》："立嫡以长不以贤，立子以贵不以长。恒（鲁恒公）何以贵？母贵也。母贵则子何以贵？子以母贵，母以子贵。"光武帝依据《公羊传》的原则，将被废的郭皇后的儿子原皇太子刘疆降为藩王，改立皇后阴丽华的儿子刘庄为皇太子。大伦，即人伦。《孟子·滕文公上》："教以人伦：父子有亲，君臣有义，夫妇有别，长幼有叙，朋友有信。"又《论语·微子》："子路曰：'不仕无义。长幼之节，不可废也；君臣之义，如之何其废之？欲洁其身，而乱大伦。'"

【16】《汉书·匈奴传》记载，王莽曾"奏令中国不得有二名，因使使者以讽单于，宜上书慕化为一名，汉必加厚赏。单于从之，上书言：'幸得备藩臣，窃乐太平圣制。臣故名囊知牙斯，今谨更名曰知。'莽大悦。"又《公羊传·定公六年》："季孙斯、仲孙忌帅师围运。此仲孙何忌也，曷为谓之仲孙忌？讥二名。二名，非礼也。"讥二名，即起两个字的名字，这在古代被认为

是"非礼"。王莽执政时实行复古，于是要求人们将"二名"改为"一名"。

【17】《周礼·地官司徒泉府》："凡民之贷者，与其有司辨而授之，以国服为之息，凡国之财用取具焉。岁终，则会其出入而纳其余。"国服，原为某一地区出产产品，王安石借用此经文推行新法之中的青苗法，内容是农民可以向官府借贷粮食或现钱补助耕作，借款本金随春秋两税偿还。但是在实行过程中，由于侵犯了大地主高利贷的利益，遭到他们的一致反对，一些人故意扭曲破坏新法；再加上青苗法在实施上有着不够灵活、时间不合理等缺点，遭到农民的痛恨。最终，青苗法被彻底废除。经且为蠹，意思是以上汉儒、王莽、王安石妄用经义，犹如蠹虫蛀蚀经文。

【18】这里指刘邦诛杀韩信、彭越等异姓诸侯王。

【19】此处指汉光武帝废太子刘疆，另立刘庄为太子事。元良，《礼记·文王世子》："一有元良，万国以贞，世子之谓也。"后人以元良作为太子的代称。

【20】《史记·留侯世家》记载："留侯曰：'愿弃人间事，欲从赤松子游耳。'乃学辟谷，道引轻身。"一说，张良是因自己功高震主，且宫廷斗争激烈，于是借口修道避祸。辟谷，不食五谷，吸风饮露，被道士认为是长生不老的方法。炉火，指道家烧丹炼汞之术。彼家，儒家指佛、道为彼家。

【21】《汉书·丙吉传》："吉又尝出，逢清道，群斗者死伤横道，吉过之不问。掾史独怪之。吉前行，逢人逐牛，牛喘吐舌。吉止驻，使骑吏问：'逐牛行几里矣？'掾史独谓丞相前后失问。或以讥吉，吉曰：'民斗相杀伤，长安令、京兆尹职所当禁备逐捕……宰相不亲小事，非所当于道路问也。方春少阳用事，未可大热，恐牛近行用暑故喘，此时气失节，恐有所伤害也。三公典调和阴阳，职当忧，是以问之。'掾史乃服，以吉知大体。"丙吉，字少卿，西汉宣帝时贤相，执政时为人宽和，又能知人善任。

【22】吾十有五而志于学，出自《论语·为政》。

论岳飞

王夫之

题 解

　　本文选自王夫之的史论散文集《宋论》的第十卷《高宗》，节选了论述岳飞自身缺陷的一部分。对于岳飞这位家喻户晓的英雄，人们往往称赞他有勇有谋，而痛恨宋高宗与秦桧等卖国投降的奸佞之人阴谋暗害岳飞，造成北伐大业功亏一篑。但在本文中，王夫之也指出了岳飞自身的缺陷，即对于当时的政治斗争环境把握不清，使"功高震主"的印象形成；而他不善于处理同僚关系，更是为他的悲剧结局埋下了伏笔。

　　相臣[1]而立武功，周公而后，吾未见其人也。帅臣而求令誉，吾未知吉甫[2]之果能称焉否也？帅臣之得令誉也有三：严军令以禁掠夺，为软语以慰编氓，则民之誉归之；修谦让以谨交际，习文词以相酬和，则士之誉归之；与廷议而持公论，屏奸邪以交君子，则公卿百僚之誉归之。岳侯之死[3]，天下后世皆为扼腕，而称道之弗绝者，良繇是也。唯然，而君子惜之，惜其处功名之际，进无以效成劳于国，而退不自保其身。遇秦桧[4]之奸而不免，即不遇秦桧之奸而抑难乎其免矣。

　　易曰："安其身而后动，定其交而后求。[5]"谓名之不可亟居，功之不可乍获也。况帅臣者，统大众，持大权，立大功，任君父安危存亡之大计，则求以安身而定上下之交，尤非易易矣。身不安则志不宁，交不定则权不重。志不宁，权不重，则力不足以宣，而挠之者起。挠之者起，则欲忘身以救君父之危，而不能毕遂其事；非但身试不测之渊而逢其沉溺也。君非大有为之君，则才不足以相胜；不足以相胜，则恒疑其不足以相统。当世材勇之众归其握，历数战不折之威，又为敌惮；则天下且忘临其上者之有天子，而唯震于其名，其势既如此矣。而在廷在野，又以恤民下士之大美竞相推诩。犹不审，而修儒者之容，以艺文抒其悲壮。于是浮华之士，闻声而附，诗歌咏叹，洋溢中外，流风所被，里巷亦竞起而播为歌谣，且为庸主宵人之所侧目矣。乃君之有得失也，人之有贤奸也，庙算之有进止也，廷臣无匡救之力，引己为援，己复以身任之；主忌益深，奸人之娼疾益亟，如是而能使身安以效于国者，未之有也。

故汉之功臣，发纵指示，一听之萧、张，绛、灌无文，不与随、陆[6]争春华之美。郭子仪身任安危，知李泌、崔祐甫[7]之贤，而不与纳交以结君子之好；知元载、鱼朝恩[8]之恶，而不相攻讦以触奸佞之机。李光弼改纪其军政，而不竞其长[9]；仆固怀恩[10]固属其部曲，而甘与为伍。乃以废斥之余，一旦跃起，而卒拯吐蕃之难[11]。以是动，而动罔不利也；以是求，而求无不得也。岳侯诚有身任天下之志，以奠赵氏之宗祏，而胡不讲于此耶？

宋氏之以猜防待武臣[12]，其来已夙矣。高宗之见废于苗、刘而益疑[13]，其情易见矣。张浚[14]之褊而无定，情已见乎辞矣。张俊、刘光世[15]之以故帅先达不能相下，其隙已成矣。秦桧之险，不可以言语争、名义折，其势已坚矣。而且明张纪律，柔声下气，以来牛酒之欢迎；而且缀采敷文，网罗文士，以与张九成[16]等相为浃洽；而且内与谏迭相扬诩，以辨和议之非；而且崖岸自矜，标刚正之目，以与奸臣成不相下之势；而且讥评张俊，历诋群将，以折张浚之辨[17]。合宰执、台谏、馆阁、守令之美，而皆引之于身，以受群言之赞颂。军归之，民归之，游士、墨客、清流、名宿莫不归之。其定交盛矣，而徒不能定天子之交；其立身卓矣，而不知其身之已危。如是而欲全其社稷之身以卫社稷也，庸可得乎？

呜呼！得失成败之枢，屈伸之闲而已。屈于此者伸于彼，无两得之数，亦无不反之势也。故文武异用，而后协于一。当屈而屈者，于伸而伸，非迫求而皆得也。故进退无恒，而后善其用。岳侯受祸之时，身犹未老。使其弢光敛采，力谢众美之名；知难勇退，不争旦夕之功；秦桧之死，固可待也。完颜亮之背盟[18]，犹可及也。高宗君臣，固将举社稷以唯吾是听，则壮志伸矣。韩、刘锜、二吴不惩风波之狱[19]，而畜其余威以待，承女直内乱[20]以蹑归师，大河以南，无难席卷。即不能犁庭扫穴以靖中原，亦何至日敝月削，以迄于亡哉[21]？故君子深惜岳侯失安身定交之道，而尤致恨于誉岳侯者之适以杀岳侯也。悠悠之歌诵，毒于谤讪，可畏矣夫！知畏之，则所以弭之者，亦必有其道矣。

注　释

【1】相臣，指岳飞。岳飞曾任枢密副使，相当于副宰相。

【2】吉甫，尹吉甫，周宣王时辅政重臣，曾辅佐年轻的周宣王大力恢复国人暴动后受到损害的国力，又为周宣王多次出征。

【3】岳飞于宋高宗绍兴十一年（1142年）四月官拜枢密副使，但仍未获得军权；八月，万俟卨等人上疏弹劾岳飞；九月八日，岳家军鄂州前军副统制王俊告发岳飞曾写信给部将张宪和长子岳云，要求他们起兵造反，迫使朝廷恢复岳飞军职。十月，岳飞、岳云、张宪三人被逮捕；十一月二十七日，岳云及张宪被斩首；十二月二十九日除夕之夜，宋高宗下诏"特赐死"，在杭州大理寺风波亭命岳飞自饮毒酒。经此后学者考证及宋孝宗的平反可以确定，岳飞起兵造反一事纯属子虚乌有。

【4】秦桧，字会之，江宁（今江苏省南京市）人。早年曾任太学学正，后随徽、钦二帝一同前往北方。宋高宗建炎四年（1130年），秦桧与妻子王氏及仆从返回南宋，自称是杀死看守士兵后夺小船逃回，朝野多有怀疑，只有宰相范宗尹等人力保。几天后，他朝见高宗，以"如欲天下无事，南自南，北自北"的建议得到高宗赏识，被任命为礼部尚书。此后他逐渐掌权，开始推行

和议主张，排挤主张抗金的大臣，又阴谋害死岳飞。此后秦桧大权独揽，一直到去世，他的余党仍继承他的主张，有多人窃据相位。直到宋孝宗时，才剥夺宋高宗追封的王爵及谥号"忠献"，改谥为"谬丑"。

【5】《易·系辞下》："君子安其身而后动，易其心而后语，定其交而后求。"

【6】萧，萧何。张，张良。萧何与张良当时是刘邦最重要的文臣，负责为刘邦出谋划策。绛，绛侯周勃。灌，灌婴。二人都是武将。随，随何，曾说服九江王英布，使其投降刘邦。陆，陆贾，汉初大臣，为汉初道家思想确立统治地位起到了重要作用。

【7】李泌，肃宗时参与议定军国大计，唐德宗时出任宰相，负责制定平乱战略，是中唐著名的贤相。崔祐甫，唐德宗时与郭子仪同列宰相。

【8】元载，唐代宗时宰相，因拥立唐代宗有功而得到重用，又帮助唐代宗铲除宦官李辅国、鱼朝恩，于是大权独揽。后因骄纵贪婪，被唐代宗赐死。鱼朝恩，唐肃宗、代宗时太监，因护驾有功逐渐掌权，统领神策军，开创唐代宦官专权的局面，后被元载设计杀死。

【9】李光弼早年与郭子仪关系不好，但后来郭子仪却推荐李光弼为节度使，与他一同击破安史叛军。

【10】仆固怀恩，唐朝铁勒族仆固部将领，长期随郭子仪作战，其家族共有四十余人为国殉难。后被诬陷，于是引吐蕃、回纥军队入侵，结果被郭子仪击退。

【11】此处指唐代宗宝应元年（762年），郭子仪被人陷害而解除兵权；第二年，仆固怀恩引吐蕃、回纥入侵，吐蕃军队直逼长安，唐代宗出逃，郭子仪便沿途收拢散兵，用疑兵之计吓退吐蕃军队，光复长安。

【12】宋太祖赵匡胤本就是以武将身份夺取帝位，因此宋朝统治者对于武将极为猜忌防范，先是通过"杯酒释兵权"夺取武将手中的兵权，又建立调将指挥制，限制武将权力。一方面，宋朝避免了唐代以来藩镇割据的危险；另一方面，宋朝也造成军队战斗力薄弱，对外战争屡屡失败的弊端。

【13】宋高宗建炎三年（1129年），苗傅、刘正彦等将领不满宋高宗宠信宦官康履及权臣王渊，于是发动兵变杀死二人，质疑宋高宗的正统地位，迫使高宗让位于年仅三岁的皇太子。此后诸将纷纷率兵勤王，二人慌乱不已，便

从宋高宗处索要免死铁券（宋高宗知二人学识不丰，于是在铁券上写上"除大逆外，余皆不论"）后出逃，最后被捕杀处死。此后，宋高宗对武将更加不信任，对北方徽、钦二帝也更为忌惮。

【14】张浚，宋高宗时重领。因平苗、刘叛乱有功而得到器重。但在秦桧掌权后，他因反对议和而被排挤。宋孝宗时，他奉命组织北伐，结果在符离惨败，不仅造成秦桧党羽重新掌权，还使得宋朝再次与金国签订和议。后世对他争议颇大，一方面对他的敢于抗争、提拔多位优秀将领予以赞赏，一方面也对他弹劾李纲，冤杀曲端，引荐秦桧和三次惨败的事情予以批判。

【15】张俊，宋高宗时将领，原为岳飞上司，不断向朝廷推荐提拔岳飞。但由于岳飞不断得到晋升，以至于与张俊并列，张俊心中便生不满。绍兴十一年（1141 年），金军进攻淮西地区，宋高宗急令张俊守卫淮西，其余各镇立刻派兵救援。但是由于多种原因（此处学界至今有争议，一说由于岳飞与张俊不和导致贻误战机，一说张俊夸大其辞导致朝廷误判形势），岳飞的援军未能及时赶到，宋军大败。宋高宗认为岳飞已经失去控制，对岳飞愈加忌惮，岳飞被害时，朝廷定下的最为重要的罪名就是岳飞拥兵自重，坐观成败。

刘光世，宋高宗时将领，在平定苗、刘叛乱时有功，获重用。但由于治军不严，属下多有流寇、叛军依附，最后造成流寇出身的郦琼率四万人投降伪齐政权；又常常避敌不战，侵占田产，被张浚弹劾而免职。

【16】张九成，南宋经学家、理学家，曾任宗正少卿等职务，后因反对和议被秦桧排挤出朝。

【17】此处指岳飞曾讥讽张浚一事。张浚一次出任督军之时，曾对宋高宗说："臣当先驱清道，望陛下六龙凤驾，约至汴京，作上元帅。"岳飞却讥讽道："相公得非睡语乎？"此外，在刘光世被解除兵权，张浚收编刘光世部队时，也曾因张浚提出的数个都统制人选都被岳飞驳回而表达不满。

【18】此处指绍兴三十一年（1161 年），金主完颜亮背弃绍兴和议，率六十万大军进攻南宋，结果在采石被宋将虞允文击败。此战后，完颜亮强令金军三天内渡过长江，结果被将领刺杀。

【19】韩，韩世忠，宋高宗时将领。早年多有战功，后在苗、刘之变中救驾有功得到高宗信任。建炎三年，金兀术率军南下，攻破临安，直逼建康，韩世忠率军八千在黄天荡围困十万金军长达四十余日（《宋史》《金史》关于黄

天荡的记载多有矛盾，学界认为这两部文献的记载都有夸大之嫌），最后金军乘风纵火才得以逃脱。后来秦桧打算迫害众将时，本欲先迫害韩世忠，结果韩世忠事先得到岳飞密信而进宫哭诉，迫使秦桧将目标转向岳飞。绍兴十一年，岳云、张宪将被处死前，他曾上闯秦桧府邸质问，秦桧回答："飞子云与张宪书，虽不明，其事体莫须有。"韩世忠当面驳斥"莫须有"三字如何服众。此后，韩世忠自请解职，绝口不提军事，而以游宴为乐。

刘锜，原为张浚下属，颇受张浚器重。后率领"八字军"抗金，在顺昌大败金军，受到重用，以至于引起张俊等将领的不满。淮西之战时，刘锜与张俊发生争执，结果被张俊联合秦桧将其罢免。秦桧死后，刘锜被重新启用，完颜亮南侵时，刘锜统兵御敌，由于他重病缠身，他的部下又冒进，结果惨败。刘锜素有威名，相传完颜亮南侵时，列举宋军诸将问部下能否抵挡，至刘锜，无人敢应，完颜亮便说："吾自当之。"

二吴，指吴玠、吴璘兄弟，都是宋高宗时将领。兄弟二人原为曲端部将，被张浚赏识而受重用；后来负责守卫川陕，在和尚原、仙人关两次击败金军入侵，使金军不敢再进犯蜀地。

风波之狱，指岳飞在风波亭被害一事。又，《宋史》对于岳飞遇害经过没有详细记载，所谓岳飞在风波亭遇害可能是后人杜撰。

【20】女直，即女真。内乱，指金主完颜亮被部将杀死，完颜雍自立为金世宗，军心大乱。

【21】岳飞死后，宋朝曾经组织过多次北伐，大都无功而返。后来，宋理宗端平元年（1234年），宋朝联合蒙古灭金；此后蒙古南侵，至元十三年（1276年）元军攻占临安，至元十六年（1279年）陆秀夫背负幼主在崖山跳海身亡，至此南宋灭亡。

编者注

相对于岳飞所受的忌恨，完颜宗弼（也就是人们所熟知的"兀术"）却受到了金廷的绝对信任。作为太祖完颜阿骨打的第四子，完颜宗弼屡立战功，尤其"搜山检海"追击宋高宗更是一战成名。此后，完颜宗弼虽然多次败给韩世忠、吴玠、岳飞等人，金廷却依旧对他信任有加，不仅按照他的提议解除了接受贿赂的完颜昌兵权，诛杀女真文字的创制者、左丞相

完颜希尹，还加封他为太傅、太师、都元帅，独掌军政大权。而在完颜宗
弼的率领下，金最终与南宋签订了绍兴和议，而他也被评价为完颜宗翰之
后金国最优秀的将领。

影梅庵忆语

冒襄

> 冒襄，字辟疆，号巢民。如皋（今江苏省如皋市）人。明末
> 四公子之一。著名文学家、书法家。
>
> 冒襄祖上是蒙古贵族、文学世家，早年曾在书画大家董其昌
> 门下求学。屡试不中后参加复社，因揭发阮大铖罪行而被报复，
> 幸得人救助而脱逃，此后便返乡归隐。清朝建立后，曾多次请他
> 出山，他坚辞不就。冒襄治诗文，善书画，又好接济乡人，曾两
> 次变卖家产救济灾荒，导致家道中落。
>
> 明亡以前，冒襄是当时的"四公子"之一，有才气而风流倜傥，
> 又与多位歌伎交游，其中最为后人传唱的当属他与秦淮名妓董小
> 宛的故事。

题　解

明末清初之时，有一批名重一时的文人学士，与秦淮地区的众多名妓
相互交往，随着时代的变迁，留下了许多悲欢离合的故事。这些故事，大
多在朝代交替的背景下，具有浓重的政治色彩。这部《影梅庵忆语》便讲
述了冒襄与董小宛这对才子佳人的往事。本文节选的是二人出逃避难的
一段。

董小宛，名白，字小宛，号青莲，"秦淮八艳"之一，是明末名动一
时的名妓。董小宛十六岁时结识冒襄，此后便倾慕于他，但冒襄却属意陈

圆圆。后来陈圆圆被李自成掳走，冒襄便纳董小宛为妾。二人婚后十分恩爱，但由于清兵南下，二人不得不逃离家乡，在辗转九年后，董小宛在清顺治八年（1651 年）病死，年仅二十八岁。冒襄十分悲痛，于是写下《影梅庵忆语》，记录他们二人曾经的生活琐事。全书感情真挚，在看似平淡的故事中，将夫妻之间的一片深情描绘出来。

　　乙酉流寓盐官[1]，五月复值崩陷[2]，余骨肉不过八口，去夏江上之累，缘仆妇杂沓奔赴，动至百口，又以笨重行李四塞舟车，故不能轻身去。且来窥瞷[3]，此番决计置生死于度外，扃户[4]不他之。乃盐宫城中，自相残杀，甚哄，两亲又不能安，复移郭外大白居。余独令姬率婢妇守寓，不发一人一物出城，以贻身累[5]。即侍两亲、挈妻子流离，亦以孑身[6]往。乃事不如意，家人行李纷沓违命而出。

　　大兵迫檇李[7]，薙发之令[8]初下，人心益皇皇。家君复失去惹山，内外莫知所措，余因与姬决[9]："此番溃散，不似家园，尚有左右之者，而孤身累重，与其临难舍子，不若先为之地。我有年友[10]，信义多才，以子托之，此后如复相见，当结平生欢，否则听子自裁，毋以我为念。"姬曰："君言善。举室皆倚君为命，复命不自君出，君堂上膝下，有百倍重于我者，乃以我牵君之臆，非徒无益，而又害之。我随君友去，苟可自全，警当匍匐以俟君回；脱有不测。前与君纵观大海，狂澜万顷，是否葬身处也！"方命之行，而两亲以余独割[11]姬为憾，复携之去。自此百日，皆展转深林僻路、茅屋渔艇。或一月徙，或一日徙，或一日数徙，饥寒风雨，苦不具述，卒于马鞍山遇大兵，杀掠奇惨，天幸得一小舟，八口飞渡，骨肉得全，而姬之惊悸瘁瘀[12]，至矣尽矣！

　　秦溪蒙难之后，仅以俯仰八口免，维时仆婢杀掠者几二十口，生平所蓄玩物及衣贝，靡孑遗矣。乱稍定，匍匐入城，告急于诸友，即襁被[13]不办。夜假荫于方坦庵年伯[14]。方亦窜迹初回，仅得一毡，与三兄共裹卧耳房。时当残秋，窗风四射。翌日，各乞斗米束薪于诸家，始暂迎二亲及家累返旧寓，余则感寒，痢疟沓作矣。横白板扉为榻，去地尺许，积数破絮为卫，炉偎桑节[15]，药缺攻补。且乱阻吴门，又传闻家难剧起，自重九后溃乱沉迷，迄冬至前僵死，一夜复苏，始得间关[16]破舟，从骨林肉莽[17]中冒险渡江。犹不敢竟归家园，暂栖海陵。

阅冬春百五十日，病方稍痊。此百五十日，姬仅卷一破席，横陈榻边，寒则拥抱，热则被拂，痛则抚摩。或枕其身，或卫其足，或欠伸起伏，为之左右翼[18]，凡病骨之所适，皆以身就之。鹿鹿永夜，无形无声，皆存视听[19]。汤药手口交进，下至粪秽，皆接以目鼻，细察色味，以为忧喜。日食粗粝一餐，与吁天稽首外，惟跪立我前，温慰曲说，以求我之破颜。余病失常性，时发暴怒，诡谇[20]三至，色不少忤，越五月如一日。每见姬星靥[21]如蜡，弱骨如柴，吾母太恭人[22]及荆妻[23]怜之感之，愿代假一息。姬曰："竭我心力，以殉夫子。夫子生而余死犹生也；脱夫子不测，余留此身于兵燹[24]间，将安寄托？"

更忆病剧时，长夜不寐，莽风飘瓦，盐官城中，日杀数十百人。夜半鬼声啾啸，来我破窗前，如蛩[25]如箭。举室饥寒之人皆辛苦齁睡，余背贴姬心而坐，姬以子团握余手，倾耳静听，凄激荒惨，歔歔流涕。姬谓余曰："我入君门整四岁，早夜见君所为，慷慨多风义，毫发见微，不邻薄恶，凡君受过之处，惟余知之亮之，敬君之心，实逾于爱君之身，鬼神赞叹畏避之身也。冥漠有知，定加默佑。但人生身当此境，奇惨异险，动静备历，苟非金石，鲜不销亡！异日幸生还，当与君敝屣万有，逍遥物外，慎毋忘此际此语！"噫吁嘻！余何以报姬于此生哉！姬断断非人世凡女子也。

注　释

【1】乙酉，清顺治二年（1645年），是明朝灭亡后的第二年。流寓，流落他乡居住。盐官，在今浙江省海宁市。

【2】崩陷，指清军攻陷此地。

【3】窥睍（jiàn），揣测他人心意。

【4】扃（jiōng）户，关闭门户。扃，从外面关闭门户的门栓。

【5】以贻身累，以免招致祸端。

【6】孑（jié）身，单身，独身。

【7】檇（zuì）李，古地名，在今浙江省嘉兴市。

【8】薙（tì）发之令，即剃发令。清朝建立后，为了强迫南方汉民族对满族产生民族认同，便掀起要求男子改剃满族传统的髡发发型，号称"留头不留发、留发不留头"，这激起了汉族各阶层人士的普遍反抗，而清政府则采取血腥镇压政策，在南方数个地区展开大屠杀。后来，随着时代的变迁，清政府的法令也从初期严格要求男子只能留下铜钱大小的一点顶发的"金钱鼠尾"式转变为后来的猪尾式，对于服饰、裹足、留椎髻等行为也不再严格管束。

【9】决，通"诀"。

【10】年友，古代称呼在同一次科举考试中登科的人为"年友""同年"或"同科"。科举制度建立后，为了加强彼此之间的紧密联系，在科举考试中登科的考生往往称主考官为"座主"，自称"门生"，与同一榜考生相互称呼为"年友"，以求与主考官和其他考生加强联系而得到提拔重用；主考官也借机拉拢其中的优秀人才。这就造成了科举朋党的产生。虽然有多位皇帝曾采取措施打击通过科举结党的行为，但其影响往往仅限于一段特定时间内，无法从根本上解决问题。

【11】割，断绝，抛弃。

【12】瘁瘏（tú），病而不能言。

【13】襆（fú）被，用包袱裹束衣被。这里指床褥。

【14】方坦庵，即方拱乾，名若策，字肃之，号坦庵，安徽桐城人。明崇祯元年（1628年）进士，明亡后仕清，顺治年间因其五子涉及科场舞弊而被流放宁古塔，后放还。多有诗文传世，即使被流放也不忘吟诗。年伯，对与父

亲同年登科者的尊称，后来也用于泛指父辈。

【15】桑节，植物枝干相接处叫节，这里指用桑树枝干为柴。

【16】间关，辗转。

【17】骨林肉莽，形容清军在南方大屠杀之后的惨状。清军曾在扬州屠杀十日，逾八十万人遇害；在嘉定三次组织屠城，近十万人遇难；江阴、金华等地也出现了不同程度的屠杀。据学者考证，在明末清初的战争中，共有数千万人死亡，清顺治八年（1651年）时的人口统计表明全国只剩下一千多万人。

【18】为之左右翼，在身边细心照看帮扶。

【19】这句是说，视于无形，听于无声。极言细心周到，事事在意。

【20】诡诨（suì），责骂。

【21】星靥，明媚的酒窝。

【22】恭人，古代妇女封号之一，明清时是四品官员妻子的封号；若是追赠官员母亲或祖母，则称太恭人。

【23】荆妻，这里指冒辟疆的妻子苏元芳。

【24】兵燹（xiǎn），指战乱中纵火焚烧的灾祸。

【25】蛩（qióng），蟋蟀的别称。

口技

林嗣环

林嗣环，字起八，号铁崖。福建安溪赤岭后畲人（今福建省安溪县官桥镇赤岭村）。自幼聪颖，七岁便能属文，以至于参加科举时被考官认为是代笔而不得中。后任大中大夫，调任广东琼州府（今海南省海口市琼山区）先宪兼提督学政。他在当地多有惠政，收到兵民爱戴；后官至山西左参政道。他性情耿介，为官清廉，死后因家贫无以为敛，由同年好友将其安葬。他为官时常常与民众亲近，因此他的作品也富有生活气息，语言朴素而感人。

题　解

本文是作者描述一场精彩的口技表演的散文。文章以逼真的描写，将口技表演的三个场面和欣赏表演的宾客反应表现得淋漓尽致，赞扬了口技表演者高超的技艺。本文据人教版课本有部分删改。

京中有善口技者。会宾客大宴，于厅事之东北角，施八尺屏障，口技人坐屏障中，一桌、一椅、一扇、一抚尺而已。众宾团坐。少顷，但闻屏障中抚尺一下，满坐寂然，无敢哗者。

遥闻深巷中犬吠，便有妇人惊觉欠伸，其夫呓语。既而儿醒，大啼。夫亦醒。妇抚儿乳，儿含乳啼，妇拍而呜之。夫起溺，妇亦抱儿起溺，床上又一大儿醒，狺狺不止。当是时，妇手拍儿声，口中呜声，儿含乳啼声，大儿初醒声，床声，夫叱大儿声，溺瓶中声，溺桶中声，一齐凑发，众妙毕备。满坐宾客无不伸颈，侧目，微笑，默叹，以为妙绝。

既而夫上床寝，妇又呼大儿溺，毕，都上床寝。小儿亦渐欲睡。夫呓声起，妇拍儿亦渐拍渐止。微闻有鼠作作索索，盆器倾侧，妇梦中咳嗽之声。宾客意少舒，稍稍正坐。

忽一人大呼"火起"。夫起大呼，妇亦起大呼。两儿齐哭。俄而百千人大呼，百千儿哭，百千犬吠。中间力拉崩倒之声，火爆声，呼呼风声，百千齐作；又夹百千求救声，曳屋许许声，抢夺声，泼水声。凡所应有，无所不有。虽人有百手，手有百指，不能指其一端；人有百口，口有百舌，不能名其一处也。于是宾客无不变色离席，奋袖出臂，两股战战，几欲先走。

忽然抚尺一下，群响毕绝。撤屏视之，一人、一桌、一椅、一扇、一抚尺而已。

李姬传

侯方域

> 侯方域，字朝宗，号雪苑、杂庸子，河南商丘人，明末清初文人，与汪琬、魏禧合称"明末清初散文三大家"。与冒襄、陈贞慧、方以智，合称"明末四公子"。出身明末世家大族，父祖均为东林党人，在与阉党的斗争中被贬黜。明末时加入复社，因遭阮大铖陷害而被迫避祸，又遭逮捕；南明灭亡后参加清朝科举，后又为此事后悔，于是作《壮悔堂文集》。他与秦淮名妓李香君的爱情故事经清初作家孔尚任编为《桃花扇》，对后世影响很大。

题 解

李姬，即李香，又称李香君，明末"秦淮八艳"之一。她擅长歌舞，精于音律，丝竹琵琶诗词歌赋无一不通。但相比起这些才华，她的见识与气节更为可贵。本文便是明末才子侯方域记叙她的气节与见识的文章，文章通过记叙她的事迹，将她的忠贞、勇敢和智慧生动地描绘出来。后来，孔尚任将他们二人的故事编为剧本《桃花扇》，轰动一时。

李姬[1]者，名香，母曰贞丽。贞丽有侠气，尝一夜博，输千金立尽。所交接皆当世豪杰，尤与阳羡陈贞慧[2]善也。姬为其养女，亦侠而慧，略知书，能辨别士大夫贤否，张学士溥[3]、夏吏部允彝[4]急称之。少风调皎爽不群。十三岁，从吴人周如松[5]受歌玉茗堂四传奇[6]，皆能尽其音节。尤工琵琶词[7]，然不轻发也。

雪苑侯生[8]，己卯[9]来金陵，与相识。姬尝邀侯生为诗，而自歌以偿之。初，皖人阮大铖者[10]，以阿附魏忠贤论城旦[11]，屏居金陵，为清议所斥[12]。阳羡陈贞慧、贵池吴应箕实首其事，持之力[13]。大铖不得已，欲侯生为解之，乃假所善王将军，日载酒食与侯生游。姬曰："王将军贫，非结客者，公子盍叩[14]之？"侯生三问，将军乃屏人述大铖意。姬私语侯生曰："妾少从假母识阳羡君，其人有高义，闻吴君尤铮铮，今皆与公子善，奈何以阮公负至交乎！且以公子之世望[15]，安事阮公！公子读万卷书，所见岂后于贱妾耶？"侯生大呼称善，醉而卧。王将军者殊怏怏，因辞去，不复通。

未几，侯生下第[16]。姬置酒桃叶渡[17]，歌琵琶词以送之，曰："公子才名文藻，雅不减中郎。中郎[18]学不补行，今琵琶所传词固妄[19]，然尝昵董卓[20]，不可掩也。公子豪迈不羁，又失意，此去相见未可期，愿终自爱，无忘妾所歌琵琶词也！妾亦不复歌矣！"

侯生去后，而故开府田仰者[21]，以金三百锾[22]，邀姬一见。姬固却之。开府惭且怒，且有以中伤姬[23]。姬叹曰："田公岂异于阮公乎？吾向之所赞于侯公子者谓何？今乃利其金而赴之，是妾卖公子矣！"卒不往。

注 释

【1】李香是当时南京秦淮名妓。明末时，作为明朝陪都的南京是江南第一大都会，歌馆酒楼众多，多有名士流连其间。而当地的妓女也多有才华，且多以依附名士为荣幸。因此，当时多有名士与名妓的浪漫故事出现。

【2】陈贞慧，字定生，宜兴人，为复社重要成员，明亡不仕，有《皇明语林》。

【3】张学士溥，即张溥。

【4】夏吏部允彝，即夏允彝，字彝仲，华亭人，崇祯进士，创立几社，南明时任吏部主事，故称。

【5】周如松，即苏昆生，河南固始人，精通音律，善歌，被誉为"南曲当今第一"。

【6】玉茗堂，明代剧作家汤显祖的书斋名。四传奇，指《紫钗记》《牡丹亭》《邯郸记》《南柯记》。

【7】琵琶词，即高明《琵琶记》。

【8】雪苑，汉梁孝王梁苑，后因南朝谢惠连作《雪赋》，也称雪苑。其故址在河南商丘，而侯方域正是河南商丘人，因此自称雪苑侯生。

【9】己卯，明崇祯十二年（1639年），侯方域二十二岁。

【10】阮大铖，字圆海，安徽怀宁人，明末剧作家、权奸。本为东林党人，因与东林党赵南星结怨而依附魏忠贤，魏忠贤倒台后削职为民，流寓南京。在南京，他拉拢名流，复社名士作《留都防乱公揭》以抵制。后来他以马士英的关系升任兵部尚书，于是依据《留都防乱公揭》捕杀复社成员。清军攻陷南京，阮大铖投降，随清军攻仙霞关时死在路上。阮大铖人品卑劣，但文采颇佳，精于诗文、戏剧。

【11】城旦，古代刑罚名。《墨子·号令》："今令为除死罪二人，城旦四人。"孙诒让《墨子闲诂》引应劭语："城旦者，旦起行治城，四岁刑也。"后指徒刑或流放。这里指阮大铖被罚削职为民。

【12】为清议所斥，指复社成员起草的《留都防乱公揭》。

【13】力，坚决。

【14】叩，询问。

【15】世望，家世和名望。侯方域出身世家，祖执蒲、父恂、叔恪都曾任明朝官员，属东林党人。

【16】下第，指侯方域应江南乡试未中。

【17】桃叶渡，南京秦淮河口的一个渡口，相传晋代王献之在此与其爱妾桃叶告别而得名。

【18】中郎，指东汉文学家蔡邕，他曾任左中郎将，因此称中郎。

【19】琵琶所传词固妄，指《琵琶记》中讲述蔡伯喈与赵五娘的故事，实际是附会蔡邕的事迹。

【20】尝昵董卓，指董卓被刺杀后，曾被董卓重用的蔡邕为他哀悼，王允便将他下狱，后来他死在狱中。

【21】田仰，字百源，贵州人，与马士英有亲，弘光朝官淮扬巡抚。

【22】锾（huán），货币量词。《尚书·吕刑》："墨辟疑赦，其罚百

镪。"孙星衍《尚书今古文注疏》："一说为六两，一说为十铢二十五分之
十三。"后借用为钱币数。三百镪，即三百金。

【23】侯方域曾作《答田中丞书》，驳斥田仰声称李香却金拒招是受其指
使。这里所指，应是田仰恼羞成怒，便诬陷李香与复社人士有联系。

芋老人传

周容

> 周容，字鄮山，一字茂三，又作茂山，号躄堂；明末清初鄞
> 县（今浙江省宁波市）人。他曾受知于御史戴殿臣，戴殿臣为海
> 盗掠去，他便以身为质代其受刑，时人多有赞誉。明亡后周容出家，
> 又因需孝敬母亲而还俗。周容诗书画皆精，时人谓之"画胜于文，
> 诗胜于画，书胜于诗"。

题　解

本文选自周容的《春酒堂文集》，是一篇散文寓言，主要讲述一位老
翁用芋头来招待贫寒的书生，书生觉得芋头十分美味，便立誓不忘老翁的
恩情。后来他升任宰相，日夜思念当初所吃的芋头，可是厨师所煮的芋头
却令他不能满意。于是，他将那位老翁接到京城，可老翁却说味道的好坏
并非是烹调方式不同，而是境遇产生了变化。本文文笔流畅而内涵深刻，
发人深思。

芋老人者，慈水祝渡人也。子佣出，独与妪居渡口。一日，
有书生避雨檐下，衣湿袖单，影乃益瘦。老人延入坐，知从郡城
就童子试归。老人略知书，与语久，命妪煮芋以进；尽一器，再进。

生为之饱，笑曰："他日不忘老人芋也。"雨止，别去。

十余年，书生用甲第为相国[1]，偶命厨者进芋，辍箸叹曰："何向者祝渡老人之芋之香而甘也！"使人访其夫妇，载以来。丞、尉闻之，谓老人与相国有旧，邀见，讲钧礼[2]。子不佣矣。

至京，相国慰劳曰："不忘老人芋，今乃烦尔妪一煮芋也。"已而妪煮芋进，相国亦辍箸曰："何向者之香而甘也！"老人前曰："犹是芋也，而向者之香且甘者，非调和之有异，时、位之移人也。相公昔自郡城走数十里，困于雨，不择食矣；今者堂有炼珍[3]，朝分尚食，张筵列鼎，尚何芋是甘乎？老人犹喜相公之止于芋也。老人老矣，所闻实多：村南有夫妇守贫者，织纺井臼，佐读勤苦；幸获名成，遂宠妾媵，弃其妇，致郁郁死。是芋视乃妇也。城东有甲乙同学者，一砚、一灯、一窗、一榻，晨起不辨衣履；乙先得举，登仕路，闻甲落魄，笑不顾，交以绝。是芋视乃友也。更闻谁氏子，读书时，愿他日得志，廉干如古人某，忠孝如古人某；及为吏，以污贿不饬[4]罢，是芋视乃学也。是犹可言也。老人邻有西塾[5]，闻其师为弟子说前代事，有将、相，有卿、尹，有刺史、守、令，或绾黄纡紫，或揽辔褰帷[6]，一旦事变中起，衅孽外乘，辄屈膝叩首迎款，唯恐或后，竟以宗庙、社稷、身名、君宠，无不同于芋焉。然则世之以今日而忘其昔日者，岂独一箸间哉！"

老人语未毕，相国遽惊谢曰："老人知道者！"厚资而遣之。于是芋老人之名大著。

赞曰：老人能于倾盖不意，作缘相国，奇已！不知相国何似，能不愧老人之言否。然就其不忘一芋，固已贤夫并老人而芋视之者。特怪老人虽知书，又何长于言至是，岂果知道者欤？或传闻之过实耶？嗟夫！天下有缙绅士大夫所不能言，而野老鄙夫能言之者，往往而然。

注 释

【1】用甲第为相国，由考取一甲进士而官至宰相。

【2】钧，通"均"。钧礼，平等的礼节。

【3】炼珍，烹制精美的食品。宋代陶穀《清异录》："段文昌精食事，第中庖所，榜之曰炼珍堂。"

【4】不饬，行为不轨。

【5】西塾，学塾。古时主人居于东面，客人居于西面，因此称塾师为西宾，称学塾为西塾。

【6】揽辔，《后汉书·范滂传》："滂揽辔登车，慨然有澄清天下之志。"褰帷，《后汉书·贾琮传》："琮为冀州刺史。旧典，传车骖驾，垂赤帷裳，迎于州界。及琮之部，升车言曰：'刺史当远视广听，纠察美恶，何以反垂帷裳以自掩塞乎！'乃命御者褰之。"

王安石论

方孝标

方孝标，本名玄成，避康熙帝玄烨讳，以字行，别号楼冈，安徽桐城人。清顺治六年（1649年）进士，任弘文院侍读学士，因其弟方章钺卷入科举舞弊案与其父兄一同流放宁古塔，后被释放。康熙九年（1670年）在吴三桂处出仕，三藩之乱前逃离云南，著《滇黔纪闻》，记载明末清初故事。戴名世作《南山集》时，也收录了其中不少内容。后来，戴名世被人告发在《南山集》中采用南明年号而遭斩首，方孝标也被牵连，被掘墓锉骨，亲族坐死及流徙者甚多。

题 解

本文是一篇史论。文章先提出三种评价王安石变法的谬论，又对其进行一一批驳；然后陈述新法失败的真正原因，和宋朝逐渐衰落的根本原因。本文观点新颖，给后世史家以有益的启发。

王安石以新法佐宋神宗治天下，而是非相乘，卒至于乱。说者谓靖康、建炎之祸[1]，皆由所为，故追论之，若其奸有浮于章惇[2]、蔡京者[3]。嘻，此曲士[4]之论也。

说者曰：祖宗之法，不当变也。夫祖宗之法，诚不当变。然宋之祖宗，与三代之君何如？以三代之法，不能无弊，而有忠、质、文[5]之变。宋之祖宗，岂有万世不变之法哉？且庆历[6]之初，杜、范诸公已有欲变之者矣。后此又数十年，弊当更甚。当时如吕正献[7]、苏文忠[8]辈，亦尝欲变之矣。向使安石能待其学之既成，而后出图天下之事，视其可变者变之，不可变者因之，有功则已不尸，无功则又集天下之公议，精思而熟讲之，安见变法之非至理哉？而惜其不能待，故无成也。呜呼，成败岂足论人哉！

说者又曰：志太高也。夫以汉文帝、唐太宗为不足法，而望其君为尧、舜，诚高矣。夫人臣事君而不举其至高者以为责，岂忠乎？且尧、舜之政，亦未尝不可行也。天地所留，方策所布，神而明之责在后人。向使诸君子不以天下马安石一人之天下，而虚衷和气，相与于成，尧舜岂不可复见哉？乃安石以躁成其愤，而诸君子亦以愤成其偏。安石诚有罪于诸君子，而诸君子亦不能告无过于安石也。

说者又曰：听用非人也。夫以当世元臣故老、正士贤人，皆环向而立，而无一人之助，小人遂乘其孤而阴用之，岂安石之心哉？程子曰："新法之行，我辈有以激之。"洵定论也。

然则宜何等乎？曰：安石有治天下之才，而未知治天下之道；虽有乱天下之迹，而实无乱天下之心。诸君子特以其据位之久，得君之专，而史意气高远，议论谲肆，虽竭天下之才智以攻之而不能摧，辩之而不能屈，故积其攻之辩之之气以出于正，而元祐之诛求[9]；又积其不能摧不能屈之气以出于邪，而为绍圣之报复[10]：宋之为宋不支矣。呜呼！此岂一人之罪哉！

吾常见范增之事项籍，不用而愤惋以死，谓其弊在居家好奇计耳。霍光之受天任也，不学无术，后世讥之[11]。夫计与术，皆不得已而用之者也。人以为奇，我以为常，乃善耳。术者，亦必本乎学也。苟无其学，斯无其术。安石虽非不学之流，而实有好奇之志，故亦适成其无术耳。然则安石者，乃范增、霍光之等也，若章惇、蔡京，小人之尤，岂其伦哉？

吾不忍以安石之贤而见诬如此，故为一言。

注 释

【1】靖康，指靖康之耻。建炎，指宋高宗年间对金人投降退让，冤杀岳飞，最后签订绍兴和议向金称臣，将淮河以北地区拱手让人。

【2】章惇，字子厚，福建浦城人。早年参与王安石变法，宋哲宗继位后因与司马光在宣仁太后面前争论废除新法问题而出知汝州。宣仁太后死后他返回朝廷，主持恢复新法，排挤司马光为首的旧党，并对反对新法的言论加以管制。宋徽宗即位后，章惇因反对宋徽宗继位而遭到忌恨，不久便被外贬。《宋史》将他列入《奸臣传》，而后世史家多认为此举不妥。

【3】蔡京，字元长，福建仙游人。早年在新旧党间见风使舵，又借童贯的关系得以掌权，以恢复新法为名横征暴敛，又大兴土木，造成民怨沸腾，人们将他列为“六贼”之首。宋钦宗继位后被流放岭南，在途中病死。他是中国历史上著名的贪官，每到他的生日，天下郡国均有礼物，号“生辰纲”。但他的书法作品十分优秀，人们本来将他与苏轼等人合称“苏黄米蔡”，后人因其人品卑劣遂以蔡襄代替蔡京。

【4】曲士，孤陋寡闻的人。

【5】苏辙《周论》："《传》曰：'夏之政尚忠，商之政尚质，周之政尚文。'"

【6】庆历，此处指宋仁宗庆历年间的新政。庆历三年（1043年），范仲淹上《十事疏》请求改革，得到朝中部分官员如富弼、韩琦、杜衍等大力支持。由于新政涉及整顿吏治，部分官僚对此十分反感，于是上书污蔑范仲淹等人结党擅权，导致范仲淹等人先后被罢免，新政因此失败。

【7】吕正献，即吕公著，字晦叔，谥正献，寿州人。宰相吕夷简之子，曾任尚书省仆射，兼中书省侍郎，曾为帝师。他反对王安石变法，后与司马光同掌国政，着手废除新法。

【8】苏文忠，苏轼在南宋时追赠太师，谥文忠。苏轼赞成改革，但反对王安石任用的吕惠卿和一些过分的政策，结果被新党爪牙陷害；晚年又反对司马光"尽废新法"，结果又被旧党贬退。

【9】元祐之诛求，指宋哲宗元祐年间司马光主政，尽废新法，史称"元祐更化"。

【10】绍圣之报复，指宋哲宗绍圣年间，宋哲宗亲政，章惇等人掌权，重新推行新法，排挤司马光等旧党。

【11】《汉书·霍光传》："赞曰：……然光不学无术，暗于大理，……""不学无术"是班固暗指霍光立较为幼小的昌邑王刘贺为帝后又将他废掉，又骄纵亲族，竟使得汉宣帝见他时"若有芒刺在背"，为后来霍氏灭族埋下祸根。而后人也对霍光废立之事十分疑惑，多有人指责霍光有篡位之心。

游钓台记

郑日奎

郑日奎，字次公，号静庵，江西贵溪周佳山人。清初著名文学家、文论家。顺治十六年（1659年）进士，历任都水员外郎、礼部主客司郎中等职。后与王士禛同典四川乡试，回京后因劳累而病逝。

题　解

本文是一篇十分特别的游记。作者并没有登上钓台进行游览，但他写目游、鼻游、舌游、神游、梦游、耳游，想象丰富而引人入胜。

钓台在浙东，汉严先生[1]隐处也。先生风节，辉映千古，予夙慕之。因忆富春、桐江诸山水，得借先生以传，必奇甚，思得一游为快。顾是役也，奉檄北上，草草行道中耳，非游也。然以为游则亦游矣。

舟发自常山，由衢抵严，凡三百余里，山水皆有可观。第目之所及，未暇问名，颔之而已。惟诫舟子以过七里滩，必告。越日，舟行万山中，忽睹云际双峰，崭然秀峙[2]，觉有异，急呼舟子曰："若非钓台邪？"曰："然矣。"舟稍近，近视之，所云两台，实两峰也。台称之者，后人为之也。台东西峙，相距可数百步。石铁色，陡起江干，数百仞不肯止。巉岩傲睨，如高士并立，风致岸然。崖际草木，亦作严冷状[3]。树多松，疏疏罗植，偃仰离奇各有态。倒影水中，又有如游龙百余，水流波动，势欲飞起。峰之下，先生祠堂在焉。意当日垂纶[4]，应在是地，固无登峰求鱼之理也。故曰："峰也而台称之者，后人为之也。"

山既奇秀，境复幽茜[5]，欲舣舟[6]一登；而舟子固持不可，不能强，因致礼焉，遂行。于是足不及游，而目游之。俯仰间，清风徐来，无名之香，四山飘至，则鼻游之。舟子谓滩水佳甚，试之良然，盖是即陆羽[7]所品十九泉也，则舌游之。顷之，帆行峰转，瞻望弗及矣。返坐舟中，细绎其峰峦起止、径路出没之态，惝恍间如舍舟登陆，如披草寻磴，如振衣最高处。下瞰群山趋列，或秀静如文，或雄拔如武，大似云台诸将相[8]，非不杰然卓立，觉视先生，悉在下风[9]。盖神游之矣。思稍倦，隐几卧，而空蒙滴沥之状，竟与魂魄往来，于是乎并以梦游，觉而日之夕矣。舟泊前渚，人稍定，呼舟子劳以酒，细询之曰："若尝登钓台乎？山之中景何若？其上更有异否？四际云物，何如奇也？"舟子具能悉之，于是乎并以耳游。噫嘻，快矣哉，是游乎！

客或笑谓："郑子足未出舟中一步，游于何有？""嗟呼！客不闻乎？昔宗少文[10]卧游五岳，孙兴公[11]遥赋天台，皆未尝身历其地也。余今所得，较诸二子，不多乎哉？故曰，'以为游，则亦游矣。'"客曰："微子言，不及此。虽然，少文之画，兴公之文，盍处一焉，以谢山灵？"余窃愧未之逮也，遂为之记。

注 释

【1】严先生，指严光，字子陵，东汉初会稽余姚人，隐士。早年曾与刘秀同学，刘秀统一天下，他便改名换姓而隐居。后来刘秀找到他，任他为谏议大夫，他坚辞不受，归隐富春山。相传，他隐居在富春山时曾在钓台钓鱼，钓台因此也称严陵濑（lài）。

【2】嶄然，高峻的样子。秀峙，挺秀耸立。

【3】严冷状，性情高冷，不可接近的样子。

【4】垂纶，放线钓鱼。

【5】茜，通"蒨"，草盛青葱。

【6】舣（yǐ）舟，停船靠岸。

【7】陆羽，字鸿渐，竟陵人，一名疾，字季疵，唐代隐士。他精于品茶，著有《茶经》三篇，被后人奉为茶圣。

【8】云台诸将相，永平三年（60年），汉明帝为二十八位光武帝时开国功臣在南宫云台立像，作为纪念，人称"云台二十八将"。

【9】悉在下风，意谓云台二十八将相都比不上严光高尚。

【10】宗少文，南朝宋著名画家，名炳，字少文，南阳涅阳人。他曾将所游山水画于壁上，自称"卧以游之"。

【11】孙兴公，东晋名士孙绰，字兴公，太原中都人，家住会稽。他曾观画想象而作《游天台山赋》。

醉书斋记

郑日奎

题　解

本文记载了作者因书而"醉"的趣事。文章通过记载作者的日常小事，将他陶醉于书的各种痴狂之态描绘得淋漓尽致，惟妙惟肖，令人读来忍俊不禁。

于堂左洁一室，为书斋，明窗素壁，泊如也[1]。设几二：一陈笔墨，一置香炉、茗碗之属。竹床一，坐以之；木榻一，卧以之。书架书筒各四，古今籍在焉。琴磬麈尾[2]诸什物，亦杂置左右。

甫晨起，即科头[3]。拂案上尘，注水砚中，研墨及丹铅，饱饮笔以俟。随意抽书一帙，据坐批阅之。顷至会心处，则朱墨淋漓清渍纸上，字大半为之隐。有时或歌或叹，或哭或泣，或怒骂，或闷欲绝，或大叫称快，或咄咄诧异，或卧而思、起而狂走。家人瞷[4]见者悉骇愕，罔测所指。乃窃相议，俟稍定，始散去。

婢子送酒茗来，都不省取。或误触之，倾湿书册，辄怒而加责，后乃不复持至。逾时或犹未食，无敢前请者，惟内子时映帘窥余。得间始进，曰："日午矣，可以饭乎？"余应诺。内子出，复忘之矣，羹炙皆寒，更温以俟者数四。及就食，仍挟一册与俱，且啖且阅。羹炙虽寒，或且味变，亦不觉也。至或误以双箸乱点所阅书，良久，始悟非笔，而内子及婢辈，罔不窃笑者。

夜坐，漏常午，顾僮侍，无人在侧，俄而鼾震左右，起视之，皆烂漫睡地上矣。客或访余者，刺[5]已入，值余方校书，不遽见。客伺久，辄大怒诟，或索取原刺，余亦不知也。盖余性既严急。家中人启事不以时，即叱出，而事之紧缓不更问，以故仓卒不得白。而家中盐米诸琐务，皆内子主之，颇有序，余以是无所顾虑，而嗜益僻。

他日忽自悔，谋立誓戒之，商于内子。内子笑曰："君无效刘伶断炊法[6]，只赚余酒脯，补五脏劳耶？吾亦惟坐视君沈湎耳，不能赞成君谋。"余惘然久之。因思余于书，洵[7]不异伶于酒，正恐旋誓且旋畔；且为文字饮，不犹愈于红裙耶[8]！遂笑应之曰："如卿言，亦复佳。但为李白妇[9]、太常妻[10]不易耳！"乃不复立戒，而采其语意以名吾斋，曰"醉书"。

注 释

【1】泊如，淡泊无欲望。

【2】麈（zhǔ）尾，拂尘。

【3】科头，光着头。

【4】瞷（jiàn），窥视。

【5】刺，名片。

【6】刘伶断炊法，详见《世说新语·刘伶病酒》一文。

【7】洵，诚然，实在。

【8】红裙，比喻美女。韩愈《醉赠张秘书》："不解文字饮，惟能醉红裙。"

【9】李白嗜酒，曾作《赠内诗》说："三百六十日，日日醉如泥。虽为李白妇，何异太常妻。"

【10】太常妻，东汉周泽为太常，经常卧病斋宫，他的妻子怜悯而去看望他，他大怒，以妻子干犯斋禁，竟送交诏狱谢罪。当时的人讥讽他："生世不谐，为太常妻。一岁三百六十日，三百五十九日斋。"又说他"一日不斋醉如泥"。

传是楼记

汪琬

汪琬，字苕文，号钝庵，江南长洲人，曾结庐居于太湖尧峰山，学者称尧峰先生。明末清初散文家，与侯方域、魏禧合称"清初三大家"。汪琬早年曾参加复社，顺治十二年（1655年）中进士，历任户部主事、刑部郎中。康熙十八年（1679年）召试博学鸿词科，授翰林院编修，预修《明史》，后称病归乡，晚年在太湖结庐不问世事。

他的文章著名于当时，文风舒畅条达，时人认为有唐宋诸家风格。康熙曾称赞他："尝与近臣论本朝文学砥行之儒，首称数先生。"

题　解

传是楼是顾炎武的外甥徐乾学所建。徐乾学历经三十余年，收藏各类书籍数万卷，并为此修筑藏书楼。藏书楼建成之日，他对子孙说自己想要将这些书籍流传后世，"所传者惟是矣"，于是命名为传是楼。而本文正是徐乾学邀请汪琬为这座藏书楼作的一篇记叙文。文章重点讲述徐乾学藏书的意义，又赞扬徐乾学能够将学到的知识行事处世。文章结构严密，语言简练，含义深远。

昆山徐健菴先生，筑楼于所居之后，凡七楹。间命工斫木为橱，贮书若干万卷，区为经史子集四种。经则传注义疏之书附焉，史则日录、家乘、山经、野史之书附焉，子则附以卜筮、医药之书，集则附以乐府诗余之书。凡为橱者七十有二，部居类汇，各以其次，素标缃帙，启钥灿然。于是先生召诸子登斯楼而诏之曰："吾何以传女曹哉？吾徐先世，故以清白起家，吾耳目濡染旧矣。盖尝慨夫为人之父祖者，每欲传其土田货财，而子孙未必能世富也；欲传其金玉珍玩、鼎彝尊罍[1]之物，而又未必能世宝也；欲传其园池台榭、舞歌舆马之具，而又未必能世享其娱乐也。吾方以此为鉴。然则吾何以传女曹哉？"因指书而欣然笑曰："所传者惟是矣！"遂名其楼为"传是"，而问记于琬。琬衰病不及为，则先生屡书督之，最后复于先生曰：

甚矣，书之多厄也！由汉氏以来，人主往往重官赏以购之，其下名公贵卿，又往往厚金帛以易之，或亲操翰墨，及分命笔吏以缮录之。然且裒[2]聚未几，而辄至于散佚，以是知藏书之难也。琬顾谓藏之之难不若守之之难，守之之难不若读之之难，尤不若躬体而心得之之难。是故藏而勿守，犹勿藏也；守而弗读，犹勿守也。夫既已读之矣，而或口与躬违，心与迹忤，采其华而忘其实，是则呻占[3]记诵之学所为哗众而窃名者也，与弗读奚以异哉！

古之善读书者，始乎博，终乎约，博之而非夸多斗靡也，约之而非保残安陋也。善读书者根柢于性命而究极于事功：沿流以溯源，无不探也；明体以适用，无不达也。尊所闻，行所知，非善读书者而能如是乎！

今健菴先生既出其所得于书者，上为天子之所器重，次为中朝士大夫之所矜式，藉是以润色大业，对扬休命，有余矣，而又推之以训敕其子姓，俾后先跻巍科，取膴仕，翕然有名于当世，琬然后喟焉太息，以为读书之益弘矣哉！循是道也，虽传诸子孙世世，何不可之有？

若琬则无以与于此矣。居平质驽才下，患于有书而不能读。

延及暮年，则又跧^[4]伏穷山僻壤之中，耳目固陋，旧学消亡，盖本不足以记斯楼。不得已勉承先生之命，姑为一言复之，先生亦恕其老諅否耶？

注　释

【1】彝，古代盛酒的器具，也泛指祭器。斝（jiǎ），古代盛酒的器具。

【2】裒（póu），聚集。

【3】呫（zhān），诵读。

【4】跧（quán），通"蜷"。

朱柏庐治家格言

朱柏庐

　　朱柏庐，原名朱用纯，字致一，自号柏庐，江苏昆山人（今昆山市）。其父朱集璜是明末的学者，曾在昆山参加抗清运动，抗清失败后投河自尽。朱柏庐早年曾热衷于功名，但在明亡后便专心教书和研究理学，在当地颇有名望。康熙曾多次派人征召他，但都被他拒绝。他所作的《朱柏庐治家格言》是以家庭道德为主的经典启蒙教材，具有丰富的教育意义。

题　解

　　《朱柏庐治家格言》又称《朱子家训》《朱子治家格言》，是朱柏庐教育家中子弟所作的一篇格言文字。全文五百余字，通俗易懂而又对仗工整，一些警句更是具有深刻的教育意义；自问世以来，《朱柏庐治家格言》便受到整个社会的欢迎，数百年来被人尊为"治家之经"，民国时更是一度成为童蒙必读课本之一。

黎明即起，洒扫庭除，要内外整洁；既昏便息，关锁门户，必亲自检点。

一粥一饭，当思来处不易；半丝半缕，恒念物力维艰。

宜未雨而绸缪，毋临渴而掘井。

自奉必须俭约，宴客切勿流连。

器具质而洁，瓦缶胜金玉；饮食约而精，园蔬亦珍馐。

勿营华屋，勿谋良田。

三姑六婆，实淫盗之媒；婢美妾娇，非闺房之福。

童仆勿用俊美，妻妾切忌艳妆。

祖宗虽远，祭祀不可不诚；子孙虽愚，经书不可不读。

居身务期质朴，教子要有义方。

勿贪意外之财，勿饮过量之酒。

与肩挑贸易，毋占便宜；见穷苦亲邻，须加温恤。

刻薄成家，理无久享；伦常乖舛，立见消亡。

兄弟叔侄，须多分润寡；长幼内外，宜法肃辞严。

听妇言，乖骨肉，岂是丈夫；重赀财，薄父母，不成人子。

嫁女择佳婿，毋索重聘；娶媳求淑女，勿计厚奁。

见富贵而生谄容者，最可耻；遇贫穷而作骄态者，贱莫甚。

居家戒争讼，讼则终凶；处世戒多言，言多必失。

勿恃势力而凌逼孤寡，毋贪口腹而恣杀牲禽。

乖僻自是，悔误必多；颓惰自甘，家道难成。

狎昵恶少，久必受其累；屈志老成，急则可相依。

轻听发言，安知非人之谮愬？当忍耐三思；因事相争，焉知非我之不是？须平心暗想。

施惠无念，受恩莫忘。

凡事当留余地，得意不宜再往。

人有喜庆，不可生妒忌心；人有祸患，不可生喜幸心。

善欲人见，不是真善；恶恐人知，便是大恶。

见色而起淫心，报在妻女；匿怨而用暗箭，祸延子孙。

家门和顺，虽饔飧不继，亦有余欢；国课早完，即囊橐无余，自得至乐。

读书志在圣贤，非徒科第；为官心存君国，岂计身家。

守分安命，顺时听天。

为人若此，庶乎近焉。

芙蕖说

李渔

李渔，初名仙侣，后改名渔，字谪凡，号笠翁，浙江金华人，生于南直隶雉皋。明末清初文学家、戏剧家。年轻时便有才子之名，世称"李十郎"，曾在家中设立戏班并到各地演出，积累了丰富的经验，提出了较为完善的戏剧理论体系。他一生著作颇丰，包括多部戏剧和文集。

《闲情偶寄》，包括词曲、演习、声容、居室、器玩、饮馔、种植和颐养共八个部分，前三个部分是戏曲理论专著，后五个部分则讲述各种生活情趣。胡适认为本书是"一部最丰富、最详细的文化史料"。周作人评论"文字思想均极清新，都是很可喜的小品，有自然与人事的巧妙观察，有平明而又新颖的表现"。林语堂说此书是"中国人生活艺术的指南"。

题　解

本文选自《闲情偶寄·种植部》，描写芙蕖的优点，从观赏和实用两个角度描述种植芙蕖的好处。

芙蕖与草本诸花，似觉稍异，然有根无花，一岁一生，其性同也。谱云："产于水者曰草芙蓉，产于陆者曰旱莲。"则谓非草木不得矣。

予夏季倚此为命[1]者，非故效颦于茂叔[2]，而袭成说于前人也。芙蕖之可人，其事不一而足，请备述之。

群葩当令时，只在花开之数日，前此后此皆属过而不问之秋矣。芙蕖则不然。芙蕖自荷钱出水之日，便为点缀绿波；及其茎叶既生，则又日高日上，日上日妍。有风既作飘飖之态，无风亦呈袅娜之姿，是我于花之未开，先享无穷逸致矣。迨至菡萏[3]成花，娇姿欲滴，后先相继，自夏徂[4]秋，此则在花为分内之事，在人为应得之资者也。及花之既谢，亦可告无罪于主人矣；乃复蒂下生蓬，蓬中结实，亭亭独立，犹似未开之花，与翠叶并擎，不至白露为霜，而能事不已。此皆言其可目者也。

可鼻，则有荷叶之清香，荷花之异馥；避暑而暑为之退，纳凉而凉逐之生。

至其可人之口者，则莲实与藕，皆并列盘餐，而互芬齿颊者也。

只有霜中败叶，零落难堪，似成弃物矣；乃摘而藏之，又备经年裹物之用。

是芙蕖也者，无一时一刻，不适耳目之观；无一物一丝，不备家常之用者也。有五谷之实而不有其名，兼百花之长而各去其短，种植之利有大于此者乎？予四命之中，此命为最。无如酷好一生，竟不得半亩方塘，为安身立命之地。仅凿斗大一池，植数茎以塞责，又时病其漏。望天乞水以救之，岂所谓不善养生，而草菅其命者哉。

注 释

【1】《闲情偶寄·种植部》："予有四命，各司一时：春以水仙、兰花为命，夏以莲为命，秋以秋海棠为命，冬以蜡梅为命。无此四花，是无命也。"

下文"予四命之中，此命为最"也出自于此。

【2】茂叔，即周敦颐。此处所指详见周敦颐《爱莲说》。

【3】菡（hàn）萏（dàn），荷花的别称。

【4】徂，往，到。

蟹

李渔

题　解

李渔一生嗜蟹如命，以至于到了无一日不食螃蟹的地步，没有螃蟹售卖的季节他还要预先储备好螃蟹，而用来买蟹的钱更是被他称为"买命钱"。本文便描写了他对于螃蟹的痴迷，随后又描写蟹肉的美妙，以及蟹的食用、烹饪方法。

予于饮食之美，无一物不能言之，且无一物不穷其想象，竭其幽渺而言之；独于蟹螯一物，心能嗜之，口能甘之，无论终身一日，皆不能忘之，至其可嗜可甘与不可忘之故，则绝口不能形容之。此一事一物也者，在我则为饮食中痴情，在彼则为天地间之怪物矣。予嗜此一生。每岁于蟹之未出时，即储钱以待，因家人笑予以蟹为命，即自呼其钱为"买命钱"。自初出之日始，至告竣之日止，未尝虚负一夕，缺陷一时。同人知予癖蟹，召者饷者，皆于此日，予因呼九月、十月为"蟹秋"。虑其易尽而难继，又命家人涤瓮酿酒，以备糟之醉之之用。糟名"蟹糟"，酒名"蟹酿"，瓮名"蟹瓮"。向有一婢，勤于事蟹，即易其名为"蟹奴"，今亡之矣。蟹乎！蟹乎！汝于吾之一生，殆相终始者乎！所不能为汝生色者，未尝于有螃蟹无监州处作郡，出俸钱以供大嚼，仅以悭囊易汝。即使日购百筐，除供客外，与五十口家人分食，然则入予腹者有几何哉？蟹乎！蟹乎！吾终有愧于汝矣。

蟹之为物至美，而其味坏于食之之人。以之为羹者，鲜则鲜矣，而蟹之美质何在？以之为脍者，腻则腻矣，而蟹之真味不存。更可厌者，断为两截，和以油、盐、豆粉而煎之，使蟹之色、蟹之香与蟹之真味全失。此皆似嫉蟹之多味，忌蟹之美观，而多方蹂躏，使之泄气而变形者也。世间好物，利在孤行。蟹之鲜而肥，甘而腻，白似玉而黄似金，已造色香味三者之至极，更无一物可以上之。和以他味者，犹之以爝火助日，掬水益河，冀其有裨也，不亦难乎？凡食蟹者，只合全其故体，蒸而熟之，贮以冰盘，列之几上，听客自取自食。剖一筐，食一筐，断一螯，食一螯，则气与味纤毫不漏。出于蟹之躯壳者，即入于人之口腹，饮食之三昧，再有深入于此者哉？凡治他具，皆可人任其劳，我享其逸，独蟹与瓜子、菱角三种，必须自任其劳。旋剥旋食则有味，人剥而我食之，不特味同嚼蜡，且似不成其为蟹与瓜子、菱角，而别是一物者。此与好香必须自焚，好茶必须自斟，僮仆虽多，不能任其力者，同出一理。讲饮食清供之道者，皆不可不知也。

宴上客者，势难全体，不得已而羹之，亦不当和以他物，惟以煮鸡鹅之汁为汤，去其油腻可也。

瓮中取醉蟹，最忌用灯，灯光一照，则满瓮俱沙，此人人知忌者也。有法处之，则可任照不忌。初醉之时，不论昼夜，俱点油灯一盏，照之入瓮，则与灯光相习，不相忌而相能，任凭照取，永无变沙之患矣。（此法都门有用之者。）

室语

唐甄

唐甄，初名大陶，字铸万，号圃亭。四川省达县人，明末清初的思想家和政论家，与遂宁吕潜、新都费密，合称"清初蜀中三杰"。他年幼时随父亲在各地官游，清军入关后逃往浙江。顺治十四年（1657 年）唐甄中举，任山西长子县县令，不久便罢官，游历大江南北。

唐甄的思想颇有先进之处。他曾抨击专制制度，主张富民，对于时政民生多有论述。

题 解

本文是唐甄《潜书》中的一篇文章。所谓室语，即是在家中说的话。本文中作者借与妻妾对话的环境，对封建专制制度进行了激烈的抨击，提出"自秦以来，凡为帝王者皆贼也"，尖锐地指出从大将到官吏的滥杀无辜实际都是天子所为。虽然作者为避祸，不得不加上"大清有天下，仁矣"一句，且并未指出彻底消灭封建专制制度的途径，但对于封建制度的抨击，已经领先于当时的时代。

唐子居于内，夜饮酒，己西向坐，妻东向坐，女安北向坐，妾坐于西北隅，执壶以酌，相与笑语。唐子食鱼而甘，问其妾曰："是所市来者，必生鱼也？"妾对曰："非也，是鱼死未久，即市以来，又天寒，是以味鲜若此。"于是饮酒乐甚。忽焉拊几而叹。其妻曰："子饮酒乐矣，忽焉拊几而叹，其故何也？"唐子曰：

"溺于俗者无远见，吾欲有言，未尝以语人，恐人之骇异吾言也。今食是鱼而念及之，是以叹也。"妻曰："我，妇人也，不知大丈夫之事；然愿子试以语我。"

曰："大清有天下，仁矣。自秦以来，凡为帝王者皆贼也。"妻笑曰："何以谓之贼也？"曰："今也有负数匹布或担数斗粟而行于涂者，或杀之而有其布粟，是贼乎，非贼乎？"曰："是贼矣。"

唐子曰："杀一人而取其匹布斗粟，犹谓之贼；杀天下之人而尽有其布粟之富，而反不谓之贼乎？三代以后，有天下之善者莫如汉，然高帝屠城阳，屠颍阳[1]，光武帝屠城三百[2]。使我而事高帝，当其屠城阳之时，必痛哭而去之矣；使我而事光武帝，当其屠一城之始，必痛哭而去之矣。吾不忍为之臣也。"

妻曰："当大乱之时，岂能不杀一人而定天下？"唐子曰："定乱岂能不杀乎？古之王者，有不得已而杀者二：有罪，不得不杀；临战，不得不杀。有罪而杀，尧舜之所不能免也；临战而杀，汤武之所不能免也；非是，奚以杀为？若过里而墟其里，过市而窜其市，入城而屠其城，此何为者？大将杀人，非大将杀之，天子实杀之；偏将杀人，非偏将杀之，天子实杀之；卒伍杀人，非卒伍杀之，天子实杀之；官吏杀人，非官吏杀之，天子实杀之。杀人者众手，实天子为之大手。天下既定，非攻非战，百姓死于兵与因兵而死者十五六。暴骨未收，哭声未绝。目眦未干，于是乃服衮冕，乘法驾，坐前殿，受朝贺，高宫室，广苑囿，以贵其妻妾，以肥其子孙，彼诚何心而忍享之？若上帝使我治杀人之狱，我则有以处之矣。匹夫无故而杀人，以其一身抵一人之死，斯足矣；有天下者无故而杀人，虽百其身不足以抵其杀一人之罪。是何也？天子者，天下之慈母也，人所仰望以乳育者也，乃无故而杀之，其罪岂不重于匹夫？"

妻曰："尧舜之为君何如者？"曰："尧舜岂远于人哉！"乃举一箸指盘中余鱼曰："此味甘乎？"曰："甘"。曰："今使子钓于池而得鱼，扬竿而脱，投地跳跃，乃按之椹[3]上而割之，刳[4]其腹，犀[5]其甲，其尾犹摇。于是煎烹以进，子能食之乎？"妻曰："吾不忍食也。"曰："人之于鱼，不啻太山之于秋毫也；甘天下之味，亦类于一鱼之味耳。于鱼则不忍，于人则忍之；杀一鱼而甘一鱼之味则不忍，杀天下之人而甘天下之味则忍之。是岂人之本心哉！尧舜之道，不失其本心而已矣。"

妾，微者也；女安，童而无知者也；闻唐子之言，亦皆悄然而悲，咨嗟欲泣，若不能自释焉。

注 释

【1】《史记·高祖本纪》载："秦二世二年……沛公、项羽别攻城阳，屠之。"又"三年……南攻颍阳，屠之"。

【2】《后汉书·耿弇传》："弇凡所平郡四十六，屠城三百。"耿弇为光武帝刘秀的大将，按照作者的观点，这些屠城事件的根源在于光武帝。

【3】椹（zhēn），通"砧"，砧板。

【4】刳（kū），剖开。

【5】犀，刮掉。

芙蓉女儿诔

曹雪芹

曹雪芹，名霑，字梦阮，号雪芹、芹圃、芹溪。清朝小说家、诗人、画家，中国长篇名著《红楼梦》的作者。

曹雪芹祖先是正白旗包衣，其曾祖父曹玺的妻子孙氏因是康熙乳母而受到宠信。康熙二年（1663年），曹玺任江宁织造，极受康熙重视。到曹雪芹祖父曹寅时，曹氏家族极为显赫，康熙帝六次南巡，四次由曹寅负责接驾；他的两个女儿也被选为王妃。但由于接驾带来的巨额开支，曹寅晚年负债累累，亏空公家白银数万两。到雍正帝时，曹家逐渐失宠，雍正六年（1728年）曹寅之子曹𬤊被弹劾下狱，曹家也被抄家，曹雪芹便随家人返回京师居住。

此后，曹雪芹开始着手创作《红楼梦》。对于《红楼梦》的创作过程和他中晚年的生活，相关资料很少，只能从友人的记载中寻找一些蛛丝马迹。曹雪芹好饮酒，工诗善画，其诗风格类似唐代诗人李贺。晚年时，曹雪芹移居京师西郊，生活穷困潦倒，依靠卖画和亲友接济维生。也正是在这段时期，曹雪芹完成了他倾尽毕生心血的巨著《红楼梦》（多有学者认为全书并未完稿）。此后不久，曹雪芹便在贫病之中去世。

《红楼梦》原名《石头记》，是一部古典长篇章回小说，也是中国古代小说的巅峰之作。全书120回，但后40回失传。后来高鹗、程伟元声称取得后40回稿，但学者多认为后40回并非曹雪芹原作。全书思想艺术价值极高，20世纪以来都是中国最受重视的一部文学作品；由于全书内容详细繁复，结局超乎寻常，因此也产生了众多谜团，后人为研究书中的谜团，而创建了专门研究《红楼梦》的学问——红学。

题　解

本文是《红楼梦》第七十八回《老学士闲征姽婳词 痴公子杜撰芙蓉诔》中主人公贾宝玉祭奠丫鬟晴雯时所用的一篇祭文。在《红楼梦》中，晴雯是主人公贾宝玉的大丫鬟，性格刚强而又追求自由，红学家多评其与林黛玉性格相近，有"晴为黛影"之说。七十七回时，晴雯遭人忌恨而被逐出贾府，随后病逝。贾宝玉构想晴雯死后做了芙蓉花神，于是作下本文祭悼。

　　文中，曹雪芹假借贾宝玉之口，以炽烈的情感和生动的比喻，将晴雯的高贵品质形容出来，热情赞颂她的"心比天高"，同时又痛斥了那些当权者与卑鄙的奴才。全文文采飞扬，将作者的文才体现得淋漓尽致。

　　维太平不易之元[1]，蓉桂竞芳之月[2]，无可奈何之日，怡红院浊玉，谨以群花之蕊，冰鲛之縠[3]，沁芳之泉，枫露之茗，四者虽微，聊以达诚申信，乃致祭于白帝宫中抚司[4]秋艳芙蓉女儿之前曰：

　　窃思女儿自临浊世，迄今凡十有六载。其先之乡籍姓氏，湮沦而莫能考者久矣。而玉得于衾枕栉沐之间，栖息宴游之夕，亲昵狎亵，相与共处者，仅五年八月有奇。

　　忆女儿曩[5]生之昔，其为质则金玉不足喻其贵，其为性则冰雪不足喻其洁，其为神则星日不足喻其精，其为貌则花月不足喻其色[6]。姊娣悉慕媖娴[7]，妪媪咸仰惠德。

　　孰料鸠鸩恶其高，鹰鸷翻遭罦罬[8]；薋葹妒其臭[9]，茝兰竟被芟鉏[10]！花原自怯，岂奈狂飙；柳本多愁，何禁骤雨！偶遭蛊虿[11]之谗，遂抱膏肓之疚[12]。故樱唇红褪，韵吐呻吟；杏脸香枯，色陈颥颔[13]。诼谣謑诟[14]，出自屏帏；荆棘蓬榛，蔓延户牖[15]。岂招尤则替，实攘诟而终[16]。既忳幽沉[17]于不尽，复含罔屈[18]于无穷。高标见嫉，闺帏恨比长沙[19]；直烈遭危，巾帼惨于羽野[20]。自蓄辛酸，谁怜夭折？仙云既散，芳趾难寻。洲迷聚窟，何来却死之香[21]？海失灵槎，不获回生之药[22]。

　　眉黛烟青，昨犹我画；指环玉冷，今倩[23]谁温？鼎炉之剩药犹存，襟泪之余痕尚渍。镜分鸾别，愁开麝月之奁[24]；梳化龙飞，哀折檀云之齿[25]。委金钿于草莽，拾翠盒于尘埃[26]。楼空鳷鹊，徒悬七夕之针[27]；带断鸳鸯[28]，谁续五丝之缕[29]？

　　况乃金天属节，白帝司时，孤衾有梦，空室无人。桐阶月暗，芳魂与倩影同销；蓉帐香残，娇喘共细言皆绝。连天衰草，岂独兼葭[30]；匝地悲声，无非蟋蟀。露阶晚砌，穿帘不度寒砧[31]；雨荔秋垣，隔院希闻怨笛[32]。芳名未泯，檐前鹦鹉[33]犹呼；艳质将亡，槛外海棠预萎。捉迷屏后，莲瓣无声；斗草庭前，兰芳枉待。抛残绣线，银笺彩缕[34]谁裁？褶断冰丝，金斗御香未熨[35]。

昨承严命，既趋车而远涉芳园；今犯慈威，复拄杖而近抛孤柩[36]。及闻槥棺被燹，惭违共穴之盟；石椁成灾，愧迨同灰之诮[37]。

尔乃[38]西风古寺，淹滞青燐[39]，落日荒丘，零星白骨。楸榆飒飒，蓬艾萧萧。隔雾圹[40]以啼猿，绕烟塍[41]而泣鬼。自为红绡帐里，公子情深；始信黄土陇中，女儿命薄！汝南泪血[42]，斑斑洒向西风；梓泽余衷[43]，默默诉凭冷月。

呜呼！固鬼蜮[44]之为灾，岂神灵而亦妒？箝诐奴[45]之口，讨岂从宽？剖悍妇之心，忿犹未释！在卿之尘缘虽浅，而玉之鄙意尤深。因蓄惓惓[46]之思，不禁谆谆之问。

始知上帝垂旌[47]，花宫待诏[48]，生侪兰蕙，死辖芙蓉。听小婢之言，似涉无稽；据浊玉之思，则深为有据。何也：昔叶法善摄魂以撰碑[49]，李长吉被诏而为记[50]，事虽殊其理则一也。故相物以配才，苟非其人，恶乃滥乎其位？始信上帝委托权衡，可谓至洽至协，庶不负其所秉赋也。因希其不昧之灵，或陟降[51]于兹，特不揣鄙俗之词，有污慧听。乃歌而招之曰：

天何如是之苍苍兮，乘玉虬以游乎穹窿耶[52]？地何如是之茫茫兮，驾瑶象[53]以降乎泉壤耶？望伞盖之陆离兮，抑箕尾[54]之光耶？列羽葆而为前导兮，卫危虚于傍耶？驱丰隆[55]以为庇从兮，望舒月以临耶？听车轨而伊轧兮，御鸾鷖以征耶？闻馥郁而蒗[56]然兮，纫蘅杜以为纕[57]耶？炫裙裾之烁烁兮，镂明月以为珰[58]耶？借葳蕤而成坛畤兮[59]，檠莲焰以烛兰膏耶[60]？文瓟匏以为觯斝兮[61]，漉醽醁[62]以浮桂醑耶？瞻云气而凝盼兮，仿佛有所觇耶？俯窈窕[63]而属耳兮，恍惚有所闻耶？期汗漫而无夭阏兮[64]，忍捐弃予于尘埃耶？倩风廉之为余驱车兮，冀联辔而携归耶？余中心为之慨然兮，徒嗷嗷而何为耶？卿偃然而长寝兮，岂天运之变于斯耶？既窀穸[65]且安稳兮，反其真[66]而又奚化耶？余犹桎梏而悬附[67]兮，灵格余以嗟来耶[68]？来兮止兮，卿其来耶？

　　若夫鸿蒙而居，寂静以处，虽临于兹，余亦莫睹。搴[69]烟萝而为步障，列苍蒲而森行伍。警柳眼[70]之贪眠，释莲心[71]之味苦。素女[72]约于桂岩，宓妃[73]迎于兰渚。弄玉吹笙[74]，寒簧击敔[75]。征嵩岳之妃[76]，启骊山之姥[77]。龟呈洛浦之灵[78]，兽作咸池之舞[79]。潜赤水[80]兮龙吟，集珠林兮凤翥[81]。爰格爰诚[82]，匪簠匪莒[83]。发轫乎霞城[84]，还旌乎玄圃[85]。既显微而若通[86]，复氤氲[87]而倏阻。离合兮烟云，空蒙兮雾雨。尘霾敛兮星高，溪山丽兮月午。何心意之怦怦[88]，若寤寐之栩栩？余乃欷歔怅望，泣涕彷徨。人语兮寂历，天籁兮篔筜[89]。鸟惊散而飞，鱼唼喋[90]以响。志哀兮是祷，成礼兮期祥。呜呼哀哉！尚飨[91]！

注　释

【1】诔这一文体的格式，开头应当先交代年月日。作者想脱去"伤时骂世""干涉朝廷"的罪名，免遭文字之祸，称小说"无朝代年纪可考"，不得已，才想出这样的名目。第十三回秦可卿的丧榜上书有"奉天永建太平之国"、十四回出殡的铭旌上也大书"奉天洪建兆年不易之朝"等字样。表面上彷佛都是歌颂升平，放在具体事件、环境中，恰恰又成了绝妙的嘲讽。维，语助词。元，纪年。

【2】蓉桂竟芳之月，指农历八月。

【3】冰鲛之縠（hú），传说鲛人居南海中，如鱼，滴泪成珠，善机织，所织之绡，明洁如冰，暑天令人凉快，以此命名。縠，有皱纹的纱。"冰鲛之縠"与下文的"沁芳之泉""枫露之茗"都见于小说情节之中。

【4】白帝，五行之说中，古人以百物配五行（金、木、水、火、土）。如春天属木，其味为酸，其色为青，司时之神就叫青帝；秋天属金，其味为辛，其色为白，司时之神就叫白帝，等等。故下文有"金天属节，白帝司时"等语。抚司，管辖。

【5】曩（nǎng），从前，以往。

【6】"其为质"四句，仿效唐代诗人杜牧《李长吉歌诗叙》中语："云烟绵联，不足为其态也；水之迢迢，不足为其情也；春之盎盎，不足为其和也；秋之明洁，不足为其格也……"

【7】媖娴（yīng xián），美好文雅。媖，女子美好。娴，文雅。

【8】"孰料"二句，谏文用了许多《楚辞》里的词语，大半都寄托着作者的爱憎。如"鹰鸷"用《离骚》的"鸷鸟之不群兮，自前世而固然。何方圆之能周兮，夫孰异道而相安？"原为屈原表达与楚国贵族抗争的不屈精神；与此相反，"鸠鸩"之类恶鸟就表示那股黑暗势力，因为鸠多鸣，像人话多而不实；鸩传说羽毒，能杀人。其他如下文中作为香花的"茝兰""蘅杜"，作为恶草的"薋葹"，也表示这两种力量的对立。"顑颔"则表示屈原受到压抑而憔悴，"诼谣"则表示黑暗势力搞阴谋诡计。又如一些讲车仗仪卫的用语，像"玉虬""瑶象"和"丰隆""望舒"等，都是美好的事物和明洁正道的神祇，用来表现屈原"志洁行芳"、不同流合污的精神。曹雪芹在此用以表现自己对叛逆的女奴与恶浊势力进行斗争的同情，同时又寄托着自己对当时现实黑暗政治的不满。罦蠬（fú zhuó），捕鸟的网，这里是被网捕获的意思。

【9】薋葹（cí shī），苍耳和蒺藜，泛指恶草。臭（xiù），气味，这里指香气。

【10】茝（chǎi）兰，香草。芟（shān），割草，引申为除去。鉏（chú），可编席的草。即"锄"。

【11】蛊虿（gǔ chài），害人的毒虫，这里是阴谋毒害人的意思。蛊，传说把许多毒虫放在一起，使其互相咬杀，最后剩下不死的叫蛊，可用来毒害人。虿，是古书中说的蝎子一类毒虫。

【12】膏肓（huāng），心以下横膈膜以上的部分。古人以为病进入这个部位就无法医治（见《左传·成公十年》）。疚（jiù），疾病。

【13】顑颔（kǎn hàn），因饥饿而面色干黄憔悴。

【14】诼（zhuó）谣，造谣中伤。謷（xī）诟，嘲讽辱骂。

【15】户牖（yǒu），门和窗户。牖，窗户。

【16】"岂招尤"二句，程高本中此二句被删去。招尤则替，自招过失而受损害。替，废。攘诟，蒙受耻辱（语出《离骚》）。

【17】忳（tún），忧郁。《离骚》："忳郁邑余侘傺兮。"幽沉，指隐藏在内心深处的怨恨。

【18】罔屈，冤屈。罔，不直为罔。

【19】长沙，指贾谊，汉文帝时著名政治家。他主张加强中央集权，削减地方王侯权势，年纪很轻就担任朝廷里的重要职务。后来受到权贵排斥，被贬逐为长沙王太傅（辅佐官），33岁就郁郁而死。后人常称他贾长沙。

【20】"直烈"二句，古代神话中，禹的父亲鲧（gǔn）没有天帝的命令，就擅自拿息壤（一种可以生长不息的神土，能堵塞洪水）治洪水，天帝就叫祝融将他杀死在羽山的荒野（据《山海经·海内经》）。屈原在《离骚》中说"鲧婞（xìng，倔强）直以亡身兮"，大胆肯定了鲧的耿介正直。"直烈"正是用了屈原的话；也正因为鲧是男子，所以诔文引来与芙蓉女儿相比，以反衬"巾帼"遭遇之惨甚于男子，与上一句引贾谊同。小说的续补者传统观念很深，像历来极大多数封建士大夫一样，把窃神土救洪灾的鲧和头触不周山的共工这一类具有斗争性、反抗性的人物看作坏人，将原稿这一句改为"贞烈遭危，巾帼惨于雁塞"（程高本），换成王昭君出塞和亲事。这一改，不仅有碍文理，且在思想性上也削弱了原稿中的叛逆精神。

【21】"洲迷"二句，传说西海中有聚窟洲，洲上有大树，香闻数百里，叫做返魂树，煎汁制丸，叫做振灵丸，或名却死香，能起死回生（见《十洲记》）。迷，迷失方向，不知去路。

【22】"海失"二句，传说东海中蓬莱仙岛上有不死之药，秦代有个徐福，带了许多童男女入海寻找，一去就没有回来。槎，筏子，借作船义。又海上有浮灵槎泛天河事，乘槎游仙的传说，见于《博物志》：银河与海相通，居海岛者，年年八月定期可见有木筏从水上来去。有人便带了粮食，乘上木筏而去，结果碰到了牛郎织女。这里捏合而用之。

【23】倩，请人替自己做事。

【24】"镜分"二句，传说罽（jì）宾（汉代西域国名）王捉到鸾鸟一只，

很喜欢，但养了三年它都不肯叫。听说鸟见了同类才鸣，就挂一面镜子让它照。鸾见影，悲鸣冲天，一奋而死。后多称镜为鸾镜（见《异苑》）。又兼用南陈太子舍人徐德言与乐昌公主夫妻乱离中分别，各执破镜之半，后得以重逢团圆事（见《本事诗》）。麝月，巧用丫头名，谐"射月"，同时指镜。奁（lián），女子盛梳妆用品的匣子。

【25】"梳化"二句，晋人陶侃悬梭于壁，梭化龙飞去（见《异苑》）。这里可能是曹雪芹为切合晴雯、宝玉的情事而改梭为梳的。檀云，丫头名，也是巧用。檀云之齿，檀木梳的齿。麝月檀云，一奁一梳，皆物是人非之意。（檀云：首见第二十四回，贾宝玉的丫环。她的故事可能在作者早期增删《石头记》时即已略去，故作品仅第二十四回、三十四回、五十二回简单地提及，但在宝玉的诗文中，却留下了这些故事的蛛丝马迹，第七十八回《芙蓉女儿诔》："梳化龙飞，哀折檀云之齿。"这应该是宝玉、檀云、晴雯三人之间的一段小纠纷或小插曲，第二十三回《夏夜即事》："室霭檀云品御香。"看来，初稿的二十三回之前，还有檀云焚香的故事。）

【26】"委金"二句，谓人已死去，首饰都掉在地上。白居易《长恨歌》："花钿委地无人收，翠翘金雀玉搔头。"钿（diàn），金翠珠宝制成的花形首饰。

【27】"楼空"二句，《荆楚岁时记》："七夕人家妇女结彩缕，穿七孔针，陈瓜果于庭中，以乞巧。"鸂鶒，汉武帝所建的楼观名，这里指华丽的楼阁。与"七夕之针"连在一起，可能由李贺《七夕》诗"鹊辞穿线月"联想而来，但鸂鶒与鹊不是同一种鸟。另：鸂鶒为汉章帝时条支国进贡的异鸟，王嘉《拾遗记·后汉》："章帝永宁元年，条支国来贡异瑞，有鸟名鸂鶒，形高七尺，解人语。"

【28】带断鸳鸯，比喻情人分离。可能用唐人张祜诗："鸳鸯钿带抛何处？孔雀罗衫付阿谁？"

【29】五丝之缕，指七夕所结之"彩缕"。又王嘉《拾遗记》："因祇之国，其人善织，以五色丝内于口中，手引而结之，则成文锦。"晴雯工织，用此亦合。

【30】蒹葭（jiān jiā），芦苇。《诗经·秦风·蒹葭》："蒹葭苍苍，白露为霜。所谓伊人，在水一方……"，表达了男主人公对女子的爱慕和想念。

【31】不度寒砧，这里是说人已死去，不再有捣衣的砧声传来。度，传。寒砧，古代妇女每于秋夜捣衣，故称寒砧。砧，捣衣石。

【32】怨笛，《晋书·向秀传》载，向秀跟嵇康、吕安很友好。后嵇、吕

被杀，向秀一次经过这两个人的旧居，听见邻人吹笛，声音嘹亮，非常伤感，写了一篇《思旧赋》。后人称这个故事为"山阳闻笛"。又唐人小说《步飞烟传》里有"笛声空怨赵王伦"的诗句，说的是赵王因索取石崇家的吹笛美人绿珠未成而陷害石崇一家的事，诔文可能兼用此事。

【33】鹦鹉，与下文中的海棠、捉迷、斗草等皆小说中情节，有的原不属晴雯，如鹦鹉，指在潇湘馆，有的是广义的，如捉迷即可指晴雯偷听宝玉在麝月前议论她事。

【34】银笺，白纸。与上句"抛残绣线"联系起来，当指刺绣所用的纸样。彩缕，庚辰本作"彩缯"，有误；程乙本作"彩袖"，当是臆改。今从戚序本。

【35】"金斗"句，语用秦观《如梦令》"睡起熨沉香，玉腕不胜金斗"句。

【36】柱杖，说自己带病前往，因哀痛所致。近抛，路虽近而不能保住的意思，与上句"远涉"为对。程乙本作"遣抛"，戚序本作"遽抛"，庚辰本缺字。今从乾隆抄本一百二十回红楼梦稿。

【37】"及闻"四句，意谓宝玉不能与芙蓉女儿化烟化灰，对因此而将受到讥诮和非议感到惭愧。椢（huì）棺，棺材。椢，古代一种小棺材。燹（xiǎn），野火。引申为烧。共穴之盟，死当同葬的盟约。穴，墓穴。椁（guǒ），棺外的套棺。迨（dài），及。同灰，李白《长干行》："十五始展眉，愿同尘与灰。"本谓夫妇爱情之坚贞。宝玉曾说过将来要和大观园里的女孩子们一同化烟化灰。

【38】尔乃，发语词。赋中常见，不能解作"你是"。下文"若夫"也是发语词。

【39】淹滞青燐，青色的燐火缓缓飘动。骨中磷质遇到空气燃烧而发的光，从前人们误以为鬼火。

【40】圹（kuàng），坟墓。

【41】塍（chéng），田间的土埂。

【42】汝南泪血，宝玉以汝南王自比，以汝南王爱妾刘碧玉比晴雯。《乐府诗集》有《碧玉歌》引《乐苑》曰："《碧玉歌》者，宋汝南王所作也。碧玉，汝南王妾名，以宠爱之甚，所以歌之。"梁元帝《采莲赋》："碧玉小家女，来嫁汝南王。"汝南、碧玉与石崇、绿珠同时并用，始于唐代王维《洛阳女儿行》："狂夫富贵在青春，意气骄奢剧季伦。自怜碧玉亲教舞，不惜珊瑚持与人。"

【43】梓泽余衷，用石崇、绿珠事。《晋书·石崇传》：崇有妓曰绿珠，美而艳，善吹笛。孙秀使人求之，崇勃然曰："绿珠吾所爱，不可得也！"秀怒，矫诏（诈称皇帝的命令）收（捕）崇。崇正宴于楼上，介士（武士）到门，崇谓绿珠曰："我今为尔得罪！"绿珠泣曰："当效死于君前。"因自投于楼下而死。石崇有别馆在河阳的金谷，一名梓泽。作者同时人明义《题红楼梦》诗："馔玉炊金未几春，王孙瘦损骨嶙峋。青蛾红粉归何处？惭愧当年石季伦！"也用石崇的典故。这除了有亲近的女子不能保全的意思外，尚能说明灾祸来临与政治有关，诔文正有着这方面的寄托。

【44】蜮（yù），传说中水边的一种害人虫，能含了沙射人的影子，人被射后要害病。《诗·小雅·何人斯》"为鬼为蜮。"陆德明释文："（蜮）状如鳖，三足，一名射工，俗呼之水弩。在水中含沙射人，一曰射人影。"这里指用阴谋诡计暗害人的人。

【45】箝，同"钳"，夹住，引申为封闭。《庄子·胠箧》："箝杨、墨之口。"诐（bì）奴，与下句的悍妇都指王善保家的和周瑞家的一伙迎上欺下、狗仗人势的奴才管家们。小说中曾写她们在王夫人前进谗言，"治倒了晴雯"。诐，奸邪而善辩，引申为弄舌。

【46】惓（quán）惓，同"拳拳"，情意深厚的意思。

【47】垂旌，用竿挑着旌旗，作为使者征召的信号。

【48】待诏，汉代官职名。这里是等待上帝的诏命，即供职的意思。

【49】叶法善摄魂以撰碑，相传唐代的术士叶法善把当时有名的文人和书法家李邕的灵魂从梦中摄去，给他的祖父叶有道撰述并书写碑文，世称"追魂碑"（见《处州府志》）。

【50】李长吉被诏而为记，李长吉，即李贺。唐代诗人李商隐作《李长吉小传》说，李贺死时，他家人见绯衣人驾赤虬来召李贺，说是上帝建成了白玉楼，叫他去写记文。还说天上比较快乐，不像人间悲苦，要李贺不必推辞。

【51】陟降，陟是上升，降是下降。古籍里"陟降"一词往往只用偏义，或谓上升或谓下降。这里是降临的意思。

【52】玉虬（qiú），白玉色的无角龙。后文的"鹥"（yī）是凤凰。屈原《离骚》："驷玉虬以乘鹥兮。"穹窿，天看上去中间高，四方下垂像篷帐，所以称穹窿。

【53】瑶象，指美玉和象牙制成的车子。屈原《离骚》："为余驾飞龙兮，杂瑶象以为车。"

【54】箕尾，箕星和尾星，和下文的虚、危都是属于二十八宿的名称。古代神话，商王的相叫傅说（悦），死后精神寄托于箕星和尾星之间，叫做"骑箕尾"（见《庄子·大宗师》）。这里隐指芙蓉女儿的灵魂。

【55】丰隆，神话中的云神（一作雷神）。下句中的"望舒"为驾月车的神。后文的"云廉"即"飞廉"，是风神。《离骚》："吾令丰隆乘云兮，求宓妃之所在。"又"前望舒使先驱兮，后飞廉使奔属。""望舒"之"望"，在诔文中兼作动词用。

【56】菶（ài），盛。

【57】纫蘅杜以为纕（xiāng），把蘅、杜等香草串连起来作为身上的佩带。纕，佩带。《离骚》："纫秋兰以为佩。"

【58】珰，耳坠子。古乐府《焦仲卿妻》："耳著明月珰。"

【59】葳蕤（wēi ruí），花草茂盛的样子。畤（zhì），古时帝王祭天地五帝之所。

【60】檠（qíng）莲焰，在灯台里点燃起莲花似的灯焰。檠，灯台。烛兰膏，烧香油。

【61】匏瓠（bó hù），葫芦之类瓜，硬壳可作酒器。《广韵》："匏瓠可为饮器。"瓠，庚辰、戚序本作"匏"，这是"瓠"的别写。觯斝（zhì jiǎ），古代两种酒器名。

【62】醽醁（líng lù），美酒名。

【63】窈窕，深远貌。

【64】汗漫，古代传说中，有个叫卢敖的碰到名叫若士的仙人，向他请教，若士用"吾与汗漫期于九垓之外"的理由拒绝了他的请求（见《淮南子·道应训）。汗漫是一个拟名，寓有混混茫茫不可知见的意思。夭阏（è），亦作"夭遏"，阻挡。

【65】窀穸（zhūn xī），墓穴。

【66】反其真，返回到本源，指死（语出《庄子·大宗师》）。

【67】悬附，"悬疣附赘"的简称，指瘤和瘢肉，是身体上多余的东西。《庄子·大宗师》："彼以生为附赘悬疣，以死为决疣溃痈。"这是厌世主义

的比喻。

【68】灵，灵魂，指晴雯的灵魂。格，感通。嗟来，招唤灵魂到来的话。《庄子·大宗师》："嗟来桑户乎！嗟来桑户乎！"

【69】搴（qiān），拔取。

【70】柳眼，柳叶细长如眼，所以这样说。

【71】莲心，莲心味苦，古乐府中常喻男女思念之苦，并用"莲心"谐音"怜心"。

【72】素女，神女名，善弹瑟（见《史记·封禅书》）。

【73】宓（fú）妃，传说她是伏羲氏的女儿，淹死在洛水中，成了洛神。

【74】弄玉吹笙，相传秦穆公之女弄玉善吹笙，嫁与萧史，萧善吹箫，能作凤鸣，后引来凤凰，夫妻随凤化仙飞去（见汉代刘向《列仙传》及明代陈耀文《天中记》）。

【75】寒簧，仙女名，偶因一笑下谪人间，后深海而复归月府（见明代叶绍袁《午梦堂集·续窈闻记》）。洪升《长生殿》借为月中仙子。敔（yǔ），古代的一种乐器，形状如一只伏着的老虎。

【76】嵩岳之妃，指灵妃。《旧唐书·礼仪志》：武则天临朝时，"下制号嵩山为神岳，尊嵩山神为天中王，夫人为灵妃。"韩愈《谁氏子》诗："或云欲学吹凤笙，所慕灵妃媲萧史。"可知灵妃也是善于吹笙的。

【77】骊山之姥（mǔ），《汉书·律历志》中说殷周时有骊山女子为天子，才艺出众，所以传闻后世。到了唐宋以后，就传为女仙，并尊称为"姥"或"老母"。又《搜神记》中说有个神妪叫成夫人，好音乐，每听到有人奏乐歌唱，便跳起舞来。所以李贺《李凭箜篌引》中有"梦入神山教神妪"的诗句。这里可能是兼用两事。

【78】"龟呈"句，古代传说，夏禹治水，洛水中有神龟背着文书来献给他（见《尚书·洪范》汉代孔安国传）。又传说黄帝东巡黄河，过洛水，黄河中的龙背了图来献，洛水中的乌龟背了书来献，上面都是赤文篆字（见《汉书·五行志》正义引刘向说）。

【79】"兽作"句，舜时，夔作乐，百兽都一起跳舞（见《史记·五帝本纪》）。咸池，是尧的乐曲名，一说是黄帝的乐曲。

【80】赤水，神话中地名。

【81】珠林，也称珠树林、三株（又作"珠"）树，传说"树如柏，叶皆为珠"（见《山海经》）。凤翥（zhù），凤凰在飞翔。

【82】爰格爰诚，这种句法，在《诗经》等古籍中屡见，在多数情况下，"爰"只能作连接两个意义相近的词的语助词。格，在这里是感动的意思，如"格于皇天"。

【83】匪簠（fǔ）匪筥（jǔ），意谓祭在心诚，不在供品。匪，通"非"。簠、筥，古代祭祀和宴会用的盛粮食的器皿。

【84】发轫（rèn），启程，出发。轫，阻碍车轮转动的木棍，车发动时须抽去。霞城，神话以为元始天尊居紫云之阁，碧霞为城。后以碧霞城或霞城为神仙居处（见孙绰《游天台山赋序》）。

【85】玄圃，亦作"县圃"，神仙居处，传说在昆仑山上。《离骚》："朝发轫于苍梧兮，夕余至乎县圃。"

【86】通，程乙本作"逋"，误。

【87】氤氲（yīn yūn），烟云笼罩。

【88】忡忡，忧愁的样子。

【89】篔簹（yún dāng），一种长节的竹子。

【90】唼喋（shà zhá），水鸟或水面上鱼儿争食的声音。

【91】尚飨（xiǎng），古时祭文中的固定词，意谓望死者前来享用祭品。

吴顺恪六奇别传

王士禛

王士禛，原名王士禛，字子真，号阮亭，又号渔洋山人，世称王渔洋，康熙时官至刑部尚书，死后谥文简。雍正时避雍正帝胤禛讳，改名王士正；乾隆时又赐名王士禛。山东新城人，常自称济南人。王士禛是清初的诗坛盟主，与朱彝尊并称"南朱北王"。

在诗论方面，他提出"神韵"说，对后世诗歌创作影响颇深。他的诗歌早年清丽澄淡，中年转为苍劲。诗作方面，他擅长各体，尤工七绝；又多有笔记著作。

题 解

吴顺恪，即吴六奇，字鉴伯，号葛如，卒谥顺恪。他原本是吴越地区的一名乞丐，南明时依附南明桂王朱由榔，为总兵；清军进攻潮州，他投降并担任清军向导，多有功劳；后来被任命为潮州总兵，与郑成功交战，累官至广东水陆师提督。本文中，作者将重点放在他"知恩图报"的轶事传闻上，巧妙地叙述了一位乞丐在乱世之中一跃而成为提督的传奇身世，塑造了一位性格豪爽又知晓地理的奇士形象。

海宁孝廉查伊璜[1]继佐，崇祯中名士也。尝冬雪，偶步门外，见一丐避庑[2]下，貌殊异，呼问曰："闻市中有铁丐者，汝是否？"曰："是。"曰："能饮乎？"曰："能。"引入发酤[3]，坐而对饮。查已酩酊，而丐殊无酒容。衣以絮衣，不谢，径去。

明年，复遇之西湖放鹤亭下，露肘跣行。询其衣，曰："入夏不须此，已忖酒家矣。"曰："曾读书识文字乎？"曰："不读书识字，何至为丐！"查奇其言，为具汤沐而衣履之。询其氏里，曰："吴姓，六奇名，东粤人。"问："何以丐？"曰："少好博，尽败其产，故流转江湖。自念叩门乞食，昔贤不免，仆何人，敢以为污！"查遽起，捉其臂曰："吴生海内奇士，我以酒徒目之，失吴生矣！"留与痛饮一月，厚资遣之。

六奇者，家世潮阳，祖为观察[4]，以挢蒱[5]故，遂为婆[6]人。既归粤，寄食充驿卒[7]。稔知关河厄塞形势，会王师[8]入粤，逻者[9]执六奇，六奇请得见大帅言事。既见，备陈诸郡形势，因请给游札[10]

数十通，散其土豪。所至郡县，壁垒皆下，帅上其功。十年中，累官至广东水陆师提督。

孝廉家居，久不记忆前事，一旦[11]有粤中牙将叩问请谒致吴书问，以三千金为寿，邀致入粤。水行三千里，供帐极盛。度梅岭，已遣其子迎候道左。所过部下将吏，皆负籣[12]、抱弩矢为前驱。抵惠州，吴躬自出迎，导从杂沓[13]，拟于侯王。至戟门[14]，则蒲伏泥首[15]，登堂，北面长跪，历叙往事，无所忌讳。入夜，置酒高会，身行酒炙。歌舞妙丽，丝竹迭陈，诸将递起为寿，质明始罢。自是留止一载，装累巨万。复以三千金为寿，锦绮、珠贝、珊瑚、犀象[16]之属，不可訾计。

查既归数年，值吴兴私史之狱[17]，牵连及之。吴抗疏为之奏辩，获免于难。初，查在惠州幕府，一日游后囿。囿有英石一峰，高二丈许，深赏异之。再往，已失此石。问之，用以巨舰载至吴中矣。今石尚存查氏之家。

注　释

【1】海宁，县名，今属浙江省。孝廉，明清时对举人的称呼。查伊璜，名继佐，浙江海宁人，明崇祯十六年（1643年）举人。明亡后，改名省，或隐姓名称左尹。另，查继佐其实早已否认过他帮助吴六奇一事。又，查氏是海宁地区的名门望族，自明清至现代，有多位文人学者出自查氏家族，如著名诗人穆旦（本名查良铮）、作家金庸（本名查良镛）等。

【2】庑（wǔ），堂周围的廊屋。

【3】发醅（pēi），打开酒坛。醅，未经过滤的浊酒。

【4】观察，即道员，又称道台，是清代布政司、按察司分管各道的官员。其品级不固定，原则上为正四品，实际则存在二品和三品的道台。

【5】摴（chū）蒲，又作"樗蒲"。原为古代的博戏，后泛指赌博。

【6】窭（jù），贫寒。

【7】驿卒，驿站的差役。

【8】王师，指清军。

【9】逻者，巡逻兵。

【10】游札，空白的、可以任意填写的札子。札，由上司给下级的官方文书。

【11】一旦，他日，有一天。

【12】籣（lán），装弓箭的器具，形如木桶。

【13】杂沓，从多杂乱的样子。

【14】戟门，古代宫门立戟，唐代三品以上官员也可以在私门立戟，后来便将显贵人家的大门称为戟门。

【15】蒲伏，即"匍匐"，伏地。泥首，叩头至地。

【16】犀象，犀牛角和象牙。

【17】私史之狱，即庄廷鑨明史狱。吴兴盲人庄廷鑨招集学人编辑《明书》，辑录崇祯朝政事，书中多有斥责清朝之语，又使用不被清廷承认的南明年号。后来此事被人告发，庄廷鑨当时已死，清廷将其开棺戮尸，其家属和为此书作序、校阅、印刷等有关联的人都被处死或流放。查继佐曾为此书校阅，因此牵连在内。另，有学者认为查继佐可能是此案的实际告发者。

画壁

蒲松龄

蒲松龄，字留仙，一字剑臣，别号柳泉居士，山东淄川县（今淄博市淄川区）人（族裔有争议）。世称"聊斋先生"。清代文学家、小说家。

蒲松龄出身世家，但在父辈时，家道已经中落。十九岁时，蒲松龄在县、府、道试中均夺得第一，名声大噪。但此后，他多次参加乡试却屡试不中，四十六岁才补为廪膳生，七十一岁补为贡生。他一生颇不得意，以微薄田产及教书、幕僚维生。

自二十岁起，蒲松龄开始收集素材，将道听途说的神怪故事收集起来，加以润色。四十岁时，《聊斋志异》成书。全书共四百九十一篇，内容包括人与鬼、妖、仙的爱情故事，也包括对贪官污吏的讽刺，还有对侠义行为的赞赏等。全书故事情节曲折、人物鲜明，富有浪漫主义色彩，深刻地展现了17世纪中国社会的风貌。可以说，《聊斋志异》在艺术上代表了中国文言短篇小说的最高成就，博采历代文言短篇小说之长，形成独特的艺术特色。

最初，《聊斋志异》只在朋友之间流传，王士禛颇为推崇，为之题诗："姑妄言之姑听之，豆棚瓜架雨如丝。料应厌作人间语，爱听秋坟鬼唱诗。"还曾拿出黄金五百两购买手稿，但被蒲松龄拒绝。蒲松龄去世后多年，《聊斋志异》才刻印刊行，一经出版便风靡一时，有多部模仿《聊斋志异》的作品出现；而在现代，更是有多篇作品被改编为电影、电视剧、小说、戏剧等形式而脍炙人口；又有多种外文译本，刊行全世界。

题　解

《画壁》是《聊斋志异》中的一篇经典名作。本文描写朱孝廉望着壁上画着的天女出了神，以至于进入了壁画之中，与壁中的少女欢好；忽然，一位使者前来检查私藏下界之人的情况，朱孝廉慌乱之中躲在床底，不知过了多久；而外面的老僧敲了敲画壁，才让朱孝廉返回人世。

本文构思奇妙，亦真亦幻，对后世影响很大。

江西孟龙潭，与朱孝廉^[1]客都中。偶涉一兰若，殿宇禅舍，俱不甚弘敞，惟一老僧挂搭^[2]其中。见客入，肃衣^[3]出迓，导与随喜^[4]。殿中塑志公^[5]像。两壁图绘精妙，人物如生。东壁画散花天女^[6]，内一垂髫者，拈花微笑，樱唇欲动，眼波将流。朱注目久，不觉神摇意夺，恍然凝想。身忽飘飘，如驾云雾，已到壁上。见殿阁重重，非复人世。一老僧说法座上，偏袒绕视者[7]甚众。朱亦杂立其中。少间，似有人暗牵其裾。回顾，则垂髫儿，辗然[8]竟去。履即从之。过曲栏，入一小舍，朱次且[9]不敢前。女回首，举手中花，遥遥作招状，乃趋之。舍内寂无人；遽拥之，亦不甚拒，遂与狎好。既而闭户去，嘱勿咳，夜乃复至，如此二日。女伴觉之，共搜得生，戏谓女曰："腹内小郎已许大，尚发蓬蓬学处子耶？"共捧簪珥，促令上鬟[10]。女含羞不语。一女曰："妹妹姊姊，吾等勿久住，恐人不欢。"群笑而去。生视女，髻云高簇，鬟凤低垂，比垂髫时尤艳绝也。四顾无人，渐入猥亵，兰麝熏心，乐方未艾。忽闻吉莫[11]靴铿铿甚厉，缧锁[12]锵然；旋有纷嚣腾辨之声。女惊起，与生窃窥，则见一金甲使者，黑面如漆，绾锁挈槌，众女环绕之。使者曰："全未？"答言："已全。"使者曰："如有藏匿下界人，即共出首，勿贻伊戚[13]。"又同声言："无。"使者反身鹗顾[14]，似将搜匿。女大惧，面如死灰，张皇谓朱曰："可急匿榻下。"乃启壁上小扉，猝遁去。

朱伏，不敢少息。俄闻靴声至房内，复出。未几，烦喧渐远，心稍安；然户外辄有往来语论者。朱局蹐[15]既久，觉耳际蝉鸣，目中火出，景状殆不可忍，惟静听以待女归，竟不复忆身之何自来也。时孟龙潭在殿中，转瞬不见朱，疑以问僧。僧笑曰："往听说法去矣。"问："何处？"曰："不远。"少时，以指弹壁而呼曰："朱檀越[16]何久游不归？"旋见壁间画有朱像，倾耳伫立，若有听察。僧又呼曰："游侣久待矣。"遂飘忽自壁而下，灰心木立[17]，目瞪足耎。孟大骇，从容问之，盖方伏榻下，闻叩声如雷，故出房窥听也。共视拈花人，螺髻翘然，不复垂髫矣。朱惊拜老僧，而问其故。僧笑曰："幻由人生，贫道何能解。"朱气结而不扬，孟心骇而无主。即起，历阶而出。

异史氏曰："幻由人作，此言类有道者。人有淫心，是生亵境；人有亵心，是生怖境。菩萨点化愚蒙，千幻并作。皆人心所自动耳。老婆心切 [18]，惜不闻其言下大悟，披发入山也。"

注 释

【1】孝廉，指举人。明清举人通过乡试产生，与汉代郡国举孝廉类似，因此称举人为孝廉。

【2】挂搭，行脚僧（也叫游方僧）投宿暂住的意思。也称"挂褡""挂单""挂锡"。行脚僧投宿寺院，衣钵与锡杖要挂僧堂东西两序名单下面的钩上，故称。

【3】肃衣，整衣，是表示尊敬的举动。

【4】随喜，佛家语，意思是随己所喜，做些善事；后也作为布施和游观寺院的代称。

【5】志公，指南朝僧人保志，也作"宝志"，相传是南朝时的"神僧"。

【6】散花天女，《维摩诘经·观众生品》载，维摩诘室有一天女，每见诸菩萨聆听讲说佛法，就呈现原身，并将天花撒在他们身上，以验证其向道之心：道心坚定者花不着身，反之则着身不去。

【7】偏袒绕视者，此指和尚。偏袒，袒露右肩，是古代印度表示尊敬的举动，后被佛教沿用。

【8】辴（chǎn）然，笑的样子。

【9】次（zī）且（jū），同"趑趄"，进退犹豫不决。

【10】上鬟，俗称"上头"，指女子出嫁前梳妆冠笄、插戴首饰。

【11】吉莫，皮革。

【12】缧（léi）锁，拘系犯人的锁链。缧，黑绳。

【13】勿贻伊戚，意为不要自招罪罚。《诗·小雅·小明》："心之忧矣，自诒伊戚。"诒，通"贻"，遗留。伊，通"繄"，是。戚，忧愁。

【14】反身鹗顾，回过身来如鹗一般凶狠地回顾。

【15】局蹐（jí），形容因恐惧而蜷缩的样子。局，屈曲。蹐，两足相叠。

【16】檀越，也作"檀那"，梵语"陀那钵底"的音译，即"施主"。

【17】灰心木立，心如死灰，形似槁木。

【18】老婆心切，教人心切。佛家称教导学人亲切叮咛者曰老婆。

黄英

蒲松龄

题 解

　　本文是《聊斋志异》中一篇带有象征意义的小说，节选了文章的前半部分。本文的主角黄英与陶生姐弟是菊花的化身，而他们的性格也正如中国传统文学中"菊花"意象所描写的那样高洁洒脱，正是作者心目中风流雅士的形象。而马子才这位追求名士情结的"雅士"，对于陶生贩卖菊花的行为十分不满，认为这是在玷污它的高洁，为此还与黄英陶生姐弟展开辩论。此后，黄英陶生姐弟以贩卖高洁的菊花致富，自诩"高洁"的马子才却在一次次试图遵循被曲解的"君子固穷"的陈腐观念时遭遇尴尬。黄英与陶生的形象，不仅象征着菊花的高洁，更是象征着那些自力更生、勤劳致富，摆脱陈腐观念的新时代士人；而马子才则是顽固腐朽观念的象征，在尴尬中接受黄英劝说的他，更是象征着腐朽观念失败的必然。

　　马子才，顺天人。世好菊，至才尤甚。闻有佳种，必购之，千里不惮。一日，有金陵客寓其家，自言其中表亲[1]有一二种，为北方所无。马欣动，即刻治装，从客至金陵。客多方为之营求，得两芽，裹藏如宝。归至中途，遇一少年，跨蹇从油碧车[2]，丰姿洒落。渐近与语。少年自言："陶姓。"谈言骚雅[3]。因问马所自来，实告之。少年曰："种无不佳，培溉在人。"因与论艺[4]菊之法。马大悦，问："将何往？"答云："姊厌金陵，欲卜居于河朔耳。"马欣然曰："仆虽固贫，茅庐可以寄榻。不嫌荒陋，无烦他适。"

陶趋车前，向姊咨禀。车中人推帘语，乃二十许绝世美人也。顾弟言："屋不厌卑，而院宜得广。"马代诺之，遂与俱归。

第南有荒圃，仅小室三四椽，陶喜，居之。日过北院，为马治菊。菊已枯，拔根再植之，无不活。然家清贫，陶日与马共食饮，而察其家似不举火。马妻吕，亦爱陶姊，不时以升斗馈恤之。陶姊小字黄英，雅善谈，辄过吕所，与共纫绩。陶一日谓马曰："君家固不丰，仆日以口腹累知交，胡可为常。为今计，卖菊亦足谋生。"马素介[5]，闻陶言，甚鄙之，曰："仆以君风流高士，当能安贫，今作是论，则以东篱为市井，有辱黄花矣。"陶笑曰："自食其力不为贪，贩花为业不为俗。人固不可苟求富，然亦不必务求贫也。"马不语，陶起而出。自是，马所弃残枝劣种，陶悉掇拾而去。由此不复就马寝食，招之始一至。未几，菊将开，闻其门嚣喧如市。怪之，过而窥焉，见市人买者，车载肩负，道相属也。其花皆异种，目所未睹。心厌其贪，欲与绝；而又恨其私秘佳本[6]，遂款其扉，将就诮让。陶出，握手曳入。见荒庭半亩皆菊畦，数椽之外无旷土。劚[7]去者，则折别枝插补之；其蓓蕾在畦者，罔不佳妙：而细认之，尽皆向所拔弃也。陶入屋，出酒馔，设席畦侧，曰："仆贫不能守清戒，连朝幸得微资，颇足供醉。"少间，房中呼"三郎"，陶诺而去。俄献佳肴，烹饪良精。因问："贵姊胡以不字？"答云："时未至。"问："何时？"曰："四十三月。"又诘："何说？"但笑不言。尽欢始散。过宿，又诣之，新插者已盈尺矣。大奇之，苦求其术。陶曰："此固非可言传；且君不以谋生，焉用此？"又数日，门庭略寂，陶乃以蒲席包菊，捆载数车而去。逾岁，春将半，始载南中异卉而归，于都中设花肆，十日尽售，复归艺菊。问之去年买花者。留其根，次年尽变而劣，乃复购于陶。陶由此日富：一年增舍，二年起夏屋。兴作从心，更不谋诸主人。渐而旧日花畦，尽为廊舍。更于墙外买田一区，筑墉四周，悉种菊。至秋，载花去，春尽不归。而马妻病卒。意属黄英，微使人风示之。黄英微笑。意似允许，惟专候陶归而已。年余，陶竟不至。黄英课仆种菊，一如陶。得金益合商贾，村外治膏田二十顷，甲第益壮。忽有客自东粤[8]来，寄陶生函信，发之，则嘱姊归马。考其寄书之日，即妻死之日；回忆园中之饮，适四十三月也。大奇之。以书示英，请问"致聘何所"。英辞不受采。又以故居陋，欲使就南第居，若赘焉。马不可，择日行亲迎礼。黄英既适马，于间壁开扉通南第，日过课[9]其仆。

马耻以妻富，恒嘱黄英作南北籍[10]，以防淆乱。而家所需，黄英辄取诸南第。不半岁，家中触类皆陶家物。马立遣人一一赍还之，戒勿复取。未浃旬[11]，又杂之。凡数更，马不胜烦。黄英笑曰："陈仲子毋乃劳乎[12]？"马惭，不复稽，一切听诸黄英。鸠工庀料[13]，土木大作，马不能禁。经数月，楼舍连亘，两第竟合为一，不分疆界矣。然遵马教，闭门不复业菊，而享用过于世家。马不自安，曰："仆三十年清德，为卿所累。今视息人间，徒依裙带[14]而食，真无一毫丈夫气矣。人皆祝富，我但祝穷耳！"黄英曰："妾非贪鄙；但不少致丰盈，遂令千载下人，谓渊明贫贱骨，百世不能发迹，故聊为我家彭泽[15]解嘲耳。然贫者愿富，为难；富者求贫，固亦甚易。床头金任君挥去之，妾不靳也。"马曰："捐他人之金，抑亦良丑。"英曰："君不愿富，妾亦不能贫也。无已，析君居：清者自清，浊者自浊，何害。"乃于园中筑茅茨[16]，择美婢往侍马。马安之。然过数日，苦念黄英。招之，不肯至；不得已，反就之。隔宿辄至，以为常。黄英笑曰："东食西宿[17]，廉者当不如是。"马亦自笑，无以对，遂复合居如初。

注　释

【1】中表亲，古人称呼姑母的儿子为外兄弟，称舅父或姨母的儿子为内兄弟。外兄弟为"表亲"，内兄弟为"中亲"，二者合称"中表亲"。

【2】蹇，蹇卫，驴子。油碧车，也作"油壁车"，在车壁上以油涂饰的车。古时妇女所乘之车。

【3】骚雅，文雅。《楚辞》有《离骚》，《诗》有《大雅》和《小雅》，故以"骚雅"代指文学修养。

【4】艺，种植。

【5】介，耿介有操守。

【6】佳本，优良品种。本，菊根。

【7】劚（zhú），挖掘。

【8】东粤，一作"东越"，指今天的东南沿海，即福建、浙江一带。

【9】课，督促完成指定的工作。

【10】作南北籍，为南北两宅各立账簿。

【11】浃（jiá）旬，即"浃日"，十日。自甲日至癸日一周十日为"浃"日。

【12】陈仲子，战国时齐人，也称於（wū）陵仲子。《孟子·滕文公下》说他"以兄之禄为不义之禄而不食也，以兄之室为不义之室而不居也，辟兄离母，处于於（wū）陵"。

【13】鸠工庀（pǐ）料，招集工匠，置备建筑材料。庀，备具。

【14】裙带，原指因妻子的关系而致的官职。这里指依赖妻子的财富。

【15】彭泽，陶渊明曾任彭泽县令，而黄英也姓陶，因此称"我家"。

【16】茅茨（cí），草屋。

【17】《艺文类聚》卷四十引《风俗通》："齐人有女，二人求之。一人丑而富，一人美而贫。父母疑而不决，问其女。女曰：'欲东家食，西家宿。'"此处嘲笑马子才的所谓"清廉"。

促织

蒲松龄

题 解

　　本文是《聊斋志异》中的一篇小说。本文描写了一个因封建统治者喜好促织，导致成名一家陷入灾难，最后又转悲为喜的故事。文章受柳宗元《捕蛇者说》的影响，以奇特的故事情节，深刻地揭露了统治者的骄奢淫逸和各级官吏的贪婪刻薄，描写了老百姓为生计奔波的艰难，是一篇有着极强魅力的短篇小说精品。

　　宣德 [1] 间，宫中尚促织之戏，岁征民间。此物故非西产；有华阴令欲媚上官，以一头进，试使斗而才，因责常供。令以责之里正。市中游侠儿得佳者笼养之，昂其直 [2]，居为奇货。里胥猾黠，假此科敛丁口 [3]，每责一头，辄倾数家之产。

　　邑有成名者，操童子 [4] 业，久不售 [5]。为人迂讷，遂为猾胥报充里正役，百计营谋不能脱。不终岁，薄产累尽。会征促织，成不敢敛户口，而又无所赔偿，忧闷欲死。妻曰："死何裨益？不如自行搜觅，冀有万一之得。"成然之。早出暮归，提竹筒丝笼，于败堵丛草处，探石发穴，靡计不施，迄无济。即捕得三两头，又劣弱不中于款。宰严限追比 [6]，旬余，杖至百，两股间脓血流离，并虫亦不能行捉矣。转侧床头，惟思自尽。

　　时村中来一驼背巫，能以神卜。成妻具资诣问。见红女白婆，填塞门户。入其舍，则密室垂帘，帘外设香几。问者爇香 [7] 于鼎，再拜。巫从旁望空代祝，唇吻翕辟 [8]，不知何词。各各竦立以听。少间，帘内掷一纸出，即道人意中事，无毫发爽。成妻纳钱案上，焚拜如前人。食顷，帘动，片纸抛落。拾视之，非字而画：中绘殿阁，类兰若；后小山下，怪石乱卧，针针丛棘，青麻头 [9] 伏焉；旁一蟆，若将跃舞。展玩不可晓。然睹促织，隐中胸怀。折藏之，归以示成。

成反复自念，得无教我猎虫所耶？细瞻景状，与村东大佛阁逼似。乃强起扶杖，执图诣寺后，有古陵蔚 [10] 起。循陵而走，见蹲石鳞鳞 [11]，俨然类画。遂于蒿莱中侧听徐行，似寻针芥。而心目耳力俱穷，绝无踪响。冥 [12] 搜未已，一癞头蟆猝然跃去。成益愕，急逐趁之，蟆入草间。蹑迹披 [13] 求，见有虫伏棘根。遽扑之，入石穴中。掭以尖草，不出；以筒水灌之，始出，状极俊健。逐而得之。审视，巨身修尾，青项金翅。大喜，笼归，举家庆贺，虽连城拱璧不啻也。上于盆而养之，蟹白栗黄 [14]，备极护爱，留待限期，以塞官责。

成有子九岁，窥父不在，窃发盆。虫跃掷径出，迅不可捉。及扑入手，已股落腹裂，斯须就毙。儿惧，啼告母。母闻之，面色灰死，大惊曰："业根，死期至矣！而翁归，自与汝复算耳！"儿涕而去。

未几，成归，闻妻言，如被冰雪。怒索儿，儿渺然不知所往。既而得其尸于井，因而化怒为悲，抢呼欲绝。夫妻向隅 [15]，茅舍无烟，相对默然，不复聊赖。日将暮，取儿藁葬 [16]。近抚之，气息惙然。喜置榻上，半夜复苏。夫妻心稍慰，但儿神气痴木，奄奄思睡。成顾蟋蟀笼虚，则气断声吞，亦不复以儿为念，自昏达曙，目不交睫。东曦既驾 [17]，僵卧长愁。忽闻门外虫鸣，惊起觇视 [18]，虫宛然尚在。喜而捕之，一鸣辄跃去，行且速。覆之以掌，虚若无物；手裁 [19] 举，则又超忽而跃。急趋之，折过墙隅，迷其所在。徘徊四顾，见虫伏壁上。审谛之 [20]，短小，黑赤色，顿非前物。成以其小，劣之。惟彷徨瞻顾，寻所逐者。壁上小虫忽跃落襟袖间，视之，形若土狗 [21]，梅花翅，方首，长胫，意似良。喜而收之。将献公堂，惴惴恐不当意，思试之斗以觇之。

村中少年好事者，驯养一虫，自名"蟹壳青"，日与子弟角，无不胜。欲居之以为利，而高其直，亦无售者。径造庐访成，视成所蓄，掩口胡卢而笑。因出己虫，纳比笼中。成视之，庞然修伟，自增惭怍，不敢与较。少年固强之。顾念蓄劣物终无所用，不如拼博一笑，因合纳斗盆。小虫伏不动，蠢若木鸡。少年又大笑。试以猪鬣毛撩拨虫须，仍不动。少年又笑。屡撩之，虫暴怒，直奔，遂相腾击，振奋作声。俄见小虫跃起，张尾伸须，直龁[22]敌领。少年大骇，急解令休止。虫翘然矜鸣，似报主知。成大喜。方共瞻玩，一鸡瞥来，径进以啄。成骇立愕呼，幸啄不中，虫跃去尺有咫。鸡健进，逐逼之，虫已在爪下矣。成仓猝莫知所救，顿足失色。旋见鸡伸颈摆扑，临视，则虫集冠上，力叮不释。成益惊喜，掇置笼中。

翼日[23]进宰，宰见其小，怒呵成。成述其异，宰不信。试与他虫斗，虫尽靡。又试之鸡，果如成言。乃赏成，献诸抚军。抚军大悦，以金笼进上，细疏其能。既入宫中，举天下所贡蝴蝶、螳螂、油利挞、青丝额一切异状遍试之，无出其右者。每闻琴瑟之声，则应节而舞。益奇之。上大嘉悦，诏赐抚臣名马衣缎。抚军不忘所自，无何，宰以卓异[24]闻。宰悦，免成役。又嘱学使俾入邑庠[25]。后岁余，成子精神复旧，自言身化促织，轻捷善斗，今始苏耳。抚军亦厚赉成。不数年，田百顷，楼阁万椽，牛羊蹄躈各千计；一出门，裘马过世家焉。

异史氏曰："天子偶用一物，未必不过此已忘；而奉行者即为定例。加以官贪吏虐，民日贴[26]妇卖儿，更无休止。故天子一跬步，皆关民命，不可忽也。独是成氏子以蠹[27]贫，以促织富，裘马扬扬。当其为里正，受扑责时，岂意其至此哉！天将以酬长厚者，遂使抚臣、令尹[28]，并受促织恩荫。闻之：一人飞升，仙及鸡犬。信夫！"

注 释

【1】宣德，明宣宗年号（1426—1435年）。

【2】昂其直，抬高它的价钱。直，通"值"。

【3】科敛，摊派、聚敛。丁口，老百姓。

【4】童子，童生。科举时代还没考取秀才的读书人，不论年纪大小，都称为"童生"。

【5】售，此处指考取。

【6】追比，旧时地方官吏严逼人民，限期交税、交差，逾期不交就会被杖责，称为"追比"。

【7】爇（ruò）香，点燃香。

【8】翕，合。辟，开。

【9】青麻头，以及下文的"蝴蝶""螳螂""油利挞""青丝额"，都是上品蟋蟀的名字。

【10】蔚，草木茂盛的样子，此处引申为高大。

【11】蹲石鳞鳞，蹲踞着的一块块石头像鱼鳞排列。

【12】冥，深。

【13】蹑，悄悄追随。披，拨开。

【14】蟹白栗黄，泛指给蟋蟀吃的精饲料。

【15】向隅，面对着墙角哭。《说苑》："今有满堂饮酒者，有一人独索然向隅哭泣……"此后"向隅"便代指哭泣。

【16】藁葬，用草席裹着尸体埋葬。

【17】东曦，太阳神，代指太阳。既驾，已经乘车出来。传说，太阳神羲和驾着六龙牵引的车。

【18】觇视，窥视。

【19】裁，通"才"，刚刚。

【20】审谛之，仔细地审视。

【21】土狗，蝼蛄的别名。

【22】龁，咬。

【23】翼，通"翌"，翌日、次日。

【24】卓异，（才能）优异。古代审核官员政绩，优秀者就有机会被提拔。

【25】俾入邑庠，使（他）进入县学，即做秀才。

【26】贴，抵押。

【27】蠹，蛀虫，比喻贪婪而造成人民困苦的官吏。

【28】令尹，县令，府尹。令尹原为春秋战国时楚国宰相的称呼，后来用于代指宰相，再后来则泛指地方官。

侠女

蒲松龄

题 解

本文刻画了一个复仇的侠女形象。她胸有丘壑，虽然陷于贫困，也不曾忘记复仇，奉母养老，又为顾生育子报德，完成复仇后从容离去。这个形象，反映了当时百姓的反抗精神。本文有部分删改。

顾生，金陵人，博于材艺，而家綦[1]贫。又以母老不忍离膝下。惟日为人书画，受赀以自给。行年二十有五，伉俪犹虚。对户旧有空第，一老妪及少女税居其中，以其家无男子，故未问其谁何。一日偶自外入，见女郎自母房中出，年约十八九，秀曼都雅[2]，世罕其匹，见生不甚避，而意凛如也[3]。生入问母。母曰："是对户女郎，就吾乞刀尺，适言其家亦止一母。此女不似贫家产。问其何为不字，则以母老为辞。明日当往拜其母，便风[4]以意，倘所望不著，儿可代养其老。"明日造其室，其母一聋媪耳。视其室并无隔宿粮，问所业则仰女十指[5]。徐以同食之谋试之，媪意似纳，而转商其女；女默然，意殊不乐。母乃归。详其状而疑之曰："女子得非嫌吾贫乎？为人不言亦不笑，艳如桃李，而冷如霜雪，奇人也！"母子猜叹而罢。

一日生坐斋头，有少年来求画，姿容甚美，意颇儇佻[6]。诘所自，以"邻村"对。嗣后三两日辄一至。稍稍稔熟，渐以嘲谑，生狎抱之亦不甚拒，遂私焉。由此往来昵甚。会女郎过，少年目送之，问为谁，对以"邻女"。少年曰："艳丽如此，神情何可畏？"少间生入内，母曰："适女子来乞米，云不举火者经日矣。此女至孝，贫极可悯，宜少周恤之。"生从母言，负斗米款门，达母意。女受之，亦不申谢。日尝至生家，见母作衣履，便代缝纫，出入堂中，操作如妇。生益德之。每获馈饵，必分给其母，女亦略不置齿颊[7]。母适疽生隐处，宵旦号啕。女时就榻省视，为之洗创敷药，日三四作。母意甚不自安，而女不厌其秽。母曰："唉！安得新妇如儿，而奉老身以死也！"言讫悲哽，女慰之曰："郎子大孝，胜我寡母孤女什百矣。"母曰："床头蹀躞[8]之役，岂孝子所能为者？且身已向暮，旦夕犯雾露[9]，深以桃续[10]为忧耳。"言间生入，母泣曰："亏娘子良多，汝无忘报德。"生伏拜之。女曰："君敬我母，我勿谢也，君何谢焉？"于是益敬爱之。然其举止生硬，毫不可干。

一日女出门，生目注之，女忽回首，嫣然而笑。生喜出意外，趋而从诸其家，挑之亦不拒，欣然交欢。已，戒生曰："事可一而不可再。"生不应而归。明日又约之，女厉色不顾而去。日频来，时相遇，并不假以词色。少游戏之，则冷语冰人。忽于空处问生："日来少年谁也？"生告之。女曰："彼举止态状，无礼于妾频矣。以君之狎昵，故置之。请更寄语：再复尔，是不欲生也已！"生至夕，以告少年，且曰："子必慎之，是不可犯！"少年曰："既不可犯，君何私犯之？"生白其无。曰："如其无。则猥亵之语，何以达君听哉？"生不能答。少年曰："亦烦寄告：假惺惺勿作态；

不然,我将遍播扬。"生甚怒之,情见于色,少年乃去。一夕方独坐,女忽至,笑曰:"我与君情缘未断,宁非天数。"生狂喜而抱于怀,欻闻履声籍籍,两人惊起,则少年推扉入矣。生惊问:"子胡为者?"笑曰:"我来观贞洁人耳。"顾女曰:"今日不怪人耶?"女眉竖颊红,默不一语,急翻上衣,露一革囊,应手而出,而尺许晶莹匕首也。少年见之,骇而却走。追出户外,四顾渺然。女以匕首望空抛掷,戛然有声,灿若长虹,俄一物堕地作响。生急烛之,则一白狐身首异处矣。大骇。女曰:"此君之娈童也。我固恕之,奈渠定不欲生何!"收刃入囊。生曳令入,曰:"适妖物败意,请俟来宵。"出门径去。次夕女果至,遂共绸缪。诘其术,女曰:"此非君所知。宜须慎秘,泄恐不为君福。"又订以嫁娶,曰:"枕席焉,提汲焉,非妇伊何也?业夫妇矣,何必复言嫁娶乎?"生曰:"将勿憎吾贫耶?"曰:"君固贫,妾富耶?今宵之聚,正以怜君贫耳。"临别嘱曰:"苟且之行,不可以屡。当来我自来,不当来相强无益。"后相值,每欲引与私语,女辄走避。然衣绽炊薪,悉为纪理,不啻妇也。

积数月,其母死,生竭力葬之。女由是独居。生意孤寝可乱,逾垣入,隔窗频呼,迄不应。视其门,则空室扃焉。窃疑女有他约。夜复往,亦如之。遂留佩玉于窗间而去之。越日,相遇于母所。既出,而女尾其后曰:"君疑妾耶?人各有心,不可以告人。今欲使君无疑,乌得可?然一事烦急为谋。"问之,曰:"妾体孕已八月矣,恐旦晚临盆。'妾身未分明'[11],能为君生之,不能为君育之。可密告母觅乳媪,伪为讨螟蛉者[12],勿言妾也。"生诺,以告母。母笑曰:"异哉此女!聘之不可,而顾私于我儿。"喜从其谋以待之。又月余,女数日不至,母疑之,往探其门,萧萧闭寂。叩良久,女始蓬头垢面自内出。启而入之,则复阖之。入其室,则呱呱者在床上矣。母惊问:"诞几时矣?"答云:"三日。"捉绷席而视之，则男也，且丰颐而广额。喜曰："儿已为老身育孙子，伶仃一身，将焉所托？"女曰："区区隐衷，不敢掬示[13]老母。俟夜无人，可即抱儿去。"母归与子言，窃共异之。夜往抱子归。

更数夕，夜将半，女忽款门入，手提革囊，笑曰："我大事已了，请从此别。"急询其故，曰："养母之德，刻刻不去诸怀。向云'可一而不可再'者，以相报不在床笫也。为君贫不能婚，将为君延一线之续。今君德既酬，妾志亦遂，无憾矣。"问："囊中何物？"曰："仇人头耳。"检而窥之，须发交而血模糊。骇绝，复致研诘。曰："向不与君言者，以机事不密，惧有宣泄。今事已成，不妨相告：妾浙人。父官司马，陷于仇，彼籍吾家。妾负老母出，隐姓名，埋头项，已三年矣。所以不即报者，徒以有母在；母去，又一块肉累腹中，因而迟之又久。曩夜出非他，道路门户未稔，恐有讹误耳。"言已出门，又嘱曰："所生儿，善视之。君福薄无寿，此儿可光门闾。夜深不得惊老母，我去矣！"方凄然欲询所之，女一闪如电，瞥尔间遂不复见。生叹惋木立，若丧魂魄。明以告母，相为叹异而已。后三年生果卒。子十八举进士，犹奉祖母以终老云。

注 释

【1】綦，极、甚。

【2】秀曼都雅，秀丽笑雅，风度美好。都，美。

【3】凛如，严肃可畏的样子。

【4】便，指方便的时候。风，通"讽"，旁敲侧击。

【5】十指，代指针线活。

【6】儇（xuān）佻，轻浮不庄重。

【7】略不置齿颊，这里指感谢之情不挂在口头也不表现在脸上。

【8】踥（dié）蹀（xiè），小步走路的样子。

【9】犯雾露，原指伤寒，此处指因病而死。《史记·淮南厉王长传》："逢雾露病死。"

【10】祧（tiāo）续，通"祧绪"，后嗣。

【11】妾身未分明，我的身份尚未明确，指没有公开结为夫妇。杜甫《新婚别》："妾身未分明，何以拜姑嫜。"

【12】螟蛉，养子的代称，语出《诗·小雅·小宛》："螟蛉有子，蜾蠃负之。"螟蛉是一种飞蛾的幼虫，蜾蠃捕来喂养自己的幼虫，古人错认为蜾蠃以螟蛉为养子，故以螟蛉代称"养子"。

【13】掬示，奉告。

崂山道士

蒲松龄

题 解

本文讲述一个慕道的年轻人在崂山遇到一个仙人，仙人知道他慕道就试探他，他却吃不了苦；仙人用法术试探，他依旧不能吃苦。最后，仙人传授给他一招穿墙之术，他满心欢喜地回家卖弄，结果很快就失败了。文章讽刺了那些学习不能脚踏实地，不能吃苦的人：若不能沉下心来，就什么也学不到。

邑有王生，行七，故家子[1]。少慕道，闻劳山多仙人，负笈往游。登一顶，有观宇，甚幽。一道士坐蒲团上，素发垂领，而神光爽迈[2]。叩而与语，理甚玄妙。请师之，道士曰："恐娇情不能作苦。"答言："能之。"其门人甚众，薄暮毕集，王俱与稽首，遂留观中。

凌晨，道士呼王去，授以斧，使随众采樵。王谨受教。过月余，手足重茧，不堪其苦，阴有归志。一夕归，见二人与师共酌，日已暮，尚无灯烛。师乃剪纸如镜，粘壁间，俄顷月明辉室，光鉴毫芒。诸门人环听奔走。一客曰："良宵胜乐，不可不同。"乃于案上取酒壶，分赉[3]诸徒，且嘱尽醉。王自思：七八人，壶酒何能遍给？遂各觅盎盂，竞饮先釂[4]，惟恐樽尽，而往复挹注[5]，竟不少减。心奇之。俄一客曰："蒙赐月明之照，乃尔寂饮，何不呼嫦娥来？"乃以箸掷月中。见一美人，自光中出，初不盈尺，至地遂与人等。纤腰秀项，翩翩作"霓裳舞"[6]。已而歌曰："仙仙乎！而还乎！而幽我于广寒乎！"[7]其声清越，烈如箫管。歌毕，盘旋而起，跃登几上，惊顾之间，已复为箸。三人大笑。又一客曰："今宵最乐，然不胜酒力矣。其饯我于月宫可乎？"三人移席，渐入月中。众视三人，坐月中饮，须眉毕见，如影之在镜中。移时，月渐暗，门人燃烛来，则道士独坐，而客杳矣。几上肴核尚存；壁上月，纸圆如镜而已。道士问众："饮足乎？"曰："足矣。""足，宜早寝，勿误樵苏。"众诺而退。王窃欣慕，归念遂息。

又一月，苦不可忍，而道士并不传教一术。心不能待，辞曰："弟子数百里受业仙师，纵不能得长生术，或小有传习，亦可慰求教之心。今阅两三月，不过早樵而暮归。弟子在家，未谙此苦。"道士笑曰："吾固谓不能作苦，今果然。明早当遣汝行。"王曰："弟子操作多日，师略授小技，此来为不负也。"道士问："何术之求？"王曰："每见师行处，墙壁所不能隔，但得此法足矣。"道士笑而允之。乃传一诀，令自咒毕，呼曰："入之！"王面墙不敢入。又曰："试入之。"王果从容入，及墙而阻。道士曰："俯首辄入，勿逡巡！"王果去墙数步奔而入，及墙，虚若无物，回视，果在墙外矣。大喜，入谢。道士曰："归宜洁持[8]，否则不验。"遂助资斧遣归。抵家，自诩遇仙，坚壁所不能阻，妻不信。王效其作为，去墙数尺，奔而入，头触硬壁，蓦然而踣[9]。妻扶视之，额上坟起，如巨卵焉。妻揶揄之。王渐忿，骂老道士之无良而已。

异史氏曰："闻此事，未有不大笑者；而不知世之为王生者，正复不少。今有伧父 [10]，喜疢毒而畏药石 [11]，遂有舐痈吮痔者 [12]，进宣威逞暴之术，以迎其旨，绐之曰：'执此术也以往，可以横行而无碍。'初试未尝不小效，遂谓天下之大，举可以如是行矣，势不至触硬壁而颠蹶不止也。"

注　释

【1】故家子，世家大族之子。

【2】迈，高超不俗。

【3】分赉（lài），分发赏赐。赉，赏赐。

【4】釂（jiào），饮尽杯中酒。

【5】挹（yì）注，从大酒器倒入小酒器，这里指从酒壶倒入酒杯。

【6】霓裳舞，即《霓裳羽衣舞》，唐玄宗时宫廷盛行的舞蹈，本是西凉节度使杨敬述所献西域《婆罗门曲》，唐玄宗亲自将其改制为《霓裳羽衣舞》。传说唐玄宗曾夜游月宫，见"仙女数百，皆素练霓裳衣，舞于广庭。问其曲，曰《霓裳羽衣曲》"。

【7】仙仙，同"跹跹"，起舞的样子。广寒，传说嫦娥被幽禁于广寒宫。歌词是形容嫦娥无法分辨这里是虚造的月宫还是实际的月宫。

【8】洁持，洁以持之，即以纯洁的心地葆其道术。

【9】踣，通"仆"，跌倒。

【10】伧（cāng）父，鄙贱匹夫。这是当时骂人的话。

【11】喜疢（chèn）毒而畏药石，喜好伤身的疾患，而害怕治病的药石。《左传·襄公二十三年》："臧孙曰：'季孙之爱我，疾疢也；孟孙之恶我，药石也。美疢不如药石。夫石犹生我，疢之美，其毒滋多。'"

【12】舐（shì）痈吮痔，一般作"吸痈舐痔"。《史记·佞幸列传》："文帝尝病痈，邓通常为帝嗽吮之。"又，《庄子·列御寇》："秦王有病，召医，破痈溃痤者得车一乘，舐痔者得车五乘，所治愈下，得车愈多。"后世以此比喻无耻的阿谀奉承。

市声说

沙张白

沙张白，原名一卿，字介臣，号定峰，江阴人。清代诗人，亦长于史学，医卜星相之类亦广为涉猎。性格孤傲，康熙十一年（1672年）再试秋闱不第后便闭门著书终老。他的作品多描写民间生活，反映了清初战争使人民流离失所的真实情况。当时的一些名士如吴伟业、龚鼎孳、王士禛等并加推许。

题　解

本文是一篇讽刺时事的文章。文章指出，"声音"是一种自然现象，代表了一种要求与希望。文章通过表达对社会底层的声音的同情和对上流社会的声音的憎恶，对整个社会进行批判，从朴素平实的文风中体现出嬉笑怒骂。

鸟之声聚于林，兽之声聚于山，人之声聚于市。是声也，盖无在无之。而当其所聚，则尤为庞杂沸腾，令听者难为聪焉。今人入山林者，闻鸟兽之声，以为是天籁适然，鸣其自乐之致而已。由市声推之，乌知彼羽毛之族，非多求多冀，哓哓焉炫其所有，急其所无，以求济夫旦夕之欲者乎？

京师土燥水涩，其声噌以呿[1]。鬻百货于市者，类为曼声高呼，夸所挟以求售。肩任担负，络绎孔道，至于穷墟僻巷，无所不到。传呼之声相闻，盖不知几千万人也！祁寒暑雨，莫不自晨迄暮，不肯少休，抗喉而疾呼，以求济其旦夕之欲耳！

苟谓鸟之呼于林，兽之呼于山者，皆怡然自得，一无所求，而人者独否，是天之恩勤[2]群类，予以自然之乐者，反丰于物而靳于人，此亦理之不可信者也。然使此千百万人者，厌其勤苦，且自悔不鸟兽若，尽弃其业而他业焉，将京师之大，阒然寂然，不特若曹无以赡其生，生民之所需，畴为给之？此又势之必不可者矣。顾使其中有数人焉，耻其所为，而从吾所好，则为圣贤，为仙佛，为贵人，为高士，何不可者。吾惜其自少至老，日夕为抗喉疾呼，而皇皇于道路以死者。甚矣，市声之可哀也。

虽然，市者，声之所聚；京师者，又市之所聚也。揽权者市权，挟势者市势，以至市文章，市技艺，市恩，市诣，市诈，市面首[3]，市鞶笑：无非市者。炫其所有，急其所无，汲汲然求济其旦夕之欲，虽不若市声之哓哓然，而无声之声，震于钟鼓矣。甚且暮夜之乞怜无声，中庭之相泣有声，反不若抗声疾呼者之为其事而不讳其名也。君子之所哀，岂仅在市声也哉！

嗟乎！有凤凰焉，而后可以和百鸟之声；有麒麟焉，而后可以谐百兽之声；有圣人焉，而后能使天下之人之声皆得其中，终和且平，而无噍杀嚣陵之患。四灵[4]不至，君子之所为致慨也。若曰厌苦人声，而欲逃之山林，以听夫无所求而自然之鸣焉，是鸟兽同群，而薄斯人之吾与也。

注　释

【1】嚶（chēng）以呹（hóng），象声词，形容声音洪亮。

【2】《诗·豳风·鸱鸮》："恩斯勤斯，鬻子之闵斯。"原意为父母抚育子女的恩情，此处引申为厚爱。

【3】面首，男宠。明清时上流社会盛行养男宠。

【4】四灵，古以龙、凤、龟、麟称"四灵"，是太平盛世的征兆。

鸟说

戴名世

戴名世，字田有，一字褐夫，号药身，又号忧庵。安徽桐城人，人称南山先生。清代文学家，是后来的"桐城派"的奠基人之一。

戴名世二十七岁时，文章就已名震天下；康熙四十八年（1709年）时与赵熊诏争魁，中榜眼；而当时京师便有赵熊诏舞弊的流言。两年后，赵熊诏之父左都御史赵申乔得知戴名世所作《南山集》引用方孝标的一些作品，其中使用的是南明的年号，于是弹劾戴名世；康熙帝听闻后大怒，将其斩首，又将方孝标挫骨扬灰，其余涉案之人流放，史称"南山案"，是康熙朝规模较大的一次文字狱。雍正继位后认为此案实为冤案，于是将被流放、隶旗籍之人全部放还。

戴名世与方孝标同为桐城派散文先驱，文章对当时影响颇大，只是由于身陷"南山案"，方苞等桐城派文人叙述桐城派渊源时均不敢提及。《南山集》在康熙朝被禁毁，后世戴均衡搜集戴名世遗篇，编为《戴南山先生全集》，并于《南山集目录序》称："余读先生之文，见其境象，如太空之浮云，变化无迹；又如飞仙御风，莫窥行止。谓其可直追庄周、李白、司马子长；……足与望溪齐名。"

题 解

本文生动地描写了一对小鸟的悲剧故事。一对小鸟在书斋之旁、桂树之上筑巢，本以为此地是可以安身立命的地方；可是桂树的主人却故意摇动桂树使鸟儿鸣叫。一天，桂树的主人回来发现鸟巢已经掉落在地，鸟儿和幼雏早已不见踪影，一问才知，奴仆已经将它们带走了。作者以物喻人，表面上是批评鸟儿不懂世情，身处险境而不能自保；实际上却是揭露当时的社会不能容纳如鸟儿一般心境纯洁的人生存的事实。

  余读书之室，其旁有桂一株焉。桂之上，日有声喧喧[1]者，即而视之，则二鸟巢于其枝干之间，去地不五六尺，人手能及之。巢大如盏，精密完固，细草盘结而成。鸟雌一雄一，小不能盈掬，色明洁，娟皎可爱，不知其何鸟也。雏且出矣，雌者覆翼之，雄者往取食。每得食，辄息于屋上，不即下。主人戏以手撼其巢，则下瞰而鸣，小撼之小鸣，大撼之即大鸣，手下，鸣乃已。他日，余从外来，见巢坠于地，觅二鸟及鷇[2]，无有。问之，则某氏僮奴取以去。

  嗟呼！以此鸟之羽毛洁而音鸣好也，奚不深山之适而茂林之栖，乃托身非所，见辱于人奴以死。彼其以世路为甚宽也哉。

注 释

【1】喧（guān）喧，拟声词，二鸟相和之声。

【2】鷇（kòu），初生的小鸟儿。

醉乡记

戴名世

题 解

  本文是一篇讽刺当时社会的文章。作者借魏晋时刘伶、阮籍等人的事迹，指出造成"醉乡"的根本原因，是统治者的昏庸残暴。本文中，作者不提及任何时事，却对当时社会进行了激烈的抨击。在当时，文人动辄得祸，就连戴名世本人也只是因为书中引用文字使用了南明年号就惨遭斩首，因此创作文章多使用寓言或指桑骂槐的形式。但就在这样的环境之下，作者依旧对当时黑暗的社会做出激烈的批评。

昔余尝至一乡，辄颓然靡然，昏昏冥冥，天地为之易位，日月为之失明，目为之眩，心为之荒惑，体力之败乱。问之人："是何乡也？"曰："醑适[1]之方，甘旨之尝，以徜以徉，是为醉乡。"

呜呼！是为醉乡也欤？古人不余欺也，吾尝闻夫刘伶、阮籍之徒矣。当是时，神州陆沉，中原鼎沸，而天下之人，放纵恣肆，淋漓颠倒，相率入醉乡不已。而以吾所见，其间未尝有可乐者。或以为可以解忧云耳[2]。夫忧之可以解者，非真忧也，夫果有其忧焉，抑亦必不解也。况醉乡实不能解其忧也，然则入醉乡者，皆无有忧也。

呜呼！自刘、阮以来，醉乡追天下；醉乡有人，天下无人矣。昏昏然，冥冥然，颓堕委靡，入而不知出焉。其不入而迷者，岂无其人音欤？而荒惑败乱者，率指以为笑，则真醉乡之徒也已。

注 释

【1】醑适，酣畅适意，指可以痛快饮酒。

【2】或以为可以解忧，曹操《短歌行》："何以解忧，惟有杜康。"

狱中杂记

方苞

方苞，字灵皋，一字凤九，晚号望溪，安徽桐城县人，清代文学家，桐城派的创始人。康熙四十五年（1706年）中二甲第四名，但由于母亲生病返乡而未参加殿试。康熙五十年（1711年），戴名世南山案发，方苞因为《南山集》作序牵连入狱，在狱中两年他坚持著作，后经李光地营救而得以释放。康熙五十二年（1713年），康熙以"方苞学问，天下莫不闻"，命方苞以白衣平民身份入值南书房，自此方苞成为康雍乾三朝皇帝的智囊；雍正九年（1731年）授詹事府左春坊左中允，又升礼部侍郎，充《大清一统志》总裁。乾隆元年（1736年），入南书房，充《三礼书》副总裁。

方苞是桐城派的创始人，主张"义法"，继承归有光"唐宋派"古文传统，要求文章"雅洁"，将义理、考据、辞章三者并重。桐城派由于与清政府崇尚道统的国策符合，因此逐渐成为当时文坛最有影响的派别。姚鼐推崇方苞："望溪先生之古文，为我朝文章之冠。"

题 解

康熙五十年（1711年），方苞因南山案牵连入狱。开始时，方苞被关押于江宁县狱，后解至京城，下刑部狱。两年后，他被释放，以白衣身份入值南书房。本文便是他在被释放后记述在刑部狱中的见闻。在本文中，方苞记述了大量事实，将狱吏残酷暴虐的面目全部展现出来，反映了当时国家机关的黑暗。

康熙五十一年三月，余在刑部狱，见死而由窦 [1] 出者，日四三人。有洪洞令杜君，作 [2] 而言曰："此疫作 [3] 也。今天时顺正，死者尚稀，往岁多至日十数人。"余叩所以，杜君曰："是疾易传染，遭 [4] 者虽戚属，不敢同卧起。而狱中为老监者四，监五室。禁卒居中央，牖其前以通明，屋极有窗以达气。旁四室则无之，而系囚常二百余。每薄暮下管键 [5]，矢溺皆闭其中，与饮食之气相薄；又，隆冬，贫者席地而卧，春气动，鲜不疫矣。狱中成法，质明启钥[6]，方夜中，生人与死者并踵顶而卧，无可旋避，此所以染者众也。又可怪者，大盗、积贼[7]、杀人重囚，气杰旺，染此者十不一二，或随有瘳[8]。其骈死者，皆轻系及牵连佐证，法所不及者。"余曰："京师有京兆狱，有五城御史司坊[9]，何故刑部系囚之多至此？"杜君曰："迩年狱讼，情稍重，京兆、五城即不敢专决；又九门提督[10]所访缉纠诘，皆归刑部；而十四司正副郎好事者及书吏、狱官、禁卒，皆利系者之多，少有连，必多方钩致。苟入狱，不问罪之有无，必械手足，置老监，俾困苦不可忍，然后导以取保[11]，出居于外，量其家之所有以为剂[12]，而官与吏剖分焉。中家以上，皆竭资取保；其次，求脱械居监外板屋，费亦数十金；惟极贫无依，则械系不稍宽，为标准以警其余。或同系，情罪重者，反出在外，而轻者、无罪者罹其毒。积忧愤，寝食违节，及病，又无医药，故往往至死。"余伏见圣上好生之德，同于往圣，每质狱辞，必于死中求其生。而无辜者乃至此。倘仁人君子为上昌言，除死刑及发塞外重犯，其轻系及牵连未结正者[13]，别置一所以羁之，手足毋械。所全活可数计哉！或曰："狱旧有室五，名曰现监，讼而未结正者居之。倘举旧典，可小补也。"杜君曰："上推恩，凡职官居板屋；今贫者转系老监，而大盗有居板屋者，此中可细诘哉！不若别置一所，为拔本塞源之道也。"余同系朱翁、余生[14]及在狱同官僧某，遘疫死，皆不应重罚。又某氏以不孝讼其子，左右邻械系入老监，号呼达旦。余感焉，以杜君言泛讯之，众言同，于是乎书。

　　凡死刑狱上[15]，行刑者先俟于门外，使其党入索财物，名曰"斯罗"[16]。富者就其戚属，贫则面语之。其极刑[17]，曰："顺我，即先刺心；否则，四肢解尽，心犹不死。"其绞缢，曰："顺我，始缢即气绝；否则，三缢加别械，然后得死。"惟大辟[18]无可要，然犹质其首[19]。用此，富者赂数十百金，贫亦罄衣装；绝无有者，则治之如所言。主缚者[20]亦然，不如所欲，缚时即先折筋骨。每岁大决[21]，勾者[22]十四三，留者十六七，皆缚至西市[23]待命。其伤于缚者，即幸留，病数月乃瘳，或竟成痼疾。

余尝就老胥[24]而问焉："彼于刑者、缚者，非相仇也，期有得耳。果无有，终亦稍宽之，非仁术乎？"曰："是立法以警其余，且惩后也。不如此，则人有幸心。"主桁扑者亦然。余同逮以木讯[25]者三人：一人予三十金，骨微伤，病间月；一人倍之，伤肤，兼旬愈；一人六倍，即夕行步如平常。或叩之曰："罪人有无不均，既各有得，何必更以多寡为差？"曰："无差，谁为多与者！"孟子曰："术不可不慎。"[26]信夫！

部中老胥，家藏伪章，文书下行直省[27]，多潜易之，增减要语，奉行者莫辨也。其上闻及移关诸部[28]，犹未敢然。功令：大盗未杀人，及他犯同谋多人者，止主谋一二人立决；余经秋审，皆减等发配。狱辞上，中有立决者，行刑人先俟于门外。命下，遂缚以出，不羁晷刻[29]。有某姓兄弟，以把持公仓，法应立决，狱具矣。胥某谓曰："予我千金，吾生若。"叩其术，曰："是无难，别具本章[30]，狱辞无易，但取案末独身无亲戚者二人易汝名，俟封奏时潜易之而已[31]。"其同事者曰："是可欺死者，而不能欺主谳者[32]；倘复请之，吾辈无生理矣。"胥某笑曰："复请之，吾辈无生理，而主谳者亦各罢去。彼不能以二人之命易其官，则吾辈终无死道也。"竟行之，案末二人立决。主者口呿舌挢[33]，终不敢诘。余在狱，犹见某姓。狱中人群指曰："是以某某易其首者。"胥某一夕暴卒，众皆以为冥谪[34]云。

凡杀人，狱辞无谋、故者[35]，终秋审入矜疑[36]，即免死。吏因以巧法[37]。有郭四者，凡四杀人，复以矜疑减等，随遇赦。将出，日与其徒置酒酣歌达曙。或叩以往事，一一详述之，意色扬扬，若自矜诩[38]。噫，溷恶吏忍于鬻狱[39]，无责也；而道之不明，良吏亦多以脱人于死为功，而不求其情。其枉民也，亦甚矣哉！

　　奸民久于狱，与胥卒表里，颇有奇羡[40]。山阴李姓，以杀人系狱，每岁致数百金。康熙四十八年，以赦出，居数月，漠然无所事。其乡人有杀人者，因代承之。盖以律非故杀，必久系，终无死法也。五十一年，复援赦减等[41]谪戍。叹曰："吾不得复入此矣！"故例，谪戍者移顺天府羁候。时方冬停遣，李具状求在狱，候春发遣，至再三，不得所请，怅然而出。

注　释

【1】窦（dòu），孔穴，指监狱墙上打开的小洞。

【2】作，发作、神情激动。

【3】疫作，瘟疫流行。

【4】遘（gòu），遇、遭受，指染病。

【5】下管键，上锁。

【6】启钥，开锁。

【7】积贼，惯偷。

【8】或随有瘳（chōu），有的人染上病也随即就痊愈了。

【9】京兆狱，即顺天府监狱。京兆，指京畿地区。五城御史司坊，即五城御史衙门的监狱。清朝时京城设巡查御史，分管东、西、南、北、中五个地区，因此称五城御史。

【10】九门提督，全名是提督九门步兵统领，主要负责京城九门（正阳门、崇文门、宣武门、安定门、德胜门、东直门、西直门、朝阳门、阜城门）的守卫，同时也负责巡夜、救火等，后来变为实际上的禁军统领。原为正二品官员，后升为从一品。

【11】导以取保，诱导犯人花钱保释。

【12】剂，契券、字据。这里指立下字据方便后来要挟。

【13】结正，定罪。

【14】余生，名湛，字石民，戴名世的学生。

【15】死刑狱上，判处死刑的案件上报呈批。古代处死犯人之前先要上报

皇帝，皇帝批准才能处决。

【16】斯罗，也作"撕罗""撕掳"，排解、打理的意思。

【17】极刑，凌迟处死的刑罚。另，各个朝代对于凌迟的要求不同，宋代有八刀至一百二十刀等多个等级，而明代则达到了惊人的三四千刀。如果行刑刀数不够犯人就已经死亡，那么行刑者就会被处罚。

【18】大辟，斩首。

【19】质其首，指扣押人头用于勒索。

【20】主缚者，执行捆缚犯人的役吏。

【21】大决，即秋决。西汉时，董仲舒认为："天有四时，王有四政，庆、赏、刑、罚与春、夏、秋、冬以类相应。"东汉汉章帝时，这一思想已经得到落实，元和二年（85年）汉章帝便下诏说："王者生杀，宜顺时气。其定律：无以十一月、十二月报囚。"规定除谋反等应立即执行的大罪外，其余死刑犯应在霜降之后到冬至之前执行。此后历代沿袭成为定例。

【22】勾者，清朝规定，每年八月刑部会同九卿审判死刑犯人，呈交皇帝御决。皇帝用朱笔勾上的，立即处死；未勾上的为留者，暂缓执行。

【23】西市，清代京城行刑的地方，在今北京市西城区宣武门外菜市口。

【24】老胥，多年的老役吏。

【25】木讯，以板子、夹棍等木制刑具拷打审讯。

【26】《孟子·公孙丑上》："矢人岂不仁于函人哉？矢人惟恐不伤人，函人唯恐伤人，巫将亦然，故术不可不慎也。"

【27】直省，直属朝廷管辖的省分。

【28】上闻，报告皇上的文书。移关诸部，移送文书，通告朝廷各部。移关，平行机关来往的文书。

【29】不羁晷（guǐ）刻，不留片刻。晷刻，日晷移动一个刻度，指很短的时间。

【30】别具本章，另外写奏章上呈。

【31】俟封奏时潜易之，等加封向皇帝奏请时偷换掉。

【32】主谳（yàn）者，负责审判的官员。

【33】咋，张口不能说话。舌挢，翘起舌头，形容惊讶。

【34】冥谪，被冥府狱吏拜访，是古人的迷信说法。

【35】无谋、故者，不是预谋或故意杀人的。

【36】矜疑，指其情可悯、其事可疑的案件。清代将案件分为情实、缓决、可矜、可疑四类，后两类可以减刑或免刑。

【37】巧法，取巧枉法，玩弄法令。

【38】矜诩（xǔ），炫耀。

【39】渫（xiè），污浊。鬻狱，出卖狱讼。

【40】奇（jī）羡，赢余。

【41】援赦减等，根据大赦条例减刑。

画竹题记

郑燮

郑燮，字克柔，号理庵，又号板桥，人称板桥先生，江苏兴化人，祖籍苏州，清代书画家。官山东范县、潍县县令，为政清廉爱民，潍县百姓曾为他建生祠。

郑燮一生只画兰、竹、石，自称"四时不谢之兰，百节长青之竹，万古不败之石，千秋不变之人"。其诗书画，世称"三绝"，是清代优秀的文人画家之一。

题　解

本文是郑燮所作的一篇论述绘画创作的文章。作者认为，艺术创作分为三个阶段。第一个阶段是观察，也即"眼中之竹"；第二个阶段是构思，也即"胸中之竹"；第三个阶段是创作，也即"手中之竹"。经过这三个环节，才能创作出优秀的作品。

江馆清秋，晨起看竹，烟光日影露气，皆浮动于疏枝密叶之间。

胸中勃勃，遂有画意。其实，胸中之竹，并不是眼中之竹也。因而磨墨展纸，落笔倏作变相，手中之竹，又不是胸中之竹也。总之，意在笔先者，定则也。趣在法外者，化机也。独画云乎哉！

梅花岭记

全祖望

全祖望，字绍衣，号谢山，学者称谢山先生。清朝史学家、文学家。浙江鄞县人。幼时人称神童，乾隆元年（1736年）中进士，但很快被人排斥而返乡，于是专心读书授徒。曾主讲绍兴蕺山书院，后又应邀主讲广东端溪书院，是浙东学派的重要人物。晚年时饥寒交迫，以至于不得不将书籍出售。乾隆二十年（1755年）全祖望逝世，将藏书全部出售后才得以安葬。

全祖望在学术上十分推崇黄宗羲，又受万斯同影响，爱好搜罗古典文献和金石旧拓。著作等身，且大多学术著作用力极深，受到后人的推崇。

题 解

明崇祯十七年（1644年），北京陷落，明朝灭亡，清军入关。当时任朝廷礼部尚书兼东阁大学士的史可法，奉命督师扬州，抵挡南下的清军。第二年四月，清和硕豫亲王多铎亲自率兵攻打扬州城，史可法在扬州陷落后被俘，宁死不屈，壮烈捐躯。死后，人们将他的衣冠葬在梅花岭上。百年后，全祖望登上梅花岭，怀着崇敬的心情，将史可法以身殉国的事迹记叙下来，并加以歌颂。文章内容繁多，但都能以梅花岭为线索贯穿，条理清楚而语言简练。

顺治二年乙酉四月，江都围急。督相史忠烈公[1]知势不可为，集诸将而语之曰："吾誓与城为殉，然仓皇中不可落于敌人之手以死，谁为我临朝成此大节者？"副将军史德威慨然任之。忠烈喜曰："吾尚未有子，汝当以同姓为吾后，吾上书太夫人，谱汝诸孙中。"

二十五日城陷，忠烈拔刀自裁，诸将果争前抱持之，忠烈大呼"德威"，德威流涕，不能执刃，遂为诸将所拥而行，至小东门，大兵如林而至，马副使鸣騄、任太守民育及诸将刘都督肇基等皆死。忠烈乃瞠目曰："我史阁部也[2]。"被执至南门，和硕豫亲王以"先生"呼之，劝之降。忠烈大骂而死。初忠烈遗言："我死，当葬梅花岭上。"至是，德威求公之骨不可得，乃以衣冠葬之。

或曰："城之破也，有亲见忠烈青衣乌帽，乘白马，出天宁门投江死者，未尝殉于城中也。"自有是言，大江南北，遂谓忠烈未死。已而英、霍山师大起[3]，皆托忠烈之名，仿佛陈涉之称项燕。吴中孙公兆奎以起兵不克，执至白下，经略洪承畴[4]与之有旧，问曰："先生在兵间，审知故扬州阁部史公果死耶？抑未死耶？"孙公答曰："经略从北来，审知故松山殉难督师洪公果死耶？抑未死耶？"承畴大恚[5]，急呼麾下驱出斩之。呜呼，神仙诡诞之说，谓颜太师以兵解[6]，文少保亦以悟大光明法蝉蜕[7]，实未尝死；不知忠义者，圣贤家法，其气浩然，长留天地之间，何必出世入世之面目。神仙之说，所谓为蛇画足。即如忠烈遗骸，不可问矣！百年而后，予登岭上，与客述忠烈遗言，无不泪下如雨，想见当日围城光景，此即忠烈之面目，宛然可遇，是不必问其果解脱否也，而况冒其未死之名者哉？

墓旁有丹徒钱烈女之冢，亦以乙酉在扬，凡五死而得绝[8]，时告其父母火之，无留骨秽地，扬人葬之于此。江右王猷定、关中黄遵岩、粤东屈大均[9]为作传铭哀词。顾尚有未尽表章者：予闻忠烈兄弟，自翰林可程[10]下，尚有数人，其后皆来江都省墓。适英、霍山师败，捕得冒称忠烈者，大将发至江都，令史氏男女来认之。忠烈之第八弟已亡，其夫人年少有色，守节，亦出视之。大将艳其色，欲强娶之，夫人自裁而死。时以其出于大将之所逼也，莫敢为之表章者。呜呼，忠烈尝恨可程在北，当易姓之间，不能仗节，出疏纠之[11]。岂知身后乃有弟妇，以女子而踵兄公[12]之余烈乎？梅花如雪，芳香不染，异日有作忠烈祠者，副使诸公，谅在从祀之列，当另为别室以祀夫人，附以烈女一辈也。

注　释

【1】督相，明代的内阁大学士，实际相当于从前的宰相。史可法任内阁大学士，又任督师，因此称督相。忠烈，为史可法死后福王所赠谥号。

【2】阁部，史可法为内阁大学士，故自称"阁部"。

【3】英、霍山师大起，指顺治五、六年间（1648—1649年），侯应龙等抗清志士纷纷于英山、霍山起义，其中冯弘图倡言史可法实未死，以史可法名义号召人民，后败于清军。

【4】洪承畴，字彦演，号亨九，福建泉州南安英都人。原为明朝蓟辽总督，松锦大战时被清朝俘虏后投降。后来累官至兵部尚书，帮助清朝统治者进行满汉合流，为清朝立有大功。清初，朝廷多以"功臣"形象宣传洪承畴，但随着清朝宣传重点的转变，洪承畴"叛降"的事情开始被夸大，乾隆时编《明史》，便将他列入《贰臣传》。另，洪承畴被俘虏时，崇祯听闻洪承畴宁死不降而遇害，于是亲自设祭，结果祭到第九坛时，洪承畴投降的消息传来。后来洪承畴出面劝降一些被俘的明朝官员时，他们都故意说洪承畴已死，面前的人是冒名顶替。

【5】恚，恨，恼羞成怒。

【6】此处指颜真卿被李希烈叛军杀死一事，相传，颜真卿死后十余年，颜氏仆人曾在洛阳遇到颜真卿，当时传说他已经尸解成仙。

【7】此处指文天祥被元军俘虏遇害一事。相传，文天祥在狱中被人传授佛法而成佛。蝉蜕，谓人遗下形骸仙去，若蝉蜕皮一样。

【8】凡五死而得绝，相传钱氏女先后以刀刎颈、自焚、上吊、服毒求死，均未成，后以衣带自缢死。

【9】王猷定，南昌人，明遗民，隐居不出，工古诗文。黄遵岩，事迹不详。屈大均，广东番禺人，明亡后，出家为僧，诗文著名于当时。

【10】可程，史可法弟。史可程原为翰林院翰林，后归附李自成，又降清，不久返回南方。史可法曾上书朝廷要求对其进行惩处。

【11】纠，弹劾。

【12】兄公，旧时妻称夫之兄为"兄公"。

为学

彭端淑

彭端淑，字乐斋，号仪一，眉州丹棱人，清朝文学家。与弟彭肇洙、彭遵泗皆有文名，有"丹棱三彭"之称。清雍正十一年（1733 年）进士，任吏部主事，为人正直，但也因为官清正而得罪多人。乾隆年间督粤西粮运落水，本已对官场失望的彭端淑认为这是不祥之兆，于是在两年后辞官。此后他在成都锦江书院讲学长达二十年。

彭端淑反对那些"宴饮登临，往来赠答"的作品，推崇陶渊明和杜甫的作品，重视环境和作者自身才能对作品的影响。教育方面，他在锦江书院讲学长达二十年，门下人才辈出。

题 解

本文是彭端淑写给他的子侄们，教育他们如何做学问的文章。彭端淑家族子侄众多，但无一人中举，彭端淑十分着急，于是作下此文。文章指出只有后天努力者才能成功，努力了就能将为学的难转化为易，又通过举两个僧人想去南海的故事说明"有志者事竟成"的道理。本文观点鲜明，事例生动，具有很强的说服力。

天下事有难易乎？为之，则难者亦易矣；不为，则易者亦难矣。人之为学有难易乎？学之，则难者亦易矣；不学，则易者亦难矣。

吾资之昏，不逮人也，吾材之庸，不逮人也；旦旦而学之，久而不怠焉，迄乎成，而亦不知其昏与庸也。吾资之聪，倍人也，吾材之敏，倍人也；屏弃而不用，其与昏与庸无以异也。圣人之道，卒于鲁也传之。然则昏庸聪敏之用，岂有常哉？

蜀之鄙有二僧：其一贫，其一富。贫者语于富者曰："吾欲之南海，何如？"富者曰："子何恃而往？"曰："吾一瓶一钵足矣。"富者曰："吾数年来欲买舟而下，犹未能也。子何恃而往！"越明年，贫者自南海还，以告富者，富者有惭色。

西蜀之去南海，不知几千里也，僧之富者不能至而贫者至焉。人之立志，顾不如蜀鄙之僧哉？是故聪与敏，可恃而不可恃也；自恃其聪与敏而不学者，自败者也。昏与庸，可限而不可限也；不自限其昏与庸，而力学不倦者，自力者也。

祭妹文

袁枚

袁枚，字子才，号简斋，别号随园老人，时称随园先生，浙江钱塘人，祖籍浙江慈溪。清代诗人、文学家。善诗文，是乾隆时诗坛盟主，又为"清代骈文八大家""江右三大家"之一，文笔与大学士纪昀齐名，人称"南袁北纪"。

　　袁枚幼年家境贫困，十二岁便中秀才，二十四岁中进士二甲第五名，时人赞为"当世之贾谊"。但是文章不知何故不受翰林馆青睐，而外派为知县。袁枚在地方多受百姓赞誉，治理地方颇有政绩。但他在三十八岁时便厌恶官场，于是在金陵小仓山筑"随园"恬淡自居，搜集书籍，创作诗文。

　　袁枚颇善理财，又经常为各地富豪世族写跋撰序、作墓志铭，因此家中颇为富裕。

　　袁枚诗文闻名一时，是乾隆时的诗坛盟主。他深感清初拟古形式主义流弊，于是提出"性灵说"，讲求诗文性情个性，使诗坛风气为之一新，与蒋士铨、赵翼并称"江右三大家"。他的文章兼取六朝骈俪，是清代骈文八大家之首。此外，他还有笔记小说《子不语》，记录鬼怪故事；食谱《随园食单》，记录烹饪菜点。袁枚追求自由，反对传统，还提倡女性文学，广收女弟子，因此也受到当时的诸多文人批判。不过即使是与他主张完全相反的姚鼐，也与他私交甚笃，袁枚过世后他还不顾众人反对，写下《袁随园君墓志铭并序》，成为一时佳话。

题　解

　　本文是作者悼念他的妹妹袁机的一篇悼文。袁机，字素文，自幼好读书，工诗文。在袁机不满周岁时，父亲曾指腹为婚，将她许配给朋友高八未出生的儿子。但二十多年后，高八忽然捎来书信要求解除婚约，初言其子高绎祖有疾病，后来才道出真相，指出高绎祖"有禽兽行"。可深受封建礼教毒害的袁机却坚持嫁给高绎祖，一时间被誉为所谓"贞妇"。

　　袁机在嫁到高家后，才发现高绎祖果然如高八所说是一个品行恶劣之人，可就在屡遭虐待的情况下，袁机仍然要恪守她的"妇道"。直到高绎祖为了还赌债竟要将袁机卖掉，袁父才将高绎祖告到官府，将袁机领回家中。几年后，闷闷不乐的袁机在家中病逝。

　　本文是中国古代悼文中的一篇精品。作者通过讲述兄妹之间的故事，表达了自己深厚的哀悼与思念，又对毒害妹妹的封建礼教予以无声的痛斥，情感真切，文情并茂，浑然一体。

乾隆丁亥冬，葬三妹素文于上元之羊山，而奠以文曰：

呜呼！汝生于浙，而葬于斯，离吾乡七百里矣；当时虽觭梦[1]幻想，宁知此为归骨所耶？

汝以一念之贞[2]，遇人仳离[3]，致孤危托落[4]，虽命之所存，天实为之；然而累汝至此者，未尝非予之过也。予幼从先生授经，汝差肩而坐[5]，爱听古人节义事[6]；一旦长成，遽躬蹈之[7]。呜呼！使汝不识《诗》《书》，或未必艰贞若是。

予捉蟋蟀，汝奋臂出其间；岁寒虫僵，同临其穴。今予殓汝葬汝，而当日之情形，憬然赴目。予九岁，憩书斋，汝梳双髻，披单缣来，温《缁衣》[8]一章；适先生簃户[9]入，闻两童子音琅琅然，不觉莞尔，连呼"则则"，此七月望日事也。汝在九原[10]，当分明记之。予弱冠粤行[11]，汝掎裳悲恸。逾三年，予披宫锦[12]还家，汝从东厢扶案出，一家瞠视而笑，不记语从何起，大概说长安登科、函使[13]报信迟早云尔。凡此琐琐[14]，虽为陈迹，然我一日未死，则一日不能忘。旧事填膺，思之凄梗，如影历历，逼取便逝。悔当时不将嫛婗[15]情状，罗缕记存；然而汝已不在人间，则虽年光倒流，儿时可再，而亦无与为证印者矣。

汝之义绝高氏而归也，堂上阿奶，仗汝扶持；家中文墨，眡[16]汝办治。尝谓女流中最少明经义、谙雅故者[17]。汝嫂非不婉嫕[18]，而于此微缺然。故自汝归后，虽为汝悲，实为予喜。予又长汝四岁，或人间长者先亡，可将身后托汝；而不谓汝之先予以去也！

前年予病，汝终宵刺探，减一分则喜，增一分则忧。后虽小差[19]，犹尚殗殢[20]，无所娱遣；汝来床前，为说稗官野史可喜可愕之事，聊资一欢。呜呼！今而后，吾将再病，教从何处呼汝耶？

汝之疾也，予信医言无害，远吊扬州；汝又虑戚吾心，阻人走报；及至绵惙[21]已极，阿奶问："望兄归否？"强应曰："诺。"已予先一日梦汝来诀[22]，心知不祥，飞舟渡江，果予以未时还家，而汝以辰时气绝；四支犹温，一目未瞑，盖犹忍死待予也。呜呼痛哉！早知诀汝，则予岂肯远游？即游，亦尚有几许心中言要汝知闻、共汝筹画也。而今已矣！除吾死外，当无见期。吾又不知何日死，可以见汝；而死后之有知无知，与得见不得见，又卒难明也。然则抱此无涯之憾，天乎人乎！而竟已乎！

汝之诗，吾已付梓[23]；汝之女，吾已代嫁；汝之生平，吾已作传[24]；惟汝之窀穸[25]，尚未谋耳。先茔在杭，江广河深，势难归葬，故请母命而宁汝于斯[26]，便祭扫。其旁，葬汝女阿印[27]；其下两冢：一为阿爷侍者朱氏，一为阿兄侍者陶氏[28]。羊山旷渺，南望原隰，西望栖霞，风雨晨昏，羁魂有伴，当不孤寂。所怜者，吾自戊寅年读汝哭侄诗后，至今无男[29]；两女牙牙[30]，生汝死后，才周晬耳。予虽亲在未敢言老[31]，而齿危发秃，暗里自知；知在人间，尚复几日？阿品远官河南，亦无子女[32]，九族无可继者。汝死我葬，我死谁埋？汝倘有灵，可能告我？

呜呼！身前既不可想，身后又不可知；哭汝既不闻汝言，奠汝又不见汝食。纸灰飞扬，朔风野大，阿兄归矣，犹屡屡回头望汝也。呜呼哀哉！呜呼哀哉！

注 释

【1】觭（jī）梦，做梦。《周礼·春官太卜》："太卜滨三梦之法，二曰觭梦。"

【2】一念之贞，一时信念中的贞节观。封建礼教规定，即使只是在名义上确定关系的丈夫，妻子也要从一而终，这就是所谓的"贞"。袁机便是被这种观念毒害，不顾高家劝阻而嫁给有恶名的高绎祖。

【3】遇人仳（pǐ）离，《诗·王风·中谷有蓷》："有女仳离，条其啸矣。条其啸矣，遇人之不淑矣！"此处化用此诗，指遇到不好的男人而被遗弃。

【4】托落，即落拓，失意无聊。

【5】差（cī）肩而坐，肩并肩地坐在一起。二人肩膀高低不一，所以说差肩。

【6】节义事，指封建社会里妇女单方面、无条件地忠于丈夫的事例。古代多有歌颂这类故事的著作，其中不乏妇女为夫殉葬等泯灭人性的故事。

【7】蹈，踏，引申为"实行"。

【8】《缁衣》，即《诗·郑风·缁衣》。关于此诗的主题，自古便有争议，一说表达了好礼、好贤的主题，一说表达了夫妻之情。

【9】爹（zhà）户，开门。

【10】九原，语出《礼记·檀弓下》："赵文子与叔誉观乎九原。"后泛指墓地。

【11】粤行，袁枚二十一岁时经广东到广西的叔父袁鸿处，受到巡抚金鉷的器重，被举荐到北京考博学鸿词科。

【12】披宫锦，李白曾待诏翰林，着宫锦袍，后人便以宫锦袍指翰林的朝服，此处代指袁枚被选为翰林院庶吉士。

【13】函使，递送信件的人。唐时新进士及第，以泥金书帖，报登科之喜，后世沿袭此例。此指传报录取消息的人，俗称"报子"。

【14】袁枚有诗："远望蓬门树彩竿，举家相见问平安。同欣阆苑荣归早，尚说长安得信难。壁上泥金经雨淡，窗前梅柳带春寒。娇痴小妹怜兄贵，教把宫袍著与看。"可以与以上"琐琐"事情相互对照。

【15】婴（yī）婗（ní），婴儿。这里引申为儿时。

【16】眴（shùn），用眼色示意，此处引申为"期望"。

【17】雅故，古书古事。《汉书·叙传》："函雅故，通古今。"

【18】婉娈（yì），温柔和顺。《晋书·武悼杨皇后传》："婉娈有妇德。"

【19】差（chài），通"瘥"，病愈。

【20】痷（yè）殜（dié），病得不太厉害，但还没有痊愈。

【21】绵惙（chuò），病势危险。

【22】袁枚有哭妹诗："魂孤通梦速，江阔送终迟。"自注："得信前一夕，梦与妹如平生欢。"

【23】付梓，指袁机遗稿，后附印在袁枚的《小仓山房全集》中，题为《素文女子遗稿》。袁枚为它写了跋文。

【24】传，即《女弟素文传》。

【25】窀（zhūn）穸（xī），墓穴。

【26】此句是说，所以请示母亲，得她同意而把你安顿在这里，以便于扫墓祭吊。古人乡土观念很重，人死后一般都应归葬家乡祖坟，即使因一些原因葬在外地，未来也要归葬家乡。因此此处作者对于袁机不能归葬家乡的原因作出说明并表示遗憾。

【27】阿印，袁机之女。出生后口不能言，袁枚哭妹诗曾说："有女空生口，无言但点颐。"

【28】阿爷，指袁机的父亲袁滨。侍者，这里指妾。阿兄，袁枚自称。陶氏，袁枚的妾。

【29】袁枚在乾隆二十三年（1758年）丧子，袁机曾作诗哀悼。袁机去世后两年，袁枚又得一子。

【30】两女，袁枚的双生女儿。牙牙，幼儿学说话的声音，形容幼小。

【31】封建孝道规定，凡父母长辈在世，子女即使老了也不能说自己老了。否则既不尊敬，又容易使年迈的长辈惊怵于已近死亡。《礼记·坊记》："父母在，不称老。"袁枚的母亲此时还健在，因此袁枚以此方式婉转地表达自己已经老去。

【32】袁枚的堂弟袁树，字东芗，号芗亭，小名阿品，由进士任河南正阳县县令，当时无子女。在本文写就之后，袁树得一子。

编者注

袁机是一位颇有才华的女子。但是，在封建思想的毒害之下，她竟然为了所谓的"贞节烈女"称号，执意嫁给"有禽兽行"的高绎祖。结果，品行恶劣的高绎祖在婚后不仅不许她做针线、读诗书，还对她拳打脚踢；后来，高绎祖在将袁机带来的嫁妆输光后，竟要把袁机卖掉抵债。袁家实在无法忍受她受到的待遇，于是将她接了回来，结束了这场婚姻。此后，袁机以寡妇自居，自号"青琳居士"，在家修行，并全力抚养自己唯一的女儿阿印。

对于袁机的不幸，袁枚说："使汝不识《诗》《书》，或未必艰贞若是。"对于本就反对传统的袁枚来说，"女子无才便是德"的观点是腐朽而愚昧的；可是饱读诗书的袁机，却被那些封建礼教思想束缚一生。袁枚的哀叹，恰恰是对封建礼教思想的痛斥。

书鲁亮侪

袁枚

题 解

本文是记载鲁亮侪故事的传记文章。作者吸纳了《左传》《史记》描写人物的手法，通过人物的外貌、行动表现人物的心理，故事一波三折，有很强的吸引力。

己未冬，余谒孙文定公于保定制府[1]。坐甫定，阍[2]启："清河道鲁之裕白事。"余避东厢，窥伟丈夫年七十许，高眶，大颡，白须彪彪然[3]；口析水利数万言。心异之，不能忘。后二十年，鲁公卒已久，予奠于白下[4]沈氏，纵论至于鲁，坐客葛闻桥[5]先生曰：

鲁字亮侪，奇男子也。田文镜督河南，严，提、镇、司、道以下，受署惟谨，无游目视者。鲁效力麾下。

一日，命摘中牟李令印，即摄中牟。鲁为微行，大布之衣，草冠，骑驴入境。父老数百扶而道苦之，再拜问讯，曰："闻有鲁公来代吾令，客在开封知否？"鲁谩[6]曰："若问云何？"曰："吾令贤，不忍其去故也。"又数里，见儒衣冠者簇簇然谋曰："好官去可惜，伺鲁公来，盍诉之？"或摇手曰："咄！田督有令，虽十鲁公奚能为？且鲁方取其官而代之，宁肯舍己从人耶？”鲁心敬之而无言。至县，见李貌温温奇雅。揖鲁入，曰：“印待公久矣！”鲁拱手曰：“观公状貌、被服，非豪纵者，且贤称噪于士民，甫下车而库亏何耶？”李曰：“某，滇南万里外人也。别母，游京师十年，得中牟，借俸迎母。母至，被劾，命也！”言未毕，泣。鲁曰：“吾喝[7]甚，具汤浴我！”径诣别室，且浴且思，意不能无动。良久，击盆水誓曰：“依凡而行者，非夫也！”具衣冠辞李，李大惊曰：“公何之？”曰：“之省。”与之印，不受；强之曰：“毋累公！”鲁掷印铿然，厉声曰：“君非知鲁亮侪者！”竟怒马驰去。合邑士民焚香送之。

　　至省，先谒两司告之故。皆曰：“汝病丧心耶？以若所为，他督抚犹不可，况田公耶？”明早诣辕，则两司先在。名纸未投，合辕传呼鲁令入。田公南向坐，面铁色，盛气迎之，旁列司、道下文武十余人，睨鲁曰：“汝不理县事而来，何也？”曰：“有所启。”曰：“印何在？”曰：“在中牟。”曰：“交何人？”曰：“李令。”田公乾笑，左右顾曰：“天下摘印者宁有是耶？”皆曰：“无之。”两司起立谢曰：“某等教饬亡素，至有狂悖之员。请公并劾鲁，付某等严讯朋党情弊，以惩余官！”鲁免冠前叩首，大言曰：“固也。待裕言之：裕一寒士，以求官故，来河南。得官中牟，喜甚，恨不连夜排衙视事。不意入境时，李令之民心如是，士心如是，见其人，知亏帑故又如是。若明公已知其然而令裕往，裕沽名誉，空手归，裕之罪。若明公未知其然而令裕往，裕归陈明，请公意旨，庶不负大君子爱才之心与圣上以孝治天下之意。公若以为无可哀怜，则裕再往取印未迟。不然，公辕外官数十，皆求印不得者也，裕何人，敢逆公意耶？”田公默然。两司目之退。鲁不谢，走出，至屋霤[8]外；田公变色下阶，呼曰：“来！”鲁入跪。又招曰：“前！”取所戴珊瑚冠[9]覆鲁头，叹曰：“奇男子！此冠宜汝戴也。

微汝，吾几误劾贤员。但疏去矣，奈何！"鲁曰："几日？"曰："五日，快马不能追也。"鲁曰："公有恩，裕能追之。裕少时能日行三百里；公果欲追疏，请赐契箭一枝以为信！"公许之，遂行。五日而疏还。中牟令竟无恙。以此鲁名闻天下。

先是，亮侪父某为广东提督，与三藩[10]要盟。亮侪年七岁，为质子于吴。吴王[11]坐朝，亮侪黄袄衫，戴貂蝉侍侧。年少豪甚，读书毕，日与吴王帐下健儿学赢越勾卒[12]、掷涂赌跳[13]之法，故武艺尤绝人云。

注　释

【1】孙文定公，孙嘉淦，字锡公，又字懿斋，山西太原人。官至吏部尚书、协办大学士，谥号文定。当时任直隶总督。制府，制台衙门。清代时总督又称制台。

【2】阍，看门人。

【3】彪彪然，很神气的样子。

【4】白下，南京旧称白下。

【5】葛闻桥，葛祖亮，字闻桥，江宁人。曾官吏部主事。

【6】谩，通"漫"，随便。

【7】暍（yē），热。

【8】霤（liù），屋檐滴水处。

【9】珊瑚冠，清代二品文官的朝冠，帽珠为起花珊瑚。

【10】三藩，清初封明朝降将耿仲明为靖南王、尚可喜为平南王、吴三桂为平西王。康熙时，三藩势大难制，康熙下令削藩，三藩便起兵造反，史称"三藩之乱"。

【11】吴王，即清平西王吴三桂，字长伯，一字月所，明朝辽西人，明朝锦州总兵吴襄之子。崇祯时任辽东总兵，封平西伯，镇守山海关。李自成攻陷北京后，发兵山海关，攻打吴三桂，吴三桂战败，便引清军入关，被封为平西王。此后率军南征，一直追到缅甸，将南明永历皇帝亲手绞杀。康熙十二年（1673年）举兵造反，五年后称大周皇帝，同年病死。其孙吴世璠即位，尊之为高皇帝。

【12】嬴，秦国姓嬴，指秦国。越，春秋战国时的越国。勾卒，兵法。

【13】掷涂赌跳，投掷泥土、跳跃之类的游戏，这里泛指技艺。

随园三记

袁枚

题　解

随园原为曹雪芹祖上园林，是清代江南三大名园之一，有人认为随园便是《红楼梦》中所说的大观园。曹家倒台后，随园归于接任江宁织造的隋赫德，因此名"隋园"。清乾隆十三年（1748年），袁枚购得此园，改名"随园"，并开始对其进行重建。在此期间，袁枚曾写下数篇散文，从各个方面记叙随园。本文便是其中的一篇，主要讲述自己对于随园的建设布局的想法；而文中"园林之道，与学问通"的见解，在建筑学史上也产生了很大的影响。

园林之道，与学问通。藏焉修焉，不增高而继长者，荒于嬉也；息焉游焉，不日盛而月新者，狃[1]于便也。然謷[2]者为之，徒钩鈲柝乱而已[3]。吾固不然。为之勤，游之勤，恒若有所思念计画，以故登登陕陕[4]，耳无绝音。虽然，学之不足，精进可也；园之不足，则必伤于财而累于廉，乌乎可继？

乃恍然曰：人之无所弃者，业之无所成也。西不尽流沙，南不尽衡山，此非疆宇之有所弃乎？夔[5]典乐，则弃礼；孔子执御，则弃射，此非学术之有所弃乎？天且不全，故世为屋不成三瓦而陈之[6]。孟子亦曰："人有不为也，而后可以有为[7]。"吾于园则然。弃其南，一椽不施，让云烟居，为吾养空游所；弃其寝，庨剥[8]不治，俾妻孥居，为吾闭目游所。山起伏不可以墙，吾露积不垣，如道州城，蒙贼哀怜而已；地隆陷不可以堂，吾平水置槷^[9]，如史公书^[10]，旁行斜上而已。人寿不如屋，吾穿漏液樠^[11]，宋廇小于狙猿之杙^[12]，如管、晏法，期于没身而已。不筮日，不用形家言，而筑毁如意，变隙地为水，为竹，而人不知其不能屋。疏窗而高基，纳远景，而人疑其无所穷。以短护长，以疏彰密，以豫畜材为富，以足其食，徐其兆而不趋，为犒工而恤夫，使吾力常沛然有余，而吾心且相引而不尽。此治园法也，亦学问道也。

注 释

【1】狃（niǔ），贪。

【2】謷（áo），诋毁。

【3】钩瓠，即钩爪。柝，割裂。《汉书·艺文志》："及敖者为之，则苟钩瓠柝乱而已。"

【4】登登陾陾（réng），象声词，筑墙的声音。《诗·大雅·緜》："捄之陾陾，度之薨薨，筑之登登，削屡冯冯。"

【5】夔，相传是舜的乐官。《尚书·尧典》："帝曰：'夔，命女典乐，教胄子。'"

【6】《史记·龟策列传》："天尚不全，故世为屋，不成三瓦而陈之。"

【7】此句出自《孟子·离娄下》。

【8】陊（duò）剥，破损剥落。

【9】槷（niè），短木桩。

【10】史公，史游，西汉元帝时曾任黄门令，是"章草"字体的创造者。

【11】液樠（mán），渗出。《庄子·人世间》："以为门户则液樠，以为柱则蠹。"

【12】宋（máng）廇，屋子的大梁。《尔雅·释官》："宋廇谓之梁。"狙（jū）猿，猿猴。杙（yì），小木桩。

黄生借书说

袁枚

题　解

本文是作者劝诫黄生的一篇文章。在文中，作者论述了"书非借不能读也"的观点，通过此观点劝勉黄生不能因条件不好就不去努力读书，只要有决心和毅力，不利的条件反而可以催人奋进。作者还劝勉黄生，不要因条件优越就贪图安逸，而要珍惜条件加倍努力。

黄生允修借书。随园主人授以书，而告之曰：

书非借不能读也。子不闻藏书者乎？七略、四库[1]，天子之书，然天子读书者有几？汗牛塞屋，富贵家之书，然富贵人读书者有几？其他祖父积，子孙弃者无论焉。非独书为然，天下物皆然。非夫人之物而强假焉，必虑人逼取，而惴惴焉摩玩之不已，曰："今日存，明日去，吾不得而见之矣。"若业为吾所有，必高束焉，庋[2]藏焉，曰"姑俟异日观"云尔。

余幼好书，家贫难致。有张氏藏书甚富。往借，不与，归而形诸梦。其切如是。故有所览辄省记。通籍[3]后，俸去书来，落落大满，素蟫[4]灰丝时蒙卷轴。然后叹借者之用心专，而少时之岁月为可惜也！

今黄生贫类予，其借书亦类予；惟予之公书与张氏之吝书若不相类。然则予固不幸而遇张乎，生固幸而遇予乎？知幸与不幸，则其读书也必专，而其归书也必速。

注　释

【1】七略，西汉末学者刘向整理校订内府藏书，后由其子刘歆接手，写成《七略》，分为辑略、六艺略、诸子略、兵书略、诗赋略、术数略、方技略七部。四库，此处指唐代长安和洛阳的皇家藏书。这里七略、四库都指内府藏书。

【2】庋（guǐ），放置、保存。

【3】通籍，出仕做官。古代官民户籍分开，所以说"通籍"。

【4】素蟫（yín），指蛀食书籍的银白色蠹虫。

某公表里

纪昀

　　纪昀，字晓岚，又字春帆，晚号石云，又号观弈道人、孤石老人、河间才子，谥号文达。清代文学家，官至礼部尚书、协办大学士，曾任《四库全书》总纂修官。乾隆十九年（1754年）中进士二甲第七名，后因为亲家卢见曾通风报信而卷入盐政亏空案，被发配新疆伊犁。在途中，他积极与各地百姓交流，晚年时将收集到的故事整理为《阅微草堂笔记》。三年后，乾隆欲修书，便将纪昀召回，此后又将其任命为《四库全书》馆的总纂官，历经近十年完成。

　　纪昀性格幽默风趣，民间甚至记载有他与乾隆开玩笑的故事。但乾隆只是将他作为文人豢养之，曾斥责他说："我谓汝尚能雕虫，且与秘翰一职。于我，优倡也。天下事岂汝之能言者！"

　　《阅微草堂笔记》是纪昀采集多年后整理而成的短篇志怪小说，与袁枚《子不语》齐名，有"南袁北纪"的称呼。全书内容广博，包括各类狐鬼神仙、因果报应、劝善惩恶等奇谈故事，范围则远至新疆、滇黔、南洋等地。

题　解

本文刻画了一位表里不一的"某公"的形象。这位"某公"对外人总是表现得十分高雅，对外来的礼物严词拒绝；可送礼者真的离去后，他却"怅然若失"，还大发脾气。而文末狐魅的笑声堪称全文的点睛之笔，表达了作者对于这位"某公"表里不一的无情嘲讽。

项君廷模言：昔尝馆翰林某公家，相见辄讲学。

一日，其同乡为外吏者，有所馈赠。某公自陈平生俭素，雅不需此。见其崖岸高峻，遂逡巡携归。

某公送宾之后，徘徊厅事前，怅怅惘惘，若有所失。如是者数刻。家人请进内午餐，大遭诟怒。

忽闻数人吃吃窃笑。视之，无迹；寻之，声在承尘上。盖狐魅云。

河中石兽

纪昀

题　解

本文选自《阅微草堂笔记》，通过记载一个寺庙寻找落入河中的石兽的故事，阐述了思考事情不能只停留于表面，要考虑各方面因素而寻求根本的道理。

沧州南一寺临河干，山门圮于河，二石兽并沉焉。阅十余岁，僧募金重修，求二石兽于水中，竟不可得。以为顺流下矣，棹数小舟，曳铁钯，寻十余里无迹。

一讲学家设帐寺中，闻之笑曰："尔辈不能究物理，是非木杮[1]，岂能为暴涨携之去？乃石性坚重，沙性松浮，湮于沙上，渐沉渐深耳。沿河求之，不亦颠[2]乎？"众服为确论。

一老河兵闻之，又笑曰："凡河中失石，当求之于上流。盖石性坚重，沙性松浮，水不能冲石，其反激之力，必于石下迎水处啮[3]沙为坎穴，渐激渐深，至石之半，石必倒掷[4]坎穴中。如是再啮，石又再转，转转不已，遂反溯流逆上矣。求之下流，固颠；求之地中，不更颠乎？"如其言，果得于数里外。然则天下之事，但知其一，不知其二者多矣，可据理臆断欤？

注 释

【1】杮，削下来的木片。

【2】颠，荒唐。

【3】啮，咬。此处形容水流冲刷石兽下面的河沙，如同啃咬一般。

【4】倒掷，倾倒。

登泰山记

姚鼐

姚鼐，清代散文家。字姬传，一字梦谷，室名惜抱轩，人称惜抱先生，安徽桐城人。乾隆年间进士，官至刑部郎中、记名御史。历主江宁、扬州等地书院，共四十年。治学以经为主，兼及子史、诗文。曾受业于刘大櫆，为"桐城派"主要作家。主张文章必须以"考据""辞章"为手段，以阐扬儒家的"义理"，并以阳刚、阴柔区别文章的风格。又发展刘大櫆拟古主张，提倡从模拟古文的“格律声色”入手，进而模拟其“神理气味”。所作多为书序、碑传之属，大抵以程朱理学为依归。所著有《惜抱轩全集》，并选有《古文辞类纂》《五七言今体诗钞》。

题　解

本文是作者以养亲为名返乡后，在乾隆三十九年（1774年）的除夕登上泰山观赏日出后作下的游记文章。本文描写了作者冒雪登泰山的经过，既写泰山的雄奇景致，又对一些错误记载进行考证。文章简洁而生动，写景尤为出色。

泰山之阳，汶水西流；其阴，济水东流。阳谷皆入汶，阴谷皆入济。当其南北分者，古长城[1]也。最高日观峰，在长城南十五里。

余以乾隆三十九年十二月，自京师乘风雪，历齐河、长清，穿泰山西北谷，越长城之限，至于泰安。是月丁未，与知府朱孝纯子颍由南麓登。四十五里，道皆砌石为磴，其级七千有余。

泰山正南面有三谷。中谷绕泰安城下，郦道元所谓环水也。余始循以入，道少半，越中岭，复循西谷，遂至其巅。古时登山，循东谷入，道有天门。东谷者，古谓之天门溪水，余所不至也。今所经中岭及山巅崖限当道者，世皆谓之天门云。道中迷雾冰滑，磴几不可登。及既上，苍山负雪，明烛天南[2]；望晚日照城郭，汶水、徂徕如画，而半山居雾若带然。

戊申晦，五鼓，与子颍坐日观亭，待日出。大风扬积雪击面。亭东自足下皆云漫。稍见云中白若摴蒱[3]数十立者，山也。极天云一线异色，须臾成五彩。日上，正赤如丹，下有红光，动摇承之。或曰，此东海[4]也。回视日观以西峰，或得日，或否，绛皓驳色，而皆若偻。

亭西有岱祠，又有碧霞元君祠；皇帝行宫在碧霞元君祠东。是日，观道中石刻，自唐显庆以来，其远古刻尽漫失。僻不当道者，皆不及往。

山多石，少土；石苍黑色，多平方，少圜。少杂树，多松，生石罅，皆平顶。冰雪，无瀑水，无鸟兽音迹。至日观数里内无树，而雪与人膝齐。

桐城姚鼐记。

注　释

【1】古长城，指春秋时期齐国所筑长城的遗址，是齐鲁两国的边界。春秋战国时期，各国均在边境修筑长城，目的是互相防备和防御异族侵略。秦代修筑长城，便是以这些长城为基础。

【2】苍山负雪，明烛天南，青山上覆盖着白雪，光照亮了南面的天空。

【3】摴（chū）蒱（pú），又作"樗蒱"，古代的一种赌博游戏，这里指博戏用的"五木"，形似山峰。

【4】东海，泛指东面的海。事实上，泰山顶端是看不到海的，这里应是想象。

李斯论

姚鼐

题　解

苏轼认为，李斯以荀卿之学事秦，行暴政，故天下乱。作者不以为然。作者认为，李斯事秦从未实行荀卿之学，其主要问题在于"趋时"，即投"侈君"之所好，而邀恩宠，以保持自己的权势地位。作者由论李斯事秦进而论为仕的经验教训，强调为臣者对于国君的"悖谬无义"之政，不应为自身的地位、富贵而阿附甚至助长，"人臣善探其君之隐，一以委曲变化从世好者，其为人尤可畏哉！"此文主旨在论封建的为臣之道，但其所论不可"趋时""中徙君张吾之宠"的道理，在现代社会也可借鉴。此文主旨鲜明，立论新颖，论证严密，逐层深入，是一篇"有物""有序"能发人深省的文章。

　　苏子瞻谓李斯以荀卿[1]之学乱天下，是不然。秦之乱天下之法，无待于李斯，斯亦未尝以其学事秦。

　　当秦之中叶，孝公[2]即位，得商鞅[3]任之。商鞅教孝公燔《诗》《书》，明法令[4]，设告坐之过[5]，而禁游宦之民[6]。因[7]秦国地形便利，用其法，富强数世，兼并诸侯，迄至始皇。始皇之时，一用商鞅成法而已，虽李斯助之，言其便利，益成秦乱，然使李斯不言其便，始皇固自为之而不厌。何也？秦之甘于刻薄而便于严法久矣，其后世所习以为善[8]者也。

　　斯逆探始皇、二世[9]之心，非是不足以中徙君[10]张吾之宠。是以尽舍其师荀卿之学，而为商鞅之学；扫去三代[11]先王仁政，而一切取自恣肆以为治，焚《诗》《书》，禁学士[12]，灭三代法而尚督责[13]，斯非行其学也，趋时而已。设所遭值非始皇、二世，斯之术将不出于此，非为仁也，亦以趋时而已[14]。

　　君子之仕也，进不隐贤；小人之仕也，无论所学识非也，即有学识甚当，见其君国行事，悖谬无义，疾首蹙頞[15]于私家之居，而矜夸导誉于朝庭之上，知其不义而劝为之者，谓天下将谅我之无可奈何于吾君，而不吾罪也；知其将丧国家而为之者，谓当吾身容[16]可以免也。且夫小人虽明知世之将乱，而终不以易目前之富贵，而以富贵之谋，贻天下之乱，固有终身安享荣乐，祸遗后人，而彼宴然[17]无与者矣。嗟乎！秦未亡而斯先被五刑夷三族也，其天之诛恶人，亦有时而信也邪！《易》曰："眇能视，跛能履；履虎尾，咥人凶。"[18] 其能视且履者幸也，而卒于凶者，益其自取邪！

且夫人有为善而受教于人者矣，未闻为恶而必受教于人者也。荀卿述先王而颂言儒效[19]，虽间有得失，而大体得治世之要。而苏氏以李斯之害天下罪及于卿，不亦远乎？行其学而害秦者，商鞅也；舍其学而害秦者，李斯也。商君禁游宦，而李斯谏逐客[20]，其始之不同术也[21]，而卒出于同者[22]，岂其本志哉！宋之世，王介甫[23]以平生所学，建熙宁新法，其后章惇、曾布、张商英、蔡京[24]之伦，曷尝学介甫之学耶？而以介甫之政促亡宋，与李斯事颇相类。夫世言法术之学足亡人国，固也。

吾谓人臣善探其君之隐，一以委曲变化从世好者，其为人尤可畏哉！尤可畏哉！

注 释

【1】苏子瞻，即宋代文学家苏轼。苏轼《荀卿论》："荀卿明王道，述礼乐，而李斯以其学乱天下。"荀卿，即荀子，名况，战国时代思想家、教育家，世人尊称为"卿"。曾游学于齐，三为祭酒，后赴楚国为兰陵令，著书终老于楚，韩非、李斯都是他的学生。

【2】孝公，秦孝公，战国时秦国君，公元前 361 — 338 年在位，任用商鞅变法，使秦国逐渐强大。

【3】商鞅，战国政治家，卫国人，姓公孙，名鞅，亦称卫鞅。后因战功封商（今陕西省商县东南），号商君，因称商鞅。孝公五年（公元前 356 年）任为秦国左庶长，实行变法，升为大良造，后秦迁都咸阳，进一步实行变法。其变法内容主要是奖励耕织，废除贵族世袭特权，按军功大小定爵位等级，废除井田制，准许买卖土地，统一度量衡等。商鞅变法为秦国的富强打下了基础。

【4】燔（fán）《诗》《书》，烧掉《诗经》《尚书》等书籍，以统一思想。燔，焚，烧。按商鞅"燔《诗》《书》，明法令"的主张见于《韩非子·和氏》所引。

【5】告坐之过，藏奸不告之罪及连坐之罪。《史记·商君列传》："令

民为什伍，而相收司连坐。不告奸者腰斩，告奸者与斩敌首同赏。"

【6】游宦之民，他国来游以求仕进者。

【7】因，凭藉，依靠。

【8】习以为善，习以为常，不知其弊。

【9】逆探，猜度试探。逆，猜测。二世，秦二世，名胡亥。

【10】中（zhòng），投合。侈君，残暴放纵的君主。

【11】三代，夏、商、周三个朝代。

【12】禁学士，指秦始皇坑儒生犯禁者。

【13】尚督责，李斯上书二世说："督责之术设，则所欲无不得矣。群臣百姓救过不给，若此则帝道备。"二世于是"行督责益严"。（《史记·李斯列传》）督，督察，检查。责，责之以法。

【14】"设所"四句，假设遇到的不是始皇、二世，李斯的办法不会如此，但那也不是因为他实行仁政，仍不过是趋时而已。

【15】蹙頞，皱眉蹙顿。

【16】容，容或，或许。

【17】宴然，安闲的样子。

【18】"《易》曰"四句，语见《易经·履》。眇，瞎眼。咥（dié），咬。弱视可以看东西，腿瘸可以走路，踩到老虎尾巴上，老虎就会咬人，有灾难。这几句的意思是说：小人虽能窃居高位，作威作福，但最后终会得到凶报。

【19】儒效，儒家治世的功效。《荀子》一书中有《儒效篇》。

【20】谏逐客，秦始皇曾发布逐客令，驱逐异国来秦任事者，李斯写了著名的《谏逐客书》，指出不能"逐客以资敌国"，秦始皇听取了他的意见，取消了逐客令。

【21】不同术，商鞅的禁游宦与李斯的谏逐客，在政策上是相反的，那是因为李斯开始时实行的还是荀卿之学，与商鞅不同。

【22】卒出于同，最后与商鞅之学一致起来了。

【23】王介甫，即王安石，北宋政治家，宋神宗熙宁年间（1068—1077年），曾两次拜相，推行青苗、均输、市易、免役、农田水利等新法，由于保守派的顽固反对，新法归于失败。

【24】章惇，字子厚，曾为王安石所用，哲宗时任为尚书左仆射，再次推

行新法。曾布，曾参与制定新法，章惇当权时，他任同知枢密院事，又攻击章惇，主张调和新旧两派的矛盾。张商英，字天觉，受章惇荐，任监察御史，对司马光等废新法不遗余力地进行攻击。蔡京，字元长，兴化仙游（今属福建省）人，司马光恢复旧法，他任开封知府。章惇执政后，他又助其推行新法。崇宁元年（1086年）任右仆射，后又任太师，以推行新法为名，加重剥削，排除异己。

治平篇

洪亮吉

> 洪亮吉，清代文学家。字君直，一字稚存，号北江，晚号更生居士。阳湖（今江苏常州）人。自幼丧父而刻苦读书，与同里黄景仁、孙星衍友善，并得袁枚、蒋士铨的赏识。乾隆五十五年（1790年）考中进士，授翰林院编修，充国史馆编纂官。后督贵州学政。嘉庆元年（1795年）回京供职，以越职言事获罪，充军伊犁。五年后赦还，从此家居撰述至终。

题 解

本文是一篇关于人口问题的散文。清朝十分重视人口繁殖，康熙时曾取消人头税，又宣布"永不加赋"；雍正时推行"摊丁入亩"，再加上南美洲一些高产作物的引入，人口开始爆发式增长。乾隆六年（1741年），全国人口共1.4亿；到了乾隆五十五年（1790年），人口暴涨到3.1亿。

作者敏锐地察觉到这一情况，并对此进行了研究。作者认为，人口增长固然有益，但过快的人口增长对于社会的发展有着负面影响，对经济发展也会带来不安定因素。作者据此提出，国家应当适当控制人口，否则一旦人口增长超过了可以补救的范围，危机就会爆发。本文中的观点，不仅在当时具有很强的进步性，对后世的世界人口研究理论也有一定影响。

　　人未有不乐为治平之民者也，人未有不乐为治平既久之民者也。治平至百余年，可谓久矣。然言其户口，则视三十年以前增五培焉，视六十年以前增十倍焉，视百年、百数十年以前不啻增二十倍焉。

　　试以一家计之：高、曾之时，有屋十间，有田一顷，身一人，娶妇后不过二人。以二人居屋十间，食田一顷，宽然有余矣。以一人生三计之，至子之世而父子四人，各娶妇即有八人，八人即不能无佣作之助，是不下十人矣。以十人而居屋十间，食田一顷，吾知其居仅仅足，食亦仅仅足也。子又生孙，孙又娶妇，其间衰老者或有代谢，然已不下二十余人。以二十余人而居屋十间，食田一顷，即量腹而食，度足而居，吾以知其必不敷 [1] 矣。又自此而曾焉，自此而玄焉，视高、曾时口已不下五六十倍，是高、曾时为一户者，至曾、玄时不分至十户不止。其间有户口消落之家，即有丁男繁衍之族，势亦足以相敌。

　　或者曰："高、曾之时，隙地未尽辟，闲廛 [2] 未尽居也。"然亦不过增一倍而止矣，或增三倍五倍而止矣，而户口则增至十倍二十倍，是田与屋之数常处其不足，而户与口之数常处其有余也。又况有兼并之家，一人据百人之屋，一户占百户之田，何怪乎遭风雨霜露饥寒颠踣而死者之比比乎？

　　曰：天地有法乎？曰：水旱疾疫，即天地调剂之法也。然民之遭水旱疾疫而不幸者，不过十之一二矣。曰：君、相有法乎？曰：使野无闲田，民无剩力，疆土之新辟者，移种民以居之，赋税之繁重者，酌今昔而减之，禁其浮靡，抑其兼并，遇有水旱疾疫，则开仓廪，悉府库以赈之，如是而已，是亦君、相调剂之法也。

　　要之，治平之久，天地不能不生人，而天地之所以养人者，原不过此数也；治平之久，君、相亦不能使人不生，而君、相之所以为民计者，亦不过前此数法也。然一家之中有子弟十人，其不率教者常有一二，又况天下之广，其游惰不事者何能一一遵上之约束乎？一人之居以供十人已不足，何况供百人乎？一人之食以供十人已不足，何况供百人乎？此吾所以为治平之民虑也。

注 释

【1】不敷，不适，这里指不够。

【2】廛（chán），房屋。

出关与毕侍郎笺

洪亮吉

题 解

这封信写旅途匆匆，挚友新亡，心中苦悲。黄仲则穷困一生，淡薄富贵，对诗歌创作却是呕心沥血，精益求精。洪亮吉曾和他一起生活过，说他"夜为诗至漏尽水止。每得一篇，辄就榻呼亮吉视之，以是亮吉亦一夕数起，或达晓不寐，而君不倦"。他死后，遗集的处理就是件大事。作者请求毕沅为黄仲则刊行遗稿。感情诚挚，用典贴切，生动感人，从中可以学习为文之法、为友之道。

　　自渡风陵[1]，易车而骑，朝发蒲坂，夕宿盐池[2]。阴云蔽亏，时雨凌厉[3]。自河以东，与关内[4]稍异，土逼若衖，涂危入栈[5]。原林黯惨，疑披谷口之雾；衢歌哀怨，恍聆山阳之笛[6]。

　　日在西隅，始展黄君仲则殡于运城西寺。见其遗棺七尺，枕书满箧[7]。抚其吟案，则阿㛷[8]之遗笺尚存；披其縓[9]帷，则城东之小史既去。盖相如病肺[10]，经月而难瘥；昌谷呕心[11]，临终而始悔者也。犹复丹铅狼藉[12]，几案纷披[13]，手不能书，画之以指。此则杜鹃欲化[14]，犹振哀音；鸷鸟将亡，冀留劲羽[15]；遗弃一世之务，留连身后之名者焉。

伏念明公[16]，生则为营薄宦[17]，死则为恤衰亲。复发德音，欲梓遗集[18]。一士之身，玉成[19]终始，闻之者动容，受之者沦髓[20]。冀其游岱之魂[21]，感恩而西顾；返洛之旐[22]，衔酸而东指[23]。又况龚生竟夭，尚有故人[24]；元伯虽亡，不无死友[25]，他日传公风义[26]，勉其遗孤，风兹来祀[27]，亦盛事也。

今谨上其诗及乐府共四大册。此君生平与亮吉雅故[28]，惟持论不同，尝戏谓亮吉曰："予不幸早死，集经君订定，必乖[29]余之指趣矣。"省其遗言，为之堕泪。今不敢辄加朱墨[30]，皆封送阁下，暨[31]与述庵廉使、东友[32]侍读，共删定之。即其所就，已有足传，方乎古人，无愧作者。惟藁草皆其手写，别无副本，梓后尚望付其遗孤，以为手泽[33]耳。

亮吉十九日已抵潼关，马上率启[34]，不宣[35]。

注　释

【1】风陵，地名，又称风陵渡，在今山西永济南河北岸。

【2】蒲坂，古地名，相传是舜的都城。故址在今山西永济城东南。盐池，今山西永济北部的一个咸水湖。

【3】蔽亏，指日光被阴云掩蔽。凌厉，猛烈貌。

【4】自河以东，黄河以东，指山西。关内，潼关以内，指陕西。

【5】土逼若衖（xiàng），道路两旁黄土逼近像街巷一样。衖，同"巷"。涂危入栈，路途高危如同栈道。涂，同"途"。

【6】原林，原野森林。黯惨，暗淡。披，遮被。谷口，古地名，在今陕西醴泉东北，传说为黄帝升仙处。衢（qú）歌，里巷歌谣。衢，大路。聆，听。山阴之笛，向秀与嵇康友善，嵇康被杀后，向秀经过嵇康山阴旧居，闻"邻人有吹笛者，发声廖亮，追思昔游宴之好，感音而叹"，于是作《思旧赋》。后世用为怀念旧友的典故。

【7】展，省视。黄君仲则，黄景仁，字汉镛，又字仲则，少孤贫，聪颖好学，颇有诗名，一生困苦，乾隆四十八年（1783年）死去，年仅三十四岁。著有《两当集》。箧（qiè），小箱子。

【8】阿妳（nǐ），母亲。《广韵》："楚人呼母曰妳。"

【9】繐（suì），同"穗"，灵帐。

【10】相如病肺，据《史记》载，司马相如"常有消渴疾"。消渴疾，如糖尿病，古人误以为肺病。

【11】昌谷，唐朝诗人李贺，其家在福昌（今河南宜阳）之昌谷。传说李贺作诗刻苦，其母说，"是儿要呕出心乃已耳"。李贺将死时，"忽昼见一绯衣人，驾赤虬，持一版书召长吉（李贺之字）。长吉下榻叩头，言阿妳老且病，贺不愿去。"（见《新唐书·李贺传》《李长吉小传》）

【12】丹铅，丹砂与铅粉，古人校点书籍用之。狼藉，散乱。

【13】几案纷披，书案上物品杂乱。

【14】杜鹃欲化，据《寰宇记》：蜀王杜宇，号望帝，死后化为杜鹃。这两句是说黄仲则临死时还在整理自己的诗稿。

【15】鸷（zhì）鸟，猛禽。冀，希望。这两句是说，黄仲则临死时希望把自己的优秀诗篇传留后世。

【16】明公，古人对尊贵者的敬称，此指毕沅。

【17】为营薄宦，帮助黄仲则捐纳小官。洪亮吉《黄君行状》云："亮吉游西安，君继至。今陕西巡抚毕公沅奇君才，厚资之。遂以乾隆四十一年上东巡召试二等，在武英殿书签，例得主簿，入资为县丞。"毕沅曾出资帮助黄仲则捐官。

【18】欲梓遗集，准备刻板印行黄仲则的遗集。

【19】玉成，成全。

【20】沦髓，即沦肌浃髓，比喻感受之深。《朱子全书·论语》："今须且将此一段反复思量，涣然冰释，怡然顺理，使自会沦肌浃髓。"

【21】游岱之魂，古人迷信，说人死后灵魂归于泰山。郭茂倩《乐府诗集》引《乐府解题》云："《泰山吟》，言人死精魂归于泰山。"

【22】旐（zhào），画龙蛇的旗，此指出丧时的灵旌。

【23】衔酸，含着悲痛。东指，黄仲则故乡在江苏常州，灵柩经洛阳向东

远去。

【24】"龚生"二句，《汉书龚胜传》载，龚胜死，年七十九，有老父来吊，哭甚哀。既而曰："嗟乎！熏以香自烧，膏以明自销；龚生竟夭天年，非吾徒也。"遂趋而出，莫知其谁。夭，亡。

【25】"元伯"二句，《后汉书·范式传》：范式，字世卿，与张劭（字元伯）友善。张劭临死叹曰："恨不见吾死友。"寻卒。范式忽梦见元伯呼曰："巨卿！吾以某日死，当以尔时葬，永归黄泉，子未我忘，岂能相及！"式驰往赴之。未及到，丧已发。而柩不肯进。移时，见有素车白马，哭号而来。元伯母曰："是必范巨卿也。"式因执绋而引，柩于是乃前。

【26】风义，高风厚谊。

【27】风兹来祀，即劝勉后人。风，同"讽"，劝。

【28】雅故，老友。

【29】乖，背离。

【30】朱墨，指评选，古人读书时常用朱墨评点，因称评选为朱墨。

【31】暨（jì），及。

【32】述庵，王昶，字德甫，号述庵。江苏青浦（今属上海市）人。乾隆进士，官至刑部左侍郎。著有《春融堂诗文集》《金石粹编》等。廉使，即按察使，王昶时为陕西按察使。东友，严长明，字东友，江宁人，乾隆时以诸生献赋行在，召试赐举人，累官内阁侍读。著有《归求草堂诗文集》。

【33】手泽，先人所遗器物或物迹。《礼记玉藻》："父没而不能读父之书，手泽存焉耳。"疏："谓其书有父平生所持手之润泽存在焉，故不忍读也。"

【34】率启，草率地禀告。

【35】不宣，不尽，即书不尽意的意思，旧书信的结尾词，有时用"不备""不具"。清王士祯《香祖笔记》："宋人书问，尊与卑曰不具，以卑上尊曰不备，朋友交驰曰不宣。"

岳飞

毕沅

毕沅，字纕蘅，亦字秋帆，自号灵岩山人。江苏镇洋人。乾隆二十五年（1760年）中状元，此后一路升迁，历任陕西、甘肃、河南三省巡抚及湖广总督。在湖广任上致力于镇压当地起义，但在死后却被追究镇压白莲教不力，又因属下贪污军饷受牵连而被削夺世职，罚没家产。

毕沅为官时多有贪腐记载，任湖广总督时百姓形容他是"蝙蝠"。而在治学方面，他除主持编纂《续资治通鉴》二百二十卷外，还有多部金石著作，又有礼贤下士之名，著名学者章学诚、孙星衍、汪中、段玉裁等皆入幕门下。

题 解

本文节选了岳飞的几个生活片段，正面描写与侧面描写相结合，表现了岳飞的高洁品格，赞扬了岳飞的高贵品质。

飞事亲至孝，家无姬侍。吴玠素服飞，愿与交欢，饰名姝遗之。飞曰："主上宵旰，宁大将安乐时耶！"却不受。玠大叹服。或问："天下何时太平？"飞曰："文臣不爱钱，武臣不惜死，天下太平矣！"师每休舍，课将士注坡跳壕，皆重铠以习之。卒有取民麻一缕以束刍者，立斩以徇。卒夜宿，民开门愿纳，无敢入者。军号"冻死不拆屋，饿死不掳掠"。卒有疾，亲为调药。诸将远戍，飞妻问劳其家；死事者，哭之而育其孤。有颁犒，均给军吏，秋毫无犯。善以少击众。凡有所举，尽召诸统制，谋定而后战，故所向克捷。猝遇敌不动。故敌为之语曰："撼山易，撼岳家军难。"
张俊尝问用兵之术，飞曰："仁，信，智，勇，严，阙一不可。"
每调军食，必蹙额曰："东南民力竭矣！"好贤礼士，雅歌投壶，
恂恂如儒生。每辞官，必曰："将士效力，飞何功之有！"

谢南冈小传

恽敬

　　恽敬，字子居，号简堂，阳湖（今江苏常州市）人。乾隆
四十八年（1783年）举人，以教习官京师，历富阳、新喻、瑞金
等县令，以廉声卓异，擢南昌府同知，改署吴城同知。为人负气，
崇尚名节，被忌恨他的人诬告弹劾，以失察为由去官。恽敬致力
于古文，其文章得力于韩非、李斯，与苏洵接近，风格较为自然
奔放。与张惠言等创立"阳湖派"。著有《大云山房文稿》。

题　解

　　谢南冈是江西瑞金县的一位秀才，擅长作诗，但由于性格狷介，诗文
不被人所识，最终困顿而死。后来，作者发现了他的诗才，对他的事迹非
常感叹，就写下这篇小传。由于谢南冈事迹并不丰富，作者也无缘得见，
因此本文将重点放在论述自己身为县令却不能发现人才的失职上。文章情
感发自内心，寥寥几笔便将人物形象刻画出来。

　　谢南冈名枝仑，瑞金县学生。贫甚，不能治生，又喜与人忤。
人亦避去，常非笑之。性独善诗，所居老屋数间，土垣皆颓倚，
时闭门，过者闻苦吟声而已。会督学使者按部[1]，斥其诗，置四等，

非笑者益大哗。南冈遂盲盲三十余年而卒，年八十三。

论曰：敬于嘉庆十一年[2]自南昌回县。十二月甲戌朔，大风寒。越一日乙亥，早起自扫除，蠹书[3]一册堕于架，取视之，则南冈诗也。有郎官为之序，序言秽腐。已掷去，既念诗未知如何，复取视之，高邃古涩，包孕深远。询其居，则近在城南，而南冈已于朔日死矣。南冈遇之穷不待言，顾以余之好事为卑官于南冈所籍已二年，南冈不能自通[4]以死，必死后而始知之，何以责居庙堂、拥麾节者不知天下士耶？古之人居下则自修而不求有闻，居上则切切然恐士之失所，有以也夫？

注 释

【1】督学使者，又称提督学政，是清代派往各省的教育行政长官。按部，巡查管辖地区。

【2】嘉庆十一年，1806年。

【3】蠹（dù）书，被蠹虫蛀坏的书。

【4】自通，自己登门求见。

游庐山记

恽敬

题 解

这篇文章记述了作者游历庐山六天的过程，于路程及登临的名胜古迹，只作大概叙述，简括明了；而于"云独记其诡变足以娱性逸情如是"，重点突出。文章开门见山，首先指出庐山三面环长江大湖的形胜特点，"有娱逸之观"。然后在六天记游中，生动描述了含鄱口俯览鄱阳湖上风云卷来的云障奇观和神林浦仰望香炉峰下白云团涌的云海幻景。最后以"云为水征，云从山出"的传统说法为根据，点出庐山形胜最"足以娱性逸情"

者为云，与首段相应作结。可见作者在立意谋篇、安排布局上是讲究章法、颇为用心的。这一游记章法有可取之处，能够概括介绍全貌，又能具体突出奇胜之景；作者文笔洗练生动，善于描写景物特征，也是该文艺术成功的必要条件。

庐山[1]据浔阳、彭蠡[2]之会，环三面皆水也。凡大山得水，能敌其大以荡瀁之，则灵[3]；而江湖之水，吞吐夷旷[4]，与海水异。故并海诸山多壮郁[5]，而庐山有娱逸之观[6]。

嘉庆十有八年三月己卯[7]，敬以事绝宫亭[8]，泊左蠡[9]。庚辰[10]，舣星子[11]，因往游焉。是日往白鹿洞望五老峰[12]，过小三峡，驻独对亭[13]，振钥顿文会堂[14]。有桃一株，方花[15]。右芭蕉一株，叶方苞[16]。月出后，循贯道溪[17]，历钓台石、眠鹿场[18]，右转达后山，松杉千万为一桁，横五老峰之麓焉[19]。

辛巳[20]，由三峡涧陟欢喜亭[21]。亭废，道险甚。求李氏山房[22]遗址不可得。登含鄱岭[23]，大风啸于岭背，由隧来。风止，攀太乙峰[24]。东南望南昌城[25]，迤北望彭泽[26]，皆隔湖，湖光湛湛然[27]。顷之[28]，地如卷席渐隐[29]；复顷之[30]，至湖之中；复顷之，至湖壖[31]；而山足皆隐矣。始知云之障[32]，自远至也。于是四山皆蓬蓬然[33]，而大云千万成阵，起山后，相驰逐布空中，势且雨[34]。遂不至五老峰，而下窥玉渊潭[35]，憩栖贤寺[36]。回望五老峰，乃夕日穿漏，势相倚负[37]，返宿于文会堂。

壬午[38]，道万杉寺[39]，饮三分池[40]。未抵秀峰寺里所[41]，即见瀑布[42]在天中。既及门，因西瞻青玉峡[43]，详睇香炉峰[44]，盥于龙井[45]，求太白读书堂[46]不以得，返宿秀峰寺。

癸未[47]，往瞻云[48]，迂道绕白鹤观[49]，旋[50]至寺，观右军墨池[51]。西行寻栗里卧醉石[52]；石大于屋，当涧水途中。访简寂观[53]，未往，返宿秀峰寺，遇一微头陀[54]。

甲申^[55]，吴兰雪携廖雪鹭、沙弥朗圆来^[56]，大笑排闼入^[57]，遂同上黄岩^[58]。侧足逾文殊台^[59]，俯玩瀑布下注尽其变^[60]。叩黄岩寺^[61]，趾^[62]乱石，寻瀑布源^[63]，溯汉阳峰^[64]，径绝^[65]而止。复返宿秀峰寺。兰雪往瞻云，一微头陀往九江。是夜大雨，在山中五日矣。

乙酉晓^[66]，望瀑布倍未雨时^[67]。出山五里所^[68]，至神林浦^[69]，望瀑布益明。山沈沈苍酽一色^[70]，岩谷如削平。顷之，香炉峰下，白云一缕起，遂团团相衔出^[71]；复顷之，遍山皆团团然；复顷之，则相与为一。山之腰皆弇之^[72]，其上下仍苍酽一色，生平所未睹也。

夫云者，水之征^[73]，山之灵所泄也^[74]。敬故于是游所历，皆类记之^[75]。而于云独记其诡变足以娱性逸情如是^[76]，以诒后之好事者焉^[77]。

注　释

【1】庐山，在今江西九江市南。

【2】浔阳，长江流经浔阳（治所在今九江市）境一段的古称，在今江西九江市北。彭蠡，即今江西鄱阳湖。

【3】"凡大"三句，意谓大凡大山近于水，而那水的气势能和大山相称，在大山周围涌流激荡，就很神气。敌，匹敌。荡潏（yù），水势大而流速快的样子。灵，形容壮美，犹言神气。

【4】吞吐夷旷，谓湖水流进流出都很顺畅。夷旷，平坦开阔。

【5】并（bàng）海，近海。并，通"傍"，靠近。壮郁，雄奇有力的样子。

【6】娱逸之观，谓景象令人愉快而自在。

【7】"嘉庆"句，嘉庆十八年农历三月十二日（1813年4月12日）。

【8】敬，作者自称。绝，横渡。宫亭，宫亭湖，彭蠡湖（即鄱阳湖）的别称。因庐山下，彭蠡湖边有宫亭庙而得名。

【9】左蠡，地名，在江西都昌西北。

【10】庚辰，十三日。

【11】舣（yǐ），停船靠岸。星子，县名，今属江西。

【12】白鹿洞，在五老峰下。唐德宗贞元年间（785—805 年），洛阳人李渤隐居庐山读书，并养了一只白鹿，时称之"白鹿先生"，住所为"白鹿洞"。后来李渤为江州刺史，便在故地建筑台榭，命名为白鹿洞。宋时为四大书院之一。五老峰，在庐山东南方，五峰突兀凌霄，有如五老人并肩而立，故名。

【13】驻，停留。独对亭，在白鹿洞东。

【14】振钥，谓开门。顿，止宿。文会堂，南宋嘉定年间（1208—1224年）始建。

【15】方花，正在开花。

【16】叶方苗，叶子正在壮盛地长出来。

【17】贯道溪，在白鹿洞东。溪水自凌云峰来，流经白鹿洞出峡为贯道溪。

【18】钓台石、眠鹿场，在白鹿洞西、西南。

【19】"松杉"二句，意谓一条由千万棵松树、杉树形成的绿色林带，横亘在五老峰的山脚下。桁（héng），檩（lǐn）子，屋上托住椽（chuán）子的横木，这里形容由松树、杉树形成的林带。

【20】辛巳，十四日。

【21】三峡涧，在五老峰西。含鄱口东西九十几条大小川流都注入三峡涧，水势湍急，汹涌腾跃，险如长江三峡。欢喜亭，在通往五老峰的欢喜岭上。面当鄱阳湖，地势优越，游憩纵目，令人心旷神怡，故名欢喜亭。

【22】李氏山房，在五老峰下，又称白石庵，白石僧舍。李氏，指李常，字公择，建昌（治所在今江西南城）人。宋哲宗时累官至御史中丞。少时在庐山读书，及第后，将所抄书九千卷留在此地，起名李氏山房。

【23】含鄱岭，在庐山半山腰。岭南为含鄱口，山势险峻，其形状像要吞食鄱阳湖，故名。

【24】太乙峰，在含鄱口西南，是庐山最有名的山峰之一。

【25】南昌城，今江西南昌市。

【26】迤（yǐ）北，斜北。彭泽，指彭泽故城，在今湖口县彭泽乡。

【27】湛湛（zhàn）然，波光水色深远的样子。

【28】顷之，一会儿。

【29】"地如"句，意谓湖上云雾涌来，像卷起席子一样，渐渐把南昌、

彭泽遮住。

【30】复顷之，又过了一会儿。

【31】湖壖（ruán），湖边。

【32】云之障，云变得像屏障。

【33】蓬蓬然，形容云雾蓬松往上冒的样子。

【34】"而大云"四句，意谓大块云朵成千上万地摆开战阵，它们从山后起来，彼此驰骋追逐，布满天空，看样子将要下雨。

【35】玉渊潭，在三峡涧下流。诸水合流，平地奔泻几十丈，然后下注深潭，接着又平地奔腾几百步，再下注深潭，这样连续共七八处，是庐山三峡涧中最壮观的地方，也是庐山奇景之一。

【36】栖贤寺，庐山五大寺院之一，在五老峰下，南朝齐参军张希之建。

【37】"乃夕"二句，意谓夕阳穿过云层，照射在五老峰上，五老峰形态好像互相靠着、背着似的。夕日，夕阳。倚（yǐ），靠着。

【38】壬午，十五日。

【39】道，取道，路径。万杉寺，庐山五大寺院之一，在庆云峰下，旧名庆云庵、庆云院。北宋景德年间（1004—1007 年），寺僧大超种杉树万株。天圣年间（1023—1032 年）改名万杉寺。

【40】三分池，在万杉寺后，又名散珠池。

【41】秀峰寺，庐山五大寺院之一，在庐山东南鹤鸣峰下，南唐中主李璟建，原名开先寺，清康熙年间（1662—1722 年）改名秀峰寺。里所，一里左右。

【42】瀑布，即瀑布水，亦叫瀑布泉，在秀峰寺西南。一水自坡顶下注双剑峰背后深谷中，汇为大龙潭，然后绕出双剑峰东，下注大壑，悬挂数十百丈，这就是瀑布泉，为秀峰寺周围奇观之一。李白有"飞流直下三千尺，疑是银河落九天"和"挂流三千丈，喷壑数十里"的描写。

【43】青玉峡，秀峰寺有二瀑布，其一在东北，叫马尾水，自鹤鸣、龟背两峰间泻出；其二在西南，即瀑布泉。瀑布泉循壑流到双剑峰东北和马尾水合流为一水，迸射出于山峡中，下注入于深潭，这就是青玉峡。潭深而绀，石碧而削，水白如练，故名。

【44】详睇（dì），仔细看。香炉峰，在庐山西北秀峰寺后，峰形圆耸如香炉，常常烟雾缭绕，故名。峰南有一巨石，很像一巨人，所以又叫石人峰。

【45】盥（guàn），洗手。龙井，在青玉峡下。所谓龙井是指和尚循着水道凿成的许多小石池子。

【46】求，寻找。太白读书堂，亦叫李太白书堂，或太白书室。在香炉峰下，青玉峡西。相传李白为避安史之乱曾在此读书。

【47】癸未，十六日。

【48】瞻云，寺庙名，在庐山金轮峰下。旧名归宗寺，晋右军将军王羲之创建，后成为庐山五大寺院之一。

【49】迂道，绕道。白鹤观，在五老峰下。唐高宗弘道元年（683年）建，北宋祥符年间（1008—1016年）曾赐名"承天白鹤观"。宋代陈舜俞《庐山记》说："庐山峰峦之奇秀，岩壑之深邃，林泉之茂美，为江南第一，此观复为庐山第一。"

【50】旋，随即。

【51】右军墨池，在瞻云寺殿前。池水黑色，相传是晋朝右军将军王羲之洗墨的地方。

【52】栗里，古地名，在黄龙山北麓的温泉北边，东晋大诗人陶渊明曾迁居于此。卧醉石，在离栗里柴桑桥一里左右的地方，石高约三四尺，又叫底柱石。据说当年陶渊明喝醉酒后，常常睡在那里。

【53】简寂观，在金鸡峰下，旧名太虚观，南朝宋大明年间（457—464年）道士陆修静住在这里。陆修静死后谥简静，故名。

【54】一微，和尚的法号。头陀，行脚乞食的僧人，此用作"和尚"的昵称。

【55】甲申，十七日。

【56】吴兰雪、廖雪鹭，人名，其人其事不详。沙弥，尚未接受佛教大戒的和尚，此用作和尚的通称。朗圆，和尚的法号。

【57】排闼（tà）入，推开门就进来。

【58】黄岩，在双剑峰下。

【59】侧足，斜侧身体行走，这里表示山路窄而难走。文殊台，在黄岩南。

【60】"俯玩"句，意谓俯身欣赏瀑布下注时那种变化无穷的情状。

【61】叩，敲门，谓探访。黄岩寺，在双剑峰下，唐代僧人智常所建。

【62】跐（cǎi），通"踩"。

【63】源，水的发源处。

【64】溯（sù），逆水而上。汉阳峰，庐山最高峰。据说站在汉阳峰峰顶能远望数百里，极目江汉，故名。相传汉武帝曾到达峰顶，所以又有汉武峰之称。

【65】径绝，一条小路也没有了。

【66】乙酉晓，十八日早晨。

【67】倍未雨时，比没有下雨时大了一倍。

【68】五里所，五里左右。

【69】神林浦，水口名。

【70】沈沈，深邃的样子。苍酽（yàn）一色，一派浓郁的深青色。

【71】团团相衔出，云雾一团团接连不断地弥漫开来。

【72】弇（yǎn），覆盖。

【73】水之征，是有水的预兆，指雨水降落前先有云。

【74】"山之"句，是山神散发出来的东西。古人以为云从山出，故称。

【75】类记之，只作大概的记述。

【76】如是，就像上文记述的这样。

【77】诒，留给。好事者，指爱好游山玩水的人。

闺房记乐

沈复

　　沈复，字三白，号梅逸，清乾隆二十八年（1763年）生于江苏省苏州府长洲县。早年随父亲求学，后来从事酒业经营，又与其表姐陈芸结为夫妻。夫妻二人自幼两小无猜，结为夫妇后更是形影不离。但是后来，他们夫妻二人被父亲赶出家门，生活陷入困顿，数年后陈芸离世。数年后《浮生六记》第四卷创作完毕，此后沈复事迹再不见记载。

《浮生六记》是沈复的一部自传体散文集，共有六卷，依次是《闺房记乐》《闲情记趣》《坎坷记愁》《浪游记快》《中山记历》《养生记道》，今只存四卷（另外两卷已被考证是伪作）。全书中，作者记叙了夫妻二人欢愉与悲苦的一生，文辞朴素而情感真挚。本书最大的特点，便是以深情直书夫妻之间的乐事，将夫妻间真挚的爱情展现出来，这对于深受封建礼法压迫的古代社会来说，是难能可贵的。

题 解

本文节选自《浮生六记》第一篇《闺房记乐》开篇一段。本文中，记述了作者与青梅竹马的陈芸情定终身的趣事，又讲述了芸娘为他藏粥，被堂兄撞见而嘲笑的故事。文章将这对情窦初开的少男少女的羞涩之态表现得淋漓尽致，又为中年时一家人饮粥诀别的事情埋下伏笔。而"锦囊佳句"更表达了对芸娘中年亡逝的惋惜。

余生乾隆癸未[1]冬十一月二十有二日，正值太平盛世，且在衣冠之家[2]，居苏州沧浪亭畔，天之厚我可谓至矣。东坡云："事如春梦了无痕"，苟不记之笔墨，未免有辜彼苍之厚。因思《关雎》冠三百篇之首，故列夫妇于首卷[3]，余以次递及焉。所愧少年失学，稍识之无[4]，不过记其实情实事而已，若必考订其文法，是责明于垢鉴矣[5]。

余幼聘金沙于氏，八龄而夭。娶陈氏。陈名芸，字淑珍，舅氏心余先生女也，生而颖慧，学语时，口授《琵琶行》，即能成诵。四龄失怙[6]，母金氏，弟克昌，家徒壁立。芸既长，娴女红[7]，三口仰其十指供给，克昌从师，修脯[8]无缺。一日，于书簏中得《琵琶行》，挨字而认，始识字。刺绣之暇，渐通吟咏，有"秋侵人影瘦，霜染菊花肥"之句。余年一十三，随母归宁[9]，两小无嫌，得见所作，虽叹其才思隽秀，窃恐其福泽不深，然心注[10]不能释，告母曰："若为儿择妇，非淑姊不娶。"母亦爱其柔和，即脱金约指[11]缔姻焉。此乾隆乙未七月十六日也。

是年冬，值其堂姊出阁[12]，余又随母往。芸与余同齿而长余十月，自幼姊弟相呼，故仍呼之曰淑姊。时但见满室鲜衣，芸独通体素淡，仅新其鞋而已。见其绣制精巧，询为己作，始知其慧心不仅在笔墨也。其形削肩长项，瘦不露骨，眉弯目秀，顾盼神飞，唯两齿微露；似非佳相。一种缠绵之态，令人之意也消。索观诗稿，有仅一联，或三四句，多未成篇者，询其故，笑曰："无师之作，愿得知己堪师者敲成之耳。"余戏题其签曰"锦囊佳句[13]"。不知夭寿之机此已伏矣[14]。是夜送亲城外，返已漏三下[15]，腹饥索饵，婢妪以枣脯进，余嫌其甜。芸暗牵余袖，随至其室，见藏有暖粥并小菜焉，余欣然举箸。忽闻芸堂兄玉衡呼曰："淑妹速来！"芸急闭门曰："已疲乏，将卧矣。"玉衡挤身而入，见余将吃粥，乃笑睨[16]芸曰："顷我索粥，汝曰'尽矣'，乃藏此专待汝婿耶？"芸大窘避去，上下哗笑之。余亦负气，挈[17]老仆先归。自吃粥被嘲，再往，芸即避匿，余知其恐贻人笑也。

注 释

【1】乾隆癸未，1763年。

【2】衣冠之家，指做官的富贵人家。

【3】《诗经》第一篇是《周南·关雎》，《诗大序》认为此诗"所以风天下而正夫妇也"。

【4】稍识之无，据《唐书·白居易传》："其始生七月能展书，拇指之、无两字，虽试百数不差。"这里指识字不多。

【5】责明，指责不够明亮。垢鉴，沾满尘土的镜子。鉴，镜子。

【6】失怙，失去了父亲。怙，依靠。《诗·小雅·蓼莪》："无父何怙？无母何恃？"

【7】女红（gōng），亦作"女工""女功"，指女子所从事的编织、刺绣等工作。

【8】修、脯，皆指干肉。古代以一束干肉作为敬师之礼，《论语·述而》："子曰：'自行束脩以上，吾未尝无诲焉。'"后世以此作为敬师之礼的代称。

【9】归宁，指女子出嫁后回娘家。

【10】注，心思专注。

【11】金约指，金戒指。

【12】出阁，女子出嫁。

【13】锦囊佳句，李商隐《李贺小传》记载唐代诗人李贺每骑驴出门，领一小童背负锦囊，每有佳句便投于囊中。

【14】李贺27岁便英年早逝，因此作者认为这是不祥之兆。

【15】漏，漏壶，古代的计时器。漏三下，表明夜已深。

【16】睨，斜着眼看。

【17】挈，带，领。

记棚民事

梅曾亮

梅曾亮，字伯言，江苏上元人。清中期桐城派文学家，拜师姚鼐门下，对桐城派文学传承起到承上启下的作用。早年曾在京师为官近二十年，但不得重用，"虽强名官，直一逆旅客耳"。此后返乡，在扬州梅花书院主讲，太平天国起义时，他离开南京避祸。

文学上，他继承桐城派的思想，主张读书人要以救时济世为己任，重视文章内容的丰富和思想的精深，强调文章一气呵成。他是姚鼐之后桐城派影响最大的人物，在当时及后世均有很高评价。

题　解

流民一直是困扰封建王朝的难题。时任安徽巡抚的董文恪，为了解决省内日益严重的无地搭棚而居的"棚民"问题，便上奏请求朝廷让棚民们去开发山岭。可是在实施中，百姓却对他的做法表示反对，理由是会破坏他们祖坟的风水。董文恪无奈，只好作罢。

后来，董文恪去世，梅曾亮应邀为其修年谱，在翻阅他的奏章时，梅曾亮发现了这一问题。回到家乡后，梅曾亮又去寻访当地人民，才发现根本原因并非什么"风水"，而是开发后将会导致严重的水土流失。于是，梅曾亮将双方的观点都记叙下来。但是，梅曾亮也没有解决的办法，只好说："若无失其利，而又不至如董公之所忧，则吾盖未得其术也。故记之以俟夫习民事者。"

余为董文恪公作行状，尽览其奏议。其任安徽巡抚，奏准棚民开山事甚力，大旨言与棚民相告讦者，皆溺于龙脉风水之说，至有以数百亩之山，保一棺之土，弃典礼，荒地利，不可施行。而棚民能攻苦茹淡于丛山峻岭，人迹不可通之地，开种旱谷，以佐稻粱。人无闲民，地无遗利，于策至便，不可禁止，以启事端。余览其说而是之。

及余来宣城，问诸乡人。皆言未开之山，土坚石固，草树茂密，腐叶积数年，可二三寸，每天雨从树至叶，从叶至土石，历石罅滴沥成泉，其下水也缓，又水下而土不随其下。水缓，故低田受之不为灾；而半月不雨，高田犹受其浸溉。今以斤斧童其山，而以锄犁疏其土，一雨未毕，沙石随下，奔流注壑涧中，皆填污不可贮水，毕至洼田中乃止；及洼田竭，而山田之水无继者。是为开不毛之土，而病有谷之田；利无税之佣，而瘠有税之户也。余亦闻其说而是之。

嗟夫！利害之不能两全也久矣。由前之说，可以息事；由后之说，可以保利。若无失其利，而又不至如董公之所忧，则吾盖未得其术也。故记之以俟夫习民事者。

病梅馆记

龚自珍

龚自珍，字璱人，号定盦。浙江仁和人。清朝中后期著名思想家、文学家。出身书香世家，祖父、父亲都是官员，外祖父段玉裁则是著名的语言学家、经学家。早年多次参加科举，均未中举；新婚妻子又因庸医误诊病逝。悲愤交加的龚自珍匆匆返乡，参与父亲主持的《徽州府志》重修工作。道光九年（1829年），他中进士。

他学问渊博，诗文、地理、经史以及金石、目录等均有涉及。他的文章自成一派，有"龚派"之称；诗则瑰丽奇肆。在治学方面，他深受外祖父段玉裁影响，后又因目睹清朝社会危机日益加重，而放弃训诂之学，转而讲求经世致用。在思想上，他强调事物的变化，为后来的维新变法开了先声。

题 解

清中期时，朝廷为了加强对人民的思想统治，奴役人民，一方面以科举考试和八股文束缚人们的思想，一方面大兴文字狱镇压知识分子。在这样的压迫之下，知识分子遭到严重的压抑与摧残。

本文便是作者在敏锐地察觉到这一问题后，假借梅花，对清朝统治者束缚思想、压抑人才的罪行予以揭露。全文表达了作者要求进行政治革新，打破思想禁锢的愿望。

就在本文写就后两年，鸦片战争爆发，在西方侵略者的大炮与军舰之下，清朝统治者被迫打开国门，新的思想随之涌入中国大地。

江宁之龙蟠，苏州之邓尉，杭州之西溪，皆产梅。或曰："梅以曲为美，直则无姿；以欹为美，正则无景；以疏为美，密则无态。"固也。此文人画士，心知其意，未可明诏大号[1] 以绳天下之梅也；又不可以使天下之民斫直，删密，锄正，以夭[2] 梅病梅为业以求钱也。梅之欹之疏之曲，又非蠢蠢求钱之民能以其智力为也。有以文人画士孤癖之隐明告鬻梅者，斫其正，养其旁条，删其密，夭其稚枝，锄其直，遏其生气，以求重价，而江浙之梅皆病。文人画士之祸之烈至此哉！

予购三百盆，皆病者，无一完者。既泣之三日，乃誓疗之：纵之顺之，毁其盆，悉埋于地，解其棕缚；以五年为期，必复之全之。予本非文人画士，甘受诟厉[3]，辟病梅之馆以贮之。

呜呼！安得使予多暇日，又多闲田，以广贮江宁、杭州、苏州之病梅，穷予生之光阴以疗梅也哉！

注 释

【1】明诏大号，公开宣告，大声疾呼。诏，指由上至下的通告。

【2】夭，使……摧折。

【3】诟厉，讥评，辱骂。厉，病。

《秋灯琐忆》节选

蒋坦

蒋坦，字平伯，号蔼卿，浙江钱塘人。道光七年（1827年），他与青梅竹马的表妹关锳（秋芙）订婚，道光二十三年（1843年）成婚，长年居住于杭州西湖。此后夫妻十分恩爱，多以诗词唱和。后来，秋芙因肺病离世，蒋坦便作《秋灯琐忆》回忆夫妻二人当年故事。咸丰十一年（1861年），太平军攻陷杭州，蒋坦逃往慈溪，后返回杭州，不久竟在当地饿死。

《秋灯琐忆》是蒋坦所作散文集。蒋坦在书中将夫妻二人的生活琐事记录下来，刻画了一对虽然生活贫寒却陶醉于琴棋书画之中的才情卓绝的夫妻形象。全书文辞极美，情深意切，十分感人。

题 解

本文记叙了作者与秋芙在结婚之前和婚后的几件趣事，将秋芙这一冰雪聪明的古代女子形象活灵活现地展现出来。林语堂曾说，中国古代最可爱的两个女子，一是《浮生六记》中的芸娘，二就是本文中的秋芙。

关、蒋故中表亲[1]。余未聘时，秋芙来余家，绕床弄梅，两无嫌猜[2]。丁亥元夕，秋芙来贺岁，见于堂前。秋芙衣葵绿衣，余着银红绣袍，肩随额齐，钗帽相傍。张情齐丈方居巢园，谓大人曰："俨然佳儿佳妇。"大人遂有丝罗[3]之意。后数月，巢园鼠姑[4]作花，大人招亲朋，置酒花下。秋芙随严君来。酒次，秋

芙收筵上果脯，藏钯 [5] 中。余夺之，秋芙曰："余将携归，不汝
食也。"余戏解所系巾，曰："以此缚汝，看汝得归去否？"秋
芙惊泣，乳妪携去始解。大人顾之而笑。固倩俞霞轩师为之塞修，
筵上聘定。自后数年，绝不相见。大人以关氏世有姻娅，岁时仍
率余往趋谒，故关氏之庭，迹虽疏，未尝绝也。忆壬辰新岁，余
往，入门见青衣小鬟，拥一粲姝上车而去。俄闻屏间笑声，乃知
出者即为秋芙。又一年，圃桥试近，妻父集同人会文，意在察婿。
置酒后堂，余列末座。闻湘帘之中，环玉相触，未知有秋关在否。
又一年，余行市间，忽车雷声中，帘幰 [6] 疾卷，中有丽人，相注
作熟视状。最后一车，似是妻母，意卷帘人即膝前娇女也。又一年，
余举弟子员 [7]，大人命余晋谒。庭遇秋芙，戴貂茸，立蜜梅花下。
俄闻银钩一声，无复鸿影。余自聘及迎，相去凡十五年，五经邂逅，
及却扇 [8] 筵前，剪灯相见，始知颊上双涡，非复旧时丰满矣。今
去结缡又复十载，余与秋芙皆鬓有霜色，未知数年而后，更作何状？
忽忽前尘，如梦如醉，质之秋芙，亦忆一二否？

……

余读《述异记》[9] 云"龙眠于渊，颔下之珠，为虞人 [10] 所得，
龙觉而死"，不胜叹息。秋芙从旁语曰："此龙之罪也。颔下有珠，
则宜知宝。既不能宝而为人得，则唏嘘云雨，与虞人相持江湖之
间，珠可还也。而以身殉之，龙则逝矣，而使珠落人手，永无还日，
龙岂爱珠者哉？"余默然良久，曰："不意秋芙亦能作议论，大奇。"

……

枕上不寐，与秋芙论古今人材，至韩擒虎 [11]。余曰："擒虎
生为上柱国，死不失为阎罗王，亦侥幸甚矣。"秋芙笑曰："特
张嫦娥 [12] 诸人之冤，无可控告，奈何？"

……

秋芙所种芭蕉，已叶大成阴，荫蔽帘幌。秋来雨风滴沥，枕上闻之，心与俱碎。一日，余戏题断句叶上云："是谁多事种芭蕉，早也潇潇，晚也潇潇。"明日见叶上续书数行云："是君心绪太无聊，种了芭蕉，又怨芭蕉。"字画柔媚，此秋芙戏笔也，然余于此，悟入正复不浅。

……

晚来闻络纬[13]声，觉胸中大有秋气。忽忆宋玉悲秋《九辩》[14]，击枕而读。秋芙更衣阁中，良久不出。闻唤始来，眉间有秋色。余问其故，秋芙曰："悲莫悲兮生别离，何可使我闻之？"余慰之曰："因缘离合，不可定论。余与子久皈觉王[15]，誓无他趣。他日九莲台上，当不更结离恨缘，何作此无益之悲也？昔锻金师以一念之誓，结婚姻九十余劫[16]，况余与子乎？"秋芙唯唯，然颊上粉痕，已为泪花污湿矣。余亦不复卒读。

……

秋芙好棋，而不甚精，每夕必强余手谈[17]，或至达旦。余戏举竹垞词云："簸钱斗草已都输，问持底今宵偿我[18]？"秋芙故饰词云："君以我不能胜耶？请以所佩玉虎为赌。"下数十子，棋局渐输，秋芙纵膝上猧[19]儿搅乱棋势。余笑云："子以玉奴[20]自况欤？"秋芙嘿然。而银烛荧荧，已照见桃花上颊矣。自此更不复棋。

注　释

【1】中表亲，包括内兄弟与外兄弟。内兄弟指母亲姐妹的儿子，外兄弟指父亲姐妹的儿子；统称中表亲。

【2】李白《长干行》："郎骑竹马来，绕床弄青梅。同居长干里，两小无嫌猜。"

【3】丝罗，一作"丝萝"，即菟丝与女萝。两种植物都攀缠在草木上而

难以分开，因此诗文中多以丝萝比喻男女结为婚姻。

【4】鼠姑，即牡丹。

【5】帊，手帕。

【6】幰（xiǎn），车前的帷幔。

【7】弟子员，即秀才，是明清两代对于县学生员的称呼。

【8】古人婚礼时，新娘以扇遮面，交拜后去扇，称为却扇，后来也作为婚礼的代称。

【9】《述异记》，志怪小说。旧题南朝梁任昉撰。

【10】虞人，古时主管山泽之官。

【11】韩擒虎，字子通，隋初将领，隋文帝开皇九年（589年）率军直取金陵，生俘藏在井中的陈后主及其宠妃张丽华。后来因功进封上柱国，是从一品的高位。《隋书·韩擒传》（唐代避唐高祖李渊祖父李虎名讳，改称韩擒）记载，他的邻居曾看到他们门口有帝王同等规格的仪仗，邻居感到惊异便问仪仗队中的人，那人回答："我来迎接大王。"然后仪仗队便消失了。后来，又有个重病之人忽然跑进韩擒虎的家门，侍卫问他找谁，他回答："我想拜见大王。"侍卫问："哪个王？"回答说："阎罗王擒虎。"韩擒虎家中子弟想打他，韩擒虎制止道："生为上柱国，死为阎罗王，足够了。"过了不久，韩擒虎就去世了。于是民间便有韩擒虎成为阎罗王的传说。

【12】张嫦娥，即张丽华，南朝陈后主妃。《南部烟花记》载陈后主为张丽华造桂宫于光昭殿后，称之为月宫，并称她为张嫦娥。韩擒虎灭陈后，张丽华与陈后主一同被俘，杨广（即后来的隋炀帝，当时是伐陈大军主帅）见到张丽华美色后便想纳为妃子。元帅长史高颎担心她会迷惑杨广，便将她斩首。杨广听闻后"甚不悦"。

【13】络纬，即莎鸡，俗称纺织娘。

【14】《九辩》第一句就是"悲哉秋之为气也！"

【15】觉王，佛的别称。

【16】《付法藏经》："时彼塔中有如来像。面上金色少处缺坏。时有贫女游行乞丐。得一金珠内怀欢喜。意欲为薄补像面上。迦叶尔时为锻金师。女即持往倩令修造。是时金师闻其为福。欢喜治之莹饰既讫。用补像面因共愿曰。愿我二人常为夫妻。身真金色恒受胜乐。"

【17】手谈，下围棋。

【18】此处引用朱彝尊《鹊桥仙·辛夷花落》中"簸钱斗草已都输，问持底今宵偿我"一句。

【19】猧（wō），小狗。

【20】玉奴，即杨玉环。《开元天宝遗事》记载，唐玄宗与亲王下棋，杨贵妃站着观棋。她见唐玄宗将要输掉这盘棋，便将怀中抱着的"康国猧子"放到棋盘边，让它上去搅乱棋局。

说钓

吴敏树

吴敏树，字本深，号南屏，湖南巴陵人。清代文学家。官至浏阳县教谕。其艺术造诣颇深，文章风格近似桐城派。

题　解

本文以"鱼"比喻官职，短短数百字，以钓鱼这件最为普通的事情，描写那些求官之人出仕途中的种种心情与得失。文末，作者表达了他早已看透世事的态度。

余村居无事，喜钓游。钓之道未善也，亦知其趣焉。当初夏、中秋之月，蚤食后出门，而望见村中塘水，晴碧泛然，疾理钓丝，持篮而往。至乎塘岸，择水草空处投食其中，饵钓而下之，蹲而视其浮子，思其动而掣之，则得大鱼焉。无何，浮子寂然，则徐牵引之，仍自寂然；已而手倦足疲，倚竿于岸，游目而视之，其寂然者如故。盖逾时始得一动，动而掣之则无有。余曰："是小鱼之窃食者也，鱼将至矣。"又逾时动者稍异，掣之得鲫，长可四五寸许。余曰："鱼至矣，大者可得矣！"起立而伺之，注意以取之，间乃一得，率如前之鱼，无有大者。日方午，腹饥思食甚，余忍而不归以钓。见村人之田者，皆毕食以出，乃收竿持鱼以归。归而妻子劳问有鱼乎？余示以篮而一相笑也。乃饭后仍出，更诣别塘求钓处，逮暮乃归，其得鱼与午前比。或一日得鱼稍大者某所，必数数往焉，卒未尝多得，且或无一得者。余疑钓之不善，问之常钓家，率如是。

嘻！此可以观矣。吾尝试求科第官禄于时矣，与吾之此钓有以异乎哉？其始之就试有司也，是望而往，蹲而视焉者也；其数试而不遇也，是久未得鱼者也；其幸而获于学官、乡举也，是得鱼之小者也；若其进于礼部，吏于天官 [1]，是得鱼之大。吾方数数钓而又未能有之者也。然而大之上有大焉，得之后有得焉，劳神侥幸之门，忍苦风尘之路，终身无满意时，老死而不知休止。求如此之日暮归来而博妻孥之一笑，岂可得耶？

夫钓，适事也，隐者之所游也，其趣或类于求得。终焉少系于人之心者，不足可欲故也。吾将唯鱼之求，而无他钓焉，其可哉？

注　释

【1】天官，指吏部。吏部列六部之首，后世因以"天官"为吏部的通称。

曾文正公家训三则

曾国藩

曾国藩，初名子城，字伯涵，号涤生，湖南长沙府湘乡白杨坪（现属湖南省娄底市双峰县荷叶镇天子坪）人，宗圣曾子七十世孙，晚清政治家、军事家、文学家。晚清四大名臣之一，官至武英殿大学士、两江总督，同治年间封一等毅勇侯，又授世袭罔替，死后追赠太傅，谥文正。

曾国藩二十七岁时，成为军机大臣穆彰阿的门生，此后朝考被道光帝亲拔为第二，选为庶吉士，此后累官至兵部右侍郎。咸丰二年（1853年），回乡丁忧的曾国藩奉诏在湖南帮办团练，镇压太平天国起义。此后，他前往长沙，依靠在地方的关系，建立一支地方团练，又整合湖南各地的武装，号称湘军。同年，他获准在衡州练兵，又派人赴广东购买西洋火炮，筹建水师。第二年，他率军出征，先败后胜，攻占岳州、武昌，此后不断取胜，同治三年（1864年），湘军攻破太平天国首都天京（今江苏省南京市），太平天国运动失败（一说以石达开余部李文彩的覆灭为失败的标志）。此后曾国藩开始受重用，加太子太保，又调任直隶总督、两江总督。

曾国藩精于儒学，认为应将理学与心学各自取长补短而相互结合，又加以气学思想。文学方面，曾国藩继承方苞、姚鼐等桐城派又进行创新，从而创立晚清的"湘乡派"文学。其文风讲求声调，深宏骏迈，雄峻奇伟，填补了桐城派枯淡的弊端，对清末文坛影响很大。而他所著的《挺经》《冰鉴》（存疑）等作品直到今天依旧风靡全国。军事方面，他创立的湘军成为清末的一支重要武装力量，有"无湘不成军"之说，虽多有屠杀、劫掠等记录，但也被公认为是清末战斗力最强的一支部队；后来中国政治、军事舞台的众多主角如左宗棠、李鸿章等清末名臣以及李善兰、徐寿等科学家均是湘军出身。曾国藩在修身治家方面也受到后人推崇，其后代至今仍在中国政界、商界活跃。

题 解

《曾文正公家训》是曾国藩写给家人的书信集。曾国藩一生中共留下一千余封书信，其中包含修身养性、交友识人、治军从政等内容。

以惩忿窒欲 [1] 为养生要诀

谕纪泽 [2]、纪鸿 [3]：

······

张文端公 [4] 所著《聪训斋语》，皆教子之言。其中言养身择友、观玩山水花竹，纯是一片太和生机。尔宜常常省览。鸿儿体亦单弱，亦宜常看此书。吾教尔兄弟不在多书，但以圣祖之《庭训格言》[5]、张公之《聪训斋语》二种为教，句句皆吾肺腑所欲言。以后在家则莳养花竹，出门则饱看山水。环金陵百里内外，可以遍游也。算学书切不可再看，读他书亦以半日为率，未刻以后，即宜歇息。游观。古人以惩忿窒欲为养生要诀，惩忿即吾前信所谓少恼怒也，窒欲即吾前信所谓知节啬也。因好名好胜，而用心太过，亦欲之类也。药虽有利，害也随之，不可轻服，切嘱。

······

注 释

【1】惩忿窒欲，《易·损卦第四十一·象辞》："损，君子以惩忿窒欲"，其中惩即惩戒，忿即愤怒，窒即抑制，欲即嗜欲。

【2】纪泽，即曾国藩次子曾纪泽，字劼刚，号梦瞻，晚清时期外交家，曾任清政府驻英、法、俄国大使。在任期间主持签订《中俄伊犁条约》（即《改订条约》），尽可能地减少了中国的领土等各方面权益损失。后因在与法国谈判中违背清廷主和的政策而被解除公使职务。此后参与海军衙门事务，又致力于不平等条约的废除。死后谥惠敏，人们称他为曾惠敏公。

【3】纪鸿，即曾国藩子曾纪鸿，字栗诚，数学家。曾作《圆率考真图解》一书，曾计算出100位的圆周率。又曾与丁取忠、左潜、吴嘉善、李善兰、黄宗宪合著多部数学著作。但由于用心过度，33岁便离世。

【4】张文端公，即张英，字敦复，号乐圃，又号倦圃翁，安徽桐城人，曾任文华殿大学士、吏部尚书。先后充任纂修《国史》《一统志》《渊鉴类函》《政治典训》《平定朔漠方略》总裁官。死后谥号文端。其四子均任高官，其中次子张廷玉官至军机大臣、总理事务（相当于宰相），是清代唯一配享太庙的汉臣。《聪训斋语》是张英所著的家训集。

【5】《庭训格言》是雍正在继位后追述其父康熙皇帝对诸子训诫而成的皇室家训集，共二百四十六条，包括读书、修身、为政、待人、敬老、尽孝、驭下以及日常生活中的细微琐事。

虚心涵泳，切己体察

谕纪泽儿：

……

汝读"四书"无甚心得，由不能虚心涵泳，切己体察。朱子教人读书，此二语最为精当。尔现读《离娄》，即如《离娄》首章"上无道揆，下无法守"，吾往年读之，亦无甚警惕。近岁在外办事，乃知上之人必揆诸道，下之人必守乎法；若人人以道揆自许，从心而不从法，则下凌上矣。"爱人不亲"章，往年读之，不甚亲切，近岁阅历日久，乃知治人不治者，智不足也。此切己体察之一端也。涵泳二字最不易识，余尝以意测之曰：涵者如春雨之润花，如清渠之溉稻。雨之润花，过小则难透，过大则离披，适中则涵濡而滋液。清渠之溉稻，过小则枯槁，过多则伤涝，适中则涵养而勃兴。泳者如鱼之游水，如人之濯足。程子谓鱼跃于渊活泼泼地，庄子言濠梁观鱼安知非乐，此鱼水之快也。左太冲有"濯足万里游"之句，苏子瞻有夜卧濯足诗，有浴罢诗，亦人性乐水者之一快也。善读书者，须视书如水，而视此心如花、如稻、如鱼、如濯足，则涵泳二字，庶可得之于意言之表。尔读书易于解说文义，却不甚能深入，可就朱子涵泳体察二语悉心求之。

人生惟有常是第一美德

谕纪泽：

……

人生惟有常是第一美德。余早年于作字一道，亦常苦思力索，终无所成。近日朝朝暮写，久不间断，遂觉月异而岁不同。可年无分老少，事无分难易，但行之有恒，自如种树蓄养，日见其大而不觉耳。尔之短处在言语欠钝讷，举止欠端重。看书能深入，而作文不能峥嵘。若能从此三事上下一番苦功，进之以猛，持之以恒，不过一二年，自尔精进而不自觉。言语迟钝，举止端重，则德进矣。作文有峥嵘雄快之气，则业进矣。……

养晦堂记

曾国藩

▉ 题 解

本文是一篇受朋友之托而作记的文字。文章抓住"凡民"与"君子"的两种处世态度，表明"养晦"的难能可贵，又以齐景公与伯夷、叔齐的对比推论那些猎取浮名的人和草草而死的人实际没有区别，从而突出好友的高贵品格。文章深入浅出，道理深刻。

　　凡民有血气之性，则翘然[1]而思有以上人。恶卑而就高，恶贫而觊富，恶寂寂而思赫赫之名。此世人之恒情。而凡民之中有君子人者，率常终身幽默，暗然退藏。彼岂与人异性？诚见乎其大，而知众人所争者之不足深较也。

　　盖《论语》载，齐景公有马千驷，曾不得与首阳饿莩挈论短长矣。余尝即其说推之，自秦汉以来，迄于今日，达官贵人，何可胜数？当其高据势要，雍容进止，自以为材智加人万万。及夫身没观之，彼与当日之厮役贱卒、污行贾竖[2]，营营而生，草草而死者，无以异也。而其间又功业文学猎取浮名者，自以为材智加人万万。及夫身没观之，彼与当日之厮役贱卒，污行贾竖，营营而生，草草而死者，亦无以甚异也。然则今日之处高位而获浮名者，自谓辞晦而居显，泰然自处于高明。曾不知其与眼前之厮役贱卒、污行贾竖之营营者行将同归于澌尽，而毫毛无以少异。岂不哀哉！

　　吾友刘君孟容，湛默而严恭，好道而寡欲。自其壮岁则已泊然而外富贵矣。既而察物观变，又能外乎名誉。于是名其所居曰"养晦堂"，而以书抵国藩为之记。

　　昔周之末世，庄生闵天下之士湛于势利，汩于毁誉，故为书戒人以暗默自藏，如所称董梧、宜僚、壶子之伦，三致意焉。而扬雄亦称："炎炎者灭，隆隆者绝。高明之家，鬼瞰其室。"君子之道，自得于中，而外无所求。饥冻不足于事畜而无怨；举世不见知而无闷。自以为晦，天下之至光明也。若夫奔命于烜赫之途，一旦势尽意索，求如寻常穷约之人而不可得，乌睹可谓焜耀者哉？余为备陈所以，盖坚孟容之志；后之君子，亦观省焉。

注 释

【1】翘然，意气饱满的样子。

【2】厮役贱卒、污行贾竖，即奴仆、差役、贪官、奸商。

重刻《海国图志》序

左宗棠

左宗棠，字季高，一字朴存，号湘上农人，谥文襄，湖南湘阴人，晚清军事家、政治家。官至东阁大学士、军机大臣，封二等恪靖侯。与曾国藩、李鸿章、张之洞并称"晚清四大名臣"。

左宗棠早年屡试不第，于是转而研习地理、兵法，还受到当时的八股文学子的嘲笑。在讲学时，他先后得到两江总督陶澍和云贵总督林则徐的赏识，林则徐还将在新疆整理的资料全部交给他，希望他可以承担抵御俄国入侵的重任。

太平天国围攻湖南时，左宗棠加入湘军，又奉命组建"楚军"与太平军作战。此后左宗棠屡立战功，累官至闽浙总督。太平天国失败后，左宗棠开始着手培养新式海军，派人出国购买国外机器设备。此后，左宗棠调任陕甘总督，抵抗有沙俄帝国支持的阿古柏侵略军。到任后，左宗棠一方面组织制造枪炮，一方面在朝廷争取拨款。此后经历多年抗争，清军终于击溃阿古柏侵略军，并最终使俄国放弃大部分侵占领土。中法战争期间，左宗棠又调任闽浙地区，多次击败法国侵略军。但在李鸿章等人的妥协下，身为战胜方的清朝反而签订了不平等的条约，左宗棠为此颇为不满。同年，左宗棠在福州病故，享年七十三岁，朝廷追赠太傅，谥文襄。

左宗棠是晚清时期最具有爱国主义精神的将领，与其同时代的众多人士都对他作出了很高的评价。曾国藩评价他："论兵战，吾不如左宗棠；为国尽忠，亦以季高为冠。国幸有左宗棠也。"梁启超更是称赞他为"五百年以来的第一伟人"。

题 解

魏源，清代启蒙思想家。他提出"师夷长技以制夷"的主张，又写就介绍西方地理历史的巨作《海国图志》，是近代中国"开眼看世界"的第一批知识分子之一。左宗棠年轻时，就曾读过《海国图志》一书，对魏源的思想十分钦佩。

光绪元年（1875 年），魏源族孙魏光焘重新刊印《海国图志》，邀请左宗棠为之作序，左宗棠欣然接受，便写下此文。文章肯定了魏源的主张，重点强调"师夷长技以制夷"的观点，并表达了能够以此书启发更多读者，从而富国强兵的希望。

邵阳魏子默深[1]《海国图志》六十卷，成于道光二十二年，续增四十卷成于咸丰二年，通为一百卷。越二十有三年，光绪纪元[2]，其族孙甘肃平庆泾固道光焘[3]惧孤本久而失传，督匠重写开雕[4]，乞余叙之。

维国家建中立极[5]，土宇宏廓。东南尽海，岛屿星错，海道攸分，内外有截。西北穷山水之根，以声教所暨为疆索，荒服而外，大险[6]无垠，距海辽远。以地形言，左倚东南矣，然地体虽方，与天为圆，固无适非中也。以天气言，分至协中[7]，寒暑适均，则扶舆清淑[8]所萃，帝王都焉，历代圣哲贤豪之所产也。海上用兵，泰西诸国互市者纷至，西通于中，战事日亟，魏子忧之，于是蒐[9]辑海谈，旁摭[10]西人著录，拊[11]以己意所欲见诸施行者，俟之异日。呜呼！其发愤而有作也。

人之生也，君治之，师教之。上古君、师一也，后则君以世及而教分，撮 [12] 其大凡，中儒西释，其最先矣。儒以道立宗，受天地之中以生者学之；释氏以慈悲虚寂式西土，由居国而化及北方行国 [13]。此外为天方 [14]，为天主 [15]，为耶稣 [16]，则肇于隋、唐之间 [17]，各以所习为是，然含形负气，钧是人也。此孟子所谓君子异于人者也 [18]。其无教者，如生番 [19]，如野人，不可同群。此孟子所谓人异于禽兽者也。释，道微而天方起，天方微而天主、耶稣之说盛。俄、英、法、美诸国奉天主、耶稣为教，又或析而二之 [20]，因其习尚以明统纪，遂成国俗。法兰西虽以罗马国 [21] 为教皇，其人称教士，资遣外出行教，故示尊崇，然国人颇觉其妄 [22]，聊以国俗奉之而已。今法为布 [23] 所败，教皇遂微，更无宗之者 [24]。是泰西之奉天主、耶稣，固不如蒙与番之信黄教、红教也 [25]。佛言戒杀绝纷，足化顽犷，时露灵异，足慑殊俗。其经典之入中国，经华士润饰，旨趣玄渺，足以涤除烦苦，解释束缚 [26]，是分儒之绪以为说者，非天方所可并也。天主、耶稣，非儒非释，其宗旨莫可阐扬，其徒亦鲜述焉。泰西弃虚崇实，艺重于道，官、师均由艺进，性慧敏，好深思，制作精妙，日新而月有异，象纬 [27] 舆地之学尤征专诣，盖得儒之数 [28] 而萃其聪明才智以致之者，其艺事独擅，乃显于其教矣。

百余年来，中国承平，水陆战备少弛，适泰西火轮车舟有成，英吉利遂蹈我之瑕 [29]，构兵思逞，并联与国，竞互市之利，海上遂以多故。魏子数以其说干当事 [30]，不应，退而著是书。其要旨以西人谈西事，言必有稽；因其教以明统纪，征其俗尚而得其情实，言必有伦。所拟方略非尽可行，而大端不能加也。

书成，魏子殁。廿余载，事局如故，然同、光间福建设局造轮船 [31]，陇中用华匠制枪炮 [32]，其长亦差与西人等。艺事，末也，有迹可寻，有数可推，因者易于创也。器之精光淬厉愈出，人之心思专一则灵，久者进于渐也。此魏子所谓师其长技以制之也。鸦片之蛊^[33]，痈养必溃，酒过益醒，先事图维，罂粟之禁不可弛也。异学争鸣，世教以衰，失道民散，邪慝^[34]愈炽，以儒为戏不可长也。此魏子所谓人心之寐患，人才之虚患也。宗棠老矣，忝窃高位，无补清时，书此弥觉颜之厚，而心之负疚滋多，窃有俟于后之读是书者。

注 释

【1】魏子默深，魏源，字默深。子，是尊称。

【2】光绪纪元，指光绪元年，1875 年。

【3】光焘，魏光焘，字午庄，魏源族孙。历任陕西巡抚、陕甘总督、云贵总督、两江总督等职。

【4】开雕，当时采用雕版印刷，因此称印刷出版为开雕。

【5】建中立极，指建国。

【6】隃（yú），遥远。

【7】至，极端。协，调和。中，中等。此处指气候。

【8】扶舆，盘旋上升。清淑，清和。

【9】蒐（sōu），聚集。

【10】撷（zhí），摘取。

【11】拊，通"附"。

【12】撮，聚合。

【13】行国，指"逐水草而居"的畜牧民族。

【14】天方，即阿拉伯，这里指伊斯兰教。

【15】天主，天主教。

【16】耶稣，即新教，我国也称基督教。由于明清时期新教传教士来华较晚，为了与天主教区分，便自称"基督教"。

【17】天主教于唐初传入中国。

【18】此句及下文"人异于禽兽"均出自《孟子·离娄下》。

【19】生番，指非洲、澳洲等地土著民族。

【20】析而二之，指1054年，东罗马帝国君士坦丁堡（今土耳其伊斯坦布尔）从天主教中分裂出来，建立东正教。到16世纪，在马丁·路德等人倡导的宗教改革运动和各国脱离教皇控制的努力下，大批反对教皇的教派成立，后人将其统称为新教。

【21】罗马国，意大利。此处实际上指教皇国，作者表述不够准确。另，自法国大革命以来，法军曾多次攻入罗马，并吞并属于教皇国的大片领地；普法战争之前，教皇国甚至需要依赖法国驻军的保护才能守住罗马。

【22】启蒙运动以来，法国多有启蒙思想家撰写著作，批判教皇的统治，因此说"颇觉其妄"。而这些著作多被翻译至中国，对主张学习西方的知识分子多有影响。

【23】布，即普鲁士。此处指1870年普法战争，法国惨败，巴黎陷落。

【24】1870年，由于法国在普法战争中惨败，守卫罗马的法军撤回法国，意大利军队遂攻占罗马，教皇国实质上已经灭亡。另，1929年教皇与意大利签订《拉特兰条约》，教皇至此才承认教皇国的灭亡。

【25】番，指西藏。黄教、红教，分别是藏传佛教格鲁派和宁玛派的俗称。

【26】束缚，这里指人的自身修养。

【27】象纬，天文学。

【28】数，这里泛指博弈、占卜一类。

【29】瑕，这里指清政府思想麻痹，不注重沿海防范。

【30】当事，指当政者。

【31】此处指福州船政局，又名马尾船政局，清同治五年（1866年）由左宗棠在福州马尾设立。左宗棠调任陕甘总督后，推荐沈葆桢执掌船政局事务，并雇用法国人进行管理和生产。其下属的马尾造船厂，是中国近代第一个新式造船厂，也是清朝政府经营的最大的造船厂。

【32】此处指兰州制造局，是左宗棠筹建的军工厂，负责为西北军队生产弹药。

【33】蛊，毒害。清中期以后，英国商人利用鸦片走私贸易攫取中国白银，并造成士兵战斗力下降。

【34】慝，通"匿"，恶念。

记超山梅花

林纾

林纾，近代文学家、翻译家。字琴南，号畏庐，别署冷红生，福建闽县人。晚称蠡叟、践卓翁、六桥补柳翁、春觉斋主人。室名春觉斋、烟云楼等。光绪八年（1882年）中举，此后考进士不中。其古文受到桐城派大师吴汝纶推重，并任北京大学讲席。辛亥革命后，他以遗民自居，在北洋军人所创办正志学校教学，推重桐城派古文。

林纾早年便关心世界局势，主张学习西方，于是开始阅读西方书籍。但由于他不懂外语，只能寻求各种译本，又与朋友合作翻译各国作品。他一生著译甚丰，翻译小说达二百余种，并坚持由古文体进行翻译，大大推动了中外文化交流。此外，他的诗文和画作也颇为时人推崇。

题　解

1899年9月，林纾来到杭州的赏梅胜景西溪，当时寒梅尚未开放，于是转游超山，并将所见的梅花盛放的景色写成这篇《记超山梅花》。文章着重勾勒了梅花充斥山谷的胜景，又写超山名胜，最后照应全文。全文对梅花的形容十分精妙，令人回味无穷。

夏容伯同声，嗜古士也，隐于栖溪。余与陈吉士、高啸桐买舟访之，约寻梅于超山。

由溪上易小舟，循浅濑[1]至超山之北。沿岸已见梅花。里许，遵陆至香海楼，观宋梅。梅身半枯，侧立水次；古干诘屈，苔蟠其身，齿齿作鳞甲。年久，苔色幻为铜青。旁列十余树，容伯言皆明产也。景物凄黯无可纪，余索然将返。容伯导余过唐玉潜[2]祠下，花乃大盛，纵横交纠，玉雪一色；步武[3]高下，沿梅得径。远馥林麓[4]，近偃陂陀[5]；丛芬积缟[6]，弥满山谷。几四里始出梅窝，阴松列队，下闻溪声，余来船已停濑上矣。余以步，船人以水，沿溪行，路尽适相值也。是晚仍归栖溪。

迟明，复以小舟绕出山南，花益多于山北。野水古木，渺瀰滞翳[7]，小径岐出为八、九道，抵梅而尽。至乾元观，观所谓水洞者。潭水清洌，怪石怒起水上，水附壁而止。石状豁閜[8]，阴绿惨淡。石脉[9]直接旱洞。旱洞居观右偏。三十余级，及洞口，深窈沉黑中，有风水荡击之声。同游陈寄湖、涤寮兄弟，爇管[10]入，不竟洞而出。潭之右偏，镌"海云洞"三大字，宋赵清献[11]笔也。寻丁西轩父子石像[12]，已剥落，诗碣犹隐隐可读。容伯饭我观中。余举箸叹息，以生平所见梅花，咸不如此之多且盛也。容伯言："冬雪霁后，花益奇丽，过于西溪。"然西溪余两至，均失梅候。今但作《超山梅花记》，一寄容伯，一寄余友陈寿慈于福州。寿慈亦嗜梅者也。

注 释

【1】濑，石上急流。

【2】唐玉潜，名珏，宋朝词人。《宋人轶事汇编》记载，宋朝灭亡后，当时的总江南浮屠杨琏真伽将在绍兴的宋朝皇陵尽数发掘，盗取其中随葬宝物。唐珏于是筹集百金，带领数百当地少年将被发掘出的遗骨收集起来分别安葬。此后，唐珏的义士之名便传遍吴越一带。

【3】步武，古代以六尺为一步，半步为武。此处指跟随。

【4】远馥林麓，香气远达山麓之下。

【5】近偃陂陀，梅的枝干在台阶上横斜。

【6】缟，细白的生绢。

【7】渺瀰（xí），水远。滞翳，树木众多而阴暗。

【8】谽閜（xiǎ），空虚。石头被水侵蚀出洞穴。

【9】石脉，石头的脉络纹理。

【10】蒟（ruò）管，烧着竹管以照明。

【11】赵清献，赵抃（biàn），字阅道，宋衢州西安人。官至参知政事（权力与宰相大致相同），晚年曾知杭州，为官清正，不避权贵，人称"铁面御史"。死后谥清献，因而被称为赵清献。

【12】丁西轩，即丁养浩，字师孟，号集义，别号西轩，明武宗正德年间曾任云南布政使，死后葬于超山，其子丁之乔便在此种植百万株松树，并在海云洞口摸石池侧石壁上刻父像。

冯婉贞胜英人于谢庄

徐珂

徐珂，原名昌，字仲可，浙江杭县人。早年参加科举考试不中，后转而关注新学，参加"公车上书"，又参加柳亚子等人组织的"南社"。此后曾充当袁世凯幕僚，但因思想不和很快离去。

1901年他到达上海，与蔡元培、张元济等人合办《外交报》。编有《清稗类钞》等笔记作品。

题　解

本文选自《清稗类钞·战事类》，描写第二次鸦片战争中，焚毁圆明园的英军继续作恶，侵扰附近的谢庄，谢庄团练冯三保的女儿率领村中青年埋伏英军，杀伤一百多英军，最终使谢庄得以平安的故事。

本文的原作者陆士谔，是清末民国时期的名医、小说家，一生创作百余部小说，其中以《新上海》与《新中国》最为著名。本文原名《冯婉贞》，原载于《申报》副刊《自由谈》上，后来徐珂编辑《清稗类钞》时，将原文大量删减并改标题为《冯婉贞胜英人于谢庄》。本文面世时，正值袁世凯政府与日本签订丧权辱国的"二十一条"之时，一时间人们争相阅读，爱国热情空前高涨。

　　咸丰庚申，英法联军自海入侵，京洛骚然。距圆明园十里，有村曰谢庄，环村居者皆猎户。中有鲁人冯三保者，精技击。女婉贞，年十九，姿容妙曼，自幼好武术，习无不精。是年，谢庄办团，以三保勇而多艺，推为长。筑石砦土堡于要隘，树帜曰"谢庄团练冯"。一日晌午，谍报敌骑至，旋见一白酋督印度卒约百人，英将也，驰而前。三保戒团众装药实弹，毋妄发，曰："此劲敌也，度不中而轻发，徒糜弹药，无益吾事。慎之！"

　　时敌军已近砦，枪声隆然，砦中人蹀伏不少动。既而敌行益迩，三保见敌势可乘，急挥帜，曰："开火！"开火者，军中发枪之号也。于是众枪齐发，敌人纷堕如落叶。及敌枪再击，砦中人又蹀伏矣，盖籍砦墙为蔽也。攻一时，敌退，三保亦自喜。婉贞独戚然曰："小敌去，大敌来矣！设以炮至，吾村不齑粉乎？"三保瞿然曰："何以为计？"婉贞曰："西人长火器而短技击，火器利袭远，技击利巷战。吾村十里皆平原，而与之竞火器，其何能胜？莫如以吾所长，攻敌所短。操刀挟盾，猱进鸷击，徼天之幸，或能免乎！"三保曰："悉吾村之众，精技击者不过百人。以区区百人，投身大敌，与之扑斗，何异以孤羊投群狼？小女子毋多谈！"婉贞微叹曰："吾村亡无日矣！吾必尽吾力以拯吾村！拯吾村，即以卫吾父。"于是集谢庄少年之精技击者而诏之曰："与其坐而待亡，孰若起而拯之？诸君无意则已，诸君而有意，瞻予马首可也。"众皆感奋。

婉贞于是率诸少年结束而出，皆玄衣白刃，剽疾如猿猴。去村四里有森林，阴翳蔽日，伏焉。未几，敌兵果舁炮至，盖五六百人也。挟刃奋起，率众袭之。敌出不意，大惊扰，以枪上刺刀相搏击，而便捷猛鸷终弗逮。婉贞挥刀奋斫，所当无不披靡，敌乃纷退。婉贞大呼曰："诸君！敌人远吾，欲以火器困吾也，急逐弗失！"于是众人竭力挠之，彼此错杂，纷纭掌斗，敌枪终不能发。日暮，所击杀者无虑百十人。敌弃炮仓皇遁，谢庄遂安。

编者注

虽然冯婉贞是陆士谔虚构出的人物，但她扬长避短，诱使英军不能发挥出火器的优势，被迫与英勇的谢庄人民进行白刃战。其实，早在陆士谔创作这篇小说的数十年前，著名的"镇南关大捷"所使用的就是这种扬长避短的战术。守卫镇南关的老将冯子材在与法军交战中，便通过先诱敌深入，再以突然袭击的方式与法军进行白刃战。最终，冯子材取得了一场大胜，而冯婉贞也成功赶走了英军。他们的具体行动虽然有所不同，但其核心思想，都是"扬长避短"四个字——限制敌人发挥火器优势，并发挥自己在白刃战上的优势。

《人间词话》十二则

王国维

王国维，初名国桢，字静安，亦字伯隅，初号礼堂，晚号观堂，又号永观，谥忠悫。浙江省海宁人。著有《人间词话》《曲录》《观堂集林》等。早年追求新学，受资产阶级改良主义思想的影响，把西方哲学、美学思想与中国古典哲学、美学相融合，研究哲学与美学，形成了独特的美学思想体系，继而攻词曲戏剧，后又治史学、古文字学、考古学。郭沫若称他为新史学的开山。不止如此，他平生学无专师，自辟户牖，成就卓越，贡献突出，在教育、哲学、文学、戏曲、美学、史学、古文学等方面均有深诣和创新，为中华民族文化宝库留下了广博精深的学术遗产。

题 解

本文节选了《人间词话》中精华的一部分，共十二则。《人间词话》是王国维所著的一部文学批评著作。王国维在学习了西方哲学与美学思想后，便以崭新的眼光对中国的旧文学进行评价，从而作出这部文学批评巨著。在书中，王国维第一次提出"造境"与"写境"、"理想"与"写实"的问题。本书在中国近代文学批评史上具有崇高的地位，对中国现代文学批评研究具有极大的影响。

词以境界为最上。有境界，则自成高格，自有名句。五代、北宋之词所以独绝者在此。

有有我之境，有无我之境。"泪眼问花花不语，乱红飞过秋千去"[1]，"可堪孤馆闭春寒，杜鹃声里斜阳暮"[2]，有我之境也。"采菊东篱下，悠然见南山"[3]，"寒波澹澹起，白鸟悠悠下"[4]，无我之境也。有我之境，以我观物，故物皆著我之色彩。无我之境，以物观物，故不知何者为我，何者为物。古人为词，写有我之境者为多。然未始不能写无我之境，此在豪杰之士能自树立耳。

注 释

【1】冯延巳《鹊踏枝》："庭院深深深几许？杨柳堆烟，帘幕无重数。玉勒雕鞍游冶处，楼高不见章台路。　雨横风狂三月暮，门掩黄昏，无计留春住。泪眼问花花不语，乱红飞过秋千去。"

【2】秦观《踏莎行》："雾失楼台，月迷津渡，桃源望断无寻处。可堪孤馆闭春寒，杜鹃声里斜阳暮。　驿寄梅花，鱼传尺素，砌成此恨无重数。郴江幸自绕郴山，为谁流下潇湘去！"

【3】陶潜《饮酒诗》第五首："结庐在人境，而无车马喧。问君何能尔，心远地自偏。采菊东篱下，悠然见南山。山气日夕佳，飞鸟相与还。此中有真意，欲辨已忘言。"

【4】元好问《颍亭留别》："故人重分携，临流驻归驾。乾坤展清眺，万景若相借。北风三日雪，太素秉元化。九山郁峥嵘，了不受陵跨。寒波澹澹起，白鸟悠悠下。怀归人自急，物态本闲暇。壶觞负吟啸，尘土足悲咤。回首亭中人，平林淡如画。"

无我之境，人惟于静中得之。有我之境，于由动之静时得之。故一优美，一宏壮也。

词至李后主而眼界始大，感慨遂深，遂变伶工之词而为士大夫之词。周介存置诸温、韦之下[1]，可谓颠倒黑白矣。"自是人生长恨水长东"[2]，"流水落花春去也，天上人间"[3]，《金荃》《浣花》能有此气象耶！

注　释

【1】周济《介存斋论词杂著》："毛嫱，西施，天下美妇人也。严妆佳，淡妆亦佳，粗服乱头，不掩国色。飞卿，严妆也。端己，淡妆也。后主则粗服乱头矣。"

【2】李煜《相见欢》："林花谢了春红，太匆匆，无奈朝来寒雨晚来风。　胭脂泪，留人醉，几时重？自是人生长恨水长东！"

【3】李煜《浪淘沙》："帘外雨潺潺，春意阑珊。罗衾不耐五更寒。梦里不知身是客，一晌贪欢。　独自莫凭栏，无限江山，别时容易见时难。流水落花春去也，天上人间。"

词人者，不失其赤子之心者也。故生于深宫之中，长于妇人之手，是后主为人君所短处，亦即为词人所长处。

客观之诗人不可不多阅世，阅世愈深则材料愈丰富、愈变化，《水浒传》《红楼梦》之作者是也。主观之诗人不必多阅世，阅世愈浅则性情愈真，李后主是也。

尼采谓一切文学余爱以血书者。后主之词，真所谓以血书者也。宋道君皇帝《燕山亭》词[1]亦略似之。然道君不过自道身世之戚，后主则俨有释迦、基督担荷人类罪恶之意，其大小固不同矣。

注 释

【1】宋徽宗《燕山亭》（北行见杏花）："裁翦冰绡，轻叠数重，淡著燕脂匀注。新样靓妆，艳溢香融，羞杀蕊珠宫女。易得凋零，更多少无情风雨。愁苦。闲院落凄凉，几番春暮。　凭寄离恨重重，这双燕何曾，会人言语。天遥地远，万水千山，知他故宫何处？怎不思量？除梦里有时曾去。无据。和梦也、新来不做。"

古今之成大事业、大学问者，必经过三种之境界。"昨夜西风凋碧树，独上高楼，望尽天涯路"[1]，此第一境也。"衣带渐宽终不悔，为伊消得人憔悴"[2]，此第二境也。"众里寻他千百度，回头蓦见，那人正在灯火阑珊处"[3]，此第三境也。此等语皆非大词人不能道。然遽以此意解释诸词，恐晏、欧诸公所不许也。

注 释

【1】晏殊《蝶恋花》："槛菊愁烟兰泣露。罗幕轻寒，燕子双飞去。明月不谙别离苦，斜光到晓穿朱户。　昨夜西风凋碧树。独上高楼，望尽天涯路。欲寄彩笺兼尺素，山长水阔知何处。"

【2】柳永《凤栖梧》："伫倚危楼风细细。望极春愁，黯黯生天际。草色烟光残照里。无言谁会凭栏意。　拟把疏狂图一醉，对酒当歌，强乐无味。衣带渐宽终不悔，为伊消得人憔悴。"

【3】辛弃疾《青玉案·元夕》："东风夜放花千树。更吹落、星如雨。宝马雕车香满路，凤箫声动，玉壶光转，一夜鱼龙舞。　蛾儿雪柳黄金缕。笑语盈盈暗香去。众里寻他千百度。蓦然回首，那人却在，灯火阑珊处。"

　　"明月照积雪"[1]，"大江流日夜"[2]，"中天悬明月"[3]，"黄河落日圆"[4]，此种境界，可谓千古壮观。求之于词，唯纳兰容若塞上之作，如《长相思》之"夜深千帐灯"[5]、《如梦令》之"万帐穹庐人醉，星影摇摇欲坠"[6]差近之。

注　释

【1】谢灵运《岁暮》："殷忧不能寐，苦此夜难颓。明月照积雪，朔风劲且哀。运往无淹物，年逝觉已催。"

【2】谢朓《暂使下都夜发新林至京邑赠同僚》："大江流日夜，客心悲未央。徒念关山近，终知反路长。秋河曙耿耿，寒渚夜苍苍。引顾见京室，宫雉正相望。金波丽鸤鹊，玉绳低建章。驱车鼎门外，思见昭丘阳。驰晖不可接，何况隔两乡？风云有鸟路，江汉限无梁，常恐鹰隼击，时菊委严霜。寄言蔚罗者，寥廓已高翔。"

【3】杜甫《后出塞》（之二）："朝进东门营，暮上河阳桥。落日照大旗，马鸣风萧萧。平沙列万幕，部伍各见招。中天悬明月，令严夜寂寥。悲笳数声动，壮士惨不骄。借问大将谁？恐是霍嫖姚。"

【4】王维《使至塞上》："单车欲问边，属国过居延。征蓬出汉塞，归雁入胡天。大漠孤烟直，长河落日圆。萧关逢候骑，都护在燕然。"

【5】纳兰性德《长相思》："山一程，水一程。身向榆关那畔行，夜深千帐灯。　风一更，雪一更。聒碎乡心梦不成，故园无此声。"

【6】纳兰性德《如梦令》："万帐穹庐人醉，星影摇摇欲坠。归梦隔狼河，又被河声搅碎。还睡，还睡。解道醒来无味。"

昔人论诗词，有景语、情语之别。不知一切景语，皆情语也。

纳兰容若以自然之眼观物，以自然之舌言情。此由初入中原，未染汉人风气，故能真切如此。北宋以来，一人而已。

谭复堂[1]《箧中词》选，谓："蒋鹿潭[2]《水云楼词》与成容若、项莲生，二百年间，分鼎三足。"然《水云楼词》小令颇有境界，长调惟存气格。《忆云词》精实有余，超逸不足。皆不足与容若比。然视皋文[3]、止庵[4]辈，则倜乎远矣。

注 释

【1】谭复堂，即谭献，原名廷献，字仲修，号复堂，浙江仁和人。谭献工骈体文，于词学致力尤深。其所选清人词为《箧中词》，极为精审，学者奉为圭臬。

【2】蒋鹿潭，即蒋春霖，字鹿潭，江苏江阴人，后居扬州。早年工诗，风格近李商隐。中年将诗稿悉行焚毁，专力填词。与纳兰性德、项鸿祚有清代三大词人之称。著有《水云楼词》。

【3】皋文，即张惠言，清代词人、散文家。原名一鸣，字皋文，一作皋闻，号茗柯，武进（今江苏常州）人。乾隆五十一年（1786年）举人，嘉庆四年（1799年）进士，官编修。少为词赋，深于易学，与惠栋、焦循一同被后世称为"乾嘉易学三大家"。又尝辑《词选》，为常州词派之开山，著有《茗柯文集》。

【4】止庵，即周济，字保绪，一字介存，号未斋，晚号止庵。江苏荆溪（今江苏宜兴）人，清朝词人及词论家。著有《味隽斋词》和《止庵词》各一卷，《词辨》十卷，《介存斋论词杂著》一卷，辑有《宋四家词选》。

少年中国说

梁启超

梁启超，字卓如，号任公，又号饮冰室主人、饮冰子、哀时客、中国之新民、自由斋主人等，清朝光绪年间广东新会人。近代中国启蒙思想家，资产阶级改良主义政治家、教育家、史学家和文学家，戊戌变法运动领袖之一。1890年赴京会试，不中。后投康有为门下，接受康有为的思想学说并由此走上改良维新的道路，人称"康梁"。1895年春，梁启超再次赴京会试，并协助康有为发动在京应试举人联名请愿，是为"公车上书"。1898年，梁启超回京参加变法维新。其间，梁启超表现活跃，他的许多政论借助早期的媒体宣传开始在社会上产生影响。变法失败后，梁启超逃亡日本并大量介绍西方社会政治学说，在当时的知识分子中影响很大；但此时他的政治思想却趋向保守，支持并推动君主立宪。辛亥革命之初，他一度加入袁世凯政府，但在袁世凯试图复辟后对其彻底失望，而加入反袁斗争之中。梁启超涉猎广泛，在哲学、文学、史学、经学、法学、伦理学、宗教学等领域，均有建树，是一位百科全书式的学者。他一生著述宏富，其《饮冰室合集》计一千余万字。

题　解

1900年，八国联军入侵中国，攻陷了北京，并勾结清政府镇压义和团爱国运动。当时，西方列强为实现瓜分中国的目的，而炮制中国是"老大帝国""东亚病夫"，只能由列强共管的舆论；而一些无知昏庸与别有用心之人，也叫嚷着"中国不亡是无天理""任何列强三日内就可以灭亡中国"，散布悲观情绪，民族危机空前严重。当时，因变法失败而逃亡日本的梁启超听闻这种无耻论调后，为了驳斥帝国主义的污蔑、纠正一些国人自暴自弃的心理，便写出这篇《少年中国说》，以激起人民的爱国热情。本文节选其中反驳"老大帝国"论调的一部分。

日本人之称我中国也[1]，一则曰老大帝国，再则曰老大帝国。是语也，盖袭译欧西人[2]之言也。呜呼！我中国其果老大矣乎？任公曰：恶[3]！是何言！是何言！吾心目中有一少年中国在！

欲言国之老少，请先言人之老少。老年人常思既往，少年人常思将来。惟思既往也，故生留恋心；惟思将来也，故生希望心。惟留恋也，故保守；惟希望也，故进取。惟保守也，故永旧；惟进取也，故日新。惟思既往也，事事皆其所已经者，故惟知照例；惟思将来也，事事皆其所未经者，故常敢破格。老年人常多忧虑，少年人常好行乐。惟多忧也，故灰心；惟行乐也，故盛气。惟灰心也，故怯懦；惟盛气也，故豪壮。惟怯懦也，故苟且；惟豪壮也，故冒险。惟苟且也，故能灭世界；惟冒险也，故能造世界。老年人常厌事，少年人常喜事。惟厌事也，故常觉一切事无可为者；惟好事也，故常觉一切事无不可为者。老年人如夕照，少年人如朝阳；老年人如瘠牛，少年人如乳虎。老年人如僧，少年人如侠。老年人如字典，少年人如戏文。老年人如鸦片烟，少年人如泼兰地酒。老年人如别行星之陨石，少年人如大洋海之珊瑚岛。老年人如埃及沙漠之金字塔[4]，少年人如西比利亚之铁路；老年人如秋后之柳，少年人如春前之草。老年人如死海之潴[5]为泽，少年人如长江之初发源。此老年与少年性格不同之大略也。任公曰：人固有之，国亦宜然。

……

任公曰：造成今日之老大中国者，则中国老朽之冤业也。制出将来之少年中国者，则中国少年之责任也。彼老朽者何足道，彼与此世界作别之日不远矣，而我少年乃新来而与世界为缘。如僦[6]屋者然，彼明日将迁居他方，而我今日始入此室处。将迁居者，不爱护其窗栊，不洁治其庭庑[7]，俗人恒情，亦何足怪！若我少年者，前程浩浩，后顾茫茫。中国而为牛为马为奴为隶，则烹脔[8]鞭棰之惨酷，惟我少年当之。中国如称霸宇内，主盟地球，则指挥顾盼之尊荣，惟我少年享之。于彼气息奄奄与鬼为邻者何与焉？彼而漠然置之，犹可言也。我而漠然置之，不可言也。使举国之少年而果为少年也，则吾中国为未来之国，其进步未可量也。使举国之少年而亦为老大也，则吾中国为过去之国，其澌亡可翘足而待也。故今日之责任，不在他人，而全在我少年。少年智则国智，少年富则国富；少年强则国强，少年独立则国独立；少年自由则国自由；少年进步则国进步；少年胜于欧洲，则国胜于欧洲；少年雄于地球，则国雄于地球。红日初升，其道大光[9]。河出伏流，一泻汪洋。潜龙腾渊，鳞爪飞扬。乳虎啸谷，百兽震惶。鹰隼试翼，风尘翕张。奇花初胎，矞矞皇皇[10]。干将发硎，有作其芒[11]。天戴其苍，地履其黄。纵有千古，横有八荒。前途似海，来日方长。美哉我少年中国，与天不老！壮哉我中国少年，与国无疆！

注　释

【1】本文所说的"国"，是理想的资产阶级共和国。

【2】欧西人，泛指西方英、法、美等国的人。

【3】恶（wū），表示感叹的助词，犹"唉"，这里有反对的意思。

【4】金字塔，古代埃及王墓，以石筑成，底面为四方形，侧面作三角形之方尖塔，望之状如"金"字，故译名"金字塔"。金字塔与下句"西比利亚铁路"对举，取其古雅而无实用意。

【5】死海，湖名，一名咸海。因水中含盐量高，鱼类不生，故名。在约旦、

以色列和巴勒斯坦间。潴（zhū），聚积的水流。

【6】僦（jiù），租赁。

【7】庭庑（wǔ），庭院走廊。

【8】脔（luán），切成小块的肉，此处作动词，宰割。

【9】其道大光，《周易·益卦第四十二》："自上下下，其道大光。"光，广大，发扬。

【10】乔（yù）乔皇皇，《太玄经·交》："物登明堂，乔乔皇皇。"一般用于书面古语，光明盛大的样子。

【11】此句指宝剑刚刚磨出来，锋刃光芒绽放。砎，磨刀石。

与妻书

林觉民

林觉民，字意洞，号抖飞，又号天外生，汉族，福建闽侯人。少年即接受了民主革命思想，在留学日本期间加入中国同盟会。1911年春回国，4月24日写下绝笔《与妻书》，此后与族亲林尹民、林文随黄兴、方声洞等革命党人参加广州起义，在转战途中受伤被俘，后来英勇就义，是"黄花岗七十二烈士"之一。

题 解

又名《与妻诀别书》，是清朝末年为了反清反封建争取民族解放而牺牲的黄花岗七十二烈士之一的林觉民，在1911年黄花岗起义的三天前，即4月24日晚，写给其妻子陈意映的诀别信，读来感人至深。

意映卿卿[1]如晤：吾今以此书与汝永别矣！吾作此书时，尚是世中一人；汝看此书时，吾已成为阴间一鬼。吾作此书，泪珠和笔墨齐下，不能竟书[2]而欲搁笔，又恐汝不察吾衷，谓吾忍舍汝而死，谓吾不知汝之不欲吾死也，故遂忍悲为汝言之。

吾至爱汝，即此爱汝一念，使吾勇于就死也。吾自遇汝以来，常愿天下有情人都成眷属；然遍地腥云[3]，满街狼犬，称心快意，几家能彀[4]？司马青衫[5]，吾不能学太上之忘情[6]也。语云[7]：仁者"老吾老，以及人之老；幼吾幼，以及人之幼"。吾充[8]吾爱汝之心，助天下人爱其所爱，所以敢先汝而死，不顾汝也。汝体[9]吾此心，于啼泣之余，亦以天下人为念，当亦乐牺牲吾身与汝身之福利，为天下人谋永福[10]也。汝其勿悲！

汝忆否？四五年前某夕，吾尝语曰："与[11]使吾先死也，无宁汝先我而死。"汝初闻言而怒，后经吾婉解，虽不谓吾言为是，而亦无词相答。吾之意盖谓以汝之弱，必不能禁[12]失吾之悲，吾先死，留苦与汝，吾心不忍，故宁请汝先死，吾担悲也。嗟夫！谁知吾卒先汝而死乎？吾真真不能忘汝也！回忆后街之屋，入门穿廊，过前后厅，又三四折，有小厅，厅旁一室，为吾与汝双栖之所。初婚三四个月，适冬之望日[13]前后，窗外疏梅筛月影，依稀掩映；吾与（汝）[14]并肩携手，低低切切[15]，何事不语？何情不诉？及今思之，空余泪痕。又回忆六七年前，吾之逃家复归也，汝泣告我："望今后有远行，必以告妾，妾愿随君行。"吾亦既许汝矣。前十余日回家，即欲乘便以此行之事语汝，及与汝相对，又不能启口，且以汝之有身[16]也，更恐不胜悲，故惟日日呼酒买醉。嗟夫！当时余心之悲，盖不能以寸管[17]形容之。

吾诚愿与汝相守以死，第[18]以今日事势观之，天灾可以死，盗贼可以死，瓜分之日可以死，奸官污吏虐民可以死，吾辈处今日之中国，国中无地无时不可以死。到那时使吾眼睁睁看汝死，或使汝眼睁睁看吾死，吾能之乎？抑[19]汝能之乎？即可不死，而离散不相见，徒使两地眼成穿而骨化石[20]，试问古来几曾见破镜能重圆？则较死为苦也，将奈之何？今日吾与汝幸双健。天下人不当死而死与不愿离而离者，不可数计，钟情[21]如我辈者，能忍之乎？此吾所以敢率性就死[22]不顾汝也。吾今死无余憾，国事成不成自有同志者在。依新已五岁，转眼成人，汝其善抚之，使之肖[23]我。汝腹中之物，吾疑其女也，女必像汝，吾心甚慰。或又是男，则亦教其以父志为志，则吾死后尚有二意洞[24]在也。幸甚，幸甚！吾家后日[25]当甚贫，贫无所苦，清静过日而已。

吾今与汝无言矣。吾居九泉之下遥闻汝哭声，当哭相和也。吾平日不信有鬼，今则又望其真有。今是人又言心电感应有道，吾亦望其言是实，则吾之死，吾灵尚依依旁汝也，汝不必以无侣悲。

吾平生未尝以吾所志语汝，是吾不是处；然语之，又恐汝日日为吾担忧。吾牺牲百死而不辞，而使汝担忧，的的非吾所忍。吾爱汝至，所以为汝谋者惟恐未尽。汝幸而偶我[26]，又何不幸而生今日中国！吾幸而得汝，又何不幸而生今日之中国！卒不忍独善其身。嗟夫[27]！巾短情长，所未尽者，尚有万千，汝可以模拟得之。吾今不能见汝矣！汝不能舍吾，其时时于梦中得我乎！一恸！辛未[28]三月廿六夜四鼓，意洞手书。

家中诸母皆通文，有不解处，望请其指教，当尽吾意为幸。

注释

【1】意映，作者妻子的名字。卿卿，旧时夫妻间的爱称，多用于对女方的称呼。

【2】竟书，写完。

【3】遍地腥云，满街狼犬，比喻清朝血腥凶残的统治。

【4】毂，同"够"。

【5】司马青衫，典自《琵琶行》。这里表达自己深切同情人民疾苦的心情。

【6】太上之忘情，古人有"太上忘情"之说，意思是修养最高的人，忘了喜怒哀乐之情。

【7】语云，古语说。

【8】充，扩充。

【9】体，体谅，体察。

【10】永福，永久的幸福。

【11】与，与其。

【12】禁，禁受。

【13】望日，农历每月十五。

【14】（汝），原文缺，据文意补。

【15】切切，形容私语时低微细小的声音。

【16】有身，怀孕。

【17】寸管，笔的代称。

【18】第，但。

【19】抑，还是，或者。表示选择。

【20】眼成穿而骨化石，这里用来形容夫妇离别两地相思的痛苦。

【21】钟情，多情。

【22】率性就死，毅然踏上死地。

【23】肖，像，似。

【24】意洞，林觉民的字。

【25】后日，今后的日子。

【26】偶我，以我为配偶。

【27】嗟夫，表示感叹。

【28】辛未，应是"辛亥"，此书作于黄花岗起义三天前的1911年4月24日，即农历辛亥年三月廿六日深夜。广州黄花岗起义爆发于1911年4月27日，与辛亥革命在武昌取得成功在同一年。辛亥革命乃后来之词，那时尚未有统一称呼，此处作"辛未"。

编者注

在福建闽侯，有一支著名的林氏家族，其祖先最早可追溯到商纣王时的忠臣比干。但在林觉民之父林孝恂时，家道早已中落，林孝恂不得不以教书为生。1889 年，林孝恂成功考中进士，后来又外调杭州等地区，一直做到代理杭州知府。林孝恂虽然走的是传统的读书做官道路，但务实开放的他十分注重平等，也清楚地认识到西方思想的先进性。他的长子林长民，便在他的支持下先受业于著名翻译家林纾，又前往日本留学。而他的堂弟林觉民等人，也先后前往日本，接受先进教育。后来，林长民成为民国初年的著名政治人物，他的长女林徽因则成为中国著名的建筑家和诗人；长子林桓曾任美国俄亥俄大学美术学院院长；次子林恒是一位飞行员，在 1941 年的成都空战中为国捐躯。如今，林氏的后代依旧在各行各业中发挥着自己的才华：林徽因与著名建筑家梁思成的长子梁从诫是一位环保人士；林桓的女儿林璎也是一位著名的建筑师，著名的越战阵亡将士纪念碑便是由她所设计。

《孙文学说》自序

孙中山

孙中山，名文，字载之，号日新，又号逸仙，幼名帝象，化名中山樵。中国近代民族民主主义革命的开拓者，中国近代民主革命伟大先行者，中华民国和中国国民党的缔造者，三民主义的倡导者。早年，他曾在香港学医，并在此期间广泛了解了革命的思想；1894 年，他在夏威夷檀香山创立"兴中会"，提出"振兴中华"的口号和"驱除鞑虏，恢复中华，创立合众政府"的政纲，此后又多次筹划起义，但都以失败告终，他也不得不逃往国外。1905 年，孙中山与黄兴、宋教仁等人联合组建"中国同盟会"，确定"驱除鞑虏，恢复中华，建立民国，平均地权"的革命政纲，并在《民报》发刊词首倡"三民主义"学说。在同盟会组织下，各地发动了多次起义，但均以失败告终。直到1911年10月，在同盟会推动下，武昌起义爆发并成功占领武汉；此后各地革命党咸起响应，各省纷纷独立，最终在1912年2月12日迫使清朝皇帝逊位，是为辛亥革命。而孙中山则在1912年的1月1日，宣誓就任中华民国临时大总统。第二年，在颁布《临时约法》后，孙中山辞职而将总统一职让位给袁世凯。

此后，孙中山本欲不再涉足政治，但在宋教仁遇刺后，孙中山便发动"二次革命"，试图推翻袁世凯，失败后前往日本。此后，他又多次发布讨袁宣言，并在"护国运动"发起后回国，又组织护法运动讨伐各路军阀，还确定了"联俄联共，扶助农工"的政策，并组织发动北伐。1925年，孙中山抱病到北京，但由于劳累导致的病情恶化，于3月12日医治无效在北京逝世，享年59岁。1929年，孙中山遗体迁往南京中山陵安葬。

题　解

1917—1919年，孙中山倾其毕生学力著《建国方略》，系统地抒发自己的建国宏愿和构想。全书主要由《孙文学说》《实业计划》《民权初步》三部分组成，并特别收录了《建国大纲》《中国国民党第一次全国代表大会宣言》《总理遗嘱》这三篇民国时期非常重要的历史文献。《孙文学说》于1919年春夏间出版，后编为《建国方略之一：心理建设》，从心理建设角度论述"知难行易"的哲学思想。

文奔走国事三十余年，毕生学力尽萃于斯，精诚无间，百折不回，满清之威力所不能屈，穷途之困苦所不能挠。吾志所向，一往无前，愈挫愈奋，再接再厉，用能鼓动风潮，造成时势。卒赖全国人心之倾向，仁人志士之赞襄，乃得推覆专制，创建共和。本可从此继进，实行革命党所抱持之三民主义、五权宪法，与夫《革命方略》所规定之种种建设宏模，则必能乘时一跃而登中国于富强之域，跻斯民于安乐之天也。

不图革命初成，党人即起异议，谓予所主张者理想太高，不适中国之用；众口铄金，一时风靡，同志之士亦悉惑焉。是以予为民国总统时之主张，反不若为革命领袖时之有效而见之施行矣。此革命之建设所以无成，而破坏之后国事更因之以日非也。夫去一满洲之专制，转生出无数强盗之专制，其为毒之烈，较前尤甚。于是而民愈不聊生矣！溯夫吾党革命之初心，本以救国救种为志，欲出斯民于水火之中，而登之衽席之上也。

今乃反令之陷水益深，蹈火益热，与革命初衷大相违背者，此固予之德薄无以化格同侪，予之能鲜不足驾驭群众，有以致之也。然而吾党之士，于革命宗旨、革命方略亦难免有信仰不笃、奉行不力之咎也，而其所以然者，非尽关乎功成利达而移心，实多以思想错误而懈志也。

此思想之错误为何？即"知之非艰，行之惟艰"之说也。此说始于傅说对武丁之言，由是数千年来深中于中国之人心，已成牢不可破矣。故予之建设计划，一一皆为此说所打消也。呜呼！此说者予生平之最大敌也，其威力当万倍于满清。夫满清之威力，不过只能杀吾人之身耳，而不能夺吾人之志也。乃此敌之威力，则不惟能夺吾人之志，且足以迷亿兆人之心也。是故当满清之世，予之主张革命也，犹能日起有功，进行不已；惟自民国成立之日，则予之主张建设，反致半筹莫展，一败涂地。吾三十年来精诚无间之心几为之冰消瓦解，百折不回之志几为之槁木死灰者，此也。可畏哉此敌！可恨哉此敌！兵法有云："攻心为上。"是吾党之建国计划，即受此心中之打击者也。

夫国者人之积也，人者心之器也，而国事者一人群心理之现象也。是故政治之隆污，系乎人心之振靡。吾心信其可行，则移山填海之难，终有成功之日；吾心信其不可行，则反掌折枝之易，亦无收效之期也。心之为用大矣哉！夫心也者，万事之本源也。满清之颠覆者，此心成之也；民国之建设者，此心败之也。

夫革命党之心理，于成功之始，则被"知之非艰，行之惟艰"之说所奴，而视吾策为空言，遂放弃建设之责任。如是则以后之建设责任，非革命党所得而专也。迨夫民国成立之后，则建设之责任当为国民所共负矣，然七年以来，犹未睹建设事业之进行，而国事则日形纠纷，人民则日增痛苦。午夜思维，不胜痛心疾首！夫民国之建设事业，实不容一刻视为缓图者也。

国民！国民！究成何心？不能乎？不行乎？不知乎？吾知其非不能也，不行也；亦非不行也，不知也。倘能知之，则建设事业亦不过如反掌折枝耳。回顾当年，予所耳提面命而传授于革命党员，而被河汉为理想空言者，至今观之，适为世界潮流之需要，而亦当为民国建设之资材也。乃拟笔之于书，名曰《建国方略》，以为国民所取法焉。

然尚有踌躇审顾者，则恐今日国人社会心理，犹是七年前之党人社会心理也，依然有此"知之非艰，行之惟艰"之大敌横梗于其中，则其以吾之计划为理想空言而见拒也，亦若是而已矣。故先作学说，以破此心理之大敌，而出国人之思想于迷津，庶几吾之建国方略，或不致再被国人视为理想空谈也。

夫如是，乃能万众一心，急起直追，以我五千年文明优秀之民族，应世界之潮流，而建设一政治最修明、人民最安乐之国家，为民所有、为民所治、为民所享者也。则其成功，必较革命之破坏事业为尤速、尤易也。

时民国七年十二月三十日孙文自序于上海

奥森文库传家系列

《大美中文课之唐诗千八百首》（全三册）已上市，京东、当当、天猫、淘宝、各大新华书店有售。

《大美中文课之唐宋词千八百首》（全三册）、《花间集》、《纳兰词》、《李清照全集》、《东坡乐府》、《大美中文课之传世家训》即将上市，敬请期待！

《大美中文课之古文观止新编》（全三册）隆重上市！扫描下面二维码关注"奥森书友会"微信公众号，回复"古文""观止"即可获赠全书译文。